Herbert Grünberger

Praxis der Bilanzierung

Sechste, neubearbeitete Auflage

SpringerWienNewYork

Dr. Herbert Grünberger
Linz, Österreich

Printed in Austria

Druck: Ferdinand Berger & Söhne Gesellschaft m.b.H., A-3580 Horn

Gedruckt auf säurefreiem, chlorfrei gebleichtem Papier – TCF
SPIN: 10773079

Die Deutsche Bibliothek – CIP-Einheitsaufnahme
Ein Titeldatensatz für diese Publikation ist bei
Der Deutschen Bibliothek erhältlich

ISBN 3-211-83533-4 Springer-Verlag Wien New York
ISBN 3-211-83180-0 5. Aufl. Springer-Verlag Wien New York

True Wisdom
is to
Simplify

An Stelle eines Vorwortes:

Über Bogenschießen

Vorweg eine Geschichte, die das Leben geschrieben hat, aus der Sie die Kraft gewinnen sollen, Ihre Vorsätze zu realisieren.

Viel Erfolg!

Dr. Herbert Grünberger *Linz, April 2000*

Düsseldorf. Wer ihm gegenübersitzt, sieht einen Leistungssportler: breitschultrig, athletisch, sitzt kerzengerade, wirkt sehr diszipliniert und doch alles andere als verkrampft. Er erinnert mich an einen Hauptdarsteller aus einer alten amerikanischen Krimi-Serie. Leider fällt mir der Name nicht ein, und so kann ich ihn nicht darauf ansprechen. Wahrscheinlich wäre ihm dieser Vergleich auch gar nicht recht gewesen. Denn er hält sich für eher introvertiert, für einen sehr stillen, sehr ruhigen Typ, der wenig Aufhebens von sich macht. Die Anforderungen freilich, die er an sich stellt, sind extrem hoch, und trotzdem hat er fast immer erreicht, was er erreichen wollte.

Er hat immer begeistert Sport getrieben. Früher, viel früher, war er ein gleichermaßen leidenschaftlicher wie guter Tennisspieler. Später prüfte er sich im Badminton, Bowling, Schwimmen und jetzt im Bogenschießen, und immer mußte er für sich das Maß aller Dinge sein.

Bogenschießen! Zen-Buddhismus fällt mir dabei ein, und in der Tat ist das eine vordergründige Brücke zu den Kulturen und den geistigen Inhalten, die ihn beschäftigen und immer beschäftigt haben, alles Fernöstliche nämlich Japan, Korea, Hongkong. Er hat lange dort gelebt und sich mit den Asiaten beschäftigt, gerieben, auseinandergesetzt und sie schließlich schätzen und lieben gelernt.

Er bestätigt dann das, was ich nur vermutet hatte. Im Gegensatz zu mir darf er es allerdings sagen: „Bogenschützen sind irgendwie nicht ganz dicht. Sie müssen sich das vorstellen: Bogenschützen schießen für sich ganz alleine. Sie schießen bei Regen, sie schießen bei Wind, sie stehen den ganzen Tag da, manchmal ganz durchnäßt und schießen immer weiter. Sie schießen drei Pfeile ab, dann ist eine Pause, sie konzentrieren sich, sie schießen wieder drei Pfeile, und das tun sie den ganzen Tag. Das geht dann so über zehn bis zwölf Stunden, bis ein Wettkampf vorbei ist."

Häufig also eher etwas für Masochisten. Keine Zuschauer, keine Anerkennung von außen, höchstens für sich selbst die Bestätigung, gut geschossen zu haben, die richtige Einstellung gehabt zu haben, und der Erfolg ergibt sich durch eine möglichst hohe Ringzahl. Durchaus also eine Sportart für wahrhafte Individualisten, die fast für sich allein im stillen wirken und trotzdem fröhlich dabei sind. So gesehen fällt es leicht, ihm seinen Wahlspruch zu glauben, der für ihn weit über das Bogenschießen hinaus Gültigkeit und Glaubwürdigkeit hat: „Man kann auch im stillen viel Gutes tun."

Bogenschützen seien Menschen, die total abschalten können. Erfolgreich sei, wer es versteht, die Umwelt geistig auszuschließen. Man stehe auf der Linie, ganz allein mit sich und seinem Gerät, und dann sei nur noch totale Konzentration, vielleicht gar Kontemplation verlangt. Im Geist laufe der komplette Bewegungsablauf ab. Im Extrem müsse man in der Lage sein, ohne hinzuschauen genau ins Ziel zu kommen, möglichst ins „Gold", wie das Zentrum der Scheibe bei ihnen genannt werde.

Das erfordere nicht nur Konzentrationstraining, sondern natürlich auch Konditionstraining. „Wenn ihre Kondition schlecht ist, fangen sie im Laufe des Tages an zu vibrieren. Sie fangen an zu zittern, und das macht sich natürlich sofort im Ergebnis bemerkbar."

Das Entscheidende allerdings sei die mentale Einstellung zum Wettkampf. Psychische Unausgeglichenheit werde prompt durch ein entsprechend desolates Ergebnis bestraft.

Was man bei guten Bogenschützen erkennen könne? Ausdauer, mit Sicherheit Ausdauer und Disziplin. „Es gibt viele Phasen, während derer sie an sich verzweifeln können und sie auf Grund kleinster Fehler plötzlich Leistungseinbrüche haben. Und das über einen längeren Zeitraum hinweg. Und dann muß man weitermachen, man darf die Lust nicht verlieren, man muß den Fehler entdecken wollen.“ Ich lerne, was es alles braucht für einen guten Bogenschützen: Extreme Disziplin, Konzentrationsvermögen, gute Kondition und physische Kraft, Ausgeglichenheit und Beharrlichkeit, Beharrlichkeit, Beharrlichkeit.

Vielleicht habe ich mit ihm einen zukünftigen Olympiasieger kennengelernt. Er ist Mitglied der Nationalmannschaft der Bogenschützen, wurde für die Europameisterschaft nominiert, und sein höchst sportliches Ziel sind 1988 die Spiele in Seoul.

Olympiasieger? Nur seine beruflichen Ziele können ihn davon abhalten. Er ist Leiter der strategischen Unternehmensplanung bei Nattermann. In Köln weiß man, wer das ist. In Tokio auch und in Paris und in Djakarta und sonstwo. Und mit Beginn des neuen Jahres wird er die operative Verantwortung für einen ebenso diffizilen wie attraktiven Geschäftsbereich übernehmen. Ein besserer Kopf als der seine war dafür nicht zu finden. Er wird dann weiterhin viel reisen müssen, weltweit, auch nach Fernost.

Er ist durchaus zufrieden mit dem, was er erreicht hat, und er ist stolz auf sich. Oft wird ihm Gefühlskälte vorgeworfen. Nun hat er seine besonderen Gründe, die Probleme anderer Menschen nicht so ohne weiteres ernst zu nehmen. Um ihn zu erschüttern, braucht es schon einiges. Aber er meint doch, genau das noch lernen zu müssen, nämlich mehr Mitgefühl seinen Mitmenschen gegenüber aufzubringen. Seine Lebensphilosophie würde bei jedem anderen eher trivial klingen: „Entweder Sie stecken den Kopf in den Sand, und dann sind Sie aber wirklich verloren und eine Belastung für die Gesellschaft, und Sie werden daran zugrunde gehen, oder aber Sie recken den Kopf ganz weit nach oben und packen die Dinge neu an.“

In Japan kennen Bogenschützen eine Spezialität, die ihn schon immer interessiert hat. Sie heißt Kyudo und wird mit einem Sportgerät betrieben, das so groß ist, daß er es von seinem Rollstuhl aus nicht bedienen kann. Er ist seit 1973 total querschnittsgelähmt, als er die Interessen seiner Firma in Japan vertrat und eine eigentlich gar nicht so dramatische Amöbenruhr nicht erkannt worden war.

Harald Grosser im Gespräch mit Jens Waldhof
(Blick durch die Wirtschaft, 12. 12. 1986)

Leserservice

Alle Neuerungen und Verbesserungen des Buches finden Sie auf meiner Homepage unter www.ris.at/homes/gkz-linz/

Inhaltsverzeichnis

1. Wir versuchen gemeinsam, eine Bilanz zu entzaubern

Lernziel

Gleich zu Beginn lernen Sie die wesentlichen Inhalte einer Bilanz und einer Gewinn- und Verlustrechnung kennen. Auf die nachstehenden Begriffe stoßen Sie bei der Besprechung des Jahresabschlusses der Tel Mineralwolle AG. Sie können sich jetzt auch vorstellen, was auf Sie zukommt. Sie können aber auch testen, was Sie beim Beginn der Lektüre gewußt haben und was Sie in drei Stunden wissen werden.

Geschäftsbericht	Aktiva
Bilanz	Passiva
Gewinn- und Verlustrechnung	Immaterielle Vermögensgegenstände
Bilanzgewinn	Stille Reserven
Doppelte Buchhaltung	Beteiligungen
Staffelform	Rechnungsabgrenzungsposten
Umsatzerlöse	Eigenkapital
Bestandsveränderung	Fremdkapital
Herstellungskosten	Verbundenes Unternehmen
Selbsterstellte Anlagen	Rückstellung für Pensionen
Betriebserfolg	Rückstellung für Abfertigungen
Auflösung unversteuerter Rücklagen	Bewertungsreserve
Rückstellungen	Investitionsfreibetrag
Gesamkostenverfahren	Kapitalrücklagen
Anlagevermögen	Gewinnrücklagen
Umlaufvermögen	Außenfinanzierung
Anschaffungskosten	Innenfinanzierung
Abschreibungen	Anhang
Finanzerfolg	Forderungen
Ergebnis der gewöhnlichen Geschäftstätigkeit	Mehr-/Wenigerrechnung
Unversteuerte Rücklagen	Grundsätze ordnungsmäßiger Bilanzierung
Grundkapital	Vermögenslage
Gewinnvortrag	Finanzlage
Dividende	Ertragslage
Rendite	Lagebericht

1.1 Bestandteile des Jahresabschlusses

Bei einer geführten Wanderung durch die Bilanz lernen wir die **wesentlichen Bestandteile** kennen. Wir wissen dann, wie diese entstanden sind und was sie für das Unternehmen bedeuten.

Gleich zu Beginn sollen wir erfahren, daß das, was der Volksmund als Bilanz bezeichnet, in Wirklichkeit Jahresabschluß heißt und in drei Teile zerfällt.

1. **Bilanz**
2. **Gewinn- und Verlustrechnung**
3. **Anhang**

Wenn wir nun sagen, daß wir gemeinsam die Bilanzen entzaubern, dann meinen wir damit die Bilanz im engeren Sinne und die Gewinn- und Verlustrechnung.

Erst im Anschluß an die Besprechung der Bilanz und der Gewinn- und Verlustrechnung treffen wir auf dieser gemeinsamen Wanderung auf den Anhang und den Lagebericht.

Dieser **Lagebericht** ist eine Ergänzung zum Jahresabschluß und muß von allen Kapitalgesellschaften erstellt werden. Wenn das Handelsgesetzbuch hier von Kapitalgesellschaften spricht, dann meint es damit die Aktiengesellschaft, die GmbH und die GmbH & Co KG.

Im Lagebericht erfahren wir vom Vorstand (Geschäftsführer) über die voraussichtliche Entwicklung des Unternehmens. Schließlich wird uns der Vorstand unterrichten, was in dem Bereich der Forschung und Entwicklung (Research and Development) passieren wird.

Die **Tel Mineralwolle AG** finden wir in der Top 500 Rangliste der österreichischen Unternehmen. Die Tel Mineralwolle AG ist ein Industrieunternehmen und im Glas- und Keramikbereich tätig.

Sie werden jetzt sicher fragen, warum wir unsere Reise durch den Jahresabschluß mit einem so großen Unternehmen beginnen und nicht den Jahresabschluß der Tischlerei Otto Petermüller aus Gramastetten analysieren, den wir nicht in der Top 500 Rangliste finden, der aber dafür eine einfachere Gewinn- und Verlustrechnung hätte.

Die Antwort ist ganz einfach: Nur die großen Unternehmen veröffentlichen ihre Bilanzen in der Wiener Zeitung und legen einen Geschäftsbericht auf. Bei der Tel Mineralwolle AG beschäftigen wir uns mit der Bilanzveröffentlichung in der **Wiener Zeitung**. Wir haben uns also die Latte sehr hoch gelegt, und wenn wir gemeinsam die Hürde nehmen, dann haben wir das Tor in Richtung Bilanzierung weit aufgemacht.

Wir müssen jetzt vorweg noch klären, welche Unternehmen verpflichtet sind, ihre Bilanz in der Wiener Zeitung zu veröffentlichen.

1.2 Einteilung der Kapitalgesellschaften

Im § 221 HGB wird folgende Einteilung vorgenommen (Klammerwerte in Mio. Euro = neue Schwellenwerte gemäß § 221 HGB):

	Bilanzsumme	Nettoumsatz	Arbeitnehmer
kleine Kapitalgesellschaft	bis 37 Mio.(3,125)	bis 77 Mio.(6,250)	bis 50
mittelgroße Kapitalgesellschaft	bis 150 Mio.(12,5)	bis 300 Mio.(25,0)	bis 250
große Kapitalgesellschaft	über 150 Mio.(12,5)	über 300 Mio.(25,0)	über 250

Wenn nun zwei der drei Grenzen überschritten sind, dann wird aus der kleinen Kapitalgesellschaft eine mittlere, aus der mittleren eine große Kapitalgesellschaft.

Und nun zu unserer Gesellschaft

Tel Mineralwolle AG

- Bilanzsumme S 535 Mio., **Grenze 150 Mio.**
- Erlöse S 537 Mio., **Grenze 300 Mio.**
- Durchschnittliche Anzahl der Arbeitnehmer 315, Grenze 250

Damit gehört unser Unternehmen zu den großen Kapitalgesellschaften.

Publizitätsvorschriften

für GmbH	kleine	mittelgroße	große
für AG	–	kleine und mittelgroße	große
1. Einreichung beim Firmenbuch (9 Monate nach Bilanzstichtag)			
Bilanz	ja (komprimiert)	ja (komprimiert)	ja
GuV-Rechnung	nein	ja (komprimiert)	ja
Anhang	ja (verkürzt)	ja (komprimiert)	ja
Lagebericht	nein	ja	ja
Bestätigungsvermerk des Wirtschaftsprüfers	nein (Ausnahme: bei Prüfungspflicht)	ja	ja
Bericht des Aufsichtsrates	nein	ja	ja
Ergebnisverwendungsvorschlag	nein	ja	ja
Nachweis über die Veranlassung der Veröffentlichung im Amtsblatt der „Wiener Zeitung"	nein	nein	ja
2. Veröffentlichung im Amtsblatt der „Wiener Zeitung"			
Jahresabschluß	nein	nein	ja
Hinweis auf die Einreichung des Jahresabschlusses zum Firmenbuch	ja	ja	nein

Wir beschäftigen uns jetzt ein wenig mit den Personen, die sich für den Geschäftsbericht interessieren.

1.3 Adressatenkreis

Derjenige, der den Jahresabschluß erstellt, weiß unendlich mehr, als derjenige der die Bilanz und die Gewinn- und Verlustrechnung zur Interpretation erhalten hat. Wenn wir uns als Bilanzersteller um den Bilanzleser bemühen, dann müssen wir ihm die Bilanz und die Gewinn- und Verlustrechnung erläutern und zwar so, daß er sie auch verstehen kann. Dazu wird es auch erforderlich sein, unsere Bilanz anhand von **Kennziffern** transparenter zu machen. Damit hat unser Adressat auch die Möglichkeit unsere Kennziffern mit denen eines anderen Betriebes zu vergleichen. Schließlich wird es auch nützlich sein, dem Bilanzleser unsere Sicht vom Industriezweig zu geben, in dem wir tätig sind und insbesondere die Situation in unserem Unternehmen zu erläutern.

Ganz wichtig ist für den Adressatenkreis die Beurteilung unserer **zukünftigen Entwicklung.** Es wird auch in unserem Interesse liegen, diesbezüglich Aussagen zu machen. Die **Berichtspflicht für die Vergangenheit** (Anhang) und die **Berichtspflicht in Richtung Zukunft** (Lagebericht) sind im Handelsgesetzbuch nunmehr verankert.

Angenommen, Sie sind jetzt Vorstandsmitglied in einem Industrieunternehmen. Der Geschäftsbericht (Bilanz, Gewinn- und Verlustrechnung, Anhang und Lagebericht) ist für Sie nicht die Erfüllung einer lästigen gesetzlichen Verpflichtung, sondern die Gelegenheit, Ihr Unternehmen positiv darzustellen.

Wer ist nun Ihr Adressatenkreis?
Wem würden Sie einen Geschäftsbericht übersenden?

Der Geschäftsbericht wird jedenfalls an die **Eigentümer** (Aktionäre, Gesellschafter) geschickt. Aus dem Geschäftsbericht erfahren die Eigentümer den Erfolg des letzten Jahres.

Weil die Aktien Ihres Unternehmens an der Wiener Börse gehandelt werden, haben Sie als Vorstandsmitglied auch daran Interesse, daß Sie zukünftige Aktionäre erreichen. Aus diesem Grund haben Sie veranlaßt, den Geschäftsbericht an die Wertpapierabteilungen aller österreichischen Kreditinstitute zu versenden.

Wenn Sie selbst Vorstand eines Kreditinstitutes wären, dann würden Sie den Geschäftsbericht auch an alle Ihre Kunden übersenden.

Sie haben mit dem Geschäftsbericht die einmalige Gelegenheit, die **Mitarbeiter** über das eigene Unternehmen zu informieren. Damit haben die Mitarbeiter ein Dokument in der Hand, das sie auch ihren Familienangehörigen zu Hause auf den Tisch legen können. In diesem Fall ist weniger der Inhalt als die äußere Form des Geschäftsberichtes maßgebend. Sie erreichen damit eine höhere Identifizierung der Mitarbeiter mit dem Unternehmen.

Für die **Gläubiger** zählt dann mehr der Inhalt, als die äußere Aufmachung. Insbesondere werden sich die **Kreditgeber (Banken)** ganz genau für Ihre Bilanz interessieren. Das Bankwesengesetz schreibt es nämlich Ihrer Hausbank vor, von Ihnen den Geschäftsbericht bzw. einen Jahresabschluß einzufordern. **Dieser Jahresabschluß dient ganz wesentlich dazu, das Kreditverhältnis zwischen Ihnen und Ihrer Hausbank zu beurteilen.** Bei schlechten Bilanzergebnissen und fehlenden Sicherheiten könnte die Bank veranlaßt sein, den aushaftenden Kredit in der eigenen Bilanz wertzuberichtigen.

Die **Lieferanten**, als zweite Gläubigergruppe, werden sich eher weniger mit Ihren Bilanzen auseinandersetzen.

Sie haben aber als Vorstandsmitglied richtigerweise erkannt, daß **der Geschäftsbericht ein Werbeträger** ist, um das eigene Unternehmen positiv darzustellen. Sie veranlassen daher, allen Ihren **Lieferanten** einen Geschäftsbericht zuzusenden. Beeindruckt von Inhalt und Darstellung werden Ihnen die Lieferanten beim nächsten Gespräch bessere Zahlungskonditionen zubilligen.

Schließlich haben Sie sich entschieden, auch Ihren **Kunden** einen Geschäftsbericht zuzusenden. Und weil Sie Ihre Produkte im Geschäftsbericht positiv dargestellt haben, wird der Kunde auch in seiner Entscheidung darüber bestärkt, mit Ihnen Geschäfte abgeschlossen zu haben. Sie brauchen nicht gleich zu fürchten, daß das positive Ergebnis bei der Beurteilung Ihres nächsten Anbotes Gegenstand einer Diskussion ist. Sie haben mit Ihrem Geschäftsbericht nur bewiesen, auch ein guter Kaufmann zu sein.

Sie haben, was sehr wichtig ist, auch an künftige neue Kunden gedacht, die normalerweise nicht direkt beworben werden. Sie haben veranlaßt, daß je ein Geschäftsbericht an die Gemeinden, Bezirkshauptmannschaften und an die entsprechenden Abteilungen der Landesregierung geschickt wird, weil Sie ja wissen, daß auch von dort Aufträge kommen.

Sie betreiben bewußt **Öffentlichkeitsarbeit** und haben sogar eine **Bilanzpressekonferenz** veranstaltet. Der Einladung an die Presse sind jedoch nur drei Redakteure gefolgt, mit denen Sie den Betrieb besichtigt haben und im Anschluß daran zwei Stunden zusammengesessen sind. Ihr Betrieb ist dann in mehreren regionalen Zeitungen sehr positiv erwähnt worden.

Die Konkurrenz wird auch sehr bald im Besitz eines Geschäftsberichtes sein. Schließlich übersenden Sie jedem einen Geschäftsbericht, der Sie darum ersucht. Amerikanische Unternehmen gehen in der Transparenz sogar noch weiter: die Hauptversammlungen bzw. Generalversammlungen werden aufgenommen und die Aktionäre erhalten auf Verlangen eine Kassette.

Die mitgeschnittene Hauptversammlung von Eastman Kodak (Audiocassette recording of proceedings at Annual Meeting) können Sie schriftlich anfordern bei:

Shareowner Relations
Eastman Kodak Company
343 State Street Rochester, N. Y. 14650
U.S.A.

Mit Ihrer offenen Strategie schützen Sie Ihr Unternehmen vor falschen Informationen, die oft bei Dritten zu Fehlentscheidungen führen können.

Wenn Sie nun wissen wollen, was einen „guten" Geschäftsbericht ausmacht, dann lesen Sie: *Baetge/Kirchhoff*, Der Geschäftsbericht, Ueberreuter Verlag, Wien 1997.

Wir werden im **ersten Teil** bei der Besprechung der Bilanz versuchen, alle auf uns zukommenden Begriffe mit Inhalt zu füllen. Es geht hier wirklich um die vereinfachte Darstellung von in Wirklichkeit komplizierten Sachverhalten. Es wird beim Einstieg nur darum gehen, die groben Strukturen kennenzulernen und nicht um das Detail der komplizierten Rechtsvorschriften (Rechnungslegungsgesetz, Einkommensteuergesetz). Erst im **zweiten Teil** erhalten Sie übersichtsweise eine Darstellung der entsprechenden Rechtsvorschriften, aber dann sind Ihnen ein Großteil der Begriffe bereits bekannt. Die veröffentlichten Jahresabschlüsse, ob in der Wiener Zeitung oder im Geschäftsbericht, sind in der Regel professionell gemacht und daher ziehen wir den größten Nutzen, wenn wir uns mit solchen Jahresabschlüssen auseinander setzen.

Damit ist auch die Einleitung bereits beendet. Wir ersparen uns die Auseinandersetzung mit der Geschichte der Bilanzierung und auch die Beantwortung der Frage, warum Bilanzen gelegt werden müssen. Wir nehmen die Tatsache, daß es Jahresabschlüsse gibt, einfach zur Kenntnis und wollen gemeinsam versuchen, **die wichtigsten Informationen aus den Jahresabschlüssen herauszuholen**. Am Ende des ersten Teiles sind dann auch viele Fragen beantwortet, die uns vielleicht anfangs quälen.

1.4 Fallstudie: Jahresabschluß der Tel Mineralwolle AG

Wir haben den Jahresabschluß, den wir jetzt besprechen, aus der **Amtlichen Wiener Zeitung**, wo üblicherweise die Jahresabschlüsse veröffentlicht werden. Es kann aber auch der Fall sein, daß Sie einen *Geschäftsbericht* in Händen haben, in dem Sie einen Jahresabschluß vorfinden. Im Geschäftsbericht finden Sie Bilder, Zahlen und Texte. Die Bilder sprechen für sich. Die Texte sind, wenn der Geschäftsbericht gut gemacht ist, auch verständlich. Nur bei den Zahlen und deren Interpretation haben wir unsere Probleme. Diese Probleme sollten am Ende unserer gemeinsamen Auseinandersetzung mit den Jahresabschlüssen nicht mehr bestehen.

Gemeinsam wollen wir das Fachchinesisch der Bilanzbuchhalter lernen, damit wir einen Zugang zu den Jahresabschlüssen finden.

Es gibt für den Einstieg in die Materie keinen besonders einfachen oder unkomplizierten Jahresabschluß, denn die Jahresabschlüsse sind alle nach dem gleichen Muster gestrickt, und weil es der Handelsgesetzgeber so will, sind die **Bestandteile des Jahresabschlusses** bei allen Unternehmen gleich. Lediglich die Höhe der Beträge unterscheidet die großen Unternehmen von den kleinen Betrieben, was an sich für die Interpretation und Analyse des Jahresabschlusses unerheblich ist.

Für unseren Einstieg in die Welt der Bilanzen haben wir die *Tel Mineralwolle AG* ausgesucht, die einen Jahresabschluß zum 31. Dezember 1991 vorgelegt hat, der vom Ergebnis sehr positiv ausgefallen und in der Darstellung sehr übersichtlich ist.

Wenn wir jetzt mit der Tel Mineralwolle AG beginnen, dann ist unser erstes Ziel, die **wesentlichen Bestandteile der Bilanz und der Gewinn- und Verlustrechnung kennenzulernen.**

Zum zweiten wird bei der Besprechung des Jahresabschlusses der Tel Mineralwolle AG kein Hinweis auf die rechtlichen Grundlagen gegeben. Erwarten Sie daher noch nicht Verweise auf das Handelsrecht und Hinweise auf bestimmte Paragraphen.

Mit der Besprechung des Jahresabschlusses der Tel Mineralwolle AG möchten wir die einzelnen Teile der Bilanz und der Gewinn- und Verlustrechnung kennenlernen.

Die beiden wichtigsten Informationen über das Unternehmen sind die

1. **Bilanz zum 31. Dezember 1991 und die**
2. **Gewinn- und Verlustrechnung für das Geschäftsjahr 1991**

Tel Mineralwolle AG

Bilanz zum 31. Dezember 1991

Aktiva	31. 12. 1991 ATS	31. 12. 1990 ATS
A. Anlagevermögen		
I. Immaterielle Vermögensgegenstände	30.111,–	45.165,–
II. Sachanlagen	278,065.899,92	268,630.175,92
III. Finanzanlagen	34,182.254,10	32,866.389,–
	312,278.265,02	301,541.729,92
B. Umlaufvermögen		
I. Vorräte	54,103.797,04	49,836.300,99
II. Forderungen und sonstige Vermögensgegenstände	78,876.833,41	68,048.588,86
III. Wertpapiere und Anteile	23.025,–	23.025,–
IV. Kassenbestand und Guthaben bei Banken	90,442.345,46	76,999.504,74
	233,446.000,91	194,907.419,59
C. Rechnungsabgrenzungsposten	187.886,90	201.296,75
Summe Aktiva	535,912.152,83	496,650.446,26

Passiva	31. 12. 1991 ATS	31. 12. 1990 ATS
A. Eigenkapital		
I. Grundkapital	78,000.000,–	78,000.000,–
II. Kapitalrücklagen (gebunden)	6,883.533,65	6,883.533,65
III. Gewinnrücklagen	109,116.466,35	99,616.466,35
IV. Bilanzgewinn	21,147.207,75	19,798.009,26
	215,147.207,75	204,298.009,26
B. Unversteuerte Rücklagen	79,268.976,–	70,702.267,–
C. Rückstellungen	152,930.710,–	126,468.050,–
D. Verbindlichkeiten	88,565.259,08	95,182.120,–
Summe Passiva	535,912.152,83	496,650.446,26
Eventualverbindlichkeiten	10,003.951,–	1,826.901,–

Gewinn- und Verlustrechnung für das Geschäftsjahr 1991

		1991 ATS	1990 ATS
1.	**Umsatzerlöse**	537,192.736,89	486,390.936,75
2.	Erhöhung des Bestandes an fertigen und unfertigen Erzeugnissen	6,415.143,–	1,051.284,65
3.	Im Anlagevermögen berücksichtigte Eigenleistungen	1,831.901,25	1,183.051,25
4.	Sonstige betriebliche Erträge	39,021.232,23	40,675.216,56
	Betriebliche Erträge	584,461.013,37	529,300.489,21
5.	Materialaufwendungen und Aufwand für bezogene Leistungen	233,141.331,63	200,367.511,59
6.	Personalaufwand	197,997.346,–	191,232.377,56
7.	Abschreibungen auf immaterielle Vermögensgegenstände und Sachanlagen	35,326.352,02	34,790.698,79
8.	Sonstige betriebliche Aufwendungen	86,624.637,09	79,571.044,80
		553,089.666,74	505,961.632,74
9.	**Betriebserfolg**	31,371.346,63	23,338.856,47
10.	Erträge aus Beteiligungen	10,500.000,–	5,500.000,–
11.	Zinserträge, Wertpapiererträge und ähnliche Erträge	6,502.887,39	5,567.978,91
12.	Abschreibungen auf sonstige Finanzanlagen	179.534,90	349.534,80
13.	Zinsen und ähnliche Aufwendungen	3,770.534,63	3,602.937,39
14.	**Finanzerfolg**	13,052.817,86	7,115.506,72
15.	**Ergebnis der gewöhnlichen Geschäftstätigkeit Jahresüberschuß vor Steuern**	44,424.164,49	30,454.363,19
16.	Steuern vom Einkommen und vom Ertrag	9,408.257,–	10,520.000,–
17.	**Jahresüberschuß**	35,015.907,49	19,934.363,19
18.	Auflösung unversteuerter Rücklagen	16,054.727,07	156.630,–
19.	Zuweisungen zu unversteuerten Rücklagen	24,621.436,07	11,019.690,
20.	Zuweisung zu Gewinnrücklagen	9,500.000,–	241.444,–
21.	Jahresgewinn	16,949.198,49	8,829.859,19
22.	Gewinnvortrag aus dem Vorjahr	4,198.009,26	10,968.150,07
23.	**Bilanzgewinn**	21,147.207,75	19,798.009,26

Entwicklung des Anlagevermögens

	Anschaffungs- u. Herstellungskosten 1. 1. 1991 ATS	Zugänge ATS	Umbuchungen +/– ATS	Abgänge ATS	Kumulierte Abschreibungen ATS	Buchwert 31. 12. 1991 ATS	Buchwert 31. 12. 1990 ATS	Abschreibungen des Geschäftsjahres 1991 ATS
I. Immaterielle Vermögensgegenstände:								
Marken- und Nutzungsrechte	4,132.992,95	–,–	–,–	–,–	4,102.881,95	30.111,–	45.165,–	15.054,–
Summe Immaterielle Vermögensgegenstände	4,132.992,95	–,–	–,–	–,–	4,102.881,95	30.111,–	45.165,–	15.054,–
II. Sachanlagen								
1. Bebaute Grundstücke								
a) Grundwert	5,066.201,–	–,–	–,–	366.745,–	–,–	4,699.456,–	5,066.201,–	–,–
b) Gebäudewert	270,508.982,45	3,148.390,27	+ 6,631.300,73	31,736.249,79	115,132.268,66	133,420.155,–	151,333.235,–	10,312.461,43
2. Unbebaute Grundstücke	14.,263.969,64	–,–	–,–	2,616.280,–	–,–	11,647.689,64	14,263.969,64	–,–
3. Maschinen und maschinelle Anlagen	361,982.136,06	13,371.876,23	+ 26,188.337,62	764.264,88	321,772.105,78	79,005.979,25	55,731.294,–	16,285.434,60
4. Werkzeuge, Betriebs- und Geschäftsausstattung	77,403.360,68	14,665.984,09	–,–	4,429.262,84	61,812.761,93	25,827.320,–	20,820.230,–	8,304.870,85
5. Anlagen in Bau	21,415.246,28	34,869.692,10	– 32,819.638,35	–,–	–,–	23,465.300,03	21,415.246,28	–,–
6. Geringwertige Wirtschaftsgüter	–,–	408.531,14	–,–	408.531,14	–,–	–,–	–,–	408.531,14
Summe Sachanlagen	750,639.896,11	66,464.473,83	–,–	40,321.333,65	498,717.136,37	278,065.899,92	268,630.175,92	35,311.298,02
III. Finanzanlagen								
1. Beteiligungen, Anteile an verbundenen Unternehmen	20,827.500,–	29.000,–	–,–	–,–	–,–	20,856.500,–	20,827.500,–	–,–
2. Wertpapiere (Wertrechte) des Anlagevermögens, Wertpapiere zur Rückstellungsdeckung	12,388.423,80	1,466.400,–	–,–	–,–	529.069,70	13,325.754,10	12,038.889,–	179.534,90
Summe Finanzanlagen	33,215.923,80	1,495.400,–	–,–	–,–	529.069,70	34,182.254,10	32,866.389,–	179.534,90
Insgesamt	787,988.812,86	67,959.873,83	–,–	40,321.333,65	503,349.088,02	312,278.265,02	301,541.729,92	35,505.886,92

Unversteuerte Rücklagen

	Stand am 1. 1. 1991 ATS	Zuführung ATS	Umbuchung ATS	Auflösung ATS	Stand am 31. 12. 1991 ATS
1. Bewertungsreserve auf Grund von Sonderabschreibungen gemäß					
§ 12 EStG 1988	–,–	3,174.369,07	+ 3,156.109,–	329.152,07	6,001.326,–
§ 8 EStG 1972	31,636.937,–	–,–	–,–	6,034.053,–	25,602.884,–
	31,636.937,–	3,174.369,07	+ 3,156.109,–	6,363.205,07	31,604.210,–
2. Sonstige Rücklagen gemäß			– 4,260.740,–		
§ 10 EStG 1988	35,909.221,–	11,447.067,–	+ 4,260.740,–	9,691.522,–	37,664.766,–
§ 12 EStG 1988	3,156.109,–	10,000.000,–	– 3,156.109,–	–,–	10,000.000,–
	39,065.330,–	21,447.067,–	– 3,156.109,–	9,691.522,–	47,664.766,–
	70,702.267,–	24,621.436,07	–,–	16,054.727,07	79,268.976,–

I. Bilanzierungs- und Bewertungsmethoden

Das RLG wurde erstmals für den vorliegenden Jahresabschluß angewendet. Die Vorjahreszahlen wurden entsprechend den neuen Gliederungsvorschriften adaptiert, die materielle Entsprechung zu den neuen Vorschriften ist bei zwei Bilanzwerten 1990 (Abfertigungs- und Jubiläumsgeldrückstellung) nicht gegeben.

1. Anlagevermögen

a) Immaterielles Anlagevermögen

Das immaterielle Anlagevermögen wurde mit Anschaffungskosten bewertet und planmäßig abgeschrieben.

b) Sachanlagevermögen

Das Sachanlagevermögen wurde mit Anschaffungs- oder Herstellungskosten abzüglich der abgesetzten planmäßigen linearen Abschreibungen bewertet. Die teilweise selbsterstellten Anlagen wurden anteilig zu Herstellungskosten auf Basis der Einzelkosten zuzüglich angemessener Material- und Fertigungsgemeinkosten aktiviert.

Die planmäßigen Abschreibungen wurden nach Maßgabe der branchenüblichen oder der betriebsbedingten Nutzungsdauer ermittelt.

Die Bewertungsfreiheit bei geringwertigen Wirtschaftsgütern wurde voll in Anspruch genommen, wobei im Jahr des Zuganges sofort ein Abgang gebucht wurde.

c) Finanzanlagen

Die Beteiligungen (Anteile an verbundenen Unternehmen) wurden zu Anschaffungskosten bilanziert.

Die Wertpapiere wurden zum Anschaffungswert bzw. zum niedrigeren Teilwert bewertet.

2. Umlaufvermögen

a) Vorräte

Die Roh-, Hilfs- und Betriebsstoffe sowie die Handelswaren wurden zu Einstandspreisen unter Anwendung des strengen Niederstwertprinzips bewertet. Die Bewertung der fertigen und unfertigen Erzeugnisse erfolgte zu Herstellungskosten. Es wurden neben den direkt zurechenbaren Einzelkosten (Fertigungsmaterial, -löhne und Sonderkosten der Fertigung) auch die vollen Material- und Fertigungsgemeinkosten berücksichtigt. Verwaltungsgemeinkosten wurden nicht aktiviert.

b) Forderungen und sonstige Vermögensgegenstände

Der Ansatz der Forderungen und sonstigen Vermögensgegenstände erfolgte zum Nominalwert. Bei der Bewertung der Forderungen wurden erkennbare Risken durch individuelle Einzelwertberichtigungen berücksichtigt. Darüberhinaus wurde noch eine Pauschalwertberichtigung angesetzt. Abzinsungen waren nicht erforderlich, Fremdwährungsforderungen haben nicht bestanden.

3. Rückstellungen

Die Rückstellungen für Pensionen wurden nach versicherungsmathematischen Grundsätzen unter Zugrundelegung eines Zinssatzes von 6% mit der Gegenwartsmethode erfaßt. Die Handelsbilanzwerte wurden ohne die Kürzung durch die Unterdeckungsbeiträge ermittelt und ergaben daher nach den Vorschriften des Rechnungslegungsgesetzes die volle Bedeckung der Verpflichtungen.

Die Rückstellungen für Abfertigungen wurden finanzmathematisch berechnet. Diese zum 31. Dezember 1991 ermittelte Unterdeckung wurde gemäß Artikel X Abs. 1 RLG im Jahre 1991 vollständig angepaßt.

Die Rückstellungen für Jubiläumszusagen wurden zum 31. Dezember 1991 finanzmathematisch berechnet und vollständig dotiert.

Die Steuer- und sonstigen Rückstellungen wurden im erforderlichen Ausmaß gebildet.

4. Verbindlichkeiten

Die Verbindlichkeiten wurden mit dem Rückzahlungsbetrag unter Bedachtnahme des Höchstwertprinzips bewertet.

II. Erläuterungen zur Bilanz

Vorräte	31. 12. 1991 ATS	31. 12. 1990 ATS
1. Roh-, Hilfs- und Betriebsstoffe	23.622.971,10	26.188.766,12
2. Unfertige Erzeugnisse	1.993.727,–	1.495.255,–
3. Fertige Erzeugnisse und Waren	28.487.098,94	22.152.279,87
	54.103.797,04	49.836.300,99

Forderungen und sonstige Vermögensgegenstände	31. 12. 1991 (Laufzeit unter 1 Jahr) ATS	31. 12. 1990 (Laufzeit unter 1 Jahr) ATS
1. Forderungen aus Lieferungen und Leistungen	716.299,25	3.357.349,40
2. Forderungen gegen verbundene Unternehmen	20.067.643,15	21.980.187,25
3. Sonstige Forderungen und Vermögensgegenstände	58.092.891,41	42.711.052,21
	78.876.833,41	68.048.588,86

Bei den Forderungen gegen verbundene Unternehmen bestand eine Mitzugehörigkeit zu den Forderungen aus Lieferungen und Leistungen.

Gewinnrücklagen	31. 12. 1991 ATS	31. 12. 1990 ATS
1. Gesetzliche Rücklage	2,616.466,35	2,616.466,35
2. Freie Rücklage	106,500.000,–	97,000.000,–
	109,116.466,35	99,616.466,35

Unversteuerte Rücklagen	31. 12. 1991 ATS	31. 12. 1990 ATS
1. Bewertungsreserve auf Grund von Sonderabschreibungen	31,604.210,–	31,636.937,–
2. Sonstige unversteuerte Rücklagen	47,664.766,–	39,065.330,–
	79,268.976,–	70,702.267,–

Rückstellungen	31. 12. 1991 ATS	31. 12. 1990 ATS
1. Rückstellung für Abfertigungen	33,964.000,–	26,344.000,–
2. Rückstellung für Pensionen	87,808.000,–	69,505.000,–
3. Steuerrückstellungen	1,796.710,–	1,150.450,–
4. Sonstige Rückstellungen	29,362.000,–	29,468.600,–
	152,930.710,–	126,468.050,–

Verbindlichkeiten	bis 1 Jahr ATS	Restlaufzeit 1–5 Jahre ATS	über 5 Jahre ATS	insgesamt 31. 12. 1991 ATS
1. Verbindlichkeiten aus Lieferungen und Leistungen	20.615.154,98	–,–	–,–	20,615.154,98
2. Verbindlichkeiten gegenüber verbundenen Unternehmen	1,591.310,35	–,–	–,–	1,591.310,35
3. Sonstige Verbindlichkeiten:				
a) Verbindlichkeiten gegenüber Beteiligungsfonds	–,–	22,459.735,–	13,336.666,–	35,796.401,–
b) übrige	29,201.289,30	1.000.000,–	361.103,45	30,562.392,75
insgesamt	51,407.754,63	23,459.735,–	13,697.769,45	88,565.259,08

Bei den Verbindlichkeiten gegenüber verbundener Unternehmen bestand eine Mitzugehörigkeit zu den Verbindlichkeiten aus Lieferungen und Leistungen.
Die Einlagen des Beteiligungsfonds (stiller Gesellschafter) betrugen 25.000 TS; der Rest von 10.796 TS betraf laufende offene Verrechnungen.

Die Aufgliederung der Vergleichszahlen des Vorjahres ist der folgenden Aufstellung zu entnehmen

	bis 1 Jahr ATS	Restlaufzeit 1–5 Jahre ATS	über 5 Jahre ATS	insgesamt 31. 12. 1991 ATS
1. Verbindlichkeiten aus Lieferungen und Leistungen	42,510.929,98	–,–	–,–	42,510.929,98
2. Sonstige Verbindlichkeiten gegenüber Beteiligungsfonds	975.000,–	21,596.750,–	12,540.000,–	35,111.750,–
b) übrige	15,992.802,82	447.119,32	1,119.517,88	17,559.440,02
insgesamt	59,478.732,80	22,043.869,32	13,659.517,88	95,182.120,–

III. Erläuterungen zu den Posten der Gewinn- und Verlustrechnung

Für die Gewinn- und Verlustrechnung wurde das Gesamtkostenverfahren angewendet.

Sonstige betriebliche Erträge	1991 ATS	1990 ATS
a) Erträge aus dem Abgang von Anlagevermögen	10,740.732,71	3,222.736,–
b) Erträge aus der Auflösung von sonstigen Rückstellungen	2,415.000,–	3,757.000,–
c) übrige	25,865.499,52	33,695.480,56
	39,021.232,23	40,675.216,56

Personalaufwand/Mitarbeiter	1991 ATS	1990 ATS
a) Löhne	83,028.091,02	80,133.570,–
b) Gehälter	45,759.706,42	48,546.699,27
c) Aufwendungen für Abfertigungen und Pensionen	36,133.597,60	30,061.635,67
d) Aufwendungen für gesetzlich vorgeschriebene Sozialabgaben sowie vom Entgelt abhängige Abgaben und Pflichtbeiträge	28,576.079,02	28,119.796,95
e) Sonstige Sozialaufwendungen	4,499.871,94	4,370.675,67
	197,997.346,–	191,232.377,56

Der **durchschnittliche Beschäftigtenstand** der Gesellschaft betrug im Wirtschaftsjahr 1991 315 Beschäftigte, davon 63 Angestellte und 252 Arbeiter.

Sonstige Betriebliche Aufwendungen	1991 ATS	1990 ATS
a) Steuern, soweit sie nicht unter Z. 16 fallen	4.168.275,–	2.957.499,–
b) übrige betriebliche Aufwendungen	82.456.362,09	76.613.545,80
	86.624.637,09	70.571.044,00

Wie Sie jetzt leicht ersehen können, ist die Bilanz eine **Momentaufnahme vom 31. Dezember 1991**, also auf einen Stichtag bezogen, und die Gewinn- und Verlustrechnung betrifft das **Geschäftsjahr 1991** (1. Jänner bis 31. Dezember) und ist damit **zeitraumbezogen**.

Wir haben also zwei Informationen vor uns. Davon ist eine **stichtagsbezogen** (31. Dezember 1991) und eine **zeitraumbezogen** (1. Jänner bis 31. Dezember 1991).

Gemeinsam ist beiden Darstellungen, daß der **gleiche Bilanzgewinn** ausgewiesen ist.

Am **Ende der Gewinn- und Verlustrechnung**, unter der Ziffer 23, beim **Bilanzgewinn** finden Sie einen Betrag von S 21,147.207,75. Diesen Betrag finden Sie auch in der **Bilanz**, unter den Passiva im Posten A. Eigenkapital, IV. **Bilanzgewinn.**

Wir stehen jetzt bereits mitten im Jahresabschluß und haben noch gar nicht die Frage beantwortet, warum man überhaupt einen solchen Jahresabschluß aufstellen muß. Aus dem, was wir bisher gesehen haben, können wir ableiten, daß die **Gewinnermittlung** das vordringliche Ziel des Jahresabschlusses ist.

Wie Sie bereits erkannt haben, ist der Gewinn zweimal ermittelt worden, und zwar in der **Bilanz**, in der stichtagsbezogenen Darstellung, und in der **Gewinn- und Verlustrechnung**, in der zeitraumbezogenen Darstellung.

Wenn man nun, wie wir es tun, ganz unvoreingenommen an einen Jahresabschluß herangeht, dann drängen sich viele Fragen auf, die ganz fundamentaler Natur sind, über die ein Fachmann vielleicht lächelt, die aber doch gestellt werden müssen, um einen Zugang zur Materie zu finden. Eine solche Frage stellt sich jetzt, wo wir gesehen haben, daß der **Gewinn zweimal ermittelt** worden ist. Warum machen sich die gestreßten Manager der Tel Mineralwolle AG die Mühe, den **Gewinn zweimal** zu errechnen?

Doppelte Buchhaltung

Bei Beantwortung dieser Frage sind wir bei der Faszination der **doppelten Buchhaltung**. Faszinierend deswegen, weil sich in der Buchhaltung immer alles ausgeht, diese immer stimmen muß.

Doppelte Buchhaltung bedeutet:

1. **Doppelte Erfassung des Buchungsstoffes**, einmal **chronologisch** (im Journal, in der zeitlichen Reihenfolge) und einmal **sachbezogen**, auf den jeweils vorgegebenen Konten. Den Zahlungsbeleg für die Stromkosten vom 17. Februar finden wir im **Februarjournal** erfaßt, nämlich bei den Buchungen des 17. Februar, und außerdem auf dem **Sachkonto** 570, wo der gesamte Energieaufwand erfaßt wird.
2. **Doppelte Erfassung aller Beträge**, einmal als **Sollbuchung** und gleichzeitig als **Habenbuchung**.
3. **Doppelte Gewinnermittlung** in der **Bilanz** und in der **Gewinn- und Verlustrechnung**.

Es führt uns also die **doppelte Buchhaltung zur doppelten Gewinnermittlung**, in der Bilanz und in der Gewinn- und Verlustrechnung.

Wir haben also festgestellt, daß der Gewinn doppelt ermittelt wird, einmal in der Bilanz und gleichzeitig in der Gewinn- und Verlustrechnung.

Die Gewinn- und Verlustrechnung ist für uns aufs erste viel leichter zu interpretieren, als die Bilanz.

Wir beginnen also mit der Gewinn- und Verlustrechnung.

Es ist Ihnen bereits aufgefallen, daß sowohl in der Bilanz, als auch in der Gewinn- und Verlustrechnung die **Vorjahreswerte** dargestellt wurden. Die Vergleichbarkeit mit dem Vorjahr ist insbesondere bei den Analysen von großem Vorteil.

Gewinn- und Verlustrechnung

Wir beginnen bei der Gewinn- und Verlustrechnung, die in **Staffelform** aufgestellt ist. Die Staffel beginnt mit den Einnahmen und in der Folge werden dann Ausgaben abgezogen.

Die Einnahmen werden hier als **Umsatzerlöse** bezeichnet. Die Tel Mineralwolle AG hat also 1991 einen Umsatz in Höhe von S 537,192.736,89 erzielt. Wie bereits gesagt, unterbleibt vorerst der Vergleich mit dem Vorjahr, der aber durchaus nützlich ist, nur bei diesem Jahresabschluß von uns nicht durchgeführt wird.

Die gesamten Einnahmen der Tel Mineralwolle AG haben 1991 S 584,461.013.37 betragen.

Die Umsätze sind also kein Problem. Es stellt sich vielleicht die Frage, ob diese Umsätze einschließlich **Umsatzsteuer** oder ohne Umsatzsteuer ausgewiesen sind. Wenn wir jetzt auf unsere Buchhaltungskenntnisse zurückgreifen, dann wissen wir, daß die Umsatzsteuer selbst keine Einnahme ist, sondern an das **Finanzamt abgeführt werden muß.** Also sind die ausgewiesenen Umsatzerlöse **ohne Umsatzsteuer**.

Wir haben jetzt eher das Problem, den zweiten Posten zu verstehen, die als **Erhöhung des Bestandes** an fertigen und unfertigen Erzeugnissen bezeichnet wird.

Wenn wir bei der wörtlichen Interpretation bleiben, dann können wir feststellen, daß die Tel Mineralwolle AG einen Bestand an **fertigen und unfertigen Erzeugnissen** hat. Einen Bestand an fertigen oder unfertigen Erzeugnissen hat man dann, wenn **die fertigen Erzeugnisse noch nicht veräußert wurden** und die unfertigen Erzeugnisse noch nicht fertiggestellt worden sind.

Nur wird dieser Bestand an fertigen und unfertigen Erzeugnissen jährlich im Rahmen der **Inventur** als Vorratsvermögen aufgenommen. Und wenn nun die Tel Mineralwolle AG von einer Erhöhung des Bestandes spricht, dann läßt sich daraus ableiten, daß der Bestand am 31. Dezember 1991 höher war als jener Bestand am 31. Dezember 1990.

In der Erläuterung zur **Bilanz, bei den Vorräten**, sind die Werte jeweils dargestellt, und zwar wie folgt:

Es haben die **unfertigen Erzeugnisse** um S 498.472,– (Diff. 1,993.727,– und 1,495.255,–) zugenommen und die **fertigen Erzeugnisse** um S 6,334.819,– (Diff. 28,487.098,– und 22,152.279,–), was zusammen eine Veränderung mit S 6,833.291,– mit sich bringt. Von diesem Betrag sind S 6,415.143,– die Bestandserhöhung für unfertige Erzeugnisse und fertige Erzeugnisse. Der dritte Posten der Vorräte enthält neben den fertigen Erzeugnissen auch noch **Waren** und der Restbetrag von S 418.148,– betrifft diese Waren.

Wir haben jetzt unsere Probleme damit gehabt, diesen Posten zu verstehen. Wir wissen jetzt, daß die Vorräte an fertigen und unfertigen Erzeugnissen gegenüber dem Bilanzstichtag des Vorjahres zugenommen haben. Aber unverständlich ist bis jetzt, warum diese Zunahme an Vorräten ein **Teil der betrieblichen Einnahmen** ist, weil ja gerade die fertigen Erzeugnisse nicht verkauft wurden.

Die Tel Mineralwolle AG hat also am 31. Dezember 1991 **unfertige Erzeugnisse** mit S 1,993.727,– und **fertige Erzeugnisse** und Waren mit S 28,487.098,94 auf Lager, und unter Außerachtlassung der Waren ist dieser Betrag um S 6,415.143,– höher als im Vorjahr.

Um bei diesem Problem weiterzukommen, müssen wir hinterfragen, wie die **unfertigen und fertigen Erzeugnisse** in der Bilanz bewertet worden sind.

Die Tel Mineralwolle AG hat uns die Bilanzierungs- und Bewertungsmethoden gesondert dargestellt (vergleiche I. Bilanzierungs- und Bewertungsmethoden), und im Posten 2. Umlaufvermögen finden wir bei den Vorräten den Hinweis „die Bewertung der fertigen und unfertigen Erzeugnisse erfolgte zu den **Herstellungskosten**. Es wurden neben den direkt zurechenbaren Einzelkosten (Fertigungsmaterial, Fertigungslöhne und Sonderkosten der Fertigung) auch die vollen Material- und Fertigungsgemeinkosten berücksichtigt. Verwaltungsgemeinkosten wurden nicht aktiviert."

Wir haben jetzt erfahren, daß die Tel Mineralwolle AG unfertige und fertige Erzeugnisse auf Lager hat, die mit den **Herstellungskosten** bewertet wurden. Gegenüber dem Vorjahr hat der Wert der unfertigen und fertigen Erzeugnisse am Bilanzstichtag um S 6,415.143,– zugenommen.

Den weitaus größten Anteil an den Herstellungskosten haben die **Fertigungslöhne** und das **Fertigungsmaterial**. Wenn wir einen Blick auf die **Gewinn- und Verlustrechnung** werfen, dann können wir ersehen, daß ein **Materialaufwand** mit S 233,141.331,63 und ein **Personalaufwand** mit S 197,997.346,– erforderlich waren, um einen Umsatz mit S 537,192.736,89 zu erzielen.

Aus dieser Betrachtung können wir schließen, daß der **Materialaufwand** rund 43% und der **Personalaufwand** rund 37% vom Erlös beträgt.

Es ist demnach der Materialanteil am Produkt höher als der Personalkostenanteil.

Zurück zu unserem Bestand an fertigen und unfertigen Erzeugnissen

Der Bestand an halbfertigen und fertigen Erzeugnissen hat sich im Geschäftsjahr 1991 um S 6,415.143,– erhöht. Es ist in diesem Jahr also „auf Lager" produziert worden. **Für diesen Teil der Herstellungskosten gibt es noch keinen Erlös**, denn die unfertigen und fertigen Erzeugnisse sind noch nicht verkauft worden. Die Herstellungskosten sind aber als Lohn- und Gehaltsaufwand und als Materialaufwand **gewinnmindernd erfaßt worden.** Diese Kosten werden nun durch den Ansatz der Bestandsveränderung (Erhöhung des Bestandes) **neutralisiert.**

Mit anderen Worten

Der Materialaufwand und der Personalaufwand wird durch **den Ansatz eines gleichhohen Posten im Ertrag neutralisiert**. Wir können davon ausgehen, daß als Material- und Personalaufwand gewinnmindernd ein Betrag von S 6,415.143,– erfaßt ist.

Damit verstehen wir die **Erhöhung des Bestandes an fertigen und unfertigen Erzeugnissen** als Neutralisierung von Materialaufwand und Personalaufwand, die gewinnmindernd in den Posten 5 und 6 der Gewinn- und Verlustrechnung erfaßt worden sind.

Die eben gebrachte Argumentation hilft uns auch bei den **selbsterstellten Anlagen**, wo **Eigenleistungen** einfließen.

Dieser Posten (3. Im Anlagevermögen berücksichtigte Eigenleistungen) zeigt uns, daß ebenfalls Materialaufwand und Personalaufwand der Tel Mineralwolle AG aufgewendet worden ist, aber nicht um Erzeugnisse zu produzieren, sondern **um Vermögen im Unternehmen** zu schaffen. Dieses Vermögen ist aber nicht dazu bestimmt, veräußert zu werden, sondern **dient dem Unternehmen auf Dauer** (Definition für Anlagevermögen). Aus den Unterlagen ist aber nicht zu entnehmen, um welche Art des Vermögens es sich dabei handelt.

In der Erläuterung der Bilanzierungs- und Bewertungsmethoden finden wir beim Sachanlagevermögen den Hinweis, daß „die teilweise selbst erstellten Anlagen anteilig zu Herstellungskosten auf Basis der **Einzelkosten** zuzüglich angemessener **Material-** und **Fertigungsgemeinkosten** aktiviert wurden".

Auch hier wird durch den Ansatz der Eigenleistungen mit S 1,831.901,25 ein **Materialaufwand und Personalaufwand** neutralisiert, der ohne diese Vorgangsweise gewinnmindernd wirksam geworden wäre.

In diesem Zusammenhang stellt sich die Frage, **wann** dieser Personalaufwand und dieser Materialaufwand endlich **gewinnmindernd wird.**

Bei den **fertigen und unfertigen Erzeugnissen** kann das bereits im Jahr 1992 der Fall sein. Die unfertigen Erzeugnisse werden fertiggestellt und zusammen mit den fertigen Erzeugnissen verkauft und sind dann im Umsatzerlös enthalten. Damit reduziert sich der Bestand an fertigen Erzeugnissen, der am 31. Dezember 1991 vorhanden war. Aus einer **Bestandsreduzierung** resultiert eine **aufwandswirksame Bestandsminderung.**

Eine Reduzierung des Bestandes an fertigen und unfertigen Erzeugnissen wird 1992 ebenfalls in diesem Posten, unmittelbar nach den Umsatzerlösen, dargestellt. Diesmal aber **gewinnmindernd** und nicht mehr **gewinnerhöhend,** wie dies bei der Erhöhung des Bestandes an fertigen und unfertigen Erzeugnissen der Fall war.

Damit kommen wir zu einem ganz besonderen Problem. Die Gewinn- und Verlustrechnung in der dargestellten Form gibt Ihnen als Leser keine Hilfestellung für die Unterscheidung von Einnahmen und Ausgaben. **Es fehlen die Vorzeichen** vor den einzelnen Beträgen, und auf den ersten Blick sieht die Staffelform so aus, als ob, ausgehend vom Umsatz, alle Beträge addiert würden, was aber nicht der Fall ist. Die Schwierigkeit besteht bei der Interpretation der Gewinn-

und Verlustrechnung darin, daß der 2. Posten **sowohl gewinnerhöhend als auch gewinnmindernd** sein kann, was nur aus der Textierung abgeleitet werden kann. **Eine Erhöhung des Bestandes ist ein Erlös, eine Reduzierung des Bestandes ein Aufwand.**

Die ersten vier Posten werden addiert und ergeben die **Summe der betrieblichen Erträge** mit S 584,461.013,37. Die Posten 5 bis einschließlich 8 werden subtrahiert und es ergibt sich im Posten 9. ein **Betriebserfolg** mit S 31,371.346,63.

In der Folge ist darauf hinzuweisen, daß die **Auflösung unversteuerter Rücklagen** (Posten 18) gewinnerhöhend wirkt, während die **Zuweisung zu Rücklagen** (Posten 19) gewinnmindernd ist.

Wenn wir noch einmal einen Blick auf die **betrieblichen Erträge** werfen, fallen uns die „sonstigen" betrieblichen Erträge mit (Posten 4) mit S 39,021.232,23 ins Auge.

In den **Erläuterungen zu den Posten der Gewinn- und Verlustrechnung** wird uns ein Hinweis gegeben, wie sich die sonstigen betrieblichen Erträge zusammensetzen:

Wir erfahren dabei, daß aus dem **Verkauf von Anlagevermögen** Erträge mit S 10,740.732,71 erzielt worden sind. Zum zweiten erkennen wir, daß in den Vorjahren S 2,451.000,– gewinnmindernd verbucht worden sind, weil in dieser Höhe **Rückstellungen** gebildet wurden. Es hat sich zum 31. Dezember 1991 herausgestellt, daß die Annahmen für die Rückstellungsbildung nicht mehr gegeben waren, daher wird **das Ergebnis 1991 um S 2,415.000,– erhöht**.

Die Zusammensetzung des weitaus größten Betrages der **sonstigen betrieblichen Erträge** von S 25,865.499,52 bleibt uns verborgen. Diese Erträge könnten unter anderem Mieterträge sein. Aber wie gesagt, wir wissen nicht, wie sich dieser Betrag zusammensetzt. Dieses Wissen ist aber nicht entscheidend, denn die sonstigen betrieblichen Erträge belaufen sich nur auf 7% der gesamten betrieblichen Erträge.

In den Posten 5 und 6 finden wir den **Materialaufwand** und den **Personalaufwand** des Jahres 1991. In diesem Zusammenhang ist auf die Erläuterungen zu den Posten der Gewinn- und Verlustrechnung hinzuweisen, wo angegeben ist, daß „für die Gewinn- und Verlustrechnung das **Gesamtkostenverfahren** angewendet wurde".

Was sagt uns nun der Begriff Gesamtkostenverfahren?

Gesamtkostenverfahren bedeutet in diesem Zusammenhang, daß beim Materialaufwand und beim Personalaufwand die **gesamten Kosten des Jahres** 1991 ausgewiesen sind.

Der Hinweis ist deshalb nützlich, weil es daneben noch das **Umsatzkostenverfahren** gibt, wo nur jener Teil des Materialaufwandes und Personalaufwandes als Herstellungskosten ausgewiesen wird, der im Erlös gedeckt ist.

Die Tel Mineralwolle AG verwendet in der Gewinn- und Verlustrechnung das Gesamtkostenverfahren, was bedeutet, daß die gesamten Kosten des Jahres ausgewiesen werden, ohne Rücksicht darauf, **ob diese Kosten im Umsatz enthalten sind oder nicht**.

Für die Bewältigung der nächsten Hürde, der **Abschreibung**, benötigen wir einen Blick auf die Bilanz und zwar zum **Anlagevermögen**, das auf der Aktivseite dargestellt ist. Die Aktivseite der Bilanz gibt uns Auskunft darüber, wie das Vermögen im Betrieb gebunden ist. Ist das Vermögen im Betrieb **dauernd gebunden** (für die Produktion), dann wird es als **Anlagevermögen** dargestellt.

Ist das Vermögen für den Verkauf bestimmt, dann finden wir es als **Umlaufvermögen** ausgewiesen.

Soweit die grobe Unterteilung der Aktivseite der Bilanz.

Abschreibungen

Wir bleiben kurz beim Anlagevermögen, aber nur um die Abschreibung zu erklären.

Beim Anlagevermögen wird also jenes Vermögen ausgewiesen, **das für die Leistungserstellung** benötigt wird und daher **langfristig im Betrieb gebunden** ist. Wir stellen uns dabei die Frage, in welchem Umfang die Anschaffung einer Maschine **gewinnmindernd** wirkt?

Angenommen eine Maschine wird um S 1 Million am 18. Juni 1991 angeschafft. Diese S 1 Million wird nicht sofort gewinnmindernd wirksam, sondern die Gewinnminderung ist **abhängig von der Nutzungsdauer** der Maschine im Betrieb. Wenn diese Maschine voraussichtlich zehn Jahre im Betrieb eingesetzt wird, dann ist die jährliche Gewinnminderung 1/10 der Anschaffungskosten. Wir finden also zehn Jahre lang S 100.000,– als Teil der **Abschreibungen** auf Sachanlagen in der **Gewinn- und Verlustrechnung.**

Die Erläuterung der **Bilanzierungs- und Bewertungsmethoden** sagt in diesem Zusammenhang beim Sachanlagevermögen: „Das Sachanlagevermögen wurde mit **Anschaffungskosten** abzüglich der abgesetzten planmäßigen linearen **Abschreibung** bewertet."

Lineare Abschreibung bedeutet, daß die Abschreibungsbeträge in allen Jahren gleich hoch sind.

Der 7. Posten, die Abschreibung mit S 35,326.352,02 ist das Ergebnis **der Verteilung der Anschaffungskosten** aller abnutzbaren Wirtschaftsgüter auf die betriebsgewöhnliche **Nutzungsdauer**. Wenn wir uns schon mit diesem Posten beschäftigen, dann ist der Hinweis darauf nützlich, daß der Betrag von S 35,326.352.02 zwar gewinnmindernd ist, aber im Jahr 1991 zu keinem **Geldabfluß** führt. Anders als beim Personalaufwand oder beim Materialaufwand, ist der **Geldabfluß beim Anlagevermögen im Jahr der Anschaffung** und nicht mehr im Jahr der darauffolgenden Abschreibungen.

Wir haben noch die Frage offen gelassen, wann die Eigenleistungen für das Anlagevermögen gewinnmindernd sein würde. Wir haben ja festgestellt, daß im 3. **Posten Eigenleistungen mit Herstellungskosten** bewertet wurden, vorerst nur zu dem Zweck, den Materialaufwand und Personalaufwand zu **neutralisieren.** Wenn wir nun unterstellen, daß die Eigenleistungen im Anlagevermögen den **Gebäudewert** erhöht haben (ein näherer Hinweis fehlt uns), dann können wir daraus schließen, **daß über die Nutzungsdauer des Gebäudes verteilt**, die Herstellungskosten gewinnmindernd in die Gewinn- und Verlustrechnung einfließen, zwar nicht mehr als Materialaufwand oder Personalaufwand, sondern als Abschreibung auf Sachanlagen.

Die Bedeutung der Zwischensummen

Wenn uns die Darstellung der Gewinn- und Verlustrechnung deswegen nicht gefallen hat, weil die Vorzeichen bei den Aufwendungen fehlen, so begeistert uns die Darstellung der Gewinn- und Verlustrechnung durch **das Hervorheben von bestimmten wichtigen Zwischensummen.** Die Zwischensummen 9. **Betriebserfolg**, 14. **Finanzerfolg**, 15. **Jahresüberschuß vor Steuern**, 17. **Jahresüberschuß,** 23. **Bilanzgewinn**, zeigen **die wichtigsten Daten** für das Geschäftsjahr 1991.

Um beim Betriebserfolg zu bleiben:

Wenn wir von den betrieblichen Erträgen jene Kosten abziehen, die mit der Leistungserstellung zusammenhängen, bleibt ein **Betriebserfolg** mit S 31,371.346,63. Absolut gesehen ist dieser Betrag ganz beträchtlich.

Die Manager der Tel Mineralwolle AG sind zudem auch tüchtige Kaufleute, denn es zeigt sich ein **Finanzerfolg** mit S 13,052.817,86, im wesentlichen aus Beteiligungserträgen, mit S 10,500.000,–. **Es gibt also im Anlagevermögen unter dem Posten III. bei den Finanzanlagen eine Beteiligung**, die im Jahr 1991 S 10,500.000,– hereingespielt hat.

Gute Kaufleute sind die Manager der Mineralwolle AG auch deswegen, weil die **Zinserträge** mit S 6,502.887,39 höher sind als die Zinsen, die für Kredite an die Bank gezahlt werden (S 3,770.534,63).

Wenn wir nun den **Finanzerfolg** mit S 13,052.817,86 zum **Betriebserfolg** mit S 31,371.346,63 zählen, dann ergibt dies **das Ergebnis der gewöhnlichen Geschäftstätigkeit** mit S 44,424.164,49.

Der Posten 15. zeigt den Jahresüberschuß **vor Steuern** (Ergebnis der gewöhnlichen Geschäftstätigkeit) mit S 44,424.164,49 und der Posten 17., den Jahresüberschuß **nach Steuern** mit S 35,015.907,49.

Dazwischen sind die **Gewinnsteuern** (Körperschaftsteuer) mit S 9,408.257,–.

Im Posten 17. finden wir dann den Jahresüberschuß nach Steuern, ein Ergebnis, das der Bilanzbuchhalter noch nicht „bearbeitet" hat.

Über die Bilanzpolitik der Tel Mineralwolle

Bilanzpolitik wird in den Posten 18. bis 20. betrieben. Der Jahresüberschuß mit S 35,015.907,49 wird auf einen Jahresgewinn von S 16,949.198,49 **reduziert.**

Mit freiem Auge können wir ersehen, daß der ausgewiesene Jahresgewinn nur die Hälfte des tatsächlich erwirtschafteten Gewinnes beträgt. S 9,500.000,– **vom Gewinn** werden als *freie* **Rücklage** dargestellt und erhöhen das **Eigenkapital.** Genau das gleiche gilt für die **Zuweisung zu unversteuerten Rücklagen** mit S 24,621.436,07. Bei den unversteuerten Rücklagen ist aber zu relativieren:

Dieser Topf von **unversteuerten Rücklagen** ist während 1991 ausgeleert (Auflösung unversteuerter Rücklagen mit S 16,054.727,07), aber am Jahresende wieder aufgefüllt worden, und zwar ist mehr hineingekommen als während 1991 ausgeschüttet worden ist. Die **Zuweisung** hat S 24,621.436,07 betragen. **Der Topf der unversteuerten Rücklagen ist also per Saldo um S 8,566.709,– gewachsen.**

Der reduzierte Jahresüberschuß zeigt sich schließlich im **Jahresgewinn** mit S 16,949.198,49.

Die Dividenden

Vom *Vorjahresgewinn* mit S 19,798.009,26 sind S 4,198.009,26 verblieben, was den Schluß zuläßt, **daß S 15,600.000,– während 1991 ausgeschüttet worden sind**, was einer Dividende von 20% entspricht.

20% vom **Grundkapital** (siehe Passivseite der Bilanz) mit S 78,000.000,– entsprechen einem Betrag von S 15,600.000, .

Aus dem **Jahresgewinn** 1991 mit S 16,949.198,49 zuzüglich des **Gewinnvortrages** aus dem Vorjahr mit S 4,198.009,26 wird ein **Bilanzgewinn** mit S 21,147.207,75.

Dieser Bilanzgewinn läßt sogar eine 26%ige **Dividende** zu, die dann S 20,280.000,– betragen würde. Damit würde sich ein **Gewinnvortrag** für das kommende Jahr mit S 867.207,– ergeben.

Die Beschlußfassung über die Ausschüttung erfolgt erst in der **Hauptversammlung**, und wir wissen nicht, wie dieser Beschluß ausgefallen ist.

Eine **Dividende** mit 20% ist für österreichische Verhältnisse ein Spitzenwert. Wir haben auch bereits gesehen, daß die Dividende vom Grundkapital bezahlt wird.

Wir haben jetzt die Gewinn- und Verlustrechnung für das Geschäftsjahr 1991 durchgesprochen. Wir haben noch nicht die Vorjahreszahlen mit den Zahlen des Jahres 1991 verglichen, was durchaus sinnvoll wäre. Wir haben weiters nicht das Ergebnis analysiert und in **Kennzahlen** dargestellt, was der nächste logische Schritt wäre.

Wir haben aber wertvolle Informationen aus der Gewinn- und Verlustrechnung erhalten:

Einmal den Umsatzerlös, den wir nur durch die **Anzahl der Beschäftigten** dividieren müssen, um den Umsatz je Beschäftigten zu errechnen (S 537,000.000,– dividiert durch 315 = S 1,7 Mio. je Beschäftigte, was einen österreichischen Spitzenwert darstellt).

Wir haben weiter festgestellt, daß das Ergebnis vor Steuern zu 3/4 aus **dem ureigensten Geschäft** stammt und zu 1/4 aus **Beteiligungen**. Darüber hinaus haben wir eine Steuerbelastung mit S 9,408.257,– gesehen und schließlich festgestellt, daß die Tel Mineralwolle AG gehörig Speck angesetzt hat (Zuweisung zu unversteuerten Rücklagen) und trotzdem in der Lage ist, eine Dividende mit 20% auszuschütten.

Wir sehen nun die Gewinn- und Verlustrechnung für das Geschäftsjahr 1991 als Darstellung, die es uns erlaubt festzustellen, wie die Tel Mineralwolle AG 1991 „gelaufen" ist. Wir haben eine **Zeitraumrechnung** vor uns und sehen, daß es ganz gut gelaufen ist.

Bilanzbesprechung

Wir kommen nun zur Bilanz zum 31. Dezember 1991 und sehen, daß die **Summe der Aktiva** mit S 535,912.152,83 gleich hoch der **Summe der Passiva** mit ebenfalls S 535,912.152,83 ist. Für uns beruhigend. Die Aktivseite muß immer gleich hoch der Passivseite sein.

Warum brauchen wir dann zwei Seiten (eine Aktivseite und eine Passivseite), wenn die Summen immer gleich hoch sind?

Die zwei unterschiedlichen Seiten beantworten zwei unterschiedliche Fragen.

- Die **Aktivseite** die Frage, wie das Geld im Unternehmen verwendet wird.
- Die **Passivseite** die Frage, woher das Geld kommt.

Und darauf gleich die Antwort: Bei der Tel Mineralwolle AG ist ein Betrag von S 312,278.265,02 **langfristig** im Unternehmen gebunden und dient (insbesondere Sachanlagen) zur Leistungserstellung, nämlich um Umsätze mit rund S 537,000.000,– jährlich zu erzielen.

S 233,446.000,91 sind im Umlaufvermögen **kurzfristig** (bis zu einem Jahr) gebunden. Die **kurzfristige Bindung** ist davon abhängig, wie schnell die Vorräte verkauft werden können und wie schnell die **Forderungen** eingehen.

Die Bestandteile des Umlaufvermögens sind **Vorräte**, **Forderungen** und **Bankguthaben.** Die kurzfristige Bindung im Umlaufvermögen **ist folgender Veränderung unterworfen:**

Vorräte werden auf Ziel angeschafft (Lieferantenverbindlichkeit). Die **Vorräte** werden verkauft. Es entsteht eine Forderung. Die **Forderung** geht ein. Es erhöhen sich die **Bankguthaben.** Mit den Bankguthaben werden die Lieferantenverbindlichkeiten beglichen.

Während das **Anlagevermögen** insbesondere dazu dient, die Umsätze zu erzielen, ist das **Umlaufvermögen** selbst Gegenstand des Veräußerungsgeschäftes.

Insbesonders ist es die **Relation von Anlagevermögen zu Umlaufvermögen,** die typisch ist für bestimmte Tätigkeiten. Ein Handelsgeschäft wird in der Regel ein geringes Anlagevermögen und ein großes Umlaufvermögen haben. Bei einem Produktionsbetrieb ist dieses Verhältnis eher umgekehrt. Im konkreten Fall ist das **Anlagevermögen größer** als das **Umlaufvermögen.**

Beim Anlagevermögen finden wir die Dreiteilung in **immaterielle Vermögensgegenstände, Sachanlagen** und **Finanzanlagen.** Wenn Sie sich noch erinnern, so haben wir bei den Bilanzierungs- und Bewertungsmethoden erfahren, daß das **Sachanlagevermögen** mit den Anschaffungs- oder Herstellungskosten bewertet wurde, abzüglich der planmäßig linearen Abschreibung.

Die **Rechnungsabgrenzungsposten** als 3. Posten der Aktivseite betragen S 187.886,90.

Dieser Posten wird bei Analysen immer zum **Umlaufvermögen** gerechnet. Zum Verständnis: Wenn Versicherungsprämien für das kommende Jahr vorausbezahlt wurden, dann gehören diese abgegrenzt, weil nur das Aufwand sein kann, was das Jahr 1991 betrifft. Hätte die Tel Mineralwolle AG die Vorauszahlung nicht durchgeführt, dann wäre das Bankguthaben höher gewesen. Es erfolgt aber nun der Ausweis nicht beim Bankguthaben, sondern im Posten darunter bei den Rechnungsabgrenzungsposten.

Wir haben jetzt ein einigermaßen gutes Bild darüber erhalten, wie das Geld der Tel Mineralwolle AG eingesetzt ist. Der größte Teil mit rund S 312 Millionen ist langfristig gebunden und dient als Anlagevermögen der Leistungserstellung. Der kleinere Teil mit S 233 Millionen wird bewegt, wird also umgesetzt und verändert innerhalb des Umlaufvermögens seine Struktur. Aus Vorräten werden Forderungen, aus Forderungen werden Bankguthaben.

Woher kommt das Geld?

Technisch schwieriger wird das Verständnis der Passivseite, wo die Frage beantwortet wird, **woher das Geld kommt.** Wir haben eben erfahren, wie es im Unternehmen eingesetzt wird.

Auf die Frage woher das Geld kommt, gibt es zwei Antworten: Entweder vom **Eigentümer** oder von einem **Fremden.** Wenn es vom Eigentümer kommt, wird es **Eigenkapital** bezeichnet, wenn es von einem Fremden kommt, **Fremdkapital.**

Aber mit dieser Aussage ist noch nicht alles gewonnen. Wir können jetzt das Eigenkapital identifizieren, das S 215,147.207,75 beträgt. Wir haben bereits vom **Grundkapital** gesprochen, daß sich auf S 78 Millionen beläuft. Dieses Grundkapital haben die Aktionäre aufgebracht, die von der Tel Mineralwolle AG als Gegenleistung Aktien erhalten haben. Den **Bilanzgewinn** mit S 21,147.207,75 kennen wir aus der Gewinn- und Verlustrechnung. Wir wissen auch, daß der Gewinn doppelt ermittelt wird, in der Bilanz und in der Gewinn- und Verlustrechnung.

Jetzt lassen sich noch die **Verbindlichkeiten** leicht dem Fremdkapital zuordnen, insbesondere wenn wir uns das Detail zu den Verbindlichkeiten ansehen (vergleiche II. Erläuterungen zur Bilanz).

Die Verbindlichkeiten mit insgesamt S 88,565.259,08 bestehen gegenüber **Lieferanten** mit S 20,615.154,98, gegenüber **verbundenen Unternehmen** mit S 1,591.310,35, gegenüber dem **Beteiligungsfonds** (stiller Gesellschafter) mit S 35,796.401,– und gegenüber **sonstigen Gläubigern** mit S 30,562.392,75.

Daß es sich bei den **Verbindlichkeiten um Fremdkapital** handelt, darüber haben wir jetzt keine Zweifel mehr.

Die Identifizierung der Bilanzposten unversteuerte **Rücklagen** und **Rückstellungen** bereitet uns jetzt deswegen Schwierigkeiten, weil durch die Namensähnlichkeit von Rücklagen und Rückstellungen eine Zuordnung zum Eigenkapital oder zum Fremdkapital nicht eindeutig möglich ist.

Wir greifen zurück auf die **Erläuterungen zur Bilanz** und sehen auf die Zusammensetzung der **Rückstellungen.** Die Rückstellungen mit insgesamt S 152,930.710,– betreffen mit S 87,808.000,– die **Rückstellung für Pensionen**, mit S 33,964.000,– die **Abfertigungsrückstellung**, mit S 1,796.710,– die **Steuerrückstellung** und mit S 29,362.000,– die **sonstigen Rückstellungen.**

Von den **Abfertigungen** wissen wir, daß sich die Höhe des Abfertigungsanspruches zum Bilanzstichtag errechnen läßt, aber die Fälligkeit noch ungewiß ist. Das gleiche wird für die Pensionen gelten. Bei den Steuerrückstellungen wird ebenfalls der Betrag bekannt sein. Der Zahlungstag selbst steht aber noch nicht fest. Wir schließen daraus, daß es sich bei den **Rückstellungen um solche Schulden handelt, deren Fälligkeit noch nicht feststeht**, die also teilweise ungewiß sind. Mit der Definition, daß **Rückstellungen ungewisse Schulden** sind, kommen wir jetzt über die Runden. Damit lassen sich die Rückstellungen dem Fremdkapital zuordnen.

Technisch schwieriger ist das Verständnis der **unversteuerten Rücklagen**. Das Verständnis ist deswegen schwierig, weil auf Bestimmungen des Einkommensteuergesetzes zurückgegriffen werden muß.

Für die unversteuerten Rücklagen ist in den Erläuterungen zur Bilanz ebenfalls ein Detail angegeben worden.

So zerfallen die unversteuerten Rücklagen mit insgesamt S 79,268.976,– auf die **Bewertungsreserve** aufgrund von Sonderabschreibungen mit S 31,604.210,– und auf **sonstige unversteuerte Rücklagen** mit S 47,664.766,–.

Die Bewertungsreserve

Wenn wir uns nun zuerst der **Bewertungsreserve** aufgrund von Sonderabschreibungen zuwenden.

- Die Frage lautet: Wo gibt es Sonderabschreibungen?
  Antwort: Die Sonderabschreibungen wird es beim Anlagevermögen geben.
- Warum gibt es beim Anlagevermögen Sonderabschreibungen?
  Antwort: Weil dies der Einkommensteuergesetzgeber so will.
- Welche Sonderabschreibungen gibt es nun?
  Die **vorzeitige Abschreibung** des § 8 Einkommensteuergesetzes (in der Fassung 1972) und die **Übertragung stiller Rücklagen**.

Die **vorzeitige Abschreibung** ist das leichtere Thema, abgesehen davon, daß eine vorzeitige Abschreibung jetzt nicht mehr geltend gemacht werden kann. Bei der Tel Mineralwolle AG handelt es sich um eine vorzeitige Abschreibung, die in **früheren Jahren** vorgenommen wurde. Damals konnten im Jahr der Anschaffung 20, 40 oder gar mehr Prozente abgeschrieben werden. Mit dem großen Vorteil der Steuerersparnis im Jahr der Anschaffung, mit dem großen Nachteil, daß die vorgezogene Abschreibung in späteren Jahren fehlt.

Zur Erläuterung

Eine Maschine mit Anschaffungskosten S 1 Million, hat eine Nutzungsdauer von 10 Jahren. Die jährliche Abschreibung beträgt demgemäß S 100.000,–. Im Jahr der Anschaffung wird die Maschine mit 40% vorzeitig abgeschrieben. Diese Maschine hat, wenn die Anschaffung im ersten Halbjahr erfolgt, am Jahresende einen Buchwert von S 500.000,– (S 1 Million abzüglich S 400.000,– vorzeitige Abschreibung, abzüglich S 100.000,– ordentliche Abschreibung).

Es wird die Maschine im Anlagevermögen mit einem Buchwert von S 900.000,– ausgewiesen und die Bewertungsreserve mit S 400.000,– auf der Passivseite. Im zweiten Jahr, im dritten Jahr, im vierten Jahr, im fünften Jahr, im sechsten Jahr, geschieht mit der Bewertungsreserve gar nichts. Die Abschreibung der Maschine wird jährlich mit S 100.000,– vorgenommen.

Im siebten Jahr wird aktivseitig die Maschine mit S 100.000,– abgeschrieben, was eigentlich nicht mehr geht, weil der Buchwert bereits null Schilling ist. Als Ausgleich dieser Wertminderung wird nun die Bewertungsreserve mit S 100.000,– aufgelöst und von den ursprünglich S 400.000,– sind am 31. Dezember nur mehr S 300.000,– an Bewertungsreserve vorhanden. Im kommenden Jahr geschieht das gleiche. Die Maschine wird mit S 100.000,– abgeschrieben, und die Bewertungsreserve wird mit S 100.000,– aufgelöst. Im 10. Jahr erfolgt die endgültige Auflösung der Bewertungsreserve. Im 11. Jahr gibt es für die Maschine keine Abschreibung mehr und die Bewertungsreserve ist nicht mehr vorhanden.

Sie haben nun gesehen, wie der **Mechanismus der Bewertungsreserve** wirkt.

Übertragung stiller Rücklagen

Wir kommen nun zur Übertragung stiller Rücklagen aufgrund der Bestimmung des § 12 Einkommensteuergesetz:

Wenn Wirtschaftsgüter des Anlagevermögens veräußert werden, dann kommt es oft vor, daß der Erlös höher ist als der Buchwert. Eine Maschine ist zum Beispiel abgeschrieben auf S 100.000,– und erzielt bei der Veräußerung einen Erlös von S 300.000,–. Es wird also ein **Veräußerungsgewinn** mit S 200.000,– erzielt. Wichtig: Die Differenz zwischen Buchwert und Erlös wird auch als **stille Rücklage** oder **stille Reserve** bezeichnet. Unter bestimmten Voraussetzungen ist dieser Veräußerungsgewinn nicht steuerpflichtig.

Die Methode, diesen Gewinn der Steuerpflicht zu entziehen, besteht darin, die Anschaffungskosten eines neuen Wirtschaftsgutes um diesen Veräußerungsgewinn zu reduzieren.

Um auf unser Beispiel zurückzukommen: Ein neues Wirtschaftsgut hat Anschaffungskosten von S 500.000,–. Die Voraussetzungen des § 12 EStG sind erfüllt und der Veräußerungsgewinn von S 200.000,– braucht nicht versteuert werden. Es reduzieren sich jetzt die **Anschaffungskosten** des neuen Wirtschaftsgutes von S 500.000,– um S 200.000,– auf S 300.000,–. Dieser Betrag stellt die steuerlichen Anschaffungskosten dar und ist damit die Bemessungsgrundlage für die Abschreibung und für steuerliche Investitionsbegünstigungen (Investitionsfreibetrag).

Auf der **Aktivseite wird das Wirtschaftsgut** mit den Anschaffungskosten von S 500.000,– so dargestellt, als hätte es keine Übertragung stiller Reserven gegeben. Die Abschreibung wird ebenfalls von S 500.000,– gerechnet.

Gleichsam als Korrektur dieses Wertes wird **die stille Rücklage mit S 200.000,– als Bewertungsreserve passivseitig dargestellt**. Nur kommt es bei diesem Posten zur jährlichen Auflösung deswegen, weil die Abschreibung auf der Aktivseite zu hoch vorgenommen worden ist.

Wenn wir bei unserem Beispiel bleiben und eine Nutzungsdauer von 10 Jahren unterstellen, dann wird eine jährliche Abschreibung mit S 50.000,– vorgenommen (10% von S 500.000,–). Tatsächlich ist die jährliche steuerliche Abschreibung aber nur S 30.000,– (10% von S 300.000,–). Die jährliche Gewinnminderung mit S 30.000,– wird jetzt deswegen erreicht, weil die Bewertungsreserve mit S 200.000,–, jährlich um S 20.000,– aufgelöst wird. Wir haben also jetzt eine gewinnmindernde Abschreibung mit S 50.000,– und eine gewinnerhöhende Auflösung mit S 20.000,–. Die reale Gewinnminderung beträgt jetzt S 30.000,–, was den steuerlichen Vorschriften des § 12 EStG entspricht.

Sie haben jetzt eher den Eindruck, daß diese komplizierte Darstellung nur geeignet ist, den Bilanzleser zu verwirren. In Wirklichkeit hat diese Darstellung wesentliche Auswirkung auf die Aussagekraft der Gewinn- und Verlustrechnung.

Wir wissen bereits, daß die Abschreibung von Sachanlagevermögen den **Betriebserfolg** mindert. Die Abschreibung ist der 7. Posten und der Betriebserfolg der 9. Posten bei der Tel Mineralwolle AG.

Die **Auflösung unversteuerter Rücklagen** finden wir im Posten 18.

Wenn wir jetzt bei unserem Beispiel bleiben: Die ungekürzte Abschreibung beträgt S 50.000,–, die Auflösung der Bewertungsreserve (unversteuerte Rücklage) beträgt S 20.000,–.

Die echte Gewinnminderung beträgt S 30.000,–.

Ohne Berücksichtigung der Bewertungsreserve würde die Abschreibung S 30.000,– betragen und der Betriebserfolg wäre um S 20.000,– zu hoch ausgefallen, was aber nicht stimmt, **denn das höhere Ergebnis ist nur durch eine steuerliche Maßnahme** entstanden. **Damit steuerliche Maßnahmen nicht auf dem Betriebserfolg durchschlagen**, ist diese Darstellung der Bewertungsreserve gewählt worden.

Der Investitionsfreibetrag

Die sonstige unversteuerte Rücklage betrifft den **Investitionsfreibetrag,** der eine Investition als Voraussetzung hat. Dieser Investitionsfreibetrag stellt grundsätzlich eine zusätzliche Abschreibung von 9% dar, sodaß das Wirtschaftsgut insgesamt mit 109% abgeschrieben wird. Die zusätzlichen 9% Abschreibung erfolgen im Jahr der Anschaffung. Der Investitionsfreibetrag setzt voraus, daß das Wirtschaftsgut mindestens vier Jahre im Betrieb behalten wird.

Wir können nun endlich unsere Anwort auf die Frage geben, welche Beträge dem **Eigenkapital** und welche dem **Fremdkapital** zugeordnet werden.

Bei der Tel Mineralwolle AG werden wir die unversteuerten Rücklagen dem Eigenkapital mit S 215,147.207,75 zuzählen, unter der Voraussetzung, daß der **Bilanzgewinn nicht ausgeschüttet** wird. Im konkreten Fall ist eher anzunehmen, daß der Bilanzgewinn ausgeschüttet wird. Der Bilanzgewinn mit S 21,147.207,– wäre demnach dem **Fremdkapital** zuzurechnen.

Zum **Fremdkapital** gehören die Rückstellungen mit S 152,930.710,– und die Verbindlichkeiten mit S 88,565.259,08.

Es wird Ihnen vielleicht beim **Umlaufvermögen** bei den **Forderungen** aufgefallen sein, daß die Tel Mineralwolle AG neben den Forderungen aus Lieferungen und Leistungen noch Forderungen gegen verbundene Unternehmen ausweist.

Eine vergleichbare Situation finden wir bei den Verbindlichkeiten, wo neben Verbindlichkeiten aus Lieferungen und Leistungen noch Verbindlichkeiten gegenüber verbundenen Unternehmen ausgewiesen werden.

Für uns stellt sich jetzt die Frage, was unter **verbundenen Unternehmen** zu verstehen ist.

Wenn das Aktiengesetz und das GmbH-Gesetz vom Konzern sprechen, und damit die Abhängigkeit eines Unternehmens von einem anderen Unternehmen meinen, dann spricht das HGB von „verbundenen" Unternehmen.

Ein Unternehmen wird jedoch nur dann beherrscht, wenn **eine Beteiligung von mindestens 50% besteht**.

Damit haben wir auch die Forderungen gegenüber verbundenen Unternehmen und auch die **Verbindlichkeiten** gegenüber verbundenen Unternehmen aufgehellt und wissen, daß diese gegenüber Unternehmen bestehen, an denen die Tel Mineralwolle AG zu mindestens 50% beteiligt ist.

Wir kehren jetzt zurück zum **Eigenkapital**, das aus vier Teilen besteht. Das Grundkapital und der Bilanzgewinn bereiten uns bei der Interpretation keine Schwierigkeiten.

Zwei Arten von Rücklagen

Wir versuchen nun, den Unterschied zwischen **Kapitalrücklagen** und **Gewinnrücklagen** herauszuarbeiten.

In den Erläuterungen zur Bilanz finden wir eine Ergänzung zu den Gewinnrücklagen.

Es wird in den Erläuterungen gesagt, daß von den **Gewinnrücklagen** S 106,500.000,– freie Rücklagen sind und der Restbetrag von S 2,616.466,35 eine gesetzliche Rücklage darstellt.

Zu den **Kapitalrücklagen** mit S 6,883.533,65 finden wir keinen Hinweis, außer daß diese gebunden sind. Gebunden bedeutet, daß sie **nur zur Verlustabdeckung verwendet werden können.**

Die wörtliche Interpretation hilft uns hier weiter. Von den **Gewinnrücklagen** wissen wir, daß diese aus **einbehaltenen Gewinnen** entstanden sind. Bei den Kapitalrücklagen finden wir den Wortstamm **Kapital,** der auch im **Grundkapital** enthalten ist und darauf hindeutet, daß das Geld von außen, durch den **Eigentümer zugeflossen** ist.

Die Kapitalrücklage unterscheidet sich von der Gewinnrücklage durch **die Art der Finanzierung**. Die Zuführung von Geldmittel **von außen** in das Unternehmen wird **Außenfinanzierung** genannt. Die Finanzierung aus eigenen Gewinnen wird als **Innenfinanzierung** bezeichnet. Die Kapitalrücklage resultiert aus der **Außenfinanzierung**, die Gewinnrücklage aus der **Innenfinanzierung**. Die Gewinnrücklage zeigt die wirtschaftlichen Muskeln eines Unternehmens.

Die Kapitalrücklage wird in der Bilanz der Tel Mineralwolle AG als **gebundene Rücklage** bezeichnet, was bedeutet, daß diese nicht ohne Grund aufgelöst werden kann. Die gebundene Kapitalrücklage kann nur zur Verlustabdeckung verwendet werden und ist daher in ihrer Verwendung eingeschränkt, also gebunden.

Bilanzierungs- und Bewertungsmethoden

Eingangs haben wir davon gesprochen, daß der Jahresabschluß aus drei Teilen besteht, aus der Bilanz, der Gewinn- und Verlustrechnung und dem Anhang.

Haben wir den **Anhang** bisher vergessen?

Ohne es zu wissen, daß es sich um den Anhang handelt, haben wir bei den **Bilanzierungs- und Bewertungsmethoden**, bei den Erläuterungen zur Bilanz und bei den Erläuterungen zu den Posten der Gewinn- und Verlustrechnung Informationen zum besseren Verständnis der Bilanz und der Gewinn- und Verlustrechnung erhalten.

Wie wir bereits gesehen haben, braucht man den **Anhang**, um die Bilanz und die Gewinn- und Verlustrechnung besser zu verstehen.

Vermögens-, Finanz- und Ertragslage

Der Gesetzgeber verlangt, daß der Jahresabschluß ein getreues Bild der Vermögens-, Finanz- und Ertragslage der Tel Mineralwolle AG vermittelt.

Wir müssen nun hinterfragen, was unter der **Vermögens-, Finanz- und Ertragslage** gemeint ist.

Diese Begriffe, Vermögens-, Finanz- und Ertragslage, bringen uns zum Lagebericht.

Dieser **Lagebericht** ist nicht Teil des Jahresabschlusses, sondern eine zusätzliche Information.

Hier wird der Vorstand oder der Geschäftsführer seine persönliche Einschätzung zur Lage des Unternehmens und zur Entwicklung der Gesellschaft darlegen.

Wir machen jetzt wieder einen Sprung zurück zur Vermögens-, Finanz- und Ertragslage

Wir haben uns jetzt sehr intensiv mit der Bilanz und der Gewinn- und Verlustrechnung der Tel Mineralwolle AG beschäftigt. Können wir jetzt sagen, daß uns der Jahresabschluß ein Bild der Vermögens-, Finanz- und Ertragslage gegeben hat?

Sie werden mit mir übereinstimmen, daß dies nicht der Fall war.

Damit wir uns dieses Bild verschaffen, müssen wir den Jahresabschluß mit dem Jahresabschluß des **Vorjahres vergleichen**, um überhaupt erst einmal festzustellen, ob das Jahr 1991 besser war als das Jahr 1990. Zum zweiten müssen wir die **Bilanz analysieren**, das heißt, nach verschiedenen Richtungen auswerten.

Auskunft über die **Vermögenslage** gibt uns die **Bilanzstruktur**. Hier wird uns vor allem interessieren, ob das langfristig gebundene Vermögen (Anlagevermögen) **auch fristengerecht (langfristig) finanziert** ist. Zur langfristigen Finanzierung eignet sich insbesondere das Eigenkapital.

Wir finden ein **Anlagevermögen** mit rund S 312 Millionen und ein **Eigenkapital** mit rund S 215 Millionen. Wenn wir die unversteuerten Rücklagen dem Eigenkapital zuzählen, dann können wir feststellen, daß für die Finanzierung des Anlagevermögens rund S 290 Millionen Eigenkapital zur Verfügung stehen.

Von den **Rückstellungen** wissen wir, daß die **Abfertigungsrückstellung und die Pensionsrückstellung langfristig sind** und bei Aufrechterhaltung des Beschäftigtenstandes eigentlich dauernd dem Unternehmen zur Verfügung stehen.

Abfertigungs- und Pensionsrückstellung zusammen machen einen Betrag von S 120 Millionen aus. Dieses langfristig zur Verfügung stehende Fremdkapital wird nun zum Eigenkapital hinzugerechnet, und es kann die Feststellung getroffen werden, **daß zur Finanzierung des langfristig gebundenen Anlagevermögens rund S 410 Millionen langfristiges Fremdkapital und Eigenkapital zur Verfügung stehen.** Anhand dieser simplen Gegenüberstellung läßt sich ableiten, daß das langfristig gebundene Anlagevermögen **fristengerecht finanziert worden ist.** Eine fristengerechte Finanzierung würde nicht vorliegen, wenn für die Finanzierung des Anlagevermögens ein Lieferantenkredit herangezogen worden wäre.

Das wichtigste Element der **Finanzlage** ist die Liquidität. **Die Liquidität ist die Zahlungsbereitschaft**, die Zahlungsfähigkeit der Tel Mineralwolle AG. Für die Feststellung der Liquidität müssen aus den Posten der Rückstellungen und Verbindlichkeiten jene Beträge herausgerechnet werden, die innerhalb der nächsten drei Monate fällig werden. Es stellt sich dann die Frage, ob dieser errechnete Betrag höher oder niedriger ist als die Forderungen, die Wertpapiere des Umlaufvermögens und der Kassenbestand einschließlich der Bankguthaben. Auch für diese Posten des Umlaufvermögens gilt die Voraussetzung, daß diese innerhalb von 3 Monaten zu Geld werden. Auch wenn uns das Ergebnis aus heutiger Sicht weniger nützt, weil wir ja die Liquidität zum 31. Dezember 1991 (bereits überholt) auf diese Weise ermittelt haben, so zeigt uns eine vorhandene Liquidität ein damals gesundes Unternehmen, von dem wir annehmen, daß die Gesundheit aufrechterhalten bleibt.

Mit der **Ermittlung der Liquidität** haben wir jetzt den zweiten Punkt, die Finanzlage berührt.

Der dritte Aspekt der Beurteilung der Tel Mineralwolle AG ist die **Ertragslage.** Ein Fremdwort für Ertragslage ist die Rentabilität. Die Rentabilität zeigt, wie sich alles im Unternehmen rechnet. Es rechnet sich, wenn der **Gewinn** hoch ist. Rentabilität ist also abhängig vom **Gewinn.** Es gibt eine Reihe von Kennziffern, wie die Gesamtkapitalrentabilität, die Eigenkapitalrentabilität, die Umsatzrentabilität usw.

Wir haben jetzt festgestellt, daß ein getreues Bild der Vermögens-, Finanz- und Ertragslage erst dann vermittelt wird, wenn der Jahresabschluß entsprechend ausgewertet wurde. Wir sind jetzt mit der Besprechung des Jahresabschlusses der Tel Mineralwolle AG fertig, und Sie sind sicher schon ganz heiß darauf, zu erfahren, wie Bilanzen analysiert und bewertet werden.

Wiederholungsfragen

- In welche Teile zerfällt der Jahresabschluß?
- Was ist ein Lagebericht?
- Einteilung der Kapitalgesellschaften?
- Welche Publizitätsvorschriften gibt es für das Firmenbuch?
- Welche Vorschriften gibt es für die Veröffentlichung im Amtsblatt der „Wiener Zeitung“?
- Wer ist der Adressatenkreis für den Jahresabschluß?
- Welche Information im Jahresabschluß ist zeitraumbezogen und welche Information eine Momentaufnahme?
- Wo findet man den Bilanzgewinn?
- Was versteht man unter einer doppelten Buchhaltung?
- Was versteht man unter einer Staffelform?
- Mit welchem Posten beginnt eine Gewinn- und Verlustrechnung?
- Was versteht man unter einer Bestandserhöhung?
- Wie werden die fertigen und unfertigen Erzeugnisse in der Bilanz bewertet?
- Was versteht man unter den Herstellungskosten?
- Welchen prozentuellen Anteil hat der Materialaufwand am Umsatz?
- Welche Auswirkung hat eine Bestandsveränderung auf das Ergebnis?
- Was versteht man unter Eigenleistungen?
- Worin besteht die Schwierigkeit bei der Interpretation dieser Gewinn- und Verlustrechnung?
- Welche Auswirkung hat die Auflösung unversteuerter Rücklagen auf den Gewinn?
- Aus welchen Posten setzen sich die sonstigen betrieblichen Erträge zusammen?
- Was versteht man unter dem Gesamtkostenverfahren?
- Was sagt Ihnen das Umsatzkostenverfahren?
- Was unterscheidet das Anlagevermögen vom Umlaufvermögen?
- Was versteht man unter einer Abschreibung?
- Was bedeutet eine lineare Abschreibung?
- Welchen Sinn hat eine degressive Abschreibung?
- Führt eine Abschreibung zu einem Geldabfluß?
- Warum hat uns die Darstellung der Gewinn- und Verlustrechnung nicht gefallen?
- Nennen Sie die Zwischensummen der Gewinn- und Verlustrechnung?
- Was versteht man unter einem Betriebserfolg?
- Was versteht man unter einem Finanzerfolg?
- Woraus setzt sich das Ergebnis der gewöhnlichen Geschäftstätigkeit zusammen?
- In welchen Posten der Gewinn- und Verlustrechnung wird Bilanzpolitik dargestellt?
- Gehören die unversteuerten Rücklagen zum Eigenkapital?
- Was ist mit dem Vorjahresgewinn geschehen?
- Von welchem Betrag wird die Dividende gerechnet?
- Was unterscheidet den Jahresgewinn vom Bilanzgewinn?
- Wer entscheidet über eine Ausschüttung?
- Was versteht man unter einer Rendite?
- Wie errechnet sich der Umsatz je Beschäftigter?
- Welche Frage wird mit der Aktivseite beantwortet?
- Welche Frage mit der Passivseite?
- Aus welchen Bestandteilen besteht das Umlaufvermögen?
- Welche Relation besteht zwischen Anlagevermögen und Umlaufvermögen?
- Welche Dreiteilung gibt es beim Anlagevermögen?
- Was finden Sie im Anlagenspiegel?
- Was sind stille Reserven?
- Wie erkennt ein externer Bilanzleser die stillen Reserven?
- Bei welchen Posten des Anlagevermögens gibt es keine Abschreibungen?
- Wie kommt es zu Rechnungsabgrenzungsposten?
- Was versteht man unter dem strengen Niederstwertprinzip?
- Wie werden Forderungen bewertet?
- Was versteht man unter dem Eigenkapital, was unter dem Fremdkapital?
- Aus welchen Posten setzen sich die Verbindlichkeiten zusammen?
- Aus welchen Posten bestehen die Rückstellungen?
- Was versteht man unter der Bewertungsreserve?
- Warum wird eine vorzeitige Abschreibung als Bewertungsreserve dargestellt?
- Was versteht man unter einer stillen Rücklage?
- Wie ist vorzugehen damit eine realisierte stille Rücklage nicht versteuert wird?
- Wann erfolgt die Auflösung der Bewertungsreserve?
- Wie wird die Auflösung der Bewertungsreserve in der Gewinn- und Verlustrechnung dargestellt?
- Wo wird die Abschreibung in der Gewinn- und Verlustrechnung ausgewiesen?
- Wo wird die Auflösung unversteuerter Rücklagen in der Gewinn- und Verlustrechnung dargestellt?
- Wäre der Betriebserfolg ohne Darstellung der Bewertungsreserve kleiner oder größer?
- Welchen Nachteil hat die Übertragung der stillen Rücklage?
- Was hat der Investitionsfreibetrag mit den Abschreibungen zu tun?
- Welche Behaltefrist gibt es für das Wirtschaftsgut beim Investitionsfreibetrag?
- Werden die unversteuerten Rücklagen dem Eigenkapital zugerechnet?
- Gehört der Bilanzgewinn zum Eigenkapital oder zum Fremdkapital?
- Was sind verbundene Unternehmen?
- Was ist der Unterschied zwischen Kapitalrücklagen und Gewinnrücklagen?
- Was versteht man unter den gebundenen Kapitalrücklagen?
- Was sind Gewinnrücklagen?
- Was unterscheidet die Innenfinanzierung von der Außenfinanzierung?
- Was versteht man unter der gesetzlichen Rücklage?
- Welche Informationen finden Sie im Anhang?

- Wie wird die Rückstellung für Abfertigungen berechnet?
- Wann wird anstelle der versicherungsmathematischen Berechnung, die finanzmathematische Berechnung vorgezogen?
- Wie wird die steuerliche Abfertigungsrückstellung ermittelt?
- In welchen Fällen ist die versicherungsmathematische Berechnung der Abfertigungsrückstellung höher als die steuerliche Rückstellung mit 50% der Ansprüche?
- Ist der höhere versicherungsmathematische Rückstellungsbetrag sofort zu berücksichtigen?
- Ist das handelsrechtliche Rückstellungserfordernis steuerlich voll abzugsfähig?
- Wie werden Rückstellungen für Jubiläumszusagen berechnet?
- Wie werden Pensionsrückstellungen berechnet?
- Was unterscheidet das Teilwertverfahren vom Gegenwartswertverfahren?
- Was bestätigt der Wirtschaftsprüfer?
- Was versteht man unter den Grundsätzen ordnungsmäßiger Bilanzierung?
- Was versteht man unter dem Grundsatz der Bilanzverknüpfung?
- Was versteht man unter dem Grundsatz der Bilanzvorsicht?
- Was bedeutet das imparitätische Realisationsprinzip?
- Was sagt Ihnen der Grundsatz der Bilanzwahrheit?
- Was bedeutet der Grundsatz der Bilanzklarheit?
- Welche Information gibt der Lagebericht?
- Was sagt Ihnen die Vermögenslage?
- Was bedeutet die Finanzlage?
- Was ist die Ertragslage?

2. Basiswissen Bilanzsteuerrecht

Lernziel

Aus dem Einkommensteuergesetz werden im Originalwortlaut ganze Paragraphen oder Teile von Paragraphen vorgestellt, die **für das Bilanzieren besonders wichtig sind**. Insbesondere sind dies die §§ 4-14 des EStG. Diese **Gesetzesstellen** werden zweckdienlich erläutert. Sie sind aber keinesfalls auswendig zu lernen, sondern soweit zu bewältigen, daß ihr Inhalt für die Lösung bestimmter Bilanzierungsfälle bekannt ist. Zusätzlich finden sich noch für die Bilanzierung zentrale **Richtlinien** und **Erlässe**. Sie sind die Auslegung des Einkommensteuergesetzes durch das Finanzministerium und erleichtern den Finanzbeamten die Anwendung der Einkommensteuergesetze. Aber auch ein Bilanzersteller greift auf diese zusätzliche Hilfen zurück, da sie in der Praxis zum einheitlichen Verständnis der Gesetzesstellen beitragen. Von den zahlreichen vorhandenen Richtlinien und Erlässen sind aber nur die für das Thema wichtigsten Teile herausgegriffen und dargestellt.

2.1 Einkommensteuergesetz

Übersicht

§ 4 (1)	Gewinnermittlung
§ 4 (2)	GoB, Bilanzänderung
§ 4 (3)	Gewinnermittlung
§ 4 (4)	Betriebsausgaben
§ 4 (7)	Instandsetzungsaufwendungen
§ 4 (9)	Mitgliedsbeiträge
§ 4 (12)	Einlagenrückzahlung
§ 5	Gewinnermittlung
§ 6 (1) und (2)	Bewertung von Anlage- und Umlaufvermögen
§ 6 (3)	Bewertung von Verbindlichkeiten
§ 6 (4)	Entnahmen
§ 6 (5)	Einlagen
§ 6 (6)	ins Ausland überführte Wirtschaftsgüter
§ 6 (8)	Eröffnung eines Betriebes
§ 6 (9)	Betriebsschenkung
§ 6 (10)	Subventionen
§ 6 (11) und (12)	Vorsteuer
§ 6 (13)	Zuschreibung
§ 6 (14)	Tausch
§ 6 (15)	Kapitalerhöhung aus Gesellschaftsmitteln
§ 7	Absetzung für Abnutzung
§ 8	Nutzungsdauer von Gebäuden
§ 9	Rückstellungen
§ 10	Investitionsfreibetrag
§ 11	Verzinsung des Eigenkapitalzuwachses
§ 12	Übertragung stiller Rücklagen
§ 13	Geringwertige Wirtschaftsgüter
§ 14	Abfertigungs-, Pensions-, Jubiläumsgeldrückstellung
§ 20	Nicht abzugsfähige Aufwendungen
§ 33	Einkommensteuertarif
§ 124 b Z. 31	Lehrlingsfreibetrag

Einstimmung auf das Thema

Zu Beginn ist festzuhalten, daß es **vier Gewinnermittlungsarten** gibt. Diese Gewinnermittlungsarten werden meist mit der entsprechenden gesetzlichen Bestimmung bezeichnet, nämlich § 5, § 4 Abs. 1, § 4 Abs. 3 und § 17-Gewinnermittlung.

Als **Bilanzierer** werden die Gewinnermittler der Vorschriften des § 5 und § 4 Abs. 1 EStG bezeichnet. Die § 4 Abs. 3-Gewinnermittler werden auch als **Einnahmen-/Ausgabenrechner** bezeichnet. Es bleiben dann die § 17-Gewinnermittler, die auch als **pauschaliert** bezeichnet werden.

Aus dem Steuerrecht ist bekannt, daß von den sieben Einkunftsarten nur **die ersten drei einen Gewinn** ermitteln und deshalb nur für diese drei Einkunftsarten **die vier genannten Gewinnermittlungsarten** in Frage kommen. Die Einkunftsarten 4–7 **ermitteln keinen Gewinn**, sondern einen **Überschuß**. Infolgedessen hat **Bilanzierung nur mit der Gewinnermittlung des § 5 bzw. § 4 Abs. 1 etwas zu tun.** Diese beiden Bilanzierungsarten sind aber auseinanderzuhalten.

Falls Sie zu dem Ergebnis kommen, ein **§ 4 Abs. 1 Gewinnermittler** zu sein, dann brauchen Sie sich in der Folge mit den handelsrechtlichen Vorschriften, einschließlich der Konzernbilanz, nicht auseinandersetzen. Für Ihre Bilanzierung genügt das Basiswissen Einkommensteuergesetz. Für den Fall, daß Sie zum Kreis der **§ 5 Ermittler** zählen, kann **alles, was Sie in diesem Buch finden**, für Sie wichtig sein. **Der § 5 Ermittler ist die Zielgruppe dieses Bilanzierungsbuches.**

§ 4 (1) Gewinnermittlung

§ 4. (1) Gewinn ist der durch doppelte Buchführung zu ermittelnde Unterschiedsbetrag zwischen dem Betriebsvermögen am Schluß des Wirtschaftsjahres und dem Betriebsvermögen am Schluß des vorangegangenen Wirtschaftsjahres. Der Gewinn wird durch Entnahmen nicht gekürzt und durch Einlagen nicht erhöht. Entnahmen sind alle nicht betrieblich veranlaßten Abgänge von Werten (z.B. von Bargeld, Waren, Erzeugnissen und anderen Wirtschaftsgütern des Umlaufvermögens, von Leistungen, von Wirtschaftsgütern des Anlagevermögens oder von Nutzungen solcher Wirtschaftsgüter). Einlagen sind alle Zuführungen von Wirtschaftsgütern aus dem außerbetrieblichen Bereich. Gewinne oder Verluste aus der Veräußerung oder Entnahme und sonstige Wertänderungen von Grund und Boden, der zum Anlagevermögen gehört, sind nicht zu berücksichtigen.

Wir beginnen mit § 4 Einkommensteuergesetz und finden dort den Hinweis, daß der Gewinn aufgrund einer **doppelten Buchführung** zu ermitteln ist. Der Gewinn ist der Unterschiedsbetrag des Betriebsvermögens am Schluß des Wirtschaftsjahres, verglichen mit dem Betriebsvermögen am Schluß des vorangegangenen Wirtschaftsjahres.

Wir haben jetzt zwei Begriffe vor uns, nämlich die **doppelte Buchführung** und den **Betriebsvermögensvergleich**, mit denen wir uns beschäftigen müssen.

In der doppelten Buchführung wird jeder Betrag doppelt erfaßt, einmal als Sollbuchung und einmal als Habenbuchung. In der doppelten Buchführung werden die Konten getrennt in **Bestandskonten** und **Erfolgskonten.** Die Bestandskonten werden in der Bilanz ausgewiesen und die Erfolgskonten in der Gewinn- und Verlustrechnung. Somit wird der Gewinn doppelt ermittelt, einmal in der Bilanz und ein zweites Mal in der Gewinn- und Verlustrechnung.

Die Aufzeichnungen werden in der Buchhaltung doppelt geführt, einmal chronologisch (nach der Zeitfolge) im **Journal** und einmal sachlich geordnet im **Hauptbuch.** Der Begriff doppelte Buchführung hat drei Inhalte, einmal die doppelte Erfassung der verbuchten Beträge, zum zweiten die doppelte Gewinnermittlung in der Bilanz und in der Gewinn- und Verlustrechnung und schließlich die doppelte Dokumentation, einmal chronologisch und dann sachlich.

Zum Begriff des **Betriebsvermögens** kommen wir dann, wenn wir uns die Bilanz vom 31.12.1992 vorstellen, mit der Aktivseite und der Passivseite. Auf der Aktivseite finden wir das Anlagevermögen und das Umlaufvermögen, auf der Passivseite das Eigenkapital und das Fremdkapital. Wenn wir nun von der Aktivseite das Fremdkapital abziehen, dann bleibt das Eigenkapital über. Wenn wir auf der Aktivseite das Anlagevermögen mit S 5 Mio. und das Umlaufvermögen mit S 3 Mio. vorfinden und auf der Passivseite das Fremdkapital mit S 4 Mio., dann führt der Abzug des Fremdkapitals von den Werten der Aktivseite zu einem Betriebsvermögen am 31. Dezember 1992 mit S 4 Mio.

Wenn wir dazu das Betriebsvermögen zum 31. Dezember 1991 vergleichen und dort aktivseitig ein Anlagevermögen mit S 4 Mio., ein Umlaufvermögen mit S 4 Mio. und ein Fremdkapital mit S 5 Mio. vorfinden, dann bringt uns die Saldierung von Aktivvermögen abzüglich Fremdkapital zu einem Betriebsvermögen von S 3 Mio.

31. 12. 1991				*31. 12. 1992*			
AV	4.000	EK	*3.000*	AV	5.000	EK	*4.000*
UV	4.000	FK	5.000	UV	3.000	FK	4.000
	8.000		*8.000*		*8.000*		*8.000*

Aus dem Vergleich des Betriebsvermögens zum 31. Dezember 1991 mit dem Betriebsvermögen zum 31. Dezember 1992 kann man ableiten, **daß das Betriebsvermögen von S 3 Mio. auf S 4 Mio. zugenommen hat.** Diese Zunahme des Betriebsvermögens um S 1 Mio. stellt einen **Gewinn** dar. Der Gewinn wird ja als Unterschiedsbetrag des Betriebsvermögens bezeichnet. Wir haben jetzt gesehen, wie ein Betriebsvermögensvergleich stattfindet.

Der erste Absatz des § 4 führt uns zu zwei weiteren Begriffen, nämlich zu den **Entnahmen** und zu den **Einlagen.**

31. 12. 1991				*31. 12. 1992*			
AV	4.000	EK	*3.000*	AV	5.000	EK	*5.000*
UV	4.000	FK	5.000	UV	4.000	FK	4.000
	8.000		*8.000*		*9.000*		*9.000*

Wenn wir jetzt bei unserem Beispiel des Betriebsvermögensvergleiches anknüpfen und unterstellen, daß unser Unternehmer im Dezember 1992 eine Einlage von S 1 Mio. getätigt hat, dann erhöht sich aufgrund der Buchung: Bank an Eigenkapital, aktivseitig sein Umlaufvermögen um S 1 Mio. und passivseitig sein Eigenkapital um ebenfalls S 1 Mio. Sein Betriebsvermögen zum 31. Dezember 1992 beträgt dann S 5 Mio. Wenn er nun sein Betriebsvermögen zum 31. Dezember 1992 mit dem Betriebsvermögen vom 31. Dezember 1991 vergleicht, dann ist ein Unterschiedsbetrag von S 2 Mio. erkennbar. Für uns stellt sich jetzt die Frage, ob durch die Einlage des Unternehmers, der Gewinn jetzt auf einmal S 2 Mio. beträgt, obwohl er ursprünglich nur S 1 Mio. betragen hat?

Sie haben richtig erraten. **Durch die Einlagen wird der Gewinn nicht erhöht.**

Für uns gilt jetzt: Was der Unternehmer einlegt, und jetzt wird die Aussage erweitert, was der Unternehmer entnimmt, hat keine Auswirkung auf den steuerpflichtigen Gewinn.

Noch einmal: Entnahmen und Einlagen werden zwar gebucht, aber nicht gewinnerhöhend oder gewinnmindernd.

Der erste Absatz endet wieder mit einer Aussage, die völlig isoliert dasteht: Gewinne oder Verluste aus einer Veräußerung eines Grundstückes sind steuerlich nicht zu berücksichtigen. Gemeint ist aber nur ein Grundstück, das im Anlagevermögen ausgewiesen ist, was ja der Fall ist, wenn wir nicht gerade Immobilienmakler sind. Immobilienmakler weisen Grundstücke im Umlaufvermögen aus!

Es ist Ihnen jetzt aufgefallen, daß nur vom Grund die Rede war und nicht vom Gebäude. Also nur der Gewinn aus einem **Grundverkauf** ist steuerfrei.

§ 4 (1) 5. Satz

Für unkörperliche Wirtschaftsgüter des Anlagevermögens darf ein Aktivposten nur angesetzt werden, wenn sie entgeltlich erworben worden sind.

Ohne Zusammenhang mit dem vorherigen Text finden wir im ersten Absatz des § 4 die Aussage, daß **unkörperliche Wirtschaftsgüter** beim Anlagevermögen nur dann aktiviert werden dürfen, wenn sie entgeltlich erworben worden sind.

Vorerst beschäftigt uns die Frage nach den unkörperlichen Wirtschaftsgütern. Das Begriffspaar körperliche/unkörperliche Wirtschaftsgüter finden wir wieder im § 12, bei der Übertragung der stillen Rücklagen.

Körperliche Wirtschaftsgüter sind solche, die angegriffen werden können, unkörperliche Wirtschaftsgüter solche, die nicht angegriffen werden können. Beispiele für unkörperliche Wirtschaftsgüter: Mietrecht, Baurecht, Bestandsrecht, Bierbezugsrecht, Know-how, Firmenwert, Beteiligung an anderen Unternehmen.

Diese Wirtschaftsgüter dürfen nur dann aktiviert werden (als Aktivvermögen eingestellt werden), wenn sie entgeltlich erworben worden sind.

§ 4 Abs. 2 GoB, Bilanzänderung

Der Steuerpflichtige muß die Vermögensübersicht (Jahresabschluß, Bilanz) nach den allgemeinen Grundsätzen ordnungsmäßiger Buchführung erstellen. Ist die Vermögensübersicht nicht nach diesen Grundsätzen erstellt oder verstößt sie gegen zwingende Vorschriften dieses Bundesgesetzes, so muß er sie auch nach dem Einreichen beim Finanzamt berichtigen. Andere nachträgliche Änderungen der Bilanz sind nur zulässig, wenn sie wirtschaftlich begründet sind und das Finanzamt zustimmt. Das Finanzamt muß zustimmen, wenn die Bilanzänderung wirtschaftlich begründet ist.

Wir haben jetzt das Begriffspaar **Bilanzberichtigung/Bilanzänderung**.

Mit den Begriffen selbst haben wir keine Probleme.

Eine **Bilanzberichtigung** liegt vor, wenn ein **unrichtiger** Bilanzansatz berichtigt wird. Bei einer **Bilanzänderung** wird ein **zulässiger** Bilanzansatz durch einen anderen zulässigen Bilanzansatz ersetzt.

Die Bilanzberichtigung dient dazu, die Bilanz mit den zwingenden Vorschriften des EStG und mit den zwingenden Grundsätzen ordnungsgemäßer Buchführung in Einklang zu bringen (VwGH, 18.1.1966, Zahl 1592/65).

Nach dem Grundsatz der Amtswegigkeit des Verfahrens (§ 115 BAO) hat die Behörde von sich aus die Berichtigung durchzuführen, wenn sie einen unrichtigen Bilanzansatz, z.B. im Zuge einer Betriebsprüfung, feststellt. **Eine Bilanzberichtigung** hat insbesondere zu erfolgen, wenn

- Bilanzposten fehlen
- Bilanzposten unrichtig sind (z.B. unrichtige Bewertung)
- Bilanzposten zu unrecht aufgenommen wurden.

Bei der Bilanzänderung tritt an die Stelle eines richtigen Bilanzansatzes ein anderer ebenfalls richtiger Bilanzansatz.

An einem einfachen Beispiel wollen wir nun den Unterschied zwischen **Bilanzänderung** und **Bilanzberichtigung** demonstrieren:

Die Anschaffungskosten einer Maschine betragen 1992 S 500.000,–. Ein Investitionsfreibetrag wird mit 20% beantragt. Bei der EDV-mäßigen Erfassung der Bemessungsgrundlage für den IFB passiert ein Stellenwertfehler und die Bemessungsgrundlage wird mit S 50.000,– eingegeben. Der 20%ige Investitionsfreibetrag beträgt dann, ausgehend von dieser fehlerhaften Bemessungsgrundlage, S 10.000,–.

Im EDV-Anlageverzeichnis wird der Investitionsfreibetrag mit 20% ausgewiesen.

Man kann in diesem Fall jetzt nicht davon ausgehen, daß das Unternehmen von einem Wahlrecht Gebrauch gemacht hat und den Investitionsfreibetrag mit 2% gewählt hat (S 10.000,– sind 2% von S 500.000,–).

Das Unternehmen möchte nun im Rahmen der Betriebsprüfung den Investitionsfreibetrag mit S 100.000,– geltend machen.

Hier geht es nicht darum, ein damals gewähltes Ausmaß des IFB mit 2% auf das Höchstausmaß mit 20% anzuheben, sondern darum, die unrichtige Berechnung zu korrigieren.

Wenn ein unrichtiger Bilanzansatz korrigiert wird, dann liegt, wie bereits ausgeführt, eine Bilanzberichtigung vor. Eine Bilanzänderung würde dann vorliegen, wenn das Unternehmen aus freien Stücken den IFB mit 2% angesetzt hätte und aufgrund eines Mehrergebnisses an einem höheren IFB, nämlich mit 20%, interessiert wäre. Hier würde ein richtiger Ansatz durch einen anderen richtigen Ansatz ersetzt werden und in diesem Fall würde eine Bilanzänderung vorliegen.

Mit diesem Beispiel haben wir den Unterschied zwischen **Bilanzänderung** und **Bilanzberichtigung** dargelegt. Eine Bilanzberichtigung liegt dann vor, wenn ein Investitionsfreibetrag mit 20% beansprucht worden ist. Bei der Berechnung ist von einer unrichtigen Bemessungsgrundlage ausgegangen worden.

Auf der anderen Seite gibt es keine Zweifel, daß eine **Bilanzänderung** dann vorliegt, wenn überhaupt kein Investitionsfreibetrag gebildet worden ist, oder ein Investitionsfreibetrag mit einem niedrigeren Prozentsatz, in Ausübung des Wahlrechtes, gebildet worden ist. Hier würde jede Anpassung nach oben, zum Ausgleich eines Betriebsprüfungs-Mehrergebnisses, eine Bilanzänderung darstellen.

Wir haben den Unterschied zwischen Bilanzänderung und Bilanzberichtigung am Beispiel eines Investitionsfreibetrages dargestellt.

Eine Bilanzberichtigung ist solange möglich, als die Veranlagung noch nicht rechtskräftig ist oder wenn die Rechtskraft aufgehoben worden ist. Die Berichtigung bleibt ohne Auswirkung auf die Steuerfestsetzung, wenn die Wirkung der Rechtskraft nicht mehr beseitigt werden kann. Man spricht in diesem Zusammenhang von einem Nachholverbot.

Dieses Nachholverbot kann sich zu Gunsten oder zu Ungunsten des Steuerpflichtigen auswirken. Unterblieb beispielsweise eine Aktivierung, dann erfolgte in den Vorjahren eine Gewinnminderung die nicht mehr korrigiert werden kann. Auf der anderen Seite ist eine Abwertung, die notwendig gewesen wäre, nicht durchgeführt worden, dann erfolgte ein Ausweis eines zu hohen Gewinnes, der steuerlich nicht mehr korrigiert werden kann. Die Korrektur wird im Jahr der Berichtigung nur mit handelsbilanzlicher Wirkung erfolgen.

Einbuchung von Betriebsprüfungs-Berichtigungen

Grundsatz: Die BP-Berichtigungen werden als Korrektur der Eröffnungsbilanz eingebucht.

Wurde z.B. der Zeitraum 1993-1995 geprüft (letzte geprüfte Bilanz daher 31.12.1995), müssen die BP-Korrekturen mit Stichtag 1.1.1996 eingebucht werden.

Wurde zwischen Prüfungsbeginn und Prüfungsbericht das Jahr 1996 bereits abgeschlossen, muß per 1.1.1997 eingebucht werden. (Auswirkungen der BP-Feststellungen auf das Jahr 1996 müssen in diesem Fall außerbilanzmäßig dem steuerlichen Ergebnis zu- bzw. abgerechnet werden.)

Die Einbuchungen betreffen ausschließlich Bestandskonten (Korrektur der Eröffnungsbilanz). Es wird zum 1.1. jener Betrag auf dem Bestandskonto auszuweisen sein, der bereits vorhanden sein müßte, wenn „damals" richtig gebucht worden wäre. Die Einbuchung der Betriebsprüfungsergebnisse auf den Bestandskonten endet mit einem Soll- oder Habensaldo. Dieser Saldo ist, abhängig von der Rechtsform des Unternehmens, wie folgt zu buchen:

a) Einzelunternehmen: Umbuchung auf Kapitalkonto (z.B. 900).
b) Personengesellschaften: Umbuchung auf die variablen Kapitalkonten der Gesellschafter im Verhältnis ihrer Gewinnbeteiligung (z.B. 50% auf Kapitalkonto A 901 und 50% auf B 902).
c) Kapitalgesellschaften: Häufig wird der Saldo aus den BP-Korrekturen auf a.o. Erträge oder Aufwendungen des laufenden Jahres gebucht. Nachdem aber a.o. Ergebnisse aufgrund einer Betriebsprüfung nicht als solche ausgewiesen werden (enge Definition für a.o. Ergebnisse im HGB), empfiehlt sich ein G+V Ausweis mit der Aufwandsart, der die Buchung des Bestandskontos entspricht. In diesem Fall muß dieser handelsrechtliche Aufwand bzw. Ertrag in der steuerlichen Mehr-/Wenigerrechnung berücksichtigt werden.

Folgebuchung: Die BP-Berichtigungen haben fast immer Auswirkungen auf die Bilanzerstellung und auf die Gewinnermittlung der Folgejahre!

Aktivierungen müssen in das Anlagenverzeichnis eingetragen werden, und die AfA muß fortgeführt werden.

Warenbestandserhöhungen müssen auf die entsprechenden Einsatzkonten gebucht werden.

Rechnungsabgrenzungen müssen entsprechend aufgelöst werden.

Rückstellungen für Betriebssteuern müssen im Jahre des Einlangens der Steuerbescheide gegen den Nachtragsaufwand aufgelöst werden.

§ 4 Abs. 3 Gewinnermittlung

Der Überschuß der Betriebseinnahmen über die Betriebsausgaben darf dann als Gewinn angesetzt werden, wenn keine Verpflichtung zur Buchführung besteht und Bücher auch nicht freiwillig geführt werden. Durchlaufende Posten, das sind Beträge, die im Namen und für Rechnung eines anderen vereinnahmt und verausgabt werden, scheiden dabei aus. Der Steuerpflichtige darf selbst entscheiden, ob er die für Lieferungen und sonstige Leistungen geschuldeten Umsatzsteuerbeträge und die abziehbaren Vorsteuerbeträge als durchlaufende Posten behandelt. Hinsichtlich des Grund und Bodens gilt Abs. 1 letzter Satz[1].

Die § 4 Abs. 3 EStG Gewinnermittlung wird durchgeführt, wenn

- keine Buchführungspflicht im Sinne der § 124 und 125 BAO besteht
- nicht freiwillig Bücher für einen Vermögensvergleich (§ 4 Abs. 1 EStG) geführt werden.

[1] Dieser lautet: Gewinne oder Verluste aus der Veräußerung oder der Entnahme und sonstige Wertänderungen von Grund und Boden, der zum Anlagevermögen gehört, sind nicht zu berücksichtigen.

Bei der freiwilligen Buchführung ist die doppelte Buchführung mit Bestandsrechnung und Erfolgsrechnung gemeint (BMF, Recht der Wirtschaft 1993, Seite 385).

Uns interessiert jetzt die Frage, wann eine Buchführungspflicht gemäß § 125 BAO besteht

- Buchführungspflicht besteht für Gewerbebetriebe und land- und forstwirtschaftliche Betriebe bei einem Umsatz von mehr als 5 Mio. S jährlich. Bei Lebensmittel- und Gemischtwarenhändlern bei einem Umsatz von 8 Mio. S.
- Die Buchführungspflicht besteht für land- und forstwirtschaftliche Betriebe bei einem Einheitswert von mehr als 2 Mio. S.

Für Einkünfte aus **selbständiger Tätigkeit** besteht nach § 125 Abs 1 BAO keine Buchführungspflicht. Selbständige können unabhängig von ihrem Umsatz den Gewinn immer nach § 4 Abs. 3 EStG ermitteln. Im § 125 BAO sind die Umsatzgrenzen angeführt, die zur Buchführungspflicht führen. Es wird dann festgestellt, daß „Umsätze aus selbständiger Arbeit im Sinne der einkommensteuerrechtlichen Vorschriften" keine Umsätze darstellen, für die diese Umsatzgrenzen gelten.

Die Vorschrift des § 124 BAO lautet:

Wer nach Handelsrecht oder anderen gesetzlichen Vorschriften zur Führung und Aufbewahrung von Büchern oder Aufzeichnungen verpflichtet ist, hat diese Verpflichtung auch im Interesse der Abgabenerhebung zu erfüllen.

Zusammenfassung

Wer nach § 124 oder § 125 BAO buchführungspflichtig ist, scheidet für die § 4 Abs. 3 EStG Gewinnermittlung aus.

Von dem Grundsatz bei der § 4 Abs. 3 Gewinnermittlung, daß **jede Ausgabe gewinnmindernd** wirkt, gibt es **zwei Ausnahmen**: Einmal beim Anlagevermögen, wo die Gewinnminderung über die Abschreibung erfolgt und bei bestimmten Vorauszahlungen im Sinne des § 4 Abs. 6 EStG.

Diese Bestimmung lautet:

Nichtaktivierungspflichtige Vorauszahlungen von Beratungs-, Bürgschafts-, Fremdmittel-, Garantie-, Miet-, Treuhand-, Vermittlungs-, Vertriebs- und Verwaltungskosten müssen gleichmäßig auf den Zeitraum verteilt werden, außer sie betreffen lediglich das laufende und das folgende Jahr.

Mit anderen Worten: 1997 wird beispielsweise die Miete für 18 Monate vorausbezahlt. Der Vorauszahlungszeitraum betrifft den 1. Juli 1997 und geht bis zum 31. Dezember 1998. Nachdem diese Vorauszahlung lediglich das laufende und das folgende Jahr betrifft, wird diese Vorauszahlung sofort in vollem Umfang 1997 noch gewinnmindernd.

Variante

Die Vorauszahlung wird für 24 Monate geleistet und zwar für den Zeitraum 1. Juli 1997 bis zum 30. Juni 1999. Nachdem die Vorauszahlung über das Folgejahr (1998) hinausgeht, muß die Vorauszahlung gleichmäßig auf den Zeitraum der Vorauszahlung verteilt werden, und zwar auf 1997, 1998 und 1999.

Wichtig ist noch der Hinweis, daß eine Abschreibung auf den niedrigeren Teilwert, im Rahmen dieser Gewinnermittlung, nicht zulässig ist, während die Absetzung für außergewöhnliche technische oder wirtschaftliche Abnutzung im Sinne des § 8 Abs. 4 EStG gestattet ist.

Im § 18 Abs. 7 EStG findet sich eine Bestimmung, die nur für die § 4 Abs 3 EStG Gewinnermittlung gilt. Diese Bestimmung lautet: Anlaufverluste, das sind Verluste, die in den ersten drei Veranlagungszeiträumen ab Eröffnung eines Betriebes entstehen, sind auch bei einem Steuerpflichtigen, der den Gewinn gemäß § 4 Abs. 3 ermittelt, nach Absatz 6 zu berücksichtigen.

Der Absatz 6 sagt, daß als Sonderausgabe auch Verluste abzuziehen sind, die in einem vorangegangen Jahr entstanden sind.

In diesem Zusammenhang spricht man von Anfangsverlusten, die in den ersten drei Veranlagungszeiträumen entstanden sind.

Im § 4 Abs. 3 EStG zweiter und dritter Satz wird festgehalten, daß nach Wahl des Steuerpflichtigen Umsatzsteuer und Vorsteuerbeträge als durchlaufende Posten behandelt werden können.

Durchlaufende Posten bedeutet, daß Vorsteuerbeträge und Umsatzsteuerbeträge das Ergebnis nicht beeinflussen.

Übergang von der Einnahmen-/Ausgabenrechnung zur Bilanzierung

Bei der Einnahmen-/Ausgabenrechnung sind Warenbestände, Forderungen und Verbindlichkeiten nicht erfaßt worden. Beim Übergang zur Bilanzierung ist daher der Wert der Warenbestände, der Forderungen abzüglich der Schulden zum 1. Jänner des Jahres, für das der Gewinn erstmals durch Bilanzierung ermittelt wird, festzustellen. Bei einem Überhang von Vermögensposten liegt ein „Übergangsgewinn" vor, der im ersten Gewinnermittlungszeitraum nach dem Wechsel der Gewinnermittlungsart zu versteuern ist. Sind die Passiva höher als die Aktivbestände, dann ist der Übergangsverlust, beginnend mit dem ersten Gewinnermittlungszeitraum, nach dem Wechsel der Gewinnermittlungsart, in den nächsten sieben Gewinnermittlungszeiträumen zu berücksichtigen.

Beispiel

Im Rahmen der Einnahmen-/Ausgabenrechnung sind im Dezember 1997 Vorräte um S 200.000 gekauft worden. Ebenfalls im Dezember ist eine Anzahlung mit S 60.000 auf dem Bankkonto eingegangen.

1998 wird auf die § 4 Abs. 1 EStG Gewinnermittlung übergegangen. Die Vorräte werden mit S 200.000 aktiviert. Die Anzahlung stellte mit S 60.000 einen Passivposten dar. Der Übergangsgewinn 1998 beträgt S 140.000.

§ 4 Abs. 4 Betriebsausgaben

(4) Betriebsausgaben sind die Aufwendungen oder Ausgaben, die durch den Betrieb veranlaßt sind.

Hier wird ganz deutlich gesagt, was als **Betriebsausgabe** gewinnmindernd verbucht werden kann. Betriebsausgaben sind also Aufwendungen, die durch den Betrieb veranlaßt sind.

Diese Feststellung ist von großer Bedeutung. Man kann sie gar nicht oft genug wiederholen. Entscheidend für die Betriebsausgabe ist die betriebliche Veranlassung. Von einer betragsmäßigen Begrenzung der Betriebsausgabe ist an dieser Stelle noch nicht die Rede.

Die **Angemessenheit der Anschaffungskosten** ist nur bei Anschaffung von Auto, Flugzeug, Boot, Antiquitäten, Teppich, Tapisserie, Jagd zu überprüfen. Die betriebliche Veranlassung ist aber auch dort die erste Voraussetzung. Die steuerlichen Anschaffungskosten sind in bestimmten Fällen nach oben begrenzt. Darüber werden Sie jedoch später mehr erfahren.

Im Absatz vier lernen wir noch einige Ausgaben kennen, die vom Einkommensteuergesetzgeber **zweifelsfrei als Betriebsausgaben** anerkannt werden:

1. Beiträge zu **Pflichtversicherungen**
2. Beiträge zu **Pensionskassen** und Zuwendungen an betriebliche Unterstützungskassen
3. Zuwendungen an den **Betriebsratsfonds**
4. der **Forschungsfreibetrag**
5. Zuwendungen für **Forschungsaufgaben** oder für die **Erwachsenenbildung**
6. Zuwendungen an Institute, Museen usw.
7. Aufwendungen für Aus- und Fortbildungsmaßnahmen
8. ein Bildungsfreibetrag für Aufwendungen von Aus- und Fortbildungseinrichtungen

Forschungsfreibetrag gem. § 4 Abs. 4 Z. 4

Ein Forschungsfreibetrag für Aufwendungen zur Entwicklung oder Verbesserung volkswirtschaftlich wertvoller Erfindungen, ausgenommen Verwaltungs- oder Vertriebskosten sowie Aufwendungen für Wirtschaftsgüter des Anlagevermögens (Forschungsaufwendungen). Der volkswirtschaftliche Wert der angestrebten oder abgeschlossenen Erfindung ist durch eine Bescheinigung des Bundesministers für wirtschaftliche Angelegenheiten nachzuweisen. Die Bescheinigung ist nicht erforderlich, wenn die Erfindung bereits patentrechtlich geschützt ist. Der Forschungsfreibetrag kann – auch außerbilanzmäßig – innerhalb folgender Höchstbeträge geltend gemacht werden:

a) Der Forschungsfreibetrag beträgt grundsätzlich bis zu 25% der Forschungsaufwendungen.

b) Der Forschungsfreibetrag beträgt bis zu 35% der Forschungsaufwendungen, soweit diese das arithmetische Mittel der Forschungsaufwendungen der letzten drei Wirtschaftsjahre (Vergleichszeitraum) übersteigen. Sind in Wirtschaftsjahren des Vergleichszeitraumes keine Forschungsaufwendungen angefallen, werden bei der Errechnung des arithmetischen Mittels hinsichtlich dieser Wirtschaftsjahre Forschungsaufwendungen mit Null angesetzt. Der Steuerpflichtige hat gesondert nachzuweisen, in welchem Umfang Forschungsaufwendungen einem Forschungsfreibetrag von bis zu 35% unterliegen.

Als Erfindungen gelten solche im Sinne des § 1 des Patentgesetz 1970 (PatG). Auch Erfindungen im Sinne des Gebrauchsmustergesetzes (GMG) sind möglich.

Voraussetzung für den Forschungsfreibetrag ist, daß es sich um eine volkswirtschaftlich wertvolle Erfindung handeln muß. Der volkswirtschaftliche Wert kann nachgewiesen werden

- durch eine entsprechende Bescheinigung des Bundesministers für wirtschaftliche Angelegenheiten oder
- durch patentrechtlichen Schutz.

Der Forschungsfreibetrag wird unverändert von den Aufwendungen zur Entwicklung oder Verbesserung volkswirtschaftlich wertvoller Erfindungen berechnet. Ausgeschieden werden die Verwaltungs- und Vertriebskosten sowie Aufwendungen für Wirtschaftsgüter des Anlagevermögens.

Ab der Veranlagung 2000 gilt folgende Regelung

Der allgemeine Forschungsfreibetrag erhöht sich auf 25% (bisher 12% bzw. 18%) der begünstigten Forschungsaufwendungen. Liegt der Forschungsaufwand über dem Durchschnitt der letzten drei Jahre, steht für den übersteigenden Aufwand ein Forschungsfreibetrag von 35% zu.

Beispiel

Forschungsaufwendungen 1997–1999	6.000.000,–		
Der Durchschnitt beträgt daher	2.000.000,–		
Forschungsaufwendungen 2000		2.800.000,–	
35% vom übersteigenden Betrag also von		800.000,–	280.000,–
25% vom restlichen Betrag, also von		2.000.000,–	500.000,–
Forschungsfreibetrag 2000			780.000,–

Der Forschungsfreibetrag kann bilanzmäßig oder außerbilanzmäßig geltend gemacht werden.

Dazu gilt folgendes:

Die Verbuchung des Freibetrages (Aufwand an Privatkonto) ist nur bei Einzelunternehmen vertretbar, bei Personengesellschaften umständlich und bei Kapitalgesellschaften nicht möglich. **Eine außerbücherliche Kürzung der steuerlichen Gewinne ist zu empfehlen.**

Fortbildungskosten gem. § 4 Abs. 4 Z. 7

Aufwendungen des Steuerpflichtigen für Aus- und Fortbildungsmaßnahmen im Zusammenhang mit der vom Steuerpflichtigen ausgeübten oder einer damit verwandten betrieblichen oder beruflichen Tätigkeit. Aufwendungen für Nächtigungen sind jedoch höchstens im Ausmaß des den Bundesbediensteten zustehenden Nächtigungsgeldes der Höchststufe bei Anwendung des § 13 Abs. 7 der Reisegebührenvorschrift zu berücksichtigen. Keine Betriebsausgaben stellen Aufwendungen dar, die im Zusammenhang mit dem Besuch einer allgemeinbildenden (höheren) Schule oder im Zusammenhang mit einem ordentlichen Universitätsstudium stehen.

Fortbildungskosten dienen dazu, im jeweils ausgeübten Beruf auf dem Laufenden zu bleiben, um den jeweiligen Anforderungen gerecht zu werden. Merkmal beruflicher Fortbildung ist es, dass sie der Verbesserung der Kenntnisse und Fähigkeiten im bisher ausgeübten Beruf dient (VwGH 22.11.1995, 95/15/0161).

Neben den bisher steuerlich abzugsfähigen Fortbildungskosten sind ab der Veranlagung 2000 jetzt auch bestimmte Ausbildungskosten als Betriebsausgaben bzw. Werbungskosten abzugsfähig und zwar:

- Kosten der Ausbildung im Zusammenhang mit einem derzeit ausgeübten Beruf oder einem artverwandten Beruf (z.B. Umschulungskosten Friseurin – Kosmetikerin),
- Kosten des Besuchs von berufsbildenden höheren Schulen und Fachhochschulen.
  Bei Bildungsmaßnahmen zum Erwerb grundsätzlicher kaufmännischer oder bürotechnischer Kenntnisse (zB. Einstiegskurse für EDV, Buchhaltung) ist stets von einem Zusammenhang mit der jeweils ausgeübten Tätigkeit auszugehen. Derartige Kenntnisse sind von genereller Bedeutung für alle Berufsgruppen, sodass in diesen Fällen die Prüfung, ob eine konkrete Veranlassung durch den ausgeübten Beruf besteht, zu entfallen hat.

Bildungsfreibetrag gem. § 4 Abs. 4 Z. 8

Ein Bildungsfreibetrag von höchstens 9% der Aufwendungen, die dem Arbeitgeber von einer von ihm verschiedenen Aus- und Fortbildungseinrichtung (lit. a oder b) in Rechnung gestellt werden. Der Freibetrag steht insoweit zu, als die Aufwendungen unmittelbar Aus- oder Fortbildungsmaßnahmen betreffen, die im betrieblichen Interesse für Arbeitnehmer (§ 47) getätigt werden.

Aus- und Fortbildungseinrichtungen sind:

a) Bildungseinrichtungen von Körperschaften des öffentlichen Rechts,

b) Einrichtungen, deren Geschäftsgegenstand in einem wesentlichen Umfang in der Erbringung von Dienstleistungen auf dem Gebiet der beruflichen Aus- oder Fortbildung besteht. Diese Dienstleistungen müssen nach ihrer tatsächlichen Geschäftsführung einem unbestimmten Personenkreis angeboten werden.

Der Bildungsfreibetrag kann – auch außerbilanzmäßig – geltend gemacht werden. Werden Aufwendungen, für die ein Bildungsfreibetrag geltend gemacht worden ist, vergütet, erhöht sich der als Betriebseinnahme anzusetzende Betrag um den für den Bildungsfreibetrag geltend gemachten Prozentsatz.

Der Bildungsfreibetrag stellt eine fiktive Betriebsausgabe dar, deren Inanspruchnahme freisteht. Das **Wahlrecht** bezieht sich sowohl auf die Inanspruchnahme als solche als auch – im Rahmen des Höchstausmaßes von 9% – auf die Höhe.

- Nur fremde Bildungseinrichtungen (betriebseigene Schulungszentren nicht) sind begünstigt.
- Nur die unmittelbare Aus- und Fortbildung der Dienstnehmer ist begünstigt (Kursgebühren, Lehrbehelfe, Mieten für Schulungsräume), nicht jedoch Fahrt-, Verpflegungs- und Unterbringungskosten.
- Der Arbeitgeber muss die Kosten tragen. Kostenersätze oder spätere Refundierungen eines Arbeitnehmers mindern die Grundlagen bzw. führen zu einer Nachversteuerung.

§ 4 Abs. 7 Instandsetzungsaufwendungen

(7) Bei Gebäuden, die zum Anlagevermögen gehören und Personen, die nicht betriebszugehörige Arbeitnehmer sind, für Wohnzwecke entgeltlich überlassen werden, gilt hinsichtlich der Instandsetzungsaufwendungen folgendes:

- Instandsetzungsaufwendungen, die unter Verwendung von entsprechend gewidmeten steuerfreien Subventionen aus öffentlichen Mitteln (§ 3 Abs. 1 Z 3, § 3 Abs. 1 Z 5 lit. d und e, § 3 Abs. 1 Z 6) aufgewendet werden, scheiden insoweit aus der Gewinnermittlung aus.
- Soweit Instandsetzungsaufwendungen nicht durch steuerfreie Subventionen gedeckt sind, sind sie gleichmäßig auf zehn Jahre verteilt abzusetzen.

Instandsetzungsaufwendungen sind jene Aufwendungen, die nicht zu den Anschaffungs- oder Herstellungskosten gehören und allein oder zusammen mit Herstellungsaufwand den Nutzungswert des Gebäudes wesentlich erhöhen oder seine Nutzungsdauer wesentlich verlängern.

Diese Vorschrift befaßt sich mit **Instandsetzungsaufwendungen** für Gebäude.

Wichtig: Diese Bestimmung gilt nur für jene Gebäude, die für Wohnzwecke an Dritte (nicht Mitarbeiter) vermietet werden. Damit wird für Miethäuser, die als Kapitalanlage angeschafft worden sind, der Sofortabzug untersagt.

Es wird klargestellt, daß **Instandsetzungsaufwendungen** jene Aufwendungen sind, die nicht zu den Anschaffungs- oder Herstellungskosten gehören. Die Anschaffungs- oder Herstellungskosten sind uns aber bisher noch nicht untergekommen, denn wir finden diese erstmals im § 6.

Anschaffungskosten sind grundsätzlich der Kaufpreis, zuzüglich der Nebenkosten (Grunderwerbsteuer, Bezugskosten, Montagekosten, Zölle), abzüglich Preisminderungen wie Rabatte, Boni, Skonti.

Die **Herstellungskosten** kommen aus unserer eigenen Kostenrechnung und setzen sich grundsätzlich wie folgt zusammen: Materialeinzelkosten, Materialgemeinkosten, Fertigungslöhne, Fertigungsgemeinkosten und Sonderkosten der Fertigung.

Jetzt wird aber festgestellt, daß der Instandsetzungsaufwand nicht zu den Anschaffungs- oder Herstellungskosten gehört, aber durch den Instandsetzungsaufwand, der Nutzungswert des Gebäudes wesentlich erhöht oder die Nutzungsdauer des Gebäudes wesentlich verlängert wird.

Zur Erläuterung: Zum Zwecke der Sanierung eines Gebäudes werden die alten Fenster durch neue Fenster ersetzt. Normalerweise ist dies ein Paradebeispiel für einen Erhaltungsaufwand, der sofort aufwandswirksam wird. Wenn nun die neuen Fenster den Nutzungswert des Gebäudes erhöhen, oder die Nutzungsdauer wesentlich verlängern, dann liegt eine Instandsetzungsaufwendung vor, die nicht sofort aufwandswirksam wird, sondern erst verteilt über einen Zeitraum von zehn Jahren.

Ganz wichtig ist jetzt die Feststellung, daß die Überlegung, ob Instandsetzungsaufwendungen vorliegen, nur bei jenen Gebäuden vorzunehmen ist, die für Wohnzwecke vermietet werden, wobei jene Gebäude nicht damit gemeint sind, in denen die betriebszugehörigen Arbeitnehmer wohnen.

Es handelt sich also um Gebäude, die vom Unternehmen an Dritte für Wohnzwecke vermietet werden. In der Regel werden Gebäude von Banken und Versicherungen als Vermögensanlage gehalten und an dritte Personen vermietet.

§ 4 Abs. 9 Mitgliedsbeiträge

Freiwillig gezahlte **Mitgliedsbeiträge** für Berufs- und Wirtschaftsverbände sind nur unter bestimmten Voraussetzungen abzugsfähig:

1. Der Verband muß den beruflichen Interessen des Beitragsleistenden dienen.
2. Beiträge sind nur abzugsfähig, wenn sie in der festgelegten Höhe bezahlt werden (keine freiwilligen Beiträge).

§ 4 Abs. 12 Einlagenrückzahlung

Die Einlagenrückzahlung von Körperschaften gilt auch wenn sie im Wege einer Einkommensverwendung erfolgt, als Veräußerung einer Beteiligung und führt beim Anteilsinhaber (Beteiligten) sowohl bei einem Betriebsvermögensvergleich (§ 4 Abs. 1, § 5) als auch bei einer Einnahmen-Ausgabenrechnung (§ 4 Abs. 3) nach Maßgabe der folgenden Bestimmungen zu einer Minderung und Erhöhung von Aktivposten des Betriebsvermögens.

1. Einlagen im Sinne dieser Vorschrift sind das aufgebrachte Grund-, Stamm- oder Genossenschaftskapital und sonstige Einlagen und Zuwendungen, die als Kapitalrücklage auszuweisen sind oder bei Erwerbs- und Wirtschaftsgenossenschaften auszuweisen waren, einschließlich eines Partizipations- und Genußrechtskapitals im Sinne des § 8 Abs. 3 Z 1 des Körperschaftsteuergesetzes 1988, sowie jene Verbindlichkeiten denen abgabenrechtlich die Eigenschaft eines verdeckten Grund-, Stamm- oder Genossenschaftskapitals zukommt.
2. Nicht zu den Einlagen gehören Beträge, die unter § 32 Z 3 fallen oder die infolge einer Umgründung im Sinne des Umgründungssteuergesetzes die Eigenschaft einer Gewinnrücklage oder eines Bilanzgewinnes verloren haben.
3. Die Körperschaft hat den Stand der Einlagen im Sinne dieser Vorschrift im Wege eines Evidenzkontos zu erfassen und seine Erhöhungen durch weitere Einlagen und Zuwendungen und Verminderungen durch Ausschüttungen oder sonstige Verwendungen laufend fortzuschreiben. Das Evidenzkonto ist in geeigneter Form der jährlichen Steuererklärung anzuschließen.

Die Bestimmung liest sich ganz harmlos. Dennoch müssen wir zum Verständnis einen weiten Umweg machen. Zum ersten haben wir uns mit den Rücklagen auseinanderzusetzen und zum zweiten, mit der Verbuchung der Auflösung von Rücklagen und drittens, werden wir noch einen Blick auf den Anteilsinhaber werfen.

Bei den Rücklagen wird zwischen den **Kapitalrücklagen** und den **Gewinnrücklagen** unterschieden. Der wesentliche Unterschied besteht darin, daß unter den Kapitalrücklagen nur jene Gelder ausgewiesen werden, die von außen, vom Eigentümer, in das Unternehmen einfließen (Außenfinanzierung). Bei den Gewinnrücklagen werden die im Unternehmen erzielten Gewinne ausgewiesen (Innenfinanzierung).

Zuerst die **Kapitalrücklagen**:

Der Paradefall für Kapitalrücklagen ist das **Agio**. Beim Agio zahlt der Eigentümer einen höheren Betrag als der Nennwert des Anteiles beträgt (Beispiel Nennwert S 1.000, Einzahlung S 1.400, Ausweis als Kapital S 1.000, Ausweis des **Agios als Kapitalrücklage** S 400).

Schließlich können die Gesellschafter (Eigentümer) beschließen, neben dem Grund- oder Stammkapital weitere Zuzahlungen zu leisten.

Die Einzahlungen der Gesellschafter sind **steuerneutral**. Die Buchung lautet: **Bank an Kapitalrücklage**. Aus diesem Grund gibt es keine Auswirkung auf die G + V, weil keine Verbuchung „Zuweisung zu Kapitalrücklagen“ erfolgt. Und weil die **Einzahlung** steuerneutral ist, soll eine **Einlagenrückgewähr** keine Auswirkung auf die Steuer haben.

Die **Gewinnrücklagen** können aus verschiedensten Anlässen gebildet werden. Insgesamt bedeutet die Bildung einer Gewinnrücklage, daß in Höhe der Rücklage vorerst auf eine **Gewinnausschüttung verzichtet** wird. Auf diese Weise kann für zukünftige Investitionen mit einer Rücklage vorgesorgt werden. Wenn eine **Kapitalrücklage** aufgelöst wird, dann erhöht diese Auflösung den **Gewinn** (bzw. reduziert den Verlust). Die Auflösung der Kapitalrücklage stellt eine **Einlagenrückzahlung** dar. Diese Einlagenrückzahlung ist **steuerneutral**, was bedeutet, daß der Ertrag aus der Rücklagenauflösung, durch die Mehr-/Wenigerrechnung aus dem steuerpflichtigen Gewinn herausgenommen wird.

Annahme

Eine GmbH bilanziert einen vorläufigen Verlust für 1997 mit S 600.000. Daraufhin wird beschlossen, zur Verlustabdeckung eine Kapitalrücklage in Höhe von S 1,000.000 aufzulösen. Das ausgewiesene Jahresergebnis beträgt dann S 400.000. In der Folge beschließt die Generalversammlung eine Gewinnausschüttung mit S 400.000.

Handelsrechtlicher Gewinn	400.000
Steuerrechtlicher Verlust	600.000
Mehr-/Wenigerrechnung	1.000.000

Weitere Annahme

Der Gesellschafter hält die Beteiligung an der GmbH in seinem Betriebsvermögen. Den überwiesenen Gewinnanteil verbucht der Gesellschafter: Bank an Beteiligungen. Die **Einlagenrückzahlung** ist beim Empfänger **nicht erfolgswirksam**. Daher ist auch die Schachtelertragsbefreiung des Körperschaftsteuergesetzes nicht anwendbar. Für die Einlagenrückgewährung braucht beim auszahlenden Unternehmen auch keine Kapitalertragsteuer abgezogen werden. Im Klartext: Die Einlagenrückgewähr durch Auflösung einer Kapitalrücklage **vermindert** beim Empfänger die **Anschaffungskosten der Beteiligung** in seinem Betriebsvermögen.

Variante

Eine GmbH weist ein vorläufiges Ergebnis mit S 700.000 aus.

Eine Kapitalrücklage mit S 500.000 wird aufgelöst und der Auflösungsbetrag erhöht den Bilanzgewinn. Der Bilanzgewinn mit S 1,200.000 wird im darauffolgenden Jahr vollständig ausgeschüttet. Wir haben jetzt zum Teil eine Gewinnausschüttung mit S 700.000 und für jenen Teil des Gewinnes, der mit S 500.000 aus der Kapitalrücklage stammt, eine steuerneutrale Einlagenrückzahlung. KESt-pflichtig sind in diesem Fall nur S 700.000,–.

Ganz andere Regeln gelten für die Gewinnrücklage

Die mit der Auflösung einer **Gewinnrücklage** verbundene Auszahlung an die Gesellschafter stellt eine **Gewinnausschüttung** und keine Einlagenrückzahlung dar. Ist der Gesellschafter eine natürliche Person, dann sind die Beteiligungserträge endbesteuert.

Evidenzkonto

Für diese steuerneutralen Einlagen ist ein eigenes **außerbücherliches Evidenzkonto** zu führen. Das Evidenzkonto betrifft das Grund- oder Stammkapital und die Kapitalrücklagen. Wenn von einer Kapitalrücklage auf ein Bilanzgewinnkonto übertragen wird, dann ist auch jener Betrag, der nunmehr auf dem Bilanzgewinnkonto steht, auf dem Evidenzkonto festzuhalten. In diesem Fall besteht dann das Evidenzkonto aus dem Grund- oder Stammkapital, den Kapitalrücklagen und dem Bilanzgewinnkonto.

§ 5 Gewinnermittlung

§ 5. (1) Für die Gewinnermittlung jener Steuerpflichtigen, deren Firma im Handelsregister eingetragen ist und die Einkünfte aus Gewerbebetrieb (§ 23) beziehen, sind die handelsrechtlichen Grundsätze ordnungsmäßiger Buchführung maßgebend, außer zwingende Vorschriften dieses Bundesgesetzes treffen abweichende Regelungen. § 4 Abs. 1 letzter Satz ist jedoch nicht anzuwenden. Beteiligt sich ein Gesellschafter als Mitunternehmer am Betrieb eines protokollierten Gewerbetreibenden, so gilt auch diese Gesellschaft als protokollierter Gewerbetreibender.

(2) Abs. 1 ist auf eingetragene Erwerbsgesellschaften nur anzuwenden, wenn eine Verpflichtung zur Buchführung nach § 125 BAO besteht.

Der § 5 spricht über die **Gewinnermittlung** der protokollierten „Gewerbetreibenden".

Die § 5 Gewinnermittlung betrifft also die im **Firmenbuch** eingetragenen Unternehmer unter der Voraussetzung, daß sie **Einkünfte aus Gewerbebetrieb** erzielen. Der Begriff „Gewerbebetrieb" ist ausschließlich nach steuerrechtlichen und nicht nach handelsrechtlichen oder gewerberechtlichen Grundsätzen zu beurteilen.

Den Begriff „Gewerbebetrieb" finden wir im § 23 EStG, wo die Voraussetzungen des **Gewerbebetriebes** beschrieben sind. Die dort normierten Voraussetzungen sind:

1. die Selbständigkeit,
2. die nachhaltige Tätigkeit,
3. die Absicht Gewinne zu erzielen,
4. die Teilnahme am Wirtschaftsleben.

Allerdings dürfen die Einkünfte nicht schon von § 21 oder § 22 EStG erfaßt sein.

Für die Firmenbucheintragung ist nur die **Tatsache der Eintragung entscheidend**, und nicht, ob diese zu recht oder zu unrecht erfolgt ist. Wir gehen jetzt der Frage nach, wer im Firmenbuch eingetragen ist. Wir kennen den

- Mußkaufmann,
- Sollkaufmann,

- Kannkaufmann und
- Formkaufmann.

Der **Mußkaufmann** betreibt ein Grundhandelsgeschäft und ist handelsrechtlich ein Kaufmann, unabhängig davon, ob er im Firmenbuch eingetragen ist oder nicht.

Uns interessiert nun, was ein Grundhandelsgeschäft ist. Die **Grundhandelsgeschäfte** werden im § 1 HGB erschöpfend aufgezählt.

Wir greifen einige Grundhandelsgeschäfte heraus:

- Den Einkauf und Verkauf von Waren
- Die Verarbeitung von Waren für andere
- Versicherungsgeschäfte
- Bankgeschäfte
- Personen- oder Güterbeförderung.

Beim **Sollkaufmann** ist die Situation anders. Er betreibt kein Grundhandelsgeschäft und seine Tätigkeit allein begründet noch keine Kaufmannseigenschaft.

Er ist aber im Wirtschaftsleben bereits so präsent, daß eine Eintragung im Firmenbuch sinnvoll wäre. Als Sollkaufleute kommen in Betracht: Bergbaubetriebe, Bauunternehmen, Hotels, Sanatorien, Bäder, Kinos, Theater, Garagenunternehmen.

Beim **Kannkaufmann** finden wir wieder eine andere Situation. Hier geht es um den Land- oder Forstwirt, der unter keinen Umständen in das Firmenbuch eingetragen wird. Aber dieser Land- oder Forstwirt hat als **Nebenbetrieb** eine Schnapsbrennerei, eine Brauerei, einen milchverarbeitenden Betrieb, ein Sägewerk oder eine Mühle. Wenn diese Nebenbetriebe wirtschaftlich in Erscheinung treten, dann können diese Nebenbetriebe ins Firmenbuch eingetragen werden. Die Kaufmannseigenschaft für die Land- und Forstwirtschaft selbst wird damit nicht erreicht.

Beim **Formkaufmann** wird die Kaufmannseigenschaft allein durch die **Wahl der Rechtsform** begründet. Eine AG oder eine GesmbH ist unabhängig von der Tätigkeit Kaufmann.

Eine Land- und Forstwirtschaft, die selbst nie die Kaufmannseigenschaft erreichen würde, ist bei einem Betreiben in der Rechtsform einer AG oder einer GmbH Kaufmann.

Wichtig

Nur beim Mußkaufmann erfolgt eine Unterteilung in **Vollkaufmann und Minderkaufmann**. Diese Unterscheidung ist aber für uns besonders wichtig, **denn der Minderkaufmann ist kein § 5 EStG Gewinnermittler.**

Die Frage nach der Qualifikation des Mußkaufmannes stellt sich anläßlich der Eintragung ins Firmenbuch. Wenn beim Mußkaufmann der Betriebsumfang nicht über den eines **Kleinbetriebes** hinausgeht, dann wird er gar nicht ins Firmenbuch eingetragen. Das hat für ihn die Wirkung, daß er die handelsrechtlichen Bilanzierungsvorschriften nicht beachten muß.

Was ist nun typisch für einen **Kleinbetrieb**? Bei einem Kleinbetrieb ist eine kaufmännische Organisation nicht vorhanden. Der Maronibrater ist Einkäufer, Verkäufer, Buchhalter, Werbeleiter in einer Person. Bei ihm gibt es keine Arbeitsteilung. Es ist keine kaufmännische Organisation vorhanden.

Schließlich wird davon ausgegangen, daß der **Minderkaufmann** weniger als S 5 Mio. im Jahr **Umsatz** tätigt. **Unternehmer** sind buchführungspflichtig, wenn in einem Betrieb der Umsatz in zwei aufeinander folgenden Jahren jeweils S 5 Mio. überstiegen hat. Diese Grenze erhöht sich bei **Lebensmitteleinzelhändlern** und **Gemischtwarenhändlern** auf S 8 Mio. (Vergleiche § 125 BAO).

Die Buchführungspflicht beim **land- und forstwirtschaftlichen Betrieb** beginnt dann, wenn der Einheitswert zum 1. Jänner eines Jahres mehr als S 2 Mio. betragen hat.

Die OHG und die KG sind Gesellschaftsformen des Handelsrechts. Demgemäß wird die OHG und die KG auch ins Firmenbuch eingetragen. Für eine nichtkaufmännische Tätigkeit sind diese Gesellschaftsformen nicht tauglich. **Für nichtkaufmännische Tätigkeiten eignet sich die Gesellschaft nach bürgerlichem Recht bzw. die eingetragene Erwerbsgesellschaft in den Ausformungen der OEG und KEG**, Offene Erwerbsgesellschaft und Kommandit Erwerbsgesellschaft. Diese sind § 5 EStG Gewinnermittler, wenn die Buchführungspflicht nach § 125 BAO gegeben ist. Die Buchführungsvorschriften des HGB sind aber trotzdem nicht anzuwenden, so der § 4 (2) EGG.

Wir haben jetzt gemeinsam einen Kreis gezogen, der die § 5 Gewinnermittler umspannt.

Draußen geblieben sind **Land- und Forstwirte, Freiberufler und die Minderkaufleute.**

Ihre Gewinnermittlung ist grundsätzlich die Einnahmen-Ausgabenrechnung (§ 4 [3] EStG).

Jetzt wird im § 5 gesagt, daß für die Gewinnermittlung die **handelsrechtlichen** Grundsätze ordnungsmäßiger Buchführung maßgebend sind, es sei denn, zwingende Vorschriften des Einkommensteuergesetzes stehen entgegen.

Hier kommt erstmals das **Handelsrecht** mit ins Spiel. Wir haben uns beim § 4 Abs. 1 mit den Grundsätzen ordnungsmäßiger Buchführung auseinandergesetzt. Dort ist jedoch nicht von den „handelsrechtlichen" Grundsätzen ordnungsmäßiger Buchführung gesprochen worden. Der Unterschied ist aber jetzt doch sehr bedeutsam. Was wir dort über die Grundsätze ordnungsmäßiger Buchführung und Bilanzierung ausgesagt haben, gilt auch für den § 5.

Diese Bestimmung für den § 5 Gewinnermittler sagt jetzt im Klartext: **Für die Bilanzierung ist das Handelsrecht anzuwenden, außer zwingende Vorschriften des Einkommensteuergesetzes stehen entgegen.** Aber nicht nur das Handelsrecht ist zu berücksichtigen, sondern auch jene Übungen, die vom Gesetzgeber nicht geregelt worden sind. Jene Übungen finden aber nur dann Anwendung, wenn sie **den Grundsätzen ordnungsmäßiger Buchführung und Bilanzierung** entsprechen. Das heißt, in einem **Verwaltungsgerichtshoferkenntnis** festgehalten sind oder sich aus **einem Fachgutachten des Fachsenates der Kammer der Wirtschaftstreuhänder** herleiten.

Also das **Handelsrecht** und die nichtgeregelten Vorgangsweisen, sofern sie den Grundsätzen ordnungsgemäßer Buchführung und Bilanzierung entsprechen, finden bei der steuerlichen Gewinnermittlung Anwendung, soweit nicht **steuerliche Mußvorschriften** dagegen sprechen.

Maßgeblichkeit der Handelsbilanz für die Steuerbilanz

Handelsrecht	Steuerrecht	Maßgeblichkeit
MUSS	MUSS	nicht gegeben, Bilanzansatz nach Handelsrecht und MWR
MUSS	KANN	gegeben, Bilanzansatz nach Handelsrecht auch mit steuerlicher Wirkung
KANN	MUSS	nicht gegeben, Bilanzansatz nach Handelsrecht und MWR, ausnahmsweise Maßgeblichkeit
KANN	KANN	gegeben, Bilanzansatz nach Handelsrecht auch mit steuerlicher Wirkung

Aus Vereinfachungsgründen werden häufig steuerliche MUSS-Vorschriften auch für Handelsbilanzansätze übernommen, wie zum Beispiel

- die lineare **Abschreibungsmethode**,
- die im § 8 EStG vorgesehene **Nutzungsdauer für Gebäude**,
- die steuerliche Abschreibung für den entgeltlich erworbenen **Firmenwert** (Steuerrecht: Mußvorschrift, Handelsrecht: Kannvorschrift),
- die steuerlich ermittelte **Abfertigungsrückstellung**, falls diese nicht erheblich vom versicherungsmathematischen/finanzmathematischen Wert abweicht,
- die steuerlich erforderliche **Wertpapierdeckung** für die Abfertigungs- und Pensionsrückstellung,
- die **Leasing-Vorschriften** im Sinne des Abschnitt 4 der Einkommensteuerrichtlinien 1988.

Sie haben also gesehen, **daß die zwingenden steuerlichen Vorschriften erst in der Steuererklärung** zum Zuge kommen, weil in der Handelsbilanz nach handelsrechtlichen Vorschriften bewertet wird.

Wir haben jetzt erkannt, daß die veröffentlichte Bilanz eine **Handelsbilanz** ist, die von dem Gedanken des Gläubigerschutzes getragen ist. **Die zwingenden steuerrechtlichen Vorschriften werden in der Körperschaftsteuererklärung berücksichtigt.** Wenn wir die Körperschaftsteuererklärung vor Augen haben, dann macht es wenig Sinn, von einer **Steuerbilanz** zu sprechen. Die Körperschaftsteuererklärung hat mit einer Bilanz im engeren Sinn nichts zu tun.

In der Körperschaftsteuererklärung wird **das handelsrechtliche Ergebnis auf das steuerrechtliche Ergebnis korrigiert.**

Aus der Maßgeblichkeit der Handelsbilanz für die Steuerbilanz läßt sich ableiten, daß die Grundlage für die steuerliche Gewinnermittlung bei protokollierten Gewerbetreibenden die Handelsbilanz ist. Es wird bewußt von der steuerlichen Gewinnermittlung gesprochen, weil der Begriff „Steuerbilanz" irreführend ist, zumal keine Bilanz im technischen Sinn erstellt wird. Für diese Maßgeblichkeit sprechen vor allem Vereinfachungsgründe. Soweit nicht steuerliche Mußvorschriften dagegen sprechen, soll die Handelsbilanz auch für die Gewinnermittlung gelten. Aus der unterschiedlichen Zielsetzung von Handelsbilanz und „Steuerbilanz" wäre eigentlich eine vollständige Trennung sinnvoll. Die Zielvorstellung des Gläubigerschutzes läßt sich nicht leicht mit der Zielvorstellung der periodengerechten Gewinnermittlung im Steuerrecht kombinieren. Tatsächlich werden in der Praxis die Abweichungen von Handelsbilanz und Steuerbilanz immer größer. Die Seite 2 der Körperschaftsteuererklärung zeigt Ihnen das Ausmaß der erforderlichen steuerlichen Abweichungen von der Handelsbilanz. Damit weicht auch der Steuerbilanzgewinn immer mehr vom veröffentlichten Handelsbilanzgewinn ab. Der Handelsbilanzgewinn wird veröffentlicht und ist auch Basis für die Gewinnausschüttung. Der in der Gewinn- und Verlustrechnung ausgewiesene Steueraufwand korrespondiert in der Regel nicht mehr mit dem ausgewiesenen Handelsbilanzgewinn. Die totale Verwirrung ist dann erreicht, wenn der aufgrund einer Mehr/Weniger-Rechnung ausgewiesene Steueraufwand betragsmäßig höher ist, als der ausgewiesene Handelsbilanzgewinn. Die Ursache für eine solche Situation wird darin liegen, daß der steuerpflichtige Gewinn den veröffentlichten Handelsbilanzgewinn wesentlich übersteigt. In einer solchen Situation ist dann der Ausweis latenter Steuern sinnvoll.

Wir haben jetzt gesehen, daß es für das Bilanzieren ganz wesentlich ist, zu wissen, wo die **Mußbestimmungen** im Gesetz gegeben sind. Wir wissen jetzt auch, wie wir bei gegensätzlichen Vorschriften über die Runden kommen. Schließlich haben wir erfahren, daß wir nur eine Bilanz, nämlich die **Handelsbilanz** erstellen. Letztendlich wissen wir nun, daß die **Steuerbilanz** keine eigene Bilanz ist, sondern nur als Mehr-/Wenigerrechnung in der Körperschaftsteuererklärung zu sehen ist.

Das Nebeneinander von zwei Bilanzierungsvorschriften ist für uns jetzt nicht mehr so furchterregend.

Um bei den gesetzlichen Vorschriften zu bleiben

Wenn wir vor einem Bilanzierungsproblem stehen, für das der Gesetzgeber keine Antwort hat, dann müssen wir nach den **Grundsätzen ordnungsmäßiger Buchführung und Bilanzierung** entscheiden. Mit dieser Vorgangsweise ist auch der Steuergesetzgeber einverstanden. Zu wichtigen Fragen der Bilanzierung gibt es **Fachgutachten** des Fachsenates der Kammer der Wirtschaftstreuhänder, aber auch **Erkenntnisse** des Verwaltungsgerichtshofes, der letzten Instanz im steuerlichen Berufungsverfahren, die uns helfen, die nicht gesetzlich geregelten Bilanzierungsprobleme zu lösen. Damit haben wir zwei Quellen dargestellt, aus denen die Grundsätze ordnungsmäßiger Buchführung und Bilanzierung gespeist werden.

Die wichtigsten Fachgutachten der letzten Zeit sind:

Fachgutachten als Quelle für die Grundsätze ordnungsmäßiger Bilanzierung

	alte Bezeichnung	neue Bezeichnung
Zum Grundsatz der **Bewertungsstetigkeit** und zur Berichterstattung bei der **Änderung der Bilanzierungs- und Bewertungsmethoden** (§ 201 Abs. 1 Z. 1 und § 236 RLG)	RL 2/R 9	IWP/RL 1
Grundsätze ordnungsgemäßer Bilanzierung von **Abfertigungen** nach den Vorschriften des RLG	Nr. 78	KFS/RL 2
Grundsätze ordnungsgemäßer Bilanzierung von **Pensionsverpflichtungen** nach den Vorschriften des RLG	Nr. 80	KFS/RL 3
Die Darstellung des **Eigenkapitals** der GmbH & Co KG nach dem RLG	RL 1/R 5	IWP/RL 4
Der Vermerk der Mitzugehörigkeit gem. § 225 Abs. 2 RLG und § 223 Abs. 5 RLG beim Ausweis von Ausleihungen, Forderungen und Verbindlichkeiten gegenüber verbundenen Unternehmen und gegenüber Unternehmen, mit denen ein Beteiligungsverhältnis besteht.	RL 4/R 12	IWP/RL 5
Die Auslegung des § 223 Abs. 6 Z. 2 RLG (Verbesserung der Darstellung in Bilanz und G + V)	RL 3/R 11	IWP/RL 6
Stellungnahme zur Zulässigkeit des Ausweises der in den Zuweisungen zur **Pensionsrückstellung** bzw. **Abfertigungsrückstellung** enthaltenen Zinsenkomponente als Zinsenaufwand innerhalb des Finanzerfolges	-	IWP/RL 7
Zur Behandlung von **Optionen**, Optionsentgelten und Risiken aus Optionen in den Jahresabschlüssen	-	KFS/RL 8
Erstmalige Aufstellung von **Konzernabschlüssen** nach den Vorschriften des RLG	-	IWP/RL 9
Zur einheitlichen Bewertung im **Konzernabschluß**	-	KFS/RL 10
Zum Ausweis der **Veränderungen der Rücklagen** in der Gewinn- und Verlustrechnung, zur Begrenzung der Zuweisung an Gewinnrücklagen und zur Auflösung von gebundenen Rücklagen	-	KFS/RL 11
Steuerabgrenzung im **Konzernabschluß**	-	KFS/RL 12
Bilanzierung von Genußrechten	-	KFS/RL 13
Die **Geldflußrechnung** als Ergänzung des Jahresabschlusses	-	KFS/BW 2

(Veröffentlicht von der Kammer der Wirtschaftstreuhänder, 1120 Wien, Schönbrunnerstr. 222, Fax 01 81173-100)

Mit den Fragen der Bilanzierung beschäftigen sich noch die Wissenschaft und das Bundesministerium für Finanzen. Daher gibt es zu diesem Thema **Fachbücher** und Meinungsäußerungen des Bundesministeriums für Finanzen. Diese Meinungsäußerungen sind in den **Einkommensteuerrichtlinien** und in den **Gewinnermittlungsrichtlinien** festgehalten. Diese Meinungsäußerungen sind aber rechtlich genau so wenig verbindlich, wie die von der Wissenschaft vertretenen Ansichten. Sie sind aber beide sehr wertvoll, wenn wir bei der Lösung einer Bilanzierungsfrage anstehen.

Die § 4 (1) Gewinnermittlung unterscheidet sich in vier Punkten von der § 5 EStG Gewinnermittlung

1. Der § 4 (1) **Gewinnermittler kennt kein gewillkürtes Betriebsvermögen**.

Zur Erinnerung: Das Einkommensteuergesetz kennt drei Arten des Vermögens. Nämlich das

- notwendige Betriebsvermögen, das
- gewillkürte Betriebsvermögen und das
- notwendige Privatvermögen.

Das **notwendige** Privatvermögen ist leicht zu identifizieren, denn es handelt sich dabei um Wirtschaftsgüter, die der privaten Nutzung dienen, so z.B. das Einfamilienhaus, wenn es ausschließlich privat genutzt wird. Es ist nun eine Entscheidung des Unternehmers, ein privat genutztes Vermögen der betrieblichen Nutzung zuzuführen. Der Unternehmer tätigt dann eine Einlage. Hier stellt sich dann die entscheidende Frage, ob das eingelegte Wirtschaftsgut notwendiges Betriebsvermögen oder gewillkürtes Betriebsvermögen darstellt.

Beispiel

Der Unternehmer nützt privat ein **Gebäude**, das sich auf dem Betriebsgelände befindet. Mit Beginn des Jahres bezieht er eine neugebaute Villa auf dem Land, und das Gebäude auf dem Betriebsgelände steht leer. Dieses Gebäude wird nun als Einlage in das Betriebsvermögen überführt. Jetzt stellt sich die Frage nach dem notwendigen bzw. nach dem gewillkürten Betriebsvermögen.

Das Haus wird zum **notwendigen** Betriebsvermögen gezählt, wenn es betrieblich genutzt wird. Im Keller die Werkstätte, im Parterre der Verkauf und im ersten Stock die Verwaltung.

Das Gebäude zählt zum **gewillkürten** Betriebsvermögen, wenn es nicht direkt betrieblich genutzt, sondern vermietet wird. Es war zwar die Absicht des Unternehmers die Mieterträge dem Betrieb zufließen zu lassen, weil der Betrieb ja auch die Instandhaltungskosten übernehmen wird. Dieses Gebäude zählt beim § 4 Abs. 1 Gewinnermittler nicht zum Betriebsvermögen, weil hier nur das notwendige Betriebsvermögen zum Tragen kommt. Das **gewillkürte** Betriebsvermögen ist dem § 4 Abs. 1 Gewinnermittler verwehrt.

2. Wenn man vom Kalenderjahr auf ein abweichendes Wirtschaftsjahr übergehen will, dann braucht man die Zustimmung des Finanzamtes. Diese Zustimmung wird dann erteilt, wenn betriebliche Gründe und nicht steuerliche Gründe vorliegen.

Die Möglichkeit von einem Kalenderjahr zu einem Wirtschaftsjahr zu wechseln, ist für den § 4 Abs. 1 Gewinnermittler nicht gegeben.

3. Der § 4 (1) Ermittler aktiviert, wie der § 5 EStG Gewinnermittler, einen Hauskauf. Der Kaufpreis wird aufgeteilt auf Grund und Gebäude. Der Gebäudewert wird über die Laufzeit verteilt abgeschrieben. Wenn es dann nach einigen Jahren zu einem Verkauf dieses Objektes kommt, dann ist der Verkaufserlös wieder aufzuteilen auf den Grund und auf das Gebäude.

Die Wertsteigerung des Grundstückes (nicht beim Gebäude**) ist beim § 4 (1) Ermittler steuerfrei unter der Voraussetzung,** daß die Spekulationsfrist (10 Jahre) überschritten ist. Innerhalb der Spekulationsfrist ist die Wertsteigerung steuerpflichtig. Beim § 5 EStG Gewinnermittler ist die gesamte Wertsteigerung von Grund und von Gebäude steuerpflichtig, und zwar auch außerhalb der Spekulationsfrist.

4. Wir haben es bereits an anderer Stelle besprochen, daß der **§ 4 Abs. 1 EStG Gewinnermittler nur die steuerlichen Bilanzierungsvorschriften zu beachten hat, während für den § 5 EStG Gewinnermittler die handelsrechtlichen und steuerlichen Vorschriften gelten.**

§ 6 Z. 1 und 2 Bewertung von Anlage- und Umlaufvermögen

Für die Bewertung der einzelnen Wirtschaftsgüter des Betriebsvermögens gilt folgendes:

1. Abnutzbares Anlagevermögen ist mit den Anschaffungs- oder Herstellungskosten, vermindert um die Absetzung für Abnutzung nach den §§ 7 und 8, anzusetzen. Bei Land- und Forstwirten und bei Gewerbetreibenden gilt der Firmenwert als abnutzbares Anlagevermögen. Ist der Teilwert niedriger, so kann dieser angesetzt werden. Teilwert ist der Betrag, den der Erwerber des ganzen Betriebes im Rahmen des Gesamtkaufpreises für das einzelne Wirtschaftsgut ansetzen würde; dabei ist davon auszugehen, daß der Erwerber den Betrieb fortführt.

Bei Wirtschaftsgütern, die bereits am Schluß des vorangegangenen Wirtschaftsjahres zum Anlagevermögen gehört haben, darf der Bilanzansatz, abgesehen von den Fällen der Z 13, nicht über den letzten Bilanzansatz hinausgehen.

2a) Nicht abnutzbares Anlagevermögen und Umlaufvermögen sind mit den Anschaffungs- oder Herstellungskosten anzusetzen. Zu den Herstellungskosten gehören auch angemessene Teile der Materialgemeinkosten und der Fertigungsgemeinkosten. Ist der Teilwert niedriger, so kann dieser angesetzt werden. Bei Wirtschaftsgütern, die bereits am Schluß des vorangegangenen Wirtschaftsjahres zum Betriebsvermögen gehört haben, kann der Steuerpflichtige in den folgenden Wirtschaftsjahren den Teilwert auch dann ansetzen, wenn er höher ist als der letzte Bilanzansatz; es dürfen jedoch höchstens die Anschaffungs- oder Herstellungskosten angesetzt werden. Eine pauschale Wertberichtigung für Forderungen ist nicht zulässig.

Hier finden wir die Regeln über die Bewertung einzelner **Wirtschaftsgüter**. Es wird aber nicht gesagt, was unter einem Wirtschaftsgut zu verstehen ist. Das Handelsrecht verwendet anstelle des Begriffes Wirtschaftsgut den Begriff Vermögensgegenstand. Wenn nun ein Gegenstand ein Vermögen darstellt, dann setzt dies eine Bewertbarkeit voraus. Damit sind für uns bewertbare Güter auch Wirtschaftsgüter.

In der Folge stellt sich dann oft die Frage, ob dieses bewertbare Gut **selbständig** ist, oder nur Teil eines **einheitlichen** Wirtschaftsgutes. Ein einheitliches Wirtschaftsgut wird dann vorliegen, wenn zwischen den einzelnen Wirtschaftsgütern ein Funktionszusammenhang besteht (z. B. Autoreifen bei einem Auto).

Keine selbständig bewertbaren Wirtschaftsgüter sind:

- LKW-Aufbauten (Betonmischwagen)
- Sanitäreinrichtungen in einem Gebäude
- Zentralheizung in einem Gebäude
- Bei einem Neubau gehören Aufwendungen für den Anschluß Kanal, Wasser zu den Herstellungskosten des Gebäudes

- Computer, Bildschirm und Tastatur
- ISO-Zertifizierung

Als **selbständig bewertbare Wirtschaftsgüter** gelten:

- Baukostenzuschüsse für Strom, Ferngas und Fernwärme
- Kosten für ein Baurecht
- Drucker, Maus und Scanner
- Gebäudeteile aufgrund unterschiedlicher Bauweise
- Mieterinvestitionen
- Kosten für ein Mietrecht

Im § 6 finden wir die Vorschriften über die Bewertung der einzelnen Wirtschaftsgüter im Betriebsvermögen

In der näheren Betrachtung des § 6 finden wir unter der Ziffer 1: Abnutzbares Anlagevermögen ist mit den Anschaffungs- oder Herstellungskosten vermindert um die Absetzung für Abnutzung anzusetzen. Es wird hier bereits zwischen **abnutzbarem** und **nicht abnutzbarem Anlagevermögen** unterschieden. Das Anlagevermögen ist dann abnutzbar, wenn durch die Nutzung eine Wertminderung eintritt. Nicht abnutzbar ist beim Anlagevermögen ein Grundstück, eine Beteiligung und ein Wertpapier. Diese Vermögensteile werden durch eine Nutzung nicht in ihrem Wert gemindert.

Das **Anlagevermögen** wiederum ist vom **Umlaufvermögen** zu unterscheiden. Alles was angeschafft wird, in der Absicht, es wieder zu verkaufen, wird im Umlaufvermögen ausgewiesen. Alles was gekauft wird, um im Unternehmen verwendet zu werden, wird im Anlagevermögen ausgewiesen. Ein Unternehmer, der ein Auto anschafft, hat die Absicht dieses im Betrieb zu verwenden und weist das Auto als Anlagevermögen aus. Ein Autohändler erwirbt die Autos zum Wiederverkauf und weist diese Autos im Umlaufvermögen aus.

Wir erfahren jetzt, daß mit den **Anschaffungskosten** zu bewerten ist. Einen näheren Hinweis zu den Anschaffungskosten gibt es nicht. In einer solchen Situation greifen wir auf den § 5 EStG zurück, wo im ersten Satz festgehalten ist, daß für die Gewinnermittlung die handelsrechtlichen Grundsätze ordnungsmäßiger Buchführung maßgebend sind. Mit anderen Worten:

Die handelsrechtlichen Begriffe gelten dann auch im Steuerrecht.

Die **Anschaffungskosten** finden wir im § 203 Abs. 2 HGB:

Anschaffungskosten sind Aufwendungen die geleistet werden um einen Vermögensgegenstand zu erwerben und ihn in einen betriebsbereiten Zustand zu versetzen, soweit sie dem Vermögensgegenstand einzeln zugeordnet werden können. Zu den Anschaffungskosten gehören auch die Nebenkosten sowie die nachträglichen Anschaffungskosten. Anschaffungspreisminderungen sind abzusetzen.

Die **Anschaffungskosten** beginnen mit dem **Rechnungsbetrag**. Der Rechnungsbetrag vermindert sich um **Anschaffungspreisminderungen** wie **Rabatte** und ausgenützte **Skonti**.

Anschaffungsnebenkosten, die mit der Anschaffung in unmittelbarem zeitlichen und inhaltlichen Zusammenhang stehen, sind beispielsweise die Kosten für die Errichtung eines Kaufvertrages, die Kosten für ein Schätzungsgutachten, Gebühren, Zoll, die Grunderwerbsteuer, eine Vermittlungsprovision und die Transportkosten. Fremdkapitalzinsen, die auf die Vorfinanzierung von angeschafften Wirtschaftsgütern entfallen, sind grundsätzlich nicht Teil der Anschaffungskosten.

Wenn mit dem Lieferanten ein **langfristiges Zahlungsziel** vereinbart wurde und in der Vereinbarung eine **Wertsicherungsklausel** (Bindung an einen Index) enthalten ist, dann erhöhen die Wertsicherungsbeträge nicht die Anschaffungskosten.

Bei einer Subventionierung der Anschaffungskosten ist zu hinterfragen, wer die **Subvention** geleistet hat. Stammt die Subvention aus öffentlichen Mitteln, gelten als Anschaffungskosten nur die um die Subventionen geminderten Beträge. Mit anderen Worten:

Die Subventionen aus öffentlichen Mitteln mindern die steuerlichen Anschaffungskosten.

Investitionszuschüsse aus nicht öffentlichen Mitteln sind steuerlich als Ertrag auszuweisen.

Unsere Aufmerksamkeit gilt jetzt den **Herstellungskosten**. Auch hier machen wir wieder einen Ausflug ins Handelsrecht zum § 203 Abs. 3 HGB:

Herstellungskosten sind Aufwendungen die für die Herstellung eines Vermögensgegenstandes, seine Erweiterung oder für eine über seinen ursprünglichen Zustand hinausgehende wesentliche Verbesserung entstehen.Bei Berechnung der Herstellungskosten dürfen auch angemessene Teile der Materialgemeinkosten und der Fertigungsgemeinkosten eingerechnet werden.

Eine Definition wie diese „Herstellungskosten sind Aufwendungen für die Herstellung" macht uns nicht besonders glücklich.

Bei den Herstellungskosten handelt es sich schlicht um die Zuschlagskalkulation. Daß in der Zuschlagskalkulation die Materialeinzelkosten und die Fertigungseinzelkosten zu berücksichtigen sind, wird vorausgesetzt. Im Gesetzestext erhalten wir den Hinweis, daß zu den Herstellungskosten auch angemessene Teile der Materialgemeinkosten und der Fertigungsgemeinkosten gehören.

Nicht zu den Herstellungskosten gehören die Verwaltungsgemeinkosten und die Vertriebskosten.

In den Einkommensteuerrichtlinien Abschnitt 34 Abs. 3 ist unter anderem festgehalten „es ist nicht zu beanstanden, wenn freiwillige Sozialaufwendungen nicht zu den Herstellungskosten gerechnet werden".

Die Antwort auf die **Finanzierungskosten**, die während des Herstellungszeitraumes anfallen, erhalten wir in § 203 Abs. 4 HGB:

Zinsen für Fremdkapital, das zur Finanzierung der Herstellung eines Vermögensgegenstandes verwendet wird, dürfen im Rahmen der Herstellungskosten angesetzt werden, soweit sie auf den Zeitraum der Herstellung entfallen.

Es gilt hier wieder, daß die handelsrechtliche Definition auch für die steuerliche Gewinnermittlung maßgeblich ist. Für die Fremdkapitalzinsen, die auf den Herstellungszeitraum entfallen, und für die Sozialaufwendungen besteht ein Aktivierungswahlrecht.

§ 6 Z. 1 Teilwert

(...) Teilwert ist der Betrag, den der Erwerber des ganzen Betriebes im Rahmen des Gesamtkaufpreises für das einzelne Wirtschaftsgut ansetzen würde; dabei ist davon auszugehen, daß der Erwerber den Betrieb fortführt. (...)

Die **Teilwertermittlung** an einem Beispiel dargestellt:

Ein Unternehmen wird gekauft.

EDV	500	Eigenkapital	3.000
Forderungen	1.000	Lieferverbindlichkeiten	2.000
Bankguthaben	1.500		
Vorräte	2.000		
	5.000		5.000

Der rechnerische Wert des Unternehmens beträgt 3.000. Es ist kein **Firmenwert** vorhanden, auch keine **stillen Reserven** im Anlagevermögen.

Nun zu den Überlegungen des Erwerbers:

Genau dieselbe EDV-Anlage, die mit 500 zu Buche steht, wurde dem Erwerber erst kürzlich um 200 angeboten.

In den Forderungen, die mit 1.000 zu Buche stehen, sind 200 enthalten, die bereits seit eineinhalb Jahren offen sind. Aus der Sicht des Erwerbers sind diese Forderungen uneinbringlich.

Aus der Sicht des Erwerbers sind bei den Vorräten mit 300 Ladenhüter enthalten, die er nicht übernehmen will.

Die **Kaufpreisermittlung** des Erwerbers geschieht nun folgendermaßen:

EDV	200
Forderung	800
Bankguthaben	1.500
Vorräte	1.700
	4.200
Lieferverbindlichkeiten	– 2.000
Kaufpreis	2.200

Wie hoch sind die Teilwerte?

Ein Erwerber würde also für die EDV 200, für die Forderungen nur 800 und für die Vorräte nur 1.700 ansetzen.

Wenn nun anzunehmen ist, daß ein Erwerber für einzelne Wirtschaftsgüter weniger bezahlen würde, dann kann eine Teilwertabschreibung vorgenommen werden. In unserem Beispiel würde die Teilwertabschreibung bei der EDV 300, bei den Forderungen 200 und bei den Vorräten 300 betragen. Mit diesem Beispiel sollte die Teilwertdefinition entzaubert werden.

Teilwertvermutung

Im Zeitpunkt der Anschaffung entspricht der Teilwert den Anschaffungs- bzw. Herstellungskosten. Je kürzer der Abstand zwischen Anschaffung und Bilanzstichtag ist, desto stärker ist die Vermutung der Übereinstimmung von Teilwert und Anschaffungskosten. Je kürzer der Zeitabstand von Anschaffung und Bilanzstichtag, desto schwieriger wird es, einen niedrigeren Teilwert nachzuweisen.

Bei nicht abnutzbaren Anlagegütern entspricht auch ein späterer Teilwert in der Regel den seinerzeitigen Anschaffungs- oder Herstellungskosten.

Bei abnutzbaren Anlagegütern entspricht der Teilwert den seinerzeitigen Anschaffungs- oder Herstellungskosten vermindert um die Abschreibung.

Beim Umlaufvermögen entspricht der Teilwert den Wiederbeschaffungskosten.

Folgende Beispiele begründen eine **Teilwertabschreibung**:

- Die Produktion wird untersagt und die Maschinen sind nicht anderweitig einsetzbar
- Eine Fehlinvestition liegt vor
- Ein verlorener Bauaufwand: Kosten, die im Wert des Wirtschaftsgutes nicht Deckung finden
- Eine überhöhte Kaufpreiszahlung an einen lästigen Nachbarn
- Überhöhte Kosten wegen Überdimensionierung
- Mängel, die im Zeitpunkt der Anschaffung nicht bekannt waren

Wir bewerten das **Anlagevermögen** mit den Anschaffungs- oder Herstellungskosten und reduzieren das abnutzbare Anlagevermögen um die Absetzung für Abnutzung. Wir können darüberhinaus einen **niedrigeren Teilwert** ansetzen und diesen niedrigeren Teilwert hat der Gesetzgeber nun im Auge. Wenn für ein abnutzbares Wirtschaftsgut ein niedrigerer Teilwert angesetzt worden ist**, die Gründe für diese Teilwertabschreibung in der Folge wieder weggefallen** sind, dann darf nicht mehr aufgewertet werden. Von diesem Grundsatz ist nur die **Zuschreibung** ausgenommen.

Das Einkommensteuergesetz unterscheidet bei der Bewertung zwischen dem **abnutzbaren Anlagevermögen** und dem **nicht abnutzbaren Anlagevermögen.** Über das abnutzbare Anlagevermögen haben wir bereits gesprochen, und nun wenden wir uns dem nicht abnutzbaren Anlagevermögen zu, das gemeinsam mit dem Umlaufvermögen behandelt wird.

Das nicht abnutzbare Anlagevermögen wird genauso wie das **Umlaufvermögen** mit den **Anschaffungs- oder Herstellungskosten** bewertet. Auch hier haben wir wieder die Möglichkeit, einen **Teilwert** anzusetzen, wenn er niedriger ist, als die Anschaffungs- oder Herstellungskosten (Kannbestimmung).

Achtung

Für das **nicht abnutzbare** Anlagevermögen und das Umlaufvermögen gilt jetzt der **eingeschränkte Wertzusammenhang**.

Beim **eingeschränkten Wertzusammenhang können wir den Vorjahresbilanzansatz**, wenn der Grund für die Teilwertabschreibung weggefallen ist, **nach oben überschreiten.** Eine Obergrenze ist mit den tatsächlichen Anschaffungs- oder Herstellungskosten gesetzt.

Zusammenfassung

Beim **abnutzbaren Anlagevermögen** darf der Bilanzansatz des Vorjahres nicht mehr nach oben geändert werden, während beim **nicht abnutzbaren Anlagevermögen** und Umlaufvermögen, ein Wertansatz über dem Buchwert des Vorjahres wieder möglich ist, jedoch mit der Einschränkung, daß die Anschaffungs- oder Herstellungskosten dadurch nicht überschritten werden.

Der eingeschränkte oder uneingeschränkte Wertzusammenhang ist nur dann ein Problem, wenn es um die Frage geht, ob eine Wertminderung des Vorjahres bei geänderten Verhältnissen im laufenden Jahr wieder nach oben korrigiert werden kann. Die Antwort lautet vorerst: Beim abnutzbaren Anlagevermögen nicht, beim nicht abnutzbaren Anlagevermögen und Umlaufvermögen schon.

Mit dem Hinweis, daß eine **pauschale Wertberichtigung für Forderungen** nicht zulässig ist, müssen wir uns jetzt auseinandersetzen.

Nachdem steuerrechtlich die pauschale Wertberichtigung weggefallen ist, bleibt für die Forderungen nur mehr die Einzelwertberichtigung.

Auslandsforderungen

Wertberichtigungen von Auslandsforderungen können gebildet werden, wenn die Gefährdung der Einbringlichkeit aller Forderungen gegenüber einem bestimmten Land gleichartig ist (politisches oder wirtschaftliches Länderrisiko).

Fremdwährungsforderungen sind mit dem Kurswert im Zeitpunkt der Anschaffung (dem Entstehen) der Forderung zu bewerten. Ist der **Devisengeldkurs** am Bilanzstichtag niedriger, so ist dieser anzuwenden.

In einem Erlaß, der sich mit der Forderungsbewertung auseinandersetzt (BMfF vom 28. März 1995), wird die **pauschale Einzelwertberichtigung** erläutert. Dieser Erlaß nennt vier Gründe für eine Wertberichtigung:

1. Zahlungsverzug
2. Gefährdung
3. Unverzinslichkeit
4. Länderrisiko

Mit der Ziffer 3 beim § 6 kommen wir auf die Passivseite, zu den **Verbindlichkeiten.**

§ 6 Z. 3 Bewertung von Verbindlichkeiten

Verbindlichkeiten sind gemäß Z 2 lit. a zu bewerten. Im Jahr der Aufnahme einer Verbindlichkeit ist ein Aktivposten anzusetzen

- in Höhe des Unterschiedsbetrages zwischen Rückzahlungsbetrag und aufgenommenem Betrag und
- in Höhe der mit der Verbindlichkeit unmittelbar zusammenhängenden Geldbeschaffungskosten.

Der Aktivposten ist zwingend auf die gesamte Laufzeit der Verbindlichkeit zu verteilen. Die Verteilung kann gleichmäßig oder entsprechend abweichenden handelsrechtlichen Grundsätzen ordnungsmäßiger Buchführung vorgenommen werden.

Die **Verbindlichkeiten** sind mit den Anschaffungs- oder Herstellungskosten zu bewerten.

Beide Begriffe sind uns bereits bekannt.

In der Ziffer 3 finden wir eine Regelung für das **Disagio** oder auch **Damnum** genannt. An einem Beispiel läßt sich leicht erklären, was der Gesetzgeber meint:

Sie nehmen bei der Bank ein Darlehen mit S 1 Mio. auf. Sie erhalten S 950.000,– bar ausgezahlt. Am Fälligkeitstag, angenommen in drei Jahren, müssen Sie den Betrag von S 1 Mio. zurückzahlen. Der Differenzbetrag von S 50.000,– betrifft vorausgezahlte Zinsen (Damnum oder Disagio genannt) und die Geldbeschaffungskosten.

Nun verlangt die Vorschrift der Ziffer 3, daß dieser Differenzbetrag zu aktivieren (aktive Rechnungsabgrenzungsposten) und was dann noch wichtig ist, auf die Laufzeit des Darlehens zu verteilen ist.

Geldbeschaffungskosten sind beispielsweise Bearbeitungsgebühren, Vermittlungsprovisionen, Gerichts- bzw. Anwaltskosten.

Für den Fall, daß nur **Geldbeschaffungskosten** anfallen und kein zusätzliches Abgeld verlangt wird, sehen die Gewinnermittlungsrichtlinien 1989, Abschnitt C 4.1. Abs. 5, eine Freigrenze von S 12.000 vor. Diese Freigrenze bedeutet, daß Geldbeschaffungskosten unter S 12.000 sofort Aufwand werden und Beträge über S 12.000 auf die Kreditlaufzeit zu verteilen sind.

Nachdem die Verbindlichkeiten gemäß § 6 Z 2 lit a EStG zu bewerten sind, kommt auch der dort zitierte **Teilwert** zum Tragen, nur mit einem umgekehrten Vorzeichen: „ist der Teilwert höher, so kann dieser angesetzt werden". Der höhere Teilwert ist von protokollierten Kaufleuten (§ 5 Abs. 1) im Jahr des Entstehens auszuweisen. Beispiele für **einen höheren Teilwert** sind schlagend gewordene Wertsicherungen. Noch nicht schlagend gewordene (Indexgrenze wurde noch nicht erreicht) Wertsicherungen sind bis zur Erreichung einer Grenze rückzustellen. Die Erhöhung einer Verbindlichkeit aufgrund einer Wertsicherung erhöht jedoch nicht die Anschaffungskosten eines angeschafften Wirtschaftsgutes, sondern wird aufwandswirksam (Zinsaufwand) erfaßt.

Wechselkursänderungen können zu einem höheren Teilwert führen (Devisenwarenkurs).

Eine **verjährte Schuld** ist dann aufzulösen, wenn die Gewißheit besteht, daß von der Verjährungseinrede Gebrauch gemacht werden kann und kein Unterbrechungstatbestand vorliegt (VwGH vom 1. Dezember 1992, 92/14/0148).

Verbindlichkeiten aufgrund einer **Rentenverpflichtung** sind nicht gesondert erwähnt. Eine Rentenverpflichtung ist zum **Barwert der zukünftigen Auszahlung** anzusetzen. Diese Vorgangsweise ergibt sich aus § 211 Abs. 1 HGB auch für steuerliche Zwecke. Dieser Barwert einer Rente im Zeitpunkt der Anschaffung ergibt auch die Anschaffungskosten für den Vermögensgegenstand. Die Rentenverpflichtung ist an jedem Bilanzstichtag neu zu bewerten. Die Rentenverpflichtung nimmt jährlich ab, weil durch das Älterwerden des Rentenempfängers die Anzahl der voraussichtlich zu zahlenden Renten abnimmt.

Der **Barwert der Rentenverpflichtung** ist nach versicherungsmathematischen Grundsätzen, unter Anwendung eines Zinsfußes, zu ermitteln. Der **Zinsfuß** ist nirgends festgelegt. Der VwGH spricht von einem Zinsfuß, der für jederzeit kündbare Spareinlagen gilt (VwGH vom 4. Mai 1971, 582/70).

Erlischt die Rentenverpflichtung durch den Tod des Rentenberechtigten, dann ist die Verbindlichkeit gewinnerhöhend aufzulösen. Das Erlöschen der Verbindlichkeit hat keine Auswirkung auf die Anschaffungskosten des Wirtschaftsgutes, das mit der Rentenvereinbarung erworben wurde.

Wir verlassen jetzt die Verbindlichkeiten und kommen nun zu dem Begriffspaar **Entnahmen** und **Einlagen**.

§ 6 Z. 4 Entnahmen

Entnahmen sind mit dem Teilwert im Zeitpunkt der Entnahme anzusetzen.

§ 6 Z. 5 Einlagen

Einlagen sind mit dem Teilwert im Zeitpunkt der Zuführung anzusetzen; sie sind höchstens mit den um Absetzungen für Abnutzung nicht gekürzten tatsächlichen Anschaffungs- oder Herstellungskosten anzusetzen, wenn Gegenstand der Einlage

- Grundstücke (grundstücksgleiche Rechte) sind, die innerhalb der letzten zehn Jahre,
- Wertpapiere im Sinne des § 1 Abs. 1 des Depotgesetzes, sonstige Beteiligungen und Forderungen sind, die innerhalb der letzten zwei Jahre,
- sonstige Wirtschaftsgüter sind, die innerhalb eines Jahres

vor dem Zeitpunkt der Zuführung angeschafft oder hergestellt und nicht außerhalb einer betrieblichen Tätigkeit zur Erzielung von Einkünften verwendet worden sind. Wurden sie zur Erzielung nichtbetrieblicher Einkünfte verwendet, dann sind die Anschaffungs- oder Herstellungskosten um die berücksichtigten Beträge an Absetzung für Abnutzung oder an begünstigten Abschreibungen von Herstellungsaufwand zu vermindern. Beteiligungen, deren Veräußerung nach § 31 zu erfassen wäre, sind jedoch stets mit den Anschaffungskosten anzusetzen.

Hier erfahren wir nur, wie Entnahmen und Einlagen zu bewerten sind. Die Definition dieser Begriffe finden wir in § 4 Abs. 1 EStG:

Entnahmen sind alle nicht betrieblich veranlaßten Abgänge von Werten, z.B. von Bargeld, Waren, Erzeugnissen und anderen Wirtschaftsgütern des Umlaufvermögens, von Leistungen von Wirtschaftsgütern des Anlagevermögens oder von Nutzungen solcher Wirtschaftsgüter. Einlagen sind alle Zuführungen von Wirtschaftsgütern aus dem außerbetrieblichen Bereich.

Die **Entnahmen** sind mit dem Teilwert im Zeitpunkt der Entnahme zu bewerten. Sie wissen schon, Teilwert ist jener Wert, den der Erwerber eines Betriebes im Rahmen des Gesamtkaufpreises für dieses Wirtschaftsgut ansetzen würde.

So wie die Entnahmen sind auch die Einlagen mit dem Teilwert zu bewerten. Diesmal im Zeitpunkt der Zuführung.

Ausnahmsweise sind für Einlagen auch die Anschaffungs- oder Herstellungskosten anzusetzen, wenn Grundstücke eingelegt werden, die innerhalb der letzten zehn Jahre angeschafft worden, Wertpapiere, Beteiligungen und Forderungen, die innerhalb der beiden letzten Jahre angeschafft worden oder andere Wirtschaftsgüter, die innerhalb des letzten Jahres vor dem Zeitpunkt der Einlage angeschafft oder hergestellt worden sind. Grundstücke und sonstige Wirtschaftsgüter dürfen dann vor der Einlage nicht zur Erzielung von Einkünften verwendet worden sein.

§ 6 Z. 6 Ins Ausland überführte Wirtschaftsgüter

Werden Wirtschaftsgüter eines im Inland gelegenen Betriebes (Betriebsstätte) ins Ausland in einen anderen Betrieb (Betriebsstätte) überführt, so sind die ins Ausland überführten Wirtschaftsgüter mit den Werten anzusetzen, die im Falle einer Lieferung oder sonstigen Leistung an einen vom Steuerpflichtigen völlig unabhängigen Betrieb angesetzt worden wären, wenn

- der ausländische Betrieb demselben Steuerpflichtigen gehört,
- der Steuerpflichtige Mitunternehmer des ausländischen Betriebes ist,
- der Steuerpflichtige an der ausländischen Kapitalgesellschaft wesentlich, das ist zu mehr als 25%, beteiligt ist oder
- bei beiden Betrieben dieselben Personen die Geschäftsleitung oder die Kontrolle ausüben oder darauf Einfluß haben.

Dies gilt auch, wenn ein im Inland gelegener Betrieb (Betriebsstätte) ins Ausland verlegt wird, weiters wenn Wirtschaftsgüter oder Betriebe (Betriebsstätten) aus dem Ausland in das Inland überführt oder verlegt werden.

Wir sind noch immer mitten in der Bewertung und wechseln nun das Thema.

Wie werden Wirtschaftsgüter bewertet, die **von der inländischen Betriebstätte in die ausländische Betriebstätte überführt werden.** In diesem Fall werden die Wirtschaftsgüter so bewertet, wie wenn eine Lieferung an einen Fremden erfolgt wäre.

Hinweis: Wir sprechen hier nicht mehr vom Teilwert, sondern vom Wert, der bei einer Veräußerung erzielt wird (gemeiner Wert).

§ 6 Z. 8 Eröffnung eines Betriebes

a) Bei Eröffnung eines Betriebes sind die Wirtschaftsgüter mit den Anschaffungs- oder Herstellungskosten anzusetzen. Einlagen sind gemäß Z 5 zu bewerten.
b) Bei entgeltlichem Erwerb eines Betriebes sind die Wirtschaftsgüter mit den Anschaffungskosten anzusetzen.

In der Ziffer 8 finden wir die Bestimmung, daß bei Eröffnung eines Betriebes, die Wirtschaftsgüter mit den Anschaffungs- oder Herstellungskosten zu bewerten sind.

Zum entgeltlichen Erwerb eines Betriebes gehört einiges richtig gestellt.

Richtig ist der Hinweis, daß bei einem entgeltlichen Erwerb Anschaffungskosten vorliegen. Es fehlt aber der Hinweis, daß die **Anschaffungskosten in der Höhe des Teilwertes** anfallen. Beim Teilwert haben wir genau diese Situation besprochen. Auch wenn der endgültige Kaufpreis Verhandlungssache ist, wird ein Erwerber eine Vorstellung haben, zu welchen Werten er die in der Bilanz ausgewiesenen Anlagengüter, Vorräte und Forderungen übernimmt. Von diesen gedanklich aufsummierten Vermögensgegenständen wird der Erwerber die Verpflichtungen abziehen, und damit ergibt sich für ihn ein Kaufpreis. Sind stille Reserven im Anlagevermögen vorhanden (beispielsweise in Grundstücken) oder ist ein Firmenwert vorhanden, dann wird er mehr dafür bezahlen, als den Wert für das Eigenkapital.

Es wird also der Kaufpreis gedanklich auf alle Wirtschaftsgüter, einschließlich Firmenwert, entsprechend den Wertverhältnissen aufgeteilt. Die Bewertung erfolgt aus der Sicht des Erwerbers. Wenn für die Summe der Teilwerte weniger bezahlt wird, dann müßte eigentlich daraus ein **negativer Firmenwert** resultieren. Aus der Sicht des Verwaltungsgerichtshofes kommt ein Ansatz eines negativen Firmenwertes nicht in Betracht (VwGH 29. Jänner 1974, 1945/73).

Beispiel

BW

		Kapital	2.000
Anlagevermögen	8.000	Abf. RSt	1.000
Forderungen	5.000	Verbindlichkeiten	10.000
	13.000		13.000

Im Anlagevermögen sind 2.000 stille Reserven enthalten. Die Forderungen sind mit 4.000 einbringlich. Der Kaufpreis beträgt 5.000 und die Verbindlichkeiten werden übernommen.

Kaufpreis	5.000
Übernahme der Schulden	11.000
	16.000
20% Ust	3.200
	19.200

Übernahmebilanz des Erwerbers

Firmenwert	2.000	Verbindlichkeiten	10.000
Anlagevermögen	10.000	Kaufpreisschuld	8.200
Forderungen	4.000	Abf. RSt	1.000
Vorsteuer	3.200		
	19.200		19.200

§ 14 (4) lautet:

Gehen im Falle des Unternehmerwechsels **Abfertigungsverpflichtigungen** auf den Rechtsnachfolger über, so ist die Rückstellung vom Rechtsnachfolger weiterzuführen.

§ 6 Z. 9 Betriebsschenkung

a) Wird ein Betrieb, ein Teilbetrieb oder der Anteil eines Gesellschafters, der als Unternehmer (Mitunternehmer) eines Betriebes anzusehen ist, unentgeltlich übernommen, so hat der Rechtsnachfolger die Buchwerte des bisherigen Betriebsinhabers (Anteilsinhabers) zu übernehmen (Buchwertfortführung).
b) Werden aus betrieblichem Anlaß einzelne Wirtschaftsgüter unentgeltlich in das Betriebsvermögen eines anderen Steuerpflichtigen übertragen, so gilt für den Empfänger als Anschaffungskosten der Betrag, den er für das einzelne Wirtschaftsgut im Zeitpunkt des Empfanges hätte aufwenden müssen (fiktive Anschaffungskosten). Liegt ein betrieblicher Anlaß nicht vor, dann gilt dies als Einlage (Z 5).

In der Ziffer 9 finden wir die Bestimmung, daß bei der **Schenkung** oder **Erbschaft** eines Betriebes, eines Teilbetriebes oder eines Mitunternehmeranteils, der Geschenknehmer bzw. Erbe die Buchwerte des Geschenkgebers bzw. Erblassers fortzuführen hat (Buchwertfortführung).

Wird jedoch nur ein einzelnes Wirtschaftsgut geschenkt, dann muß der Geschenknehmer das Wirtschaftsgut so bewerten, als hätte er es gekauft (fiktive Anschaffungskosten).

Es wird Ihnen aufgefallen sein, daß bei der **unentgeltlichen Übertragung** einzelner Wirtschaftsgüter von einem **betrieblichen Anlaß** gesprochen wird. Ein betrieblicher Anlaß liegt vor, wenn ein Wirtschaftsgut aus dem Betriebsvermögen eines Unternehmers unentgeltlich in unser Betriebsvermögen übertragen wird. Es kann beispielsweise eine Brauerei eine Kühlanlage unentgeltlich einem Gastwirt übertragen, ein Handelsbetrieb unentgeltlich Regaleinrichtungen einem Einzelhändler usw.

Der Empfänger aktiviert fiktive Anschaffungskosten und hat in Höhe dieser Anschaffungskosten einen Ertrag.

Hinweis

Anders ist die Situation, wenn für die Übertragung von Wirtschaftsgütern in das Betriebsvermögen der betriebliche Anlaß fehlt. Wenn ein **privates Motiv** für die Übertragung eines Wirtschaftsgutes vorliegt, dann handelt es sich um eine **Einlage.** Die Einlage wird mit dem Teilwert bewertet. Aufgrund der unentgeltlichen Übertragung wird ein Gewinn realisiert, der aber gemäß § 4 Abs. 1 nicht steuerpflichtig ist (der Gesetzestext sagt, daß durch Einlagen der Gewinn nicht erhöht wird).

In der Ziffer 10 wird festgehalten, daß die steuerlichen Anschaffungs- oder Herstellungskosten durch **Subventionen** aus öffentlichen Mitteln vermindert werden. Die Abschreibungsbasis und die Basis für den Investitionsfreibetrag sind dann die reduzierten Anschaffungs- oder Herstellungskosten.

§ 6 Z. 10 Subventionen

Bei Wirtschaftsgütern, die unter Verwendung von entsprechend gewidmeten steuerfreien Subventionen aus öffentlichen Mitteln (§ 3 Abs. 1 Z 3, § 3 Abs. 1 Z 5 lit. d und e, § 3 Abs. 1 Z 6) angeschafft oder hergestellt wurden, gelten als Anschaffungs- oder Herstellungskosten nur die vom Empfänger der Zuwendungen aus anderen Mitteln geleisteten Aufwendungen.

Das Steuerrecht unterscheidet zwischen Subventionen, die aus öffentlichen Mitteln stammen und solchen Subventionen, die nicht aus öffentlichen Mitteln fließen. Subventionen, die aus öffentlichen Mitteln stammen sind gemäß § 3 Z 6 EStG steuerfrei und reduzieren gemäß § 6 Z 10 EStG die steuerlichen Anschaffungskosten. Die reduzierten Anschaffungskosten sind dann maßgeblich für einen Investitionsfreibetrag und für die steuerliche Abschreibung. Subventionen aus nicht öffentlichen Mitteln sind unabhängig von der handelsrechtlichen Beurteilung, steuerlich als Ertrag auszuweisen (VwGH vom 18. Jänner 1994, 90/14/0124).

§ 6 Z. 11 Vorsteuer

Soweit die Vorsteuer abgezogen werden kann (§ 12 Abs. 1 des Umsatzsteuergesetzes 1972), gehört sie nicht zu den Anschaffungs- oder Herstellungskosten des Wirtschaftsgutes, auf dessen Anschaffung oder Herstellung sie entfällt, und ist als Forderung auszuweisen. Soweit die Vorsteuer nicht abgezogen werden kann, gehört sie zu den Anschaffungs- oder Herstellungskosten.

§ 6 Z. 12 Vorsteuer

Wird die Vorsteuer berichtigt, so sind auch die Anschaffungs- oder Herstellungskosten zu berichtigen. Dies gilt nicht, wenn die Vorsteuer nach § 12 Abs. 10 und 11 des Umsatzsteuergesetzes 1972 berichtigt wird; in diesem Fall sind die Mehrbeträge als Betriebseinnahmen und die Minderbeträge als Betriebsausgaben zu behandeln.

In der Ziffer 11 und 12 wird die Frage behandelt, ob die **Vorsteuer** zu den Anschaffungs- oder Herstellungskosten gehört.

Antwort

Wenn die Vorsteuer vom Finanzamt zurückgefordert werden kann, gehört sie nicht zu den Anschaffungs- oder Herstellungskosten.

Nur bei Unternehmen, die unecht steuerbefreit sind, gibt es für jenen Teil der unecht befreiten Umsätze keinen Vorsteuerabzug (Banken, Versicherungen). Über die Angemessenheitsprüfung schlagen die steuerlich akzeptierten Anschaffungskosten auch auf den Vorsteuerabzug durch, der nur für den angemessenen Teil in Frage kommt.

Die Vorsteuerbeträge die prozentuell auf den unangemessenen Teil entfallen, sind dann Teil der Anschaffungs- und Herstellungskosten.

In der Ziffer 13 kommen wir auf die **Zuschreibung** zu sprechen.

§ 6 Z. 13 Zuschreibung

Werden nach Maßgabe der handelsrechtlichen Grundsätze ordnungsmäßiger Buchführung im handelsrechtlichen Jahresabschluß eines späteren Wirtschaftsjahres Investitionsfreibeträge (§ 10), Rücklagen nach § 11, die Übertragung stiller Reserven oder Übertragungsrücklagen (§ 12) ganz oder teilweise rückgängig gemacht oder werden Anlagegüter einschließlich geringwertiger Wirtschaftsgüter (§ 13) oder gemäß Z 2 lit. c abgeschriebene Auslandsforderungen aufgewertet (Zuschreibung), so sind diese Zuschreibungen auch für den steuerlichen Wertansatz maßgebend und erhöhen den steuerlichen Gewinn dieses Jahres.

Soweit nach Maßgabe der handelsrechtlichen Grundsätze ordnungsmäßiger Buchführung eine Zuschreibung zulässig ist, hat der Steuerpflichtige bei Anteilen an Körperschaften, die zum Anlagevermögen gehören, den höheren Teilwert anzusetzen. Dies hat nur insoweit zu erfolgen, als es sich um eine Beteiligung im Sinne des § 228 Abs. 1 HGB handelt.

Vorweg: Die **Zuschreibung** ist das Gegenteil von **Abschreibung,** oder anders formuliert, eine Wertaufholung früherer Teilwertabschreibungen, wenn der Grund für diese Abschreibung weggefallen ist. Zu Beginn geht es um die **Stornierung steuerlicher Begünstigungen**, von denen nur mehr der Investitionsfreibetrag und die Übertragung stiller Reserven

(§ 12) aktuell sind. Eine solche Stornierung hatte in der Vergangenheit nur dann einen Sinn, wenn damit Verlustvorträge vor dem Verfall „gerettet" werden konnten. In der Folge geht es dann um die **Aufwertung** von Anlagegütern. Nur wenn die Aufwertung (Zuschreibung) in der Handelsbilanz vorgenommen wird, wird sie auch steuerlich wirksam. Die Bestimmung des § 6 Z. 13 **stellt auf den handelsrechtlichen Jahresabschluß** ab. Das Steuerrecht würde im § 6 Z. 1 für das abnutzbare Anlagevermögen verbieten, über den letzten Bilanzansatz hinauszugehen. Beim nicht abnutzbaren Anlagevermögen und beim Umlaufvermögen ist eine Überschreitung des letzten Bilanzansatzes nach § 6 Z. 2 erlaubt.

Wird in der Handelsbilanz eine Zuschreibung vorgenommen, dann wird diese auch für das abnutzbare Anlagevermögen steuerlich wirksam. Der § 6 Z. 13 stellt eine **Ausnahme vom Grundsatz des uneingeschränkten Wertzusammenhanges** dar. Der uneingeschränkte Wertzusammenhang hat dann nur mehr für den § 4 Abs. 1 Gewinnermittler Bedeutung.

Unter der Ziffer 14 finden wir den Hinweis, wie bei einem **Tausch** vorgegangen wird. Bei einem Tausch liegen zwei Vorgänge vor. Einmal eine Veräußerung und einmal die Anschaffung des eingetauschten Wirtschaftsgutes.

§ 6 Z. 14 Tausch

a) Beim Tausch von Wirtschaftsgütern liegt jeweils eine Anschaffung und eine Veräußerung vor. Als Veräußerungspreis des hingegebenen Wirtschaftsgutes und als Anschaffungskosten des erworbenen Wirtschaftsgutes sind jeweils der gemeine Wert des hingegebenen Wirtschaftsgutes anzusetzen.
b) Die Einlage oder die Einbringung von Wirtschaftsgütern und sonstigem Vermögen in eine Körperschaft (§ 1 des Körperschaftsteuergesetzes 1988) gilt als Tausch im Sinne der lit. a, wenn sie nicht unter das Umgründungssteuergesetz fällt oder das Umgründungssteuergesetz dies vorsieht. Die Einbringung von (Teil) Betrieben, Mitunternehmer- und Kapitalanteilen im Sinne des § 12 Abs. 2 des Umgründungssteuergesetzes ist auf den nach dem Umgründungssteuergesetz maßgeblichen Einbringungsstichtag zu beziehen.

Der Veräußerungserlös für das weggegebene Wirtschaftsgut und die Anschaffungskosten des eingetauschten Wirtschaftsgutes sind jeweils der gemeine Wert des weggegebenen Wirtschaftsgutes.

Mit dem **gemeinen Wert** kommt nun ein Maßstab ins Spiel, mit dem wir bisher nichts zu tun gehabt haben. Er wird uns auch in der Folge weniger beschäftigen, denn er ist der zentrale Wert im **Bewertungsgesetz** und ist nur ausnahmsweise im Einkommensteuergesetz zu finden.

Der gemeine Wert ist jener Wert, der bei der Veräußerung des Wirtschaftsgutes erzielt werden kann.

Es ist jetzt beim Tausch nur zu fragen, welchen Preis ich für das weggegebene Wirtschaftsgut erhalten würde. Dieser Preis ist dann der Veräußerungserlös für das weggegebene Wirtschaftsgut und der Wert der Anschaffungskosten für das empfangene Wirtschaftsgut. Für das erworbene Wirtschaftsgut muß der **gemeine Wert** des hingegebenen Wirtschaftsgutes angesetzt werden. Eine vom Unternehmen geleistete Zahlung bei einer Wertdifferenz erhöht die Anschaffungskosten.

Beispiel

Ein Unternehmen tauscht seinen PKW (gemeiner Wert S 100.000,–) bei einem Teppichhändler auf einen Teppich (gemeiner Wert S 90.000,–). Der Veräußerungspreis für den PKW und die Anschaffungskosten für den Teppich sind S 100.000,– (gemeiner Wert des hingegebenen Wirtschaftsgutes).

Der Teppichhändler hat als Veräußerungspreis für den Teppich und als Anschaffungskosten für den PKW S 90.000,– anzusetzen.

In der **Handelsbilanz** wird dem Vorsichtsprinzip entsprechend der Ansatz mit dem Wert des eingetauschten Wirtschaftsgutes mit S 90.000,– vorgenommen.

§ 6 Z. 15 Kapitalerhöhung aus Gesellschaftsmitteln

Bei einer Kapitalerhöhung aus Gesellschaftsmitteln (§ 3 Abs. 1 Z 29) sind für die Anteilsrechte und Freianteile jene Beträge anzusetzen, die sich bei Verteilung des bisherigen Buchwertes entsprechend dem Verhältnis der Nennwerte der Anteilsrechte und Freianteile ergeben.

§ 3 (1) 29:

Von der Einkommensteuer ist befreit: Der Erwerb von Anteilsrechten aufgrund einer Kapitalerhöhung aus Gesellschaftsmitteln.

§ 7 EStG Absetzung für Abnutzung

§ 7. (1) Bei Wirtschaftsgütern, deren Verwendung oder Nutzung durch den Steuerpflichtigen zur Erzielung von Einkünften sich erfahrungsgemäß auf einen Zeitraum von mehr als einem Jahr erstreckt (abnutzbares Anlagevermögen), sind die Anschaffungs- oder Herstellungskosten gleichmäßig verteilt auf die betriebsgewöhnliche Nutzungsdauer abzusetzen (Absetzung für Abnutzung). Die betriebsgewöhnliche Nutzungsdauer bemißt sich nach der Gesamtdauer der Verwendung oder Nutzung.

(2) Wird das Wirtschaftsgut im Wirtschaftsjahr mehr als sechs Monate genutzt, dann ist der gesamte auf ein Jahr entfallende Betrag abzusetzen, sonst die Hälfte dieses Betrages.

Im § 7 finden wir die **Absetzung für Abnutzung.**

Der § 7 beginnt mit der Definition für das **Anlagevermögen.** Wenn ein Wirtschaftsgut länger als ein Jahr im Betrieb genutzt wird, dann liegt Anlagevermögen vor. Wenn dieses Wirtschaftsgut durch die Nutzung eine Wertreduzierung erfährt, dann sind die Anschaffungs- oder Herstellungskosten gleichmäßig auf die betriebsgewöhnliche Nutzungsdauer verteilt, abzusetzen. Die Verteilung der Anschaffungs- oder Herstellungskosten auf die betriebsgewöhnliche Nutzungsdauer wird auch als **Absetzung für Abnutzung** oder kurz **AfA** bezeichnet.

Der Gesetzestext sagt, daß die Anschaffungs- oder Herstellungskosten **gleichmäßig auf die betriebsgewöhnliche Nutzungsdauer zu verteilen** sind. Diese gleichmäßige Verteilung auf die betriebsgewöhnliche Nutzungsdauer stellt daher eine **Mußvorschrift** dar. Sie müssen im Zeitpunkt der Anschaffung entscheiden, wie lange die betriebsgewöhnliche Nutzungsdauer für das Wirtschaftsgut ist. Aufgrund Ihrer Entscheidung ergibt sich, auf welche Nutzungsdauer die Anschaffungs- oder Herstellungskosten gleichmäßig verteilt werden (lineare Abschreibung).

Im zweiten Absatz wird gesagt, daß bei einer Nutzung des Wirtschaftsgutes von mehr als 6 Monaten im Jahr, die Ganzjahresabschreibung und bei einer Nutzung von weniger als 6 Monaten im Jahr, die Halbjahresabschreibung zum Ansatz kommt.

§ 8 EStG Nutzungsdauer von Gebäuden

(1) Von den Anschaffungs- oder Herstellungskosten der Gebäude beträgt die Absetzung für Abnutzung ohne Nachweis der Nutzungsdauer

- bis zu 4%, soweit diese unmittelbar der Betriebsausübung des Land- und Forstwirtes oder Gewerbetreibenden dienen und bis zu 2,5% oder 2%, soweit diese den in der Folge genannten Zwecken dienen; dient ein Gebäude zu mindestens 80% unmittelbar der Betriebsausübung, dann beträgt die Absetzung für Abnutzung für das ganze Gebäude bis zu 4% der Anschaffungs- oder Herstellungskosten.
- bis zu 2,5%, soweit diese unmittelbar dem Betrieb des Bank- und Versicherungswesens sowie unmittelbar dem Betrieb ähnlicher Dienstleistungen (z.B. der Kreditvermittlung) dienen; dient ein solches Gebäude zu mindestens 80% dem Kundenverkehr, dann beträgt die Absetzung für Abnutzung für das ganze Gebäude bis zu 4% der Anschaffungs- oder Herstellungskosten
- bis zu 2% , soweit diese anderen betrieblichen Zwecken dienen.

(2) Anschaffungs- oder Herstellungskosten, die für denkmalgeschützte Betriebsgebäude im Interesse der Denkmalpflege aufgewendet werden, können statt mit den Sätzen des Abs. 1 gleichmäßig auf zehn Jahre verteilt abgeschrieben werden. Daß die Aufwendungen im Interesse der Denkmalpflege liegen, muß vom Bundesdenkmalamt bescheinigt sein. Die Anschaffung des Gebäudes gilt nicht als Maßnahme im Interesse der Denkmalpflege. Die Abschreibung auf zehn Jahre ist ausgeschlossen,
wenn für die Anschaffungs- oder Herstellungskosten ein Investitionsfreibetrag oder
soweit für die Anschaffungs- oder Herstellungskosten Förderungen aus öffentlichen Mitteln in Anspruch genommen werden.

(3) Die Anschaffungskosten eines Firmenwertes bei land- und forstwirtschaftlichen Betrieben und bei Gewerbebetrieben sind gleichmäßig verteilt auf fünfzehn Jahre abzusetzen.

(4) Absetzungen für außergewöhnliche technische oder wirtschaftliche Abnutzung sind zulässig.

(5) Bei Bergbauunternehmen, Steinbrüchen und anderen Betrieben, die einen Verbrauch der Substanz mit sich bringen, sind Absetzungen für Substanzverringerung vorzunehmen.

(6) 1. Bei Personenkraftwagen und Kombinationskraftwagen, die vor der Zuführung zum Anlagevermögen noch nicht in Nutzung standen (Neufahrzeuge), ausgenommen Fahrschulkraftfahrzeuge sowie Kraftfahrzeuge, die zu mindestens 80% der gewerblichen Personenbeförderung dienen, ist der Bemessung der gewöhnlichen Absetzung für Abnutzung eine Nutzungsdauer von mindestens acht Jahren zugrunde zu legen. Bei Kraftfahrzeugen im Sinne des vorstehenden Satzes, die bereits vor der Zuführung zum Anlagevermögen in Nutzung standen (Gebrauchtfahrzeuge), muß die Gesamtnutzungsdauer mindestens acht Jahre betragen. Eine höhere Absetzung ist nur bei Ausscheiden des Fahrzeuges zulässig. Der Bundesminister für Finanzen kann durch Verordnung die Begriffe Personenkraftwagen und Kombinationskraftwagen näher bestimmen.

2. Wird dem Steuerpflichtigen ein Personenkraftwagen oder Kombinationskraftwagen im Sinne der Z 1 entgeltlich überlassen, gilt folgendes: Übersteigen die auf die Anschaffungs- oder Herstellungskosten entfallenden Teile des Nutzungsentgelts die sich nach den Verhältnissen des Mieters ergebende Absetzung für Abnutzung des Vermieters (Z 1), hat der Steuerpflichtige für den Unterschiedsbetrag einen Aktivposten anzusetzen. Der Aktivposten ist so abzuschreiben, daß der auf die Anschaffungs- oder Herstellungskosten entfallende Gesamtbetrag der Aufwendungen jeweils den sich aus der Z 1 ergebenden Abschreibungssätzen entspricht.

Im § 8 kommen wir zu den Sonderformen der Absetzung für Abnutzung:

Bei den **Gebäuden** hat uns der Gesetzgeber die Festsetzung der betriebsgewöhnlichen Nutzungsdauer abgenommen. Der Gesetzgeber sagt uns nun, welche Nutzungsdauer ein Gebäude in unserem Betrieb hat.

Die **Nutzung eines Gebäudes, in der Land- und Forstwirtschaft und im Gewerbebetrieb**, im Rahmen der **unmittelbaren** Betriebsausübung (für Produktion, Lager, Verkauf) beträgt fünfundzwanzig Jahre, für **andere betriebliche** Zwecke (Verwaltung) fünfzig Jahre. Wenn das Gebäude teilweise für die Produktion und teilweise für die Verwaltung genutzt wird, ist entsprechend der Verwendungsfläche eine gemischte Abschreibung zu ermitteln. Die Nutzungsdauer eines Gebäudes für die Einkunftsart selbständige Arbeit beträgt fünfzig Jahre.

Der Abschreibungssatz für ein Gebäude im Privatvermögen, das der Einkunftsart Vermietung und Verpachtung dient, beträgt 1,5%.

Diese **fünfundzwanzigjährige Nutzungsdauer** für Gebäude, für Zwecke der Produktion, Lager und Verkauf, ist obendrein nur dann gegeben, wenn das Gebäude zumindest 80% betrieblich genutzt wird.

Für **Gebäude von Banken und Versicherungen** ist eine Nutzungsdauer von vierzig Jahren vorgesehen.

Im zweiten Absatz finden wir die Kannbestimmung, daß Anschaffungs- oder Herstellungskosten zur Sanierung von Betriebsgebäuden aufgrund des **Stadterneuerungsgesetzes** auf zehn Jahre verteilt abgeschrieben werden können.

Im dritten Absatz gibt es die Mußvorschrift, daß ein **Firmenwert** bei land- und forstwirtschaftlichen Betrieben und bei Gewerbebetrieben gleichmäßig auf fünfzehn Jahre verteilt abzuschreiben ist.

Die **Firmenwertermitttlung** an einem Beispiel dargestellt:

Maschinen	500	Eigenkapital	2.000
Wertpapiere	500	Lieferverbindlichkeiten	1.000
Bankguthaben	1.000		
Vorräte	1.000		
	3.000		3.000

Stille Reserven sind nicht vorhanden.

Der Wert des Unternehmens ergibt sich mit 2.000. Wenn die Aktivseite veräußert wird, dann sind 3.000 auf dem Bankkonto. Damit werden die Lieferverbindlichkeiten von 1.000 bezahlt, und es bleibt das Eigenkapital und damit der **Wert des Unternehmens mit 2.000.**

Ein seriöser Käufer bietet für dieses Unternehmen 4.000. Es stellt sich jetzt die Frage, warum jemand so „dumm" ist und das Doppelte für dieses Unternehmen ausgibt. Die Antwort kann nur sein, daß bei diesem Unternehmen ein **Firmenwert** vorliegt. Warum ist nun dieses Unternehmen mehr wert. Einmal kann es der **Standort** sein (Blumenhandlung am Friedhof, Trafik am Bahnhof), dann kann es ein besonderes **Know-how** sein, das in diesem Unternehmen vorhanden ist. Schließlich können auch die geschulten **Mitarbeiter** einen Vorteil für den Erwerber darstellen. Ähnlich kann es mit dem **Kundenstock** sein, den der Erwerber in seinem Kaufpreis berücksichtigt hat. Wir wollten mit dieser Darstellung nur zeigen, wie man einen **Firmenwert** ermittelt.

Im vierten Absatz finden wir den Hinweis, daß eine Absetzung für eine **außergewöhnliche technische** oder **wirtschaftliche Abnutzung** zulässig ist. Eine außergewöhnliche **technische** Abnutzung ist dann gegeben, wenn ein Wirtschaftsgut beschädigt wird. Eine **außergewöhnliche wirtschaftliche Abnutzung** ist dann gegeben, wenn der wirtschaftliche Einsatz eines Wirtschaftsgutes nicht mehr gegeben ist, weil es ein anderes Wirtschaftsgut gibt, daß günstiger, besser, schneller als das eigene Wirtschaftsgut arbeitet. In diesem Fall ist die Nutzungsdauer im Betrieb (betriebsgewöhnliche Nutzungsdauer) über die außerordentliche wirtschaftliche Abnutzung zu reduzieren.

Technische Abnutzung bedeutet materieller Verschleiß eines Wirtschaftsgutes, somit sein Substanzverzehr, wirtschaftliche Abnutzung bedeutet die Verminderung oder das Aufhören der Verwendungsmöglichkeit eines Wirtschaftsgutes.

Der fünfte Absatz spricht über die **Absetzung für Substanzverringerung**. Bei Bergbauunternehmen, Steinbrüchen und bei Betrieben, die Materialien abbauen, sind die Absetzungen im Ausmaß der Substanzverringerung vorzunehmen.

Eine jährliche Substanzverringerung ergibt sich aus dem Vergleich der geschätzten gesamten Abbaumenge mit der tatsächlich abgebauten Menge. Stellt sich nachträglich heraus, daß die gesamte abbaufähige Menge größer ist als ursprünglich angenommen, dann verlängert sich nur die Abschreibungsdauer. Ist die angenommene Abbaumenge tatsächlich geringer, dann wird eine Teilwertabschreibung vorgenommen werden.

Der sechste Absatz handelt von PKW und Kombis.

Die Abschreibungsdauer für PKW und Kombis wird zwingend auf 8 Jahre verlängert.

Neue PKW und Kombis sind zwingend auf **8 Jahre** verteilt abzuschreiben Bei **Gebrauchtwagen** ist **insgesamt mindestens eine achtjährige Nutzungsdauer** zu erreichen. Diese Bestimmung betrifft PKW und Kombis, nicht LKW und Busse. Eine Umgehung der Bestimmung durch kurzfristige Leasingverträge wird nicht möglich sein, da eine spezielle **„Leasingumgehungsschutzregelung"** in das Gesetz eingefügt wurde. Mit einfachen Worten: Auch bei einem über 4 Jahre laufenden Mietvertrag kann der Leasingnehmer nur soviel abschreiben, wie es einer 8-jährigen Nutzungsdauer entspricht, d.h. es wird steuerlich nur ein Teil der Leasingrate sofort Aufwand.

Die Leasingraten sind nicht voll abzugsfähig. Die in der Leasingrate enthaltene AfA-Tangente (Amortisationskomponente) ist insoweit zu eliminieren, als sie die steuerlich zulässige AfA (8 Jahre) übersteigt. Bei der Beurteilung der steuerlich zulässigen AfA ist von einem fiktiven Ankauf des Mieters auszugehen.

An einem Beispiel wollen wir uns die Berechnung eines **Aktivpostens** ansehen:

Die Mietdauer für einen PKW beträgt 4 Jahre, das Leasingunternehmen kauft diesen PKW um S 240.000. Der Restwert des PKWs beträgt nach Ablauf der 4 Jahre Mietdauer S 60.000. Alle Beträge sind einschließlich Umsatzsteuer.

Anschaffungskosten	S 240.000
abzüglich Restwert	S 60.000
ergibt	S 180.000 : 4 Jahre
ergibt	S 45.000

Bei einem fiktiven Kauf um S 240.000 würde die jährliche Abschreibung S 30.000 betragen (240.000 : 8).

Der **Aktivposten** (S 45.000 minus S 30.000) ergibt S 15.000 pro Jahr.

Wenn es zu einem anschließenden Kauf kommt, **dann erhöht dieser Aktivposten** (4 x S 15.000), das sind S 60.000, **den Restwert** von S 60.000 und es ergibt sich ein Gesamtkaufpreis mit S 120.000, der wiederum steuerlich auf die restlichen 4 Jahre Nutzungsdauer verteilt abgeschrieben wird.

handelsrechtliche			
Anschaffungskosten	60.000 : 4 =	15.000	AfA/PKW
steuerrechtliche			
Anschaffungskosten	120.000 : 4 =	30.000	
		– 15.000	MWR

Wenn es zu einer Rückgabe kommt, dann werden die noch nicht aufwandswirksamen Leasingbeträge sofort aufwandswirksam: MWR – 60.000.

Negativer Unterschiedsbetrag?

Wenn wir unser Beispiel fortführen und unterstellen, daß der Leasingvertrag erst am 1. Dezember wirksam geworden ist.

S 180.000 : 48 Monate ergibt eine Amortisationskomponente mit S 3.750 für diesen Monat. Die Halbjahresabschreibung für einen fiktiven Ankauf beträgt S 15.000.

Es ergibt sich ein **negativer Unterschiedsbetrag** mit S 11.250 (3.750 minus 15.000).

Es wird im Gesetzestext nur von einem Aktivposten gesprochen. Wir haben aber eben einen Passivposten kennen gelernt.

Die Aktiv-Passivposten werden nur im Rahmen der Mehr-/Wenigerrechnung erfaßt. Die vom Unternehmen gezahlte Leasingrate ist jedenfalls handelsrechtlich ein Aufwand.

§ 9 Rückstellungen

(1) Rückstellungen können nur gebildet werden für:

1. Anwartschaften auf Abfertigungen,
2. laufende Pensionen und Anwartschaften auf Pensionen,
3. sonstige ungewisse Verbindlichkeiten,
4. drohende Verluste aus schwebenden Geschäften

(2) Rückstellungen im Sinne des Abs. 1 Ziffer 1 und Ziffer 2 sowie Rückstellungen für Jubiläumsgelder sind nach § 14 zu bilden.

(3) Rückstellungen im Sinne des Abs. 1, Ziffer 3 und 4 dürfen nicht pauschal gebildet werden. Die Bildung von Rückstellungen ist nur dann zulässig, wenn konkrete Umstände nachgewiesen werden können, nach denen im jeweiligen Einzelfall mit dem Vorliegen oder dem Entstehen einer Verbindlichkeit (eines Verlustes) ernsthaft zu rechnen ist.

(4) Rückstellungen für die Verpflichtung zu einer Zuwendung anläßlich eines Firmenjubiläums dürfen nicht gebildet werden.

Zu den Abfertigungen und Pensionen kommen wir im § 14.

Die Rückstellung für **drohende Verluste aus schwebenden Geschäften** ist ein Spezialfall, der im normalen Leben eines Steuerpflichtigen eher selten vorkommt. Ein schwebendes Geschäft liegt dann vor, wenn ein Auftrag noch nicht erfüllt worden ist. Es kann dann noch zwischen einem **schwebenden Absatzgeschäft** und einem **schwebenden Beschaffungsgeschäft** unterschieden werden. Es wurde weder die Ware geliefert, noch die Zahlung geleistet. Das Geschäft ist schwebend, weil außer der Auftragserteilung noch nichts geschehen ist. Trotzdem kann aus diesem schwebenden Geschäft eine Rückstellung resultieren, wenn in dem Auftrag ein Preis vereinbart worden ist und anläßlich der Bilanzierung festgestellt wird, daß bei Erfüllung des Geschäfts im nächsten Jahr dem Unternehmen deswegen ein Nachteil entstehen wird, weil der im alten Jahr vereinbarte Preis überhöht war. Mit anderen Worten: Wir haben uns im alten Jahr verpflichtet, etwas einzukaufen zu einem Preis, der dann fällt und bei der Vertragserfüllung im darauffolgenden Jahr niedriger ist als bei der Auftragserteilung. Dem Unternehmen ist dadurch ein Nachteil (Verlust) entstanden. **Nachdem die Auftragserteilung im alten Jahr erfolgt ist, muß dieser Verlust, der erst bei der Erfüllung des Auftrages realisiert wird, in das alte Jahr zurückbezogen und als Rückstellung ausgewiesen werden.** Sie haben schon gesehen, das ist nicht das tägliche Leben.

Erster Überblick

Im Steuerrecht gibt es keine

- Aufwandsrückstellungen
- Pauschalrückstellungen
- Firmenjubiläumsrückstellungen

Eine **Aufwandsrückstellung** ist eine Rückstellung für einen künftigen Aufwand. Typisch für eine Aufwandsrückstellung ist, daß keine Verpflichtung gegenüber einem Dritten besteht (nur gegenüber sich selbst). Ein Beispiel für eine Aufwandsrückstellung ist die Rückstellung für unterlassene Instandhaltung, oder die Rückstellung in Höhe einer fiktiven Versicherungsprämie bei nicht versicherten Sachverhalten. Anders als bei den Rückstellungen für ungewisse Verbindlichkeiten ist bei den Aufwandsrückstellungen keine Verpflichtung gegenüber Dritten gegeben. Aus diesem Grund werden Aufwandsrückstellungen im Steuerrecht nicht akzeptiert.

Nun zum zweiten Begriff, zu den Pauschalrückstellungen:

Pauschalrückstellungen sind Rückstellungen, die ohne konkrete Inanspruchnahme durch Dritte gebildet werden. Beispiele für solche Pauschalrückstellungen sind:

- die **Gewährleistungsrückstellung** (z.B. mit 2% vom Umsatz)
- die **Rückstellung für Produkthaftung** (z.B. mit 0,5% vom Umsatz)
- die **Rückstellung für Garantieverpflichtungen** (mit einem bestimmten Prozentsatz vom Umsatz)
- die **Rückstellung für Kulanzfälle** (mit einem bestimmten Prozentsatz vom Umsatz)
- die **Rückstellung für Umwelthaftung** (beispielsweise mit einem bestimmten Prozentsatz vom Umsatz von einer Tankstelle)

Diese **Pauschalrückstellungen** werden von der Finanzbehörde deswegen nicht akzeptiert, weil keine konkrete Inanspruchnahme durch Dritte vorliegt. Dessen ungeachtet, besteht weiterhin die handelsrechtliche Verpflichtung diese Rückstellung zu bilden.

Die dargestellten Rückstellungen werden steuerlich akzeptiert, wenn ein „Schaden“ nachweislich bis zum Bilanzstichtag entstanden ist und der Steuerpflichtige innerhalb von drei Monaten nach dem Bilanzstichtag, jedenfalls aber bis zum Bilanzerstellungstag, vom Vorliegen dieser Umstände Kenntnis erlangt hat. Wenn nun aufgrund des entstandenen „Schadens“ mit dem Entstehen einer Verbindlichkeit ernsthaft zu rechnen ist, dann ist eine steuerlich wirksame Rückstellung zu bilden.

§ 10 Investitionsfreibetrag

(1) Bei der Anschaffung oder Herstellung von abnutzbaren Anlagegütern kann der Steuerpflichtige einen Investitionsfreibetrag von höchstens 20% der Anschaffungs- oder Herstellungskosten gewinnmindernd geltend machen. Der Investitionsfreibetrag beträgt von den nach dem 31. März 1994 anfallenden Anschaffungs- oder Herstellungskosten höchstens 15%, von den nach dem 30. April 1995 anfallenden Anschaffungs- oder Herstellungskosten höchstens 9%. Die Absetzung für Abnutzung (§§ 7 und 8) wird dadurch nicht berührt. Bilanzierende Steuerpflichtige müssen die Investitionsfreibeträge eines jeden Wirtschaftsjahres in einer Summe gesondert bezeichnet ausweisen. Mit Ablauf des vierten auf das Jahr der Anschaffung oder Herstellung folgenden Wirtschaftsjahres sind die Investitionsfreibeträge auf Kapitalkonto oder auf eine als versteuert geltende Rücklage steuerfrei zu übertragen.

(2) Der Investitionsfreibetrag kann nur für Wirtschaftsgüter geltend gemacht werden, die

- eine betriebsgewöhnliche Nutzungsdauer von mindestens vier Jahren haben und
- in einer inländischen Betriebsstätte verwendet werden, die der Erzielung von Einkünften im Sinne von § 2 Abs. 3 Z 1 bis 3 dient. Dabei gelten Wirtschaftsgüter, die aufgrund einer entgeltlichen Überlassung überwiegend im Ausland eingesetzt werden, nicht als in einer inländischen Betriebsstätte verwendet.

(3) Für Gebäude darf der Investitionsfreibetrag nur insoweit geltend gemacht werden, als sie unmittelbar dem Betriebszweck dienen oder für Wohnzwecke betriebszugehöriger Arbeitnehmer bestimmt sind. Für Gebäude, die zur entgeltlichen Überlassung an Dritte (ausgenommen betriebszugehörige Arbeitnehmer) bestimmt sind, steht für vor dem 1. Februar 1993 anfallende Anschaffungs- oder Herstellungskosten ein Investitionsfreibetrag nur zu, wenn der ausschließliche Betriebsgegenstand die gewerbliche Vermietung von Wirtschaftsgütern ist.

(4) Für Kraftfahrzeuge beträgt der Investitionsfreibetrag höchstens 10%, für lärmarme Kraftfahrzeuge (§ 8 b der Kraftfahrgesetz-Durchführungsverordnung 1967 in der Fassung der Verordnung vom 23. August 1989, BGBl. Nr. 451) höchstens 15%. Für Personenkraftwagen, Kombinationskraftwagen und Krafträder kann ein Investitionsfreibetrag nicht geltend gemacht werden. Der Investitionsfreibetrag steht jedoch zu für

- Fahrschulkraftfahrzeuge und
- Kraftfahrzeuge, die zu mindestens 80% dem Zweck der gewerblichen Personenbeförderung oder der gewerblichen Vermietung dienen.

Für Kraftfahrzeuge und für unkörperliche Wirtschaftsgüter beträgt der Investitionsfreibetrag von den nach dem 30. April 1995 anfallenden Anschaffungs- oder Herstellungskosten höchstens 6%.

(5) In folgenden Fällen darf ein Investitionsfreibetrag weder gewinnmindernd noch durch bestimmungsgemäße Verwendung einer Investitionsrücklage (eines steuerfreien Betrages) geltend gemacht werden:

- Für Luftfahrzeuge, die der Personenbeförderung dienen, ausgenommen Luftfahrzeuge der Luftverkehrsunternehmen (§ 101 des Luftfahrtgesetzes, BGBl. Nr. 253/1957) und der Zivilluftfahrerschulen.
- Für geringwertige Wirtschaftsgüter, die gemäß § 13 abgesetzt werden.
- Bei Erwerb eines Betriebes, eines Teilbetriebes oder eines Anteiles eines Gesellschafters, der als Unternehmer (Mitunternehmer) anzusehen ist.
- Für gebrauchte Wirtschaftsgüter, die unmittelbar oder mittelbar zur entgeltlichen Überlassung an den Veräußerer (sale and lease back) oder zur Rückveräußerung an den Veräußerer (sale and sale back) bestimmt sind.
- Für gebrauchte Wirtschaftsgüter, die von einem Konzernunternehmen innerhalb eines Konzerns im Sinne des § 15 des Aktiengesetzes 1965 erworben werden.
- Für Rechte auf entgeltliche Überlassung von Wirtschaftsgütern, ausgenommen die Werknutzungsbewilligung und das Werknutzungsrecht im Sinne des Urheberrechtsgesetzes, gewerbliche Schutzrechte, gewerbliche Erfahrungen und Berechtigungen.
- Für unkörperliche Wirtschaftsgüter, die zur entgeltlichen Überlassung bestimmt sind, sowie für unkörperliche Wirtschaftsgüter, die von einem Konzernunternehmen innerhalb eines Konzerns im Sinne des § 15 des Aktiengesetzes erworben werden.

(7) Der Investitionsfreibetrag kann nur im Jahr der Anschaffung oder Herstellung geltend gemacht werden. Erstreckt sich die Anschaffung oder Herstellung von Anlagegütern über einen Bilanzstichtag hinaus, so kann der Investitionsfreibetrag bereits von den in der jeweiligen Bilanz zu aktivierenden Teilbeträgen der Anschaffungs- oder Herstellungskosten, die auf das einzelne Jahr entfallen, geltend gemacht werden. Ändern sich nachträglich die Anschaffungs- oder Herstellungskosten, dann ist der Investitionsfreibetrag im Jahr der Änderung entsprechend anzupassen (zu erhöhen oder zu vermindern).

(8) Entsteht oder erhöht sich durch gewinnmindernd geltend gemachte Investitionsfreibeträge ein Verlust, so ist der Verlust insoweit weder ausgleichs- noch gemäß § 18 Abs. 6 und 7 vortragsfähig. Ein solcher Verlust ist mit späteren Gewinnen (Gewinnanteilen) aus dem Betrieb frühestmöglich zu verrechnen.

(9) Der Investitionsfreibetrag ist gewinnerhöhend aufzulösen, wenn Wirtschaftsgüter für die er gewinnmindernd oder durch bestimmungsgemäße Verwendung einer Investitionsrücklage geltend gemacht worden ist, vor Ablauf der Frist von vier Wirtschaftsjahren.

– aus dem Betriebsvermögen ausscheiden oder
– in eine ausländische Betriebsstätte verbracht werden.

Die gewinnerhöhende Auflösung hat im Jahr des Ausscheidens oder der Verbringung zu erfolgen. Im Falle des Ausscheidens eines Wirtschaftsgutes infolge höherer Gewalt oder behördlichen Eingriffs unterbleibt die gewinnerhöhende Auflösung des Investitionsfreibetrages.

§ 10a Sonderregelung für den IFB

(2) Wird ein Gebäude auf Grund der Bestimmungen des Stadterneuerungsgesetzes für Assanierungsgebiete (§ 1 Abs. 1 und § 5 des Stadterneuerungsgesetzes) assaniert, erhöht sich der Investitionsfreibetrag von den zur Assanierung aufgewendeten Herstellungskosten, die nach dem 30. April 1996 und vor dem 1. Jänner 2001 anfallen, von 9% auf 12%. Voraussetzung ist, daß mit der tatsächlichen Bauausführung nach dem 30. April 1996 begonnen wurde.

Das Positive am **Investitionsfreibetrag** ist, daß er gewinnmindernd ist.

Der Investitionsfreibetrag beträgt grundsätzlich 9% .

Für PKW gibt es noch den Investitionsfreibetrag mit 6%, aber nur, wenn der PKW in der Fahrschule oder als Taxi verwendet wird.

Um welche Investition muß es sich nun handeln?

Der Investitionsfreibetrag kann von **abnutzbaren Anlagegütern** beansprucht werden. Wesentlich ist, daß der Investitionsfreibetrag keine Auswirkung auf die Absetzung für Abnutzung hat. Es ist die Absetzung für Abnutzung gewinnmindernd und zusätzlich der Investitionsfreibetrag. Es werden also 109% bzw. 106% der Anschaffungs- oder Herstellungskosten abgeschrieben.

Es wäre jetzt viel zu einfach, wenn damit bereits der Investitionsfreibetrag abgehandelt wäre.

Wenn wir jetzt von den abnutzbaren Anlagegütern gesprochen haben, von denen ein Investitionsfreibetrag beansprucht werden kann, dann muß eine Einschränkung gemacht werden. Die **Nutzungsdauer** dieser abnutzbaren Anlagegüter muß mindestens vier Jahre betragen.

Jetzt kommen wir zurück auf die vier Jahre: Wenn das Wirtschaftsgut innerhalb von vier Jahren aus dem Betriebsvermögen ausscheidet, dann ist dieser Investitionsfreibetrag, der ursprünglich gewinnmindernd verbucht worden ist, wieder gewinnerhöhend aufzulösen.

Wenn das Wirtschaftsgut die vier Jahre im Betriebsvermögen überstanden hat, dann ist der Investitionsfreibetrag endgültig steuerfrei geworden. Dann können wir sagen, daß eine Investition mit einer Steuerreduzierung teilweise subventioniert worden ist.

Nach Ablauf von vier Jahren, wird der Investitionsfreibetrag aus dem Posten unversteuerter Rücklagen auf den Bilanzposten **versteuerte** Rücklagen übertragen (Gewinnrücklagen). Bei Einzelunternehmen und Personengesellschaften kann die Übertragung auf das Kapitalkonto erfolgen.

Gebäude sind genauso abnutzbare Anlagegüter, und daher kann ein Investitionsfreibetrag unter folgenden Voraussetzungen in Anspruch genommen werden:

- Die Gebäude müssen unmittelbar dem Betriebszweck dienen oder für Wohnzwecke betriebszugehöriger Arbeitnehmer.
- Unmittelbar dem **Betriebszweck** dienen die Gebäude, wenn sie für die Verwaltung genutzt werden. Nicht aber für die Nutzung als Urlaubs- oder Freizeitheime, oder zur Sportausübung, oder zur Beherbergung von Geschäftsfreunden.
- Beim **Gebäudeleasing** ist weiterhin die Voraussetzung für den Investitionsfreibetrag, daß das Gebäude unmittelbar dem **Betriebszweck** dient. Dies ist dann der Fall, wenn es jene Tätigkeiten ermöglicht, die der Betrieb nach seinem Hauptzweck entfaltet. Nicht unmittelbar dem Betriebszweck dienen jedenfalls Gebäude, die nur gewillkürtes Betriebsvermögen darstellen. Wenn zum Beispiel ein im Firmenbuch protokollierter Autohändler sein Firmengeld in Häusern anlegt, die an Privatpersonen vermietet werden. Beim **Gebäudeleasing** steht der Investitionsfreibetrag nur dann zu, wenn der Unternehmensgegenstand hauptsächlich die entgeltliche Überlassung von Gebäuden ist.

Der Investitionsfreibetrag kann nur im Jahr der Anschaffung oder Herstellung geltend gemacht werden. Beim Investitionsfreibetrag kommt es auf die **Anschaffung** an, während bei der Absetzung für Abnutzung es nicht auf die Anschaffung, sondern auf die **Inbetriebnahme** ankommt. Anschaffung und Inbetriebnahme können manchmal auseinander fallen:

Wenn sich die Anschaffung oder Herstellung über einen Zeitraum von mehreren Jahren erstreckt, dann ist es Ihre Entscheidung, ob Sie den Investitionsfreibetrag von den einzelnen Jahreskosten geltend machen oder erst vom Gesamtbetrag nach Fertigstellung.

Zurück zu unseren vier Jahren Behaltedauer für das Wirtschaftsgut: Wenn das Wirtschaftsgut durch **höhere Gewalt** (Brand) vor Ablauf der Vierjahresfrist aus dem Betriebsvermögen ausscheidet, dann unterbleibt in diesem Fall die gewinnerhöhende Auflösung.

Eine weitere Überlegung zum Investitionsfreibetrag

Der Investitionsfreibetrag wird gewinnmindernd verbucht.

Was geschieht, wenn durch die gewinnmindernde Verbuchung ein **Verlust** entsteht oder ein bereits vorläufiger Verlust erhöht wird?

Der durch den Investitionsfreibetrag bewirkte Verlustanteil ist nicht ausgleichsfähig (kann nicht mit Gewinnen aus anderen Einkunftsarten verrechnet werden).

In Ihrem Unternehmen muß erst wieder ein Gewinn entstehen, und dann kann dieser Investitionsfreibetrag, der zu einem Verlust geführt hat, berücksichtigt werden, unabhängig davon, in welchem Jahr der Investitionsfreibetrag geltend gemacht worden ist.

Zusammenfassung

Für Rechte auf Überlassung von **Wirtschaftsgütern** (Mietrecht, Fruchtgenußrecht) gibt es keinen Investitionsfreibetrag. Für Werknutzungsrechte, gewerbliche Schutzrechte, Patente, Lizenzen, Marken, Software, Belieferungsrechte, einen Investitionsfreibetrag mit 6%.

Schließlich sei noch auf jene Investitionen hingewiesen, für die **kein Investitionsfreibetrag** geltend gemacht werden kann (§ 10 Abs. 5).

§ 11 Verzinsung des Eigenkapitalzuwachses

(1) Steuerpflichtige, die den Gewinn durch Betriebsvermögensvergleich ermitteln, können die angemessene Verzinsung des in einem Wirtschaftsjahr eingetretenen betrieblichen Eigenkapitalzuwachses – auch außerbilanzmäßig – als Betriebsausgabe abziehen. Der abgezogene Betrag ist als Sondergewinn anzusetzen. Die Besteuerung des Sondergewinnes richtet sich nach § 37 Abs. 8. Bei der Verzinsung gelten folgende Bestimmungen:

1. Der zu verzinsende Eigenkapitalzuwachs ergibt sich aus jenem Betrag, um den der gewichtete durchschnittliche Eigenkapitalstand des laufenden Wirtschaftsjahres den höchsten gewichteten durchschnittlichen Eigenkapitalstand eines vorangegangenen Wirtschaftsjahres übersteigt. Dabei ist der höchste gewichtete durchschnittliche Eigenkapitalstand innerhalb des Beobachtungszeitraumes maßgeblich. Der Beobachtungszeitraum umfaßt den Zeitraum ab Beginn des Betriebes, längstens jedoch den Zeitraum der letzten sieben Wirtschaftsjahre vor jenem Wirtschaftsjahr, in dem der Betriebsausgabenabzug geltend gemacht wird. Wirtschaftsjahre, die vor dem 1. Jänner 1998 geendet haben, sind nicht zu berücksichtigen.

2. Der gewichtete durchschnittliche Eigenkapitalstand eines Wirtschaftsjahres ist die Summe der an jedem Kalendertag bestehenden Eigenkapitalstände geteilt durch die Zahl der Kalendertage des Wirtschaftsjahres.

3. Als Eigenkapitalstand am Beginn des Wirtschaftsjahres gilt das steuerlich maßgebende Eigenkapital am Ende des Vorjahres (ohne Jahresgewinn oder -verlust) laut dem Eigenkapital-Evidenzkonto. Bei Eröffnung oder entgeltlichem Erwerb eines Betriebes ist von einem Eigenkapitalstand von Null auszugehen,

4. Der Eigenkapitalstand im Sinne der Z 3 wird erhöht durch Zugänge und vermindert durch Abgänge:

a) Als Zugänge gelten alle Einlagen im Sinne des § 4 Abs. 1 sowie alle Vermögensmehrungen im Sinne des § 8 Abs. 1 des Körperschaftsteuergesetzes 1988 und zum Beginn des Wirtschaftsjahres der steuerpflichtige Gewinn des vorangegangenen Wirtschaftsjahres.

b) Als Abgänge gelten alle Entnahmen im Sinne des § 4 Abs. 1 sowie alle Vermögensminderungen im Sinne des § 8 Abs. 2 des Körperschaftsteuergesetzes 1988 und zum Beginn des Wirtschaftsjahres der steuerlich zu berücksichtigende Verlust des vorangegangenen Wirtschaftsjahres.

c) Für zum Anlagevermögen gehörende Beteiligungen im Sinne des § 10 Abs. 1 des Körperschaftsteuergesetzes 1988 an Kapitalgesellschaften und Erwerbs- und Wirtschaftsgenossenschaften gilt für den Anteilsinhaber abweichend von lit. a und b folgendes:

- Die Einlage und die Entnahme der Beteiligung im Sinne des § 4 Abs. 1 bleiben außer Ansatz.
- Vermögensmehrungen im Sinne des § 8 Abs. 1 des Körperschaftsteuergesetzes 1988, durch die eine Beteiligung entsteht oder sich erhöht, gelten als Abgänge. Einlagenrückzahlungen im Sinne des § 4 Abs. 12 gelten als Zugänge.
- Beteiligungserträge gelten als Zugänge

5. Voraussetzung für den Betriebsausgabenabzug ist, daß ein Eigenkapital-Evidenzkonto eingerichtet ist. Dieses hat den Anfangsstand, die Zu- und Abgänge (Z 4), den Endstand und den Betrag sowie die Berechnung des gewichteten durchschnittlichen Jahresstands des Wirtschaftsjahres, für das der Betriebsausgabenabzug geltend gemacht wird, zu umfassen. Weiters ist der entsprechende Jahresstand der vorangegangenen Wirtschaftsjahre seit dem Beginn des Betriebes, längstens aber für den Zeitraum im Sinne der Z 1 letzter Satz, auszuweisen. Ändern sich die Grundlagen für die Ermittlung des gewichteten durchschnittlichen Jahresstands, so ist ein berichtigtes Eigenkapital-Evidenzkonto aufzustellen.

6. Der im Wirtschaftsjahr eintretende Eigenkapitalzuwachs (Z 1 bis 5) ist angemessen zu verzinsen. Als angemessener Zinssatz gilt jener, den der Bundesminister für Finanzen mit Verordnung festsetzt. Der Zinssatz wird folgendermaßen ermittelt: Der Durchschnitt der Sekundärmarktrenditen gemäß Tabelle 5.5 „Renditen auf dem inländischen Rentenmarkt" der Statistischen Monatshefte der Österreichischen Nationalbank Spalte 8 „Emittenten Gesamt" oder einer entsprechenden Nachfolgetabelle wird für den Zeitraum Jänner bis Dezember eines Kalenderjahres ermittelt und um 0,8 erhöht. Dieser Prozentsatz gilt für alle Wirtschaftsjahre, die im folgenden Kalenderjahr beginnen.

7. Im Falle der Übertragung eines Betriebes sind die Verhältnisse beim Übertragenden sowie beim Erwerber insoweit fortzuführen, als es zu einer Buchwertfortführung kommt.

(2) Bei Gesellschaften, bei denen die Gesellschafter als Mitunternehmer anzusehen sind und die ihren Gewinn durch Betriebsvermögensvergleich ermitteln, können nur die Gesellschafter die Verzinsung im Sinne des Abs. 1 als Betriebsausgabe abziehen. Der Abzug ist nicht zulässig, wenn der Mitunternehmer die Beteiligung in einem Betriebsvermögen eines Betriebes hält, für den der Gewinn unter Anwendung des Abs. 1 ermittelt werden kann.

Die Überschrift spricht von einer **Eigenkapitalverzinsung,** in Wirklichkeit geht es um eine Prämie, die für die Einkommensteuerpflichtigen bis zu 1,3% und für Körperschaftsteuerpflichtige 0,45% des Eigenkapitalzuwachses beträgt. Diese Bagatellbeträge stehen in keinem Verhältnis zu dem damit verbundenen Verrechnungsaufwand, so daß diese Gesetzesbestimmung die betriebliche Eigenkapitalbildung kaum positiv beeinflussen wird.

Die Begünstigung wird auf folgende Weise ermittelt:

Auszugehen ist von einem jährlichen Eigenkapitalzuwachs. Dieser Eigenkapitalzuwachs wird verzinst. Angenommen, das Eigenkapital ist um 1 Mio. gewachsen und der Zinssatz beträgt 5%, dann ergibt die Verzinsung einen Betrag von S 50.000,–. Dieser Betrag ist nun **als fiktive Betriebsausgabe** abzusetzen und reduziert nun beispielsweise den körperschaftsteuerpflichtigen Gewinn. Insoweit wäre ein Vorteil gegeben. Dem ist aber nicht so. Dieser Betrag von S 50.000,– erspart 34% Körperschaftsteuer, das sind S 17.000,–. Auf der anderen Seite steht dieser fiktiven Betriebsausgabe ein **fiktiver Gewinn** (Sondergewinn) gegenüber, der mit einem festen Steuersatz von 25% zu versteuern ist. 25% von S 50.000,– ergibt eine Steuerbelastung von S 12.500,–. Damit ergibt sich aus der Differenz eine echte Steuerersparnis mit S 4.500,– (17.000,– minus 12.500,–).

Eine andere Betrachtung: Ein Eigenkapitalzuwachs in der Höhe von S 1 Mio. wird mit einer Steuerersparnis von S 4.500,– belohnt.

Diese fiktiven Betriebsausgaben können entweder bilanzmäßig (Rücklage) oder **außerbilanzmäßig** in der Steuererklärung geltend gemacht werden. Das Problem ist nicht die Begünstigung sondern die Berechnung. Bei der Berechnung ist von einem gewichteten durchschnittlichen Eigenkapitalstand auszugehen, der sich aus der Summe der, an **jedem Kalendertag** bestehenden Eigenkapitalstände, geteilt durch die Anzahl der Kalendertage des Jahres ergibt. Darüber hinaus wird noch verlangt, daß der Eigenkapitalzuwachs am höchsten Eigenkapitalstand der letzten sieben Jahre gemessen wird. Damit ein Einstieg möglich ist, wird die Rückwärtsbetrachtung mit dem Jahr 1998 begrenzt. Der siebenjährige Beobachtungszeitraum wird damit erstmals im Jahr 2005 gegeben sein.

Wenn wir jetzt von Eigenkapital sprechen, dann wird nicht das handelsrechtliche Eigenkapital gemeint, welches in der Bilanz dargestellt ist und leicht zu errechnen wäre, sondern das steuerlich maßgebende Eigenkapital.

Der Zinssatz mit dem die Eigenkapitalsteigerung verzinst wird, ist in einer Verordnung festgelegt.

Der Zinssatz beträgt 4,9% für alle Wirtschaftsjahre, die im Kalenderjahr 2000 beginnen (VO BGBl. II, Nr. 100/2000).

Schließlich finden wir bei dieser Bestimmung zum zweiten Mal ein Evidenzkonto, das wir „Evidenzkonto II" bezeichnen, weil es getrennt und unabhängig von dem Evidenzkonto nach § 4 Abs. 12 Z 3 EStG zu führen ist. Sie wissen schon, ein Evidenzkonto ist nicht ein Konto mit Soll und Haben, sondern eine Beilage zur Steuererklärung.

Dieser **Sondergewinn** ist bei demjenigen zu erfassen, der die Eigenkapitalverzinsung als fiktive Betriebsausgabe abgezogen hat. Dieser Sondergewinn wird bei einer Kapitalgesellschaft, nicht beim Aktionär (Gesellschafter), sondern bei der Gesellschaft selbst erfaßt. Dieser Sondergewinn ist auch dann zu versteuern, wenn steuerlich ein Verlust vorliegt. In diesem Fall erhöht die fiktive Betriebsausgabe den vortragsfähigen Verlust.

Die Regelung in § 11 Abs. 2 Köperschaftsteuergesetz sieht eine Eigenkapitalzuwachsverzinsung bei Vollorganschaft vor. Die Eingenkapitalzuwachsverzinsung erfolgt für den ganzen Organkreis beim Organträger, was bedeutet, daß erst der saldierte Gewinn von Organgesellschaft und Organträger Bemessungsgrundlage für die Eigenkapitalverzinsung ist.

§ 12 Übertragung stiller Rücklagen

(1) Wird Anlagevermögen veräußert, so können die dabei aufgedeckten stillen Reserven von den Anschaffungs- oder Herstellungskosten oder den Teilbeträgen der Anschaffungs- oder Herstellungskosten im Sinne des § 10 Abs. 7 zweiter Satz des im Wirtschaftsjahr der Veräußerung angeschafften oder hergestellten Anlagevermögens abgesetzt werden. Stille Reserven sind die Unterschiedsbeträge zwischen den Veräußerungserlösen und den Buchwerten der veräußerten Wirtschaftsgüter.

(2) Eine Übertragung ist nur zulässig, wenn

1. das veräußerte Wirtschaftsgut im Zeitpunkt der Veräußerung mindestens sieben Jahre zum Anlagevermögen dieses Betriebes gehört hat und

2. das Wirtschaftsgut, auf das stille Reserven übertragen werden sollen, in einer inländischen Betriebsstätte verwendet wird; § 10 Abs. 2 letzter Satz ist anzuwenden.

Die in Z 1 genannte Frist beträgt 15 Jahre für Grundstücke oder Gebäude, auf die stille Reserven übertragen wurden, und für Gebäude, die nach § 8 Abs. 2 abgeschrieben wurden.

(3) Eine Übertragung ist nur zulässig auf die Anschaffungs- oder Herstellungskosten (Teilbeträge im Sinne des § 10 Abs. 7 zweiter Satz) von

1. körperlichen Wirtschaftsgütern, wenn auch die stillen Reserven aus der Veräußerung von körperlichen Wirtschaftsgütern stammen,

2. unkörperlichen Wirtschaftsgütern, wenn auch die stillen Reserven aus der Veräußerung von unkörperlichen Wirtschaftsgütern stammen.

Die Übertragung stiller Reserven auf die Anschaffungskosten von Grund und Boden ist nur zulässig, wenn der Gewinn nach § 5 ermittelt wird und wenn auch die stillen Reserven aus der Veräußerung von Grund und Boden stammen.

Die Übertragung stiller Reserven auf die Anschaffungskosten von (Teil-)Betrieben, von Beteiligungen an Personengesellschaften und von Finanzanlagen, sowie die Übertragung stiller Reserven, die aus der Veräußerung von (Teil-)Betrieben oder von Beteiligungen an Personengesellschaften stammen, ist nicht zulässig.

(4) Die Abs. 1 bis 3 gelten auch, wenn Anlagevermögen infolge höherer Gewalt, durch behördlichen Eingriff oder zur Vermeidung eines solchen nachweisbar unmittelbar drohenden Eingriffes aus dem Betriebsvermögen ausscheidet. Die Fristen des Abs. 2 gelten jedoch nicht.

(5) Als Anschaffungs- oder Herstellungskosten gelten sodann die um die übertragenen stillen Reserven gekürzten Beträge.

(7) Stille Reserven können im Jahr der Aufdeckung einer steuerfreien Rücklage zugeführt werden, soweit eine Übertragung im selben Wirtschaftsjahr nicht erfolgt. Diese Rücklage ist gesondert auszuweisen.

(8) Die Rücklage (der steuerfreie Betrag) kann

- im Falle des Abs. 4 innerhalb von 24 Monaten ab dem Ausscheiden des Wirtschaftsgutes,
- sonst innerhalb von zwölf Monaten ab dem Ausscheiden des Wirtschaftsgutes nach den vorstehenden Bestimmungen auf die Anschaffungs- oder Herstellungskosten (Teilbeträge) von Anlagevermögen übertragen werden. Die Frist verlängert sich auf 24 Monate, wenn Rücklagen (steuerfreie Beträge) auf Herstellungskosten (Teilbeträge) von Gebäuden übertragen werden sollen und mit der tatsächlichen Bauausführung innerhalb der Frist von zwölf Monaten begonnen worden ist. Auf welche Wirtschaftsgüter die Rücklagen (die steuerfreien Beträge) übertragen werden können, richtet sich nach Abs. 3 Rücklagen (steuerfreie Beträge), die nicht bis zum Ablauf der Verwendungsfrist übertragen wurden, sind im betreffenden Wirtschaftsjahr gewinnerhöhend aufzulösen.

Übertragung stiller Reserven (stille Rücklagen)

Zuerst haben wir den Begriff der **stillen Reserven**, der mit Inhalt zu füllen ist.

Ein Grundstück wird in der Bilanz mit einem Buchwert von S 1 Mio. ausgewiesen. Tatsächlich hat dieses Grundstück einen Verkehrswert von S 3 Mio. Es sind also **stille Reserven** in Höhe von S 2 Mio. vorhanden, die aber für einen außenstehenden Bilanzleser nicht erkennbar sind.

Die stillen Reserven werden erst durch einen Verkauf offengelegt.

Die stillen Reserven sind also der Differenzbetrag zwischen dem **Veräußerungserlös** und dem **Buchwert** des veräußerten Grundstückes. Veräußerungserlös bei unserem Grundstück ist der Betrag von S 3 Mio., der Buchwert ist mit S 1 Mio. angegeben und der Veräußerungsgewinn beträgt demnach S 2 Mio.

Die Möglichkeit der Übertragung stiller Reserven ist deswegen vorteilhaft, weil der Veräußerungsgewinn **nicht sofort steuerpflichtig** wird.

Aber wie überall bei den steuerlichen Begünstigungen hängen auch hier die Trauben sehr hoch. Nicht jede Veräußerung kommt für diese Begünstigung in Betracht. Das veräußerte Wirtschaftsgut muß im Zeitpunkt der Veräußerung mindestens **sieben Jahre** zum Anlagevermögen des Unternehmens gehört haben.

Noch schlimmer wird es für Grundstücke oder Gebäude, auf die in der Vergangenheit stille Reserven übertragen worden sind, denn die müssen im Zeitpunkt der Veräußerung fünfzehn Jahre zum Anlagevermögen gehört haben.

Für die Fristenberechnung ist der **Tag** des Zuganges und der **Tag** des Ausscheidens maßgeblich. Ist auf einem unbebauten Grundstück in der Folge ein Gebäude errichtet worden, wird die Behaltefrist für das Gebäude vom Erwerb des Grundstückes an gerechnet (GER 89, G2 Abs. 4).

Der Gewinn ist der Unterschiedsbetrag zwischen Veräußerungserlös und Restbuchwert. In Höhe des Gewinnes wird auf Konto 880 (Zuweisung zu unversteuerten Rücklagen) eine Aufwandsbuchung durchgeführt. Mit dieser Aufwandsbuchung ist der Gewinn steuerlich neutralisiert worden. Die Habenbuchung ist davon abhängig, ob die stille Rücklage bereits auf ein Wirtschaftsgut übertragen wurde oder ob die Übertragung noch nicht durchgeführt worden ist. Wenn die Übertragung bereits durchgeführt worden ist, dann erfolgt die Verbuchung als **Bewertungsreserve.** Wenn die Übertragung noch nicht vorgenommen wurde, dann erfolgt die Verbuchung als **sonstige unversteuerte Rücklagen.**

In den folgenden 12 bzw. 24 Monaten ab Ausscheiden des Wirtschaftsgutes kann dann die Reduzierung der Anschaffungs- oder Herstellungskosten von neu angeschafften Wirtschaftsgütern erfolgen.

Zurück zur Reduzierung der Anschaffungs- oder Herstellungskosten eines neu angeschafften Wirtschaftsgutes: Wenn der Veräußerungsgewinn aus dem Verkauf eines **körperlichen** Wirtschaftsgutes stammt (Wirtschaftsgut zum Angreifen), dann können nur die Anschaffungs- oder Herstellungskosten eines ebenfalls körperlichen Wirtschaftsgutes reduziert werden.

Sie wissen schon jetzt, wie der nächste Satz lautet: Stammt der Gewinn aus der Veräußerung eines **unkörperlichen** Wirtschaftsgutes (kann man nicht angreifen), dann ist die Reduzierung der Anschaffungs- oder Herstellungskosten nur bei neu angeschafften unkörperlichen Wirtschaftsgütern möglich.

Formel: Körperlich auf körperlich und unkörperlich auf unkörperlich

Wir haben bei den Fristen erfahren, daß die Wirtschaftsgüter grundsätzlich sieben Jahre im Anlagevermögen sein mußten, und in Ausnahmefällen (Übertragung stiller Rücklage, vorzeitige Abschreibung) sogar fünfzehn Jahre.

Hier ist zu ergänzen, daß es einen Fall des Ausscheidens gibt, wo der Veräußerungsgewinn nicht steuerpflichtig ist, unabhängig von der Dauer der Zugehörigkeit zum Anlagevermögen: Wenn das Wirtschaftsgut durch höhere Gewalt (Blitzschlag) aus dem Betriebsvermögen ausscheidet und der Versicherungserlös höher als der Buchwert ist.

Wir haben jetzt in groben Zügen erfahren, was eine stille Reserve ist, und wie es zu einer unversteuerten Rücklage im Sinne des § 12 kommt. Weiters haben wir jenen Mechanismus erkannt, der bewirkt, daß der Veräußerungsgewinn nicht zu versteuern ist.

Der erste Teil der Wahrheit ist, daß der Veräußerungsgewinn (Erlös größer als Buchwert) unter bestimmten Voraussetzungen nicht versteuert wird. Der zweite Teil der Wahrheit stimmt uns etwas trauriger. Durch die Reduzierung der Anschaffungs- oder Herstellungskosten der neu angeschafften Wirtschaftsgüter, um eben diesen Veräußerungsgewinn, **reduzieren wir gleichzeitig auch die Basis für die Abschreibung und für einen Investitionsfreibetrag.**

Insbesondere die Reduzierung der Abschreibungsbasis tut uns weh. Wir können in den Folgejahren weniger abschreiben, als wir dies ohne Reduzierung der Anschaffungskosten gekonnt hätten. Wenn wir weniger abschreiben als üblich, dann wird der Gewinn höher und wir zahlen mehr Steuern. Auf diese Weise wird die anfängliche Steuerersparnis wieder aufgehoben bzw. auf eine Steuerstundung reduziert.

Zur Verdeutlichung

Eine Maschine wird um S 200.000,– veräußert, der Buchwert beträgt S 100.000,–. Die Maschine hat sich bereits seit 8 Jahren im Anlagevermögen befunden.

Für den Veräußerungsgewinn von S 100.000,– kann die Übertragung der stillen Rücklagen gemäß § 12 vorgenommen werden.

Im selben Jahr erfolgt die Anschaffung einer neuen Maschine um S 500.000,–, mit einer betriebsgewöhnlichen Nutzungsdauer von 10 Jahren. Durch die Übertragung der stillen Rücklage, **reduzieren** sich die Anschaffungskosten auf S 400.000,–.

Die **jährliche Abschreibung** hat sich von S 50.000,– auf S 40.000,– reduziert. Wir können in den Folgejahren weniger abschreiben und haben demgemäß einen höheren Gewinn zu versteuern. Wir verlieren pro Jahr S 10.000,– an Abschreibungen.

Mit Tränen in den Augen sehen Sie jetzt, daß die **ursprüngliche Steuerersparnis** über die Nutzungsdauer des neuen Wirtschaftsgutes verteilt wieder rückgezahlt werden muß.

An diesem Beispiel haben wir aber auch gesehen, daß die Verteilung für uns umso vorteilhafter ist, je länger die Nutzungsdauer des neu angeschafften Wirtschaftsgutes ist. Bei einer Verteilung auf zwanzig Jahre schmerzt uns die verlorene Abschreibung im 18. Jahr nicht mehr.

Einschränkung der Übertragbarkeit dem Grunde nach

Es gilt, daß stille Reserven aus **körperlichen** Wirtschaftsgütern nur auf **körperliche** WG und stille Reserven aus **unkörperlichen** Wirtschaftsgütern nur auf **unkörperliche** WG übertragen werden können. Eine Übertragung stiller Reserven **auf Beteiligungen** (Aktien, GmbH-Anteile, echte stille Beteiligungen) sowie auf Forderungswertpapiere ist jedoch **nicht möglich.** Die Übertragungsmöglichkeit auf Beteiligungen an Personengesellschaften ist ausgeschlossen. Auf Finanzanlagen können keine stillen Reserven übertragen werden! (auch wenn die stillen Reserven aus unkörperlichen Wirtschaftsgütern stammen). Im Bereich des unkörperlichen Anlagevermögens können somit stille Reserven nur auf Patente, Lizenzen und ähnliches übertragen werden. Stille Reserven, die aus der Veräußerung von **Teilbetrieben** stammen sind nicht übertragbar, ebenso ist eine Übertragung stiller Reserven auf Teilbetriebe ausgeschlossen. Eine wesentliche Einschränkung gibt es auch bei **Grund und Boden**: Stille Reserven dürfen nur dann auf Grund und Boden übertragen werden, wenn diese stillen Reserven auch aus Grund und Boden stammen. Stille Reserven, die aus Grund und Boden stammen, müssen aber nicht wieder auf Grund und Boden übertragen werden, sondern können auch auf andere körperliche Wirtschaftsgüter übertragen werden.

Wohin kann übertragen werden?

Folgende Übertragungen sind **nicht möglich**:

- auf Betriebe oder Teilbetriebe
- auf Beteiligungen an Personengesellschaften
- auf Finanzanlagen

Zu den Finanzanlagen gehören die in der Bilanz unter A III aufgezählten Anlagegüter, wie z.B. Beteiligungen, Ausleihungen, Wertpapiere.

Damit wurde die Übertragung stiller Rücklagen in die Richtung **Sachanlageninvestition** gelenkt. Aus dem Bereich der immateriellen Vermögensgegenstände verbleiben die innovativen Bereiche von Forschung und Entwicklung. Es reduziert sich die Möglichkeit einer Übertragung auf Patente und Lizenzen.

Einschränkung ***in zeitlicher Hinsicht***

Die Übertragungsfrist ist auf 12 Monate begrenzt. Die 12 Monatsfrist ist **stichtagsbezogen.** Die Übertragungsfrist verlängert sich **in 2 Fällen von 12 auf 24 Monate:**

a) Ein Wirtschaftsgut scheidet infolge **höherer Gewalt** aus dem Betriebsvermögen aus.
b) bei Übertragung auf (Teil-) Herstellungskosten von **Gebäuden**, wenn mit der tatsächlichen Bauausführung innerhalb der ersten 12 Monate der Frist begonnen wird.

Die Übertragung aus dem Ausscheiden zeitlich vorgelagerter Anschaffungs- oder Herstellungsvorgänge innerhalb desselben Veranlagungsjahres ist weiterhin möglich.

§ 13 Geringwertige Wirtschaftsgüter

Die Anschaffungs- oder Herstellungskosten von abnutzbaren Anlagegütern können als Betriebsausgaben abgesetzt werden, wenn diese Kosten für das einzelne Anlagegut 5.000 S nicht übersteigen (geringwertige Wirtschaftsgüter). Bei Gewinnermittlung gemäß § 4 Abs. 3 kann dieser Betrag im Jahr der Verausgabung voll abgesetzt werden. Wirtschaftsgüter, die aus Teilen bestehen, sind als Einheit aufzufassen, wenn sie nach ihrem wirtschaftlichen Zweck oder nach der Verkehrsauffassung eine Einheit bilden.

Die vorstehenden Sätze gelten nicht für Wirtschaftsgüter, die zur entgeltlichen Überlassung bestimmt sind.

Die geringwertigen Wirtschaftsgüter machen uns die geringsten Sorgen.

Einzelanschaffungen bis S 5.000,– (Nettobetrag ohne Umsatzsteuer) können sofort abgeschrieben werden. Beim Einheitswert des Betriebsvermögens sind sie jedoch so anzusetzen, als würden sie aktiviert und auf 5 Jahre verteilt abgeschrieben werden.

Der § 13 endet mit dem Begriff der **Sachgesamtheit**, was bedeutet, daß Einheiten nicht in Teile zerlegt werden können und diese Teile dann nicht aktiviert werden müssen, weil sie jeweils unter S 5.000,– betragen.

Das Paradebeispiel ist die Kinoeinrichtung: Auch wenn jeder einzelne Sessel unter S 5.000,– kostet, liegen keine geringwertigen Wirtschaftsgüter vor, weil eine Einheit vorliegt. Damit haben wir die Grenzen für geringwertige Wirtschaftsgüter erreicht.

§ 14 Rückstellungen

(1) Eine Abfertigungsrückstellung kann im Ausmaß bis zu 50% der am Bilanzstichtag bestehenden fiktiven Abfertigungsansprüche gebildet werden. Fiktive Abfertigungsansprüche sind jene, die bei Auflösung des Dienstverhältnisses bezahlt werden müßten.

1. an Arbeitnehmer als Abfertigung aufgrund
- gesetzlicher Anordnung oder
- eines Kollektivvertrages,

wobei in beiden Fällen Beschäftigungszeiten (Vordienstzeiten) angerechnet werden können,

2. an andere Personen aufgrund gesetzlicher Anordnung.

Die Abfertigungsrückstellung kann insoweit bis zu 60% der am Bilanzstichtag bestehenden fiktiven Abfertigungsansprüche gebildet werden, als die Arbeitnehmer oder andere Personen an die die Abfertigung bei Auflösung des Dienstverhältnisses bezahlt werden müßten, am Bilanzstichtag das 50. Lebensjahr vollendet haben.

(2) Die Rückstellung ist in der Bilanz gesondert auszuweisen.

(3) Bei erstmaliger Bildung der Rückstellung hat der Steuerpflichtige das prozentuelle Ausmaß der Rückstellung festzulegen. Dieses Ausmaß ist gleichmäßig auf fünf aufeinanderfolgende Wirtschaftsjahre verteilt zu erreichen. Eine Änderung des Ausmaßes ist unzulässig.

(4) Gehen im Falle des Unternehmerwechsels Abfertigungsverpflichtungen auf den Rechtsnachfolger über, so ist die Rückstellung beim Rechtsvorgänger insoweit nicht gewinnerhöhend aufzulösen, sondern vom Rechtsnachfolger weiterzuführen.

(5) Die Abfertigungsrückstellung muß durch Wertpapiere gedeckt werden. Für die Wertpapierdeckung gilt folgendes:

1. Am Schluß jedes Wirtschaftsjahres müssen Wertpapiere im Nennbetrag von mindestens 50% des am Schluß des vorangegangen Wirtschaftsjahres in der Bilanz ausgewiesenen Rückstellungsbetrages im Betriebsvermögen vorhanden sein.

2. Beträgt die Wertpapierdeckung im Wirtschaftsjahr auch nur vorübergehend weniger als 50% der maßgebenden Rückstellung, ist der Gewinn um 60% der Wertpapierunterdeckung zu erhöhen. Die Fortführung der Rückstellung wird durch die Gewinnerhöhung nicht berührt.

3. Ziffer 2 gilt nicht für jenen Teil des Rückstellungsbetrags, der in Folge Absinkens der fiktiven Abfertigungsansprüche am Schluß des Wirtschaftsjahres nicht mehr ausgewiesen ist und für die Tilgung von Wertpapieren, wenn die getilgten Wertpapiere innerhalb von zwei Monaten nach Einlösung ersetzt werden.

4. Als Wertpapiere gelten:

a) Auf Inhaber lautende Schuldverschreibungen inländischer Schuldner, für die die Prospektpflicht gem. § 2 des Kapitalmarktgesetzes gilt, ausgenommen Schuldverschreibungen, deren Ausgabewert niedriger ist, als 90% des Nennbetrages.

b) Auf Inhaber lautende Schuldverschreibungen inländischer Schuldner, für die die Prospektpflicht nur wegen § 3 des Kapitalmarktgesetzes nicht gilt, ausgenommen unter § 3 Abs. 1 Z 10 des Kapitalmarktgesetzes fallende Schuldverschreibungen und Schuldverschreibungen, deren Ausgabewert niedriger ist als 90% des Nennbetrages.

c) Auf Inhaber lautende Schuldverschreibungen inländischer Schuldner, die vor Inkrafttreten des Kapitalmarktgesetzes ausgegeben worden sind, ausgenommen Schuldverschreibungen, bei denen der Nominalwert der Gesamtemission S 600.000,– nicht überschreitet und Schuldverschreibungen, deren Ausgabewert niedriger ist als 90% des Nennbetrages.

d) Forderungen aus Schuldscheindarlehen an die Republik Österreich.

e) Anteilscheine an Kapitalanlagefonds im Sinne des Investmentfondsgesetzes, die nach den Fondsbestimmungen ausschließlich Wertpapiere, der in a) bis d) genannten Art veranlagen. Geschäfte mit derivativen Produkten im Sinne des § 21 Investmentfondsgesetz können zur Absicherung des Fondsvermögen durchgeführt werden. Wertpapierleihgeschäfte gem. § 4 Abs. 8 des Investmentfondsgesetzes sind zulässig. Anstelle des Nennwertes tritt bei solchen Wertpapieren der Erstausgabepreis.

Abfertigungsrückstellung

Zur Überraschung aller, die bilanzieren, stellen wir gleich zu Beginn fest, daß die **Abfertigungsrückstellung** eine Kannbestimmung ist. Es kann eine Rückstellung bis zu 50% (bzw. 60%) der am Bilanzstichtag bestehenden fiktiven Abfertigungsansprüche gebildet werden.

Diese fiktiven Abfertigungsansprüche finden wir im Angestelltengesetz oder in den einzelnen Kollektivverträgen.

Im § 23 Angestelltengesetz ist festgehalten, daß die Abfertigung abhängig ist von der Dienstzeit und zwar beträgt sie nach drei Jahren das **zweifache**, nach fünf Jahren das **dreifache**, nach zehn Jahren das **vierfache**, nach fünfzehn Jahren das **sechsfache**, nach zwanzig Jahren das **neunfache** und nach fünfundzwanzig Jahren das **zwölffache** Monatsentgelt.

Bei der Berechnung der Abfertigungsrückstellung ist von der Annahme auszugehen, daß am Bilanzstichtag die Arbeitnehmer einen Anspruch auf Abfertigung hätten.

Steuerlich haben wir ein Wahlrecht, einen Abfertigungsanspruch bis zu 50% (bzw. 60%) der fiktiven Abfertigungsansprüche zu bilden. Bei der erstmaligen Bildung der Abfertigungsrückstellung muß man sich dann auf einen Prozentsatz festlegen. Dieser Prozentsatz wird aber nicht sofort wirksam, sondern erst gleichmäßig verteilt auf fünf Jahre (mit einem Fünftel jedes Jahr).

Die Abfertigungsrückstellung verhilft dem Unternehmen in der Regel zu einer **Steuerersparnis.** Damit die Bäume nicht in den Himmel wachsen, wurde die **Wertpapierdekkung** eingeführt.

Ein Jahr nach Bildung der Abfertigungsrückstellung müssen Wertpapiere im Ausmaß von 50% der gebildeten Rückstellung im Betriebsvermögen vorhanden sein. Mit anderen Worten: In Höhe der Steuerersparnis müssen Wertpapiere gekauft werden. Diese Wertpapiere müssen dann in der Folge immer vorhanden sein.

In der Praxis gibt es dann zwei Ereignisse, die eine Reduzierung des Wertpapierbestandes mit sich bringen.

Die festverzinslichen Wertpapiere haben normalerweise eine lange Laufzeit (10 Jahre). Der Gläubiger möchte jedoch nicht die Schuld auf einmal, nach zehn Jahren tilgen, sondern verteilt die Rückzahlung auf die Laufzeit von zehn Jahren. Daher werden diese festverzinslichen Wertpapiere in Serien eingeteilt und diese Serien werden, innerhalb der Laufzeit von zehn Jahren **verlost**, und durch den Gläubiger getilgt. So kann es durchaus der Fall sein, daß wir für unser zehnjährig gebundenes Wertpapier bereits im dritten Jahr unser Geld wieder zurück erhalten. Für den Fall haben wir dann **zwei Monate Zeit ein neues Wertpapier anzuschaffen.** Während dieser zwei Monate ist unsere Wertpapierdeckung nicht in vollem Umfang gegeben. Doch diese Tatsache wird vom Steuergesetzgeber toleriert. Wie gesagt, nur für eine Frist von zwei Monaten.

Der zweite Sachverhalt führt zu einer dauernden Reduzierung der Wertpapierdeckung

Wenn nach dem Bilanzstichtag ein Arbeitnehmer aus dem Unternehmen ausscheidet, der in der Abfertigungsrückstellung noch zum Bilanzstichtag enthalten ist, dann brauchen die Wertpapiere, die auf seine Rückstellung entfallen, nicht mehr vorhanden sein. Diese Wertpapiere werden in der Regel veräußert, und mit dem Veräußerungserlös die Abfertigung gezahlt. 50% der Rückstellung sind ja durch Wertpapiere gedeckt.

Wie gesagt, die Wertpapierdeckung muß am darauffolgenden Bilanzstichtag mit 50% der Rückstellung gegeben sein. Wenn Wertpapiere fehlen, dann gibt es einen **Gewinnzuschlag** von 60% der fehlenden Wertpapiere. Dieser Zuschlag ist nicht zu buchen, sondern in der Mehr-/Wenigerrechnung zu berücksichtigen.

Wenn wir jetzt die komplizierte Darstellung der Wertpapiere auf das Wesentliche reduzieren:

Zur **Wertpapierdeckung** kommen Schuldverschreibungen in Frage, für die die Prospektpflicht des § 2 Kapitalmarktgesetz gilt, oder deswegen nicht gilt, weil ein Ausnahmetatbestand des § 3 Kapitalmarktgesetzes vorliegt.

Jetzt gibt es Schuldverschreibungen, die nicht wie oben dargestellt, eine 10jährige Laufzeit haben, sondern als Daueremission auf den Markt kommen. Auch solche Schuldverschreibungen können für die Wertpapierdeckung verwendet werden. Nullkuponanleihen mit einem Ausgabewert, der niedriger ist als 90% des Nennbetrages, scheiden für die Wertpapierdeckung aus. Schließlich wird gesagt, daß Anteilscheine an Kapitalanlagefonds für die Wertpapierdeckung verwendet werden können.

Aber machen Sie sich keine Sorgen, Ihre Hausbank weiß, welche Papiere für die Deckung der Abfertigungsrückstellung herangezogen werden können.

Pensions- und Jubiläumsgeldrückstellungen

(7) Steuerpflichtige, die ihren Gewinn gemäß § 4 Abs. 1 oder § 5 ermitteln, können für schriftliche, rechtsverbindliche und unwiderrufliche Pensionszusagen und für direkte Leistungszusagen im Sinne des Betriebspensionsgesetzes in Rentenform Pensionsrückstellungen bilden. Für die Bildung gilt folgendes:

1. Die Pensionsrückstellung ist nach den anerkannten Regeln der Versicherungsmathematik zu bilden.
2. Die Pensionsrückstellung ist erstmals im Wirtschaftsjahr der Pensionszusage zu bilden, wobei Veränderungen der Pensionszusage wie neue Zusagen zu behandeln sind. Als neue Zusagen gelten auch Änderungen der Pensionsbemessungsgrundlage und Indexanpassungen von Pensionszusagen.
3. Der Rückstellung ist im jeweiligen Wirtschaftsjahr soviel zuzuführen, als bei Verteilung des Gesamtaufwandes auf die Zeit zwischen Pensionszusage und dem vorgesehenen Zeitpunkt der Beendigung der aktiven Arbeits- oder Werkleistung auf das einzelne Wirtschaftsjahr entfällt.
4. Soweit durch ordnungsmäßige Zuweisungen an die Pensionsrückstellung das zulässige Ausmaß der Rückstellung nicht erreicht wird, ist in dem Wirtschaftsjahr, in dem der Pensionsfall eintritt, eine erhöhte Zuweisung vorzunehmen.
5. Die zugesagte Pension darf 80% des letzten laufenden Aktivbezugs nicht übersteigen. Auf diese Obergrenze sind zugesagte Leistungen aus Pensionskassen anzurechnen, soweit die Leistungen nicht vom Leistungsberechtigten getragen werden.
6. Der Bildung der Pensionsrückstellung ist ein Rechnungszinsfuß von 6% zugrunde zu legen.
7. Die Pensionsrückstellung ist durch Wertpapiere zu decken. Für diese Wertpapierdeckung gilt Abs. 5.

Wieder geht es los mit einer Kannbestimmung. Die Pensionszusage muß ernst gemeint sein. Der Steuergesetzgeber sagt dazu „schriftlich, rechtsverbindlich und unwiderruflich".

Die Pensionsrückstellung ist nach versicherungsmathematischen Grundsätzen zu ermitteln.

Im Absatz 7 Z. 3 wird indirekt gesagt, daß von den möglichen versicherungsmathematischen Verfahren nur das Gegenwartswertverfahren zugelassen wird. Beim **Gegenwartswertverfahren** beginnt der Verrechnungszeitraum ab dem Zeitpunkt der Pensionszusage, beim **Teilwertverfahren** ab dem Zeitpunkt des Dienstbeginnes.

Der in Ziffer 6 festgelegte **Rechnungszinsfuß** von 6% ist relativ hoch. Bei einem **hohen Rechnungszinsfuß** ist der **Barwert gering** und damit auch die **Rückstellung.**

Und weil mit der Pensionsrückstellung eine Steuerminderung verbunden ist, wird auch diese Steuerersparnis in österreichischen **Wertpapieren** angelegt. Für die Wertpapierdeckung gelten die Ausführungen des § 14 Abs. 5 EStG.

(12) Für die Bildung von Rückstellungen für die Verpflichtungen zu einer Zuwendung anläßlich eines Dienstjubiläums gilt folgendes: Die Bildung einer Rückstellung ist nur bei kollektivvertraglicher Vereinbarung, bei Betriebsvereinbarung oder bei anderen schriftlichen, rechtsverbindlichen und unwiderruflichen Zusagen zulässig. Die Rückstellung ist unter sinngemäßer Anwendung des Abs. 7 Z 1 bis 3,

des Abs. 7 Z 6 und 7 sowie des Abs. 8 und 9 zu bilden; eine Bildung nach den Regeln der Finanzmathematik ist zulässig.

Der Steuergesetzgeber hat im § 9 Abs. 4 EStG die steuerliche Wirkung der Jubiläumsgeldrückstellung ab dem Veranlagungszeitraum 1994 versagt. Der Verfassungsgerichtshof hat die Bestimmung des § 9 Abs. 4 EStG mit Wirkung 31. Dezember 1998 als verfassungswidrig aufgehoben. Handelsrechtlich wurde die Jubiläumsgeldrückstellung trotz ihrer steuerlichen Nichtwirksamkeit weitergeführt. Für den Zeitraum 1994 bis einschließlich 1998 waren die handelsrechtlich erforderlichen Zuweisungen und Auflösungen steuerlich nicht wirksam (Mehr/Weniger-Rechnung). Die **Zuweisungen** können jetzt aufgrund einer erlaßmäßigen Regelung außerbücherlich auf 15 (!) Jahre verteilt nachgeholt werden. Die **Auflösungen,** die im genannten Zeitraum steuerlich nicht wirksam waren, werden nun außerbücherlich sofort und auf einmal (!) nachgeholt. Solche Vorgangsweisen relativieren Behauptungen, daß die periodengerechte Gewinnermittlung ein Hauptanliegen des Steuerrechtes wäre.

Der ab dem 1. Jänner 1999 gültige Gesetzeswortlaut findet sich in § 14 Abs. 12 EStG. Diese Bestimmung sieht vor, daß Jubiläumsgeldrückstellungen nur mehr bei kollektivvertraglichen Vereinbarungen oder sonstigen schriftlichen rechtsverbindlichen und unwiderruflichen Zusagen möglich sind. Nach alter Rechtslage konnte auch ohne verbindliche Zusage eine Rückstellung steuerlich wirksam gebildet werden. Die Berechnungsmodalitäten für die Jubiläumsgeldrückstellung wurde weitgehend an die einer Pensionsrückstellung angelehnt. Dies bedeutet auch die Berücksichtigung eines **Fluktuationsabschlages.** Für den Fluktuationsabschlag wird unterstellt, daß durch das Ausscheiden von Mitarbeitern zugesagte Jubiläumsgelder nicht ausbezahlt werden müssen. Die tatsächliche Fluktuation ist durch Schätzung aus der Vergangenheit zu ermitteln. Für den Fall daß keine Schätzung vorgenommen wird, ist von einer **Fluktuation mit 25% auszugehen.**

Durch die **Anlehnung an die Pensionsrückstellung** ist auch das dort herrschende Gegenwartswertverfahren anzuwenden. Gegenwartwertverfahren bedeutet Gleichverteilung der Aufwendung vom **Zusagezeitpunkt** bis zum Zeitpunkt des Dienstjubiläums.

Wenn die Jubiläumsgeldrückstellung bisher nach dem Teilwertverfahren (Vergl. KFS/RL 2), beginnend mit dem **Dienstbeginn,** ermittelt worden ist, dann kann eine Überleitung zum Gegenwartsverfahren durch einen Abschlag von 10% erfolgen. Voraussetzung für die Ausgangsbasis Teilwertverfahren ist, daß ein 6%iger Zinsfuß verwendet wird.

Wenn man von den kollektivvertraglichen Vereinbarungen für die Jubiläumsgeldzahlungen ausgeht, dann ist die Unterscheidung zwischen Dienstbeginn und Zusage entbehrlich. Damit erübrigt sich auch eine Überleitung vom Teilwertverfahren zum Gegenwartsverfahren, weil in jedem Fall das Teilwertverfahren anzuwenden ist.

(13) Werden bei Pensionsrückstellungen oder bei Rückstellungen für die Verpflichtung zu einer Zuwendung anläßlich eines Dienstjubiläums die den anerkannten Regeln der Versicherungsmathematik entsprechenden biometrischen Rechnungsgrundlagen geändert, ist der dadurch bedingte Unterschiedsbetrag beginnend mit dem Wirtschaftsjahr der Änderung gleichmäßig auf drei Jahre zu verteilen. Der Unterschiedsbetrag errechnet sich aus der Differenz zwischen dem nach den bisherigen Rechnungsgrundlagen errechneten Rückstellungsbetrag und dem Rückstellungsbetrag auf der Grundlage der geänderten Rechnungsgrundlagen.

Bei den biometrischen Rechnungsgrundlagen handelt es sich um die sogenannten Sterbetafeln, aus denen die wahrscheinliche Lebenserwartung abgelesen werden kann. Die Tafeln wurden im Jahr 1999 deswegen geändert, weil die Lebenserwartung in den letzten Jahrzehnten erheblich zugenommen hat..

Nach den allgemeinen Grundsätzen ordnungsgemäßer Buchführung ist die Änderung der biometrischen Rechnungsgrundlagen in dem Jahr zu berücksichtigen, in dem die Änderung eingetreten ist. § 14 Abs. 13 sieht eine besondere Verteilung des Unterschiedsbetrages auf drei Jahre vor. Ein späterer Beginn der Drittelverteilung unterliegt grundsätzlich dem Nachholverbot. Es bestehen gegen eine steuerliche Berücksichtigung keine Bedenken, wenn mit der Drittelverteilung spätestens in dem Kalenderjahr 2000 endenden Wirtschaftsjahr begonnen wird.

§ 14 Abs. 13 stellt klar, daß die Änderung der Rechnungsgrundlagen lediglich eine Änderung in der Berechnungsweise der Rückstellung bedeutet.

Pensionsrückstellung, Verteilung des Unterschiedsbetrages

	alter Wert	neuer Wert	Differenz	Korrekt. vom neuen Wert	Rückstellung
1999	1.800.000	2.100.000	300.000	−200.000	1.900.000
2000		2.400.000		−100.000	2.300.000
2001		2.600.000			2.600.000

§ 20 Nichtabzugsfähige Aufwendungen

(1) Bei den einzelnen Einkünften dürfen nicht abgezogen werden:

1. Die für den Haushalt des Steuerpflichtigen und für den Unterhalt seiner Familienangehörigen aufgewendeten Beträge.

2. a) Aufwendungen oder Ausgaben für die Lebensführung, selbst wenn sie die wirtschaftliche oder gesellschaftliche Stellung des Steuerpflichtigen mit sich bringt und sie zur Förderung des Berufes oder der Tätigkeit des Steuerpflichtigen erfolgen.

b) Betrieblich oder beruflich veranlaßte Aufwendungen oder Ausgaben, die auch die Lebensführung des Steuerpflichtigen berühren, und zwar insoweit, als sie nach allgemeiner Verkehrsauffassung unangemessen hoch sind. Dies gilt für Aufwendungen im Zusammenhang mit Personen- und Kombinationskraftwagen, Personenluftfahrzeugen, Sport- und Luxusbooten, Jagden, geknüpften Teppichen, Tapisserien und Antiquitäten.

c) Reisekosten, soweit sie nach § 4 Abs. 5 und § 16 Abs. 1 Z 9 nicht abzugsfähig sind.

d) Aufwendungen oder Ausgaben für ein im Wohnungsverband gelegenes Arbeitszimmer einschließlich der Kosten der Einrichtung. Dies gilt nicht, wenn das Arbeitszimmer den Mittelpunkt der gesamten betrieblichen und beruflichen Tätigkeit außerhalb desselben nicht zugemutet werden kann.

e) Kosten der Fahrten zwischen Wohnsitz am Arbeitsort und Familienwohnsitz (Familienheimfahrten), soweit sie den auf die Dauer der auswärtigen Berufstätigkeit bezogenen höchstens in § 16 Abs. 1 Z 6 lit. c angeführten Betrag übersteigen.

3. Repräsentationsaufwendungen oder Repräsentationsausgaben. Darunter fallen auch Aufwendungen oder Ausgaben anläßlich der Bewirtung von Geschäftsfreunden. Weist der Steuerpflichtige nach, daß die Bewirtung der Werbung dient und die betriebliche oder berufliche Veranlassung weitaus überwiegt, können derartige Aufwendungen oder Ausgaben zur Hälfte abgezogen werden.

4. Freiwillige Zuwendungen und Zuwendungen an gesetzlich unterhaltsberechtigte Personen, auch wenn die Zuwendungen auf einer verpflichtenden Vereinbarung beruhen.

Derartige Zuwendungen liegen auch vor,
wenn die Gegenleistung für die Übertragung von Wirtschaftsgütern weniger als die Hälfte ihres gemeinen Wertes beträgt oder
soweit für die Übertragung von Wirtschaftsgütern unangemessen hohe Gegenleistungen gewährt werden und
wenn es sich in den vorgenannten Fällen nicht um die Übertragung von Betrieben, Teilbetrieben oder Mitunternehmeranteilen handelt, aus Anlaß deren Übertragung eine Rente oder dauernde Last als unangemessene Gegenleistung vereinbart wird. Werden bei Übertragungen im Sinne des vorstehenden Satzes derart unangemessen hohe Renten oder dauernde Lasten vereinbart, daß der Zusammenhang zwischen Übertragung und Vereinbarung der Rente oder dauernden Last wirtschaftlich bedeutungslos ist, ist der erste Satz anzuwenden.

5. Geld- und Sachzuwendungen, deren Gewährung oder Annahme mit gerichtlicher Strafe bedroht.

6. Steuern vom Einkommen und sonstige Personensteuern sowie die auf den Eigenverbrauch entfallende Umsatzsteuer, soweit der Eigenverbrauch eine Entnahme darstellt oder in einer nichtabzugsfähigen Aufwendung oder Ausgabe besteht.

(2) Weiters dürfen bei der Ermittlung der Einkünfte Aufwendungen und Ausgaben, soweit sie mit nicht steuerpflichtigen Einnahmen oder mit Kapitalerträgen im Sinne des § 97 in unmittelbarem wirtschaftlichen Zusammenhang stehen, nicht abgezogen werden.

Folgende Aufwendungen sind demnach nicht abzugsfähig:

- Aufwendungen der Lebensführung (Haushalt, Unterhalt)
- Aufwendungen der Lebensführung, die beruflich veranlaßt ist
- Unangemessene Betriebsausgaben
- Mehraufwendungen für Verpflegung und Unterkunft, soweit sie das Taggeld nach § 26 Z. 4 überschreiten
- bestimmte Aufwendungen für ein Arbeitszimmer
- die Kosten für Familienheimfahrten, wenn sie das höchste Pendlerpauschale übersteigen
- bestimmte Repräsentationsaufwendungen
- freiwillige Zuwendungen und Unterhaltszahlungen an gesetzlich unterhaltsberechtigte Personen
- strafbare Geld- und Sachzuwendungen
- Personensteuern
- Aufwendungen im Zusammenhang mit steuerfreien Einnahmen und endbesteuerten Kapitalerträgen.

Kosten der Bewirtung

100% abzugsfähig	50% abzugsfähig	nicht abzugsfähig
Aufwendungen stehen in unmittelbarem Zusammenhang mit einem Leistungsaustausch z.B. Verpflegung im Rahmen eines Seminars, wenn Seminarpreis die Verpflegung einschließt. Bewirtung hat überwiegend Entgeltcharakter z.B. Bezahlung als Belohnung eines Geschäftsfreundes für erfolgreiches Tätigwerden. Aufwendungen haben nahezu keine Repräsentationskomponente, z.B. Bewirtung selbst ist Werbung, wie etwa Verkostung der selbsterzeugten oder vertriebenen Produkte auch anläßlich von Messen, Betriebseröffnungen, Firmenjubiläen. Aufmerksamkeiten geringen Umfangs können gereicht werden (Imbiß, Jause, Erfrischungen), z.B. Bewirtung bei Betriebsbesichtigungen, Bewirtungen bei Schulungen oder Fortbildungsveranstaltungen von Händlern, Handelsvertretern.	Werbewirksamkeit steht im Vordergrund, Repräsentationselemente sind deutlich untergeordnet. Bewirtung bei Bilanzpressekonferenzen, Klienteninformation, bei Informationsveranstaltungen; zur Anbahnung von Geschäften, im Vorfeld eines Geschäftsabschlusses („Arbeitsessen"),in den Betriebsräumen bei geschäftlichen Besprechungen, anläßlich einer werbewirksamen Betriebseröffnung, soweit nicht Produktverkostung, von Geschäftsfreunden (z.B. Kunden und Lieferanten) in der Werkskantine anläßlich einer Busreise mit Produktpräsentation.	Bewirtung dient der Repräsentation oder weist dominante Repräsentationsmerkmale auf (Aufteilungsverbot). Bewirtung im Haushalt des Unternehmers, mit dem Besuch eines Vergnügungsetablissements, z.B. in Form von Arbeitsessen nach Geschäftsabschluß, anläßlich einer Betriebseröffnung aber außerhalb der Betriebsräume, aus persönlichen Anlässen (Geburtstag) z.B. durch Aufsichtsratsmitglied.

§ 33 Einkommensteuertarif

§ 33. (1) Die Einkommensteuer von dem auf volle 100 S auf- oder abgerundeten Einkommen beträgt jährlich

für die ersten	50.000 S	0%
für die nächsten	50.000 S	21%
für die nächsten	200.000 S	31%
für die nächsten	400.000 S	41%
für alle weiteren Beträge		50%

§ 124b Lehrlingsfreibetrag

31. Ein Lehrlingsfreibetrag kann unter folgenden Voraussetzungen – auch außerbilanzmäßig – als Betriebsausgabe abgezogen werden:

a) Einem Steuerpflichtigen, der mit einem Lehrling (§ 1 des Berufsausbildungsgesetzes) ein Lehrverhältnis beginnt, steht in jenem Kalenderjahr (Wirtschaftsjahr), in dem das Lehrverhältnis begonnen hat, ein Lehrlingsfreibetrag in Höhe von 20.000 S zu. Voraussetzung ist, daß das Lehrverhältnis nach Ablauf der Probezeit in (ein definitives Lehrverhältnis umgewandelt wird. Die Fortsetzung eines begonnenen Lehrverhältnisses begründet keinen Anspruch auf den Freibetrag.

b) Einem Steuerpflichtigen, bei dem das Lehrverhältnis mit Ablauf der im Lehrvertrag festgelegten Dauer der Lehrzeit oder durch frühere Ablegung der Lehrabschlußprüfung endet, steht im Kalenderjahr (Wirtschaftsjahr) der Beendigung ein Lehrlingsfreibetrag von weiteren 20.000 S zu.

c) Einem Steuerpflichtigen, bei dem das Lehrverhältnis auf Grund der erfolgreichen Ablegung der Lehrabschlußprüfung (§ 21 des Berufsausbildungsgesetzes) beendet wird, steht neben dem Freibetrag nach lit. b ein Lehrlingsfreibetrag von weiteren 20.000 S zu.

Die lit. a bis c sind sinngemäß auf Lehrlinge im Sinne des § 2 Abs. 4 des land- und forstwirtschaftlichen Berufsausbildungsgesetzes und des § 63 des Land- und Forstarbeiter-Dienstrechtsgesetzes anzuwenden.

Die vorstehenden Bestimmungen sind ab 1. Jänner 2000 und nur für Lehrverhältnisse anzuwenden, die vor dem 1. Jänner 2003 begonnen haben.

Weiterführende Literatur

Doralt/Ruppe, Grundriß des österreichischen Steuerrechts, Band I, 6. Auflage, Wien 1998

Doralt, Kommentar zum Einkommensteuergesetz, 4. Auflage, Wien 2000

Gesetzestext

Kodex Steuergesetze, jeweils aktuelle Auflage

2.2 Richtlinien, Erlässe und Verordnungen

(auszugsweise dargestellt!)

Wenn es uns um das Verständnis der gesetzlichen Vorschriften geht, sind die Richtlinien und Erlässe oft eine große Unterstützung. Auf der anderen Seite ist nicht alles, was in den Richtlinien und Erlässen steht, noch immer gültig. Beispielsweise sprechen die Einkommensteuerrichtlinien 1984 im Abschnitt 33 Abs. 2 von einer Teilgewinnrealisierung bei Bauarbeiten und anderen langfristigen Fertigungen. Aufgrund der Maßgeblichkeit des § 206 Abs. 3 HGB, wo bei einer langfristigen Fertigung nur der Ansatz von Verwaltungs- und Vertriebsgemeinkosten zulässig ist, ist auch steuerlich eine Teilgewinnrealisierung nicht mehr möglich.

2. Beispiel: Im Abschnitt 36 der Einkommensteuerrichtlinien 1984 wird noch zwischen einem abnutzbaren und einem nicht abnutzbaren Firmenwert unterschieden.

Diese Unterscheidung wird bereits in den Gewinnermittlungsrichtlinien 1989 Abschnitt C § 6 „2. Firmenwert" aufgegeben.

Bei der Durchsicht von Richtlinien und Erlässen stoßen wir also vereinzelt auf Bestimmungen, die entweder nicht mehr anwendbar sind, oder durch zeitlich nachfolgende Bestimmungen überholt sind. Diese Situation erschwert den Einstieg in das Steuerrecht.

Einkommensteuerrichtlinien 1984 (EStRL)

Abschnitt 4	Leasing
Abschnitt 17	Allgemeines
Abschnitt 19	Renten
Abschnitt 32	Bestandsaufnahme
Abschnitt 33	Gewinnverwirklichung
Abschnitt 34	Anschaffungs- und Herstellungskosten
Abschnitt 38	Bewertung von Forderungen
Abschnitt 39	Bewertung von Schulden
Abschnitt 50	Absetzung für Abnutzung
Abschnitt 52	Abgrenzung von selbständig und nichtselbständig bewertbaren Gebäudeinvestitionen
Abschnitt 53	Herstellungs- und Erhaltungsaufwand, insbesondere in Gebäuden
Abschnitt 59	Übertragung stiller Rücklagen
Abschnitt 60	Geringwertige Wirtschaftsgüter
Abschnitt 61	Vorsorge für Abfertigungen und Pensionen
Abschnitt 68	Aufwendungen für die Lebensführung
Abschnitt 69	Spenden, sonstige freiwillige Zuwendungen und Unterhaltsverpflichtungen

Gewinnermittlungsrichtlinien 1989 (GER)

Abschnitt A	§ 4 Gewinn	1. Aktivierungsverbot für unkörperliche Wirtschaftsgüter
Abschnitt C	§ 6 Bewertung	2. Firmenwert
		4. Bewertung von Verbindlichkeiten
		8. Buchwertfortführung, fiktive Anschaffungskosten
Abschnitt D	§§ 7, 8 Absetzung für Abnutzung	1. Allgemeine Absetzung für Abnutzung
		3. Besondere Formen der Absetzung für Abnutzung
Abschnitt F	§ 10 IFB	5. Verlustklausel

Erlässe und Verordnungen

Neuordnung der Rentenbesteuerung
Euro-Einführungserlaß
Steuerliche Behandlung von Besserungsvereinbarungen
Angemessenheitsprüfung
Änderungen bei der steuerlichen Beurteilung von Rückstellungen

Änderung bei der steuerlichen Bewertung von Forderungen
Steuerliche Behandlung von Einlagenrückzahlungen
Neuerungen bei der KFZ-Nutzungsdauer sowie beim KFZ-Leasing
Liste der anerkannten Fahrzeugtypen
Abzugsfähigkeit von Bewirtungsspesen
Jubiläumsgeldrückstellungserlaß

Einkommensteuerrichtlinien 1984

4. Leasing (§ 2)

(1) Mit „Leasing" werden Verträge bezeichnet, die von den üblichen Mietverträgen, die steuerlich als Gebrauchs- und Nutzungsüberlassung zu qualifizieren sind, bis zu verdeckten Ratenkaufverträgen reichen, die steuerlich als Anschaffungs- (Veräußerungs)geschäfte zu werten sind. Die Abgrenzungsfrage stellt sich in erster Linie bei den Finanzierungs-Leasingverträgen. Diese ersetzen die herkömmliche Form der Investitionsfinanzierung. Die Finanzierungs-Leasingverträge sind entweder Vollamortisationsverträge, d.h. während der Mietdauer (= Grundmietzeit) hat der Leasingnehmer für die Investitionskosten und einen Gewinn des Leasinggebers aufzukommen, oder Teilamortisationsverträge, d.h. während der Grundmietzeit hat der Leasingnehmer nicht die gesamten Aufwendungen des Leasinggebers abzudecken. Beim Sale-and-lease-back-Vertrag verkauft ein Steuerpflichtiger ein Anlagegut entweder unmittelbar nach der Anschaffung (Herstellung) oder nach Nutzung zu einem späteren Zeitpunkt und mietet es gleichzeitig vom Erwerber im Wege des Finanzierungsleasings wieder zurück. Für die Finanzierungsleasingverträge ist weiters typisch die für beide Seiten grundsätzlich unkündbare Grundmietzeit und die Verlagerung der Gefahr des zufälligen Unterganges und der zufälligen Beschädigung des Gegenstandes auf den Leasingnehmer.

(2) Für die Zurechnung des Leasinggutes ist die Vertragsgestaltung in wirtschaftlicher Betrachtungsweise zu würdigen (VwGH 5.12.72, 2391/71). Danach ist das Leasinggut in der Regel dem Leasinggeber zuzurechnen. Abweichend davon sind bei einem Vollamortisationsvertrag insbesondere in folgenden Fällen die Leasinggüter von Anfang an dem Leasingnehmer zuzurechnen:

a) Grundmietzeit und betriebsgewöhnliche Nutzungsdauer stimmen annähernd überein. Dies kann angenommen werden, wenn die Grundmietzeit mehr als 90 v.H. der betriebsgewöhnlichen Nutzungsdauer beträgt.
b) Die Grundmietzeit beträgt weniger als 40 v.H. der betriebsgewöhnlichen Nutzungsdauer.
c) Der Leasingnehmer hat bei einer Grundmietzeit von mindestens 40 v.H. und höchstens 90 v.H. der betriebsgewöhnlichen Nutzungsdauer nach Ablauf der Grundmietzeit das Optionsrecht gegen Leistung eines wirtschaftlich nicht ausschlaggebenden Betrages den Gegenstand zu erwerben oder den Leasingvertrag zu verlängern.
d) Das Leasinggut ist speziell auf die individuellen Bedürfnisse des Leasingnehmers zugeschnitten und kann nach Ablauf der Vertragsdauer nur noch bei diesem eine wirtschaftlich sinnvolle Verwendung finden (Spezialleasing). Liegt Spezialleasing vor, dann sind das Verhältnis der Mietdauer zur betriebsgewöhnlichen Nutzungsdauer sowie eine Kauf- oder Mietverlängerungsoption für die Zurechnung unerheblich.

Die betriebsgewöhnliche Nutzungsdauer richtet sich nach den Verhältnissen beim Leasinggeber.

Geleaste nicht abnutzbare bewegliche Gegenstände, wie z.B. Kunstgegenstände, sind von Anfang an dem Leasingnehmer zuzurechnen, wenn die Vertragsgestaltung mehr für eine Anschaffung (Veräußerung) als für eine bloße Gebrauchsüberlassung spricht.

(3) Beim Teilamortisationsvertrag (Restwertleasing) werden innerhalb der Grundmietzeit nicht die Gesamtkosten des Leasinggebers amortisiert; der kalkulierte Restwert (die Restamortisation) ist der während der Grundmietzeit nicht amortisierte Teil der Gesamtkosten des Leasinggebers. Bei einem Teilamortisationsvertrag sind die Leasinggüter insbesondere in folgenden Fällen dem Leasingnehmer von Anfang an zuzurechnen:

a) Grundmietzeit und betriebsgewöhnliche Nutzungsdauer stimmen annähernd überein.
b) Der Leasingnehmer hat sowohl das Risiko der Wertminderung als auch die Chance der Wertsteigerung. Dies kann u.a. angenommen werden, wenn bei Veräußerung des Leasinggegenstandes der Leasingnehmer einerseits für die Differenz zwischen Restwert und niedrigerem Veräußerungserlös aufzukommen hat und andererseits mehr als 75 v.H. des den Restwert übersteigenden Teiles des Veräußerungserlöses erhält.
c) Spezialleasing.

(4) Beim Finanzierungsleasing von unbeweglichen Wirtschaftsgütern sind Gebäude und Grund und Boden jeweils getrennt zu beurteilen. Bei der Zurechnung des Gebäudes ist im Sinne der in den vorstehenden Absätzen angeführten Kriterien vorzugehen.

Der Grund und Boden ist grundsätzlich dem zivilrechtlichen Eigentümer zuzurechnen. Nicht im zivilrechtlichen Eigentum des Leasingnehmers stehender Grund und Boden wird dann von Anfang an dem Leasingnehmer zuzurechnen sein, wenn für Grund und Boden eine Kaufoption besteht und bereits das Gebäude dem Leasingnehmer zugerechnet wird.

Wird das Gebäude vom Leasinggeber auf dem im zivilrechtlichen und wirtschaftlichen Eigentum des Leasingnehmers stehenden Grund und Boden errichtet und diesem im Wege des Finanzierungsleasing überlassen, so kann das Gebäude dem Leasinggeber zugerechnet werden, wenn neben den übrigen Zurechnungskriterien folgende Voraussetzungen vorliegen:

a) Die vertragliche Nutzungsvereinbarung über Grund und Boden ist erheblich länger als die Grundmietzeit des Teilamortisationsvertrages (im Falle des Vollamortisationsvertrages wird das Gebäude dem Leasingnehmer zuzurechnen sein) und
b) der Leasinggeber ist zivilrechtlich in der Lage, das Gebäude nach Ablauf der Mietdauer gegebenenfalls ohne weiteres an eine vom Leasingnehmer verschiedene Person zu vermieten oder zu verkaufen.

(5) Vorleistungen des Leasingnehmers, wie eine erhöhte erste Leasingrate oder ein Einmalbetrag, der während der Grundmietzeit mit den Leasingraten verrechnet wird, vermögen in der Regel an der an den Abs. 2 bis 4 orientierten Zurechnung nichts zu ändern, wenn die Vorleistungen

30 v.H. der Anschaffungskosten des Leasinggutes nicht übersteigen.

(6) Beim Sale and lease back-Vertrag ist das Wirtschaftsgut insbesondere dann dem Verkäufer und Leasingnehmer zuzurechnen, wenn einer der folgenden Fälle vorliegt:

a) In den Zurechnungsfällen der Abs. 2 bis 4.
b) Der Kaufpreis weicht erheblich vom gemeinen Wert des Wirtschaftsgutes ab.
c) Es liegt ein Mißbrauch gemäß § 22 BAO vor.

Wird beim Sale and lease back wie in den beispielhaft angeführten Fällen das Wirtschaftsgut dem Verkäufer und Leasingnehmer zugerechnet, so sind der Verkauf und die Rückmiete wirtschaftlich betrachtet ein Darlehensvertrag, zu dessen Sicherung das Wirtschaftsgut dem Leasinggeber übereignet wird.

(7) Wird der Leasinggegenstand dem Leasinggeber zugerechnet, dann sind die Leasingraten beim Leasinggeber Betriebseinnahmen und bei betrieblicher oder beruflicher Verwendung des Leasinggutes beim Leasingnehmer Betriebsausgaben.

(8) Wird der Gegenstand dem Leasingnehmer zugerechnet, so hat dieser den Gegenstand mit den Anschaffungs- oder Herstellungskosten zu aktivieren. Als Anschaffungs- oder Herstellungskosten können jene des Leasinggebers angesetzt werden. In gleicher Höhe ist eine Verbindlichkeit an den Leasinggeber zu passivieren. Beim Leasinggeber tritt an die Stelle der Anschaffungs- oder Herstellungskosten in gleicher Höhe die Kaufpreisforderung an den Leasingnehmer. Die Leasingraten sind in einen für beide Vertragspartner sich ständig erhöhenden erfolgsneutralen Tilgungsanteil und in einen entsprechend sich ständig verringernden erfolgswirksamen Teil aufzuspalten; dabei kann die Zinsstaffelmethode angewendet werden.

17. Allgemeines (§ 4 Abs. 4)

Betriebsausgaben sind gemäß § 4 Abs. 4 die Aufwendungen, die durch den Betrieb veranlaßt sind. Bei Prüfung der Frage, ob ein Aufwand betrieblich veranlaßt ist, ist auch darauf Bedacht zu nehmen, ob der betreffende Aufwand nach der allgemeinen Verkehrsauffassung als betriebsbedingt oder betriebseigentümlich anzusehen ist (VwGH 10.11.61, 1008/61). Die Prüfung der Angemessenheit, der Wirtschaftlichkeit oder Zweckmäßigkeit einer betrieblich veranlaßten Aufwendung kommt der Finanzbehörde grundsätzlich nicht zu (VwGH 21.5.54, 1487/53; 8.10.54, 3212/53; 8.10.54, 3341/53).

19. Renten (§ 4 Abs. 4)

(1) Bei Erwerb von Wirtschaftsgütern gegen Renten ist bei der Gewinnermittlung durch Betriebsvermögensvergleich die eingegangene Rentenverpflichtung grundsätzlich mit dem versicherungsmathematisch errechneten Kapitalwert zu passivieren. Der Wert der Rentenschuld ist jeweils am Schluß des folgenden Jahres gemäß § 6 Z 3 nach versicherungsmathematischen Grundsätzen neu zu berechnen. Die jährliche Schuldminderung ist als Ertrag zu buchen. Andererseits sind die laufenden Rentenzahlungen während des Jahres als Betriebsausgaben zu behandeln. Der Unterschiedsbetrag zwischen der tatsächlichen Rentenleistung und dem Betrag, um den die Rentenlast sich vermindert hat, beeinflußt somit den Gewinn.

32. Bestandsaufnahme (§§ 4 bis 6)

(2) Die Inventur ist im Wege einer körperlichen Bestandsaufnahme zu errichten. Die Stichtagsinventur muß möglichst zeitnah zum Bilanzstichtag erfolgen.

(4) Die körperliche Bestandsaufnahme kann weiters unter den nachstehenden Voraussetzungen allgemein vor oder nach dem Bilanzstichtag vorgenommen werden:

a) Die körperliche Bestandsaufnahme darf grundsätzlich nur zu einem Stichtag innerhalb von drei Monaten vor bzw. zwei Monaten nach dem Bilanzstichtag vorgenommen werden.
b) Es muß durch eine entsprechende Lagerbuchführung (siehe Abs. 3) sichergestellt sein, daß die zu inventierenden Bestände mengenmäßig auf den Bilanzstichtag fortgeschrieben bzw. rückgerechnet werden können.

(6) Ist die im Abs. 2 vorgeschriebene körperliche Bestandsaufnahme physisch unmöglich (z.B. bei Lagerung an zur Zeit der Bestandsaufnahme unzugänglichen Orten, bei rollender oder schwimmender Ware), so ist der Bestand vorerst auf Grund der vorhandenen Unterlagen zu errechnen. Nach Beseitigung des Hindernisses ist die körperliche Bestandsaufnahme nachzuholen.

(7) Die körperliche Bestandsaufnahme kann auf Stichproben beschränkt werden, wenn dadurch ihr Aussagewert nicht geschmälert wird.

Die Zulässigkeit der Stichprobeninventur ist an folgende Voraussetzungen geknüpft:

a) Sehr teure, schwer kontrollierbare Waren, Waren mit einem nach der Lagerbuchführung negativen Bestand und Waren, die besonderer Verderblichkeit oder regelmäßigem starken Schwund unterliegen, sind von vornherein aus dem Lagerkollektiv auszuscheiden.
b) Das Lagerkollektiv muß mindestens etwa 1.000 Lagerpositionen (Artikelnummern) umfassen; der Wert des Lagerkollektivs muß sich mindestens etwa auf 2 Millionen Schilling belaufen.
c) Es muß eine ordnungsmäßige EDV-Lagerbuchführung vorhanden sein.
   60% des Gesamtwertes und mindestens 5% der Menge der Lagerpositionen des Lagerkollektivs sind in eine Vollerhebungsschicht aufzunehmen.
e) Der Teil des Lagerkollektivs, der durch Stichproben aufzunehmen ist, muß mindestens 950 Lagerpositionen umfassen.
f) Der Sicherheitsgrad der Stichprobeninventur muß mindestens 95.5 v.H. betragen.

(8) Wirtschaftsgüter sind grundsätzlich einzeln zu bewerten (Identitätspreisverfahren; siehe § 6 erster Satz). Gleichartige Wirtschaftsgüter des Umlaufvermögens können jedoch zu einer Gruppe zusammengefaßt und als solche

bewertet werden. Sind die Anschaffungs- oder Herstellungskosten gleichartiger Wirtschaftsgüter des Umlaufvermögens wegen Schwankung der Einstandspreise im Laufe eines Wirtschaftsjahres nicht mehr einwandfrei feststellbar, kann der Wert der zum Bilanzstichtag vorhandenen Wirtschaftsgüter nach dem sogenannten Durchschnittspreisverfahren ermittelt werden. Es kann dabei so vorgegangen werden, daß nach jedem Warenzukauf ein neuer Durchschnittspreis errechnet wird, mit dem die eingesetzten oder verbrauchten Waren bis zum nächsten Zukauf bewertet werden (sogenanntes „gleitendes Durchschnittspreisverfahren"). Wahlweise kann aber auch das gewogene Mittel des Wertes der im Laufe des Wirtschaftsjahres erworbenen und zu Beginn des Wirtschaftsjahres vorhandenen Wirtschaftsgüter angesetzt werden (sogenanntes „gewogenes Durchschnittspreisverfahren"). Liegen die Voraussetzungen für ein Durchschnittspreisverfahren vor, kann an Stelle der Anwendung dieses Verfahrens bei Ermittlung des Wareneinsatzes wahlweise davon ausgegangen werden, daß die zuerst angeschafften Wirtschaftsgüter zuerst verbraucht bzw. veräußert werden („first in – first out"). Dies gilt nur dann, wenn die Art der Lagerhaltung einer derartigen Annahme nicht entgegensteht. Hingegen darf nicht von vornherein davon ausgegangen werden, daß die zuletzt angeschafften Wirtschaftsgüter zuerst verbraucht bzw. veräußert werden („last in – first out"). Macht der Steuerpflichtige allerdings glaubhaft, daß in seinem Betrieb in der Regel die zuletzt angeschafften Wirtschaftsgüter zuerst verbraucht bzw. veräußert werden, ist dies bei der Bewertung des Umlaufvermögens zu berücksichtigen; eine derartige Glaubhaftmachung wird insbesondere an Hand der Art der Lagerhaltung erfolgen können (z.B. Lagerhaltung eines Kohlenhändlers). Keinesfalls ist es zulässig, davon auszugehen, daß die Wirtschaftsgüter mit den höchsten Einstandspreisen zuerst verbraucht bzw. veräußert werden („highest in – first out").

33. Gewinnverwirklichung (§ 6)

(1) Aus § 6 ergibt sich, daß nur verwirklichte Gewinne der Besteuerung unterliegen. Die Gewinnverwirklichung tritt grundsätzlich bei der Veräußerung oder dem sonstigen Ausscheiden eines Wirtschaftsgutes aus dem Betriebsvermögen ein.

(2) Bei zweiseitig verbindlichen Verträgen, die noch von keiner Seite erfüllt wurden (schwebende Geschäfte), gilt der Grundsatz, daß sich die gegenseitigen Forderungen und Verbindlichkeiten wechselseitig ausgleichen und daher buch- und bilanzmäßig nicht zu berücksichtigen sind (VwGH 20.11.68, 1184/68). Der Gewinn aus der Veräußerung eines Grundstückes wird im Zeitpunkt der Übertragung des wirtschaftlichen Eigentums am Grundstück verwirklicht.

34. Anschaffungs- und Herstellungskosten (§ 6)

(1) Zu den Anschaffungskosten eines Wirtschaftsgutes gehören alle Aufwendungen, die zur Beschaffung und Herbeiführung eines für die betriebliche Nutzung geeigneten Zustandes des Wirtschaftsgutes notwendig sind. Die Anschaffungskosten setzen sich aus dem eigentlichen Kaufpreis, aus den Beschaffungskosten (Zoll, Grunderwerbsteuer, Börsenumsatzsteuer, Beurkundungskosten u. ähnliches) sowie aus den Kosten für die betriebliche Nutzbarmachung des Wirtschaftsgutes (z.B. Kosten der Fundamentierung) zusammen. Finanzierungskosten zählen nicht zu den Anschaffungskosten (VwGH 17.3.61, 207, 985/58). Erhöht sich die Kaufpreisschuld (Kaufpreisrenten) für ein Wirtschaftsgut durch eine Wertsicherungsvereinbarung, hat dies auf die Anschaffungskosten des Wirtschaftsgutes keinen Einfluß; derartige Wertsicherungsmehrbeträge können somit als Betriebsausgaben abgesetzt werden. Wird ein Grundstück erworben, auf dem sich ein abbruchreifes Gebäude befindet, stellen der gesamte Kaufpreis des bebauten Grundstückes sowie die Abbruchkosten Anschaffungskosten des Grund und Boden dar (VwGH 30.3.62, 2108/61; 18.5.62, 2221/61). Ist ein auf einem Grundstück befindliches Gebäude im Zeitpunkt des Abbruches noch verwendbar, wird das Gebäude jedoch abgerissen, um einen den betrieblichen Erfordernissen entsprechenden Neubau zu errichten, zählen der Restbuchwert und die Abbruchkosten zu den Herstellungskosten des Neubaues (vgl. VwGH 29.6.62, 508/62).

(2) Die Herstellungskosten im Sinne der Kostenrechnung sind ein Teil der Selbstkosten und umfassen die Einzelkosten (Fertigungsmaterial, Fertigungslohn und Sonderkosten der Fertigung) und von den Gemeinkosten die Material- und die Fertigungsgemeinkosten. Zu den Material- und Fertigungsgemeinkosten gehören u.a. Aufwendungen für die Lagerhaltung, für Transport und Prüfung des Fertigungsmaterials, für die Prüfung der Fertigung und weiters für das Lohnbüro, soweit in ihm Löhne bei der Fertigung abgerechnet werden. Die Kosten der allgemeinen Verwaltung (Verwaltungsgemeinkosten) und die Kosten des Vertriebes (Vertriebsgemeinkosten und Sonderkosten des Vertriebes) gehören nicht zu den Herstellungskosten.

38. Bewertung von Forderungen (§ 6 Z 2 und § 123)

(1) Forderungen sind mit den Anschaffungskosten oder dem niedrigeren Teilwert anzusetzen.

Hat der Steuerpflichtige eine Forderung, deren Uneinbringlichkeit ihm im Zeitpunkt der Bilanzerstellung bekannt war, nicht abgeschrieben, so kann er die Abschreibung nicht in einem späteren Jahr nachholen (VwGH 3.7.68, 1067/66).

Forderungen aus ausländischer Währung dürfen auch dann höchstens mit dem Forderungsnennbetrag angesetzt werden, wenn der Kurs der fremden Währung gestiegen ist. Der niedrigere Teilwert kann angesetzt werden, wenn der Kurs der fremden Währung gesunken ist. Gläubiger, die zur kaufmännischen Buchführung verpflichtet sind, müssen den niedrigeren Teilwert ansetzen. Der Gläubiger hat für die Berechnung des niedrigeren Teilwertes grundsätzlich vom Geld-Devisen-Kurs am Bilanzstichtag auszugehen.

39. Bewertung von Schulden (§ 6 Z 3)

(2) Schulden, die in fremder Währung oder zum Kurs einer fremden Währung zu tilgen sind, müssen auch dann mindestens mit dem Verfügungsbetrag angesetzt werden, wenn der Kurs der fremden Währung gestiegen ist. Schuldner, die

zur ordnungsgemäßen kaufmännischen Buchführung verpflichtet sind, müssen den höheren Teilwert ansetzen. Der Schuldner hat für die Berechnung des höheren Teilwertes grundsätzlich vom Waren-Devisen-Kurs am Bilanzstichtag auszugehen.

50. Absetzung für Abnutzung (§ 7)

(1) Die AfA kann grundsätzlich nur vornehmen, wer das betreffende Wirtschaftsgut angeschafft oder hergestellt hat. Dies ist beim Pächter eines Betriebes in der Regel nicht der Fall.

(2) § 7 geht von der grundsätzlichen Überlegung aus, daß der Zeitpunkt der Anschaffung oder Herstellung eines Wirtschaftsgutes mit dem Zeitpunkt seiner Inbetriebnahme zusammenfällt. Erfolgt die Inbetriebnahme erst zu einem späteren Zeitpunkt, dann kommt eine AfA erst ab dem Zeitpunkt in Betracht, zu dem das Wirtschaftsgut den Zwecken des Betriebes dient und deshalb einer Abnutzung unterliegt (VwGH 10.6.55, 2532/53; 5.10.62, 748/62). Bei hergestellten Wirtschaftsgütern sind Absetzungen für Abnutzung in der Regel ausgeschlossen, solange das Wirtschaftsgut nicht fertiggestellt ist (VwGH 4.12.53, 1720/51).

(4) Die AfA bemißt sich nach der betriebsgewöhnlichen Nutzungsdauer. Diese Nutzungsdauer wird sowohl durch die technische als auch durch die wirtschaftliche Nutzungs- bzw. Verwendungsmöglichkeit bestimmt. Die Nutzungsdauer muß vom Steuerpflichtigen geschätzt werden.

(5) Ablösezahlungen zur Erlangung eines Mietrechtes an Geschäftsräumlichkeiten stellen Anschaffungskosten des Mietrechtes dar. Das Mietrecht an Geschäftsräumlichkeiten gehört zu den beweglichen Wirtschaftsgütern des Anlagevermögens. Die Aufwendungen zur Erlangung des Mietrechtes sind zu aktivieren und auf die Nutzungsdauer zu verteilen (VwGH 26.2.75, 936/74; 12.1.83, 82/13/174). Als Nutzungsdauer gilt die Vertragsdauer. Ist die voraussichtliche Vertragsdauer ungewiß, ist es nicht zu beanstanden, wenn als Vertragsdauer ein Zeitraum von zehn oder mehr Jahren angenommen wird (VwGH 20.4.56, 1278/55).

(6) Bei aktivierungspflichtigen Aufwendungen, die der Mieter auf die Bestandsache gemacht hat, richtet sich die AfA grundsätzlich nach der betriebsgewöhnlichen Nutzungsdauer der Investition. Die betriebsgewöhnliche Nutzungsdauer ist jedoch bei Aufwendungen des Mieters, deren Ergebnis er dem Vermieter bei Beendigung des Bestandsverhältnisses ohne Entschädigung zu überlassen hat, durch die voraussichtliche Dauer des Bestandsverhältnisses begrenzt (VwGH 21.12.51, 1214/49; 13.4.62, 2207/60; 17.5.77, 1934/76).

(7) Baukostenzuschüsse, die an Energieversorgungsunternehmen für den Anschluß an die Energieversorgung (elektrischer Strom, Ferngas, Fernwärme usw.) geleistet werden, sind nach den Grundsätzen ordnungsmäßiger Buchführung zu aktivieren und auf den Nutzungszeitraum verteilt abzusetzen. Für die Bestimmung der Nutzungsdauer ergeben sich Anhaltspunkte aus der betriebsgewöhnlichen Nutzungsdauer der mit den Baukostenzuschüssen errichteten Anlagen sowie aus der voraussichtlichen Geltungsdauer der zwischen dem Energieabnehmer und dem Energieversorgungsunternehmen abgeschlossenen Vereinbarungen. Es ist nicht zu beanstanden, wenn als Nutzungsdauer ein Zeitraum von zehn oder mehr Jahren angenommen wird.

(8) Ein Wechsel in der Berechnungsmethode der AfA (lineare AfA, degressive AfA, AfA nach der Leistung) steht mit dem Grundsatz der Gleichmäßigkeit der Bewertung nicht im Einklang und ist daher nicht zulässig.

Ergeben sich im Laufe der Nutzung des Wirtschaftsgutes Anhaltspunkte für eine andere als die geschätzte Nutzungsdauer, so sind diese Umstände zu berücksichtigen, wenn eine wesentliche Änderung der Nutzungsdauer vorliegt (VwGH 10.10.78, 483, 631/78). Unterlassene Absetzungen für Abnutzung können in späteren Jahren nicht nachgeholt werden (VwGH 29.5.59, 1332/58; 18.12.59, 2543/56; 15.9.61, 239/59). Bei buchführenden Steuerpflichtigen folgt dies daraus, daß eine Bilanz, in der eine AfA nicht vorgenommen wurde, zwingend zu berichtigen ist.

Buchführende Steuerpflichtige können gemäß § 6 Z 1 an Stelle der um die AfA gekürzten Anschaffungs- oder Herstellungskosten auch den niedrigeren Teilwert ansetzen. Da der Ansatz des niedrigeren Teilwertes die Normal-AfA für das betreffende Wirtschaftsgut mit einschließt, ist neben einer Abschreibung auf den niedrigeren Teilwert bei demselben Wirtschaftsgut in diesem Wirtschaftsjahr eine AfA nicht zulässig (VwGH 5.4.57, 1309/55). Im Falle einer Teilwertabschreibung bildet der Teilwert den Ausgangspunkt für die Bemessung der künftigen AfA entsprechend der Restnutzungsdauer des Wirtschaftsgutes. Aus Vereinfachungsgründen bestehen aber keine Bedenken, wenn die bisherige AfA beibehalten wird.

(9) Eine außergewöhnliche technische Abnutzung liegt vor, wenn durch besondere Umstände, z.B. durch Beschädigung, Brand, Bruch usw., ein gegenüber der gewöhnlichen Abnutzung erhöhter Substanzverbrauch eines abnutzbaren Wirtschaftsgutes eintritt. Eine außergewöhnliche wirtschaftliche Abnutzung liegt vor, wenn die wirtschaftliche Nutzbarkeit eines Gegenstandes durch außergewöhnliche Umstände verändert wurde, z.B. wenn eine Maschine durch Ausfall von Aufträgen infolge Geschmackswandels oder durch eine neue Erfindung unrentabel wird. Die Absetzung für außergewöhnliche wirtschaftliche Abnutzung hat jedoch stets zur Voraussetzung, daß die geltend gemachten wirtschaftlichen Gründe geeignet sind, die voraussichtliche Nutzungsdauer zu kürzen.

52. Abgrenzung von selbständig und nichtselbständig bewertbaren Gebäudeinvestitionen (§ 7 Abs. 1)

(2) Die Frage nach der selbständigen Bewertbarkeit von Wirtschaftsgütern, die mit Gebäuden in fester Verbindung stehen, ist nicht nach den sachenrechtlichen Bestimmungen des bürgerlichen Rechtes, sondern nach der Verkehrsauffassung zu entscheiden. Dazu muß das Wirtschaftsgut eine gewisse Selbständigkeit haben, die bei der Veräußerung besonders ins Gewicht fällt, sodaß dafür im Rahmen des Gesamtkaufpreises ein besonderes Entgelt angesetzt werden würde. Ist ein Wirtschaftsgut mit einem Gebäude derart verbunden, daß es ohne Verletzung seiner Substanz nicht an einen anderen Ort versetzt werden kann, ist es

Teil des Gebäudes und als unbeweglich anzusehen. Ist die betreffende Anlage nach ihrer Bauart (wegen ihrer bloß geringen, jederzeit leicht aufhebbaren Verbindung mit dem Gebäude) nach der Verkehrsauffassung als selbständiges Wirtschaftsgut anzusehen, ist sie in der Regel als beweglich zu behandeln (VwGH 13.4.62, 1639/60; 11.6.65, 316/65).

(3) Elektroinstallationen sowie Gas- und Wasserzuleitungen sind zweifelsfrei als Teile des Gebäudes anzusehen, in das sie eingebaut wurden (VwGH 13.4.62, 1639/60). Dasselbe gilt für sanitäre Anlagen (Waschtische, Badewannen, Klosettanlagen), Beleuchtungsanlagen, Türschnallen und ähnliche Gegenstände (VwGH 18.9.64, 1226/63). Einbaumöbel, Holzdecken und Wandverkleidungen, die der Raumeinrichtung dienen, sind hingegen selbständig bewertbare Wirtschaftsgüter und daher als beweglich anzusehen (VwGH 1.3.83, 82/14/156). Aufwendungen für den Anschluß eines zu errichtenden Gebäudes an die öffentlichen Versorgungsbetriebe und für die Straßenkanalisation gehören zu den Herstellungskosten des Gebäudes (VwGH 12.2.65, 1279/64). Die genannten Aufwendungen teilen das Schicksal der Gesamtanlage und sind daher als unbeweglich und als Teil des Gebäudes anzusehen.

(4) Bei Zentralheizungen (Etagenheizungen) trifft eine gewisse bei der Veräußerung besonders ins Gewicht fallende Selbständigkeit in der Regel nicht zu (VwGH 7.7.71, 1553/70).

(5) Bei Aufzugsanlagen bilden der Mauerschacht und der Aufzug eine Einheit.

(7) Werden als Teil des Gebäudes anzusehende Anlagen später in das Gebäude eingebaut, erhöht sich der Restbuchwert des Gebäudes um die Anschaffungs- oder Herstellungskosten der Anlage. Dieser neue Buchwert ist auf die bisherige oder allenfalls neu festzusetzende Restnutzungsdauer des Gebäudes verteilt abzusetzen.

(8) Wurde von den Anschaffungs- oder Herstellungskosten eines zum Betriebsvermögen gehörenden Gebäudes eine vorzeitige Abschreibung vorgenommen, verkürzt diese als vorweggenommene AfA die Abschreibungsdauer des Gebäudes. Es ist nicht zu beanstanden, wenn bei einem aktivierungspflichtigen Herstellungsaufwand auf die (durch die Vornahme der vorzeitigen Abschreibung des Altgebäudes verkürzte) Restnutzungsdauer des Gebäudes verteilt abgesetzt wird.

(9) Durch nachträgliche aktivierungspflichtige Aufwendungen auf ein Betriebsgebäude kann sich auch die Restnutzungsdauer dieses Gebäudes verlängern. Dies ist insbesondere der Fall, wenn der Investitionsaufwand den Restbuchwert des Betriebsgebäudes am Ende des vorangegangenen Wirtschaftsjahres übersteigt.

Wenn die Restnutzungsdauer des Gebäudes kürzer ist als die in sinngemäßer Anwendung der Grundsätze des Abschnitt 50 a Absatz 2 bis 5 gesondert für die Zusatzinvestition ermittelte Nutzungsdauer. Bei der Prüfung der Frage, ob der Investitionsaufwand den Buchwert des Gebäudes übersteigt, ist dem Buchwert des Gebäudes eine seinerzeit geltend gemachte vorzeitige Abschreibung zuzurechnen. Verlängert sich die Restnutzungsdauer, dann ist die AfA nach der Nutzungsdauer der Zusatz-Investition zu bemessen.

53. Herstellungs- und Erhaltungsaufwand, insbesondere in Gebäuden (§ 7 Abs. 1)

(1) Die Begriffe Herstellungs- und Erhaltungsaufwand sind im Einkommensteuergesetz nicht geregelt. Nach dem Wortlaut des § 7 ist Herstellungsaufwand auch bei Gebäuden nur entsprechend der Nutzungsdauer (Restnutzungsdauer) des Gebäudes im Wege der AfA absetzbar. Erhaltungsaufwand hingegen ist im Jahre seiner Entstehung voll als Betriebsausgabe (Werbungskosten) absetzbar. Verlängert sich die Restnutzungsdauer, dann ist die AfA nach der Nutzungsdauer der Zusatzinvestition zu bemessen.

(2) Herstellungsaufwand ist auch ein Aufwand, der auf ein bestehendes Gebäude gemacht wird und über den laufenden Erhaltungsaufwand hinausgeht, der also dann vorliegt, wenn Aufwendungen baulichen Maßnahmen dienen, durch die die Wesensart des Gebäudes geändert wurde. Dies ist zweifellos der Fall, soweit ein Anbau, ein Umbau größeren Ausmaßes oder eine Gebäudeaufstockung vorgenommen wird (VwGH 16.3.62, 241/59; VfGH 17.3.70, B 168/69). Werden durch die Ersetzung des bisherigen Flachdaches durch ein Steildach neue Räume geschaffen, kommt dies im wirtschaftlichen Ergebnis einer Gebäudeaufstockung gleich (VwGH 12.3.69, 1741, 1742/68). Werden durch bauliche Veränderungen aus einer Wohnung zwei Wohnungen hergestellt, zählen alle damit verbundenen Kosten zu den Herstellungskosten (VwGH 27.1.69, 981/69). Die Einrichtung einer mit erhöhtem Bedienungskomfort verbundenen Heizanlage an Stelle einzelner Räume beheizender Öfen ist als Herstellungsaufwand anzusehen (VwGH 20.10.71, 970/71); siehe allerdings Abs. 6.

(4) Ein vom Erwerber eines vernachlässigten Gebäudes nachgeholter Instandsetzungsaufwand ist als nachträgliche Anschaffungs- oder Herstellungskosten grundsätzlich aktivierungspflichtig (VwGH 28.4.61, 428/60; 19.5.67, 1874/66).

(5) Erhaltungsaufwand ist ein Aufwand, der dazu dient, ein Gebäude in einem ordnungsgemäßen Zustand zu erhalten. Bei regelmäßig in gewissen Zeitabständen wiederkehrenden notwendigen Ausbesserungen, durch die die Wesensart des Gebäudes nicht verändert wird, liegt Erhaltungsaufwand vor. Eine dabei allenfalls eingetretene Wertsteigerung des Gebäudes hat keine ausschlaggebende Bedeutung (VwGH 16.3.62, 241/59; 26.5.71, 1552/70). Der Umstand, daß im Zuge der Instandsetzung besseres Material oder eine moderne Ausführung gewählt wird, nimmt den Aufwendungen in der Regel nicht den Charakter eines Erhaltungsaufwandes, solange nicht die Wesensart des Hauses verändert wird oder das Gebäude ein größeres Ausmaß erhält (VwGH 12.3.69, 1741, 1742/68).

(6) Die Umdeckung des Daches, die Ausbesserung der Dachrinne oder des Mauerwerkes, die Erneuerung des Verputzes und des Anstriches, die Instandsetzung schadhaft gewordener Türen und Fenster, die Reparatur sanitärer Anlagen und der Elektroanlagen sind als Erhaltungsaufwand anzusehen. Bleibt das Gebäude und insbesondere die Mauern, welche in erster Linie über die Nutzungsdauer eines Hauses entscheiden, unverändert bestehen und wird nur ein neuer Teil, zum Beispiel an Stelle einer Holzdecke eine Betondecke, eingefügt, handelt es sich um Erhaltungsaufwand. Das gleiche

gilt für die Ersetzung eines Holztores durch ein Eisentor oder die Ersetzung eines Holztores durch ein Eisentor oder die Ersetzung einer Gartenmauer bzw. eines Zaunes durch eine Umfriedung (VwGH 16.3.62, 241/59; 1.3.63, 1681/62) und für die Umstellung einer mit festen Brennstoffen beheizten Zentralheizungsanlage auf eine mit Ölfeuerung (VwGH 12.2.75, 881/74). Auch wenn ein bestehendes Gebäude mit Abwässerbeseitigungsanlagen (Senkgrube, Sickergrube, Kanal) an eine öffentliche Kanalisationsanlage angeschlossen wird und dafür ein Kanalisationsbeitrag, eine Kanaleinmündungsgebühr oder ähnliche Zahlungen zu leisten sind, sind diese Aufwendungen als Erhaltungsaufwand zu behandeln.

59. Übertragung stiller Rücklagen (§ 12)

(4) Scheiden Wirtschaftsgüter infolge höherer Gewalt, durch behördlichen Eingriff oder zur Vermeidung eines solchen nachweisbar unmittelbar drohenden Eingriffes aus dem Betriebsvermögen aus, dann ist es für die Übertragbarkeit der sich hiebei ergebenden stillen Rücklagen unerheblich, wie lange die ausgeschiedenen Wirtschaftsgüter zum Anlagevermögen gehört haben.

(5) Scheidet ein Grundstück aus dem Betriebsvermögen aus, das in unbebautem Zustand erworben worden war und auf dem während seiner Zugehörigkeit zum Anlagevermögen ein Gebäude errichtet wurde, bestehen bei einem protokollierten Gewerbetreibenden keine Bedenken, die Frist bereits ab dem Erwerb des Grundstückes zu berechnen, weil das ausgeschiedene bebaute Grundstück als ein einheitliches Wirtschaftsgut angesehen werden kann.

(10) Bei Wirtschaftsgütern des Anlagevermögens, deren Herstellung sich über einen Zeitraum von mehr als zwölf Monaten erstreckt, ist eine Übertragung von stillen Rücklagen auch auf die Teilherstellungskosten zulässig.

60. Geringwertige Wirtschaftsgüter (§ 13)

Nach der Judikatur des Verwaltungsgerichtshofes zur Frage der Sachgesamtheit dürfen Wirtschaftsgüter, die eine Einheit darstellen, nicht in Teile zerlegt werden, um die Begünstigung des § 13 in Anspruch nehmen zu können. Als Sachgesamtheit hat der VwGH angesehen; die Ausstattung einer zahnärztlichen Praxis (6.7.56, 895/54), eine einheitliche Garnitur, welche die wesentliche Einrichtung eines Zimmers bildet, sowie das einheitliche Gestühl eines Theaters (20.11.64, 1671/63). Dagegen hat der VwGH ein aus verschiedenen Einzelteilen (Leitern, Brettern usw.) bestehendes Baugerüst nicht als Sachgesamtheit beurteilt (13.10.61, 741/61). Geringwertige Wirtschaftsgüter des Anlagevermögens können freiwillig aktiviert werden.

61. Vorsorge für Abfertigungen und Pensionen (§ 14)

A. Vorsorge für Abfertigungen

1. Bildung und Ausmaß der Rückstellung

(1) Die Möglichkeit der Bildung einer Abfertigungsrückstellung ist nach § 14 Abs. 1 ausdrücklich nur für gesetzliche oder kollektivvertragliche Abfertigungsansprüche vorgesehen, die den gesetzlichen (kollektivvertraglichen) Abfertigungsansprüchen dem Ausmaß nach entsprechen, die aber ganz oder zum Teil auf einer freiwilligen Anrechnung von Vordienstzeiten durch den Arbeitgeber beruhen. Bei den Vordienstzeiten muß es sich um Beschäftigungszeiten handeln, die der Arbeitnehmer entweder beim selben Arbeitgeber (z.B. bei Übernahme vom Arbeiter- in das Angestelltenverhältnis) oder bei einem oder mehreren in- oder ausländischen früheren Arbeitgebern tatsächlich verbracht hat. Zeiten, in denen jemand selbständig erwerbstätig war, kommen als Vordienstzeiten nicht in Betracht (VwGH 6.12.83, 83/14/61, 69).

(5) Werden zwei oder mehrere Betriebe zu einem einheitlichen Betrieb zusammengeschlossen und war die Vorgangsweise bezüglich der Bildung von Abfertigungsrücklagen in den einzelnen zusammengeschlossenen Betrieben vor dem Zusammenschluß uneinheitlich – sei es, daß einzelne Betriebe überhaupt keine Abfertigungsrücklage gebildet hatten, sei es, daß die Bildung der Abfertigungsrücklagen mit unterschiedlichen Prozentsätzen erfolgte –, dann ist nach dem Zusammenschluß bezüglich der Bildung und Fortführung der Abfertigungsrücklage einheitlich vorzugehen. Dabei ist für das Rücklagenausmaß in der Regel der höchste Prozentsatz maßgebend, mit dem die Abfertigungsrücklage in einem der Betriebe vor dem Zusammenschluß zulässigerweise gebildet wurde.

(6) Gehen die Abfertigungsansprüche im Falle einer entgeltlichen Betriebsübertragung auf den Erwerber über, ist für Zwecke der Ermittlung des Veräußerungsgewinnes nur der Betrag der Rücklage als Passivposten zu behandeln. Der Erwerber hat die Rücklage gemäß § 14 Abs. 3 weiterzuführen. Werden die Abfertigungsverpflichtungen in der Kaufvereinbarung mit einem höheren Wert angesetzt als dem Betrag der Rücklage entspricht, kürzt dies beim Veräußerer den Veräußerungsgewinn. Der Erwerber hat in der ersten Eröffnungsbilanz für den Unterschiedsbetrag zwischen dem Rücklagenbetrag und dem in der Kaufvereinbarung angesetzten Wert einen Passivposten einzustellen; in den Folgejahren ist eine Aufstockung der Rücklage jeweils (gewinneutral) gegen den Passivposten zu verrechnen;

Wird ein Betrieb entgeltlich übertragen und gehen die Abfertigungsverpflichtungen nicht auf den Erwerber über, ist die Abfertigungsrücklage im Falle des Entstehens von Abfertigungsansprüchen zugunsten des laufenden Gewinnes aufzulösen.

Erlöschen Abfertigungsverpflichtungen im Zuge einer Betriebsveräußerung, erhöht die Auflösung der Abfertigungsrücklage den Veräußerungsgewinn. Die vorstehenden Ausführungen gelten sinngemäß in den Fällen der Betriebsaufgabe.

Übernimmt im Falle der unentgeltlichen Übertragung eines Betriebes der Rechtsnachfolger die Abfertigungsverpflichtungen, ist die Rücklage beim Rechtsnachfolger gemäß § 14 Abs. 3 fortzuführen. Werden die Abfertigungsverpflichtungen vom Rechtsnachfolger nicht übernommen oder fallen die Abfertigungsverpflichtungen anläßlich der unentgeltlichen Übertragung des Betriebes weg, ist die Abfertigungsrücklage zugunsten des laufenden Gewinnes aufzulösen.

68. Aufwendungen für die Lebensführung (§ 20 Abs. 1 Z 1 und 2), Repräsentationsaufwendungen (§ 20 Abs. 1 Z 3)

(3) Geldstrafen (Ordnungsstrafen) und ähnliche Zahlungen sind grundsätzlich keine abzugsfähigen Ausgaben, sondern Aufwendungen i.S. des § 20 Abs. 1 (VwGH 4.7.58, 1155/57; 30.6.61, 994/59; 5.7.63, 983, 1222/61). Dagegen sind Konventionalstrafen als Betriebsausgaben abzugsfähig. Geld- und Sachzuwendungen, deren Gewährung oder Annahme mit gerichtlicher Strafe bedroht ist (z.B. Bestechungsgelder), sind nicht abzugsfähig, es sei denn, sie stehen mit den im Gesetz definierten Ausfuhrumsätzen in unmittelbarem Zusammenhang.

69. Spenden, sonstige freiwillige Zuwendungen und Unterhaltsverpflichtungen (§ 20 Abs. 1 Z 4)

(1) Aufwendungen, die ein Steuerpflichtiger freiwillig zu sozialen, gemeinnützigen, mildtätigen, kirchlichen oder ähnlichen Zwecken tätigt, gehören als Spenden zu den Aufwendungen der privaten Lebensführung und sind daher nicht abzugsfähig.

Gewinnermittlungsrichtlinien 1989

ABSCHNITT A

§ 4 – Gewinn

1. Aktivierungsverbot für unkörperliche Wirtschaftsgüter (§ 4 Abs. 1 vorletzter Satz)

1.2 Begriff „unkörperliches Wirtschaftsgut"

(1) Der Begriff der unkörperlichen Wirtschaftsgüter umfaßt sowohl immaterielle Wirtschaftsgüter als auch Finanzanlagen.

(2) Als immaterielle Wirtschaftsgüter des Anlagevermögens kommen insbesondere in Betracht: Gewerbliche Schutzrechte wie Patente, Lizenzen, Marken-, Urheber- und Verlagsrechte, Konzessionen, Warenzeichen, Erfindungen, Rezepturen, Know-how; ferner Nutzungsrechte (Mietrechte, Fruchtgenußrechte) und Optionsrechte.

(3) EDV-Programme (sowohl Individual- als auch Standardsoftware) sind als unkörperliche Wirtschaftsgüter anzusehen. Bloße Datenträger sind hingegen ebenso wie die Computer-Hardware körperlicheWirtschaftsgüter.

(4) Zu den Finanzanlagen zählen beispielsweise Beteiligungen an Kapitalgesellschaften, echte stille Gesellschaftsanteile und Wertpapiere.

1.3 Entgeltlicher Erwerb

(1) Ein entgeltlicher Erwerbsvorgang setzt die Änderung der Zurechnung eines bereits bestehenden Wirtschaftsgutes oder die Neubegründung eines Rechtsverhältnisses gegen eine nach kaufmännischen Grundsätzen angemessene Gegenleistung voraus (Kauf, Tausch usw.). Nicht erworben und damit in erster Linie vom Aktivierungsverbot umfaßt sind unkörperliche Wirtschaftsgüter, die der Steuerpflichtige selbst herstellt oder herstellen läßt. (AÖF 1990/262)

(2) Werden unkörperliche Wirtschaftsgüter (insbesondere Software) durch Dritte zu einem Fixpreis „hergestellt", so liegt eine Anschaffung und damit ein entgeltlicher Erwerb vor. Werden unkörperliche Wirtschaftsgüter in für Zwecke des Unternehmens noch nicht einsetzbaren halbfertigem Zustand von einem Dritten angeschafft und in der Folge vom Unternehmer weiter bearbeitet, so ist insgesamt (somit auch hinsichtlich des erworbenen Teiles) ein nicht aktivierungsfähiger Herstellungsvorgang gegeben, wenn die Aufwendungen für die Fertigstellung die Anschaffungskosten des halbfertigen Produkts übersteigen. Andernfalls sind die Anschaffungskosten des Halbfertigprodukts zu aktivieren, die Aufwendungen zur Fertigstellung als Betriebsausgaben abzusetzen (AÖF 1990/262).

ABSCHNITT C

§ 6 – Bewertung

2. Firmenwert

2.1 Abnutzbarer und nicht abnutzbarer Firmenwert

(1) Es wird nunmehr gesetzlich fingiert, daß der nach dem 31. Dezember 1988 entgeltlich erworbene Firmenwert bei „Land- und Forstwirten" und bei „Gewerbetreibenden" immer als abnutzbares Anlagevermögen gilt.

(3) Die Fiktion des § 6 Z 1 zweiter Satz gilt nicht für den entgeltlichen Erwerb des Praxiswertes eines freiberuflich Tätigen. Dieser Praxiswert ist grundsätzlich auf persönliche Leistungen des Rechtsvorgängers zurückzuführen und daher abnutzbar.

Es bestehen aber keine Bedenken, wenn in diesen Fällen der Praxiswert in analoger Anwendung des § 8 Abs. 3 abgeschrieben wird.

2.2 Nutzungsdauer

(1) Die Anschaffungskosten des Firmenwertes bei land- und forstwirtschaftlichen Betrieben und bei Gewerbebetrieben sind gemäß § 8 Abs. 3 zwingend auf einen Zeitraum von 15 Jahren linear abzuschreiben.

(2) Ist der Praxiswert eines freiberuflich Tätigen abnutzbar, so sind die Anschaffungskosten – wie bisher – auf einen gegebenenfalls kürzeren Zeitraum als jenen nach § 8 Abs. 3 abzuschreiben.

(4) Der entgeltlich erworbene Firmenwert (Praxiswert) kann auf den niedrigeren Teilwert abgeschrieben werden, wenn dies durch bestimmte nachweisbare Tatsachen begründet wird (z.B. Wegfall eines wesentlichen Teiles des Kundenstockes).

4. Bewertung von Verbindlichkeiten

4.1 Abgeld (Damnum) und Geldbeschaffungskosten

(1) Unter Abgeld (Damnum) ist der Unterschiedsbetrag zwischen dem Nennbetrag und dem Verfügungsbetrag zu verstehen.

(2) Unter Geldbeschaffungskosten, die unmittelbar mit der Verbindlichkeit zusammenhängen, sind alle Nebenkosten zu verstehen, die anläßlich der Aufnahme (oder auch schon früher) des Kredites (Darlehens) anfallen, auch wenn sie lediglich der Sicherung des Kreditgebers (Darlehensgebers) dienen. Dazu zählen beispielsweise Vermittlungsprovisionen, Kreditgebühren, Gerichts-, Rechtsanwalts- und Notariatskosten, Kosten der Schätzung des Belehnungsobjektes, Zuteilungs- und Abschlußgebühren, sonstige Verwaltungs- und Bearbeitungsgebühren.

(3) Gemäß § 6 Z 3 besteht nunmehr für Abgeld und Geldbeschaffungskosten die ausdrückliche Pflicht, pro Verbindlichkeit einen – gegebenenfalls – gemeinsamen Aktivposten im Jahr der Aufnahme der Verbindlichkeit anzusetzen. Dieser Aktivposten ist auf die Laufzeit der Verbindlichkeit verteilt abzuschreiben. Die Verteilung hat entsprechend den Grundsätzen ordnungsmäßiger Buchführung planmäßig (linear oder degressiv) zu erfolgen.

Beispiel

Gewinnermittlung durch Betriebsvermögensvergleich:

Darlehensaufnahme 1. Oktober 1989, Nennbetrag: 100.000 S, Verfügungsbetrag: 93.000 S; Geldbeschaffungskosten: 5.000 S; Laufzeit der Verbindlichkeit bis 31. März 1992 (insgesamt 30 Monate).

Nennbetrag	100.000 S
Verfügungsbetrag	– 93.000 S
Damnum	7.000 S
Geldbeschaffungskosten	+ 5.000 S
Aktivposten	12.000 S

Dieser Aktivposten ist bei linearer Verteilung folgendermaßen in den Jahren 1989 bis 1992 abzuschreiben:

1989: 3/30 =	1.200 S
1990: 12/30 =	4.800 S
1991: 12/30 =	4.800 S
1992: 3/30 =	1.200 S
	12.000 S

(5) Entsteht bei der Aufnahme einer Verbindlichkeit kein aktivierungspflichtiges Abgeld, so braucht für Geldbeschaffungskosten, die mit dieser Verbindlichkeit unmittelbar zusammenhängen und die den Betrag von 12.000 S nicht übersteigen (Freigrenze), aus Gründen einer vereinfachten Handhabung kein Aktivposten angesetzt werden.

Beispiel

Angaben wie Beispiel zu Abs. 3; der Verfügungsbetrag entspricht jedoch dem Nennbetrag des Darlehens. Die Geldbeschaffungskosten in Höhe von 5.000 S können sofort gewinnmindernd abgesetzt werden.

ABSCHNITT D

§§ 7, 8 – Absetzung für Abnutzung

1. Allgemeine Absetzung für Abnutzung

(2) Die einzig zulässige Form der Abschreibung ist nunmehr die lineare AfA. Die nach dem EStG 1972 möglichen Abschreibungsmethoden der degressiven AfA und der Leistungs-AfA sind nicht mehr zulässig. Die Bildung sogenannter Festwerte ist als besondere Bewertungsmethode anzusehen und somit von der Einschränkung der AfA-Methoden unberührt.

3. Besondere Formen der Absetzung für Abnutzung

3.1 Gebäude

(1) Bei Gebäuden sind nunmehr im § 8 Abs. 1 gesetzlich bestimmte AfA-Sätze vorgesehen. Diese Sätze gelten auch für Gebäude, die in gebrauchtem Zustand erworben wurden. Die AfA-Sätze können ohne Nachweis in Anspruch genommen werden. Sollen höhere AfA-Sätze angewendet werden, so ist die Nutzungsdauer nachzuweisen. Dies wird in aller Regel – insbesondere auch bei gebrauchten Gebäuden – durch ein Gutachten zu geschehen haben. Bei Gebäuden, die in Leichtbauweise errichtet werden und für die nach der bisherigen Verwaltungsübung eine kürzere Nutzungsdauer als 20 Jahre angenommen wurde (siehe Abschnitt 50a Abs. 3 EStR 1984), können höhere AfA-Sätze auch ohne Vorlage eines Gutachtens angesetzt werden. Niedrigere AfA-Sätze sind selbstverständlich ohne Vorlage eines Gutachtens möglich. Für andere unbewegliche Wirtschaftsgüter als Gebäude (z.B. gemauerte Maschinenumhüllungen) gelten die Sätze des § 8 Abs. 1 nicht.

(4) Unmittelbar der Betriebsausübung dienen insbesondere Gebäude, die in der Produktion (einschließlich der Herstellung geistiger Produkte), der Bearbeitung, der Lagerung und dem Verkauf eingesetzt werden. Die Branche, in der das Unternehmen tätig wird, ist unmaßgeblich.

Ein Gebäude dient insoweit nur mittelbar der Betriebsausübung, als es für Zwecke der eigenen Verwaltung, der Unterbringung betriebszugehöriger Arbeitnehmer zu Wohnzwecken, weiters als Urlaubs- oder Ferienheim, als Sport- oder Fitneßeinrichtung eingesetzt wird. Ob Dritten zu Nutzung überlassene Gebäude (gewillkürtes Betriebsvermögen) unmittelbar der Betriebsausübung dienen, ist anhand des Nutzungseinsatzes beim Dritten zu prüfen (Punkt 3.1 Abs. 3). Räumlichkeiten, die den rationalen Arbeitseinsatz von Arbeitnehmern fördern (z.B. Pausenräume, Werksküche und Essensräume, Sanitärräume, Waschräume) dienen hingegen unmittelbar der Betriebsausübung.

(7) Ändert sich der Verwendungszweck eines Gebäudes, so ist der AfA-Satz gegebenenfalls entsprechend umzustellen.

(8) Wird ein Gebäude gleichzeitig für mehrere der in den Abs. 2 bis 5 angeführten Zwecke genutzt, so sind dem

jeweiligen Nutzungsausmaß entsprechend mehrere AfA-Sätze anzuwenden. Zum selben Ergebnis gelangt man durch die Ermittlung eines AfA-Mischsatzes.

Beispiel

Ein Gebäude dient zu 60% der Lagerung von Waren und zu 40% der eigenen Verwaltung (Lohnbüro). Soweit das Gebäude der Lagerung dient, steht ein AfA-Satz von 4%, soweit es der eigenen Verwaltung dient, ein AfA-Satz von 2% zu. Der AfA-Mischsatz beträgt 3.2%.

(9) Befindet sich ein Gebäude zum einen Teil im Betriebsvermögen und zum anderen Teil im Privatvermögen des Steuerpflichtigen, so ist eine „isolierende" Betrachtung vorzunehmen. Auf den zum Betriebsvermögen gehörenden Gebäudeteil kann der dem Verwendungszweck entsprechende AfA-Satz im Sinne des § 8 Abs. 2 angewendet werden. Für den Gebäudeteil des Privatvermögens kann bei Erzielung von außerbetrieblichen Einkünften gemäß § 16 Abs. 1 Z 8 ein AfA-Satz von 1.5% angesetzt werden. Es ist kein AfA-Mischsatz zu ermitteln.

Beispiel

Ein Gebäude befindet sich zu 45% im Betriebsvermögen und dient in diesem Ausmaß unmittelbar der Betriebsausübung. Zu 55% ist das Gebäude im Bereich des Privatvermögens vermietet. Für den im Betriebsvermögen befindlichen Gebäudeanteil beträgt die AfA 4%, für den im Privatvermögen befindlichen Gebäudeanteil 1.5%. Es darf kein AfA-Mischsatz ermittelt werden.

(12) Kommt es bei einem Gebäude nachträglich zu aktivierungspflichtigen Aufwendungen, so erhöhen diese Aufwendungen den Restbuchwert. Dieser erhöhte Restbuchwert ist sodann auf die sich aus dem jeweiligen AfA-Satz ergebende Restnutzungsdauer abzuschreiben.

Beispiel

Ein Hotelgebäude wurde im Jänner 1989 mit einem Herstellungsaufwand von 2 Millionen Schilling fertiggestellt und sofort in Betrieb genommen. Der AfA-Satz beträgt 4%. Im Jänner 1997 wird in das Gebäude mit einem Herstellungsaufwand von 500.000 S eine Aufzugsanlage eingebaut.

Buchwert 1. Jänner 1997	1,360.000 S
Aufzugsanlage	500.000 S
neuer Restbuchwert	1,860.000 S

Dieser neue Restbuchwert ist auf die sich aus dem AfA-Satz von 4% ergebende Restnutzungsdauer, das sind 17 Jahre, aufzuteilen. Die AfA kann mit 4% von 2 Millionen Schilling und mit 5.9% von 500.000 S oder mit einem einheitlichen Satz von 5.9% von 1,860.000 S berechnet werden.

(13) Durch einen nachträglichen aktivierungspflichtigen Aufwand kann sich die Restnutzungsdauer eines Gebäudes verlängern. Dies ist insbesondere der Fall, wenn der Investitionsaufwand den Restbuchwert des Betriebsgebäudes übersteigt und die Restnutzungsdauer des Gebäudes kürzer ist als die für die Zusatzinvestition ermittelte Nutzungsdauer. Bei Zusatzinvestitionen, die den Charakter eines eigenständigen Gebäudeteils aufweisen (z.B. Aufstockung, An- und Zubauten), sind für die Ermittlung der Nutzungsdauer für die Zusatzinvestitionen die Sätze des § 8 Abs. 1 anwendbar, bei anderen Zusatzinvestitionen (Badezimmereinbau, Einbau von Aufzugsanlagen, Einbau von Heizungsanlagen) ist die Nutzungsdauer nach allgemeinen Kriterien zu ermitteln. Ist die Nutzungsdauer des Gebäudes bereits abgelaufen, dann sind die aktivierungspflichtigen Aufwendungen stets auf die für sie neu ermittelte Nutzungsdauer zu verteilen.

Beispiel 1

Ein Hotelgebäude wurde im Jänner 1989 mit einem Herstellungsaufwand von 2 Millionen Schilling fertiggestellt und sofort in Betrieb genommen. Der AfA-Satz beträgt 4%. Im Jänner 1997 wird das Gebäude mit einem Herstellungsaufwand von 1.5 Millionen Schilling aufgestockt.

Buchwert 1. Jänner 1997	1,360.000 S
Aufstockung	1,500.000 S
neuer Restbuchwert	2,860.000 S

Auf Gebäudeteile wie ein gesamtes Stockwerk ist ein AfA-Satz von 4% anzuwenden, die Nutzungsdauer beträgt also 25 Jahre. Die bisherige Restnutzungsdauer von 17 Jahren ist daher auf 25 Jahre zu verlängern. Auf den neuen Restbuchwert ist ein AfA-Satz von 4% anzuwenden.

ABSCHNITT F

§ 10 Investitionsfreibetrag

5 Verlustklausel

5.1 Allgemeine Funktionsweise

5.1.1 Beschränkung des Verlustausgleichs bzw. Verlustvortrags

(1) Gemäß § 10 Abs. 8 ist ein Verlust, der durch einen gewinnmindernd geltend gemachten Investitionsfreibetrag entsteht oder erhöht wird, insoweit weder ausgleichsfähig noch vortragsfähig. (sogenannte „Verlustklausel"). Die Verlustklausel gilt für sämtliche Rechtsformen, also für Einzelunternehmen, Personengesellschaften und Körperschaften. Die Anwendung der Verlustklausel ist eine Maßnahme der Einkommensermittlung. Die Gewinnermittlung bleibt hievon unberührt. Die Verlustklausel bezieht sich sowohl auf den horizontalen Verlustausgleich (Verlustausgleich zwischen mehreren Einkunftsquellen einer Einkunftsart) als auch auf den vertikalen Verlustausgleich (Verlustausgleich zwischen den einzelnen Einkunftsarten).

(2) Das Ausmaß des von der Verlustklausel betroffenen Verlustes ist in der Form zu errechnen, daß der gewinnmindernd geltend gemachte Investitionsfreibetrag „weggedacht" wird. Ergibt sich dabei ein positives Ergebnis, so ist der Teil

des Investitionsfreibetrages, der den Verlust bewirkt (also der gesamte Verlust), nicht ausgleichsfähig bzw. vortragsfähig.

Beispiel

Nach Abzug eines gewinnmindernd geltend gemachten Investitionsfreibetrages von 300.000 S ergibt sich ein Verlust von 175.000 S. Dieser Verlust ist zur Gänze weder ausgleichsfähig noch vortragsfähig.

Ergibt sich trotz „Wegdenkens" des Investitionsfreibetrages ein Verlust, so ist der Verlust im Ausmaß des darin enthaltenen Investitionsfreibetrages weder vortragsfähig noch ausgleichsfähig.

Beispiel

Nach Abzug eines gewinnmindernd geltend gemachten Investitionsfreibetrages von 300.000 S ergibt sich ein Verlust von 320.000 S. Dieser Verlust ist in Höhe des Investitionsfreibetrages, also zu 300.000 S, weder ausgleichsfähig noch vortragsfähig.

5.1.2 Verrechnung

(1) Soweit der Verlust aus einem Investitionsfreibetrag nicht ausgleichsfähig bzw. vortragsfähig ist, ist er mit künftigen Gewinnen aus dem Betrieb, also innerhalb der betreffenden Einkunftsquelle, zu verrechnen.

Beispiel

Im Jahr 1989 wurde ein Investitionsfreibetrag im Ausmaß von 200.000 S nicht gewinnwirksam. Der Gewinn des Jahres 1990 von 375.000 S ist im Zuge der Einkommensermittlung mit 200.000 S zu verrechnen und wird daher nur zu 175.000 steuerwirksam.

5.2 Besonderheiten bei Personengesellschaften

(1) Im Bereich der Personengesellschaften gelten die Aussagen des Punktes 5.1 in dem Sinn, daß die Ermittlung des nicht ausgleichsfähigen bzw. nicht vortragsfähigen Verlustes sowie die nachfolgende Verrechnung in dem dem jeweiligen Anteil entsprechenden Umfang vor sich gehen.

Beispiel

An der Gesellschaft A/B ist der Gesellschafter A zu 60% und der Gesellschafter B zu 40% beteiligt. Der Verlust des Jahres 1989 beträgt 600.000 S, in diesem Verlust ist ein Investitionsfreibetrag von 100.000 S enthalten. Der auf A entfallende Verlust von 360.000 S ist zu 300.000 S, der auf B entfallende Verlust von 240.000 S zu 200.000 S ausgleichsbzw. vortragsfähig. Beträgt der Gewinn der Gesellschaft im Jahre 1990 120.000 S, so hat A 60.000 S mit seinem Gewinnanteil von 72.000 S zu verrechnen und B 40.000 S mit seinem Gewinnanteil von 48.000 S.

(2) Haben die Gesellschafter einer Personengesellschaft neben ihrem Anteil am gemeinschaftlichen Ergebnis Betriebseinnahmen oder Betriebsausgaben im Sonderbetriebsvermögen, so ist die Verlustklausel erst nach dem Zusammenrechnen des Anteils am gemeinschaftlichen Ergebnis mit dem Ergebnis im Sonderbetriebsvermögen anzuwenden.

Beispiel

An der Gesellschaft C/D sind der Gesellschafter C und D zu je 50% beteiligt. Der gemäß § 188 BAO einheitlich und gesondert festzustellende Verlust beläuft sich auf 120.000 S. Dieser Verlust setzt sich folgendermaßen zusammen:

Gemeinschaftlicher Verlust	150.000 S
Tätigkeitsvergütung C	60.000 S
Sonderbetriebsausgabe D	30.000 S

Im gemeinschaftlichen Verlust ist ein Investitionsfreibetrag von 200.000 S enthalten, der somit zu je 100.000 S auf C und D entfällt. Es ist zuerst für beide Gesellschafter der jeweilige Anteil am gemeinschaftlichen Ergebnis mit dem jeweiligen Ergebnis im Sonderbetriebsvermögen zusammenzurechnen. Dabei entfällt auf C ein Verlust von 15.000 S und auf D ein Verlust von 105.000 S. Bei C wird der Investitionsfreibetrag zu 85.000 S steuerwirksam, der Verlust von 15.000 S ist nicht ausgleichs- bzw. vortragsfähig. Bei D ist der Verlust im Ausmaß von 100.000 S nicht ausgleichs- bzw. vortragsfähig.

5.3 Besonderheiten bei Körperschaften

(1) Die Verlustklausel gilt gemäß § 7 Abs. 2 KStG 1988 auch für Körperschaften. Dies auch dann, wenn es sich um eine Körperschaft im Sinne des § 7 Abs. 3 KStG 1988 handelt, bei der es aufgrund der Rechtsform zu keinem Verlustausgleich kommen kann. In diesen Fällen erschöpft sich die Bedeutung der Verlustklausel im Ausschluß vom Verlustvortrag, wobei allerdings eine Verrechnung mit künftigen Gewinnen vorzunehmen ist.

(2) Bei der Zurechnung des Gewinnes (Verlustes) einer Organgesellschaft an den Organträger kommt die Verlustklausel als Maßnahme der Einkommensermittlung nicht zum Zug. Dies gilt unabhängig davon, ob der Verlust beim Organträger oder bei der Organgesellschaft auftritt.

Beispiel

Der Verlust 1990 der Organgesellschaft beläuft sich nach Abzug eines Investitionsfreibetrages von 750.000 S auf 2 Millionen Schilling. Der Gewinn 1990 des Organträgers beträgt 5 Millionen Schilling. Der Investitionsfreibetrag wird 1990 zur Gänze steuerlich wirksam. Der Einkommensermittlung für den Organkreis ist ein Gesamtergebnis von 3 Millionen Schilling zugrunde zu legen.

Beispiel

Der Verlust 1990 der Organgesellschaft beträgt 6,5 Millionen Schilling. Der Gewinn 1990 des Organträgers beläuft sich nach Abzug eines Investitionsfreibetrages von 400.000 S auf 1,5 Millionen Schilling. Der Gesamtverlust von 5 Millionen Schilling ist zu 4,6 Millionen Schilling ein vortragsfähiger Verlust und zu 400.000 S ein verrechenbarer Verlust.

Rentenbesteuerung

(Erlaß der BMfF vom 14. Dezember 1999, Z. 14 0666/2-IV/14/99)

Mit der Neufassung der §§ 16 Abs. 1 Z 1, 18 Abs. 1 Z 1, 20 Abs. 1 Z 4 und 29 Z 1 EStG 1988 wird zunächst sichergestellt, daß das in der Rechtsprechung bereits vor Jahrzehnten herausgearbeitete Instrument der Versorgungsrente im Zusammenhang mit der Übertragung betrieblicher Einheiten beibehalten wird. Die Übertragung von – außerbetrieblichen oder betrieblichen – Einzelwirtschaftsgütern wird hingegen ab dem Jahr 2000 neu geregelt.

1. Klassifizierung von Renten

1.1 Allgemeines

Wie bisher ist für die Klassifizierung der Rente vom **Verkehrswert** des übertragenen Einzelwirtschaftsgutes oder – bei betrieblichen Einheiten (Betrieb, Teilbetrieb, Mitunternehmeranteil) – von der **Summe aller Teilwerte einschließlich selbstgeschaffener unkörperlicher Wirtschaftsgüter** auszugehen **(=100%)**. Dem ist der versicherungsmathematisch kapitalisierte Rentenbarwert zuzüglich allfälliger Einmalbeträge gegenüberzustellen. Die Kapitalisierung nach § 16 BewG 1955 ist für die Einstufung der Rente jedenfalls unbeachtlich.

1.2 Barwertberechnung

1.2.1 System

Bei der Kapitalisierung nach versicherungsmathematischen Grundsätzen sind alle zukünftig möglichen Rentenzahlungen in abgezinster Form und unter Berücksichtigung der Wahrscheinlichkeit des Anfallens zu addieren. Für die Wahrscheinlichkeitsberechnung ist von den bei Abschluß der Rentenvereinbarung zuletzt veröffentlichten Sterbetafeln auszugehen (siehe auch INFO Teil am Buchende!)

1.2.2 Diskontierungszinsfuß

Bei der Wahl des Diskontierungszinsfußes darf nicht willkürlich vorgegangen werden. Das Gebot der Rechtssicherheit verlangt die Orientierung an einer entsprechende Größe (VwGH 17.9.1975, 498/75). Für diese Orientierung ist das allgemeinen Steuerrecht maßgeblich und es ist der Zinsfuß des Bewertungsgesetzes 1955 von 5,5% heranzuziehen.

1.2.3 Wertsicherungsklauseln

Der Zinsfuß von 5,5% ist auch beizubehalten, wenn Wertsicherungsklauseln vereinbart wurden. Diese möglichen Werterhöhungen dürfen jedoch nicht unberücksichtigt bleiben. Sie sind aber nicht über den Zinsfuß, sondern bei der Höhe der einzelnen Rentenzahlung zu berücksichtigen. Dabei ist je nach vereinbarten Wertsicherungsparametern grundsätzlich von vergangenen Entwicklungen auf die Zukunft zu schließen. Ein Abgehen davon ist nur dann zulässig, wenn bei Abschluß des Rentenvertrages (statische Betrachtung) eine konkrete andere Entwicklung für die den Rentenvertrag abschließenden Personen erkennbar war.

2. Rententypen

2.1 Rentenvereinbarungen aus Anlaß der Übertragung von Betrieben, Teilbetrieben und Mitunternehmeranteilen

Durch die ausdrückliche gesetzliche Umschreibung der außerbetrieblichen Versorgungsrente in § 18 Abs. 1 Z 1 und in § 29 Z 1 EStG 1988 wird die bisherige Form der Rentenbesteuerung beibehalten. Auf dieser Basis sind folgende Rententypen zu unterscheiden:

2.1.1 Die Kaufpreisrente

Der versicherungsmathematische Wert des Bezuges (der Rente) stellt im Wesentlichen eine angemessene Gegenleistung für die Übertragung eines Betriebes, Teilbetriebes oder Mitunternehmeranteils dar. Dies ist in Anlehnung an die bisherige Rechtsauslegung dann anzunehmen, wenn der versicherungsmathematisch kapitalisierte Rentenbarwert zuzüglich allfälliger Einmalbeträge bezogen auf den Wert (Tz 1.2) des übertragenen Betriebsvermögens

nicht weniger als 75% und
nicht mehr als 125%

beträgt (vgl VwGH 28.4.1987, 86/14/0175). Diese Bandbreite kommt in §§ 18 Abs. 1 Z 1 und 29 Z 1 EStG 1988 indirekt dadurch zum Ausdruck, daß erst bei einem Abweichen der Angemessenheit der Gegenleistung grundsätzlich eine außerbetriebliche Versorgungsrente (siehe Tz 2.1.2) anzunehmen ist. Kaufpreisrenten führen beim Veräußerer der betrieblichen Einheit zu einem Veräußerungsgewinn im Sinn des § 24 EStG 1988 und beim Erwerber zu einem Betriebserwerb im Sinn des § 6 Z 8 lit b EStG 1988.

2.1.2 Die außerbetriebliche Versorgungsrente

Es handelt sich dabei um jenen Rententyp, bei dem der versicherungsmathematische Wert des wiederkehrenden Bezuges keine angemessene Gegenleistung für die Übertragung eines Betriebes, Teilbetriebes oder Mitunternehmeranteils darstellt. Dies ist in Anlehnung an die bisherige Rechtsauslegung dann anzunehmen, wenn der versicherungsmathematisch kapitalisierte Rentenbarwert zuzüglich allfälliger Einmalbeträge bezogen auf den Wert (Tz 1.2) des übertragenen Betriebsvermögens

weniger als 75% oder
mehr als 125% (siehe oben zur Kaufpreisrente),
aber nicht mehr als 200% (siehe Tz 2.1.3.)

beträgt und eine subjektive Versorgungsabsicht vorliegt (nahe Angehörige, kein „Irrtum“ über den Wert). Bei Vorliegen einer außerbetrieblichen Versorgungsrente liegt eine unentgeltliche Übertragung der betrieblichen Einheit vor. Der Rechtsnachfolger führt die Buchwerte fort (§ 6 Z 9 lit. a EStG 1988). Die vom Rechtsnachfolger geleisteten Renten sind bei ihm (wie nach bisheriger Rechtslage) nach § 18 Abs. 1 Z 1 EStG 1988 als Sonderausgaben abzuziehen, die vom Rechtsvorgänger vereinnahmten Renten sind bei ihm (ebenfalls wie nach bisheriger Rechtslage) als Einkünfte iSd § 29 Z 1 EStG 1988 anzusetzen.

Beispiel

Ein Betrieb wird gegen eine monatliche Leibrente von 15.000 S unter nahen Angehörigen übertragen. Der Rentenbarwert beträgt 2,4 Mio. S. Der Wert des Betriebsvermögens beträgt 4 Mio. S.

Die Rente stellt eine Versorgungsrente dar, da der Rentenbarwert bezogen auf den Wert des übertragenen Betriebsvermögens lediglich 60% beträgt und damit keine angemessene Gegenleistung für die Betriebsübertragung darstellt. Da der Rentenvereinbarung keine betrieblichen Gründe („Pensionsleistung“ für den ehemaligen Betriebsinhaber) zugrunde liegen, stellt die Rente eine außerbetriebliche Versorgungsrente dar, die beim Zahler sofort zu Sonderausgaben und beim Empfänger sofort zu wiederkehrenden Bezügen führt. Die Betriebsübertragung stellt eine unentgeltliche Übernahme iSd § 6 Z 9 lit. a EStG 1988 dar.

2.1.3 Die Unterhaltsrente

Diese Rente ist dadurch charakterisiert, daß wegen des hohen Rentenbarwertes der Zusammenhang zwischen Übertragung und Rentenvereinbarung wirtschaftlich bedeutungslos ist. Davon ist im Sinn der bisherigen Rechtsauslegung dann auszugehen, wenn sich der versicherungsmathematisch kapitalisierte Rentenbarwert zuzüglich allfälliger Einmalbeträge bezogen auf den Wert (Tz 1.2) des übertragenen Betriebsvermögens **auf mehr als 200%** beläuft. §§ 18 Abs. 1 Z 1 und 29 Z 1 EStG 1988 normieren nunmehr ausdrücklich, dass auf diese Renten § 20 Abs. 1 Z 4 erster Satz EStG 1988 anzuwenden ist. Bei diesem Rententyp liegt eine unentgeltliche Übertragung des Betriebsvermögens vor. Der Rechtsnachfolger führt die Buchwerte fort (§ 6 Z 9 lit. a EStG 1988). Die vom Rechtsnachfolger geleisteten Renten sind bei ihm (wie nach bisheriger Rechtslage) keine nach § 18 Abs. 1 Z 1 EStG 1988 abzugsfähigen Sonderausgaben, die vom Rechtsvorgänger vereinnahmten Renten sind bei ihm (ebenfalls wie nach bisheriger Rechtslage) nicht als Einkünfte iSd § 29 Z 1 EStG 1988 anzusetzen.

2.1.4 Die betriebliche Versorgungsrente

Die in §§ 18 Abs. 1 Z 1 sowie 29 Z 1 EStG 1988 jeweils verwendete Wortfolge „...wenn keine Betriebsausgaben vorliegen ...“ bzw „...wenn sie keine Betriebseinnahmen darstellen...“ bringt zum Ausdruck, daß die betriebliche Versorgungsrente von der Neuregelung unberührt bleibt. Bei der betrieblichen Versorgungsrente handelt es sich im Sinn der bisherigen Rechtsprechung und Verwaltungspraxis um Renten, die für die Verdienste des ehemaligen Betriebsinhabers bei der seinerzeitigen Führung des übertragenen Betriebs (Teilbetriebs, Mitunternehmeranteils) nach Art einer „Pension“ ausbezahlt werden. Die Betriebsübertragung erfolgt in diesen Fällen unentgeltlich (§ 6 Z 9 lit. a EStG 1988). Die Renten sind als Betriebsausgaben abzugsfähig und beim Empfänger als nachträgliche Betriebseinnahmen iSd § 32 Z 2 EStG 1988 steuerpflichtig.

Beispiel

Ein Betrieb wird gegen eine monatliche Leibrente von 15.000 S (unter Fremden) übertragen. Die Rente soll der Versorgung des bisherigen Betriebsinhabers nach seiner Aktivzeit dienen und ist betrieblich begründet. Der Rentenbarwert beträgt 2,4 Mio. S. Der Wert des Betriebsvermögens beträgt 4 Mio. S.

Die Rente stellt eine Versorgungsrente dar, da der Rentenbarwert bezogen auf den Wert des übertragenen Betriebsvermögens lediglich 60% beträgt und damit keine angemessene Gegenleistung für die Betriebsübertragung darstellt. Da der Rentenvereinbarung betriebliche Gründe („Pensionsleistung“ für den ehemaligen Betriebsinhaber) zugrundeliegen, stellt die Rente eine betriebliche Versorgungsrente dar, die beim Zahler sofort zu Betriebsausgaben und beim Empfänger sofort zu nachträglichen betrieblichen Einkünften iSd § 32 Z 2 EStG 1988 führt. Die Betriebsübertragung stellt eine unentgeltliche Übernahme iSd § 6 Z 9 lit. a EStG 1988 dar.

2.2 Rentenvereinbarungen aus Anlaß der Übertragung einzelner Wirtschaftsgüter

Diese Vereinbarungen sind in erster Linie von der ab der Veranlagung 2000 eintretenden Neuregelung betroffen.

In diesen Bereich fallen sowohl Wirtschaftsgüter des Privatvermögens, und zwar unabhängig davon, ob sie zur Erzielung von (außerbetrieblichen) Einkünften genutzt oder „absolut privat“ verwendet werden, als auch Einzelwirtschaftsgüter des Betriebsvermögens. Die gegenüber der Übertragung von Betrieben, Teilbetrieben und Mitunternehmeranteilen unterschiedliche Systematik liegt darin, daß es in diesem Bereich keine außerbetriebliche Versorgungsrente gibt. Es wird lediglich zwischen der Kaufpreisrente und der Unterhaltsrente unterschieden. Die Abgrenzung nimmt § 20 Abs. 1 Z 4 zweiter Satz EStG 1988 in zwei Richtungen vor:

2.2.1 Kaufpreis- oder Unterhaltsrente bei Rentenbarwert „unter 100%“

Unterschreitet der versicherungsmathematisch kapitalisierte Rentenbarwert zuzüglich allfälliger Einmalbeträge den Wert (Tz 1.2) des übertragenen Wirtschaftsgutes, so entscheidet das Überwiegen (vgl zB VwGH 19.10.1987, 86/15/0097). Beträgt er **mindestens die Hälfte** des Wertes (Tz 1.2) des übertragenen Wirtschaftsgutes, so liegt insgesamt eine **Kaufpreisrente** vor, **weniger als die Hälfte**, ist insgesamt von einer – steuerlich irrelevanten – **Unterhaltsrente** auszugehen; es liegt eine unentgeltliche Übertragung des Wirtschaftsgutes vor.

2.2.2 Gemischte Kaufpreis/Unterhaltsrente oder Unterhaltsrente bei Rentenbarwert „über 100%"

Überschreitet der versicherungsmathematisch kapitalisierte Rentenbarwert zuzüglich allfälliger Einmalbeträge den Wert (Tz 1.2) des übertragenen Wirtschaftsgutes um mehr als 25%, so ist die **Rente aufzuspalten.** Jener Teil der Rente, der auf den angemessenen Teil entfällt, stellt eine Kaufpreisrente dar. Der andere – auf den „Überschreitungsteil" entfallende – Teil der Rente ist als Unterhaltsrente weder nach § 18 Abs. 1 Z 1 EStG 1988 abzugsfähig noch nach § 29 Z 1 EStG 1988 steuerpflichtig. Es ist dabei von einer entgeltlichen Übertragung des Wirtschaftsgutes auszugehen, wobei sowohl als Veräußerungserlös als auch als Anschaffungskosten der angemessene Teil des Rentenwertes, also die Kaufpreisrente anzusetzen ist.

Überschreitet der versicherungsmathematisch kapitalisierte Rentenbarwert zuzüglich allfälliger Einmalbeträge den Wert (Tz 1.2) des übertragenen Wirtschaftsgutes um mehr als 200%, so liegt wegen wirtschaftlicher Bedeutungslosigkeit des Zusammenhangs zwischen der Übertragung des Wirtschaftsgutes und der Rentenzusage **insgesamt** eine steuerlich irrelevante **Unterhaltsrente** vor. Es handelt sich dann um eine unentgeltliche Übertragung des Wirtschaftsgutes.

Beispiel

Ein privates Gebäude wird gegen eine Leibrente von monatlich 30.000 S übertragen. Die Rente soll erstmals ab Erreichen des 60. Lebensjahres des/der Rentenberechtigten bezahlt werden. Der **Verkehrswert** des Gebäudes beträgt **3 Mio. S.**

Der Kapitalisierungsfaktor nach § 16 Abs. 2 BewG 1955 beträgt für mehr als 60-Jährige 9, der gemäß § 16 BewG 1955 i.V.m. §§ 18 Abs. 1 Z 1 und 29 Z 1 EStG 1988 kapitalisierte Wert beträgt daher

Jahreswert: 360.000 S (12 x 30.000 S) x 9 =
Kapitalwert: 3,240.000 S

a) Der Rentenbarwert beträgt 3,75 Mio. S (männlicher Rentenberechtigter)

Der versicherungsmathematisch kapitalisierte Rentenbarwert (3,75 Mio. S) beträgt 125% des Verkehrswertes des übertragenen Gebäudes (3 Mio. S). Die Rente stellt eine (noch) angemessene Gegenleistung für die Übertragung des Gebäudes dar. Überschreiten die Rentenzahlungen (Rentenempfänger) den nach § 16 BewG 1955 (auf den Zeitpunkt des Beginns der Rentenzahlungen, siehe Tz 5) kapitalisierten Rentenbarwert von 3,240.000 S, so liegen ab diesem Zeitpunkt beim Zahler Sonderausgaben und beim Empfänger wiederkehrende Bezüge vor. Wird das Gebäude zur Erzielung von außerbetrieblichen Einkünften genutzt, liegen ab diesem Zeitpunkt Werbungskosten vor.

b) Der Rentenbarwert beträgt 3,9 Mio. S (weibliche Rentenberechtigte)

Der versicherungsmathematisch kapitalisierte Rentenbarwert (3,9 Mio. S) beträgt 130% des Verkehrswertes des übertragenen Gebäudes (3 Mio. S). Die Rente stellt keine angemessene Gegenleistung mehr für die Übertragung des Gebäudes dar. Damit ist die Rente wie folgt aufzusplitten:

100/130 (= ca 0,77 = 77%) ist Kaufpreisrente,
30/130 (= ca 0,23 = 23%) ist Unterhaltsrente.

In diesem Verhältnis wird nun der nach § 16 BewG 1955 (auf den Zeitpunkt des Beginns der Rentenzahlungen, siehe Tz 5) kapitalisierte Rentenbarwert von 3,240.000 S aufgeteilt:

3,240.000 x 77% = 2,494.800 S
3,240.000 x 23% = 745.200 S.

Im selben Verhältnis sind auch die Rentenzahlungen aufzuteilen:

30.000 x 77% = 23.100 S: In diesem Ausmaß liegt eine Kaufpreisrente vor. In dem Zeitpunkt, in welchem die Rentenzahlungen (Rentenempfänge) – bezogen auf diese 23.100 S – den Betrag von 2.494.800 S überschreiten, liegen beim Zahler Sonderausgaben (gegebenenfalls Werbungskosten) und beim Empfänger wiederkehrende Bezüge vor.

30.000 x 23% = 6.900 S: In diesem Ausmaß stellen die Rentenzahlungen steuerlich nicht relevante Unterhaltsrenten dar.

7.2 Übertragung einzelner (außer)betrieblicher Wirtschaftsgüter gegen Rente

Die neue Rechtslage gilt auch für vor dem 1. Jänner 2000 abgeschlossenen Verträge.

Euro-Einführungserlaß AÖF 1999/19

(Erlaß des BM für Finanzen vom 11. Dezember 1998, Z 14 0106/105-IV/14/98)

Ab 1. Jänner 1999 ist der Euro die gemeinsame Währung der Wirtschafts- und Währungsunion (WWU). In der Übergangsphase 1. Jänner 1999 bis 31. Dezember 2001 stellen der österreichische Schilling – ebenso wie die anderen zehn nationalen Währungen – nur mehr unrunde Untereinheiten (Denominationen) dieser gemeinsamen Währung dar. Ab 1. Jänner 2002 bis längstens 30. Juni 2002 ist der Schilling keine Währungsuntereinheit mehr, sondern lediglich ein gesetzliches Zahlungsmittel.

2. Führung von Büchern und Aufzeichnungen

2.1 Allgemeines

Buchführungspflichtige nach HGB bzw. § 124 BAO:

In der Übergangsphase 1. Jänner 1999 bis 31. Dezember 2001 können die Bücher und Aufzeichnungen wahlweise in Schilling oder in Euro geführt werden. Ab 1. Jänner 2002 sind sie zwingend in Euro zu führen. Der Zeitpunkt der Umstellung der Buchführung von Schilling auf Euro kann im Übergangszeitraum (1. Jänner 1999 bis 31. Dezember 2001) frei gewählt werden (§ 7 Schillinggesetz idF BGB1.1 Nr. 60/1998).

Buchführungspflichtige nach § 125 BAO, freiwillig Buchführende, Einnahmen-Ausgabenrechner, Überschußrechner

Das Schillinggesetz gilt im wesentlichen nur für Vollkaufleute. Alle anderen Abgabepflichtigen unterliegen keinen besonderen Bestimmungen über die Währung, in der sie ihre Bücher oder Aufzeichnungen zu führen haben.

2.2 Behandlung von Rundungsdifferenzen

Im Zuge der Euro-Umrechnung kommt es infolge der – zwingenden – Anwendung der Umrechnungs und Rundungsvorschriften zu Rundungsdifferenzen.

Die Umrechnungsdifferenzen sind aus steuerlicher Sicht erfolgswirksam zu erfassen.

2.3 Einzelaspekte der Umstellung von Büchern und Aufzeichnungen

2.3.1 Umstellung der Anlagenbuchführung (des Anlagenverzeichnisses)

Für die Umstellung der Anlagenbuchführung (bzw. des Anlagenverzeichnisses beim Einnahmen-Ausgaben-Rechner) ist es aus steuerlicher Sicht nicht erforderlich, jeden bisher erfaßten Betrag umzurechnen. Es bestehen keine Bedenken, nur den letzten Schilling-Buchwert in Euro (im Sinne der kleinen Euro-Verordnung) umzurechnen und den Euro-Buchwert auf die Restlaufzeit zu verteilen.

3.2 Behandlung von Euro-Umstellungsaufwendungen

3.2.1 Verbot der Bildung von Rückstellungen

Rückstellungen im Zusammenhang mit Aufwendungen für die Währungsumstellung auf den Euro sind nach Art. 3 § 2 des 1. Euro-Finanzbegleitgesetzes nicht zulässig. Da dieses Rückstellungsverbot nur klarstellenden Charakter hat, ist es auch für vergangene Veranlagungszeiträume wirksam.

Ist aus anderen Gründen eine Verbindlichkeitsrückstellung zu bilden, so ist eine allfällige erhöhte Kostenbelastung durch die Umstellung auf den Euro im Rahmen dieser anderen Rückstellung zu berücksichtigen (dies kann z.B. bei der Rückstellung für Jahresabschlußkosten der Fall sein).

3.2.2 Aktivierungsverbot für selbst hergestellte unkörperliche Wirtschaftsgüter

Handelsrechtlich wurde die Möglichkeit geschaffen, Aufwendungen für die Währungsumstellung auf Euro als Aktivposten auszuweisen, soweit es sich um selbstgeschaffene immaterielle Vermögensgegenstände des Anlagevermögens handelt. Die aktivierten Beträge sind für jedes Geschäftsjahr zu mindestens einem Fünftel abzuschreiben.

Auch wenn diese Aufwendungen handelsrechtlich nicht als „Vermögensgegenstand" aktiviert werden dürfen, ändert dies nichts daran, daß es sich um Aufwendungen für einen selbstgeschaffenen immateriellen Vermögensgegenstand handelt. Steuerrechtlich geht daher jedenfalls das bestehende Aktivierungsverbot des § 4 Abs. 1 EStG 1988 vor. Eine in der Handelsbilanz vorgenommene Aktivierung ist daher für Zwecke der Steuerbilanz wieder rückgängig zu machen.

3.3 Sonstige ertragsteuerliche Aspekte

Scheiden Wirtschaftsgüter euro-bedingt vor Ablauf der ursprünglichen Nutzungsdauer aus dem Betriebsvermögen im Inland aus, so kann dieses Ausscheiden zu folgenden Auswirkungen führen:

- Scheidet ein Vermögenswert vor Ablauf der vierjährigen Behaltefrist (§ 10 Abs. 9 EStG 1988) Euro-bedingt aus dem Betriebsvermögen aus, so wird dieses Ausscheiden als „behördlicher Eingriff" gewertet; eine Nachversteuerung des Investitionsfreibetrages hat daher zu unterbleiben. Ab 1998 ist die für die Geltendmachung des Investitionsfreibetrages erforderliche Nutzungsdauer von vier Jahren (§ 10 Abs. 2 EStG 1988) unter Einbeziehung der durch die Euro-Umstellung geschaffenen Verhältnisse zu ermitteln.
- Sollte ein Wirtschaftsgut euro-bedingt vor Ablauf der für die Übertragung stiller Reserven erforderlichen Behaltefrist (in der Regel sieben Jahre, § 12 Abs. 2 EStG 1988) veräußert werden, können die dabei aufgedeckten stillen Reserven ungeachtet dessen nach Maßgabe des § 12 EStG 1988 übertragen werden. Auch in diesem Fall ist von einem in der Euro-Einführung gelegenen behördlichen Eingriff auszugehen.

Steuerliche Behandlung von Besserungsvereinbarungen

(Erl. d. BM. f. Finanzen vom 28. November 1990, Z 06 0453/I-IV/6/90)

1. Begriff der Besserungsvereinbarung

Es sind darunter Vereinbarungen zu verstehen, wonach ein Kapitalnehmer mit Kapital ausgestattet wird, das er dem Kapitalgeber nur im Fall seiner „Besserung" zurückzahlen muß, kann dabei als (Wieder-)Eintritt in die Gewinnzone bzw. als Erreichen bestimmter betriebswirtschaftlicher Parameter (z.B. Erreichen einer bestimmten Eigenkapitalquote) definiert sein. Die Hingabe des Kapitals kann im wesentlichen erfolgen in Form

- einer betrieblich veranlaßten Kapitalhingabe
- eines Forderungsnachlasses
- einer im Gesellschaftsverhältnis begründeten Hingabe von Kapital an Körperschaften

2. Betrieblich veranlaßte Kapitalhingabe

2.1 Allgemeine Aktivierungspflicht

Aus § 6 EStG 1988 ist abzuleiten, daß für die Steuerbilanz einer allgemeine Aktivierungspflicht besteht. Wirtschaftsgüter sind daher in der Steuerbilanz zwingend auszuweisen, sofern nicht von diesem zwingenden Ausweis ausdrücklich Ausnahmen vorgesehen sind (z.B. Aktivierungsverbot gem. § 4 Abs. 1 vorletzter Satz EStG 1988 bei geringwertigen Wirtschaftsgütern, Aktivierungswahlrecht gem. § 13 EStG 1988 bei geringwertigen Wirtschaftsgütern). Dies gilt als zwingender Grundsatz des Steuerrechts auch dann, wenn sich nach handelsrechtlichen Vorschriften für die Handelsbilanz ein Aktivierungsverbot oder ein Aktivierungswahlrecht ergibt (z.B. Aktivierungswahlrecht beim Firmenwert gem. § 133 Abs. 5 AktG bzw. gem. § 203 Abs. 5 HGB).

2.2 Aktivierungspflicht für den Besserungsanspruchs

Der Besserungsanspruch ist gem. § 6 Z 2 lit. a EStG 1988 ungeachtet eines ausgesprochenen Verzichts auf Rückzahlung des Besserungskapitals grundsätzlich mit den Anschaffungskosten anzusetzen. Der grundsätzliche Ansatz der Anschaffungskosten ist deshalb gerechtfertigt, weil nach allgemeinen kaufmännischen Grundsätzen nicht davon auszugehen ist, daß Aufwendungen ohne Erhalt eines Gegenwertes getätigt werden. Der Ansatz des niedrigeren Teilwertes käme im Jahr der Anschaffung nur dann zum Zug, wenn der Gläubiger nachweist, daß ein angenommener Erwerber des Betriebes unter Annahme der Betriebsfortführung für den Besserungsanspruch weniger ansetzte als die Anschaffungskosten.

Angemessenheitsprüfung bei den im § 20 Abs. 1 Z. 2 lit. b EStG 1988 und § 12 Abs. 1 Z. 2 KStG 1988 genannten Aufwendungen und Ausgaben

(Erl. d. BM. f. Finanzen vom 28. September 1990, Z 14 0602/8-IV/14/90)

1. Gegenstand der Angemessenheitsprüfung (§ 20 Abs. 1 Z 2 lit. b)

(1) Gemäß § 20 Abs. 1 Z 2 lit. b ist für bestimmte, dem Grunde nach betrieblich oder beruflich veranlaßte Aufwendungen oder Ausgaben eine besondere Angemessenheitsprüfung vorzunehmen. Die Angemessenheitsprüfung beschränkt sich auf Aufwendungen im Zusammenhang mit Personen- und Kombinationskraftwagen, Personenluftfahrzeugen, Sport- und Luxusbooten, Jagden, geknüpften Teppichen, Tapisserien und Antiquitäten. Bei anderen als den genannten Wirtschaftsgütern ist eine Angemessenheitsprüfung nicht vorzunehmen.

(2) Dienen die im § 20 Abs. 1 Z 2 lit. b angeführten Gegenstände unmittelbar der Betriebsausübung, so ist keine Angemessenheitsprüfung vorzunehmen. Eine Angemessenheitsprüfung unterbleibt daher insbesondere in folgenden Fällen:

- Die Wirtschaftsgüter sind Gegenstand des Umlaufvermögens.
- Flugzeuge, Sport- oder Luxusboote, Kraftfahrzeuge werden zur gewerblichen Personenbeförderung verwendet oder gewerblich vermietet.
- Sportboote werden in einer Wasserschischule oder in einer Segelschule eingesetzt.
- Ein Schloßhotel wird unter Verwendung von Antiquitäten als Einrichtungsgegenstände betrieben.

4.1 Personen- und Kombinationskraftwagen

(1) Aufwendungen bzw. Ausgaben im Zusammenhang mit der Anschaffung eines Personen- oder Kombinationskraftwagens sind insoweit angemessen, als die Anschaffungskosten 467.000 S (inklusive Umsatzsteuer) nicht übersteigen. Höhere Anschaffungskosten sind im Regelfall nicht abzugsfähig. Dem entspricht, daß bei Überlassung des Fahrzeuges an den Arbeitnehmer kein höherer Sachbezugswert als 1,5% der Anschaffungskosten von 467.000 S pro Monat – also maximal 7.000 S – zugerechnet wird.

(2) Die Anschaffungskosten umfassen auch alle Kosten für Sonderausstattungen (z.B. Klimaanlage, Alufelgen, Sonderlackierung, Antiblockiersystem, Airbag, Allradantrieb, Hochgeschwindigkeitsreifen usw.). Derartige Zusatzkosten erhöhen daher nicht die Obergrenze der Anschaffungskosten. Die Anschaffungskosten umfassen hingegen nicht die Kosten eines Autotelefons.

(3) Bei Fahrzeugen, die in gebrauchtem Zustand angeschafft wurden, hat die Kürzung der Aufwendungen (Anschaffungskosten) aufgrund der Verhältnisse zum Zeitpunkt der Erstzulassung dieses Fahrzeuges zu erfolgen. Die Kürzung ist daher vorzunehmen, wenn der Neupreis dieses Fahrzeuges über 467.000 S liegt. Bei Fahrzeugen, die mehr als fünf Jahre nach ihrer Erstzulassung angeschafft werden, sind die tatsächlichen Anschaffungskosten des Gebrauchtfahrzeuges maßgeblich.

Beispiel

Ein drei Jahre alter PKW wird gebraucht um 300.000 S angeschafft. Der Neupreis zum Zeitpunkt der Erstzulassung betrug 700.000 S. Die Anschaffungskosten sind daher um 1/3 zu kürzen. Die AfA-Basis beträgt daher 200.000 S.

(4) Abs. 1 bis 3 ist auch bei Leasingfahrzeugen anzuwenden. Betragen die Anschaffungskosten eines Leasingfahrzeuges mehr als 467.000 S, ist die Leasingrate nicht absetzbar. Dabei ist von jenen Anschaffungskosten auszugehen, die der Berechnung der Leasingrate zugrunde gelegt wurden. Ist dieser Wert nicht bekannt, so ist der Neupreis heranzuziehen.

Beispiel

Die Preisbasis für die Berechnung der Leasingrate eines PKW beträgt 700.000 S. Die Leasingrate beträgt monatlich

15.000 S inkl. USt. Die Leasingrate ist im selben Verhältnis wie die Anschaffungskosten zu kürzen. Im gegenständlichen Beispiel beträgt die Kürzung ein Drittel, die Leasingrate ist daher in Höhe von 10.000 S abzugsfähig.

(5) Bei kurzfristiger Anmietung (höchstens 21 Tage) eines Fahrzeuges für betriebliche Zwecke (z.B. Leihwagen zur Betreuung eines Kunden) ist keine Angemessenheitsprüfung vorzunehmen.

(6) Eine Kürzung der Betriebskosten ist nur dann vorzunehmen, wenn für ein Fahrzeug, bei dem die Anschaffungskosten bzw. Leasingraten zu kürzen sind, aufgrund seiner gehobenen Ausstattung tatsächlich höhere Kosten (z.B. höhere Servicekosten) anfallen. Wertabhängige Kosten (z.B. Kosten einer Kaskoversicherung, Zinsen) sind jedenfalls zu kürzen.

4.2 Personenluftfahrzeuge

4.3 Sport- und Luxusboote

4.4 Jagd

Die Aufwendungen für eine Jagd sind nur dann dem Grunde nach angemessen, wenn ein unmittelbarer Zusammenhang mit der betrieblichen Tätigkeit vorliegt. Dies wird etwa beim Betrieb eines Jagdhotels oder dann der Fall sein, wenn eine Jagd aufgrund forstgesetzlicher Vorschriften in Verbindung mit einem land- oder forstwirtschaftlichen Betrieb bewirtschaftet wird. Andernfalls sind die Aufwendungen für eine Jagd nicht abzugsfähig, und zwar auch dann nicht, wenn der Steuerpflichtige den Abschuß des Wildes Gästen oder seinen Arbeitnehmern überläßt und selbst kein Wild abschießt. Der Umstand, daß Jagdeinladungen zur Anbahnung und Unterhaltung von Geschäftsbeziehungen nützlich sein können, ist unbeachtlich.

4.5 Geknüpfte Teppiche und Tapisserien

Aufwendungen für ausschließlich betrieblich genutzte geknüpfte Teppiche oder Tapisserien (z.B. in einem Konferenzraum oder Büro) sind regelmäßig dem Grunde nach angemessen. Bei einem im Wohnungsverband gelegenen, wenn auch steuerlich anzuerkennenden Arbeitszimmer ist vom Überwiegen des privaten Interesses an einem wertvollen Einrichtungsgegenstand auszugehen; geknüpfte Teppiche oder Tapisserien sind in diesem Fall der außerbetrieblichen Sphäre zuzurechnen.

4.5.2 Angemessenheit der Höhe nach

Die Aufwendungen für geknüpfte Teppiche und Tapisserien sind jedenfalls insoweit angemessen, als die Anschaffungskosten pro Quadratmeter 10.000 S nicht übersteigen. Höhere Anschaffungskosten pro Quadratmeter Fläche eines Teppichs sind ein Hinweis auf eine besonders aufwendige Herstellungsart bzw. eine kunstgewerbliche Ausführung oder künstlerische Gestaltung; sie sind daher im Regelfall als unangemessen auszuscheiden. Reparaturen, Versicherungsaufwendungen usw. sind hinsichtlich des unangemessenen Teiles der Anschaffungskosten nicht absetzbar.

Bei handgeknüpften Wollteppichen, die einer technischen Abnutzung unterliegen (z.B. weil sie begangen werden), ist im Regelfall von einer Nutzungsdauer von mindestens 20 Jahren auszugehen. Wandteppiche und Tapisserien unterliegen keiner Abnutzung.

4.6 Antiquitäten

Als Antiquitäten gelten Gegenstände, denen ein besonderer Altertumswert zukommt. Gegenstände, die älter als 150 Jahre sind, gelten stets als Antiquitäten.

4.6.2 Angemessenheit der Höhe nach

Maßgeblich für die Feststellung der Angemessenheit der Höhe der Anschaffungskosten einer betrieblich genutzten Antiquität ist der Vergleich mit einem zweckentsprechenden (qualitativ hochwertigen) neuen Möbelstück oder Einrichtungsgegenstand (Normalausstattung), das eine entsprechende Funktion erfüllt. Ergibt ein derartiger Vergleich, daß die Anschaffungskosten der Antiquitäten um mehr als 50% höher sind, ist der 150% übersteigende Betrag als unangemessen auszuscheiden. Bei Anschaffungskosten der einzelnen Antiquität bis 100.000 S unterbleibt in der Regel die Angemessenheitsprüfung der Höhe nach.

Beispiel

Ein Barockschrank wird um 360.000 S angeschafft und als Büroschrank verwendet. Ein vergleichbarer neuer Büroschrank (Massivholz bzw. Edelfurnier) kostet 80.000 S. Angemessen sind daher Anschaffungskosten bis zu 120.000 S, während die 120.000 S übersteigenden Anschaffungskosten von 240.000 S als unangemessen auszuscheiden sind.

4.6.3 Nutzungsdauer

Antiquitäten und andere Kunstgegenstände wie Gemälde, Skulpturen, wertvolle Gefäße und ähnliches unterliegen im Regelfall keiner Abnutzung, da sie durch den Gebrauch nicht entwertet werden. Eine AfA kommt auch für die der Höhe nach angemessenen Aufwendungen (Punkt 4.6.2) nicht in Betracht.

5. Auswirkungen bei unangemessenen Aufwendungen

Die Aufwendungen bzw. Ausgaben im Zusammenhang mit den im § 20 Abs. 1 Z 2 lit. b angeführten Wirtschaftsgütern umfassen die mit den Anschaffungs- oder Herstellungskosten verbundenen Aufwendungen (z.B. die Absetzung für Abnutzung, Teilwertabschreibung, Investitionsbegünstigungen), Leasingkosten, Finanzierungskosten, Betriebskosten, Reparaturen und sonstige in Verbindung mit dem Wirtschaftsgut anfallende Aufwendungen wie z.B. Versicherungskosten.

5.2 Aufwendungen sind betrieblich veranlaßt und dem Grunde nach angemessen, aber der Höhe nach unangemessen

5.2.1 Gewinnermittlung Einkommensteuer

(1) Werden die Aufwendungen bzw. Ausgaben für ein bestimmtes Wirtschaftsgut als unangemessen hoch eingestuft, so ist der die Angemessenheit übersteigende Teil der außerbetrieblichen Sphäre zuzuordnen. Der unangemessene Teil der Anschaffungs(Herstellungs)kosten ist steuerlich nicht zu aktivieren bzw. der unangemessene Teil der Aufwendungen außerbücherlich zuzurechnen. Es können daraus weder im Zeitpunkt der Anschaffung noch in der Folge Aufwendungen oder Ausgaben entstehen. Ebenso liegen im Falle einer Veräußerung hinsichtlich des unangemessenen Teiles der Anschaffungs- oder Herstellungskosten entfallenden Veräußerungserlöses keine Betriebseinnahmen vor.

5.2.3 Umsatzsteuer

Im Bereich der Umsatzsteuer ist bei Überwiegen der Komponente des § 20 (unangemessener Teil und allfällige private Nutzung) die Vorsteuer aufgrund des § 12 Abs. 2 Z 2 lit. a UStG 1972 nicht abzugsfähig.

Änderungen bei der steuerlichen Beurteilung von Rückstellungen durch das SteuerreformG 1993

(Erlaß d. BM. f. Finanzen vom 28. März 1995, Z 14 0602/I-IV/14/95)

Mit dem SteuerreformG 1993, BGBl. Nr. 818/1993, wurden in § 9 EStG Regelungen zur Bildung von Rückstellungen aufgenommen. Dabei wurde durch die Umformung der demonstrativen Aufzählung der Rückstellungsarten des § 198 Abs. 8 HGB in eine taxative Aufzählung den Aufwandsrückstellungen die steuerliche Anerkennung versagt.

1. Aufwandsrückstellungen

1.1 Aufwandsrückstellungen sind Rückstellungen, die für künftigen Aufwand gebildet werden (z.B. Rückstellungen für unterlassene Instandhaltungen, für Selbstversicherung bei nicht versicherten Schadensfällen). Anders als bei den Rückstellungen für ungewisse Verbindlichkeiten ist keine Verpflichtung gegenüber Dritten gegeben.

1.2 Rückstellungen, die nach Art einer Rechnungsabgrenzung sowohl zu aktiv- als auch zu passivseitigen Posten führen können, zählen nicht zu den steuerunwirksamen Aufwandsrückstellungen. Darunter fallen Rückstellungen für rückständige Abraumbeseitigung und für rückständige Urlaubsansprüche.

2. Verbindlichkeitsrückstellungen

2.1 Pauschalrückstellungen sind Rückstellungen, die ohne konkrete Inanspruchnahme durch Dritte gebildet werden. Dazu zählen bestimmte Arbeiten pauschal gebildeter Verbindlichkeitsrückstellungen (z.B. pauschal gebildete Rückstellungen für Gewährleistungen, Garantiepflichten, Kulanzfälle, Produkthaftung, Umwelthaftung). Die steuerwirksame Dotierung von Pauschalrückstellungen ist für Wirtschaftsjahre, die nach dem 31. Dezember 1993 enden, ausgeschlossen.

2.2 Rückstellungen für ungewisse Verbindlichkeiten dürfen ab dem Wirtschaftsjahr 1994 nur gebildet werden, wenn folgende Voraussetzungen erfüllt werden:

- Es müssen konkrete Umstände nachgewiesen werden können (d.h. Nachweis darüber, daß ein „Schaden“ bis zum Bilanzstichtag tatsächlich entstanden ist; keine bloße Vermutung),
- nach denen im jeweiligen Einzelfall
- mit dem Vorliegen oder dem Entstehen einer Verbindlichkeit (eines Verlustes) ernsthaft zu rechnen ist. Die bloße Möglichkeit der Inanspruchnahme reicht somit nicht aus. Der Abgabepflichtige muß vielmehr entweder ausdrücklich mit einer Inanspruchnahme konfrontiert werden (z.B. schriftliche Inanspruchnahme einer Gewährleistungs- oder Garantieverpflichtung, behördlicher Auftrag zur Beseitigung eines Umweltschadens) oder selbst Schritte zur Sanierung eines eingetretenen Schadens gesetzt haben, die eine schriftliche Inanspruchnahme im Einzelfall erübrigen (z.B. Bekanntgabe einer Rückholaktion in den Medien, Nachweis einer innerbetrieblichen Beschlußfassung über eine durchzuführende Rückholaktion).

Bei diesen Voraussetzungen handelt es sich um Beurteilungskriterien, die dem Grunde nach bereits zum Bilanzstichtag vorliegen müssen. Es bestehen jedoch keine Bedenken, in jenen Fällen mit steuerlicher Wirksamkeit Rückstellungen zu bilden, in denen der Abgabepflichtige innerhalb von drei Monaten nach dem Bilanzstichtag, jedenfalls aber vor dem Bilanzerstellungstag, vom Vorliegen dieser Umstände zum Bilanzstichtag Kenntnis erlangt hat.

2.3 Einzelrückstellungen, die nach Punkt 2.2 zulässig sind, können der Höhe nach auch pauschal aufgrund von Erfahrungswerten aus der Vergangenheit bewertet werden. Gleichartige Einzelrückstellungen können auch gruppenweise zusammengefaßt mit einem einheitlichen Satz bewertet werden.

Änderungen bei der steuerlichen Bewertung von Forderungen durch das SteuerreformG 1993

(Erlaß d. BM f. Finanzen vom 28. März 1995, Z 14 0602/2-IV/14/95)

Seit dem SteuerreformG 1993, BGBl. Nr. 818/1993, ist die Bildung pauschaler Wertberichtigungen zu Forderungen für Wirtschaftsjahre, die nach dem 31. Dezember 1993 enden, nicht mehr zulässig (§ 6 Z 2 lit. a in Verbindung mit Art. 1 Z 64 SteuerreformG 1993).

1. Pauschalwertberichtigungen zu Forderungen

1.1 Unter Pauschalwertberichtigungen sind solche Wertberichtigungen zu verstehen, die einem allgemeinen Forderungsrisiko Rechnung tragen, ohne daß eine Risikozuordnung zu bestimmten Forderungen vorgenommen werden kann. Eine solche Schätzung des niedrigeren Teilwertes aufgrund von Erfahrungswerten aus der Vergangenheit (allgemeines Forderungsrisiko, allgemeines Branchenrisiko, allgemeines Ausfalls- und Verzögerungsrisiko) oder aufgrund einer allgemeinen Konjunkturschwäche bzw. einer allgemeinen schlechten Schuldnerbonität ist nicht mehr zulässig.

1.2 Eine unzulässige Pauschalwertberichtigung liegt nicht vor, wenn lediglich die Höhe einer Einzelwertberichtigung aufgrund von Erfahrungswerten aus der Vergangenheit geschätzt wird. Ebenso ist es zulässig, eine größere Anzahl von Forderungen aufgrund konkret zuordenbarer, bis zum Bilanzstichtag eingetretener Umstände gruppenweise nach bestimmten Kriterien (Art der Forderung oder Grad der Gefährdung) einheitlich mit einem niedrigeren Ansatz zu bewerten.

2. Einzelwertberichtigungen zu Forderungen

2.1 Wertberichtigungen sind steuerlich nur mehr anzuerkennen, wenn zum Bilanzstichtag konkrete Risken bestehen, die einzelnen Forderungen zugerechnet werden können (z.B. Nichteinhalten einer Ratenvereinbarung, vorübergehende oder dauernde Einstellung von Kreditrückzahlungen, Überziehen eines Kreditrahmens ohne entsprechende Vereinbarung, sonstiges vertragswidriges Verhalten, schlechte Vermögens- und Liquiditätslage des Schuldners, Währungsverlust). Es müssen somit am Bilanzstichtag Umstände vorliegen, nach denen damit zu rechnen ist, daß bestimmte Forderungen nicht mit dem vollen Nennbetrag eingehen werden. Das konkrete Forderungsrisiko orientiert sich daher ausschließlich an der individuellen Bonität des Schuldners oder an besonderen Absprachen zwischen Gläubiger und Schuldner im Zusammenhang mit dem Forderungseingang (z.B. betreffend Skonti).

3. Einzelfälle

Eine pauschale Einzelwertberichtigung ist insbesondere in jenen Fällen zulässig, in denen ein vereinbarter Überziehungsrahmen überschritten wird, ohne daß mit dem Kontoinhaber eine entsprechende Kreditvereinbarung geschlossen wurde, oder wenn ein Rückstand von mehr als drei Kreditraten besteht und der Rückstand bei schriftlicher Krediteinräumung mehr als 15% des eingeräumten Kreditrahmens beträgt, ohne daß ausreichende Sicherheiten vorhanden sind. In diesen Fällen bestehen keine Bedenken, eine pauschale Berichtigung in Höhe von 2.5% der jeweiligen unter den Gefährdungstatbestand fallenden Gruppensummen anzusetzen, sofern die Summe der gruppenweisen Einzelwertberichtigung den durchschnittlichen Jahresbedarf an tatsächlichen Einzelwertberichtigungen in der einzelnen Gruppe innerhalb der letzten fünf Jahre nicht übersteigt. Weiters ist eine pauschale Einzelwertberichtigung im Falle eines Zahlungsverzugs zulässig (1% pro Monat für Zinsen und Spesenabgeltung).

3.2 Fälle besonderer Absprachen

Eine gruppenweise Vornahme von Einzelwertberichtigungen ist insbesondere in folgenden Fällen zulässig:

- Bei Skontoinanspruchnahme: um den in Anspruch genommenen Skonto.
- Bei mittelfristig nicht fälligen unverzinslichen oder ungewöhnlich niedrig verzinsten Forderungen: für Abzinsung bis zur Fälligkeit (z.B. 1% pro Monat).
- Bei langfristigen Ratenvereinbarungen: Wertberichtigung für Zinsendifferenz, soweit der Kunde nicht die vollen Aufwandszinsen vergütet.

4. Auslandsforderungen

Es bestehen keine Bedenken, Wertberichtigungen von Auslandsforderungen zu bilden, wenn die Gefährdung der Einbringlichkeit aller Forderungen gegenüber einem bestimmten Land gleichartig ist (politisches oder wirtschaftliches Länderrisiko). Dies wurde bereits im Erlaß des Bundesministeriums für Finanzen vom 17. Februar 1988, Z 13 5405/I-IV/13/88, festgehalten.

Steuerliche Behandlung von Einlagenrückzahlungen im Sinne des § 4 Abs. 12 und § 15 Abs. 4 EStG (AÖF 1998/88)

(Erlaß d. BM f. Finanzen vom 31. März 1998, Z060257/1-IV/6/98)

Mit dem Strukturanpassungsgesetz 1996, BGB1. Nr. 201, wurden unter anderem die steuerlichen Wirkungen einer Einlagenrückzahlung geregelt. Das Bundesministerium für Finanzen gibt im folgenden seine Rechtsansicht zur Auslegung der Bestimmungen des § 4 Abs. 12 und des § 15 Abs. 4 EStG wieder. Über die gesetzlichen Bestimmungen hinausgehende Rechte und Pflichten werden dadurch nicht begründet.

1. Einlagen und Einlagenrückzahlungen im Sinne des Körperschaftsteuergesetzes (§ 8 Abs. 1 KStG)

1.1 Begriff

§ 8 Abs. 1 KStG sieht in Einlagen steuerneutrale Vermögenszuwendungen an Körperschaften, soweit sie von Personen in ihrer Eigenschaft als Gesellschafter, Mitglieder oder ähnlicher Eigenschaft (im folgenden als Anteilsinhaber bezeichnet) geleistet werden. Diese von der Außenfinanzierung geprägte Grundüberlegung ist auch für den umgekehrten Fall einer Einlagenrückzahlung maßgebend. Einlagenrückzahlungen sind demnach steuerneutrale Zuwendungen aus dem Eigenkapital der Körperschaft außerhalb von steuerlichen Ausschüttungen, die an Personen in ihrer Eigenschaft als Anteilsinhaber erfolgen.

1.3 Abgrenzung gegenüber Ausschüttungen

Körperschaftsteuerrechtlich sind Einlagenrückzahlungen gegenüber offenen und verdeckten Ausschüttungen im Sinne des § 8 Abs. 2 KStG abzugrenzen. Beide Ausschüttungsarten stellen Einkommensverwendungstatbestände dar. Erstere haben die Verteilung des erwirtschafteten Gewinnes der Körperschaft als steuerunwirksame Vermögensverminderung zum Gegenstand, letztere die Ermittlung der richtigen Steuerbemessungsgrundlage durch Bereinigung des Betriebsergebnisses der Körperschaft um ungerechtfertigte Belastungen durch Anteilsinhaber in Form unbegründeter oder überhöhter Aufwendungen oder vorenthaltener Erträge.

2. Einlagen und Einlagenrückzahlungen im Sinne des Einkommensteuergesetzes (§ 4 Abs. 12 und § 15 Abs. 4 EStG)

2.1 Allgemeines

2.1.1 Begriff

§ 6 Z 14 lit. b EStG sieht in der Einlage von Wirtschaftsgütern und sonstigem Vermögen in eine Körperschaft dem Grunde nach einen tauschartigen Vorgang, der als Veräußerung des eingelegten Vermögens gegen Anschaffung eines neuen oder Erhöhung eines schon bestehenden Anteiles (bei Fehlen einer Anteilsgewährung) zu werten ist. Diese von der Außenfinanzierung geprägte Grundüberlegung ist auf Anteilsinhaberebene auch für den umgekehrten Fall einer Einlagenrückzahlung maßgebend. Einlagenrückzahlungen sind daher als Rücktausch anzusehen und werden damit in § 4 Abs. 12 EStG als Veräußerungstatbestände bezeichnet, bei denen auf gesellschaftsrechtlicher Grundlage Geld oder sonstiges Vermögen als Gegenleistung für die Rückgabe oder Verminderung eines Anteils an der Körperschaft empfangen wird.

2.2 Rückzahlungsfähige Einlagen

2.2.1 Allgemeines

Rückzahlungsfähige Einlagen werden nach § 4 Abs. 12 EStG begründet durch

1. das aufgebrachte Grundkapital der Aktiengesellschaft, das aufgebrachte Stammkapital der Gesellschaft mbH und das aufgebrachte Genossenschaftskapital; maßgebend ist die tatsächliche Leistung der Einlage;

2. sonstige Einlagen und Zuwendungen, die als Kapitalrücklage auszuweisen sind. Betroffen davon sind nach § 229 Abs. 2 HGB

- Beträge, die bei der ersten oder einer späteren Ausgabe von Anteilen für einen höheren Betrag als den Nennbetrag über diesen hinaus erzielt werden (Agio),
- Beträge, die bei der Ausgabe von Schuldverschreibungen für Wandlungs- und Optionsrechte zum Erwerb von Anteilen erzielt werden,
- Zuzahlungen, die Gesellschafter gegen Gewährung eines Vorzugs für ihre Anteile leisten,
- Beträge, die bei der Kapitalherabsetzung gemäß den §§ 185 und 192 Abs. 5 AktG zu binden sind,
- sonstige Zuzahlungen, die durch gesellschaftsrechtliche Verbindungen veranlaßt sind (z.B. Gesellschafterzuschüsse zur Verlustabdeckung);

5. verdecktes Grund-, Stamm- oder Genossenschaftskapital, das sind Verbindlichkeiten gegenüber Anteilsinhabern, deren Begründung nach den besonderen Umständen des Einzelfalles nicht als Schuldaufnahme, sondern als Einlage gewertet wird.

2.3 Rückzahlungs- und Nichtrückzahlungstatbestände

2.3.1 Allgemeines

Für die Beurteilung des Vorliegens einer Einlagenrückzahlung ist nach der in Punkt 2.1.1 dargestellten Begriffsbestimmung nicht unbedingt die gesellschaftsrechtliche Form maßgebend, sondern die Tatsache, daß vorhandene Einlagen an die Anteilsinhaber rückgewährt werden. Einlagenrückzahlungen liegen daher dem Grunde nach vor

- bei Rückzahlung von Nennkapital aufgrund einer ordentlichen Kapitalherabsetzung;
- bei Kauf von Aktien zum Zwecke der Einziehung (§§ 192 ff AktG);
- bei Rückzahlung von Kapitalrücklagen im Wege der Auflösung zugunsten des Bilanzgewinnkontos und nachfolgender oder späterer Ausschüttung;
- bei Rückzahlung von aufgebrachten Nennkapital- und Kapitalrücklagenbeträgen durch direkte handelsrechtlich unter den Begriff der verbotenen Einlagenrückgewähr fallende Auszahlung oder Verrechnung, soweit nicht der Tatbestand einer verdeckten Ausschüttung im Sinne des § 8 Abs. 2 KStG gegeben ist (vgl. VwGH 19.2.1991, 87/14/0136);
- bei Rückzahlung von Nachschüssen im Sinne des § 74 GmbHG;

2.3.2 Tatbestände ohne Einlagenrückzahlungswirkung

Nicht unter den Einlagenrückzahlungstatbestand im Sinne des Punktes 2.3.1 fällt

1. die vertraglich gedeckte Übernahme der Gründungskosten durch die Gesellschaft oder die Verrechnung von Ausgabekosten mit dem Agio,

2. die Gewinnabfuhr im Rahmen einer Vollorganschaft gemäß § 9 KStG,

3. die Kapitalerhöhung aus Gesellschaftsmitteln unter Verwendung von Rücklagen, soweit sie Einlagencharakter besitzen (§ 3 Abs. 1 Z 29 EStG),

4. das im Fall der Beendigung (Liquidation und Abwicklung) der Körperschaft für die Verteilung an die Anteilsinhaber zur Verfügung stehende Vermögen im Hinblick auf die

Geltung des § 19 KStG für die Körperschaft und der §§ 4 und 31 EStG auf Ebene der Anteilsinhaber.

3. Evidenzkonto

3.1 Allgemeines

Die von der Möglichkeit einer Einlagenrückzahlung betroffenen Körperschaften haben nach § 4 Abs. 12 Z 3 EStG außerbilanzmäßig ein Evidenzkonto zu führen, in dem jährlich der Anfangsstand zum letzten Bilanzstichtag, einlagenbedingte Erhöhungen und einlagenrückzahlungsbedingte Verminderungen während des Wirtschaftsjahres und der Endstand zum Bilanzstichtag zu erfassen ist.

3.2 Form der Evidenzkontenführung

Die Führung des Evidenzkontos ist im Hinblick auf die grundsätzliche Maßgeblichkeit der bilanzmäßigen Eigenkapitaldarstellung im Bilanzgliederungsschema des § 224 Abs. 3 HGB auf die Veränderungen in den einzelnen Eigenkapitalpositionen zu beziehen.

4.6 Nachweis einer Einlagenrückzahlung

Das Vorliegen einer Einlagenrückzahlung ist einerseits aus der Verminderung des Einlagenstandes im Evidenzkonto zu ersehen, bei Ausschüttungsvorgängen andererseits aus der Kapitalertragsteuer Anmeldung im Sinne des § 96 Abs. 3 EStG zu erkennen, in der das Unterbleiben eines Kapitalertragsteuerabzuges mit dem Hinweis auf das Vorliegen einer Einlagenrückzahlung zu begründen ist. Dem Anteilsinhaber ist von der ausschüttenden Körperschaft oder einem die Ausschüttung durchleitenden Kreditinstitut nach § 96 Abs. 4 EStG eine Bescheinigung über die Höhe der Kapitalerträge und das Unterbleiben des Kapitalertragsteuerabzuges zu erteilen.

Neuerungen bei der KFZ-Nutzungsdauer sowie beim KFZ-Leasing, AÖF 1998/184

(Erlaß d. BM f. Finanzen vom 25. September 1998, Z 140603/1-IV/14/98 in der Fassung vom 3.2.2000)

Im folgenden werden die durch das Strukturanpassungsgesetz 1996 neu eingeführten Bestimmungen im Zusammenhang mit der Nutzungsdauer von PKW und Kombi sowie der Behandlung von Leasingaufwendungen (§ 8 Abs. 6 Z 1 und 2 EStG 1988) erläutert.

1. Überblick

1.1 Ab der Veranlagung 1996 gilt für PKW und Kombi eine Mindestnutzungsdauer von acht Jahren (§ 8 Abs. 6 Z 1 EStG 1988). Weiters wurde ab der Veranlagung 1996 ein eigener Aktivposten eingeführt, der bei Aufwendungen im Zusammenhang mit bestimmten PKW- bzw. Kombi-Leasingverträgen zum Tragen kommt (§ 8 Abs. 6 Z 2 EStG 1988). Der Aktivposten hat die Funktion, die Verteilung des Aufwandes für die betriebliche oder berufliche Nutzung von PKW und Kombi in den Fällen der Anschaffung des Fahrzeuges einerseits und des Leasens des Fahrzeuges andererseits im wesentlichen gleichzuschalten (siehe Punkt 7).

1.3 Die Neuregelungen haben keine Auswirkungen auf die Handelsbilanz. Die Bestimmungen des HGB, wonach Vermögensgegenstände (einschließlich PKW und Kombi) planmäßig abzuschreiben sind (§ 204 HGB) bleiben unberührt. Der Aktivposten nach § 8 Abs. 6 Z 2 EStG 1988 entspricht auch nicht einem „Rechnungsabgrenzungsposten auf der Aktivseite" im Sinne des § 198 Abs. 5 HGB. Er darf daher in der Handelsbilanz nicht als solcher angesetzt werden. Bei der steuerlichen Gewinnermittlung ist daher darauf zu achten, daß das handelsbilanzielle Ergebnis in diesen Punkten an die steuerlichen Gewinnermittlungsvorschriften angepaßt wird.

2. Betroffene Fahrzeuge

2.1 Personenkraftwagen, Kombinationskraftwagen

Wie sich aus den einleitenden Darstellungen in Punkt 1 ergibt, stehen § 8 Abs. 6 Z 1 EStG 1988 sowie § 8 Abs. 6 Z 2 EStG 1988 von ihrem Regelungszweck in einem engen Zusammenhang. Beide Regelungen beziehen sich auf eine bestimmte Gruppe von Kraftfahrzeugen, und zwar auf PKW und Kombi. Der Begriffsinhalt dieser Fahrzeugkategorien ist in einer Verordnung näher festgelegt. Die erwähnte Verordnung gilt auch für den Bereich des § 12 Abs. 2 Z 2 lit. b UStG 1994, also beim Vorsteuerausschluß für PKW und Kombi.

2.2 Fahrschulkraftfahrzeuge, Fahrzeuge für gewerbliche Personenbeförderung, Fahrzeuge für gewerbliche Vermietung

Bei Fahrschulkraftfahrzeugen sowie bei mindestens zu 80% der gewerblichen Personenbeförderung dienenden Fahrzeugen gilt weder die Mindestnutzungsdauer noch der Aktivposten für das Leasing. (...) Für Fahrzeuge, die der gewerblichen Vermietung – also insbesondere dem Leasing – dienen, besteht zwar eine Ausnahme vom Vorsteuerausschluß, nicht hingegen von den Regelungen des § 8 Abs. 6 EStG 1988 betreffend die Mindestnutzungsdauer sowie den Aktivposten beim Leasing. Im Bereich des Leasing mit PKW und Kombi besteht somit für den Leasinggeber ein Recht auf den Vorsteuerabzug, nicht hingegen auf eine kürzere Abschreibung als die Mindestabschreibungsdauer; beim Leasingnehmer kann ein Aktivposten zu bilden sein. Von der Anwendung der Mindestabschreibungsdauer und vom Aktivposten sind verleaste Fahrzeuge nur dann ausgenommen, wenn sie als Fahrschulkraftfahrzeuge oder als Kraftfahrzeuge, die zu mindestens 80% der gewerblichen Personenbeförderung dienen, verwendet werden.

3. Mindestnutzungsdauer

3.1 Wesen

Bei der Nutzungsdauer von acht Jahren handelt es sich um eine Mindestnutzungsdauer. § 8 Abs. 6 Z 1 EStG 1988 verdrängt somit die für die Festlegung der Nutzungsdauer allgemein geltende Regelung des § 7 Abs. 1 EStG 1988 nicht zur Gänze, sondern läßt lediglich keine kürzere als eine achtjährige Nutzungsdauer zu. (...) Kommt die Mindestnutzungsdauer zum Tragen, so sind ausgeschlossen

- jede einer kürzeren Nutzungsdauer entsprechende (höhere) AfA,
- eine Teilwertabschreibung,
- eine Absetzung für außergewöhnliche technische oder wirtschaftliche Abnutzung.

(...) Dem vorstehend umschriebenen Wesen der Mindestnutzungsdauer entsprechend kommen die übrigen Bestimmungen des § 7 EStG 1988, wie das Gebot der linearen Abschreibung, die Regelung über die Halbjahres-AfA, der AfA-Beginn mit Inbetriebnahme des Fahrzeugs sowie die Bestimmungen über die Führung der Anlagekartei auch in den Fällen des § 8 Abs. 6 EStG 1988 zum Tragen. Sollte bei einem Fahrzeug im Hinblick auf dessen hohe Anschaffungskosten (§ 20 Abs. 1 Z 2 lit. b EStG 1988) eine Repräsentationstangente auszuscheiden sein, so wären die nach Ausscheiden der Repräsentationstangente verbleibenden steuerlich maßgeblichen Anschaffungskosten auf die Mindestnutzungsdauer zu verteilen.

3.2 Mindestnutzungsdauer bei Neufahrzeugen

Die Mindestnutzungsdauer bei Neufahrzeugen beträgt acht Jahre. Dies entspricht einem AfA-Satz von 12,5% der Anschaffungs- oder Herstellungskosten. Als Neufahrzeuge gelten Fahrzeuge, die weder beim Steuerpflichtigen selbst noch beim Voreigentümer des Fahrzeuges in Nutzung gestanden sind. (...) Als Neufahrzeug gelten auch Vorführwagen. Es bestehen keine Bedenken, wenn bei einem länger als sechs Monate als Vorführwagen eingesetzten Fahrzeug vom „Verbrauch" einer Nutzungsdauer im Ausmaß eines halben Jahres ausgegangen wird. (...)

Beispiel

Ein PKW wird neun Monate als Vorführfahrzeug eingesetzt und sodann an einen Unternehmer veräußert. Der Unternehmer setzt als Mindestnutzungsdauer eine solche von siebeneinhalb Jahren an. (...)

3.3 Mindestnutzungsdauer bei Gebrauchtfahrzeugen

Die Mindestnutzungsdauer von Gebrauchtfahrzeugen errechnet sich anhand der sogenannten Differenzmethode. (...) Bei der Differenzmethode wird von der Mindestnutzungsdauer von acht Jahren der Zeitraum der Nutzung durch den (die) Voreigentümer abgezogen. Es ist dabei gleichgültig, ob der (die) Voreigentümer das Fahrzeug für betriebliche Zwecke, für eine außerbetriebliche Einkunftserzielung oder für die private Lebensführung genutzt hat (haben). Für Zwecke der Ausmessung der Dauer der Fahrzeugnutzung beim Voreigentümer (bei den Voreigentümern) ist auch die Regelung für die Halbjahres-AfA zu beachten. (...)

Wie bereits unter Punkt 3.1 erwähnt, kann bei Gebrauchtfahrzeugen eine längere Nutzungsdauer anzusetzen sein, als die nach der Differenzmethode ermittelte Nutzungsdauer.

3.4 Inkrafttreten ab 1996

Beispiel

Ein Neufahrzeug wurde im Jänner 1992 um 200.000 S angeschafft. Die Nutzungsdauer wurde bisher mit fünf Jahren angenommen. In den Jahren 1992 bis 1995 wurde daher jeweils eine Abschreibung von 40.000 S jährlich vorgenommen; der Buchwert zum 1. Jänner 1996 beträgt noch restliche 40.000 S. Ab 1996 beträgt die Jahres-AfA 12,5% von 200.000 S. Es kommt daher im Jahr 1996 zu einer Abschreibung von 25.000 S und im Jahr 1997 von restlichen 15.000 S.

4. Ausscheiden von PKW und Kombi

Scheidet ein PKW oder Kombi aus dem Betriebsvermögen aus, so wird der Buchwert aufwandswirksam abgesetzt. (...)

6. Mindestabschreibungsdauer und Zurechnung von Leasinggegenständen

6.1 (...) Bei einem Vollamortisationsvertrag ist das Erfordernis, daß die Grundmietzeit mindestens 40% der Nutzungsdauer betragen muß, an der Mindestnutzungsdauer zu messen. Handelt es sich beim Leasinggut um ein dem § 8 Abs. 6 Z 1 EStG 1988 unterliegendes Neufahrzeug, so müßte die Grundmietzeit also mindestens drei Jahre und zwei Monate betragen. Die sowohl für Vollamortisationsverträge wie auch für Teilamortisationsverträge geltende 90%-Obergrenze ergibt bezogen auf eine Mindestnutzungsdauer von acht Jahren eine maximale Grundmietzeit von sieben Jahren und zwei Monaten.

6.2 Besteht bei einem Vollamortisationsvertrag, dessen Grundmietzeit zwischen 40% und 90% der betriebsgewöhnlichen Nutzungsdauer beträgt, eine Kaufoption gegen Leistung eines wirtschaftlich nicht ausschlaggebenden Entgeltes, so erfolgt eine Zurechnung beim Leasingnehmer. Als wirtschaftlich ausschlaggebend ist ein Entgelt dann anzusehen, wenn es zumindest die Hälfte des Schätzwertes erreicht.

7. Wesen des Leasingaktivpostens

(...) Der Aktivposten hat die Funktion, den auf die Anschaffungskosten eines PKW oder Kombi im Wege der Leasingrate entfallenden Aufwand des Leasingnehmers mit jenem Betrag zu begrenzen, der einer AfA auf Grundlage der Mindestnutzungsdauer entspricht. (...)

7.3 Der Aktivposten knüpft grundsätzlich an die AfA des Leasinggebers an. Beim Leasinggeber ist die AfA bei PKW und Kombis gemäß § 8 Abs. 6 Z 1 EStG 1988 nach der Mindestnutzungsdauer zu bemessen (Punkt 3). Dies gilt auch für ausländische Leasinggeber. Ergibt sich nun nach diesem Vergleichsmaßstab, daß die in der Leasingrate dem Leasingnehmer kalkulatorisch „überwälzte“ AfA höher ist, als jene des Leasinggebers, so ist insoweit ein Aktivposten zu bilden.

8. Vom Aktivposten betroffene Leasingarten

Nach dem unter Pkt. 7 dargestellten Wesen und Funktion des Aktivpostens ist dieser dann anzusetzen, wenn im Nutzungsentgelt für den Leasingnehmer objektiv erkennbar abgrenzbare Teile der Anschaffungs- oder Herstellungskosten des Leasinggebers einkalkuliert sind. Ist dies nicht der Fall, so geht § 8 Abs. 6 Z 2 EStG 1988 von vornherein ins Leere.

Finanzierungsleasing

In den Fällen des „klassischen“ Finanzierungsleasings, wie es im Abschn. 4 der EstR 1984 beschrieben wird, ist jedenfalls davon auszugehen, daß die (Teil-)Amortisation der Anschaffungs-(Herstellungs-)kosten des Fahrzeuges konkret in der Leasingrate einkalkuliert ist, wenn dies für den Leasingnehmer objektiv erkennbar ist. Dies ergibt sich schon aus der Funktion des Finanzierungsleasings, das – wie schon seine Bezeichnung aussagt – auf die konkrete Finanzierung eines Fahrzeuges ausgerichtet ist. Finanzierungsleasing, und zwar sowohl in Form der Vollamortisation wie auch in Form der Teilamortisation, führt daher – wenn die Voraussetzungen des § 8 Abs. 6 EStG 1988 gegeben sind – jedenfalls zur Bildung des Aktivpostens. Dies wird auch für Spezialfälle des Finanzierungsleasings gelten, wie etwa das kündbare Restwertleasing.

Operatingleasing

Operatingleasing ist dadurch gekennzeichnet, daß die Gebrauchsüberlassung gegenüber der Finanzierung in den Vordergrund tritt. Als Operatingleasing ist in diesem Zusammenhang ein Leasingvertrag (Mietvertrag) zu verstehen, bei dem

1. ein Restwert weder vereinbart noch dem Leasingnehmer bekannt ist,
2. kein Andienungsrecht des Leasinggebers besteht,
3. eine allfällige Kaufoption nur zum Marktpreis ausgeübt werden kann bzw. der Leasingnehmer nicht damit rechnen kann, das geleaste Fahrzeug unter dem Marktpreis erwerben zu können,
4. der Leasinggeber die wirtschaftliche Chance und das wirtschaftliche Risiko der Verwertung trägt.

Erfüllt ein Leasingvertrag (Mietvertrag) diese Voraussetzungen, ist kein Aktivposten zu bilden.

9. Berechnung und Auflösung des Aktivpostens

9.1 Berechnung des Aktivpostens

9.1.1 Der Berechnung des Aktivpostens sind folgende Eckwerte zugrunde zu legen:

- Die AfA des Leasinggebers: Es ist dabei jene AfA heranzuziehen, die konkret beim Leasinggeber anzusetzen ist. Es sind somit jene AfA-Beträge maßgeblich, die der Mindestnutzungsdauer bei Neufahrzeugen entsprechen, die für Gebrauchtfahrzeuge im Wege der Differenzmethode ermittelt worden sind oder die sich aus den Übergangsregelungen ergeben.
- Die AfA-Tangente in der Leasingrate (...)
- Die Verhältnisse des Leasingnehmers: Damit ist gemeint, daß die AfA des Leasinggebers auf die Verhältnisse des Leasingnehmers hinsichtlich des Vorsteuerabzuges „umzurechnen“ ist.

Beispiel

Für ein Fahrzeug mit Anschaffungskosten (ohne USt.) von 200.000 S wird eine Leasingrate von jährlich 50.000 S zuzüglich 10.000 S Umsatzsteuer vereinbart. Der Vorsteuerabzug steht dem Leasingnehmer nicht zu (§ 12 Abs. 2 Z 2 EStG 1994). Als Grundmietzeit werden vier Jahre vereinbart. Die Amortisation der Anschaffungskosten ist in der Leasingrate mit einem Teilbetrag von 40.000 S kalkuliert; dazu kommt die anteilige Umsatzsteuer von 8.000 S. Hinsichtlich der Grundmietzeit ergibt sich folgendes: Bei einem gedachten Ankauf durch den Leasingnehmer wäre von den Bruttoanschaffungskosten von 240.000 S eine jährliche AfA von 12,5%, das sind 30.000 S zugestanden. Für den Unterschiedsbetrag zu dem auf Amortisation entfallenden Teilbetrag der Leasingrate (brutto 48.000 S) ist ein Aktivposten von 48.000 S minus 30.000 S = 18.000 S einzustellen. Der restliche Teil der Leasingrate 60.000 S minus 18.000 S = 42.000 S brutto ist „normaler“ Aufwand.

9.2 Aktivposten bei erhöhter erster Leasingrate

Erbringt der Leasingnehmer Vorleistungen, wie z.B. eine erhöhte erste Leasingrate, so hat dies bei Steuerpflichtigen, die ihren Gewinn aufgrund eines Betriebsvermögensvergleiches ermitteln, auf die Bildung des Aktivpostens keinen Einfluß. Dies ergibt sich daraus, daß die Leasingvorauszahlung ohnedies als Rechnungsabgrenzung zu aktivieren ist und somit auf den „Leasingaufwand“ keinen Einfluß hat. (...)

9.3 Auflösung des Aktivpostens

(...) Es sind insbesondere folgende Fälle denkbar, in denen der Aktivposten aufzulösen ist: Das Fahrzeug wird nach Ablauf der Grundmietzeit

- vom Leasingnehmer gekauft
- an den Leasinggeber zurückgestellt,
- vom Leasingnehmer weitergeleast (...)

9.3.2 Wird das Fahrzeug nach Ablauf der Grundmietzeit gekauft, so ist der Aktivposten den Anschaffungskosten zuzuschlagen und die AfA von dem sich daraus ergebenden Gesamtbetrag zu ermitteln.(...)

Die Zurechnung des Aktivpostens zu den Anschaffungskosten bewirkt gleichzeitig, daß der Aktivposten Teil der Anschaffungskosten wird.(...)

9.3.3 Wird das Fahrzeug nach Ablauf der Grundmietzeit an den Leasinggeber zurückgestellt, so ist der Aktivposten wie ein Restbuchwert aufwandswirksam auszubuchen.

10. „Negativer" Aktivposten

(...) 10.2 Im Regelfall ist der Leasingaufwand höher als die AfA. Aus diesem Grund wird auch in § 8 Abs. 6 Z 2 EStG 1988 von der Bildung eines aufwandsbegrenzenden Aktivpostens ausgegangen. Es ist allerdings unter bestimmten Voraussetzungen denkbar, daß der Leasingaufwand vergleichsweise unter dem Betrag einer AfA liegt. Dies kann insbesondere bei unterjährigem Beginn eines Leasingvertrages der Fall sein, wenn die Leasingrate nach monatlicher Nutzung verrechnet wird, hingegen bei der AfA bereits die Ganzjahres-AfA oder die Halbjahres-AfA zum Tragen kommt. Es bestehen keine Bedenken, wenn in solchen Fällen ein „negativer" Ausgleichsposten, also ein aufwandswirksam dotierter Ausgleichsposten gebildet wird.

Liste der vorsteuerabzugsberechtigten Kastenwagen, Pritschenwagen und Klein-Autobusse

Das Bundesministerium für Finanzen hat mit Erlaß vom 18. Feber 1998, GZ 09 1202/2-IV/9/98, (ÖStZ 6/98, 110; SWK 8/98, S 250) die Fahrzeugtypen angeführt, die als Kastenwagen, Pritschenwagen und Klein-Autobusse im Sinne der Verordnung des Bundesministers für Finanzen über die steuerliche Einstufung von Fahrzeugen als Personenkraftwagen und Kombinationskraftwagen, BGBl. Nr. 273/1996, einzustufen sind. Fahrzeugtypen, die zum Zeitpunkt des Inkrafttretens der Verordnung als Neufahrzeuge nicht mehr erhältlich waren (ausgelaufene Modelle), sind in der folgenden Auflistung kursiv gedruckt. (Aktueller Stand – Neuzugänge seit 18. Feber 1998 sind fett gedruckt.)

Chevrolet	Astro Cargo, Astro Van, C/K, G Van Cargo, S10, Sport Van, Trans Sport
Chrysler	Grand Voyager, *Voyager Van (bis Modelljahr 1995)*
Citroen	Berlingo Kastenwagen, C 15, C 25 Kastenwagen (*auch mit zwei Sitzreihen*), C 25 Kombi, Jumper Kastenwagen (auch mit zwei Sitzreihen), Jumper Kombi, Jumpy Kastenwagen (auch mit zwei Sitzreihen, siehe Anmerkung unten), Jumpy Kombi
Daihatsu	Hijet Pick Up, Hijet Kipper, Hijet Van
Dodge	Ram Pick Up, **Dakota**
Fiat	Ducato Kastenwagen (auch mit zwei Sitzreihen), Ducato Kombi, Ducato Panorama, Fiorino Kastenwagen, Fiorino Pick Up, Scudo Kastenwagen (auch mit zwei Sitzreihen, siehe Anmerkung unten), Scudo Kombi
Ford	Escort Kastenwagen (Lieferwagen), F 150 Pick Up, Fiesta Courier Kastenwagen, Ranger Pick Up, Tourneo, Transit Kastenwagen (auch mit zwei Sitzreihen), Transit Kombi und Busse
Hyundai	**H 100 Bus**, H 100 Kastenwagen (auch mit zwei Sitzreihen), **Starex**
Iveco	Daily Kastenwagen und TurboDaily Kastenwagen, Daily Combi, Turbo Daily Combi
Kia	Pregio 3VAN und 6VAN (6VAN mit zwei Sitzreihen), **Carnival Super Station (ST)**
Landrover	Defender 90, 110 und 130 Pick Up, Defender 110 Hard Top (ohne Fenster)
Mazda	B2200, B2500, E2200 Kastenwagen (auch mit zwei Sitzreihen)
Mercedes	Sprinter Kastenwagen (auch mit zwei Sitzreihen), Sprinter Kombi, Vito Kastenwagen (auch mit zwei Sitzreihen), Vito Kombi, V-Klasse
Mitsubishi	L 200 Pick Up, L 300 Bus, L 300 Kastenwagen, L 300 Transporter (auch mit zwei Sitzreihen), **L 400 Bus, L 400 Kastenwagen, L 400 Transporter** (mit zwei Sitzreihen) (§ 6 der VO), Space Gear
Nissan	King Cab, *Sunny Van Hochdach*, Trade (auch mit zwei Sitzreihen), Urvan (auch mit zwei Sitzreihen), Urvan, Vanette Cargo (auch mit zwei Sitzreihen), *Vanette (auch mit zwei Sitzreihen)*, Vanette Cargo Combi 8
Opel	Astra Lieferwagen 3türig, Campo, Combo, *Kadett Combo Modell 38, Kadett Delivery Van Modell 37, Rekord Delivery Van Modell 65*
Peugeot	*504 Pick Up*, Boxer Kastenwagen (auch mit zwei Sitzreihen), Boxer Kombi und Luxusbus, Expert Kastenwagen (auch mit zwei Sitzreihen, siehe Anmerkung unten), Expert Kombi, *J5/J9/J7 Bus, J5/J9/J7 Kastenwagen (J5 auch mit zwei Sitzreihen)*, Partner Kastenwagen
Puch	G Kastenwagen (Baumuster 4), G Pick Up (Baumuster 5)
Renault	**Espace J66 DK** (mit 2 Sitzreihen), Express Kastenwagen, Express Pick Up, Grand Expace mit den Verankerungspunkten am Fahrzeugboden für die hinteren Sitze (nicht mit Gleitschienen), Kangoo FC, Master FD, **Master JD Kombi, Master JD Kasten** (mit zwei Sitzreihen), Master Kastenwagen, Trafic Kastenwagen, Trafic Kombi
Seat	Inca Van, Terra LKW
Skoda	795 Van Plus, *Foman Praktik 135 Ausf. 785L 136B Hochdach, Pick Up 135 Pritsche oder mit Kastenaufbau*, Pick Up 797 Pritsche oder mit Kastenaufbau
Subaru	Domingo Van
Suzuki	Carry Van

Talbot	*City-Laster*
Toyota	Hi Ace Bus, Hi Ace Kastenwagen, Hi Lux, Landcruiser Pick Up, *Lite Ace Bus, Lite Ace Kastenwagen*, Previa
VW	Caddy, Caddy Kastenwagen, Caravelle, Caravelle GL, LT Kasten- und Hochraum-Kastenwagen (auch mit zwei Sitzreihen), LT Kombi, Multivan, Multivan Allstar, Multivan Classic, Transporter Kasten- und Hochraum-Kastenwagen (auch mit zwei Sitzreihen), Transporter Kombi, TransVan (auch mit zwei Sitzreihen)

Anmerkungen

1. Zu § 5 (Kastenwagen)

Bei Fahrzeugen, die auch mit 2 Sitzreihen die Voraussetzungen für die Einstufung als Kastenwagen erfüllen (§ 5 in Verbindung mit § 6 der Verordnung, vielfach auch als „Doppelkabinen"-Kastenwagen bezeichnet), ist dies unter Pkt. 1 bei der entsprechenden Wagentype in Klammer angeführt. Auch bei diesen Fahrzeugen kann die Trennwand, die sich hinter der zweiten Sitzreihe befinden muß, grundsätzlich im oberen Bereich ein Trenngitter enthalten (§ 5 Z 7 der Verordnung). Nur die Fahrzeuge Citroen Jumpy Kastenwagen, Fiat Scudo Kastenwagen und Peugeot Expert Kastenwagen sind dann als „Doppelkabinen"-Kastenwagen anerkannt, wenn sie hinter der zweiten Sitzreihe eine *durchgehende* (vom Wagenboden bis zum Wagendach reichende) *Trennwand* aufweisen, die allenfalls auch ein Sichtfenster enthalten kann. (Das Sichttenster in der Trennwand weist bei den Fahrzeugen Citroen Jumpy und Peugeot Expert ein Ausmaß von ca. 50 cm x 20 cm, beim Fahrzeug Fiat Scudo ein Ausmaß von ca. 44 cm x 29 cm auf.) Zu dieser Abweichung bezüglich der Trennwand kam es deshalb, weil es sich bei den drei angeführten „Doppelkabinen"-Fahrzeugen um solche mit relativ kleinem Laderaum handelt, die zolltarifisch nur unter der genannten Bedingung (durchgehende Trennwand) als Lastkraftwagen eingestuft werden können. Die zolltarifarische Einstufung als Lastkraftwagen ist aber Voraussetzung für die Anerkennung als Kastenwagen im Sinne der Verordnung BGBl Nr. 273/1996 (§ 5 Z 8).

2. Zu § 7 (Pritschenwagen)

Soweit die angeführten Pritschenwagen mit Doppelkabine erhältlich sind, erfüllen sie ebenfalls die Voraussetzungen des § 7 der Verordnung.

Pritschenwagen, die sich von einem Klein-Autobus im Sinne des § 10 der Verordnung herleiten, sind generell als Lastkraftwagen einzustufen und sind daher in der obigen Liste nicht angeführt.

3. Zu § 10 Z 1 und 2 (Klein-Autobusse)

Klein-Autobusse, die hinter der dritten Sitzreihe in hinterster Position einen Laderaum mit einer Länge von mindestens 500 mm aufweisen, fallen unter die Klein-Autobusse gemäß § 10 Z 2 der Verordnung, und zwar unabhängig davon, ob die Fahrzeuge für die Beförderung von 7, 8 oder 9 Personen zugelassen sind.

Unter den Klein-Autobussen gemäß § 10 Z 1 der Verordnung sind nur die Klein-Autobusse angeführt, die hinter der dritten Sitzreihe in hinterster Position eine Laderaumlänge von weniger als 500 mm aufweisen und daher für die Beförderung von 9 Personen zugelassen sein müssen.

Abzugsfähigkeit von Bewirtungsspesen

(Erlaß vom 29.3.1996, GZ 061001/1-IV/6/96, SWK Heft 4/5, 1.2.1999, S. 145)

1.2 Aufwendungen, die nicht unter § 20 Abs. 1 Z. 3 fallen

1.2.1 Aufwendungen stehen in unmittelbarem Zusammenhang mit einem Leistungsaustausch oder sind unmittelbar Bestandteil einer Leistungsabwicklung.

Darunter kann u.a. fallen:

- Verpflegung im Rahmen eines Seminars, wenn der Seminarpreis die Verpflegung beinhaltet.

1.2.3 Aufwendungen haben nahezu keine Repräsentationskomponente. Darunter kann u.a. fallen:

- Bewirtung im Zusammenhang mit Betriebsbesichtigungen, wenn nahezu ausschließlich die Werbung oder andere betriebliche Gründe (z.B. Lehrlingssuche) für das Unternehmen im Vordergrund stehen, wie z.B. Besichtigung eines Industrieunternehmens durch eine Abschlußklasse oder durch Studenten im Rahmen von Seminarveranstaltungen.
- Bewirtung im Zusammenhang mit den sich aus laufenden Geschäftsbeziehungen ergebenden Fortbildungsveranstaltungen (z.B. Schulung von Händlern, selbständigen Handelsvertretern), weiters Schulung von Arbeitnehmern (Techniker, Monteure u.a.) eines in- oder ausländischen Geschäftspartners.

1.2.4 Beim empfangenden Geschäftsfreund können derartige Zuwendungen grundsätzlich nicht den Betriebseinnahmen zugerechnet werden (bloße Aufmerksamkeiten, Abschn. 13 EStR 1984)

1.3 Aufwendungen, die unter die 50%ige Kürzung fallen

1.3.1 Die werbewirksame Bewirtung enthält in untergeordnetem Ausmaß auch Repräsentationselemente (repräsentative Mitveranlassung). Bei Prüfung der Werbewirksamkeiten und der weitaus überwiegenden betrieblichen Veranlassung sind die Gegebenheiten und Erfordernisse der jeweiligen Geschäftssparte zu berücksichtigen. Darunter kann u.a. fallen die branchenübliche Bewirtung bei

- Bilanzpressekonferenzen, Klienteninformation oder sonstigen betrieblich veranlassten Informationsveranstaltungen,
- Informationsbeschaffung (z.B. Journalist, politischer Funktionär).

- Anbahnung von Geschäften (Anbahnungsspesen, z.B. Handelsvertreter), im Vorfeld eines konkret angestrebten Geschäftsabschlusses („Arbeitsessen")

1.3.2 Aufwendungen für „Arbeitsessen" mit ausschließlichem oder weitaus überwiegendem Werbecharakter sind grundsätzlich sowohl hinsichtlich der Bewirteten als auch hinsichtlich der eigenen Konsumationen dem Grunde nach abzugsfähig. Bei Arbeitsessen im Zuge einer Inlandsreise sind die zu berücksichtigenden Tagesdiäten um je 180 S pro Mahlzeit (Mittag- bzw. Abendessen) zu kürzen.

1.4 Aufwendungen, die zur Gänze nicht abzugsfähig sind

1.4.1 Diese Bewirtung dient vornehmlich der Repräsentation oder weist Repräsentationsmerkmale in nicht mehr untergeordnetem Ausmaß auf („Repräsentationsaufwendungen", § 20 Abs. 1 Z. 3 erster und zweiter Satz). Darunter wird die Bewirtung im Haushalt des Steuerpflichtigen fallen.

Jubiläumsgeldrückstellungserlaß

(Erlaß vom 27. 10. 1999, GZ 14 0602/6-IV/14/99) (auszugsweise Darstellung)

Für die Berechnung des steuerwirksamen und des steuerunwirksamen Anteiles der zum Ende des Wirtschaftsjahres 1999 (1998/1999) bestehenden Jubiläumsgeldrückstellung(en) ist von folgender vereinfachter Formel auszugehen:

Summe der Rückstellungsstände zum Ende des Wirtschaftsjahres 1999 (1998/1999)
abzüglich der steuerwirksamen Dotierungen des Jahres 1999 (1998/1999)
abzüglich Summe der fortgeschriebenen Rückstellungsstände zum Ende des Wirtschaftsjahres 1993 (1992/1993)

Ergebnis höher als 0 = **steuerunwirksamer** Sockelbetrag
Ergebnis niedriger als 0 = **steuerwirksamer** Mehrbetrag

Beispiel

Der Rückstellungsstand zum 31. 12. 1993 von 400.000 S wird fortgeschrieben; der Rückstellungsstand zum 31. 12. 1999 beträgt 650.000 S. Im Jahr 1999 wären (fiktiv) 100.000 S zu dotieren.

Der steuerwirksame bzw. steuerunwirksame Anteil an dieser Rückstellung beträgt daher:

Stand 31.12.1999	650.000
minus Dotierung 1999	100.000
minus Stand 31.12.1993	400.000
steuerunwirksamer Sockelbetrag	+ 150.000

Der steuerunwirksame Sockelbetrag kann auf die Veranlagungsjahre 1999 bis 2013 verteilt mit jährlich 10.000 S gewinnmindernd abgeschrieben werden.

Beispiel

Der Rückstellungsstand zum 31. 12. 1993 von 400.000 S wird fortgeschrieben; der Rückstellungsstand zum 31. 12. 1999 beträgt 350.000 S. Im Jahr 1999 wären (fiktiv) 50.000 S zu dotieren.

Der steuerwirksame bzw. steuerunwirksame Anteil an dieser Rückstellung beträgt daher:

Stand 31.12.1999	350.000
minus Dotierung 1999	50.000
minus Stand 31.12.1993	400.000
steuerwirksamer Mehrbetrag	– 100.000

Der **steuerwirksame** Mehrbetrag von S 100.000,– ist zum 31.12.1999 gewinnerhöhend aufzulösen.

Liegt zum Ende des Wirtschaftsjahres 1999 (1998/1999) ein steuerwirksamer Mehrbetrag vor, so ist die Auflösung zu diesem Zeitpunkt „nachzuholen".

3.4 Zur vereinfachten (Fort-)Führung des nicht gewinnwirksam gebildeten Rückstellungsteiles bestehen keine Bedenken, den zum Ende des Wirtschaftsjahres 1999 (1998/1999) für alle Jubiläumsgeldverpflichtungen in Summe bestehenden **steuerunwirksamen Sockelbetrag** beginnend ab dem Veranlagungsjahr 1999 auf einen angenommenen durchschnittlichen Zeitraum der Jubiläumsgeldzahlungen von **mindestens 15 Jahren gleichmäßig verteilt abzuschreiben.** Die gewinnmindernde Verteilung des Sockelbetrages ist losgelöst von der (weiteren) Entwicklung der Jubiläumsgeldrückstellungen vorzunehmen. Im Falle einer Betriebsaufgabe oder einer entgeltlichen Betriebsübergabe sind die noch offenen Fünfzehntelbeträge im Rahmen des laufenden Gewinnes sofort abzusetzen. Bei einer Teilbetriebsaufgabe bzw. -veräußerung kommt es insoweit zu einem Sofortabzug der offenen Fünfzehntelbeträge, als sie auf Arbeitnehmer entfallen, die von der Teilbetriebsaufgabe bzw. -veräußerung erfaßt werden. Wird der Betrieb unentgeltlich oder nach dem Umgründungssteuergesetz mit Buchwertfortführung übertragen, dann sind die Fünfzehntelabsetzungen vom Rechtsnachfolger fortzuführen. **Auf Grund der Steuerwirksamkeit der Auflösung des Sockelbetrages sind im Gegenzug auch die Rückstellungsauflösungen zur Gänze steuerwirksam.** Fällt daher ein Rückstellungsgrund (teilweise) weg, sind die (entsprechenden) Rückstellungsbeträge zur Gänze gewinnerhöhend aufzulösen (z.B. bei Ausscheiden eines Arbeitnehmers oder bei Absinken des Jubiläumsgeldes durch Verringerung der Arbeitszeit).

2.3 Körperschaftsteuergesetz

Die Körperschaftsteuer ist die Einkommensteuer der *juristischen Person.*

Wir haben vorweg den Unterschied zu klären, zwischen der natürlichen Person und der juristischen Person. Die juristische Person kommt in zwei Erscheinungsformen vor:

- Juristische Personen des **öffentlichen Rechts** sind Bund, Länder, Gemeinden, Kammern, Sozialversicherungsträger, öffentlich rechtliche Fonds usw.
- Die juristischen Personen des **Privatrechts** sind die Kapitalgesellschaften (AG, GmbH), die Genossenschaften und die Vereine und Stiftungen.

Bei uns gilt daher, daß körperschaftsteuerpflichtig insbesondere die **AG**, die **GmbH**, und die Genossenschaften sind.

Bei den juristischen Personen des öffentlichen Rechts ist zur Körperschaftsteuerpflicht ein **Betrieb gewerblicher Art** erforderlich (die Stadt Linz betreibt eine Gaststätte).

Der **Körperschaftsteuertarif** beträgt unabhängig von einer Progression 34% vom Gewinn. Zur Erinnerung: Der Einkommensteuertarif ist stufenweise gestaltet. Die ersten S 50.000,– mit 0%, die weiteren S 50.000,– mit 21% usw.

Angenommen, eine GmbH erzielt einen steuerpflichtigen Gewinn mit S 1,000.000,–. Wie hoch ist die Steuerbelastung?

34% Körperschaftsteuer betragen S 340.000,–.

Wenn nun der Gewinn im Unternehmen bleibt, dann ist die Steuerleistung damit erschöpft. Wenn der Gewinn an den Gesellschafter ausgeschüttet wird (Dividende), dann wird an der Quelle beim Unternehmen eine 25%ige **Kapitalertragssteuer** abgezogen und ans Finanzamt abgeführt. Der Gesellschafter (natürliche Person oder Personengesellschaft) erhält den um die KeSt reduzierten Betrag und braucht keine Einkommensteuer mehr zu zahlen.

Mit dieser Quellensteuer ist gleichzeitig die **Endbesteuerung** für die Einkommensteuer vorgenommen. In diesem Zusammenhang muß aber darauf hingewiesen werden, daß die 25% vom Bruttobezug (von der Dividende) gerechnet werden. Es gibt keinen Abzug für Werbungskosten, wie Kreditzinsen usw.

§ 7 KStG Einkommen und Einkommensermittlung

§ 7 (1) Der Körperschaftsteuer ist das Einkommen zugrunde zu legen, das der unbeschränkt Steuerpflichtige innerhalb eines Kalenderjahres bezogen hat.

(2) Einkommen ist der Gesamtbetrag der Einkünfte aus den im § 2 Abs. 3 des Einkommensteuergesetzes 1988 aufgezählten Einkunftsarten nach Ausgleich mit Verlusten, die sich aus den einzelnen Einkunftsarten ergeben, und nach Abzug der Sonderausgaben (§ 8 Abs. 4) und des Freibetrages für begünstigte Zwecke (§ 23). Wie das Einkommen zu ermitteln ist, bestimmt sich nach dem Einkommensteuergesetz 1988 und diesem Bundesgesetz.

(3) Bei Steuerpflichtigen, die auf Grund der Rechtsform nach handelsrechtlichen Vorschriften zur Buchführung verpflichtet sind, sind alle Einkünfte (§ 2 Abs. 3 des Einkommensteuergesetzes 1988) den Einkünften aus Gewerbebetrieb (§ 23 Z 1 des Einkommensteuergesetzes 1988) zuzurechnen. Bei Betrieben gewerblicher Art (§ 2), die nach handelsrechtlichen Vorschriften zur Buchführung verpflichtet sind, und bei Erwerbs- und Wirtschaftsgenossenschaften ist der Gewinn nach § 5 des Einkommensteuergesetzes 1988 zu ermitteln.

(4) Gewinnermittlungszeitraum ist das Wirtschaftsjahr. Das Wirtschaftsjahr deckt sich grundsätzlich mit dem Kalenderjahr.

(5) Steuerpflichtige, die nach handelsrechtlichen Vorschriften zur Buchführung verpflichtet sind, und buchführende Steuerpflichtige, die Land- und Forstwirtschaft betreiben, dürfen ein vom Kalenderjahr abweichendes Wirtschaftsjahr haben; in diesem Fall ist der Gewinn bei Ermittlung des Einkommens für jenes Kalenderjahr zu berücksichtigen, in dem das Wirtschaftsjahr endet. § 2 Abs. 6 und 7 des Einkommensteuergesetzes 1988 ist anzuwenden.

Anläßlich der Bilanzierung stellt sich die Frage, ob die **einkommensteuerlichen Gewinnermittlungsvorschriften** der §§ 4 bis 14 auch für die AG oder GmbH gelten. Insbesondere wären hier anzuführen § 6 EStG, der die Bewertungsvorschriften enthält, § 7 und § 8, die die Absetzung für Abnutzung regeln, § 9, der die Vorschriften über die Rückstellungen enthält, § 10, wo der Investitionsfreibetrag besprochen wird, § 12, der die Übertragung stiller Reserven regelt, § 13, der die geringwertigen Wirtschaftsgüter behandelt und schließlich § 14, der die einkommensteuerlichen Vorschriften für Abfertigungen und Pensionsrückstellungen enthält.

§ 7 Abs. 2 letzter Satz KStG gibt auf diese Frage folgende Antwort: „Wie das Einkommen zu ermitteln ist, bestimmt sich nach dem **Einkommensteuergesetz.**"

Weiters enthält Abs. 2 den Hinweis, daß das Einkommen aus dem Gesamtbetrag der Einkünfte aus den sieben Einkunftsarten besteht, daß ein Ausgleich mit Verlusten erfolgen kann, und daß Sonderausgaben im Sinne des § 8 Abs. 4 KStG abgezogen werden können.

Zu der Einteilung unter die sieben Einkunftsarten bedarf es nun einer näheren Erläuterung:

Als Vorfrage ist zwischen den buchführungspflichtigen und den nicht buchführungspflichtigen Körperschaften zu unterscheiden.

Aufgrund der handelsrechtlichen Vorschriften haben Formkaufleute (AG, GmbH), sowie Erwerbs- und Wirtschaftsgenossenschaften Bücher zu führen. Damit wäre auch der Kreis der buchführungspflichtigen Körperschaften besprochen. Im Abs. 3 finden wir den Hinweis, daß die buchführungspflichtigen Körperschaften den Gewinn nach § 5 EStG zu ermitteln haben (die § 5 Gewinnermittlung ist **das zentrale Thema dieses Buches**).

Aufgrund dieser Formulierung sind die übrigen sechs Einkunftsarten ausgeschlossen. Die AG, die GmbH und die Genossenschaft erzielen immer **Einkünfte aus Gewerbebetrieb.**

Ein Beispiel zu Verdeutlichung

Eine GmbH betreibt eine Landwirtschaft. Die Einkünfte aus der Landwirtschaft sind bei der GmbH steuerlich als Einkünfte aus Gewerbebetrieb zu sehen.

Zu den nicht buchführungspflichtigen Körperschaften zählen Vereine, Stiftungen und Anstalten. Diese nicht buchführungspflichtigen Körperschaften erzielen beispielsweise Einkünfte aus Land- und Forstwirtschaft, Kapitalvermögen oder Vermietung und Verpachtung. Die Gewinnermittlung oder die Überschußermittlung hat dabei nach den Vorschriften der betreffenden Einkunftsart zu erfolgen.

§ 8 KStG Einlagen, Entnahmen und Einkommensverwendung

§ 8 (1) Bei der Ermittlung des Einkommens bleiben Einlagen und Beiträge jeder Art insoweit außer Ansatz, als sie von Personen in ihrer Eigenschaft als Gesellschafter, Mitglieder oder in ähnlicher Eigenschaft geleistet werden.

(2) Für die Ermittlung des Einkommens ist es ohne Bedeutung, ob das Einkommen
im Wege offener oder verdeckter Ausschüttung verteilt oder entnommen oder in anderer Weise verwendet wird.

(3) Eine Einkommensverwendung ist auch anzunehmen bei:

1. Ausschüttungen jeder Art
auf Partizipationskapital im Sinne des Bankwesengesetzes und des Versicherungsaufsichtsgesetzes sowie auf Genußrechte, mit denen das Recht auf Beteiligung am Gewinn und am Liquidationsgewinn des Steuerpflichtigen verbunden ist.
2. Rückvergütungen, die von Erwerbs- und Wirtschaftsgenossenschaften in Form von Kaufpreisvergütungen, Kaufpreisnachzahlungen oder Unkostenvergütungen gewährt werden und aus dem Mitgliedergeschäft erwirtschaftet wurden.
3. Zuwendungen des Organträgers (§ 9 Abs. 3) an Gesellschafter der Organgesellschaft (§ 9 Abs. 2) als Ausgleich für entgehende Ausschüttungen (Dividendengarantie). Dies gilt auch, wenn die Voraussetzungen des § 9 nicht vorliegen.

(4) Folgende Ausgaben sind bei der Ermittlung des Einkommens als Sonderausgaben abzuziehen, soweit sie nicht Betriebsausgaben oder Werbungskosten darstellen:

1. Ausgaben im Sinne des § 18 Abs. 1 Z 1, 6 und 7 des Einkommensteuergesetzes 1988.
2. Der Verlustabzug im Sinne des § 18 Abs. 6 und 7 des Einkommensteuergesetzes 1988.

Der Verlustabzug steht ab jenem Zeitpunkt nicht mehr zu, ab dem die Identität des Steuerpflichtigen infolge einer wesentlichen Änderung der organisatorischen und wirtschaftliche Struktur im Zusammenhang mit einer wesentlichen Änderung der Gesellschafterstruktur auf entgeltlicher Grundlage nach dem Gesamtbild der Verhältnisse wirtschaftlich nicht mehr gegeben ist (Mantelkauf). Dies gilt nicht, wenn diese Änderungen zum Zweck der Sanierung des Steuerpflichtigen mit dem Ziel der Erhaltung eines wesentlichen Teiles betrieblicher Arbeitsplätze erfolgen. Verluste sind jedenfalls insoweit abzugsfähig, als infolge der Änderung der wirtschaftlichen Struktur bis zum Ende des Wirtschaftsjahres der Änderung stille Reserven steuerwirksam aufgedeckt werden.

Im Abs. 1 finden sich der Hinweis, daß **Einlagen,** die der Gesellschafter in seine eigene Gesellschaft leistet, bei der Gewinnermittlung außer Ansatz bleiben.

Wichtig: Die Gesellschaft erhält von ihrem Gesellschafter Zahlungen, die wie folgt verbucht werden: Bank an Grundkapital (Stammkapital) bzw. Kapitalrücklagen.

Es wird also kein Erfolgskonto berührt, weshalb auch durch die Einzahlung kein steuerpflichtiger Ertrag entsteht.

Zum Agio und zur Nachschußpflicht

Eine erfolgreiche Aktiengesellschaft mit einem Grundkapital von S 100 Mio. möchte eine Kapitalerhöhung um S 20 Mio. durchführen. Nachdem ein beträchtlicher Firmenwert (Standortvorteil, Know-how, Kundenstock usw.) vorhanden ist, wird von den neuen Aktionären verlangt, daß sie S 30 Mio. einzahlen. Für die Einzahlung von S 30 Mio. erhalten die Aktionäre aber nur ein Aktienpaket mit dem Nominale von S 20 Mio. Das Grundkapital wird in der Folge von S 100 auf 120 Mio. erhöht. Der Betrag von S 10 Mio. wird als Kapitalrücklage ausgewiesen.

Nachschußpflicht: In manchen GmbH-Verträgen verpflichten sich die Gesellschafter, etwaige Verluste nach der Gründung mit weiteren Einlagen abzudecken. Wenn nun die Verluste auftreten, sind die Gesellschafter verpflichtet, Einzahlungen in der Höhe des Verlustes zu leisten.

Noch einmal die Kernaussage

Durch die Einzahlung des Gesellschafters wird der Gewinn der Gesellschaft nicht erhöht. Man spricht in diesem Zusammenhang von einer nicht steuerbaren **Vermögensvermehrung.**

Interessant ist in diesem Zusammenhang die Frage, ob solche Einlagen wieder an den Gesellschafter zurückgezahlt werden können. Eine steuerliche Antwort finden wir im § 4 Abs. 12 EStG. Die Besprechung dieser Bestimmung erfolgte im „Basiswissen Einkommensteuergesetz“. Handelsrechtlich kann das Kapital herabgesetzt werden. In der Regel erfolgt eine Kapitalherabsetzung zur **Sanierung** des Unternehmens (Buchung: Kapital an **Ertrag**) und nicht zur Rückzahlung an Aktionäre. Das gleiche gilt für eine gewinnerhöhende Auflösung einer Kapitalrücklage, die aus einem eingezahlten Agio stammt (Buchung: Kapitalrücklage an **Ertrag**).

Zum Absatz 2 ist festgehalten, daß es für die Ermittlung des Einkommens unerheblich ist, wie der Gewinn verwendet wird.

An einem Beispiel wollen wir demonstrieren, was diese Aussage bedeutet. Der körperschaftsteuerpflichtige Gewinn 1997 einer GmbH ist zu ermitteln.

Fall A: Der Gewinn 1997 beträgt S 700.000,–. Es wurde beschlossen, von diesem Gewinn S 600.000,– auszuschütten und S 100.000,– auf neue Rechnung vorzutragen.

Fall B: Der vorläufige Gewinn laut Saldenliste beträgt S 700.000,–. Auf Anweisung des Geschäftsführers wird vorbilanzlich eine Gewinnrücklage mit S 600.000,– gebildet. Nach dieser Verbuchung werden S 100.000,– als Gewinn 1997 ausgewiesen.

Fall C: Es wird beschlossen, den Gewinn 1997 mit S 700.000,– vorzutragen und gemeinsam mit dem voraussichtlichen Gewinn 1998 im Jahr 1999 auszuschütten.

Ergebnis: In **allen Fällen** beträgt der körperschaftsteuerpflichtige Gewinn 1997 S 700.000,–. Gemäß § 8 (2) ist es für die Einkommensermittlung und damit für die Besteuerung unerheblich, **wie der Gewinn verwendet** (ausgeschüttet, thesauriert oder vorgetragen) **wird.**

Einige Überlegungen zur verdeckten Gewinnausschüttung

Wenn der **Gesellschafter** mit seiner **eigenen Gesellschaft** Verträge abschließt (Dienstvertrag, Kaufvertrag, Mietvertrag, Darlehensvertrag), dann kann es vorkommen, daß er Vergütungen vereinbart, die die Kapitalgesellschaft in dieser Höhe an einen fremden Dritten nicht zahlen würde.

Eine verdeckte Gewinnausschüttung liegt auch dann vor, wenn einem Angehörigen des Gesellschafters (Gattin, Sohn, Tochter) **Vermögensvorteile** zukommen.

Beispiele für überhöhte Vergütungen

- Die Tochter des Hauptgesellschafters ist im Unternehmen beschäftigt. Laut **Dienstvertrag** erhält sie für die Erledigung der Korrespondenz einen Jahresbezug von S 1.400.000,–. Eine weitere Mitarbeiterin, die ebenfalls die Korrespondenz erledigt, erhält einen Jahresbezug von S 400.000,–. Aus diesem Vergleich ergeben sich überhöhte Ausgaben mit S 1.000.000,–.
- Der Hauptgesellschafter verkauft an seine Gesellschaft einen PKW mit einem Verkehrswert von S 200.000,– um einen Kaufpreis von S 300.000,–. Der PKW wird mit diesem **Kaufpreis** aktiviert und auf die Restnutzungsdauer abgeschrieben. Aufgrund der überhöhten Anschaffungskosten ergeben sich überhöhte Abschreibungen. Bei unangemessen hohen Aktivierungen bleibt nur der angemessene Teil der jährlichen Abschreibungen abzugsfähig. Die Abschreibung, die auf den unangemessenen Teil der Anschaffungskosten von S 100.000,– entfällt, ist im jeweiligen Abschreibungsjahr in der Mehr/Wenigerrechnung dem Gewinn hinzuzurechnen.
- Ein Gesellschafter vermietet an seine Gesellschaft ein unbebautes Grundstück um eine Jahresmiete von S 500.000,–, obwohl die ortsübliche Jahresmiete nur S 200.000,– betragen würde. Bei der Gesellschaft ist nur die ortsübliche **Miete** steuerlich als Betriebsausgabe anzuerkennen. S 300.000,– werden in der Mehr/Wenigerrechnung dem Gewinn hinzugerechnet.
- Aufgrund eines Darlehensvertrages zahlt die Gesellschaft an ihren Gesellschafter Zinsen in der Höhe von 20% per anno. Dieses Unternehmen zahlt an die Hausbank für die Kredite 7%. Die überhöhten Ausgaben lassen sich mit 13% vom Darlehensbetrag errechnen.

Wir haben jetzt eine Ausformung der verdeckten Gewinnausschüttung kennengelernt. Die Gewinnausschüttung war jetzt verdeckt, weil im ersten Fall S 1.000.000,– unter dem Deckmantel des Gehaltsbezuges, im zweiten Fall S 100.000,– unter dem Deckmantel des Kaufes, im dritten Fall S 300.000,– unter dem Deckmantel der Miete und im letzten Fall 13% vom Darlehensbetrag unter dem Deckmantel der Zinsen in die Sphäre des Gesellschafters gelangt sind.

Die zweite Ausformung der verdeckten Gewinnausschüttung besteht in einer **Einnahmenverkürzung**. Anders formuliert, der Gesellschaft sind aufgrund „schlechter" Verträge Einnahmen entgangen. Beispiele dazu:

- Die Gesellschaft verkauft an ihren Hauptgesellschafter ein Grundstück mit einem Verkehrswert von S 1,6 Mio. um einen Kaufpreis von S 600.000,–. Aufgrund dieses Kaufvertrages „fehlen" der Gesellschaft Einnahmen in der Höhe von S 1 Mio. Diese fehlenden Einnahmen werden in der Mehr-/Wenigerrechnung dem Gewinn zugerechnet.
- Die Gesellschaft gewährt dem Sohn des Hauptgesellschafters ein unverzinsliches **Darlehen** für einen Hausbau in der Höhe von S 5 Mio. Für einen Bankkredit in dieser Größenordnung hätte der Sohn S 350.000,– jährlich an Zinsen zu bezahlen. Der Gesellschaft sind durch die unentgeltliche Hingabe des Darlehens Einnahmen in der Höhe von S 350.000,– entgangen. Diese entgangenen Zinsen sind in der Mehr-/Wenigerrechnung dem Gewinn des Unternehmens zuzurechnen.

Der beste Maßstab für den Umfang der verdeckten Gewinnausschüttung ist der **Fremdvergleich.** Fremdvergleich bedeutet, daß der verwirklichte Sachverhalt mit einem Sachverhalt zu vergleichen ist, bei dem der Eigentümer keine Rolle spielt. Es ist die Frage zu stellen, ob **mit einem fremden Dritten** der Vertrag genauso abgeschlossen worden wäre. Wenn man diese Frage mit nein beantwortet, dann wird offenkundig, daß die günstigen Vertragsbedingungen auf die Gesellschaftereigenschaft zurückgehen. Die Frage der verdeckten Gewinnausschüttung ist von Amtswegen aufzugreifen. Die Abgabenbehörde trifft die Beweislast für das Vorliegen einer verdeckten Gewinnausschüttung. Der Nachweis wird in aller Regel durch Fremdvergleich erbracht.

Uns interessiert jetzt die Frage der Auswirkung einer verdeckten Gewinnausschüttung, einmal auf die **Gesellschaft** und dann auf den **Gesellschafter.**

Wir beginnen unsere Betrachtung mit der Gesellschaft

Der Empfänger der verdeckten Gewinnausschüttung ist eine natürliche Person. Die Tochter des Hauptgesellschafters hat eine verdeckte Gewinnausschüttung in Höhe von S 1 Mio. erhalten. Der Sohn des Gesellschafters hat durch den Verzicht der Verzinsung eine verdeckte Gewinnausschüttung in Höhe von S 350.000,– erhalten.

Die verdeckte Gewinnausschüttung ist außerbilanzmäßig in der Form der Mehr-/Wenigerrechnung berücksichtigt worden. Der Gewinn der Gesellschaft ist, um bei den beiden Beispielen zu bleiben, um S 1.350.000,– erhöht worden. Dieser Erhöhungsbetrag ist selbstverständlich bei der Gesellschaft **körperschaftsteuerpflichtig.**

Die verdeckte Gewinnausschüttung ist genauso wie die offene Gewinnausschüttung kapitalertragsteuerpflichtig.

Vorerst muß jedoch die Frage geklärt werden, wer die Kapitalertragsteuer trägt.

Trägt der **Gesellschafter** (für den Sohn, für die Tochter) die Kapitalertragsteuer, so beträgt sie 25% des zugeflossenen Betrages. 25% von S 1.350.000,– sind S 337.500,–. Das Unternehmen wird diesen Betrag von S 337.500,– an das Finanzamt überweisen und wie folgt einbuchen:

Forderung an den Gesellschafter an Bank

Wenn der Hauptgesellschafter die **Gesellschaft** „überredet" die Kapitalertragsteuer zu übernehmen, so fließt dem Gesellschafter ein zusätzlicher Vorteil in der Höhe der von der Gesellschaft getragenen Kapitalertragsteuer zu. Die Kapitalertragsteuer ist in diesem Fall mit einem Steuersatz von 33,33% vom zugeflossenen Betrag zu ermitteln. 33,33% von S 1.350.000,– sind S 450.000,–.

Mit folgender Überlegung kommen wir zu dem Prozentsatz von 33,33%.

Wenn die Kapitalertragsteuer von 25% vom Unternehmen getragen wird, dann erhöht sich der Vorteil für den Gesellschafter noch um 25%. Die verdeckte Gewinnausschüttung von S 1.350.000,– beträgt dann 75% vom gesamten Vorteil, denn die von der Gesellschaft getragene Kapitalertragsteuer beträgt 25%.

S 1.350.000,– dividiert durch 75 mal 100 ergibt mit S 1.800.000,– dann den gesamten Vermögensvorteil für den Gesellschafter. Dieser Vermögensvorteil betrifft mit S 1.350.000,– die verdeckte Gewinnausschüttung und mit S 450.000,– die Kapitalertragsteuer. Der Betrag von S 450.000,– ist 33,33% von der verdeckten Gewinnausschüttung mit S 1.350.000,–.

Noch einmal

Die verdeckte Gewinnausschüttung erhöht den Gewinn der Gesellschaft. Die verdeckte Gewinnausschüttung ist wie eine offene Ausschüttung kapitalertragsteuerpflichtig. Es ist eine Entscheidung der Gesellschaft, ob die Kapitalertragsteuer vom Gesellschafter zurückgefordert (als Forderung eingebucht wird) oder von der Gesellschaft getragen wird. Im letzten Fall beträgt die Kapitalertragsteuer dann 33,33% von der verdeckten Gewinnausschüttung.

Welche Auswirkung ist bei der Gesellschaft gegeben, wenn der Empfänger der verdeckten Gewinnausschüttung eine Kapitalgesellschaft (oder Genossenschaft) ist?

Es gilt das bisher Gesagte mit einer Ausnahme. Wenn der Gesellschafter, der jetzt eine Kapitalgesellschaft ist, mit 25% oder mehr an der ausschüttenden Gesellschaft beteiligt ist, dann erfolgt kein Kapitalertragsteuerabzug. Das ergibt sich aus der Bestimmung des § 94 Z 2 EStG. Wenn die Beteiligung geringer als 25% ist, dann ist die Kapitalertragsteuer einzubehalten und an das Finanzamt abzuführen. Diese Kapitalertragsteuer gilt beim Empfänger als Körperschaftsteuervorauszahlung.

Welche Auswirkung hat die verdeckte Gewinnermittlung beim Gesellschafter?

Auch hier müssen wir wieder unterscheiden, ob der Gesellschafter eine **natürliche Person** (Personengesellschaft) oder eine **juristische Person** (AG, GmbH oder Genossenschaft) ist.

Um auf ein Beispiel zurückzukommen: Die Tochter des Hauptgesellschafters hat im Rahmen eines Dienstverhältnisses einen lohnsteuerpflichtigen Jahresbezug von S 1.400.000,– erhalten. Eine verdeckte Gewinnausschüttung mit S 1.000.000,– wird festgestellt. Es muß lohnsteuerlich eine Wiederaufrollung erfolgen und die abgeführte Lohnsteuer ist zu erstatten. Die KESt auf die verdeckte Gewinnausschüttung wird nacherhoben. Für die Tochter liegt eine Endbesteuerung vor.

Gewinnausschüttungen an natürliche Personen und Personengesellschaften sind endbesteuert. In den Steuererklärungen der natürlichen Personen brauchen diese nicht erfaßt werden.

Der Gesellschafter ist eine juristische Person:

Gemäß § 8 Abs. 2 KStG ist die verdeckte Gewinnausschüttung genauso zu behandeln wie eine offene Ausschüttung.

Bei juristischen Personen gilt die Beteiligungsertragsbefreiung, die im § 10 KStG geregelt ist.

§ 9 KStG Organschaft

§ 9 (1) Besteht zwischen einer Organschaft (Abs. 2) und dem Organträger (Abs. 3) ein Ergebnisabführungsvertrag (Abs 4), dann ist der steuerlich ermittelte Gewinn (Verlust) der Organgesellschaft dem Organträger zuzurechnen. Sonderausgaben der Organgesellschaft sind beim Organträger abzuziehen, wobei vortragsfähige vororganschaftliche Verluste der Organgesellschaft nur bis zur Höhe ihres steuerlichen Gewinnes verrechnet werden können.

(2) Organgesellschaften sind unbeschränkt steuerpflichtige Kapitalgesellschaften oder Erwerbs- und Wirtschaftsgenossenschaften, die dem Organträger nach dem Gesamtbild der tatsächlichen Verhältnisse finanziell, wirt-

schaftlich und organisatorisch derart untergeordnet sind, daß sie keinen eigenen Willen haben. Die Anteile der Organgesellschaft, die die finanzielle Eingliederung bewirken, müssen unmittelbar im Eigentum des Organträgers stehen. Die Merkmale der Unterordnung müssen ab dem Beginn des Wirtschaftsjahres der Organgesellschaft gegeben sein.

(3) Organträger sind unbeschränkt steuerpflichtige

- Kapitalgesellschaften,
- Erwerbs- und Wirtschaftsgenossenschaften,
- Versicherungsvereine auf Gegenseitigkeit im Sinne des Versicherungsaufsichtsgesetzes oder
- Kreditinstitute im Sinne des Bankwesengesetzes, wenn sie Körperschaften sind, die die Merkmale der Überordnung im Sinne des Abs. 2 erfüllen. Organgesellschaften können Organträger sein.

(4) Der Ergebnisabführungsvertrag ist eine Vereinbarung, in der sich die Organgesellschaft verpflichtet, ihren ganzen Gewinn auf den Organträger zu übertragen und der Organträger sich verpflichtet, den ganzen Verlust der Organgesellschaft zu übernehmen. Die Verpflichtung gilt auch dann als erfüllt, wenn die Organgesellschaft

- Rücklagen mit steuerlicher Wirkung oder
- gesetzliche Rücklagen oder
- andere Rücklagen in wirtschaftlich gegründeten Fällen bildet. Der Vertrag muß vor dem Bilanzstichtag jenes Jahres abgeschlossen werden, für das er erstmals gelten soll.

(5) Das steuerliche Ergebnis der Organgesellschaft im Sinne des Abs. 1 ist jenem Wirtschaftsjahr des Organträgers zuzurechnen, in das der Bilanzstichtag des Wirtschaftsjahres der Organgesellschaft fällt.

Bei der Organschaft kommen wir auf das **Organ** im medizinischen Sinn zu sprechen. Das Organ ist ein Teil des Körpers das alleine nicht lebensfähig ist. So ist das Auge als Organ des Körpers für sich alleine nicht lebensfähig.

Im Wirtschaftsleben finden wir beispielsweise Kapitalgesellschaften und Genossenschaften, die steuerlich alleine nicht lebensfähig sind. Von außen sind solche, alleine nicht lebensfähige Gesellschaften, nicht zu erkennen. Auch wenn wir uns zum Sitz dieses Unternehmens begeben, können wir keinen Unterschied zu anderen alleine lebensfähigen Kapitalgesellschaften oder Genossenschaften erkennen.

Die steuerliche Organschaft und damit die Unselbständigkeit dieser Kapitalgesellschaften oder Genossenschaften ist dann gegeben, wenn diese Gesellschaften oder Genossenschaften von einem Mutterunternehmen

- finanziell,
- wirtschaftlich
- und organisatorisch abhängig sind.

Mit diesen Abhängigkeiten werden wir uns im Detail auseinandersetzen. Diese Abhängigkeiten machen ein rechtlich, nach wie vor selbständiges Unternehmen steuerlich zum **Organ**. Steuerlich wird dann diese Kapitalgesellschaft/Genossenschaft als Teil (Organ) des beherrschenden Mutterunternehmens gesehen. Die Kapitalgesellschaft/Genossenschaft verliert ihre **steuerliche Selbständigkeit** und ist zum Organ „degradiert." Die Organgesellschaft kann, so wie das Auge im Körper, nur im Rahmen der Muttergesellschaft steuerlich wirken.

Diese steuerliche Unselbständigkeit gibt es sowohl im **Körperschaftsteuerrecht,** als auch im **Umsatzsteuerrecht**. Die steuerliche Unselbständigkeit liegt dann vor, wenn eine unbeschränkt steuerpflichtige Kapitalgesellschaft oder Genossenschaft (Organgesellschaft) einem Mutterunternehmen (Organträger) finanziell, wirtschaftlich und organisatorisch derart untergeordnet ist, daß sie **keinen eigenen Willen** hat.

Aus der Regelung im § 9 KStG können wir ableiten, daß Einzelunternehmen oder Personengesellschaften nicht zum Organschaftskreis im Körperschaftsteuergesetz zählen.

Zur finanziellen Unterordnung

Die finanzielle Unterordnung bedeutet eine **kapitalmäßige Beherrschung** durch die Muttergesellschaft. Für die Frage der finanziellen Beherrschung ist aber nicht allein die Höhe der Beteiligung, sondern die mit der Höhe der Beteiligung verbundenen Stimmrechte entscheidend. Wenn man davon ausgeht, daß im Gesellschaftsvertrag die Stimmrechte entsprechend der Beteiligung vorgesehen sind, dann liegt eine finanzielle Beherrschung bei einer Beteiligung von 75% jedenfalls vor. Mit einer Beteiligung von 75% kann die Muttergesellschaft ihren Willen bei der Tochtergesellschaft durchsetzen. Wenn aber die Stimmrechte nicht im Verhältnis der Beteiligung eingeräumt werden, kann es möglich sein, daß eine finanzielle Unterordnung bereits bei einer Beteiligung von mehr als 50% eintritt (z.B. ein Gesellschafter hat bei einer Beteiligung von 60% ein Stimmrecht im Ausmaß von 80%).

Wenn die Muttergesellschaft dem Tochterunternehmen ein umfangreiches Darlehen gewährt, ist deswegen eine finanzielle Beherrschung noch nicht gegeben. Gemäß § 9 Abs. 2 zweiter Satz KStG muß die Beteiligung an der Organgesellschaft unmittelbar vom Organträger gehalten werden.

Zur wirtschaftlichen Unterordnung

Eine wirtschaftliche Unterordnung ist dann gegeben, wenn zwischen dem Mutterunternehmen und dem Tochterunternehmen vernünftige **wirtschaftliche Verflechtungen** bestehen. Paradebeispiel für eine vernünftige wirtschaftliche Verflechtung ist die Trennung in Vertriebs- und Produktionsgesellschaft. Die Mutter produziert, das Tochterunternehmern vertreibt oder umgekehrt. Bei einer Finanzholding, die nur Beteiligungen verwaltet, ist grundsätzlich keine wirtschaftlich vernünftige Verflechtung gegeben. Wenn jedoch die Finanzholding Aufgaben für das Tochterunternehmen übernimmt, dann können die Voraussetzungen für eine wirtschaftliche Unterordnung des Tochterunternehmens gegeben sein. Eine wirtschaftliche Unterordnung wird dann gegeben sein, wenn die Finanzholding

- Investitionsentscheidungen,
- Personalentscheidungen,
- Finanzierungsentscheidungen,
- Marketingentscheidungen fällt

- und Aufgaben der Buchhaltung und Personalverrechnung übernimmt.

Durch die Übernahme der Verantwortung für zentrale wirtschaftliche Aufgaben durch die Holdinggesellschaft wird die Tochtergesellschaft wirtschaftlich zum Organ. Es ist offensichtlich, daß beim Tochterunternehmen keine wirtschaftliche Kompetenz gegeben ist.

Zur organisatorischen Unterordnung

Die organisatorische Unterordnung hat nichts mit der „Organisation" im engeren Sinne zu tun, sondern mit den Organen. Die **Organe** der Tochtergesellschaft, die Vorstände, die Geschäftsführer sind an Weisungen der Muttergesellschaft gebunden. Eine organisatorische Unterordnung ist gegeben, wenn eine Person in beiden Gesellschaften als Organ tätig ist. Eine organisatorische Unterordnung ist auch dann gegeben, wenn die wesentliche Entscheidungskompetenz (aufgrund von Konzernrichtlinien) beim Mutterunternehmen liegt.

Gesamtbild der Unterordnung

Zur Annahme einer Organschaft ist es nicht erforderlich, daß alle drei Merkmale (finanzielle, wirtschaftliche und organisatorische Unterordnung) in gleicher Intensität vorliegen. Es war im Entwurf zum Strukturanpassungsgesetz 1996 sogar vorgesehen, daß die organisatorische Abhängigkeit entfallen sollte. Grundsätzlich ist man der Meinung, daß eine Organschaft auch dann vorliegt, wenn die Unterordnung bei einem der drei Merkmale weniger stark ausgeprägt ist. Diese Aussage ergibt sich aufgrund des Gesetzestextes „nach dem Gesamtbild."

Die Organschaft im Umsatzsteuergesetz

Im § 2 Abs. 2 Z 2 UStG bezieht sich das Umsatzsteuergesetz, sowie das Körperschaftsteuergesetz auf die finanzielle, wirtschaftliche und organisatorische Eingliederung des Tochterunternehmens, als eine Voraussetzung für die umsatzsteuerliche Organschaft.

Das Körperschaftsteuergesetz fordert aber darüber hinaus noch eine vierte Voraussetzung, nämlich den **Ergebnisabführungsvertrag**. Der Ergebnisabführungsvertrag ist wiederum keine Voraussetzung für die umsatzsteuerliche Organschaft. Man bezeichnet daher die Organschaft im Körperschaftsteuergesetz aufgrund dieser vierten Voraussetzung als „Vollorganschaft."

Zum Ergebnisabführungsvertrag

In der Regel gibt es eine schriftliche Vereinbarung zwischen der Muttergesellschaft (Organträger) und der Tochtergesellschaft (Organgesellschaft). Die Tochtergesellschaft verpflichtet sich, ihren ganzen handelsrechtlichen Gewinn auf die Muttergesellschaft zu übertragen. Die Muttergesellschaft verpflichtet sich auf der anderen Seite, den gesamten handelsrechtlichen Verlust der Tochtergesellschaft zu übernehmen. Die Muttergesellschaft verpflichtet sich also im Ergebnisabführungsvertrag die Verluste abzudecken.

Dieser **Ergebnisabführungsvertrag** muß vor dem Bilanzstichtag des Tochterunternehmens unterfertigt werden. Die übrigen Voraussetzungen müssen bereits zu Beginn des Wirtschaftsjahres beim Tochterunternehmen vorliegen. Gemäß § 120 BAO muß dieser Ergebnisabführungsvertrag innerhalb eines Monats ab Unterfertigung beim zuständigen Finanzamt der Tochtergesellschaft angezeigt werden. Bei einer Anzeige nach dem Bilanzstichtag der Tochtergesellschaft ergibt sich eine erhöhte Nachweispflicht, daß der Vertrag rechtzeitig geschlossen wurde. Die Vollorganschaft ist dann begründet, wenn am Beginn des Wirtschaftsjahres des Tochterunternehmens die Voraussetzungen vorliegen. Es ist kein Antrag auf steuerliche Anerkennung der Organschaft erforderlich. Auch wenn die Anzeige gemäß § 120 BAO übersehen wurde, hat dieses Versäumnis keine Auswirkung auf das Vorliegen oder Nichtvorliegen einer Vollorganschaft.

Obwohl der Ergebnisabführungsvertrag ein zweiseitiges Rechtsgeschäft darstellt, bedarf er zu seiner Rechtsgültigkeit der Zustimmung in der Haupt- oder Generalversammlung der Tochtergesellschaft (die Änderung der Gewinnverteilung stellt eine Satzungsänderung dar).

Die finanzielle, wirtschaftliche und organisatorische Unterordnung muß bereits zu Beginn des Wirtschaftsjahres der Tochtergesellschaft vorliegen, auch wenn der Ergebnisabführungsvertrag kurz vor dem Bilanzstichtag der Tochtergesellschaft geschlossen wurde.

Im § 9 KStG ist keine Bestimmung über eine Mindestdauer des Ergebnisabführungsvertrages enthalten. Nach früherer Verwaltungspraxis ist von einer fünfjährigen Geltungsdauer ausgegangen worden.

Dividendengarantie

Wenn das Mutterunternehmen am Tochterunternehmen beispielsweise nur mit 90% beteiligt ist und sich das Tochterunternehmen verpflichtet hat, den gesamten Gewinn also 100% an das Mutterunternehmen auszuschütten, dann würde der Minderheitengesellschafter mit seiner 10%igen Beteiligung keine Dividende erhalten. Für die entgehende Ausschüttung muß dem Minderheitengesellschafter eine garantierte Dividende (Dividendengarantie) zugesichert werden. Üblicherweise wird eine feste Vergütung vereinbart, die unabhängig vom tatsächlich erzielten Ergebnis des Tochterunternehmens ist. Diese Ausgleichszahlung für die entgangene Dividende wird aber nicht vom Tochterunternehmen, an dem der Minderheitengesellschafter beteiligt ist, sondern gemäß § 8 Abs. 3 Z 3 KStG vom Mutterunternehmen gezahlt. Diese Zahlung ist beim Mutterunternehmen keine Betriebsausgabe, weil die Leistung aufgrund gesellschaftsrechtlicher Basis erbracht wurde. Die Dividendengarantie stellt beim Mutterunternehmen eine Einkommensverwendung dar. Gemäß § 93 EStG unterliegt die Dividendengarantie der Kapitalertragssteuer.

§ 8 (3) Z 3 KStG beschreibt die Dividendengarantie:

Eine Einkommensverwendung ist auch anzunehmen bei Zuwendungen des Organträgers an Gesellschafter der Organgesellschaft als Ausgleich für entgehende Ausschüttungen (Dividendengarantie).

Die „Ersatzdividende" ist beim Empfänger ein steuerfreier Beteiligungsertrag gemäß § 10 (1) Z 1 KStG, wenn der Empfänger eine Körperschaft (z.B. AG, GmbH, Gen.) ist. Ist der Empfänger der „Ersatzdividende" eine natürliche Person (oder Personengesellschaft) liegt eine Endbesteuerung vor.

Vororganschaftliche Gewinne und Verluste

Vororganschaftliche Verluste sind beim Tochterunternehmen in Wirtschaftsjahren entstanden, die vor dem Wirkungsbereich des Ergebnisabführungsvertrages gelegen sind. Diese vororganschaftlichen Verluste sind nur beim Tochterunternehmen (als Sonderausgaben) abzugsfähig. Diese vororganschaftlichen Verluste dürfen nicht vom Mutterunternehmen übernommen werden. Das Tochterunternehmen wird die vororganschaftlichen Verluste mit den eigenen Gewinnen, die zeitlich nach dem Ergebnisabführungsvertrag erwirtschaftet worden sind, saldieren und den saldierten Gewinn an das Mutterunternehmen abführen. Vororganschaftliche IFB-Wartetastenverluste können mit Gewinnen des Mutterunternehmens ausgeglichen werden.

Vororganschaftliche Gewinne sind als freie Rücklage (Gewinnrücklage) ausgewiesen. Wird eine freie Rücklage aus vororganschaftlichen Gewinnen beim Tochterunternehmen aufgelöst, dann sind diese Beträge beim Mutterunternehmen gem. § 10 Abs. 1 Z 1 KStG steuerfrei (Schachtelertragsbefreiung).

Rücklagenbildung beim Tochterunternehmen

Auf der einen Seite hat sich das Tochterunternehmen im Ergebnisabführungsvertrag verpflichtet, den **gesamten Gewinn** auf das Mutterunternehmen zu übertragen, auf der anderen Seite könnte das Tochterunternehmen, durch Bildung von Rücklagen, einen Gewinnausweis verhindern. Aus diesem Grund ist zu empfehlen, bereits im Ergebnisabführungsvertrag über die Zulässigkeit von Rücklagendotierungen zu sprechen. Wenn unversteuerte Rücklagen (IFB, § 12 Rücklage usw.) oder die gesetzliche Rücklage gebildet werden, dann wird keinesfalls der Ergebnisabführungsvertrag in Frage gestellt. Die Bildung anderer freier Rücklagen (Gewinnrücklagen) muß aber wirtschaftlich begründet sein.

Nicht gesetzlich geregelt ist die Frage, ob offengelegte stille Rücklagen (§ 12 EStG Rücklagen) beim Tochterunternehmen auf eine Ersatzbeschaffung beim Mutterunternehmen übertragen werden können.

Steuererklärungen

Mutterunternehmen (Organträger) und Tochterunternehmen (Organ) erstellen jeweils eine eigene Bilanz und eine eigene Körperschaftsteuererklärung.

1997: Das **Tochterunternehmen** bucht: S 400.000,– Forderung gegenüber Mutterunternehmen an Ertrag. Damit ist in der Handelsbilanz des Tochterunternehmens ein Nullergebnis ausgewiesen. Das **Mutterunternehmen** bucht: S 400.000,– Aufwand aus Beteiligung an Verbindlichkeit gegenüber dem Tochterunternehmen. Damit wird das Handelsbilanzergebnis des Mutterunternehmens um S 400.000,– reduziert. In unserem Beispiel gehen wir davon aus, daß Muttergesellschaft und Tochterunternehmen den 31. Dezember als Bilanzstichtag haben. Die Ergebnisübernahme findet zeitgleich statt.

Was geschieht, wenn das Tochterunternehmen einen späteren Bilanzstichtag hat? Das Mutterunternehmen bilanziert am 31. Oktober 1997 und das Tochterunternehmen am 30. November 1997. Das Ergebnis des Tochterunternehmens aus dem Wirtschaftsjahr 1996/97 ist dem Mutterunternehmen für das Wirtschaftsjahr 1997/98 (Veranlagung 1998) zuzurechnen.

Annahme: Das **Tochterunternehmen** hat aufgrund einer Angemessenheitsprüfung in der Mehr/Wenigerrechnung eine Hinzurechnung mit S 20.000,–.

Beispiel: Vorteile einer Organschaft

	1997		1998	
Mutterunternehmen	Gewinn	1.000.000,–	Gewinn	1.200.000,–
Tochterunternehmen	Verlust	400.000,–	Gewinn	500.000,–
nach Ergebnisabführung	Gewinn	600.000,–	Gewinn	1.700.000,–

KöSt-Erklärung 1997

	Tochterunternehmen	Mutterunternehmen
Gewinn lt. Handelsbilanz	0,–	600.000,–
dazu Verluste vom Tochterunternehmen		400.000,–
MWR	20.000,–	
ab Ertrag aus Verlustübernahme	– 400.000,–	
Steuerlicher Verlust des Tochterunternehmens		– 380.000,–
Einkünfte aus Gewerbebetrieb	*– 380.000,–*	*620.000,–*

KöSt-Erklärung 1998

MWR beim *Tochterunternehmen* + 30.000,–,
Buchung *Tochterunternehmen*: S 500.000,– Aufwand an Verbindlichkeiten
Buchung beim *Mutterunternehmen*: S 500.000,– Forderung an Beteiligungsertrag

Gewinn lt. Handelsbilanz	0,–	1.200.000,–
ab Gewinne vom Tochterunternehmen		– 500.000,–
MWR	30.000,–	
dazu Aufwand aus Gewinnübertragung	500.000,–	
Steuerlicher Gewinn des Tochterunternehmens		530.000,–
Einkünfte aus Gewerbebetrieb	530.000,–	1.730.000,–

Mutterunternehmen: Da der Gewinn des Tocherunternehmens, der im Bilanzgewinn 1998 enthalten ist, zunächst abgezogen wird, wird durch die Hinzurechnung aufgrund des Ergebnisabführungsvertrages erreicht, daß bei der Muttergesellschaft die körperschaftsteuerpflichtigen Gewinne zusammengerechnet werden.

Auch wenn zwei Körperschaftsteuererklärungen vorliegen, gibt es nur **einen Körperschaftsteuerbescheid** für die Muttergesellschaft, in dem auch die steuerlichen Gewinne bzw. Verluste der Tochtergesellschaft enthalten sind.

Der Vorteil der Organschaft besteht darin, daß sofort ein **Verlustausgleich** innerhalb des Organkreises (bei uns nur Mutter- und Tochtergesellschaft) durchgeführt werden kann.

§ 10 KStG, Befreiung für Beteiligungserträge und internationale Schachtelbeteiligungen

§ 10 (1) Von der Körperschaftsteuer sind Beteiligungserträge befreit.

Beteiligungserträge sind:

1. Gewinnanteile jeder Art auf Grund einer Beteiligung an inländischen Kapitalgesellschaften und Erwerbs- und Wirtschaftsgenossenschaften in Form von Gesellschafts- und Genossenschaftsanteilen.
2. Rückvergütungen von inländischen Erwerbs- und Wirtschaftsgenossenschaften nach § 8 Abs. 3 Z 2.
3. Gewinnanteile jeder Art auf Grund einer Beteiligung an inländischen Körperschaften in Form von Genußrechten (§ 8 Abs. 3 Z 1).
4. Gewinnanteile jeder Art auf Grund von Partizipationskapital im Sinne des Bankwesengesetzes und des Versicherungsaufsichtsgesetzes.

(2) Von der Körperschaftsteuer sind Erträge aus internationalen Schachtelbeteiligungen befreit:

1. Eine internationale Schachtelbeteiligung liegt vor, wenn unter § 7 Abs. 3 fallende Steuerpflichtige nachweislich in Form von Gesellschaftsanteilen unmittelbar mindestens zu einem Viertel beteiligt sind
   a) an ausländischen Gesellschaften, die einer inländischen Kapitalgesellschaft vergleichbar sind,
   b) an anderen ausländischen Körperschaften, die die in der Anlage 2 zum Einkommensteuergesetz 1988 vorgesehenen Voraussetzungen des Artikels 2 der Richtlinie Nr. 90/435/EWG des Rates vom 23. Juli 1990 (ABl. EG Nr. L 225 S 6) in der Fassung des Vertrages über den Beitritt Österreichs zur Europäischen Union erfüllen. Die Beteiligung muß während eines ununterbrochenen Zeitraumes von zwei Jahren bestehen.
2. Erträge aus internationalen Schachtelbeteiligungen sind:
   a) Gewinnanteile jeder Art aus der Beteiligung.
   b) Gewinne aus der Veräußerung der Beteiligung insoweit, als weder für die gesamte Beteiligung noch für Teile hievon der niedrigere Teilwert (§ 6 Z 2 lit. a des Einkommensteuergesetzes 1988) angesetzt worden ist.

Die in Z. 1 genannte Frist von zwei Jahren gilt nicht für Anteile, die auf Grund einer Kapitalerhöhung erworben wurden, soweit sich das Beteiligungsausmaß dadurch nicht erhöht hat.

3. Gewinnanteile aus internationalen Schachtelbeteiligungen, die vor Ablauf der Zweijahresfrist (Z. 1) erzielt werden, unterliegen vorläufig der Besteuerung. Das Finanzamt hat nach Ablauf dieser Frist endgültig über die Steuerpflicht oder Steuerfreiheit zu entscheiden.

(3) Abweichend von Abs. 2 sind Erträge aus internationalen Schachtelbeteiligungen nicht von der Körperschaftsteuer befreit, wenn Gründe vorliegen, wegen derer der Bundesminister für Finanzen dies zur Verhinderung von Steuerhinterziehung und Mißbräuchen (§ 22 der Bundesabgabenordnung) durch Verordnung anordnet. Das Vorliegen derartiger Gründe kann insbesondere dann angenommen werden, wenn

- der Unternehmensschwerpunkt der ausländischen Gesellschaft unmittelbar oder mittelbar darin besteht, Einnahmen aus Zinsen, aus der Überlassung beweglicher körperlicher oder unkörperlicher Wirtschaftsgüter und aus der Veräußerung von Beteiligungen zu erzielen,
- das Einkommen der ausländischen Gesellschaft hinsichtlich der Ermittlung der Bemessungsgrundlage bzw. hinsichtlich der Steuersätze keiner der österreichischen Körperschaftsteuer vergleichbaren ausländischen Steuer unterliegt, und
- nicht nachgewiesen wird, daß an der Körperschaft unmittelbar oder mittelbar überwiegend natürliche Personen beteiligt sind, bei denen das Besteuerungsrecht der Republik Österreich hinsichtlich der Einkommensteuer im Verhältnis zu anderen Staaten eingeschränkt ist.

In diesem Fall ist eine Entlastung von einer der Körperschaftsteuer entsprechenden ausländischen Steuer folgendermaßen herbeizuführen: Die als Vorbelastung der Ausschüttung anzusehende ausländische Steuer wird auf Antrag auf jene inländische Körperschaftsteuer angerechnet, die auf die aus der internationalen Schachtelbeteiligung bezogenen Einkünfte entfällt. Die anrechenbare ausländische Steuer ist bei Ermittlung der Einkünfte den Erträgen aus der internationalen Schachtelbeteiligung hinzuzurechnen.

Gemäß § 10 Abs. 1 KStG sind Gewinnanteile, die aus Beteiligungen stammen, beim Empfänger steuerfrei. Zu den Beteiligungserträgen zählen Gewinnanteile jeder Art, aufgrund einer Beteiligung (Achtung: Höhe der Beteiligung ist nicht ausschlaggebend) an einer inländischen Kapitalgesellschaft oder Genossenschaft.

Die Formulierung „Gewinnanteile jeder Art" bedeutet, daß auch verdeckte Gewinnausschüttungen damit erfaßt sind.

Beispiel für die Beteiligungsertragsbefreiung

Die Mutter AG hat ihren Sitz in Linz. Es wird ein Tochterunternehmen in Wien gegründet. Nach zweijähriger Tätigkeit schüttet das Tochterunternehmen an das Mutterunternehmen einen Gewinn in Höhe von S 1 Mio. aus. Der Gewinn, der ausgeschüttet wird, ist immer der Gewinn nach Steuern. Der Gewinn vor Steuern hat bei dem Tochterunternehmen S 1.515.151,– betragen. Nach Abzug von 34% Körperschaftsteuer verbleibt ein ausschüttungsfähiger Gewinn von S 1 Mio. Die ausschüttende Tochter hat grundsätzlich vom ausschüttungsfähigen Gewinn die Kapitalertragsteuer einzubehalten. Von diesem Grundsatz gibt es eine Ausnahme, die im § 94 Z 2 EStG festgehalten ist:

Keine Kapitalertragsteuer ist abzuziehen, wenn das Mutterunternehmen mindestens zu 25% am Grund- oder Stammkapital beteiligt ist.

Ist das Mutterunternehmen zu weniger als 25% am Tochterunternehmen beteiligt, wird anläßlich der Ausschüttung die KESt einbehalten. Diese KESt gilt als Körperschaftsteuervorauszahlung beim Mutterunternehmen.

Hinweis

Die Befreiung für Beteiligungserträge ist im Körperschaftsteuergesetz geregelt. Daraus ergibt sich, daß **Mutterunternehmen und Tochterunternehmen** jeweils körperschaftsteuerpflichtig sein müssen. Daher ist diese Befreiung für Beteiligungserträge kein Thema für Einzelunternehmen und Personengesellschaften (ausgenommen alle Gesellschaften einer Personengesellschaft sind Kapitalgesellschaften).

Gemäß § 10 Abs. 2 KStG sind Erträge aus internationalen Schachtelbeteiligungen Körperschaftsteuer befreit. Eine **internationale Schachtelbeteiligung** liegt dann vor, wenn

- die ausschüttende ausländische Gesellschaft mit einer inländischen Kapitalgesellschaft vergleichbar oder eine Gesellschaft ist, die von der EU als Körperschaft anerkannt wurde,
- die Beteiligung unmittelbar in Form von Gesellschaftsanteilen besteht,
- der Empfänger der Beteiligungserträge eine inländische buchführungspflichtige Körperschaft ist,
- die Beteiligung mindestens 25% des Gesellschaftskapitals beträgt,
- die Beteiligung während eines ununterbrochenen Zeitraumes von 2 Jahren besteht (Gewinnanteile, die vor Ablauf dieser zweijährigen Frist erzielt wurden, unterliegen vorläufig einer Besteuerung. Nach Ablauf der Zweijahresfrist wird endgültig über die Besteuerung durch das Finanzamt entschieden).

In § 10 Abs. 3 KStG ist ein sogenannter **Methodenwechsel** von der Befreiung der internationalen Beteiligungserträge zur Anrechnungsmethode vorgesehen.

In der Verordnung zur steuerlichen Entlastung von Erträgen aus einer internationalen Schachtelbeteiligung, BGBl. 1995/57 sind Kriterien festgelegt, nach denen es zu keiner Beteiligungsertragsbefreiung kommt.

Die **Anrechnungsmethode** wird anstelle der Beteiligungsertragsbefreiung angewendet, wenn

- ein Mißbrauch im Sinne des § 22 BAO vorliegt oder
- bei der ausländischen Gesellschaft es sich um eine Gesellschaft handelt, die nur passive Einkünfte erzielt. Passive Einkünfte sind Zinserträge, Mieterträge und Erträge aus der Veräußerung von Beteiligungen,

- die ausländische Gesellschaft in einem Niedrigsteuerland ansässig ist und
- an der ausländischen Gesellschaft ein Steuerinländer beteiligt ist.

Zum Methodenwechsel

§ 22 BAO lautet wie folgt:

Durch Mißbrauch von Formen und Gestaltungsmöglichkeiten des bürgerlichen Rechtes kann die Abgabepflicht nicht umgangen oder gemindert werden. Liegt ein Mißbrauch vor, so sind die Abgaben so zu erheben, wie sie bei einer den wirtschaftlichen Vorgängen, Tatsachen und Verhältnissen angemessenen rechtlichen Gestaltung zu erheben wären.

Statt der Beteiligungsertragsbefreiung werden die Ausschüttungen in Österreich steuerpflichtig, doch wird dafür im Gegenzug die im Ausland bezahlte Steuer bis zur Höhe der auf die Ausschüttung entfallende österreichische Steuer angerechnet.

Beispiel

Eine österreichische GmbH ist zu 100% Eigentümer einer auf Jersey registrierten Kapitalgesellschaft. Der Unternehmensgegenstand dieser Kapitalgesellschaft ist es Kapital zu veranlagen und Zinseinkünfte zu erzielen. Die Ausschüttungen dieser Gesellschaft nach Österreich fallen unter den Methodenwechsel und werden in Österreich steuerpflichtig. Die auf Jersey bezahlte Steuer wird auf die österreichische Steuer angerechnet.

Steuerfreiheit für die Veräußerung von ausländischen Beteiligungen

Gemäß § 10 Abs. 2 Z 2b KStG sind Veräußerungen von ausländischen Beteiligungen steuerfrei, wenn für die Beteiligung die Voraussetzung der Beteiligungsertragsbefreiung vorliegt und weder für die gesamte Beteiligung, noch für Teile davon eine Teilwertabschreibung (der ehemalige § 6 Z 2a EStG) vorgenommen worden ist.

§ 11 KStG, Abzugsfähige Aufwendungen und Ausgaben

(1) Bei der Gewinnermittlung gelten auch folgende Aufwendungen als Betriebsausgaben im Sinne des Einkommensteuergesetzes 1988:

1. Bei unter § 7 Abs. 3 fallenden Steuerpflichtigen die von ihnen zu tragenden Aufwendungen, soweit sie mit Einlagen und Beiträgen (§ 8 Abs. 1) in unmittelbarem wirtschaftlichem Zusammenhang stehen.
2. Bei Kreditinstituten die Zuführung zur Haftrücklage nach § 14.
3. Bei Versicherungsunternehmen die Zuführungen zu versicherungstechnischen Rückstellungen und Rücklagen sowie die Gewährung von Prämienrückerstattungen (Gewinnbeteiligungen) nach den §§ 15 bis 17.

(2) Kapitalgesellschaften und Erwerbs- und Wirtschaftsgenossenschaften können die angemessene Verzinsung des Eigenkapitalzuwachses gemäß § 11 des Einkommensteuergesetzes 1988 – auch außerbilanzmäßig – als Betriebsausgabe abziehen. Andere unbeschränkt steuerpflichtige Körperschaften können die Verzinsung nur gemäß § 11 Abs. 2 des Einkommensteuergesetzes geltend machen. Der abgezogene Betrag ist als Sondergewinn anzusetzen. Die Besteuerung des Sondergewinnes richtet sich nach § 22 Abs. 2. Bei Organschaften gilt folgendes:

1. Bei Organträgern (§ 9 Abs. 1) ist § 11 des Einkommensteuergesetzes 1988 mit der Maßgabe anzuwenden, daß vom Gewinn (Verlust) nach Zurechnung des Gewinnes (Verlustes) der Organgesellschaft (§ 9 Abs. 2) auszugehen ist. § 11 Abs. 1 Z 4 lit. c des Einkommensteuergesetzes 1988 ist im Verhältnis zwischen Organträger und Organgesellschaft nicht anzuwenden.
2. Bei Organgesellschaften (§ 9 Abs. 2) ist der Abzug der Verzinsung nur zulässig, wenn der Organträger von § 11 Abs. 1 des Einkommensteuergesetzes 1988 nicht Gebrauch machen kann.

(3) Ist eine nach § 5 oder nach anderen Bundesgesetzen befreite Körperschaft zum Teil unbeschränkt steuerpflichtig, dürfen bei der Ermittlung der Einkünfte Aufwendungen und Ausgaben nur insoweit abgezogen werden, als sie mit steuerpflichtigen Erträgen und Einnahmen in unmittelbarem wirtschaftlichem Zusammenhang stehen.

§ 12 KStG, Nichtabzugsfähige Aufwendungen und Ausgaben

(1) Bei den einzelnen Einkünften dürfen nicht abgezogen werden.

1. Die Aufwendungen für die Erfüllung von Zwecken des Steuerpflichtigen, die durch Stiftung, Satzung oder sonstige Verfassung vorgeschrieben sind. Eine Privatstiftung kann Zuwendungen an Begünstigte und Letztbegünstigte auch nicht als Sonderausgaben (§ 8 Abs. 4 Z 1) abziehen.
2. Aufwendungen nach § 20 Abs. 1 Z 2 lit. b des Einkommensteuergesetzes 1988, die nicht schon unter § 8 Abs. 2 fallen, soweit sie nach allgemeiner Verkehrsauffassung unangemessen hoch sind.
3. Repräsentationsaufwendungen nach § 20 Abs. 1 Z 3 des Einkommensteuergesetzes 1988.
4. Geld- und Sachzuwendungen nach § 20 Abs. 1 Z 5 des Einkommensteuergesetzes 1988.
5. Aufwendungen zu gemeinnützigen, mildtätigen oder kirchlichen Zwecken und andere freiwillige Zuwendungen (Spenden), soweit sie nicht nach § 4 Abs. 4 Z 5 und 6 des Einkommensteuergesetzes 1988 oder nach § 8 Abs. 4 Z 1 abzugsfähig sind.
6. Die Steuern vom Einkommen und sonstige Personensteuern und die Umsatzsteuer, die auf nichtabzugsfähige Aufwendungen entfällt.

7. Die Hälfte der Vergütungen jeder Art, die an Mitglieder des Aufsichtsrates, Verwaltungsrates oder andere mit der Überwachung der Geschäftsführung beauftragte Personen für diese Funktion gewährt werden. Dies gilt auch für Reisekostenersätze, soweit sie die im § 26 Z 4 des Einkommensteuergesetzes 1988 angeführten Sätze übersteigen.

(2) Weiters dürfen bei der Ermittlung der Einkünfte Aufwendungen und Ausgaben, soweit sie mit nicht steuerpflichtigen Vermögensvermehrungen und Einnahmen oder mit Kapitalerträgen im Sinne des § 97 des Einkommensteuergesetzes 1988 in unmittelbarem wirtschaftlichem Zusammenhang stehen, nicht abgezogen werden.

(3) Für Beteiligungen im Sinne des § 10 gilt folgendes:

1. Die Abschreibung auf den niedrigeren Teilwert (§ 6 Z 2 lit. a des Einkommensteuergesetzes 1988) oder ein Verlust anläßlich der Veräußerung oder eines sonstigen Ausscheidens darf nur insoweit abgezogen werden, als nachgewiesen wird, daß die Wertminderung oder der Verlust nicht mit Einkommensverwendungen im Sinne des § 8 Abs. 2 und 3 der Körperschaft, an der die Beteiligung besteht, in ursächlichem Zusammenhang steht (ausschüttungsbedingte Teilwertabschreibung und ausschüttungsbedingter Verlust).
2. Abzugsfähige Abschreibungen auf den niedrigeren Teilwert (§ 6 Z 2 lit. a des Einkommensteuergesetzes 1988) oder der Verluste anläßlich der Veräußerung oder eines sonstigen Ausscheidens einer zum Anlagevermögen gehörenden Beteiligung sind im betreffenden Wirtschaftsjahr und den nachfolgenden sechs Wirtschaftsjahren zu je einem Siebentel zu berücksichtigen, soweit nicht

- eine Zuschreibung erfolgt oder
- stille Reserven anläßlich der Veräußerung oder eines sonstigen Ausscheidens der Beteiligung steuerwirksam aufgedeckt werden oder
- im Wirtschaftsjahr der Abschreibung oder des Verlustes stille Reserven anläßlich der Veräußerung oder eines sonstigen Ausscheidens einer anderen zum Anlagevermögen gehörenden von dieser Vorschrift nicht berührten Beteiligung steuerwirksam aufgedeckt und auf Antrag des Steuerpflichtigen gegenverrechnet werden.

§ 24 Abs. 4 KStG, Mindestkörperschaftsteuer

Für unbeschränkt steuerpflichtige Kapitalgesellschaften gilt folgendes:

1. Es ist für jedes volle Kalendervierteljahr des Bestehens der unbeschränkten Steuerpflicht eine Mindeststeuer in Höhe von 5% eines Viertels der gesetzlichen Mindesthöhe des Grund- oder Stammkapitals (§ 7 des Aktiengesetzes 1965, § 6 des GmbH-Gesetzes) zu entrichten. Ändert sich die für die Mindeststeuer maßgebliche Rechtsform während eines Kalendervierteljahres, so ist dafür die am Beginn des Kalendervierteljahres bestehende Rechtsform maßgeblich.
2. Abweichend von Z. 1 beträgt die Mindeststeuer für unbeschränkt steuerpflichtige Kreditinstitute und Versicherungsunternehmen in der Rechtsform einer Kapitalgesellschaft für jedes volle Kalendervierteljahr 18.750 S.
3. Abweichend von Z 1 und 2 beträgt die Mindeststeuer für die ersten vier Kalendervierteljahre ab Eintritt in die unbeschränkte Steuerpflicht für jedes volle Kalendervierteljahr 3.750 S.
4. Die Mindeststeuer ist in dem Umfang, in dem sie die tatsächliche Körperschaftsteuerschuld übersteigt, wie eine Vorauszahlung im Sinne des § 45 des Einkommensteuergesetzes 1988 anzurechnen. Die Anrechnung ist mit jenem Betrag begrenzt, mit dem die im Veranlagungsjahr oder in den folgenden Veranlagungszeiträumen entstehende tatsächliche Körperschaftsteuerschuld den sich aus den Z 1 bis 3 für diesen Veranlagungszeitraum ergebenden Betrag übersteigt.

Auch wenn eine Kapitalgesellschaft keinen oder nur einen geringen Gewinn ausweist, muß seit 1994 die sogenannte „Mindestkörperschaftsteuer" bezahlt werden. Diese Regelung hat der Verfassungsgerichtshof bereits zweimal, zuletzt im Dezember 1997, zumindest teilweise aufgehoben. Nach dem derzeit geltenden Stand beträgt die Mindestkörperschaftsteuer im Jahr:

für GmbHs:	1.750 € (ca. 24.100 S)
für Aktiengesellschaften:	3.500 € (ca. 48.200 S)
für Banken und Versicherungen:	75.000 S

Das Mindestkapital der AG ist gem. § 7 AktG 70.000 €, das der GmbH gem. § 6 GmbHG 35.000 €.

Die Mehr-/Wenigerrechnung auf Seite 2 der Körperschaftsteuer-Erklärung

Die Körperschaftsteuererklärung beginnt mit dem handelsrechtlichen Gewinn oder Verlust laut der veröffentlichten Bilanz (Kennzahl 622).

In der Kennzahl 623 werden **Gewinne von Organgesellschaften** abgezogen, dazu kommen Verluste von Organgesellschaften. Aufgrund des Ergebnisabführungsvertrages hat die Organgesellschaft (Tochterunternehmen) den Handelsbilanzgewinn an den Organträger (Mutterunternehmen) abgeführt. In unserem Unternehmen ist der Gewinn des Tochterunternehmens im Handelsbilanzgewinn als Beteiligungsertrag enthalten. Mit anderen Worten: Der Gewinn, der in der Kennziffer 622 ausgewiesen ist, enthält den handelsrechtlichen Gewinn des Tochterunternehmens. In der Kennziffer 623 wird nun dieser handelsrechtliche Gewinnanteil des Tochterunternehmens abgezogen und unter der Ziffer 4 „steuerlicher Gewinn der Organgesellschaft" wieder hinzugerechnet. Der wesentliche Unterschied besteht darin, daß bei der Kennziffer 623 der **handelsrechtliche** Gewinnanteil aus dem Handelsbilanzergebnis ausgeschieden wird und unter der Ziffer 4, der **steuerpflichtige** Gewinn des Tochterunternehmens hinzugerechnet wird. Der steuerliche Gewinn des Tochterunternehmens ist in der Regel durch die

Einkünfte	Kennzahl	Betrag 1)
1. Gewinn - Verlust 2) laut beiliegender Bilanz zum	622	
Davon ab Gewinne (dazu Verluste) von Organgesellschaften, die im Bilanzgewinn enthalten sind	623	
2. Dazu folgende Beträge, soweit sie den Bilanzgewinn gemindert, bzw. **davon ab** folgende Beträge, soweit sie den Bilanzgewinn erhöht haben:		
a) Verdeckte Ausschüttungen einschließlich der vom Steuerpflichtigen getragenen Kapitalertragsteuer (bitte Beilage anschließen)	625	
b) Körperschaftsteuer (einschließlich der Zuführungen zu Rückstellungen, abzüglich von Rückstellungsauflösungen und Erstattungen) sowie ausländische Steuer laut Kennzahl 673	612	
c) Gemäß § 12 Abs. 3 Z 1 KStG nicht abzugsfähige Abschreibungen und Veräußerungsverluste hinsichtlich von Beteiligungen iS des § 10	613	
d) 6/7 der gemäß § 12 Abs. 3 Z 2 KStG zu verteilenden Abschreibungen und Verluste hinsichtlich von Beteiligungen iS des § 10	614	
e) Unangemessen hohe Ausgaben iS des § 12 Abs. 1 Z 2 KStG +		
f) Unzulässige oder zu hohe Absetzung für Abnutzung, Substanzverringerung, sonstige Abschreibungen, Rückstellungen +		
g) Zuführung zu Rücklagen (Reserven) +		
h) Aufwendungen für die Erfüllung von Zwecken des Steuerpflichtigen, die durch Stiftung, Satzung oder sonstige Verfassung vorgeschrieben sind +		
i) Die Hälfte der Vergütungen jeder Art an Mitglieder des Aufsichtsrates, Verwaltungsrates oder andere mit der Überwachung der Geschäftsordnung beauftragte Person 3) +		
j) Kapitalertragsteuer von vereinnahmten Kapitalerträgen, die vom Schuldner einbehalten oder übernommen wurden		
k) Zuwendungen, deren Gewährung od. Annahme mit gerichtlicher Strafe bedroht ist, weiters Aufwendungen zu gemeinnützigen, mildtätigen, kirchlichen und ähnlichen Zwecken zB Spenden +		
l) Die Hälfte der Kosten einer Bewirtung für Werbezwecke sowie nichtabzugsfähige Repräsentationsaufwendungen wie insbesondere Kosten einer sonstigen Bewirtung +		
m) Sonstige nichtabzugsfähige Steuern und Abgaben	629	
SUMME		
Andere Abänderungen (außerbilanzmäßige Zu- oder Abrechnungen wie zB 1/7 Verrechnung gemäß § 12 Abs. 3 Z 2 KStG) und Berichtigungen (Erläuterungen auf Seite 4, eventuell Beilage anschließen)	630	
3. Davon ab Beteiligungserträge jeder Art gemäß § 10 Abs. 1 und 2 KStG	631	–
Veräußerungsgewinne gemäß § 10 Abs. 2 Z 2 lit. b KStG		
	633	–
4. Steuerlicher Gewinn/Verlust der Organgesellschaften (§ 9 KStG)		
Einkünfte aus Gewerbebetrieb	777	
5. In den Einkünften aus Gewerbebetrieb sind enthalten: Anrechenbare inländische Kapitalertragsteuer	645	
Einkünfte aus Gewerbebetrieb, die gemäß Energieförderungsgesetz (EnFG) begünstigt sind	670	
Beteiligungserträge gemäß § 10 Abs. 3 KStG sowie ausländische Einkünfte im Betrag von	672	
Darauf ist zur Vermeidung der Doppelbesteuerung ausländische Steuer anzurechnen im Betrag von (Bitte auf einer Beilage näher erläutern!)	673	
Nicht ausgleichsfähige Verluste aus Investitionsfreibeträgen (ohne die unter der Kennzahl 615 erfassten nicht ausgleichsfähigen IFB-Verluste aus Mitunternehmeranteilen)	638	
Verlustanteile aus der Beteiligung an Personengesellschaften als Mitunternehmer		
Darin enthaltene nicht ausgleichsfähige Verluste aus Investitionsfreibeträgen	615	
Gewinnanteile aus der Beteiligung an Personengesellschaften als Mitunternehmer		

1) Minusvorzeichen sind, soweit nicht bereits vorgedruckt, beim Ausfüllen der Erklärung einzusetzen
2) Ohne allfällige ausländische Einkünfte, für die das Besteuerungsrecht auf Grund von Doppelbesteuerungsabkommen einem anderen Staat zusteht
3) Dazu gehören auch Taggelder, Reisegelder und sonstige Aufwandsentschädigungen, soweit sie die Sätze des § 26 Z 4 EStG oder den erforderlichen Aufwand übersteigen

Mehr-/Wenigerrechnung höher als der handelsrechtliche Gewinnanteil. Wenn Gesellschafterzuschüsse vom Mutterunternehmen an das Tochterunternehmen geleistet werden, dann erhöhen diese den handelsrechtlichen Gewinn beim Tochterunternehmen. Die Gesellschafterzuschüsse sind aber nicht körperschaftsteuerpflichtig und werden daher, im Rahmen der Mehr-/Wenigerrechnung, beim Tochterunternehmen ausgeschieden. In diesem Fall ist der handelsrechtliche Gewinn des Tochterunternehmens höher als der steuerpflichtige Gewinn.

Mit dieser Hinzurechnung unter der Ziffer 4 erhöht der steuerliche Gewinn der Organgesellschaft den steuerlichen Gewinn des Organträgers (Muttergesellschaft).

Im Posten 2a werden **verdeckte Gewinnausschüttungen** dem handelsrechtlichen Gewinn hinzugerechnet.

Wenn bei der handelsrechtlichen Bilanzierung Aufwendungen gewinnmindernd abgesetzt wurden, bei denen aus steuerlicher Sicht eine verdeckte Gewinnausschüttung vorliegt, so sind diese Beträge nicht als Betriebsausgabe abzugsfähig. Da die verdeckte Gewinnausschüttung grundsätzlich kapitalertragsteuerpflichtig ist wird der jeweilige Bruttobetrag, einschließlich der abzuführenden Kapitalertragsteuer, dem Gewinn hinzugerechnet. Beispielsweise wird einem Gesellschafter ein Konsulentenhonorar mit S 1.000.000 überwiesen. Dieser Betrag ist als Gehaltsaufwand verbucht worden. Aufgrund einer Betriebsprüfungsfeststellung des Vorjahres ist dieser Betrag als verdeckte Gewinnausschüttung zu betrachten. Der Gesellschafter hat bereits einen Betrag von S 1.000.000 erhalten und wird von seiner Gesellschaft eine Belastungsnote über S 250.000 Kapitalertragsteuer bekommen. Wenn der Gesellschafter das Unternehmen beauftragt, die Kapitalertragsteuer zu tragen, so hat die Gesellschaft 33,33% von S 1.000.000 somit S 333.333 als Kapitalertragsteuer abzuführen.

Im Posten 2b wird die aufwandswirksam verbuchte **Körperschaftsteuer** hinzugerechnet. Bei Einzelunternehmen und bei Personengesellschaften wird die Einkommensteuer niemals über Aufwand verbucht, sondern auf dem Privatkonto. Nachdem eine Körperschaft kein Privatkonto hat, erfolgt die Verbuchung auf einem Aufwandskonto. Aufgrund dieser Vorgangsweise schmälert die Körperschaftsteuer den handelsrechtlichen Gewinn. Die Körperschaftsteuer ist aber keine Betriebsausgabe und muß dem handelsrechtlichen Gewinn wieder hinzugerechnet werden. Die Hinzurechnung erfolgt mit dem Betrag, mit dem sie den bilanzmäßigen Gewinn gemindert hat. Ausnahmsweise erfolgt dann keine Hinzurechnung, wenn die Körperschaftsteuer Rückstellung des Vorjahres zu hoch gebildet worden ist. Es entsteht dann im darauffolgenden Jahr ein Ertrag aus der Auflösung der Körperschaftsteuer-Rückstellung. Dieser Ertrag ist vom handelsrechtlichen Gewinn abzuziehen (Körperschaftsteuer-Gutschrift).

Nichtabzugsfähige Abschreibungen im Sinne des § 12 Abs. 3 Z 1 KStG werden im Posten 2c dem handelsrechtlichen Gewinn hinzugerechnet. Hier geht es um die ausschüttungsbedingte Teilwertabschreibung.

Ein Beispiel zur Illustration

Die Abus GmbH erwirbt die Gesellschaftsanteile der Delta GmbH. Die Delta GmbH hat ein Stammkapital mit S 1.000.000 und eine Gewinnrücklage mit S 5.000.000. Stille Reserven hat die Delta GmbH nicht. Der Kaufpreis der Delta GmbH beträgt S 6.000.000. Kurz nach dem Kauf der Beteiligung **schüttet** die Delta GmbH S 5.000.000 an die Abus GmbH **aus**. Für die Abus GmbH ergibt sich der Teilwert der Beteiligung an der Delta GmbH mit S 1.000.000. Es erfolgt eine Teilwertabschreibung mit S 5.000.000. Gemäß der Vorschrift des § 12 Abs. 3 KStG ist die Teilwertabschreibung mit S 5.000.000 dem Handelsbilanzgewinn hinzuzurechnen.

Wir bleiben beim § 12 Abs. 3 KStG und finden wieder eine **Abschreibung** einer Beteiligung, die aber diesmal abzugsfähig ist, wenngleich verteilt mit jährlich jeweils 1/7. Daher kommt es, daß die Ziffer 2d mit einem Wert von 6/7 der Abschreibung beginnt:

Bei einer voraussichtlich dauernden Wertminderung einer Beteiligung ist handelsrechtlich zwingend eine „volle" außerplanmäßige Abschreibung im Jahr der Wertminderung geboten. Der steuerliche Teilwert wird dem handelsrechtlichen Tageswert entsprechen. Laufende Verluste sprechen in der Regel für eine solche Wertminderung einer Beteiligung. Mittels einer Unternehmensbewertung kann der Tageswert festgestellt werden.

Ein niedriger Teilwert wird im Steuerrecht zwar auch anerkannt, allerdings ist er über eine gleichmäßige Verteilung der Abschreibung über sieben Jahre zu erreichen. 1/7 im Jahr der Wertminderung, der Rest verteilt auf sechs Jahre. Die Vorschrift des § 12 Abs. 3 KStG betrifft eine Beteiligung gemäß § 10 KStG (Befreiung für Beteiligungserträge). Zum zweiten werden auch Veräußerungsverluste von dieser steuerlichen Verteilungsregelung erfaßt.

Im Posten 2e werden unangemessen hohe Ausgaben im Sinne des § 12 Abs. 1 Z 2 KStG berücksichtigt. Hinter dem § 12 Abs. 1 Z 2 KStG versteckt sich die **Angemessenheitsprüfung**.

Auch bei Körperschaften kommt es zur Prüfung der Angemessenheit bei betrieblich veranlaßten Aufwendungen im Zusammenhang mit Personen- und Kombinationskraftwagen, Luftfahrzeugen, Sport- und Luxusbooten, Jagden, geknüpften Teppichen, Tapisserien und Antiquitäten.

Unzulässige oder zu hohe Absetzungen für Abnutzung und unzulässige oder zu hohe Rückstellungen werden im Posten 2f dem Handelsbilanzgewinn hinzugerechnet.

Hier ist die Heimat für handelsrechtlich gebotene, aber steuerlich nicht zugelassene Rückstellungen für Produkthaftung und Garantien. Auch die Zuweisung zur Pauschalwertberichtigung gehört hier berücksichtigt. Auch die Dotierung von höheren handelsrechtlichen Abfertigungsrückstellungen bzw. Pensionsrückstellungen sind mit dem Teil zu berücksichtigen, der den steuerlichen Betrag übersteigt. Schließlich ist hier der Differenzbetrag zwischen der steuerlichen und der handelsrechtlichen PKW-Abschreibung einschließlich der AfA Tangente aus der PKW-Leasingrate zu berücksichtigen.

Im Posten 2g sind **Zuführungen zu Rücklagen** dem handelsrechtlichen Gewinn hinzuzurechnen. Gemeint sind hier die Gewinnrücklagen.

Die Gewinnrücklagen haben folgende Geschichte

Anläßlich der Bilanzerstellung entscheiden sich die Organe (Vorstand, Geschäftsführung), einen Teil des Gewinnes im Unternehmen zu belassen (Gewinnthesaurierung). Aus diesem Grund wird vorbilanzlich gewinnmindernd eine Rücklage dotiert. Diese Dotierung vermindert jedoch nur den Handelsbilanzgewinn und nicht den steuerpflichtigen Gewinn. Aus diesem Grund ist die Dotierung dem Handelsbilanzgewinn hinzuzurechnen.

Achtung!

Die Zuführung zu unversteuerten Rücklagen ist steuerfrei und deshalb nicht dem Bilanzgewinn hinzuzurechnen. Die unversteuerten Rücklagen betreffen den Investitionsfreibetrag und die Übertragung stiller Rücklagen.

Aufwendungen für die Erfüllung von Stiftungszwecken oder Satzungszwecken sind im Posten 2h hinzuzurechnen: Diese Hinzurechnungen kommen normalerweise bei Vereinen und Stiftungen zum Tragen.

Unter 2i werden die Hälfte der **Aufsichtsratsvergütungen** hinzugerechnet. Reisekostenersätze bleiben dann voll abzugsfähig, solange sie die Sätze des § 26 Z 4 EStG nicht übersteigen. Im § 26 EStG finden wir das amtliche Kilometergeld mit S 4,90 und das Taggeld mit S 360.

Der Posten 2j berücksichtigt die **Kapitalertragsteuer**. Die Kapitalertragsteuer ist wie eine Körperschaftsteuer-Vorauszahlung zu verbuchen. Durch diese Verbuchung ist der handelsrechtliche Gewinn vermindert worden. Die Kapitalertragsteuer wird auf die Körperschaftsteuer so wie eine Vorauszahlung angerechnet.

Hinweis

Eine Endbesteuerung gibt es nur für natürliche Personen.

Unter Punkt 2k werden Aufwendungen zu gemeinnützigen, mildtätigen, kirchlichen und ähnlichen Zwecken (Spenden) hinzugerechnet. Sowie im § 20 EStG sind auch im § 12 KStG **Spenden** steuerlich nicht abzugsfähig.

Unter 2l erfolgt die Hinzurechnung der Hälfte der **Kosten einer Bewirtung**, wenn ein Werbezweck vorliegt bzw. die Hinzurechnung der gesamten Kosten für Repräsentationsaufwendungen. Zu diesem Thema gibt es einen Erlaß des Bundesministeriums für Finanzen vom 29. März 1996, Geschäftszahl 061001/1-IV/6/96, der auch für Körperschaften gilt. In diesem Erlaß wird unterschieden zwischen Aufwendungen, die ohne Kürzung abzugsfähig sind (Verpflegung im Rahmen eines Seminars) und Aufwendungen, die unter die 50% Kürzung fallen (Bewirtung bei Bilanzpressekonferenzen). Schließlich behandelt dieser Erlaß noch Aufwendungen, die zur Gänze nicht abzugsfähig sind (die Bewirtung von Geschäftsfreunden im Haushalt des Steuerpflichtigen).

Idealerweise gibt es in Ihrer Buchhaltung für diese drei Arten von Bewirtungsspesen jeweils ein eigenes Konto.

Den Glückstopf finden Sie unter Kennzahl 630. Hier wird alles berücksichtigt, was bisher nicht dargestellt werden konnte.

Der 60% Zuschlag für die **Wertpapierunterdeckung**, die Differenzbeträge aus dem erweiterten Niederstwertprinzip, die 10%ige Jahresabgrenzung der Instandsetzungsaufwendungen gemäß § 4 (7) EStG, um einige Beispiele zu geben.

Die unterschiedlichen handelsrechtlichen und steuerlichen Bilanzierungsvorschriften bedingen nicht nur die Erhöhung des handelsrechtlichen Gewinnes, sondern können auch zu Kürzungen führen. Bei den Kürzungen geht es um handelsrechtliche Erträge, die nicht körperschaftsteuerpflichtig sind.

Im Posten 3a ist von **Beteiligungserträgen** gemäß § 10 Abs. 1 und Abs. 2 KStG die Rede:

Der § 10 behandelt die Steuerbefreiung der Erträge von unbeschränkt steuerpflichtigen Kapitalgesellschaften. Solche Erträge bleiben bei der steuerpflichtigen Gewinnermittlung außer Ansatz.

Beispiel

Die Abus GmbH ist an der Beta GmbH zu 50% beteiligt. In der Generalversammlung der Beta GmbH wird am 15. März die Verteilung des Reingewinnes beschlossen. Die auf die Abus GmbH entfallenden Gewinnanteile werden als Beteiligungsertrag verbucht. Dieser **Beteiligungsertrag** ist gemäß § 10 KStG befreit.

Ebenfalls vom handelsrechtlichen Gewinn auszuscheiden sind **Veräußerungsgewinne** gemäß § 10 Abs. 2 Z 2 lit b KStG, die in der Kennzahl 633 auszuweisen sind. Veräußerungsgewinne sind nur dann steuerfrei, wenn die Veräußerung einer internationalen Schachtelbeteiligung erfolgt. Sie wissen bereits, daß für die internationale Schachtelbeteiligung Gesellschaftsanteile von mindestens 25% erforderlich sind.

In der Ziffer 4 kommt es zur Hinzurechnung des steuerpflichtigen Gewinnes der **Organgesellschaft,** doch darüber haben wir eingangs bereits gesprochen.

Wiederholungsfragen

Basiswissen Einkommensteuer

- Dürfen unkörperliche Wirtschaftsgüter des Anlagevermögens aktiviert werden?
- Was sind Betriebsausgaben?
- Welche Ausgaben hat der Gesetzgeber zweifelsfrei als Betriebsausgaben anerkannt?
- Was versteht man unter Instandsetzungsaufwendungen?
- Bei welchen Gebäuden spielen Instandsetzungsaufwendungen eine Rolle?
- Sind freiwillig gezahlte Mitgliedsbeiträge steuerlich abzugsfähig?
- Was versteht man unter Kapitalrücklagen?
- Was sind Gewinnrücklagen?
- Was versteht man unter einer steuerneutralen Einlage?
- Wie ist die Einlagenrückgewähr von Körperschaften geregelt?
- Was versteht man unter einem außerbücherlichen Evidenzkonto?
- Mit welchem Wert ist das abnutzbare Anlagevermögen anzusetzen?
- Was versteht man unter einem Teilwert?
- Was versteht man unter dem uneingeschränkten Wertzusammenhang?
- Mit welchem Wert sind Verbindlichkeiten zu bewerten?
- Welche Regelung gibt es für das Disagio?
- Mit welchem Wert erfolgen die Entnahmen?
- Mit welchem Wert erfolgen die Einlagen?
- Mit welchem Wert werden Wirtschaftsgüter ins Ausland überführt?
- Wie werden die Wirtschaftsgüter bewertet, wenn ein Betrieb unentgeltlich übernommen wird?
- Welche Auswirkung haben Subventionen auf Anschaffungs- oder Herstellungskosten?
- Gehört die Vorsteuer zu den Anschaffungs- oder Herstellungskosten?
- Was versteht man unter einer Zuschreibung?
- Mit welchem Wert wird das erworbene Wirtschaftsgut bei einem Tausch bewertet?
- Geben Sie eine Definition für die Abschreibung?
- Welche Abschreibungssätze gibt es für Gebäude?
- Welche Abschreibungsdauer gibt es für den Firmenwert?
- Was versteht man unter der außergewöhnlichen technischen oder wirtschaftlichen Aubnutzung?
- Gibt es eine Absetzung für Substanzverringerung?
- Welcher Nutzungsdauer unterliegen Personenkraftwagen?
- In welchen Fällen können steuerlich Rückstellungen gebildet werden?
- Was sagt das Steuerrecht zur Jubiläumsgeldrückstellung?
- Was sagen Sie zu den pauschalen Rückstellungen?
- Wie hoch ist der Investitionsfreibetrag?
- Für welche Wirtschaftsgüter gibt es keinen Investitionsfreibetrag?
- Was verstehen Sie unter der Übertragung stiller Rücklagen (stiller Reserven)?
- Was versteht man unter einer stillen Reserve?
- Welche Einschränkung der Übertragbarkeit dem Grunde nach gibt es?
- Welchen zeitlichen Rahmen haben Sie für die Übertragung stiller Rücklagen?
- Was versteht man unter geringwertigen Wirtschaftsgütern?
- In welcher Höhe kann eine Abfertigungsrückstellung gebildet werden?
- Gibt es eine gesonderte Regelung für die am Bilanzstichtag 50jährigen?
- Was wissen Sie über die Wertpapierdeckung?
- Was wissen Sie über die Pensionsrückstellung?
- Gibt es für die Pensionsrückstellung eine Wertpapierdeckung?
- Welcher Rechnungszinsfuß wird für die Pensionsrückstellung angewendet?
- Welche Ausgaben dürfen nicht abgezogen werden, obwohl sie vom Betrieb bezahlt werden?
- Ab welchem Tag dürfen die Bewirtungskosten von Geschäftsfreunden nicht mehr vollständig abgezogen werden?
- Wie hoch ist der Grenzsteuersatz bei einem Gewinn von S 700.000,–?
- Wie hoch ist der Durchschnittsteuersatz bei einem Gewinn von S 1.000.000,–?
- Was fällt Ihnen zum Verlustvortrag ein?

Richtlinien und Erlässe

- Was versteht man unter Vollamortisationsverträgen?
- In welchen Fällen wird das Leasing steuerlich akzeptiert?
- Was versteht man unter Teilamortisation?
- Was versteht man unter dem sale and lease back?
- Wie ist vorzugehen, wenn der Leasinggegenstand dem Leasingnehmer zugerechnet wird?
- Kann die Finanzbehörde in jedem Fall die Angemessenheit einer Betriebsausgabe überprüfen?
- Wie wird die Höhe einer Verbindlichkeit errechnet, wenn der Erwerb gegen eine Rente erfolgt?
- Unter welchen Voraussetzungen ist eine Stichprobeninventur zugelassen?
- Was wissen Sie über die vor- und nachverlagerte Inventur?
- Wie sind die inventierten Wirtschaftsgüter zu bewerten?
- Welche Bewertungsmöglichkeiten kennen Sie?
- Was versteht man unter einem schwebenden Geschäft?
- Wie ist die Gewinnrealisierung bei langfristiger Fertigung?
- Aus welchen Posten setzen sich Anschaffungskosten zusammen?
- Wirkt sich eine Wertsicherungsvereinbarung auf den Kaufpreis aus?

- Wie werden Abbruchkosten eines Gebäudes bilanziell behandelt?
- Wie setzen sich die Herstellungskosten zusammen?
- Ist der Firmenwert abnutzbar?
- Wie sind Forderungen zu bewerten?
- Wie sind Schulden zu bewerten?
- Welche Auswirkungen auf die Bilanzierung haben die Zuwendungen aus öffentlichen Mitteln?
- Kann ein Pächter die Abschreibung vornehmen?
- Ab welchem Zeitpunkt kann eine Abschreibung vorgenommen werden?
- Wodurch bestimmt sich die Nutzungsdauer eines Wirtschaftsgutes?
- Wie ist bei einem Mietrecht vorzugehen?
- Wie ist vorzugehen, wenn der Mieter aktivierungspflichtige Aufwendungen vornimmt?
- Wie werden Baukostenzuschüsse an Energieversorgungsunternehmen behandelt?
- Ist ein Wechsel der AfA-Berechnungsmethode möglich?
- Kann man die geschätzte Nutzungsdauer ändern?
- Kann neben dem Ansatz eines niedrigen Teilwerts die normale Abschreibung geltend gemacht werden?
- Wann liegt eine außergewöhnliche technische Abnutzung vor?
- Sind Elektroinstallationen Teile eines Gebäudes?
- Wie wird der Herstellungsaufwand definiert?
- Wie wird ein nachgeholter Instandsetzungsaufwand steuerlich gesehen?
- Was versteht man unter einem Erhaltungsaufwand?
- Wie ist die Umdeckung eines Daches zu behandeln?
- Was versteht man unter der Übertragung stiller Rücklagen?
- Wie ist vorzugehen wenn Wirtschaftsgüter infolge höherer Gewalt aus dem Betriebsvermögen ausscheiden?
- Für welche Abfertigungsansprüche kann eine Rückstellung gebildet werden?
- Sind Geldstrafen eine abzugsfähige Ausgabe?
- Können Spenden abgesetzt werden?
- Was versteht man unter einem unkörperlichen Wirtschaftsgut?
- Können unkörperliche Wirtschaftsgüter aktiviert werden?
- Was versteht man unter einem abnutzbaren Firmenwert?
- Wie wird das Abgeld und wie werden die Geldbeschaffungskosten steuerlich behandelt?
- In welchen Fällen gibt es eine Buchwertfortführung?
- Was kann zugeschrieben werden?
- Ist eine degressive Abschreibung möglich?
- Kann der AfA-Satz für ein Gebäude willkürlich festgesetzt werden?
- Wann dient ein Gebäude der Betriebsausübung?
- Was verstehen Sie unter einem AfA-Mischsatz?
- In welchen Fällen darf kein AfA-Mischsatz ermittelt werden?
- In welchen Fällen verlängert sich die Restnutzungsdauer eines Gebäudes?
- Was versteht man unter einer Besserungsvereinbarung?
- In welchen Fällen findet eine Angemessenheitsprüfung statt?
- Wann findet eine Angemessenheitsprüfung bei Antiquitäten statt?
- Wie ist bei Teppichen vorzugehen?

Körperschaftsteuer

- Was unterscheidet die Körperschaftsteuer von der Einkommensteuer?
- Was versteht man unter einer juristischen Person?
- Wie hoch ist die Körperschaftsteuer?
- Was ist die Kapitalertragsteuer?
- Gelten die Gewinnermittlungsvorschriften der Einkommensteuer auch für Kapitalgesellschaften?
- Welche Einkunftsart hat die Kapitalgesellschaft?
- Was sagt das Körperschaftsteuergesetz über Einlagen?
- Was versteht man unter der Nachschußpflicht?
- Wann spricht man von einer nicht steuerbaren Vermögensvermehrung?
- Ist die Gewinnverwendung für die Besteuerung entscheidend?
- Was versteht man unter einer versteckten Gewinnausschüttung?
- Welche Auswirkung hat eine verdeckte Gewinnausschüttung?
- Was versteht man unter einer Organschaft?
- Erläutern Sie die finanzielle Unterordnung.
- Wann ist eine wirtschaftliche Unterordnung gegeben?
- Was können Sie über die organisatorische Unterordnung sagen?
- Was sagt das Umsatzsteuergesetz über die Organschaft?
- Was versteht man unter einem Ergebnisabführungsvertrag?
- Was bedeutet eine Dividendengarantie?
- Wie werden vororganschaftliche Verluste behandelt?
- Erstellt das Tochterunternehmen eine KöSt-Erklärung?
- Wie ist die Befreiung für Beteiligungserträge geregelt?
- Was versteht man unter der internationalen Schachtelbeteiligung?
- Was versteht man unter dem Methodenwechsel?
- Welche Regelung gibt es über die Mindestkörperschaftsteuer?
- Erläutern Sie die Anpassungen, die auf der Seite 2 der Körperschaftsteuer-Erklärung stattfinden.

3. Basiswissen Handelsrecht

Lernziel

Der wesentliche Inhalt der Rechnungslegung (§§ 189–235 und 253–264 HGB) wird Ihnen mit einer einfachen Kommentierung dargestellt.

Wie die Bilanz und die Gewinn- und Verlustrechnung aussehen, das ist im Handelsrecht festgelegt. Sie finden hier die einzelnen Posten der Bilanz und Gewinn- und Verlustrechnung. Sie finden hier die Bewertungsvorschriften. Das strenge Niederstwertprinzip hat seine Heimat im Handelsrecht. Das strenge Niederstwertprinzip ist die wichtigste Bewertungsvorschrift für das Umlaufvermögen. Auch hier interessieren wir uns vordringlich für die Mußbestimmungen und erst in zweiter Linie für die Kannbestimmungen. Man kann nicht sagen, daß das Handelsrecht wichtiger ist als das Einkommensteuergesetz oder umgekehrt. Es ist nur die andere Perspektive, die den Unterschied ausmacht.

Die handelsrechtlichen Vorschriften über die Rechnungslegung zerfallen in vier Abschnitte, nämlich in den

- *ersten Abschnitt* (§ 189 bis § 216) mit den **Vorschriften für Vollkaufleute**, in den
- *zweiten Abschnitt* (§ 221 bis § 243) mit den ergänzenden Vorschriften für **Kapitalgesellschaften** (AG, GmbH), in den
- *dritten Abschnitt* (§ 244 bis § 267) über **Konzernabschluß** und **Konzernlagebericht** und schließlich in den
- *vierten Abschnitt* (§ 268 bis § 283) mit Vorschriften über die Prüfung, **Offenlegung** und Veröffentlichung und Zwangsstrafen.

Unser Interesse gilt vor allem den Bestimmungen, die sich mit der **Bilanzierung** befassen. Aus diesem Grund beschäftigen wir uns vor allem mit dem ersten und dem zweiten Abschnitt.

Um einen Überblick zu gewinnen, sehen wir uns die Bestimmungen der §§ 189–243 HGB gemeinsam durch und besprechen die wichtigsten Aussagen.

Ansatzweise beschäftigen wir uns auch mit den Bestimmungen über den Konzernabschluß (§§ 245a–264). Diese Beschäftigung ist nur ein Versuch, in die Welt der Konzernbilanzierung einzusteigen. Mit den wichtigsten Begriffen werden wir uns vertraut machen. Dem Konzernabschluß ist ein gesondertes Kapitel gewidmet.

3.1 Vorschriften für Vollkaufleute

Wir beginnen mit dem ersten Abschnitt, der die grundlegenden Vorschriften über Buchführung und Jahresabschluß enthält. Dieser erste Abschnitt gilt für alle Vollkaufleute.

§ 189 HGB über Buchführung und Inventar

(1) Der Kaufmann hat Bücher zu führen und in diesen seine Handelsgeschäfte und die Lage seines Vermögens nach den Grundsätzen ordnungsmäßiger Buchführung ersichtlich zu machen. Die Buchführung muß so beschaffen sein, daß sie einem sachverständigen Dritten innerhalb angemessener Zeit einen Überblick über die Geschäftsvorfälle und über die Lage des Unternehmens vermitteln kann. Die Geschäftsvorfälle müssen sich in ihrer Entstehung und Abwicklung verfolgen lassen.

(2) Der Kaufmann hat eine Abschrift (Ablichtung oder Abdruck) der abgesendeten Handelsbriefe zurückzubehalten und diese Abschriften sowie die empfangenen Handels-

briefe geordnet aufzubewahren. Werden die Daten auf elektronischem Weg übertragen, so muß ihre Lesbarkeit in geeigneter Form gesichert sein.

(3) Der Kaufmann kann zur ordnungsmäßigen Buchführung und zur Aufbewahrung der im Abs. 2 genannten Schriftstücke Datenträger benützen. Hiebei muß die inhaltsgleiche, vollständige und geordnete, hinsichtlich der im Abs. 2 genannten Schriftstücke auch die urschriftgetreue Wiedergabe bis zum Ablauf der gesetzlichen Aufbewahrungsfristen (§ 212) jederzeit gewährleistet sein. Soweit solche Unterlagen nur auf Datenträgern vorliegen, entfällt das Erfordernis der urschriftgetreuen Wiedergabe.

(4) Für Unternehmen, die gemäß § 2 zur Eintragung ihres Unternehmens in das Handelsregister verpflichtet sind, gelten die Vorschriften dieses Abschnittes schon von dem Zeitpunkt an, in dem diese Verpflichtung entstanden ist.

Das HGB spricht jetzt davon, daß der Kaufmann Bücher zu führen hat. Die Buchführungspflicht trifft jetzt den **Vollkaufmann** und die **Handelsgesellschaften** (OHG, KG, AG und GmbH).

Sollkaufleute im Sinne des § 2 HGB sind an die Rechnungslegungsvorschriften ab dem Zeitpunkte gebunden, zu dem die Verpflichtung zur Eintragung besteht.

Nicht davon betroffen sind der Minderkaufmann und die eingetragene Erwerbsgesellschaft.

Daß unter der Buchführung die doppelte Buchhaltung gemeint ist, ergibt sich einfach dadurch, daß von Bilanz und Gewinn- und Verlustrechnung gesprochen wird. Wir wissen ja bereits, daß nur im Rahmen einer doppelten Buchhaltung eine doppelte Gewinnermittlung in der Bilanz und in der Gewinn- und Verlustrechnung möglich ist.

§ 190 über die Führung der Handelsbücher

(1) Bei der Führung der Handelsbücher und bei den sonst erforderlichen Aufzeichnungen hat sich der Kaufmann einer lebenden Sprache zu bedienen. Werden Abkürzungen, Zahlen, Buchstaben oder Symbole verwendet, muß im Einzelfall deren Bedeutung eindeutig festliegen.

(2) Die Eintragungen in Büchern und die sonst erforderlichen Aufzeichnungen müssen vollständig, richtig, zeitgerecht und geordnet vorgenommen werden.

(3) Eine Eintragung oder eine Aufzeichnung darf nicht in einer Weise verändert werden, daß der ursprüngliche Inhalt nicht mehr feststellbar ist. Auch solche Veränderungen dürfen nicht vorgenommen werden, deren Beschaffenheit es ungewiß läßt, ob sie ursprünglich oder erst später gemacht worden sind.

§ 191 über das Inventar

(1) Der Kaufmann hat zu Beginn seines Handelsgewerbes die diesem gewidmeten Vermögensgegenstände und Schulden genau zu verzeichnen und deren Wert anzugeben (Inventar).

(2) Er hat für den Schluß eines jeden Geschäftsjahrs ein solches Inventar aufzustellen.

§ 192 über Inventurverfahren

(1) Die Vermögensgegenstände sind im Regelfall im Weg einer körperlichen Bestandsaufnahme zu erfassen.

(2) Bei der Inventur für den Schluß eines Geschäftsjahrs bedarf es einer körperlichen Bestandsaufnahme der Vermögensgegenstände für diesen Zeitpunkt nicht, soweit durch Anwendung eines den Grundsätzen ordnungsmäßiger Buchführung entsprechenden anderen Verfahrens gesichert ist, daß der Bestand der Vermögensgegenstände nach Art, Menge und Wert auch ohne die körperliche Bestandsaufnahme für diesen Zeitpunkt festgestellt werden kann.

(3) In dem Inventar für den Schluß eines Geschäftsjahrs müssen Vermögensgegenstände nicht verzeichnet werden, wenn

1. der Kaufmann ihren Bestand auf Grund einer körperlichen Bestandsaufnahme oder auf Grund eines gemäß Abs. 2 zulässigen anderen Verfahrens nach Art, Menge und Wert in einem besonderen Inventar verzeichnet hat, das für einen Tag innerhalb der letzten drei Monate vor oder der beiden ersten Monate nach dem Schluß des Geschäftsjahrs aufgestellt ist, und
2. auf Grund des besonderen Inventars durch Anwendung eines den Grundsätzen ordnungsmäßiger Buchführung entsprechenden Fortschreibungs- oder Rückrechnungsverfahrens gesichert ist, daß der am Schluß des Geschäftsjahrs vorhandene Bestand der Vermögensgegenstände für diesen Zeitpunkt ordnungsgemäß bewertet werden kann.

(4) Bei der Inventur darf der Bestand von Vermögensgegenständen nach Art, Menge und Wert auch mit Hilfe anerkannter mathematisch-statistischer Methoden auf Grund von Stichproben ermittelt werden. Das Verfahren muß den Grundsätzen ordnungsmäßiger Buchführung entsprechen. Der Aussagewert des auf diese Weise aufgestellten Inventars muß dem Aussagewert eines auf Grund einer körperlichen Bestandsaufnahme aufgestellten Inventars gleichkommen.

Hier erfahren wir, daß die körperliche Bestandsaufnahme den Regelfall darstellt. Es stellt sich jetzt die Frage, was unter der körperlichen Bestandsaufnahme zu verstehen ist.

Bei der **körperlichen Bestandsaufnahme** werden die vorhandenen Mengen gezählt, gemessen oder gewogen und die dabei festgestellten Mengen festgehalten (Inventururaufzeichnung).

Von Ihrem Berufsleben wissen Sie, daß beim Inventieren das Vorratsvermögen aufgenommen wird.

Beim Anlagevermögen wird nicht inventiert, sondern das Bestandsverzeichnis wird jährlich überprüft.

Wenn die körperliche Bestandsaufnahme den Regelfall darstellt, wie sieht dann die Ausnahme aus?

Die Ausnahme ist die **Stichprobeninventur.** Bei der Stichprobeninventur wird nur ein kleiner Teil des Bestandes körperlich aufgenommen und der Gesamtbestand wird mit mathematisch-statistischen Methoden hochgerechnet. Wenn Sie aber jetzt genau wissen wollen, wie hier vorzugehen ist, dann finden Sie die Antwort nur im Abschnitt 32 der Einkommensteuerrichtlinien 1984. Dort wird sehr genau dargestellt, unter welchen Voraussetzungen die Stichprobeninventur stattfinden kann.

Zurück zu unserer körperlichen Bestandsaufnahme der Vorräte am Bilanzstichtag. Man spricht in diesem Zusammenhang auch von der Stichtagsinventur (Zeitpunkt der Inventuraufnahme ist der Bilanzstichtag!).

Von eben dieser Stichtagsinventur gibt es folgende Ausnahmen:

- die **permanente** Inventur
- die **vorverlagerte** Inventur
- die **nachverlagerte** Inventur

Permanente Inventur bedeutet nicht, daß permanent (fortlaufend) inventiert wird.

Wir überlegen, unter welchen Voraussetzungen eine permanente Inventur möglich ist:

Aufgrund einer Lagerbuchführung wird jeder Zugang und jeder Abgang gesondert erfaßt, und es ergibt sich ein Sollbestand für jeden einzelnen Tag des Jahres. Es kann daher an jedem beliebigen Tag, die mengenmäßige Überprüfung des Sollbestandes erfolgen. Es wird dann das Vorratsvermögen körperlich aufgenommen (gezählt, gemessen oder gewogen) und die dabei festgestellten Mengen (Ist-Bestand) werden mit dem Sollbestand der Lagerbuchführung verglichen. Eine Abweichung von Soll- und Ist-Bestand wird während des Jahres, anläßlich der permanenten Inventur, korrigiert. Die Erleichterung besteht nun darin, daß ich am Bilanzstichtag nicht mehr körperlich aufnehmen muß, sondern den Sollbestand laut Lagerbuchführung zur Bilanzierung heranziehen kann.

Bei Unternehmen mit mengenmäßig großen Inventurbeständen am Bilanzstichtag, ist eine Aufnahme am Bilanzstichtag meistens aus Zeit- und Personalgründen nicht möglich, daher wird in diesen Fällen, über das Jahr verteilt, eine kontinuierliche Überprüfung der Bestände durchgeführt (permanente Inventur). Idealerweise werden die Inventuraufnahmen während des Jahres an jenen Tagen erfolgen, wo niedrige Bestände auf Lager sind.

Nun zur vor- bzw. nachverlagerten Inventur

So wie es der Name bereits sagt, kann die Inventur auf einen Tag innerhalb der letzten drei Monate vor dem Bilanzstichtag vorverlegt werden, oder die Inventur wird während der ersten zwei Monate nach dem Bilanzstichtag durchgeführt. Wenn die Inventur nach dem Bilanzstichtag durchgeführt wird, dann muß man rückrechnen, um den Wert am Bilanzstichtag festzustellen. Bei einer vorverlagerten Inventur, muß der Wert fortgeschrieben werden, um schließlich den Wert am Bilanzstichtag zu ermitteln.

Das Fortschreibungs- und Rückrechnungsverfahren wollen wir uns jetzt genauer ansehen:

Wenn wir zuerst mit dem Rückrechnungsverfahren beginnen: Am 16. Jänner wird das Vorratsvermögen in einem Kaufhaus inventiert. Zwischen dem 31. Dezember, dem Bilanzstichtag, und dem 16. Jänner, dem Inventuraufnahmetag sind Warenbewegungen in zwei Richtungen gelaufen. Einmal hat das Unternehmen zwischen dem 31. Dezember und dem 16. Jänner Waren eingekauft und zum zweiten, weil das Kaufhaus ja offen war, auch Ware verkauft. Die inventierten Mengen am 16. Jänner, werden mit den Anschaffungskosten bewertet. Die Anschaffungskosten leiten sich aus dem Einkaufspreis des Lieferanten her.

Die Ware, die zwischen dem Bilanzstichtag und dem Inventuraufnahmetag eingekauft worden ist, wird also mit dem Einkaufspreis bewertet. Nur die Waren, die verkauft worden sind, sind mit dem Verkaufspreis in den einzelnen Tageslosungen erfaßt worden. Unser Problem besteht nun darin, die verkauften Waren nicht mit dem Verkaufspreis, sondern mit den Anschaffungskosten, also mit dem Einkaufspreis, zu bewerten.

Beim Rückrechnungsverfahren wird nun der Inventurbestand am 16. Jänner reduziert um die eingekaufte Ware zu Anschaffungskosten und erhöht um die verkaufte Ware, ebenfalls bewertet zu Anschaffungskosten. Der auf diese Weise rückgerechnete Wert wird dann für die Bilanzierung am Bilanzstichtag herangezogen.

Beim Fortschreibungsverfahren wird folgendermaßen vorgegangen

Angenommen, es wird am 10. Dezember inventiert. Zwischen dem 10. Dezember und dem Bilanzstichtag am 31. Dezember werden sowohl Waren vom Lieferanten eingekauft als auch Umsätze getätigt. Die Waren, die vom Lieferanten eingekauft worden sind, werden mit den Anschaffungskosten, dem Inventurwert hinzugerechnet, und die verkauften Waren sind dann nicht mit dem Verkaufspreis, sondern ebenfalls mit den Anschaffungskosten vom Inventurwert abzuziehen. Mit diesem Fortschreibungsverfahren errechnet sich der Bilanzwert am Bilanzstichtag.

Wir haben jetzt gesehen, daß der Inventurwert wertmäßig fortgeschrieben bzw. rückgerechnet wird.

Wir haben jetzt den Grundsatz der körperlichen Bestandsaufnahme kennengelernt und als Ausnahme die Stichprobeninventur.

Weiters haben wir über die Stichtagsinventur bei Vorräten gesprochen und die vor- bzw. nachverlagerte Inventur kennengelernt.

§ 193 über die Pflicht zur Aufstellung einer Eröffnungsbilanz und eines Jahresabschlusses

(1) Der Kaufmann hat zu Beginn seines Handelsgewerbes eine Eröffnungsbilanz nach den Grundsätzen ordnungsmäßiger Buchführung aufzustellen.

(2) Er hat sodann für den Schluß eines jeden Geschäftsjahrs in den ersten neun Monaten des Geschäfts-

jahrs für das vorangegangene Geschäftsjahr einen Jahresabschluß aufzustellen.

(3) Die Dauer des Geschäftsjahrs darf zwölf Monate nicht überschreiten.

(4) Der Jahresabschluß besteht aus der Bilanz und der Gewinn- und Verlustrechnung; er ist in Eurowährung und in deutscher Sprache unbeschadet der volksgruppenrechtlichen Bestimmungen in der jeweils geltenden Fassung aufzustellen.

Die **Eröffnungsbilanz** macht uns keine Sorgen. Formell schaut sie so wie die Schlußbilanz aus. Die Eröffnungsbilanz hält den ersten buchungspflichtigen Geschäftsfall fest. Bei der GmbH-Gründung lautet die erste Buchung: Bank an Stammkapital.

Jetzt zum Jahresabschluß

Für die Erstellung des Jahresabschlusses ist eine **Frist von 9 Monaten** gegeben. Grundsätzlich kann jeder Tag des Jahres als Bilanzstichtag in Frage kommen. Das Geschäftsjahr darf aber nicht länger als zwölf Monate dauern. In diesem Zusammenhang muß auf den § 2 Abs. 7 EStG hingewiesen werden, wo festgehalten ist, daß für eine nachträgliche Änderung des Bilanzstichtages, die Genehmigung der Finanzbehörde einzuholen ist.

Im Absatz 4 wird festgehalten, daß der Jahresabschluß aus der Bilanz und aus der Gewinn- und Verlustrechnung besteht. Dieser Hinweis gilt insbesondere für Einzelunternehmen und Personengesellschaften. Für Kapitalgesellschaften gilt die Vorschrift des § 222 Abs. 1, wo dann auch vom Anhang und vom Lagebericht gesprochen wird.

Hier wird die Erstellung des Jahresabschlusses besprochen. Von der Erstellung ist die Feststellung des Jahresabschlusses zu unterscheiden. Die Feststellung des Jahresabschlusses ist (anders als die Aufstellung) ein gesellschaftsrechtlicher Vorgang. Mit der Feststellung des Jahresabschlusses wird dieser rechtsverbindlich (genehmigt). Damit wird auch der Gewinn (Verlust) rechtswirksam bestimmt. Dort wo ein Feststellungsverfahren nicht vorgesehen ist, erfolgt die „Feststellung" mit der Unterzeichnung des Jahresabschlusses.

§ 194 über die Unterzeichnung des Jahresabschlusses

Der Jahresabschluß ist vom Kaufmann unter Beisetzung des Datums zu unterzeichnen. Sind mehrere persönlich haftende Gesellschafter vorhanden, so haben sie alle zu unterzeichnen.

Hier wird geregelt, wer den **Jahresabschluß** zu **unterzeichnen** hat. Beim Einzelunternehmen ist die Frage der Zeichnungsberechtigung kein Thema. Mit seiner Unterschrift dokumentiert der Unternehmer, daß er seiner handelsrechtlichen Verpflichtung zur Rechnungslegung nachgekommen ist. Nur bei den Gesellschaften ist dies nicht mehr so einfach.

Wer muß nun unterzeichnen?

- Bei der OHG jeder Gesellschafter.
- Bei der Kommanditgesellschaft nur die Komplementäre.
- Bei der GmbH & Co KG die Geschäftsführer der GmbH.
- Bei Kapitalgesellschaften (AG, GmbH) sämtliche Vorstandsmitglieder bzw. Geschäftsführer.

Hinweis

Es müssen jene Personen unterzeichnen, die am Tag der Aufstellung (Feststellung) des Jahresabschlusses die Funktion inne haben, wobei es durchaus der Fall sein kann, daß sie für Jahresabschlüsse unterschreiben, für die sie noch nicht verantwortlich waren.

Was ist zu unterzeichnen?

- Die Bilanz,
- die Gewinn- und Verlustrechnung,
- der Anhang (bei Kapitalgesellschaften).

§ 195 über den Inhalt des Jahresabschlusses

Der Jahresabschluß hat den Grundsätzen ordnungsmäßiger Buchführung zu entsprechen. Er ist klar und übersichtlich aufzustellen. Er hat dem Kaufmann ein möglichst getreues Bild der Vermögens- und Ertragslage des Unternehmens zu vermitteln.

Das HGB verweist jetzt auf die **Grundsätze ordnungsmäßiger Buchführung**.

Für uns als Bilanzleser bedeutet dies, daß der Gesetzgeber für viele Fragen, die wir anläßlich der Aufstellung des Jahresabschlusses haben, keine Antwort hat. Der Gesetzgeber sagt aber dann, daß diese Fragen nach den Grundsätzen ordnungsmäßiger Buchführung/Bilanzierung zu lösen sind.

Im Gesetz finden wir:

- den Grundsatz der **Bilanzwahrheit** (§ 190 Abs. 2 und § 196 Abs. 1),
- den Grundsatz der **Bilanzklarheit** (§ 195 Satz 2 und § 196 Abs. 2),
- den Grundsatz der **Bilanzkontinuität** (§ 201 Abs. 2 Z. 1 und § 223 Abs. 1),
- den Grundsatz der **Unternehmensfortführung** Going Concern (§ 201 Abs. 2 Z. 2),
- den Grundsatz der **Einzelbewertung** (§ 201 Abs. 2 Z. 3),
- das **imparitätische Realisationsprinzip** (§ 201 Abs. 2 Z. 4).

Mit dem Hinweis auf die Grundsätze ordnungsmäßiger Buchführung und Bilanzierung signalisiert uns der Gesetzgeber, daß wir bei nichtgeregelten Problemen des Jahresabschlusses nach diesen Grundsätzen zu entscheiden haben.

Der Grundsatz der **Bilanzklarheit** ist jetzt im § 195 besprochen.

Dem Grundsatz der Bilanzklarheit wird dann entsprochen, wenn die Gliederungsvorschriften für die Bilanz und für die Gewinn- und Verlustrechnung eingehalten werden.

Schließlich wird in § 195 noch gefordert, daß der Jahresabschluß ein getreues Bild der Vermögens- und Ertragslage des Unternehmens vermitteln soll. Die **Vermögenslage** wird durch die Bilanz vermittelt und zwar durch die vollständige Darstellung der Aktiva und Passiva. Die **Ertragslage** finden wir in der Gewinn- und Verlustrechnung dargestellt, insbesondere durch die Erfolgsaufspaltung (Betriebserfolg, Finanzerfolg, Ergebnis der gewöhnlichen Geschäftstätigkeit, außerordentliches Ergebnis, Jahresüberschuß).

§ 196 über die Vollständigkeit und das Verrechnungsverbot

(1) Der Jahresabschluß hat sämtliche Vermögensgegenstände, Rückstellungen, Verbindlichkeiten, Rechnungsabgrenzungsposten, Aufwendungen und Erträge zu enthalten, soweit gesetzlich nichts anderes bestimmt ist.

(2) Posten der Aktivseite dürfen nicht mit Posten der Passivseite, Aufwendungen dürfen nicht mit Erträgen, Grundstücksrechte nicht mit Grundstückslasten verrechnet werden.

Nach dem Vollständigkeitsprinzip muß der Kaufmann alle Vermögensgegenstände und Schulden, sowie die Rechnungsabgrenzungsposten in den Jahresabschluß aufnehmen.

Dieser Satz klingt so selbstverständlich, dabei ist jedoch zu beachten, daß nicht das **zivilrechtliche** Eigentum, sondern das **wirtschaftliche** Eigentum für den Ausweis entscheidend ist.

Grundstücke, die genutzt werden, sind im Anlagevermögen auszuweisen, auch wenn die Grundbuchseintragung (Voraussetzung für den zivilrechtlichen Eigentumserwerb) noch nicht erfolgt ist.

Gegenstände, die unter Eigentumsvorbehalt gekauft worden sind, werden ebenfalls im Anlagevermögen auszuweisen sein.

Obwohl ein Treuhänder über Gegenstände verfügt, erfolgt der Ausweis beim Treugeber.

Schwierigkeiten bei der Zurechnung von Vermögensgegenständen gibt es insbesondere beim Leasing. Beim Leasingvertrag finden wir Elemente eines Mietvertrages, als auch Elemente eines Kaufvertrages. Für uns stellt sich dann die Frage, was wirklich vorliegt, ein Kauf oder eine Miete.

Im zweiten Absatz des § 196 wird noch vom Verrechnungsverbot gesprochen. Der Sinn dieses Verrechnungsverbotes besteht darin, die Posten der Aktivseite und der Passivseite bzw. der Aufwendungen und Erträge ungeschmälert zu zeigen. Die Grenzen des Verrechnungsverbotes liegen aber dort, wo aufrechenbare Forderungen mit Verbindlichkeiten saldiert werden dürfen. Weiters stellt sich die Frage, ob erhaltene Anzahlungen mit den Bilanzansätzen von fertigen oder unfertigen Erzeugnissen saldiert werden dürfen.

§ 197 über Bilanzierungsverbote

(1) Aufwendungen für die Gründung des Unternehmens und für die Beschaffung des Eigenkapitals dürfen nicht als Aktivposten in die Bilanz eingestellt werden.

(2) Für immaterielle Gegenstände des Anlagevermögens, die nicht entgeltlich erworben wurden, darf ein Aktivposten nicht angesetzt werden.

Bei gewissen Ausgaben stellt sich immer wieder die Frage, ob sie zu aktivieren sind und zu Bilanzansätzen führen.

Für einige dieser Ausgaben sind jetzt kraft Gesetzes die Würfel gefallen. Das **Bilanzierungsverbot** des Abs. 1 umfaßt die **Gründungskosten**, wie die Kosten des Notars, des Handelsgerichtes, die Kapitalverkehrssteuern, die Vertragsgebühren, die Kosten der Gründungsprüfung, die Steuerberatungshonorare und die Veröffentlichungskosten. Dieses Aktivierungsverbot gilt auch für Kosten einer Kapitalerhöhung oder für die Zufuhr von Eigenkapital.

Es verhindert weiters einen Bilanzansatz **für immaterielle Gegenstände** des Anlagevermögens, die **nicht** entgeltlich erworben wurden (z.B. selbst geschaffenes Know-how).

Wenn immaterielle Gegenstände des Anlagevermögens entgeltlich erworben werden, dann steht einer Aktivierung nichts im Wege.

Dagegen sind immaterielle Vermögensgegenstände **des Umlaufvermögens** zu aktivieren. Dies ist selbst angesichts des Vorsichtsprinzips unproblematisch, weil diese Vermögensgegenstände ohnehin umgehend veräußert werden sollen.

Zurück zu den immateriellen Wirtschaftsgütern: Wenn Sie die Bilanzgliederung des § 224 HGB ansehen, dann werden Sie beim Anlagevermögen auf die immateriellen Vermögensgegenstände stoßen. Die immateriellen Vermögensgegenstände, die dort ausgewiesen werden, betreffen Konzessionen, gewerbliche Schutzrechte und den Firmenwert.

§ 198 über den Inhalt der Bilanz

(1) In der Bilanz sind das Anlage- und das Umlaufvermögen, das Eigenkapital, die unversteuerten Rücklagen, die Rückstellungen, die Verbindlichkeiten sowie die Rechnungsabgrenzungsposten gesondert auszuweisen und unter Bedachtnahme auf die Grundsätze des § 195 aufzugliedern.

(2) Als Anlagevermögen sind die Gegenstände auszuweisen, die bestimmt sind, dauernd dem Geschäftsbetrieb zu dienen.

(3) Die Aufwendungen für das Ingangsetzen und Erweitern eines Betriebes dürfen als Aktivposten ausgewiesen werden. Der Posten ist in der Bilanz vor dem Posten „Anlagevermögen" unter der Bezeichnung „Aufwendungen für das Ingangsetzen und Erweitern eines Betriebes" auszuweisen.

(4) Als Umlaufvermögen sind die Gegenstände auszuweisen, die nicht bestimmt sind, dauernd dem Geschäftsbetrieb zu dienen.

(5) Als Rechnungsabgrenzungsposten sind auf der Aktivseite Ausgaben vor dem Abschlußstichtag auszuweisen, soweit sie Aufwand für eine bestimmte Zeit nach diesem Tag sind.

(6) Als Rechnungsabgrenzungsposten sind auf der Passivseite Einnahmen vor dem Abschlußstichtag auszuweisen, soweit sie Ertrag für eine bestimmte Zeit nach diesem Tag sind.

(7) Ist der Rückzahlungsbetrag einer Verbindlichkeit zum Zeitpunkt ihrer Begründung höher als der Ausgabebetrag, so darf der Unterschiedsbetrag in den Rechnungsabgrenzungsposten auf der Aktivseite aufgenommen und muß dann gesondert ausgewiesen werden. Der eingesetzte Betrag ist durch planmäßige jährliche Abschreibung zu tilgen.

(8) Für die Rückstellungen gilt folgendes:

1. Rückstellungen sind für ungewisse Verbindlichkeiten und für drohende Verluste aus schwebenden Geschäften zu bilden, die am Abschlußstichtag wahrscheinlich oder sicher, aber hinsichtlich ihrer Höhe oder dem Zeitpunkt ihres Eintritts unbestimmt sind.
2. Rückstellungen dürfen außerdem für ihrer Eigenart nach genau umschriebene, dem Geschäftsjahr oder einem früheren Geschäftsjahr zuzuordnende Aufwendungen gebildet werden, die am Abschlußstichtag wahrscheinlich oder sicher, aber hinsichtlich ihrer Höhe oder dem Zeitpunkt ihres Eintritts unbestimmt sind. Derartige Rückstellungen sind zu bilden, soweit dies den Grundsätzen ordnungsmäßiger Buchführung entspricht.
3. Andere Rückstellungen als die gesetzlich vorgesehenen dürfen nicht gebildet werden. Eine Verpflichtung zur Rückstellungsbildung besteht nicht, soweit es sich um Beträge von untergeordneter Bedeutung handelt.
4. Rückstellungen sind insbesondere zu bilden für
   a) Anwartschaften auf Abfertigungen,
   b) laufende Pensionen und Anwartschaften auf Pensionen,
   c) Kulanzen, nicht konsumierten Urlaub, Jubiläumsgelder, Heimfallasten und Produkthaftungsrisken.

(9) Ist der dem Geschäftsjahr und früheren Geschäftsjahren zuzurechnende Steueraufwand zu niedrig, weil der nach den steuerrechtlichen Vorschriften zu versteuernde Gewinn niedriger als das handelsrechtliche Ergebnis ist, und gleicht sich der zu niedrige Steueraufwand in späteren Geschäftsjahren voraussichtlich aus, so ist in Höhe der voraussichtlichen Steuerbelastung nachfolgender Geschäftsjahre eine Rückstellung zu bilden und in der Bilanz gesondert auszuweisen oder im Anhang gesondert anzugeben. Soweit eine unversteuerte Rücklage (§ 205) ausgewiesen ist, bedarf es einer solchen Rückstellung nicht. Die Rückstellung ist aufzulösen, sobald die höhere Steuerbelastung eintritt oder mit ihr voraussichtlich nicht mehr zu rechnen ist.

(10) Ist der dem Geschäftsjahr und früheren Geschäftsjahren zuzurechnende Steueraufwand zu hoch, weil der nach den steuerrechtlichen Vorschriften zu versteuernde Gewinn höher als das handelsrechtliche Ergebnis ist, und gleicht sich der zu hohe Steueraufwand in späteren Geschäftsjahren voraussichtlich aus, so darf in Höhe der voraussichtlichen Steuerentlastung nachfolgender Geschäftsjahre ein Abgrenzungsposten auf der Aktivseite der Bilanz gebildet werden, der gesondert auszuweisen ist. Der Betrag ist aufzulösen, sobald die Steuerentlastung eintritt oder mit ihr voraussichtlich nicht mehr zu rechnen ist.

Mit der Gliederung, die in Absatz 1 vorgegeben wurde, kann in der Praxis sehr wenig angefangen werden. In der Realität wird man sich der Bilanzgliederung nach § 224 bedienen, auch wenn diese Gliederung nur für Kapitalgesellschaften verbindlich ist. In diesem Zusammenhang sei darauf hingewiesen, daß die Einzelunternehmer **keinen Anhang** und **keinen Lagebericht** erstellen müssen.

Im zweiten Absatz des § 198 wird über das Anlagevermögen gesprochen, was uns sehr interessiert:

Auf der Aktivseite wird eine Entscheidung zwischen dem Anlagevermögen und dem Umlaufvermögen verlangt. Vermögensgegenstände werden dem **Anlagevermögen** zugeordnet, wenn der Vermögensgegenstand dazu bestimmt ist, dauernd im Unternehmen genutzt zu werden. Eine Zuordnung beim **Umlaufvermögen** erfolgt dann, wenn der Vermögensgegenstand veräußert werden soll. Die Kriterien der Zuordnung sind also die Nutzung oder die Veräußerung.

Wenn wir soeben davon gehört haben, daß Gründungskosten und unentgeltlich erworbene immaterielle Wirtschaftsgüter nicht aktiviert werden dürfen, dann überrascht uns die Vorstellung, daß Aufwendungen für Ingangsetzen und Erweitern sehr wohl aktiviert werden können. Sie sehen also einmal heiß und einmal kalt.

Wer wird Aufwendungen für Ingangsetzen und Erweitern aktivieren? Aus Gründen der Bilanzoptik wird man eine Aktivierung dann vornehmen, wenn dadurch ein Verlustausweis vermieden werden kann.

Wir stoßen hier auf den Begriff Bilanzierungshilfe. Die Ingangsetzungskosten und Erweiterungskosten dürfen als Aktivposten ausgewiesen werden, obwohl sie kein Vermögen darstellen. Daher findet sich für diese Bilanzposten auch die Bezeichnung als Bilanzierungshilfe. Der Posten ist in der Bilanz vor dem Anlagevermögen auszuweisen.

Für Ingangsetzungsaufwendungen bzw. Erweiterungsaufwendungen kommen in Betracht:

- Kosten für eine Markterschließung (Marktanalyse, Einführungswerbung)
- Aufwendungen für den Vertrieb (neue Vertriebsmethoden, neue Vertriebspartner)
- Aufwendungen auf der Beschaffungsseite (Suche nach neuen Lieferanten, Aufbau einer Logistik)
- Verbesserung der Produktivität (Suche nach Arbeitskräften, Anlernen, Umschulen, Einarbeiten)
- Verbesserung der inneren Organisation (EDV Schulungen)

Der § 198 befaßt sich auch mit den **Rechnungsabgrenzungen.**

Endlich ist der alte Streit über den Ausweis von Transitorien und Antizipationen beendet. In den Rechnungsabgrenzungen werden nur mehr die **Transitorien** ausgewiesen.

Die Antizipationen (die Vorwegnahmen) werden als Forderung oder Verbindlichkeit ausgewiesen.

Was sind also Transitorien?

Es handelt sich dabei um **Ausgaben** vor dem Bilanzstichtag, die Aufwand im darauffolgenden Jahr werden.

Auf der anderen Seite handelt es sich um zugeflossene Einnahmen, die Ertrag im folgenden Jahr werden. Für beide Posten ist maßgeblich, daß der Geldfluß bereits im alten Jahr stattgefunden hat.

Im Gegensatz dazu gibt es bei den Antizipationen keinen Geldfluß im alten Jahr.

Paradebeispiele für die aktive Rechnungsabgrenzung sind die vorausbezahlten Mieten oder die vorausbezahlten Versicherungsprämien.

Im § 198 stoßen wir auch auf das Disagio.

An einem Beispiel läßt sich leicht erkennen, was mit diesem **Disagio** (Abgeld oder Damnum) gemeint ist.

Wir vereinbaren bei der Bank ein Darlehen über S 1 Mio. und erhalten S 950.000,– ausbezahlt. Es übersteigt also der Rückzahlungsbetrag der Verbindlichkeiten den Ausgabebetrag um S 50.000,–. Wir haben nun ein Wahlrecht, diesen Unterschiedsbetrag in die Rechnungsabgrenzungsposten aufzunehmen und auf die Laufzeit zu verteilen. Wir haben jetzt noch nicht erfahren, warum wir einen reduzierten Auszahlungsbetrag für das Darlehen erhalten haben? Das Disagio stellt eine Zinsvorauszahlung dar, und aufgrund dieser Vereinbarung werden die jährlichen Zinsen dafür geringer sein.

Dieses Wahlrecht, das wir soeben kennengelernt haben, wird eher eine Totgeburt bleiben. Im § 6 Z. 3 EStG ist nämlich festgehalten, daß das Disagio zwingend zu aktivieren und auf die Laufzeit zu verteilen ist.

Zurück zum Unterschiedsbetrag: Daß sich der Unterschiedsbetrag nur auf vorausbezahlte Zinsen bezieht und **nicht** auf die Geldbeschaffungskosten, ist aus dem Gesetzestext nicht zu entnehmen. Wenn man aber weiß, daß vor dem EU-Gesellschaftsrechtsänderungsgesetz im Abs. 7 noch der Hinweis gegeben wurde „ Dies gilt auch für Geldbeschaffungskosten", dann kommt man jetzt zu dem Ergebnis, daß Geldbeschaffungskosten, nicht durch eine planmäßige jährliche Abschreibung zu tilgen sind, sondern sofort Aufwand werden. Steuerlich sind gemäß § 6 Z 3 EStG Geldbeschaffungskosten auf die Laufzeit der Verbindlichkeit zu verteilen.

Wenn wir über die Bilanz sprechen, dann kann die **Rückstellung** nicht fehlen.

Rückstellungen für ungewisse Verbindlichkeiten und für drohende Verluste aus schwebenden Geschäften müssen gebildet werden. Zum zweiten erfahren wir, daß Aufwandsrückstellungen gebildet werden können. Dieser Hinweis ist deswegen interessant, weil im Einkommensteuergesetz (§ 9) ein Passivierungsverbot für Aufwandsrückstellungen besteht. Grundsätzlich besteht also ein Wahlrecht für die Bildung der Aufwandsrückstellungen. Aus den Grundsätzen ordnungsmäßiger Buchführung läßt sich sogar eine Pflicht zur Bildung von Aufwandsrückstellungen ableiten (z.B. die Rückstellung für unterlassene Reparaturen).

Eine Verpflichtung zur Bildung von Rückstellungen ist ausdrücklich gegeben für:

- Abfertigungen
- Pensionen
- Kulanzen, nicht konsumierter Urlaub, Jubiläumsgelder
- Heimfallasten und
- Produkthaftungsrisken

Heimfallasten sind dann gegeben, wenn ein Vermögen aufgrund eines Vertrages an einen Dritten anheimfällt z.B. aufgrund eines Baurechts.

Darüber hinaus gibt es die Verpflichtung, Rückstellungen für ungewisse Verbindlichkeiten zu bilden. Folgende Sachverhalte führen zu einer Rückstellung für ungewisse Verbindlichkeiten:

Körperschaftsteuer, Gewinnbeteiligung/Tantiemen, Wechselobligo, Bürgschaftsverpflichtungen, Umweltrückstellung, Prüfungs- und Beratungskosten, Prozeßkosten, Erlösschmälerungen.

Ein Satz aus dem Gesetzestext ist jetzt besonders hervorzuheben, der für sich selbst spricht

„Andere Rückstellungen als die gesetzlich vorgesehenen (im § 198 Abs. 8) dürfen nicht gebildet werden". Der Spielraum des Bilanzierers bewegt sich nur mehr im Bereich der Rückstellungen für ungewisse Verbindlichkeiten und im Bereich der Aufwandsrückstellungen. Beim Begriff ungewisse Verbindlichkeiten sind wir aber ein wenig im Nebel. Wir sehen nicht die Grenzen des Begriffes.

Im Absatz 9 finden wir die Verpflichtung passiv **latente Steuern** rückzustellen. Durch die zeitliche **Abweichung zwischen dem handelsrechtlichen und dem steuerlichen Ergebnis** kann es passieren, daß ein Gewinn versteuert wird, der unter dem handelsrechtlichen Ergebnis liegt. Wenn ein niedrigerer Gewinn besteuert wird, dann ist der Steueraufwand ebenfalls niedrig. Wenn man diesen niedrigen Steueraufwand mit dem hohen handelsrechtlichen Ergebnis vergleicht, dann kommt man zu dem Ergebnis, daß der Steueraufwand zu niedrig ist. Vereinfacht gesagt, wird jetzt die Steuer vom angenommen höheren handelsrechtlichen Gewinn ermittelt und der Differenzbetrag zum bisherigen Steueraufwand ist ebenfalls in die Rückstellung einzustellen. Jetzt kann es natürlich in einem Folgejahr passieren, daß eine höhere Steuerbelastung eintritt, als der Steueraufwand für dieses Jahr beträgt. In dieser Situation ist die in den Vorjahren gebildete Rückstellung gewinnerhöhend aufzulösen. Die Verpflichtung zur Rückstellung latenter Steuern trifft alle **Kapitalgesellschaften**, denn nur die Kapitalgesellschaften weisen einen Steueraufwand (KöSt) aus. Eigentlich sollte diese Vorschrift im zweiten Abschnitt, unter den ergänzenden Vorschriften für die Kapitalgesellschaften dargestellt werden.

Uns interessiert jetzt die Frage, wann der steuerliche Gewinn niedriger ist als der handelsrechtliche Gewinn.

1. Wenn handelsrechtlich eine progressive und steuerrechtlich nur die lineare Abschreibung vorgenommen

wird. Der handelsrechtliche Abschreibungsaufwand wird in den ersten Jahren unter dem steuerlichen Aufwand liegen.

2. Wenn handelsrechtlich die Abschreibung pro rata temporis und steuerlich die Halbjahresabschreibung vorgenommen wird. Es wird dann, im Jahr der Anschaffung eines Wirtschaftsgutes die handelsrechtliche Abschreibung geringer sein als die steuerliche Abschreibung, wenn beispielsweise das Wirtschaftsgut im November angeschafft wurde.
3. Die Verlustübernahme aufgrund einer Beteiligung an einer Personengesellschaft wird in der Regel nur im Rahmen der Mehr-/Wenigerrechnung berücksichtigt. In diesem Fall ist der steuerliche Gewinn niedriger als der handelsrechtliche.

Sie spüren aber bei diesem Beispiel, daß die Anwendungsfälle für eine Rückstellung von passiv latenten Steuern eher selten vorkommen werden.

Sie haben erkannt, daß, um beim Beispiel mit der progressiven Abschreibung zu bleiben, der Zeitpunkt kommen wird, wo handelsrechtlich mehr abgeschrieben wird als steuerlich. In diesem Fall ist dann die Steuerrückstellung aufzulösen. Der zeitliche Aspekt ist in diesem Zusammenhang wichtig, weil sich der Gesetzgeber darauf bezieht, daß sich der ursprünglich niedrigere Steueraufwand in späteren Jahren wieder ausgleicht. Ein zeitlicher Rahmen ist aber im Gesetz nicht gesteckt worden.

Schwarzinger meint im SWK-Heft 35 vom 10. Dezember 1995, Seite 66: „Hinsichtlich des Ausgleichszeitraumes ist auf eine absehbare Zeitspanne abzustellen, denkbar wäre eine Zeitspanne bis zu 7 Jahren. Ist der Ausgleichszeitraum klar vorhersehbar, spricht auch nichts gegen eine längere Betrachtungsdauer (z.B. Abschreibung von Gebäuden mit 25 bzw. 50 Jahren im EStG)."

Im Absatz 10 finden wir die **aktiv latenten Steuern**, die als Rechnungsabgrenzungsposten darzustellen sind. Hier haben wir aber keine Verpflichtung, sondern es besteht nur ein Wahlrecht. Die aktiv latenten Steuern werden wir viel häufiger antreffen, denn die Voraussetzung ist, daß das steuerliche Ergebnis über dem handelsrechtlichen Ergebnis liegt. Aus dieser Feststellung läßt sich ableiten, daß der Steueraufwand zu hoch (im Verhältnis zum handelsrechtlichen Gewinn) ausgewiesen ist. Es kommt zu einer aktiven Rechnungsabgrenzung (ARA an Steueraufwand). Die steuerlich nicht anerkannten Rückstellungen, von der Produkthaftung über die Gewährleistung zu den Pauschalwertberichtigungen, bieten uns ein weites Betätigungsfeld für aktiv latente Steuern. Die unterschiedliche Abschreibedauer von Handelsrecht und Steuerrecht beim PKW, beim Firmenwert, führen ebenso zur Verzerrung der handelsrechtlichen und steuerrechtlichen Ergebnisse und der daraus resultierenden Steuerbelastung.

Das grundsätzliche Ziel des Ausweises von latenten Steuern aktiv wie passiv ist es, daß der **ausgewiesene Steueraufwand dem handelsrechtlichen Ergebnis entspricht**. Über einen längeren Zeitraum wird dieses Ziel auch ohne latente Steuern erreicht. Durch den Ausweis von aktiv und passiv latenten Steuern ist es nun möglich, dieses Ziel in jedem einzelnen Jahresabschluß zu erfüllen. Ein gleichzeitiger Ausweis von Aktiv- und Passivposten für latente Steuern wird nicht erfolgen. Im Sinne einer Gesamtbetrachtung erfolgt ein saldierter Ausweis.

§ 199 über Haftungsverhältnisse

Unter der Bilanz sind Verbindlichkeiten aus der Begebung und Übertragung von Wechseln, Bürgschaften, Garantien sowie sonstigen vertraglichen Haftungsverhältnissen, soweit sie nicht auf der Passivseite auszuweisen sind, zu vermerken, auch wenn ihnen gleichwertige Rückgriffsforderungen gegenüberstehen.

Es soll nun aus Vorsichtsgründen „unter dem Strich" angegeben werden, in welcher Höhe insgesamt rechtsgeschäftliche Verpflichtungen bestehen, bei denen eventuell mit einer Inanspruchnahme zu rechnen ist. Die **Eventualverbindlichkeiten** werden in der Bilanz ergebnisneutral (keine Buchung und daher keine Auswirkung auf den Gewinn) behandelt.

Von der Rückstellung unterscheidet sich die Eventualverbindlichkeit durch die geringere Wahrscheinlichkeit der Inanspruchnahme. Bei der Eventualverbindlichkeit wird in der Regel zuerst der Hauptschuldner beansprucht. Die Hauptformen für Eventualverbindlichkeiten resultieren aus der Begebung von Wechseln und aus der Übernahme von Bürgschaften.

Wenn wir zum Beispiel einen Wechsel empfangen und diesen Wechsel bei der Bank diskontieren, dann erhalten wir den Geldbetrag gutgeschrieben. Wenn am Fälligkeitstag der Bezogene seinen Verpflichtungen nicht nachkommt (in Konkurs gegangen ist), wird uns der gutgeschriebene Betrag wieder abgebucht. Wir haben dann eine Verpflichtung gegenüber der Bank, der ein Regreßanspruch an den Bezogenen gegenüber steht.

Unter die Garantien und sonstige Haftungsverhältnisse fallen auch die sogenannten Patronatserklärungen. Eine Patronatserklärung wird von einem Mutterunternehmen gegenüber dem Kreditinstitut des Tochterunternehmens abgegeben. **Patronatserklärung** bedeutet, daß sich das Mutterunternehmen verpflichtet, das Tochterunternehmen mit ausreichender Liquidität zu versorgen, damit die Verpflichtungen gegenüber dem kreditgewährenden Kreditinstitut durch das Tochterunternehmen eingehalten werden können. Das Mutterunternehmen wird eine solche Patronatserklärung unter der Bilanz ausweisen.

§ 200 über den Inhalt der Gewinn- und Verlustrechnung

In der Gewinn- und Verlustrechnung sind die Erträge und Aufwendungen unter Bedachtnahme auf die Grundsätze des § 195 aufzugliedern. Der Jahresüberschuß (Jahresfehlbetrag) und der Bilanzgewinn (Bilanzverlust) sind gesondert auszuweisen.

Die Gewinn- und Verlustrechnung des § 200 können Sie vergessen. In der Praxis werden auch Nichtkapitalgesellschaften, die Gewinn- und Verlustrechnung in der Form des § 231 darstellen.

§ 201 über die allgemeinen Grundsätze der Bewertung

(1) Die Bewertung hat den Grundsätzen ordnungsmäßiger Buchführung zu entsprechen.

(2) Insbesondere gilt folgendes:

1. Die auf den vorhergehenden Jahresabschluß angewendeten Bewertungsmethoden sind beizubehalten.
2. Bei der Bewertung ist von der Fortführung des Unternehmens auszugehen, solange dem nicht tatsächliche oder rechtliche Gründe entgegenstehen.
3. Die Vermögensgegenstände und Schulden sind zum Abschlußstichtag einzeln zu bewerten.
4. Der Grundsatz der Vorsicht ist einzuhalten, insbesondere sind
   a) nur die am Abschlußstichtag verwirklichten Gewinne auszuweisen,
   b) erkennbare Risken und drohende Verluste, die in dem Geschäftsjahr oder einem früheren Geschäftsjahr entstanden sind, zu berücksichtigen, selbst wenn die Umstände erst zwischen dem Abschlußstichtag und dem Tag der Aufstellung des Jahresabschlusses bekanntgeworden sind.
   c) Wertminderungen unabhängig davon zu berücksichtigen, ob das Geschäftsjahr mit einem Gewinn oder einem Verlust abschließt.
5. Aufwendungen und Erträge des Geschäftsjahrs sind unabhängig vom Zeitpunkt der entsprechenden Zahlungen im Jahresabschluß zu berücksichtigen.
6. Die Eröffnungsbilanz des Geschäftsjahrs muß mit der Schlußbilanz des vorhergehenden Geschäftsjahrs übereinstimmen.

Ein Abweichen von diesen Grundsätzen ist nur bei Vorliegen besonderer Umstände zulässig.

Im § 201 finden wir auch den Grundsatz der Bewertungsstetigkeit.

Der Grundsatz der **Bewertungsstetigkeit** sagt, daß die einmal gewählten Bewertungs- und Abschreibungsmethoden beibehalten werden müssen.

Ausnahme

- die Inanspruchnahme/Nichtinanspruchnahme steuerlicher Investitionsbegünstigungen,
- die Aktivierung/Nichtaktivierung von Ingangsetzungsaufwendungen und Aufwendungen für das Erweitern eines Betriebes,
- die Aktivierung/Nichtaktivierung eines Firmenwertes.

Nach dem Grundsatz der Bewertungsstetigkeit stoßen wir noch auf den Grundsatz der Unternehmensfortführung (Going Concern Prinzip).

Wenn wir uns eine Liquidationsbilanz vorstellen, dann wird deutlich, was mit dem Going Concern Prinzip gemeint ist. In der Liquidationsbilanz wird das Aktivvermögen mit den Einzelveräußerungspreisen angesetzt. Es wird ja in der Liquidationsbilanz davon ausgegangen, daß jedes einzelne Wirtschaftsgut veräußert wird. Genau das Gegenteil will aber das Going Concern Prinzip. Dieses Prinzip geht davon aus, daß das Unternehmen fortgeführt wird, und gerade aus diesem Grund müssen die Buchwerte fortgeführt werden, und es darf zu keinem höheren Ansatz kommen.

Der Hinweis auf die Liquidationsbilanz kommt aber hier nicht von ungefähr.

Wenn wir eine Bilanz erstellen und erhebliche Verluste ausweisen und Zweifel an der erfolgreichen Unternehmensfortführung haben, dann werden wir vom Going Concern Prinzip abgehen und die Vermögensposten mit den Einzelveräußerungspreisen bewerten. Nur auf diese Weise können wir feststellen, ob tatsächlich eine **Überschuldung** vorliegt. Mit dem Ansatz von Einzelveräußerungspreisen legen wir die vorhandenen stillen Reserven offen. Diesen Weg müssen wir dann einschlagen, wenn die Verluste erheblich sind, denn es stellt sich die Frage nach der Überschuldung. Im Überschuldungsfall wird darüber hinaus noch eine Fortbestehensprognose abzugeben sein.

Zu guter Letzt finden wir noch den Grundsatz der Einzelbewertung.

Der Grundsatz der **Einzelbewertung** fordert die Wertermittlung für jeden einzelnen Posten in der Bilanz.

Die Ausnahmen von der Einzelbewertung betreffen die Pauschalbewertung von Forderungen und die Bildung von Pauschalrückstellungen (Gewährleistungsrückstellung, Rückstellung für Produkthaftung).

Der § 201 ist die Heimat für die kodifizierten Grundsätze ordnungsmäßiger Buchführung. Es findet sich in diesem Paragraph auch der **Grundsatz der Vorsicht.**

Die handelsrechtlichen Bilanzierungsvorschriften dienen hauptsächlich dem **Gläubigerschutz**. Der Gläubiger (Bank, Lieferant usw.) wird dadurch geschützt, daß sich der Unternehmer nicht reicher macht, als er ist. Das Vorsichtsprinzip ist also das fundamentale Prinzip, um dem Gläubigerschutz gerecht zu werden. Aus Vorsichtsgründen wird der Kaufmann auf der Aktivseite, von zwei möglichen Wertansätzen, den niedrigeren Wertansatz wählen. Zum zweiten finden wir das imparitätische Realisationsprinzip, was bedeutet, daß Verluste, die noch nicht verwirklicht worden sind, sehr wohl am Bilanzstichtag berücksichtigt werden müssen und dieses Prinzip ist ungleich (imparitätisch), weil auf der anderen Seite Gewinne, die noch nicht verwirklicht wurden, nicht berücksichtigt werden dürfen.

An einem Beispiel soll das **imparitätische Realisationsprinzip** erläutert werden:

Das Unternehmen weist eine Verbindlichkeit in fremder Währung aus. Am Bilanzstichtag notiert diese Währung mit einem höheren Kurs als am Buchungstag. Das Zahlungsziel für diese Fremdwährungsverbindlichkeit ist noch in weiter Ferne, und man könnte davon ausgehen, daß sich der Wechselkurs bis dahin wieder normalisiert. Aus Vorsichtsgründen ist jedoch von einem noch nicht realisierten Verlust am Bilanzstichtag auszugehen, und der höhere Kurs ist für die Bewertung der Verbindlichkeiten heranzuziehen. Wir haben jetzt also für die Bewertung einen noch nicht realisierten Verlust berücksichtigt.

Auf der anderen Seite besitzt das Unternehmen ein Grundstück, das 1972 gekauft worden ist, mit Anschaffungskosten von S 100,– je m^2. Dieses Grundstück kann sehr leicht um S 500,– je m^2 verkauft werden. Das Unternehmen hat diesbezüglich sogar konkrete Angebote. Am Bilanzstichtag ist aber über eine mögliche Veräußerung noch nicht entschieden worden. Das heißt, ein möglicher Gewinn ist damit noch nicht realisiert worden. Dieser noch nicht realisierte Gewinn darf aber aus Vorsichtsgründen nicht für die Bewertung des Grundstückes herangezogen werden.

Wie wir jetzt leicht erkennen, werden nicht verwirklichte Verluste berücksichtigt, während nicht verwirklichte Gewinne keine Berücksichtigung finden.

§ 202 über die Bewertung von Einlagen und Zuwendungen sowie Entnahmen

(1) Einlagen und Zuwendungen sowie Entnahmen sind mit dem Wert anzusetzen, der ihnen im Zeitpunkt ihrer Leistung beizulegen ist, soweit sich nicht aus der Nutzungsmöglichkeit im Unternehmen ein geringerer Wert ergibt. Werden Betriebe oder Teilbetriebe eingelegt oder zugewendet, so gilt § 203 Abs. 5 sinngemäß.

(2) Bei Umgründungen (Verschmelzungen, Umwandlungen, Einbringungen, Zusammenschlüssen, Realteilungen und Spaltungen) gilt folgendes:

1. Abweichend von Abs. 1 dürfen die Buchwerte aus dem letzten Jahresabschluß oder einer Zwischenbilanz, die nach den auf den letzten Jahresabschluß angewandten Bilanzierungs- und Bewertungsmethoden zu erstellen ist, fortgeführt werden. Der Stichtag der zugrundegelegten Bilanz darf höchstens neun Monate vor der Anmeldung zum Firmenbuch liegen; ist eine Anmeldung zum Firmenbuch nicht vorgesehen, so ist der Tag des Abschlusses der zugrundeliegenden Vereinbarung maßgeblich. War der Rechtsvorgänger (der Übertragende) zur Führung von Büchern nicht verpflichtet, dürfen die steuerrechtlichen Werte angesetzt werden.
2. Übersteigt der Gesamtbetrag der Gegenleistung die fortgeführten Werte nach Z 1, so darf der Unterschiedsbetrag unter die Posten des Anlagevermögens aufgenommen werden; der Gesamtbetrag der Gegenleistung ergibt sich aus dem Gesamtnennbetrag oder dem höheren Gesamtausgabebetrag der neuen Anteile, dem Buchwert eigener oder untergehender Anteile und den baren Zuzahlungen.
3. Jener Teil des Unterschiedsbetrages, der den Aktiven und Passiven des übertragenen Vermögens zugeordnet werden kann, ist als Umgründungsmehrwert gesondert auszuweisen; auf diesen Wert sind die für Vermögensgegenstände und Schulden geltenden Bestimmungen anzuwenden. Ein danach verbleibender Restbetrag darf als Firmenwert angesetzt werden.

Wir versuchen vorweg, die Einlagen von den Zuwendungen zu unterscheiden. Bei den Einlagen kommen Gegenstände aus der Privatsphäre des Unternehmers in das Betriebsvermögen. Wenn wir von Gegenständen sprechen, dann meinen wir Geld- und Sachwerte. Der Einlagenbegriff geht aber weiter, er umfaßt nicht nur materielle und immaterielle Werte (Patente, Urheberrechte usw.), sondern auch Dienstleistungen.

Wenn die **Einlagen** aus der Privatsphäre des Unternehmers kommen, so stammen die **Subventionen** in der Regel von dritter Seite.

Paradebeispiele für Zuwendungen sind **Subventionen,** Zuschüsse bzw. Investitionszuschüsse. Die Subventionen stammen entweder aus öffentlichen Mitteln (Bund, Länder, Gemeinden) oder aus nicht öffentlichen Mitteln. Die Subventionen sind entweder bedingungslos oder an Auflagen geknüpft. Daraus abgeleitet ergibt sich möglicherweise eine Rückzahlungsverpflichtung, wenn bestimmte Auflagen nicht eingehalten werden.

Subventionen werden in der Regel in Form von Geld- oder Sachleistungen gewährt. Nach § 203 Abs 2 HGB würden, im Falle von Geldleistungen als Anschaffungskosten, nur jene Aufwendungen angesetzt werden können, die vom Unternehmen selbst geleistet wurden, um den Vermögensgegenstand zu erwerben. Tatsächlich hat sich aber in Österreich die Aktivierung mit dem Wert durchgesetzt, der insgesamt vom Unternehmer und vom Subventionsgeber aufgewendet wurde. Auf der Passivseite stellt sich dann die Frage des Ausweises der Mittelherkunft durch den Subventionsgeber. Diese Lösung entspricht auch dem Gebot des möglichst getreuen Ausweises der Vermögens- und Ertragslage.

Der passivseitige Ausweis wird davon abhängen, wer Subventionsgeber ist und ob die Subvention zurückgezahlt werden muß. Muß die Subvention zurückgezahlt werden, erfolgt der passivseitige Ausweis unter den Verbindlichkeiten. Eine Subvention der öffentlichen Hand (Bund, Länder, Gemeinden), die nicht rückzahlbar ist, wird auch Investitionszuschuß genannt. Während HFA 1/1984 noch von einem Ausweis auf der Passivseite nach den unversteuerten Rücklagen spricht, wird in der Praxis meist eine eigene Gruppe vor den unversteuerten Rücklagen gebildet, in der Invesitionszuschüsse ausgewiesen werden. Die Auflösung dieser Bilanzposten erfolgt entsprechend der Nutzungsdauer der subventionierten Wirtschaftsgüter. Der daraus resultierende Ertrag wird mit der entsprechenden Abschreibung saldiert. Bei einem nicht abnutzbaren Wirtschaftsgut wird eine wirtschaftliche Nutzungsdauer geschätzt, die für die Auflösung herangezogen werden kann.

Die **Einlagen** haben eine große Bedeutung für die Personengesellschaften. Von den möglichen Einlagearten wie Geldeinlage, Sacheinlage oder Arbeitseinlage sind nur die Geld- und Sacheinlage aktivierungsfähig, aber nicht mit dem Wert aus der Sicht des Gesellschafters, sondern mit dem Wert im Zeitpunkt der Einlage (Tageswert). Nachdem die Arbeitseinlage keinen Vermögensgegenstand darstellt, ist sie auch nicht bilanzierungsfähig.

In diesem Zusammenhang ist darauf hinzuweisen, daß es bei Kapitalgesellschaften keine **Entnahmen** gibt.

Der nächste Hinweis betrifft die Einlagen. Zu diesen zählen auch **verdeckte Einlagen**. Verdeckte Einlagen sind Vermögensverschiebungen vom Gesellschafter zur Gesellschaft. Diese Vermögensverschiebung ist aber nicht als Einlage erkennbar. Die Ursache für die Vermögensverschiebung liegt im Gesellschaftsverhältnis. Wenn ein Gesellschafter auf eine Forderung gegenüber seiner Gesellschaft verzichtet, führt dies zu einer Vermögenserhöhung bei der Gesellschaft. In diesem Falle spricht man von einer verdeckten Einlage.

Wenn Betriebe (Teilbetriebe) eingelegt werden, kann es zum Ansatz eines Firmenwertes kommen, der nach § 203 Abs. 5 HGB abgeschrieben wird.

§ 203 über Wertansätze für Gegenstände des Anlagevermögens

(1) Gegenstände des Anlagevermögens sind mit den Anschaffungs- oder Herstellungskosten, vermindert um Abschreibungen gemäß § 204, anzusetzen.

(2) Anschaffungskosten sind die Aufwendungen, die geleistet werden, um einen Vermögensgegenstand zu erwerben und ihn in einen betriebsbereiten Zustand zu versetzen, soweit sie dem Vermögensgegenstand einzeln zugeordnet werden können. Zu den Anschaffungskosten gehören auch die Nebenkosten sowie die nachträglichen Anschaffungskosten. Anschaffungspreisminderungen sind abzusetzen.

(3) Herstellungskosten sind die Aufwendungen, die für die Herstellung eines Vermögensgegenstandes, seine Erweiterung oder für eine über seinen ursprünglichen Zustand hinausgehende wesentliche Verbesserung entstehen. Bei der Berechnung der Herstellungskosten dürfen auch angemessene Teile der Materialgemeinkosten und der Fertigungsgemeinkosten eingerechnet werden. Sind die Gemeinkosten durch offenbare Unterbeschäftigung überhöht, so dürfen nur die einer durchschnittlichen Beschäftigung entsprechenden Teile dieser Kosten eingerechnet werden. Aufwendungen für Sozialeinrichtungen des Betriebes, für freiwillige Sozialleistungen, für betriebliche Altersversorgung und Abfertigungen dürfen eingerechnet werden. Kosten der allgemeinen Verwaltung und des Vertriebes dürfen nicht in die Herstellungskosten einbezogen werden.

(4) Zinsen für Fremdkapital, das zur Finanzierung der Herstellung eines Vermögensgegenstands verwendet wird, dürfen im Rahmen der Herstellungskosten angesetzt werden, soweit sie auf den Zeitraum der Herstellung entfallen.

(5) Als Geschäfts(Firmen)wert darf der Unterschiedsbetrag angesetzt werden, um den die Gegenleistung für die Übernahme eines Betriebes die Werte der einzelnen Vermögensgegenstände abzüglich der Schulden im Zeitpunkt der Übernahme übersteigt. Die Abschreibung des Geschäfts- (Firmen) wertes ist planmäßig längstens auf die Geschäftsjahre, in denen er voraussichtlich genutzt wird, zu verteilen.

Hier sind wir bei der zentralen Bewertungsvorschrift für das Anlagevermögen. Wir wissen bereits, daß im Anlagevermögen alle Gegenstände ausgewiesen werden, die dazu bestimmt sind, dauernd dem Betrieb zu dienen. Die Gegenstände des Anlagevermögens werden also mit den Anschaffungs- oder Herstellungskosten bewertet. Die abnutzbaren Gegenstände des Anlagevermögens werden um die planmäßige Abschreibung gekürzt.

Die **Anschaffungskosten** setzen sich aus dem Kaufpreis, den Anschaffungsnebenkosten, den nachträglichen Anschaffungskosten und den Kaufpreisminderungen zusammen. Der Kaufpreis ist der Rechnungsbetrag ohne Umsatzsteuer (Ausnahme: Banken und Versicherungen, wenn sie unecht befreite Umsätze tätigen).

Der Kaufpreis in fremder Währung wird am Buchungstag in Schilling umgerechnet. Wird der Kaufpreis verrechnet, dann ist der Barwert der Rentenverpflichtung als Kaufpreis anzusetzen.

Zu den **Anschaffungsnebenkosten** zählen Montagekosten, Transportkosten, Versicherungskosten, die Grunderwerbsteuer, Zölle, Provisionen, Anwaltskosten und die Kosten für die Erstellung von Schätzungsgutachten.

Zu den **nachträglichen** Anschaffungskosten zählen alle Ausgaben, die in einem zeitlichen Zusammenhang mit der Anschaffung stehen, dazu gehören auch nachträgliche Kaufpreiserhöhungen. Durch eine Wertsicherungsklausel werden oft geschuldete Kaufpreise erhöht, jedoch stellen diese Kaufpreiserhöhungen keine nachträglichen Anschaffungskosten dar.

Zu den **Anschaffungskostenminderungen** zählen Preisnachlässe, Rabatte, Boni und Skonti. Wenn Zuschüsse und Subventionen für Anschaffungen geleistet werden, dann sind sie ebenfalls als Anschaffungskostenminderungen zu berücksichtigen. Bilanziell wird das subventionierte Wirtschaftsgut mit den Anschaffungskosten im Anlagevermögen ausgewiesen und ausgehend von diesen Anschaffungskosten auch abgeschrieben. Die Subvention wird passivseitig ausgewiesen und ebenfalls auf die Nutzungsdauer verteilt aufgelöst. Der Ausweis wird in einem eigenen Bilanzposten, vor den unversteuerten Rücklagen und nach dem Eigenkapital, erfolgen.

Eine Angemessenheitsprüfung für die Anschaffungskosten ist nur im Steuerrecht vorgesehen. Die steuerlichen „Erfindungen", wie der Erhaltungsaufwand oder die Opfertheorie, stellen entweder Nebenkosten oder nachträgliche Anschaffungskosten dar.

Nun verlassen wir die Anschaffungskosten und sehen uns die Herstellungskosten genauer an.

Die **Herstellungskosten** setzen sich wie folgt zusammen:

- Materialeinzelkosten
- Materialgemeinkosten (das sind die Kosten der Einkaufsabteilung, der Warenübernahme und die Kosten der Lagerverwaltung)
- Fertigungseinzelkosten (direkt zurechenbare Löhne und Gehälter)
- Fertigungsgemeinkosten (Kosten für Raum, Energie, Versicherung, Reparatur, Abschreibung von Maschinen und Geräten)
- Sonderkosten der Fertigung (Formen und Werkzeuge, Kosten für Entwürfe)

Verwaltungs- und Vertriebsgemeinkosten finden in den Herstellungskosten keinen Platz. Wenn wir wollen, können wir bei den Herstellungskosten noch berücksichtigen:

- Aufwendungen für Sozialeinrichtungen des Betriebes (Werksküche, Werkssportanlage, Ferienheim)
- Freiwillige Sozialleistungen (Essenszuschüsse, Fahrtkostenersätze, Weihnachtsgeschenke, Geburtstagsgeschenke)
- Ausgaben für betriebliche Altersversorgungen und Abfertigungen (Pensions- und Unterstützungskassen, Direktversicherungen)

Bei den Herstellungskosten müssen wir uns noch mit dem Problem der **Unterbeschäftigung** auseinandersetzen.

Zuvor müssen wir uns ein wenig mit der Kostenrechnung beschäftigen und zwar mit den fixen und den variablen Kosten. Ganz grundsätzlich können wir feststellen, daß die Materialeinzelkosten und die Fertigungseinzelkosten variabel sind, also abhängig von der Beschäftigung. Weiters können wir feststellen, daß die Materialgemeinkosten und die Fertigungsgemeinkosten fix, also unabhängig von der Beschäftigung sind. Wir sind jetzt in der Lage zu sagen, daß sich unsere Herstellungskosten aus fixen und variablen Kosten zusammensetzen.

Und jetzt kommen wir zu der Feststellung, daß im Falle einer Unterbeschäftigung Fixkosten teilweise auszuscheiden sind.

Wie erkennt man nun, ob eine Unterbeschäftigung gegeben ist?

Man wird davon ausgehen können, daß die normale Auslastung in einem Betrieb dann gegeben ist, wenn 80% der Kapazitäten beansprucht werden. Eine Unterbeschäftigung wird bei einer Auslastung von weniger als 70% beginnen. Im Falle einer Unterbeschäftigung werden die fixen Kosten auf immer weniger Produkte aufgeschlagen. Daraus resultieren überhöhte Herstellungskosten. In dieser Situation sind bei der Ermittlung der Herstellungskosten die fixen Kosten nur im Ausmaß der Kapazitätsauslastung zu berücksichtigen (z.B. bei einer Auslastung mit 60% kommen nur 60% der Fixkosten zum Ansatz).

Wir haben jetzt festgestellt, daß unsere Herstellungskosten aus der Kostenrechnung kommen. Wir können die Kosten nur insofern für die Bewertung heranziehen, als sie tatsächlich ausgabenwirksam geworden sind. Aufgrund dieser Aussage scheiden die Zusatzkosten, wie die kalkulatorische Abschreibung, der kalkulatorische Unternehmerlohn, die kalkulatorischen Zinsen und die kalkulatorischen Wagnisse aus, soweit sie nicht ausgabenwirksam geworden sind.

Der Absatz vier des § 203 ist für uns deswegen interessant, weil wir noch bei den Anschaffungskosten gesehen haben, daß die **Finanzierungskosten** nicht Teil der **Anschaffungskosten** geworden sind.

Für die Herstellungskosten gilt diese Feststellung nicht mehr. Die Finanzierungskosten dürfen (Kannbestimmung) als Teil der **Herstellungskosten** angesetzt werden, soweit sie zeitlich auf den Herstellungszeitraum entfallen. Es geht insbesondere um jene Finanzierungskosten, die im Herstellungszeitraum eines Gegenstandes anfallen. Es geht aber hier nicht um Zinsen, die ganz allgemein im Unternehmen während des Herstellungszeitraumes angefallen sind, sondern es geht um jene Zinsen, die direkt mit der Finanzierung des hergestellten Wirtschaftsgutes zusammenhängen.

Im Absatz 5 finden wir dann die Definition des **Firmenwertes**, der durch den Unterschiedsbetrag von Gegenleistung und Wert der einzelnen Vermögensgegenstände des Betriebes, abzüglich der Schulden des Betriebes gegeben ist. Der Firmenwert darf (Kannbestimmung) in der Bilanz angesetzt werden. Wir finden den Firmenwert in der Bilanzgliederung bei den immateriellen Vermögensgegenständen. Wir haben jetzt gesehen, daß es zu einem Ansatz eines Firmenwertes nur dann kommt, wenn die Gegenleistung höher ist, als der Wert der Vermögensgegenstände, saldiert mit den Schulden. Zur Abschreibung des Firmenwertes sagt uns der Absatz fünf, daß eine solche vorgenommen werden kann, und zwar planmäßig auf die Jahre der Nutzung verteilt.

Das Steuerrecht behandelt ebenfalls den Firmenwert im § 6 Z. 1 EStG als abnutzbares Wirtschaftsgut. Nur spricht das Einkommensteuergesetz im Gegensatz vom HGB von einer Nutzungsdauer von fünfzehn Jahren. Die fünfzehnjährige Nutzungsdauer bezieht sich auf die Einkunftsart Land- und Forstwirtschaft und Gewerbebetrieb. Bei der Einkunftsart selbständige Arbeit gibt es eine Nutzungsdauer von fünf Jahren.

Nachdem die steuerliche Nutzungsdauer zwingend vorgeschrieben ist, können Sie das, was über die handelsrechtliche Nutzung gesagt wird, vergessen.

§ 204 über Abschreibung im Anlagevermögen

(1) Die Anschaffungs- oder Herstellungskosten sind bei den Gegenständen des Anlagevermögens, deren Nutzung zeitlich begrenzt ist, um planmäßige Abschreibungen zu vermindern. Der Plan muß die Anschaffungs- oder Herstellungskosten auf die Geschäftsjahre verteilen, in denen der Vermögensgegenstand voraussichtlich wirtschaftlich genutzt werden kann.

(2) Gegenstände des Anlagevermögens sind bei voraussichtlich dauernder Wertminderung ohne Rücksicht darauf, ob ihre Nutzung zeitlich begrenzt ist, außerplanmäßig auf den niedrigeren Wert abzuschreiben, der ihnen am Abschlußstichtag unter Bedachtnahme auf die Nutzungsmöglichkeit im Unternehmen beizulegen ist. Bei Finanzanlagen dürfen solche Abschreibungen auch vorgenommen werden, wenn die Wertminderung voraussichtlich nicht von Dauer ist.

Hier finden wir auf der einen Seite die planmäßige Abschreibung bei Gegenständen, deren Nutzung zeitlich begrenzt ist und die außerplanmäßige Abschreibung für unvorhergesehene Wertminderungen.

Keine zeitlich begrenzte Nutzung gibt es für Grundstücke und für Finanzanlagen.

Sinn der **planmäßigen Abschreibung** ist die Verteilung der Anschaffungskosten auf die voraussichtliche Nutzungsdauer. Auf diese planmäßige Abschreibung kann aber auch nicht verzichtet werden, sie beginnt mit dem Zeitpunkt der Inbetriebnahme. In Anlehnung an die Vorschriften des § 7 EStG wird auch handelsrechtlich aus Vereinfachungsgründen entweder die ganze Jahresabschreibung oder die Halbjahresabschreibung vorgenommen.

Wenn wir jetzt erfahren haben, daß die Abschreibung planmäßig vorgenommen wird, dann zielt das in Richtung Abschreibungsplan.

In einem Abschreibungsplan wird die angenommene Nutzungsdauer und die Abschreibungsmethode festgelegt. Ganz grundsätzlich gibt es zwei Methoden:

1. wenn man von einem bestimmten Zeitraum ausgeht, die **lineare**, die **degressive** oder die **progressive** Methode,
2. wenn man von einem bestimmten Leistungsverzehr ausgeht, die Abschreibung nach der **Substanzverringerung**.

Jetzt müssen wir versuchen, die lineare, die degressive und die progressive Abschreibung auseinanderzuhalten.

Die lineare Abschreibung verteilt die Anschaffungskosten gleichmäßig auf den Zeitraum der Nutzungsdauer, ohne Rücksicht darauf, ob der Wertverlust genauso gleichmäßig erfolgt.

Bei der degressiven Abschreibung werden die Abschreibungsbeträge jährlich geringer, während bei der progressiven Abschreibung die Abschreibungsbeträge mit zunehmender Nutzung größer werden.

Die degressive AfA würde am besten dem Wertverlust beim Auto entsprechen. Wie wir alle wissen, ist der Wertverlust bei einem Auto im ersten Jahr am größten und im letzten Jahr der Nutzungsdauer am geringsten.

Die progressive Abschreibung paßt zu jenen Wirtschaftsgütern, die im Laufe der Nutzung immer mehr beansprucht werden (Kraftwerksanlagen usw.).

Wir haben eingangs gesagt, daß wir die planmäßige Abschreibung von der außerplanmäßigen Abschreibung unterscheiden. Die **außerplanmäßige Abschreibung** gibt es für unvorhergesehene Wertminderungen. Bei einer voraussichtlich dauernden Wertminderung beim Anlagevermögen, ist die außerplanmäßige Abschreibung aufgrund einer Mußvorschrift vorzunehmen. Der Umfang der Wertminderung ist in diesem Zusammenhang nicht mehr relevant. Keine dauernde Wertminderung ist in der Regel bei Wertpapierkursänderungen gegeben. Auch die Anlaufverluste, die nach einem Beteiligungserwerb entstehen, begründen in der Regel keine dauernde Wertminderung der Beteiligung.

Wenn eine dauernde Wertminderung gegeben ist, dann muß also eine außerplanmäßige Abschreibung vorgenommen werden. Nur bei Finanzanlagen dürfen außerplanmäßige Abschreibungen vorgenommen werden, wenn keine dauernde Wertminderung vorliegt. Aus dieser Formulierung läßt sich ableiten, daß beim übrigen Anlagevermögen (ohne Finanzanlagen) ohne dauernde Wertminderung keine außerplanmäßige Abschreibung vorgenommen werden darf.

§ 205 über unversteuerte Rücklagen

(1) Sonderabschreibungen von Vermögensgegenständen des Anlagevermögens, die auf Grund steuerlicher Vorschriften vorgenommen worden sind (Bewertungsreserve), und sonstige unversteuerte Rücklagen sind unter Angabe der Vorschriften, nach denen sie gebildet sind, auf der Passivseite auszuweisen. Bei Vollabschreibung geringwertiger Vermögensgegenstände des Anlagevermögens ist nur dann entsprechend diesen Bestimmungen eine Rücklage zu bilden, wenn die Abschreibung betragsmäßig von wesentlichem Umfang ist.

(2) Die Bewertungsreserve ist insoweit aufzulösen, als die Vermögensgegenstände, für die sie gebildet wurde, aus dem Vermögen ausscheiden oder die steuerliche Wertminderung durch handelsrechtliche Abschreibungen zu ersetzen ist.

Bei den unversteuerten Rücklagen finden wir zwei Begriffe, nämlich die Bewertungsreserve und die „sonstigen“ unversteuerten Rücklagen, die noch mit Inhalt zu füllen sind.

Das Steuerrecht verlangt für die Inanspruchnahme von Sonderabschreibungen (IFB, § 12 Rücklage) die Berücksichtigung in der Handelsbilanz.

Durch die passivseitige Darstellung der Bewertungsreserve wird der Informationsgehalt der Bilanz wesentlich verbessert. Ganz grundsätzlich erfolgt nun beim Anlagevermögen der Ausweis zu den Anschaffungs- oder Herstellungskosten, vermindert lediglich um die handelsrechtliche Abschreibung. Die handelsrechtliche Abschreibung ist dann in jenen Fällen zu hoch, in denen es aufgrund steuerlicher Sonderabschreibungen zu Anschaffungskostenminderungen kommt. Die nun zu hoch ausgefallene handelsrechtliche Abschreibung, wird durch die gewinnerhöhende Auflösung der Bewertungsreserve wieder neutralisiert.

Diese Vorgangsweise hat auf die Erfolgsaufspaltung in der Gewinn- und Verlustrechnung eine Auswirkung. Als Abschreibung wird die handelsrechtliche Abschreibung dargestellt und diese beeinflußt das erste Zwischenergebnis, nämlich den **Betriebserfolg.** Die Neutralisierung einer gegebenenfalls zu hohen handelsrechtlichen Abschreibung erfolgt erst wesentlich später, nämlich im dreiundzwanzigsten Posten, bei der Auflösung von unversteuerten Rücklagen. Damit wird das ordentliche Betriebsergebnis ohne Berücksichtigung von steuerlichen Sonderabschreibungen dargestellt.

Die geringwertigen Wirtschaftsgüter des § 13 EStG werden hier nur ausgewiesen, wenn sie von wesentlichem Umfang sind. Dies ist dann der Fall, wenn die GWG mehr als 10% der Abschreibungen der entsprechenden Anlagenposten betragen.

Zu den sonstigen unversteuerten Rücklagen gehören

- der Investitionsfreibetrag (§ 10 EStG)
- die ausgewiesene Übertragungsrücklage (§ 12 Abs. 8 EStG)
- der Ertrag aus der Euro- Umrechnung
- der Forschungsfreibetrag
- der Bildungsfreibetrag
- der Lehrlingsfreibetrag

§ 206 über Wertansätze für Gegenstände des Umlaufvermögens

(1) Gegenstände des Umlaufvermögens sind mit den Anschaffungs- oder Herstellungskosten vermindert um Abschreibungen gemäß § 207 anzusetzen.

(2) Auf die Feststellung der Anschaffungs- und Herstellungskosten ist § 203, Abs. 2 bis 4 sinngemäß anzuwenden.

(3) Bei Aufträgen, deren Ausführung sich über mehr als zwölf Monate erstreckt, dürfen angemessene Teile der Verwaltungs- und Vertriebskosten angesetzt werden, falls eine verläßliche Kostenrechnung vorliegt und soweit aus der weiteren Auftragsabwicklung keine Verluste drohen.

Die Herstellungskosten haben wir bereits beim Anlagevermögen kennengelernt.

Eine Sonderregelung finden wir für die **langfristige Fertigung.** Diese langfristige Fertigung wird uns jetzt ein wenig beschäftigen.

Eine langfristige Fertigung ist dann gegeben, wenn sich ein Auftrag über mehr als zwölf Monate erstreckt.

Warum ist diese langfristige Fertigung so wichtig?

Wir haben jetzt bei der langfristigen Fertigung ein Wahlrecht, bei den Herstellungskosten noch zusätzlich angemessene Teile der **Verwaltungs- und Vertriebsgemeinkosten** zu aktivieren. Es ist jetzt auf den ersten Blick nicht erkennbar, worin der Vorteil dieses Wahlrechtes liegt. Zu den **Vertriebskosten** gehören alle Kosten, die nach Ende der Produktion anfallen. Kosten der Produktionsvorbereitung (Produktionsplanung) zählen zu den Fertigungskosten. Transportkosten sind typische Beispiele der Vertriebskosten. Kosten der Verpackung gehören nur dann zu den Herstellungskosten, wenn sie aufgrund der Eigenart des Produktes erforderlich sind, um das Produkt zu verkaufen, z.B. Milchverpackung, Zahnpastatube. Die Lagerkosten gehören grundsätzlich zu den Vertriebskosten, ausnahmsweise zu den Herstellungskosten, wenn sie Teil des Produktionsvorganges sind, z.B. Lagerung von Weinen, Whisky etc.

Wäre es nicht besser, diese Verwaltungs- und Vertriebsgemeinkosten sofort aufwandswirksam zu verbuchen? Man könnte ja damit Steuern sparen.

Wir stellen uns nun ein Unternehmen vor, daß nur einen einzigen großen Auftrag ausführt. Durch den **Nichtansatz der Verwaltungs- und Vertriebsgemeinkosten** würde ein Bilanzverlust entstehen, weil die Gewinnrealisierung des Großauftrages erst im Zeitpunkt der Lieferung oder Leistung möglich ist. Ein Nichtausweis von Verwaltungs- und Vertriebsgemeinkosten bei den unfertigen Erzeugnissen würde eine **verzerrte Darstellung der Ertrags- und Vermögenslage** mit sich bringen.

Der Grundsatz der **Bewertungsstetigkeit** erfordert aber dann, daß die Bewertung für den langfristigen Auftrag in den Folgejahren auch beibehalten wird.

Problemstellung

Im Vorjahr hat es im Unternehmen nur zwei Aufträge gegeben, die sich über mehr als 12 Monate erstreckt haben. Der kleinere Auftrag hat S 200.000,– betragen, der größere S 8,000.000,–. Das Unternehmen hat anläßlich der Bilanzierung nur beim größeren Auftrag die Verwaltungs- und Vertriebskosten bei der Ermittlung der Herstellungskosten angesetzt. Im heurigen Jahr gibt es sieben Aufträge, deren Ausführung sich über mehr als 12 Monate erstreckt. Vier Aufträge sind zum Teil erheblich über dem Vorjahreswert, drei Aufträge sind darunter. Es stellt sich jetzt die Frage, ob sich die **Bewertungsstetigkeit** auf **gleichartige** Aufträge (über 8 Mio.) oder auf **alle** Aufträge bezieht oder ob das Unternehmen für **jeden einzelnen** Auftrag ein Wahlrecht hat. Der Gesetzgeber gibt auf diese Frage keine Antwort. In der Literatur finden sich alle drei dargestellten Vorgangsweisen.

§ 207 über die Abschreibung auf Gegenstände des Umlaufvermögens

(1) Bei Gegenständen des Umlaufvermögens sind Abschreibungen vorzunehmen, um diese mit dem Wert anzusetzen, der sich aus einem niedrigeren Börsenkurs oder Marktpreis am Abschlußstichtag ergibt. Ist ein Börsenkurs oder Marktpreis nicht festzustellen und übersteigen die Anschaffungs- oder Herstellungskosten den Wert, der dem Vermögensgegenstand am Abschlußstichtag beizulegen ist, so ist der Vermögensgegenstand auf diesen Wert abzuschreiben.

(2) Außerdem dürfen Gegenstände des Umlaufvermögens abgeschrieben werden, soweit dies nach vernünftiger kaufmännischer Beurteilung notwendig ist, um zu verhindern, daß in der nächsten Zukunft der Wertansatz dieses Vermögensgegenstands auf Grund von Wertschwankungen geändert werden muß. Der Betrag dieser Abschreibungen ist in der Gewinn- und Verlustrechnung gesondert auszuweisen.

Jetzt sind wir beim strengen Niederstwertprinzip. Das **strenge Niederstwertprinzip** ist das dominierende Prinzip beim Umlaufvermögen. Das strenge Niederstwertprinzip verlangt zwingend den Ansatz eines niedrigeren Wertes beim Umlaufvermögen am Bilanzstichtag. Von zwei gegebenen Werten ist also zwingend der niedrigere Wert anzusetzen.

Die Posten des **Umlaufvermögens** werden grundsätzlich zu Anschaffungs- oder Herstellungskosten bewertet. Am Bilanzstichtag ist dann dieser Wert mit einem Börsen- oder Marktpreis zu vergleichen und wenn dieser niedriger ist, dann müssen die Anschaffungs- oder Herstellungskosten auf diesen niedrigeren Wert abgeschrieben werden.

Der niedrigere Wert am Bilanzstichtag kann bei börsennotierten Werten durch den Börsenkurs gegeben sein. Falls kein Börsenkurs vorliegt, ist ein niedrigerer Wert auch durch einen Marktpreis gegeben. Der Marktpreis kann wiederum auf zwei Märkten festgestellt werden. Einmal am **Beschaffungsmarkt**, wo die Güter eingekauft werden, und zum zweiten am **Absatzmarkt**, also auf dem Markt, wo wir unsere Güter absetzen.

Am Beschaffungsmarkt werden wir die Preise für Roh-, Hilfs- und Betriebsstoffe und Waren finden, für unfertige und fertige Erzeugnisse wird eher der Absatzmarkt von Bedeutung sein.

Beim Absatzmarkt finden wir jenen Preis, zu dem wir unsere Güter verkaufen können. Ausgehend von diesem am Absatzmarkt vorgegebenen Verkaufspreis wird nach oben gerechnet um zu den Herstellungskosten zu kommen (**retrograde Bewertung**).

Sie dürfen jetzt nicht verzweifeln. Es geht um die ganz normale **Zuschlagskalkulation**, die Sie aus der Kostenrechnung kennen. Den Herstellungskosten werden noch die Verwaltungs- und Vertriebsgemeinkosten zugerechnet, um zu den Selbstkosten zu gelangen. Die Selbstkosten werden noch erhöht um die Gewinnspanne und um die Umsatzsteuer und damit steht der Verkaufspreis fest. Unser Verkaufspreis wird jetzt mit jenen Preisen verglichen, die der Markt für unser Produkt hergibt. Wenn nun der Vergleichspreis unter unserem Verkaufspreis liegt, dann werden von diesem niedrigeren Vergleichspreis **unsere** Verwaltungs- und Vertriebsgemeinkosten abgezogen, und es resultieren Herstellungskosten, die dann unter unseren Herstellungskosten liegen. Sie haben eben erfahren, daß bei dieser retrograden Wertermittlung unsere Gewinnspanne nicht berücksichtigt wird. Es ist bei dieser Bewertung vom Grundsatz der verlustfreien Bewertung auszugehen.

Das strenge Niederstwertprinzip wirkt nicht nur bei den Vorräten, sondern auch bei den Forderungen. Bei den Forderungen bedeutet das strenge Niederstwertprinzip, daß diese auf ihre Einbringlichkeit hin untersucht werden müssen. Die Einbringlichkeit jeder einzelnen Forderung ist zu untersuchen (Grundsatz der Einzelbewertung).

Nur für jenen Teil der Forderungen, der nicht einzeln bewertet wird, kann das Risiko der Uneinbringlichkeit **pauschal** bewertet werden (Pauschalwertberichtigung).

Bei den Fremdwährungsforderungen gibt es neben dem Einbringungsrisiko noch das Wechselkursrisiko. Fremdwährungsforderungen sind grundsätzlich auf den niedrigeren **Devisengeldkurs** am Bilanzstichtag abzuwerten.

Überlegungen zur Forderungsbewertung

Für die Bewertung von Forderungen finden wir im HGB das strenge Niederstwertprinzip. Das strenge Niederstwertprinzip bedeutet, daß von zwei möglichen Wertansätzen in jedem Fall der niedrigere Wertansatz vorzunehmen ist. Das Steuerrecht hat auf der anderen Seite im § 6 EStG für die Forderungsbewertung nur eine Kann-Bestimmung vorgesehen.

Uneinbringliche Forderungen sind vollständig abzuschreiben und auszubuchen, während zweifelhafte Forderungen mit ihrem wahrscheinlichen Wert angesetzt werden müssen. Eine Forderung ist dann uneinbringlich, wenn sie aus tatsächlichen oder rechtlichen Gründen nicht durchsetzbar ist (wegen Vermögenslosigkeit des Schuldners, wegen einer Einrede der Verjährung).

Eine Forderung ist dann zweifelhaft, wenn es konkrete Anhaltspunkte dafür gibt, daß der Schuldner nur beschränkt zahlungsfähig ist.

Als Gründe für eine Wertminderung einer Forderung kommen in Frage:

Das Ausfallsrisiko

Beim Ausfallsrisiko ist vom Nettobetrag der Forderung auszugehen, denn die in Rechnung gestellte und abgeführte Umsatzsteuer wird vom Finanzamt refundiert.

Die Abzinsung

Eine langfristige Forderung wird mit ihrem Barwert angesetzt. Barwert bedeutet den Ansatz mit einem fiktiven Barverkaufspreis. Die Forderung wird in die Grundelemente zerlegt, in das **Verkaufsgeschäft** und in das **Kreditgeschäft**. Wenn ein Barverkauf durchgeführt wird, dann gibt es kein Kreditgeschäft. Wenn die Forderung ein langes Zahlungsziel hat, dann wird für die verspätete Zahlung in den Kaufpreis ein Zinsanteil kalkuliert. Bei der Abzinsung der Forderung fällt der Zinsanteil aus der Forderung heraus. Der Barwert erhöht sich aber jährlich, sodaß anteilsmäßig die Zinsen realisiert werden. Am Ende der Laufzeit sind die gesamten Zinsen Teil der Forderung.

Die Berücksichtigung des Zinsverlustes

Bei kurzfristigen Forderungen, bei denen beispielsweise ein 10-tägiges Zahlungsziel vereinbart wurde, wird in der Regel für eine Überschreitung des Zahlungszieles kein Zinsanteil im Kaufpreis kalkuliert. Wenn also das Zahlungsziel überschritten wird und die Forderung nicht eingeht, dann resultiert aus der Finanzierung des Wareneinsatzes und der Umsatzsteuer ein Zinsverlust. Dieser Zinsverlust vermindert den Gewinn für das Verkaufsgeschäft, der mit der Einbuchung der Forderung bereits realisiert worden ist. Eine Wertberichtigung für den Zinsverlust bringt eine Steuerstundung bis zum Forderungseingang.

Wir haben eingangs festgelegt, daß die zweifelhaften Forderungen wertberichtigt werden. Für die Bildung der Wertberichtigung gibt es zwei Methoden:

Die Einzelwertberichtigung und die Pauschalwertberichtigung

Bei der **Einzelwertberichtigung** werden Hinweise auf die Wahrscheinlichkeit eines Forderungsausfalls bei jeder einzelnen Forderung überprüft. Die Forderungen können in Gruppen zusammengefaßt werden. Man spricht in diesem Fall von einer **pauschalen** Einzelwertberichtigung. Eine Zusammenfassung in Gruppen kann nach der Überfälligkeit erfolgen. Jene Forderungen, die das Zahlungsziel um 30 Tage, jene, die das Zahlungsziel um 60 Tage usw. überschritten haben, können dann jeweils in Gruppen einzeln wertberichtigt werden.

Die **Pauschalwertberichtigung** wird aufgrund von Erfahrungswerten vorgenommen. Es werden dann die nicht einzelwertberichtigten Forderungen mit einem Prozentsatz wertberichtigt, der dem Forderungsausfall in der Vergangenheit entspricht. In der Praxis werden die Pauschalwertberichtigungen bei inländischen Forderungen mit 2–5%, bei ausländischen Forderungen mit 5–8% vorgenommen. Von der Bemessungsgrundlage für die Pauschalwertberichtigung sind aber jene Forderungen herauszurechnen, für die bereits eine Einzelwertberichtigung vorgenommen wurde.

Soweit sich die Einzel- und Pauschalwertberichtigung auf das Ausfallsrisiko bezieht, ist bei der Ermittlung der Bemessungsgrundlage vom **Nettobetrag** der Forderung auszugehen. Bei Berücksichtigung des Zinsverlustes ist die Wertberichtigung vom **Bruttobetrag** der Forderung vorzunehmen.

Das erweiterte Niederstwertprinzip

Dieses erweiterte Niederstwertprinzip ist eine Kannbestimmung und berechtigt den Unternehmer Wertminderungen im Umlaufvermögen, die innerhalb der ersten Monate **nach** dem Bilanzstichtag eingetreten sind, bereits bei der Bewertung zum Bilanzstichtag heranzuziehen.

Diese Wertminderung kann bis zum Zeitpunkt der Bilanzerstellung berücksichtigt werden, jedoch neigen die Experten dazu, den Zeitraum mit fünf Monaten nach dem Bilanzstichtag zu begrenzen.

Diese Vorschrift eignet sich ganz besonders für den Gläubigerschutz, denn es geht schon in Richtung Betrug, wenn ich in der Bilanz ein Vermögen darstelle, von dem ich im Zeitpunkt der Bilanzerstellung bereits weiß, daß es wertlos ist.

Diese Vorschrift ist eine Kannvorschrift, sollte aber, wenn man den Gläubigerschutz wirklich ernst meint, eine Mußvorschrift sein. Von dieser Kannvorschrift werden nur jene Unternehmer Gebrauch machen, die ein gutes Ergebnis ausweisen.

§ 208 Wertaufholungsgebot

(1) Wird bei einem Vermögensgegenstand eine Abschreibung nach § 204 Abs. 2 oder § 207 vorgenommen und stellt sich in einem späteren Geschäftsjahr heraus, daß die Gründe dafür nicht mehr bestehen, so ist der Betrag dieser Abschreibung im Umfang der Werterhöhung unter Berücksichtigung der Abschreibungen, die inzwischen vorzunehmen gewesen wären, zuzuschreiben.

(2) Von der Zuschreibung gemäß Abs. 1 darf abgesehen werden, wenn ein niedrigerer Wertansatz bei der steuerrechtlichen Gewinnermittlung unter der Voraussetzung beibehalten werden kann, daß er auch im Jahresabschluß beibehalten wird.

(3) Im Anhang ist der Betrag der im Geschäftsjahr aus steuerrechtlichen Gründen unterlassenen Zuschreibungen anzugeben und hinreichend zu begründen. Ferner ist das Ausmaß erheblicher künftiger steuerlicher Belastungen, die sich aus einer solchen Bewertung ergeben, anzuführen.

Im Absatz eins ist zwingend eine **Wertaufholung** (Zuschreibung) vorgesehen, wenn in einem späteren Geschäftsjahr die Gründe für eine vorgenommene außerplanmäßige Abschreibung nicht mehr bestehen.

Im zweiten Absatz ist festgehalten, daß von einer Zuschreibung abgesehen werden kann, wenn der niedrigere Bilanzansatz bei der steuerrechtlichen Gewinnermittlung beibehalten werden kann. Mit dieser Regelung sollte eine **Steuerbelastung** durch eine Zuschreibung vermieden werden.

Der zweite Absatz würde dann nicht zum Tragen kommen, wenn die steuerliche Bewertung unabhängig von der handelsrechtlichen Bewertung erfolgen würde.

Tatsächlich bewirkt eine handelsrechtliche Zuschreibung eine entsprechende Erhöhung des steuerlichen Bilanzansatzes und damit eine Gewinnrealisierung. Diese steuerliche Folge ergibt sich für das abnutzbare Anlagevermögen aus § 6 Z. 13 und für das nicht abnutzbare Anlagevermögen bzw. Umlaufvermögen aus § 6 Z. 2 EStG.

Aus dieser Betrachtungsweise (Steuervermeidung) resultiert, abgesehen von einer einzigen Ausnahme, ein **Wertbeibehaltungsrecht.** Das Resultat ist das Gegenteil der beabsichtigten zwangsweisen Wertaufholung.

Die Ausnahme vom Wertbeibehaltungsrecht besteht für **Beteiligungen** an Kapitalgesellschaften. Gemäß § 6 Z. 13 besteht steuerlich die Verpflichtung einen höheren Teilwert anzusetzen.

§ 209 über die Bewertungsvereinfachungsverfahren

(1) Gegenstände des Sachanlagevermögens sowie Roh-, Hilfs- und Betriebsstoffe können, wenn sie regelmäßig ersetzt werden und ihr Gesamtwert von untergeordneter Bedeutung ist, mit einem gleichbleibenden Wert angesetzt werden, sofern ihr Bestand voraussichtlich in seiner Größe, seinem Wert und seiner Zusammensetzung nur geringen Veränderungen unterliegt. Jedoch ist mindestens alle fünf Jahre eine Bestandsaufnahme durchzuführen. Ergibt sich dabei eine wesentliche Änderung des mengenmäßigen Bestandes, so ist insoweit der Wert anzupassen.

(2) Gleichartige Gegenstände des Finanzanlage- und des Vorratsvermögens, Wertpapiere (Wertrechte) sowie andere gleichartige oder annähernd gleichwertige bewegliche Vermögensgegenstände können jeweils zu einer Gruppe zusammengefaßt und mit dem gewogenen Durchschnittswert angesetzt werden. Soweit es den Grundsätzen ordnungsmäßiger Buchführung entspricht, kann für den Wertansatz gleichartiger Vermögensgegenstände des Vorratsvermögens unterstellt werden, daß die zuerst oder zuletzt angeschafften oder hergestellten Vermögensgegenstände zuerst oder in einer sonstigen bestimmten Folge verbraucht oder veräußert worden sind.

Wir erinnern uns jetzt daran, daß wir bei der Bewertung den Grundsatz der **Einzelbewertung** kennengelernt haben. Bei einem **Bewertungsvereinfachungsverfahren** wird der

Grundsatz der Einzelbewertung durchbrochen. Die vereinfachte Bewertung geschieht

- mit einem **Festwert** oder
- mit einem **Durchschnittswert**.

Die Bewertung zu festen Werten kann bei jenen Vermögensgegenständen stattfinden, die im gleichen Umfang laufend im Betrieb benötigt werden. Den Ansatz von Festwerten gibt es im Anlagevermögen, sowie im Umlaufvermögen, bei den Roh-, Hilfs- und Betriebsstoffen.

Den Ansatz von **Festwerten** finden wir

- im Hotel- und Gastgewerbe für Geschirr, Besteck, Tisch- und Bettwäsche
- in der Bauwirtschaft für Gerüste und Schalungen
- bei Werkstätten für Werkzeuge und Material
- bei Erzeugungsbetrieben für Formen, Modelle und Stanzen
- bei allen anderen Betrieben für Brennmaterial, Treibstoff und Drucksorten.

Der Festwertansatz bringt eine **Bewertungsvereinfachung**. Über die Gedankenkette Einzelbewertung – Gruppenbewertung kommt man zum Festwert. Beim **Sachanlagevermögen** wird auf diese Weise die Bewertung vereinfacht. Für Roh-, Hilfs- und Betriebsstoffe erspart man sich wenigstens für vier Jahre die Inventur. Für den Festwertansatz gibt es folgende Einschränkungen: Im Verhältnis zum Gesamtvermögen darf der **Ansatz nur von untergeordneter Bedeutung** sein. Die rechnerische Obergrenze beträgt dann 10% der Bilanzsumme.

Der Vorteil des Festwertes besteht darin, daß der Bilanzansatz **von einer gleichbleibenden Menge und einem gleichbleibenden Wert** ausgeht. Nachdem der Wertansatz festbleibt, werden alle Neuzugänge im vollen Umfang aufwandswirksam. Ein körperliche Bestandsaufnahme muß **alle fünf Jahre** erfolgen. Anläßlich dieser Bestandsaufnahme wird überprüft, ob eine Wertveränderung beim Festwert stattgefunden hat.

Nur wenn die Wertänderung **mehr als 10%** beträgt, wird nach oben korrigiert. Der in der Inventur festgestellte Wert ist dann der neue Festwert. In der Differenz erfolgt eine Zuschreibung, die unter den sonstigen betrieblichen Erträgen ausgewiesen wird. Beträgt die Wertveränderung weniger als 10%, dann bleibt der ursprüngliche Festwert bestehen. Wird der bisherige Festwert aber unterschritten, dann ist zu differenzieren. Geht die Unterschreitung nur auf eine **Mengenreduktion** zurück, dann wird die geringere Menge wertbestimmend für den Bilanzansatz. Geht die Wertänderung auf eine **Preisreduktion** zurück, dann ist zu unterscheiden, ob der Festwertansatz beim Sachanlagevermögen oder bei den Roh-, Hilfs- und Betriebsstoffen erfolgt ist. Eine Preisänderung wirkt sich beim Sachanlagevermögen nur dann aus, wenn die Wertminderung von Dauer ist. Für das **Umlaufvermögen** ist aufgrund des strengen Niederstwertprinzips jede Preisreduzierung zu berücksichtigen. Die Reduktion des Festwertes wird für das Sachanlagevermögen als sonstiger betrieblicher Aufwand, für Roh-, Hilfs- und Betriebsstoffe im Materialaufwand ausgewiesen.

Nun zum Festwertansatz selbst

Zur Wertermittlung hat der Gesetzgeber keinen Hinweis gegeben. Wenn man aber für das Sachanlagevermögen die **Alterung** des unverändert ausgewiesenen Bestandes berücksichtigt, dann erfolgt der Ansatz im Zeitpunkt der **Aktivierung mit 50% der Anschaffungs- oder Herstellungskosten**. Dieser Abschlag mit 50% ersetzt die entfallende Abschreibung. Ein Ansatz mit den tatsächlichen Anschaffungs- oder Herstellungskosten würde bereits zum ersten Bilanzstichtag eine Überbewertung darstellen.

Für die Roh-, Hilfs- und Betriebsstoffe wird der Festwertansatz durch die Komponenten Menge und Wert bestimmt. Beim Wert wird aufgrund des strengen Niederstwertprinzips die Gängigkeit und eventuelle Wertminderung berücksichtigt werden. Unter Berücksichtigung dieser Wertminderungen hat sich in der Praxis ein Abschlag entwickelt, der in der deutschen Literatur als **Festwertfaktor** bezeichnet wird. Dieser Festwertfaktor beträgt zwischen 0,6 und 0,8. Der Festwertfaktor betrifft bei den Roh-, Hilfs- und Betriebsstoffen die eingekaufte Menge, die mit 60% zum Ansatz kommt.

Steuerrecht

In den Einkommenssteuerrichtlinien 1984 ist im Abschn. 32 Abs. 8 von der Gruppenbewertung und vom gewogenen Durchschnittswert die Rede, die beide eine Ausnahme von der Einzelbewertung darstellen. Nachdem der Festwert eine Weiterentwicklung der Gruppenbewertung ist und auch ein Erlaß (Vgl. SWK 1990, A I, Seite 342) von einem Festwert spricht, kann die steuerliche Akzeptanz unterstellt werden. Aufgrund der Maßgeblichkeit wird der **Festwertansatz auch steuerlich wirksam** sein. Die deutsche Finanzverwaltung hat die dargestellten Abschläge anerkannt (vgl. *Winnefeld*, Bilanzhandbuch, 2. Auflage, Beck Verlag, München 2000, Randziffer E 858).

§ 210 über die Abschreibung der Aufwendungen für Ingangsetzen und Erweitern eines Betriebes

Die für das Ingangsetzen und Erweitern eines Betriebes aktivierten Beträge sind für jedes Geschäftsjahr zu mindestens einem Fünftel abzuschreiben. Bei der Bemessung des Abschreibungszeitraums ist auf den Grundsatz der Vorsicht (§ 201 Abs. 2 Z 4) Bedacht zu nehmen.

Bereits in § 198 haben wir erfahren, daß uns ein Wahlrecht eingeräumt ist, die Aufwendungen für das Ingangsetzen und Erweitern eines Betriebes zu aktivieren. Warum brauchen wir noch eine weitere Vorschrift?

In diesem Paragraph wird uns jetzt gesagt, daß die Aktivierung innerhalb von **fünf** Jahren abzuschreiben ist. Die Abschreibung wird mit dem Zeitpunkt beginnen, in dem die Ingangsetzung oder die Erweiterung abgeschlossen ist.

§ 211 über Wertansätze von Passivposten

(1) Verbindlichkeiten sind zu ihrem Rückzahlungsbetrag, Rentenverpflichtungen zum Barwert der zukünftigen Auszahlungen anzusetzen. Rückstellungen sind in der Höhe anzusetzen, die nach vernünftiger kaufmännischer Beurteilung notwendig ist. Im Rahmen der Bewertung ist auf den Grundsatz der Vorsicht (§ 201 Abs. 2 Z 4) Bedacht zu nehmen.

(2) Rückstellungen für laufende Pensionen und Anwartschaften auf Pensionen sowie ähnliche Verpflichtungen sind mit dem sich nach versicherungsmathematischen Grundsätzen ergebenden Betrag anzusetzen. Anwartschaften auf Abfertigungen sind entsprechend zu bewerten, wobei jedoch vereinfachend auch ein bestimmter Prozentsatz der fiktiven Ansprüche zum jeweiligen Bilanzstichtag angesetzt werden darf, sofern dagegen im Einzelfall keine erheblichen Bedenken bestehen.

Der Begriff **Verbindlichkeiten** ist im HGB nicht definiert. Wir sagen, daß eine Verbindlichkeit dann gegeben ist, wenn ein Gläubiger einen quantifizierbaren Anspruch gegenüber einem Unternehmen hat und dieser das Unternehmen wirtschaftlich belastet. Diese Verbindlichkeit ist mit ihrem **Rückzahlungsbetrag** anzusetzen. Der Rückzahlungsbetrag ergibt sich aus der Summe, die der Schuldner zur Begleichung der Verbindlichkeit aufbringen muß. Aber nicht immer muß die Erfüllung einer Verbindlichkeit mit Geld erfolgen. Es kann auch eine Sache geschuldet werden. Die **Sachwertschuld** ergibt sich mit den Anschaffungs- oder Herstellungskosten des geschuldeten Vermögensgegenstandes. Bei der Bewertung ist in diesem Fall von Vollkosten auszugehen. In der Praxis werden Sie auf Verbindlichkeiten stoßen, die **wertgesichert** sind. In diesen Fällen ist der Rückzahlungsbetrag an die Entwicklung eines bestimmten Index geknüpft, was für uns bedeutet, daß bei der Veränderung dieses Index sich der Rückzahlungsbetrag automatisch erhöht. Indexsenkungen (so sie überhaupt passieren), die zu einer Verminderung des Rückzahlungsbetrages führen, dürfen während der Laufzeit der Schuld wegen des Vorsichtsprinzips nicht berücksichtigt werden.

Fremdwährungsverbindlichkeiten sind im Zeitpunkt des Zuganges mit dem Devisenbriefkurs zu bewerten. Ein höherer Devisenbriefkurs am Bilanzstichtag muß berücksichtigt werden. Wenn der Rückzahlungskurs durch ein Devisentermingeschäft (zukünftiger Kauf von Devisen zu einem bereits festgelegten Kurs) abgesichert ist, dann steht der Kurs und damit der Rückzahlungsbetrag fest. Wir kommen nun zu den Rentenverpflichtungen und zum Barwert.

Die **Rentenverpflichtungen** sind mit dem *Barwert* der künftigen Auszahlungen zu bewerten. Der Barwert wird nach versicherungsmathematischen Grundzügen errechnet. Die Höhe des Barwertes hängt vom Kapitalisierungszinsfuß ab. Je höher der **Kapitalisierungszinsfuß** ist, umso geringer fällt der Barwert aus. Die Untergrenze für den Kapitalisierungszinsfuß wird bei 3% liegen, die Obergrenze richtet sich nach den Zinssätzen für langfristig aufgenommenes Fremdkapital.

Nun kommen wir zur Bewertung der **Rückstellungen.** Hier wird die **Vernunft** angesprochen. Vernünftig ist die Annahme des Kaufmannes, daß nicht alle Risiken gleichzeitig schlagend werden. Der Wertansatz der Rückstellung ist jeweils am Bilanzstichtag unabhängig von einem früheren Bilanzansatz neu zu ermitteln. Wenn die Rückstellung nicht, wie etwa bei Steuerrückstellungen oder Urlaubsrückstellungen, errechenbar ist, dann muß die Höhe aus Erfahrungswerten der Vergangenheit geschätzt werden.

Neben der Vernunft wird auch die **Vorsicht** angesprochen. Vorsichtig bewerten bedeutet, daß der Kaufmann alle Möglichkeiten und Risken sorgfältig abwägen und im Zweifel jene Umstände beachten muß, die zu einem niedrigeren Vermögensausweis führen, auf der anderen Seite muß nicht von der ungünstigsten aller Varianten ausgegangen werden. Die werterhellenden Umstände sind dabei zu beachten.

Im zweiten Absatz finden wir die Bewertung der **Pensionsrückstellung** und **Abfertigungsrückstellung.** Daneben wird auf ähnliche Verpflichtungen hingewiesen, die ebenfalls nach versicherungsmathematischen Grundsätzen bewertet werden müssen. Diese ähnlichen Verpflichtungen werden die Jubiläumsgeldverpflichtungen, die Verpflichtung zur Bezahlung von Treueprämien, Leibrentenverpflichtungen und Ansprüche von Handelsvertretern betreffen.

Das geläufigste Beispiel für die Verwendung der Versicherungsmathematik ist zweifelsohne die Ermittlung der **Pensionsrückstellung.** Die Pensionsrückstellung muß nun nach versicherungsmathematischen Grundsätzen gebildet werden, aber das Berechnungsverfahren, **Teilwertverfahren** oder **Gegenwartswertverfahren**, wird offen gelassen. Wenn wir eben davon gesprochen haben, daß die Pensionslasten auf die Arbeitszeit verteilt werden sollen, dann gibt es hier zwei Möglichkeiten, entweder beginnend mit dem Zeitpunkt der Pensionszusage oder mit dem Zeitpunkt des Dienstantritts. Das Gegenwartswertverfahren beginnt die Verteilung mit dem Zeitpunkt der Pensionszusagen, während das Teilwertverfahren bereits im Zeitpunkt des Dienstbeginnes startet. Beim Teilwertverfahren wird im Zeitpunkt der Pensionszusage, der Anspruch der fiktiv ab dem Zeitpunkt des Dienstbeginnes entstanden ist, auf einmal zurückgestellt, wodurch das Jahresergebnis stark belastet wird. Auf der anderen Seite sind die jährlichen Zuführungen im Vergleich zum Gegenwartswertverfahren bis zur Beendigung des Dienstverhältnisses geringer. Bei beiden Verfahren ist bei Beendigung des Dienstverhältnisses der Barwert der zukünftigen Pensionszahlungen erreicht. Daß die Pensionsrückstellung nach versicherungsmathematischen Grundsätzen gebildet werden muß, ist im Gesetz festgelegt, nicht aber der Zinssatz.

Nachdem der Gesetzgeber keine klaren Aussagen getroffen hat, hilft uns das **Fachgutachten** KFS/RL3 des Fachsenates für Handelsrecht und Revision bei der Beurteilung der Angemessenheit der Pensionsrückstellung weiter. Das Fachgutachten sagt, „ergibt sich aus einer versicherungsmathematischen Berechnung gegenüber der in der Bilanz ausgewiesenen Pensionsrückstellung (ermittelt nach Steuerrecht) ein Unterdeckungsbetrag, der 25% des nach der versicherungsmathematischen Methode ermittelten Rückstellungsbetrages nicht übersteigt, dann wird dieser Unterdeckungsbetrag im

Anhang angeführt und es kann die Pensionsrückstellung als angemessen angesehen werden".

Im Klartext: Der Unterschied von handelsrechtlicher und steuerlicher Ermittlung bleibt unbeachtlich, solange er **weniger als 25% der handelsrechtlichen Pensionsrückstellung** beträgt.

Zum Zinssatz sagt das Fachgutachten: Grundsätzlich ist ein Zinssatz von 4% anzuwenden. Unter bestimmten Umständen kann auch ein Zinssatz von 6% angewendet werden. Die Umstände sind: Verzicht auf einen Fluktuationsabschlag, Anwendung des Teilwertverfahrens für Bezugserhöhungen, Berücksichtigung aller künftigen Bezugserhöhungen bis zum Ende der Aktivzeit.

Die Höhe einer Pensionsrückstellung ist wesentlich vom Rechnungszinsfuß abhängig. Je höher dieser Rechnungszinsfuß ist, desto niedriger fällt die Rückstellung aus. Die OMV hat beispielsweise 1997 den Rechnungszinsfuß von 6% auf 3,5% reduziert. Die Abnahme um 2,5 Prozentpunkte hat eine Erhöhung der Pensionsrückstellung um 18% bewirkt. An diesem Beispiel können wir erkennen, wie sich die Höhe der Rückstellung ändert, wenn der Rechnungszinsfuß geändert wird.

Nun zur Abfertigungsrückstellung

Auch die **Abfertigungsrückstellungen** sind nach versicherungsmathematischen Grundsätzen zu bewerten, was bedeutet, daß der Barwert der zukünftigen Abfertigungen zu berechnen ist. Die Gesetzesmaterialien des HGB verweisen auf das bisherige Passivierungsausmaß gemäß § 14 EStG und halten die Weiterführung des steuerlichen Ansatzes im allgemeinen für vertretbar. Auch in diesem Falle hilft uns wieder ein Fachgutachten, nämlich das Fachgutachten KFS/RL2. Hier wird festgehalten, daß eine Anpassung nur dann erfolgen muß, wenn der Differenzbetrag zwischen handelsrechtlicher und steuerlicher Ermittlung 25% des handelsrechtlichen Wertes übersteigt.

Vor der Übernahme des steuerlichen Ansatzes hat eine Vergleichsrechnung stattzufinden. Diese muß nach versicherungsmathematischen Grundsätzen erfolgen, kann aber auch nach einem vereinfachten finanzmathematischen Verfahren vorgenommen werden. Diese Vergleichsrechnung hat dann in angemessenen Zeitabständen, vielleicht alle fünf Jahre, stattzufinden.

Das Fachgutachten KFS/RL 2 hält aus Vereinfachungsgründen auch ein finanzmathematisches Berechnungsverfahren für zulässig, mit der Begründung, daß auch die **finanzmathematische** Berechnung nicht wesentlich vom Ergebnis der versicherungsmathematischen Berechnung abweicht.

Wenn z.B. zwei Mitarbeiter vorhanden sind, die beide 21 Dienstjahre haben, dann besteht jeweils der Abfertigungsanspruch in der Höhe von 9 Monatsentgelten, nur ist der eine Dienstnehmer im Alter von 18 in das Unternehmen eingetreten und ist jetzt 39 Jahre alt und der andere Dienstnehmer im Alter von 40 und ist jetzt 61 Jahre alt. Das Monatsentgelt ist bei beiden gleich hoch. Sie können jetzt erkennen, daß die Wahrscheinlichkeit des Abfertigungsanfalles bei dem 61-jährigen viel höher ist als bei dem nun 39-jährigen. Die Wahrscheinlichkeit, daß der 39-jährige selbst kündigt, wird bei der versicherungsmathematischen Berechnung berücksichtigt. Die Versicherungsmathematik braucht aber eine relativ große Zahl an Arbeitnehmern, damit die Wahrscheinlichkeitsgrundsätze zum Tragen kommen. Bei beispielsweise fünf Mitarbeitern kann man nicht sagen, daß nach der Wahrscheinlichkeit 80% der Abfertigungsberechtigten auch tatsächlich bei dem Unternehmen in Pension gehen. Es brauchen bei diesem Unternehmen nur zwei Mitarbeiter ausscheiden, und dann ist die Wahrscheinlichkeit bereits auf den Kopf gestellt. Erst bei einer relativ großen Zahl an Mitarbeitern wird die Wahrscheinlichkeit auch eintreffen. Wenn statistisch gesehen ein erwachsener Österreicher 1,80 m groß und 80 kg schwer ist, wird diese Wahrscheinlichkeit bei 1.000 Mitarbeitern zutreffen. Es ist aber unwahrscheinlich, daß bereits 5 Mitarbeiter den statistischen Werten entsprechen. Bei 5 Mitarbeitern treffen die Annahmen der **Versicherungsmathemaktik** nicht zu. Das nur zum Thema Unterscheidung von Versicherungsmathematik und Finanzmathematik.

3.2 Vorschriften für Kapitalgesellschaften

(Zweiter Abschnitt mit den ergänzenden Vorschriften für die Kapitalgesellschaften)

§ 221 Größenklassen

(1) Kleine Kapitalgesellschaften sind solche, die mindestens zwei der drei nachstehenden Merkmale nicht überschreiten:

1. 3,125 Millionen Euro Bilanzsumme;
2. 6,250 Millionen Euro Umsatzerlöse in den zwölf Monaten vor dem Abschlußstichtag;
3. im Jahresdurchschnitt 50 Arbeitnehmer.

(2) Mittelgroße Kapitalgesellschaften sind solche, die mindestens zwei der drei in Abs. 1 bezeichneten Merkmale überschreiten und mindestens zwei der drei nachstehenden Merkmale nicht überschreiten:

1. 12,5 Millionen Euro Bilanzsumme;
2. 25 Millionen Euro Umsatzerlöse in den zwölf Monaten vor dem Abschlußstichtag;
3. im Jahresdurchschnitt 250 Arbeitnehmer.

(3) Große Kapitalgesellschaften sind solche, die mindestens zwei der drei in Abs. 2 bezeichneten Merkmale überschreiten. Eine Kapitalgesellschaft gilt stets als groß, wenn Aktien oder andere von ihr ausgegebene Wertpapiere an einer Börse in einem Mitgliedstaat der Europäischen Union oder eines Vertragsstaats des Abkommens über die Schaffung eines Europäischen Wirtschaftsraumes, BGBl. Nr. 909/1993, zum amtlichen Handel zugelassen oder in den geregelten Freiverkehr einbezogen sind.

(4) Die Rechtsfolgen der Größenmerkmale (Abs. 1 bis Abs. 3 erster Satz) treten ab dem folgenden Geschäftsjahr ein, wenn diese Merkmale

1. an den Abschlußstichtagen von zwei aufeinanderfolgenden Geschäftsjahren überschritten beziehungsweise nicht mehr überschritten werden;
2. bei Umgründungen (Verschmelzung, Umwandlung, Einbringung, Zusammenschluß, Realteilung oder Spaltung) und Neugründungen am ersten Abschlußstichtag nach der Umgründung oder Neugründung vorliegen; dies gilt auch bei der Aufgabe eines Betriebes oder eines Teilbetriebes, wenn die Größenmerkmale um mindestens die Hälfte unterschritten werden.

(5) Ist bei einer Personengesellschaft des Handelsrechts kein persönlich haftender Gesellschafter mit Vertretungsbefugnis eine natürliche Person, so unterliegt die Personengesellschaft hinsichtlich der in den §§ 722 bis 243 und §§ 268 bis 283 geregelten Tatbestände den der Rechtsform ihres vertretungsbefugten Gesellschafters entsprechenden Rechtsvorschriften; ist dieser keine Kapitalgesellschaft, so gelten die Vorschriften für Gesellschaften mit beschränkter Haftung.

(6) Der Durchschnitt der Arbeitnehmeranzahl bestimmt sich nach der Arbeitnehmeranzahl an den jeweiligen Monatsletzten innerhalb des Geschäftsjahrs.

(7) Der Bundesminister für Justiz wird ermächtigt, zur Erfüllung der die Republik Österreich nach den Rechtsvorschriften der Europäischen Union treffenden Verpflichtungen durch Verordnung an Stelle der in Abs. 1 und 2 angeführten Merkmale andere Zahlen festzusetzen.

§ 222 über den Inhalt des Jahresabschlusses

(1) Die gesetzlichen Vertreter einer Kapitalgesellschaft haben in den ersten fünf Monaten des Geschäftsjahrs für das vorangegangene Geschäftsjahr den um den Anhang erweiterten Jahresabschluß sowie einen Lagebericht aufzustellen und den Mitgliedern des Aufsichtsrates vorzulegen.

(2) Der Jahresabschluß hat ein möglichst getreues Bild der Vermögens-, Finanz- und Ertragslage des Unternehmens zu vermitteln. Wenn dies aus besonderen Umständen nicht gelingt, sind im Anhang die erforderlichen zusätzlichen Angaben zu machen.

Hier erfahren wir zum ersten Mal, daß der *Anhang* ein Teil des Jahresabschlusses ist.

Mit anderen Worten: Der Jahresabschluß besteht aus der Bilanz, der Gewinn- und Verlustrechnung und dem Anhang.

Im zweiten Absatz dieser Vorschrift stoßen wir auf die **Generalnorm** und fragen uns, was damit gemeint ist.

Mit der Generalnorm kommt jetzt der Bilanzleser als Adressat des Jahresabschlusses ins Spiel. Der Bilanzleser soll ein möglichst getreues Bild der **Vermögenslage**, der **Finanzlage** und der **Ertragslage** des Unternehmens erhalten.

Diese Aussage ist für Sie jetzt nicht so neu, weil bereits im § 195 davon gesprochen worden ist, daß der Jahresabschluß ein möglichst getreues Bild der Vermögens- und Ertragslage vermitteln soll. Zu dieser Vermögens- und Ertragslage kommt jetzt bei der Generalnorm noch die **Finanzlage** dazu. Den Einblick in die Finanzlage gewinnt man unter anderem durch die Aufteilung der Forderungen und Verbindlichkeiten nach deren Fristigkeit.

Wir kommen jetzt zu dem Ergebnis, daß ein getreues Bild der Vermögens-, Finanz- und Ertragslage durch den Jahresabschluß dann vermittelt wird, wenn die gesetzlichen Bewertungsvorschriften und die Grundsätze ordnungsmäßiger Buchführung beachtet werden. Wenn dann noch die Gliederung der Bilanz und Gewinn- und Verlustrechnung nach den gesetzlichen Vorschriften erfolgt und die notwendigen Erläuterungen im Anhang gemacht werden, dann wird der Generalnorm zur Gänze entsprochen. Damit ist auch das Thema Generalnorm für uns beendet.

Beim § 222 stoßen wir aber auf eine wichtige Mitteilung, die wir jetzt ganz bewußt aufnehmen wollen.

Wenn wir eingangs davon gesprochen haben, daß die Frist für die Erstellung des Jahresabschlusses neun Monate beträgt, dann gilt diese Aussage nicht für Kapitalgesellschaften.

Im § 222 ist festgelegt, daß die Erstellung des Jahresabschlusses innerhalb von fünf Monaten erfolgen muß. Wenn wir aber weiterlesen, dann finden wir keine Aussage darüber, was geschieht, wenn diese Frist nicht eingehalten wird. Das Problem wird dann eher insolvenzrechtlicher Art sein.

§ 223 über allgemeine Grundsätze für die Gliederung

(1) Die einmal gewählte Form der Darstellung, insbesondere die Gliederung der aufeinanderfolgenden Bilanzen und Gewinn- und Verlustrechnungen, ist beizubehalten. Ein Abweichen von diesem Grundsatz ist nur unter Beachtung der im § 222 Abs. 2 umschriebenen Zielsetzung zulässig. Die Abweichungen sind im Anhang anzugeben und zu begründen.

(2) Im Jahresabschluß ist zu jedem Posten der entsprechende Betrag des vorangegangenen Geschäftsjahrs zumindest in vollen 1.000 S anzugeben; dies gilt auch für die gesondert anzumerkenden Posten. Sind die Beträge nicht vergleichbar, so ist dies im Anhang anzugeben und zu erläutern. Wird der Vorjahresbetrag angepaßt, so ist auch dies im Anhang anzugeben und zu erläutern.

(3) Betreibt eine Gesellschaft mehrere Geschäftszweige und bedingt dies die Gliederung des Jahresabschlusses

nach verschiedenen Gliederungsvorschriften, so hat die Gesellschaft den Jahresabschluß nach der für den wirtschaftlich bedeutendsten Geschäftszweig vorgeschriebenen Gliederung aufzustellen und nach der für seine anderen Geschäftszweige jeweils vorgeschriebenen Gliederung zu ergänzen; dies ist zu begründen. Die Abweichung ist im Anhang anzugeben und zu begründen.

(4) Eine weitere Untergliederung der Posten ist zulässig; dabei ist jedoch die vorgeschriebene Gliederung zu beachten. Zusätzliche Posten dürfen hinzugefügt werden, wenn ihr Inhalt nicht von einem vorgeschriebenen Posten gedeckt wird. Die Aufnahme weiterer zusätzlicher Posten ist geboten, soweit es zur Erreichung der im § 222 Abs. 2 umschriebenen Zielsetzung erforderlich ist. Die Postenbezeichnungen sind auf die tatsächlichen Inhalte zu verkürzen.

Fällt ein Vermögensgegenstand oder eine Verbindlichkeit unter mehrere Posten der Bilanz, so ist die Zugehörigkeit auch zu anderen Posten bei dem Posten, unter dem der Ausweis erfolgt ist, zu vermerken oder im Anhang anzugeben, wenn dies zur Aufstellung eines klaren und übersichtlichen Jahresabschlusses erforderlich ist.

Die mit arabischen Zahlen versehenen Posten der Bilanz und die mit Buchstaben gekennzeichneten Posten der Gewinn- und Verlustrechnung können zusammengefaßt werden, wenn

1. sie einen Betrag enthalten, der für die Vermittlung eines möglichst getreuen Bildes der Vermögens-, Finanz- und Ertragslage der Gesellschaft nicht wesentlich ist oder
2. dadurch die Klarheit der Darstellung verbessert wird; in diesem Fall müssen die zusammengefaßten Posten jedoch im Anhang ausgewiesen werden.

(7) Ein Posten der Bilanz oder der Gewinn- und Verlustrechnung, der keinen Betrag ausweist, braucht nicht angeführt zu werden, es sei denn, daß im vorangegangenen Geschäftsjahr unter diesem Posten ein Betrag ausgewiesen wurde.

(8) Gliederung und Bezeichnung der mit arabischen Zahlen versehenen Posten der Bilanz und der Gewinn- und Verlustrechnung sind zu ändern, wenn dies wegen Besonderheiten der Kapitalgesellschaft zur Aufstellung eines klaren und übersichtlichen Jahresabschlusses erforderlich ist. Der Bundesminister für Justiz kann im Einvernehmen mit dem in seinem Wirkungsbereich berührten Bundesminister verbindliche Formblätter durch Verordnung festlegen.

Hier finden wir die formelle Kontinuität gesetzlich verankert, die früher nur Bestandteil der Grundsätze ordnungsmäßiger Buchführung und Bilanzierung war.

Die **formelle Kontinuität** sagt uns, daß aus Gründen der Vergleichbarkeit der Jahresabschlüsse, die einmal gewählte Form der Darstellung beizubehalten ist.

Nur wenn ich die Vorjahresdarstellung beibehalte und dadurch das getreue Bild der Vermögens-, Finanz- und Ertragslage nicht mehr vermitteln kann, dann muß ich von der Vorjahresdarstellung abgehen und durchbreche damit die formelle Bilanzkontinuität. Dieses Abweichen ist aber im Anhang anzugeben und zu begründen.

§ 224 über die Gliederung der Bilanz

(1) In der Bilanz sind, unbeschadet einer weiteren Gliederung, die in den Abs. 2 und 3 angeführten Posten gesondert und in der vorgeschriebenen Reihenfolge auszuweisen.

(2) Aktivseite:

A. Anlagevermögen:
   I. Immaterielle Vermögensgegenstände:
      1. Konzessionen, gewerbliche Schutzrechte und ähnliche Rechte und Vorteile sowie daraus abgeleitete Lizenzen;
      2. Geschäfts(Firmen)wert;
      3. geleistete Anzahlungen;
   II. Sachanlagen:
      1. Grundstücke, grundstücksgleiche Rechte und Bauten, einschließlich der Bauten auf fremdem Grund;
      2. technische Anlagen und Maschinen;
      3. andere Anlagen, Betriebs- und Geschäftsausstattung;
      4. geleistete Anzahlungen und Anlagen in Bau;
   III. Finanzanlagen:
      1. Anteile an verbundenen Unternehmen;
      2. Ausleihungen an verbundene Unternehmen;
      3. Beteiligungen;
      4. Ausleihungen an Unternehmen, mit denen ein Beteiligungsverhältnis besteht;
      5. Wertpapiere (Wertrechte) des Anlagevermögens;
      6. sonstige Ausleihungen.
B. Umlaufvermögen:
   I. Vorräte:
      1. Roh-, Hilfs- und Betriebsstoffe;
      2. unfertige Erzeugnisse;
      3. fertige Erzeugnisse und Waren;
      4. noch nicht abrechenbare Leistungen;
      5. geleistete Anzahlungen;
   II. Forderungen und sonstige Vermögensgegenstände:
      1. Forderungen aus Lieferungen und Leistungen;
      2. Forderungen gegenüber verbundenen Unternehmen;
      3. Forderungen gegenüber Unternehmen, mit denen ein Beteiligungsverhältnis besteht;
      4. sonstige Forderungen und Vermögensgegenstände;
   III. Wertpapiere und Anteile:
      1. Anteile an verbundenen Unternehmen;
      2. sonstige Wertpapiere und Anteile;
   IV. Kassenbestand, Schecks, Guthaben bei Kreditinstituten.
C. Rechnungsabgrenzungsposten.

(3) Passivseite:

A. Eigenkapital:
   I. Nennkapital (Grund-, Stammkapital);
   II. Kapitalrücklagen:
      1. gebundene;

2. nicht gebundene;
III. Gewinnrücklagen:
1. gesetzliche Rücklage;
2. satzungsmäßige Rücklagen;
3. andere Rücklagen (freie Rücklagen);
IV. Bilanzgewinn (Bilanzverlust), davon Gewinnvortrag/ Verlustvortrag.
B. unversteuerte Rücklagen:
1. Bewertungsreserve auf Grund von Sonderabschreibungen;
2. sonstige unversteuerte Rücklagen.
C. Rückstellungen:
1. Rückstellungen für Abfertigungen;
2. Rückstellungen für Pensionen;
3. Steuerrückstellungen;
4. sonstige Rückstellungen.
D. Verbindlichkeiten:
1. Anleihen, davon konvertibel;
2. Verbindlichkeiten gegenüber Kreditinstituten;
3. erhaltene Anzahlungen auf Bestellungen;
4. Verbindlichkeiten aus Lieferungen und Leistungen;
5. Verbindlichkeiten aus der Annahme gezogener Wechsel und der Ausstellung eigener Wechsel;
6. Verbindlichkeiten gegenüber verbundenen Unternehmen;
7. Verbindlichkeiten gegenüber Unternehmen, mit denen ein Beteiligungsverhältnis besteht;
8. sonstige Verbindlichkeiten,
davon aus Steuern,
davon im Rahmen der sozialen Sicherheit.
E. Rechnungsabgrenzungsposten.

Mit der Einhaltung der Bilanzgliederung ist das Prinzip der **Bilanzklarheit** erfüllt. Das Gliederungsschema gilt nur für Kapitalgesellschaften, wird aber aus Zweckmäßigkeitsgründen von allen Unternehmen angewendet werden.

Wenn wir von allen Unternehmen sprechen, dann meinen wir nicht die **Banken**, die eine abweichende Bilanzgliederung in der Anlage zum Bankwesengesetz vorfinden. Auch für **Versicherungen** gibt es eigene Bilanzgliederungsvorschriften nach dem § 83 Versicherungsaufsichtsgesetz.

Wir schauen uns jetzt gemeinsam die Posten der Bilanz durch.

Wir beginnen mit der Aktivseite der Bilanz

Sie werden sich sicher erinnern, daß wir über das Wahlrecht gesprochen haben, das es uns ermöglicht, Ingangsetzungsaufwendungen zu aktivieren. Wir haben auch darüber gesprochen, daß nur Unternehmen mit einem schlechten Ergebnis von diesem Wahlrecht Gebrauch machen werden. Und wenn wir uns die gesetzlich vorgegebene Gliederung anschauen, dann werden wir überrascht sein, weil für diese Aktivierung kein eigener Posten in der Musterbilanz vorgesehen ist.

Wir werden die aktivierten Ingangsetzungsaufwendungen vor dem Anlagevermögen in einem eigenen Posten darstellen.

Wir beginnen jetzt unseren Weg durch die Bilanz mit dem **Anlagevermögen,** wo jene Gegenstände ausgewiesen werden, die dazu bestimmt sind, dauernd dem Geschäftsbetrieb zu dienen. Im **Umlaufvermögen,** und das sei auch bereits an dieser Stelle ausgeführt, werden jene Gegenstände ausgewiesen, die nicht dazu bestimmt sind, dauernd dem Geschäftsbetrieb zu dienen. Sie haben also die Entscheidung, ob der Ausweis im Anlagevermögen oder im Umlaufvermögen erfolgen soll.

Beim Anlagevermögen finden wir eine Dreiteilung in:

- Immaterielle Vermögensgegenstände,
- Sachanlagen und
- Finanzanlagen

Die immateriellen Vermögensgegenstände und die Sachanlagen unterscheiden sich von den Finanzanlagen durch den Ort der Investition. Die immateriellen Vermögensgegenstände und die Sachanlagen werden im eigenen Unternehmen investiert, während die Finanzanlagen darauf hinweisen, daß unser Kapital außerhalb des eigenen Betriebes arbeitet.

Bei der Bewertung von immateriellen Vermögensgegenständen und Sachanlagen erkennen wir, daß die jährliche Bewertung der immateriellen Vermögensgegenstände ungleich schwieriger ist.

Was versteht man also unter diesen **immateriellen Vermögensgegenständen?**

Der Gesetzestext sagt uns, daß als immaterielle Vermögensgegenstände Konzessionen, gewerbliche Schutzrechte, Lizenzen und der Firmenwert auszuweisen sind.

Wenn wir eben von der schwierigen Bewertung gesprochen haben, so ist die Schwierigkeit nicht im Anschaffungszeitpunkt gegeben, denn es können nur jene Vermögensgegenstände ausgewiesen werden, die entgeltlich erworben worden sind. Wenn dieser entgeltliche Erwerbsvorgang vorliegt, dann haben wir auch einen Anschaffungswert, der für den Bilanzansatz maßgeblich ist. Die Schwierigkeit in der Bewertung ist erst in der Folge gegeben, wenn nach einem niedrigeren Börsen- oder Marktpreis gesucht wird.

Hinzuweisen ist jetzt darauf, daß nicht entgeltlich erworbene immaterielle Vermögensgegenstände nicht aktiviert werden dürfen.

Unter die gewerblichen Schutzrechte werden Patente, Markenrechte, Urheberrechte und Verlagsrechte fallen.

Beim § 203 Abs. 5 haben wir bereits über das Wahlrecht gesprochen, das uns gegeben ist, den **Firmenwert** anzusetzen. Der Firmenwert, so die Definition im Gesetz, ist der Unterschiedsbetrag zwischen der Gegenleistung für die Übernahme eines Betriebes und dem Wert der einzelnen Vermögensgegenstände, abzüglich der damit verbundenen Schulden.

Den Firmenwert, den wir jetzt im Auge haben, das ist der entgeltlich erworbene Firmenwert. Ein selbst geschaffener (originärer) Firmenwert findet in der Bilanz keinen Ansatz.

Das **Sachanlagevermögen** beginnt mit dem Posten der Grundstücke und Bauten auf fremdem Grund.

Hier werden Grund und Gebäudewert auszuweisen sein. Falls der gesonderte Ausweis des Grundwertes und des Gebäudewertes nicht in der Bilanz geschieht, so muß dieser getrennte Ausweis im Anhang erfolgen.

Nur am Rande soll darauf hingewiesen werden, daß Personenkraftwagen und Lastkraftwagen unter den anderen Anlagen, Betriebs- und Geschäftsausstattung auszuweisen sind.

Finanzanlagen

Bei der Beurteilung der **Beteiligungen** ist es grundsätzlich erforderlich zu unterscheiden, ob eine Beteiligung an einer Kapitalgesellschaft oder an einer Personengesellschaft vorliegt.

Eine Beteiligung ist dann gegeben, wenn unser Unternehmen mit 20% und mehr an einer Kapitalgesellschaft beteiligt ist.

Eine Beteiligung an einer Personengesellschaft ist dann gegeben, wenn unser Unternehmen persönlich haftender Gesellschafter ist (Komplementär oder OHG-Gesellschafter).

Eine Beteiligung an einer Gesellschaft bürgerlichen Rechts (ARGE) oder an einer eingetragenen Erwerbsgesellschaft ist nur dann gegeben, wenn diese Gesellschaft auf Dauer errichtet ist, was bei einer Arbeitsgemeinschaft des Baugewerbes in der Regel nicht der Fall ist.

Die Vermutung, daß eine Beteiligung vorliegt, ist also dann gegeben, wenn die Anteile an einer Kapitalgesellschaft mindestens 20% betragen. Die Beteiligung als persönlich haftender Gesellschafter an einer Personengesellschaft gilt unabhängig von der Höhe der Beteiligung als Beteiligung.

Beim Kommanditanteil ist es wiederum erforderlich, daß der Kapitalanteil 20% und mehr beträgt, damit von einer Beteiligung gesprochen werden kann.

Aber mit den Beteiligungen allein ist es noch nicht getan. Wir haben noch einen zweiten Begriff, nämlich das „verbundene Unternehmen".

Verbundene Unternehmen sind abhängige Unternehmen. Verbunden ist ein Unternehmen dann, wenn es von einem Mutterunternehmen abhängig ist.

Es gibt nur eine generelle Orientierungshilfe, die lautet, daß eine Abhängigkeit bei einer Beteiligung von mehr als 50% vorliegt.

Ausleihungen

Bei den Ausleihungen werden Forderungen ausgewiesen, die eine Laufzeit von mindestens fünf Jahren haben. Wenn wir aber von Forderungen sprechen, dann meinen wir nicht die Forderungen aufgrund von Lieferungen und Leistungen, denn diese sind immer im Umlaufvermögen auszuweisen. Als Forderungen mit einer Laufzeit von mindestens fünf Jahren kommen nur langfristige Darlehen in Betracht.

Wertpapiere (Wertrechte)

In diesem Posten werden alle festverzinslichen Wertpapiere, wie Anleihen, Pfandbriefe, ausgewiesen. Aber auch die gewinnabhängigen Wertpapiere, wie Aktien, Genußscheine werden hier ausgewiesen. Allen diesen Wertpapieren ist gemeinsam, daß sie in irgendeiner Form verbrieft sind. Im Gegensatz dazu, sind die Wertrechte nicht verbrieft. Als Wertrechte werden aber auch jene Gesellschaftsanteile behandelt, die keine Beteiligung darstellen. Wir haben ja von der Fiktion gehört, daß eine Beteiligung von unter 20% an einer Kapitalgesellschaft (oder Genossenschaft), keine Beteiligung im Sinne des Handelsrechtes ist.

Wir verlassen jetzt das Anlagevermögen und wenden unsere Aufmerksamkeit dem Umlaufvermögen zu. Das **Umlaufvermögen** umfaßt vier Posten, nämlich die

- Vorräte
- Forderungen
- Wertpapiere
- Kassa und Banken.

Die **Vorräten** sind in fünf Posten unterteilt, nämlich

- Roh-, Hilfs- und Betriebsstoffe
- unfertige Erzeugnisse
- fertige Erzeugnisse und Waren
- noch nicht abrechenbare Leistungen
- geleistete Anzahlungen

Nur auf den ersten Blick sind sich die Begriffe **Roh-, Hilfs- und Betriebsstoffe** einander ähnlich. Die Betriebsstoffe werden in der Produktion verwendet. Der Rohstoff ist Bestandteil des Produktes, während die Hilfsstoffe bei der Produktion verwendet werden.

Die **unfertigen Erzeugnisse** unterscheiden sich von den **fertigen Erzeugnissen** durch den Umstand, daß sie noch nicht verkaufsfertig sind. Bei den unfertigen Erzeugnissen fehlt zumindest noch der allerletzte Verarbeitungsgang.

Von den **Waren** unterscheiden sich die fertigen Erzeugnisse dadurch, daß jene von Dritten bezogen werden.

Mit den nicht abrechenbaren Leistungen und den geleisteten Anzahlungen haben wir keine Interpretationsschwierigkeiten.

Wir kommen nun zu den **Forderungen** und finden diese unterteilt in

- Forderungen aus Lieferungen und Leistungen
- Forderungen gegenüber verbundenen Unternehmen
- Forderungen gegenüber Unternehmen, mit denen ein Beteiligungsverhältnis besteht
- sonstige Forderungen und Vermögensgegenstände

In der Regel gehen die Forderungen auf ein Umsatzgeschäft zurück, wobei die Sicherung einer Forderung durch einen Wechsel keine Änderung im Ausweis bewirkt. Eine **Wechselforderung,** die auf eine Lieferung zurückgeht, wird auch unter den Forderungen aus Lieferungen und Leistungen ausgewiesen.

Schwieriger wird es, den zweiten und den dritten Posten bei den Forderungen auseinanderzuhalten. Einmal haben wir die Forderung gegenüber verbundenen Unternehmen und zum zweiten gegenüber Unternehmen, mit denen ein Beteiligungsverhältnis besteht. Wir haben aber das Problem bereits bei der Besprechung des Finanzanlagevermögens angerissen.

Bei den sonstigen Forderungen werden nun alle jene Forderungen ausgewiesen, die nicht in einem anderen Posten ausgewiesen werden müssen.

Im Umlaufvermögen finden wir auch die Wertpapiere und Anteile, die nur wegen ihrer anderen Widmung nicht im

Anlagevermögen ausgewiesen worden sind. Ebenso finden sich Anteile an verbundenen Unternehmen, die nicht für eine längere Behaltefrist erworben worden sind. Der letzte Posten der Aktivseite betrifft die **Rechnungsabgrenzungsposten**. Auch die Rechnungsabgrenzungsposten haben wir bereits besprochen und erinnern uns noch daran, daß nur transitorische Posten ausgewiesen werden. Zusätzlich wird auch das Disagio (Damnum) erfaßt.

Wir verlassen nun die Aktivseite und finden auf der **Passivseite** sechs Posten, nämlich

- das Eigenkapital
- die unversteuerten Rücklagen
- die Rückstellungen
- die Verbindlichkeiten
- und schließlich die Rechnungsabgrenzungsposten

Beim **Eigenkapital** finden wir das Nennkapital und den Bilanzgewinn (Bilanzverlust) und zwei Arten von Rücklagen, nämlich die Kapitalrücklage und die Gewinnrücklage.

Bei der **Kapitalrücklage** wird Kapital durch den Gesellschafter aufgebracht.

Bei der **Gewinnrücklage** wird ein Gewinn im Unternehmen behalten (thesauriert) und nicht an die Gesellschafter ausgeschüttet. Man kann auch sagen, daß die Kapitalrücklagen von außen und die Gewinnrücklagen von innen finanziert werden. Wir haben also das Begriffspaar Außenfinanzierung und Innenfinanzierung.

Wir finden jetzt also die Kapitalrücklagen und die Gewinnrücklagen als Teil des Eigenkapitals und zu unserer Überraschung die **unversteuerten Rücklagen** als gesonderter Bilanzposten. Wir sind deswegen überrascht, weil wir ja wissen, daß Rücklagen zum Eigenkapital gerechnet werden.

Dieser gesonderte Ausweis kommt aber nicht von ungefähr, weil die unversteuerten Rücklagen nicht uneingeschränkt zum Eigenkapital gerechnet werden können. Die unversteuerten Rücklagen gehen im wesentlichen auf steuerliche Sondervorschriften zurück. Diese steuerlichen Sondervorschriften ermöglichen dem Unternehmen, entweder Steuern gänzlich zu sparen oder die Steuerleistungen in eine spätere Periode zu verschieben (Steuerstundung). Der Posten unversteuerte Rücklagen ist daher mit Steuern belastet, die erst in späteren Perioden bezahlt werden müssen. Diese später fälligen Steuern werden auch als latente (schwebende) Steuern bezeichnet und sind bei der Analyse zum Fremdkapital zu rechnen.

Die unversteuerten Rücklagen sind daher zum großen Teil Eigenkapital und zum kleineren Teil Fremdkapital.

Neben den unversteuerten Rücklagen im engeren Sinne besteht der Bilanzposten noch aus der **Bewertungsreserve** aufgrund von Sonderabschreibungen.

Die Sonderabschreibung des § 12 EStG bewirkt in der Regel eine Reduzierung der steuerlichen Anschaffungs- oder Herstellungskosten bei Wirtschaftsgütern des Anlagevermögens.

Bei einer direkten Reduzierung der Anschaffungskosten würde bei einem Ausweis der Bilanzansatz verzerrt werden. Aus diesem Grund sind die Sonderabschreibungen gleichsam als „Wertberichtigung" zum Anlagevermögen auf der Passivseite auszuweisen. Die Bezeichnung dieser Wertberichtigung lautet nun Bewertungsreserve.

§ 225 über die Vorschriften zu einzelnen Posten der Bilanz

(1) Ist das Eigenkapital durch Verluste aufgebraucht, so lautet dieser Posten „negatives Eigenkapital". Im Anhang ist zu erläutern, ob eine Überschuldung im Sinne des Insolvenzrechts vorliegt.

(2) Forderungen und Verbindlichkeiten gegenüber verbundenen Unternehmen und gegenüber Unternehmen, mit denen ein Beteiligungsverhältnis besteht, sind in der Regel als solche jeweils gesondert auszuweisen. Werden sie unter anderen Posten ausgewiesen, so ist dies zu vermerken.

(3) Der Betrag der Forderungen mit einer Restlaufzeit von mehr als einem Jahr ist bei jedem gesondert ausgewiesenen Posten in der Bilanz anzumerken oder im Anhang anzugeben. Sind unter dem Posten „sonstige Forderungen und Vermögensgegenstände" Erträge enthalten, die erst nach dem Abschlußstichtag zahlungswirksam werden, so müssen diese Beträge, soweit sie wesentlich sind, im Anhang erläutert werden.

(4) Wechsel dürfen als Wertpapiere nur ausgewiesen werden, wenn dem Unternehmen nicht die der Ausstellung zugrunde liegende Forderung zusteht; anderenfalls ist bei Forderungen die wechselmäßige Verbriefung im Anhang anzugeben.

(5) Eigene Anteile, Anteile an herrschenden oder mit Mehrheit beteiligten Unternehmen sind je nach ihrer Zweckbestimmung im Anlagevermögen oder im Umlaufvermögen in einem gesonderten Posten „eigene Anteile, Anteile an herrschenden oder mit Mehrheit beteiligten Unternehmen" auszuweisen. In gleicher Höhe ist auf der Passivseite eine Rücklage gesondert auszuweisen. Diese Rücklage darf durch Umwidmung frei verfügbarer Kapital- und Gewinnrücklagen gebildet werden, soweit diese einen Verlustvortrag übersteigen. Sie ist insoweit aufzulösen, als diese Anteile aus dem Vermögen ausgeschieden oder für sie ein niedrigerer Betrag angesetzt wird.

(6) Der Betrag der Verbindlichkeiten mit einer Restlaufzeit bis zu einem Jahr ist bei jedem gesondert ausgewiesenen Posten in der Bilanz anzumerken oder im Anhang anzugeben. Erhaltene Anzahlungen auf Bestellungen sind, soweit Anzahlungen auf Vorräte nicht von einzelnen Posten der Vorräte offen abgesetzt werden, unter den Verbindlichkeiten gesondert auszuweisen.

Sind unter dem Posten „sonstige Verbindlichkeiten" Aufwendungen enthalten, die erst nach dem Abschlußstichtag zahlungswirksam werden, so sind sie, wenn sie wesentlich sind, im Anhang zu erläutern.

(7) Bei Grundstücken ist der Grundwert in der Bilanz anzumerken oder im Anhang anzugeben.

Wir finden hier ergänzende Ausweisvorschriften zu bestimmten Bilanzposten.

Wenn nun ein **Bilanzverlust** vorliegt, der betragsmäßig höher ist als die drei vorausgehenden Posten (Nennkapital,

Kapitalrücklagen und Gewinnrücklagen), dann liegt ein negatives Eigenkapital vor. In diesem Fall bleibt der negative Saldo auf der Passivseite, nur die Überschrift „Eigenkapital" ist zu ersetzen, durch den Begriff „negatives Eigenkapital".

Die übrige Einteilung des Eigenkapitals in die vier Untergruppen wird aber dadurch nicht berührt. Wenn in der Bilanz der Verlust betragsmäßig höher ist als das übrige Eigenkapital zusammen, dann liegt eine **buchmäßige Überschuldung** vor. In diesem Fall werden Sie aber aufgefordert, darzulegen, ob eine Überschuldung im Sinne des Insolvenzrechtes vorliegt. Wenn der Handelsgesetzgeber von Insolvenzrecht spricht, dann meint er damit die Konkurs- und die Ausgleichsordnung.

Wir sehen uns jetzt kurz an, wie in diesem Fall vorzugehen ist

Als erster Schritt wird das ausstehende Nennkapital eingefordert (als Forderung ausgewiesen) und gleichzeitig werden die latenten Steuern, die in den unversteuerten Rücklagen stecken, aufgedeckt und passiviert. Falls nach der Einforderung des ausstehenden Nennkapitals und nach Berücksichtigung der latenten Steuern bei den unversteuerten Rücklagen noch eine Überschuldung vorliegt, dann sind jene Bilanzposten, die stille Reserven enthalten, mit dem gemeinen Wert anzusetzen. Der gemeine Wert ist dann jener Wert, der bei einer Veräußerung erzielt werden würde.

Auf diese Weise erfolgt die zumindest rechnerische Auflösung der stillen Reserven. Falls nach der Einforderung des ausstehenden Nennkapitals und nach dem Offenlegen der stillen Reserven immer noch eine **Überschuldung** besteht, dann ist eine Fortbestandsprognose zu erstellen. Mit dieser Fortbestandsprognose soll die Lebensfähigkeit des Unternehmens dargestellt werden. In dieser Fortbestandsprognose sind auch die Sanierungsmaßnahmen (Gesellschafterzuschuß, Gläubigerverzicht) zu berücksichtigen, die in dieser Situation einzuleiten sind.

Damit haben wir die Überschuldung besprochen. Wir wechseln jetzt über zu den Forderungen und Verbindlichkeiten gegenüber verbundenen Unternehmen und gegenüber Unternehmen mit denen ein Beteiligungsverhältnis besteht. Diese Forderungen sind gesondert auszuweisen. Es werden damit die Unternehmensverflechtungen auch in der Bilanz erkennbar. Mit dieser Darstellung wird aber auch gesagt, daß diese Forderungen und Verbindlichkeiten einem eigenen Schicksal unterliegen.

Ganz wesentlich ist jetzt die gesetzliche Bestimmung, daß bei den Forderungen und bei den Verbindlichkeiten die **Restlaufzeiten** anzugeben sind. Aufgrund dieser Angabe ist es jetzt für uns leicht möglich, die Forderungen und Verbindlichkeiten in kurzfristige und langfristige zu unterteilen. Mit der Angabe der Restlaufzeit von mehr als fünf Jahren wird es möglich sein, die besonders langfristigen Verbindlichkeiten hervorzuheben.

Sie werden sich jetzt noch an die Generalnorm erinnern, die über dem Jahresabschluß steht und die fordert, daß der Bilanzleser ein möglichst getreues Bild der Vermögenslage, der Finanzlage und der Ertragslage des Unternehmens erhalten soll. Mit der Angabe der Restlaufzeiten für Forderungen und Verbindlichkeiten wird es möglich, die Finanzlage transparent zu machen

§ 225 Abs. 5 HGB regelt den Ausweis eigener Aktien. Eigene Aktien können nur unter bestimmten Auflagen erworben werden, um eine „Verwässerung" des Eigenkapitals zu vermeiden (Gläubigerschutz).

§ 65 AktG – Voraussetzungen für den Erwerb eigener Aktien (auszugsweise):

1. wenn es zur Abwendung eines schweren, unmittelbar bevorstehenden Schadens notwendig ist;
2. wenn der Erwerb unentgeltlich oder in Ausführung einer Einkaufskommission durch ein Kreditinstitut erfolgt;
3. durch Gesamtrechtsnachfolge;
4. wenn die Aktien Arbeitnehmern der Gesellschaft oder eines mit ihr verbundenen Unternehmens, die nicht leitende Angestellte, Mitglieder des Vorstands oder des Aufsichtsrats sind, zum Erwerb angeboten und die Aktien innerhalb eines Jahres nach ihrem Erwerb ausgegeben werden sollen;
5. auf Grund einer Genehmigung der Hauptversammlung, wenn die Aktien Arbeitnehmern der Gesellschaft oder eines mit ihr verbundenen Unternehmens mit einer längeren als der in Z 4 vorgesehenen Ausgabefrist oder wenn sie leitenden Angestellten, Mitgliedern des Vorstands oder des Aufsichtsrats der Gesellschaft oder eines mit ihr verbundenen Unternehmens zum Erwerb angeboten werden sollen; der Beschluß über die Genehmigung hat die Höchstzahl der zu erwerbenden Aktien, die Geltungsdauer der Genehmigung, die 18 Monate nicht überschreiten darf, den niedrigsten und den höchsten Gegenwert und den Plan für die Ausgabe der Aktien einschließlich der Zeit, innerhalb der sie auszugeben sind, festzulegen; bei Ausgabe von Aktien an Arbeitnehmer mit einer längeren als der in Z 4 vorgesehenen Ausgabefrist bedarf der Beschluß des vorangehenden Abschlusses einer Vereinbarung mit den Arbeitnehmern oder dem Betriebsrat;
6. zur Entschädigung von Minderheitsaktionären, soweit dies gesetzlich vorgesehen ist;
7. auf Grund eines Beschlusses der Hauptversammlung zur Einziehung nach den Vorschriften über die Herabsetzung des Grundkapitals;
8. wenn sie ein Kreditinstitut ist, auf Grund einer Genehmigung der Hauptversammlung zum Zweck des Wertpapierhandels; der Beschluß über die Genehmigung muß bestimmen, daß der Handelsbestand der zu diesem Zweck zu erwerbenden Aktien fünf von Hundert des Grundkapitals am Ende jeden Tages nicht übersteigen darf und muß den niedrigsten und den höchsten Gegenwert festlegen; die Ermächtigung darf höchstens 18 Monate gelten;
9. auf Grund einer höchstens 18 Monate geltenden Ermächtigung der Hauptversammlung, wenn die Aktien der Gesellschaft an einer Wertpapierbörse im Inland, in einem Vertragsstaat oder sonstigen Vollmitgliedstaat der OECD amtlich notieren oder an einem anderen

anerkannten, geregelten, für das Publikum offenen und ordnungsgemäß funktionierenden Wertpapiermarkt in einem dieser Staaten gehandelt werden.

(1a) Der zu veröffentlichende Beschluß der Hauptversammlung nach Abs. 1 Z 9 hat den Anteil der zu erwerbenden Aktien am Grundkapital, der zehn von Hundert nicht übersteigen darf, die Geltungsdauer der Ermächtigung sowie den niedrigsten und den höchsten Gegenwert festzulegen, weiters die Pflicht zur Veröffentlichung des jeweiligen Rückkaufprogramms und insbesondere dessen Dauer. Auf Erwerb und Veräußerung ist § 47a anzuwenden, wobei Erwerb und Veräußerung über die Börse oder durch ein öffentliches Angebot diesem Erfordernis genügen. Die Hauptversammlung kann eine andere Art der Veräußerung beschließen;

§ 153 Abs. 3 und 4 AktG ist in diesem Fall sinngemäß anzuwenden. Die Hauptversammlung kann den Vorstand auch ermächtigen, die eigenen Aktien ohne weiteren Hauptversammlungsbeschluß einzuziehen. Der Handel in eigenen Aktien ist als Zweck des Erwerbs eigener Aktien ausgeschlossen.

Für **börsennotierte Aktiengesellschaften** besteht die Möglichkeit, Aktien bis zur Höhe von 10% ihres Grundkapitals zurückzukaufen, wobei bereits vorhandene eigene Aktien in die Berechnung einbezogen werden und das Mindestgrundkapital von S 1 Mio. (€ 70.000,–) nicht unterschritten werden darf. Die amtliche Notierung der Aktie muß an einer in- oder ausländischen Wertpapierbörse gegeben sein.

Der **Rückkauf eigener Aktien** ist nicht mehr wie bisher auf wenige Möglichkeiten eingeschränkt, sondern es bestehen nun weitgehende Freiheiten. Erlaubte Tatbestände sind etwa Käufe zum Abbau eines vorhandenen Liquiditätsüberschusses oder zur Steuerung der Unternehmensfinanzierung.

Der Vorstand benötigt für den Rückkauf den Beschluß der Hauptversammlung. Dieser Beschluß ist im Amtsblatt der Wiener Zeitung zu veröffentlichen. Dabei ist auf die Höchstzahl der zu erwerbenden Aktien und auf den Kaufpreis hinzuweisen. Der Aktienrückkauf ist nur in dem Ausmaß zulässig, in dem die Gesellschaft eine Rücklage für eigene Anteile bilden kann.

§ 226 über die Entwicklung des Anlagevermögens und über die Pauschalwertberichtigung

(1) In der Bilanz oder im Anhang ist die Entwicklung der einzelnen Posten des Anlagevermögens und des Postens Aufwendungen für das Ingangsetzen und Erweitern eines Betriebes (§ 210) darzustellen. Dabei sind, ausgehend von den gesamten Anschaffungs- und Herstellungskosten, die Zugänge, Abgänge, Umbuchungen und Zuschreibungen des Geschäftsjahrs sowie die Abschreibungen in ihrer gesamten Höhe gesondert aufzuführen. Die Abschreibungen des Geschäftsjahrs sind entweder in der Bilanz bei dem betreffenden Posten zu vermerken oder im Anhang in einer der Gliederung des Anlagevermögens entsprechenden Aufgliederung anzugeben.

(2) Werden Aufwendungen für das Ingangsetzen und Erweitern eines Betriebes in der Bilanz ausgewiesen, so sind diese im Anhang zu erläutern. Gewinne dürfen im Fall der Aktivierung von Aufwendungen für das Ingangsetzen und Erweitern eines Betriebes oder eines Abgrenzungspostens gemäß § 198 Abs. 10 nur ausgeschüttet werden, soweit die danach verbleibenden jederzeit auflösbaren Rücklagen zuzüglich eines Gewinnvortrags und abzüglich eines Verlustvortrags dem ausgewiesenen Betrag mindestens entsprechen.

(3) Werden Vermögensgegenstände des Anlagevermögens im Hinblick auf ihre Geringwertigkeit im Jahre ihrer Anschaffung oder Herstellung vollständig abgeschrieben und ist gemäß § 205 Abs. 1 diesbezüglich kein Ausweis einer unversteuerten Rücklage notwendig, dann dürfen diese Vermögensgegenstände als Abgang behandelt werden.

(4) Ein Geschäfts(Firmen)wert ist in die Darstellung der Entwicklung des Anlagevermögens aufzunehmen. Ein voll abgeschriebener Geschäfts(Firmen)wert ist als Abgang zu behandeln.

(5) Der Betrag einer Pauschalwertberichtigung zu Forderungen ist für den entsprechenden Posten der Bilanz im Anhang anzugeben. Einzelwertberichtigungen zum Umlaufvermögen sind vom entsprechenden Aktivposten abzusetzen.

In dieser Bestimmung finden wir die Mindestgliederung des **Anlagenspiegels** wie folgt:

- gesamte Anschaffungs- oder Herstellungskosten zu Beginn des Geschäftsjahres
- Zugänge des Geschäftsjahres zu Anschaffungs- oder Herstellungskosten
- Abgänge des Geschäftsjahres zu Anschaffungs- oder Herstellungskosten
- Umbuchungen des Geschäftsjahres
- Zuschreibungen des Geschäftsjahres
- gesamte Abschreibungen bis zum Ende des Geschäftsjahres
- Buchwert zum Ende des Geschäftsjahres
- Buchwert zum Ende des vorangegangenen Geschäftsjahres
- Abschreibung des Geschäftsjahres

Die geringwertigen Wirtschaftsgüter werden als Zugang, Abgang und Abschreibung dargestellt. Die Besonderheit besteht jetzt darin, daß die geringwertigen Wirtschaftsgüter im Anlagenspiegel nicht bei den kumulierten Abschreibungen ausgewiesen werden, jedoch in der Gewinn- und Verlustrechnung im Posten Jahresabschreibung enthalten sind.

Ein mengenmäßiger Abgang beim Anlagevermögen ist selbstverständlich unter den Abgängen auszuweisen. Aber auch nachträgliche Anschaffungs- oder Herstellungskostenminderungen sind als Abgang auszuweisen.

Die kumulierten Abschreibungen, die im Anlagenspiegel ausgewiesen werden, betreffen nur die ordentlichen und außerordentlichen Abschreibungen. Steuerliche Sonderabschreibungen werden als Bewertungsreserve ausgewiesen. Die kumulierten Abschreibungen werden erst beim Abgang eines Vermögensgegenstandes ausgeschieden. Daraus ergibt sich, daß voll abgeschriebene Wirtschaftsgüter auf der einen Seite mit den vollen Anschaffungs- oder Herstellungskosten und auf der anderen Seite mit den vollen kumulierten Abschreibungen im Anlagenspiegel enthalten sind.

Der § 226 sagt, daß **Wertberichtigungen** nicht mehr auf der Passivseite ausgewiesen werden. Die Wertberichtigungen sind grundsätzlich von den entsprechenden Posten auf der Aktivseite abzuziehen.

§ 227 über Ausleihungen

Forderungen mit einer Laufzeit von mindestens fünf Jahren sind jedenfalls als Ausleihungen auszuweisen. Ausleihungen mit einer Restlaufzeit bis zu einem Jahr sind im Anhang anzugeben.

Wir haben die Ausleihungen bereits beim Finanzanlagevermögen kennengelernt. Bei den Ausleihungen werden alle jene Kapitalforderungen ausgewiesen, soweit sie nicht bei den Wertpapieren erfaßt sind. Langfristige Forderungen aus Lieferungen und Leistungen werden aber nicht zu den Ausleihungen gerechnet. Als Paradebeispiel für Ausleihungen gelten langfristig gegebene Darlehen und eine Beteiligung als stiller Gesellschafter.

§ 228 über Beteiligungen und verbundene Unternehmen

(1) Beteiligungen sind Anteile an anderen Unternehmen, die bestimmt sind, dem eigenen Geschäftsbetrieb durch eine dauernde Verbindung zu diesen Unternehmen zu dienen. Dabei ist es unerheblich, ob die Anteile in Wertpapieren verbrieft sind oder nicht. Als Beteiligungen gelten im Zweifel Anteile an einer Kapitalgesellschaft oder an einer Genossenschaft, deren Nennbeträge insgesamt den fünften Teil des Nennkapitals dieser Gesellschaft erreichen.

(2) Die Beteiligung als persönlich haftender Gesellschafter an einer Personengesellschaft des Handelsrechts gilt als Beteiligung; für andere Beteiligungen an Personengesellschaften des Handelsrechts gilt Abs. 1 sinngemäß.

(3) Verbundene Unternehmen im Sinne dieser Vorschriften sind solche Unternehmen, die nach den Vorschriften über die vollständige Zusammenfassung der Jahresabschlüsse verbundener Unternehmen (Vollkonsolidierung) in den Konzernabschluß eines Mutterunternehmens gemäß § 244 einzubeziehen sind, das als oberstes Mutterunternehmen den am weitestgehenden Konzernabschluß gemäß §§ 244 bis 267 aufzustellen hat, auch wenn die Aufstellung unterbleibt. Dies gilt sinngemäß, wenn das oberste Mutterunternehmen seinen Sitz im Ausland hat. Tochterunternehmen, die gemäß §§ 248 oder 249 nicht einbezogen werden, sind ebenfalls verbundene Unternehmen.

§ 229 über das Eigenkapital

(1) Das Nennkapital ist auf der Passivseite mit dem Nennbetrag der übernommenen Einlagen anzusetzen. Die nicht eingeforderten ausstehenden Einlagen sind von diesem Posten offen abzusetzen. Der eingeforderte, aber noch nicht eingezahlte Betrag ist unter den Forderungen gesondert auszuweisen und entsprechend zu bezeichnen.

(2) Als Kapitalrücklagen sind auszuweisen:

1. der Betrag, der bei der ersten oder einer späteren Ausgabe von Anteilen für einen höheren Betrag als den Nennbetrag über diesen hinaus erzielt wird;
2. der Betrag, der bei der Ausgabe von Schuldverschreibungen für Wandlungsrechte und Optionsrechte zum Erwerb von Anteilen erzielt wird;
3. der Betrag von Zuzahlungen, die Gesellschafter gegen Gewährung eines Vorzugs für ihre Anteile leisten;
4. die Beträge, die bei der Kapitalherabsetzung gemäß den §§ 185, 192 Abs. 5 AktG 1965 zu binden sind;
5. der Betrag von sonstigen Zuzahlungen, die durch gesellschaftsrechtliche Verbindungen veranlaßt sind.

(3) Als Gewinnrücklagen dürfen nur Beträge ausgewiesen werden, die im Geschäftsjahr oder in einem früheren Geschäftsjahr aus dem Jahresüberschuß nach Berücksichtigung der Veränderung unversteuerter Rücklagen gebildet worden sind.

§ 230 über den Ausweis unversteuerter Rücklagen

(1) Die Bewertungsreserve auf Grund steuerlicher Sonderabschreibungen ist entsprechend den Posten des Anlagevermögens aufzugliedern.

(2) In der Bilanz oder im Anhang sind die Zuweisung und die Auflösung entsprechend den Posten des Anlagevermögens gesondert anzuführen.

§ 231 über die Gliederung der Gewinn- und Verlustrechnung

(1) Die Gewinn- und Verlustrechnung ist in Staffelform nach dem Gesamtkostenverfahren oder dem Umsatzkostenverfahren aufzustellen. In ihr sind unbeschadet einer weiteren Gliederung die nachstehend bezeichneten Posten in der angegebenen Reihenfolge gesondert auszuweisen, sofern nicht eine abweichende Gliederung vorgeschrieben ist.

(2) Bei Anwendung des Gesamtkostenverfahrens sind auszuweisen:

1. Umsatzerlöse;
2. Veränderung des Bestands an fertigen und unfertigen Erzeugnissen sowie an noch nicht abrechenbaren Leistungen;
3. andere aktivierte Eigenleistungen;
4. sonstige betriebliche Erträge:
   a) Erträge aus dem Abgang vom und der Zuschreibung zum Anlagevermögen mit Ausnahme der Finanzanlagen
   b) Erträge aus der Auflösung von Rückstellungen,
   c) übrige;

5. Aufwendungen für Material und sonstige bezogene Herstellungsleistungen
   a) Materialaufwand,
   b) Aufwendungen für bezogene Leistungen;
6. Personalaufwand:
   a) Löhne,
   b) Gehälter,
   c) Aufwendungen für Abfertigungen,
   d) Aufwendungen für Altersversorgung,
   e) Aufwendungen für gesetzlich vorgeschriebene Sozialabgaben sowie vom Entgelt abhängige Abgaben und Pflichtbeiträge,
   f) sonstige Sozialaufwendungen;
7. Abschreibungen:
   a) auf immaterielle Gegenstände des Anlagevermögens und Sachanlagen sowie auf aktivierte Aufwendungen für das Ingangsetzen und Erweitern eines Betriebes,
   b) auf Gegenstände des Umlaufvermögens, soweit diese die im Unternehmen üblichen Abschreibungen überschreiten;
8. sonstige betriebliche Aufwendungen:
   a) Steuern, soweit sie nicht unter Z 21 fallen,
   b) übrige;
9. Zwischensumme aus Z 1 bis 8;
10. Erträge aus Beteiligungen,
    davon aus verbundenen Unternehmen;
11. Erträge aus anderen Wertpapieren und Ausleihungen des Finanzanlagevermögens,
    davon aus verbundenen Unternehmen;
12. sonstige Zinsen und ähnliche Erträge,
    davon aus verbundenen Unternehmen;
13. Erträge aus dem Abgang von und der Zuschreibung zu Finanzanlagen und Wertpapieren
    des Umlaufvermögens;
14. Aufwendungen aus Finanzanlagen und aus Wertpapieren des Umlaufvermögens,
    davon sind gesondert auszuweisen:
    a) Abschreibungen
    b) Aufwendungen aus verbundenen Unternehmen;
15. Zinsen und ähnliche Aufwendungen, davon betreffend verbundene Unternehmen;
16. Zwischensumme aus Z 10 bis 15;
17. Ergebnis der gewöhnlichen Geschäftstätigkeit;
18. außerordentliche Erträge;
19. außerordentliche Aufwendungen;
20. außerordentliches Ergebnis;
21. Steuern vom Einkommen und vom Ertrag;
22. Jahresüberschuß/Jahresfehlbetrag;
23. Auflösung unversteuerter Rücklagen;
24. Auflösung von Kapitalrücklagen;
25. Auflösung von Gewinnrücklagen;
26. Zuweisung zu unversteuerten Rücklagen;
27. Zuweisung zu Gewinnrücklagen. Die Auflösungen und Zuweisungen gemäß Z 23 bis 27 sind entsprechend den in der Bilanz ausgewiesenen Unterposten aufzugliedern;
28. Gewinnvortrag/Verlustvortrag aus dem Vorjahr;
29. Bilanzgewinn/Bilanzverlust.

(3) Bei Anwendung des Umsatzkostenverfahrens sind auszuweisen:

1. Umsatzerlöse;
2. Herstellungskosten der zur Erzielung der Umsatzerlöse erbrachten Leistungen;
3. Bruttoergebnis vom Umsatz;
4. sonstige betriebliche Erträge:
   a) Erträge aus dem Abgang vom und der Zuschreibung zum Anlagevermögen mit Ausnahme der Finanzanlagen,
   b) Erträge aus der Auflösung von Rückstellungen,
   c) übrige;
5. Vertriebskosten;
6. Verwaltungskosten;
7. sonstige betriebliche Aufwendungen;
8. Zwischensumme aus Z 1 bis 7;
9. Erträge aus Beteiligungen,
   davon aus verbundenen Unternehmen;
10. Erträge aus anderen Wertpapieren und Ausleihungen des Finanzanlagevermögens,
    davon aus verbundenen Unternehmen;
11. sonstige Zinsen und ähnliche Erträge,
    davon aus verbundenen Unternehmen;
12. Erträge aus dem Abgang von und der Zuschreibung zu Finanzanlagen und Wertpapieren
    des Umlaufvermögens;
13. Aufwendungen aus Finanzanlagen und aus Wertpapieren des Umlaufvermögens,
    davon sind gesondert auszuweisen:
    a) Abschreibungen
    b) Aufwendungen aus verbundene Unternehmen;
14. Zinsen und ähnliche Aufwendungen, davon betreffend verbundene Unternehmen;
15. Zwischensumme aus Z 9 bis 14;
16. Ergebnis der gewöhnlichen Geschäftstätigkeit;
17. außerordentliche Erträge;
18. außerordentliche Aufwendungen;
19. außerordentliches Ergebnis;
20. Steuern vom Einkommen und vom Ertrag;
21. Jahresüberschuß/Jahresfehlbetrag;
22. Auflösung unversteuerter Rücklagen;
23. Auflösung von Kapitalrücklagen;
24. Auflösung von Gewinnrücklagen;
25. Zuweisung zu unversteuerten Rücklagen;
26. Zuweisung zu Gewinnrücklagen. Die Auflösungen und Zuweisungen gemäß Z 22 bis 26 sind entsprechend den in der Bilanz ausgewiesenen Unterposten aufzugliedern;
27. Gewinnvortrag/Verlustvortrag aus dem Vorjahr;
28. Bilanzgewinn/Bilanzverlust.

Die Gewinn- und Verlustrechnung in Staffelform zeigt uns den **Betriebserfolg** und den **Finanzerfolg.** Zum zweiten wird durch diese Darstellung die Gewinnverwendung von der Gewinnermittlung getrennt. Schließlich kommen wir über die Rücklagenbewegung zum Bilanzgewinn.

Beim Gliederungsschema wird unterschieden zwischen dem **Gesamtkostenverfahren** und dem **Umsatzkostenverfahren.**

Beim Gesamtkostenverfahren werden sämtliche angefallene Aufwendungen nach Aufwandsarten gegliedert dargestellt. Diese Gliederung ist produktionsbezogen.

Beim Umsatzkostenverfahren werden nur jene Aufwendungen ausgewiesen, die für die umgesetzten Leistungen angefallen sind. Beim Ausweis dominiert hier die Kostenrechnung, denn es wird gegliedert in Herstellung, Verwaltung und Vertrieb.

In den österreichischen Gewinn- und Verlustrechnungen dominiert das Gesamtkostenverfahren, während in den ausländischen eher das Umsatzkostenverfahren zu finden ist.

Um einen groben Überblick zu erhalten, werden wir kurz einige Posten der Gewinn- und Verlustrechnung besprechen.

Der Posten **Bestandsveränderung** ist bei einem Lageraufbau positiv, bei einem Lagerabbau negativ. Die Bestandsveränderung umfaßt die halbfertigen und die fertigen Erzeugnisse, sowie die noch nicht abrechenbaren Leistungen. Die Bestandsveränderung ist jeweils der Differenzbetrag dieser Bilanzposten, der sich aus dem Vergleich mit dem Vorjahr ergibt.

Auch die Abwertung von fertigen und unfertigen Erzeugnissen wird als Bestandsveränderung ausgewiesen.

Die **sonstigen betrieblichen Erträge** sind aufzuteilen:

- in die Erträge aus dem Abgang von Anlagen (ausgenommen Finanzanlagen),
- in die Erträge aus der Auflösung von Rückstellungen
- und in die übrigen sonstigen betrieblichen Erträge.

Die Erlöse aus einem Anlagenverkauf sind dabei um die Buchwerte zu kürzen. Wenn die Buchwerte der ausgeschiedenen Anlagegüter höher sind als die dazugehörenden Erlöse, dann erfolgt der Ausweis des Verlustes bei den sonstigen betrieblichen Aufwendungen.

Bei den Erträgen aus der **Auflösung von Rückstellungen** ist darauf hinzuweisen, daß die Erträge aus der Auflösung von Steuerrückstellungen beim Posten einundzwanzig, bei den Steuern vom Einkommen und vom Ertrag, saldiert werden. Ebenso werden Erträge aus der Auflösung von Abfertigungs-, Pensionsrückstellungen, Jubiläumsgeldrückstellung und Rückstellung für noch nicht konsumierte Urlaube, mit dem entsprechenden Personalaufwand saldiert.

Unter den **sonstigen betrieblichen Erträgen** werden ausgewiesen:

- Erträge anläßlich der Ausbuchung verjährter Verbindlichkeiten,
- Erträge aufgrund von Schuldennachlässen,
- Erträge aus Schadenersatzleistungen (wenn sich die Schadenersatzleistungen auf ein Wirtschaftsgut des Anlagevermögens bezieht, das gleichzeitig aus dem Anlagevermögen ausscheidet, dann erfolgt der Ausweis bei den Erträgen aus dem Abgang von Anlagen),
- Erträge aus dem Eingang bereits abgeschriebener Forderungen,
- Konzernumlagen für Verwaltungstätigkeit,
- Fremdwährungskursgewinne,
- Kantinenerlöse (Küchenerlöse) und Erlöse aus Sozialeinrichtungen,
- Miet- und Pachteinnahmen (wenn nicht Umsatzerlös),
- Patent- und Lizenzeinnahmen (wenn nicht Umsatzerlös).

Der **Materialaufwand** und die Aufwendungen für bezogene Leistungen sind im Posten fünf auszuweisen. Hier wird auch der Verbrauch von Roh-, Hilfs- und Betriebsstoffen und von Waren erfaßt. Auch Abwertungen von Roh-, Hilfs- und Betriebsstoffen und Waren werden hier ausgewiesen. Als Aufwendungen für bezogene Leistungen gelten auch die Fremdbearbeitung von Roh-, Hilfs- und Betriebsstoffen und Waren.

Beim **Personalaufwand** ist zwischen Löhnen und Gehältern zu unterscheiden. Das Unterscheidungskriterium ist die dienstrechtliche Wertung. Weil wir eben von der dienstrechtlichen Wertung gesprochen haben, ist zu ergänzen, daß der Aufwand für geleaste Arbeitskräfte ebenfalls im Personalaufwand auszuweisen ist.

Bei den Aufwendungen für Abfertigungen und Pensionen sind sowohl die Zuweisung an die Abfertigungs- und Pensionsrückstellung, als auch die Zahlung von Abfertigungen und Pensionen auszuweisen.

Bei den **Abschreibungen** sind die Abschreibungen auf immaterielle Vermögensgegenstände und auf Sachanlagen auszuweisen. Die Abschreibung auf Finanzanlagen sind gesondert unter der Ziffer vierzehn auszuweisen.

Abschreibungen von Gegenständen des Umlaufvermögens sind in diesem Posten auszuweisen, soweit sie die üblichen Abschreibungen überschreiten. Wenn übliche Abschreibungen beim Umlaufvermögen vorgenommen werden, dann erfolgt der Ausweis entweder unter Materialaufwand oder Bestandsveränderung oder bei den sonstigen betrieblichen Aufwendungen. Üblich sind Abschreibungen bei Vorräten aufgrund des strengen Niederstwertprinzips, die Ausbuchung uneinbringlicher Forderungen. Unüblich und damit unter der Abschreibung auszuweisen sind:

Abwertungen aufgrund eines außerordentlichen Preisverfalls, die Abwertung uneinbringlicher Forderungen. Die Frage nach der Unüblichkeit stellt sich immer dann, wenn besonders hohe Abwertungen vorgenommen werden. Unüblich ist eine Abwertung dann, wenn die Höhe der Abwertung den bisher üblichen Wert bei weitem überschreitet.

Auch die Abschreibung von Wirtschaftsgütern, denen eine Auflösung der Bewertungsreserve gegenübersteht, sind hier auszuweisen. Die steuerlichen Sonderabschreibungen sind gesondert im Posten sechsundzwanzig, bei den Zuweisungen zu unversteuerten Rücklagen, auszuweisen.

Die **sonstigen betrieblichen Aufwendungen** werden unterteilt in

- Steuern
- und in die übrigen sonstigen betrieblichen Aufwendungen.

Der Posten Steuern umfaßt nicht Ertragsteuern, sondern die Grundsteuer und die Verbrauchsteuern (Biersteuer, Tabaksteuer).

Bei den sonstigen betrieblichen Aufwendungen finden wir: die Abschreibung von Forderungen, Mieten, Lizenzgebühren, Beratungshonorare, Transportkosten, Versicherungsaufwand, Werbeaufwand usw.

Die **Erträge aus Beteiligungen** sind im Posten zehn auszuweisen und zwar Gewinnanteile, wie Dividenden, Ergebnisübernahmen von Organgesellschaften, Gewinngutschriften bei Personengesellschaften und die Gewinnanteile aufgrund von stillen Beteiligungen (echte und unechte stille Beteiligungen).

Gewinnausschüttung an die Muttergesellschaft

Bei identischen Bilanzstichtagen von Tochter- und Muttergesellschaften ist der ausgeschüttete Jahresgewinn der Tochtergesellschaft bereits in der für dasselbe Jahr aufgestellten Bilanz der Muttergesellschaft als Beteiligungsertrag auszuweisen, wenn der Muttergesellschaft eine beherrschende Stellung zukommt und ihre Bilanz nach der Tochtergesellschaft erstellt wird (BMF 31. 8. 1992).

Im Posten dreizehn werden die **Aufwendungen aus Beteiligungen** ausgewiesen. Verlustübernahmen aufgrund eines Ergebnisabführungsvertrages die Abschreibung von Beteiligungen sind unter diesem Posten auszuweisen.

Der Posten **Zinsen** und ähnliche Aufwendungen umfaßt das Disagio, Kreditprovisionen und Kreditspesen.

Im Posten **Auflösung unversteuerter Rücklagen** sind die Auflösung des Investitionsfreibetrages (§ 10 EStG) und die Auflösung der Übertragungsrücklage (§ 12 EStG) zu finden.

Sie werden in der Gliederung der Gewinn- und Verlustrechnung vergeblich den Posten für die **Zuweisung zu Kapitalrücklagen** suchen. Dieser Posten ist deswegen nicht vorhanden, weil die Sollbuchung nicht aufwandsmäßig erfolgt, sondern auf einem Bestandskonto.

In der Gewinn- und Verlustrechnung ist der Vortrag gesondert auszuweisen.

Der **Gewinnvortrag** ergibt sich aus dem Unterschiedsbetrag zwischen Bilanzgewinn des Vorjahres abzüglich der Ausschüttung.

§ 232 über die Vorschriften zu einzelnen Posten der Gewinn- und Verlustrechnung

(1) Als Umsatzerlöse sind die für die gewöhnliche Geschäftstätigkeit des Unternehmens typischen Erlöse aus dem Verkauf und der Nutzungsüberlassung von Erzeugnissen und Waren sowie aus Dienstleistungen nach Abzug von Erlösschmälerungen und Umsatzsteuer auszuweisen.

(2) Als Bestandsveränderungen sind außer Änderungen der Menge auch solche des Wertes zu berücksichtigen; letztere jedoch nur, soweit sie nicht unter § 233 fallen.

(3) Ist die Gesellschaft vertraglich verpflichtet, ihren Gewinn oder Verlust ganz oder teilweise an andere Personen zu überrechnen, so ist der überrechnete Betrag unter entsprechender Bezeichnung vor dem Posten gemäß § 231 Abs. 2 Z 28 oder § 231 Abs. 3 Z 27 gesondert auszuweisen.

(4) In der Gewinn- und Verlustrechnung oder im Anhang sind die gemäß § 205 Abs. 1 notwendigen Zuführungen zu unversteuerten Rücklagen sowie die Erträge aus deren Auflösung unter Hinweis auf die maßgebliche steuerliche Rechtsgrundlage gesondert anzuführen. Umgliederungen innerhalb der unversteuerten Rücklagen dürfen verrechnet werden.

(5) Außerplanmäßige Abschreibungen gemäß § 204 Abs. 2 sind gesondert auszuweisen.

Wir haben eben die Grundstruktur der Gewinn- und Verlustrechnung kennengelernt und erfahren jetzt einige Details zur Gliederung der Gewinn- und Verlustrechnung.

Das erste Detail beschäftigt sich mit den Umsatzerlösen: Die *Umsatzerlöse* sollen die Leistungsfähigkeit des Unternehmens im ureigensten Geschäft zeigen. Daher werden im Umsatzerlös nicht die Umsätze aus einer Betriebskantine oder aus einer Werksküche oder aus einem betrieblichen Erholungsheim gezeigt. Der Ausweis erfolgt bei den sonstigen übrigen Erträgen.

Die eben angesprochene Leistungsfähigkeit des Unternehmens wird aber durch Erlösschmälerungen reduziert. Die Erlösschmälerungen sind daher von den Erlösen abzuziehen. Wenn wir Erlösschmälerungen sagen, dann meinen wir Rabatte, Skonti und Boni.

Der Lagerabbau oder der Lageraufbau bringt uns zur **Bestandsveränderung.** Bei der Bestandsveränderung werden aber nicht nur die Mengenänderungen, sondern auch die Wertänderungen ausgewiesen. Daraus ergibt sich, daß Abwertungen bei Halb- und Fertigfabrikaten in diesem Posten ausgewiesen werden.

Wir kommen jetzt zu einem ganz anderen Thema, nämlich zur **Organschaft.** Neben der finanziellen, wirtschaftlichen und organisatorischen Abhängigkeit ist für die Körperschaftsteuer als viertes Merkmal, der Ergebnisabführungsvertrag erforderlich. Besteht nun aufgrund eines Ergebnisabführungsvertrages die Verpflichtung, Gewinne oder Verluste zu überrechnen, dann ist in der Gewinn- und Verlustrechnung dieser Betrag, nach den Zuweisungen zu Rücklagen, gesondert als Aufwand oder Ertrag darzustellen.

§ 233 über außerordentliche Aufwendungen und Erträge

Unter den Posten „außerordentliche Erträge" (§ 231 Abs. 2 Z 18 und Abs. 3 Z 17) und „außerordentliche Aufwendungen" (§ 231 Abs. 2 Z 19 und Abs. 3 Z 18) sind Erträge und Aufwendungen auszuweisen, die außerhalb der gewöhnlichen Geschäftstätigkeit des Unternehmens anfallen. Sind diese Beträge für die Beurteilung der Ertragslage nicht von untergeordneter Bedeutung, so sind sie hinsichtlich ihres Betrages und ihrer Art im Anhang zu erläutern. Dies gilt auch für Erträge und Aufwendungen, die einem anderen Geschäftsjahr zuzurechnen sind.

Vorweg sei gleich festgehalten, daß periodenfremde Aufwendungen und Erträge nicht außerordentlich sind. **Außerordentlich** ist nämlich jener Ertrag und jener Aufwand, der außerhalb der gewöhnlichen Geschäftstätigkeit anfällt. Es gibt dann im Unternehmen nur ganz wenige Aufwendungen und Erträge, von denen man sagen kann, daß sie außerhalb der gewöhnlichen Geschäftstätigkeit angefallen sind. Als solche Fälle können angeführt werden: die Veräußerung von Betrieben oder Teilbetrieben, die Betriebsstillegung, das Sale und lease back Geschäft, Verschmelzungsgewinne oder Verschmelzungsverluste, der Schuldennachlaß im Rahmen einer Unternehmenssanierung, Sanierungszuschüsse an Tochtergesellschaften, die Vernichtung von Vorräten durch Naturkatastrophen, die Kosten einer einmaligen Produktumstellung.

§ 234 über Steuern vom Einkommen und Ertrag

Im Posten „Steuern vom Einkommen und vom Ertrag" sind die Beträge auszuweisen, die das Unternehmen als Steuerschuldner vom Einkommen und Ertrag zu entrichten hat. Dabei sind Erträge aus Steuergutschriften sowie aus der Auflösung von nicht bestimmungsgemäß verwendeten Rückstellungen gesondert auszuweisen, soweit sie für die Beurteilung der Ertragslage nicht von untergeordneter Bedeutung sind.

Im Posten 21 ist die Körperschaftsteuer auszuweisen. Auch ausländische Steuern, die vom Unternehmen gezahlt werden und Ertragsteuern darstellen, sind hier auszuweisen. Steuern, die aufgrund von Organschaftsverhältnissen anfallen, sind ebenfalls hier auszuweisen. Die Auflösung von Steuerrückstellungen reduziert dann den hier ausgewiesenen Steueraufwand.

§ 235 über die Beschränkung der Ausschüttung

Der ausschüttbare Gewinn eines Geschäftsjahres darf nicht vermehrt werden:

1. um einen Zuschreibungsbetrag auf Grund einer im Geschäftsjahr vorgenommenen Zuschreibung gemäß § 208 Abs. 1 in Verbindung mit § 204 Abs. 2,
2. um Erträge auf Grund einer im Geschäftsjahr vorgenommenen Auflösung der Bewertungsreserve aus anderen als den im § 205 Abs. 2 genannten Gründen,
3. um Erträge auf Grund der Auflösung von Kapitalrücklagen, die durch Umgründungen unter Ansatz des beizulegenden Wertes gemäß § 202 Abs. 2 Z 1 in Höhe des Unterschiedsbetrages zwischen dem Buchwert und dem höheren beizulegenden Wert entstanden sind."

Die wesentliche Botschaft ist, daß Erträge, die aus einer **Zuschreibung** stammen, nicht ausgeschüttet werden dürfen. Zur Erinnerung: Eine Zuschreibung gibt es dann, wenn Gründe für eine außerplanmäßige Abschreibung nicht mehr bestehen. Die Zuschreibung selbst stellt einen Ertrag dar, der um jene Steuer reduziert wird, die aus dieser Zuschreibung resultiert. Der Differenzbetrag von Ertrag und Steueraufwand darf also nicht ausgeschüttet werden. Unter diese **Ausschüttungssperre** fällt auch die Auflösung der Bewertungsreserve, es sei denn, die Bewertungsreserve wird aufgelöst, weil der Vermögensgegenstand, für den sie gebildet wurde, aus dem Vermögen ausgeschieden ist.

Das Ausschüttungsverbot gilt im Jahr der Zuschreibung bzw. der Auflösung der Bewertungsreserve. Die Zuschreibung und die Auflösung der Bewertungsreserve sind ja Teil des Bilanzgewinnes, dürfen aber nicht zur Ausschüttung gelangen. Im darauffolgenden Jahr sind diese einbehaltenen Gewinne über den Gewinnvortrag wieder Teil des Bilanzgewinnes und unterliegen dann nicht mehr der Ausschüttungssperre.

Die Ausschüttungssperre gilt aber nicht bei Vorliegen eines Ergebnisabführungsvertrages, weil hier das Motiv (Gläubigerschutz) für die Ausschüttungssperre nicht vorhanden ist.

Schließlich dürfen Erträge aus der Auflösung von Kapitalrücklagen dann nicht ausgeschüttet werden, wenn die Kapitalrücklage anläßlich einer Umgründung entstanden ist.

§ 236 Erläuterung der Bilanz und der Gewinn- und Verlustrechnung

Im Anhang sind die Bilanz und die Gewinn- und Verlustrechnung sowie die darauf angewandten Bilanzierungs- und Bewertungsmethoden so zu erläutern, daß ein möglichst getreues Bild der Vermögens-, Finanz- und Ertragslage des Unternehmens vermittelt wird.

Insbesondere sind anzugeben:

1. Abweichungen von Bilanzierungs- und Bewertungsmethoden; diese sind zu begründen und ihr Einfluß auf die Vermögens-, Finanz- und Ertragslage ist gesondert darzustellen;
2. bei Inanspruchnahme von § 203 Abs. 4 der insgesamt nach dieser Bestimmung aktivierte Betrag;
3. die Gründe für die gewählte Abschreibungsdauer und Abschreibungsmethode gemäß § 203 Abs. 5 letzter Satz;
4. bei Inanspruchnahme von § 206 Abs. 3 der im Geschäftsjahr und der insgesamt über die Herstellungskosten hinaus angesetzte Betrag.

§ 237 Im Anhang sind ferner anzugeben:

1. zu den in der Bilanz ausgewiesenen Verbindlichkeiten
   a) der Gesamtbetrag der Verbindlichkeiten mit einer Restlaufzeit von mehr als fünf Jahren,
   b) der Gesamtbetrag der Verbindlichkeiten mit einer Restlaufzeit von mehr als einem Jahr,
   c) der Gesamtbetrag der Verbindlichkeiten, für die dingliche Sicherheiten bestellt sind, unter Angabe von Art und Form der Sicherheiten;

   die in lit. a bis c verlangten Angaben sind jeweils für jeden Posten der Verbindlichkeiten nach dem vorgeschriebenen Gliederungsschema zu machen, sofern sich diese Angaben nicht aus der Bilanz ergeben;

2. die Grundlagen für die Umrechnung in Euro, sofern der Jahresabschluß Posten enthält, denen Beträge zugrunde liegen, die auf fremde Währung lauten oder ursprünglich auf fremde Währung gelautet haben;
3. die gemäß § 199 ausgewiesenen Haftungsverhältnisse unter Angabe der Pfandrechte und sonstigen dinglichen Sicherheiten; diese Haftungsverhältnisse sind aufzugliedern und zu erläutern; Haftungen gegenüber verbundenen Unternehmen sind jeweils gesondert anzugeben;
4. bei Anwendung des Umsatzkostenverfahrens (§ 231 Abs. 3)
   a) der Materialaufwand und Aufwendungen für bezogene Leistungen des Geschäftsjahrs gemäß § 231 Abs. 2 Z 5,
   b) der Personalaufwand des Geschäftsjahres gegliedert gemäß § 231 Abs. 2 Z 6;
5. wesentliche Verluste aus dem Abgang von Vermögensgegenständen des Anlagevermögens;
6. zum in der Gewinn- und Verlustrechnung ausgewiesenen Posten „Steuern vom Einkommen und vom Ertrag"
   a) die Auswirkung der Veränderung der unversteuerten Rücklagen auf den Posten „Steuern vom Einkommen und vom Ertrag" des Geschäftsjahrs,
   b) in welchem Umfang die Steuern vom Einkommen und vom Ertrag das Ergebnis der gewöhnlichen Geschäftstätigkeit und das außerordentliche Ergebnis belasten,
   c) der gemäß § 198 Abs. 10 aktivierbare Betrag, wenn er in der Bilanz nicht gesondert ausgewiesen wird;
7. Rückstellungen, die in der Bilanz nicht gesondert ausgewiesen werden, wenn sie einen erheblichen Umfang haben; diese Rückstellungen sind zu erläutern;
8. der Gesamtbetrag der sonstigen finanziellen Verpflichtungen, die nicht in der Bilanz ausgewiesen und auch nicht gemäß § 199 anzugeben sind, sofern diese Angabe für die Beurteilung der Finanzlage von Bedeutung ist, davon sind gesondert auszuweisen
   a) Verpflichtungen gegenüber verbundenen Unternehmen,
   b) Verpflichtungen aus der Nutzung von in der Bilanz nicht ausgewiesenen Sachanlagen (§ 224 Abs. 2 A II), wobei der Betrag der Verpflichtungen des folgenden Geschäftsjahrs und der Gesamtbetrag der folgenden fünf Jahre anzugeben ist;
9. die Aufgliederung der Umsatzerlöse nach Tätigkeitsbereichen sowie nach geographisch bestimmten Märkten, soweit sich, unter Berücksichtigung der Organisation des Verkaufs von für die gewöhnliche Geschäftstätigkeit des Unternehmens typischen Erzeugnissen und der für die gewöhnliche Geschäftstätigkeit des Unternehmens typischen Dienstleistungen, die Tätigkeitsbereiche und geographisch bestimmten Märkte untereinander erheblich unterscheiden; die Umsatzerlöse brauchen jedoch nicht aufgegliedert zu werden, soweit die Aufgliederung nach vernünftiger kaufmännischer Beurteilung geeignet ist, dem Unternehmen oder einem Unternehmen, von dem das Unternehmen mindestens den fünften Teil der Anteile besitzt einen erheblichen Nachteil zuzufügen; die Anwendung dieser Ausnahme ist im Anhang anzugeben;
10. der in der Bilanz nicht gesondert ausgewiesene Betrag der Einlagen von stillen Gesellschaftern;
11. bei der Anwendung einer Bewertungsmethode gemäß § 209 Abs. 2 die Unterschiedsbeträge für die jeweilige Gruppe, wenn die Bewertung im Vergleich zu einer Bewertung auf der Grundlage des letzten vor dem Abschlußstichtag bekannten Börsenkurses oder Marktpreises einen erheblichen Unterschied aufweist;
12. Name und Sitz des Mutterunternehmens der Gesellschaft, das den Konzernabschluß für den größten Kreis von Unternehmen aufstellt, und ihres Mutterunternehmens, das den Konzernabschluß für den kleinsten Kreis von Unternehmen aufstellt, sowie im Fall der Offenlegung der von diesen Mutterunternehmen aufgestellten Konzernabschlüsse der Ort, wo diese erhältlich sind.

§ 238 Weitere Angaben im Anhang

Im Anhang sind auch anzugeben:

1. in der Bilanz ausgewiesene immaterielle Vermögensgegenstände, die von einem verbundenen Unternehmen oder von einem Gesellschafter, dessen Anteil den zehnten Teil des Nennkapitals erreicht, erworben wurden;
2. Namen und Sitz anderer Unternehmen, von denen das Unternehmen oder für dessen Rechnung eine andere Person mindestens den fünften Teil der Anteile besitzt; außerdem sind die Höhe des Anteils am Kapital, das Eigenkapital und das Ergebnis des letzten Geschäftsjahrs dieser Unternehmen anzugeben, für das ein Jahresabschluß vorliegt; § 244 Abs. 4 und 5 über die Berechnung der Anteile ist entsprechend anzuwenden, gleichgültig unter welchem Posten diese ausgewiesen sind; ferner Name, Sitz und Rechtsform der Unternehmen, deren unbeschränkt haftender Gesellschafter die Gesellschaft ist;
3. die Beziehungen zu verbundenen Unternehmen; hiebei ist auch über Verträge zu berichten, die die Gesellschaft verpflichten, ihren Gewinn oder Verlust ganz oder teilweise an andere Personen zu überrechnen oder einen solchen von anderen Personen zu übernehmen;
4. die im § 231 Abs. 2 Z 10 und Abs. 3 Z 9 enthaltenen Erträge sowie die im § 231 Abs. 2 Z 14 und Abs. 3 Z 13 enthaltenen Aufwendungen aus Gewinngemeinschaften.

§ 239 Pflichtangaben über Organe und Arbeitnehmer

(1) Der Anhang hat über Organe und Arbeitnehmer insbesondere anzuführen:

1. die durchschnittliche Zahl der Arbeitnehmer während des Geschäftsjahrs und die Aufgliederung der durchschnittlichen Zahl der Arbeitnehmer getrennt nach Arbeitern und Angestellten;

2. die Beträge der den Mitgliedern des Vorstands und des Aufsichtsrats unter Bezeichnung der der einzelnen Einrichtung gewährten Vorschüsse und Kredite unter Angabe der Zinsen, der wesentlichen Bedingungen und der gegebenenfalls im Geschäftsjahr zurückgezahlten Beträge sowie die zugunsten dieser Personen eingegangenen Haftungsverhältnisse;
3. die Aufwendungen für Abfertigungen und Pensionen, getrennt nach solchen für Vorstandsmitglieder und leitende Angestellte gemäß § 80 Abs. 1 AktG 1965 und für andere Arbeitnehmer;
4. die Bezüge der Mitglieder des Vorstands, des Aufsichtsrats oder ähnlicher Einrichtungen gesondert für jede Personengruppe, und zwar:
   a) die für die Tätigkeit im Geschäftsjahr gewährten Gesamtbezüge (Gehälter, Gewinnbeteiligungen, Aufwandsentschädigungen, Versicherungsentgelte, Provisionen und Nebenleistungen jeder Art). In die Gesamtbezüge sind auch Bezüge einzurechnen, die nicht ausgezahlt, sondern in Ansprüche anderer Art umgewandelt oder zur Erhöhung anderer Ansprüche verwendet werden. Erhalten Mitglieder des Vorstands von verbundenen Unternehmen für ihre Tätigkeit für das Unternehmen oder für ihre Tätigkeit als gesetzliche Vertreter oder Angestellte des verbundenen Unternehmens Bezüge, so sind diese Bezüge gesondert anzugeben;
   b) die Gesamtbezüge (Abfindungen, Ruhegehälter, Hinterbliebenenbezüge und Leistungen verwandter Art) der früheren Mitglieder der bezeichneten Organe und ihrer Hinterbliebenen; lit. a ist entsprechend anzuwenden.

(2) Im Anhang sind alle im Geschäftsjahr tätigen Mitglieder des Vorstands und des Aufsichtsrats, auch wenn sie im Geschäftsjahr oder später ausgeschieden sind, mit dem Familiennamen und mindestens einem ausgeschriebenen Vornamen anzugeben. Der Vorsitzende des Aufsichtsrats, seine Stellvertreter und ein etwaiger Vorsitzender des Vorstands sind als solche zu bezeichnen.

§ 240 Pflichtangaben bei Aktiengesellschaften

Im Anhang sind von Aktiengesellschaften auch Angaben zu machen über
1. den auf jede Aktiengattung entfallenden Betrag des Grundkapitals, bei Nennbetragsaktien die Nennbeträge und die Zahl der Aktien jeden Nennbetrags, bei Stückaktien deren Zahl sowie, wenn mehrere Gattungen bestehen, die Zahl der Aktien jeder Gattung;
2. den Bestand und den Zugang an Aktien, die ein Aktionär für Rechnung der Gesellschaft oder eines abhängigen oder eines im Mehrheitsbesitz der Gesellschaft stehenden Unternehmens oder ein abhängiges oder im Mehrheitsbesitz der Gesellschaft stehendes Unternehmen als Gründer oder Zeichner oder in Ausübung eines bei einer bedingten Kapitalerhöhung eingeräumten Umtausch- oder Bezugsrechts übernommen hat; sind solche Aktien im Geschäftsjahr verwertet worden, so ist auch über die Verwertung unter Angabe des Erlöses und der Verwendung des Erlöses zu berichten;
3. den Bestand an eigenen Aktien der Gesellschaft, die sie, ein abhängiges oder im Mehrheitsbesitz der Gesellschaft stehendes Unternehmen oder eine andere Person für Rechnung der Gesellschaft oder eines abhängigen oder eines im Mehrheitsbesitz der Gesellschaft stehenden Unternehmens erworben oder als Pfand genommen hat; dabei sind die Zahl „dieser Aktie, der auf sie entfallende Betrag des Grundkapitals sowie ihr Anteil am Grundkapital", für erworbene Aktien ferner der Zeitpunkt des Erwerbs und die Gründe für den Erwerb anzugeben. Sind solche Aktien im Geschäftsjahr erworben oder veräußert worden, so ist auch über den Erwerb oder die Veräußerung unter Angabe der Zahl „dieser Aktien, des auf sie entfallenden Betrags des Grundkapitals, des Anteils am Grundkapital" und des Erwerbs- oder Veräußerungspreises sowie über die Verwendung des Erlöses zu berichten;
4. Aktien, die aus einer bedingten Kapitalerhöhung oder einem genehmigten Kapital im Geschäftsjahr gezeichnet wurden;
5. das genehmigte Kapital;
6. die Zahl der Wandelschuldverschreibungen und vergleichbaren Wertpapiere unter Angabe der Rechte, die sie verbriefen;
7. Genußrechte, Rechte aus Besserungsscheinen und ähnliche Rechte unter Angabe der Art und Zahl der jeweiligen Rechte sowie der im Geschäftsjahr neu entstandenen Rechte;
8. den Betrag des unter den Verbindlichkeiten ausgewiesenen nachrangigen Kapitals;
9. das Bestehen einer wechselseitigen Beteiligung (§ 228 Abs. 1) unter Angabe des beteiligten Unternehmens.

§ 241 Unterlassen von Angaben

(1) Die Berichterstattung kann ausnahmsweise unterbleiben, soweit es die nationale Sicherheit des Bundes oder das wirtschaftliche Wohl des Bundes, der Länder, der Gemeinden oder Gemeindeverbände erfordert.

(2) Die Angaben gemäß § 238 Z 2 können unterbleiben, soweit sie
1. für die Darstellung der Vermögens-, Finanz- und Ertragslage des Unternehmens von untergeordneter Bedeutung sind oder
2. nach vernünftiger kaufmännischer Beurteilung geeignet sind, dem Unternehmen oder dem anderen Unternehmen einen erheblichen Nachteil zuzufügen.

Die Angabe des Eigenkapitals und des Jahresergebnisses kann unterbleiben, wenn das Unternehmen, über das gemäß § 238 Z 2 zu berichten ist, seinen Jahresabschluß nicht offenzulegen hat und das berichtende Unternehmen weniger als die Hälfte der Anteile besitzt. Die Anwendung der Ausnahmeregelung gemäß Z 2 ist im Anhang anzugeben.

(3) Bei der Berichterstattung gemäß § 238 Z 3 brauchen Einzelheiten nicht angegeben zu werden, soweit die Angaben nach vernünftiger kaufmännischer Beurteilung geeignet sind, dem Unternehmen oder einem verbundenen Unternehmen einen erheblichen Nachteil zuzufügen. Die Anwendung der Ausnahmeregelung ist im Anhang anzugeben.

(4) Betrifft die Aufschlüsselung gemäß § 239 Abs. 1 Z 3 und 4 weniger als drei Personen, so kann sie unterbleiben.

§ 242 Größenabhängige Erleichterung

(1) § 237 Z 9 braucht von kleinen Aktiengesellschaften (§ 221 Abs. 1) und mittelgroßen Gesellschaften mit beschränkter Haftung (§ 221 Abs. 2) nicht angewendet zu werden.

(2) Kleine Gesellschaften mit beschränkter Haftung (§ 221 Abs. 1) brauchen in ihren Anhang nur die Angaben gemäß § 222 Abs. 2, § 223 Abs. 1 bis 3 sowie Abs. 5, § 225 Abs. 1, § 226 Abs. 1, § 230 Abs. 2, § 236, § 237 Z 2 bis 4, 10 und 12, § 238 Z 2, § 239 Abs. 1 Z 1 und 2 und Abs. 2 sowie § 241 Abs. 2 letzter Satz aufzunehmen; die Angaben gemäß § 237 Z 1 sind zusammengefaßt für alle betroffenen Posten zu machen. Auf schriftliches Verlangen einer Minderheit, deren Anteile den zehnten Teil des Nennkapitals oder den anteiligen Betrag von 1 400 000 Euro erreichen, ist ein vollständiger Anhang zu erstellen. Dieses Verlangen muß vor Ablauf des Geschäftsjahrs bei der Gesellschaft einlangen.

§ 243 Lagebericht

(1) Im Lagebericht sind der Geschäftsverlauf und die Lage des Unternehmens so darzustellen, daß ein möglichst getreues Bild der Vermögens-, Finanz- und Ertragslage vermittelt wird.

(2) Der Lagebericht hat auch einzugehen auf:

1. Vorgänge von besonderer Bedeutung, die nach dem Schluß des Geschäftsjahrs eingetreten sind;
2. die voraussichtliche Entwicklung des Unternehmens;
3. den Bereich Forschung und Entwicklung;
4. bestehende Zweigniederlassungen der Gesellschaft.

(3) Kleine Gesellschaften mit beschränkter Haftung (§ 221 Abs. 1) brauchen den Lagebericht nicht aufzustellen.

3.3 Vorschriften zum Konzernabschluß

§ 245a Konzernabschlüsse nach international anerkannten Rechnungslegungsgrundsätzen

(1) Ein Mutterunternehmen, das einen Konzernabschluß und einen Konzernlagebericht nach international anerkannten Rechnungslegungsgrundsätzen aufstellt, muß die Bestimmungen der §§ 248 bis 267 für diesen Konzernabschluß und Konzernlagebericht nicht anwenden, wenn

1. der Konzernabschluß und der Konzernlagebericht im Einklang mit der Richtlinie 83/349/EWG über den konsolidierten Abschluß, ABl. Nr. L 193 vom 18. Juli 1983, S 1, stehen;
2. der Anhang oder die Erläuterungen zum Konzernabschluß die Bezeichnung der angewandten Rechnungslegungsgrundsätze sowie eine Erläuterung der vom Österreichischen Recht abweichenden Bilanzierungs-, Bewertungs- und Konsolidierungsmethoden enthalten;
3. die Aussagekraft des nach international anerkannten Rechnungslegungsgrundsätzen aufgestellten Konzernabschlusses und Konzernlageberichts der Aussagekraft eines nach den Bestimmungen dieses Abschnitts aufgestellten Konzernabschlusses und Konzernlageberichts mindestens gleichwertig ist;
4. der gemäß § 268 Abs. 2 bestellte Abschlußprüfer bestätigt, daß die in Z 1 bis 3 genannten Voraussetzungen erfüllt sind; und wenn
5. der Bestätigungsvermerk des Abschlußprüfers in einer dem § 274 Abs. 1 bis 4 mindestens gleichwertigen Art uber das Ergebnis der Prüfung des Konzernabschlusses und des Konzernlageberichts berichtet.

(2) Bei der Offenlegung ist ausdrücklich darauf hinzuweisen, daß es sich um einen nach international anerkannten Rechnungslegungsgrundsätzen erstellten Konzernabschluß und Konzernlagebericht handelt; die angewandten Rechnungslegungsgrundsätze sind dabei anzugeben.

(3) Der Bundesminister für Justiz kann durch Verordnung feststellen, welche Voraussetzungen Konzernabschlüsse und Konzernlageberichte im einzelnen erfüllen müssen, um Abs. 1 Z 3 zu entsprechen. Dies kann auch durch die Bezeichnung bestimmter Rechnungslegungsgrundsätze geschehen, bei deren Anwendung Abs. 1 Z 3 entsprochen wird.

§ 253 Grundsätze, Vollständigkeitsgebot

(1) In dem Konzernabschluß ist der Jahresabschluß des Mutterunternehmens mit den Jahresabschlüssen der Tochterunternehmen zusammenzufassen. An die Stelle der dem Mutterunternehmen gehörenden Anteile an den einbezogenen Tochterunternehmen treten die Vermögensgegenstände, unversteuerten Rücklagen, Rückstellungen, Verbind-

lichkeiten und Rechnungsabgrenzungsposten der Tochterunternehmen, soweit sie nach dem Recht des Mutterunternehmens bilanzierbar sind und die Eigenart des Konzernabschlusses keine Abweichungen bedingt oder in den folgenden Vorschriften nichts anderes bestimmt ist.

(2) Die Vermögensgegenstände, unversteuerten Rücklagen, Rückstellungen, Verbindlichkeiten und Rechnungsabgrenzungsposten sowie die Erträge und Aufwendungen der in den Konzernabschluß einbezogenen Unternehmen sind unabhängig von ihrer Berücksichtigung in den Jahresabschlüssen dieser Unternehmen vollständig aufzunehmen, soweit nach dem Recht des Mutterunternehmens nicht ein Bilanzierungsverbot oder ein Bilanzierungswahlrecht besteht. Nach dem Recht des Mutterunternehmens zulässige Bilanzierungswahlrechte dürfen im Konzernabschluß unabhängig von ihrer Ausübung in den Jahresabschlüssen der in den Konzernabschluß einbezogenen Unternehmen ausgeübt werden.

(3) Die unversteuerten Rücklagen gemäß § 205 dürfen nach Abzug der Steuerabgrenzung als Gewinnrücklagen ausgewiesen werden.

Unsere Auseinandersetzung mit dem Konzernabschluß beginnen wir mit der **Vollkonsolidierung.** Vereinfacht sprechen wir in der Folge immer von Mutterunternehmen und Tochterunternehmen. Mit dieser Vorschrift erfahren wir, wie eine Vollkonsolidierung durchgeführt wird. Wenn wir von einem Konzernabschluß sprechen, dann meinen wir die Konzernbilanz und die Konzerngewinn- und Verlustrechnung und Konzernanhang. Zur Konzernbilanz kommen wir durch Addition von Mutterbilanz und Tochterbilanz. Damit es keine Aufblähung gibt, wird die Beteiligung am Tochterunternehmen, die in der Bilanz des Mutterunternehmens ausgewiesen ist, mit dem Eigenkapital des Tochterunternehmens saldiert. Die Saldierung wird wie folgt gebucht. Eigenkapital des Tochterunternehmens an Beteiligung beim Mutterunternehmen.

In der Konzerngewinn- und Verlustrechnung werden die Aufwendungen und Erträge von Mutter und Tochter zusammengerechnet.

Allein beim Zusammenrechnen bleibt es nicht. In der Bilanz erfolgt die Kapital- und die Schuldenkonsolidierung. Kapitalkonsolidierung bedeutet das Aufrechnen der Beteiligung beim Mutterunternehmen mit dem Eigenkapital des Tochterunternehmens. Die Schuldenkonsolidierung betrifft die Aufrechnung von Forderungen und Verbindlichkeiten. Schließlich erfolgt in der Gewinn- und Verlustrechnung auch die Aufwands- und Ertragskonsolidierung. Gewinne, die nur im Konzern erzielt werden, müssen ausgeschieden werden. Im zweiten Absatz ist festgehalten, daß Bilanzierungswahlrechte, unabhängig von ihrer Ausübung in den Einzelabschlüssen, im Rahmen der Konzernbilanz ausgeübt werden können. Die Adaptierung der Einzelabschlüsse auf die konzerneinheitlichen Bilanz- und Bewertungsrechte erfolgt in der Handelsbilanz II (HB II).

§ 254 Zusammenfassung von Eigenkapital und Beteiligungen (Kapitalkonsolidierung)

(1) Der Wertansatz der dem Mutterunternehmen gehörenden Anteile an einem in den Konzernabschluß einbezogenen Tochterunternehmen wird mit dem auf diese Anteile entfallenden Betrag des Eigenkapitals des Tochterunternehmens verrechnet. Das Eigenkapital ist anzusetzen

1. entweder mit dem Betrag, der dem Buchwert der in den Konzernabschluß aufzunehmenden Vermögensgegenstände, unversteuerten Rücklagen, Rückstellungen, Verbindlichkeiten und Rechnungsabgrenzungsposten, gegebenenfalls nach Anpassung der Wertansätze gemäß § 260 Abs. 2, entspricht oder
2. mit dem Betrag, der dem Wert der in den Konzernabschluß aufzunehmenden Vermögensgegenstände, unversteuerten Rücklagen, Rückstellungen, Verbindlichkeiten und Rechnungsabgrenzungsposten entspricht, der diesen an dem für die Verrechnung gemäß Abs. 2 gewählten Zeitpunkt beizulegen ist.

Bei Ansatz mit dem Buchwert gemäß Z 1 ist ein sich ergebender Unterschiedsbetrag den Wertansätzen von in der Konzernbilanz anzusetzenden Vermögensgegenständen und Schulden des jeweiligen Tochterunternehmens insoweit zuzuschreiben oder mit diesen zu verrechnen, als deren Wert höher oder niedriger ist als der bisherige Wertansatz. Bei Ansatz mit den Werten gemäß Z 2 darf das anteilige Eigenkapital nicht mit einem Betrag angesetzt werden, der die Anschaffungskosten des Mutterunternehmens für die Anteile an dem einbezogenen Tochterunternehmen überschreitet. Die angewandte Methode ist im Konzernanhang anzugeben.

(2) Die Verrechnung gemäß Abs. 1 wird auf der Grundlage der Wertansätze zum Zeitpunkt des Erwerbs der Anteile oder der erstmaligen Einbeziehung des Tochterunternehmens in den Konzernabschluß oder, beim Erwerb der Anteile zu verschiedenen Zeitpunkten, zu dem Zeitpunkt, zu dem das Unternehmen Tochterunternehmen geworden ist, durchgeführt. Der gewählte Zeitpunkt ist im Konzernanhang anzugeben.

(3) Ein bei der Verrechnung gemäß Abs. 1 Z 2 entstehender oder ein nach Zuschreibung oder Verrechnung gemäß Abs. 1 dritter Satz verbleibender Unterschiedsbetrag ist in der Konzernbilanz, wenn er auf der Aktivseite entsteht, als Geschäfts(Firmen)wert und, wenn er auf der Passivseite steht, als Unterschiedsbetrag aus der Zusammenfassung von Eigenkapital und Beteiligungen (Kapitalkonsolidierung) auszuweisen. Dieser Posten und wesentliche Änderungen gegenüber dem Vorjahr sind im Anhang zu erläutern. Werden Unterschiedsbeträge der Aktivseite mit solchen der Passivseite verrechnet, so sind die verrechneten Beträge im Anhang anzugeben.

(4) Anteile an dem Mutterunternehmen, die diesem oder einem in den Konzernabschluß einbezogenen Tochterunternehmen gehören, sind in der Konzernbilanz als eigene Anteile im Umlaufvermögen gesondert auszuweisen.

Hier finden wir eine zentrale Bestimmung für die Konsolidierung. Dieser Paragraph beschäftigt sich mit der **Kapitalkonsolidierung**. Wenn wir einen Konzernabschluß erstellen, dann werden wir, vereinfacht ausgedrückt, die Aktiva und Passiva von Mutter- und Tochterunternehmen zusammenzählen. In der Konzernbilanz finden Sie vor der Konsolidierung im Anlagevermögen die Beteiligung ausgewiesen. Auf der anderen Seite setzt sich das Eigenkapital aus dem Eigenkapital des Mutterunternehmens und dem Eigenkapital des Tochterunternehmens zusammen. Tatsächlich saldieren sich aber die Beteiligung, die ursprünglich beim Mutterunternehmen bestanden hat, mit dem Eigenkapital des Tochterunternehmens auf. Die Kapitalkonsolidierung beschäftigt sich also mit der Saldierung des Beteiligungsansatzes beim Mutterunternehmen mit dem korrespondierenden Eigenkapital beim Tochterunternehmen.

In der Folge müssen wir zwischen der **Erstkonsolidierung** und der **Folgekonsolidierung** unterscheiden:

Bei der erstmaligen Anwendung der Konsolidierungsvorschriften des HGB wird von der Schlußbilanz des Vorjahres ausgegangen und eine Erstkonsolidierung mit der Eröffnungsbilanz vorgenommen. Die Erstkonsolidierung besteht nur aus der Kapitalkonsolidierung (keine Schuldenkonsolidierung, keine Eliminierung der Zwischenergebnisse usw.).

Bei der Kapitalkonsolidierung wird die Beteiligung beim Mutterunternehmen saldiert mit dem Eigenkapital des Tochterunternehmens. Das Eigenkapital des Tochterunternehmens umfaßt

- das Grund- oder Stammkapital
- die Kapitalrücklagen
- die Gewinnrücklagen
- und den Bilanzgewinn (Bilanzverlust)

In der Regel werden unversteuerte Rücklagen bei der Kapitalkonsolidierung nicht berücksichtigt. Gemäß § 253 Abs. 3 HGB können unversteuerte Rücklagen, nach Abzug der latenten Steuern, als Gewinnrücklagen ausgewiesen werden.

Im Zeitpunkt der Gründung finden wir einen Beteiligungsansatz, der dem Grund- oder Stammkapital beim Tochterunternehmen entspricht. Nach einigen erfolgreichen Jahren finden wir beim Tochterunternehmen Gewinnrücklagen bzw. Bilanzgewinne ausgewiesen. In dieser Situation ist der Beteiligungsansatz beim Mutterunternehmen niedriger als das Eigenkapital des Tochterunternehmens. Beispielsweise ist der Beteiligungsansatz 100, beim Tochterunternehmen ist das Grundkapital 100, die Gewinnrücklage 200 und der Bilanzgewinn ebenfalls 200. Der passive Unterschiedsbetrag beträgt 400. Für die Kapitalkonsolidierung ergeben sich daraus folgende Konsequenzen:

Zurück zur Vollkonsolidierung. Bei der Vollkonsolidierung werden alle Aktiva und Passiva zusammengezählt, dabei wird im Rahmen der Kapitalkonsolidierung die Beteiligung mit dem Eigenkapital des Tochterunternehmens saldiert. Der Beteiligungsansatz von 100 wird mit dem Grund- oder Stammkapital des Tochterunternehmens saldiert. Der passive Unterschiedsbetrag mit 400 wird im Konzernabschluß als „Unterschiedsbetrag aus der Kapitalkonsolidierung" ausgewiesen.

Nun zum aktiven **Unterschiedsbetrag**. Zum aktiven Unterschiedsbetrag kommen wir dann, wenn der Beteiligungsansatz beim Mutterunternehmen höher ist als das Eigenkapital des Tochterunternehmens. Beim aktiven Unterschiedsbetrag ist das Anlagevermögen des Tochterunternehmens nach stillen Reserven zu untersuchen. Angenommen der Beteiligungsansatz beim Mutterunternehmen ist 500 und das Eigenkapital des Tochterunternehmens ist 100. Wir finden hier einen aktiven Unterschiedsbetrag von 400. Nach Durchsicht des Anlagevermögens beim Tochterunternehmen finden wir beim Grundstück stille Reserven mit 100, beim Gebäude stille Reserven mit 200. Der aktive Unterschiedsbetrag erhöht den Übernahmewert für das Grundstück um 100, für das Gebäude um 200. Da der Restbetrag von 100 in den stillen Reserven nicht Deckung findet, wird dieser Restbetrag als Firmenwert ausgewiesen. Folgende Buchungen ergeben sich für die Kapitalkonsolidierung: 100 Grundwert Tochterunternehmen, 200 Gebäudewert Tochterunternehmen, 100 Firmenwert Tochterunternehmen an 400 Beteiligung Mutterunternehmen. Nach Durchführung dieser Buchung beträgt der Beteiligungsansatz beim Mutterunternehmen 100. Dieser Beteiligungsansatz kann jetzt mit dem Eigenkapital des Tochterunternehmens saldiert werden. Buchung: 100 Eigenkapital Tochterunternehmen an Beteiligung beim Mutterunternehmen.

Im Konzernabschluß befinden sich ein aufgewertetes Grundstück, ein aufgewertetes Gebäude und ein Firmenwert. In der Folgekonsolidierung, am darauffolgenden Bilanzstichtag wird das Gebäude mit dem erhöhten Wert auf die vorhandene Nutzungsdauer abgeschrieben. Für den Firmenwert gibt es eine Abschreibungsdauer von fünf Jahren.

Die bilanzielle Darstellung der aktiven und passiven Unterschiedsbeträge im Rahmen der Erstkonsolidierung hat keine ergebnismäßige Auswirkung. Ganz grundsätzlich ist darauf hinzuweisen, daß der Konzernabschluß keine Besteuerungsgrundlage ist und alles, was sich im Konzernabschluß ergebnismäßig auswirkt, keine Auswirkung auf die Steuer hat.

§ 255 Zusammenfassung von Forderungen und Schulden verbundener Unternehmen (Schuldenkonsolidierung)

(1) Ausleihungen und andere Forderungen, Rückstellungen und Verbindlichkeiten aus Beziehungen zwischen den in den Konzernabschluß einbezogenen Unternehmen sowie entsprechende Rechnungsabgrenzungsposten sind wegzulassen.

(2) Abs. 1 braucht nicht angewendet zu werden, wenn die wegzulassenden Beträge für die Vermittlung eines möglichst getreuen Bildes der Vermögens-, Finanz- und Ertragslage des Konzerns von nur untergeordneter Bedeutung sind.

Mit dieser Bestimmung lernen wir die Schuldenkonsolidierung kennen. Schuldenkonsolidierung bedeutet die Aufrechnung sämtlicher Schuldverhältnisse zwischen Mutter- und

Tochterunternehmen. Diese **Schuldenkonsolidierung** findet sowohl bei der Vollkonsolidierung als auch bei der Quotenkonsolidierung statt.

Schuldenkonsolidierung bedeutet, daß die Forderungen und die Verbindlichkeiten saldiert werden. Bei den Forderungen ist auch an den Bilanzposten „Ausleihung“ zu denken, bei den Verbindlichkeiten sind auch die Rückstellungen zu berücksichtigen.

Wenn Forderungen mit Verbindlichkeiten saldiert werden, ergeben sich manchmal Differenzen. Diese Differenzen sind zu unterscheiden in echte und unechte Differenzen. Echte Differenzen sind erfolgswirksam auszubuchen. Echte Differenzen entstehen durch unterschiedliche Bewertungen, beispielsweise wird eine Forderung abgezinst, während die ursprünglich gleichhohe Verbindlichkeit unverändert ausgewiesen wird. Bei Forderungen in ausländischen Währungen wird die Forderung infolge eines Kursverfalles abgewertet, während eine Verbindlichkeit unverändert ausgewiesen wird.

Unechte Differenzen entstehen in der Regel durch zeitliche Überschneidungen am Bilanzstichtag. Das Tochterunternehmen bezahlt beispielsweise die Verbindlichkeit gegenüber dem Mutterunternehmen vor dem Bilanzstichtag, die Lastschriftanzeige erfolgt noch in alter Rechnung, während die Gutschrift beim Mutterunternehmen erst im folgenden Jahr durchgeführt wird. Der gleiche Sachverhalt führt zu unechten Differenzen bei Warenlieferungen, die beim leistenden Unternehmen noch in alter Rechnung verbucht wurden, beim empfangenden Unternehmen erst im darauf folgenden Jahr. Die unechten Differenzen werden im Rahmen der Schuldenkonsolidierung dadurch ausgeglichen, daß man bei einem Unternehmen eine Korrektur vornimmt. In diesem Fall hat die Korrektur keine Auswirkung auf das Ergebnis.

§ 256 Behandlung der Zwischenergebnisse

(1) In den Konzernabschluß zu übernehmende Vermögensgegenstände, die ganz oder teilweise auf Lieferungen oder Leistungen zwischen in den Konzernabschluß einbezogenen Unternehmen beruhen, sind in der Konzernbilanz mit dem Betrag anzusetzen, zu dem sie in der auf den Stichtag des Konzernabschlusses aufgestellten Bilanz dieses Unternehmens anzusetzen wären, wenn die in den Konzernabschluß einbezogenen Unternehmen auch rechtlich ein einziges Unternehmen bildeten.

(2) Abs. 1 braucht nicht angewendet zu werden,

1. wenn die Lieferung oder Leistung zu üblichen Marktbedingungen vorgenommen worden ist und die Ermittlung des gemäß Abs. 1 vorgeschriebenen Wertansatzes einen unverhältnismäßig hohen Aufwand erfordert, oder
2. wenn die Behandlung der Zwischenergebnisse gemäß Abs. 1 für die Vermittlung eines möglichst getreuen Bildes der Vermögens-, Finanz- und Ertragslage des Konzerns von nur untergeordneter Bedeutung ist.

Die Anwendung der Z 1 ist im Konzernanhang anzugeben und, wenn der Einfluß auf die Vermögens-, Finanz- und Ertragslage des Konzerns wesentlich ist, zu erläutern.

In dieser Bestimmung geht es um die Behandlung der Zwischenergebnisse. Zwischenergebnisse sind Gewinne oder Verluste aus Geschäften **zwischen Mutter- und Tochterunternehmen**. Das Zwischenergebnis ist vom Innenumsatzerlös zu unterscheiden. Wenn das Mutterunternehmen an ein Tochterunternehmen liefert und das Tochterunternehmen diese Lieferung an außenstehende Dritte fortgesetzt hat, dann wird zwischen Mutter und Tochterunternehmen ein Innenumsatz getätigt. Zwischenergebnis liegt dann vor, wenn die Lieferung vorerst nur zwischen Mutter- und Tochterunternehmen stattgefunden hat, das Tochterunternehmen die erhaltenen Vermögensgegenstände noch nicht an außenstehende Dritte veräußert hat.

Ein Beispiel für die **Zwischenergebnisse**: Das Mutterunternehmen erwirbt einen Vermögensgegenstand um 90 und verkauft diesen an ein Tochterunternehmen zum Konzernverrechungspreis von 100. Beim Tochterunternehmen darf dieser Vermögensgegenstand nur mit den Anschaffungskosten des Mutterunternehmens, das sind 90, bewertet werden. Die entsprechende Buchung lautet: 10 Erlös Mutterunternehmen an Vorräte Tochterunternehmen. Diese Eliminierung des Zwischenergebnisses geht zurück auf die Bestimmung des § 250 Abs. 3 HGB: „Im Konzernabschluß ist die Vermögens-, Finanz- und Ertragslage der einbezogenen Unternehmen so darzustellen, als ob diese Unternehmen insgesamt ein einziges Unternehmen wären.“

§ 257 Zusammenfassung von Aufwendungen und Erträgen verbundener Unternehmen (Aufwands- und Ertagskonsolidierung)

(1) In der Konzern-Gewinn- und Verlustrechnung sind

1. bei den Umsatzerlösen die Erlöse aus Lieferungen und Leistungen zwischen den in den Konzernabschluß einbezogenen Unternehmen mit den auf sie entfallenden Aufwendungen zu verrechnen, soweit sie nicht als Erhöhung des Bestandes an fertigen und unfertigen Erzeugnissen oder als andere aktivierte Eigenleistungen auszuweisen sind,
2. andere Erträge aus Lieferungen und Leistungen zwischen den in den Konzernabschluß einbezogenen Unternehmen mit den auf sie entfallenden Aufwendungen zu verrechnen, soweit sie nicht als andere aktivierte Eigenleistungen auszuweisen sind.

(2) Aufwendungen und Erträge brauchen gemäß Abs. 1 nicht weggelassen zu werden, wenn die wegzulassenden Beträge für die Vermittlung eines möglichst getreuen Bildes der Vermögens-, Finanz- und Ertragslage des Konzerns von nur untergeordneter Bedeutung sind.

So wie es eine Konzernbilanz gibt, gibt es auch eine Konzerngewinn- und Verlustrechnung. Die Aufwendungen und Erträge aus den Einzelabschlüssen sind zusammenzuzählen. Auf diese Weise entsteht die **Konzern-G.u.V.** Dieses Bild ist aber zu einfach. Im Rahmen der Zusammenrechnung von Aufwendungen und Erträgen erfolgt

- eine Konsolidierung des Innenumsatzes (§ 257 Abs. 1 Z 1)
- und eine Konsolidierung anderer Erträge (§ 257 Abs. 1 Z 2).

Die Konsolidierung des Innenumsatzes werden wir uns an einem Beispiel ansehen. Das Mutterunternehmen erwirbt einen Gegenstand um 80 und veräußert ihn an das Tochterunternehmen um 100. Das Tochterunternehmen veräußert diesen Gegenstand um 120.

Das Mutterunternehmen hat einen Erlös von 100, das Tochterunternehmen einen gleichhohen Wareneinsatz. Tatsächlich ist im Konzern ein Gewinn von 40 erwirtschaftet worden. Dieser Gewinn ergibt sich aus dem Wareneinsatz von 80 beim Mutterunternehmen und dem Erlös von 120 beim Tochterunternehmen. Die Konsolidierung des Innenumsatzes erfolgt mit der Buchung: 100 Erlös beim Mutterunternehmen gegen Handelswareneinsatz beim Tochterunternehmen.

Die Konsolidierung anderer Erträge betrifft Zinserträge, Mieterträge, Lizenzerträge, Konzernumlagen, Steuerumlagen usw.

Ein Beispiel zur Konsolidierung anderer Erträge: Das Mutterunternehmen gewährt dem Tochterunternehmen ein Darlehen. Dieses Darlehen wird verzinst. Das Mutterunternehmen weist in der G.u.V. Zinserträge aus. Das Tochterunternehmen hat in seiner G.u.V. einen gleichhohen Zinsaufwand. Mit der Konsolidierung von Zinsaufwand und Zinsertrag wird eine Aufblähung der Erfolgsrechnung verhindert.

§ 258 Steuerabgrenzung

Ist das im Konzernabschluß ausgewiesene Jahresergebnis auf Grund von Maßnahmen, die nach den Vorschriften des dritten Abschnitts durchgeführt worden sind, niedriger oder höher als die Summe der Einzelergebnisse der in den Konzernabschluß einbezogenen Unternehmen, so ist der sich für das Geschäftsjahr und frühere Geschäftsjahr ergebende Steueraufwand, wenn er im Verhältnis zum Jahresergebnis zu hoch ist, durch Bildung eines Abgrenzungspostens auf der Aktivseite oder, wenn er im Verhältnis zum Jahresergebnis zu niedrig ist, durch Bildung einer Rückstellung anzupassen, soweit sich der zu hohe oder der zu niedrige Steueraufwand in späteren Geschäftsjahren voraussichtlich ausgleicht. Der Posten ist in der Konzernbilanz oder im Konzernanhang gesondert anzugeben. Die Steuerabgrenzung braucht nicht vorgenommen zu werden, wenn sie für die Vermittlung eines möglichst getreuen Bildes der Vermögens-, Finanz- und Ertragslage des Konzerns von nur untergeordneter Bedeutung ist.

Diese Bestimmung beschäftigt sich mit der Steuerabgrenzung. Diese Steuerabgrenzung kennen Sie auch unter dem Begriff **latente Steuern.** Bei der Bilanzanalyse haben wir uns die Frage gestellt, ob die sonstigen unversteuerten Rücklagen (IFB, § 12 EStG Rücklage) ausschließlich dem Eigenkapital zuzurechnen sind.

Zum zweiten haben wir die latenten Steuern im § 198 Abs. 9 und 10 kennengelernt. Hier besteht für den Einzelabschluß die Verpflichtung, passiv latente Steuern auszuweisen. Für aktiv latente Steuern gibt es ein Wahlrecht. Die Steuerabgrenzung im Einzelabschluß wird demgemäß auch auf den Konzernabschluß durchschlagen. In diesem Zusammenhang ist auf § 262 Abs. 2 HGB hinzuweisen, wo festgehalten ist, daß eine Steuerabgrenzung nur für die Vollkonsolidierung und Quotenkonsolidierung vorgesehen ist.

Für die Steuerabgrenzung gibt es folgende Überlegungen: In Österreich gibt es kein Konzernsteuerrecht, steuerpflichtig sind die Einzelgesellschaften (Muttergesellschaft und Tochtergesellschaften). Eine Steuerabgrenzung im Konzernabschluß wird dann erforderlich sein, wenn das Konzernergebnis von der Summe der Einzelergebnisse abweicht. Man spricht in diesem Zusammenhang auch von einer Gesamtdifferenzbetrachtung. Wenn die Summe der Einzelergebnisse positiv ist, dann wird in der Konzern-G.u.V. ein Steueraufwand ausgewiesen. Wenn im Konzernabschluß aufgrund unterschiedlicher Bewertungsmethoden ein negatives Ergebnis ausgewiesen wird, dann ist der Steueraufwand mit der Buchung: aktive Rechnungsabgrenzung an Steueraufwand abzugrenzen. Auf der anderen Seite ist eine Rückstellung auszuweisen, wenn das Konzernergebnis höher ist als die Summe der Einzelergebnisse.

Das Konzernergebnis wird dann von den Einzelergebnissen abweichen, wenn im Konzernabschluß Bewertungswahlrechte neu ausgeübt werden (vgl. § 260 Abs. 2 HGB), eine erfolgswirksame Schuldenkonsolidierung durchgeführt wird und Zwischenergebnisse erfolgswirksam ausscheiden.

In diesem Zusammenhang stellt sich die Frage nach einer Steuerabgrenzung aufgrund einer Kapitalkonsolidierung: Wir wissen bereits, daß anläßlich der Erstkonsolidierung nur eine Kapitalkonsolidierung vorgenommen wird. Die Erstkonsolidierung bleibt ohne Auswirkung auf das Konzernergebnis und berührt die Steuerabgrenzung nicht. Anläßlich einer Erstkonsolidierung kann es einen höheren Ansatz bei Vermögensgegenständen durch die Auflösung stiller Reserven geben. Weiters kann im Rahmen der Erstkonsolidierung ein Geschäfts- oder Firmenwert angesetzt werden. In der Folgekonsolidierung sind die aktivierten stillen Reserven bzw. Firmenwerte abzuschreiben. Diese Anpassung hat aber keinen Einfluß auf die Einzelabschlüsse. Nachdem die Steuerabgrenzung nur die Differenz zwischen Einzelabschluß und Konzernabschluß betrachtet, ist die Ergebnisauswirkung aufgrund der Kapitalkonsolidierung bei der Steuerabgrenzung nicht zu berücksichtigen, weil sie mit den relevanten Einzelabschlüssen nicht zusammenhängt.

§ 259 Anteile anderer Gesellschafter

(1) In der Konzernbilanz ist für die nicht dem Mutterunternehmen oder einem einbezogenen Tochterunternehmen gehörenden Anteile an den in den Konzernabschluß einbezogenen Tochterunternehmen ein Ausgleichsposten für die Anteile der anderen Gesellschafter in Höhe ihres Anteils am Eigenkapital unter entsprechender Bezeichnung innerhalb des Eigenkapitals gesondert auszuweisen. In den Ausgleichsposten sind auch die Beträge einzubeziehen, die bei Anwendung der bei der Zusammenfassung von Eigenkapi-

tal und Beteiligungen (Kapitalkonsolidierung) angewandten Methoden gemäß § 254 Abs. 1 Z 2 dem Anteil der anderen Gesellschafter am Eigenkapital entsprechen.

(2) In der Konzern-Gewinn- und Verlustrechnung ist der im Jahresergebnis enthaltene, anderen Gesellschaftern zustehende Gewinn und der auf sie entfallende Verlust nach dem Posten „Jahresüberschuß/Jahresfehlbetrag" unter entsprechender Bezeichnung gesondert auszuweisen.

Im Rahmen der Vollkonsolidierung werden sämtliche Bilanzposten des Tochterunternehmens mit Ausnahme des Eigenkapitals mit dem vollen Betrag in die Konzernbilanz übernommen. Mit dieser Vollkonsolidierung haben wir dann ein Problem, wenn angenommen das Mutterunternehmen am Tochterunternehmen nur zu 90% beteiligt ist, aber alle Bilanzposten, mit Ausnahme des Eigenkapitals, mit 100% übernommen werden. Für dieses Problem gibt es eine interessante Lösung: Der 10%ige Fremdanteil am Eigenkapital des Tochterunternehmens wird als Anteil anderer Gesellschafter im Konzernabschluß beim Eigenkapital ausgewiesen. Wenn wir beim angenommenen 10%igen Fremdanteil bleiben, dann ergibt sich betragsmäßig dieser Fremdanteil nicht aus dem Einzelabschluß des Tochterunternehmens, sondern aufgrund der HB II. Die Handelsbilanz II entsteht nach Anpassung des Tochterabschlusses an die konzerneinheitlichen Bilanzierungs- und Bewertungsgrundsätze.

Mit anderen Worten: Der prozentuelle Anteil ergibt sich aufgrund des Beteiligungsverhältnisses, der betragsmäßige Anteil ergibt sich aus der Handelsbilanz II. In den Folgejahren (Folgekonsolidierung) ist der Anteil anderer Gesellschafter dann neu zu bestimmen, wenn sich Posten des Eigenkapitals geändert haben. Posten des Eigenkapitals ändern sich durch den jährlichen Jahresüberschuß bzw. -fehlbetrag, durch Dotierungen oder Auflösungen von Gewinnrücklagen und durch Ausschüttungen.

Hinweis: Anteile fremder Gesellschafter sind bei der Quotenkonsolidierung nicht zu finden. Bei der Quotenkonsolidierung werden das Vermögen und die Schulden nur anteilig (in Höhe der Quote) übernommen.

§ 260 Einheitliche Bewertung

(1) Die in den Konzernabschluß gemäß § 253 Abs. 2 übernommenen Vermögensgegenstände und Schulden der in den Konzernabschluß einbezogenen Unternehmen sind nach den auf den Jahresabschluß des Mutterunternehmens anwendbaren Bewertungsmethoden einheitlich zu bewerten; zulässige Bewertungswahlrechte können im Konzernabschluß unabhängig von ihrer Ausübung in den Jahresabschlüssen der in den Konzernabschluß einbezogenen Unternehmen ausgeübt werden. Abweichungen von den auf den Jahresabschluß des Mutterunternehmens angewandten Bewertungsmethoden sind im Konzernanhang anzugeben und zu begründen.

(2) Sind in den Konzernabschluß aufzunehmende Vermögensgegenstände oder Schulden des Mutterunternehmens oder der Tochterunternehmen in den Jahresabschlüssen dieser Unternehmen nach Methoden bewertet worden, die sich von denen unterscheiden, die auf den Konzernabschuß anzuwenden sind oder die von den gesetzlichen Vertretern des Mutterunternehmens in Ausübung von Bewertungswahlrechten auf den Konzernabschluß angewendet werden, so sind die abweichend bewerteten Vermögensgegenstände oder Schulden nach den auf den Konzernabschluß angewandten Bewertungsmethoden neu zu bewerten und mit den neuen Wertansätzen in den Konzernabschluß zu übernehmen. Wertansätze, die auf Sondervorschriften für Banken oder Versicherungsunternehmen beruhen, sind beizubehalten; auf die Anwendung dieser Ausnahmen ist im Konzernanhang hinzuweisen. Eine einheitliche Bewertung nach dem ersten Satz braucht nicht vorgenommen zu werden, wenn ihre Auswirkungen für die Vermittlung eines möglichst getreuen Bildes der Vermögens-, Finanz- und Ertragslage des Konzerns von nur untergeordneter Bedeutung sind. Darüber hinaus ist ein Abweichen bei Vorliegen besonderer Umstände zulässig; der Grund und die Auswirkungen auf die Vermögens-, Finanz- und Ertragslage sind im Konzernanhang darzustellen.

(3) Wurden in den Konzernabschluß zu übernehmende Vermögensgegenstände oder Schulden im Jahresabschluß eines in den Konzernabschluß einbezogenen Unternehmens mit einem nur nach Steuerrecht zulässigen Wert angesetzt, weil dieser Wertansatz sonst nicht bei der steuerrechtlichen Gewinnermittlung berücksichtigt werden würde, so darf dieser Wertansatz unverändert in den Konzernabschluß übernommen werden. Der Betrag, der sich aus Abweichungen der angewandten Bewertungsmethoden ergibt, ist im Konzernanhang anzugeben und zu erläutern.

Diese Bestimmung verlangt, daß unabhängig von der Bewertung im Einzelabschluß, eine einheitliche Bewertung der im Konzernabschluß zusammengefaßten Vermögensgegenstände und Schulden zu erfolgen hat. Damit wird der Konzernabschluß zu einem eigenständigen Instrument der Rechnungslegung, das sich von den Einzelabschlüssen der einbezogenen Unternehmen weitgehend lösen kann. Der Grundsatz der einheitlichen Bewertung ist für die Konsolidierung von ausländischen Tochterunternehmen von Bedeutung. Die ausländischen Tochterunternehmen bilanzieren nach den jeweiligen Vorschriften des Landes (HB I). In der Handelsbilanz II erfolgt die Adaptierung auf die österreichischen Bewertungsvorschriften der §§ 201 bis 211 HGB. Abweichende ausländische Bewertungsmethoden sind für einen österreichischen Konzernabschluß nicht tauglich.

Die Bestimmung des § 260 eröffnet die Möglichkeit zu einer eigenständigen Konzernpolitik. Dabei ist zu berücksichtigen, daß sich aus den konzernpolitischen Maßnahmen keine ertagssteuerlichen Konsequenzen ableiten.

§ 261 Behandlung des Unterschiedsbetrags

(1) Ein gemäß § 254 Abs. 3 auszuweisender Unterschiedsbetrag ist in jedem Geschäftsjahr zu mindestens einem

Fünftel durch Abschreibungen zu tilgen. Der Unterschiedsbetrag darf auch offen mit jeder Kapital- oder Gewinnrücklage verrechnet werden. Die Abschreibung des Unterschiedsbetrags kann auch – soweit er einem erworbenen Geschäfts(Firmen)wert im Sinne des § 203 entspricht – planmäßig auf die Geschäftsjahre, in denen er voraussichtlich genutzt wird, verteilt werden.

(2) Ein gemäß § 254 Abs. 3 auf der Passivseite auszuweisender Unterschiedsbetrag darf ergebniswirksam aufgelöst werden, soweit

1. eine zum Zeitpunkt des Erwerbs der Anteile oder der erstmaligen Zusammenfassung der Jahresabschlüsse verbundener Unternehmen (Konsolidierung) erwartete ungünstige Entwicklung der künftigen Ertragslage des Unternehmens eingetreten ist oder zu diesem Zeitpunkt erwartete Aufwendungen zu berücksichtigen sind oder
2. am Abschlußstichtag feststeht, daß er einem verwirklichten Gewinn entspricht; in diesem Fall darf der Unterschiedsbetrag auch in die Rücklagen eingestellt werden.

Beim § 254 haben wir die Kapitalkonsolidierung besprochen. Im Rahmen der Kapitalkonsolidierung kommen wir auf das Problem der **aktiven und passiven Unterschiedsbeträge.** Unterschiedsbeträge entstehen dadurch, daß die ausgewiesene Beteiligung beim Mutterunternehmen oft vom Eigenkapital des Tochterunternehmens abweicht. Wenn das Eigenkapital des Tochterunternehmens größer ist als der Beteiligungsansatz beim Mutterunternehmen, spricht man vom passiven Unterschiedsbetrag. Wenn der Beteiligungsansatz beim Mutterunternehmen das Eigenkapital des Tochterunternehmens übersteigt, spricht man vom aktiven Unterschiedsbetrag. Im Rahmen der Kapitalkonsolidierung wird die Beteiligung mit dem Eigenkapital saldiert, übrig bleibt der aktive Unterschiedsbetrag auf der Aktivseite oder der passive Unterschiedsbetrag auf der Passivseite. Was nun in den Folgejahren mit diesen Unterschiedsbeträgen geschieht, das wird in § 261 geregelt. Wenn aus dem aktiven Unterschiedsbetrag ein Firmenwert resultiert, dann wird dieser Firmenwert auf fünf Jahre verteilt abgeschrieben. Sie können sich daran erinnern: Zum Firmenwert kommt man erst nach Aufrechnung der stillen Reserven. Gibt es einen aktiven Unterschiedsbetrag, dann wird zuerst nach den stillen Reserven im Anlagevermögen des Tochterunternehmens gesucht. Erst wenn der aktive Unterschiedsbetrag die vorhandenen stillen Reserven übersteigt, dann kommt es zum Ausweis eines Firmenwertes.

Für den passiven Unterschiedsbetrag gibt es drei Entstehungsgründe

Bei einem Unternehmen mit negativen Ertragsaussichten wird der Erwerber als Kaufpreis nicht einmal den Wert für das Eigenkapital auslegen. In diesem Fall ist beim Mutterunternehmen der Beteiligungsansatz niedriger als das Eigenkapital des erworbenen Tochterunternehmens. Man spricht hier vom bad will, der auch als negativer Firmenwert bezeichnet wird. Dieser negative Firmenwert wird als Rückstellung ausgewiesen. Wenn in den Folgejahren die ungünstige Entwicklung eintritt, dann wird die vorhandene Rückstellung ergebniswirksam aufgelöst.

Im zweiten Fall geht der passive Unterschiedsbetrag auf einen günstigen Beteiligungskauf (lucky buy) zurück. Das Unternehmen hat in diesem Fall aufgrund günstiger Umstände, anläßlich des Unternehmenserwerbes, weniger ausgegeben als der Betrag des Eigenkapitals beträgt. Dieser passive Unterschiedsbetrag wird unter den Rücklagen (Kapitalrücklage) ausgewiesen. Bei nachhaltig guter Ertragslage oder bei erheblicher Gewinnrealisierung wird man diese Kapitalrücklage gewinnerhöhend auflösen.

Im dritten Fall hat das vor Jahren erworbene Unternehmen die laufenden Gewinne thesauriert und in der Gewinnrücklage ausgewiesen. Damit übersteigt das Eigenkapital des Tochterunternehmens den Beteiligungsansatz beim Mutterunternehmen. Der passive Unterschiedsbetrag wird in der Konzernbilanz als Gewinnrücklage ausgewiesen.

§ 262 Anteilmäßige Konsolidierung

(1) Führt ein in einen Konzernabschluß einbezogenes Mutter- oder Tochterunternehmen ein anderes Unternehmen gemeinsam mit einem oder mehreren nicht in den Konzernabschluß einbezogenen Unternehmen, so darf das andere Unternehmen in den Konzernabschluß entsprechend den Anteilen am Kapital einbezogen werden, die dem Mutter- oder dem Tochterunternehmen gehören.

(2) Auf die anteilmäßige Zusammenfassung der Jahresabschlüsse verbundener Unternehmen (anteilmäßige Konsolidierung) sind die §§ 250 bis 258, 260 und 261 entsprechend anzuwenden.

Die anteilsmäßige Konsolidierung wird auch als **Quotenkonsolidierung** bezeichnet. Hinsichtlich der Konsolidierungstechnik geschieht die Quotenkonsolidierung wie eine Vollkonsolidierung. Das Vermögen und die Schulden, sowie die Aufwendungen und die Erträge, werden jedoch nur mit einer bestimmten Quote berücksichtigt. Die Quotenkonsolidierung wird dann angewendet, wenn die Beteiligung am Tochterunternehmen zwischen 20% und 50% liegt. Grundlage für eine Quotenkonsolidierung ist ein Jahresabschluß des Tochterunternehmens, der an die konzerneinheitliche Bewertung angepaßt wurde.

Wichtig

In der Praxis hat sich anstelle der Quotenkonsolidierung die Equity-Konsolidierung durchgesetzt. Für die Equity-Konsolidierung besteht für das Tochterunternehmen keine Verpflichtung, die Bilanzierung und die Bewertung an den Konzernabschluß anzugleichen.

Nachdem sich die anteilsmäßige Konsolidierung in der Praxis nicht durchgesetzt hat, ersparen wir uns eine weitere Besprechung.

§ 263 Angeschlossene (assoziierte) Unternehmen

Begriff, Befreiung

(1) Wird von einem in den Konzernabschluß einbezogenen Unternehmen ein maßgeblicher Einfluß auf die Geschäfts- und Finanzpolitik eines nicht einbezogenen Unternehmens, an dem das Unternehmen entsprechend § 244 Abs. 6 beteiligt ist, ausgeübt (angeschlossenes oder assoziiertes Unternehmen), so ist diese Beteiligung in der Konzernbilanz unter einem besonderen Posten mit entsprechender Bezeichnung auszuweisen.

(2) Auf eine Beteiligung an einem angeschlossenen (assoziierten) Unternehmen brauchen Abs. 1 und § 264 nicht angewendet zu werden, wenn die Beteiligung für die Vermittlung eines möglichst getreuen Bildes der Vermögens-, Finanz- und Ertragslage des Konzerns von nur untergeordneter Bedeutung ist.

Hier werden die Voraussetzungen für eine **Equity** Konsolidierung festgelegt. Die erste Voraussetzung ist, daß eine Beteiligung vorliegt. Daher ist zuerst zu prüfen, ob ein Anteilsbesitz von mindestens 20% vorliegt. Die zweite Voraussetzung ist die Ausübung eines maßgeblichen Einflusses auf die Geschäfts- und Finanzpolitik des Tochterunternehmens. Dieser Einfluß ist dann gegeben, wenn aufgrund von Sperrminoritäten nachteilige Mehrheitsbeschlüsse verhindert werden können und die Organe des Tochterunternehmens (AR, Vorstand, Gf) mit Vertretern des Mutterunternehmens besetzt sind.

§ 264 Wertansatz der Beteiligung und Behandlung des Unterschiedsbetrages

(1) Eine Beteiligung an einem angeschlossenen (assoziierten) Unternehmen ist in der Konzernbilanz
1. entweder mit dem Buchwert oder
2. mit dem Betrag, der dem anteiligen Eigenkapital des angeschlossenen (assoziierten) Unternehmens entspricht, anzusetzen. Bei Ansatz mit dem Buchwert gemäß Z 1 ist der Unterschiedsbetrag zwischen diesem Wert und dem anteiligen Eigenkapital des angeschlossenen (assoziierten) Unternehmens bei erstmaliger Anwendung in der Konzernbilanz zu vermerken oder im Konzernanhang anzugeben. Bei Ansatz mit dem anteiligen Eigenkapital gemäß Z 2 ist das Eigenkapital mit dem Betrag anzusetzen, der sich ergibt, wenn die Vermögensgegenstände, unversteuerten Rücklagen, Rückstellungen, Verbindlichkeiten und Rechnungsabgrenzungsposten des angeschlossenen (assoziierten) Unternehmens mit dem Wert angesetzt werden, der ihnen an dem gemäß Abs. 3 gewählten Zeitpunkt beizulegen ist, jedoch darf dieser Betrag die Anschaffungskosten für die Anteile an dem angeschlossenen (assoziierten) Unternehmen nicht überschreiten; der Unterschiedsbetrag zwischen diesem Wertansatz und dem Buchwert der Beteiligung ist bei erstmaliger Anwendung in der Konzernbilanz gesondert auszuweisen oder im Konzernanhang anzugeben. Die angewandte Methode ist im Konzernanhang anzugeben.

(2) Der Unterschiedsbetrag gemäß Abs. 1 zweiter Satz ist den Wertansätzen von Vermögensgegenständen und Schulden des angeschlossenen (assoziierten) Unternehmens insoweit zuzuordnen, als deren Wert höher oder niedriger ist als der bisherige Wertansatz. Der nach dem ersten Satz zugeordnete oder der sich gemäß Abs. 1 Z 2 ergebende Betrag ist entsprechend der Behandlung der Wertansätze dieser Vermögensgegenstände und Schulden im Jahresabschluß des angeschlossenen (assoziierten) Unternehmens im Konzernabschluß fortzuführen, abzuschreiben oder aufzulösen. Auf einen nach Zuordnung nach dem ersten Satz verbleibenden Unterschiedsbetrag und einen Unterschiedsbetrag gemäß Abs. 1 dritter Satz zweiter Halbsatz ist § 261 entsprechend anzuwenden.

(3) Der Wertansatz der Beteiligung und die Unterschiedsbeträge werden auf der Grundlage der Wertansätze zum Zeitpunkt des Erwerbs der Anteile oder der erstmaligen Einbeziehung des angeschlossenen (assoziierten) Unternehmens in den Konzernabschluß oder beim Erwerb der Anteile zu verschiedenen Zeitpunkten zu dem Zeitpunkt, zu dem das Unternehmen angeschlossenes (assoziiertes) Unternehmen geworden ist, ermittelt. Der gewählte Zeitpunkt ist im Konzernanhang anzugeben.

(4) Der gemäß Abs. 1 ermittelte Wertansatz einer Beteiligung ist in den Folgejahren um den Betrag der Eigenkapitalveränderungen, die den dem Mutterunternehmen gehörenden Anteilen am Kapital des angeschlossenen (assoziierten) Unternehmens entsprechen, zu erhöhen oder zu vermindern; auf die Beteiligung entfallende Gewinnausschüttungen sind abzusetzen. In der Konzern-Gewinn- und Verlustrechnung ist das auf angeschlossene (assoziierte) Beteiligungen entfallende Ergebnis unter einem gesonderten Posten auszuweisen.

(5) Wendet das angeschlossene (assoziierte) Unternehmen in seinem Jahresabschluß vom Konzernabschluß abweichende Bewertungsmethoden an, so können abweichend bewertete Vermögensgegenstände oder Schulden für die Zwecke der Abs. 1 bis 4 nach den auf den Konzernabschluß angewandten Bewertungsmethoden bewertet werden. Wird die Bewertung nicht angepaßt, so ist dies im Konzernanhang anzugeben. § 256 über die Behandlung der Zwischenergebnisse ist entsprechend anzuwenden, soweit die für die Beurteilung maßgeblichen Sachverhalte bekannt oder zugänglich sind. Die Zwischenergebnisse dürfen auch anteilig entsprechend den dem Mutterunternehmen gehörenden Anteilen am Kapital des angeschlossenen (assoziierten) Unternehmens weggelassen werden.

(6) Es ist jeweils der letzte Jahresabschluß des angeschlossenen (assoziierten) Unternehmens zu Grunde zu legen. Stellt das angeschlossene (assoziierte) Unternehmen einen Konzernabschluß auf, so ist von diesem und nicht vom Jahresabschluß des angeschlossenen (assoziierten) Unternehmens auszugehen.

Hier ist die Heimat der **Equity-Methode.** Bei der Erstkonsolidierung ist der Differenzbetrag zwischen dem Buchwert der

Beteiligung und dem Eigenkapital des Tochterunternehmens zu untersuchen. Sie wissen schon, zuerst die Frage nach den stillen Reserven und dann nach dem Firmenwert. Bei der Kapitalkonsolidierung haben wir diese Vorgangsweise bereits besprochen. Der festgestellte Unterschiedsbetrag ist in der Bilanz oder im Anhang anzugeben. Der Hinweis, ob stille Reserven oder ein Firmenwert vorliegt, braucht nicht gemacht werden. Der Unterschiedsbetrag ist in der Folge abzuschreiben bzw. aufzulösen.

Die Equity-Konsolidierung unterscheidet sich von der Vollkonsolidierung dadurch, daß beim Equity-Ausweis die Vermögensgegenstände und die Schulden des Tochterunternehmens nicht in den Konzernabschluß übernommen werden. Es wird bei der Equity-Konsolidierung lediglich die Beteiligung der Muttergesellschaft mit dem bilanziellen Eigenkapital des Tochterunternehmens bewertet. Im Unterschied zur Vollkonsolidierung wird keine Schuldenkonsolidierung vorgenommen, ebenso werden Aufwendungen und Erträge nicht eliminiert. Was von der Konsolidierung bleibt, ist die Verpflichtung, den Zwischenerfolg zu eliminieren. Der Zwischenerfolg entsteht dann, wenn die Muttergesellschaft an die Tochtergesellschaft liefert und die gelieferten Waren beim Tochterunternehmen noch vorhanden sind (noch nicht verkauft wurden).

Zurück zum aktiven Unterschiedsbetrag

Der aktive Unterschiedsbetrag muß wie bereits dargestellt, hinterfragt werden. Die Vermögensgegenstände des Tochterunternehmens sind auf stille Reserven hin zu untersuchen. Vorhandene stille Reserven sind aber nur entsprechend des Beteiligungsanteils zu berücksichtigen. Verbleibt nach der Zuordnung der stillen Reserven ein restlicher aktiver Unterschiedsbetrag, so ist dieser als Firmenwert anzusetzen.

Die Aufteilung des Unterschiedsbetrages in stille Reserven und Firmenwert bleibt bei der Erstkonsolidierung ohne sichtbaren Einfluß auf den Konzernabschluß. Im Konzernabschluß wird die Beteiligung des Mutterunternehmens unverändert ausgewiesen. Die Zuordnung des Unterschiedsbetrages im Rahmen der Equity-Bewertung erfolgt in einer Ergänzungsrechnung, die erst für die Folgekonsolidierung von Bedeutung ist.

Folgekonsolidierung: Im Rahmen der Equity-Methode wird der Wertansatz der Beteiligung beim Mutterunternehmen in den Folgejahren, entsprechend der Entwicklung des Eigenkapitals beim Tochterunternehmen wie folgt verändert:

Gewinne des Tochterunternehmens erhöhen den Beteiligungsansatz (Verluste reduzieren ihn). Der Beteiligungsansatz wird reduziert um die Abschreibung der Unterschiedsbeträge aufgrund der Ergänzungsrechnung. Auch Ausschüttungen reduzieren ihn.

Die anteiligen Jahresüberschüsse des Tochterunternehmens werden im Jahr ihrer Entstehung in der Konzernerfolgsrechnung als Beteiligungsertrag übernommen. Die Buchung lautet: Beteiligung an Beteiligungsertrag.

Zurück zur Zwischenerfolgseliminierung

Im Absatz 5 wird die Eliminierungspflicht wie folgt eingeschränkt. Die Sachverhalte für die Berechnung der Zwischenerfolge müssen bekannt oder zugänglich sein. In der Praxis werden die Kalkulationsgrundlagen dem Tochterunternehmen nicht offen gelegt. In diesem Fall sind die Sachverhalte dann nicht zugänglich.

Weiterführende Literatur

Bertl-Mandl, Handbuch zum Rechnungslegungsgesetz, Orac Verlag

Egger-Samer, Der Jahresabschluß nach dem Rechnungslegungsgesetz, 6. Auflage, Linde Verlag

Wiederholungsfragen

- In welche Abschnitte zerfällt das Rechnungslegungsgesetz?
- Was wissen Sie über die Inventurverfahren?
- Welche Ausnahme von der Stichtagsinventur gibt es?
- Was bedeutet eine permanente Inventur?
- Was versteht man unter einer vor- bzw. nachverlagerten Inventur?
- Wie erfolgt die Fortschreibung bei einer vorverlagerten Inventur?
- Wer unterzeichnet den Jahresabschluß?
- Was ist genau zu unterzeichnen?
- Was versteht man unter dem Grundsatz ordnungsmäßiger Buchführung?
- Was versteht man unter dem Vollständigkeitsprinzip?
- Was wissen Sie über die Bilanzierungsverbote?
- Was sind Transitorien?
- Was versteht man unter einem Disagio?
- In welchen Fällen ist eine Rückstellung zu bilden?
- Welchen Hintergrund haben die latenten Steuern?
- Was versteht man unter dem Grundsatz der Bewertungsstetigkeit?
- Was versteht man unter dem Grundsatz der Unternehmensfortführung?
- Was versteht man unter dem Grundsatz der Vorsicht?
- Können Sie an einem Beispiel das imparitätische Realisationsprinzip erläutern?
- Wie werden die Anschaffungskosten definiert?
- Was versteht man unter den Anschaffungsnebenkosten?
- Was zählt zu den Anschaffungskostenminderungen?
- Wie setzen sich die Herstellungskosten zusammen?
- Wie erkennt man ob eine Unterbeschäftigung gegeben ist?
- Wirken sich Finanzierungskosten bei der Ermittlung der Anschaffungskosten oder bei der Ermittlung der Herstellungskosten aus?

- Geben Sie eine Definition des Firmenwertes.
- Welche Abschreibungsmethoden gibt es?
- Was versteht man unter einer Abschreibung nach der Substanzverringerung?
- Was versteht man unter einer außerplanmäßigen Abschreibung?
- Aus welchen Posten setzen sich die sonstigen unversteuerten Rücklagen zusammen?
- Was versteht man unter einer Bewertungsreserve?
- Wie ermitteln sich die Herstellungskosten bei einer langfristigen Fertigung?
- Was versteht man unter dem strengen Niederstwertprinzip?
- Wo findet sich ein niedrigerer Wert am Bilanzstichtag?
- Was versteht man unter einer retrograden Bewertung?
- Wie werden Fremdwährungsforderungen bewertet?
- Welche Überlegung führt zu einer Abzinsung?
- Was versteht man unter dem erweiterten Niederstwertprinzip?
- Was versteht man unter dem Wertaufholungsgebot?
- Welche Bewertungsvereinfachungsverfahren kennen Sie?
- Wo finden Sie den Ansatz von Festwerten?
- Auf welche Nutzungsdauer werden die aktivierten Ingangsetzungs- und Erweiterungskosten abgeschrieben?
- Mit welchem Wert werden Verbindlichkeiten angesetzt?
- Mit welchem Wert werden Rentenverpflichtungen bewertet?
- Mit welchem Wert sind Rückstellungen anzusetzen?
- Wie werden Rentenverpflichtungen bewertet?
- Hat die Höhe des Kapitalisierungszinsfußes eine Auswirkung auf den Barwert?
- Was unterscheidet das Teilwertverfahren vom Gegenwartswertverfahren?
- Was sagen die Fachgutachten zur Abfertigungsrückstellung und zur Pensionsrückstellung?
- Wann liegt eine mittelgroße Kapitalgesellschaft vor?
- Innerhalb welcher Frist haben Kapitalgesellschaften den Jahresabschluß zu erstellen?
- Was sagt Ihnen der Begriff der formellen Kontinuität?
- Wann ist das Prinzip der Bilanzklarheit erfüllt?
- Was unterscheidet das Anlagevermögen vom Umlaufvermögen?
- Was versteht man unter immateriellen Vermögensgegenständen?
- Wie lautet die gesetzliche Definition für den Firmenwert?
- Was sagt die Beteiligungsvermutung?
- Wann liegt ein verbundenes Unternehmen vor?
- Was versteht man unter Ausleihungen?
- In welche Posten wird das Umlaufvermögen eingeteilt?
- Aus welchen 6 Posten besteht die Passivseite der Bilanz?
- Was ist eine Gewinnrücklage?
- Warum gibt es für die unversteuerten Rücklagen einen gesonderten Bilanzposten?
- Wann liegt ein negatives Eigenkapital vor?
- Was ist im Falle einer Überschuldung zu tun?
- Nennen Sie die Mindestgliederung für den Anlagenspiegel.
- Nennen Sie in groben Zügen die Zwischensummen der Gewinn- und Verlustrechnung.
- Was unterscheidet das Gesamtkostenverfahren vom Umsatzkostenverfahren?
- Was sagt Ihnen die Staffelform?
- Wie setzt sich der Betriebserfolg zusammen?
- Was bedeutet der Finanzerfolg?
- Aus welchen Posten bestehen die sonstigen betrieblichen Erträge?
- Finden Sie die Auflösung der Abfertigungs- oder Pensionsrückstellung unter den sonstigen betrieblichen Erträgen ausgewiesen?
- Was versteht man unter einem Gewinnvortrag?
- Wann liegen außerordentliche Aufwendungen und Erträge vor?
- Welche Steuern werden im Posten 21 ausgewiesen?
- Was verstehen Sie unter einer Ausschüttungssperre?

Konsolidierung

- Was versteht man unter einem Konzernabschluß?
- Was versteht man unter der Kapitalkonsolidierung?
- Was bedeutet die Schuldenkonsolidierung?
- Wie steht es um die Bilanzierungswahlrechte im Konzernabschluß?
- Wie wird die Kapitalkonsolidierung vorgenommen?
- Wie setzt sich das Eigenkapital des Tochterunternehmens zusammen?
- Was ist der aktive Unterschiedsbetrag?
- Was sind die echten und was die unechten Differenzen bei der Schuldenkonsolidierung?
- Was versteht man unter Zwischenergebnissen?
- Wie kommt man zu einer Konzern G.u.V.?
- Was wissen Sie über die latenten Steuern im Konzernabschluß?
- Wie werden Anteile anderer Gesellschafter im Konzernabschluß behandelt?
- Was versteht man unter der einheitlichen Bewertung?
- Was unterscheidet die aktiven von den passiven Unterschiedsbeträgen?
- Welche Entstehungsgründe gibt es für passive Unterschiedsbeträge?
- Was versteht man unter der Quotenkonsolidierung?
- Was versteht man unter der Equitykonsolidierung?
- Wodurch unterscheidet sich die Equitykonsolidierung von der Vollkonsolidierung?

4. Einblick in die Bilanzierungspraxis

4.1 Abschlußarbeiten im Überblick

Für die Erstellung des Jahresabschlusses sind folgende Arbeiten erforderlich:

Abstimmungsarbeiten

Soll-Habengleichheit der Saldenlisten
(Eventuelle Differenzposten in den EDV-Listen bzw. händisch erstellten Saldenlisten aufklären)

Auflösung des Sammelkontos
für unklare Buchungsfälle (Bezeichnungen: Verrechnungskonto, Zwischenkonto, Interimskonto, schwebende Posten, meist in der Klasse 9)

Kundenkonto abstimmen
(OP-Listen, Kontoauszüge, Buchungen im Folgejahr) Vergleich Debitorenliste mit Sammelkonto der FiBu

Lieferantenkonten abstimmen
(OP-Listen, Kontoauszüge, Buchungen im Folgejahr) Vergleich Kreditorenliste mit dem Sammelkonto der FiBu

Umsatzsteuerverprobung
(Achtung auf USt- und Vorsteuerwartekonten aus dem Vorjahr!)

Abstimmung der Finanzamtskonten
(Allgemeines Verrechnungskonto, USt-Zahllast, Verrechnungskonten LSt u.a.)

Abstimmung sonstige Forderungen
(Achtung auf „Alt"forderungen aus der EB)

Abstimmung sonstige Verbindlichkeiten
(Achtung auf „Alt"verbindlichkeiten aus der EB)

Durchsicht des Abschlusses und der Arbeitsunterlagen VORJAHR
Durchsicht des letzten Wirtschaftsprüfungs- oder Betriebsprüfungsberichtes (EB-Anpassungen, vorgemerkte Feststellungen u.a.)

ALLE KONTEN DURCHSEHEN

(Sowohl die Buchhaltung des Abschlußjahres als auch die laufende Buchhaltung – erforderliche Buchungen **sofort** notieren!)

Anlagevermögen

- Anlagenzugänge (Durchsicht sämtlicher verbuchter Zugänge auf Instandhaltung, richtiges Anlagenkonto, Vollständigkeit, Privataufwand, GWG etc.)
- Überprüfung der betragsmäßig bedeutsamen Anlagenzugänge des Jahres anhand der Eingangsrechnungen.
- Im Bau befindliche Anlagen (zum Bilanzstichtag fertiggestellt?)

- Aufwandskonten auf aktivierungspflichtige Posten durchsehen (vor allem Reparaturaufwand, GWG, sonstige Steuern und Gebühren)
- Überprüfung der Angemessenheit bestimmter Anschaffungskosten: PKW, Flugzeug, Boote, Jagden, Teppiche und Tapisserien, Antiquitäten.
- Zu aktivierende Eigenleistungen?

- Werte des Anlagenverzeichnisses zum Jahresbeginn mit den Werten lt. letzter Schlußbilanz vergleichen
- Änderungen lt. Betriebsprüfungsbericht einbuchen

ANLAGENVERZEICHNIS auf den neuesten Stand bringen

- Eingaben der Zugänge, Ausbuchen der Abgänge
- Bestandsaufnahme, ob die Wirtschaftsgüter tatsächlich noch vorhanden sind

ANLAGENVERKAUFSERLÖSE

- Kontrollrechnung, ob alle Restbuchwerte ausgebucht wurden
- Auflösung der Bewertungsreserve
- Vorsteuerkorrektur bei Liegenschaftsverkäufen
- Auflösung von Investitionfreibeträgen

- Trennung in Buchgewinne und Buchverluste und nach Sachanlagen und Finanzanlagen – für die GuV-Rechnung
- Übertragungsmöglichkeiten gem. § 12 EStG

INVESTITIONSFREIBETRÄGE

- Neubildung
- auch von nachträglichen Anschaffungskosten?
- Nachträgliche Minderung von Anschaffungskosten (z.B. Preisnachlässe, Subventionen u.a.) berücksichtigt?
- Auflösung bei vorzeitigem Ausscheiden (höhere Gewalt) bzw. Auflösung wegen Ablauf der Behaltefrist über Kapital- bzw. Rücklagenkonto

WERTPAPIERE

- Auflistung nach Art bzw. nach Zu- und Abgängen nach den Depotverzeichnissen der Bank – Kontrolle der Zinsenerträge
- Berechnung der Wertpapierdeckung im Abschlußjahr
- Berechnung der zum **nächsten** Bilanzstichtag erforderlichen Wertpapierdeckung (für Abfertigungs- und Pensionsrückstellung)
- Prüfen, ob eine Abwertung von Wertpapieren erforderlich ist

ABSCHREIBUNGEN

- Teilwertabschreibungen vorgenommen

Umlaufvermögen und Rechnungsabgrenzungen

- Originalinventur einsehen und nachrechnen
- Durchsicht der Originalaufnahmen der Inventur zwecks Feststellung der Vollständigkeit
- Rechnerische Kontrolle der Inventurbewertung:
- Menge mal Preis (Dezimalfehler!), Übertragsfehler, Aufsummierung doppelt nachrechnen
- Ermittlung des Wareneinsatzes und der Bestandsveränderung
- Bewertung der Vorräte überprüfen, Abwertungen durchführen
- Überprüfung der Inventurbewertung. Sind die Anschaffungskosten bzw. Herstellungskosten richtig ermittelt worden?
- Gibt es einen niedrigeren Vergleichswert am Absatzmarkt bzw. am Beschaffungsmarkt?
- Ist ein normaler Beschäftigungsgrad gegeben?
- Sind die Anschaffungskosten zum Bilanzierungszeitpunkt möglicherweise niedriger? (Überprüfung des letzten Einkaufs)
- Feststellung der noch nicht abrechenbaren Leistungen (unfertige Aufträge) – Vergleich mit den Anzahlungen
- Rollende Ware erfaßt (z.B. Ware beim Spediteur)
- Kundenforderungen auf Vollständigkeit prüfen (AR im Folgejahr für Leistungen im Abschlußjahr; erbrachte, aber noch nicht fakturierte Leistungen)
- Abstattungsprüfung:
- Welche Forderungen zum 31.12. sind jetzt im Bilanzierungszeitpunkt noch offen?
- Warum?
- Saldenbestätigungen rechtzeitig einholen!
- Uneinbringliche Forderungen mit USt-Korrektur ausbuchen
- Einzelwertberichtigungen zu Forderungen wegen Gefährdung der Einbringlichkeit
- Wertberichtigungen wegen nachträglicher Entgeltsminderungen (Rabatte, Boni, Rechnungsabstriche etc.)
- Einzelwertberichtigung wegen Abzinsung
- Sammelwertberichtigung (steuerlich ab 1994 nicht mehr zulässig)
- Sonstige Forderungen und Aktive Rechnungsabgrenzung erfaßt (mit Durchsicht der ersten Monate des Folgejahres)
- Bankguthaben – Vergleich mit den Kontoauszügen
- Cut off test:
- Durchsicht der Jänner-Eingangsrechnungen, ob noch Dezember-Aufwendungen fakturiert wurden
- Durchsicht der eigenen Jänner-Ausgangsrechnungen, ob noch Dezember-Leistungen abgerechnet wurden
- Die Jänner-Zahlungen an Finanzamt, Gemeinde und Gebietskrankenkasse sollen der Verbindlichkeit zum 31. Dezember entsprechen
- Überweisungsbelege ansehen!

Unversteuerte Rücklagen

- Investitionsfreibeträge – Auflösung gegen Kapital bzw. Rücklagen
- Investitionsfreibeträge – Auflösung gegen Ertrag (Anlagenverkauf, Entnahme oder nachträgliche Minderung der Anschaffungskosten)
- Neubildung Investitionsfreibeträge des Abschlußjahres – (Kontrollrechnung)
- Sonstige unversteuerte Rücklagen (Auslandsbeteiligungen, Übertragungsrücklagen)
- Entwicklung der unversteuerten Rücklagen (Anhang bzw. Beilage)
- Entwicklung der Bewertungsreserve (Anhang bzw. Beilage)

Rückstellungen

- Rückstellung Vorjahr (lt. EB) – Überprüfung, welche fortzuführen, welche aufzulösen und welche neu zu bilden sind
- Verbrauch der Rückstellungen buchen, wenn während des Jahres nur auf Aufwandskonten gebucht wurde!
- Auflösung von zu hoch gebildeten Rückstellungen
- Abfertigungsrückstellung
- Pensionsrückstellung
- Gutachten für Pensionsrückstellungen

- Körperschaftsteuerrückstellung
- Sonstige Steuerrückstellungen
- Urlaubsrückstellung
- Jubiläumsgeldrückstellung
- Sonstige Rückstellungen für Personalaufwand
- Rückstellung für Rechts- und Beratungskosten
- Garantie- und Gewährleistungsrückstellungen (inkl. steuerl. Auflösung)
- Produkthaftungsrückstellung (steuerliche Auflösung)
- Sonstige Schadensrückstellungen (Haftungen, Prozeßkosten, Kursverluste, drohende Verluste aus schwebenden Geschäften)
- Rückstellung für Umweltschutzauflagen
- Rückstellungen für noch nicht abgerechnete Eingangsleistungen
- Sonstige Rückstellungen
- Darstellung der Rückstellungsentwicklung (Anhang bzw. Beilage)

Verbindlichkeiten und RAP

- Banksalden mit den Kontensalden verglichen
- Bei Privatdarlehen: Darlehensgeber mit Name und Adresse sowie Verzinsung und Rückzahlungsvereinbarungen feststellen
- Sonstige Verbindlichkeiten – „alte" Posten aus der EB überprüfen, ob die Schuld noch besteht, „neue" Verbindlichkeiten aus der laufenden Buchhaltung feststellen
- Befragung des Unternehmers (Geschäftsführers), ob es Rechnungen, Bescheide etc. gibt, die das Abschlußjahr betreffen, aber noch nicht bezahlt und ebenso noch nicht verbucht wurden
- Passive Rechnungsabgrenzungsposten erfassen (als Ertrag verbuchte Einnahmen für spätere Leistungen z.B. Zinsenzuschüsse für mehrere Jahre)

Erfolgskonten

- Habenbuchungen auf Aufwandskonten untersuchen
- Sollbuchungen auf Ertragskonten untersuchen
- Personalaufwand lt. Buchhaltungskonten mit der Zusammenstellung sämtlicher Lohnkonten (Lohnzettel) vergleichen
- Verprobung der lohnabhängigen Abgaben (DB, DZ, KommSt)
- Bei monatlichen Steuern – Prüfung, ob 12 Positionen verbucht sind
- Vollständigkeit von Zinsenaufwand (z.B. auch Wertsicherungsbeträge) und von Zinsenerträgen (evtl. auch Zinsenabgrenzung über Forderungen)
- Schadensfälle und Versicherungsvergütungen
- Trennung von Werbeaufwand und Repräsentationsaufwand
- (bei PKW-Kosten die Grenze von 467.000,– beachten)
- Reisekosten Unternehmer (Gesellschafter-) Vollständigkeit, Richtigkeit
- Privatanteile bzw. Eigenverbrauch (bei Einzelunternehmen und Personengesellschaften) bzw. Spesenanlastungen (bei GmbH-Gesellschaftern) mit Erläuterungen gebucht
- (Kfz-Kosten, Wohnung, Strom, Heizung, Verpflegung, allgemeine Warenentnahme u.a.)
- Ermittlung der nichtabzugsfähigen Aufwendungen:
- Spenden, Repräsentation, Aufsichtsratsvergütung (50%), Bewirtungskosten (50%).

Privat- und Kapitalkonten

- Habenbuchungen auf den Privatkonten untersuchen, echte Darlehen auf Darlehen umbuchen
- Konzept „Sonderausgaben" erstellen
- Bei Kapitalgesellschaften: Gesellschafterkonten richtig abgeschlossen (Zinsen- und Spesenanlastung durchgeführt)
- Buchungen auf Gewinnvortragskonten richtig (z.B. Abbuchungen von erfolgten Ausschüttungen, Abzug von Kapitalertragsteuer)

Schlußkontrollen

- Nochmalige Umsatzsteuer-Kontrollrechnung, wenn Nachtragsbuchungen (z.B. Eigenverbrauch, Privatanteile, Sachbezüge) erforderlich waren
- Vergleich der Werte aller Beilagen (vom Anlagenspiegel bis zur Entwicklung der unversteuerten Rücklagen) mit den Bilanzansätzen
- Sind durch Umbuchungen die Privatanteile noch richtig?
- Betriebswirtschaftliche Auswertung erfolgt?
- Daten für die Steuererklärung auf den neuesten Stand gebracht
- (Firmenbezeichnung, Adressen, Geburtsdaten, SV-Nummern etc.)
- Vermerke und Anweisungen für den nächsten Abschluß in den „Bilanzordner Folgejahr" legen.

4.2 Anlagevermögen

Aktivseite	Passivseite
A. Anlagevermögen	A. Eigenkapital
B. Umlaufvermögen	B. unversteuerte Rücklagen
C. Rechnungsabgrenzungsposten	C. Rückstellungen
	D. Verbindlichkeiten
	E. Rechnungsabgrenzungsposten

Einstimmung auf das Thema

Wir gehen jetzt in die Tiefe und beschäftigen uns mit Einzelproblemen. Wir sprechen vom „Aktivieren", was bedeutet, daß ein Vermögenszuwachs als Aktivum erfaßt wird. Es stellt sich daher zuerst die Frage nach einer **Aktivierungspflicht.** Der Gesetzgeber selbst hat festgelegt, daß Vermögenszuwächse bis S 5.000,– als geringwertige Wirtschaftsgüter nicht aktiviert werden müssen. Zum zweiten gibt es Ausgaben, die nur dazu dienen, einen Vermögensgegenstand in gebrauchsfähigem Zustand zu erhalten. Solche Ausgaben, wie z.B. Reparaturen, sind ebenfalls nicht zu aktivieren.

Wie ist vorzugehen, wenn wir einen Vermögensgegenstand nicht einkaufen, sondern selbst erstellen?

Hier wird vom Gesetzgeber vorgegeben, daß ein **selbstgeschaffenes Gebäude** zu aktivieren und daß ein **selbstgeschaffenes Know-how** nicht aktivierungsfähig ist.

Weiters stellt sich beim Anlagevermögen oft die Frage nach dem **Buchungszeitpunkt**, insbesondere dann, wenn

- Kaufvertrag,
- Lieferung,
- Inbetriebnahme und
- Zahlung

zeitlich weit auseinanderliegen.

Ein weiteres Problem ist die Frage der **Anschaffungskosten.** Insbesondere geht es hier um die Frage der **Nebenkosten**, die ebenfalls zu den Anschaffungskosten gerechnet werden. Die Minderung der Anschaffungskosten (Subventionen, Übertragung stiller Rücklagen) wird ebenfalls bei den Einzelproblemen des Anlagevermögens behandelt.

Beim **Anschaffungszeitpunkt** beschäftigen wir uns mit dem Thema, ob das **zivilrechtliche** oder das **wirtschaftliche** Eigentum ausschlaggebend ist. Daß die Anschaffungskosten nicht ausschließlich Basis für die **Abschreibung** sind, dafür sorgt der Gesetzgeber. Bei Kraftfahrzeugen, Flugzeugen, Antiquitäten und Teppichen werden steuerlich nur „angemessene" Anschaffungskosten berücksichtigt.

Wie werden die Anschaffungskosten ermittelt, wenn als Gegenleistung eine **Leibrente** gezahlt wird und die Summe der Zahlungen von der Lebensdauer des Rentenempfängers abhängig ist? Kann man der Aktivierung entgehen, wenn man Wirtschaftsgüter least? Ein weiterer Dauerbrenner beim Anlagevermögen ist die Ermittlung der **Nutzungsdauer.** Mit der Ermittlung der Nutzungsdauer wird die Höhe der Abschreibung und damit die Höhe der Gewinnminderung festgelegt.

Die Festlegung der Nutzungsdauer bei Gebäuden, Firmenwert und PKWs erfolgt durch den Gesetzgeber. Weiters hat der Gesetzgeber festgelegt, daß steuerlich nur eine lineare (gleichmäßige) Wertminderung akzeptiert wird. Die **Sonderabschreibungen** (für Substanzverringerung, außergewöhnliche technische und wirtschaftliche Abnutzung) machen das Thema noch interessanter.

Ein Kontrastprogramm

Gleich zu Beginn werden wir uns mit einer Reihe von Begriffen auseinandersetzen, die uns in der Folge immer wieder unterkommen:

Anlagevermögen/Umlaufvermögen

Unsere **Absicht** ist dafür entscheidend, wo ein Wirtschaftsgut zugeordnet wird. Wenn wir die Absicht haben, das Wirtschaftsgut länger als ein Jahr in unserem Betrieb zu behalten, dann wird es dem **Anlagevermögen** zugeordnet. Wenn wir die Absicht haben, das Wirtschaftsgut anzuschaffen und wieder zu veräußern, dann erfolgt die Zuordnung beim **Umlaufvermögen.**

Abnutzbare/nicht abnutzbare Wirtschaftsgüter

Abnutzbar sind Wirtschaftsgüter dann, wenn das Wirtschaftsgut durch die Nutzung an Wert verliert. Abnutzbare Wirtschaftsgüter sind daher: Gebäude, Maschinen, Kraftfahrzeuge, Betriebs- und Geschäftseinrichtung. Die **nicht abnutzbaren** Wirtschaftsgüter unterliegen im Betrieb keinem Wertverlust. Beispiele für nicht abnutzbare Wirtschaftsgüter sind: Grundstücke, Beteiligungen und Konzessionen. Der **Firmenwert** ist abnutzbar, weil dies der Gesetzgeber so will. **Patente, Lizenzen und Urheberrechte** sind dann abnutzbar, wenn sie zeitlich befristet sind.

Bei Geschäftsräumlichkeiten erwerben wir durch Ablösezahlung ein **Mietrecht.** Wenn der Mietvertrag auf unbestimmte Zeit geschlossen worden ist, dann unterstellt die Finanzbehörde eine zehnjährige Nutzungsdauer. Auf diese Weise wird das Mietrecht, obwohl keine zeitliche Befristung gegeben ist, ein abnutzbares Wirtschaftsgut.

Die Unterstellung einer 10jährigen Nutzungsdauer bei unbestimmter Vertragsdauer ist zwar üblich, aber keine generelle Regel.

Materielle/immaterielle Wirtschaftsgüter (Körperliche/unkörperliche Wirtschaftsgüter)

Die Übersetzung für **materiell** mit **körperlich** wird passen. Immaterielle Wirtschaftsgüter sind aber nicht immer unkör-

Bewertung auf einen Blick

	HGB	EStG
Wertansätze	§ 203 AK/HK Kaufpreis + Nebenkosten + nachträgliche AK – Anschaffungskostenminderung = AK HK • Mindestansatz FM FL • Höchstansatz FM MGK FL FGK Soko der Fertigung Aufw. für soziale Einrichtungen Aufw. für freiwillige soziale Leistung Aufw. für betr. Altersvers. + Abfertigung FK-Zinsen für Finanzierung der Herstellung • Aktivierungsverbot für VwGK, VtGK	§ 6 Z 1 und 2a AK/HK AK = Definition des HGB HK FM MGK FL FGK Sonder*einzel*kosten der Fertigung Sozialaufwendungen *Wahlrecht* • Aktivierungsverbot für Verwaltungsgemeinkosten, Vertriebsgemeinkosten
Abschreibungen • planmäßige • außerplanmäßige	§ 204 Abs. 1 • Schätzung der ND • Festlegung der Methode (linear, degressiv, leistungsabhängig) § 204 Abs. 2 • Auf niedrigeren beizulegenden Wert • Wahlrecht bei vorübergehender Wertminderung nur für Finanzanlagen, MUSS bei Wertminderung von Dauer	§ 7 Abs. 1 • Betriebsgew. ND • Lineare Abschreibung, ausgenommen nur Absetzung für Substanzverringerungen • Auf niedrigeren Teilwert aufgrund der Maßgeblichkeit; KANN nur bei Finanzanlagen wegen vorübergehender Wertminderung, MUSS bei dauernder Wertminderung. § 12 Abs. 3 KStG: Abschreibungen von Beteiligungen • nicht gewinnmindernd wenn ausschüttungsbedingt • gewinnmindernd auf sieben Jahre verteilt bei Wertminderung
Abschreibungen (AfA) von abnutzbaren Wirtschaftsgütern des Anlagevermögens	Zulässig sind alle denkbaren Formen der Absetzung für Abnutzung: linear, degressiv, progressiv, leistungsbezogen	Zulässig nur die lineare AfA (§ 8 Abs. 1 EStG). AUSNAHME: Absetzung für Substanzverringerung bei Bergbaubetrieben
AfA von PKW (und Kombi)	Planmäßige Abschreibungen gem. § 204 HGB (eine bestimmte Nutzungsdauer ist nicht vorgeschrieben)	Verteilung der Anschaffungskosten neuer PKW (Kombi) auf mindestens 8 Jahre (§ 8 Abs. 6 Z 1 EStG). Bei gebrauchten PKW: 8 Jahre abzüglich bisherige Nutzungsjahre

	HGB	EStG
Instandsetzungsaufwand an Wohngebäuden	Sofortaufwand	Der Aufwand muß auf 10 Jahre (Entstehungsjahr + 9 Folgejahre) verteilt werden (§ 4 Abs. 7 EStG)
PKW-Leasingraten	Sofortaufwand	Die AfA-Komponente einer Leasingrate ist aktiv abzugrenzen, soweit die zulässige AfA von 12,5% der AK überstiegen wird (§ 8 Abs. 6 Z 2 EStG)
Zuschreibungen	§ 208 Abs. 2 • Bei Wegfall der Gründe für eine außerplanmäßige Abschreibung besteht faktisch ein Beibehaltungsrecht • Wertaufholungsgebot für Beteiligungen	§ 6 Z. 13 • generelle Aufwertung von Anlagegütern • Durchbrechung des uneingeschränkten Wertzusammenhanges
Bewertungsvereinfachungsverfahren • Ausnahmen vom Grundsatz der Einzelbewertung	• Festwertverfahren • § 209 Abs. 1 für Sachanlagevermögen • AK, HK minus 50% Abschlag	Handelsbilanz maßgeblich
Aufwendungen für das Ingangsetzen und Erweitern eines Betriebes	• Bilanzierungshilfe § 198 Abs. 3 (Wahlrecht)	Handelsbilanzansatz maßgeblich
• Abschreibung	§ 210 mindestens 20% vom 1. Jahr an	mindestens 20% vom 1. Jahr an
Firmenwert	§ 203 Abs. 5 • Bilanzierungshilfe (Unterschiedsbetrag, um den die Gegenleistung für die Übernahme eines Betriebes die Werte der einzelnen Vermögensgegenstände abzüglich der Schulden übersteigt)	§ 6 Z. 8 b • abnutzbares Wirtschaftsgut 5 Jahre für Praxiswert eines Freiberuflers (BMF, RdW 1994)
• Abschreibung	§ 203 Abs. 5 planmäßig auf die Geschäftsjahre der voraussichtlichen Nutzung	§ 8 Abs. 3 15 Jahre bei land- und forstwirtschaftlichem Betrieb und Gewerbebetrieb
Firmenwert (bei Umgründungen)	§ 202 Abs. 2 Wahlweise als Sofortaufwand oder auf 2–15 Jahre abzuschreiben	Steuerliches Abzugsverbot (Zurechnung in der Mehr- / Wenigerrechnung)
Aktivposten bei Umgründungen Umgründungswert, Verschmelzungsmehrwert, Einbringungsausgleichsposten	Alle die durch Umgründung entstandenen „Sonderposten" müssen in der HB angemessen, d.h. auf 2–15 Jahre verteilt abgeschrieben werden	Diese Abschreibungen sind steuerlich zuzurechnen.

perlich. **Immateriell** oder **unkörperlich** sind jedenfalls die gewerblichen Schutzrechte, wie:

Patente, Lizenzen, Marken-, Urheber- und Verlagsrechte, Konzessionen, Know-how, Rezepturen sowie Mietrechte und Fruchtgenußrechte.

Darüber hinaus wird **EDV-Software** zu den unkörperlichen Wirtschaftsgütern gerechnet. Wichtig ist bei dieser Unterscheidung nur, daß **selbstgeschaffene materielle** Wirtschaftsgüter (Baufirma baut Gebäude) aktiviert werden müssen, während **selbstgeschaffene immaterielle** Wirtschaftsgüter nicht aktiviert werden dürfen. Zugekaufte Software wird aktiviert, selbstgeschaffene Software wird nicht aktiviert.

Auch bei forschungsintensiven Unternehmen werden die Entwicklungskosten sofort Aufwand, und das entwickelte Know-how ist in der Bilanz nicht zu ersehen. Wenn das Know-how veräußert wird, dann sind die Entwicklungskosten als Teil der Anschaffungskosten in der Bilanz des Käufers zu finden. Wie gesagt: entgeltlich erworbene immaterielle Wirtschaftsgüter sind zu aktivieren.

Zivilrechtliches/wirtschaftliches Eigentum

Interessant ist es jetzt für uns zu erfahren, daß für die Bilanzierung nicht das **zivilrechtliche** Eigentum, sondern das **wirtschaftliche** Eigentum entscheidend ist. Wenn wir ein Gebäude kaufen, dann erwerben wir das zivilrechtliche Eigentum im Zeitpunkt der Grundbucheintragung.

Wenn der Kaufvertrag und die Schlüsselübergabe vor dem Bilanzstichtag erfolgt sind, aber die Grundbuchseintragung erst Wochen nach dem Bilanzstichtag erfolgt, dann konnten wir das Gebäude wie ein „richtiger" Eigentümer nutzen. Für die Bilanzierung ist dann nicht die Eintragung im Grundbuch maßgebend, sondern die Art, wie wir das Gebäude benutzt haben. Erfolgte die Nutzung in der Art, wie dies ein Eigentümer machen würde, dann wird vom **wirtschaftlichen** Eigentum gesprochen.

Leasingverträge werden steuerlich beurteilt und unter bestimmten Voraussetzungen nicht als Miete akzeptiert. Die Finanzbehörde unterstellt dann einen Kauf und der Mieter (der Leasingnehmer) wird zum **wirtschaftlichen** Eigentümer, der das Wirtschaftsgut zu aktivieren hat.

Bewegliche/unbewegliche Wirtschaftsgüter

Liegenschaften gehören zu den **unbeweglichen** Wirtschaftsgütern. Eine Liegenschaft umfaßt dann Grund und Gebäude. Das Problem beim Bilanzieren liegt nun darin, festzustellen, ob **bewegliche** Wirtschaftsgüter durch Einbau in ein Gebäude **unbeweglich** werden.

Betriebsvermögen/Privatvermögen

Bewegliche Wirtschaftsgüter: Eine prozentuelle Aufteilung erfolgt nicht, denn das **Überwiegen** ist entscheidend. Ein Wirtschaftsgut, das mehr als 50% betrieblich genutzt wird, ist mit 100% Betriebsvermögen.

Diese Regelung beantwortet die Frage nach der Aufnahme des Wirtschaftsgutes in die Bilanz. Selbstverständlich sind nur jene Aufwendungen abzugsfähig, die der betrieblichen Nutzung entsprechen. Nachdem aber sämtliche Kosten (100%) erfaßt werden, ist ein Privatanteil auszuscheiden.

Unbewegliche Wirtschaftsgüter: Hier erfolgt eine prozentuelle Aufteilung, wobei es eine Obergrenze mit 80% und eine Untergrenze mit 20% gibt, innerhalb derer die **prozentuelle Aufteilung** stattfindet.

Bei einem Gebäude, das **mehr als 80%** betrieblich genutzt wird, wird das komplette Gebäude in der Bilanz erfaßt (und ein Privatanteil ausgeschieden). Bei einem Gebäude, das **weniger als 20%** betrieblich genutzt wird, erfolgt überhaupt keine bilanzielle Erfassung (trotzdem können anteilige Abschreibungen für Abnutzung gewinnmindernd geltend gemacht werden).

Herstellungsaufwand/Erhaltungsaufwand

Der Herstellungsaufwand führt uns von der Bezeichnung her zu den **Herstellungskosten**, und damit sind wir beim Aktivieren. Der Begriff Herstellungsaufwand führt uns deswegen aufs Glatteis, weil mit der Bezeichnung Aufwand angedeutet wird, daß die Ausgaben für diese Herstellung sofort aufwandswirksam verrechnet werden. Hier ist aber die Bezeichnung irreführend, denn beim Herstellungsaufwand wird aktiviert und über die Abschreibung werden die Ausgaben dann Aufwand. Beim **Erhaltungsaufwand** stimmt der Begriff Aufwand, denn die Ausgaben sind nur für die **Erhaltung** des Wirtschaftsgutes. Erhalten steht hier für sanieren, reparieren. Diese Ausgaben sind sofort gewinnmindernd abzusetzen.

Einzelbewertung/Pauschalbewertung

Ganz grundsätzlich sind Vermögensgegenstände **einzeln** zu bewerten. Aus ökonomischen Gründen wird von der Einzelbewertung manchmal abgegangen. Bei der sogenannten Festwertmethode werden abnutzbare Wirtschaftsgüter des Anlagevermögens **zusammengefaßt** und mit einem festen (gleichbleibenden) Wert angesetzt (Hotelwäsche, Geschirr, Werkzeuge). Es wird auf der einen Seite dieser Festwert nicht durch eine **Abschreibung** gemindert, auf der anderen Seite werden **Ersatzbeschaffungen** sofort als Aufwand verbucht. Nur wenn sich die Grundausstattung erhöhen sollte (durch einen Hotelzubau wird die Bettenanzahl verdoppelt), dann erhöhen diese zusätzlichen Anschaffungen den Festwert.

Anschaffungskosten

Die **Anschaffungskosten** setzen sich wie folgt zusammen:

- Kaufpreis
- zuzüglich Nebenkosten
- zuzüglich nachträgliche Anschaffungskosten
- abzüglich Preisminderungen
- abzüglich Subventionen.

Oft besteht ein Unterschied zwischen handelsrechtlichen und steuerrechtlichen Anschaffungskosten (Stichwort: Angemessenheitsprüfung).

Als **Nebenkosten** kommen in Betracht: Die Grunderwerbsteuer bei Erwerb von Grund und Gebäuden, die Montagekosten, die Vertragserrichtungskosten (Kaufvertrag), die Schätzungskosten (Gutachter), die Vermittlerprovisionen, die Transportkosten und die Transportversicherung und die Zölle.

Anschaffungskosten in Fremdwährung sind im Zeitpunkt der Verbuchung mit dem Tageskurs zu bewerten (Devisen-Warenkurs).

Wenn eine Fremdwährungsverbindlichkeit aus einer Anschaffung aufgrund einer Devisenkursänderung steigt, dann steigen nicht etwa die Anschaffungskosten des Kaufobjektes, sondern nur die Verbindlichkeit zu Lasten des Ergebnisses.

Nachträgliche Anschaffungskosten sind jene Ausgaben, die in einem zeitlich nahen Zusammenhang mit der Anschaffung stehen. Diese Kosten sind nachträglich zu aktivieren und **Teil der Anschaffungskosten.**

Nachträgliche Anschaffungskosten sind auch die Kosten für Modernisierung eines Gebäudes im unmittelbaren Anschluß an einen Liegenschaftserwerb, unter der Voraussetzung, daß die Kosten im Verhältnis zum Kaufpreis beachtlich sind.

Diese aktivierungspflichtigen **nachträglichen Anschaffungskosten** sind auf die Restnutzungsdauer des Wirtschaftsgutes zu verteilen. Im Falle nachträglicher Anschaffungskosten kann der Steuerpflichtige, unabhängig davon, ob er für die Hauptinvestition einen Investitionsfreibetrag geltend gemacht hat, für die nachträglichen Anschaffungskosten einen Investitionsfreibetrag in Anspruch nehmen.

Nachträgliche Anschaffungskosten gehen auch anläßlich der Betriebsprüfung von den Abgabenbehörden aus.

Hier ist dann ein Investitionsfreibetrag von den nachträglichen Anschaffungskosten von Amts wegen zu berücksichtigen, wenn die ursprüngliche Investition mit einem Investitionsfreibetrag behaftet war. Ist das nicht der Fall gewesen, ist das Einvernehmen mit dem Steuerpflichtigen herzustellen.

Finanzierungskosten/Wertsicherung

Finanzierungskosten gehören **nicht** zu den Anschaffungskosten. Die Zinsen der Kreditfinanzierung erhöhen **nicht** die Anschaffungskosten eines Wirtschaftsgutes. Preisänderungen wie Skonti mindern die Anschaffungskosten. Der Kaufpreis ist ja für einen späteren Zahlungszeitpunkt kalkuliert worden. Der Lieferant hat also Zinsen berücksichtigt. Für den Fall, daß Sie sofort zahlen, werden die Zinsen in der Form eines Skontoabzuges von den Anschaffungskosten herausgerechnet.

Wenn Ihnen der Lieferant ein langes Zahlungsziel gewährt und Sie die Möglichkeit haben, den Kaufpreis auf Raten zu entrichten, dann wird regelmäßig eine **Wertsicherung** vereinbart. Die jährliche Inflation reduziert die Kaufkraft. Die Wertsicherung wird nach einem Index berechnet (Verbraucherpreisindex), der die Preiserhöhungen von verschiedenen Waren berücksichtigt. Damit wird sichergestellt, daß durch die Wertsicherung die Kaufkraft der Rate erhalten bleibt, auch wenn diese in späteren Jahren bezahlt wird.

Wenn wir z.B. eine Maschine sofort bezahlen, dann beträgt der Kaufpreis S 1,000.000,–. Wenn wir diesen Kaufpreis auf 10 Jahre verteilen und jährlich S 100.000,– zahlen, aber wertgesichert, dann wird möglicherweise der Gesamtkaufpreis S 1,300.000,– betragen. Es stellt sich jetzt die Frage, ob nachträgliche Anschaffungskosten mit S 300.000 vorliegen.

Die Einkommensteuerrichtlinien 1984 haben bereits festgestellt, daß diese **Wertsicherungsbeträge als Betriebsausgaben** abgesetzt werden können. Abschnitt 34, EStRL: Wertsicherungsvereinbarungen haben keinen Einfluß auf die Anschaffungskosten.

Teilwert/Tageswert

Der **Teilwert** ist ein Bewertungsmaßstab des Einkommensteuergesetzes. Der Teilwert ist für uns immer im Zusammenhang mit einer **Teilwertabschreibung** zu sehen. Beim Bilanzieren interessiert er uns nur dann, wenn er niedriger ist als der von den Anschaffungskosten oder Herstellungskosten abgeleitete Buchwert.

Beispiel

Eine EDV-Anlage ist im 1. Halbjahr 1998 um S 500.000,– angeschafft worden. Die Nutzungsdauer beträgt fünf Jahre. Der Buchwert am 31. Dezember 1999 beträgt S 300.000,–. Auf der IFABO sehen Sie eine EDV-Anlage mit der gleichen Kapazität und Bedienerfreundlichkeit Ihrer EDV-Anlage, nur beträgt der Neupreis dieser Anlage S 200.000,–.

Es gilt folgende Fiktion

Hätten Sie im 1. Halbjahr 1998 die Anlage um S 200.000,– gekauft, dann würde am 31. Dezember 1999 ein Buchwert von S 120.000,– vorhanden sein. Ein Erwerber Ihres Betriebes würde für Ihre EDV-Anlage mit einem Buchwert von S 300.000,– eben nur S 120.000,– ausgeben. Der niedrigere **Teilwert** von S 120.000,– kann steuerrechtlich angesetzt werden. In dem Jahr, in dem eine **Teilwertabschreibung** vorgenommen wird, darf keine ordentliche Abschreibung durchgeführt werden. Daher beträgt die Teilwertabschreibung S 280.000,– (Differenz von S 400.000,– auf S 120.000,–).

Dieser **Teilwert** entspricht dem handelsrechtlich niedrigeren **Tageswert**. Im konkreten Fall ist handelsrechtlich, aufgrund der dauernden Wertminderung (gemildertes Niederstwertprinzip), die Abschreibung mit S 280.000,– vorzunehmen.

Geringwertige Wirtschaftsgüter

Wenn die Anschaffungskosten eines Wirtschaftsgutes den Betrag von S 5.000,– (Netto ohne Umsatzsteuer) nicht überschreiten, so können die Anschaffungskosten **sofort als Aufwand** abgesetzt werden.

Achtung: Ausweis als Bewertungsreserve wenn ein GWG Zugang 10% der Abschreibung der entsprechenden Bilanzposition überschreitet.

Im Kino sind z.B. 300 Sitze. Ein Sitz kostet S 4.000,–. Die Kinositze sind eine Sachgesamtheit und müssen aktiviert werden. Keine **Sachgesamtheit** besteht aber z.B. für Teile eines Gerüstes oder einer Holzschalung. Gerüstteile sind selbständig bewertbare abnutzbare Anlagegüter.

Subventionen

Subventionen mindern, und das ist ganz wichtig, die Anschaffungs- oder Herstellungskosten. Daher können wir jetzt die Definition Anschaffungskosten wie folgt geben: Kaufpreis zuzüglich Nebenkosten, zuzüglich nachträgliche Anschaffungskosten, abzüglich Preisminderungen, abzüglich Subventionen, ergeben die Anschaffungskosten.

Abschreibung

Wie wir bereits beim abnutzbaren Anlagevermögen erfahren haben, unterliegen Wirtschaftsgüter in der Regel durch die Nutzung im Betrieb einem **Wertverlust**. Die jährliche Abschreibung wird ganz einfach berechnet: Anschaffungs- oder Herstellungskosten dividiert durch die Jahre der betrieblichen Nutzung.

Fiktion

Es wird aus steuerlicher Sicht angenommen, daß die Wertminderung in all den Jahren der betrieblichen Nutzung gleich hoch ist (= lineare AfA-Methode).

Erfolgt die Anschaffung des Wirtschaftsgutes im ersten Halbjahr, dann wird die Ganzjahresabschreibung berechnet. Erfolgt die Abschreibung im zweiten Halbjahr, dann wird nur die Hälfte der Jahresabschreibung berücksichtigt. Die Abschreibung wird erst ab dem Zeitpunkt berechnet, ab dem das Wirtschaftsgut betrieblich genutzt wird. Damit wird der Zeitpunkt abgekoppelt vom Zeitpunkt der Anschaffung. Wenn wir jetzt davon sprechen, daß die Anschaffung im ersten Halbjahr oder im zweiten Halbjahr erfolgt, dann meinen wir nicht das Datum des Kaufvertrages, den Zeitpunkt der Lieferung oder gar den Zeitpunkt der Bezahlung, sondern das Datum der Inbetriebnahme, d.h. der betrieblichen Nutzung.

Die **betriebsgewöhnliche Nutzungsdauer** ist nirgends festgelegt, denn die Eigenheiten im Betrieb sind nicht allgemein gültig. Ein LKW, der in einem Steinbruch eingesetzt ist, wird nicht die Nutzungsdauer eines LKWs haben, der Geldtransporte durchführt. Die **betriebsgewöhnliche Nutzungsdauer** kann in diesem Steinbruch zwei Jahre betragen. Der Banken LKW, der jährlich 12.000 km fährt, wird kaum auf zwei Jahre abzuschreiben sein.

Es gibt vom **deutschen Finanzministerium** AfA-Tabellen, in denen rund 8.000 Wirtschaftsgüter angegeben sind, für die jeweils Richtwerte der betrieblichen Nutzung vorgegeben sind.

Grundsätzlich kennt der Unternehmer die zukünftige Nutzungsdauer, denn bei seiner Investitionsentscheidung ist er von einer Annahme ausgegangen.

Die direkte und die indirekte Abschreibung

Es geht hier um die **Verbuchung** der Abschreibung. Die Abschreibung kann entweder direkt vom betreffenden Anlagenkonto abgezogen werden oder indirekt als Wertberichtigung dargestellt werden.

Bei der **direkten** Abschreibung wird gebucht: Anlagenabschreibung an Anlagenkonto.

Bei der **indirekten** Abschreibung werden die Abschreibungen nicht direkt auf Haben beim betreffenden Anlagenkonto gebucht, sondern die Habenbuchung erfolgt auf einem Wertberichtigungskonto, ebenfalls in der Klasse 0. Dieses Wertberichtigungskonto ist dann mit seinem Habensaldo eine Korrektur zum Anlagenkonto. So wie die Anlagen gegliedert sind, in Gebäude, Maschinen, Werkzeuge, Kraftfahrzeuge, so sind auch die Wertberichtigungskonten zu gliedern.

Der Buchungssatz lautet: Anlagenabschreibung an Wertberichtigungskonto zu Anlagen.

Der Vorteil der **indirekten** Abschreibung liegt darin, daß die Anschaffungskosten und die bisherige Gesamtabschreibung als Wertberichtigung ersichtlich sind. Die **indirekte** Abschreibung dient damit der Bilanzklarheit.

Tatsächlich bestimmt aber das HGB, daß die **Entwicklung der einzelnen Posten des Anlagevermögens** in der Bilanz oder im Anhang darzustellen sind (Anlagenspiegel). Die im **Anlagenspiegel** angegebene Abschreibung in ihrer gesamten Höhe entspricht dem Betrag, den wir auf dem Wertberichtigungskonto finden. Daher wird in der Praxis die **indirekte** Methode auch weitergeführt.

Anlagenspiegel

Im HGB finden wir die Mindestgliederung des Anlagenspiegels wie folgt:

- gesamte **Anschaffungs-** oder **Herstellungskosten** zu Beginn des Geschäftsjahres
- **Zugänge** des Geschäftsjahres zu Anschaffungs- oder Herstellungskosten
- **Abgänge** des Geschäftsjahres zu Anschaffungs- oder Herstellungskosten
- **Umbuchungen** des Geschäftsjahres
- **Zuschreibung** des Geschäftsjahres
- gesamte (kumulierte) **Abschreibungen** bis zum Ende des Geschäftsjahres
- **Buchwert** zum Ende des Geschäftsjahres
- **Buchwert** zum Ende des vorangegangenen Geschäftsjahres
- **Abschreibungen** des Geschäftsjahres

Die **geringwertigen Wirtschaftsgüter** werden als Zugang und Abgang dargestellt. Die Besonderheit besteht darin, daß die geringwertigen Wirtschaftsgüter im Anlagenspiegel nicht bei den kumulierten Abschreibungen ausgewiesen werden, jedoch in der Gewinn- und Verlustrechnung in der Position Jahresabschreibung enthalten sind.

Ein mengenmäßiger Abgang beim Anlagevermögen ist selbstverständlich unter den **Abgängen** auszuweisen. Aber auch nachträgliche Anschaffungs- oder Herstellungskostenminderungen sind als Abgang auszuweisen.

Die kumulierten **Abschreibungen**, die im Anlagenspiegel ausgewiesen werden, betreffen nur die ordentlichen und außerordentlichen Abschreibungen.

Anlagenabgang

Es gibt grundsätzlich zwei Möglichkeiten für das Ausscheiden von Anlagen:

- entgeltlich oder
- unentgeltlich.

Beim **unentgeltlichen** Ausscheiden gibt es keinen Veräußerungsgewinn und das Anlagengut scheidet aus, weil es nicht mehr verwendet wird. Unentgeltlich kann das Ausscheiden auch sein, wenn ein Wirtschaftsgut **zerstört** wird und dieses Wirtschaftsgut **nicht versichert** war. Beim **entgeltlichen** Ausscheiden überwiegt der **Verkauf** des Wirtschaftsgutes. Entgeltlich scheidet ein Wirtschaftsgut auch dann aus, wenn es gegen ein anderes Wirtschaftsgut **getauscht** wird. Entgeltlich ist das Ausscheiden auch dann, wenn das Wirtschaftsgut durch einen Schadensfall **zerstört** wird, aber die Versicherung einen **Schadenersatz** leistet.

Beim **entgeltlichen** Ausscheiden wird gebucht: Bank an Erlös aus Anlagenverkauf und Umsatzsteuer oder Bank an Sonstige Erlöse (Versicherungsleistungen).

Das Wirtschaftsgut wird bis zum Zeitpunkt des Ausscheidens noch abgeschrieben (volle oder halbe AfA), und der Restbuchwert wird mit der Buchung: Restbuchwert abgegangener Anlagen an Anlagevermögen gebucht.

Wichtig: Bei **indirekter Abschreibung** ist die Wertberichtigung für das betreffende Wirtschaftsgut aufzulösen mit der Buchung: Wertberichtigung an Anlagekonto.

IFB: Scheiden Wirtschaftsgüter des Anlagevermögens, für die ein IFB in Anspruch genommen wurde, vor Ablauf des vierten Jahres ab Anschaffung aus dem Betriebsvermögen aus, so ist der seinerzeitige IFB gewinnerhöhend aufzulösen: IFB an Auflösung unversteuerter Rücklagen.

Beim Ausscheiden aufgrund höherer Gewalt (Blitzschlag) **unterbleibt eine gewinnerhöhende Auflösung** des IFB.

Übertragung stiller Rücklagen: Wenn ein Wirtschaftsgut nach sieben Jahren entgeltlich aus dem Betriebsvermögen ausscheidet, dann können die realisierten stillen Reserven der Besteuerung entzogen werden. Stille Reserven werden dann realisiert, wenn der Verkaufserlös höher ist als der Buchwert.

In Höhe der stillen Reserven werden dann entweder die steuerlichen Anschaffungskosten eines neuen Wirtschaftsgutes reduziert oder es wird eine Rücklage gebildet.

Anlagentausch

Beim **Anlagentausch** werden einmal die Anschaffungskosten des neuen Wirtschaftsgutes und die Vorsteuer, und auf der Habenseite der Erlös aus dem Anlagenverkauf und die Umsatzsteuer gebucht.

Das heißt also: Anlagenkonto und Vorsteuer an Erlöse aus Anlagenverkauf an Umsatzsteuer und an sonstige Verbindlichkeiten.

Soweit ist es noch einfach.

Beim § 6 EStG unter der Ziffer 14 finden wir den Hinweis, wie bei einem **Tausch** vorgegangen wird. Bei einem Tausch liegen zwei Vorgänge vor. **Einmal eine Veräußerung und einmal die Anschaffung des eingetauschten Wirtschaftsgutes.**

Der Veräußerungserlös für das weggegebene Wirtschaftsgut und die Anschaffungskosten des eingetauschten Wirtschaftsgutes sind jeweils der **gemeine Wert des weggegebenen Wirtschaftsgutes.**

Mit dem **gemeinen Wert** kommt nun ein Maßstab ins Spiel, mit dem wir bisher nichts zu tun gehabt haben. Er wird uns auch in der Folge weniger beschäftigen, denn er ist der zentrale Wert im Bewertungsgesetz und ist nur ausnahmsweise im Einkommensteuergesetz zu finden.

Der gemeine Wert ist jener Wert, der bei der Veräußerung des Wirtschaftsgutes erzielt werden kann.

Leasing

Übersicht gemäß Abschnitt 4 der EStRL 1984

Vollamortisation	Teilamortisation
Während Grundmietzeit (unkündbare Laufzeit) sind beim Leasinggeber die Leasingeinnahmen so hoch wie die Investitionskosten plus Gewinnspanne.	Leasinggeber erhält während Grundmietzeit **nicht die gesamten Investitionskosten** samt Gewinnspanne ersetzt. Der nicht ersetzte Teil wird als kalkulierter Restwert bezeichnet. Er entspricht in etwa dem Verkehrswert. Das Investitionsrisiko liegt beim Leasinggeber.

Vollamortisation	Teilamortisation
Leasingnehmer aktiviert in folgenden Fällen	
Grundmietzeit beträgt mehr als 90% der betriebsgewöhnlichen **Nutzungsdauer**. Der Leasinggeber hat kein Riskio, der Leasingnehmer verfügt wie zivilrechtlicher Eigentümer.	Die **Grundmietzeit** entspricht betriebsgewöhnlicher **Nutzungsdauer**. Der Leasingnehmer verfügt wie ein zivilrechtlicher Eigentümer.
Grundmietzeit ist kürzer als 40% der betriebsgewöhnlichen **Nutzungsdauer**, Leasingnehmer hat Investitionsrisiko.	Die **Grundmietzeit** entspricht nicht der betriebsgewöhnlichen **Nutzungsdauer**, aber der Leasingnehmer erhält nach Ablauf der Grundmietzeit mehr als 75% des Veräußerungserlöses bzw. trägt den Veräußerungsverlust. Ein Gewinn / Verlust ergibt sich als Differenz zwischen dem Veräußerungspreis und dem kalkulierten Restwert.
Grundmietzeit beträgt zwischen 40% und 90% der betriebsgewöhnlichen **Nutzungsdauer** und der Leasingnehmer hat **Kaufoption** zu einem „günstigen" Preis. Damit hat der Leasingnehmer alle Rechte und Chancen (ein günstiger Preis liegt unter 50% vom Buchwert).	Kalkulierter Restwert < Verkehrswert.
Wirtschaftsgut geht nach Ablauf der Grundmietzeit automatisch ins Eigentum des Leasingnehmers über Ratenkauf mit Eigentumsvorbehalt.	Der Leasingnehmer muß zum Restwert kaufen. Daher hat der Leasinggeber kein Investitionsrisiko.
Bei **Spezialleasing** ist das Wirtschaftsgut auf den Leasingnehmer zugeschnitten und nach Ablauf der Grundmietzeit nur beim Leasingnehmer sinnvoll nutzbar. Leasingnehmer verfügt wie ein zivilrechtlicher Eigentümer.	Beim **Spezialleasing**, wenn das Wirtschaftsgut auf den Leasingnehmer zugeschnitten ist und nach Ablauf der Grundmietzeit sinnvoll nur beim Leasingnehmer nutzbar ist.
Bei einer **Vorleistung** von mehr als 30% der Investitionskosten und einer Grundmietzeit von annähernd 90% verfügt der Leasingnehmer wie ein zivilrechtlicher Eigentümer.	

Erwerb von Wirtschaftsgütern gegen Renten

Eine Rentenvereinbarung ist für den

- Erwerber vorteilhaft, denn er kann z.B. einen ganzen Betrieb ohne sofort verfügbare Mittel anschaffen.
- Veräußerer eine Versorgungsüberlegung (er ist versorgt, so lange er lebt).

Werden Wirtschaftsgüter gegen Renten (Leibrenten) erworben, dann ergeben sich die Anschaffungskosten für die Wirtschaftsgüter nach versicherungsmathematischen Verfahren. Die Höhe der **Anschaffungskosten** wird davon abhängig sein, wie alt der Rentenempfänger ist. Bei einem 90jährigen ist die Wahrscheinlichkeit nicht mehr so groß, daß er die Rente zehn Jahre lang erhält. Bei einem 40-jährigen kann man leicht davon ausgehen, daß er die Rente 30 Jahre lang empfangen wird. Die Versicherungsmathematik hilft, den Wert der Rente zu ermitteln. Die **Rentenschuld** ist dann als Verbindlichkeit auszuweisen. Die **Rentenzahlung** selbst ist als Betriebsausgabe zu verbuchen.

Die Rentenschuld wird jährlich versicherungsmathematisch neu berechnet und mit dem zunehmenden Alter des Rentenempfängers wird die Schuld jährlich geringer. Die Abnahme der **Rentenschuld** wird als Ertrag gebucht. Auf der einen Seite haben wir die **Rentenzahlung** als Aufwand und auf der anderen Seite die Verminderung der Schuld als Ertrag.

Die Rentenbesteuerung wurde mit dem Steuerreformgesetz 2000 gesetzlich neu geregelt. Dies deshalb, weil der VwGH in einem Erkenntnis (Erk. V. 29.1.1999, 98/14/0045) die bisherige Rechtsprechung und Verwaltungspraxis verlassen und in bezug auf Renten, die im Zusammenhang mit der Übertragung von Wirtschaftsgütern stehen, die außerbetriebliche Versorgungsrente nicht mehr anerkannt hat.

Bis dahin wurde eine außerbetriebliche Versorgungsrente – sowohl im Fall der Übertragung eines Betriebes (Teilbetriebes, Mitunternehmeranteils) als auch im Fall der Übertragung von Einzelwirtschaftsgütern (insbesondere von privaten Liegenschaften) angenommen, wenn der versicherungsmathematisch errechnete Rentenbarwert um mehr als 25% nach oben (hier aber höchstens um 100%, sonst Unterhaltsrente) oder nach unten vom Wert des übertragenen Vermögens abgewichen ist.

Übertragung von Betrieben, Teilbetrieben oder Mitunternehmeranteilen

	Kaufpreisrente	außerbetriebliche Versorgungsrente	Unterhaltsrente
Wertverhältnis versicherungsmath. Rentenbarwert zuzüglich allfälliger Einmalbeträge zu Wert des Betriebsvermögens	75% – 125%	unter 75% oder zwischen 125% und 200%	über 200%
Entgeltlichkeit/ Unentgeltlichkeit	entgeltlich	unentgeltlich	unentgeltlich
Behandlung beim Rentenzahler (Betriebsnachfolger)	Ansatz als Anschaffungskosten Rentenbarwert ist zu passivieren, Rentenzahlungen sind BA, jährliche Verminderung des Rentenbarwerts ist BE; bei E/A-R Renten auf UV sofort BA, auf AV erst ab Überschreiten des darauf entfallenden Rentenbarwerts	Buchwertfortführung Renten sind ab der ersten Zahlung Sonderausgaben	Buchwertfortführung Renten sind nicht abzugsfähig
Behandlung beim Rentenempfänger (Betriebsüberträger)	Veräußerungsgewinn steuerpflichtig erst wenn Rentenzahlungen (zuzüglich allfälliger Einmalbeträge, Entnahmegewinne etc) den Wert des übertragenen BV übersteigen.	Renten sind ab dem ersten Empfang Einkünfte nach § 29 Z 1	Renten sind keine steuerbaren Einnahmen

Übertragung einzelner Wirtschaftsgüter (ab 2000)

	Kaufpreisrente	gemischte Rente	Unterhaltsrente
Wertverhältnis versicherungsmath. Rentenbarwert zuzüglich allfälliger Einmalbeträge zu Wert des Wirtschaftsgutes	50% bis 125%	zwischen 125% und 200%	unter 50% oder über 200%
Entgeltlichkeit/ Unentgeltlichkeit	entgeltlich	bis 100% entgeltlich, Rest unentgeltlich	unentgeltlich
Behandlung beim Rentenzahler (Erwerber)	für AfA bei V+V oder späteren Spekulationstatbestand Anschaffung Renten sind ab Überschreiten des § 16 BewG 1955-Barwerts Sonderausgaben (bei V+V Werbungskosten)	100% für AfA bei V+V oder späteren Spekulationstatbestand Anschaffung, Rest keine Anschaffung auf 100% Barwert entfallende Renten sind ab Überschreiten des § 16 BewG 1955-Barwerts Sonderausgaben (bei V+V Werbungskosten) Restliche Renten sind nicht absetzbar	keine Anschaffung Renten sind nicht abzugsfähig
Behandlung beim Rentenempfänger (Überträger)	Renten sind ab Überschreiten des § 16 BewG 1955-Barwerts Einkünfte nach § 29 Z 1	Auf 100% Barwert entfallende Renten sind ab Überschreiten des § 16 BewG 1955-Barwerts Einkünfte nach § 29 Z 1 Restliche Renten sind nicht steuerbar	Renten sind keine steuerbaren Einnahmen

Der nach versicherungsmathematischen Gesichtspunkten ermittelte Wert der Rente liegt bei

- Übertragung von **Betrieben, Teilbetrieben** oder **Mitunternehmeranteilen** im Bereich ± 25% vom Wert (100%) des Betriebes, Teilbetriebes oder Mitunternehmeranteiles,
- Übertragung **einzelner Wirtschaftsgüter** im Bereich –50% bis +25% vom Wert (100%) einzelner Wirtschaftsgüter,

um als Kaufpreisrente zu gelten.

Beispiel

Herr C. ist 69 Jahre alt und verkauft sein Haus am 4.11.2000 gegen Leibrente. Der Käufer zahlt dafür S 10.000,– im Monat. Der versicherungsmathematische Wert der Rente beträgt S 1,300.000,– und wird aktiviert. Der Wert des Hauses wird auf S 1,500.000,– geschätzt. In diesem Fall liegt eine Kaufpreisrente vor:

1,500.000,– – 50% = 750.000,–
+ 25% = 1,875.000,–

Die Zahlung, die aufgrund der Kaufpreisrente erfolgt, ist nicht sofort steuerpflichtig. Die Steuerpflicht beim Rentenempfänger tritt erst ein, wenn die Summe der Rentenzahlungen den nach den Vorschriften des § 16 (2) Bewertungsgesetzes (BewG) kapitalisierten Wert der Rentenverpflichtung übersteigt. § 16 BewG enthält nach dem Lebensalter der Bezugsperson gestaffelte Vervielfacher (Kapitalisierungsfaktor), mit denen der Jahresbetrag der Rentenzahlungen zu multiplizieren ist.

Alter der Leibrentenberechtigung	Kapitalisierungsfaktor nach § 16 BewG
bis zu 15 Jahren	18
mehr als 15 bis zu 25 Jahren	17
mehr als 25 bis zu 35 Jahren	16
mehr als 35 bis zu 45 Jahren	15
mehr als 45 bis zu 50 Jahren	14
mehr als 50 bis zu 55 Jahren	13
mehr als 55 bis zu 60 Jahren	11
mehr als 60 bis zu 65 Jahren	9
mehr als 65 bis zu 70 Jahren	7
mehr als 70 bis zu 75 Jahren	5
mehr als 75 bis zu 80 Jahren	3
über 80 Jahren	1

Unser Beispiel fortgeführt:

Leibrentenempfänger ist 69, daher Vervielfacher 7mal jährlich 120.000, damit kapitalisierter Wert S 840.000. Ab dem Zeitpunkt, ab dem die Rente diesen Betrag übersteigt, tritt die Steuerpflicht beim Rentenempfänger ein.

Außerbetriebliche Versorgungsrente

Eine außerbetriebliche Versorgungsrente liegt dann vor, wenn Betriebe, Teilbetriebe oder Mitunternehmeranteile zwischen Angehörigen übertragen werden aber keine angemessene Gegenleistung dafür gegeben wird. Eine Gegenleistung ist dann nicht angemessen, wenn die Gegenleistung den kapitalisierten Rentenbarwert um 25% über- oder unterschreitet. Diese Über- bzw. Unterschreitung ist bei der außerbetrieblichen Versorgungsrente privat (Angehörige) veranlaßt.

Außerbetriebliche Versorgungsrenten sind beim Empfänger von der ersten Rente an als wiederkehrende Bezüge steuerpflichtig. Beim Zahler liegen von der ersten Zahlung an Sonderausgaben vor.

Eine außerbetriebliche Versorgungsrente wird zu einer Unterhaltsrente, wenn die Unterschreitung der Gegenleistung mehr als 50% beträgt.

Betriebliche Versorgungsrente

Eine solche liegt vor, wenn die Rentenzahlungen als „Pension" des bisherigen Eigentümers anzusehen sind. Derartige Renten sind betrieblich veranlaßt und stellen daher nachträgliche betriebliche Einkünfte beim Empfänger und Betriebsausgaben beim neuen Eigentümer des Betriebes (Mitunternehmeranteils) dar.

Gemischte Kaufpreisrenten

Vor dem Steuerreformgesetz 2000 wurden Renten immer einheitlich einer bestimmten Rentenkategorie (Kaufpreisrente, Versorgungsrente) zugeordnet. Ab der Veranlagung 2000 sind Renten, bei denen der Rentenbarwert zwischen 125% und 200% des gemeinen Wertes eines übertragenen Einzelwirtschaftsgutes beträgt, aufzuspalten in eine

Kaufpreisrente hinsichtlich des Rentenbarwertes von 100%

nicht steuerwirksame Unterhaltsrente hinsichtlich des darüber hinausgehenden Rentenbarwerts.

Unterhaltsrenten

Unterhaltsrenten (das sind „freiwillige Zuwendungen oder Zuwendungen an eine gesetzlich unterhaltsberechtigte Person") können sowohl anläßlich der Übertragung von Betrieben (Teilbetrieben, Mitunternehmeranteilen) als auch anläßlich der Übertragung von Einzelwirtschaftsgütern gegeben sein.

Immaterielle Vermögensgegenstände

Arten von immateriellen Vermögensgegenständen

Darunter versteht man **unkörperliche Vermögensgegenstände**, die mit einer gewissen Eigenständigkeit ausgestattet sind und einen wirtschaftlichen Wert besitzen.

- **Konzessionen:** Darunter fallen behördlich erteilte Bewilligungen, Gewerbeberechtigungen, aber auch die Versorgungsrechte von Energieversorgungsunternehmen (z.B. Strombezugsrecht).

- **Gewerbliche Schutzrechte:** Patentrechte, Markenrechte, Warenzeichen, Gebrauchsmuster, Urheber- und Verlagsrechte.
- **Ähnliche Rechte (Nutzungsrechte):** EDV-Software, Mietrechte, Wohnrechte, Belieferungsrechte, Know-how, Fabrikationsverfahren, Rezepte, Kundenkarteien, Anschriftenmaterial, Baurecht, Film- und Tonaufzeichnungen, sowie alle Lizenzen, die sich aus den angeführten Rechten ableiten.
- **Firmenwert:** Der Firmenwert ist eine Restgröße, die entsteht, wenn der Kaufpreis für den erworbenen Betrieb die Werte einschließlich stiller Reserven der übernommenen einzelnen Wirtschaftsgüter übersteigt.
- **Baurecht:** Aufgrund eines Baurechtsvertrages darf auf einem fremden Grundstück ein Gebäude errichtet werden. Der Ausweis eines Baurechtes erfolgt beim **Sachanlagevermögen** in der Position 1. als „grundstücksgleiche Rechte".

Aktivierungsverbot für selbsthergestellte (nicht erworbene) immaterielle Vermögensgegenstände

Sowohl handelsrechtlich (§ 197 Abs. 2 HGB) als auch steuerrechtlich (§ 4 Abs. 1 EStG) besteht das Aktivierungsverbot für immaterielle Vermögensgegenstände, die nicht entgeltlich erworben, sondern im Betrieb selbst hergestellt wurden.

Immaterielle Wirtschaftsgüter des **Umlaufvermögens** (z.B. noch nicht abrechenbare Leistungen aus Auftragsforschung, Entwicklung von Software für den Verkauf) müssen jedoch als Vorräte aktiviert werden.

Beispiel

Mitarbeiter der EDV Abteilung haben für die Lagerverwaltung eine Software entwickelt, die ebenfalls noch im Dezember 1999 eingesetzt wurde. Diese Software hat eine Nutzungsdauer von 5 Jahren. Für die Entwicklung dieser Software sind an Personalkosten S 480.000,– und an Materialaufwand 20.000,– angefallen. Der Personalaufwand ist auf Konto 600, der Materialaufwand auf Konto 510 verbucht. Laut SAP Anbot hätte diese Software S 1,2 Mio. gekostet.

Lösung

Verbot der Aktivierung von selbstgeschaffener Software gem. § 197 (2) HGB.

Abschreibungen

Auch für **immaterielle Anlagegüter** gilt, daß sie planmäßig bzw. nach der betriebsgewöhnlichen Nutzungsdauer abzuschreiben sind. Sind Rechte **zeitlich begrenzt**, richtet sich die AfA nach der Dauer des Rechtes (z.B. Lizenzrechte auf 10 Jahre, Belieferungsrechte auf 5 Jahre).

Ist die Vertragsdauer **nicht bestimmt**, ist die voraussichtliche wirtschaftliche Nutzungsdauer heranzuziehen. Das Steuerrecht sieht in Einzelfällen bestimmte (Mindest-) Abschreibungszeiträume vor (Mietrechte und Strombezugsrechte: 10 Jahre, Filme: 6 Jahre).

Übersicht

	Nutzungsdauer	IFB	Hinweise
Software erworben	4–5 Jahre	6%	§ 197 Abs. 2 HGB
Update zur Software (Funktionserhaltung)	Sofortaufwand	0%	*Doralt*, Kommentar zum EStG
PC mit integrierter Software (Software von untergeordneter Bedeutung)	4–5 Jahre	9%	*Bertl/Mandl*, Handbuch RLG, B. II 2.2, Seite 10
Software erworben und im Betrieb geringfügig adaptiert	4–5 Jahre, Adaptierung Sofortaufwand	6%	
Software halbfertig erworben und im Betrieb wesentlich verändert (überwiegend Herstellung)	Sofortaufwand	0%	
Firmenwert (Geschäftswert)	HR: Sofortaufwand oder 2–15 Jahre StR: 15 Jahre	0%	§ 8 Abs. 3 EStG
Firmenwert – freie Berufe (Praxiswert)	5 Jahre	0%	ESt-Handbuch *Quantschnigg/Schuch* zu § 8 EStG
Belieferungsrechte (Bierbezugsverträge)	lt. Vertrag	6%	§ 10 Abs. 4 EStG
Baukostenzuschüsse an ein Energieversorgungsunternehmen	10 Jahre	6%	ESt-Richtlinien 84 Abschnitt 50 Abs. 7

	Nutzungsdauer	IFB	Hinweise
Nutzungsrechte an körperlichen Wirtschaftsgütern (z.B. Mietrechte an Gebäuden oder Maschinen) – allgemein – bei unbestimmter Vertragsdauer	 Vertragsdauer 10 Jahre	 0% 0%	§ 10 Abs. 5 EStG ESt-Richtlinien 84 Abschnitt 50 Abs. 7
Nutzungsrechte – an Patenten und Marken – an urheberrechtlich geschützten Werken – an betrieblichem Know-how	Vertragsdauer, maximal jedoch die Dauer der Verwertbarkeit	6%	§ 10 Abs. 4 EStG

Beispiel

Mit Kaufvertrag vom 2. Februar 1999 haben wir die Aktiva eines Mitbewerbers übernommen, der aus gesundheitlichen Gründen seinen Betrieb aufgegeben hat. Der Kaufpreis für diesen Betrieb hat netto S 10 Mio.betragen. Mit diesem Betrag hat der Verkäufer Heurix seine Verbindlichkeiten abgedeckt und noch immer einen beträchtlichen Gewinn erzielt.

Laut Schätzgutachten des gerichtlich beeideten Sachverständigen ergeben sich folgende Werte für die Aktiva:

Grund	S 1 Mio.
Gebäude	S 4 Mio.
Vorräte	S 2 Mio.

Andere Aktiva waren nicht mehr vorhanden.

Der Kaufpreis mit S 10 Mio. ist auf dem Konto „geleistete Anzahlungen" verbucht. Das Gebäude wurde im ersten Halbjahr 1994 errichtet. Das Gebäude dient zu 50% der Lagerung von Waren und zu 50% der Verwaltung. Von den Vorräten sind am 31. 12. 1999 noch S 200.000,– vorhanden. Für diese Vorräte müßten jetzt am Beschaffungsmarkt S 320.000,– gezahlt werden. Die Überzahlung geht ausschließlich darauf zurück, daß mit der Übernahme ein Konkurrent ausgeschaltet wurde. Die Kunden des ehemaligen Mitbewerber Heurix hätten wir innerhalb der nächsten 5 Jahre gewonnen, allerdings unter erheblichen Preisnachlässen für unsere Produkte. Mit anderen Worten: Die Überzahlung amortisiert sich für uns in 5 Jahren.

Lösung

Heurix 10,000.000		
Grund	1,000.000	Grund/Anzahlung
Gebäude	4,000.000	Gebäude/Anzahlung
Vorräte	2,000.000	Vorräte/Anzahlung
Firmenwert	3,000.000	**Firmenwert**/Anzahlung
Gebäude, 3% v. 4,000.000	120.000	AfA/Gebäude
kein IFB gem. § 10 (5) EStG		
Vorräte	1,800.000	Wareneinsatz/Vorräte
Firmenwert HR 5 J. ND. Amortisationszeitraum StR 15 J. ND, § 8 (3) EStG, 200.000	600.000	AfA/Firmenwert
	MWR +400.000	

Strombezugsrecht, Teil des Gebäudes oder ein Recht?

Über die Abgrenzung von selbständig und nicht selbständig bewertbaren Gebäudeinvestitionen vergleiche Abschnitt 52 Abs. 3 Einkommensteuerrichtlinien 1984:

Aufwendungen für den **Anschluß eines zu errichtenden Gebäudes an die öffentlichen Versorgungsbetriebe** und für die Straßenkanalisation gehören zu den **Herstellungskosten des Gebäudes.** Die genannten Aufwendungen teilen das Schicksal der Gesamtanlage und sind daher als unbeweglich und als Teil des Gebäudes anzusehen.

In den Einkommensteuerrichtlinien finden wir im Abschnitt 50 Abs. 7 unter den Ausführungen über die Abschreibung folgenden Hinweis: Baukostenzuschüsse, die an Energieversorgungsunternehmen **für den Anschluß an die Energieversorgung geleistet werden**, sind zu aktivieren und auf den Nutzungszeitraum verteilt abzusetzen. Für die Bestimmung der Nutzungsdauer ergeben sich Anhaltspunkte aus der betriebsgewöhnlichen Nutzungsdauer der mit dem Baukostenzuschuß errichteten Anlage sowie aus der voraussichtlichen Geltungsdauer der zwischen dem Energieabnehmer und dem Energieversorgungsunternehmen abgeschlossenen Vereinbarung. Es ist nicht zu beanstanden, wenn als Nutzungsdauer ein Zeitraum von zehn oder mehr Jahren angenommen wird.

Sachanlagen

1. Grundstücke, grundstücksgleiche Rechte und Bauten, einschließlich der Bauten auf fremdem Grund;
2. Technische Anlagen und Maschinen;
3. Andere Anlagen, Betriebs- und Geschäftsausstattung;
4. Geleistete Anzahlungen und Anlagen in Bau;

Grundstücke, Gebäude

Zuerst ist eine Entscheidung zu treffen, ob bestimmte Anschaffungen Teile des Gebäudes sind und auf die „lange" Nutzungsdauer abgeschrieben werden oder ob selbständige Wirtschaftsgüter mit einer ihnen eigentümlichen kürzeren Nutzungsdauer vorliegen.

Folgende Kriterien sprechen für oder gegen eine Aktivierung als Gebäude:

Unselbständige Teile des Gebäudes	Selbständige Wirtschaftsgüter
Sind mit dem Gebäude **fest verbunden**	Sind mit dem Gebäude nur gering verbunden
Die Entfernung der Anlage verursacht **Substanzverletzung** und **erhebliche Werteinbußen**	Beim Entfernen der Anlage: **leicht aufhebbare Verbindung** und **keine wesentliche Werteinbuße**
Abschreibung nur als Teil des Gebäudes	Abschreibung gesondert vom Gebäude eigene Nutzungsdauer (z.B. 10 Jahre)
Späterer Austausch: Sofortabschreibung (Erhaltungsaufwand im Jahre des Austausches)	**Späterer Austausch:** Alte Anlage: Ausbuchung des Restbuchwertes Neue Anlage: aktivierungspflichtig
Konkrete Beispiele: Unselbständige Teile des **Gebäudes**	**Selbständige Wirtschaftsgüter***
Anschlußleitungen für Energieversorgung Aufzugsanlagen (Mauerschacht und Lift) Beleuchtungsanlagen Dachgeschoßausbau Dachrinnen Dachstuhl Duschen Einbauküche Holzdecken Elektroleitungen Fassaden Fenster Fußboden (mit Belag) Gasleitungen Kanalanschlußkosten Kellerausbau Klimaanlagen Klosettanlagen Malerei Rolltreppen Sanitäre Anlagen Tapeten Türen (samt Schlösser) Verputz Waschtische Wasserleitungen Zentralheizungsanlagen	Baukostenzuschüsse für den Anschluß an die Energieversorgung (sind Rechte!) Dachantennen Einbaumöbel Einzelöfen Garderoben Gemauerte Holztrockenanlage Kegelbahn Mietrechstablösen Mobile Zwischenwände Stromleitungskabel (auf Putz oder im Erdreich) Telefonanlagen Teppiche (nicht geklebt, nicht gespannt) Trockenanlagen Wandverkleidungen (als Einrichtung)

* Die Beispiele sind den Einkommensteuerrichtlinien 1984 bzw. dem Einkommensteuerhandbuch *Quantschnigg* entnommen

Opfertheorie

Ein **Grundstück** wird gekauft. Auf dem Grundstück befindet sich ein **abbruchreifes Gebäude**. Nach dem Erwerb wird das Gebäude abgerissen. Die **Anschaffungskosten** des Grundstückes setzen sich zusammen aus dem Kaufpreis und den Abbruchkosten.

Ein **Grundstück** mit einem noch **genutzten Gebäude** wird erworben. Der Kaufpreis ist gegebenenfalls mit einem Schätzgutachten auf das Grundstück und auf das Gebäude aufzuteilen. Wird das Gebäude in der Folge abgerissen, um einem Neubau Platz zu machen, dann sind die **Herstellungskosten** des Neubaues um den Restbuchwert des Altbaus und um die Abbruchkosten zu erhöhen.

Das was wir eben besprochen haben, ist die **steuerliche Opfertheorie**. Das erste Beispiel wird auch handelsrechtlich Bestand haben. Wenn der ursprüngliche Eigentümer das abbruchreife Gebäude entsorgt hätte, wäre der Kaufpreis zumindest um die Entsorgungskosten höher gewesen. Nachdem sich aber der Verkäufer die Entsorgungskosten „erspart" hat, ist es einsichtig, daß die Abbruchkosten des Erwerbers die ursprünglichen Anschaffungskosten erhöhen. Die Abbruchkosten werden dann als nachträgliche Anschaffungskosten gesehen.

Beim zweiten Beispiel geht es um die **Herstellungskosten** eines Neubaus. Es ist nicht nachvollziehbar, warum die Herstellungskosten des Neubaues höher sein sollten, wenn vorher ein Altbau abgerissen worden ist. Wenn derselbe Neubau auf einem unbebauten Grundstück errichtet worden wäre, dann würden ja niedrigere Herstellungskosten anfallen. Es gibt keinen Sinn, den Restbuchwert zusammen mit den Herstellungskosten des Neubaues zu aktivieren, denn ein niedrigerer Teilwert wäre in der Folge sofort gegeben. Zum zweiten widerspricht diese Vorgangsweise dem Grundsatz der Einzelbewertung. Der Grundsatz der Einzelbewertung ist in § 201 Abs. 2 Z 3 HGB wie folgt formuliert:

„Die Vermögensgegenstände sind zum Abschlußstichtag einzeln zu bewerten."

Warum erhöht dann der Wert eines Vermögensgegenstandes, der aus dem Betriebsvermögen ausscheidet, den Wert eines anderen neuen Vermögensgegenstandes. Auch kann hier nicht, wie im Falle der Abbruchskosten, von nachträglichen Anschaffungskosten gesprochen werden. Hier handelt es sich ja um Herstellungskosten. Aufgrund dieser Überlegung werden wir den Restbuchwert im Rahmen der außerplanmäßigen Abschreibung handelsrechtlich voll als Aufwand verbuchen und uns die steuerliche Wirkung überlegen.

Gegenüberstellung Herstellungsaufwand/ Erhaltungsaufwand

Die Unterscheidung zwischen Erhaltungsaufwand und Herstellungsaufwand ist deswegen von Bedeutung, weil der **Erhaltungsaufwand steuerlich sofort als Betriebsausgabe** abgesetzt werden kann, während der **Herstellungsaufwand zu aktivieren** ist und erst im Wege der Abschreibung Aufwand wird. Neu im Konzert der Begriffe ist der Instandsetzungsaufwand mit einer zehnjährigen Nutzungsdauer.

Herstellungsaufwand	Erhaltungsaufwand
Umbau eines Gebäudes Geänderte Raumeinteilung, Einbau einer Zentralheizung, Naßeinheiten eingebaut, Portal neu gestaltet, Fenster erneuert, Dachbodenausbau. Gilt insgesamt als Änderung der Wesensart und gesamt als Herstellungskosten, auch wenn die Fenster bereits renovierungsbedürftig waren. (VwGH vom 15.2.1994, 93/14/0175)	**Renovierung von Kanzleiräumen** Werden bestehende Kanzleiräume renoviert (z.B. neue Fenster und Jalousien, Erneuerung der Elektroinstallation, Tapezierer- und Malerarbeiten, Erneuerung des Bodenbelages), liegt keine Änderung der Wesensart vor (vorher Kanzlei, nachher Kanzlei). (FLD f. Wien, NÖ und Bgld. vom 5. 12. 1991, Senat I, 91/127/07)
Geschäftsumbau Setzen von Trennwänden, neuen Eingängen, Austausch von Fenstern, Portalumbauten, alles zur besseren Nutzung der Geschäftsräume. (VwGH vom 23.3.1977, 46/75) Baumaßnahmen, die eine Änderung von einem Nebengebäude zu einem Produktionsgebäude bewirken. (VwGH vom 28.1.1995, 93/13/0197)	**Renovierung eines Geschäftslokales** Ohne Änderung der Raumaufteilung, ohne Erneuerung des Portals, also nur Funktionserhaltung (z.B. Austausch von schadhaften Böden, schadhaften E-Leitungen u.a.).
Anschaffungsnaher Instandsetzungsaufwand Ein vom Erwerber eines vernachlässigten Gebäudes innerhalb von 3 Jahren nachgeholter Instandsetzungsaufwand ist zu aktivieren. (GER 1989, Abschnitt 7.3.3)	**Anschaffungsnaher Instandsetzungsaufwand** bei Gebäuden, die dem Mietrechtsgesetz unterliegen. Diese Aufwendungen sind nicht zu aktivieren. (Verteilung auf 10 Jahre gem. § 4 Abs. 7 EStG; VwGH vom 20.4.1995, 91/13/0143)
Erwerb eines Geschäftslokales Der anschließende Renovierungsaufwand ist zu aktivieren. (VwGH vom 29.3.1957)	Gebäude, die schon seit Jahren genutzt werden **Sofortaufwand** sind u.a.: Ersatz einer Holzdecke durch eine Betondecke.

Herstellungsaufwand	Erhaltungsaufwand
Umbau eines gemieteten Geschäftslokales Als „Adaptierung in fremden Gebäuden“ zu aktivieren. (VwGH vom 3.12.1969) Erstadaptierung einer angemieteten Kanzlei ist zu aktivieren. (VwGH vom 17.5.1977, 1934/76)	**Ersatz** eines Schindeldaches durch ein Metalldach. Ersatz eines Holztores durch ein Metalltor. Instandsetzung beschädigter Teile, z.B. Dacherneuerung wegen Sturmschadens. (ESt-Rl.1984, Abschn. 53 Z. 6)
Erwerb eines abbruchreifen Gebäudes Die Abbruchkosten sind den Anschaffungskosten von Grund und Boden zuzurechnen. (VwGH vom 18.5.1962, 2221/62) Abbruch eines baufälligen Gebäudes nach Jahren der betrieblichen Nutzung. Abbruchkosten sind dem Grund und Boden zuzurechnen. (VwGH vom 28.4.1967, 923/66)	**Abbruch eines baufälligen Gebäudes** nach Jahren der betrieblichen Nutzung: Der Restbuchwert ist Sofortaufwand. (VwGH vom 28.4.1967, 923/66)
Kanalanschlußgebühren beim Neubau (ESt-Rl. 1984, Abschn. 50 Abs. 7)	Kanalanschlußgebühren bei bestehenden Gebäuden (ESt-Rl. 1984, Abschn. 53 Abs. 6
Dachgeschoßausbau Die Kosten für einen Dachausbau sind aktivierungspflichtig.	**Dacherneuerung** beim Dachgeschoßausbau Auch bei gleichzeitigem Ausbau des Dachgeschosses ist die Erneuerung des schadhaften Daches Sofortaufwand. (VwGH vom 9.6.1980, 55, 186/79)
Einbau einer Zentralheizung anstelle von Einzelöfen (ESt-Rl. 1984, Abschn. 53 Abs. 2)	**Umstellung einer Zentralheizung** von festen auf flüssige (gasförmige) Brennstoffe (ESt-Rl. 1984, Abschn. 53 Abs. 6)
Erstmals eingebaute Gebäudeteile Ersteinbau von sanitären Analgen, Zentralheizungen, Klimaanlagen, Liften, Erweiterung eines WCs und eine Naßzelle (Bad, Dusche). (VwGH vom 12.1.1979, 2925/76)	**Austausch von Gebäudeteilen** Austausch von Heizkesseln, sanitären Anlagen, Badewannen, Liften, Türen, Fenstern, Elektroinstallationen, Fußböden etc. (ESt-Rl. 1984, Abschn. 53 Z. 6)
Umbau einer Großwohnung in mehrere Kleinwohnungen und umgekehrt (VwGH vom 27.1.1969, 981/68)	
Erwerb von beschädigten Wirtschaftsgütern mit anschließender Reparatur, z.B. Antiquitäten, gebrauchte Fahrzeuge. Die Instandsetzungskosten sind den Anschaffungskosten zuzurechnen. (VwGH vom 11.6.1965, 316/65)	**Instandsetzung** von Wirtschaftsgütern, die im Betrieb beschädigt wurden Sofortaufwand
Herstellung- und Erhaltungsaufwand in Kombination Kann nicht eindeutig getrennt werden (z.B. ein Geschäftsumbau in Millionenhöhe, bei dem auch die alten E-Leitungen ausgetauscht werden), ist der Gesamtaufwand zu aktivieren. (ESt-Rl. 1984, Abschn. 53 Z. 3)	**Herstellung- und Erhaltungsaufwand in Kombination** Ist eine Trennung einwandfrei möglich, ist der im Gesamtaufwand enthaltene Erhaltungsaufwand als Sofortaufwand abzugsfähig (z.B. Gebäudesanierung mit erstmaligem Lifteinbau). (ESt-Rl. 1984, Abschn. 53 Z. 3)
Herstellung von Verkehrsflächen (Straßen, Lagerplätze, Parkplätze). Diese Wirtschaftsgüter sind als Grundstückseinrichtung zu aktivieren.	Asphaltierung (Betonierung) einer bestehenden Verkehrsfläche gilt als Reparatur der bisher verwendeten Grundstückseinrichtung. (VwGH vom 8.3.1963, 1963/62)

Baurecht

Seit 1990 (Baurechtsgesetz) ist dieses Instrument allgemein zugänglich. Wer mittels Baurecht ein Gebäude errichtet, muß das Grundstück nicht erwerben. Auf der anderen Seite muß der Grundstückseigentümer sein Grundstück nicht aufgeben. Das Baurecht muß auf mindestens 10 und darf nicht auf länger als 100 Jahre vereinbart werden. Das Baurecht setzt einen Vertrag und eine Grundbuchseintragung voraus. Vom Baurecht unterscheidet sich das **Superädifikat.** Auch dieses Institut ermöglicht die Errichtung eines Bauwerkes auf fremdem Grund. Superädifikate gelten jedoch als **bewegliche Sachen,** die nicht immer auf dem Grundstück bleiben müssen (Würstelstand).

Das Baurecht wird im Anlagevermögen unter den Sachanlagen als grundstücksgleiches Recht ausgewiesen. Die Bewertung erfolgt zu Anschaffungskosten. Diese Anschaffungskosten sind auf die Laufzeit des Baurechts abzuschreiben.

Freimachungskosten als Anschaffungskosten eines Gebäudes

Kosten der Freimachung eines Mietobjektes, durch die der Mieter einer Wohnung bewogen wird, auf sein Mietrecht vorzeitig zu verzichten, können nicht sofort als Betriebsausgaben abgesetzt werden. Diese Aufwendungen sind als zusätzliche **Anschaffungskosten** zu aktivieren und auf die Restnutzungsdauer des Gebäudes – nicht auf die Restlaufzeit des jeweiligen Mietvertrages – abzusetzen.

Anbau, Umbau, Zubau

Die Kosten eines Anbaus, Umbaus, Zubaus **erhöhen den Wert des Gebäudes**. Der erhöhte Wert (Restbuchwert) ist auf die **Restnutzungsdauer** abzuschreiben.

Beispiel

Ein Produktionsgebäude ist 1989 um S 10,000.000,– errichtet worden. Der AfA-Satz beträgt 4%. Im ersten Halbjahr 1992 wird ein **Zubau** errichtet und in Betrieb genommen. Kosten des Zubaus S 4,000.000,–.

Herstellungskosten 1989 S 10,000.000,–, abzüglich Abschreibung für drei Jahre (1989, 1990, 1991) 3 x S 400.000,–, sind S 1,200.000,**–, ergibt Buchwert zum 31. Dezember 1991, S 8,800.000,–**.

Zubau 1. Halbjahr 1992 S 4,000.000,–, ergibt einen erhöhten Buchwert von S 12,800.000,–. 100 : 4 ergibt 25 Jahre Abschreibungsdauer. Bisher wurden abgeschrieben 3 Jahre (1989, 1990, 1991), verbleibt eine Restnutzungsdauer von 22 Jahren. 12,800.000,– dividiert durch 22 ergibt eine jährliche Abschreibung von S 581.818,– ab 1992, oder 4,55% von S 12,800.000,–.

Aus diesem Beispiel wird ersichtlich, daß die Kosten eines Anbaus, Umbaus, Zubaus den **Buchwert** erhöhen. **Der erhöhte Buchwert ist dann auf die Restnutzungsdauer abzuschreiben.**

Verlängerung der Restnutzungsdauer

Nicht immer kann so vorgegangen werden, wie im obigen Beispiel dargestellt. Dann nämlich, wenn die **Kosten für den Anbau, Umbau, Zubau höher sind als der Restbuchwert**. Ist also die Investition höher als der Restbuchwert, dann **verlängert sich die Restnutzungsdauer**.

Hier sind zwei Fälle auseinanderzuhalten:

- **Fall 1:** Der Anbau, Umbau, Zubau kann **als eigener Gebäudeteil** gesehen werden, dann sind für die Ermittlung der Nutzungsdauer die Abschreibungssätze mit 2, 2,5 oder 4% anzuwenden.
- **Fall 2:** Die Investition stellt **keinen eigenen Gebäudeteil** dar, sondern betrifft den Einbau eines Aufzuges oder den Einbau einer Heizungsanlage. In der Regel ist hier davon auszugehen, daß diese Zusatzinvestition die Nutzungsdauer des Gebäudes nicht verlängert.

Beispiel

Wir bleiben wieder bei unserem 1989 errichteten Produktionsgebäude, das einen **Buchwert** zum 31. Dezember 1991 von S 8,800.000,– aufweist. Der **Zubau**, der im ersten Halbjahr 1992 errichtet wird, kostet S 12,000.000,–. Diese Investition übersteigt den Restbuchwert. Es ergibt sich ein erhöhter Restbuchwert von S 20,800.000,–. In diesem Fall (Investitionsaufwand ist höher als Restbuchwert), ist der AfA-Satz von 4% anzuwenden, und die **Nutzungsdauer beträgt wiederum 25 Jahre**. Die Restnutzungsdauer von 22 Jahren ist also verlängert worden. Die Abschreibung beträgt ab 1992 S 832.000,– (4% von S 20,800.000,–).

Selbsterstellte Anlagen

Wenn ein Unternehmer für den Eigenbedarf Wirtschaftsgüter erzeugt, so entstehen durch die Erzeugung verschiedene Aufwendungen (Löhne, Material), die in der Buchhaltung wie alle anderen Aufwendungen verbucht werden.

Eine Baufirma baut für eigene Zwecke ein Bürogebäude. Der Lohn- und Materialaufwand ist in diesem Fall nicht gewinnmindernd, denn dann gäbe es keine Anschaffungskosten in der Klasse 0. Auf der anderen Seite würden die Anschaffungskosten eines Gebäudes bei einem anderen Unternehmen erst über die Abschreibung Aufwand, und bei unserem Bauunternehmen, würden die Anschaffungskosten bereits im Jahr der Errichtung vollständig Aufwand. Aber Sie spüren es, daß es so nicht sein kann. Beim Bauunternehmen sind sämtliche Aufwandspositionen, die mit der Errichtung des Gebäudes zusammenhängen, zu neutralisieren.

Wie erfolgt diese Neutralisierung?

Die Neutralisierung erfolgt durch eine Ertragsbuchung und nicht durch ein Storno auf der Habenseite, etwa beim Lohnaufwand, oder beim Materialaufwand. Aufgrund der Kalkulationsunterlagen sind die **Herstellungskosten** zu ermitteln und in einer einzigen Buchung (**Anlagekonto an aktivierte Eigenleistungen**) zu erfassen. Auf diese Weise wird der Aufwand erfolgsmäßig neutralisiert und über die Herstellungskosten in der Klasse 0 erfaßt.

Beispiel

Die Einrichtung, der durch Zubau und Aufstockung geschaffenen Büroräume, wird mit firmeneigenen Arbeitskräften und Material des eigenen Lagers hergestellt. Die Produktionsdauer hat sieben Monate betragen. Die Kostenrechnungsabteilung ermittelt die angefallenen Kosten wie folgt:

- Materialeinzelkosten 142.000
- Lohneinzelkosten 136.000
- Die Materialgemeinkosten betragen 45% der Materialkosten.
- Die Fertigungsgemeinkosten betragen 155% der Lohneinzelkosten.
- In den Fertigungsgemeinkosten ist ein Anteil von 22.700 an freiwilligem Sozialaufwand enthalten. Die anteiligen

Fremdkapitalzinsen betragen im Herstellungszeitraum S 27.300.
- Der Anteil der Verwaltungsgemeinkosten beträgt 10% der Herstellungskosten, der Anteil der Vertriebskosten beträgt 12% der Herstellungskosten.

Das Unternehmen möchte aus Gründen optimaler Kreditfähigkeit alle handelsrechtlichen und steuerrechtlichen aktivierbaren Kosten bilanzieren. Alle ermittelten Kosten sind aufwandsgleich.

Lösung

MEK	142.000		
MGK 45%	63.900		
FL	136.000		
FGK 155%	210.800		
Zinsen	27.300		
Höchstansatz	580.000	580.000	Gebäude/ aktivierte Eigenleistungen

Gebäudeabschreibung

Wie bereits dargestellt, sind die Abschreibungssätze für Gebäude gesetzlich geregelt.

4% AfA, das entspricht einer Nutzungsdauer von 25 Jahren, sind vorgesehen für Gebäude, die **unmittelbar dem Betrieb** dienen und zwar für Land- und Forstwirte oder Gewerbetreibende. Dieses unmittelbar bedeutet, daß mindestens 80% des Gebäudes der betrieblichen Nutzung dient.

2% AfA, bzw. eine Nutzungsdauer von 50 Jahren, sind vorgesehen für Gebäude, die nicht unmittelbar der Betriebsausübung dienen. Damit ist die Verwaltung gemeint.

2,5% AfA, das sind 40 Jahre, wird das Gebäude einer Bank oder Versicherung aushalten. Auch wenn Sie ein Gebäude erwerben, das bereits 300 Jahre alt ist (Linzer Hauptplatz), dann gilt die vorstehende Regelung. Wollen Sie davon abweichen, so brauchen Sie dafür ein Gutachten.

Zurück zur unmittelbaren Betriebsausübung. Darunter versteht man die Produktion, die Lagerung und den Verkauf.

Die **mittelbare Betriebsausübung** besteht in der Unterbringung von Arbeitnehmern und in der Nutzung für die Verwaltung. Zweifel könnten Freizeiträume, Werksküche und Waschräume bringen. Diese aber werden der unmittelbaren Betriebsausübung zugerechnet.

Mischsatz

Beim Zusammentreffen von **mittelbarer und unmittelbarer Betriebsausübung** ist anhand der Nutzung nach der Fläche eine Aufteilung vorzunehmen und ein Mischsatz zu errechnen. Wird ein Gebäude zu 40% Verwaltung und zu 60% Produktion benützt, dann ergibt dies einen AfA-Mischsatz von 3,2%. Ändert sich die Verwendung im folgenden Jahr, dann ist der Mischsatz ebenfalls umzustellen. **Kein Mischsatz**: Gebäude ist zum Teil Betriebsvermögen und zum Teil Privatvermögen. Wenn der betrieblich genutzte Teil für Produktionszwecke verwendet wird, dann gibt es für diesen Teil die AfA mit 4%. Ab 80% unmittelbarer betrieblicher Nutzung beträgt der AfA-Satz 4% für das ganze Gebäude.

Übersicht Gebäude (einschließlich Fahrbahnen)

Art des Wirtschaftsgutes	Nutzungsdauer	Quelle
Gebäude im Bereich **Gewerbebetrieb** oder **Land- und Forstwirtschaft**, die der **unmittelbaren Berufsausübung** dienen (Produktion, Dienstleistung, Handel, auch Werksküchen, Wasch- u. Pausenräume)	25 Jahre	§ 8 EStG
Gebäude im Bereich der Einkünfte aus **selbständiger Arbeit** (Freiberufler)	50 Jahre	§ 8 EStG
Verwaltungs- und Wohngebäude (außer Vermietung und Verpachtung)	50 Jahre	§ 8 EStG
Gebäude, die unmittelbar **Banken- und Versicherungszwecken** dienen.	40 Jahre	§ 8 EStG
Dienen diese Gebäude zu mehr als 80% demKundenverkehr	25 Jahre	
Vermietete Gebäude:		
Maßgebend ist die Nutzung durch den Mieter.		
Bei unmittelbarer betrieblicher Nutzung durch den Mieter.	25 Jahre	GER 1989
Mieter nutzt als Freiberufler oder zu Verwaltungs- oder Wohnzwecken	50 Jahre	Abschnitt 3.1.3.

Art des Wirtschaftsgutes	Nutzungsdauer	Quelle
Gemischt genutzte Gebäude: Entsprechend der unterschiedlichen Nutzung (z.B. Geschäft und Büro) ist ein Mischsatz zu berechnen	25–50 Jahre	GER 1989 Abschnitt 3.1.8.
Teilweise Betriebsvermögen, teilweise Privatvermögen – kein Mischsatz. Auf den betrieblichen Anteil ist der entsprechende Satz anzuwenden	25–50 Jahre	GER 1989 Abschnitt 3.1.9.
Assanierungsaufwand: Bei Betriebsgebäuden (nachträgliche Herstellungskosten auf alte, geförderte Gebäude)	10 Jahre	§ 8 (2) EStG
Gebäude im Bereich **Vermietung und Verpachtung**		§ 16 (1) 8 EStG
Normalsatz	67 Jahre	Durchführungsrichtlinien
Vor dem Jahr 1915 errichtete Gebäude	50 Jahre	V+V vom 13. 5. 1991
Gebäude auf fremdem Grund (Superädifikate):		
Normalfall: wie auf eigenem Grund	25–50 Jahre	BMF vom 8. 5. 1992
Ausnahme: kürzere Bestandsdauer und kein Ersatz bei Ende des Bestandsverhältnisses	Bestandsdauer	SWK 1992, A I 198
Andere unbewegliche Wirtschaftsgüter		
Bauliche Investitionen in gemieteten Gebäuden Mieterinvestitionen (Portalumbau, Innenumbau, Verlegung von Eingängen und Schaufenstern u.a.)		
Normalfall: Unbestimmte Mietdauer	10 Jahre	VwGH vom 17. 5. 1977 1934/76
Ausnahme: Bestimmte Mietdauer, die unter der betriebsgewöhnlichen Nutzungsdauer liegt	Bestandsdauer	
Forstwege mit Unterbau	10 Jahre	EStRL Abschnitt 97 Abs. 7 EStG
Forstwege ohne Unterbau	5 Jahre	
Fahrbahnen und Platzbefestigungen betoniert oder asphaltiert	8 Jahre	BMF-Erlaß vom 2. 5. 1992 SWK 1992 A I 312
Kläranlagen	20 Jahre	Handbuch Quantschnigg
Seilbahnen	20–25 Jahre	

Beispiel

Die TeerAG ASDAG hat ein Gebäude um S 12,4 Mio. errichtet. Baubeginn war der 16. Mai, die Fertigstellung erfolgte am 4. Dezember. Das Gebäude ist am 15. Dezember 1999 bezogen worden. Im November 1999 ist an die Energie AG für das Strombezugsrecht ein Betrag von S 400.000,– überwiesen worden. Dieser Betrag ist zusammen mit den Gebäudekosten auf dem Konto 020 verbucht. Von den Gebäudekosten betreffen S 400.000,– die Asphaltierung des Vorplatzes. Auf diesem Platz sind Parkplätze für 60 Fahrzeuge geschaffen worden.

Das Gebäude wird wie folgt genutzt:

Verkauf	55%
Büro	15%
Lager	15%
Dienstnehmerwohnung	10%
Sozialräume	5%

Lösung

Betriebsvorrichtung	400.000	Betriebsvorr./Gebäude
Strombezugsrecht	400.000	Rechte/Gebäude
Betriebsvorrichtung 8 J. ND, 400.000 : 8 : 2 (BMfF v. 8.5.92, SWK AI S 312 aus 1992)	25.000	AfA/Betriebsvorr.
9% IFB v. 400.000	36.000	Zuw. unv. RL/IFB
Strombezugsrecht 400.000:10:2	20.000	AfA/Rechte
6% IFB v. 400.000	24.000	Zuw. unv. RL/IFB
Gebäude AK 12,000.000 (HR), 10,760.080 (StR) 9% IFB v. 10,760.080	968.407	Zuw. unv. RL/IFB

AfA	2%		4%
Büro	15	Verkauf	55
Wohnung	10	Lager	15
		Sozialräume	5
	25		75

75% von 4% AfA = 3%
25% von 2% AfA = 0,5%
3,5% vgl. GER Abschnitt D, 3.1 Gebäude (4)

12,000.000 x 3,5% x $^1/_2$ = 210.000 AfA/Gebäude

Absetzung für Substanzverringerung

Die Absetzung für Substanzverringerung kommt insbesondere bei jenen Betrieben vor, bei denen Grundstücke durch die Nutzung eine Wertminderung erfahren. Bei Steinbrüchen, bei Bergbauunternehmen, bei Schottergruben und bei Sandgruben wird eine Abschreibung vorgenommen, die vom Verbrauch abhängig ist.

Beispiel

Ein Grundstück, auf dem sich ein Steinbruch befindet, hat S 1,000.000,– gekostet. Rund 1 Mio. m³ Granit sind abbaufähig. Im ersten Jahr sind 200.000 m³ abgebaut worden. Die Absetzung für Substanzverringerung beträgt in diesem Jahr S 200.000,– (200.000 m³ x S 1,–).

Technische Anlagen, Maschinen, Betriebs- und Geschäftsausstattung

Angemessene Anschaffungskosten

Zum Problem der Vorsteuerkorrekturen bei Kapitalgesellschaften

Auf dieses Problem stoßen wir hier und bei der **Angemessenheitsprüfung** im Zusammenhang mit der Anschaffung von Personen- und Kombinationskraftwagen, Flugzeugen, Booten, Jachten, **Teppichen und Antiquitäten**. Ein Problem gibt es deswegen, weil die Vorsteuerkorrektur richtigerweise als Eigenverbrauch erfolgen muß (mit der Buchung: Privat an Eigenverbrauch und Umsatzsteuer).

Nur finden wir bei der Kapitalgesellschaft kein Privatkonto und können die Buchung nicht wie vorgeschlagen vornehmen. Das Problem kann wie folgt gelöst werden:

Beispiel

Ein Teppich wurde um S 100.000,– zuzüglich S 20.000,– Umsatzsteuer angeschafft. S 20.000,– Umsatzsteuer wurden als Vorsteuer verbucht. S 80.000,– (8 m²) sind für den Teppich der angemessene Kaufpreis. S 16.000,– bleiben als Vorsteuer und S 4.000,– sind wie folgt umzubuchen: BGA an Vorsteuer. Damit erhöhen sich die Anschaffungskosten auf S 104.000,–. Dieses Ergebnis entspricht auch dem § 6 Z. 11 EStG: „Soweit die Vorsteuer nicht abgezogen werden kann, gehört sie zu den Anschaffungskosten."

Beispiel

Ein Barockschrank wird um S 360.000,– erworben und als Büroschrank verwendet. Ein vergleichbarer Büroschrank kostet S 80.000,–. Angemessen sind daher Anschaffungskosten bis zu S 120.000,–. Auch bei Übertragung stiller Reserven ist von den angemessenen Anschaffungskosten in Höhe von S 120.000,– auszugehen. Eine AfA ist nicht zulässig, daher auch kein Investitionsfreibetrag möglich. Allfällige werterhaltende Reparaturen sind hingegen im vollen Umfang abzugsfähig. Wird der Barockschrank in der Folge um S 600.000,– verkauft, so ist auch für die Ermittlung des steuerpflichtigen Veräußerungsgewinnes lediglich 1/3 des Gesamterlöses heranzuziehen.

Dagegen ist im Bereich der Umsatzsteuer bei Überwiegen der außerbetrieblichen Komponente (unangemessener Teil der Anschaffungskosten) die gesamte Vorsteuer nicht abzugsfähig (§ 12 Abs. 2 Z 2 lit. A UStG). Überwiegt der betrieblich veranlaßte angemessene Teil, so liegt hinsichtlich der außerbetrieblichen Komponente Eigenverbrauch vor (§ 1 Abs. 1 Z 2 lit. c UStG).

Zurück zum Barockschrank: Die Anschaffungskosten sind S 360.000,–, die angemessenen Anschaffungskosten S 120.000,–. Die Komponente des § 20 EStG überwiegt, sodaß ein **Vorsteuerabzug nicht zusteht.** Bei einer Veräußerung des Büroschranks gibt es dafür keine Umsatzsteuer. Bei einer allfälligen Reparatur ist ebenfalls kein Vorsteuerabzug möglich.

Beispiel

Auf dem Konto Büroausstattung ist folgender Zugang erfaßt: Schreibtisch: (Modell Gustav Klimt, Mahagoni aus 1932) Anschaffungskosten S 100.000,–, angemessener Aufwand S 60.000,–, für den Fall, daß eine Angemessenheitsprüfung erforderlich ist.

Die Nutzungsdauer für den Schreibtisch beträgt 10 Jahre. Anschaffung zweites Halbjahr.

Lösung

keine Angemessenheitsprüfung

ND 10 J. 1/2 AfA 5.000,– AfA/BGA

- weil keine Antiquität (älter als 150 Jahre) bzw.
- weil bei Antiquitäten bis S 100.000,– Anschaffungskosten keine Angemessenheitsprüfung stattfindet.

Übersicht bewegliche Anlagegüter

Art des Wirtschaftsgutes	Nutzungsdauer	Quelle
Antiquitäten (über 150 Jahre alt)	keine AfA	BMF-Erlaß vom 28. 9. 1990
Busse	5 Jahre	ESt-Handbuch
Benzinmotoren (mobil)	5 Jahre	
Bagger, leicht	8 Jahre	
Bagger, schwer	12–15 Jahre	
Betriebs- und Geschäftsausstattung, allgemein	10 Jahre	VwGH v. 21. 9. 1983 12/2323/79
Büromaschinen allgemein	5 Jahre	ESt-Handbuch
Diesel-, Elektro-, Preßluftmotoren	8 Jahre	
EDV-Anlagen allgemein	3–5 Jahre	
Fahrräder	10 Jahre	
Filme	6 Jahre	BMF, SWK 1985 A I 372
Flugzeuge	10–12 Jahre	ESt-Handbuch
Kunstgegenstände	keine AfA	BMF vom 28. 9. 90
Kräne, beweglich	10 Jahre	ESt-Handbuch
Kräne, ortsfest	15 Jahre	
Lastkraftwagen	4–7 Jahre	
Motorräder	5 Jahre	Est-Handbuch
PC (Personal-Computer)	4 Jahre	VwGH vom 5. 10. 1993 91/14/0191
Personenkraftwagen, Kombinationskraftwagen	Steuerlich 8 Jahre Handelsrechtlich 3–5 Jahre	§ 8 EStG
gebrauchte Personenkraftwagen	8 Jahre abzüglich bisherige Nutzungsdauer	§ 8 (6) EStG
Produktionsmaschinen	8–10 Jahre	ESt-Handbuch
Radlader	5 Jahre	VwGH vom 10. 10. 1978 483/78
Schiffe	20–25 Jahre	ESt-Handbuch
Waschstraßen	8 Jahre	
Wasserkraftmaschinen	15–20 Jahre	
Wollteppiche, am Boden	20 Jahre	Angemessenheitserlaß des BMF vom 28. 9. 90
Wollteppiche, an der Wand	keine AfA	
Zapfanlagen bei Tankstellen	10 Jahre	ESt-Handbuch

Mehrschichtbetrieb

Bei **ganzjährigem Mehrschichtbetrieb** gilt:

- bei zwei Schichten:
  lineare AfA lt. Tabelle + 25%
- bei drei Schichten:
  lineare AfA lt. Tabelle + 50%

Bereitschafts-AfA

Beispiel

Die Seilbahngesellschaft hat einen zweiten Elektromotor angeschafft, der dann Verwendung findet, wenn der installierte Motor ausfällt. Für diese nutzungsfähigen, aber noch nicht genutzten Wirtschaftsgüter steht eine **Bereitschafts AfA** zu. **Die Bereitschafts AfA beträgt 50% der für diese Wirtschaftsgüter** normal zum Zuge kommenden AfA.

Fahrzeuge

Übersicht

Grundlagen	PKW*	Lkw, Klein-Lkw, Busse
Gesetzesstellen § 8 Abs. 6 Z. 1 EStG (Afa) § 10 Abs. 4 EStG (Investitionsfreibetrag) § 12 Abs. 2 Z. 2 lit. b UStG (Vorsteuerabzug) Verordnung des BMF vom 20. 6. 1996 (BGBl 273/1996) über die Einstufung PKW/Lkw Erlaß des BMF vom 18.2.1998, GZ 09 1202/2-IV/98, Liste der anerkannten Lkw des BMF vom 25.9.1998 über Neuerungen	einschließlich Kombinationskraftwagen Motorräder, Geländewagen (ausgenommen als anerkannter Kastenwagen) Stationswagen (ausgenommen als anerkannter Kastenwagen) Klein-Autobusse mit weniger als 7 Personen Klein-Autobusse mit 7–8 Personen Kapazität, jedoch unter 0,5 m Ladefläche Fahrzeuge mit Sport- oder Luxuscharakter	Kastenwagen (kastenförmiger, abgesetzter Laderaum, keine seitlichen Laderaumfenster) kombiartige Fahrzeuge (mit hinten verblechten Seitenfenstern und einem Laderaum von mindestens 1,5 m) Pritschenwagen auch mit zwei Sitzreihen Leichenwagen Klein-Autobusse in Kastenform; entweder mindestens 9 Plätze oder bei 7–8 Plätzen ein Laderaum von mindestens 0,5 m
Vorsteuerabzug von Anschaffungs- und Betriebskosten	nein	ja
Umsatzsteuerpflicht von Eigenverbrauch, Sachbezug, Entnahme und Verkaufserlös	nein (Verkaufserlös ja, wenn bei der Anschaffung Vorsteuerabzug)	ja
Investitionsfreibetrag	0 (bei Fahrschulen, gewerblichen Vermietern und Taxis jedoch 6%)	6%
Steuerlicher Afa-Satz neues Fahrzeug	12,5% (8 Jahre Nutzungsdauer)	betriebsgewöhnliche Nutzungsdauer (4–5 Jahre)
Steuerlicher Afa-Satz gebrauchtes Fahrzeug	8 Jahre minus bisherige Nutzungsdauer	betriebsgewöhnliche Nutzungsdauer (2–4 Jahre)
Steuerliche Afa von PKW, die am Beginn des Jahres 1996 bereits zum Anlagevermögen gehörten	12,5% der seinerzeitigen Anschaffungskosten	keine Änderung
Steuerliche Obergrenze der Anschaffungskosten (ausg. Autotelefon, Radio, Funk)	S 467.000,–	keine Obergrenze
Normverbrauchsabgabe	ja	Lkw: nein Kleinbusse: ja

* Nicht für Fahrschulen, gewerbliche Vermieter und Taxiunternehmen.

Nicht als Kraftfahrzeuge im Sinne der obigen Einteilung gelten:

- selbstfahrende Arbeitsmaschinen
- Fahrzeuge im Tiefbau
- Muldenkarren
- Muldenkipper
- Mähdrescher
- Sattelanhänger, auch wenn sie gemeinsam mit dem Sattelzugfahrzeug angeschafft worden sind (Amtsblatt der österreichischen Finanzverwaltung Nr. 311/1986).

Die genannten Beispiele haben gemeinsam, daß sie nicht als selbständige Fahrzeuge für den Straßenverkehr zugelassen sind. Sie gelten deshalb als Maschinen und nicht als Kraftfahrzeuge.

Sonderregelungen für Personen- und Kombinationskraftwagen

Ein neuer PKW oder Kombi muß steuerlich auf mindestens **8 Jahre abgeschrieben** werden (AfA-Satz 12,5%). **Ausgenommen** sind Fahrschulkraftfahrzeuge sowie Fahrzeuge, die mindestens 80% der gewerblichen Personenbeförderung dienen.

Bei der Anschaffung eines gebrauchten PKWs oder Kombis ist von der Gesamtnutzungsdauer von 8 Jahren die bisherige Nutzungsdauer abzuziehen. Wird ein 5 Jahre alter PKW angeschafft, dann beträgt die steuerliche Restnutzungsdauer 3 Jahre.

PKW- und Kombileasing

Die Leasingraten sind nur begrenzt abzugsfähig. Die Leasinggesellschaft wird Ihnen mitteilen, wie hoch die in der Leasingrate enthaltene AfA-Komponente ist. Diese AfA-Komponente ist nur soweit abzugsfähig, als sie der steuerlichen zulässigen AfA entspricht. Bei Beurteilung der steuerlich zulässigen AfA ist von den Verhältnissen des Mieters, also von einem gedachten Ankauf auszugehen.

Der übersteigende Teil der Leasingrate (höher als die steuerlich zulässige AfA) ist zunächst steuerlich zu aktivieren (Mehr-/Wenigerrechnung). Wird das Fahrzeug später gekauft, sind die Anschaffungskosten zuzüglich der angesammelten Aktivposten auf die Restnutzungsdauer verteilt abzuschreiben. Wird bei Leasingende das Fahrzeug nicht erworben, ist der Aktivposten sofort abzuschreiben (vgl. § 8 (6) 2 EStG).

Beispiel

Ein PKW wird geleast, gedachte Anschaffungskosten S 240.000,–.

Die Leasingrate beträgt pro Jahr S 50.000,– zuzüglich S 10.000,– Umsatzsteuer, also insgesamt S 60.000,-.

Die AfA-Komponente einschließlich Umsatzsteuer beträgt laut Auskunft der Leasinggesellschaft S 48.000,– jährlich. Eine fiktive steuerliche AfA (S 240.000,– : 8), beträgt S 30.000,–.

Die jährliche Leasingrate beträgt S 60.000,– und wird aufgeteilt in eine AfA-Komponente mit S 48.000,– und in eine Zinsenkomponente mit S 12.000,–. Von der AfA-Komponente mit S 48.000,– ist nur jener Teil abzugsfähig, der der steuerlich zulässigen AfA entspricht, nämlich S 30.000,–. Zu aktivieren ist der Differenzbetrag von S 18.000,–.

Von der gezahlten Jahresleasingrate von S 60.000,– werden S 42.000,– aufwandswirksam und ein Betrag von S 18.000,– wird aktiviert.

Nach 4 Jahren wird der PKW um S 50.000,– gekauft, die in den 4 Jahren angesammelten Aktivposten von insgesamt S 72.000,– stellen gemeinsam mit dem Kaufpreis von S 50.000,– die Anschaffungskosten dieses PKW's dar. Die Anschaffungskosten von S 122.000,– verteilen sich auf die 4 Jahre Restnutzungsdauer.

Angemessenheitsprüfung für PKW und Kombi

- **Höhe der Anschaffungskosten,**
- **Betriebskosten.**

Die Bestimmung, daß **kein Vorsteuerabzug** möglich ist, finden wir im § 12 Abs. 2 Z. 2 lit. b UStG.

„Nicht als für das Unternehmen ausgeführt gelten Lieferungen oder sonstige Leistungen, die im Zusammenhang mit der Anschaffung, Miete oder dem Betrieb von **Personenkraftwagen, Kombinationskraftwagen oder Krafträdern** stehen, ausgenommen Fahrschulkraftfahrzeuge, Vorführkraftfahrzeuge und Kraftfahrzeuge die ausschließlich zur gewerblichen Weiterveräußerung bestimmt sind. Sowie Kraftfahrzeuge die mindestens 80% dem Zweck der gewerblichen Personenbeförderung oder der gewerblichen Vermietung dienen."

Angemessene Anschaffungskosten: S 467.000,–.

Warum gerade S 467.000,– und nicht S 500.000,–? Sachbezugswert für die Überlassung eines Fahrzeuges an einen Arbeitnehmer maximal S 7.000,– pro Monat, das sind 1,5% der Anschaffungskosten.

7.000 : 1,5 x 100 = 467.000,–

Diese Anschaffungskosten (S 467.000,–) umfassen auch alle Kosten für Sonderausstattungen (Allrad, Klimaanlage, ABS, Airbag, Alufelgen usw.).

Dagegen sind die Sondereinrichtungen, wie das Autoradio, das Autotelefon, der Taxameter und der Funk selbständige Wirtschaftsgüter.

Gebrauchtwagen:

- **Bis fünf Jahre nach Erstzulassung:** Neupreis der Erstzulassung relevant,
- **ab fünf Jahre nach Erstzulassung:** tatsächliche Anschaffungskosten relevant.

Beispiel

Drei Jahre nach Erstzulassung kauft Firma Wurm einen gebrauchten PKW um S 300.000,–. Neupreis: S 700.000,–.

Abschreibungsbasis: Von den S 700.000,– sind nur S 467.000,– abschreibbar, das sind zwei Drittel.

Von den Anschaffungskosten mit S 300.000,– sind daher nur zwei Drittel abschreibbar, nämlich S 200.000,–.

PKW, Unfallkosten

Wird ein Betriebsfahrzeug auf einer beruflich veranlaßten Fahrt (Betriebsfahrt, Fahrt zwischen Wohnung und Betriebsstätte) durch einen Unfall beschädigt, dann sind die Reparaturkosten nicht als Betriebsausgaben abzugsfähig, wenn der Unfall durch Alkoholisierung ausgelöst wurde. Die Alkoholisierung wird nicht dem Betriebsbereich, sondern dem Privatbereich zugerechnet. Daher sind die Unfallkosten nicht durch den Betrieb veranlaßt. Wenn der Unfall durch den Verstoß gegen die Straßenverkehrsordnung oder durch außerordentliche Straßenverhältnisse verursacht wurde, ist trotzdem die **betriebliche Veranlassung** gegeben. Daraus leitet sich der Grundsatz ab, daß die steuerliche Berücksichtigung von Unfallkosten vom **Grad des Verschuldens** abhängig ist. Unfallkosten gelten dann nicht als abzugsfähig, wenn Verkehrsvorschriften grob fahrlässig mißachtet wurden.

Angemessene Betriebskosten

Die **Betriebskosten** sind nur dann zu kürzen, wenn sie tatsächlich höher sind als bei einem Auto mit Anschaffungskosten von S 467.000,–. Tatsächlich höher ist die **Kaskoversicherung**, denn die geht von den Anschaffungskosten aus. Möglicherweise sind auch die **Servicekosten** höher. **Treibstoffkosten, die höher sein könnten, sind jedenfalls nicht zu kürzen. Keine Kürzung bei:** Kfz-Steuer, Reparaturkosten, Garagierung, Haftpflicht, ÖAMTC, ARBÖ.

Beispiel

Für den Außendienstleiter Mag. Konrad Wagner ist ab 1. Jänner 1999 ein PKW Marke **Honda** geleast worden. Die fiktiven Anschaffungskosten für den PKW betragen S 250.000,– einschließlich Umsatzsteuer. Nach Ablauf der Grundmietzeit von vier Jahren hat dieser PKW einen Restwert von S 50.000,–. Die jährliche Leasingrate beträgt S 60.000,–. Die Leasingvereinbarung basiert auf einem Zinssatz von 6,5%.

Der Betriebsleiter Mag. Erwin Katzmayr hat ab 1. November 1999 einen PKW Marke **Audi** mit fiktiven Anschaffungskosten von S 600.000,– einschließlich Umsatzsteuer geleast. Die Grundmietzeit beträgt 48 Monate. Nach Ablauf dieser Grundmietzeit beträgt der Restwert S 150.000,–. Die Leasingrate beträgt S 15.000,– pro Monat.

Lösung

Honda:

AfA in Leasingrate, AK	250.000,–			
Leasingwert	– 50.000,–			
	200.000,–	: 4 =	50.000,–	AfA Tangente
AfA bei Kauf, 250.000 : 8 =			31.250,–	
		MWR +	**18.750,–**	

AfA in Leasingrate vgl. § 8 (6) Z. 2 EStG.

Audi:

Angemessenheitsprüfung gemäß Erlaß vom 28. September 1990, Punkt 4.1. (4).
600.000 zu 467.000 ergibt 77,83%
Leasingrate monatl. 15.000 davon 77,83% = 11.675,– als angemessene Leasingrate

Für 2 Monate 1999:

HR Leasingrate		30.000,–
StR Leasingrate		23.350,–
Luxustangente	**MWR +**	**6.650,–**

Mit dieser MWR ist die handelsrechtlich erfaßte Leasingrate auf den steuerlichen Wert reduziert worden. Mit dem nächsten Schritt wird die in der steuerlichen Leasingrate enthaltene AfA auf eine 8-jährige Nutzungsdauer korrigiert.

Beispiel

Drei PKW befinden sich im Eigentum des Unternehmens, ein PKW ist geleast.

PKW (in 1.000 S)	**Audi**	**Honda**	**Suzuki**
Anschaffungsdatum	8/96	2/94	4/98
AK	800	400	300
HR ND	5 Jahre	5 Jahre	8 Jahre
HR AfA bisher	400	400	37,5
HR RBW 31.12.98	400	0	262,5

Ein **VW** wurde ab 1. 1. 97 geleast. Die jährliche Leasingrate mit S 85.000,– ist auf Konto 740 verbucht worden. Es handelt sich um ein Vollamortisationsleasing. Die Leasingdauer beträgt genau 50% der steuerlichen Nutzungsdauer. Die Anschaffungskosten für dieses Fahrzeug betragen S 300.000,–.

Audi

AfA HR 800.000 : 5 = 160.000		160.000	AfA/PKW
AfA StR 467.000 : 8 =	58.375		
	160.000		
	101.625		
vgl. § 8 (6) 1 EStG		**MWR +101.625**	

Honda

	HR	StR
94	80	80
95	80	80
96	80	50
97	80	50
98	80	50
99		50
00		50
01		50

MWR – 50.000

ab 1.1.1996:

Für Fahrzeuge, die bereits zum Anlagevermögen gehören, verlängert sich entgegen der grammatikalischen Auslegung die Restnutzungsdauer nicht unter Zugrundelegung einer Gesamtnutzungsdauer von 8 Jahren wie bei der Anschaffung von Gebrauchtwagen, sondern die Abschreibung ist ab der Veranlagung 1996 in der Höhe von 12,5% vorzunehmen. (SWK Heft 16, 1. Juni 1996)

Suzuki 300.000 : 8 = (angemessen) 37.500 AfA/PKW

VW

AfA in Leasingrate	300.000 : 4 = 75.000	
AfA bei Aktivierung	300.000 : 8 = 37.500	**MWR + 37.500**

Finanzanlagen

1. Anteile an verbundenen Unternehmen;
2. Ausleihungen an verbundene Unternehmen;
3. Beteiligungen;
4. Ausleihungen an Unternehmen, mit denen ein Beteiligungsverhältnis besteht;
5. Wertpapiere (Wertrechte) des Anlagevermögens;
6. sonstige Ausleihungen.

Überblick

Bei der Beurteilung der *Beteiligungen* ist es grundsätzlich erforderlich zu unterscheiden, ob eine Beteiligung an einer **Kapitalgesellschaft** oder an einer **Personengesellschaft** vorliegt.

Eine Beteiligung ist dann gegeben, wenn unser Unternehmen mit 20% und mehr an einer Kapitalgesellschaft beteiligt ist.

Eine **Beteiligung an einer Personengesellschaft** ist dann gegeben, wenn unser Unternehmen **persönlich haftender Gesellschafter** ist (Komplementär oder OHG-Gesellschafter).

Eine Beteiligung an einer **Gesellschaft bürgerlichen Rechts** oder an einer **eingetragenen Erwerbsgesellschaft** ist nur dann gegeben, wenn diese Gesellschaft auf Dauer errichtet ist, was bei einer Arbeitsgemeinschaft des Baugewerbes in der Regel nicht der Fall ist.

Die Vermutung, daß eine Beteiligung vorliegt, ist also dann gegeben, wenn die Anteile an einer Kapitalgesellschaft mindestens 20% betragen. Die Beteiligung als persönlich haftender Gesellschafter an einer Personengesellschaft gilt, **unabhängig von der Höhe der Beteiligung**, als Beteiligung.

Beim **Kommanditanteil** ist es wiederum erforderlich, daß der Kapitalanteil 20% und mehr beträgt, damit von einer Beteiligung gesprochen werden kann.

Verbunden ist ein Unternehmen dann, wenn es von einem Mutterunternehmen abhängig ist.

Es gibt dazu das generelles Kriterium, daß eine Abhängigkeit bei einer **Beteiligung von mehr als 50% vorliegt.**

Der Anteilserwerb von **Kapitalgesellschaften** und deren handelsrechtliche Qualifizierung:

Wertpapiere	Beteiligungen	Anteile an verbundenen Unternehmen	
0%	20%	50%	100%

Unter den Ausleihungen werden **Forderungen** ausgewiesen, **die eine Laufzeit von mindestens fünf Jahren haben.**

Wenn wir aber von Forderungen sprechen, dann meinen wir nicht die Forderungen aufgrund von Lieferungen und Leistungen, denn diese sind immer im Umlaufvermögen auszuweisen. Als Forderungen mit einer Laufzeit von mindestens fünf Jahren kommen nur langfristige Darlehen in Betracht.

Die dritte Position der Finanzanlagen sind **Wertpapiere** (Wertrechte). Darunter **werden alle festverzinslichen Wertpapiere, wie Anleihen und Pfandbriefe ausgewiesen**, aber auch die gewinnabhängigen Wertpapiere, wie **Aktien und Genußscheine**. Allen diesen Wertpapieren ist gemein, daß sie verbrieft sind.

Im Gegensatz dazu sind die **Wertrechte** nicht verbrieft. Als Wertrechte werden jene Gesellschaftsanteile behandelt, die keine Beteiligung mehr darstellen. Es liegt ja die Fiktion vor, daß eine Beteiligung von weniger als 20% an einer Kapitalgesellschaft (oder Genossenschaft) keine Beteiligung im Sinne des HGB ist.

Die Bilanzierung von Anteilen an Personengesellschaften

Der folgenden Betrachtung liegt die Annahme zugrunde, daß eine GmbH an einer **Personengesellschaft** beteiligt ist. In Höhe der Anschaffungskosten wurde in der Bilanz eine Beteiligung ausgewiesen.

Aus steuerlicher Sicht ist die Personengesellschaft der wirtschaftliche Zusammenschluß von Einzelkaufleuten. In diesem Zusammenhang wird steuerlich auch von der Bilanzbündeltheorie gesprochen.

Wenn man die **Bilanzbündeltheorie** ins Handelsrecht überträgt, dann könnte man keine Beteiligung ausweisen. Es würde der Bruchteil des Vermögens und der Bruchteil der Schulden in die Bilanz aufgenommen, der dem Beteiligungsverhältnis entspricht (solche Vorgangsweisen entsprechen dem Konzernabschluß, nämlich der Quotenkonsolidierung).

Tatsächlich hat aber die Personengesellschaft eine relative Rechtsfähigkeit und ist eher mit der Kapitalgesellschaft als mit einem Einzelunternehmen vergleichbar. Die Personengesellschaft hat ein **selbständiges Vermögen**, das gesamthändisch gebunden und unabhängig vom Vermögen der Gesellschafter ist. Auch wenn eine Beteiligung an der Personengesellschaft in der GmbH-Bilanz aufscheint, hat die GmbH keinen direkten Zugriff auf das Vermögen der Personengesellschaft. Man kommt daher zum Ergebnis, daß der Anteil an der Personengesellschaft als isolierter Vermögensgegenstand betrachtet werden muß, der als Beteiligung auszuweisen ist.

Weil das Vermögen der Personengesellschaft selbständig (gesamthändisch gebunden) ist, findet auch die Gewinnermittlung im Rahmen der Personengesellschaft statt. Es erfolgt die **einheitliche und gesonderte Gewinnfeststellung** im Sinne des § 188 BAO.

Einheitlich bedeutet, daß der Gewinn der Personengesellschaft festgestellt und anschließend auf die Gesellschafter verteilt wird (gesonderte Gewinnfeststellung). Diese bescheidmäßige Feststellung hat dann bindende Wirkung für die Veranlagung. Der zugewiesene Gewinn oder Verlust wird beim Gesellschafter ohne weitere Prüfung bei der Einkommensteuer- oder Körperschaftsteuerveranlagung berücksichtigt. Die Vorgänge finden zeitgleich statt, was bedeutet, daß die Ergebnisse der Personengesellschaft aus 1997 beim Gesellschafter auch 1997 berücksichtigt werden.

Zurück zum Beteiligungsansatz: Die Anschaffungskosten sind die Obergrenze für die Beteiligung. **Gewinne oder Verluste der Personengesellschaft haben auf den Beteiligungsansatz keinen Einfluß**. Durch die Gewinne oder die Verluste werden wir als Gesellschafter (GmbH) nicht unmittelbar betroffen.

Zum Verständnis: Würden Verluste der Personengesellschaft automatisch den Beteiligungsansatz (z.B. als Kommanditist) reduzieren, dann würde, wenn hohe Verluste entstanden sind, dieser Beteiligungsansatz sogar negativ werden. Die GmbH hat aber aus dem Titel der Kommanditbeteiligung keine Verbindlichkeit gegenüber der Personengesellschaft.

Verluste werden handelsrechtlich also nicht verbucht, sondern nur im Rahmen der Mehr-/Wenigerrechnung (Steuerbilanz) erfaßt.

Gewinne werden erst dann verbucht, wenn sie tatsächlich zugeflossen (realisiert) sind. Zugeflossen sind Gewinne, wenn sie in den Verfügungsbereich der Gesellschafter gelangen. Dies ist nicht der Fall, wenn der Gewinn dem Kapitalkonto zugeschrieben oder einem Rücklagenkonto zugewiesen wird. In den Verfügungsbereich der beteiligten Gesellschaft gelangt ein Gewinn, wenn dieser auf das Bankkonto des Gesellschafters überwiesen wird oder abrufbereit bei der Personengesellschaft vorhanden ist (Forderung an die Personengesellschaft).

Gegen die Ansicht, daß die Beteiligung das **Spiegelbild** des Kapitalkontos der Personengesellschaft ist, spricht handelsrechtlich das Anschaffungswertprinzip und das Realisationsprinzip. Gewinne werden erst dann verbucht, wenn sie in den Verfügungsbereich der Gesellschaft gelangen. Die Anschaffungskosten sind die Obergrenze der Beteiligung.

Die Steuerfolgen beim Gesellschafter (Steuerbilanz) knüpfen an die Gewinnermittlung der Personengesellschaft an. Hier wird auf die **Spiegelbildmethode** zurückgegriffen. Sie ist aber kein Instrument für die Bilanzierung von Anteilen an Personengesellschaften.

Der zugewiesene Gewinn wird beim OHG-Gesellschafter ohne weitere Prüfung bei der Einkommensteuer, oder wenn der OHG-Gesellschafter eine Kapitalgesellschaft ist, bei der Körperschaftsteuerveranlagung berücksichtigt. Diese Berücksichtigung findet **zeitgleich** statt, was bedeutet, daß die Ergebnisse der OHG aus 1997 beim Gesellschafter auch 1997 berücksichtigt werden. Hier sehen wir einen Unterschied zur Kapitalgesellschaft:

Der Aktionär einer AG, der Gesellschafter einer GmbH versteuert seinen Gewinn ein Jahr später, im Jahr der Ausschüttung.

Gewinne aufgrund einer Beteiligung werden erst dann verbucht, wenn sie tatsächlich zugeflossen (realisiert) sind. Zugeflossen sind Gewinne, wenn sie in den Verfügungsbereich des Gesellschafters gelangen. In den Verfügungsbereich des Gesellschafters gelangt ein Gewinn, wenn dieser von der Personengesellschaft überwiesen wird oder dieser abrufbereit vorhanden ist. Verluste werden handelsrechtlich nicht verbucht, sondern nur im Rahmen der Mehr-/Weniger-Rechnung (Steuerbilanz) berücksichtigt.

Bilanzierung von Anteilen an Kapitalgesellschaften

Beispiel

a) Von der GmbH erhielten wir am 11. 7. 1996 einen Gewinnanteil 1995 überwiesen.

Bankbeleg vom 11. 7. 1996:	
Gewinnausschüttung 1995 brutto	33.000,–
– 25% Kapitalertragsteuer	– 8.250,–
Nettoüberweisung, gebucht: Bank/Beteiligungsertrag	24.750,–

b) Seit 1990 besteht eine 10%ige Beteiligung mit S 70.000,– an der Wyborowa GmbH, Polen. Die Verluste der Wyborowa GmbH haben das Eigenkapital der Gesellschaft bei weitem überschritten (Überschuldung). Sanierungsbemühungen der Vorjahre waren vergeblich. Die Banken haben Kredite fällig gestellt. Die Gesellschaft übt zur Zeit aus Geldmangel keine Tätigkeit aus.

Lösung

a) Nachbuchung	8.250,–	Steueraufwand/ Beteiligungserträge

Der KeSt-Aufwand kürzt die Bemessungsgrundlage nicht	**MWR + 8.250**
Der gesamte Beteiligungsertrag ist befreit	**MWR – 33.000**

Gem. § 10 (1) KStG sind von der KöSt Beteiligungserträge befreit. Beteiligungserträge sind Gewinnanteile an inländischen Kapitalgesellschaften (= Schachtelbegünstigung für S 33.000,–).

b) Beteiligung S 70.000,– 100%ige außerplanmäßige Abschreibung	70.000,–	Aufwand/Beteiligung

§ 204 Abs. 2 HGB: Gegenstände des Anlagevermögens sind bei voraussichtlich dauernder Wertminderung ohne Rücksicht darauf, ob ihre Nutzung zeitlich begrenzt ist, außerplanmäßig auf einen niedrigeren Wert abzuschreiben. Bei Finanzanlagen dürfen solche Abschreibungen auch vorgenommen werden, wenn die Wertminderung voraussichtlich nicht von Dauer ist.

Um welchen Preis kann der Anteil an der Wyborowa GmbH veräußert werden?

Der Wertmaßstab für die Beteiligung ergibt sich jetzt am Absatzmarkt mit dem voraussichtlichen Verkaufserlös. Bei dem vorliegendem Sachverhalt ist anzunehmen, daß kein Verkaufserlös zu erzielen ist.

Es stellt sich jetzt die Frage nach der steuerlichen Wirksamkeit dieser außerplanmäßigen Abschreibung.

§ 12 Abs. 3 KStG: Für Beteiligungen im Sinne des § 10 gilt folgendes:

1. Die Abschreibung auf den niedrigeren Teilwert darf nur insoweit abgezogen werden, als nachgewiesen wird, daß die Wertminderung oder der Verlust nicht mit Einkommensverwendungen im Sinne des § 8 Abs. 2 und 3 der Körperschaft, an der die Beteiligung besteht, in ursächlichem Zusammenhang steht (ausschüttungsbedingte Teilwertabschreibung und ausschüttungsbedingter Verlust).

2. Abzugsfähige Abschreibungen auf den niedrigeren Teilwert sind im betreffenden Wirtschaftsjahr und den nachfolgenden sechs Wirtschaftsjahren zu je einem Siebentel zu berücksichtigen.

Im konkreten Fall ist festzustellen, daß keine ausschüttungsbedingte Teilwertabschreibung vorgenommen wird.

Nachdem die GmbH an der ausländischen Gesellschaft nur mit 10% beteiligt ist, liegt **keine Beteiligung** im Sinne des § 10 KStG vor.

Nachdem eine Beteiligung im Sinne des § 10 KStG nicht vorliegt, ist der gesamte handelsrechtliche Aufwand für die außerplanmäßige Abschreibung mit S 70.000,– auch steuerlich wirksam. Die Siebtelung wird in diesem Fall nicht vorzunehmen sein. Die Siebtelung würde nur dann vorgenommen, wenn eine Beteiligung von mehr als 20% besteht (Teilwertabschreibungen von Beteiligungen, Österreichische Steuerzeitung, 1. September 1996, Seite 421).

Zeitgleiche Aktivierung von Dividendenansprüchen

Von dem Grundsatz, daß der Gewinnanteil an einer Kapitalgesellschaft bei der empfangenden Gesellschaft erst dann verbucht werden kann, wenn ein Gewinnausschüttungsbeschluß der Hauptversammlung oder Gesellschafterversammlung vorliegt, gibt es eine **Ausnahme.** Wenn eine Mehrheitsbeteiligung bei der Muttergesellschaft vorliegt und der Jahresabschluß der Tochtergesellschaft vor dem Jahresabschluß der Muttergesellschaft fertiggestellt wird, kann eine Dividende für 1997 bei der Muttergesellschaft noch im Jahresabschluß 1997 als Beteiligungsertrag erfaßt werden. Damit kann der Mehrheitseigentümer sofort über den Gewinn verfügen. Die am Bilanzstichtag noch nicht beschlossene Dividende wird unter dem Posten „Forderungen an verbundene Unternehmen" ausgewiesen. Diese Vorgangsweise entspricht dem § 201 Abs 2 Z 4a HGB, wo verlangt wird, daß nur die am Abschlußstichtag verwirklichten Gewinne ausgewiesen werden dürfen. Die Finanzbehörde hat in einem Erlaß aus 1986 die zeitgleiche Aktivierung von Dividendenansprüchen akzeptiert.

Zuschüsse, Nachschüsse

Von einem Gesellschafter werden Zu- und Nachschüsse an ein Beteiligungsunternehmen geleistet. Hier stellt sich die Frage, wie **beim Gesellschafter** diese Zu- und Nachschüsse behandelt werden. Die Vorgangsweise beim Gesellschafter wird davon abhängen, ob die Zu- und Nachschüsse freiwillig oder aufgrund einer vertraglichen Vereinbarung geleistet worden sind.

Erfolgen die Zuschüsse **freiwillig**, dann liegen **nachträgliche Anschaffungskosten** der Beteiligung vor. In diesem Fall sind die Zu- und Nachschüsse auf die Beteiligung zu aktivieren. Diese freiwilligen Zu- und Nachschüsse des Gesellschafters können beim Beteiligungsunternehmen folgendes Ergebnis bewirken.

Der Zuschuß kann entweder werterhöhend sein oder einen bestehenden Verlust abdecken. Ist der freiwillige Zu- und Nachschuß werterhöhend, dann ist gegen die Aktivierung auf dem Konto Beteiligung kein Einwand zu erheben.

Keinen Einwand gegen die sofortige Aktivierung auf dem Konto Beteiligung gibt es auch für den Fall, daß der freiwillige Zuschuß zur Verlustabdeckung beim Beteiligungsunternehmen gewährt worden ist. In diesem Fall stellt sich jedoch die Frage, ob der Zu- und Nachschuß den Wert der Beteiligung erhöht hat. Wenn der Zu- und Nachschuß nur zur Verlustabdeckung erfolgt ist, spricht dies nicht für eine Werterhöhung der Beteiligung. In diesem Fall muß eine außerplanmäßige Abschreibung in Höhe des gewährten Zuschusses erfolgen (BFH vom 8. März 1997, IR 203/74, Bundessteuerblätter 1997 II, S. 515 und FLD Salzburg vom 19. August 1993, 153/GA 4, BK/89, österreichische Steuerzeitung 1995, S. 51). Die Aktivierung ist eine Sache, eine andere Sache ist die darauffolgende Abwertung. Eine Saldierung des Zuganges bei der Beteiligung mit der anschließenden Abwertung ist im Interesse der Bilanzklarheit abzulehnen.

Andere Konsequenzen ergeben sich, wenn Zu- und Nachschüsse des Gesellschafters aufgrund einer **vertraglichen Vereinbarung** erfolgt sind. Wenn sich das Unternehmen vertraglich zur Abdeckung von Verlusten verpflichtet hat und der Zu- und Nachschuß aufgrund dieser Verpflichtung geleistet wurde, ist die Zahlung beim leistenden Unternehmen sofort aufwandswirksam. Diese abweichende bilanzielle Behandlung ergibt sich aus der vertraglichen Verlustübernahme, die Sie bereits mit dem Ergebnisabführungsvertrag bei der Organgesellschaft kennengelernt haben. Bei der vertraglichen Verlustübernahme besteht ein Zusammenhang von Nachschuß und dem Ergebnis des Beteiligungsunternehmens. Aus der Höhe des Verlustes beim Beteiligungsunternehmen leitet sich die Höhe und auch der Zeitpunkt des Nachschusses ab. Mit der vertraglichen Verpflichtung zur Verlustübernahme wird der Zu- und Nachschuß beim leistenden Gesellschafter sofort aufwandswirksam (*E. Weber*, Grundsätze ordnungsmäßiger Bilanzierung für Beteiligungen, IDW-Verlag Düsseldorf, 1980, S. 215).

Im Falle von **Leistungen des Gesellschafters einer Kapitalgesellschaft zur Verlustabdeckung**, kann es für den Fall, daß die Voraussetzungen für eine Teilwertabschreibung vorliegen, nach Aktivierung der Verlustabdeckungszuschüsse auf dem Beteiligungskonto, zu einem abzugsfähigen Aufwand schon bei der Bilanzierung des Zuwendungsjahres kommen. Dabei setzt der Ansatz des niedrigeren Teilwertes voraus, daß die Anschaffung der Beteiligung oder die Aufwendung weiterer Anschaffungskosten eine **Fehlmaßnahme** gewesen ist, welche etwa dann vorliegt, wenn nach der Anschaffung Umstände objektiver Art hervortreten, die den vereinbarten Anschaffungspreis als überhöht erscheinen lassen, was für den Fall von Anlaufverlusten regelmäßig zu verneinen ist (VwGH v. 24.02.1999, 96/13/0206).

Die Zu- und Nachschüsse aus der Sicht des Beteiligungsunternehmens: Gemäß § 229 Abs 2 Z 5 HGB sind Zuzahlungen, die durch gesellschaftsrechtliche Verbindungen veranlaßt sind, als **Kapitalrücklagen** auszuweisen. Dabei ist der Begriff „gesellschaftsrechtliche Verbindungen" weit auszulegen. Unter dem Begriff werden auch alle Zuzahlungen von Konzerngesellschaften zu erfassen sein. Damit ist ausgeschlossen, daß Zuzahlungen von dritter Seite, ohne gesellschaftsrechtlichen Hintergrund, als Kapitalrücklage auszuweisen sind.

Wenn die Zuzahlung für Zwecke der Verlustabdeckung erfolgt, dann wird die eben gebildete Kapitalrücklage noch im gleichen Geschäftsjahr gewinnerhöhend aufgelöst.

Befreiung für Beteiligungserträge

Vergleichen Sie bitte die Erläuterungen zum § 10 KStG.

Beispiel

Die 100%ige Beteiligung an der **Schima** GmbH ist 1995 um S 1,200.000,– erworben worden. Dieser Kaufpreis hat dem damaligen Eigenkapital der Schima GmbH entsprochen, das folgendes Aussehen hatte:

Stammkapital	S 500.000,–
Gewinnrücklage	S 600.000,–
Jahresgewinn	S 100.000,–

Am 31. 12. 1998 beträgt das gesamte Eigenkapital der Schima GmbH lediglich S 500.000,– Die Gewinnrücklage und der Gewinn sind ausgeschüttet worden.

An der **Draxler** GmbH sind wir zu 50% beteiligt. Die Beteiligung ist 1995 um S 1 Mio. erworben worden. Nachdem diese Gesellschaft seit dieser Zeit keine Gewinne erwirtschaftet hat, haben wir unsere 50% dem anderen Gesellschafter angeboten. Der Steuerberater der Draxler GmbH hat den Unternehmenswert mit S 600.000,– errechnet. Aus diesem Gutachten konnten wir entnehmen, daß dieser Unternehmenswert ausschließlich auf die stillen Reserven der Grundstücke zurückgeht und daß kein Ertragswert vorhanden ist.

Gestern haben wir erfahren, daß unser Gewinnanteil an der **Steinhuber** OHG für 1999 S 300.000,– beträgt. An dieser OHG sind wir zu einem Drittel beteiligt. Der Buchwert der Beteiligungen beträgt S 100.000,–.

1990 wurde um S 10 Mio. eine 50%ige Beteiligung an der italienischen Firma **Armani** AG erworben. Da dieses Unternehmen in den Jahren 1990 bis 1995 erhebliche Verluste auswies, die das Eigenkapital aufgezehrt haben, wurde 1995 eine außerplanmäßige Abschreibung in Höhe von S 9 Mio.vorgenommen. In den Jahren 1996 bis 1999 wurden wieder Gewinne erzielt. Das Eigenkapital der Armani AG beträgt am 31. Dezember 1999 umgerechnet S 32 Mio.

Sämtliche Beteiligungen sind auf dem Konto 080 verbucht:

	%	BW
Schima GmbH	100	1,200.000
Draxler GmbH	50	1,000.000
Steinhuber OHG	33	100.000
Armani AG	50	1,000.000

Lösung

	%	BW	Wert 31.12.98	Bilanzmaßnahmen
Schima GmbH	100	1,200.000	500.000	700.000 ausschüttungsbed. Abwertung
Draxler GmbH	50	1,000.000	300.000	700.000 Verlustabwertung
Steinhuber OHG	33	100.000		300.000 Gewinnanteil
Armani AG	50	1,000.000	10,000.000	9,000.000 Zuschreibung

Schima

ausschüttungsbedingte Teilwertabschreibung gem. § 12 (3) Z.1 KStG steuerlich nicht abzugsfähig	**MWR +700.000**	700.000	Aufwand/Beteiligungen

Draxler GmbH

gem. § 12 (3) Z. 2 steuerlich auf 7 Jahre zu verteilen	**MWR + 600.000**	700.000	Aufwand/Beteiligungen

Steinhuber OHG **MWR + 300.000**

Armani AG

Zuschreibung gem § 208 (1) HGB bzw. § 6 Z. 13 EStG		9,000.000	Beteiligungen/Ertrag

Beispiel für Wertpapiere

Ende Dezember erhält die GmbH Zinsen (für das ganze Kalenderjahr) und Dividenden für ihre Wertpapiere des Anlagevermögens auf ihrem Bankkonto gutgeschrieben und zwar:

Wertpapierbestand Anschaffungskosten	Nominale	
S 30.600,–	S 30.000,–	8%ige Investitionsanleihe 1976
S 38.800,–	S 40.000,–	8%ige Voest-Anleihe 1973
S 49.000,–	S 50.000,–	6 $^3/_4$%ige Allgemeine Bau Porr Wandelanleihe 1973
S 481.600,–	S 100.000,–	Perlmooser Zementaktien (12% Dividende)
S 600.000,–		

Lösung

§ 95 (1) EStG: Die Kapitalertragsteuer beträgt 25%.
(2) Schuldner der Kapitalertragsteuer ist der Empfänger der Kapitalerträge. Die Kapitalertragsteuer ist durch Abzug einzubehalten.

	Ertrag	KESt	Gutschrift	
8% von 30.000	2.400,–		2.400,–	
8% von 40.000	3.200,–		3.200,–	
6 $^3/_4$% von 50.000	3.375,–	844,–	2.531,–	
12% von 100.000	12.000,–	3.000,–	9.000,–	
	20.975,–	3.844,–	17.131,–	
	17.131,–	Bank/Zinserträge		**MWR – 12.000**
	3.844,–	Steuern/Zinserträge		**MWR + 3.844**

Obwohl bei der GmbH steuerfrei, wird bei der Dividende 25% KESt einbehalten und von der Perlmooser AG an das Finanzamt der AG abgeführt. Aufgrund der Schachtelbegünstigung des § 10 KStG bleiben die S 12.000,– steuerfrei.

Zusammenfassung

Beginnen wir mit den **Zugängen** zum Anlagevermögen. Beim Anlagevermögen finden wir die Dreiteilung in immaterielle Wirtschaftsgüter, Sachanlagevermögen und Finanzanlagevermögen.

Die Zugänge bei den **immateriellen Wirtschaftsgütern** betreffen die Anschaffung von Rechten und der Erwerb eines Firmenwertes.

Die Zugänge beim **Sachanlagevermögen** betreffen Immobilienkäufe (Grund und Boden), Käufe von Maschinen, Betriebs- und Geschäftsausstattung die Anschaffung von PKWs.

Die Zugänge beim **Finanzanlagevermögen** betreffen die Anschaffung von Wertpapieren und den Erwerb von Beteiligungen. Bei den **Beteiligungen** ist wieder zu unterscheiden, ob eine Beteiligung bei Personengesellschaften oder Kapitalgesellschaften vorliegt.

Bei allen Zugängen stellt sich das Grundproblem der **Anschaffungskosten**. Bei den Anschaffungskosten sind die **Nebenkosten** zu berücksichtigen. Nebenkosten sind alle Kosten, die im Zuge der Anschaffung angefallen sind, das sind Transport, Versicherung, Grunderwerbsteuer, Notariatskosten usw. Auf **Anschaffungskostenminderungen** wie Rabatte, Boni, Skonti und Subventionen darf nicht vergessen werden.

Bei bestimmten Anschaffungen sind die **steuerlichen Anschaffungskosten** nach oben begrenzt. Auf Grund der **Angemessenheitsprüfung** ergeben sich steuerliche angemessene Kosten mit S 467.000,– für PKW und S 10.000,– je Quadratmeter für Teppiche. Bei Antiquitäten ist von einem vergleichbaren Wirtschaftsgut auszugehen. Für diese Wirtschaftsgüter werden wir in der Handelsbilanz von den **tatsächlichen Anschaffungskosten** abschreiben, in der Körperschaftsteuererklärung von den **steuerlichen Anschaffungskosten** ausgehen und einen Teil der handelsrechtlichen Abschreibung in der Mehr/Wenigerrechnung neutralisieren. Achtung: Ein **Vorsteuerabzug** ist nur im Ausmaß der angemessenen Anschaffungskosten möglich und auch nur unter der Voraussetzung, daß die angemessenen Anschaffungskosten 50% und mehr der tatsächlichen Anschaffungskosten betragen.

Anschaffungskosten und Subventionen

Grundsätzlich gibt es drei Möglichkeiten der Behandlung von Subventionen. Wenn eine Subvention in späteren Jahren zurückgezahlt werden muß, dann ist von einem **Darlehen** auszugehen und die erhaltene Subvention stellt eine Verbindlichkeit dar.

Wenn die erhaltenen Subvention konkret für eine Investition bestimmt ist, dann ist sie als **Bewertungsreserve** darzustellen und reduziert die steuerlichen Anschaffungskosten.

Wenn eine Subvention allgemein gewährt wird, dann stellt sie einen Ertrag dar.

Wenn Wirtschaftsgüter des Anlagevermögens ausscheiden, dann ist die anteilige Jahresabschreibung noch zu berücksichtigen und der Restbuchwert auszuscheiden. In diesem Zusammenhang ist immer zu überprüfen, ob eine stille Reserve realisiert worden ist. Eine stille Reserve ist immer dann gegeben, wenn der **Erlös für das ausscheidende Wirtschaftsgut höher ist als der Restbuchwert**. Damit diese stille Reserve nicht zu versteuern ist, ist eine zweite Voraussetzung zu erfüllen, nämlich die **Behaltefrist** von grundsätzlich sieben Jahren, in Ausnahmefällen 15 Jahren und bei höherer Gewalt ohne Befristung. Unter den genannten Voraussetzungen braucht die realisierte stille Reserve nicht versteuert werden (ausgenommen: Veräußerung von Beteiligungen an Personengesellschaften).

Abgesehen vom Zugang und Abgang wird sich die jährliche Bilanzierung mit der Abschreibung beschäftigen. Sowohl mit der **planmäßigen wie auch mit der außerplanmäßigen Abschreibung**. Die außerplanmäßige Abschreibung ist dann zu berücksichtigen, wenn eine Wertminderung von Dauer gegeben ist (gemildertes Niederstwertprinzip).

Bei den immateriellen Wirtschaftsgütern ergibt sich die Abschreibung für Rechte entweder aus dem Vertrag und wenn nichts festgelegt ist, wird gemäß der Einkommenssteuerrichtlinien von einer zehnjährigen Nutzungsdauer ausgegangen.

Ein **Firmenwert** wird handelsrechtlich der Nutzung entsprechend abgeschrieben, steuerlich ist jedenfalls von einer fünfzehnjährigen Nutzungsdauer auszugehen.

Beim Sachanlagevermögen finden wir für **Gebäude** zwei Abschreibungssätze, nämlich mit 4 bzw. 2%. Hier wird zwischen betrieblicher und sonstiger Nutzung unterschieden. Für die betriebliche Nutzung gibt es die 4%. Betriebliche Nutzung ist Produktion, Lager, Verkauf usw.

Vielfach wird ein Mischsatz aus 4 und 2% zur Anwendung kommen.

Bei den **PKWs** wird man handelsrechtlich ebenfalls nach der Nutzung abschreiben. Steuerlich ist zwingend von einer achtjährigen Nutzungsdauer auszugehen.

Für das **Finanzanlagevermögen** gibt es keine planmäßige Abschreibung sondern gegebenenfalls eine außerplanmäßige Abschreibung, wenn die Beteiligung am Bilanzstichtag weniger Wert ist als die korrespondierenden Anschaffungskosten.

Bei den **Wertpapieren** wird es schwierig sein, eine Wertminderung festzustellen. Bei den Beteiligungen ist folgende Vorgangsweise zu unterscheiden:

Ist das Unternehmen an einer Kapitalgesellschaft beteiligt, dann sind die Gründe für die außerplanmäßige Abschreibung zu hinterfragen. Die **ausschüttungsbedingte Abschreibung** ist nur handelsrechtlich wirksam. Eine echte Verlustabschreibung ist handelsrechtlich sofort, steuerlich auf sieben Jahre verteilt wirksam.

Bei den **Erträgen** gibt es folgenden Handlungsbedarf:

Die Erträge aufgrund einer Beteiligung an einer **Kapitalgesellschaft** werden aufgrund des Ausschüttungsbeschlusses erst im darauffolgenden Jahr beim empfangenden Unternehmen erfaßt. Aufgrund der Überweisung erfolgt zuerst die Buchung Bank / Beteiligungsertrag. Oft wird erst anläßlich der Bilanzierung die bei der Ausschüttung abgezogene Kapitalertragssteuer eingebucht.

Der Buchungssatz lautet dann Kapitalertragssteuer/Beteiligungsertrag. Diese Ertrags- und Aufwandsverbuchung ist nur handelsrechtlich wirksam, aufgrund der Schachtelertragsbefreiung ist der gesamte Ertrag steuerfrei, die aufwandswirksam verbuchte Kapitalertragssteuer mindert steuerlich nicht den Gewinn.

Erträge aus einer Beteiligung an einer **Personengesellschaft** werden in der Finanzbuchhaltung nicht erfaßt, sondern in der Mehr-/Wenigerrechnung. Aufgrund der einheitlichen und gesonderten Gewinnfeststellung im Sinne des § 188 BAO erfolgt die Gewinnermittlung bei der Personengesellschaft und es erfolgt die automatische Erfassung des anteiligen Beteiligungsertrages im Rahmen des Veranlagungsverfahrens.

Schließlich ist noch zu überprüfen, ob für die Zugänge ein **Investitionsfreibetrag** beansprucht werden kann.

Für die **Rechte** kann ein solcher beansprucht werden, ausgenommen sind Mietrechte und Fruchtgenußrechte.

Beim **Firmenwert** ist ein Investitionsfreibetrag vom Gesetzgeber ausgeschlossen, beim Sachanlagevermögen grundsätzlich möglich, ausgenommen PKW.

Beim **Finanzanlagevermögen** ist der Investitionsfreibetrag mangels Abschreibung nicht möglich.

Schließlich sollte beim Anlagevermögen noch überlegt werden,

- ob **geringwertige Wirtschaftsgüter** aufgrund ihrer Wesentlichkeit aktiviert werden müssen
- ob **Leasingverträge** auch als solche steuerlich akzeptiert werden.

Wiederholungsfragen

- Was versteht man unter „Aktivieren“?
- Was unterscheidet das Anlagevermögen vom Umlaufvermögen?
- Wann sind Wirtschaftsgüter abnutzbar?
- Wann wird eine 10jährige Nutzungsdauer unterstellt?
- Sind immaterielle Wirtschaftsgüter immer unkörperlich?
- Was unterscheidet das zivilrechtliche und wirtschaftliche Eigentum?
- Wann sind Wirtschaftsgüter unbeweglich?
- Wann gehören bewegliche Wirtschaftsgüter bei einer gemischten Nutzung zum Betriebsvermögen?
- Wann gehören Gebäude bei einer gemischten Nutzung zum Betriebsvermögen?
- Was unterscheidet den Herstellungsaufwand vom Erhaltungsaufwand?
- Was versteht man unter einer Abschreibung?
- Was ist eine Zuschreibung?
- Was unterscheidet die Einzelbewertung von der Pauschalbewertung?
- Was versteht man unter einem Festwert?
- Wie setzen sich Anschaffungskosten zusammen?
- Was versteht man unter der Angemessenheitsprüfung?
- Gehören Finanzierungskosten zu den Anschaffungskosten?
- Haben Wertsicherungsvereinbarungen Einfluß auf die Anschaffungskosten?
- Geben Sie Beispiele für einen Herstellungsaufwand.
- Geben Sie Beispiele für einen Erhaltungsaufwand.
- Was versteht man unter Teilwert?
- Wann ist der Tageswert gefragt?
- Was sind geringwertige Wirtschaftsgüter?
- Welche Auswirkungen haben die Subventionen auf die Anschaffungskosten?
- Was wissen Sie über die Abschreibung?
- Wann beginnt die Abschreibung?
- Was wissen Sie über die Teilwertvermutung?
- Was versteht man unter einer linearen Abschreibung?
- Geben Sie einen groben Überblick über die Nutzungsdauer von bestimmten Wirtschaftsgütern.
- Wie ist die Gebäudeabschreibung gesetzlich geregelt?
- Was versteht man unter einer Absetzung für Substanzverringerung?
- Wann liegt eine außergewöhnliche technische Abnutzung vor?
- Was versteht man unter einer Bereitschafts-AfA?
- Was finden Sie im Anlagenspiegel?
- Nennen Sie Arten von immateriellen Vermögensgegenständen.
- Was ist ein Strombezugsrecht?
- Was ist ein Baurecht?
- Dürfen selbsterstellte immaterielle Vermögensgegenstände aktiviert werden?
- Welche Teile des Gebäudes bleiben selbständige Wirtschaftsgüter?
- Was versteht man unter der Opfertheorie?
- Was versteht man unter Freimachungskosten?
- Wie wird ein Anbau, Umbau, Zubau bilanziell dargestollt?
- Was wissen Sie über die steuerliche Behandlung von Kraftfahrzeugen.
- Welche Unterscheidung wird in der Verordnung des BMfF zwischen PKW und Kombi auf der einen Seite und LKW und Kleinautobussen auf der anderen Seite getroffen?
- Wie erfolgt die Angemessenheitsprüfung bei PKW?
- Wo sind die Leasingbestimmungen enthalten?
- Wie ist der Erwerb von Wirtschaftsgütern gegen Renten darzustellen?
- Wie erfolgt der Anlagenabgang?
- Was wissen Sie über den Anlagentausch?
- Was sind Finanzanlagen?
- Welche Fälle von Beteiligungen werden unterschieden?
- Was wissen Sie über die Bilanzbündeltheorie?
- Was sagt Ihnen die einheitliche und gesonderte Gewinnfeststellung im Sinne des § 188 BAO?
- Was sagt die Spiegelbildmethode?
- Wie erfolgt die Bilanzierung von Anteilen an Kapitalgesellschaften?
- Wie werden Zuschüsse und Nachschüsse behandelt?
- Wie werden Wertpapiererträge verbucht?
- Was sagt Ihnen das gemilderte Niederstwertprinzip?

4.3 Umlaufvermögen

Aktivseite	Passivseite
A. Anlagevermögen	A. Eigenkapital
B. Umlaufvermögen	B. unversteuerte Rücklagen
C. Rechnungsabgrenzungsposten	C. Rückstellungen
	D. Verbindlichkeiten
	E. Rechnungsabgrenzungsposten

Einstimmung auf das Thema

Das Hauptthema beim Anlagevermögen war, ob und in welcher Höhe eine **Aktivierung** erfolgt. Das Hauptthema beim Umlaufvermögen ist nicht der Buchungszeitpunkt, sondern der **Bilanzierungszeitpunkt**. Anläßlich der Bilanzierung muß überprüft werden, ob es nicht am Bilanzstichtag einen niedrigeren Wert gibt als jenen Wert, der gebucht worden ist. Das **strenge Niederstwertprinzip** verpflichtet uns, jeden niedrigeren Wert als den Buchungswert zu berücksichtigen. Beim Umlaufvermögen gibt es zwei Problemkreise: einmal die **Vorräte**, zum zweiten die **Forderungen**.

Ganz wichtig ist, insbesondere für einen Handelsbetrieb, die mengenmäßige Erfassung der **Vorräte** am Bilanzstichtag aufgrund einer **Inventur**. Ausgehend von dieser Inventur wird der Wareneinsatz ermittelt. Es stellt sich die Frage, ob der Inventurwert noch marktgerecht ist.

Im Produktionsbetrieb werden die **Halb- und Fertigfabrikate** bewertet, und zwar in der Absicht, den Personalaufwand und Materialaufwand des Jahres zu neutralisieren. Der Personal- und Materialaufwand soll erst im Zeitpunkt der Veräußerung aufwandswirksam werden, damit dann dem Verkaufserlös der Herstellungsaufwand gegenübersteht. **Sehr viel schwieriger sind die Vergleichswerte für Halb- und Fertigfabrikate am Bilanzstichtag zu finden als für die Handelsware**. Weiters stellt sich die Frage, ob die ermittelten Ansätze für die Halb- und Fertigfabrikate durch eine Unterbeschäftigung im Betrieb nicht zu hoch ausgefallen sind.

Dann stellt sich noch die Frage, ob unsere bisherigen **Herstellungskosten** überhaupt im Absatzpreis Deckung finden. Ganz anders ist die Problemstellung bei der Bewertung der Forderungen. Sind unsere Forderungen einbringlich? Welche Forderung ist **zweifelhaft**, welche Indizien sprechen dafür? Wer sagt uns, ob eine Forderung **uneinbringlich** ist? Eine Forderung ist in Dollar fakturiert worden. Welchen Wert hat diese Forderung am Bilanzstichtag? Wir haben ein Geschäft mit **einem langfristigen Zahlungsziel** abgeschlossen. Die Höhe der Forderung ergibt sich aus der Rechnung. Hat das **langfristige Zahlungsziel** einen Einfluß auf den Wert der Forderung am Bilanzstichtag? Mit diesen Einzelfragen werden wir uns nun beim Umlaufvermögen auseinandersetzen.

Bewertung auf einen Blick

	HGB	EStG
Wertansätze	§ 206 Abs. 1 und Abs. 3 • AK/HK minus Abschreibungen • Bei langfristiger Fertigung (mehr als 12 Monate) Ansatz von angemessenen Teilen der VwGK + VtGK • § 203 Abs. 3: Anpassung der HK bei Unterbeschäftigung	AK: Definition des HGB HK: vgl. Darstellung Anlagevermögen MWR bei Aktivierung von VwGK und VtGK
Abschreibungen	§ 207 Abs. 1 strenges Niederstwertprinzip, darüber hinaus (Wahlrecht) • zusätzliche Abschreibungen zur Vorwegnahme künftiger Wertminderung (§ 207 Abs. 2) • erweitertes Niederstwertprinzip	§ 5 Maßgeblichkeit der Handelsbilanz, ausgenommen erweitertes Niederstwertprinzip (MWR)
Bewertungsvereinfachungsverfahren, Ausnahmen vom Grundsatz der Einzelbewertung	§ 209 Abs. 1 • Festwertverfahren für Roh-, Hilfs- und Betriebsstoffe • Festwertfaktor mit 0,6 der Menge § 209 Abs. 2 • Gruppenbewertung (Durchschnittspreismethode) • FIFO • LIFO • HIFO	• Festwertverfahren Abschnitt 32 EStRL 1984 • Gruppenbewertung (Durchschnittspreismethode) FIFO LIFO wenn Verbrauchsfolge

	HGB	EStG
Einzelwertberichtigung	Grundsatz der Einzelbewertung	Handelsrechtlicher Ansatz maßgeblich
Pauschalwertberichtigung	Nach Erfahrungswerten der Vergangenheit	§ 6 Z. 2a: nicht zulässig Zulässigkeit ergibt sich aus Erlaß AÖF 1995/126

Vorräte

Gliederung

1. Roh-, Hilfs- und Betriebsstoffe
2. unfertige Erzeugnisse
3. fertige Erzeugnisse und Waren
4. noch nicht abrechenbare Leistungen
5. geleistete Anzahlungen

Nur auf den ersten Blick sind sich die Begriffe **Roh-, Hilfs- und Betriebsstoffe** einander ähnlich. Die Betriebsstoffe werden in der Produktion verwendet. Der Rohstoff ist Bestandteil des Produktes, während die Hilfsstoffe bei der Produktion verwendet werden. Die **unfertigen Erzeugnisse** unterscheiden sich von den **fertigen Erzeugnissen** durch den Umstand, daß sie noch nicht verkaufsfertig sind. Bei den unfertigen Erzeugnissen fehlt zumindest noch der allerletzte Verarbeitungsgang.

Von den **Waren** unterscheiden sich die fertigen Erzeugnisse dadurch, daß diese von Dritten bezogen werden.

Die **Incoterms** beantworten uns zwei Fragen:

- Wann geht das Risiko vom Verkäufer auf den Käufer über?
- Ab wann trägt der Käufer die Kosten (Transportkosten, Transportversicherung)?

Bei den Incoterms gibt es zwei Gruppen. Eine Gruppe, bei der das Risiko und die Kosten ab einem bestimmten Zeitpunkt gleichzeitig auf den Käufer übergehen. Bei der zweiten Gruppe geht das Risiko bereits früher auf den Käufer über, bevor es zur Kostentragung kommt.

Name der Klausel		Abkürzung (bish.)	Kostenübergang	Gefahrenübergang
Deutsch	Englisch			
Ab Werk (benannter Ort)	Ex Works	EXW	ab Werk	
Frei Frachtführer (benannter Bestimmungsort)	Free Carrier	FCA (FRC)	Übergabe der Ware an den 1. Frachtführer	
Frei Längsseite Seeschiff (benannter Verschiffungshafen)	Free Alongside Ship	FAS	Längsseite Schiff im Verschiffungshafen	
Frei an Bord (benannter Verschiffungshafen)	Free On Bord	FOB	Überschreiten der Reling des Seeschiffes im Verschiffungshafen	
Kosten und Fracht (benannter Bestimmungshafen)	Cost and Freight	CFR	Bestimmungshafen	Überschreiten der Reling des Seeschiffes im Verschiffungshafen (wie FOB)
Kosten, Versicherung Fracht (benannter Bestimmungshafen)	Cost, Insurance and Freight	CIF	Bestimmungshafen	Überschreiten der Reling des Seeschiffes im Verschiffungshafen (wie FOB)
Frachtfrei (benannter Bestimmungsort)	Carriage Paid to...	CPT (DCP)	Bestimmungsort	Übergabe der Ware an den 1. Frachtführer
Frachtfrei versichert (benannter Bestimmungsort)	Carriage and Insurance Paid to...	CIP	Bestimmungsort (alle Kosten wie frachtfrei + Transportversicherung)	Übergabe der Ware an den 1. Frachtführer
Geliefert Grenze (benannter Lieferort an der Grenze)	Delivered at Frontier	DAF	Lieferort an der Grenze	
Ab Schiff (benannter Bestimmungshafen)	Delivered – Ex Ship	DES (EXS)	Ab Bord Seeschiff im Bestimmungshafen	
Ab Kai (benannter Bestimmungshafen)	Delivered Ex Quay (Duty Paid)	DEQ (EXQ)	Ab Zurverfügungstellung der Ware am Kai im Bestimmungshafen	
Geliefert (benannter Bestimmungsort im Importland) verzollt	Delivered Duty Paid	DDP	Bestimmungsort	
Geliefert (benannter Bestimmungsort im Importland) unverzollt	Delivered Duty Limited	DDU	Bestimmungsort	

Beispiel

FOB (Free on board) „Frei an Bord“ ist ein Incoterm, der bedeutet, daß das **Risiko** auf den Käufer übergeht, sobald die Ware beim Verladen die Reling des Schiffes überschritten hat. Auch die **Transportkosten** gehen ab diesem Zeitpunkt zu Lasten des Käufers.

CIF (Cost insurance freight) „Versicherung und Fracht“. Hier ist der **Risikoübergang** wieder, wenn die Ware die Reling überschreitet. Die **Kostentragung** für den Käufer beginnt erst nach Ankunft des Schiffes im Bestimmungshafen.

Die Incoterms haben noch eine zweite Bedeutung, die darin liegt, daß aus dem **Risikoübergang der Buchungszeitpunkt** abgeleitet werden kann.

Bei FOB New York geht das Risiko in New York auf den Käufer über. Auch wenn die Ware beim Unternehmer noch nicht eingelangt ist, könnte als frühester Buchungszeitpunkt der Risikoübergang gesehen werden.

Schwimmende Ware (rollende Ware)

Bei der schwimmenden Ware wird bei der Rechnungslegung durch den Lieferanten die **Ware am Vorratskonto** erfaßt, ist aber tatsächlich nicht vorhanden und demgemäß **in der körperlichen Bestandsaufnahme nicht enthalten**. In diesem Fall ist der **Bestand bei der Aufnahme** um **die unterwegs befindliche Ware zu erhöhen**, denn sonst würden die Anschaffungskosten sofort als Aufwand bei der Wareneinsatzermittlung verrechnet werden.

Niederstwertprinzip (§ 207 HGB)

Jetzt sind wir beim strengen Niederstwertprinzip. Das **strenge Niederstwertprinzip** ist das dominierende Prinzip beim Umlaufvermögen. Das strenge Niederstwertprinzip verlangt zwingend den Ansatz eines niedrigeren Wertes beim Umlaufvermögen am Bilanzstichtag. Von zwei gegebenen Werten ist also zwingend der niedrigere Wert anzusetzen.

Das **erweiterte Niederstwertprinzip** (§ 207 Abs. 2 HGB) ist eine Kannbestimmung und berechtigt den Unternehmer, Wertminderungen im Umlaufvermögen, die innerhalb der ersten Monate **nach** dem Bilanzstichtag eingetreten sind, bei der Bewertung zum Bilanzstichtag heranzuziehen.

Diese Wertminderung kann bis zu dem Zeitpunkt der Bilanzerstellung berücksichtigt werden, jedoch neigen die Experten dazu, den Zeitraum mit fünf Monaten nach dem Bilanzstichtag zu begrenzen.

Die Herstellungskosten bei Unterbeschäftigung (§ 203 Abs. 3 HGB)

Unterbeschäftigung heißt, daß die **Produktionskapazitäten des Betriebes nicht ausgeschöpft sind.**

Beispiel

Ein Tischlereibetrieb kann im Jahr 100 Küchen erzeugen. Auf Grund der mangelnden Aufträge sind 1999 aber nur 50 Küchen erzeugt worden. In diesem Fall spricht man von einer **Unterbeschäftigung**. Hier gilt zu überlegen, welchen Einfluß eine solche Unterbeschäftigung auf die **Herstellungskosten** hat. Aus der Kostenrechnung wissen wir, daß die **Einzelkosten** (Fertigungsmaterial, Fertigungslöhne) variabel sind, während die **Gemeinkosten** (Materialgemeinkosten, Fertigungsgemeinkosten) fix sind. Was weiter bedeutet, daß die **Gemeinkosten unabhängig vom Beschäftigungsgrad** anfallen. Diese **Gemeinkosten** sind vor allem die Gebäudemiete, die Versicherung, Abschreibung des Gebäudes, die Abschreibung der Betriebs- und Geschäftsausstattung, die Abschreibung der Maschinen, der Gehaltsaufwand für die Verwaltung, die Grundsteuer. Alle diese Aufwendungen fallen an, unabhängig von der Anzahl der produzierten Wirtschaftsgüter. In der Kostenrechnung haben wir gelernt, daß für diese Gemeinkosten eine Bezugsgröße, entweder die Fertigungslöhne oder das Fertigungsmaterial, gewählt wird und über einen Prozentsatz den Einzelkosten zugeschlagen werden.

Damit das Problem gleich verständlich wird

Wir kommen zurück zu unserer Tischlerei, bei der all diese fixen Kosten anfallen. Aber die Tischlerei erzeugt im Jahr 2000 nur 5 Küchen (die Gemeinkosten sind ausgelegt auf eine Produktion von 100 Küchen). Jetzt müßten diese Gemeinkosten auf die 5 Küchen aufgerechnet werden. Mit den 5 Küchen müßten wir die Abschreibung, die Gehälter im Verwaltungsbereich, die Miete usw. verdienen.

Wie wir jetzt leicht erkennen, ist die **Zuschlagskalkulation, die vollständige Aufteilung der Gemeinkosten auf die Einzelkosten**, bei Unterbeschäftigung nicht sinnvoll. Jetzt sind die Grenzen der Ermittlung der Herstellungskosten mit der Zuschlagskalkulation erreicht. Das RLG bestimmt nun, daß die **Fixkosten nur mit jenem Teil aktiviert werden dürfen**, die der Beschäftigung entsprechen. In unserem Tischlereifall mit den 5 Küchen pro Jahr, dürfen nur 5% Fixkosten berücksichtigt werden (der Beschäftigung entsprechend).

Wareneinsatzermittlung

Die **Ermittlung des Wareneinsatzes** zerfällt in zwei Problembereiche. Einmal in die **Mengenerfassung** und zum zweiten in die **Bewertung**. Wenn wir uns zuerst die Mengenerfassung ansehen, so beginnt diese mit der **Inventuraufnahme am Bilanzstichtag**. Die festgestellten Mengen (Anzahl der Wirtschaftsgüter) werden in die Uraufzeichnungen eingetragen. Diese Uraufzeichnungen oder auch Originallisten sind von den aufnehmenden Personen zu unterschreiben (Unterschrift und Datum). **Diese Uraufzeichnungen sind auch eine wichtige Unterlage für eine Betriebsprüfung.** Die Mengenaufnahme soll jedenfalls stichprobenweise durch andere Personen als jene, die sie aufgenommen haben, nachgeprüft werden. Erst später erfolgt die Auswertung dieser Mengenerfassung, wie z.B. die Zusammenfassung der Urlisten, die Kontrolle der Soll- und Istbestände mit der Lagerbuchhaltung, die Klärung der Bestandsdifferenzen und erst ganz zum Schluß die Bewertung der Warenvorräte.

Von der Organisation des Unternehmens hängt es dann ganz wesentlich ab, welche Art der **Vorratsbewertung** vorgenommen wird. Die organisatorischen Maßnahmen betreffen die Art der Lagerhaltung und die Kennzeichnung der dort lagernden Ware und die Lagerbuchführung. Es ist organisatorisch nicht möglich, zu unterschiedlichen Preisen eingekaufte Treibstoffe, je nach Einkaufspreis, in verschiedenen Tanks zu lagern. Bei einem Baumarkt wie Bauhaus mit 40.000 Artikel wird es nicht möglich sein, aufzuzeichnen, welcher Artikel zu welchem Preis eingekauft worden ist, um diesen Artikel dann einem Verkauf zuzuordnen. Es gibt dann, abhängig vom Organisationsstand des Unternehmens, zwei Möglichkeiten für die Einsatzermittlung. Einmal die **direkte** Wareneinsatzermittlung und zum zweiten die **indirekte** Wareneinsatzermittlung.

Noch einmal zur Verdeutlichung:

Das große Problem ist die Erfassung der Warenentnahmen (Warenverkäufe). **Nur dort, wo Aufzeichnungen über die Menge der entnommenen Waren vorliegen (Warenentnahmescheine), ist die direkte Wareneinsatzermittlung möglich.**

Beispiel

Anfangsbestand 50 t Stahl, Zukauf während des Jahres 600 t Stahl, Zwischensumme 650 t Stahl, **Entnahmen** laut Warenentnahmebeleg 550 t Stahl, Endbestand laut Lagerbuchführung 100 t Stahl, Endbestand laut Inventuraufnahme 80 t Stahl, Schwund (Fehlmenge) 20 t Stahl. Der Vorteil der direkten Einsatzermittlung besteht darin, daß Fehlmengen festgestellt werden können. Die direkte Wareneinsatzermittlung ist aber nicht überall anwendbar, wie wir bereits gehört haben.

Die Fehlmengen haben überwiegend organisatorische Ursachen, soferne nicht Diebstahl oder natürlicher Schwund vorliegt.

Übersicht über die Bewertung der Vorräte

Identitätspreis	Jedes Wirtschaftsgut wird mit seinen Anschaffungskosten bewertet	Handelsbilanz Steuerbilanz
Durchschnittspreis	Ermittlung der Anschaffungskosten als arithmetisches Mittel aller Zukäufe	Handelsbilanz[1] Steuerbilanz
First in – first out	Die ersten Zukäufe gelten als zuerst verbraucht. Der Endbestand wird mit den Preisen der letzten Zukäufe bewertet. Niedrigster Endbestand bei sinkenden Preisen.	Handelsbilanz Steuerbilanz[2]
Last in – first out	Die letzten Zukäufe gelten als zuerst verbraucht. Der Endbestand wird mit den Preisen der ersten Zukäufe bewertet. Niedrigster Endbestand bei steigenden Preisen!	Handelsbilanz Steuerbilanz
Highest in – first out	Die Zukäufe mit den höchsten Preisen gelten als zuerst verbraucht. Der Endbestand wird mit den niedrigsten Preisen bewertet. Entspricht dem strengen Niederstwertprinzip!	Handelsbilanz

[1] Durchschnittspreise dürfen nicht über dem Tageswert liegen (strenges Niederstwertprinzip).
[2] Die Annahmen müssen der tatsächlichen Verbrauchsfolge entsprechen (last in – first out beim Kohlenhändler).

Bei der **Durchschnittspreisermittlung** wird zwischen dem **gewogenen** Durchschnittspreis und dem **gleitenden** Durchschnittspreis unterschieden.

Beim gewogenen Durchschnittspreis wird der Endbestand bzw. der Warenverbrauch mit dem Durchschnittspreis aller Zugänge, einschließlich des Anfangsbestandes, bewertet.

Beim gleitenden Durchschnittspreis wird nach jedem Zukauf ein neuer Durchschnittspreis ermittelt, mit dem dann der nächste Warenverbrauch und der Endbestand bewertet werden.

Auch hier ist festzuhalten, daß der Endbestand, der sich nach dem gewogenen/gleitenden Durchschnittspreis ergibt, zusätzlich nach dem strengen Niederstwertprinzip, mit einem niedrigeren Marktpreis zu bewerten ist.

Eine jährliche Inventur bei den **Roh-, Hilfs- und Betriebsstoffen** kann man sich dann ersparen, wenn man einen **Festwert** ansetzt. Diese Möglichkeit wird in § 209 HGB geboten. Diese Bestimmung sagt aber nichts über die Wertermittlung eines Festwertansatzes. Ein Festwertansatz ergibt sich aus den Komponenten Menge und Anschaffungskosten. Nach dem strengen Niederstwertprinzip sollte beim Mengenansatz die Möglichkeit einer „Ungängigkeit" berücksichtigt werden. Für den Wertansatz ergibt sich die Verpflichtung, am Beschaffungsmarkt einen eventuellen niedrigeren Anschaffungspreis zu hinterfragen. Nachdem dieser

Festwertansatz für fünf Jahre gelten soll, sind die besprochenen Überlegungen bereits bei der erstmaligen Aktivierung eines Festwertes wiefolgt zu berücksichtigen: Einkauf von einer Menge 1.000 x Festwertfaktor 0,6 ergibt die Festwertmenge 600, die mit den Anschaffungskosten bewertet, den Festwert ergibt. In der deutschen Praxis haben sich **Festwertfaktoren** zwischen 0,6 und 0,8 durchgesetzt. Aufgrund der Maßgeblichkeit ist dieser Handelsbilanzansatz auch steuerlich wirksam. Mindestens alle fünf Jahre ist dann eine Bestandsaufnahme durchzuführen. Bei einer Änderung im mengenmäßigen Bestand ist eine Anpassung durchzuführen, dabei werden Veränderungen unter 10% noch nicht berücksichtigt.

Nach dem Festwert, nach den Hilfsverfahren, die eine bestimmte Verbrauchsfolge unterstellen und nach dem Durchschnittspreis kommen wir zur **Gruppenbewertung.**

Nachdem grundsätzlich die Einzelbewertung gilt, stellt die Gruppenbewertung eine Ausnahme dar.

Alle beweglichen Vermögensgegenstände können unter einer Gruppe zusammengefaßt werden, wenn sie gleichartig sind. Ganz grundsätzlich werden die Bewertungsverfahren auch steuerlich akzeptiert, mit **Ausnahme** des HIFO (highest in first out) Verfahrens (Abschnitt 32 Absatz 8 EStRL).

Beispiel

Am 31. Dezember 1999 befinden sich 2.400 kg auf Lager. Die letzten Einkäufe vor dem Bilanzstichtag erfolgten wie folgt.

September	520 kg	zu	S 4,90
Oktober	1.000 kg	zu	S 4,30
November	1.000 kg	zu	S 4,10
Dezember	380 kg	zu	S 3,90
Bilanzerstellungstag			S 3,20

Die Warenzukäufe wurden auf Konto 530 verbucht. Auf dem Konto 160 befindet sich kein Anfangsbestand. Der Ausweis in der Handelsbilanz soll zum niedrigst möglichen Wert erfolgen.

Lösung

2.400 kg				
– 380 kg	3,90	1.482,–		
– 1.000 kg	4,10	4.100,–		
– 1.000 kg	4,30	4.300,–		
20 kg	4,90	98,–		
Endbestand nach FIFO		9.980,–	9.980	Vorräte/ Wareneinsatz
2.400 kg x 3,90 =		9.360		
Niederstwertprinzip		620,– Abwertung		
2.400 kg x 3,20		7.680,–	620	Wareneinsatz/ Vorräte
erweitertes Niederstwertprinzip, § 207 (2) HGB:		**MWR +1.680**	1.680	Wareneinsatz/ Vorräte

Inventurdifferenzen

Inventurdifferenzen stellen den Schwund dar, der bei der Inventur zu Tage tritt, wenn der Soll-Bestand dem Inventurbestand gegenübergestellt wird.

Erfahrungswerte für **Inventurdifferenzen** sind:

Supermarkt	bis 1%
Baumarkt	bis 1,5%
Sport und Textil	bis 1,8%
Parfumerie, Drogerie	bis 2%

Ursachen für Inventurdifferenzen

- Diebstähle
- Nicht aufgezeichnete Privatentnahmen
- Falsche Preisauszeichnung
- Fehlerhafte Warenübernahme
- Fehlerhafte Kontrolle von Eingangsrechnungen und Lieferscheinen
- Sorgloses Auspacken (Kartons werden nicht vollständig geleert)
- Nicht aufgezeichneter Verderb und sonstiger Schaden
- Doppelrechnung vom Lieferanten
- Gutschriften werden übersehen
- Kundenreklamationen werden in natura vergütet und nicht aufgezeichnet.

Bestandsveränderung

Wir unterscheiden bei der Bestandsveränderung zwischen Halb- und Fertigfabrikaten. Die **Halbfabrikate** werden erst nach dem Bilanzstichtag fertiggestellt und befinden sich in unterschiedlichen Produktstadien (erst angearbeitet oder beinahe fertig). Die **Fertigfabrikate** sind produziert, aber noch nicht ausgeliefert. Für die Halb- und für die Fertigfabrikate sind während des Jahres die **Herstellungskosten als Aufwand verbucht worden**, z.B. Löhne, Gehälter, Material, Energie usw. Dieser Aufwand für die Erstellung der Halb- und Fertigfabrikate muß durch eine Ertragsbuchung vollständig neutralisiert werden, d.h. mit anderen Worten: Der Aufwand für die Erstellung der Halb- und Fertigfabrikate darf nicht gewinnmindernd sein, sondern wird erst gewinnmindernd im Zeitpunkt des Verkaufes. Erst wenn ein Erlös gebucht wird, wird der entsprechende Aufwand für die Herstellung des Wirtschaftsgutes aufwandswirksam.

Wir ermitteln zum Bilanzstichtag die **Herstellungskosten** der Halb- und Fertigfabrikate und vergleichen diesen Wert mit dem Wert der letzten Bilanz. Für den Fall, daß der Endbestand höher ist, gibt es eine Bestandserhöhung mit der Buchung: Halbfabrikate oder Fertigfabrikate an Bestandsveränderung in der Klasse 4. Durch diese Buchung wird der Bestand an Halb- und Fertigfabrikaten richtig ausgewiesen und der aufwandswirksame Teil der Herstellungskosten neutralisiert.

Ist der Endbestand an Halb- und Fertigfabrikaten niedriger als der Anfangsbestand, dann kommt es zu einer Reduzierung (Bestandsverminderung) der Vorräte an Halb- und Fertigfabrikaten. Die Buchung lautet daher dann: Bestandsveränderung an Halb- oder Fertigfabrikate.

Es gibt nur wenige Konten der Gewinn- und Verlustrechnung, auf denen gleichzeitig in Soll und Haben gebucht wird. Eines dieser wenigen Konten ist das Konto Bestandsveränderung, weil dort die Bestandserhöhung als Habenbuchung erfaßt, während die Bestandsverminderung als Sollbuchung verbucht wird.

Beispiel

Für die Fertigstellung dieses Produktes ist ein Zeitraum von 10 Monaten vorgesehen. Mit der Produktion wurde am 1. Juli 1999 begonnen. Die Kostenentwicklung verläuft linear zum Produktionszeitraum. Am 31. Dezember 1999 sind 60% der Kosten angefallen. Aufgrund des Betriebsabrechnungsbogens ergeben sich am 31. 12. folgende Kosten:

Fertigungsmaterial	S 1 Mio.
Materialgemeinkosten	50%
Fertigungslöhne	S 1 Mio.
Fertigungsgemeinkosten	300%
10% Verwaltungsgemeinkosten	
10% Vertriebsgemeinkosten	

Der handelsrechtliche **Höchstansatz** soll erfolgen.

Nachdem es sich um eine neue Produktentwicklung handelt, ist auf dem Konto 150 kein Anfangsbestand gegeben. Das Fertigungsmaterial wurde auf Konto 510 und 520, die Lohnkosten auf Konto 600 und 650 verbucht. Mit unseren Kunden haben wir einen Fixpreis mit S 10 Mio. vereinbart. Die Lieferung wird voraussichtlich im April 2000 erfolgen. Aus dem BAB, 1. Quartal 2000, konnten wir entnehmen, daß im 1. Quartal 30% der Gesamtkosten angefallen sind, was für die Annahme eines linearen Kostenverlaufes (10% pro Monat der Fertigung) spricht.

Lösung

MEK	1,000.000		
MGK	500.000		
FL	1,000.000		
FGK	3,000.000	Bestandserhöhung:	
	5,500.000	5,500.000	Unfertige Erzeugnisse/Bestandsveränderungen
10% VwGK	550.000		
10% VtGK	550.000		
	6,600.000		
60% sind	6,600.000		
100% sind	11,000.000		
Fixpreis	−10,000.000		
drohender Verlust	1,000.000		

Nachdem die VwGK und VtGK mit zusammen 1,100.000 nicht aktiviert wurden, bleiben diese aufwandswirksam, daher erfolgt keine Drohverlustrückstellung! Wird der Fixpreis den aktivierten Kosten gegenübergestellt, ergibt sich daraus allein noch kein Verlust, der eine Rückstellung rechtfertigt.

Beispiel zur retrograden Bewertung

Das Produkt A wird wie folgt kalkuliert:

Fertigungsmaterial S 4.000,–
100% Materialgemeinkosten
Fertigungslöhne S 3.000,–
300% Fertigungsgemeinkosten
10% Verwaltungsgemeinkosten
10% Vertriebsgemeinkosten

Der Bilanzansatz soll mit **steuerlichen Herstellungskosten** erfolgen.

Am 31. Dezember 1999 befinden sich 200 Stück des Produktes A auf Lager. Der Anfangsbestand mit S 3 Mio.ist auf Konto 161 verbucht. In einer Aktennotiz des Verkaufsleiters vom 29. Dezember 1999 ist festgehalten, daß Mitbewerber ein vergleichbares Produkt im Dezember um S 18.000,– in großer Zahl auf den Markt gebracht hat. In diesem Aktenvermerk wird auch darauf hingewiesen, daß in den letzten 10 Jahren beim Produkt A keine Abwertung erforderlich gewesen war.

Lösung zur retrograden Bewertung

	progressive Bewertung	retrograde Bewertung
MEK	4.000	
MGK	4.000	
FL	3.000	
FGK	9.000	
	20.000	14.000
10% VwGK	2.000	−2.000
10% VtGK	2.000	−2.000
VK	24.000	18.000

Abwertung
Ausweis AfA!! vgl. § 231 (2) 7b HGB

200 Stk. x 20.000 =	4,000.000		
	3,000,000		
Differenz	1,000.000	1.000.000	Erzeugnisse/ Bestandsveränderung
200 Stk. x 6.000		1,200.000	AfA/ Erzeugnisse

Beispiel zur langfristigen Fertigung

Mit einer Baudauer mit **20 Monaten** wird eine Industrieanlage errichtet. Die Kosten am 31. Dezember 1999 lassen sich wie folgt ermitteln:

Materialeinzelkosten	S 4 Mio.
Materialgemeinkosten	80%
Fertigungslöhne	S 6 Mio.
Fertigungsgemeinkosten	200%
10% Verwaltungsgemeinkosten	
10% Vertriebsgemeinkosten	

So wie in den Vorjahren soll der **handelsrechtliche Höchstansatz** gebildet werden. Auf dem Konto 155 findet sich der Wert zum 31. Dezember 1998 mit S 19,2 Mio., die dazugehörenden steuerlichen Herstellungskosten betragen S 16 Mio. Mit dem Auftraggeber ist vereinbart worden, daß auf die Selbstkosten ein Gewinn mit 10% aufgeschlagen werden kann. In der Bilanzvorbesprechung hat der Geschäftsführer Karl Larndorfer eine Teilgewinnrealisierung deswegen vorgeschlagen, weil der Fertigungsstellungsgrad bereits 90% beträgt.

Lösung

MEK	4,000.000
MGK	3,200.000
FL	6,000.000
FGK	12,000.000
	25,200.000
10% VwGK	2,520.000
10% VtGK	2,520.000
	30,240.000

vgl. § 206 (3) HGB

	31.12.99	31.12.98	Bestandsveränderungen		
StR	25,200.000	16,000.000	9,200.000		
HR	30,240.000	19,200.000	11,040.000	11,040.000	Halb+Fertigerzeugnisse/ Bestandsveränderung
			MWR –1,840.000		

Forderungen

Gliederung

1. Forderungen aus Lieferungen und Leistungen
2. Forderungen gegenüber verbundenen Unternehmen
3. Forderungen gegenüber Unternehmen, mit denen ein Beteiligungsverhältnis besteht
4. Sonstige Forderungen und Vermögensgegenstände

Allgemeines

In der Regel gehen die Forderungen auf ein Umsatzgeschäft zurück, wobei die Sicherung einer Forderung durch einen Wechsel keine Änderung im Ausweis bewirkt. Eine **Wechselforderung** wird auch unter den Forderungen aus Lieferungen und Leistungen ausgewiesen.

Schwieriger wird es, die zweite und die dritte Position bei den Forderungen auseinander zu halten. Einmal haben wir die Forderung gegenüber **verbundenen Unternehmen** und zum zweiten gegenüber Unternehmen, mit denen ein **Beteiligungsverhältnis** besteht. Wir haben aber das Problem bereits bei der Besprechnung des Finanzanlagevermögens besprochen.

Zur Erinnerung: Eine **Beteiligung** ist dann gegeben, wenn 20% und mehr Anteile an einer Kapitalgesellschaft vorhanden sind.

Ein **verbundenes Unternehmen** und damit eine Abhängigkeit ist dann gegeben, wenn 50% und mehr Anteile besessen werden.

Bei den **sonstigen Forderungen** werden nun alle jene Forderungen ausgewiesen, die nicht in einer anderen Position ausgewiesen werden müssen.

Die Bewertung von Forderungen

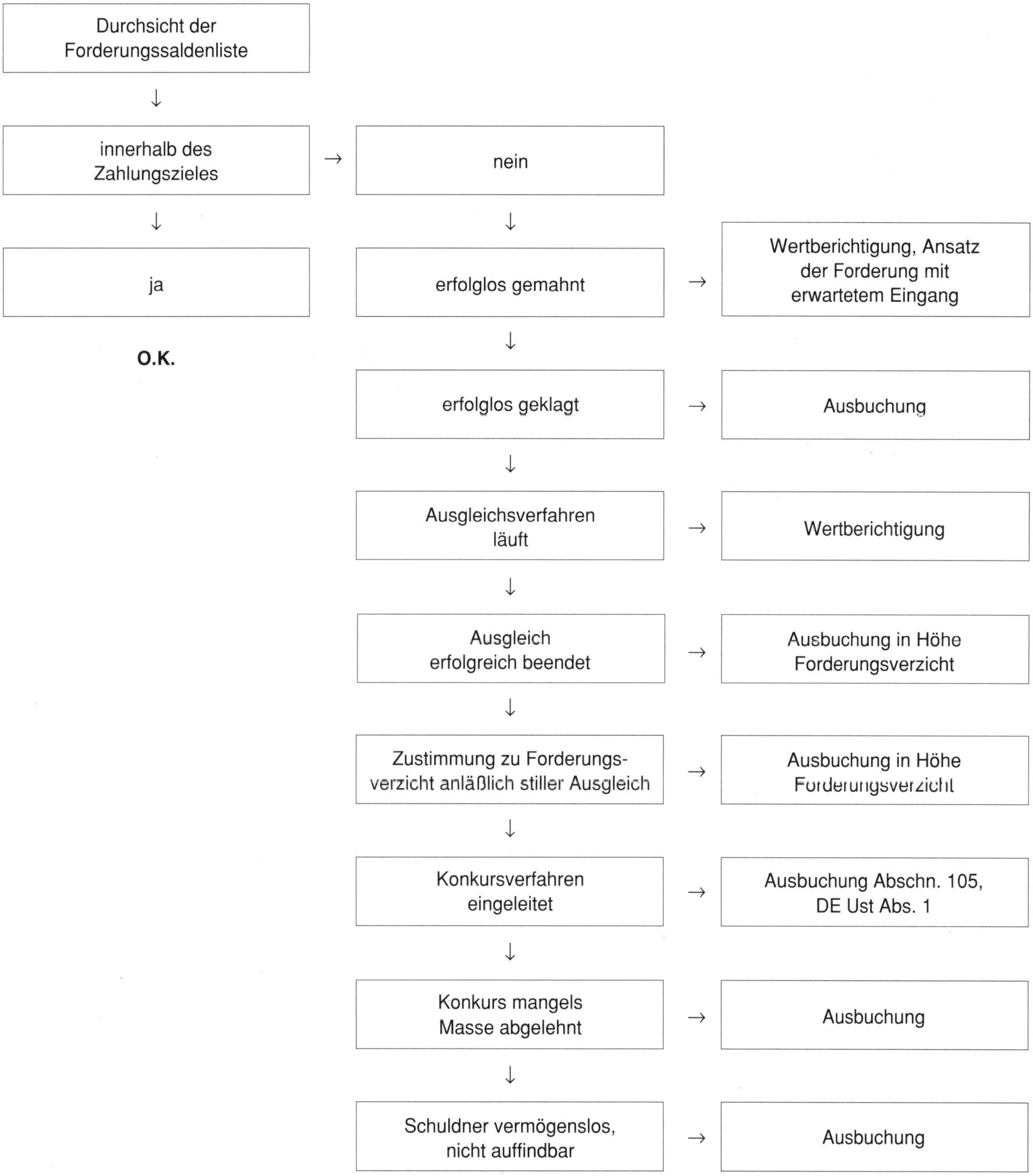

Die **grundlegenden handelsrechtlichen Vorschriften** befinden sich in den §§ 206 und 207 HGB. In diesen Vorschriften finden sich die Anschaffungskosten als Maßstab für den Ansatz von Forderungen und das strenge Niederstwertprinzip mit der Verpflichtung, von zwei möglichen Werten den niedrigeren anzusetzen. Die **steuerliche Bewertung** ist im § 6 Z. 2 a EStG geregelt. Hier findet sich im Gegensatz zum Handelsrecht keine Muß- sondern eine Kannbestimmung. Schließlich wird darauf hingewiesen, daß eine pauschale Wertberichtigung nicht zulässig ist. Diese Vorschrift ist an sich nicht neu, sondern wurde bereits mit dem Steuerreformgesetz 1993 formuliert.

Im folgenden beschäftigen wir uns mit dem Erlaß vom 28. März 1995, GZ 140602/2/IV/1495, mit dem das Bundesministerium für Finanzen einen neuen Begriff eingeführt hat, nämlich die **pauschale Einzelwertberichtigung.**

In der Folge wollen wir dann untersuchen, ob sich die Wertberichtigungsmöglichkeiten des Erlasses in der Handelsbilanz ansetzen lassen.

Wie bereits gesagt: Der Steuergesetzgeber verbietet auf der einen Seite die pauschale Wertberichtigung, auf der anderen Seite hat das Ministerium die Möglichkeit einer pauschalen Einzelwertberichtigung geschaffen.

Aus der handelsrechtlichen Sicht werden wir, wie bisher, eine Einzelwertberichtigung vornehmen und die nicht einzelwertberichtigten Forderungen pauschal wertberichtigen. Nachdem diese Pauschalwertberichtigung steuerlich nicht mehr abzugsfähig ist, wird sie bei körperschaftsteuerpflichtigen Unternehmen über die Mehr-/Wenigerrechnung neutralisiert.

Der Begriff der **pauschalen Einzelwertberichtigung** ist dem Handelsrecht unbekannt.

Aus der steuerlichen Sicht wird die Einzelwertberichtigung so durchgeführt, wie sie auch handelsrechtlich vorgenommen wird. Darüber hinaus wird eine pauschale Einzelwertberichtigung gebildet, was bedeutet, daß die noch nicht wertberichtigten Forderungen dann pauschal wertberichtigt werden. Die pauschale Einzelwertberichtigung geht von einer gruppenweisen Bewertung aus. Die Forderungen werden dabei nach bestimmten Kriterien (in Gruppen) eingeteilt. Für dieser gruppenweise Einteilung gibt es folgende Kriterien:

1. den Gefährdungstatbestand
2. die Überfälligkeit
3. die Unverzinslichkeit
4. das Länderrisiko

1. Der Gefährdungstatbestand

Nicht aufregend ist die erlaßmäßige Regelung, die eine pauschale Einzelwertberichtigung mit 2,5% für **gefährdete Forderungen** vorsieht. Diese 2,5% werden aber auch nur dann gewährt, wenn der durchschnittliche Forderungsausfall der letzten fünf Jahre diesen Prozentsatz rechtfertigt. Die Höhe ist deswegen nicht aufregend, weil bis zum Steuerreformgesetz in der Praxis 2% als Pauschalwertberichtigung anerkannt worden sind.

Das amerikanische Handelsministerium hat eine Studie veröffentlicht, die eine Relation von Außenstandsdauer einer Forderung und dem Gefährdungsrisiko (Uneinbringlichkeit) zeigt:

Außenstandsdauer	Uneinbringlichkeit
bis 30 Tage	4%
31 bis 60 Tage	10%
61 bis 90 Tage	17%
91 bis 120 Tage	26%
über 120 Tage	3% Erhöhung für jeden Monat

Eine pauschale Einzelwertberichtigung mit 2,5% berücksichtigt aus dieser Sicht nicht das zunehmende Ausfallsrisiko mit zunehmender Außenstandsdauer.

2. Die Überfälligkeit

In zweifacher Hinsicht sensationell ist die Möglichkeit, eine pauschale Einzelwertberichtigung für **Zinsen bei überfälligen Forderungen** zu bilden. Einmal, weil nicht die Gefährdung, sondern die Zinsen der Anlaß sind und zweitens, weil dieser Prozentsatz höher ist als er normalerweise für eine handelsrechtliche Abzinsung verwendet wird.

Zum Begriff überfällige Forderungen:

Eine Forderung ist dann überfällig, wenn das vereinbarte Zahlungsziel überschritten wird.

Beispiel

Eine Rechnung ist am 1. März fakturiert worden und als Zahlungsziel sind 30 Tage vereinbart worden. Die Forderung ist ab dem 1. April überfällig. Wenn diese Forderung am Bilanzstichtag 31. Dezember noch besteht, dann läßt sich die pauschale Einzelwertberichtigung für Zinsen wie folgt ermitteln:

Rechnungsbetrag 120.000,–
einschließlich 20% Umsatzsteuer

Die Überfälligkeit betrifft einen Zeitraum von neun Monaten, daher 9% von S 120.000,– ergibt eine pauschale Einzelwertberichtigung mit S 10.800,–

Strenggenommen müßte in dem Fall, in dem die Einzelwertberichtigung lediglich das Ausfallsrisiko erfaßt, die Wertberichtigung für Zinsverluste vom Gesamtbetrag der überfälligen Forderungen auch von den einzelwertberichtigten Forderungen berechnet werden.

Achtung

Ausgehend vom **Gefährdungstatbestand** wird nur der **Nettobetrag** der Forderung wertberichtigt, nachdem die Umsatzsteuer bei einem Forderungsausfall mit der Finanzbehörde rückverrechnet werden kann. Bei einer **Überfälligkeit** ist vom **Gesamtbetrag** der Forderung auszugehen. Der betriebswirtschaftliche Hintergrund dieser Vorgangsweise besteht darin, daß im Rechnungsbetrag vom Unternehmen keine Zinsen für eine verspätete Zahlung kalkuliert worden sind. Der Unternehmer hat mit der Verbuchung der Rechnung eine Gewinnrealisierung vorgenommen. Diese Gewinnrealisierung wird ganz oder teilweise durch einen nicht kalkulierten Zinsenaufwand eliminiert, der aufgrund der Vorfinanzierung mit Beschaffung des Wirtschaftsgutes entstanden ist. Im Grunde genommen ist diese pauschale Einzelwertberichtigung für Zinsen eine Berichtigung der Gewinnrealisierung oder mit anderen Worten: Der Wert der Forderung reduziert sich um den Zinsverlust aufgrund des verspäteten Forderungseinganges.

3. Die unverzinslichen Forderungen

Eine pauschale Einzelwertberichtigung kann für mittelfristige unverzinsliche Forderungen vorgenommen werden. Hier geht es aber um die Abzinsung einer Forderung. Sensationell ist wieder die Höhe dieser Abzinsung, nämlich 1% pro Monat bis zur Fälligkeit.

Beispiel

Die Forderung ist am 1. Juli 1997 entstanden, die Fälligkeit der Forderung ist mit dem 30. Juni 2000 vereinbart. Gleich bei der Einbuchung der Forderung wird eine Abzinsung mit 36% (3 x 12%) vorgenommen. Die Abzinsung erfolgt wieder ausgehend vom Bruttobetrag und wird wie folgt verbucht:

Erlösminderung an Wertberichtigung zu Forderungen.

An den darauffolgenden Bilanzstichtagen ist die Erlösminderung wie folgt aufzulösen:

Wertberichtigung an Zinsertrag

Im ersten Moment stört die Formulierung „unverzinsliche" Forderungen. In der betriebswirtschaftlichen Beurteilung gehen wir davon aus, daß Zinsen bei der Preiskalkulation berücksichtigt worden sind und der **Zielverkaufspreis** über dem **Barverkaufspreis** liegt. Unverzinslich ist die Forderung trotzdem, weil mit dem Schuldner keine gesonderte Zinsvereinbarung getroffen worden ist. Handelsrechtlich wird eine Abzinsung ebenfalls vorzunehmen sein, jedoch nicht mit einem Zinssatz von 12% pro Jahr, sondern mit einem Zinssatz, der für das aufgenommene Fremdkapital gezahlt wird.

Bei einer langfristigen Forderung kann man davon ausgehen, daß der Unterschied zwischen den Anschaffungskosten und dem Veräußerungspreis im wesentlichen auf das langfristige Zahlungsziel zurückgeht, sodaß der **Forderungsbetrag implizit Zinsen enthält.**

Ob eine konkrete Vereinbarung tatsächlich Zinsen enthält oder nicht ist grundsätzlich gleichgültig, weil sowohl für unverzinsliche wie verzinsliche Forderungen die gleichen Rechtsfolgen gelten.

Wird ein Kaufpreis langfristig gestundet, so ist davon auszugehen, daß zwei Forderungen vorliegen. **Einmal eine Forderung aus dem Veräußerungsvorgang und zum zweiten aus der Kreditgewährung.** Aus dem Veräußerungsgeschäft entsteht sofort ein Umsatzerlös, während aus dem Kreditgeschäft die Realisierung erst mit der vollständigen Bezahlung eintritt. Der Umsatzerlös bemißt sich mit dem Barwert der Forderung im Zeitpunkt der Lieferung. Die Zinserträge aus dem Kreditgeschäft dürfen aber noch nicht als Ertrag ausgewiesen werden. In den Folgejahren folgt eine anteilsmäßige Aktivierung der Zinserträge. Die Abzinsung der Forderung wird daher bereits beim erstmaligen Erfassen der Forderung erfolgen. Wenn aber die Forderung mit ihrem Gesamtbetrag aktiviert worden ist, dann hat eine Abzinsung im Zeitpunkt der Bewertung zu erfolgen.

4. Das Länderrisiko

Mit dem Länderrisiko eröffnet sich eine neue Dimension. Das Ausfallsrisiko orientiert sich nicht mehr ausschließlich an der Bonität des Schuldners, sondern an der Bonität der Banken in einem bestimmten Land. In dieser Situation muß sehr scharf zwischen dem **allgemeinen Konjunktur- oder Geschäftsrisiko** (wie Nachfragerückgang, Konkurrenzverhältnisse, Modetrends usw.) und dem **allgemeinen Kreditrisiko** unterschieden werden. Ein allgemeines Konjunktur- oder Geschäftsrisiko ist kein Anlaß für eine Wertberichtigung. Auf der anderen Seite ist ein allgemeines Kreditrisiko zu berücksichtigen, wenn für deren Konkretisierung eine gewisse Wahrscheinlichkeit (Chance größer als 50%) besteht. Als Beispiel für ein **allgemeines Kreditrisiko** für eine Auslandsforderung wird unter anderem auch das Risiko aus politischen Gründen angegeben (vgl. *Karrenbauer* in *Küting/Weber*, Handbuch der Rechnungslegung, 3. Auflage, § 253, RZ 63).

Wenn ein Länderrisiko größer als 50% ist, dann ist eine gewisse Wahrscheinlichkeit gegeben, daß dieses Risiko zum Tragen kommt. Nachdem das Länderrisiko ein **allgemeines Kreditrisiko** darstellt, wird es jedenfalls in der Handelsbilanz, aufgrund des Erlasses, auch in der Steuerbilanz berücksichtigt werden müssen.

Zum Länderrisiko im einzelnen

Unternehmen in bestimmten Ländern haben Schwierigkeiten, ihre Verbindlichkeiten fristengerecht zu begleichen. Diese Schwierigkeiten bestehen darin, daß beispielsweise Banken insolvent werden, Devisen für einen Auslandstransfer nicht vorhanden sind, oder ein Transfer aus politischen Gründen untersagt ist. Aus diesem Länderrisiko resultiert die Wahrscheinlichkeit mit der Sie mit einem Zahlungseingang rechnen können. Dieses Länderrisiko ist unabhängig davon, ob der Schuldner zahlungsfähig oder zahlungswillig ist.

Die Zeitschrift **Institutional Investor** veröffentlicht halbjährlich ein Länderrating. Dieses Länderrating basiert auf eine Umfrage bei 100 Banken, die jeweils ihre eigene Erfahrung mit bestimmten Ländern einbringen. Jedes Land wird in diesem Länderrating auf einer Skala zwischen 0 und 100 eingestuft. Je niedriger die Einstufung ist, desto größer ist das Risiko für einen Zahlungsausfall. Mit anderen Worten: **Das was ausgehend von der Einstufung ausgehend auf 100 fehlt, stellt das Risiko dar.** Unter den zehn besten Ländern befindet sich auch Österreich. Für die Beurteilung interessieren uns aber nicht die guten Länder, sondern jene Länder, bei denen ein Ausfallsrisiko besteht. Bei einem Ausfallsrisiko von mehr als 50% (das ist in der Aufstellung von Mexiko mit 50,2% Risiko abwärts) **ist jedenfalls eine Wertberichtigung zu bilden.**

Beispiel

Eine Auslandsforderung gegenüber der Petrobas AG in Kuba beträgt S 1,2 Mio. und ist auf Konto 210 ausgewiesen. Die Forderung ist am 3. Juni 1999 entstanden. Der Rechnungsbetrag lautet auf österreichische Schilling. Es gibt keine Kreditgarantie, das **Länderrisiko** beträgt laut Institutional Investor 87,9% aufgrund eines Ratings mit 12,1. Die Auslandsforderung ist am Bilanzerstellungstag noch offen. Petrobas beteuert, zahlungsfähig zu sein, und beruft sich aber auf die kubanische Bank, die zur Zeit keine Devisenüberweisungen durchführt.

Lösung

87,9% von 1,200.00 1.054.800 Aufwand/Forderung

keine MWR lt. Erlaß vom 28.3.1995!

Institutional Investor's March 2000 Country Credit Ratings

3/00	9/99	Country	Credit ranking	Six month change	One Year change
1	1	Switzerland	93.8	0.8	1.1
2	2	Germany	92.9	0.9	0.4
5	–	United States	92.9	2.0	0.7
4	4	Netherlands	92.1	0.9	0.4
3	5	France	91.7	0.3	0.9
7	6	United Kingdom	91.1	0.9	0.9
6	7	Luxembourg	90.5	0.2	0.6
9	8	Norway	89.5	1.8	2.7
8	9	Austria	89.4	0.0	0.7
10	10	Japan	86.9	0.4	0.4
11	11	Denmark	86.3	1.2	1.6
13	12	Finland	85.6	2.0	3.4
12	13	Belgium	85.6	0.7	2.1
14	14	Canada	85.1	1.6	2.1
15	15	Ireland	84.8	1.4	3.0
19	16	Sweden	83.9	2.7	4.2
18	17	Italy	82.0	0.7	2.9
16	18	Singapore	80.4	–1.5	–0.9
17	19	Spain	80.4	–1.3	0.1
20	20	Portugal	79.7	1.3	3.6
21	21	Australia	78.3	2.5	4.0
22	22	Taiwan	76.2	0.9	0.7
23	23	New Zealand	75.5	1.5	2.4
24	24	Iceland	69.7	1.9	2.7
28	25	Slovenia	63.1	1.9	4.7
29	26	Chile	62.6	1.6	0.8
31	27	Greece	62.5	3.4	6.4
25	28	United Arab Emirates	62.4	–0.8	–0.1
26	29	Malta	62.3	0.7	0.6
27	30	Hong Kong	60.8	–0.5	–1.0
–	31	Bahamas	60.2	–	–
32	32	Kuwait	59.8	1.6	3.3
35	33	Hungary	59.2	1.9	3.3
30	34	Czech Republic	59.1	0.0	–0.6
36	35	South Korea	58.8	2.0	6.1
34	36	Poland	58.5	1.0	1.8
39	37	Israel	57.6	1.8	3.3
33	38	Cyprus	57.5	0.0	0.2
38	39	Botswana	57.0	1.0	3.5
37	40	China	56.6	0.2	–0.6
40	41	Saudi Arabia	55.1	1.1	0.7
43	42	Malaysia	54.9	3.2	3.9
44	43	Qatar	53.3	1.8	1.6
41	44	Mauritius	52.4	–1.5	–1.3
45	45	Bahrain	51.5	0.6	0.8
42	46	Oman	50.9	–1.1	–2.4
48	47	Mexico	49.8	1.6	3.8
46	48	Tunisia	49.7	–0.6	–0.6
51	49	Estonia	49.4	3.5	6.6
49	50	Uruguay	49.1	1.9	2.6
47	51	Thailand	48.8	0.5	1.9
54	52	Barbados	48.6	3.6	5.1
55	53	Trinidad	47.2	2.3	3.9
50	54	Philippines	46.7	0.8	3.4
56	55	Morocco	45.6	1.3	2.4
53	56	Egypt	45.4	0.0	1.0
57	57	India	45.3	1.1	0.8
52	58	South Africa	45.2	–0.4	–0.6
62	59	Latvia	43.4	2.6	5.4
59	60	Argentina	43.0	0.6	0.3
61	61	Slovakia	42.9	1.3	1.6
63	62	Costa Rica	42.7	2.2	4.3
60	63	Panama	42.7	1.0	2.8
58	64	Colombia	42.6	–1.5	–1.9
64	65	Croatia	41.8	2.2	2.8
66	66	Lithuania	40.8	2.5	4.7
67	67	Namibia	39.7	1.7	2.4
65	68	Turkey	39.0	0.1	2.1
69	69	Peru	38.8	1.8	3.8
68	70	Jordan	38.6	0.7	1.3
70	71	Brazil	38.5	2.0	1.1
71	72	El Salvador	38.3	2.7	7.1
73	73	Sri Lanka	35.4	1.7	2.1
74	74	Lebanon	35.0	1.4	3.1
72	75	Venezuela	34.9	1.1	0.5
79	76	Bulgaria	32.5	2.2	3.9
77	77	Dominican Rep.	31.9	1.0	3.8
82	78	Seychelles	31.9	2.3	2.8
76	79	Paraguay	31.7	0.4	0.4
83	80	Libya	31.6	2.5	3.5
86	81	Bolivia	31.1	2.7	3.1
78	82	Ghana	31.0	0.3	1.5
87	83	Guatemala	31.0	2.9	3.8
75	84	Papua New Guinea	30.9	–1.3	0.5
81	85	Kazakstan	30.2	0.5	2.3
80	86	Swaziland	29.7	–0.3	1.2
84	87	Jamaica	29.5	0.6	1.5
89	88	Iran	29.2	1.2	1.5
88	89	Vietnam	29.1	1.0	1.3
91	90	Indonesia	28.3	1.2	0.4
93	91	Algeria	27.7	1.2	2.5
85	92	Romania	27.5	–1.2	–3.7
–	93	Lesotho	26.9	–	–
90	94	Nepal	26.8	–0.5	2.4
96	95	Kenya	26.6	1.8	2.5
92	96	Bangladesh	25.5	–1.3	0.5
94	97	Cote d'Ivoire	25.2	–0.3	
95	98	Zimbabwe	24.1	–1.0	–2.4
97	99	Syria	23.2	–0.6	0.2
98	100	Senegal	23.2	0.4	1.5
101	101	Uganda	22.9	1.2	2.6
99	102	Gabon	22.2	–0.4	–1.0

3/00	9/99	Country	Credit ranking	Six month change	One Year change
105	103	Russia	19.6	0.3	–0.4
103	104	Malawi	19.5	0.0	–0.9
116	105	Grenada	19.4	2.7	4.7
106	106	Honduras	19.3	0.0	–0.5
108	107	Burkina Faso	19.2	0.1	0.4
107	108	Mozambique	19.2	–0.1	1.3
104	109	Tanzania	19.1	–0.4	0.8
100	110	Ecuador	19.1	–3.3	–6.4
102	111	Pakistan	18.8	–0.7	–1.6
111	112	Nigeria	18.3	0.4	1.5
110	113	Ukraine	18.1	–0.6	0.9
109	114	Uzbekistan	18.0	–0.9	–0.3
114	115	Cameroon	18.0	0.8	–0.1
–	116	Kyrgyzstan	17.6	–	–
115	117	Togo	17.4	0.3	0.8
113	118	Benin	17.3	0.1	1.0
119	119	Mali	17.2	1.7	1.8
–	120	Turkmenistan	17.1	–	–
112	121	Myanmar	16.9	–1.0	–1.8
–	122	Moldova	16.0	–	–
117	123	Ethiopia	15.9	–0.7	–0.3
120	124	Zambia	15.1	0.2	–1.0
–	125	Niger	14.6	–	–
118	126	Guinea	14.4	–1.9	–1.0
123	127	Nicaragua	13.4	1.3	1.8
–	128	Tajikistan	12.9	–	–
121	129	Belarus	12.7	–0.7	0.8
125	130	Angola	12.6	1.0	1.1
122	131	Albania	12.6	0.2	1.9
–	132	Chad	12.4	–	–
124	133	Cuba	12.1	0.0	–0.3
127	134	Georgia	11.1	0.3	0.2
126	135	Haiti	10.1	–1.1	–1.1
–	136	Burundi	9.6	–	–
129	137	Liberia	8.4	–0.6	0.8
131	138	Iraq	8.3	0.6	1.2
132	139	Dem.Rep. Congo	8.0	0.7	1.9
133	140	Sudan	7.9	0.8	0.3
130	141	Yugoslavia	7.3	–0.9	–1.6
128	142	Congo Republic	7.1	–2.2	–2.6
135	143	Sierra Leone	7.1	1.0	0.8
134	144	North Korea	6.8	0.1	–1.0
136	145	Afghanistan	5.7	–0.1	–0.5

Global average rating: 40.9

Zusammenfassung der steuerlichen Möglichkeiten

Steuerlich gibt es die Möglichkeit, eine pauschale Einzelwertberichtigung mit

2,5% p.a.	**wegen Gefährdung,**
1% pro Monat	**für überfällige Forderungen (aufgrund des Zinsverlustes),**
1% pro Monat	**für mittelfristige unverzinsliche Forderungen,**
50% und mehr	**aufgrund eines Länderrisikos**

zu bilden.

Beim Gefährdungstatbestand ist vom **Nettobetrag** der Forderung auszugehen, die 1% Abzinsung pro Monat wird vom **Bruttobetrag** der Forderungen berechnet. Bei Auslandsforderungen wird sich mangels Umsatzsteuer diese Frage nicht stellen.

Handelsrechtliche Konsequenzen?

Das Handelsrecht kennt nur die Einzelwertberichtigung und die Pauschalwertberichtigung. Die pauschale Einzelwertberichtigung ist unbekannt.

Wir gehen jetzt von der Annahme aus, daß handelsrechtlich bei der Einzelwertberichtigung und bei der Pauschalwertberichtigung neben dem Ausfallsrisiko auch ein **Zinsverlust** berücksichtigt wird (vgl. *Küting/Weber*, Handbuch der Rechnungslegung, 3. Auflage, § 253, Tz. 60).

Wir kommen dann zu dem Ergebnis, daß auch im Rahmen der handelsrechtlichen Pauschalwertberichtigung sowohl der Gefährdungstatbestand, als auch die Zinskomponente berücksichtigt wird. Es wird nun sinnvoll sein, daß daneben auch die steuerlichen pauschalen Einzelwertberichtigungen rechnerisch ermittelt werden. **In Höhe dieser steuerlich möglichen pauschalen Einzelwertberichtigungen wird die handelsrechtliche Pauschalwertberichtigung auch steuerlich abzugsfähig sein.** Nur für den Fall, daß die handelsrechtliche Pauschalwertberichtigung höher ist als die steuerliche pauschale Einzelwertberichtigung, erfolgt für den übersteigenden Teil eine Mehr-/Wenigerrechnung.

Es ist durchaus anzunehmen, daß aufgrund dieser großzügigen erlaßmäßigen Regelung die steuerliche pauschale Einzelwertberichtigung den handelsrechtlichen Ansatz der Pauschalwertberichtigung übersteigt. In dieser Situation wird keine Mehr-/Wenigerrechnung erforderlich sein. Ein Ansatz einer, die handelsrechtliche Pauschalwertberichtigung übersteigenden steuerlichen pauschalen Einzelwertberichtigung in der Handelsbilanz, wird aus folgenden Gründen nicht möglich sein:

- Die pauschale Einzelwertberichtigung ist nicht gesetzmäßig geregelt, sondern nur in einem Erlaß vorgesehen. Zum zweiten handelt es sich um eine Kannvorschrift.

- Handelsbilanzlich ist die Bildung willkürlicher stiller Reserven nicht zulässig.
- Schließlich wird die Bewertungsstetigkeit dagegen sprechen. Es wird handelsrechtlich eine pauschale Wertberichtigung nicht erhöht, nur weil der Steuergesetzgeber plötzlich höhere Prozentsätze zuläßt.

Beispiel

Handelsrecht:

Forderungen	12,000.000,–
ab einzelwertberichtigte Forderungen	– 2,400.000,–
: 120 x 100	9,600.000,–
	8,000.000,–
davon 2% Pauschalwertberichtigung	160.000,–

Steuerrecht:

Forderungen	9,600.000		
davon überfällig		%	
10 Monate	240.000	10	24.000
8 Monate	600.000	8	48.000
7 Monate	360.000	7	25.200
4 Monate	1,200.000	4	48.000
3 Monate	240.000	3	7.200
1 Monat	2,400.000	1	24.000
innerhalb des Zahlungszieles	4,560.000	0	–
			176.400

Ergebnis: Für die handelsrechtliche Pauschalwertberichtigung mit S 160.000,– ist keine steuerliche Mehr/Wenigerrechnung erforderlich.

Für den übersteigenden Teil der steuerlichen pauschalen Einzelwertberichtigung mit S 16.400,– gibt es für den § 5 EStG. Gewinnermittler keine Verwendungsmöglichkeit.

Beispiel

Die Forderungen betragen S 24 Mio. und sind auf Konto 200 ausgewiesen. Die USt beträgt 20%.

Gegenüber dem Unternehmen **A** besteht eine Forderung mit S 1,2 Mio. Die Einbringlichkeit dieser Forderung ist aufgrund eines beantragten Ausgleichs mit 50% angenommen.

Gegenüber dem Unternehmen **B** besteht eine Forderung in Höhe von S 2,4 Mio. In einem stillen Ausgleich haben wir auf 60% unserer Forderungen verzichtet, unter der Voraussetzung, daß die übrigen 40% innerhalb eines Jahres gezahlt werden. Für die übrigen 40% ist uns eine Bankgarantie übermittelt worden.

Die Alois Lehner GmbH schuldet uns S 720.000,–. Aus dem Status des Kreditschutzverbandes können wir entnehmen, daß den Aktiva mit S 12.140,– Passiva mit S 26,124.000 gegenüber stehen.

Seit 12 Jahren unverändert bilden wir handelsrechtlich eine Pauschalwertberichtigung mit 3%. Diese Pauschalwertberichtigung hat zum 31. Dezember 1998 S 292.000,– betragen und wurde auf Konto 209 verbucht.

Die Debitorensaldenliste zeigt uns folgende Fälligkeiten:

über dem Zahlungsziel	in Mio.S	Vorjahr	1% p.M
1 Monat darüber	3,6	4,8	48.000
2 Monate darüber	2,4	3,6	72.000
3 Monate darüber	1,2	1,2	36.000
4 Monate darüber	0,6	0,96	38.000
5 Monate darüber	0,36	2,4	120.000
9 Monate darüber	4,8	0,6	54.000
			368.000

Lösung

A	1,000.000	Einbringlichkeit 50% → Wertber.	500.000	Aufwand/Forderung
	200.000			
B	2,000.000	Einbringlichkeit 40% → teilw.	1,200.000	Aufwand/Forderung
	400.000	Ausbuchung	240.000	USt/Forderung
Lehner	600.000	Ausbuchung	600.000	Aufwand/Forderung
	120.000	Ausbuchung	120.000	USt/Forderung

Pauschalwertberichtigung, vgl. § 6 Z. 2a EStG				
Forderung netto		20,000.000		
EWB		– 3,600.000		
		16,400.000		
3% →	31/12/99	HR 492.000	StR 594.000	
	31/12/98	HR 292.000	StR 368.000	
Zuweisung		200.000		Aufwand/Wertberichtigung
				keine MWR!

StR: Erlaß vom 28.3.1995, Bewertung von Forderungen Z. 3 Einzelfälle

	%	
3,600.000	1	36.000
2,400.000	2	48.000
1,200.000	3	36.000
600.000	4	24.000
360.000	5	18.000
4,800.000	9	432.000
		594.000

Die erlaßmäßige pauschale Einzelwertberichtigung übersteigt die Pauschalwertberichtigung, daher unterbleibt eine steuerliche MWR.

Zusammenfassung

Die handelsrechtliche Pauschalwertberichtigung ist auch steuerlich abzugsfähig, soferne die steuerliche pauschale Einzelwertberichtigung rechnerisch ermittelt worden ist und dem handelsrechtlichen Wert entspricht. Die steuerliche pauschale Einzelwertberichtigung wird insbesondere für überfällige Forderungen inhaltlich deckungsgleich mit der handelsrechtlichen Pauschalwertberichtigung sein. Mit der rechnerischen Ermittlung steht fest, welcher Teil der handelsrechtlichen Pauschalwertberichtigung steuerlich abzugsfähig ist und welcher Teil im Rahmen der Mehr-/Wenigerrechnung eliminiert werden muß. Ein handelsrechtlicher Ansatz einer höheren steuerrechtlichen Wertberichtigung ist nicht möglich. Bestenfalls wird die gesamte handelsrechtliche Pauschalwertberichtigung auch steuerlich wirksam. Aus diesem Grund ist in einer Nebenrechnung eine steuerliche pauschale Einzelwertberichtigung zu ermitteln.

In der Praxis wird man die Saldenliste nach Fälligkeiten gliedern. Forderungen, die am Bilanzstichtag überfällig sind, werden mit 1% pro Monat der Überfälligkeit wertberichtigt. Es ist vom Bruttobetrag der Forderung auszugehen.

Achtung

Diese pauschale Einzelwertberichtigung kann beim § 4 (1) EStG-Gewinnermittler uneingeschränkt in der Bilanz ausgewiesen werden. Bei den § 4 (1) EStG-Gewinnermittlern ergeben sich keine handelsrechtlichen Beschränkungen.

Was unterscheidet den Ausgleich vom Konkurs?

Der **Ausgleich** ist ein Verfahren zur Sanierung des Unternehmens. Die Gläubiger gewähren dem Schuldner einen teilweisen Schuldennachlaß. Der Schuldner zahlt nur einen Teil der Schulden (Ausgleichsquote). Der Schuldner verpflichtet sich, entweder 40% der Schulden innerhalb eines Jahres oder 50% der Schulden innerhalb von eineinhalb Jahren zu bezahlen. Der Ausgleich stellt deswegen eine Sanierung dar, weil das Unternehmen weiter besteht.

Der **Konkurs** führt zur Liquidation des Unternehmens. Das Unternehmen wird insgesamt veräußert und der Erlös auf die Gläubiger aufgeteilt. Die eben getroffene Unterscheidung in Forderungen, die uneinbringlich sind, und in Forderungen, die zweifelhaft sind, ist insbesondere für die Umsatzsteuer von großer Bedeutung. Ist die Einbringlichkeit einer Forderung bloß zweifelhaft, kann noch nicht von einer Uneinbringlichkeit gesprochen werden. Die Bildung einer Wertberichtigung wegen Zweifelhaftigkeit berechtigt daher noch nicht zu einer Entgeltsberichtigung. Erst die Zahlungsunfähigkeit des Schuldners stellt einen Fall von Uneinbringlichkeit dar.

Die uneinbringliche Forderung wird wie folgt verbucht: Schadensfälle und Umsatzsteuer an Kundenkonto. Diese Buchung wird entweder während des Jahres zum Zeitpunkt des Forderungsausfalles oder erst zum Bilanzstichtag vorgenommen.

Die zweifelhafte Forderung wird wie folgt verbucht: Schadensfälle an Einzelwertberichtigung zu Forderungen oder Schadensfälle an Pauschalwertberichtigung zu Forderungen.

Sollsalden bei Kreditoren

Hinweis: Die Lieferanten weisen regelmäßig einen Habensaldo auf. Wir schulden dem Lieferanten auf Grund einer Lieferung oder Leistung einen Geldbetrag. Durch Gutschriften, Retourwaren, Überzahlungen, Boni können auch Sollpositionen bei den Lieferantenkonten entstehen. In diesem Fall haben wir eine Forderung an den Lieferanten.

Daher werden diese Sollbuchungen auch nicht mit den größeren Habenbuchungen saldiert, sondern sie kommen auf die Aktivseite der Bilanz und werden als sonstige Forderungen dargestellt. Es ist durchaus möglich, daß diese Forderung durch die Zahlungsunfähigkeit des Lieferanten zweifelhaft oder uneinbringlich wird. Eine Wertberichtigung dieser Forderungen ist auf Grund des Niederstwertprinzips ebenfalls erforderlich.

Verbuchung von Fremdwährungen

Wie wir bereits erfahren haben, werden Forderungen in fremder Währung mit dem **Devisengeldkurs** umgerechnet.

Kurse der Wiener Börse vom 30. 12. 1993

	Devisen		
	Geld	Brief	Mittel
New York	1209,30	1219,30	1214,30
New York Schecks	1204,30	1219,30	
Montreal	903,00	911,00	907,00
Montreal Schecks	899,00	911,00	
London	1797,00	1813,00	1905,00
Dublin	1709,00	1725,00	1717,00
Zürich	825,60	831,60	828,60
Brüssel	33,70	33,98	33,84
Paris	206,30	207,90	207,10
Amsterdam	625,50	630,30	627,90
Frankfurt	700,30	705,90	703,10
Rom	0,7088	0,7148	0,7118
Ital. Lire bis 5000			
Ital. Lire ab 10000			
Kopenhagen	179,70	181,10	180,40
Oslo	161,70	163,10	162,40
Stockholm	145,60	147,00	146,30
Helsinki	210,10	212,10	211,10
Lissabon	6,87	6,93	6,90
Madrid	8,51	8,59	8,55
Tokyo	10,863	10,933	10,898

Dagegen werden Verbindlichkeiten in fremder Währung mit dem **Devisenwarenkurs** bewertet. Wenn die Forderung eingeht, erhalten wir ausländisches Geld, und beim Umtausch in der Bank erhalten wir den niedrigeren Kurs. Wenn wir die Verbindlichkeit in Fremdwährung abstatten wollen, dann müssen wir die Fremdwährung kaufen. Die Bank verrechnet uns den höheren Kurs. Das zentrale Problem besteht nun darin, daß zwischen dem Buchungstag und dem Bilanzstichtag sich die Kurse verändern.

Handelt es sich um einen Zielkauf, dann fragt sich, mit welchem Kurs die ausländische Währung umgerechnet werden soll. Folgende Zeitpunkte kommen in Betracht:

(1) Lieferung
(2) Vertragsabschluß
(3) Einbuchung der Rechnung
(4) Zahlung des Kaufpreises

Nach überwiegender Meinung in der handelsrechtlichen Literatur und in Übereinstimmung mit der Rechtsprechung des Bundesfinanzhofes (vergleichbar mit dem VwGH) ist bei einem Kauf bzw. Verkauf auf Ziel für die **Festlegung des Umrechnungskurses grundsätzlich der Tag der Lieferung entscheidend**, da an diesem Tag die wirtschaftliche Verfügungsmacht erlangt wird und die Verpflichtung zur Gegenleistung entstanden ist.

Auch der Tag der Einbuchung der Rechnung kann für den Zeitpunkt der Währungsumrechnung keine Rolle spielen. Die Ansicht, daß für die Umrechnung der **Tag der Zahlung** ausschlaggebend sei, ist nach herrschender Meinung unzutreffend, da Lieferungs- und Zahlungsgeschäft als zwei getrennte Geschäftsvorfälle zu behandeln sind und die ursprüngliche Höhe eines in Fremdwährung zu entrichtenden Anschaffungspreises durch spätere Kursgewinne oder -verluste nicht mehr berührt wird. Spätere Kursschwankungen stellen Finanzierungskosten dar, die ohne Einfluß auf die Anschaffungskosten sind.

Zusammenfassend läßt sich somit feststellen, daß für die Umrechnung grundsätzlich der **Tag der Anschaffung bzw. Lieferung maßgeblich** ist (aus Küting/Weber, Handbuch der Rechnungslegung, II, S 328 f.).

Welche Bilanzierungsprobleme bereiten Forderungen und Verbindlichkeiten in fremder Währung?

Beim Umlaufvermögen gilt das strenge Niederstwertprinzip, was bedeutet, daß für eine Fremdwährungsforderung der niedrigere Tageskurs am Bilanzstichtag anzusetzen ist. Darüber hinaus ist die Fremdwährungsforderung auf ihre Einbringlichkeit hin zu untersuchen.

Zum dritten sollte eine langfristige Fremdwährungsforderung auch abgezinst werden. Fremdwährungsverbindlichkeiten unterliegen dem Höchstwertprinzip, was bedeutet, daß der höhere Tageskurs am Bilanzstichtag für die Bewertung maßgeblich ist. Wenn der Tageskurs am Bilanzstichtag höher ist als der Buchungskurs, muß die Verbindlichkeit mit dem höheren Wert angesetzt werden. Der maßgebliche Kurs für die Bewertung der Fremdwährungsverbindlichkeiten ist der Devisenwarenkurs.

Wertsicherung von Forderungen (und Verbindlichkeiten)

Feststellung, welcher **Index** anzuwenden ist:

Sie haben die Auswahl zwischen:

Verbraucherpreisindex 1958 I und II, 1966, 1976 und 1986 und 1996. Diese werden simultan weitergeführt, d.h. der prozentuelle jährliche Zuwachs ist bei allen gleich.

Dazu werden noch der Großhandelspreisindex 1938, 1964, 1976 und 1986, der Kleinhandelspreisindex 1938 und der Baukostenindex 1945 und 1990 veröffentlicht.

Feststellung von Ausgangspunkt und aktuellem Stand

Der Ausgangspunkt richtet sich nach dem Vertrag (ohne vertragliche Wertsicherungsvereinbarung gibt es keine Wertsicherung!) bzw. nach dem Monat der letzten Wertsicherungsberechnung (z.B. Dezember 1992).

Für bilanzielle Bewertungen ist der Stand des letzten Monats vor dem Bilanzstichtag heranzuziehen, für Neuberechnungen von Mieten und Renten ist der letzte veröffentlichte Stand heranzuziehen.

Beispiel

Eine zum 31. 12. 1994 offene Kaufpreisrestschuld von 1.000.000,– ist nach dem Verbraucherpreisindex 1966 wertgesichert.

Verbraucherpreisindex 1966:

Stand Dez. 1993, 335,0 Punkte (tatsächlicher Wert)
Stand Dez. 1994, 349,0 Punkte (angenommener Wert!)

Formel: $\frac{\text{Restschuld} \times \text{neuer Punktestand}}{\text{alter Punktestand}} =$

$$\frac{1.000.000,- \times 349,0}{335,0}$$

ergibt die neue Schuld von 1.041.791,–.

Der Wertsicherungsbetrag von S 41.791,– ist Sofortaufwand und keinesfalls zu aktivieren (Buchung: Finanzierungsaufwand an Verbindlichkeit).

Steigerungsprozentsatz

In den meisten Verträgen ist eine „Schwelle" vereinbart, wonach die Wertsicherung erst bei Übersteigen eines Prozentsatzes (meist 5%, manchmal 10%) zu berücksichtigen ist, dann aber in voller Höhe.

Der Steigerungsprozentsatz berechnet sich nach folgender Formel:

Punktedifferenz: von 335,0 auf 349,0 Punkte = 14,0 Punkte

$$\frac{\text{Punktedifferenz} \times 100}{\text{Ausgangswert}} = \frac{14,00 \times 100}{335,0}$$

ergibt eine Steigerung von 4,18%.

Bei einer 5%-Vereinbarung hat der Empfänger noch keinen Anspruch auf Neuberechnung – handelt es sich jedoch um Betriebsverbindlichkeiten, muß im Sinne der Periodenabgrenzung jedenfalls der Betrag von rund 42.000,– rückgestellt werden.

Langfristige unverzinsliche Forderung

Bei langfristigen unverzinslichen Forderungen wird immer unterstellt, daß der Verkaufspreis über einem Barverkaufspreis liegt. Wenn der **Barverkaufspreis** S 100.000,– beträgt, dann wird der **Zielverkaufspreis**, der erst in zwei Jahren fällig ist, beispielsweise S 120.000,– betragen. Der Unternehmer wird für die verspätete Zahlung Zinsen in den Verkaufspreis einrechnen.

Dieser Zielverkaufspreis ist mit dem Barwert anzusetzen. Der Barwert wird dem Barverkaufspreis entsprechen. Für die Ermittlung des Barwertes brauchen wir einen Zinssatz. Dieser Zinssatz wird jenem Zinssatz gleichen, den wir für unsere Bankverbindlichkeit entrichten. Die Anschaffungskosten einer solchen Forderung ergeben sich nicht mit dem Rechnungsbetrag (Zielverkaufspreis), sondern mit dem Barwert. Der Rechnungsbetrag wird mit dem Zinssatz für die Bankverbindlichkeiten abgezinst.

Beispiel

Eine langfristige unverzinsliche Exportforderung ist am 31. Dezember 1997 entstanden. Die Laufzeit beträgt 5 Jahre. Der Barverkaufspreis liegt unter dem Zielpreis. Der Rechnungsbetrag von S 1,000.000 ist am 31. Dezember 2002 fällig. Die Fremdkapitalzinsen des Unternehmens betragen 5%.

Lösung

Handelsrechtlicher Ansatz		
31. Dezember 1997	1,000.000	Forderung/Erlös
Barwerttabelle 5%, 5 Jahre		
1,000.000 x 0,783526		
Barwert der Forderung	–783.526	
	216.474	Erlösminderung/ WB
Abzinsung		
31. Dezember 1998		
1,000.000 x 0,822702		
Barwert der Forderung	822.702	
anteiliger Zinsertrag	39.176	WB/Zinsertrag
31. Dezember 1999		
1,000.000 x 0,863838		
Barwert der Forderung	863.838	
anteiliger Zinsertrag	41.136	WB/Zinsertrag
31. Dezember 2000		
1,000.000 x 0,907029		
Barwert der Forderung	907.029	
anteiliger Zinsertrag	43.191	WB/Zinsertrag
31. Dezember 2001		
1,000.000 x 0,952381		
Barwert der Forderung	952.381	
anteiliger Zinsertrag	45.352	WB/Zinsertrag
31. Dezember 2002		
Barwert der Forderung	1,000.000	
anteiliger Zinsertrag	47.619	WB/Zinsertrag

Probe: Zinsertrag	1998	39.176
	1999	41.136
	2000	43.191
	2001	45.352
	2002	47.619
		216.474

Ergebnis

Der im Rechnungsbetrag enthaltene Zinsertrag ist auf die Laufzeit verteilt worden.

Steuerrechtlicher Ansatz (Erlaß vom 28. März 1995, Punkt 3.2): Abzinsung mit 1% pro Monat bis zur Fälligkeit!

31. 12. 1997	60 %	600.000	Erlösminderung/WB
31. 12. 1998	48 %	120.000	WB/Zinsertrag
31. 12. 1999	36 %	120.000	WB/Zinsertrag
31. 12. 2000	24 %	120.000	WB/Zinsertrag
31. 12. 2001	12 %	120.000	WB/Zinsertrag
31. 12. 2002	–	120.000	WB/Zinsertrag

Ergebnis

Der steuerrechtliche Ansatz ist nur für den § 4 (1)-Gewinnermittler brauchbar (ertragsteuerlich sogar optimal). Aus handelsrechtlicher Sicht würde die Erlösminderung im Ausmaß von S 600.000 zu hoch sein.

Unverzinsliche oder niedrig verzinste Forderungen mit einer Laufzeit von mehr als drei Monaten sind also mit dem Barwert anzusetzen. Dieser Ansatz ist auch steuerlich wirksam. Die steuerliche Vorgangsweise würde sogar zu einem niedrigeren Barwert der Forderung führen. Damit würden willkürliche Reserven gelegt werden.

Mit der Abzinsung wird eine Erlösminderung vorgenommen, die bewirkt, daß der Zinsertrag erst über die Laufzeit verteilt ergebniswirksam wird. Am Ende der Laufzeit entspricht dann der Barwert der Forderung dem Nennbetrag.

Dubiose Forderungen

Wir wenden uns nun dem Einbringlichkeitsrisiko zu: Das **Einbringlichkeitsrisiko** besteht darin, daß durch Zahlungsschwierigkeiten beim Schuldner unsere Forderung teilweise oder vollständig verloren geht. Ein möglicher Forderungsausfall vermindert auf Grund des Niederstwertprinzips den Wert unserer Forderung und muß auf Grund des imparitätischen Realisationsprinzips vor der Realisierung gewinnmindernd erfaßt werden. Die Forderungsausfälle werden entweder während des Jahres buchhaltungsmäßig erfaßt, also dann, wenn eine Forderung tatsächlich ausfällt, oder auch anläßlich der Bilanzierung, wo jede einzelne Forderung auf deren Einbringlichkeit hin überprüft wird. Diese Überprüfung wird auch Abstattungsprüfung genannt. Bei der **Abstattungsprüfung** wird anhand der Debitoren-Personenkonten geprüft, was von der Forderung zum Bilanzstichtag bis zum Bilanzerstellungstag eingegangen ist. Dieser Beurteilung müssen die allgemeinen Zahlungsbedingungen zugrunde gelegt werden.

Wenn die üblichen Konditionen lauten: 2% bei Zahlung innerhalb von 10 Tagen, sonst 60 Tage ohne Skontoabzug, dann bedeutet dies, daß im Mai, im angenommenen Bilanzerstellungszeitpunkt, alle Forderungen zum 31. Dezember bereits eingegangen sein müßten. Wenn es nun Personenkonten gibt, auf denen **kein Eingang** bis zum Mai erfolgt ist, ist weiter zu prüfen, ob auf **Mahnungen** bereits reagiert worden ist. Wenn dies auch nicht der Fall ist, dann läuten bereits die Alarmglocken, denn mittlerweile sollte bereits ein **Anwalt** eingeschaltet worden sein, und es ist jetzt zu überlegen, ob eine Wertberichtigung gerechtfertigt ist.

Wir müssen daher zwischen jenen Forderungen unterscheiden, die vollständig oder teilweise **uneinbringlich** sind, und jenen Forderungen, die **zweifelhaft** sind (dubios) und deren Ausfall nur geschätzt werden kann.

Die **Umsatzsteuerkorrektur** ist im § 16 UStG geregelt. Der § 16 Abs. 3 bestimmt, daß die Umsatzsteuer erst dann korrigiert werden darf, wenn die Forderung uneinbringlich ist. Es kann aber nicht ewig zugewartet werden um festzustellen, ob eine Uneinbringlichkeit gegeben ist. Es wird von der Beurteilung des Unternehmers abhängen, ob er das Entgelt als uneinbringlich betrachtet. Uneinbringlich ist eine Forderung dann, wenn mit ihrem Eingang bei vernünftiger kaufmännischer Beurteilung in absehbarer Zeit nicht gerechnet werden kann (VwGH 23.11.1987, 87/15/0060). Der Grund für die Uneinbringlichkeit ist dabei gleichgültig. Daher wird nicht nur die Zahlungsunfähigkeit des Schuldners, sondern auch ein unbekannter Aufenthalt, Verjährung, Minderung des Entgelts usw. berücksichtigt. Bei Uneinbringlichkeit wegen Zahlungsunfähigkeit sind Belege über eine erfolglose Einbringung als Nachweis ausreichend. **Mit der Eröffnung eines Insolvenzverfahrens ist die totale Uneinbringlichkeit in der Regel erwiesen** (Abschnitt 105 Abs. 1 Durchführungserlaß zur Umsatzsteuer).

Beim Konkurs einer Personengesellschaft ist die Zahlungsfähigkeit solange gegeben, als noch ein zahlungsfähiger persönlich haftender Gesellschafter vorhanden ist.

Vollständig oder teilweise **uneinbringlich** sind folgende Forderungen:

- Wenn ein Konkurs- oder Ausgleichsverfahren eingeleitet worden ist.
- Wenn in einem gerichtlichen oder außergerichtlichen Ausgleichsverfahren eine Ausgleichsquote festgelegt wurde. Die Differenz zwischen der Ausgleichsquote und der Gesamtforderung ist abzuschreiben.
- Wenn mit einem Kunden ein Vergleich schriftlich vereinbart worden ist, das heißt, wir haben ihm einen Teil seiner Schulden nachgelassen.
- Wenn ein Konkursverfahren mangels Masse abgelehnt worden ist, dann ist die Gesamtforderung uneinbringlich.
- Wenn die Konkursquote festgelegt wurde, dann ist die Differenz zwischen dieser Konkursquote und der gesamten Forderung auszubuchen.

Folgende Sachverhalte lassen eine Forderung **zweifelhaft** erscheinen:

- Erfolglose Mahnungen.
- Die Zahlungsunfähigkeit des Schuldners wird bekannt.
- Erfolglose Exekutionen gegen den Schuldner.

Factoring

Das Factoringprinzip ist einfach. Der Unternehmer verkauft seine Forderungen an ein Factoringinstitut. Der Verkauf funktioniert so: Die Firma sendet eine Kopie der Ausgangsrechnung an das Factoringinstitut und bekommt beispielsweise 90% des Rechnungsbetrages sofort überwiesen, unabhängig davon, ob der Abnehmer pünktlich zahlt oder nicht. Erst bei der endgültigen Zahlung werden die verbliebenen

10% überwiesen. Für die Zeitdauer der Bevorschussung der 90% verrechnen die Factoringinstitute marktübliche Zinsen. Bis zu dieser Zeile ist es noch kein Geschäft, das uns vom Sessel wirft. Der entscheidende Vorteil dieses Systems liegt darin, daß der Unternehmer durch die Bevorschussung in der Lage ist, alle Eingangsrechnungen mit Skonto zu bezahlen. **Die Ersparnis aus der Skontozahlung sollte die Zinsen der Bevorschussung durch das Factoringinstitut hereinspielen**. Daneben bieten die Factoringinsitute ein sogenanntes Full-Service an, das gerade für Kleinbetriebe sehr interessant ist. Unter diesem Full-Service versteht man die Übernahme der Debitorenbuchhaltung und des Mahnwesens. Auf diese Weise werden Personalkosten gespart. Darüber hinaus gibt es die Möglichkeit, daß die Factoringgesellschaft das Delkredere-Risiko übernimmt. Unter dem Delkredere versteht man das Risiko der Einbringlichkeit der Forderung. Bilanzrechtlich wird jetzt zwischen dem **Forderungsverkauf (echtes Factoring)** und einem Kreditgeschäft mit Abtretung einer Forderung zur Sicherung des Kredites (unechtes Factoring) unterschieden. Das Unterscheidungsmerkmal ist das Ausfallsrisiko (Delkredere-Risiko). Beim Forderungsverkauf übernimmt die Factorbank das Ausfallsrisiko. Der Forderungsverkauf wird als abgeschlossenes Kaufgeschäft betrachtet. Der abgetretene Forderungsbetrag wird in der Bilanz der Factorbank ausgewiesen.

Beim **unechten Factoring** liegt ein **Kreditgeschäft** vor. Die Forderung wird nur zur Absicherung des Kredites abgetreten. Das Forderungsrisiko und der Forderungsausweis in der Bilanz bleiben beim Unternehmer.

Zusammenfassung

Die für die Bilanzierung bedeutenden Inhalte beim Umlaufvermögen betreffen die Vorräte und die Forderungen.

Für unsere Betrachtung ist folgende Einteilung der Forderungen sinnvoll:

Roh-, Hilfs- und Betriebsstoffe, Waren, Halb- und Fertigfabrikate.

Für die **Roh-, Hilfs- und Betriebsstoffe** und die **Waren** sind die Ermittlung der Anschaffungskosten und die Ermittlung des Wareneinsatzes von Bedeutung. Für die Halb- und Fertigfabrikate ist die Ermittlung der Herstellungskosten und die Errechnung der Bestandsveränderung von Wichtigkeit. Für die Ermittlung des **Wareneinsatzes** sind zwei Methoden vorgesehen und zwar die direkte oder die indirekte. Bei der direkten Methode ist Voraussetzung, daß die Warenabfassungen während des Jahres erfaßt worden sind. Damit ist für die direkte Wareneinsatzermittlung nur die Identitätspreismethode und die Methode des gleitenden Durchschnittspreises möglich. Für die indirekte Wareneinsatzermittlung wird insbesondere auf das gewogene Durchschnittspreisverfahren oder auf das FIFO- bzw. LIFO-Verfahren zurückgegriffen. Neben der Wareneinsatzermittlung ist die Ermittlung eines niedrigeren Wertes am Bilanzstichtag von Bedeutung. Dies ergibt sich aus dem strengen Niederstwertprinzip. Insbesondere ist auf dem Beschaffungsmarkt nachzufragen, ob das vorhandene Wirtschaftsgut „billiger" eingekauft werden kann. Schließlich ist auf das erweiterte Niederstwertprinzip hinzuweisen, welches eine Abwertung auf einen niedrigeren Wert bis zum Bilanzerstellungstag zuläßt.

Eine Herausforderung stellt die **Bewertung der Halb- und Fertigfabrikate** dar. Hier ist auf die Zuschlagskalkulation der Kostenrechnung zurückzugreifen. Ein handelsrechtlicher Mindestansatz mit den Einzelkosten, ein handelsrechtlicher Höchstansatz unter der Voraussetzung, daß die Baudauer mehr als zwölf Monate beträgt, sind möglich. Schließlich ist noch die Tatsache der Unterbeschäftigung anläßlich der Kalkulation zu berücksichtigen. Für einen niedrigeren Wertansatz am Bilanzstichtag ist ein Vergleichswert am Absatzmarkt zu suchen.

Bei der **Bewertung der Forderungen** ist zwischen uneinbringlichen und zweifelhaften Forderungen zu unterscheiden. Bei den uneinbringlichen Forderungen ist auch eine Umsatzsteuerkorrektur vorgesehen, während die zweifelhaften Forderungen nur vom Nettowert ausgehend bewertet werden können. Der Abschnitt 105 der Durchführungserlässe zur Umsatzsteuer sieht bereits die Einleitung eines Insolvenzverfahrens als Kriterium für eine Ausbuchung.

Bei den zweifelhaften Forderungen werden die großen oder die schon länger offenen Forderungen einzeln bewertet. Alle übrigen Forderungen werden nur pauschal bewertet. Aus der Einzelbewertung ergibt sich eine Einschätzung der Realisierbarkeit. In Höhe der Unrealisierbarkeit wird eine Wertberichtigung vorgenommen. Die Pauschalwertberichtung gilt für alle nicht einzeln beurteilten Forderungen und wird in der Regel mit einem Prozentsatz von 2% bzw. 3% vorgenommen. Die pauschale Wertberichtigung muß handelsrechtlich vorgenommen werden, wird aber steuerlich nicht anerkannt.

In diesem Zusammenhang wird es sinnvoll sein, sich mit der **pauschalen Einzelwertberichtigung** auseinanderzusetzen. Dieser Begriff wird in einem Erlaß aus 1995 erstmals erwähnt. Im Ausmaß dieser pauschalen Einzelwertberichtigung braucht dann eine Mehr-/Wenigerrechnung für die pauschale Forderungswertberichtigung nicht stattfinden. Hinzuweisen ist noch auf das Länderrisiko, das in diesem Erlaß explizit erwähnt ist.

Wiederholungsfragen

- In welche Posten zerfallen die Vorräte?
- Was sagen Ihnen die Incoterms?
- Was wissen Sie über die schwimmende Ware?
- Was bedeutet das strenge Niederstwertprinzip?
- Welche Bewertungsvereinfachungsverfahren sind im Handelsrecht vorgesehen?
- Wie werden die Herstellungskosten bei Unterbeschäftigung ermittelt?
- Wie erfolgt die Wareneinsatzermittlung?
- Warum gibt es Inventurdifferenzen?
- Was wissen Sie über die vor- oder nachverlagerte Inventur?
- Was ist eine Bestandsveränderung?
- Wann sind Forderungen uneinbringlich?
- Wann sind Forderungen zweifelhaft?
- Was ist eine Einzelwertberichtigung?
- Was ist eine Pauschalwertberichtigung?
- Wie werden langfristige unverzinsliche Forderungen bewertet?
- Gibt es einen Zinsverlust durch Zahlungszielüberschreitungen?
- Wie werden Forderungen in fremder Währung behandelt?
- Was unterscheidet den Devisengeldkurs vom Devisenwarenkurs?
- Was wissen Sie über das Länderrisiko?
- Wann ist der Barwert einer Forderung relevant?
- Was wissen Sie über die pauschale Einzelwertberichtigung?
- Wann wird eine Forderung realisiert?
- Wie ist die Wertsicherung einer Forderung zu errechnen?

4.4 Rechnungsabgrenzungsposten

Aktivseite	Passivseite
A. Anlagevermögen	A. Eigenkapital
B. Umlaufvermögen	B. unversteuerte Rücklagen
C. Rechnungsabgrenzungsposten	C. Rückstellungen
	D. Verbindlichkeiten
	E. Rechnungsabgrenzungsposten

Bei der Bilanzierung ist insbesondere der Grundsatz der Periodenabgrenzung zu beachten. Gemäß § 201 Abs. 2 Z 5 HGB sind Aufwendungen und Erträge des Geschäftsjahres unabhängig vom Zeitpunkt der entsprechenden Zahlungen im Jahresabschluß zu berücksichtigen.

Nicht immer finden jedoch der Zahlungsvorgang in jener Periode statt, in welcher der Geschäftsvorfall als Aufwand bzw. Ertrag berücksichtigt werden soll. Grundsätzlich lassen sich vier Möglichkeiten des Auseinanderfallens von Zahlungsvorgang und Erfolgswirksamkeit unterscheiden:

Transitorien („Vorauszahlungen“)		Antizipationen („Rückstände“)	
In der abgelaufenen Periode erfolgte **Zahlungsvorgänge** stellen Aufwendungen bzw. Erträge einer zukünftigen Abrechnungsperiode dar.		Es hat zwar noch **kein Zahlungsvorgang** stattgefunden, wirtschaftlich ist jedoch für die abgelaufene Periode ein Aufwand bzw. Ertrag entstanden.	
eigene Vorauszahlungen	fremde Vorauszahlungen	eigene Rückstände	fremde Rückstände
Eine erfolgte Ausgabe ist erst in einer **Folgeperiode Aufwand**	Eine erhaltene Einnahme ist erst in einer **Folgeperiode Ertrag**.	Ein entstandener Aufwand ist erst in einer **Folgeperiode Ausgabe**.	Ein entstandener Ertrag ist erst in einer **Folgeperiode Einnahme**.

Arten der Rechnungsabgrenzung

Man unterscheidet **nach der Art**

- Aktive Rechnungsabgrenzungen
- Passive Rechnungsabgrenzungen

Eine weitere Unterscheidung **nach dem Zeitpunkt der Verrechnung** ist in

- Vorauszahlungen (Transitorien)
- Rückstände (Antizipationen)

Erfolgt die Zahlung vor dem Bilanzstichtag, spricht man von einer transitorischen Rechnungsabgrenzung. Erfolgt die Zahlung nach dem Bilanzstichtag, werden sie als antizipative Rechnungsabgrenzung bezeichnet.

31.12.

Vorauszahlung	→	Transitorien
Antizipationen	←	Zahlung eines Rückstandes

Vorauszahlungen (Transitorien)

Im Abschlußjahr wurden Aufwendungen oder Erträge bereits gezahlt, die ganz oder teilweise in das Folgejahr gehören.

Eigene Vorauszahlungen

Es handelt sich um Aufwendungen, die bereits im Abschlußjahr bezahlt wurden, deren Erfolgswirksamkeit sich ganz oder teilweise über das Abschlußjahr hinaus erstrecken.

Fremde Vorauszahlungen

Darunter versteht man Erträge, die im Abschlußjahr eingegangen sind, die aber teilweise oder zur Gänze in das folgende Wirtschaftsjahr gehören.

Rückstände (Antizipationen)

Antizipationen sind Aufwände oder Erträge, die bereits im Abschlußjahr erfolgswirksam sind, bei denen die Zahlung erst im Folgejahr erfolgt.

Die im Folgejahr zu zahlenden Beträge sind am Bilanzstichtag bereits **Verbindlichkeiten**, die im Folgejahr zu erhaltenden Beträge sind am Bilanzstichtag bereits **Forderungen.**

Antizipationen werden daher auf den Konten

230 Sonstige Forderungen bzw.
360 Sonstige Verbindlichkeiten

verbucht.

Bei den Vorauszahlungen (Transitorien) wird hingegen nicht Geld, sondern die Leistung gefordert bzw. geschuldet. Daher werden sie auf Rechnungsabgrenzungskonten gebucht.

Fremde Rückstände

Fremde Rückstände sind Erträge, die erst im folgenden Wirtschaftsjahr zufließen, aber ganz oder teilweise im Abschlußjahr erfolgswirksam sind.

Ein „Stürzen" des Forderungskontos bzw. Verbindlichkeitenkontos ist nicht möglich, da die Auflösung mit der Zahlung erfolgt.

Eigene Rückstände

Eigene Rückstände sind Aufwendungen, die erst im folgenden Wirtschaftsjahr bezahlt werden, die aber bereits in der Abschlußperiode teilweise oder zur Gänze erfolgswirksam sind.

Sobald im folgenden Wirtschaftsjahr die Zahlung erfolgt, wird die Verbindlichkeit aufgelöst.

Übersicht

Vorauszahlungen	Rückstände
Aufwand bzw. Ertrag ist bereits bezahlt, gehört jedoch (teilweise) in das Folgejahr	Aufwand bzw. Ertrag wird erst im Folgejahr bezahlt, gehört jedoch (teilweise) in dieses Jahr
Transitorien	**Antizipationen**
Es ist jener Teil abzugrenzen, der in das Folgejahr gehört	Es ist jener Teil abzugrenzen, der in das laufende Jahr gehört
Gebucht wird auf den Konten 290 Aktive Rechnungsabgrenzung bzw. 390 Passive Rechnungsabgrenzung	Gebucht wird auf den Konten 230 Sonstige Forderungen bzw. 360 Sonstige Verbindlichkeiten
Die Auflösung erfolgt durch „Sturz"	Die Auflösung erfolgt durch die Zahlung

4.5 Eigenkapital

Aktivseite	Passivseite
A. Anlagevermögen	A. Eigenkapital
B. Umlaufvermögen	B. unversteuerte Rücklagen
C. Rechnungsabgrenzungsposten	C. Rückstellungen
	D. Verbindlichkeiten
	E. Rechnungsabgrenzungsposten

Einstimmung auf das Thema

Im § 224 HGB finden wir das Eigenkapital in vier Posten unterteilt,

- in das Nennkapital,
- in die Kapitalrücklagen,
- in die Gewinnrücklagen,
- in den Bilanzgewinn (Bilanzverlust).

Es fällt natürlich sofort auf, daß diese Unterteilung nicht für Einzelunternehmen oder Personengesellschaften tauglich ist. Der Einzelunternehmer weist seinen Gewinn in der Bilanz nicht gesondert aus. Der Einzelunternehmer wird auch keine Gewinnrücklage bilden. Beim Einzelunternehmer gibt es auch keine Unterscheidung von Nennkapital und Kapitalrücklagen. Der Einzelunternehmer vereinigt die vier dargestellten Posten des Eigenkapitals in einem einzigen Posten, der ebenfalls als Eigenkapital bezeichnet wird. Diese Aussage gilt auch grundsätzlich für die Personengesellschaften.

Wir bleiben aber bei den **Kapitalgesellschaften** und beginnen bei den **Rücklagen**. Anhand von drei Begriffspaaren lassen sich die Eigenheiten bzw. Unterschiede leicht herausarbeiten. Wir beginnen zuerst mit dem Begriffspaar Kapitalrücklage/Gewinnrücklage, beschäftigen uns dann in der Folge mit der gesetzlichen Rücklage/freien Rücklage und schließlich mit dem Begriffspaar unversteuerte Rücklage/versteuerte Rücklage.

Die **Kapitalrücklage** unterscheidet sich von der Gewinnrücklage durch die Art der Finanzierung. Wenn das Geld (Sache) von außen in das Unternehmen einfließt, dann spricht man von der **Außenfinanzierung**. Die Einzahlung wird aber nicht von einem Bankinstitut, sondern vom Gesellschafter geleistet. Wenn also der Gesellschafter Zahlungen an sein Unternehmen leistet, ohne gleich das Kapital erhöhen zu wollen, dann liegt eine Außenfinanzierung vor, die als Kapitalrücklage ausgewiesen wird.

Die zweite Art der Finanzierung wird als **Innenfinanzierung** bezeichnet. Innenfinanzierung (Gewinnthesaurierung) bedeutet, daß Gewinne im Unternehmen behalten und nicht sofort an die Gesellschafter ausgeschüttet werden. Jene Teile des Gewinnes, die im Unternehmen behalten werden, werden als **Gewinnrücklage** ausgewiesen. Es entscheidet also die Art der Finanzierung (Innenfinanzierung oder Außenfinanzierung), ob eine Kapitalrücklage oder eine Gewinnrücklage dargestellt wird. Die Unterscheidung von Kapitalrücklage und Gewinnrücklage ist auch für steuerliche Zwecke von Bedeutung. Die Unterscheidung zwischen Gewinnrücklage und Kapitalrücklage ist deswegen wichtig, weil beide Rücklagen mit der Buchung: Rücklage an Ertrag aufgelöst werden. Dieser Ertrag wird nun **Teil des Bilanzgewinnes.** Wenn nun der Bilanzgewinn an den Gesellschafter (Aktionär) ausgeschüttet wird, dann erhält der Gesellschafter für den Fall, daß eine Kapitalrücklage im Gewinn enthalten ist, sein damals eingezahltes Geld zurück. Diese **Rückzahlung ist beim Empfänger steuerneutral** und bei der auszahlenden Gesellschaft braucht **dafür keine Kapitalertragsteuer** abgeführt werden.

Wenn auf der anderen Seite eine Gewinnrücklage über Ertrag aufgelöst und Teil des Bilanzgewinnes wird, dann wird anläßlich einer Ausschüttung dem Gesellschafter (Aktionär) ein Gewinn überwiesen, der ihm damals, im Zeitpunkt der Bildung der Gewinnrücklage (Gewinnthesaurierung), vorenthalten wurde. Anläßlich der Ausschüttung ist die Kapitalertragsteuer einzubehalten und an das Betriebsfinanzamt abzuführen. Die Auflösung der Kapitalrücklage bzw. Gewinnrücklage stellt handelsrechtlich eine Ausschüttung dar.

Damit die Spur von der Auflösung einer Gewinnrücklage bzw. einer Kapitalrücklage bis zum Gesellschafter (Aktionär) verfolgt werden kann, ist für steuerliche Zwecke ein **Evidenzkonto** zu führen (vergleiche § 4 Abs. 12 EStG).

Die Unterscheidung von Kapitalrücklage und Gewinnrücklage ist also nicht nur ein Ausweisproblem, sondern auch ein steuerliches Problem. Für den Auszahler stellt sich unmittelbar die Frage nach der **Kapitalertragsteuerpflicht.**

Die gesetzliche Rücklage ist von der freien Rücklage zu unterscheiden. Diese beiden Rücklagen sind aber Gewinnrücklagen. Es geht bei der Unterscheidung nur um die Frage nach dem Verpflichtungsgrund. Bei der **gesetzlichen Rücklage** möchte der Handelsgesetzgeber nicht, daß der gesamte Gewinn für eine bestimmte Zeit ausgeschüttet wird. Er möchte, daß mit einem Teil des Gewinnes, der für eine Ausschüttung nicht zugelassen wird, Reserven geschaffen werden. Die Verpflichtung, nicht den gesamten Gewinn auszuschütten, sondern einen Teil einer Rücklage zuzuführen findet sich im § 130 Abs. 3 AktG. Diese Vorschrift gilt aber auch für große GmbHs.

Eine **große GmbH** liegt dann vor, wenn zwei der drei angeführten Grenzen überschritten werden:

- Bilanzsumme über S 150.000.000,
- Umsatz über S 300.000.000,
- mehr als 250 Arbeitnehmer.

Bei der freien Rücklage ist es eine **Entscheidung der Geschäftsführung** bei der GmbH bzw. **des Vorstandes** bei der AG, ob ein Teil des Gewinnes nicht an die Gesellschafter (Aktionäre) ausgeschüttet und im Unternehmen behalten wird. Diese Entscheidung der Geschäftsführung bzw. des

Vorstandes ist deren freie Entscheidung und nicht aufgrund irgendeiner gesetzlichen Vorschrift. Daher wird der nicht ausgeschüttete Gewinn, der im Unternehmen bleiben soll, als freie Rücklage ausgewiesen. Wenn es aber der Gesetzgeber nicht zuläßt, daß der gesamte Gewinn ausgeschüttet wird, dann wird jener Teil des Gewinnes, der im Unternehmen bleiben muß, als gesetzliche Rücklage ausgewiesen.

Überlegungen zur Dividendenpolitik

Folgende Gewinnsituation ist gegeben (in Mio. S):

	1995	1996	1997	
Betriebsergebnis	73	67		
Finanzerfolg	– 24	17		
EGT	49	50		
Jahresüberschuß	52	50	60	
Verlustvortrag	– 142	– 90	– 40	
ausschüttungsfähiger Gewinn	– 90	– 40	?	→ ausschüttbar

Aus dieser Darstellung kann abgeleitet werden, daß der Verlustvortrag 1997 abgedeckt ist und 1997 ein **ausschüttungsfähiger** Gewinn mit rund S 20 Mio. vorliegt. Es ist weiters anzunehmen, daß in den Folgejahren Gewinne in der Größenordnung zwischen S 50 und S 70 Mio. jeweils ausgeschüttet werden können.

Es stellt sich jetzt die Frage nach der Höhe einer möglichen Ausschüttung

Es geht um das betriebswirtschaftliche Thema **Ausschüttung** vs **Thesaurierung**.

Gleich zu Beginn eine wesentliche Feststellung: Auf der Ebene der Gesellschaft macht es **keinen Unterschied**, ob ein Gewinn ausgeschüttet wird oder nicht. In **beiden Fällen** ist der Gewinn mit 34% Körperschaftsteuer belastet.

Betriebswirtschaftlich ist der **Abfluß von Liquidität** von Bedeutung.

Der Abfluß von Liquidität führt uns jetzt zu einer anderen Betrachtung, nämlich zum **Cash Flow**.

Die Höhe der Ausschüttung ist **einmal begrenzt** durch den **handelsrechtlichen Gewinn**. Ein höherer Betrag als der handelsrechtliche Gewinn kann nicht ausgeschüttet werden. Daneben gibt es eine **zweite Begrenzung** durch den **verfügbaren Cash Flow**.

Der Cash Flow (bilanzieller Cash Flow oder Cash Flow aus dem operativen Bereich) zeigt das **Innenfinanzierungspotential**. Dieser Cash Flow kann verwendet werden für

1. Kredittilgungen,
2. Investitionen (Anlagevermögen, Vorräte),
3. zur Dividendenzahlung.

Die Höhe der **Kredittilgung** steht in der Regel fest, daher kann in Höhe der Kredittilgung ein Cash Flow nicht für eine Dividendenzahlung verwendet werden. Wenn die Kredittilgung angenommen so hoch ist wie der Cash Flow, dann würde das Unternehmen für die Dividendenzahlung einen zusätzlichen Kredit benötigen.

Zweitens wird der Cash Flow dazu verwendet, um **Investitionen** ganz oder teilweise **zu finanzieren**. Für den Fall, daß Investitionen erst in kommenden Jahren vorgenommen werden, wird dieser Gewinn zwischenzeitlich **thesauriert**, das heißt, nicht als Jahresgewinn ausgewiesen, sondern als **Gewinnrücklage**. Oft findet man dafür die Bezeichnung Investitionsrücklage (hat nichts zu tun mit der früheren steuerlichen Investitionsrücklage).

Sollte jetzt **nach Berücksichtigung** der Kredittilgung und **nach Berücksichtigung** der Investitionen ein frei verfügbarer Cash Flow verbleiben, dann könnte dieser Cash Flow ausgeschüttet werden.

Jetzt muß aber die unterschiedliche Position betrachtet werden, die auf der einen Seite der **Gesellschafter** einnimmt und auf der anderen Seite der **Geschäftsführer**.

Der **Gesellschafter** (Eigentümer) ist an einem **Ergebnis** interessiert (zur **Aufbesserung seiner eigenen Ergebnisse in der Muttergesellschaft**). Er wird durch die Gewinnausschüttung sein Finanzergebnis unmittelbar verbessern und durch den Liquiditätszufluß in der Folge auch den Zinsaufwand reduzieren bzw. den Zinsertrag steigern. Das heißt, unmittelbare Ergebnisverbesserung durch Beteiligungsertrag, Ergebnisverbesserung im darauffolgenden Jahr durch geringeren Zinsaufwand bzw. höheren Zinsertrag aufgrund der zufließenden Liquidität.

Wenn der Ertrag im Mutterunternehmen **ausreichend** ist, dann wird der Eigentümer nicht unbedingt auf eine Dividendenauszahlung bestehen. Es wird ja mit jeder Gewinnthesaurierung der Wert der Beteiligung (value added) im Mutterunternehmen steigen. Diese Wertsteigerung stellt eine **stille Reserve** dar, ist aber in der Bilanz **nicht** ersichtlich. In einer permanenten Evaluierung des Unternehmenswertes würde jedoch diese Wertsteigerung unmittelbar zu erkennen sein.

Es wird also der Eigentümer eine maximale Dividende dann wollen, wenn er damit das eigene Ergebnis in der Muttergesellschaft aufbessern möchte. Aus dieser Position wird dann der maximale handelsrechtliche Gewinn gefordert.

Aus der betriebswirtschaftlichen Verantwortung für das Unternehmen hat der **Geschäftsführer** eine völlig **andere Position**. In einem Unternehmen, das nur S 8 Mio. Eigenkapital hat und S 275 Mio. Fremdkapital, **bedeutet jede Dividendenausschüttung eine Limitierung (Reduzierung) des Innenfinanzierungsspielraumes**. Der Geschäftsführer wird jedenfalls darauf bestehen, daß jener Teil aus dem Cash Flow, **der für die Kredittilgung zu verwenden ist, nicht** ausgeschüttet wird. Zum zweiten wird der Geschäftsführer zumindestens verlangen, daß die **verdiente Abschreibung** (Teil des Cash Flows) **nicht** ausgeschüttet wird. Die verdiente Abschreibung wird nämlich **nach Ablauf der Nutzungsdauer** wieder für eine **Ersatzbeschaffung** im Unternehmen gebraucht werden. Die verdiente Abschreibung soll sicherstellen, daß der notwendige Betriebsumfang erhalten bleibt bzw. selbst finanziert wird. Aus betriebswirtschaftlicher Betrachtung wird die Abschreibung sowieso als Untergrenze gesehen, denn durch die Preissteigerung der Wirtschaftsgüter wird man um die damaligen Anschaffungskosten, die ja die Bemessungsgrundlage für die Abschreibung sind, kein neues Wirtschaftsgut mehr erhalten. Es ist aber anzunehmen, daß damit trotzdem **zwischen 60 und 80% der Ersatzbeschaffung finanziert** werden können. Der Geschäftsführer wird also die Abschreibung, die im Cash Flow enthalten ist, aus betriebswirtschaftlichen Gründen **nicht** ausschütten wollen. Starke Geschäftsführer würden mit dem Argument zukünftiger Investitionen eine Ausschüttung verhindern. Mit dem Argument (neue Technologie) und den verbundenen Investitionskosten könnte ganz leicht die Dividende für mehrere Jahre wegargumentiert werden. Schließlich könnte noch argumentiert werden, daß mit dem Cash Flow eine vorzeitige Kredittilgung vorgenommen werden könnte.

Vernünftiger Vorschlag für eine Dividendenpolitik

- Ausgegangen wird vom **Cash Flow** (bilanzielle Cash Flow oder Cash Flow aus dem operativen Bereich).
- Die **Kredittilgungen** (Annuitäten) des Ausschüttungsjahres werden abgezogen.
- Weiters wird die **Abschreibung** mit jenem Wert abgezogen, wie sie bei der Cash Flow Berechnung berücksichtigt wird. Diese verdiente Abschreibung soll im Unternehmen bleiben und „vorbilanzlich" einer Gewinnrücklage zugeführt werden. Es sollte in einer Gewinnsituation sofort eine Gewinnrücklage dotiert werden, damit der Betrag nicht mehr als Jahresgewinn aufscheint. Im Cash Flow ist er aber enthalten.

Der Cash Flow abzüglich der Tilgungen abzüglich der Abschreibung ergibt dann jenen Betrag, der für eine Ausschüttung zur Verfügung steht. Dieser Betrag ist dann zu vergleichen mit dem ausgewiesenen Bilanzgewinn, weil ja nur der ausgewiesene Bilanzgewinn höchstens ausgeschüttet werden kann. Der zur Verfügung stehende Cash Flow könnte darüber, aber auch darunter liegen. Sollte er darunter liegen, wird ein Teil des Gewinnes auf neue Rechnung vorgetragen und nur der verbleibende Teil ausgeschüttet. **Diese Kompromißformel ist deswegen betriebswirtschaftlich gerechtfertigt, weil zwar der Cash Flow relativ hoch ist,** auf der anderen Seite das Verhältnis Eigenkapital zu Fremdkapital den Ausschüttungsspielraum vorerst einschränkt.

Diese Kompromißformel ergibt sich aus dem Going concern Prinzip, aus der betriebswirtschaftlichen Verantwortung für das Unternehmen. Auf der anderen Seite ist die Ergebnispolitik in der **Muttergesellschaft** mit der zentralen Frage, ob die Dividende für die eigene Ergebnisgestaltung in der Muttergesellschaft erforderlich ist, entscheidend.

In der Folge wollen wir tiefer tauchen und die einzelnen Posten des Eigenkapitals näher betrachten.

Das Nennkapital

Das **Nennkapital** wird bei der AG als **Grundkapital** und bei der GmbH als **Stammkapital** bezeichnet. Beim Nennkapital ist zwischen der Volleinzahlung und der nicht vollständigen Einzahlung zu unterscheiden. Wenn das Nennkapital nicht voll eingezahlt wurde, dann spricht man von einer **ausstehenden Einlage.** Wenn die ausstehende Einlage noch nicht eingefordert worden ist, dann wird diese als Wertberichtigung zum Nennkapital offen vom Nennkapital abgesetzt.

Nennkapital	1.000.000	
ausstehende Einlage	– 500.000	500.000

Eine eingeforderte ausstehende Einlage wird als Forderung im Umlaufvermögen ausgewiesen.

Wir möchten uns jetzt mit einer speziellen Form der Kapitalerhöhung beschäftigen, die als **nominelle Kapitalerhöhung** bezeichnet wird.

Diese Geschichte hat jetzt zwei Anfänge

Wir können damit anfangen, daß der Gesellschafter Geld in sein Unternehmen gezahlt hat. Nachdem der Gesellschafter diesen Betrag nicht als Nennkapital darstellen wollte, verbleibt ihm nur der Ausweis als **Kapitalrücklage.**

Der zweite Beginn der Geschichte ist Ihnen schon bekannt. Ein Teil des Bilanzgewinnes wird nicht ausgeschüttet, sondern im Unternehmen behalten. Jener Teil des Gewinnes, der nicht ausgeschüttet wird, wird als **Gewinnrücklage** ausgewiesen. Wir finden also eine Kapitalrücklage aufgrund einer Einzahlung, und eine Gewinnrücklage aufgrund der Gewinnthesaurierung ausgewiesen. Beide Rücklagen könnten über Ertrag aufgelöst werden (Rücklagen an Ertrag), in diesem Fall würde der Bilanzgewinn erhöht werden. Dieser Bilanzgewinn könnte an die Gesellschafter ausgeschüttet werden. Wir wissen bereits, daß jener Teil des Gewinnes, der aus der Auflösung der Kapitalrücklage stammt, nicht KEStpflichtig ist. Der Gesellschafter könnte mit den empfangenen Beträgen eine Kapitalerhöhung vornehmen und das Nennkapital durch Einzahlung erhöhen.

Wenn unser Gesellschafter nun den ausgeschütteten Bilanzgewinn zu einer Kapitalerhöhung verwenden will, dann gibt es für diesen Wunsch eine Abkürzung. Die Abkürzung besteht darin, daß die Beträge, die als Kapitalrücklage bzw. Gewinnrücklage ausgewiesen sind, auf das Kapitalkonto übertragen werden können. Steuerrechtlich wird die **nominelle Kapitalerhöhung** (Kapitalerhöhung aus Gesellschaftsmitteln) als Ausschüttung an den Gesellschafter gesehen, der die erhaltenen Beträge wieder in das Unternehmen einlegt.

Erfolgt eine Kapitalerhöhung aus Gesellschaftsmitteln, wobei **neue Aktien oder Anteile** (Gratisaktien, Freianteile) an die Gesellschafter ausgegeben werden, liegen bei den Gesellschaftern gemäß § 3 Z 29 EStG steuerfreie Einkünfte vor. Die Gesellschaft hat gemäß § 94 Z 9 EStG keine Kapitalertragsteuer einzubehalten.

Die handelsrechtliche Grundlage für diese Vorgangsweise findet sich im Kapitalberichtigungsgesetz vom 19. 5. 1967 BGBl. 171 in der Form BGBl.1990/475 und 1991/10.

Wir wissen jetzt, daß die **Kapitalerhöhung aus Gesellschaftsmitteln** auch als nominelle Kapitalerhöhung bezeichnet wird. Wir kennen den Begriff der Gratisaktien bzw. Freianteile. Wir wissen auch, daß steuerlich von der Fiktion der Ausschüttung und der nachfolgenden Einlage ausgegangen wird.

Verdecktes Eigenkapital

Stellen die Gesellschafter der Gesellschaft Kapital in Form von Darlehen zur Verfügung, so sind derartige Vereinbarungen prinzipiell auch steuerlich anzuerkennen. Es geht hier insbesondere um die Abzugsfähigkeit der Schuldzinsen.

Unter Umständen wird die Darlehenshingabe **steuerlich als Eigenkapital** eingestuft. Die bezahlten „Zinsen" werden als Gewinnausschüttung angesehen und sind nicht mehr abzugsfähig.

Unter folgenden Umständen könnte das Darlehen als Eigenkapital qualifiziert werden:

Wenn ein **Mißverhältnis zwischen dem Eigenkapital** und dem auf Dauer benötigten **Mittelbedarf** besteht (VwGH vom 30. März 1953).

Wenn das **Fremdkapital** wirtschaftlich **Eigenkapital ersetzt** (VwGH vom 18. Oktober 1989).

Wenn eine wesentlich unter dem Branchendurchschnitt liegende **Eigenkapitalquote** vorliegt (VwGH vom 23. Oktober 1984).

Wie wir jetzt erkennen können, sind die Grenzen für eine Umdeutung von Darlehen in Eigenkapital schwer nachvollziehbar.

Auf der einen Seite ist es betriebswirtschaftlich gerechtfertigt, bei positiver Ertragserwartung Eigenkapital durch Fremdkapital zu ersetzen, damit die Eigenkapitalrentabilität gesteigert wird (Leverage Effekt), auf der anderen Seite werden in anderen Ländern für **das Verhältnis von Eigenkapital und Fremdkapital** bereits Relationen vorgegeben. Eine Relation von 1 zu 4 würde bedeuten, daß das Fremdkapital 80% des Gesamtkapitals ausmachen darf. Es würde weiter bedeuten, daß nur Zinsen abhängig von diesem fixierten Fremdkapital abzugsfähig wären. Diese Relation hätte nur Bedeutung für die Abzugsfähigkeit von Zinsen. Selbstverständlich könnte das Fremdkapital 95% vom Gesamtkapital betragen. In diesem Fall wären aber nur die Zinsen von 80% des Gesamtkapitals abzugsfähig. Die Zinsen für die übrigen 15% des Fremdkapitals sind nur handelsrechtlich Aufwand und nicht mehr steuerlich.

Kapitalrücklage, Agio (Aufgeld), Nachschußpflicht und Gesellschafterzuschuß

Der Ausweis der **Kapitalrücklage** ist im § 229 Abs. 2 HGB geregelt. Der Gesellschafter zahlt in seine eigene Gesellschaft ein, es liegt eine Außenfinanzierung vor. Bei der Kapitalrücklage wird zwischen **gebundener und nicht gebundener** Kapitalrücklage unterschieden. Im § 130 Abs. 4 AktG ist festgelegt, daß gebundene Rücklagen nur zum Ausgleich eines Bilanzverlustes aufgelöst werden dürfen. Ungebundene Kapitalrücklagen dürfen insbesondere zur Gewinnerhöhung und folglich auch zur Ausschüttung aufgelöst werden. Die Auflösung der Kapitalrücklage erfolgt ertragswirksam und erhöht, wie bereits besprochen, den Gewinn.

Das Paradebeispiel für eine gebundene Kapitalrücklage ist das Agio (Aufgeld)

Die David AG erhöht ihr Grundkapital um 1000 Aktien im Nominale von S 5.000,–, das sind insgesamt S 5 Mio. Von den neuen Aktionären wird je Aktie ein Aufgeld von S 2.000,– verlangt. Sowohl das neue Kapital als auch das Aufgeld (S 2 Mio.) stellen kein steuerpflichtiges Einkommen der David AG dar. Die durch die Einzahlung bewirkte Vermögensvermehrung, ist nicht durch einen steuerpflichtigen Gewinn der AG entstanden, sondern hat ihre Wurzel in der gesellschaftsrechtlichen Stellung und ist daher nicht steuerbar. Das Aufgeld mit S 2 Mio. ist als gebundene Kapitalrücklage in die Bilanz einzustellen. Gebucht wird: S 7 Mio. Bank an S 5 Mio. Grundkapital und S 2 Mio. Kapitalrücklage. Daß das Agio eine gebundene Kapitalrücklage ist, ergibt sich aus § 130 Abs. 2 AktG, hier wird festgehalten, daß die in § 229 Abs. 2 Z 1 bis 4 HGB genannten Beträge gebundene Kapitalrücklagen darstellen.

Zur Nachschußpflicht bei der GmbH

Die Nachschüsse sind im GmbH-Gesetz in den §§ 72 ff geregelt. Manche GmbH Verträge enthalten die Verpflichtung zur Zahlung von Nachschüssen. Die eingezahlten Nachschüsse können, soweit sie nicht zur Deckung eines bilanzmäßigen Verlustes am Stammkapital erforderlich sind, an die Gesellschafter zurückgezahlt werden (§ 74 Abs. 1 GmbH-Gesetz). Daher wird es auf die Regelung des Gesellschaftsvertrages ankommen, ob der Nachschuß, der als Kapitalrücklage ausgewiesen wird, gebunden oder nicht gebunden ist. Sobald der Nachschuß durch den Geschäftsführer (mit eingeschriebenem Brief) eingefordert worden ist, ist er als Forderung auszuweisen. Die Buchung lautet: Forderung an gebundene oder auch nicht gebundene Kapitalrücklage (Konto 920).

Gewinnrücklagen

In § 229 Abs. 3 HGB ist festgehalten, daß als **Gewinnrücklagen** nur jene Beträge ausgewiesen werden dürfen, die aus dem Jahresüberschuß nach Berücksichtigung der Veränderung unversteuerter Rücklagen gebildet worden sind. Gewinnrücklagen heißen sie deswegen, weil der Gewinn die Quelle der Rücklagenbildung darstellt. Jener Gewinn, der nicht ausgeschüttet wird und auch nicht vorgetragen werden soll, wird als Gewinnrücklage dargestellt. Damit ist dokumentiert, daß dieser Gewinn im Unternehmen bleiben soll. Wir sprechen in diesem Fall auch von Innenfinanzierung im Gegensatz zur Außenfinanzierung, wo von außen Geld in das Unternehmen eingezahlt wird.

Wann wird eine Gewinnrücklage gebildet?

1. Aufgrund einer gesetzlichen Verpflichtung,
2. aufgrund einer satzungsmäßigen Verpflichtung,
3. aufgrund einer freien Entscheidung des Vorstandes bzw. der Geschäftsführung.

Zur gesetzlichen Verpflichtung

Die gesetzliche Verpflichtung ergibt sich aus § 130 Abs. 3 AktG. Diese Verpflichtung gilt auch für die große GmbH.

Als gesetzliche Rücklage wird ein Betrag von mindestens 5% des Jahresüberschusses, abzüglich Verlustvortrag und nach Berücksichtigung der Veränderung unversteuerter Rücklagen ausgewiesen, sofern die gebundene Kapitalrücklage und die gesetzliche Rücklage zusammen noch nicht 10% des Nennkapitals erreicht haben.

Ermittlung der gesetzlichen Rücklagen

Die Zuweisung zur gesetzliche Rücklage wird gemäß § 130 Abs 3 AktG mit maximal 5% vom Jahresüberschuß abzüglich Verlustvortrag – nach Berücksichtigung der Veränderung der unversteuerten Rücklagen – errechnet.

Beispiel

Ermittlung der offenen Ges. RL:	
Gebundene Kapitalrücklage	200
Gesetzliche Rücklage 1. Jänner	100
Gebundene Rücklagen gesamt	300
Nennkapital	5.000
davon 10%	500
Offene Ges. RL 500 – 300 =	200

Ermittlung der Dotierung:	
Jahresüberschuß	1.000
Dotierung unversteuerter Rücklagen	– 200
Auflösung unversteuerter Rücklagen	400
Verlustvortrag 1. Jänner	– 200
Bemessungsgrundlage der Dotierung	1.000
davon 5% (= Dotierung Ges. RL)	50

Die satzungsmäßige (Satzung = Gesellschaftsvertrag) Rücklage ist aufgrund einer Satzungsbestimmung zu bilden. Hier haben sich die Gesellschafter eine Selbstbeschränkung auferlegt, indem sie sich satzungsmäßig verpflichtet haben, einen Teil des ausschüttungsfähigen Gewinnes im Unternehmen zu belassen.

Schließlich ist es eine freie Entscheidung des Vorstandes bzw. der Geschäftsführung, Gewinnanteile im Unternehmen zu behalten. In diesem Fall spricht man auch von Gewinnthesaurierung. Diese Gewinnthesaurierung geschieht „vorbilanzlich". Nur ein kundiger Bilanzleser erkennt, daß die Erhöhung der Gewinnrücklage einen „versteckten" Gewinn darstellt.

Wo findet sich der abgereifte Investitionsfreibetrag?

Die Inanspruchnahme des Investitionsfreibetrages führt zu einer unversteuerten Rücklage. Die Zuweisung zu dieser unversteuerten Rücklage ist sowohl handelsrechtlich wie steuerrechtlich Aufwand. Vergleiche hiezu § 10 Abs. 1 EStG:

... kann der Steuerpflichtige einen Investitionsfreibetrag gewinnmindernd geltend machen ...

Wir finden also den Investitionsfreibetrag als unversteuerte Rücklage ausgewiesen.

Dieser Ausweis unter den unversteuerten Rücklagen ist aber nur vorübergehend, denn § 10 Abs. 1 EStG bestimmt, daß mit Ablauf des vierten, auf das Jahr der Anschaffung oder Herstellung folgenden Wirtschaftsjahres, der Investitionsfreibetrag auf ein Kapitalkonto oder auf eine als versteuert geltende Rücklage steuerfrei zu übertragen wäre.

Bei Einzelunternehmen und Personengesellschaften steht das Kapitalkonto zur Verfügung. So wie die Gewinnverteilung normalerweise vorgenommen wird, wird auch der Investitionsfreibetrag auf die einzelnen Kapitalkonten übertragen.

Bei Kapitalgesellschaften ist das Nennkapital im Gesellschaftsvertrag oder in der Satzung vorgegeben und damit fixiert. Eine Buchung auf dem Kapitalkonto kann nicht vorgenommen werden. Daher ist im § 10 EStG die Übertragung auf eine **als versteuert geltende Rücklage** vorgesehen. Nachdem keine Außenfinanzierung vorliegt (was für eine Kapitalrücklage sprechen würde), erfolgt die Übertragung auf **Gewinnrücklagen.** Bei den Gewinnrücklagen erfolgt der Ausweis unter den anderen Rücklagen (freie Rücklage). Die Übertragung des Investitionsfreibetrages von der unversteuerten Rücklage auf die Gewinnrücklage ist buchungsmäßig so vorzunehmen:

Konto 950 unversteuerte Rücklage an Konto 860 Auflösung unversteuerter Rücklagen und
Konto 890 Zuweisung zu Gewinnrücklagen an Konto 930 Gewinnrücklagen.

Soweit zum Schicksal des abgereiften IFBs, der schließlich als Gewinnrücklage ausgewiesen wird.

In diesem Zusammenhang ist auf das Fachgutachten KFS/RL11 hingewiesen, wo unter anderem festgehalten wird:

Gemäß § 232 Abs. 4 HGB sind in der Gewinn- und Verlustrechnung oder im Anhang die gemäß § 205 Abs. 1 HGB notwendigen Zuführungen zu unversteuerten Rücklagen sowie die Erträge aus der Auflösung und der Hinweis auf die maßgeblich steuerliche Rechtsgrundlage gesondert anzuführen. Umgliederungen innerhalb der unversteuerten Rücklagen dürfen verrechnet werden.

Daraus ergibt sich, daß die Umgliederungen unversteuerter Rücklagen auf Rücklagenposten, die zur Gruppe Eigenkapital gehören, nicht zulässig sind. Unzulässig ist es daher, **freiwerdende Investitionsfreibeträge** ohne Ausweis in der Gewinn- und Verlustrechnung von der unversteuerten Rücklage für den Investitionsfreibetrag auf die Gewinnrücklage umzubuchen. Freiwerdende Rücklagen für Investitionsfreibeträge müssen in der Gewinn- und Verlustrechnung im Posten Auflösung unversteuerter Rücklagen ausgewiesen werden. Dies gilt auch für freiwerdende Investitionsfreibeträge, die einer Gewinnrücklage zugewiesen werden sollen.

Auf eine Besonderheit ist hinzuweisen

Die Zuweisung zur Gewinnrücklage erfolgt „vorbilanzlich". Dieser Hinweis bedarf jetzt einer Erläuterung. In der neunten Kalenderwoche 1998 wird die Bilanz der Fischerbrot AG erstellt. Der Wareneinsatz ist ermittelt worden. Die Abschreibungen sind eingebucht.

Beispiel

Die Bilanzbuchhalterin des Unternehmens, Frau Singer, bespricht mit dem Vorstand Art und Umfang der Rückstellungen. Nach der Einbuchung von Rückstellungen zeigt die Saldenliste einen vorläufigen Gewinn mit S 7.210.000. Mit dieser Saldenliste in der Hand eilt Frau Singer in das Vorstandsbüro. Nach kurzer Besprechung entscheidet der Vorstand, einen Gewinn mit S 4.210.000 auszuweisen. Wieder in ihrem Büro, setzt die Chefbilanziererin folgende Umbuchung an:

S 3.000.000 Konto 890 Zuweisung zur Gewinnrücklage an Konto 930 Gewinnrücklage.

Damit reduziert sich der Bilanzgewinn auf S 4.210.000. Sie wissen aber, daß diese Buchung nur **handelsrechtliche Wirkung** hat und steuerlich eine Mehr-Wenigerrechnung erfolgt. Steuerpflichtig ist nach wie vor der **Gewinn mit S 7.210.000**.

Sie haben gesehen, daß der Vorstand der Fischerbrot AG den Jahresabschluß aufgestellt hat. Dieser Jahresabschluß wird vom Abschlußprüfer geprüft und vom Aufsichtsrat gebilligt. Die Aktionäre sind in der Hauptversammlung an den verteilungsfähigen Gewinn, in unserem Fall S 4.210.000, gebunden. In der **Hauptversammlung** beschließen die Aktionäre die Verteilung des Bilanzgewinnes.

Anders ist die Situation in der GmbH. Der Jahresabschluß wird von der Geschäftsführung aufgestellt. Die **Gesellschafter sind nicht an den vorgelegten Jahresabschluß gebunden**. Sie können von Bilanzierungs- und Bewertungswahlrechten selbst Gebrauch machen. Die Gesellschafter einer GmbH können der Zuweisung zur Gewinnrücklage widersprechen.

Was jetzt noch nicht besprochen wurde ist die Frage, was mit dem ausgewiesenen Bilanzgewinn in der Hauptversammlung (AG) oder Generalversammlung (GmbH) geschieht.

An einem Beispiel läßt sich dies verdeutlichen

Kapital	1.000
Kapitalrücklage	200
Gewinnrücklage	
Gewinn	512

Fall A

Am 18. Juni des Folgejahres wird beschlossen, den **gesamten Gewinn auszuschütten**. Als Ausschüttungstag ist der 18. September bestimmt worden. Der Bilanzbuchhalter wird, wenn er von diesem Beschluß erfahren hat, den Gewinn wie folgt umbuchen:

512 Bilanzgewinn Konto 939 an Verbindlichkeiten gegenüber Gesellschaftern Konto 360.

Nachdem der gesamte Gewinn ausgeschüttet worden ist, ergibt es im Fall A keinen Gewinnvortrag.

Fall B

Vom vorläufigen Gewinn mit 512 sind „vorbilanzlich" **200 einer Gewinnrücklage** zugeführt worden. Der ausschüttungsfähige Gewinn beläuft sich auf 312. In der Gesellschafterversammlung am 18. Juni ist beschlossen worden, einen Betrag von 200 auszuschütten und den Rest von 112 vorzutragen.

Fall C

Vom vorläufigen Gewinn von 512 sind „vorbilanzlich" **500 einer Gewinnrücklage** zugeführt worden. Der ausschüttungsfähige Gewinn beträgt 12. Nachdem der Gewinn so gering ist, wird eine Ausschüttung nicht sinnvoll sein, daher wird beschlossen, den Gewinn vorzutragen.

Der **Gewinnvortrag** ist am nächsten Bilanzstichtag Teil des Bilanzgewinnes. Der Gewinnvortrag ist in der Bilanz anzuführen.

Wesentlich für uns ist jetzt der Hinweis, daß im Falle der Ausschüttung der Gewinn auf ein **Verbindlichkeitenkonto** gegenüber den Gesellschaftern übertragen wird. Die Abfuhr der **Kapitalertragsteuer** hat gemäß § 96 Abs. 1 Z 1 EStG „binnen einer Woche nach dem Zufließen der Kapitalerträge" zu erfolgen. In unseren Fällen A und B wird das innerhalb einer Woche nach der Ausschüttung vom 18. 9. erfolgen. Mit der Besprechung der Gewinnrücklage haben wir ein Paradebeispiel zum Thema Bilanzpolitik erhalten.

Wir kommen schließlich zum Begriffspaar unversteuerte Rücklagen und versteuerte Rücklagen. In beiden Fällen erfolgt eine Buchung wie folgt: Zuweisung zur Rücklage an Rücklage.

Der wesentliche Unterschied besteht darin, daß bei der versteuerten Rücklage der Aufwand nur handelsrechtlich wirkt, während bei der unversteuerten Rücklage der Aufwand sowohl handelsrechtlich als auch steuerrechtlich wirksam ist.

Wirksamkeit

	HR	StR
Zuweisung zur unversteuerten Rücklage	ja	ja
Zuweisung zur versteuerten Rücklage	ja	nein

Eben haben wir die Gewinnrücklage besprochen. Die Gewinnrücklage wird aufgrund einer freien Entscheidung der Geschäftsführung bzw. des Vorstandes gebildet, daher handelt es sich um eine **freie Rücklage**. Die freie Rücklage ist eine versteuerte Rücklage, die Gewinnrücklage mindert nur den handelsrechtlichen Gewinn. In der Körperschaftsteuererklärung ist sie wieder dem Gewinn hinzuzurechnen (Mehr/Wenigerrechnung).

Das Paradebeispiel für unversteuerte Rücklagen ist die Inanspruchnahme eines Investitionsfreibetrages.

Die Buchung: Aufwand an unversteuerte Rücklagen mindert sowohl den handelsrechtlichen als auch den steuerlichen Gewinn.

Hinweis

Alle Spielarten der Gewinnrücklage, nämlich **die gesetzliche Rücklage, die satzungsmäßige Rücklage und die freien Rücklagen sind immer versteuerte Rücklagen.** Die Rücklagenbildung ist immer nur handelsrechtlich gewinnmindernd. Es gibt immer eine Mehr/Wenigerrechnung.

Wir können jetzt die Kapitalrücklage von der Gewinnrücklage unterscheiden. Wir wissen jetzt, daß die gesetzliche Rücklage und die freie Rücklage Gewinnrücklagen sind. Die Rücklagen unterscheidet in diesem Fall nur der **Verpflichtungsgrund.** Wir wissen aber jetzt auch, daß die Gewinnrücklagen immer versteuerte Rücklagen sind. Zu ergänzen ist, daß die Kapitalrücklage steuerneutral ist. Die Bildung der Kapitalrücklage wird wie folgt verbucht: Kassa bzw. Bank an Kapitalrücklage. Sie können jetzt erkennen, daß die Bildung der Kapitalrücklage keine Aufwandsbuchung auslöst. Nachdem keine Aufwandsbuchung vorgenommen wird, ergibt sich keine Gewinnminderung, damit stellt sich auch nicht die Frage nach der handelsrechtlichen bzw. steuerrechtlichen Auswirkung. Die Kapitalrücklage ist steuerneutral. Sie wissen aber schon, daß die Auflösung der Kapitalrücklage sehr wohl über die Gewinn- und Verlustrechnung erfolgt und den Bilanzgewinn erhöht.

Bilanzgewinn

In der Generalversammlung bzw. Hauptversammlung wird über den Bilanzgewinn entschieden. Grundsätzlich gibt es zwei Möglichkeiten, wie mit diesem Bilanzgewinn verfahren wird. Entweder wird er **ausgeschüttet**, dann wird dieser Bilanzgewinn auf Verbindlichkeiten gegenüber den Gesellschaftern umgebucht oder der Bilanzgewinn wird **vorgetragen**, das heißt er bleibt als Gewinnvortrag stehen.

Hinweis

Bei Bilanzanalysen ist immer zu überlegen, ob der ausgewiesene Bilanzgewinn ausgeschüttet wird oder nicht. Wenn nämlich der Bilanzgewinn ausgeschüttet wird, dann ist er für die Zwecke der Analyse nicht mehr zum **Eigenkapital** zu zählen, sondern zum **Fremdkapital**. Wenn ein erwirtschafteter Gewinn überhaupt nicht ausgeschüttet werden soll, dann wird er gar nicht im Posten Bilanzgewinn dargestellt, sondern im Posten Gewinnrücklagen.

Wenn eine Gewinnausschüttung erfolgt, hat die Gesellschaft die **Kapitalertragsteuer** mit 25% der Ausschüttung einzubehalten und an das für sie zuständige Betriebsfinanzamt abzuführen. Von der Kapitalertragsteuerabfuhr gibt es eine einzige **Ausnahme.** Im § 94 Z 2 EStG ist festgehalten, daß ein Abzug unterbleiben kann, wenn der Gesellschafter, der einen Gewinnanteil erhalten wird, eine Kapitalgesellschaft ist und diese Kapitalgesellschaft zu mehr als 25% am ausschüttenden Unternehmen beteiligt ist. In diesem Fall wird der Gewinnanteil Brutto für Netto an die Kapitalgesellschaft (Körperschaft) ausgezahlt.

Und nun zur traurigen Seite des Unternehmertums – Negatives Eigenkapital

§ 225 Abs. 1 HGB: „Ist das Eigenkapital durch Verluste aufgebraucht, so lautet dieser Posten Negatives Eigenkapital. Im Anhang ist zu erläutern, ob eine Überschuldung im Sinne des Insolvenzrechts vorliegt."

Wenn nun ein Bilanzverlust vorliegt, der betragsmäßig höher ist als die drei vorausgehenden Posten (Nennkapital, Kapitalrücklagen, Gewinnrücklagen), dann liegt ein negatives Eigenkapital vor.

Die übrige Einteilung des Eigenkapitals, in die vier Untergruppen, wird aber dadurch nicht berührt. Wenn in der Bilanz der Verlust betragsmäßig höher ist als das übrige Eigenkapital zusammen, dann liegt eine buchmäßige Überschuldung vor. In diesem Fall werden Sie aufgefordert darzulegen, ob eine Überschuldung im Sinne des Insolvenzrechtes vorliegt. Wenn der Handelsgesetzgeber vom Insolvenzrecht spricht, dann meint er damit die Konkurs- und Ausgleichsordnung.

Wie ist in diesem Fall vorzugehen

Die Vorgangsweise einer derartigen **Überschuldungsprüfung** ist jedoch gesetzlich nicht näher geregelt. Von Interesse ist in diesem Zusammenhang die Stellungnahme des Fachausschusses für Recht des Institutes deutscher Wirtschaftsprüfer (aus „Die Wirtschaftsprüfung" Heft 1/1997), die jetzt auszugsweise wiedergegeben wird.

Grundlagen der Überschuldungsprüfung

Die Beurteilung der Zukunftsaussichten ist Bestandteil jeder **Überschuldungsrechnung.** Damit geht zwangsläufig ein Prognoseelement und somit ein Moment der Unsicherheit in die Überschuldungsprüfung ein. Diese Unsicherheit wird durch systematisches Vorgehen und durch eine sachgerechte Erstellung der Prognose eingegrenzt. Durch das systematische Vorgehen wird die Überschuldungsprüfung zugleich für sachverständige Dritte nachvollziehbar und beurteilbar.

Im Hinblick auf Haftungsrisiken für geschäftsführende Organe wird empfohlen, die angestellten Überlegungen bei der Überschuldungsprüfung schriftlich zu dokumentieren.

Die Bestandteile der Überschuldungsprüfung sind

- der Überschuldungsstatus,
- die Fortbestehensprognose.

Mit zunehmender Unternehmensgefährdung steigt die Verpflichtung zur laufenden Aktualisierung der Überschuldungsprüfung.

Überschuldungsstatus

Die Beurteilung, ob eine Überschuldung vorliegt, wird aufgrund einer Gegenüberstellung des Vermögens und der

Schulden in einem stichtagsgbezogenen Status vorgenommen. Für die Bewertung sind die handelsrechtlichen Ansatz- und Bewertungsgrundsätze nicht mehr maßgeblich. Die Ansatzfähigkeit der Vermögenswerte und Schulden wird bestimmt durch deren Verwertbarkeit im Rahmen des zugrundeliegenden Unternehmenskonzeptes.

Ausgangspunkt für die Erstellung des Überschuldungsstatus ist eine zeitnahe Handelsbilanz. In diesen Überschuldungsstatus sind auch Vermögenswerte und Schulden aufzunehmen, die nicht in der Handelsbilanz erfaßt sind. Wenn für diese Vermögenswerte und Schulden eine vertragliche Basis gegeben ist, so sind sie im Status zu berücksichtigen. Beispielsweise die Auswirkung aus der Abwicklung eines vorliegenden Auftragsbestandes. Beispielsweise die Vermarktung der unfertigen und fertigen Erzeugnisse. Auch Kosten eines beabsichtigten Sozialplanes sind zu berücksichtigen.

Vermögenswerte und Schulden sind im Überschuldungsstatus zu Zeitwerten anzusetzen. In Abhängigkeit vom Ergebnis der Fortbestehensprognose kommt als Zeitwert entweder der Fortführungswert oder der Zerschlagungswert in Betracht.

Bei einer positiven Fortbestandsprognose sind die stillen Reserven und die stillen Lasten der handelsrechtlich bilanzierten Aktiva und Passiva aufzudecken. Als Vermögenswerte sind auch für Dritte verwertbare, immaterielle Werte (Markenrechte, Know How) anzusetzen. Außerdem können Kostenvorteile für Dritte berücksichtigt werden. Solche Kostenvorteile bestehen beispielsweise durch einen günstigen langfristigen Mietvertrag. Einen strengen Maßstab gibt es für den Ansatz eines Firmenwertes. In diesem Fall ist eine konkrete Veräußerungsmöglichkeit für das Unternehmen als Ganzes nachzuweisen. Bei einer negativen Fortbestandsprognose sind die Vermögenswerte und Schulden mit ihren Veräußerungswerten anzusetzen. Dabei sind die Kosten der Liquidation und steuerliche Lasten zu berücksichtigen.

Fortbestehensprognose

In einem Unternehmenskonzept werden die Zielvorstellungen und Strategien, die Gestaltungsmaßnahmen und die beabsichtigten Handlungsabläufe dargestellt. Die Fortbestehensprognose beschreibt verbal den geplanten Sollverlauf des Unternehmens.

Nur ein Unternehmenskonzept, das schlüssig auf geeigneten Unterlagen, wie Marktanalysen usw. beruht und realisierbar erscheint, kann der Fortbestehungsprognose zugrunde gelegt werden.

Die Erstellung einer Fortbestandsprognose ist entbehrlich, wenn bei gegebener Liquidität der Ansatz zu Zerschlagungswerten eine Überschuldung ausschließt, weil bereits der Wert einzelner Vermögensteile die Verpflichtungen offensichtlich übersteigt. Eine derartige Situation kann insbesondere bei umfangreichen, nicht belastetem Grundbesitz gegeben sein.

Der Finanzplan ist das maßgebliche Instrument, das auf Grundlage der getroffenen Annahmen die Tragfähigkeit der Fortbestehensprognose anhand der erwarteten Zahlungsströme dokumentiert. Der anhand dieser Planung zu beurteilende Zeitraum beginnt mit dem Stichtag des Überschuldungsstatus und wird mindestens 12 Monate umfassen, da kürzere Zeiten keine ausreichende Basis für eine Fortführungsprognose bilden.

Eine positive Fortbestehungsprognose setzt die Fortführungsfähigkeit des Unternehmens voraus. Diese ist dann als gegeben anzusehen, wenn die Finanzplanung des Unternehmens plausibel macht, daß das finanzielle Gleichgewicht im Prognosezeitraum gewahrt bleibt oder wieder erlangt wird. Eine negative Fortbestandsprognose ist zu treffen, wenn sich aus der Finanzplanung für den Prognosezeitraum eine finanzielle Unterdeckung ergibt.

Wann liegt eine Überschuldung vor?

Die abschließende Beurteilung, ob eine Überschuldung vorliegt, erfolgt auf Grundlage des Überschuldungsstatus. Bei **negativem Reinvermögen im Überschuldungsstatus** liegt der gesetzlich definierte, **insolvenzauslösende Tatbestand** vor. Dies gilt unabhängig davon, ob dem Ansatz und der Bewertung im Überschuldungsstatus eine positive oder negative Fortbestandsprognose zugrunde liegt.

Bei **positivem Reinvermögen aber negativer Fortbestandsprognose** liegt **drohende Überschuldung** vor. Es besteht zwar noch keine Insolvenzantragspflicht, doch ist die negative Fortbestandsprognose als massives Warnsignal zu erfassen.

Bei **positivem Reinvermögen und positiver Fortbestandsprognose liegt keine Überschuldung** vor, da die Wahrung des finanziellen Gleichgewichtes in der vorhersehbaren Zukunft als gegeben anzusehen ist.

Soweit die Empfehlungen zur Überschuldungsprüfung vom Institut Deutscher Wirtschaftsprüfer.

In Österreich hat man sich von der Überschuldungsbilanz als insolvenzauslösenden Tatbestand der Überschuldung verabschiedet. Anders als in Deutschland ist in Österreich eine insolvenzrechtliche Überschuldung dann gegeben, wenn

- ein negatives Reinvermögen im Überschuldungsstatus vorliegt und
- eine negative Fortbestehensprognose

vorliegt. Die österreichische Judikatur (OGH vom 3. Dezember 1986, 1 OB 655/86) geht davon aus, daß bei positiver Fortbestehensprognose kein Überschuldungsstatus zu erstellen ist.

Kennzahlen nach dem Unternehmensreorganisationsgesetz (URG) 1997

Dieses Gesetz sieht einen Reorganisationsbedarf einer prüfungspflichtigen juristischen Person vor, wenn die Eigenmittelquote weniger als 8% und die fiktive Schuldentilgungsdauer mehr als 15 Jahre beträgt.

Der Abschlußprüfer muß in seinem Bericht auch diese beiden Kennzahlen angeben (§ 273 Abs. 2 HGB).

Eigenmittelquote

Eigenkapital zuzüglich unversteuerter Rücklagen, gegenübergestellt dem Gesamtkapital (Gesamtkapital = Bilanzsumme, vermindert um die von den Vorräten absetzbaren Anzahlungen).

Fiktive Schuldentilgungsdauer

Die Schulden werden durch den Mittelüberschuß dividiert. Das Ergebnis ist die fiktive Schuldentilgungsdauer in Jahren. (Die Schulden könnten in dieser Zeitspanne aus dem Mittelüberfluß zur Gänze getilgt werden.)

Beispiel

Rückstellungen	4,000.000
Verbindlichkeiten	95,000.000
– Anzahlungen auf Vorräte	
– Aktiva:	
sonstige Wertpapiere	
Kassenbestand, Bankguthaben	– 3,000.000
Schulden laut URG	96,000.000

EGT	3,000.000
– KöSt, soweit auf EGT entfallend	– 1,000.000
+ Anlagenabschreibungen	+ 5,000.000
+ Verluste an Anlagenabgängen	
– Gewinne an Anlagenabgängen	– 1,000.000
– erfolgte Zuschreibungen	
– Erträge aus der Auflösung langfristiger Rückstellungen	
+ Dotierung langfristiger Rückstellungen	+ 2,000.000
Mittelüberschuß	8,000.000

Schulden	96,000.000
Dividiert durch Mittelüberschuß	: 8,000.000
Fiktive Schuldentilgungsdauer (in Jahren)	12

Rücklage für eigene Aktien

Wenn man davon ausgeht, daß aus dem Verkauf eigener Aktien Erlöse erwirtschaftet werden, dann wird der Ausweis der eingekauften eigenen Aktien im **Umlaufvermögen** erfolgen. Damit kommt das strenge Niederstwertprinzip zur Anwendung.

Die **Rücklage für eigene Aktien** darf durch Umwandlung einer Kapitalrücklage und Gewinnrücklage gebildet werden. Diese Rücklage kann aber auch zu Lasten des Ergebnisses gebildet werden, was dann erforderlich ist, wenn keine anderen Rücklagen vorhanden sind. Da die Rücklage für die eigenen Aktien stets in gleicher Höhe wie die eigenen Aktien selbst auszuweisen ist, muß bei einer eventuellen Abschreibung der eigenen Aktien eine Auflösung der Rücklage erfolgen.

Hinweis: Die Rücklage für eigene Aktien ist auch in einer Verlustsituation zu bilden.

Für die eigenen Anteile ist **immer** eine Rücklage zu bilden. Auf diese Weise wird verhindert, daß **Gewinne ausgeschüttet werden, solange eigene Anteile aktiviert** sind. Die Anteile betreffen Aktien oder GmbH-Anteile. Die Rücklage darf nur dann aufgelöst werden, wenn die eigenen Anteile aufgegeben, veräußert oder eingezogen werden. Die Rücklage für eigene Anteile ist eine **Gewinnrücklage**.

Die Dotierung der Rücklage kann aus dem Jahresüberschuß, aus einem vorhandenen Gewinnvortrag oder aus frei vereinbarten Gewinnrücklagen erfolgen. Reichen die genannten Posten nicht aus, eine Rücklage für eigene Anteile zu bilden, dann kann zu Lasten des Gewinnes (Verlustes) eine Rücklage gebildet werden, auch wenn dadurch ein Verlust entsteht, bzw. ein vorhandener Verlust erhöht wird. Die Bildung und Auflösung dieser Rücklage erfolgt steuerneutral.

In diesem Zusammenhang ist auch an die generelle **Ausschüttungssperre** des § 235 HGB zu erinnern. Danach dürfen Gewinnanteile im Jahr der Entstehung nicht ausgeschüttet werden, wenn sie

- aus einer Zuschreibung,
- aus der freiwilligen Auflösung der Bewertungsreserve,
- aus der Auflösung von Kapitalrücklagen durch Umgründungen

stammen. Die Ausschüttungssperre gem. § 235 wird nicht verbucht und ist als solche nicht in der Bilanz dargestellt, weil sie ausschließlich das Ergebnis des Abschlußjahres betrifft. Sie behandelt nämlich Erträge, die keine Ausschüttung rechtfertigen. Die Ausschüttungssperre für eigene Aktien muß hingegen verbucht werden, weil ihr die aktive Bilanzposition „Eigene Aktien" gegenübersteht, die auch über das Abschlußjahr hinaus in der Bilanz geführt wird.

Die Bilanzierung des Eigenkapitals in Abhängigkeit von der Rechtsform

Die Art und die Höhe des Eigenkapitals sind von der jeweiligen **Rechtsform** abhängig, mit der das Unternehmen betrieben wird. Zur Einstimmung setzen wir uns ganz grundsätzlich mit den einzelnen Rechtsformen auseinander.

Einzelunternehmen

Die Verteilung des Gewinnes ist kein Problem für den Einzelunternehmer, denn ihm steht der gesamte Gewinn zu. **Der Gewinn erhöht sein Eigenkapital**, der Verlust reduziert es. Zum Bilanzstichtag ist das Privatkonto auf das Kapitalkonto zu übertragen. Das Gewinn- und Verlustkonto (Gewinn oder Verlust) wird mit dem Kapitalkonto abgeschlossen. Das Kapitalkonto ist mit dem Schlußbilanzkonto abzuschließen.

Offene Handelsgesellschaft

Die OHG ist die Vereinigung von zwei oder mehreren Personen zum Betrieb eines Handelsgewerbes, wobei alle Gesellschafter unbeschränkt haften. Zur Geschäftsführung sind alle

Gesellschafter berechtigt, die Bilanz ist von allen Gesellschaftern zu unterzeichnen. Wir kennen zwei Arten des Kapitalkontos, nämlich das **starre und das variable Kapitalkonto**. Das starre Kapitalkonto bleibt unveränderlich. Deswegen wird für den Gesellschafter ein Privatkonto eröffnet, auf dem die Gewinne und Verluste gebucht werden. Ebenso die Entnahmen und Einlagen. Bei einem veränderlichen Kapitalkonto braucht man kein Privatkonto, denn Einlagen und Gewinne erhöhen, Entnahmen und Verluste vermindern das Kapitalkonto.

Handelsrechtliche Gewinnverteilung

4% vom Anfangskapital laut Eröffnungsbilanz, der **Rest nach Köpfen**. Verzinsung von Einlagen und Entnahmen.

Eine steuerliche Besonderheit ist bei der OHG, bei der KG und bei der Gesellschaft nach bürgerlichem Recht gegeben.

Diese Besonderheit wird jetzt am Beispiel der OHG behandelt: Die OHG ist auf dem Gebiet der Umsatzsteuer steuerpflichtig. Auf dem Gebiet der Einkommensteuer ist nicht die Gesellschaft, sondern die **Gesellschafter selbst steuerpflichtig**.

Es wird einkommensteuerlich die Personengesellschaft als gedankliche Zusammenfassung der Einzelbetriebe eines jeden Gesellschafters unter einer **einheitlichen Bilanz** gesehen.

Kommanditgesellschaft

Die Kommanditgesellschaft ist die Vereinigung zweier oder mehrerer Personen zum Betrieb eines Handelsgewerbes, wobei mindestens ein Gesellschafter mit seinem gesamten Vermögen haftet (Komplementär) und die **Haftung der übrigen Gesellschafter auf ihre Einlage beschränkt ist** (Kommanditist). Der Jahresabschluß wird von den **Komplementären** erstellt, denen auch die Geschäftsführung obliegt. Die Gewinnverteilung ist grundsätzlich im Gesellschaftsvertrag geregelt. Wenn keine Regelung getroffen ist, dann gilt, daß die Kapitalanteile der Gesellschafter unter Berücksichtigung der Einlagen und Entnahmen mit 4% zu verzinsen sind. Ein darüber hinausgehender Gewinn ist nach dem **Verhältnis der Kapitalanteile** zu verteilen.

In aller Regel wird dem Komplementär, der ja die Geschäfte führt, für seine Tätigkeit eine Entschädigung gewährt. Diese **Entschädigung** wird oft Präzipuum (Vorabgewinn) genannt. Diese **Entschädigung** wird auch in Verlustjahren gezahlt. Wesentlich ist, daß diese Entschädigung bei der Gewinnverteilung vor der Verzinsung berücksichtigt wird.

Wenn sich der Kommanditist im Gesellschaftsvertrag verpflichtet, eine Einlage zu leisten, so wird dieses Konto auch als bedungene Einlage des Kommanditisten bezeichnet, unabhängig davon, ob er die Einzahlungen in dieser Höhe geleistet hat oder nicht. Die bedungene Einlage ist das Kapitalkonto des Kommanditisten, welches immer starr geführt wird. Wenn wir gesagt haben, daß das Einlagenkonto des Kommanditisten starr geführt wird, so bedeutet dies, daß Gewinne oder Verluste das Kapitalkonto nicht verändern. Entnahmen kommen für den Kommanditisten ohnehin nicht in Frage.

Der Gewinnanteil des Kommanditisten wird dann einem Verrechnungskonto gutgeschrieben, das unter den Verbindlichkeiten auszuweisen ist. Ein Verlustanteil wird als Forderung der KG an den Kommanditisten im Umlaufvermögen ausgewiesen.

Hinweis: Verluste sind dem Kommanditisten auch nach Erschöpfen der Einlage zuzurechnen.

Die Gewinnverbuchung lautet: Beim Komplementär Gewinn an Kapital; beim Kommanditisten Gewinn an Gewinnverrechnungskonto (Verbindlichkeit) bzw. Forderung an den Kommanditisten an Verlust.

Die **Richtlinie** des Institutes österreichischer Wirtschaftsprüfer IWP RL 4 „die Darstellung des Eigenkapitals der GmbH & Co KG nach dem RLG", beschäftigt sich auch mit Personengesellschaften, die nicht unter § 221 Abs. 3 HBG fallen. Das sind also jene Personengesellschaften, für die nicht die ergänzenden Vorschriften für Kapitalgesellschaften gelten, sondern nur die Vorschriften für die Vollkaufleute § 189 ff HGB.

Die wesentliche Botschaft dieser Richtlinie:

Die **Pflichteinlage (bedungene Einlage)** des Kommanditisten ist in voller Höhe auszuweisen. Eine davon abweichende Hafteinlage (Haftsumme) ist zu vermerken.

Nachdem die Pflichteinlage in voller Höhe auszuweisen ist, ist jener Teil der Pflichteinlage, der noch nicht eingefordert wurde, vom Gesamtbetrag der Pflichteinlage offen abzusetzen.

Wenn eine ausstehende Pflichteinlage eingefordert wurde, ist der Betrag als Forderung auszuweisen. Wenn eine Fälligkeit für die Pflichteinlage vereinbart wurde, dann ist davon auszugehen, daß eine Forderung bereits besteht.

Eine nicht genehmigte Entnahme ist ebenfalls als Forderung auszuweisen. Entnahmen, die im Gesellschaftsvertrag vereinbart wurden, aber nicht durch den Gewinn gedeckt sind, müssen offen von den Pflichteinlagen abgezogen werden.

Verlustanteile sind offen darzustellen, damit die Verpflichtung zur Abdeckung mit Gewinnen bewußt ist.

Verlustanteile, die die Pflichteinlage übersteigen, belasten beim Ausscheiden eines Kommanditisten oder im Falle einer Insolvenz die verbleibenden Gesellschafter. Aus diesem Grund sind die übersteigenden Verlustanteile, als eigener Posten im Eigenkapital, anzusetzen.

Gewinnanteile, die entnommen werden können, sind eine Verbindlichkeit der Gesellschaft.

Im Gesellschaftsvertrag vereinbarte Rücklagen sind als solche in der Bilanz auszuweisen.

Für die **Darstellung des Eigenkapitals** der GmbH & Co KG gibt es folgende Empfehlung des Instituts der österreichischen Wirtschaftsprüfer:

A. Eigenkapital
I. Komplementärkapital
1. Festkapital
2. variables Kapital
II. Kommanditkapital
1. bedungene Einlagen

2. abzüglich nicht eingeforderte Einlagen und genehmigte Entnahmen
3. abzüglich Verlustanteile

III. Nicht durch bedungene Einlage gedeckte Verlustanteile
IV. Kapitalrücklagen

An dieser Stelle ist nochmals genauer auf die GmbH. & Co. KG einzugehen:Wie wir bereits wissen, sind bei der KG mindestens zwei Personen beteiligt. Ein Vollhafter, der Komplementär, und ein beschränkt Haftender, der Kommanditist. Es ist zwar nicht logisch, aber handelsrechtlich durchaus möglich, **daß an die Stelle der vollhaftenden natürlichen Person eine Gesellschaft mit beschränkter Haftung** tritt. Damit ist auch schon das Motiv gesagt. Eine Gesellschaft mit beschränkter Haftung ist Komplementär einer Kommanditgesellschaft. Das Motiv ist die Haftungsbeschränkung.

Achtung!

Steuerrechtlich ist noch immer eine Kommanditgesellschaft vorhanden. Nachdem wir vorher festgestellt haben, daß die Geschäftsführung dem Komplementär obliegt, ist es ganz klar, daß die Geschäftsführung nun **in Händen der GmbH. liegt**. Die GmbH. wiederum wird durch einen Geschäftsführer tätig.

Es ist sogar möglich, daß die Kommanditisten Gesellschafter der Komplementär GmbH. sind. Man spricht hier auch von einer personengleichen GmbH. & Co. KG. Auch diese wird steuerlich als Mitunternehmerschaft (wie die KG) anerkannt. Der Geschäftsführer der GmbH. kann in einem Dienstverhältnis zur GmbH. stehen, auch wenn er gleichzeitig Kommanditist ist, solange seine Beteiligungsgrenze an der GmbH. 25% nicht übersteigt. Hier sind nun alle Vorteile einer GmbH. & Co. KG vereint: **Haftungsbeschränkung, Dienstverhältnis.**

§ 221 Abs. 3 HGB:

Ist persönlich haftender Gesellschafter einer Personengesellschaft des Handelsrechts eine Kapitalgesellschaft und keine natürliche Person persönlich haftender Gesellschafter mit Vertretungsbefugnis, so unterliegt die Personengesellschaft hinsichtlich der in den §§ 222–243 und §§ 268–283 geregelten Tatbestände, den der Rechtsform ihres geschäftsführenden Gesellschafters entsprechenden Rechtsvorschriften.

Mit anderen Worten: die KG hat die Vorschriften über den Jahresabschluß und den Lagebericht (§§ 222–243) und die Vorschriften über Offenlegung und Prüfung (§§ 268–283) zu beachten.

Hinsichtlich der Gewinnverteilung einer GmbH. & Co. KG läßt sich folgendes sagen:

Der Gewinnanteil der Komplementär-GmbH. muß angemessen sein. In der Regel wird die GmbH., neben dem Ersatz für den Gehaltsaufwand des Geschäftsführers, auch **eine angemessene Haftungsvergütung** erhalten. Die Haftung wird ja von der GmbH. übernommen. Die Haftungsvergütung wird mit 10% vom Stammkapital als ausreichend angesehen. Auf Grund der Geschäftsführungstätigkeit der Komplementär-GmbH. (keine andere Geschäftstätigkeit) braucht kein Gewinn bilanziert werden (keine Liebhaberei).

Erwerbsgesellschaft

Die Erwerbsgesellschaft ist eine Alternative zur Gesellschaft bürgerlichen Rechts. Für die OEG gilt das Recht der OHG und für die KEG das Recht der KG.

Die OHG und die KG können nur für den Betrieb eines Vollhandelsgewerbes gegründet werden. Wenn der Geschäftsumfang auf den eines Minderhandelsgewerbes sinkt, dann wird die OHG zur OEG und die KG zur KEG (oder zur GesBR).

Freie Berufe (Arzt, Rechtsanwalt, Architekt, Notar) **üben nie ein Handelsgewerbe aus, daher ist die Berufsausübung in der Rechtsform der OHG und KG nicht möglich.** Die Erwerbsgesellschaft ist jetzt eine Möglichkeit für freie Berufe, den Beruf in einer Gesellschaft auszuüben.

Eine land- und forstwirtschaftliche Tätigkeit ist ebenfalls kein Handelsgewerbe, und damit sind die Rechtsformen der OHG und KG nicht möglich. Auch hier gibt die Erwerbsgesellschaft die Möglichkeit einer gesellschaftlichen Vereinigung. Die Art der Gewinnermittlung ist abhängig von der Einkunftsart.

Zur § 5 EStG Gewinnermittlung

Die Erwerbsgesellschaft braucht laut Handelsgesetzbuch keine Handelsbücher zu führen und erstellt demgemäß keine Handelsbilanz. Ungeachtet dessen trifft gemäß § 189 Abs. 4 HGB eine eingetragene Erwerbsgesellschaft, welche ein Handelsgewerbe im Sinne des § 2 HGB (Sollkaufmann) betreibt, eine Buchführungspflicht im Sinne der handelsrechtlichen Vorschriften.

Die Gesellschaft nach bürgerlichem Recht (GesbR)

Die Definition der Gesellschaft nach bürgerlichem Recht finden wir im § 1175 Allgemeines Bürgerliches Gesetzbuch:

Durch einen Vertrag wird eine Gesellschaft nach bürgerlichem Recht errichtet, wenn zwei oder mehrere Personen einwilligen, ihre Sachen zum gemeinsamen Nutzen zu vereinigen.

Wenn wir jetzt davon sprechen, daß mehrere Personen sich vertraglich vereinigen, dann wäre an dieser Stelle darauf hinzuweisen, daß diese Personen sowohl physische, wie juristische Personen sein können. Damit kann eine AG, eine GmbH, eine OHG, eine KG, Partner einer Gesellschaft bürgerlichen Rechts sein.

Die wichtigste Ausformung in der Praxis sind die Arbeitsgemeinschaften (Argen) im Baugewerbe. Für die Arbeitsgemeinschaften gibt es eine steuerliche Sonderregelung. Es entfällt bei den Arbeitsgemeinschaften die einheitliche Gewinnfeststellung, die Aufteilung des Gewinnes auf die einzelnen Gesellschafter der Gesellschaft bürgerlichen Rechts. Die Gewinnanteile aus der Baustelle und das Vermögen werden dem beteiligten ARGE-Partner direkt zugerechnet und bei diesem versteuert.

Das Anlagevermögen ist in den Büchern der Arge erfaßt. Der Investitionsfreibetrag ist jedoch anteilig (nach dem Beteiligungsverhältnis) bei den Partnern zu bilden. Die notwendigen Angaben für die Inanspruchnahme des Investitionsfreibetrages (bzw. Ausscheiden von Wirtschaftsgütern innerhalb der Behaltefrist) sind von der Arge dem Partner bekanntzugeben. Die Abfertigungsrückstellung für die an die Arge abgestellten angestellten Dienstnehmer bildet ebenfalls der jeweilige Partner. Die ARGE ist nur umsatzsteuer- und kommunalsteuerpflichtig.

Die wichtigste Ausformung in der Praxis, nämlich die **Arbeitsgemeinschaften im Baugewerbe** haben wir bereits besprochen. Im Wirtschaftsleben kommt Ihnen die Gesellschaft bürgerlichen Rechts in folgenden Erscheinungsformen unter:

- als Vorgründungsgesellschaft für das Wirken der Gesellschafter vor Eintragung einer AG oder GmbH in das Firmenbuch
- als Syndikats Konsortium (Kreditkonsortium)
- als Kooperation
- als Bauherrnmodell
- als Praxisgemeinschaft.

Die Rechnungslegungsvorschriften des ABGB sind sehr dürftig. Der § 1178 ABGB spricht vom eingebrachten Gut, der § 1182 ABGB vom **Hauptstamm.** Alles was zum Betrieb des gemeinsamen Geschäftes bestimmt ist, nämlich Geld und Sachen werden als Hauptstamm bezeichnet. Dieser Hauptstamm verbleibt im Eigentum der Einleger. Ein reiner Arbeitsgesellschafter hat keinen Anspruch auf diesen Hauptstamm, sondern nur auf einen Gewinnanteil. Bei Beginn der Tätigkeit der Gesellschaft bürgerlichen Rechts besteht der **Hauptstamm** aus der Summe der Geld- und Sacheinlagen. § 1192 ABGB spricht vom Gewinn als dem Vermögen, das über dem Hauptstamm zurückbleibt. Ein Verlust vermindert dann diesen Hauptstamm (die Einlage).

Die **Gewinnverteilung** erfolgt grundsätzlich nach dem Verhältnis der Einlagen, der Gewinnanteil für den Arbeitsgesellschafter bestimmt sich nach der aufgewendeten Mühe.

Der **Jahresabschluß** der nach den Vorschriften des ABGB zu erstellen ist, entspricht nicht dem Jahresabschluß nach HGB. Das ABGB unterscheidet nicht einmal zwischen Aufwand und Anschaffung. Die Anschaffung ist nach ABGB Sofortaufwand, die Begriffe wie Abschreibung und Wertminderungen sind dem ABGB noch nicht bekannt. Sinnvollerweise wird im Gesellschaftsvertrag eine Regelung über Form und Inhalt der Rechnungslegung getroffen.

Für die **steuerliche Gewinnermittlung** gelten die Vorschriften der §§ 124–132 der Bundesabgabenordnung. Auf Grund dieser Vorschriften erfolgt die Gewinnermittlung entweder nach § 4 Abs. 1 EStG oder nach § 4 Abs. 3 EStG. Im Falle der Gewinnermittlung nach § 4 Abs. 1 EStG werden die Einlagen der Gesellschafter auf Kapitalkonten dargestellt. Sinnvollerweise gibt es für die Gewinnanteile oder Verlustanteile jeweils ein eigenes Verrechnungskonto.

Das **Handelsrecht** wird grundsätzlich nicht angewendet, außer die Gesellschaft bürgerlichen Rechts betreibt ein Grundhandelsgewerbe. Dann geht das Rechnungslegungsgesetz vor den Vorschriften des ABGB. Im Wirtschaftsleben ist die Gesellschaft nach bürgerlichem Recht deswegen behindert, weil sie **keine eigene Rechtspersönlichkeit** hat. Mit dieser Behinderung werden wir uns jetzt ein wenig auseinandersetzen:

- die GesbR ist nicht parteifähig
- die GesbR ist nicht prozeßfähig, sie kann selbst nicht klagen oder beklagt werden
- die GesbR kann nicht Eigentum erwerben
- die GesbR kann nicht als Eigentümer im Grundbuch eingetragen werden
- die GesbR kann nicht in Konkurs gehen
- die GesbR kann nicht Komplementär einer Kommanditgesellschaft werden
- für die Handelsgeschäfte der GesbR haften die Gesellschafter als Gesamtschuldner.

Die Gesellschaft mit beschränkter Haftung

Das **Mindestkapital** beträgt 35.000 €, davon sind mindestens 50% in bar einzuzahlen. Bei einer 50%igen Bareinzahlung ist das volle Stammkapital passivseitig auszuweisen und in der Vorspalte ist als „ausstehende Einlage" ein Betrag von 17.500 € auszuweisen. Zur Gründung sind mindestens zwei Gesellschafter erforderlich und ein Notariatsakt. Die Haftung ist auf die Stammeinlage beschränkt, eine Nachschußpflicht gegenüber den Gläubigern ist nicht gegeben.

Beispiel

Gründung der Ebenmüller GmbH. Die Gründer Ebenhofer und Klingelmüller eröffnen bei der Landeshypothekenbank ein Konto lautend auf Ebenmüller GmbH. Auf diesem Konto wird die Hälfte des Mindestkapitals, d. s. 17.500 € eingezahlt. Daraufhin stellt die Landeshypothekenbank eine Bestätigung aus, die sagt, daß zur **freien Verfügung der Ebenmüller GmbH** 17.500 € auf dem Konto liegen. Diese Bestätigung wird für die Eintragung ins Firmenbuch benötigt. In der Folge werden vom Bankkonto die ersten Rechnungen für Anschaffungen von der Ebenmüller GmbH bezahlt.

Wenn die Geschäfte der Ebenmüller GmbH gutgehen, dann brauchen die ausstehenden 17.500 € nicht eingezahlt werden. Nur wenn Liquiditätsprobleme vorhanden sind, wird der Geschäftsführer die Gesellschafter an die Einzahlung der ausstehenden 17.500 € erinnern.

Die **Organe der Gesellschaft** sind

a) der Geschäftsführer,
b) der Aufsichtsrat (nur bei größeren Gesellschaften),
c) die Generalversammlung.

Der Gewinn wird, wie bereits dargestellt, nicht auf Privat- oder auf das Kapitalkonto gebucht, sondern in der Bilanz gesondert ausgewiesen. **Die Gewinnaufteilung erfolgt im Verhältnis der eingezahlten Stammeinlage** (jeder Gesellschafter hat nur eine Stammeinlage, die unterschiedlich hoch sein kann). Die Gesellschaft mit beschränkter Haftung hat den Vorteil, daß die Gesellschafter keine persönliche

Haftung gegenüber den Gläubigern der Gesellschaft zu tragen haben. Eine persönliche Mitarbeit der Gesellschafter in der Gesellschaft ist nicht erforderlich.

Steuerliche Behandlung der Gewinnanteile

Die GmbH zahlt von ihrem Gewinn 34% Körperschaftsteuer, **egal ob dieser Gewinn an den Gesellschafter ausgeschüttet wird oder im Unternehmen bleibt** (Gewinnthesaurierung).

Für den Fall, daß der Gewinn der Ges.m.b.H. im Verhältnis der Stammeinlagen an die Gesellschafter ausgeschüttet wird, ist von der Ges.m.b.H., wenn die Einzelbeteiligung jeweils unter 25% liegt, die 25%ige **Kapitalertragssteuer** einzubehalten und an das Finanzamt abzuführen. Die Gewinnanteile sind **endbesteuert** und für die Gesellschafter gibt es keine Verpflichtung, die Gewinnanteile in der Steuererklärung darzustellen.

Umlaufbeschluß

Das GmbH-Gesetz sieht im § 34 vor, daß Gesellschafterbeschlüsse nicht nur in der Generalversammlung (GV), sondern auch im Umlaufwege schriftlich gefaßt werden können. Beschlüsse im Umlaufweg sind rascher und kostengünstiger (Protokolle brauchen nicht mit S 1.200,– vergebührt werden, Gesellschafter brauchen nicht anreisen). Die Möglichkeit eines **Umlaufbeschlusses muß** jedoch im Gesellschaftsvertrag vorgesehen sein.

Mag. Erwin Katzmayr Gesellschafter, Innsbruck	Mag. Andreas Zwettler Gesellschafter, Wien

An die Geschäftsführung der
„Heinzelmännchen“ Gebäudereinigung
Gesellschaft m.b.H.
5020 Salzburg

Beschlüsse durch Abstimmung im schriftlichen Wege gem. § 34 Ges.m.b.H.-Gesetz

Wir teilen Ihnen mit, daß wir folgende Beschlüsse zum Jahresabschluß 31. Dezember 1990 gefaßt haben:

1. Die Bilanz zum 31. Dezember 1990 der „Heinzelmännchen“ Gebäudereinigung Gesellschaft m.b.H. wird in der beiliegenden Form genehmigt.

2. Es wird beschlossen, den Jahresgewinn von S 563.051,57 unter Einbeziehung des Gewinnvortrages von S 2,272.503,22 als Reingewinn von S 2,835.554,79 auf neue Rechnung vorzutragen.

3. Dem Geschäftsführer Konrad Wagner wird für das Geschäftsjahr 1990 die Entlastung erteilt.

Mag. Katzmayr e.h. Innsbruck, 17. März 1991	Mag. Zwettler e.h. Wien, 24. März 1991

Die Aktiengesellschaft

Das Mindestkapital ist nicht mehr wie bei der GmbH 35.000 €, sondern 70.000 €. Anstelle von Stammkapital (GmbH) sprechen wir jetzt vom **Grundkapital**. Wie bei der GmbH gibt es keine Haftung der Aktionäre. Das Stammkapital ist in Aktien zerlegt. Wie bei der GmbH wird auch bei der AG auf die persönliche Mitarbeit des Aktionärs nicht Wert gelegt. Der Nennwert der Aktie beträgt mindestens 1 €.

Die Organe in der AG

Die Geschäfte werden bei der AG vom **Vorstand** geleitet. Unabhängig von der Größe und von der Anzahl der Arbeitnehmer hat jede AG einen **Aufsichtsrat**. Die Aktionäre beschließen in der **Hauptversammlung**.

Der Vorstand sorgt für die Erstellung des Jahresabschlusses und dieser Jahresabschluß wird dann gemeinsam vom Vorstand und vom Aufsichtsrat festgestellt.

Wie bei der GmbH werden zur Gründung zwei Personen und eine notarielle Feststellung gebraucht. Es ist durchaus üblich, die Aktie über dem Nennkapital auszugeben.

Beispiel

Nominale der Aktie S 1.000,–, Ausgabepreis S 1.200,–. Die Differenz von S 200,– wird auch Aufgeld oder Agio genannt. **Dieses Aufgeld oder Agio dient zur Deckung der Gründungskosten.** Als Gründungskosten fallen an: 2% Kapitalverkehrsteuer vom eingezahlten Gründungskapital, Notariats- und Gerichtskosten, Druckkosten für Satzung und Aktien usw. Was nach Abdeckung der Gründungskosten noch an Agio verbleibt, ist als Kapitalrücklage auszuweisen. Reicht das Agio zur Deckung der Gründungskosten nicht aus, so sind die Gründungskosten Aufwand im ersten Jahr der AG.

Die Mindesteinzahlung ist anders geregelt als bei der GmbH:

Bei der AG sind 25% des Grundkapitals und, wenn ein Agio vereinbart ist, auch das volle Agio einzuzahlen. Beim Kaufpreis für eine Aktie von S 1.200,– mit Nominale S 1.000,– sind mindestens S 450,– einzuzahlen. Auch wenn nur ein Teil des Grundkapitals eingezahlt wird, ist das volle Grundkapital auf der Passivseite auszuweisen. Den Gewinnanspruch der Aktionäre nennt man auch **Dividende.**

Die Gründung der AG kann auf drei Arten erfolgen:

- **Bargründung** (die Aktien werden ausgegeben und das Geld der Aktionäre fließt ein),
- **Sachgründung** (die Aktien werden ausgegeben und die Aktionäre bringen als Gegenwert Gebäude, Maschinen usw. ein),
- **gemischte Gründung** (es erfolgen sowohl Sach- wie Bareinlagen). Nach der Art der Übernahme der Aktien unterscheidet man:
- **Einheitsgründung** (die Gründer übernehmen sofort sämtliche Aktien),
- **Stufengründung** (die Gründer übernehmen nur einen Teil der Aktien, der Rest wird über die Banken unter das Volk gebracht).

Gründungsbuchung

Bank an Grundkapital und Kapitalrücklage. Auf dem Grundkapitalkonto wird das Nominale und auf dem Rücklagenkonto das Agio gebucht.

Die gesetzliche Rücklage

Gemäß § 130 Aktiengesetz sind vom Gewinn mindestens 5% nicht zu verteilen und einer Rücklage zuzuführen, bis endlich diese Rücklage 10% des Grudkapitals erreicht hat. Ab dann kann der Reingewinn vollständig ausgeschüttet werden.

Vorstandstantieme

Der Vorstand kann aufgrund einer Satzungsbestimmung oder aufgrund eines Dienstvertrages am Gewinn beteiligt sein. Die Vorstandstantieme ist dabei nach § 77 Abs. 2 Aktiengesetz **als Anteil am aktienrechtlichen Reingewinn** festzulegen.

Diese Vorstandstantieme stellt nicht nur handelsrechtlich einen Aufwand dar, sondern im Regelfall ist diese auch steuerlich eine **Betriebsausgabe.** Die Schwierigkeiten der Berechnung lassen sich dadurch vermeiden, daß dem Vorstand im voraus bestimmte Beträge oder Prozentsätze vom Umsatz gewährt werden (rechnerische Schwierigkeiten bereitet die Ermittlung des Anteils am aktienrechtlichen Reingewinn nach Abzug jener Gewinnanteile, die sich aus aufgelösten Rücklagen ergeben).

Aufsichtsratstantieme

Auch der Aufsichtsrat kann durch Satzung oder Vertrag am Gewinn beteiligt sein. Die Aufsichtsratstantieme ist handelsrechtlich ein Aufwand, aber nur **die Hälfte ist steuerlich eine Betriebsausgabe.** Die Reisekostenersätze im Sinne des § 26 Z. 4 EStG sind dagegen voll als Betriebsausgaben abzugsfähig.**Nicht vergessen:** Die Hälfte der Aufsichtsratsvergütung ist im Rahmen der Mehr-/Wenigerrechnung hinzuzurechnen.

Dividendenabschlagszahlung gemäß § 54a AktG

Diese Bestimmung bringt eine Verbesserung der Konkurrenzfähigkeit von Aktiengesellschaften am Kapitalmarkt. Eine analoge Anwendung für die GmbH ist aber unzulässig. Unter bestimmten Voraussetzungen darf nun die Aktiengesellschaft Dividendenabschlagszahlungen (Vorwegdividenden, Vorausdividenden) auszahlen. Voraussetzung für diese Dividendenabschlagszahlung ist eine Halbjahresbilanz, die Billigung des Aufsichtsrates und eine betragsmäßige Begrenzung auf die halbe Durchschnittsdividende der letzten drei Jahre.

Die Abschlagszahlung ist nichts anderes als eine **unterjährige Auszahlung eines vorläufigen Gewinnes.** Die Abschlagszahlung ist daher bei der endgültigen Gewinnverteilung zu berücksichtigen.

Die Abschlagszahlungen sind so zu behandeln wie „normale" Ausschüttungen. Die Abschlagszahlungen unterliegen der Kapitalertragsteuer. Wenn Abschlagszahlungen aufgrund einer Auflösung von Kapitalrücklagen erfolgen, liegt eine Einlagenrückzahlung gemäß § 4 Abs 12 EStG vor.

Euro-Umstellung

Aktiengesellschaften brauchen ihre Satzungen nicht an den Euro anpassen. Die Aktiennennbeträge sind aber umzurechnen und auf zwei Kommastellen zu runden. Differenzen daraus sind aus der Kapitalrücklage zu decken bzw. einzustellen.

Aus der Umrechnung der Aktiennennbeträge werden sich unrunde Beträge ergeben, die im Zuge von Kapitalerhöhungen oder -herabsetzungen auf volle Euro gerundet werden können. Erleichtert wird dies dadurch, daß jene Kapitalerhöhungen bzw. -herabsetzungen, die notwendig sind, um die Aktiennennbeträge auf volle Euro zu stellen, mit einfacher Mehrheit beschlossen werden können. Auch diese Maßnahmen werden von den Gerichtsgebühren befreit sein.

Stückaktien

Neu im Aktiengesetz ist, daß ab 1. 1. 1999 nicht nur Nennbetragsaktien, sondern auch Stückaktien ausgegeben werden dürfen. **Stückaktien sind Aktien, die nicht mehr auf einen bestimmten Nennbetrag lauten,** sondern einen Anteil am Grundkapital verbriefen. Die Beteiligungsquote ergibt sich aus dem **Grundkapital dividiert durch die Anzahl der ausgegebenen Aktien.**

Diese Gesetzesänderung ist nicht durch die Euro-Umstellung bedingt, stellt jedoch einen kostengünstigen Weg dar, die Euro-Umstellung ohne zusätzliche Kapitalerhöhungen und -herabsetzungen durchzuführen. Durch die Einführung der Stückaktien wurde eine seit langem gestellte Forderung der Wirtschaft erfüllt.

Die stille Gesellschaft

Die stille Gesellschaft ist im engeren Sinn keine Gesellschaft wie die Kapitalgesellschaft oder die Personengesellschaft, **sondern sie ist die stille Beteiligung an einem Handelsgewerbe.** Dieses Handelsgewerbe kann in der Rechtsform der AG, der GmbH, der OHG, der KG oder als Einzelunternehmen betrieben werden. Der Gesetzgeber behandelt die stille Gesellschaft im § 335 HGB als Gesellschaft, obwohl dem stillen Gesellschafter keine Gesellschaftsrechte gewährt werden.

Die stille Gesellschaft ermöglicht eine Beteiligung, ohne den Gläubigern des Unternehmens zu haften und ohne ins Firmenbuch eingetragen zu werden. **Sie ist eine reine Innengesellschaft.** Innengesellschaft heißt, daß die Gesellschaft im Rechtsverkehr (nach außen) nicht als stille Gesellschaft auftritt. Die Einlage des stillen Gesellschafters geht in das Vermögen der Gesellschaft über. Der Stille erhält für seine Einlage einen **Anteil am Gewinn** und wenn nichts anderes vereinbart ist, dann ist er auch am Verlust beteiligt.

Wie hoch ist sein Gewinnanteil?

Der § 336 HGB sagt, daß sein Gewinnanteil „angemessen" sein muß.

Ist eine Verlustbeteiligung vereinbart worden, dann vermindert der Verlust seine Einlage, aber die Verlustbeteiligung reicht nur bis zur Höhe seiner Einlage. Er kann höchstens seine Einlage verspielen. Ist die Einlage durch Verluste vermindert, dann erfolgt eine Auffüllung durch spätere Gewinne. Die Gewinnanteile, die nicht behoben werden, erhöhen die Einlage des stillen Gesellschafters nicht.

Das Unternehmen, an dem sich der stille Gesellschafter beteiligt, bucht: Bank an Einlage des stillen Gesellschafters.

Von der Bankverbindlichkeit unterscheidet sich die Verbindlichkeit an den stillen Gesellschafter dadurch, daß die Bank **Zinsen** unabhängig vom Geschäftsergebnis erhält und der stille Gesellschafter nur bei einem positiven Ergebnis einen **Gewinnanteil** erhält. Der Vorteil für das Unternehmen besteht darin, daß dem stillen Gesellschafter in der Verlustsituation für die Kapitalhingabe nichts bezahlt werden muß.

Wenn das Eigenkapital der Gesellschaft S 1,000.000,– beträgt und die Einlage des stillen Gesellschafters ebenfalls S 1,000.000,–, dann ist der „angemessene" Anteil am Gewinn eben 50%.

Die Finanzverwaltung kennt zwei Arten von stillen Gesellschaftern:

Einmal den **echten stillen Gesellschafter** und zum zweiten den **unechten stillen Gesellschafter.**

Der echte stille Gesellschafter, und das ist bereits der Unterschied, erhält im Zeitpunkt des Ausscheidens nur seine **Einlage** zurück.

Der **unechte stille Gesellschafter** erhält daher im Zeitpunkt des Ausscheidens nicht nur seine **Einlage** zurück, sondern auch seinen **entsprechenden Anteil an den stillen Reserven und am Firmenwert.**

Die stillen Reserven sind Werte, die aus der Bilanz nicht ersichtlich sind, sondern erst zu einem späteren Zeitpunkt aufgedeckt werden. Eine Maschine ist z.B. auf S 1,– abgeschrieben und wird um S 50.000,– veräußert. Es entsteht ein Veräußerungsgewinn von S 49.999,–, der, solange die Maschine nicht veräußert ist, eine stille Reserve darstellt. Diese stillen Reserven sind für einen externen Bilanzleser schwer erkennbar.

Den **Firmenwert** haben wir anläßlich der Veräußerung eines OHG-Anteiles besprochen. Ein Firmenwert entsteht dadurch, daß ein Erwerber eines Betriebes (eines Anteiles) mehr zahlt als die Buchwerte, und auch mehr zahlt als die stillen Reserven betragen. Wenn nach Aufwertung der Wirtschaftsgüter (Realisierung der stillen Reserven) noch ein Aktivum übrigbleibt, ist dieses als Firmenwert anzusetzen. Eben an diesen stillen Reserven und an dem Firmenwert ist unser unechter stiller Gesellschafter im Zeitpunkt des Ausscheidens beteiligt und dieser Wert ist ihm auszuzahlen. Steuerlich ist dieser unechte stille Gesellschafter ein Mitunternehmer, wie die Gesellschafter einer OHG oder einer KG. Und als Mitunternehmer hat er Einkünfte aus Gewerbebetrieb. Der echte stille Gesellschafter, der im Zeitpunkt des Ausscheidens nur seine Einlage zurückerhält, hat Einkünfte aus Kapitalvermögen.

Wichtig! Der Gewinnanteil des **echten stillen Gesellschafters** wird anläßlich der Auszahlung um die 25%ige Kapitalertragssteuer gemindert, die vom auszahlenden Unternehmer an das Finanzamt abzuführen ist. Aber wie gesagt, nur die Gewinnanteile aus einer echten stillen Gesellschaft begründen **Einkünfte aus Kapitalvermögen.** Wenn der Stille nicht nur am Gewinn, sondern auch an den stillen Reserven und am Firmenwert beteiligt ist, dann spricht man von **einem unechten stillen Gesellschafter**, der als **Mitunternehmer** behandelt wird und nur betriebliche Einkünfte erzielt.

Wurde eine echte stille Beteiligung nach dem 30. Juni 1988 eingezahlt, so kann der stille Gesellschafter **Verlustanteile** nicht mehr mit anderen Einkünften ausgleichen. Die Verlustanteile mindern zwar seine Einlage und zukünftige Gewinne werden wieder zur Einlagenauffüllung verwendet. Diese zukünftigen Gewinne sind dann nicht steuerbar und unterliegen auch keinem Kapitalertragsteuerabzug. Die Verluste wirken sich daher steuerlich nicht aus, **bewirken aber, daß zukünftige Gewinne nicht besteuert werden.** Was der Stille über seine Einlage hinaus zurückerhält (Abschichtungserlös), unterliegt der vollen Einkommensteuer.

Die Einlage des stillen Gesellschafters wird trotz ihres **Verbindlichkeitscharakters** in der Klasse 9 gebucht. Der Gewinnanteil des Stillen wird auf ein Verbindlichkeitskonto gebucht. Der Verlust des Stillen vermindert seine Einlage.

Ein gesonderter Ausweis der nicht eingezahlten Einlage ist nicht erforderlich. Damit der sichere Einblick in die Vermögens-, Finanz- und Ertragslage gegeben ist, sollte die nicht einbezahlte Einlage betragsmäßig im Anhang angegeben werden.

Dem echten stillen Gesellschafter sind die **Gewinnanteile** (Verlustanteile) nicht mit dem Bilanzstichtag, sondern

- mit dem Bilanzerstellungstag
- mit dem Bilanzfeststellungstag

zugeflossen. Dem unechten Stillen fließen die Gewinn-/Verlustanteile bereits am Bilanzstichtag zu.

Das **Handelsrecht** kennt die Trennung von echter und unechter stiller Gesellschaft nicht. Die Rechnungslegungsvorschriften des Handelsrechts reichen aber nicht aus, die Gewinnansprüche exakt zu ermitteln. Das HGB spricht nur von **einem angemessenen Gewinnanteil.**

Es wird daher erforderlich sein, im Vertrag mit dem stillen Gesellschafter genau festzulegen, von welchem Gewinn ausgegangen wird:

- Gewinn vor Steuern
- Gewinn nach Steuern vorläufiger Gewinn, vor Steuervorauszahlungen
- vorläufiger Gewinn, nach Steuervorauszahlungen
- Gewinn vor Rücklagendotierung
- Gewinn nach Rücklagendotierung

Auch wenn das Handelsrecht eine Trennung von echter und unechter Gesellschaft nicht kennt, wird doch die steuerliche Unterscheidung auf die Höhe des Gewinnanspruches durchschlagen. Nachdem der echte stille Gesellschafter nicht an den stillen Reserven und am Firmenwert beteiligt ist, wird sein **Gewinnanspruch enger ausgelegt** als beim unechten stillen Gesellschafter. Diese enge Auslegung bestimmt, daß der echte stille Gesellschafter nur am **Betriebsergebnis** beteiligt ist. Aus dieser Sicht sind alle Erträge und Aufwendungen einzubeziehen, die sich aus dem Umsatzgeschäften ergeben. Gewinne oder Verluste aus der Veräußerung von Anlagegegenständen sind nicht zu berücksichtigen, ebenfalls nicht steuerliche Sonderabschreibungen. Aus Gründen der Vereinfachung wird in der Praxis häufig vom **Handelsbilanzgewinn** ausgegangen. Der Hinweis auf die enge Gewinndefinition beim echten stillen Gesellschafter war unter anderem deswegen sinnvoll, weil es immer Diskussionen über die Zulässigkeit handelsrechtlicher Rücklagen und Rückstellungen (Aufwandsrückstellungen) gibt, die den stillen Gesellschaftern, weil gewinnmindernd, nicht gefallen.

Da sich die Ergebnisbeteiligung des **unechten** stillen Gesellschafters, der rechnerisch am Gesellschaftsvermögen beteiligt ist, auf **sämtliche ergebniswirksame Vorgänge** einschließlich der Wertänderungen im Anlagevermögen erstreckt, ist regelmäßig die **Steuerbilanz** bei der Gewinnermittlung zugrunde zu legen. Der unechte stille Gesellschafter hat eine dem Kommanditisten vergleichbare Rechtsstellung.

Ist der stille Gesellschafter am Verlust beteiligt, nimmt er vorbehaltlich abweichender gesellschaftlicher gesellschaftsvertraglicher Vereinbarungen am Verlust nur bis zum Betrag seiner Einlage teil. Der Verlustanteil wird vom Einlagekonto des Stillen abgebucht. Durch die Verlustzuweisung kann die gesamte Einlage aufgezehrt werden, sodaß der Stille höchstens seine Einlage verlieren kann. Ein negatives Einlagekonto darf für den stillen Gesellschafter in der Bilanz nicht geführt werde. Wenn die Einlage des stillen Gesellschafters durch Verluste gemindert ist, dann ist der zukünftiger Gewinn zur Verlustabdeckung zu verwenden. Erst nach Wiederauffüllung des negativen Kontos können Gewinne an den Stillen ausgezahlt werden.

Ausweis in der Gewinn- und Verlustrechnung

In der Gewinn- und Verlustrechnung sind sowohl die Gewinnanteile des echten als auch die Gewinnanteile des unechten stillen Gesellschafters auszuweisen.

Für den Ausweis des Gewinnanteils in der Gewinn- und Verlustrechnung hat sich noch keine einheitliche Auffassung herausgebildet. In Betracht kommt der Ausweis als „sonstiger betrieblicher Aufwand" oder als „Zinsaufwand".

Wenn wir davon ausgehen, daß der echte stille Gesellschafter nur am Betriebsergebnis beteiligt ist, dann spricht vieles für einen Ausweis unter den sonstigen betrieblichen Aufwendungen.

Werden von einem echten bzw. unechten stillen Gesellschafter Verlustanteile übernommen, so sind diese als Erträge unmittelbar vor dem Bilanzgewinn auszuweisen. Dieser Ertragsposten wird als „Ertrag aus der Verlustübernahme durch den stillen Gesellschafter" bezeichnet.

Die stille Beteiligung im Jahresabschluß des stillen Gesellschafters

Unter den Ausleihungen werden die Anschaffungskosten der stillen Beteiligung ausgewiesen. Die Anschaffungskosten bestimmen sich nach der tatsächlich geleisteten Einlage. Außerplanmäßige Abschreibungen sind dann vorzunehmen, wenn der stillen Beteiligung auf Dauer ein niedriger Wert beizulegen ist. Der niedrigere Wert wird durch die zukünftigen Ertragsaussichten der stillen Beteiligung bestimmt. Fraglich ist dabei ob Verlustanteile die Anschaffungskosten der Beteiligung mindern. Der steuerpflichtig Gewinn des stillen Gesellschafters wird durch die Verlustanteile gemindert. Diese steuerrechtliche Berücksichtigung setzt aber nicht eine Beteiligungsabschreibung in der Handelsbilanz voraus.

Der Gewinnanteil des unechten stillen Gesellschafters ist bereits mit Ablauf der Periode realisiert.

Der Gewinnanteil des **unechten** stillen Gesellschafters wird im Rahmen der einheitlichen und gesonderten Gewinnfeststellung zugeordnet. Die Ermittlung des steuerpflichtigen Gewinnanteils des unechten stillen Gesellschafters richtet sich nach dem Gesellschaftsvertrag und **nach dem Ergebnis** der Steuerbilanz.

Die Gewinnanteile von echten stillen Gesellschaftern unterliegen zunächst dem Kapitalertragssteuerabzug, sind aber zum Unterschied von Dividenden nachträglich zu veranlagen. Mit anderen Worten: Durch den Abzug der Kapitalertragssteuer ist keine Endbesteuerung gegeben. Die Gewinnanteile unterliegen beim echten stillen Gesellschafter dem normalen Einkommenssteuertarif. Verlustanteile aus einer echten stillen Beteiligung führen nicht zu Werbungskosten und sind nicht sofort steuerwirksam. Auf der anderen Seite sind zukünftige Gewinnanteile bis zur Höhe der Verlustanteile nicht steuerpflichtig.

Beispiel

Auf dem Konto 970 sind die Einlagen der stillen Gesellschafter in Höhe von S 4 Mio. erfaßt. 1992 – in der Expansionsphase des Unternehmens – haben sich zwei stille Gesellschafter bereit erklärt, jeweils S 2 Mio. einzuzahlen, nachdem die THK GmbH von der Bank mangels Sicherheiten keine weiteren Kredite erhalten hat.

1992 hat das Eigenkapital S 6 Mio. betragen. Mit den stillen Gesellschaftern wurde eine angemessene Gewinnbeteiligung vereinbart. Die Gewinnansprüche errechnen sich nach dem vorläufigen handelsrechtlichen Ergebnis nach Verbuchung aller Geschäftsvorfälle. Ausgenommen sind lediglich Veränderungen der Gewinn- und Kapitalrücklagen und die KöSt-Vorauszahlung.

Die Vereinbarungen mit den stillen Gesellschaftern sind hinsichtlich des Ausscheidens unterschiedlich:

Der stille Gesellschafter Weigl erhält anläßlich des Ausscheidens seine Einlage in Höhe von S 2 Mio. und einen 20%igen Anteil an den stillen Reserven und am Firmenwert, während der stille Gesellschafter R. März beim Ausscheiden lediglich seine Einlage in Höhe von S 2 Mio. zurückerhält. Die Gewinnanteile der stillen Gesellschafter werden auf Konto 370 verbucht.

Lösung

vorläufiger Gewinn	2,000.000		
KöSt VZ	800.000		
Kapitalrücklage	–1,000.000		
Gewinnrücklage	500.000		
Basis für Gewinnanteil	2,300.000		
angemessener Gewinnanteil Weigl 20% v. 2,300.000	460.000 = Gewinnverteilung		
R. März 20% v. 2,300.000	460.000 = Betriebsausgabe	460.000	Aufwand/Verbindlichkeit

4.6 Unversteuerten Rücklagen

Aktivseite	Passivseite
A. Anlagevermögen	A. Eigenkapital
B. Umlaufvermögen	B. unversteuerte Rücklagen
C. Rechnungsabgrenzungsposten	C. Rückstellungen
	D. Verbindlichkeiten
	E. Rechnungsabgrenzungsposten

Einstimmung auf das Thema

Zu diesen unversteuerten Rücklagen kommen wir deswegen, weil der Gesetzgeber wollte, daß alle **steuerlichen Sonderabschreibungen** in der Handelsbilanz ausgewiesen werden. Auf diese Weise ist die **Einheitlichkeit von der Steuerbilanz und der Handelsbilanz** gegeben und es gibt keine Mehr-/Wenigerrechnung. Auf der anderen Seite wurde ein **Bilanzposten** geschaffen, **der international unüblich ist.**

Bewertung auf einen Blick

HGB	EStG
§ 205 (1) • Bewertungsreserven aufgrund von steuerrechtlicher Sonderabschreibungen (→ umgekehrte Maßgeblichkeit)	• Unversteuerte Rücklagen gemäß § 8 EStG 1972: vorzeitige Abschreibungen § 12: übertragene stille Rücklagen § 6 Z 7: Abschreibung von Auslandsbeteiligungen § 8 (2): denkmalgeschütztes Betriebsgebäude
• Sonstige unversteuerte Rücklagen	• IFB gemäß § 10 Übertragungsrücklage gem. § 12 Abs. 7 Rücklage für Erträge aus der Euro–Umrechnung Forschungsfreibetrag gem. § 4 Abs. 4 Z 4 Bildungsfreibetrag gem. § 4 Abs. 4 Z 8 Lehrlingsfreibetrag gem. § 124 b Z 31
• GWG gesonderter Ausweis als Rücklage nur dann, wenn sie betragsmäßig von wesentlichem Umfang ist	• GWG gemäß § 13

Bewertungsreserve

Zur Bewertungsreserve zählen die Sonderformen der Abschreibung gemäß § 8 EStG 1972, die Übertragung stiller Rücklagen gemäß § 12 EStG und Subventionen. Die **geringwertigen Wirtschaftsgüter** des § 13 EStG werden nur dann als Bewertungsreserve ausgewiesen, wenn sie von **wesentlichem Umfang** sind. Auch bei der Bewertungsreserve finden wir wieder zwei Auslaufmodelle. Ein älteres Modell, nämlich **die vorzeitige Abschreibung gemäß § 8 EStG 1972** und ein jüngeres Auslaufmodell, nämlich **die Abschreibung gewisser Beteiligungen und Darlehensforderungen** aufgrund der ehemaligen Bestimmung des § 6 Z 7 EStG.

Wir können diese Bestimmungen nicht ganz unter den Tisch fallen lassen, denn wenn eine **vorzeitige Abschreibung** bei einem Wirtschaftsgut mit 20jähriger Nutzungsdauer vorgenommen wurde, dann finden wir für dieses Wirtschaftsgut auch in den nächsten Jahren noch eine Bewertungsreserve. Dasselbe gilt für **die Abschreibung von ausländischen Beteiligungen und Darlehensforderungen**. So diese Beteiligungen und Forderungen noch bestehen, gibt es auch noch die dazugehörende Bewertungsreserve.

Zuerst zur Bewertungsreserve und dann zu den steuerlichen Sonderabschreibungen.

Ganz grundsätzlich erfolgt beim Anlagevermögen der Ausweis zu **den Anschaffungs- oder Herstellungskosten** vermindert um die handelsrechtliche Abschreibung. **Die handelsrechtliche Abschreibung** ist aber in jenen Fällen **zu hoch**, in denen es aufgrund von steuerlichen Sonderabschreibungen (vorzeitige Abschreibung, Übertragung stiller Rücklagen, Subventionen) zur Reduzierung der steuerlichen Anschaffungskosten kommt.

Diese steuerlichen Sonderabschreibungen, die die handelsrechtlichen Anschaffungskosten reduzieren, werden passivseitig als **Bewertungsreserve** dargestellt. Beim Anlagevermögen werden die handelsrechtlichen Anschaffungskosten dargestellt und ausgehend von diesen handelsrechtlichen Anschaffungskosten wird die Abschreibung vorgenommen, **als hätte es steuerlich keine vorzeitige Abschreibung, keine Übertragung stiller Rücklagen, keine Subventionen gegeben**.

Auf der anderen Seite wird die Bewertungsreserve (die vorzeitige Abschreibung, die übertragene stille Rücklage, die Subvention) genauso auf eine Nutzungsdauer verteilt, wie das beim Wirtschaftsgut des Anlagevermögens vorgenommen wurde.

Genauso heißt, es wird dieselbe **Nutzungsdauer** berücksichtigt wie beim Wirtschaftsgut, das vorzeitig abgeschrieben wurde, auf das eine stille Rücklage übertragen wurde oder das subventioniert worden ist.

Im Klartext: Die Bewertungsreserve wird der Nutzungsdauer entsprechend aufgelöst.

Sie haben bereits erkannt, daß die handelsrechtliche Abschreibung zu hoch ist, wenn die steuerlichen Anschaffungskosten geringer waren. **Die zu hohe handelsrechtliche Abschreibung wird neutralisiert durch die ertragswirksame Auflösung der Bewertungsreserve.** Wenn wir jetzt die handelsrechtliche Abschreibung saldieren mit dem Ertrag aus der Auflösung der Bewertungsreserve (besser: Auflösung unversteuerter Rücklagen), dann erhalten wir jenen Abschreibungsbetrag, der den reduzierten steuerlichen Anschaffungskosten entspricht.

Beispiel

Eine Maschine wird um S 1.000.000,– angeschafft mit einer Nutzungsdauer von 10 Jahren. Im Zeitpunkt der Anschaffung wird eine stille Rücklage mit S 200.000,– übertragen.

Die handelsrechtlichen Anschaffungskosten betragen S 1.000.000,–, die steuerlichen Anschaffungskosten S 800.000,–. Die handelsrechtliche Abschreibung beträgt S 100.000,–, die steuerrechtliche Abschreibung S 80.000,–.

Buchung:

S. 1.000.000,– Anlagevermögen an Bank
S 200.000,– Zuweisung zu unversteuerten Rücklagen an unversteuerte Rücklage
S 100.000,– Abschreibung an Maschine
S 20.000,– unversteuerte Rücklage an Ertrag aus der Auflösung unversteuerter Rücklagen.

Ergebnismäßig haben sich S 80.000,– ausgewirkt.

Warum diese komplizierte Vorgangsweise?

Diese Vorgangsweise hat auf die **Erfolgsaufspaltung** in der Darstellung der Gewinn- und Verlustrechnung Auswirkung. Als **Abschreibung** wird **die handelsrechtliche Abschreibung** dargestellt und beeinflußt das erste Zwischenergebnis, nämlich den Betriebserfolg. Die **teilweise Neutralisierung** der zu hohen handelsrechtlichen Abschreibung erfolgt erst wesentlich später, nämlich im dreiundzwanzigsten Posten der Gewinn- und Verlustrechnung, **bei der Auflösung unversteuerten Rücklagen**.

Das wesentliche Ziel ist erreicht:

Der **Betriebserfolg** wird so dargestellt**, als hätte es keine steuerliche Sonderabschreibung gegeben**. Auf diese Weise wird vermieden, daß der Betriebserfolg durch das Ausnützen steuerlicher Begünstigungen beeinflußt wird. Der Betriebserfolg soll die tatsächliche wirtschaftliche Kraft des Unternehmens darstellen, **unbeeinflußt von steuerlichen Gestaltungsmöglichkeiten**.

Subventionen, das sind Zuschüsse von dritter Seite (öffentliche Hand oder Private), werden folgendermaßen behandelt:

Es ist vorweg zu unterscheiden, ob diese Zuschüsse und Subventionen rückzahlbar sind oder nicht. Wenn eine Rückzahlungsverpflichtung besteht, dann ist die erhaltene Subvention als Verbindlichkeit auszuweisen. Im Grunde genommen stellt diese Subvention ein zinsenloses Darlehen dar. Besteht für die erhaltenen Zuschüsse und Subventionen keine Rückzahlungsverpflichtung, dann werden sie

- entweder sofort ertragswirksam
- oder auf Jahre verteilt durch Auflösung der Bewertungsreserve ertragswirksam.

Wenn mit dem Zuschuß oder der Subvention eine Anschaffung finanziert wurde, dann wird der erhaltene Zuschuß oder die Subvention als Bewertungsreserve ausgewiesen. Diese Bewertungsreserve wird in jenem Zeitraum gewinnbringend aufgelöst, in dem das erworbene Wirtschaftsgut abgeschrieben wird. Durch die gewinnerhöhende Auflösung der Bewertungsreserve wird die gewinnmindernde Wirkung der Abschreibung vermindert. Damit ergibt sich eine sukzessive Nachversteuerung der erhaltenen Zuschüsse bzw. Subventionen.

Beispiel

Eine Nachverbrennungsanlage ist am 2. April 1999 um S 1,2 Mio. angeschafft worden. Nachdem diese Nachverbrennungsanlage die betriebsbedingten Emissionen um 80% reduziert, hat die oö Landesregierung mit Beschluß vom 18. Dezember 1999 eine Subvention in der Höhe von S 200.000,– gewährt. Landesrat Leitl hat mit Schreiben vom 16. Jänner 2000 die Überweisung bis spätestens 30. Juni 2000 in Aussicht gestellt.

Die Nachverbrennungsanlage ist noch im April 1999 in Betrieb genommen worden. Die Nutzungsdauer beträgt 10 Jahre. Der Anlagenzugang ist mit S 1,2 Mio.auf dem Konto 040 verbucht worden.

Lösung

Subventionszusage	200.000	Forderung/Ertrag
	200.000	Zuweisung zu unverst. RL/BWR
AfA, 10% von 1,200.000 (HR Anschaffungskosten)	120.000	AfA/Maschinen Kto. 040
Auflösung BWR, 10% von 200.000	20.000	BWR/Ertrag aus Auflösung unverst. RL
IFB 9% von 1,000.000 (StR Anschaffungskosten) vgl. § 6 Z. 10 EStG	90.000	Zuweisung zu unverst. RL/IFB

Verbuchung geringwertiger Wirtschaftsgüter über Bewertungsreserve

Wir finden beim § 205 HGB die Verpflichtung, daß **geringwertige Wirtschaftsgüter** nur dann als Rücklage (Bewertungsreserve, unversteuerte Rücklage) auszuweisen sind, wenn sie betragsmäßig von wesentlichem Umfang sind.

Wenn sie betragsmäßig nicht von wesentlichem Umfang sind, dann bestimmt § 226 Abs. 3 HGB, daß kein Ausweis einer unversteuerten Rücklage für die GWG notwendig ist und diese als Abgang beim Anlagevermögen dargestellt werden können.

Vorweg:

Die geringwertigen Wirtschaftsgüter finden wir bei zwei Posten des Sachanlagevermögens, bei den Maschinen und maschinellen Anlagen und bei den Werkzeugen, Betriebs- und Geschäftsausstattung. Wenn nun der Betrag der geringwertigen Wirtschaftsgüter **mehr als 10% der Abschreibung** bei den Maschinen und maschinellen Anlagen, oder bei den Werkzeugen, Betriebs- und Geschäftsausstattung beträgt, dann sind **die geringwertigen Wirtschaftsgüter betragsmäßig von wesentlichem Umfang.** Dann sind die geringwertigen Wirtschaftsgüter als Bewertungsreserve auszuweisen.

Eine handelsrechtliche Vollabschreibung ist dann wegen des wesentlichen Umfangs der geringwertigen Wirtschaftgüter nicht zulässig.

Beispiel

GWG S 100.000,– netto auszuweisen als BGA, Nutzungsdauer 4 Jahre
AfA bei BGA S 460.000,–
GWG von wesentlichem Umfang (22% d. AfA bei BGA)

Verbuchung 1. Jahr:	100.000,–	GWG bei BGA/Bank
	100.000,–	Zuweisung zu unversteuerten Rücklagen = steuerliche Sofortabschreibung /unversteuerte Rücklagen (BWR)
	25.000,–	AfA/GWG bei BGA
	25.000,–	unversteuerte Rücklagen (BWR)/Auflösung unversteuerter Rücklagen

Anlagenspiegel GWG bei BGA

	AK	Zugang	Abgang	kum. Abschr.	BW 31.12.	Jahresabschr.
1. Jahr		100.000,–		25.000,–	75.000,–	25.000,–
2. Jahr	100.000,–			50.000,–	50.000,–	25.000,–
3. Jahr	100.000,–			75.000,–	25.000,–	25.000,–
4. Jahr	100.000,–		100.000,–	0,–	0,–	25.000,–

Bewertungsreserve, GWG bei BGA

	1.1.	Zugang	Verbrauch	Auflösung	31.12.
1. Jahr		100.000,–	25.000,–		75.000,–
2. Jahr	75.000,–		25.000,–		50.000,–
3. Jahr	50.000,–		25.000,–		25.000,–
4. Jahr	25.000,–		25.000,–		0,–

Beispiel

Wir wollen uns jetzt noch mit den geringwertigen Wirtschaftsgütern beschäftigen, die betragsmäßig von unwesentlichem Umfang sind. In diesem Fall bestimmt § 226 Abs. 3 HGB, daß kein Ausweis als unversteuerte Rücklagen erforderlich ist und die GWGs als Abgang behandelt werden.

GWG S 20.000,– netto, auszuweisen als BGA,
AfA bei BGA S 460.000,–
GWG von unwesentlichem Umfang (4% d. AfA bei BGA)

Verbuchung: 20.000,– GWG bei BGA/Bank
20.000,– AfA/GWG bei BGA

Anlagenspiegel GWG bei GWG

	AK	Zugang	Abgang	kum. Abschr.	BW 31.12.	Jahresabschr.
1. Jahr		20.000,–	20.000,–	0,–	0,–	20.000,–

Sonstige unversteuerte Rücklagen

Bildung von Investitionsfreibeträgen

Gesetzliche Grundlage für die Bildung und Auflösung von Investitionsfreibeträgen ist der § 10 des EStG 1988. Die Bildung eines IFB ist ein steuerliches Wahlrecht. Wird der IFB in Anspruch genommen, muß er in der Handelsbilanz ausgewiesen werden (Bilanzposten „Unversteuerte Rücklagen", Gliederung nach Jahren, z.B. IFB 1997, 1998, 1999, 2000).

Auflösung von Investitionsfreibeträgen

Behaltefrist

Die Behaltefrist von 4 Jahren läuft ab Beginn des folgenden Wirtschaftsjahres. Bei nachträglichen Anschaffungskosten beginnt kein neuer Fristenlauf. Bei Teilherstellungskosten (Herstellung über mehrere Jahre) beginnt der Fristenlauf ab Beginn des Wirtschaftsjahres nach Fertigstellung der gesamten Investition.

Bestimmungsmäßige Auflösung des Investitionsfreibetrages

Nach Ablauf des 4. Folgejahres nach dem Investitionsjahr.

Die Auflösung erfolgt auf **Kapitalkonten**, oder bei Kapitalgesellschaften **auf unversteuerte Rücklagen** (Gewinnrücklage).

Beispiel IFB 1996 S 100.000,–

Auflösungsbuchung zum 31.12.2000

bei **Einzelunternehmen und Personengesellschaften**	IFB/Kapital
bei **Kapitalgesellschaften**:	
Auflösung über Ertrag und	IFB/Ertrag
Dotierung Gewinnrücklage	Zuweisung zu Gewinnrücklagen/Gewinnrücklagen

Auflösung bei vorzeitigem Ausscheiden des Wirtschaftsgutes

Wird das Wirtschaftsgut vor Fristablauf verkauft oder privat entnommen, muß der IFB über Ertrag aufgelöst werden. Kein Gewinnzuschlag!

Bei einem Ausscheiden wegen höherer Gewalt (z.B. Brand, Diebstahl, Enteignung) ist der IFB im Jahre des Ausscheidens aufzulösen.

(Auch ein wirtschaftlicher Totalschaden bei einem Kfz-Unfall ist höhere Gewalt, ausgenommen grobes Verschulden!)

Übersicht Investitionsfreibetrag

	1.5.95 – 30.4.96	1.5.96 – 31.12.97	ab 1.1.98
1. Ungebrauchte WG allgemein	9%	9%	9%
mit mind. 8jähriger Nutzungsdauer	9%	12%	9%
2. Gebrauchte WG allgemein	9%	9%	9%
3. PKW, Kombi, Kraftrad allgemein	0%	0%	0%
Fahrschulen, Vermietung, Personenbeförderung	6%	6%	6%
4. LKW	6%	6%	6%
5. Omnibusse	6%	6%	6%
6. Unkörperliche WG allgemein	6%	6%	6%
Mietrechte	6%	6%	6%
Fruchtgenuß	0%	0%	0%
7. Gebäude Anschaffung	9%	9%	9%
Herstellung nach 30. 4. 96 begonnen		12%	9%
Nicht für Betriebszwecke oder Mitarbeiterwohnzwecke	0%	0%	0%
Assanierung 30.4.96–31.12.00		12%	12%

Investitionsfreibetrag und Verlustklausel

Soweit durch einen gewinnmindernden Investitionsfreibetrag ein Verlust entsteht oder sich erhöht, ist dieser Verlust mit anderen (positiven) Einkünften nicht ausgleichsfähig und auch nicht gemäß § 18 EStG als Verlustvortrag vortragsfähig.

Beispiel

Im Aufwand 1997 sind S 400.000,– Zuführung zum IFB enthalten.

Der steuerliche Verlust 1997 beträgt S 500.000,–.

Aus dem Gesamtverlust von S 500.000,– ist der Teilbetrag von S 400.000,– mit den anderen positiven Einkünften 1997 nicht verrechenbar (nicht ausgleichsfähig).

Dieser „Wartetastenverlust" aus IFB ist nur mit künftigen Gewinnen aus diesem Betrieb zeitlich unbefristet verrechenbar (auch mit Übergangs-, Betriebsveräußerungs- und Aufgabegewinnen).

Übertragung stiller Reserven (§ 12 EStG)

Folgende Reihenfolge ist zweckmäßig (bei Grund und Boden zwingend):

- Grund und Boden (nur wenn von Grund und Boden stammend)
- Gebäude mit 50 Jahren Nutzungsdauer
- Gebäude mit einer Nutzungsdauer zwischen 25 und 50 Jahren
- Neubauten mit 25 Jahren Nutzungsdauer
- Betriebsvorrichtungen mit einer Nutzungsdauer von 10–20 Jahren
- Körperliche Wirtschaftsgüter mit einer Nutzungsdauer unter 10 Jahren

Eine Rücklagenübertragung auf die Anschaffungs- oder Herstellungskosten von

1. **körperlichen** Wirtschaftsgütern, wenn die stillen Reserven aus der Veräußerung von **körperlichen** Wirtschaftsgütern stammen,

2. **unkörperlichen** Wirtschaftsgütern, wenn die stillen Reserven aus der Veräußerung von **unkörperlichen** Wirtschaftsgütern stammen.

Grund und Boden: Eine Übertragung stiller Reserven **auf Grund und Boden** ist allerdings nur mehr möglich, wenn die zu übertragenden Reserven ebenfalls aus der Veräußerung **von Grund und Boden** stammen.

Beteiligungen: Der **Finanzanlagenbereich** wird im **wesentlichen fast vollständig für eine Rücklagenübertragung gesperrt**. Keine Rücklagenübertragung auf folgende Beteiligungsformen:

- Aktien
- GmbH-Anteile
- Anteile an Erwerbs- und Wirtschaftsgenossenschaften
- stille Beteiligungen
- Forderungswertpapiere

Werden jedoch anläßlich der Veräußerung derartiger Beteiligungen stille Reserven realisiert, dann ist deren Übertragung nach § 12 EStG auf **andere unkörperliche Wirtschaftsgüter**, z.B. Mietrechte, EDV-Software oder Lizenzrechte, zulässig.

Kürzung der Übertragungsfrist: Wie bisher hat der Unternehmer die Wahlmöglichkeit, ob er eine Rücklagenübertragung in jenem Jahr vornehmen möchte, in dem der die stillen Reserven hervorbringende Veräußerungsvorgang getätigt wurde, oder ob er dies im Weg der Bildung einer offenen Übertragungsrücklage später bewerkstelligen möchte.

a) Die Übertragungsfrist beträgt 12 Monate. (**Ausnahmen**: Gebäudeherstellungskosten und Fälle eines zwangsweisen Ausscheidens);
b) Die Fristenberechnung erfolgt stichtagsbezogen.

Für die Fristenberechnung gilt § 108 BAO (einschließlich des Absatzes 3).

§ 108 BAO

(2) Nach Wochen, **Monaten** oder Jahren bestimmte **Fristen enden mit dem Ablauf desjenigen Tages** der letzten Woche oder des letzten Monates, der durch seine Benennung oder Zahl dem für den Beginn der Frist maßgebenden Tag entspricht. Fehlt dieser Tag in dem letzten Monat, so endet die Frist mit Ablauf des letzten Tages dieses Monates.

(3) Beginn und Lauf einer Frist werden durch Samstage, Sonntage oder Feiertage nicht behindert. **Fällt das Ende einer Frist auf einen Samstag, Sonntag, gesetzlichen Feiertag, Karfreitag oder 24. Dezember, so ist der nächste Tag, der nicht einer der vorgenannten Tage ist, als letzter Tag der Frist anzusehen.**

24 Monate Übertragungsfrist bei Gebäudeherstellungskosten: Soll eine Übertragungsrücklage auf **Herstellungskosten oder Teilherstellungskosten von Gebäuden** übertragen werden, so verlängert sich die Frist auf 24 Monate, wenn mit dem tatsächlichen Herstellungsvorgang noch **vor Ablauf der Zwölfmonatsfrist begonnen wird** (oder das Bauvorhaben bereits im Gange ist).

Beispiel

Auf dem Konto sind Verkaufserlöse wie folgt erfaßt:

	Erlös	BW im Zeitp. des Aussch.	Anschaffungs zeitpunkt	
14/9/99	100.000	200.000	16/10/91	Grundstück
2/1/99	200.000	100.000	3/1/85	OHG Beteiligung
16/6/99	400.000	100.000	19/9/91	Maschine
20/4/99	460.000	400.000	16/12/98	LKW, Unfall am 16/4/99
16/12/99	10.000	40.000	3/3/91	EDV, Verkauf an Mitarbeiter

Lösung

in 1.000 S	Erlös	BW	stille Reserven	Behaltefrist
Grundstück	100	200	–	
OHG	200	100	100	Übertragung stiller Reserven aus Veräußerung von OHG-Anteilen nicht zulässig
Maschinen	400	100	300	7 Jahre, Übertragung auf körperlichen Anlagenzugang
LKW	460	400	60	§ 12 (4) Fristen gelten nicht, Übertragung möglich
EDV	10	40	–	
Ergebnis	300	stille Reserven können für eine Anschaffung eines köperlichen WG bis 16/6/2000 übertragen werden.		
	60	können innerhalb von 24 Monaten, das ist bis 20/4/2001, übertragen werden		

Highlights aus dem Fachgutachten KFS RL11

Ausweis der Veränderungen der Rücklage in der Gewinn- und Verlustrechnung

Die Gliederung der Gewinn- und Verlustrechnung gemäß § 231 Abs. 2 und 3 HGB sieht für den Ausweis der Veränderung von Rücklagen folgende Posten vor:

- Auflösung unversteuerter Rücklagen;
- Auflösung von Kapitalrücklagen;
- Auflösung von Gewinnrücklagen;
- Zuweisung zu unversteuerten Rücklagen;
- Zuweisung zu Gewinnrücklagen.

Gemäß § 232 Abs. 4 HGB sind in der Gewinn- und Verlustrechnung oder im Anhang die gemäß § 205 Abs. 1 HGB notwendigen **Zuführungen zu unversteuerten Rücklagen** sowie die **Erträge aus deren Auflösung** unter Hinweis auf die maßgebliche steuerliche Rechtsgrundlage gesondert anzuführen. **Umgliederungen innerhalb der unversteuerten Rücklagen** dürfen verrechnet werden.

Daraus ergibt sich, daß die **Umgliederungen unversteuerter Rücklagen** auf Rücklagenposten, die zur Postengruppe **„Eigenkapital"** gehören, **nicht zulässig** ist. Unzulässig ist es daher, **freiwerdende Investitionsfreibeträge** ohne Ausweis in der Gewinn- und Verlustrechnung von der (unversteuerten) Rücklage für den Investitionsfreibetrag auf die freie Rücklage (Gewinnrücklage) umzubuchen. Freiwerdende Rücklagen für Investitionsfreibeträge müssen in der Gewinn- und Verlustrechnung im Posten „Auflösung unversteuerter Rücklagen" ausgewiesen werden. Dies gilt auch für freiwerdende Investitionsfreibeträge, die einer Gewinnrücklage zugewiesen werden sollen.

Wiederholungsfragen

- Was versteht man unter den unversteuerten Rücklagen?
- Was ist die Bewertungsreserve?
- Wann werden geringwertige Wirtschaftsgüter über Bewertungsreserve verbucht?
- Wann ist die Bildung von Investitionsfreibeträgen möglich?
- Welche Sätze gibt es für den Investitionsfreibetrag?
- Was geschieht mit dem Investitionsfreibetrag bei vorzeitigem Ausscheiden des Wirtschaftsgutes?
- Was ist der Wartetastenverlust aus dem Investitionsfreibetrag?
- Innerhalb welcher Frist ist die Übertragung stiller Rücklagen möglich?
- Welche Einschränkung dem Grunde nach gibt es für die Übertragung stiller Rücklagen?
- Wie erfolgt eine optimale Übertragung stiller Rücklagen?
- Was sagt das Fachgutachten KFS/RL 11 zur Übertragung stiller Rücklagen?

4.7 Rückstellungen

Aktivseite	Passivseite
A. Anlagevermögen	A. Eigenkapital
B. Umlaufvermögen	B. unversteuerte Rücklagen
C. Rechnungsabgrenzungsposten	C. Rückstellungen
	D. Verbindlichkeiten
	E. Rechnungsabgrenzungsposten

Einstimmung auf das Thema

Es besteht handelsrechtlich eindeutig die Verpflichtung eine Rückstellung zu bilden für

- Abfertigungen,
- laufende Pensionen und Anwartschaften auf Pensionen,
- ungewisse Verbindlichkeiten,
- drohende Verluste aus schwebenden Geschäften,
- Kulanzen, nicht konsumierte Urlaube, Jubiläumsgelder und Produkthaftungsrisiken.

Gemäß HGB sind Anwartschaften auf **Abfertigungen** mit dem sich nach **versicherungsmathematischen Grundsätzen** ergebenden Betrag anzusetzen.

Aufgrund von rechtsverbindlichen und unwiderruflichen Pensionszusagen ist das Unternehmen verpflichtet, eine **Pensionsrückstellung** zu bilden. Die Ermittlung der Pensionsrückstellung erfolgt ebenfalls nach versicherungsmathematischen Grundsätzen.

Beim Begriff **„ungewisse Verbindlichkeiten"** sind wir ein wenig im Nebel. Wir sehen nicht die Grenzen dieses Begriffes. Ohne Zweifel ist eine Rückstellung dann zu bilden, wenn eine Verpflichtung gegenüber einem Dritten besteht. Aber das ist noch nicht das Ende der Wahrheit. Zum Kreis der ungewissen Verbindlichkeiten zählen auch drohende Ausgaben oder Einnahmensminderungen, unabhängig davon, ob nun ein Verpflichtungsgrund gegenüber einem Dritten besteht oder nicht.

Die Rückstellungen finden wir in zwei Ausformungen, nämlich als ungewisse Schuld und als erwarteter Vermögensverlust.

Als Paradebeispiel für einen erwarteten Verlust gilt die Rückstellung **für Verluste aus schwebenden Geschäften**. Hier ist eine nachträgliche Preisänderung eingetreten und wir müssen unterstellen, daß im Zeitpunkt der Erfüllung des Geschäftes diese ungünstigen Preise noch gültig sind. Der Verlust aus dem schwebenden Geschäft wird tatsächlich erst bei Erfüllung des Geschäftes eintreten. Dieser erwartete Vermögensverlust ist bereits am Bilanzstichtag als Rückstellung zu erfassen.

Insbesondere die Rückstellung für Verluste aus schwebenden Geschäften führt uns zu der Frage, in welcher Höhe Rückstellungen zu bilden sind.

Bewertung einer Rückstellung

Einmal gebildete Rückstellungen sind **jedes Jahr neu zu bewerten**. Vermindert sich das wahrscheinliche Ausmaß der künftigen Belastung, ist die Rückstellung insoweit aufzulösen. **Eine Fortführung** in der ursprünglich gebildeten Höhe bis zum endgültigen Wegfall des Rückstellungsgrundes **ist unzulässig**. Auch eine Garantierückstellung ist beispielsweise aufzulösen, wenn die Voraussetzungen für ihre Bildung nicht mehr bestehen. Die Prüfung der angemessenen Höhe muß zu jedem Bilanzstichtag erneut erfolgen. Es besteht kein Recht auf Fortführung der Rückstellung (*Herrmann/Heuer/Raupach*, EStG und KStG, Kommentar, Lfg. 145, § 5 Anm. 640).

Im Lichte des Erlasses vom 28. März 1995, Geschäftszahl 140602/1-IV/1995, kann die steuerliche Wirksamkeit der Rückstellungen wie folgt gesehen werden:

	HR	StR	Anmerkung
Abfertigungen	ja	ja	unterschiedliche Höhe möglich (MWR)
Ansprüche d. Dienstnehmers gem. § 1014 ABGB (RSt f. fiktive Prämie)	ja	nein	Es handelt sich um eine Aufwandsrückstellung
Ausgleichsansprüche des Handelsvertreters	ja	ja	Verpflichtungsgrund ist Vertrag oder Handelsvertretergesetz
Ausstehende Eingangsrechnungen	ja	ja	§ 9 Abs. 1 Z. 3 EStG
Beratungskosten, Prüfungskosten	ja	ja	§ 9 Abs. 1 Z. 3 EStG
Betriebsprüfungskosten	ja	nein	interne Kosten würden zu einer Aufwandsrückstellung führen, für die externen Kosten gibt es noch keinen Anspruch eines Dritten
Bestandsverträge, Wiederherstellung des ursprünglichen Zustandes	ja	ja	Verpflichtungsgrund gegenüber einem Dritten ist aufgrund des Vertrages gegeben
Bürgschaftsverpflichtungen	ja	ja	bei konkreter Inanspruchnahme
Erlösschmälerung	ja	ja	wird steuerrechtlich als Einzelwertberichtigung gesehen
EURO Umstellung	ja	nein	Art. I des 1. Euro JustizbegleitG
Gewährleistung – konkreter Schaden am Bilanzstichtag, Umstand bis Bilanzerstellungstag bekannt	ja	ja	
ohne konkrete Inanspruchnahme	ja	nein	Pauschalrückstellung gem. § 9 Abs. 3 EStG
Gewinnbeteiligungen/Tantiemen	ja	ja	Verpflichtungsgrund aufgrund eines Vertrages oder Satzung
Jubiläumsgelder, Firmenjubiläum	ja	nein	§ 9 Abs. 4 EStG
Jubiläumsgelder, Dienstjubiläum	ja	ja	§ 14 Abs. 12 EStG, ab 1.1.1999, MWR möglich aufwandswirksame Verteilung einer Aufstockung der Rückstellung zwischen 1994 bis einschl. 1998 verteilt auf 15 Jahre
Latente Steuern	ja	nein	Aufwandsrückstellung
Nicht konsumierte Urlaube	ja	ja	eine Art Rechnungsabgrenzung
Pensionen	ja	ja	§ 9 Abs. 1 Z. 2 EStG, unterschiedliche Höhe möglich (MWR)

	HR	StR	Anmerkung
Produkthaftung, wenn konkrete Inanspruchnahme bis Bilanzstichtag bekannt, spätestens am Bilanzerstellungstag	ja	ja	§ 9 Abs. 1 Z. 3 EStG
ohne konkrete Inanspruchnahme	ja	nein	§ 9 Abs. 3 EStG
Rekultivierungskosten	ja	ja	Verpflichtungsgrund aufgrund eines Gesetzes, Verordnung, Bescheid
Rücknahmeverpflichtungen (Leuchtstoffröhren, Kühlschränke)	ja	ja	öffentlich-rechtlicher Verpflichtungsgrund (Gesetz, Verordnung, Bescheid)
Treueprämien	ja	ja	vertraglicher Verpflichtungsgrund
Unterlassene Reparaturen	ja	nein	es handelt sich um eine Aufwandsrückstellung
Umweltrückstellungen	ja	ja	öffentlich-rechtlicher Verpflichtungsgrund
Versicherungsbeiträge GSVG	ja	ja	§ 4 Abs. 4 Z. 1a EStG
Vertraglich vereinbarte Reparaturen aufgrund eines Bestandsvertrages	ja	ja	Rechtlicher Verpflichtungsgrund vorhanden
Verluste aus schwebenden Geschäften	ja	ja	§ 9 Abs. 1 Z. 4 EStG
Wechselobligo bei konkreter Inanspruchnahme	ja	ja	
Zeitausgleichguthaben	ja	ja	§ 9Abs. 1 Z. 3 EStG

HR = Handelsrecht, StR = Steuerrecht, MWR = Mehr-/Wenigerrechnung

Folgende Rückstellungen werden nun handelsrechtlich zu bilden sein, auch wenn sie steuerlich nicht mehr anerkannt werden (Mehr-/Wenigerrechnung):

- Rückstellung für Garantieverpflichtungen
- Rückstellung für Gewährleistungen
- Rückstellung für die Produkthaftung
- Rückstellung für Selbstversicherung
- Rückstellung für Kulanzleistungen

Abfertigungen

Die Bildungen einer Abfertigungsrückstellung ist nur vorgesehen für Abfertigungen

- an Arbeitnehmer, aufgrund gesetzlicher Anordnung oder eines Kollektivvertrages, einschließlich einer freiwilligen Anrechnung von Vordienstzeiten
- an andere Personen, aufgrund gesetzlicher Anordnung.

Ist der Unternehmer nicht gesetzlich (kollektivvertraglich), sondern **bloß vertraglich verpflichtet** eine Abfertigung zu leisten (Abfertigung auf freiwilliger Basis), ist die Bildung einer Rückstellung nach § 14 EStG ausgeschlossen.

Im § 211 Abs. 2 HGB finden wir eine **Mußvorschrift** für den Ausweis einer Abfertigungsrückstellung. Daneben gibt es im § 14 EStG eine steuerliche Vorschrift für die Ermittlung der Abfertigungsrückstellung. Diese steuerliche Vorschrift stellt eine **Kannbestimmung** dar. Wir könnten jetzt zu der Ansicht kommen, daß uns die Kannbestimmung nicht interessiert, weil es eine handelsrechtliche Mußbestimmung gibt, die für die Bilanzierung maßgeblich ist.

Die steuerliche Vorschrift wird uns deswegen interessieren, weil es

1. **unter Umständen möglich ist, den steuerlichen Wertansatz auch handelsrechtlich zu verwenden** (vergleiche hiezu Gesetzestext von § 211 Abs. 2 HGB: Abfertigungen sind entsprechend zu bewerten, wobei jedoch vereinfachend ein bestimmter Prozentsatz der fiktiven Ansprüche angesetzt werden darf). Im Klartext: Es könnte der Fall eintreten, daß die Ermittlung der steuerlichen Abfertigungsrückstellung durchaus den handelsrechtlichen Ansprüchen genügt.
2. **eine Mehr-/Wenigerrechnung gibt, für den Fall, daß die handelsrechtlichen Abfertigungsansprüche die steuerrechtlichen Abfertigungsansprüche übersteigen.**

Die Höhe des Abfertigungsanspruches ist abhängig

- von der **Dauer des Dienstverhältnisses**
- vom **Entgelt** im letzten Arbeitsmonat.

Für die **Dauer des Dienstverhältnisses** werden alle Zeiten, die der Angestellte als Lehrling oder Arbeiter beim selben Dienstgeber erbracht hat, angerechnet. Auch **eine freiwillige Anrechnung von Vordienstzeiten** als Arbeitnehmer, entweder beim selben Arbeitgeber oder bei anderen früheren inländischen oder ausländischen Arbeitgebern, ist für die

Rückstellung zu berücksichtigen. Zeiten einer **selbständigen Tätigkeit** gelten dabei **nicht** als Vordienstzeiten. Lehrverhältnisse werden als Vordienstzeiten unter der Bedingung anerkannt, daß das Dienstverhältnis einschließlich Lehrzeit beim gleichen Dienstgeber mindestens 7 Jahre gedauert hat.

Abfertigungsrückstellung für den **geschäftsführenden Gesellschafter** einer GmbH?
Antwort: Ja, wenn die Arbeitnehmereigenschaft gegeben ist. **Beteiligungsausmaß bis 50%: Auch wenn lohnsteuerlich kein Dienstverhältnis vorliegt, ist ein solches arbeitsrechtlich gegeben.**

Beteiligungsausmaß bis 50% und Sperrminorität: Eine **Arbeitnehmereigenschaft kommt nicht in Betracht.** Hält beispielsweise ein Gesellschafter 30% der Anteile und bestimmt der Gesellschaftsvertrag für Entscheidungen die 75% Mehrheit, dann wird der Gesellschafter mit seinen 30% maßgeblichen Einfluß auf die Gesellschaftsentscheidungen nehmen können.

Beteiligungsausmaß mit 50,1%: Die **Arbeitnehmereigenschaft kommt nicht in Betracht** (VwGH vom 17. Juni 1980, ARD 9879)

Abfertigungsrückstellung für den **Vorstand** einer AG?

Der OGH hat am 3. Juli 1975, ARD 9371, die Arbeitnehmereigenschaft von Vorstandsmitgliedern einer AG abgelehnt. Diese Ablehnung ist auch dann gegeben, wenn in einem Anstellungsvertrag mit einem Vorstand einer AG ausdrücklich die Anwendung des Angestelltengesetzes vereinbart wurde. Es besteht gemäß § 198 Abs. 8 Z 1 HGB eine **handelsrechtliche Verpflichtung**, mit einem Vorstand vereinbarte Abfertigungsansprüche rückzustellen. Eine steuerliche Rückstellungsbildung nach § 9 Abs. 1 Z 3 EStG kommt nach der Ansicht des BMF vom 15. Juli 1997 nicht in Betracht.

Die **Abfertigungsansprüche** betragen nach einem Arbeitsverhältnis:

– von mehr als 3 Jahren	2 Monatsentgelte
– nach 5 Jahren	3 Monatsentgelte
– nach 10 Jahren	4 Monatsentgelte
– nach 15 Jahren	6 Monatsentgelte
– nach 20 Jahren	9 Monatsentgelte
– und nach 25 Jahren	12 Monatsentgelte

Weibliche Arbeitnehmer, die nach der Geburt eines lebenden Kindes innerhalb der Schutzfrist vorzeitig das Dienstverhältnis lösen, haben einen Abfertigungsanspruch, sofern das Dienstverhältnis mindestens fünf Jahre ununterbrochen gedauert hat. Bei Inanspruchnahme eines Karenzurlaubes ist der Austritt spätestens innerhalb von 3 Monaten vor dem Ende des Karenzurlaubes zu erklären. Als Abfertigung gebührt die **Hälfte der gesetzlichen Abfertigung**, höchstens jedoch das Dreifache des monatlichen Entgeltes (vergleiche § 23 a Abs. 3 Angestelltengesetz).

Wir finden die **Mußvorschrift** im § 211 Abs. 2 HGB und die **Kannvorschrift** im § 14 EStG. Wir brauchen dann noch das **Fachgutachten KFS/RL 2**, wo festgehalten ist, daß **eine Abweichung von weniger als 25%** vom höheren handelsrechtlichen Wert den Ansatz des steuerlichen Wertes nicht behindert, wo zweitens festgehalten ist, daß anstelle der versicherungsmathematischen Berechnung auch eine **finanzmathematische Berechnung** vorgenommen werden kann und drittens festgehalten ist, daß für die versicherungsmathematische/finanzmathematische Berechnung ein **Rechnungszinssatz** von 4–6% angewendet werden kann.

Sonderfall Abfertigungsversicherung

Die Bildung der Abfertigungsrückstellung hindert nicht, eine Abfertigungsversicherung abzuschließen. **Umgekehrt ändert eine Abfertigungsversicherung nichts an der Höhe der Abfertigungsrückstellung.**

Der Unternehmer zahlt die Prämien an die Versicherung, und die Versicherung zahlt im Abfertigungsfall die Abfertigung aus. Mit anderen Worten: Der **Unternehmer zahlt während der Dienstzeit** seiner Arbeitnehmer Prämien an die Versicherung und braucht dann zum Zeitpunkt des Ausscheidens **keine Abfertigung zu zahlen.** Der Unternehmer könnte genausogut laufend Beträge bei der Bank einzahlen, und dann hätte er nach Beendigung der Dienstzeit seines Arbeitnehmers die Abfertigung auf dem Bankkonto. Nur sind diese Einzahlungen auf das Bankkonto keine Betriebsausgaben.

Die **Versicherungsprämien** sind beim Unternehmer immer **Betriebsausgabe.** Auf der anderen Seite entsteht durch die Prämienzahlung eine **Forderung an das Versicherungsunternehmen. Diese Forderung muß aktiviert werden.** Nachdem sich diese Forderung jährlich erhöht, **wird die Steuerersparnis durch den Versicherungsaufwand immer geringer**, denn die Aktivierung der Forderung an die Versicherung ist gewinnerhöhend.

Ermittlung der Abfertigungsrückstellung

Das für die Berechnung der Rückstellung maßgebliche **Monatsentgelt** besteht aus folgenden Komponenten:

- **Dezembergehalt** inklusive aller **Zulagen**, aber ohne Reisekosten (Taggeld, Kilometergeld)
- **1/12 Bilanzgeld**
- **1/12 Umsatzprovisionen**
- **Durchschnittliches Entgelt für regelmäßig geleistete Überstunden**
- **Sonderzahlungen:** 1/12 des Dezembergehaltes als **Weihnachtsgeld** und 1/12 des Dezembergehaltes als **Urlaubsgeld (zusammen 2/12 bzw. 1/6)**

Das Monatsentgelt multipliziert mit den Ansprüchen in Abhängigkeit von **der Dauer des Dienstverhältnisses**, ergibt die fiktiven Abfertigungsansprüche. Davon 50% bzw. 60%, ergibt die Rückstellung.

Dieser Betrag, verglichen mit dem Vorjahreswert zum 31. Dezember, ergibt als Differenzbetrag in der Regel eine **Erhöhung der Abfertigungsrückstellung**, welche mit der Buchung „Personalaufwand an Rückstellung“ eingebucht wird. Die Auszahlung einer Abfertigung berührt aber nur indirekt die Abfertigungsrückstellung, da durch das Ausscheiden eines Dienstnehmers die fiktiven Ansprüche insgesamt sinken werden. Die Auszahlung der Abfertigung selbst ist als laufender Aufwand zu verbuchen.

Wenn aber im Folgejahr durch das **Ausscheiden die fiktiven Ansprüche geringer** sind als zum Bilanzstichtag des Vorjahres, dann ist die Rückstellung mit folgender Buchung zu reduzieren: Abfertigungsrückstellung an Personalaufwand (Klasse 6).

Beispiel

Die GmbH ist erst 1994 gegründet worden. Daher ergibt sich zum 31. Dezember 1997 die erstmalige Möglichkeit der Bildung einer Abfertigungsrückstellung.

Folgende Mitarbeiter sind 1994 eingetreten:

- am 2.1. Frau W mit einem Dezemberbezug (1997) von S 24.000,
- am 1.4. Herr K mit einem Dezemberbezug von S 17.000 und
- am 1.6. Frau K und Frau G mit einem Monatsbezug von jeweils S 18.000.

Frau K erhielt 1997 ein Bilanzgeld in Höhe von S 12.000. Herr K leistet, übers Jahr gesehen, monatlich Überstunden, für die er ein Entgelt von S 1.000 erhält.

Wann und in welcher Höhe ist eine Wertpapierdeckung erforderlich? Der handelsrechtliche Wert beträgt laut Gutachten des Versicherungsmathematikers S 95.197,00. Gemäß Kolletivvertrag umfaßt der Begriff Weihnachtsgeld bzw. Urlaubsgeld auch das Überstundenpauschale.

Lösung

	W	K	K	G	
	24.000	17.000	18.000	18.000	
		1.000	1.000		
1/6	4.000	3.000	3.000	3.000	
	28.000	21.000	22.000	21.000	
				92.000 x 2 =	184.000
				davon 50%	92.000
				davon 1/5	18.400

Wertpapierdeckung am 31.12.1998:
S 9.200 Nominale
Zuweisung zur Abfertigungsrückstellung:
S 92.000 Abfertigungsaufwand/Rückstellung

MWR + 73.600

Das steuerliche Höchstausmaß mit 50% kann in der Handelsbilanz verwendet werden, weil die handelsrechtliche Relation von Rückstellung zu Anspruch 51,73% (95.197 im Verhältnis zu 184.000) beträgt. Der steuerliche Ansatz mit 50% ist HGB konform. § 211 (2) HGB: „...wobei jedoch vereinfachend auch ein bestimmter Prozentsatz zum jeweiligen Bilanzstichtag angesetzt werden darf, sofern dagegen keine erheblichen Bedenken bestehen.“ KFS/RL 2 sieht erhebliche Bedenken nur dann, wenn der Unterschiedsbetrag (95.197 minus 92.000 ergibt **3.197** als Unterschiedsbetrag) mehr als 25% vom handelsrechtlichen Wert (das wären 23.799) betragen würde.

Beispiel

Abfertigungsrückstellung zum 31. Dezember 1996

W: Eintritt 1. Juli 1991, Dezemberbezug S 30.000,–, keine Überstunden und Sonderzahlungen.
G: Eintritt 1. März 1986, 5 Jahre anrechenbare Vordienstzeiten, Dezemberbezug S 24.000,–, eine Sonderzahlung als Bilanzgeld S 24.000,–.
P: Eintritt 2. Jänner 1995, Dezemberbezug S 27.000,–, regelmäßig geleistete Überstunden, monatlich S 6.000,–.
B: Eintritt 2. Jänner 1992, Dezemberbezug S 30.000,–, keine Überstunden und keine Sonderzahlung.
F: Eintritt 2. Jänner 1993, 5 Jahre Vordienstzeiten werden angerechnet, keine Sonderzahlungen, regelmäßig geleistete Überstunden, monatlich S 2.000,–, Dezemberbezug S 32.000,–.

Die Abfertigungsrückstellung wird seit mehr als fünf Jahren gebildet. Das Ausmaß der Rückstellung beträgt 50%. Stand am 31.12.1995: S 200.000,–.

Laut Handelskollektivvertrag ist für die Berechnung der anteiligen Sonderzahlungen (UG,WR) vom Dezemberbezug auszugehen.

Für den Jahresabschluß zum 31.12.1996 ist ein Gutachten zur versicherungsmathematischen Ermittlung der Abfertigungsrückstellung in Auftrag gegeben worden. Der Gutachter Dr. Bednar teilt mit, daß der versicherungsmathematische Wert der Rückstellung aus 31. 12. 1996 S 300.000,– beträgt. Der versicherungsmathematische Wert soll nur dann angesetzt werden, wenn dies unbedingt erforderlich ist.

Zum 31. Dezember 1996 befinden sich Nominale S 90.000,– festverzinsliche österr. Wertpapiere mit einem Buchwert von S 97.000,– im Depot der Gesellschaft bei der OÖ. Hypothekenbank.

Lösung

	Eintritt			Bezüge	1/6	1/12 Prämie	gesamt	Faktor	Anspruch
W	1.7.91		5 J.	30.000,–	5.000,–		35.000,–	3	105.000,–
G	1.3.86	5 J. VD	15 J.	24.000,–	4.000,–	2.000,–	30.000,–	6	180.000,–
P	2.1.95		1 J.	33.000,–	5.500,–		38.500,–	–	–
B	2.1.92		4 J.	30.000,–	5.000,–		35.000,–	2	70.000,–
F	2.1.93	5 J. VD	8 J.	34.000,–	5.666,–		39.666,–	3	118.998,–
									473.998,–

Anspruch	473.998,–		
50%	236.999,–		
EB	200.000,–		
Zuweisung	36.999,–	36.999,–	Abfertigungsaufwand/Rückstellungen

Erforderliche Wertpapierdeckung 31.12.1997
S 118.500,–

Vergleichsrechnung nach KFS/RL2:

StR	237.000,–	
HR	300.000,–	
Differenz	63.000,–	25% von S 300.000,– = S 75.000,–

Im Fachgutachten KFS/RL 2 wird festgehalten, daß eine Anpassung nur dann erfolgen muß, wenn der **Differenzbetrag zwischen handelsrechtlicher und steuerrechtlicher Ermittlung 25% des handelsrechtlichen Wertes** übersteigt.

Im konkreten Beispiel sind **25% vom handelsrechtlichen Wert** S 75.000,–. **Der Differenzbetrag** zwischen handelsrechtlicher und steuerrechtlicher Rückstellung beträgt aber nur S 63.000,– und ist damit **kleiner als 25% des handelsrechtlichen Wertes.** Damit ergibt sich **keine Verpflichtung zum Ansatz des höheren handelsrechtlichen Wertes.** Freilich kann der höhere handelsrechtliche Wert angesetzt werden. Dieser höhere handelsrechtliche Wert ist aber nicht voll steuerlich abzugsfähig. **Steuerlich abzugsfähig ist nur die Dotierung mit S 36.999,– und was darüber hinausgeht, ist mit der Mehr-/Wenigerrechnung zu eliminieren.**

Erforderliche Wertpapierdeckung 31.12.1996

Nominale		100.000,–
tatsächlich		90.000,–
Unterdeckung		10.000,–
Zuschlag 60%	**MWR:**	+ 6.000,–

§ 14 Abs. 5 EStG:

Beträgt die **Wertpapierdeckung im Wirtschaftsjahr** auch **nur vorübergehend weniger als 50% der maßgebenden Rückstellung**, ist der Gewinn um 60% der Wertpapierunterdeckung zu erhöhen. Dies gilt aber nicht für jenen Teil des Rückstellungsbetrages, der infolge Absinkens der fiktiven Abfertigungsansprüche am Schluß des Wirtschaftsjahres nicht mehr ausgewiesen ist.

Die erforderliche Wertpapierdeckung am 31. Dezember 1997 beträgt S 118.500,– Nominale (50% von S 237.000,–).

Beispiel

Berechnungsgrundlagen:

Hartl E.:	Alter 45, Eintritt 5. 7. 1995, Monatsentgelt S 18.000,– (einschl. anteiliges UG, WG)
Schinagl E.:	Alter 29, Eintritt 2. 4. 1988, Monatsentgelt S 20.000,– (einschl. anteiliges UG, WG)
Pastl A.:	Alter 53, Eintritt 1. 2. 1975.

Für die Berechnung des Monatsentgelts sind vom Gehaltsbüro folgende Beträge genannt worden:

Dezemberbruttobezug:	S 20.000,–
Zulagen:	S 1.300,–
Sachbezug (Wohnung, PKW):	S 2.700,–
Durchschnittliches Überstundenentgelt:	S 2.000,–

Die finanzmathematische Berechnung ergibt einen Rückstellungsbetrag für 1999 mit insgesamt S 245.000,–

Der Geschäftsführer Larndorfer möchte, daß der finanzmathematische Rückstellungsbetrag so wie im Vorjahr zum Ansatz kommt. Der finanzmathematische Wert hat im Vorjahr S 170.000,– betragen und ist auf Konto 310 verbucht worden. Der steuerliche Vorjahreswert hat S 160.000,– betragen. Handelskollektivvertrag ist anzuwenden.

Lösung

	Alter	Eintritt	Jahre	Faktor	Entgelt	Anspruch	%	stl. RS	hrl. RS
Hartl	45	5/7/95	4	2	18.000	36.000	50	18.000	
Schinagl	29	2/4/88	11	4	20.000	80.000	50	40.000	
Pastl	53	1/2/75	24	9	29.333	263.997	60	158.398	
31.12.99								216.398	245.000
31.12.98								160.000	170.000
Zuweisung								56.398	75.000

Vgl. § 211 (2) HGB in Verbindung mit § 14 EStG und Fachgutachten KFS/RL 2.

Pastl:

Dezember	20.000
Zulagen	1.300
Sachbezug	2.700
1/6 v. 20.000	3.333
Überstunden	2.000
Entgelt	29.333

MWR + 18.602 75.000 Abfertigungsaufwand/Rückstellung

Beispiel Wertpapierdeckung

Am 2. Februar 1999 ist die 6%ige OKA-Anleihe 1992 mit einem Nominale von S 90.000,– verlost und verbucht worden. Diese Anleihe war zur Abdeckung der Abfertigungsrückstellung angeschafft worden. Am 9. April 1999 ist um S 20.000,– eine Null-Kupon-Anleihe (Zero-Bonds) mit einem Nominale von S 80.000,– angeschafft worden. Die Anschaffungskosten sind auf dem Konto 090 erfaßt worden. Die Abfertigungsrückstellung zum 31. Dezember 1997 hat S 150.000,– betragen. Die Abfertigungsrückstellung wird seit 1977 gebildet.

Lösung

Ansprüche	300
Rückstellungen	150
Wertpapiere	75

1. Ersatzbeschaffung erfolgte nicht innerhalb von 2 Monaten gemäß § 14 (5) Z. 3 EStG; Z. 4.
2. Der Ausgabewert darf nicht niedriger sein als 90% des Nennbetrages.

Wertpapierunterdeckung 60% v. 75.000
MWR + 45.000

Ansprüche des Dienstnehmers gemäß § 1014 ABGB

Der OGH hat einem Arbeitnehmer einen Anspruch auf Vermögensschäden zugebilligt, der ohne besondere Vergütung seinen privaten PKW zur Arbeitsverrichtung verwendet hat. Bei Betrieben, in denen die Beförderungsmittel der Dienstnehmer zum Einsatz kommen, **sollte in Höhe fiktiver Versicherungsprämien eine Rückstellung gebildet werden.** Die steuerliche Mehr-/Wenigerrechnung ist erforderlich.

Ausbildungskosten

In einem Ausbildungsvertrag ist üblicherweise festgehalten, daß der Arbeitgeber die Kosten für die Ausbildung übernimmt. In diesem Ausbildungsvertrag wird auch vereinbart sein, daß der dann Ausgebildete für einen beistimmten Zeitraum im Unternehmen tätig ist. Die Leistung des Arbeitgebers wird dann durch die laufende Leistung des Arbeitnehmers kompensiert.

Eine Rückstellung wird nur dann möglich sein, wenn **die Leistung des Arbeitnehmers hinter dem zurückbleibt,** was nach den üblichen Bedingungen zu erwarten ist.

Rückstellung für Lehrlingsausbildungskosten

Eine Rückstellung für drohende Verluste aus schwebenden Lehrverhältnissen ist nur anzuerkennen, wenn sich im Einzelfall nachweisen läßt, daß ein Verpflichtungsüberschuß besteht. In den Saldierungsbereich der Kosten für die Lehrlingsausbildung ist dabei neben dem zu erwartenden „produktiven Einsatz" der Auszubildenden auch der sogenannte Auswahlvorteil einzubeziehen, der nicht nur in der Chance besteht, zwischen selbst ausgebildeten und in anderen Unternehmen ausgebildeten Fachkräften wählen zu können, sondern auch in der Chance, von den selbst ausgebildeten Fachkräften die am besten qualifizierten auswählen zu können (vgl. BFH, BStBl. 1993 II 445). Dies gilt auch dann, wenn der Abschluß eines Arbeitsvertrages nach Lehrabschluß rechtlich nicht erzwungen werden kann (FLD für Tirol 21.7. 1995; SWK 1996, A 188).

Ausgleichsansprüche

Ausgleichsansprüche des Handelsvertreters

Der Ausgleichsanspruch des Handelsvertreters wird in § 24 Handelsvertretergesetz geregelt. Der Ausgleichsanspruch beträgt höchstens eine Jahresvergütung. Ein **Ausgleichsanspruch** wird dann nicht bestehen, wenn der Handelsvertreter das Vertragsverhältnis kündigt oder vorzeitig auflöst. Bei Beendigung des Vertrages infolge Fristablauf bzw. bei einer einvernehmlichen Auflösung besteht jedoch ein Ausgleichsanspruch.

Der **Handelsvertreter** hat einen Ausgleichsanspruch, wenn er

- dem Unternehmen neue Kunden zugeführt oder eine bereits bestehende Geschäftsverbindung wesentlich erweitert hat und zu erwarten ist, daß der Unternehmer aus dieser Geschäftsverbindung auch in Zukunft, nach Beendigung des Vertragsverhältnisses, erheblich Vorteile ziehen kann und
- die Zahlung eines Ausgleichs unter Berücksichtigung der Tatsache, daß der Handelsvertreter bereits Provisionen erzielt hat, der Billigkeit entspricht.

Gemäß § 198 Abs. 8 HGB ist die **handelsrechtliche Voraussetzung** für die Rückstellungsbildung, daß die Verbindlichkeit am Stichtag wahrscheinlich oder sicher ist und daß der Unternehmer mit der Inanspruchnahme ernsthaft rechnen muß. Die **Höhe der Zahlung** leitet sich nicht aus zukünftigen möglichen Aufträgen ab, sondern orientiert sich am Durchschnitt vergangener Jahre. Der Ausgleichsanspruch hängt mit dem Vorteil zusammen, den der Unternehmer nach dem Ausscheiden des Handelsvertreters hat. Der Unternehmer erzielt dann einen provisionslosen Umsatz. **Die Rückstellung für Ausgleichszahlungen ist zu bilden** (BFH 20.1.1983, BStBl. II 1983/375). Aufgrund der Maßgeblichkeit ist diese Rückstellung auch für die Steuerbilanz anzuerkennen.

Ausgleichsansprüche einer Konzerngesellschaft

Innerhalb eines Konzernes gibt es beispielsweise eine Produktionsgesellschaft und eine Vertriebsgesellschaft, die die Produkte der Produktionsgesellschaft vertreibt. Die Produktionsgesellschaft hat aufgrund hoher Entwicklungskosten Verluste, die von der Vertriebsgesellschaft mitgetragen werden müssen, damit die Existenz der Produktionsgesellschaft nicht gefährdet ist. Derartige **Ausgleichsansprüche** der Produktionsgesellschaft (Entwicklungsgesellschaft) **sind bei der Vertriebsgesellschaft rückstellungsfähig**. Die steuerliche Wirkung wird vom Verpflichtungsgrund und von der konkreten Inanspruchnahme abhängen.

Ausstehende Eingangsrechnungen

Sind Eingangsrechnungen für bereits erhaltene Lieferungen und Leistungen noch nicht eingelangt, muß der Aufwand geschätzt und rückgestellt werden. Aber nicht nur Lieferungen können erbracht und noch nicht abgerechnet worden sein, sondern auch Beratungsleistungen oder Reparaturen.

Bestandsverträge

Aus Miet- und Pachtverträgen kann sich die Verpflichtung ableiten, daß nach Vertragsende Wirtschaftsgüter in den Zustand zurückgestellt werden müssen, wie sie bei Vertragsbeginn übernommen worden sind. Die Kosten für das Ausmalen etc. sind rückzustellen. Sinnvoll ist es für diese Arbeiten Kostenvoranschläge einzuholen. Die Anbotssummen sind dann eine Grundlage für die Höhe einer zu bildenden Rückstellung. Bei langfristigen Verträgen wird eine solche Einholung von Kostenvoranschlägen wenigstens alle fünf Jahre erfolgen.

In diesem Fall findet keine Mehr-/Wenigerrechnung statt.

Abbruchskosten eines Betriebsgebäudes

Die bloße Möglichkeit einer Inanspruchnahme zur Räumung des **Grundstückes reicht für die Passivierung künftiger Verbindlichkeiten nicht aus**. Die Inanspruchnahme muß nach objektiv belegbaren Gesichtspunkten wahrscheinlich sein, es müssen also nach erkennbaren Tatsachen mehr Gründe dafür als dagegen sprechen. Eine vorzeitige Erklärung der Vermieter, auf das Abbruchsrecht nicht zu verzichten, stellt keinen Grund dar, wenn eine derartige Entscheidung laut Vertrag erst bei Beendigung des Bestandsverhältnisses gefällt werden kann, weil nicht voraussehbar ist, wer zu diesem Zeitpunkt die Grundstückseigentümer (Entscheidungsbefugten) sein werden. Da das Gebäude bei Auslaufen des Mietrechtes abgeschrieben sein wird (Rechtsablauf begrenzt die Nutzungsdauer) und der Mietvertrag die Ablöse des Gebäudes zum Verkehrswert nicht ausschließt, ist die Erzielung eines Veräußerungsgewinnes zumindest ebenso wahrscheinlich wie der Anfall von Abbruchskosten (FLD Stmk 1.9.1995, GA 10, B 50-10/93; ÖStZ 1996, 512 RME 55).

Bürgschaftsverpflichtungen

Die Bürgschaftsverpflichtung des Unternehmers ist in der Bilanz unterm Strich **als Eventualverbindlichkeit** auszuweisen. Wenn nun am Bilanzstichtag die **Gefahr der Inanspruchnahme** besteht, weil der Schuldner seinen Verpflichtungen nicht nachgekommen ist, dann ist die drohende Leistungsverpflichtung in der Bilanz als Rückstellung zu zeigen. Dann ist aus der Eventualverbindlichkeit eine echte Verbindlichkeit geworden. Gleichzeitig ist aber auch eine Forderung gegen den Schuldner anzusetzen (Abschnitt 41 der Einkommensteuerrichtlinien 1984). Handelsrechtlich darf der Regreßanspruch nur dann aktiviert werden, wenn der Bürge tatsächlich in Anspruch genommen wurde, der Regreßanspruch ausgesprochen wurde und realisierbar erscheint.

Erlösschmälerung

Rabatte, Boni und Skonti stellen Erlösschmälerungen dar, die das abgelaufene Jahr belasten, unter der Voraussetzung, daß Rabatte, Boni und Skonti mit den Kunden vereinbart worden sind. Die Ausnützung der Skonti im darauffolgenden Jahr ist eine Entscheidung des Kunden. Aus der Höhe des Skontoaufwandes im Verhältnis zum Umsatz des letzten Jahres läßt sich ein Erfahrungswert ableiten. Für die Umsätze kurz vor dem Bilanzstichtag läuft die Skontofrist noch im darauffolgenden Jahr. Ausgehend vom betroffenen Umsatz und dem Erfahrungswert muß eine Rückstellung für Skonti gebildet werden. Für Boni und Rabatte, die das Jahresergebnis belasten, aber nicht mehr in alter Rechnung gebucht werden, muß eine Rückstellung gebildet werden, wenn die Beträge noch nicht feststehen (*Herrmann/Heuer/Raupach*, Kommentar zur Einkommensteuer, Köln, Anm. 2200 zu § 5). Diese Rückstellung ist auch steuerlich wirksam.

Beispiel

Die Dezemberforderung hat S 12 Mio. betragen. Für alle Umsätze wird eine 14tägige Skontofrist eingeräumt. Bei sofortiger Bezahlung beträgt der Skonto 3%. Im Vorjahr hat bei einem Jahresumsatz von S 50 Mio. der Skontoaufwand S 750.000,– betragen. Die Rückstellung für Skonti hat zum 31. Dezember 1998 S 50.000,– betragen und ist auf Konto 306 verbucht.

Lösung

Skonti

Forderung	12,000.000		
netto	10,000.000	(Entgeltsminderungsbasis)	
davon 50%:			
innerhalb Skontofrist	5,000.000	(1 Monat : 2)	
750.000 : 50.000.000 =			
1,5% (durchschnittlicher Skontoaufwand Vorjahr)			
1,5% von 5,000.000 =	75.000		
RSt. Vorjahr	–50.000		
	25.000		
		25.000	Erlösberichtigung /Rückstellung

Gewährleistung und Garantieverpflichtung

Werden üblicherweise Mängel im Garantieweg behoben, dann **betrifft dieser Aufwand wirtschaftlich den Ertrag aus der Lieferung und Leistung der Vorperiode**. Da diese Kosten der Garantieleistung selten exakt ermittelt werden können, ist es üblich, diese Rückstellung in **Prozenten der Liefer- oder Leistungssumme** zu berechnen. Aber auch ohne rechtliche Verpflichtung werden von Unternehmen im **Kulanzweg** Mängel behoben, und auch für diese Aufwendungen ist eine Rückstellung möglich. Die **Gewährleistungen der Vergangenheit** bieten einen Anhaltspunkt für die **Höhe der Rückstellung**. Im Baugewerbe kann die Beurteilung einer Gewährleistungsverpflichtung nur baustellenweise geprüft werden. Die Einkommensteuerrichtlinien haben festgehalten, daß eine Gewährleistungsrückstellung **bis 2% der Bausumme** im allgemeinen ausreicht. Die Länge der Gewährleistungsverpflichtung ist zu beachten. Die Länge ergibt sich entweder aus Vertrag, Auftragsbedingungen oder ÖNORM. Bei einem **Gewährleistungszeitraum** von angenommen drei Jahren, ist die Rückstellung für diesen Zeitraum fortzuführen.

Die Dotierung dieser Rückstellung ist im Rahmen der Mehr-/Wenigerrechnung zu neutralisieren. **Selbstverständlich besteht handelsrechtlich die Verpflichtung, diese Rückstellung zu bilden.** Für die steuerliche Anerkennung der Gewährleistungsrückstellung ist der **Nachweis konkreter Umstände** erforderlich, aus denen das Entstehen einer Verbindlichkeit abzuleiten ist. Die im Erlaß vom 28. März 1995 aufgestellte **Dreimonatsfrist** für den Nachweis dafür, daß ein Schaden bis zum Bilanzstichtag tatsächlich entstanden ist, kann aus § 9 EStG nicht abgeleitet werden. Auch die Rechtsprechung gibt keinen Hinweis auf diese **Dreimonatsfrist**. Grundsätzlich sind anläßlich der Bilanzierung **alle Umstände zu berücksichtigen, welche bis zum Bilanzerstellungszeitpunkt** bekannt sind.

Beispiel

Sowie in den Vorjahren wird eine **pauschale** Gewährleistungsrückstellung mit 2% vom Umsatz gebildet. Ausgehend von einem Umsatz von S 60 Mio., dem noch keine konkreten Ansprüche gegenüberstehen, ergibt sich zum 31. Dezember 1999 eine Gewährleistungsrückstellung mit S 1,2 Mio. Der Rückstellungsbetrag zum 31. Dezember 1998 hat S 980.000,– betragen und ist auf Konto 302 verbucht. Zusätzlich bestehen **konkrete** Gewährleistungsansprüche für 1999 in Höhe von S 450.000,–. Der Vergleichswert der konkreten Ansprüche des Vorjahres beträgt S 510.000,–. Der Gewährleistungszeitraum beträgt laut ÖNORM 1 Jahr.

Lösung

	1999	1998	Zuweisung	Auflösung
2% v. 60,000.000	1,200.000	980.000	220.000	
konkrete Ansprüche	450.000	510.000		60.000
MWR			220.000	
			MWR + 220.000	160.000 Aufwand/Rückstellung

Gewinnbeteiligungen/Tantiemen

Die Gewinnbeteiligung für Geschäftsführung, Aufsichtsrat oder Mitarbeiter ergibt sich entweder aus dem **Gesellschaftsvertrag (Satzung)**, dem **Beschluß der Gesellschaftsversammlung** oder dem **Dienstvertrag**. Die Gewinnbeteiligung setzt ein positives Ergebnis voraus, das normalerweise anläßlich der Bilanzierung ermittelt wird.

Wenn schon während des Jahres sich ein positives Ergebnis abgezeichnet hat, dann ist am Bilanzstichtag mit der Verbindlichkeit ernsthaft zu rechnen. Aus diesem Grund ist diese Rückstellung auch steuerlich wirksam.

Jubiläumsgelder

Hier ist vorerst **steuerlich** zwischen Dienstjubiläum und einem Firmenjubiläum zu unterscheiden. Für Zuwendungen anläßlich eines **Dienstjubiläums** können Rückstellungen gem. § 14 Abs. 12 steuerlich gebildet werden. Für Firmenjubiläen ist eine Rückstellung steuerlich nicht zulässig.

Besteht **kollektivvertraglich** eine Verpflichtung zur Zahlung von Jubiläumsgeldern, in Abhängigkeit von der Betriebszugehörigkeit, muß **handelsrechtlich** eine Rückstellung gebildet werden. In Kollektivverträgen ist festgehalten, daß nach einer längeren Betriebszugehörigkeit eine Anzahl von Sonderzahlungen gewährt wird. Es ist zu ermitteln, welche Jubiläen bis zum Pensionseintritt des Arbeitnehmers erreicht werden können.

Ausgehend vom letzten Monatsentgelt zuzüglich Lohnnebenkosten mit 8% für DB, DZ und KommSt. aber ohne anteilige Sonderzahlungen (UG, WR), läßt sich die Summe der Jubiläumsgelder errechnen. Dieser Betrag ist um einen **„Fluktuationsabschlag"** zu reduzieren, denn es ist nicht anzunehmen, daß alle Arbeitnehmer, die in die Berechnungsgrundlage mit einbezogen sind, auch tatsächlich in den Genuß dieser Jubiläumsgelder kommen. Aus der Anzahl der ausscheidenden Mitarbeiter über einen längeren Zeitraum läßt sich ein solcher **Fluktuationsabschlag** errechnen. In der Praxis gehen diese Fluktuationsabschläge bis 60%.

Der Fluktuationsabschlag kann wie folgt errechnet werden:

$$\frac{\text{Anzahl der Abgänge} \times 100}{\text{durchschnittlicher Mitarbeiterstand}}$$

Aus dem **Fachgutachten KFS/RL2** des Fachsenates der Kammer der Wirtschaftstreuhänder:

Die handelsrechtliche Rückstellung für Jubiläumsgeldverpflichtungen ist im Zeitraum zwischen **dem Eintritt eines Dienstnehmers** in das Unternehmen und **dem Zeitpunkt des Anfalls der Jubiläumsgeldzahlungen** anzusammeln.

Die Ansammlung kann

- getrennt für jede einzelne vertraglich vorgesehene Auszahlung von Jubiläumsgeldern oder
- gemeinsam für sämtliche von dem betreffenden Dienstnehmer bis zu Übertritt in den Ruhestand erreichbaren Jubiläumsgeldzahlungen vorgenommen werden.

Im zweiten Fall wird der Gesamtaufwand für sämtliche Jubiläumsgeldzahlungen nach versicherungs-/finanzmathematischen Grundsätzen auf die Zeit zwischen dem Eintritt in das Unternehmen und dem Zeitpunkt der letzten Jubiläumsgeldzahlung verteilt.

Die Jubiläumsgeldrückstellung wurde, jedenfalls ab 1994, nach den **handelsrechtlichen** Vorschriften gebildet. Nachdem diese Rückstellung steuerlich nicht anerkannt wurde, waren steuerliche Überlegungen bei der Rückstellungsbildung nicht relevant. Mit der steuerlichen Anerkennung dieser Rückstellung ab 1999 kommen die steuerlichen Betrachtungsweisen wieder ins Spiel. Der wesentliche Unterschied wird im **Rechnungszinssatz** liegen: Handelsrecht 4%, Steuerrecht 6%.

Wenn man von den kollektivvertraglichen Ansprüchen ausgeht, dann ist eine Unterscheidung von Dienstbeginn und Zusage eines Jubiläumsgeldes nicht erforderlich, denn der Anspruch ist bereits mit Dienstbeginn gegeben. Wenn nun eine solche Unterscheidung nicht erforderlich ist, dann kommt der Methodenunterschied nicht zum Tragen: Handelsrecht **Teilwertverfahren** (Dienstbeginn), Steuerrecht **Gegenwartswertverfahren** (Zusage).

Dort, wo die Zusage nicht mit dem Dienstbeginn zusammenfällt, bietet sich eine **Überleitung** wie folgt an:

Rückstellung nach Teilwertverfahren
(Rechnungszinssatz aber 6%)
minus 10%
ergibt Rückstellung nach Gegenwartswertverfahren

In der Praxis sind die **Fluktuationsabschläge** in einer Bandbreite zwischen 10 und 60% zu finden. Steuerlich wird ein pauschaler Fluktuationsabschlag mit 25% akzeptiert, der in der Mitte dieser Erfahrungswerte liegt. Ein höherer Fluktuationsabschlag ist gegebenenfalls nachzuweisen.

Ergebnis

Eine Abweichung der handelsrechtlichen von der steuerlichen Rückstellung für ein Dienstjubiläum wird nur dann vorliegen, wenn der Rechnungszinssatz abweicht. In Anlehnung an das Fachgutachten wird bei einer Abweichung der steuerliche Wert in der Handelsbilanz angesetzt werden können, wenn der Unterschiedsbetrag kleiner ist als 25% vom höheren handelsrechtlichen Ansatz. Auf diese Weise könnte man sich wenigstens für einen Zeitraum von fünf Jahren die doppelte Ermittlung des Rückstellungsbetrages ersparen.

Andernfalls gibt es bei einem Unterschiedsbetrag eine Mehr- Wenigerrechnung, was auch auszuhalten ist.

Lohnnebenkosten

Die abgezinsten Ansprüche werden um 8% Gehaltsnebenkosten erhöht. Diese 8% beziehen sich auf DB, DZ und Kommunalsteuer. Jubiläumsgelder sind, abgesehen von einer Ausnahme sozialversicherungsfrei. Wenn ein Jubiläumsgeldanspruch bereits nach weniger als 20 Dienstjahren gegeben ist, ist dieser Anspruch sozialversicherungspflichtig. Daher werden in diesem Fall 32,2% für Arbeiter bzw. 29, 7% für Angestellte als Gehaltsnebenkosten berücksichtigt.

Jubiläumsgeldansprüche der Handelsangestellten:

nach 20 Dienstjahren	1 Bruttomonatsgehalt
nach 25 Dienstjahren	1,5 Bruttomonatsgehälter
nach 35 Dienstjahren	2,5 Bruttomonatsgehälter
nach 40 Dienstjahren	3,5 Bruttomonatsgehälter

Beispiel

Paul G., Eintritt 1992, Jahrgang 1966, Bruttomonatsgehalt 25.000,–, Pensionsantritt 2026, Rechnungszinssatz 6%, Rückstellung zum 31. Dezember 1999?

Lösung

Bisherige Dienstzeit von 1992 bis 1999: 7 Jahre
Gesamte Dienstzeit von 1992 bis 2026: 34 Jahre
Jubiläumsgeld nach 20 Jahren: 25.000,– x 8,8975 (Endwert 7 J.) : durch 38,9927 (Endwert 20J.) ergibt einen Anspruch mit **5.705,–**
Jubiläumsgeld nach 25 Jahren: 37.500,– (1,5 Bezüge) x 8,8975 : 58,1564 ergibt einen Anspruch mit **5.737,–**
Beide Ansprüche zusammen ergeben einen Rückstellungsbetrag mit 11.442,–, der noch um die 8%igen Nebenkosten für DB, DZ und Kommunalsteuer d.s. 915,– erhöht wird.
Der Rückstellungsbetrag zum 31. Dezember 1999 beläuft sich auf 12.357,–.

Beispiel zur Übergangsregelung nach dem Jubiläumsgeldrückstellungserlaß

Die finanzmathematische Ermittlung hat einen Betrag von 165.340,– ergeben. Die Gehaltsnebenkosten betragen 8%. Die Rückstellung zum 31. Dezember 1998 hat S 80.000,– betragen und ist auf Konto 301 verbucht. Der Stand zum 31. Dezember 1993 hat S 50.000,– betragen.

Lösung

	165.340		
8%	13.227		
31/12/99	178.567		
31/12/98	80.000		
Zuweisung	98.567		
	MWR – 2.000	98.567	Personalaufwand/ Rückstellung

Steuerunwirksamer Teil der Rückstellung:

Stand 31.12.1999	178.567
Dotierung 1999	– 98.567
	80.000
Stand 31.12.1993	– 50.000
Sockelbetrag	30.000

Gemäß Jubliäumsgeldrückstellungserlaß kann dieser Sockelbetrag auf 15 Jahre verteilt gleichmäßig abgeschrieben werden, d.h. 30.000 : 15 = 2.000

Körperschaftsteuer

Für die Körperschaft gibt es, unabhängig vom Ergebnis, einen einheitlichen Steuersatz von 34% und eine Mindeststeuer. Bei der Ermittlung der Körperschaftsteuerrückstellung ist die Mehr-/Wenigerrechnung zu beachten:

Die **Mehr-/Wenigerrechnung** berücksichtigt die Abweichungen von Handelsrecht und Steuerrecht. Wenn nach handelsrechtlichen Vorschriften gebucht wird und sich zwingende steuerrechtliche Vorschriften gegen diese Buchungsweise stellen, dann ist der handelsrechtliche Aufwand durch eine Mehr-/Wenigerrechnung zu stornieren. Die Seite 2 der Körperschaftsteuererklärung gilt gleichsam als Checkliste für diese Mehr-/Wenigerrechnung.

Die nicht abzugsfähigen Aufwendungen haben wir bereits besprochen. Zur Erinnerung:

a) steuerlich nicht anerkannte Rückstellungen
b) unangemessen hoher Aufwand (PKW, Boote usw.),
c) Repräsentationsaufwendungen,
d) Bestechungsgelder,
e) Spenden (ausgenommen Hochschulen und Forschungseinrichtungen),
f) die Hälfte der Aufsichtsratsvergütungen,
g) die Hälfte der Bewirtungskosten
h) usw.

Rechengang der Körperschaftsteuerrückstellung:

Vorläufiger handelsrechtlicher Gewinn
\+ Körperschaftsteuervorauszahlung (soweit aufwandswirksam verbucht)
\+ Mehr-/Wenigerrechnung

körperschaftsteuerpflichtiger Gewinn

davon 34% Körperschaftsteuer

– Vorauszahlungen
– Mindestkörperschaftsteuer
– Kapitalertragsteuer

= Körperschaftsteuerrückstellung

Für den Fall, daß die Vorauszahlung höher ist als die Körperschaftsteuer, ist eine Aktivierung (Forderung an das Finanzamt) vorzunehmen.

Beispiel

Für die Ermittlung der Körperschaftsteuerrückstellung ist von einem vorläufigen handelsrechtlichen Gewinn in Höhe von S 2,000.000,– auszugehen. Die KöSt-Vorauszahlung hat S 150.000,– betragen.

Die *Lösung* soll nur die Vorgangsweise demonstrieren:

MWR:

Fuhrpark	82.925
Schachtelbeteiligungsertrag	– 80.000
KeSt	17.600
OHG Verlustanteil	– 42.000
Wertpapierunterdeckung	420.000

Bewirtungsrechnung	3.400
RSt f. Gewährleistung (Auflösung)	- 380.000
Rst. f. Produkthaftung	400.000
BP Einbuchung	- 89.200
KöSt laut VZ	150.000
	482.725

Vorläufiger handelsrechtlicher Gewinn	2,000.000
MWR	482.725
davon 34%	2,482.725

KöSt	844.118
ab KeSt	- 17.600
ab VZ	- 150.000
KöSt RSt	676.518

676.518 Steuern/ Rückstellung

§ 22 (3) KStG: Die Bemessungsgrundlage ist auf volle 100 auf- oder abzurunden.

Betriebsprüfungskosten

Der Bundesfinanzhof (BRD) hat die Passivierung von Jahresabschlußkosten bejaht und begründet dies mit der öffentlich-rechtlichen Verpflichtung auf die Erstellung von Jahresabschlüssen und deren wirtschaftliche Verursachung im abgelaufenen Geschäftsjahr. Gleiches gilt für die Kosten der Prüfung des Jahresabschlusses und der Erstellung der betrieblichen Steuererklärungen. Während in der Vergangenheit nur **externe** Verpflichtungen passiviert wurden, sind nunmehr auch **interne,** im Unternehmen selbst anfallende Jahresabschlußkosten, bei der Bemessung miteinzuschließen, da es grundsätzlich unerheblich ist, ob und in welchem Umfang das Unternehmen seine Verpflichtungen im Zusammenhang mit dem Jahresabschluß durch Beauftragung eines Dritten oder mit eigenem Personal erfüllt.

Interne Kosten sind vor allem Kosten des mit der Betriebsprüfung befaßten Fachpersonales, externe Kosten durch Einschaltung steuerlicher Berater. Kein Zweifel kann darin bestehen, daß die wirtschaftliche Verursachung der Kosten der Betriebsprüfung in den abgelaufenen Wirtschaftsjahren liegt. Die Gründe sind hier die gleichen wie bei den Kosten für den Jahresabschluß.

Die Höhe der zu erwartenden Kosten kann nur auf Basis einer mehr oder weniger groben Schätzung ermittelt werden. Ausgangspunkt ist die Feststellung, welche abgelaufene Besteuerungszeiträume noch nicht der Prüfung unterlegen haben. Der 3-Jahres-Zeitraum stellt eine Obergrenze dar. Es dürfte realistisch sein, kostenmäßig pro Betriebsprüfer für die Dauer seiner Anwesenheit im Betrieb eine halbe Arbeitskraft anzusetzen. Bei der Bemessung sind neben den eigentlichen Gehaltsaufwendungen auch die Personalnebenkosten zu berücksichtigen. Kosten für externe Berater sind aus den Erfahrenswerten der Vergangenheit zu ermitteln. Diese Rückstellung wird in Österreich von der Finanzverwaltung noch nicht anerkannt.

Latente Steuern

Nur dort ein Thema, wo es eine KöSt gibt!

Aktiv latente Steuern **HR < StR Ergebnis**

Gemäß § 198 Abs. 10 HGB **können** aktiv latente Steuern aktiviert werden. Zu einer Aktivierung (Wahlrecht) für aktiv latente Steuern wird es dann kommen, **wenn das steuerrechtliche Einkommen höher ist als das handelsrechtliche Ergebnis.** Es wird dann ein Steueraufwand ausgewiesen, der im Verhältnis zum handelsrechtlichen Ergebnis zu hoch ist. Dieser überhöhte Steueraufwand wird auf der anderen Seite in den Folgejahren teilweise zu einer Steuerminderung führen. In den Folgejahren ist dann dieser Aktivposten zu reduzieren. Durch die Aktivierung bzw. durch den Abbau des Aktivpostens wird in der Gewinn- und Verlustrechnung jener Steueraufwand ausgewiesen, der dem handelsrechtlichen Ergebnis entspricht.

Folgende Umstände führen dazu, daß das **handelsrechtliche Ergebnis unter dem steuerrechtlichen Einkommen liegt:**

- der Ansatz von steuerlich nicht anerkannten Rückstellungen (Rückstellung für Garantieverpflichtungen, Gewährleistungen, für die Produkthaftung, für Umwelthaftung, für Selbstversicherung, für Kulanzleistungen)
- der Ansatz von steuerlich nicht anerkannten Pauschalwertberichtigungen
- der Ansatz einer degressiven Abschreibung (steuerlich gilt nur die lineare Abschreibung)
- durch die Firmenwertabschreibung während eines kürzeren Zeitraumes als die steuerlichen 15 Jahre
- durch die Berücksichtigung einer kürzeren Nutzungsdauer für Gebäude als steuerlich möglich
- durch die Berücksichtigung einer kürzeren Nutzungsdauer für PKW als steuerlich möglich
- durch die Bewertung der Vorräte nach der HIFO Methode
- durch die Abzinsung von Abfertigungs- und Pensionsrückstellungen in der Handelsbilanz mit einem Zinsfuß der unter den steuerlich anzuwendenden Sätzen liegt (je niedriger der Zinsfuß ist, desto höher ist der Rückstellungsbetrag, bei einem höheren Rückstellungsbetrag ist auch die aufwandswirksame Zuweisung höher)
- durch Berücksichtigung des erweiterten Niederstwertprinzips bei der Vorrätebewertung
- durch Siebentelung der Teilwertabschreibung gemäß § 12 (3) Z. 2 KStG.

Passiv latente Steuern **HR > StR Ergebnis**

Gemäß § 198 Abs. 9 HGB **muß** ein Steueraufwand rückgestellt werden, **wenn das steuerrechtliche Einkommen niedriger ist als das handelsrechtliche Ergebnis.** In den Folgejahren ist die Rückstellung wieder aufzulösen, wenn ein höherer Steueraufwand vorliegt.

Passiv latente Steuern entstehen durch:

- Bei einer AfA pro rata temporis im Zugangsjahr (z.B. 2/12 versus 6/12 Halbjahres AfA)

- Bei Verlustübernahmen aufgrund von Beteiligungen aus Personengesellschaften.
- Die Vornahme einer progressiven Abschreibung (bei der progressiven Abschreibung steigen die Abschreibungsbeträge jährlich, bei der linearen Abschreibung sind sie jährlich gleich hoch. In den ersten Jahren wird die lineare Abschreibung höher sein als die progressive Abschreibung).
- Den Ansatz von Verwaltungs- und Vertriebsgemeinkosten als Teile der Herstellungskosten bei Fertigungsaufträgen deren Ausführung sich über mehr als 12 Monate erstreckt.
- Die Nachholung der steuerlichen Dotierung der Jubiläumsgeldrückstellung für den Zeitraum 1994 bis 1998 verteilt auf 15 Jahre.

Wichtig

Wir müssen jetzt aufpassen und dürfen zwei Sachverhalte nicht verwechseln. Wir haben jetzt erfahren, daß latente Steuern immer dann berücksichtigt werden, wenn **das handelsrechtliche vom steuerrechtlichen Ergebnis abweicht.** An einer ganz anderen Stelle, nämlich bei der Bilanzanalyse, beschäftigen wir uns ebenfalls mit „latenten" Steuern. Bei der Bilanzanalyse geht es um die Frage, **ob die unversteuerten Rücklagen zur Gänze dem Eigenkapital zugerechnet werden.** Unsere Antwort: die unversteuerten Rücklagen gehören größtenteils zum Eigenkapital, nur die latenten Steuern gehören zum Fremdkapital. Bei dieser Betrachtung sind wir von der Annahme ausgegangen, daß z.B. einzelne Wirtschaftsgüter vorzeitig ausscheiden und dadurch ein Investitionsfreibetrag gewinnerhöhend aufzulösen wäre, oder eine Ersatzbeschaffung nicht stattgefunden hat und die § 12 Rücklage aufzulösen wäre. Unter diesem worst case – Szenario würde eine Versteuerung der bisher unversteuerten Rücklagen stattfinden und daher ist die daraus resultierende Steuerbelastung bei einer Analyse von den unversteuerten Rücklagen abzuziehen und als Fremdkapital anzusetzen. Für diese eben besprochenen latenten Steuern ist eine Rückstellungsbildung nicht vorgesehen (§ 198 Abs. 9 HGB)

Beispiel Ermittlung der latenten Steuern

Der handelsrechtliche Gewinn vor Steuern beträgt S 2.000.000,– , bei einem Steuersatz von 34% KöSt müßte ein Steueraufwand von S 680.000,– ausgewiesen sein. Tatsächlich beträgt der Steueraufwand S 863.600,–, ausgehend von einem steuerpflichtigen Gewinn von S 2.540.000,–.

(1) PKW wurde im 1. Halbjahr um S 400.000,– erworben. Weil die Jahreskilometerleistung 50.000 beträgt, wird die handelsrechtliche Abschreibung mit 4 Jahren festgelegt.

HR AfA	100.000
StR AfA	50.000
Diff	50.000

Durch die verschobene Abschreibung ist das HR Ergebnis geringer als das zu versteuernde Einkommen. Aus handelsrechtlicher Sicht wird der Steueraufwand zu hoch ausgewiesen. Der steuerliche Gewinn ist höher als der handelsrechtliche Gewinn. Aktiv latente Steuern können ausgewiesen werden.

(2) Vorräte werden handelsrechtlich nach der HIFO Methode bewertet. Steuerlich wird mit dem gewogenen Durchschnittspreis bewertet.

HR Vorräte	950.000
StR Vorräte	1.200.000
Diff	250.000

Durch die niedrigere handelsrechtliche Bewertung wird der Wareneinsatz höher als bei der steuerlichen Bewertung. Der höhere Wareneinsatz bewirkt ein niedrigeres handelsrechtliches Ergebnis. Der steuerliche Gewinn ist höher als der handelsrechtliche Gewinn. Aktiv latente Steuern können ausgewiesen werden.

(3) Eine pauschale Produkthaftungsrückstellung wird mit S 300.000 gebildet, steuerlich gemäß § 9 (3) jedoch nicht anerkannt.

HR RSt	300.000
StR RSt	–
Diff	300.000

Durch die Dotierung der Rückstellung wird das handelsrechtliche Ergebnis niedriger als das steuerliche Ergebnis. Der steuerliche Gewinn ist höher als der handelsrechtliche Gewinn. Es soll aber nur jene Steuerbelastung ausgewiesen werden, die dem handelsrechtlichen Ergebnis entspricht. Aktiv latente Steuern werden ausgewiesen, weil der Steueraufwand sonst zu hoch wäre (Buchung: ARA an Steuern).

(4) Eine Maschine wurde um S 1.000.000,– angeschafft. HR erfolgt eine progressive Abschreibung, was bedeutet, daß mit zunehmender Nutzung die AfA Beträge laufend höher werden. Die Maschine erzeugt neue Produkte und es ist zu erwarten, daß die Nachfrage nach diesen Produkten langsam aber sicher steigen wird. Steuerlich wird gemäß § 7 (1) EStG linear abgeschrieben.

HR AfA	40.000
StR AfA	100.000
Diff	60.000

Durch die geringere Abschreibung ist das handelsrechtliche Ergebnis höher als das steuerliche Ergebnis. Aus handelsrechtlicher Sicht wird zu wenig an Steuern bezahlt. Es werden passiv latente Steuern ausgewiesen (Buchung: Steueraufwand an Steuer RSt).

Ermittlung der latenten Steuern

	aktiv	passiv
(1) PKW	50.000	
(2) Vorräte	250.000	
(3) RSt	300.000	
(4) Maschine		60.000
	600.000	60.000
x 34% = latente Steuer	204.000	20.400

Buchungssatz 183.600 ARA/Steuern

Probe

			KöSt
StR Ergebnis	2,540.000		863.600
aktive Diff.	– 600.000		– 204.000
passive Diff.	+ 60.000		+ 20.400
HR Ergebnis	2.000.000	x 34%	680.000
KöSt nach latenter Steuer	680.000		

Nicht konsumierte Urlaube

Diese Rückstellung dient der **periodengerechten Gewinnermittlung** und geht auf folgende Gedanken zurück: Zum Bilanzstichtag hat der Arbeitnehmer, der den Urlaub nicht konsumiert hat, eine **Arbeitsleistung von 12 Monaten** erbracht, und im darauffolgenden Jahr wird dieser Arbeitnehmer unter der Annahme, daß er den Urlaub dann konsumiert, **eine Arbeitsleistung von nur 10 Monaten** erbringen. Der Verwaltungsgerichtshof spricht in diesem Zusammenhang von Rückstellung und meint damit, daß die **erhöhte Leistung (im Jahr des nicht konsumierten Urlaubes) abgegrenzt und in das nächste Jahr transferiert werden soll.**

Die Rückstellung für nicht konsumierte Urlaube wird nur anerkannt, wenn auch auf der anderen Seite **Urlaubsvorgriffe** abgegrenzt werden. Bei der Rückstellungsbildung **sind anteilige Sonderzahlungen** und **Nebenkosten**, wie der Arbeitgeberanteil für die Sozialversicherung, der Dienstgeberbeitrag und die Kommunalsteuer zu berücksichtigen.

Ermittlung der Rückstellung für nicht konsumierte Urlaube:

Zuerst muß die Abgrenzung zwischen **Kalenderjahr** und **Urlaubsjahr** erfolgen, wenn Kalenderjahr und Urlaubsjahr nicht ident sind.

Wenn wir als Eintrittsdatum den 1. Juli 1999 annehmen und einen Urlaubsanspruch von 30 Tagen, aber in diesem Fall einen Resturlaub am Bilanzstichtag 31. Dezember 1999 von 4 Tagen haben und bereits wissen, daß der noch nicht erarbeitete Urlaub 15 Tage wäre (das 1. Halbjahr des Jahres 2000), dann können wir feststellen, daß ein **Urlaubsvorgriff** von 11 Tagen stattgefunden hat. Dieser Urlaubsvorgriff muß ebenfalls berücksichtigt werden, aber nicht als Rückstellung, sondern als Forderung.

Hinweis

Rückstellung und Forderung werden saldiert dargestellt. Für die Bewertung ist das letzte Monatsentgelt heranzuziehen. Das letzte Monatsentgelt ist so wie für die Abfertigungsrückstellung zu erhöhen um 1/12 des Urlaubsgeldes und um 1/12 des Weihnachtsgeldes. **Regelmäßig geleistete Überstunden** sowie **Bilanzgelder** sind ebenfalls aliquot in die Bemessungsgrundlage (ob auch für Urlaubs- und Weihnachtsgeld ist vom Kollektivvertrag abhängig) miteinzubeziehen.

Dieses Monatsentgelt wird nun durch die **Anzahl der Werktage** dividiert. Damit ermittelt man das Entgelt je Tag. Multipliziert mit den Urlaubsrückständen und den Urlaubsvorgriffen ergibt es für die Rückstände einen Aufwand und für die Vorgriffe einen Ertrag, der dann saldiert als Rückstellung bzw. Forderung auszuweisen ist.

Urlaub (UrlaubsG)

Das Urlaubsrecht wird für Angestellte, Arbeiter und Lehrlinge einheitlich im UrlaubsG geregelt. Urlaub ist bezahlte Freizeit des Arbeitnehmers zwecks Erholung und Regeneration seiner Arbeitskraft. Der Urlaub soll daher auch in natura verbracht und nicht in Geld abgelöst werden. Derartige Ablösevereinbarungen sind gemäß § 7 UrlaubsG nichtig.

Der Urlaubsanspruch umfaßt 30 Tage (nach 25 Dienstjahren 36 Werktage) und gebührt für jedes Arbeitsjahr. Er entsteht im ersten Arbeits- bzw. Urlaubsjahr nach Zurücklegung einer ununterbrochenen Wartezeit von sechs Monaten; in jedem weiteren Arbeitsjahr steht dem Mitarbeiter der volle Anspruch bereits mit Beginn desselben zu.

- Urlaubsanspruch 30 Tage einschl. Samstag: Divisor 26 (**6-Tage-Woche**),
- Urlaubsanspruch 25 Tage ohne Samstag: Divisor 22 (**5-Tage-Woche**).

Der Rückstellungsbetrag wird noch erhöht um die **Lohnnebenkosten**, bei den Arbeitern 32,15% und bei den Angestellten um die 29,6% (gültig für das Jahr 2000).

Die Buchung lautet:

Gehaltsaufwand und Lohnnebenkosten an Rückstellung für nichtkonsumierte Urlaube

Diese Rückstellung wird steuerlich anerkannt, daher keine Mehr-/Wenigerrechnung.

Der **Verwaltungsgerichtshof** hat sich am 12. Jänner 1993, Zahl 92/14/0165, mit der Rückstellungsbildung wie folgt auseinandergesetzt:

Die abzugrenzenden Urlaubsansprüche sind aus dem Brutto-Urlaubsentgelt, den anteiligen Sonderzahlungen und den darauf entfallenden Lohnabgaben zu berechnen. Es ist vom tatsächlichen Aufwand auszugehen. Eine Umrechnung von Kalenderwochenlöhnen auf produktive Leistungswochenlöhne ist nicht zulässig.

Steuerliche Sicht

Bundesministerium für Finanzen vom 17.1.1994: Das Verbot, eine Passivierung rückständiger Urlaube aus den Vorjahren gewinnmindernd nachholen zu können, gilt auch in Fällen, in denen der Steuerpflichtige im Rahmen des früheren Passivierungswahlrechtes erstmalig von der Möglichkeit einer Rückstellungsbildung für nichtverbrauchte Urlaube Gebrauch machte, oder aufgrund des Rechnungslegungsgesetzes auf die Rückstellungsbildung übergehen mußte.

Verjährung: Wird ein Urlaub bei aufrechtem Dienstverhältnis nicht konsumiert, verjährt er gemäß § 4 (5) Urlaubsgesetz innerhalb von zwei Jahren.

Lohnnebenkosten (Stand 2000)	Arbeiter %	Angestellte %
Arbeitgeberanteil Sozialversicherung	24,2	21,65
DB, DZ	4,95	4,95
Kommunalsteuer	3,0	3,0
	32,15	**29,6**

Beispiel

Angaben zur Bildung der Urlaubsrückstellung zum 31.12. 1996:

Der Urlaubsanspruch entsteht jeweils mit dem Eintrittsdatum und beträgt 25 Werktage pro Jahr. Der Berechnung sind folgende weitere Annahmen zugrunde zu legen: 22 Werktage pro Monat, 27% Lohnnebenkosten.

Die Bezüge sind im ersten Beispiel zur Abfertigungsrückstellung wie folgt errechnet worden: W 28.000, Herr K 21.000, Frau K 22.000, G 21.000.

Frau W hatte am 2.1. noch 10 Tage alten Urlaub. Herr K hatte am 1.4. noch 15 Tage alten Urlaub. Frau G hatte am 1.6. noch 20 Tage alten Urlaub, und Frau K hatte am 1.6. bereits einen Vorgriff von 15 Werktagen auf ihren neuen Urlaubsanspruch gemacht. Der Stand der Urlaubsrückstellung hat zum 31.12.1995 S 112.000,– betragen. (Bei Berechnung Tage aufrunden!)

Verbrauch: W ab 2.1.1996 15 Tage
K ab 1.4.1996 14 Tage
G ab 1.6.1996 15 Tage
K ab 1.6.1996 10 Tage

Lösung

	W	K	K	G	
: 22	28.000	21.000	22.000	21.000	
	1.273	955	1.000	955	
alter Urlaub	10 T.	15 T.	– 15 T.	20 T.	
neuer Ansp. aliquot	25 T.	19 T.	15 T.	15 T.	
davon verbraucht	– 15 T.	– 14 T.	– 10 T.	– 15 T.	
nicht kons. Urlaub	20 T.	20 T.	– 10 T.	20 T.	
x	1.273	955	1.000	955	
	25.460	19.100	-10.000	19.100	53.660,–
				+ 27%	14.488,–
				31/12	68.148,–
				1/1	112.000,–
Rückstellung/Personalaufwand					43.852,–

Gemäß § 201 HGB erfolgt der Ausweis von Erträgen aus Auflösung von Rückstellungen im Posten 4 unter den „sonstigen betrieblichen Erträgen“.

Ausnahme: Erträge aus der Auflösung von Abfertigungsrückstellungen, Pensionsrückstellungen, Jubiläumsgeldrückstellungen und Rückstellungen für nicht konsumierte Urlaube werden mit dem entsprechenden Personalaufwand im Posten 6 saldiert.

Beispiel

Frau Plecklinger befindet sich seit 1. 5. 1972 im Unternehmen. Mit Beginn des Urlaubsjahres 1. 5. 1999 hat sie 20 Resturlaubstage. Der neue Urlaub (6-Tage-Woche) beträgt 36 Tage. Zwischen dem 1. Mai und dem 31. Dezember 1999 sind 4 Urlaubstage konsumiert worden. Das Monatsentgelt einschließlich aliquoter Sonderzahlungen beträgt S 26.000,–. Die Lohnnebenkosten betragen 29,7%. Andere offene Urlaube hat es nicht gegeben. Die Rückstellung für nicht verbrauchte Urlaube hat zum 31. Dezember 1998 S 80.440,– betragen (Konto 300).

Lösung

Pleckinger, Engelt einschl. SZ		26.000	
: 26 Tage		1.000	
Urlaub:	1/5 Resturlaub	20 Tage	
	aliquoter Urlaub 36 Tage:12 x 8	24 Tage	
	Verbrauch	– 4 Tage	
	nicht konsumiert	40 Tage	
	40 Tage x 1.000	40.000	
	29,7% Lohnnebenk.	11.880	
	31.12.1999	51.880	
	31.12.1998	80.440	
	Auflösung	28.560	28.560 Rückstellung/ Personalaufwand

Pensionen

Was Sie über die **Betriebspension** wissen müssen:

Es gibt vier Möglichkeiten, einem Arbeitnehmer eine Betriebspension als freiwillige Sozialleistung zukommen zu lassen.

1. Es erfolgt eine **direkte Leistungszusage an den Arbeitnehmer**, die meist in einem prozentuellen Verhältnis zum letzten Aktivbezug festgelegt wird. Regelmäßig wird in die betriebliche Pensionsleistung die ASVG-Pension eingerechnet, sodaß man auch von Differenzzusagen sprechen kann.
2. Pensionskassen: Die Pensionskassen sind rechtlich selbständige Unternehmungen, die für die Arbeitnehmer betriebliche Pensionszusagen verwalten, die **die Beiträge**

der Arbeitgeber veranlagen und dann in der Folge die Pensionen auszahlen.

3. Die dritte Form der betrieblichen Altersvorsorge ist **der Abschluß von Lebensversicherungen.**
4. Im Rahmen der gesetzlichen Sozialversicherung wird auch **die freiwillige Höherversicherung** angeboten.

Wie funktioniert die zweite Möglichkeit der Pensionsvorsorge, die Pensionskasse?

Vor dem Beitritt zu einer überbetrieblichen Pensionskasse muß zwischen der Unternehmensleitung und der Belegschaftsvertretung eine **Betriebsvereinbarung** abgeschlossen werden. Diese Betriebsvereinbarung enthält die Ansprüche der Arbeitnehmer, die Wartezeit auf Unverfallbarkeit der erworbenen Anwartschaften. Mit Arbeitnehmern, die nicht durch den Betriebsrat vertreten werden, muß eine gesonderte Vereinbarung geschlossen werden.

Nach diesen innerbetrieblichen Vereinbarungen ist es möglich, mit der Pensionskasse einen **Pensionskassenvertrag** abzuschließen. Damit kann jeder Unternehmer, der seinen Mitarbeitern eine freiwillige Sozialleistung in Form einer Pensionszusage gewähren will, einer überbetrieblichen Pensionskasse beitreten. Die Größe und Branche des Unternehmens spielen dabei keine Rolle. Die Betriebspension fördert die Verbundenheit der Mitarbeiter mit dem Unternehmen und damit ihre Motivation.

Sowohl Arbeitgeber als auch Arbeitnehmer können steuerbegünstigt Beiträge an Pensionskassen zahlen. Die Beiträge des Arbeitgebers an die Pensionskasse sind weder lohnsteuer- noch sozialversicherungspflichtig.

Hinsichtlich der Ermittlung der Pensionsrückstellung gibt es folgende Überlegungen:

Die Beträge, die nach dem Pensionseintritt bis ans Lebensende bezahlt werden, **müssen auf die aktive Dienstzeit des Arbeitnehmers aufgeteilt werden.** Die Rückstellung **im Zeitpunkt des Pensionseintrittes** soll genau so hoch sein, wie die Summe der Pensionszahlungen bis an sein Lebensende. Dieses Problem ist nur **versicherungsmathematisch** zu lösen, denn es wird von der durchschnittlichen Lebenserwartung ausgegangen. Versicherungsmathematisch wird der Barwert der künftigen Pensionszahlungen zum jeweiligen Bilanzstichtag ermittelt. Die zukünftige Pensionsverpflichtung ist abhängig von den zuletzt zu zahlenden Bezügen. Der **Barwert** wiederum ist abhängig von der Länge des Zeitraumes zwischen dem Bilanzstichtag und dem Eintritt des Pensionsfalles.

Wir beschäftigen uns noch ein wenig mit den Pensionsrückstellungen und Anwartschaften, von denen wir gehört haben, daß sie versicherungsmathematisch zu ermitteln sind.

Im Gegensatz zum Steuerrecht wird uns im Handelsrecht nicht gesagt, **welcher Rechnungszinsfuß** zum Ansatz kommt und insbesondere nicht, **welches versicherungsmathematische Verfahren angewendet** werden soll.

Der im Fachgutachten KFS/RL 3 angegebene Rechnungszinsfuß von 4% ergibt sich aufgrund folgender Überlegung:

Bei der Rückstellungsbildung geht man nicht von der Gehaltshöhe des Anspruchsberechtigten am Bilanzstichtag aus, sondern es werden alle zukünftigen Lohnerhöhungen berücksichtigt und jener Bezug errechnet, der bei Pensionsantritt wahrscheinlich ist. Die auf diese Weise ermittelte Bemessungsgrundlage ist mit dem **Kapitalmarktzinssatz** abzuzinsen. Wenn man die jährliche Lohnerhöhung von etwa 3 bis 4% berücksichtigt und von einem langfristigen Kapitalmarktzinssatz von etwa 6 bis 8% ausgeht, dann ergibt sich als Differenzbetrag ein **Abzinsungszinssatz** von etwa 3 bis 4%.

Die Idee, die hinter der versicherungsmathematischen Berechnung liegt, ist die gleichmäßige Verteilung der Kosten der Pensionsanwartschaften auf den Zeitraum bis zur Beendigung des Dienstverhältnisses, wobei ungewisse Einflußfaktoren wie Lebenserwartung, Fluktuation, Invalidität berücksichtigt werden.

Wenn wir eben davon gesprochen haben, daß die Pensionslasten auf die Arbeitszeit verteilt werden sollen, dann gibt es hier zwei Möglichkeiten, entweder beginnend mit dem Zeitpunkt der Pensionszusage oder mit dem Zeitpunkt des Dienstantrittes.

Das **Gegenwartsverfahren** (auch: Gegenwartwertverfahren) beginnt die Verteilung mit dem Zeitpunkt der Pensionszusage, während das **Teilwertverfahren** bereits im Zeitpunkt des Dienstbeginnes startet. Beim Teilwertverfahren wird im Zeitpunkt der Pensionszusage, der Anspruch, der fiktiv ab dem Zeitpunkt des Dienstbeginnes entstanden ist, **auf einmal zurückgestellt**, wodurch das Jahresergebnis stark belastet wird. Auf der anderen Seite sind die jährlichen Zuführungen, im Vergleich zum Gegenwartsverfahren, bis zur Beendigung des Dienstverhältnisses geringer.

Bei beiden Verfahren ist bei Beendigung des Dienstverhältnisses der Barwert der zukünftigen Pensionszahlungen erreicht.

Wenn man aufgrund der allgemeinen Lebenserfahrung davon ausgeht, daß nur jene Mitarbeiter Pensionszusagen erhalten, die besonders zum Erfolg des Unternehmens beigetragen haben, dann spürt man, daß die „richtige Verteilung“ auf die Zeit der Tätigkeit im Betrieb, nicht mit dem Zeitpunkt der Pensionszusage beginnt, sondern mit dem Zeitpunkt des Dienstbeginnes. Nach herrschender Meinung ist das Teilwertverfahren vorzuziehen (Hauptfachausschuß des Institutes der deutschen Wirtschaftsprüfer, 2/1998, S. 404).

Zur steuerlichen Bildung der Pensionsrückstellung finden wir im § 14 Abs. 7 EStG zwei wesentliche Aussagen:

Ziffer 3: Der Rückstellung ist im jeweiligen Wirtschaftsjahr soviel zuzuführen, als bei Verteilung des Gesamtaufwandes auf die Zeit zwischen **Pensionszusage** und dem vorgesehenen **Zeitpunkt der Beendigung der Arbeitsleistung** auf das einzelne Wirtschaftsjahr entfällt.

Ziffer 6: Der Bildung der Pensionsrückstellung ist ein **Rechnungszinsfuß** von 6% zugrunde zu legen.

Damit sind steuerlich der Rechnungszinsfuß und das Gegenwartsverfahren vorgegeben.

Im § 211 Abs. 2 HGB finden wir folgende Festlegung:

Pensionsrückstellungen sind mit dem **sich nach versicherungsmathematischen Grundsätzen ergebenden Betrag anzusetzen.**

Anders als im Steuerrecht wird weder zum Rechnungszinsfuß noch zum Verfahren eine Aussage getroffen.

Das Steuerrecht kennt das **Gegenwartswertverfahren** und den **Rechnungszinsfuß von 6%.** Das Handelsrecht kennt das **Teilwertverfahren** und den **Rechnungszinsfuß von 4%.**

Diese Zusammenfassung war erforderlich, weil in der Praxis alles vermischt wird. Es wird das steuerliche Verfahren mit dem handelsrechtlichen Rechnungszinsfuß angewendet, es wird aber auch das handelsrechtliche Verfahren mit dem steuerlichen Zinsfuß angewendet. **Die Vorschrift des § 211 HGB und das Fachgutachten KFS RL 3 haben keinen einheitlichen Standard gebracht.** Das **Gegenwartswertverfahren** mit einem **Rechnungszinsfuß von 4%** wird von der TEER-AG ASDAG und von Waagner Biró angewendet. Das **Teilwertverfahren** mit einem **Rechnungszinsfuß von 6%** wird von der Verbundgesellschaft, der EVN, von Böhler, von Lenzing, von VA TECH, von Semperit, von Meinl, von der Donauchemie, von Perlmoser, von Porr, von Steyr und der Universale angewendet (vgl. *Bednar* u.a., RWZ Nr. 3/1996).

Nachdem die handelsrechtliche Berechnung immer von der steuerrechtlichen Berechnung abweicht, ergibt sich jeweils ein unterschiedlich hoher Bilanzansatz.

Das **Fachgutachten KFS/RL3** (steuerliche Mehr-/Wenigerrechnung) sagt, daß der steuerliche Ansatz so lange auch mit handelsrechtlicher Wirkung fortgeführt werden kann, als der Unterschiedsbetrag ausgehend vom handelsrechtlichen Ansatz weniger als 25% beträgt. Ist der **Unterschiedsbetrag** höher, dann muß der handelsrechtlich ermittelte Wert in der Bilanz angesetzt werden.

Aus dem **Fachgutachten IWP/RL7**:

Aus der Bewertungsvorschrift des § 211 Abs. 2 HGB ergibt sich eindeutig, daß der Gesetzgeber davon ausgeht, daß diese Rückstellung auch **Zinsenanteile** enthält.

Gemäß § 231 Abs. 2 HGB sind unter dem Aufwandsposten 6c und d Aufwendungen für Abfertigungen und Pensionen auszuweisen. Das Gesetz enthält allerdings keine Regelung darüber, ob innerhalb der Rückstellungszuweisung nach eigentlichem Personalaufwand und nach einer Zinsenkomponente zu unterscheiden ist.

Nach herrschender Auffassung **besteht keine Verpflichtung, eine solche Trennung durchzuführen.** Allerdings ist das Gliederungsschema der Gewinn- und Verlustrechnung auf die Vermittlung eines möglichst getreuen Bildes der Ertragslage ausgerichtet, wobei auch die Erfolgsaufspaltung in Betriebserfolg, **Finanzerfolg** und außerordentliches Ergebnis diesem Zweck dient. Im Sinne dieser Erfolgsaufspaltung besteht kein Einwand gegen den Ausweis der Zinsenkomponente im Posten „Zinsen und ähnliche Aufwendungen".

Die Ermittlung der Zinsen kann vereinfachend wie folgt vorgenommen werden:

Beispiel 1: Dotierung der Pensionsrückstellung mit Ausweis der Zinskomponente

Rückstellung am 1. 1. 1996	10,000.000	
Rückstellung am 31. 12.1996		15,000.000
Dotierungsbedarf		5,000.000
Durchschnittlich gebundene Rückstellung im Jahr 1996:		12,500.000
Verzinsung: 6% von 12,500.000	750.000	

Verbuchung:	
Zinsaufwand	750.000
Personalaufwand	4,250.000
an Pensionsrückstellung	5,000.000

Beispiel 2: Teilauflösung der Pensionsrückstellung

Rückstellung am 1. 1. 1996		15,000.000
Rückstellung am 31. 12. 1996		10,000.000
Auflösungsbedarf		5,000.000
Durchschnittlich gebundene Rückstellung im Jahr 1996:		12,500.000
Verzinsung: 6% von 12,500.000	750.000	

Verbuchung Beispiel 1:

Zinsaufwand	750.000
Pensionsrückstellung	5,000.000
an Erträge aus der Auflösung von Pensionsrückstellung	5,750.000

Verbuchung Beispiel 2:

Pensionsrückstellung	5,000.000
an Erträge aus der Auflösung von Pensionsrückstellung	5,000.000

Bei einer Teilauflösung ist zu berücksichtigen, daß die weiterhin bestehenden Rückstellungen verzinst werden und nur ein Teil aufgelöst wird. Daher sollte die Verbuchung gemäß Beispiel 1 gewählt werden, da weiterhin die Zinskomponente zum Tragen kommt.

Produkthaftung

Ganz grundsätzlich hat sich mit dieser Rückstellung ein **Produzent** oder ein **Importeur** auseinanderzusetzen. **Händler**, die ihre Produzenten kennen, haben mit dieser Rückstellung weniger zu tun. Wenn Sie nun nach Rücksprache mit Ihrer Versicherung der Ansicht sind, daß das Risiko der Produkthaftung nicht in der Betriebshaftpflichtversicherung gedeckt ist, dann besteht eine Verpflichtung zur Bildung der Rückstellung.

Das Rückstellungsausmaß läßt sich pauschal ermitteln, und zwar wie folgt:

Fiktive Versicherungsprämien oder 0,5% vom Umsatz.

Beispiel aus einem Erlaß des BMfF. Der Erlaß ist mittlerweile aufgehoben, aber das Beispiel brauchbar. Viele Unternehmer haben die damalige steuerliche Bewertungsmethode dann handelsrechtlich weitergeführt.

Die Jahresumsätze betragen von 1. Jänner 1988 bis 31. Dezember 1988 6 Mio. Schilling und jeweils in den Wirtschaftsjahren 1989 13 Mio. Schilling, 1990 14 Mio. Schilling, 1991 14 Mio. Schilling und 1992 16 Mio. Schilling.

Der **Rückstellung** sind zuzuführen

1988	30.000	0,5% v. 6.000.000
1989	65.000	0,5% v. 13.000.000
1990	70.000	0,5% v. 14.000.000
1991	70.000	0,5% v. 14.000.000
1992	80.000	0,5% v. 16.000.000

Die **Rückstellung** beträgt zum 31. Dezember

1988	30.000	
1989	95.000	(30.000 + 65.000)
1990	165.000	(+ 70.000)
1991	235.000	(+ 70.000)
1992	285.000	(+ 80.000 – 30.000)

(Die Dotierung erfolgt mit 80.000 S, die Zuführung 1988 von 30.000 S ist über Ertrag aufzulösen.)

Wenn Sie Ihrer **Versicherung** die möglichen Personen oder Sachschäden beschreiben, dann kann die Versicherung eine Prämie nennen, die diese Risken abdeckt. Auch wenn Sie diese Prämien nicht an die Versicherung zahlen, wird **die Höhe dieser Prämien als Aufwand** rückstellbar sein. Die Höhe der Rückstellung für die Produkthaftung ergibt sich aus diesen **fiktiven Versicherungsprämien.**

Wenn Sie nicht diesen Weg über die Versicherung gehen, dann kann die Rückstellung mit **0,5% des Nettoerlöses** ermittelt werden. Der Handlungsspielraum bei dieser Vorgangsweise besteht in der Festlegung des Ansammlungszeitraumes. Als Basis für die Nettoerlöse können nur jene Produkte herangezogen werden, für die eine Haftung besteht. **Also handelsrechtlich besteht die Verpflichtung zur Bildung einer Rückstellung** für Produkthaftung, steuerrechtlich ist eine Produkthaftungsrückstellung nur mehr bei **Vorliegen konkreter, auf eine Haftung schließende Umstände** möglich.

Keine Rückstellung für Produkthaftung bei einer Gemischtwarenhandlung mit einem Jahresumsatz von rund 5,5 Mio. S, in der im wesentlichen Lebensmittel veräußert werden und gegenüber dem Inhaber auch keine einzige Inanspruchnahme erfolgte. Gerade einem Gemischtwarenhändler muß es möglich sein, sich von allfälligen Haftungen durch die Namhaftmachung des Lieferanten zu befreien (FLD Wien, NÖ, Bgld., Senat X, 9.6.1993, 93/406/02; FJ 1996, 207 LS 45).

Prozeßkosten

Hier ist zu berücksichtigen, daß bei einer mehrjährigen Prozeßdauer nur jeweils die Kosten des einzelnen Jahres rückgestellt werden können.

Rückstellungsfähig sind nur die Kosten für das bereits abgelaufene Jahr. Der Prozeß muß jedoch am Bilanzstichtag bereits laufen. Für künftige Prozeßkosten ist eine Rückstellung nicht möglich.

Prüfungs- und Beratungskosten

Diese Rückstellung betrifft die Honorare des Steuerberaters, des Rechtsanwaltes oder Wirtschaftsprüfers. Wenn vom Wirtschaftsprüfer die Rede ist, dann betrifft es das Honorar für die Abschlußprüfung einer Kapitalgesellschaft. Zumindest in Deutschland sind für die Höhe der Rückstellung nicht nur die Wirtschaftsprüferkosten, sondern auch die firmeninternen Kosten maßgeblich, die das abgelaufene Wirtschaftsjahr betreffen weil diese aufgrund einer öffentlichrechtlichen Verpflichtung anfallen.

Rekultivierungskosten

Mit einer **Abbaugenehmigung** (Steinbruch, Schottergruben) ist normalerweise **die Verpflichtung** verbunden, nach Beendigung das Grundstück wieder in den Zustand vor dem Abbau (Rekultivierung) zu bringen. Die **Kosten für die Rekultivierung** sind zu schätzen und im Verhältnis der abgebauten Menge zur gesamten abbaufähigen Menge jährlich rückzustellen.

Beispiel

Laut Bescheid der BH Feldbach ist die E. Gerstmayr GmbH. auf den Grundparzellen EZ 3298 und 3347 in Atzesberg, Gemeinde St. Peter, zum Betrieb eines Steinbruches berechtigt. Als Auflage wurde die **Rekultivierung und Wiederaufforstung** des derzeitigen Betriebsgeländes nach Beendigung der Abbautätigkeit vorgeschrieben.

Auf Basis der derzeitigen Abbaufläche ist mit folgenden Rekultivierungs- und Bepflanzungskosten zu rechnen:

Rekultivierung: Derzeit in Anspruch genommene Fläche 8.000 m².

Erforderlicher Maschineneinsatz für:

Einebnen und Humus auftragen:

200 Std. Planierraupe	750,–	150.000,–
200 Std. Raupenbagger RH 9	700,–	140.000,–
200 Std. Raupenbagger RH 20	950,–	190.000,–
150 Std. 3-Achs.-Lkw	500,–	75.000,–
		555.000,–
Abbau der Anlage und Abbruch der Befestigungen:		
20 Std. Kranwagen	1.500,–	30.000,–
60 Std. Bagger m. Hammer	1.100,–	66.000,–
100 Mannstunden	200,–	20.000,–
		116.000,–
Bepflanzungskosten: 8.000 m²	10,–	80.000,–
		751.000,–

Aufwand/Rückstellung

Rücknahmeverpflichtungen

Wenn Unternehmer bestimmte Waren in den Verkehr bringen, besteht die gesetzliche Verpflichtung, diese nach Ablauf einer normalen Nutzung wieder zurückzunehmen und zu entsorgen (beispielsweise Leuchtstoffröhren).

Nun wird auf der einen Seite bei der Veräußerung des Wirtschaftsgutes ein Gewinn realisiert, der zukünftig mit Entsorgungskosten belastet wird.

Schadenersatz

Diese Rückstellung ist zu bilden, wenn **Schadenersatzklagen** laufen und eine Verurteilung droht. Sobald die Klage rechtsanhängig geworden ist, muß diese Rückstellung gebildet werden, wobei in der Regel nicht vom ungünstigsten Fall des Prozeßausganges auszugehen ist. Wenn im Unternehmen eine **Patentrechtsverletzung** stattgefunden hat und mit einer Schadenersatzforderung zu rechnen ist, dann ist die Rückstellung im Jahr der Patentrechtsverletzung vorzunehmen.

Mögliche Schadenersatzansprüche wegen nicht vertragskonformer Erfüllung sind ebenfalls rückzustellen, wie beispielsweise:

- **Pönalezahlung** wegen Spätererfüllung,
- **Nichteinhaltung langfristiger** Serviceverträge,
- **nicht rechtzeitige Abnahme** von Lieferungen.

Sonderzahlungen bei abweichendem Wirtschaftsjahr

Sonderzahlungen (Urlaubsgeld, Weihnachtsgeld) führen bei einem Wirtschaftsjahr, das mit dem Kalenderjahr übereinstimmt, zu keinem Abgrenzungsproblem. Wenn jedoch das Wirtschaftsjahr vom Kalenderjahr abweicht, dann wird für Sonderzahlungen eine Rückstellung zu bilden sein, soweit diese vor dem Bilanzstichtag angefallen sind.

Ermittlung:

Gesamter Lohn- und Gehaltsaufwand vom 1. Jänner bis zum Bilanzstichtag
davon 1/6 für Sonderzahlungen (UG + WR)
abzüglich bereits ausbezahlte Sonderzahlungen
zuzüglich kollektivvertragliche Lohn- und Gehaltserhöhungen nach dem Bilanzstichtag und vor dem Fälligkeitstag der Sonderzahlungen
zuzüglich Lohn- und Gehaltsnebenkosten (%)
ergibt den Rückstellungsbetrag.

Treueprämien

Eine Rückstellung für Treueprämien ist zu bilden, wenn diese vertraglich zugesichert worden sind. Auch wiederkehrende „freiwillige" Zahlungen einer Treueprämie verlieren die Freiwilligkeit.

Überstunden

Wenn es eine rechtliche Verpflichtung zur Zahlung von Überstunden gibt, dann sind die entsprechenden Beträge rückzustellen, wenn sie wirtschaftlich das alte Jahr betreffen (Überstundenentgelte für Überstunden, die im alten Jahr geleistet worden sind, aber noch nicht verrechnet wurden). Überstundenteiler: wöchentliche Arbeitsstunden x 4,33.

Beispiel

Herr Mag. K hat 1997 insgesamt 320 Überstunden geleistet. Von diesen Überstunden werden 180 Stunden in das Jahr 1998 vorgetragen und ausgezahlt. Mag. K hat einen Monatsbezug von brutto S 30.000,– (Überstundenteiler 167, 38,5 Stundenwoche, 32% Lohnnebenkosten).

Lösung

30.000 + 1/6 = 35.000		
: 167 =	Stundensatz S 210,–	
180 Stunden x 210 =	37.800,–	
32% Lohnnebenkosten	12.096,–	
	49.896,–	Personalaufwand/ Rückstellung

Umweltlasten

Aus § 198 Abs. 8 HGB ergibt sich die Verpflichtung zur Bildung einer **Umweltrückstellung.** Aufgrund geänderter gesetzlicher Rahmenbedingungen kann ein Unternehmen plötzlich gezwungen sein, entweder neue Umweltauflagen zu erfüllen oder Altlasten zu beseitigen.

Im Erlaß vom 28. März 1995 wurden Beispiele wie folgt angeführt:

- Rückstellung für **Wiederaufforstungskosten**
- Rückstellung für **Umzugs- und Räumungskosten**
- Rückstellung für **Baustellenräumungskosten**
- Rückstellung für **Entfernung- und Entsorgungsverpflichtungen**

Wesentlich für die Rückstellungsbildung ist, daß ein öffentlich-rechtlicher Verpflichtungsgrund zum Handeln besteht. Dieser öffentliche Verpflichtungsgrund geht zurück auf ein Gesetz, eine Verordnung (Deponieverordnung) oder einen Bescheid (Abbaubescheid mit Rekultivierungsverpflichtung).

Für die steuerliche Anerkennung solcher Rückstellungen hat die Finanzbehörde bisher die Kenntnisnahme bzw. das Tätigwerden der Verwaltungsbehörden verlangt.

Der VwGH hat mit seinem Erkenntnis vom 10. Oktober 1996, Zahl 94/15/0089 diese Ansicht nicht geteilt und hat **von der Wahrscheinlichkeit des Behördeneingreifens gesprochen.**

Aufgrund dieses Erkenntnisses ergibt sich für die steuerliche Anerkennung, daß die Handlungsverpflichtung des Unternehmers unmittelbar auf ein Gesetz oder auf einen besonderen Verwaltungsakt zurück gehen muß und Sanktionen an ein Zuwiderhandeln geknüpft sind. „Ob die zuständige

Behörde bereits ein Verfahren auf Geltendmachung der Leistungspflicht in die Wege geleitet hat, ist hingegen nicht entscheidend".

Unterlassene Reparaturen

Wenn im abgelaufenen Jahr Reparaturen und Instandsetzungen notwendig gewesen wären, diese aber aus finanziellen oder technischen Gründen nicht vorgenommen wurden, **so darf in Höhe dieser unterlassenen Reparaturen nur handelsrechtlich eine Rückstellung gebildet werden.** Steuerrechtlich darf hiefür keine Rückstellung zu Lasten des Gewinnes des abgelaufenen Jahres gebildet werden.

Ausnahme:

Nur wenn Wirtschaftsgüter gemietet oder gepachtet und Reparaturen und Instandsetzungen unterlassen worden sind, dann ist eine Rückstellung steuerrechtlich wie handelsrechtlich anerkannt. Vorausgesetzt wird, daß ein **Verpflichtungsgrund im Bestandsvertrag** vorhanden ist.

Verluste aus schwebenden Geschäften

Ein schwebendes Geschäft ist ein Geschäft, das noch von keiner Seite erfüllt worden ist. Es ist lediglich ein Wirtschaftsgut bestellt worden, aber der Liefertag ist noch in weiter Ferne und demgemäß auch noch die Bezahlung. So ein schwebendes Geschäft ist in der Buchhaltung grundsätzlich nicht zu berücksichtigen. Die Buchung erfolgt ja erst im Zeitpunkt der Lieferung. Jetzt gibt es aber einen Sachverhalt, der trotzdem zu einer Buchung führt. Werden im abgelaufenen Jahr Verträge zu festen Preisen abgeschlossen und treten im Folgejahr Änderungen im Preisgefüge ein, so kann es bei Vertragserfüllung zu Verlusten kommen. Wir kaufen zum Beispiel zu einem höheren Preis ein als der dann gültige Marktpreis. Wird daher aufgrund der abgeschlossenen Verträge ein Verlust im kommenden Jahr erwartet, so ist nach dem imparitätischen Realisationsprinzip der zu erwartende Verlust bereits in der Periode der Verursachung (Vertragsabschluß) zu berücksichtigen.

Beispiel

Im Unternehmen werden unter anderem preisgünstige Stühle für den Wohnbereich hergestellt. Für das Jahr 1996 liegen für die Zuschlagskalkulation folgende Zahlen vor, die auch den Plankosten der Periode 1997 entsprechen:

Fertigungsmaterial	203.200,–
Fertigungslöhne	340.000,–
Materialgemeinkosten	25%
Fertigungsgemeinkosten	90%
Verwaltungsgemeinkosten	18%
Vertriebsgemeinkosten	12%

Diese Aufstellung bezieht sich auf die Herstellung von 1000 Stück dieser Stühle. Dem Unternehmen liegt ein Auftrag auf Lieferung von 1600 Stühlen zu einem Nettoverkaufspreis von S 1.020,– je Stück vor, wobei der Auftrag die Lieferung der vorrätigen 1000 Stück umfaßt und die restlichen 600 aus der Produktion 1997 erfüllt werden sollen.

Lösung

FM	203.200		
25% MGK	50.800		
FL	340.000		
90% FGK	306.000		
	900.000		
18% Vw GK	162.000		
12% Vt GK	108.000		
Selbstkosten	1,170.000	: 1000 Stück =	1.170
VK laut Auftrag			1.020
Verlust je Stück			150

Rückstellung für drohende Verluste aus schwebenden Geschäften:

Wenn aus der Produktion 1997 mit Selbstkosten von S 1.170 600 Stück um S 1.020 verkauft werden, dann resultiert daraus ein Verlust mit S 150. Nachdem dieser „Verlustauftrag" bereits 1996 abgeschlossen wurde, ist eine Rückstellung für drohende Verluste zu bilden.

600 werden noch produziert,
drohende Verluste 90.000 Aufwand/Rückstellung

Versicherungsbeiträge GSVG

Sozialversicherungsbeiträge: Die Sozialversicherungsbeiträge sind abhängig von der Höhe der Einkünfte. Übersteigen die tatsächlichen Einkünfte eines Jahres die vorläufige Bemessungsgrundlage, so ist eine Rückstellung zu bilden. Im umgekehrten Fall eine aktive Rechnungsangrenzung.

Ab dem Kalenderjahr 1998 werden die Kranken- und Pensionsversicherungsbeiträge auf Grund der tatsächlichen versicherungspflichtigen Einkünfte eines Jahres bemessen. Im Jahresabschluß ist daher der Differenzbetrag zwischen den vorläufigen und den endgültigen Versicherungsbeiträgen entweder als Rückstellung (GSVG-Nachzahlung) oder als Forderung (Gutschrift) zu berücksichtigen. Es ist daher erforderlich, die voraussichtlichen endgültigen GSVG-Beiträge zu ermitteln.

Strittig ist, ob handelsrechtlich die Rückstellungsverpflichtung gegeben ist. Angezweifelt wird, daß handelsrechtlich ein Aufwand vorliegt (vgl. SWK-Heft 19, 1.7.00, S. 737 ff).

Wechselobligo

Wenn wir einen **Besitzwechsel** beim Kreditinstitut eskontiert haben und nach Abzug von Spesen und Wechseldiskont der Betrag auf unserem **Bankkonto gutgeschrieben** worden ist, dann besteht noch immer das Risiko, daß der Bezogene am Fälligkeitstag den Wechsel nicht zahlen kann. Wenn damit gerechnet werden muß, dann ist bereits eine Rückstellung zu bilden, denn die Bank wird, nach erfolgloser Wechselvorlage beim Bezogenen, den uns gutgebrachten Betrag wieder abbuchen.

Wertsicherung

Ist eine Wertsicherung deswegen noch nicht schlagend geworden, weil eine vereinbarte Indexgrenze noch nicht überschritten wurde, ist dieser Teil der Wertsicherung rückzustellen.

Zeitausgleich für Überstunden

Eine Abgeltung der Überstunden durch Freizeit ist im Gesetz nicht vorgesehen. Die Parteien des Arbeitsvertrages müssen dies gesondert vereinbaren. Derartige Abreden sind jedoch nur dann zulässig, wenn sie für den Arbeitnehmer zu keiner Verschlechterung seiner Position gegenüber den relativ zwingenden Normen von Kollektivverträgen oder Gesetz führen (OGH vom 31.8.1988, 9 Ob A 155/88).

Das setzt bei 50%igem Überstundenzuschlag einen Zeitausgleich im Verhältnis 1:1,5 bzw. bei 100%igem Überstundenzuschlag einen Zeitausgleich im Verhältnis 1:2 voraus.

Die Rückstellung für den noch **nicht konsumierten Zeitausgleich** wird wie folgt ermittelt:

Gehalt Jänner des Folgejahres
zuzüglich Dienstgeberanteil zur Sozialversicherung
Monatsentgelt

$$\text{Stundensatz} = \frac{\text{Monatsentgelt}}{167}$$

Rückstellung: Überstunden zum 31. Dezember x Stundensatz zuzüglich 32% Lohnnebenkosten

Beispiel

Mitarbeiter A. B.,			
Jännerbezug	36.000		
1/6 UG, WR	6.000		
	42.000 : 167 = 251		
39 Überstunden x 251 =		9.789	
zuzügl. 32%		3.132	
Rückstellungsbetrag		12.921	Personalaufwand/ Rückstellungen

Wiederholungsfragen

- Welche Rückstellungen müssen handelsrechtlich gebildet werden?
- Wie werden Rückstellungen bewertet?
- Welche Voraussetzungen gibt es für die Bildung von Rückstellungen?
- Welche Rückstellungen werden steuerlich nicht anerkannt?
- Was wissen Sie über die Abfertigungsrückstellung?
- Wie hoch sind die Abfertigungsansprüche?
- Welchen Sinn hat eine Abfertigungsversicherung?
- Wie wird die Abfertigungsrückstellung ermittelt?
- Was wissen Sie über die Wertpapierdeckung?
- Was sagt das Fachgutachten KFS/RL 2 zur Abfertigungsrückstellung?
- Kann für Ausbildungskosten eine Rückstellung gebildet werden?
- Wann werden die Ausgleichsansprüche eines Handelsvertreters rückgestellt?
- Gibt es eine Rückstellungsverpflichtung aufgrund von Bestandsverträgen?
- Können Erlösschmälerungen rückgestellt werden?
- Was wissen Sie über die Gewährleistungsrückstellung?
- Erläutern Sie die Rückstellung für Jubiläumsgelder.
- Wie erfolgt die Bildung der Körperschaftsteuerrückstellung?
- Können Kosten der Betriebsprüfung rückgestellt werden?
- Was wissen Sie zum Thema latente Steuern?
- Wie erfolgt die Bildung der Rückstellung für nicht konsumierte Urlaube?
- Was wissen Sie über die Pensionsrückstellung?
- Was ist das Gegenwartwertverfahren?
- Was sagt das Fachgutachten KFS/RL 3 zu den Pensionsrückstellungen?
- Was sagt das Fachgutachten IWP/RL 7 zur Pensionsrückstellung?
- Was wissen Sie über die Rückstellung zur Produkthaftung?
- Können Rekultivierungskosten rückgestellt werden?
- Gibt es eine Rückstellung für nicht konsumierte Überstunden?
- Können Umweltlasten rückgestellt werden?
- Was ist die Rückstellung für unterlassene Reparaturen?
- Was ist die Rückstellung für Verluste aus schwebenden Geschäften?
- Wie erfolgt die Ermittlung von Zeitausgleichsguthaben?

4.8 Verbindlichkeiten

Aktivseite	Passivseite
A. Anlagevermögen	A. Eigenkapital
B. Umlaufvermögen	B. unversteuerte Rücklagen
C. Rechnungsabgrenzungsposten	C. Rückstellungen
	D. Verbindlichkeiten
	E. Rechnungsabgrenzungsposten

Handelsrechtlich sind gemäß § 211 HGB Verbindlichkeiten mit ihrem **Rückzahlungsbetrag** und Rentenverpflichtungen mit dem **Barwert der zukünftigen Auszahlungen** anzusetzen. Steuerrechtlich sind Verbindlichkeiten mit ihren „Anschaffungskosten" bzw. **ihrem höheren Teilwert** zu bilanzieren. Verbindlichkeiten aus Lieferungen und Leistungen können entweder durch Abstattung (Zahlung) oder aus anderen Gründen (Verjährung, Schuldennachlaß) wegfallen.

Bewertung auf einen Blick

	HGB	EStG
Wertansätze Verbindlichkeiten Rentenverpflichtungen	Höchstwertprinzip gem. • § 211 Abs. 1 Rückzahlungsbetrag • Barwert der zukünftigen Auszahlungen	§ 6 • AK oder höherer Teilwert • Barwert
Damnum (Disagio) (Differenz zwischen Ausgabebetrag und fixiertem Rückzahlungsbetrag einer Verbindlichkeit)	Wahlrecht zwischen Rechnungsabgrenzung und Sofortaufwand (§ 198 Abs. 7)	Pflicht zur aktiven Rechnungsabgrenzung mit Verteilung auf die Laufzeit des Kredites (§ 6 Z 3)
Geldbeschaffungskosten	Sofortaufwand	Steuerlich sind diese Kosten auf die Kreditlaufzeit zu verteilen (§ 6 Z 3), Freigrenze 12.000

Verjährung von Verbindlichkeiten

Verbindlichkeiten aus Lieferungen und Leistungen verjähren in der Regel nach Ablauf von **drei Jahren** ab dem Zeitpunkt, zu dem der Gläubiger sein Recht auf Leistung (Bezahlung) das erste Mal hätte geltend machen können. Für die Fristberechnung ist meistens nicht das Rechnungsdatum, sondern das Fälligkeitsdatum maßgebend.

Ferner ist zu prüfen, ob nicht Gründe für eine **Verjährungsunterbrechung** vorliegen, wie z.B. Schuldanerkenntnis oder Klage des Gläubigers. Werden derartige Handlungen gesetzt, beginnt die Verjährungsfrist ab diesem Zeitpunkt neu zu laufen.

Nach Ablauf der Verjährungsfrist verwandelt sich die klagbare Schuld in eine zahlbare, aber nicht klagbare Schuld (Naturalobligation). Es liegt im Ermessen des Schuldners, ob er die Verbindlichkeit bei „Aufforderung" bezahlt oder nicht. Häufig wird aus geschäftlichen Gründen auf die Verjährungseinrede verzichtet und auch eine verjährte Verbindlichkeit bezahlt.

Eine verjährte Verbindlichkeit ist auszubuchen, wenn Gewißheit besteht, daß der Gläubiger (Lieferant) keine tauglichen Unterbrechungshandlungen gesetzt hat. Die damals geltend gemachte **Vorsteuer** ist zu korrigieren.

Betrifft die verjährte Lieferverbindlichkeit ein Wirtschaftsgut des Anlagevermögens, sind die Anschaffungskosten zu kürzen:

Buchungssatz: Verbindlichkeiten aus	
Lieferungen und Leistungen	/ Anlagenkonto (z.B. Maschinen)
	/ Vorsteuer

Ist das Anlagegut bereits zur Gänze abgeschrieben, erfolgt die Ausbuchung über Ertrag.

Buchungssatz: Verbindlichkeiten aus	
Lieferungen und Leistungen	/ Erträge
	/ Vorsteuer

Anmerkung

Da es sich bei der Ausbuchung verjährter Verbindlichkeiten um eine Kürzung der Anschaffungs- bzw. Herstellungskosten handelt, ist **ein in Anspruch genommener Investitionsfreibetrag zu kürzen bzw. gewinnerhöhend aufzulösen.**

Die Auflösung hat auch dann zu erfolgen, wenn die Behaltefrist bereits abgelaufen ist und der Investitionsfreibetrag erfolgsneutral aufgelöst wurde (Quantschnigg/Schuch: ESt Handbuch).

Betrifft die verjährte Verbindlichkeit Wirtschaftsgüter des Umlaufvermögens, so ist die Verbindlichkeit gewinnerhöhend auszubuchen.

Buchungssatz: Verbindlichkeiten aus Lieferungen und Leistungen / Erträge / Vorsteuer

Schuldennachlaß im Rahmen einer Sanierung

Hier geht es darum, ein „notleidendes“ (sanierungsbedürftiges) Unternehmen durch Schuldnachlaß im Rahmen eines gerichtlichen bzw. außergerichtlichen Ausgleiches zu sanieren. Durch den Wegfall der Verbindlichkeiten erhöht sich das Betriebsvermögen. Es entsteht ein sogenannter Sanierungsgewinn.

Wird im Rahmen eines außergerichtlichen Ausgleiches mit einem Lieferanten vereinbart, daß bei Zahlung von 50% der offenen Schulden innerhalb von 14 Tagen die Restschuld erlischt, so darf die **Verbindlichkeit erst dann ausgebucht werden, wenn die Zahlung termingerecht erfolgt ist** und damit die Bedingung für den Schuldnachlaß erfüllt wurde.

Die Verbindlichkeiten sind unabhängig davon, ob sie Anlagevermögen oder Umlaufvermögen betreffen, gewinnerhöhend auszubuchen (keine Kürzung der Anschaffungskosten). Die damals geltend gemachten Vorsteuern sind entsprechend zu berichtigen.

Verbindlichkeiten aus L+L / Sanierungsgewinn (Pos.17 a.o. Ertrag) / Vorsteuern

Rentenverpflichtungen

Beispiel

Am 18. Juni 1999 wird ein unbebautes Grundstück gekauft, aber noch nicht verbucht. Aus dem Notariatsakt entnehmen wir, daß beginnend ab 1. Juli 1999 eine monatliche Leibrente in Höhe von S 10.000,– zu zahlen ist. Die Zahlungen für 1999 sind auf dem Konto 030 aktiviert worden. Der **Barwertfaktor der Leibrentenverpflichtung beträgt am 1. Juli 8,584 und am 31. Dezember 1999 8,513.** Mit dem Verkäufer Rosenberger wurde vereinbart, daß eine bestehende Hypothekarverbindlichkeit gegenüber der Bawag in Höhe von S 200.000,– mitübernommen wird. Die Kosten des Notars mit S 20.000,– und die Kosten für die Grundstücksvermessung mit S 10.000,– sind auf dem Konto 780 verbucht worden. Die Vorsteuer mit insgesamt S 6.000,– ist auf dem Konto 250 erfaßt.

Lösung

Notar, Vermessungskosten 30.000 Grund/Aufwand

Vorsteuerabzug gegeben, kein Vorsteuerabzug, wenn ein unecht befreiter Umsatz ausgeführt wird.

Leibrente		60.000	Aufwand/ Grund
Aktivierung Leibrente			
120.000 x 8,584 = 1,030.080		1,030.080	Grund/sonst. Verbind.
120.000 x 8,513 = 1,021.560			
Differenz	8.520	8.520	sonst. Verb./ Aufwand
Hypothekarverbindlichkeit		200.000	Grund/ Bankverb.
Anschaffungskosten Grundstück 1,260.080			

Bei Wegfall einer derartigen Rentenverpflichtung infolge Todes des Rentenberechtigten ist diese gewinnerhöhend auszubuchen (keine Kürzung der Anschaffungskosten).

Buchungssatz:
Rentenverpflichtungen / außerordentliche Erträge

Damnum

Beispiel

Von der OÖ. Landeshypothekenbank ist am 1. Juli 1996 ein Darlehen von S 1,000.000,– aufgenommen worden. Durch den sofortigen Abzug eines Damnums (Abgeld) von S 50.000,– und der Geldbeschaffungskosten mit S 10.000,– beträgt das verfügbare Darlehen S 940.000,–.

Die Laufzeit des Darlehens beträgt 3 Jahre. Der verfügbare Darlehensbetrag von S 940.000,– ist auf Konto 320 verbucht worden. Darüber hinausgehende Buchungen sind nicht vorgenommen worden.

Lösung

Damnum	50.000,–	ARA/Bank
Geldbeschaffungskosten	10.000,–	Aufwand/Bank
S 50.000,– : 36 Mo. x 6 Mo.	8.333,–	Zinsaufwand/ ARA

S 10.000,– : 36 Mo. x 6 Mo. = 1.667,– aufwandswirksam

MWR + 8.333,–

§ 198 Abs. 7 HGB: Ist der Rückzahlungsbetrag einer Verbindlichkeit zum Zeitpunkt ihrer Begründung höher als der Ausgabebetrag, so darf der Unterschiedsbetrag in den Rechnungsabgrenzungsposten auf der Aktivseite aufgenommen und muß dann gesondert ausgewiesen werden. Der eingesetzte Betrag ist durch planmäßige jährliche Abschreibung zu tilgen.

Ab dem 1.7.1996 ist folgender Satz aus dieser gesetzlichen Bestimmung gestrichen worden „Dies gilt sinngemäß für die mit der Begründung einer derartigen Verbindlichkeit unmittelbar zusammenhängenden Geldbeschaffungskosten.“

Mit dieser Streichung aus dem Gesetzestext gibt es damit für Geldbeschaffungskosten handelsrechtlich keine Möglichkeit mehr, diese zu aktivieren und auf die Laufzeit abzuschreiben. Daher werden im konkreten Beispiel die Geldbeschaffungskosten handelsrechtlich sofort als Aufwand verbucht.

§ 6 Z. 3 EStG: Im Jahr der Aufnahme einer Verbindlichkeit ist ein Aktivposten anzusetzen in Höhe des Unterschiedsbetrages zwischen Rückzahlungsbetrag und aufgenommenem Betrag und in Höhe der mit der Verbindlichkeit unmittelbar zusammenhängenden Geldbeschaffungskosten. Der Aktivposten ist zwingend auf die gesamte Laufzeit der Verbindlichkeit zu verteilen.

Im konkreten Beispiel sind die Geldbeschaffungskosten handelsrechtlich sofort Aufwand, steuerrechtlich aber wie das Damnum auf die Laufzeit zu verteilen. Daraus resultiert eine Mehr-/Wenigerrechnung, weil von den Geldbeschaffungskosten nur S 1.667,– aufwandswirksam werden, der Rest erst in den nächsten 2 $^{1}/_{2}$ Jahren.

Lieferverbindlichkeiten – Skontozahlungen

Damit der Bankkredit geschont wird, verlegen sich viele Unternehmer auf den Lieferantenkredit. Dieser wird normalerweise ohne besondere Formalitäten und in der Regel auch ohne Sicherheiten gewährt. Aber es ist ein sehr teurer Kredit. Dies deswegen, weil bei der Preisermittlung der Skontobetrag einkalkuliert wird. Der nichtausgenützte Skonto ist dann immer ein teurer Kredit, wenn die Skontorendite wesentlich über den jeweilgen Bankkreditzinsen liegt. Die Skontorendite kann wie folgt errechnet werden:

Beispiel

2% Skonto innerhalb 8 Tage oder 30 Tage netto
Zinssatz = Skontosatz in % x 360 Tage, dividiert durch Zahlungsfrist

2 x 360 = 720 : 22 = 33% Zinsen

Der nichtausgenützte Skonto ist immer dann teurer, wenn die Skontorendite über den Bankkreditzinsen liegt.

Die Skontorendite beträgt 45% und liegt weit über den Bankkredtizinsen. In diesem Fall werden Sie sich für die Ausnützung des Skontos entscheiden. In der Regel können Sie davon ausgehen, daß der nichtausgenützte Skonto ein sehr teurer Lieferantenkredit ist. 2% Skonto innerhalb von 10 Tagen oder 30 Tagen Ziel ohne Skontoabzug entspricht einem Jahreszinssatz von 35% = teurer Lieferantenkredit!

Skontosatz	Ziel = 30 Tage		Ziel = 60 Tage	
	Skontofrist	Jahreszinssatz	Skontofrist	Jahreszinssatz
1%	0 Tage	12%	0 Tage	6%
1%	8 Tage	16%	10 Tage	7%
1%	10 Tage	18%	30 Tage	12%
2%	0 Tage	24%	0 Tage	12%
2%	8 Tage	33%	10 Tage	14%
2%	10 Tage	36%	30 Tage	24%
3%	0 Tage	36%	0 Tage	18%
3%	8 Tage	49%	10 Tage	22%
3%	10 Tage	54%	30 Tage	36%
4%	0 Tage	48%	0 Tage	24%
4%	8 Tage	65%	10 Tage	29%
4%	10 Tage	72%	30 Tage	48%
5%	0 Tage	70%	0 Tage	30%
5%	8 Tage	82%	10 Tage	36%
5%	10 Tage	90%	30 Tage	60%

Exkurs: Finanzinstrumente

Beim Abschluß eines Kaufvertrages, der nicht sofort erfüllt wird, wird ein Zeitpunkt (Termin) für die Erfüllung des Vertrages vereinbart. Die Zahlung erfolgt dann zu dem vereinbarten Termin. Kaufgegenstände können Agrarprodukte, Rohstoffe, Devisen oder Wertpapiere sein. So wie die Kassapreise bilden sich auch Terminpreise aufgrund von Angebot und Nachfrage. Damit leitet sich der Wert vom Kaufgegenstand ab. Dies hat zum Begriff „Derivate" geführt (lateinisch: derivare = ableiten). Dieser Begriff wird nun als Sammelbegriff für Finanztermingeschäfte herangezogen.

Als „derivative Instrumente" bezeichnet man am Finanzmarkt im wesentlichen Optionen, Futures und Termingeschäfte. Wir wollen diese Instrumente jedoch nicht aus der Sicht des spekulativen Anlegers beleuchten, der die mit den zweifellos hohen Risken verbundenen Ertragschancen anstrebt. Vielmehr möchten wir die derivativen Instrumente vom betriebswirtschaftlichen Standpunkt der Absicherung unternehmerischer Risken darstellen, sie also gleichsam mit Risikoversicherungen vergleichen.

Jeder Unternehmer ist es gewohnt, **Standardrisken** (wie etwa Wasser- und Feuerschaden, Einbruch), als auch **betriebsspezifische Risken** (wie etwa Maschinenbruch, Betriebsunterbrechung, Produkthaftung) mit den **Instrumenten der Versicherung** abzudecken.

Selten aber wird daran gedacht, ein **Wechselkursrisiko**, das Risiko sich **ändernder Zinsen** oder etwa das **Kursrisiko** abzusichern. In der Folge werden wir einige dieser Risiken und deren Absicherung besprechen:

Wechselkursrisiko bei Verbindlichkeiten

In absehbarer Zeit ist eine **Verbindlichkeit in einer fremden Währung** zu begleichen. Ein drohender Kursanstieg der Fremdwährung könnte den Gewinn des Grundgeschäftes schmälern. Welche Möglichkeiten hat der Betrieb?

Erwerb einer **Kaufoption** (call) auf die gewünschte Fremdwährung

Mit dem Kauf eines calls erwerben Sie das Recht, einen bestimmten Fremdwährungsbetrag innerhalb einer bestimmten Frist zu einem bestimmten Devisenkurs zu erwerben. Der Preis für die Option wird Prämie genannt. **Steigt die Fremdwährung tatsächlich** (wie erwartet), so kann die Option ausgeübt und die Fremdwährung zum fixierten Preis erworben werden. Manchmal aber wird der call mit Gewinn verkauft, sodaß die Mehrkosten des Fremdwährungskaufes zumindest teilweise abgedeckt werden können. **Bleibt die Fremdwährung auf gleichem Niveau** oder sinkt sie sogar, kann der call eventuell noch verkauft oder muß als wertlos abgeschrieben werden. Der call bietet die Möglichkeit, günstigere (tiefere) Fremdwährungskurse auszunützen, gleichzeitig aber gegen steigende Fremdwährungskurse abgesichert zu sein.

Abschluß eines **Termingeschäftes**

Der Fremdwährungsbetrag wird schon heute aber erst per Termin (also zum benötigten Zeitpunkt) **zu einem heute fixierten Wechselkurs erworben**. Dafür wird heute ein Vorschuß von etwa 20% geleistet, der Rest wird zum vereinbarten Termin bezahlt. Steigt die Fremdwährung wie erwartet, oder bleibt sie gleich, hat das keine Bedeutung, denn sie ist ja bereits mit fixiertem Kurs – per Termin – gekauft. Sinkt sie hingegen, so beeinflußt das zwar nicht mehr das Grundgeschäft, es werden aber Chancen auf Zusatzgewinne verspielt.

Zinsrisiko

Ihr knapp kalkuliertes Offert enthält kalkulierte Zinsen. Sie haben dabei selbstverständlich die Fremdfinanzierungskosten beachtet, **riskieren aber bei steigenden Zinsen**, den Gewinn zum Teil oder zur Gänze aufs Spiel zu setzen.

Forward Rate Agreement – Zinstermingeschäft

Mit einem Forward Rate Agreement **sichert man sich den Zinssatz** für eine künftige kurzfristige Zinsperiode ab. Auf diese Art vermeidet der Kreditnehmer steigende Zinskosten (und der Anleger sinkende Zinserträge). Forward Rate Agreements beinhalten eine vollständige Fixierung des Zinssatzes und erlauben somit nicht, von einer günstigeren Entwicklung zu profitieren.

Interest Rate Swap – Zinsenswap

Bei einem Zinsenswap werden lediglich Zinsen getauscht – **variable** gegen **fixe** oder fixe gegen variable.

Absicherung von variabel verzinsten Verbindlichkeiten, Absicherung gegen steigende Zinsen

Mit dem Abschluß eines Zahler Swaps **sichert** sich das **Unternehmen einen Zinssatz auf die gewünschte Laufzeit.** De facto zahlt der Kunde variable Zinsen zuzüglich einer Marge aus dem Kredit und erhält gleichzeitig aus dem Swap variable Zinsen. Dafür zahlt er den vereinbarten Fixzins aus dem Swap.

Cap (Zinsobergrenze)

Der Käufer eines Caps **sichert sich gegen einen Zinsanstieg** über ein von ihm bestimmtes Ausmaß. Caps haben deutlichen Versicherungscharakter und verlangen auch eine Prämienzahlung. Fürchtet der Unternehmer, daß die Barvorlagen durch steigende Zinsen zu teuer werden, so kann er durch den Kauf eines Caps eine **Zinsobergrenze** einziehen. Dafür bezahlt er eine Prämie. Steigen die Zinsen tatsächlich über den Strike (vereinbarter Grenzsatz), muß die Bank dem Unternehmer (Kreditnehmer) die Zinsdifferenz zwischen Geldmarktsatz und Strike auszahlen.

HGB: Für die **originären Finanzinstrumente** gibt es keine generellen Regeln, sondern das Anschaffungskostenprinzip, das imparitätische Realisationsprinzip und das strenge Niederstwertprinzip in Verbindung mit dem Grundsatz der Einzelbewertung und der Bewertungsstetigkeit. Diese **Regeln stimmen aber dann nicht, wenn ein originäres Finanzinstrument abgesichert wird (Hedging)**. Wenn beispielsweise für eine Exportforderung eine Kontrollbankgarantie vorliegt, dann ist auf einmal das strenge Niederstwertprinzip nicht mehr anwendbar. Mit anderen Worten: Die angeführten Regeln für originäre Finanzinstrumente stimmen dann nicht mehr, wenn diese Instrumente abgesichert worden sind.

Für die **derivativen Finanzinstrumente** gibt es deswegen keine Regeln, weil es sich um schwebende Geschäfte handelt, die nicht bilanziert werden. **Nachdem das Sicherungsgeschäft in der Bilanz nicht erfaßt wird, ist das Grundgeschäft in der Bilanz ohne Bedeckung.** Daher ist ein sicherer Einblick in die Vermögens- und Finanzlage nicht gegeben.

5. Fallstudie: Monteverdi-GmbH

Das Ihnen vorliegende Fallbeispiel basiert auf einem Originalprüfungsbeispiel für die Bilanzbuchhalterprüfung beim WIFI Oberösterreich und der Steiermark. Für die Lösung des Fallbeispieles nehmen Sie sich bitte 6 Stunden Zeit. Wiederholen Sie dieses Beispiel so lange, bis Sie einigermaßen fehlerlos arbeiten. Mit den Lösungsvorschlägen soll dargestellt werden, wie eine Bilanzaufgabe gelöst werden kann. Es ist aber nicht ausgeschlossen, daß Ihnen bei der einen oder anderen Aufgabe bessere oder elegantere Lösungen einfallen (Bravo!). Auf Umsatzsteuerfragen wird bei diesem Beispiel nicht eingegangen. Wenn eine Angabe für Sie zweideutig ist, dann lassen Sie sich dadurch nicht behindern. Halten Sie fest, von welcher Annahme Sie ausgegangen sind.

Abkürzungsverzeichnis

AfA	Abschreibung für Abnützung
AK	Anschaffungskosten
AngG.	Angestelltengesetz
AV	Anlagevermögen
BGA	Betriebs- und Geschäftsausstattung
BP	Betriebsprüfung
BW	Buchwert
BWR	Bewertungsreserve
Deb.	Debitoren
EB	Eröffnungsbilanz
EK	Eigenkapital → Einkaufspreis
EStG	Einkommensteuergesetz
EWB	Einzelwertberichtigung
EZ	Einlagezahl (bei Grundstück)
FA	Finanzamt
FB	Freibetrag
FIFO	first in first out
FK	Fremdkapital
FL	Fertigungslöhne
FM	Fertigungsmaterial
GrESt	Grunderwerbsteuer
GWG	geringwertige Wirtschaftsgüter
HK	Herstellungskosten
IFB	Investitionsfreibetrag
JA	Jahresabschluß
KESt	Kapitalertragsteuer
KöSt	Körperschaftsteuer
LIFO	last in first out
MWR	Mehr-/Wenigerrechnung
ND	Nutzungsdauer
PWB	Pauschalwertberichtigung
RAD	Restabschreibungsdauer
RBW	Restbuchwert
RL	Rücklage
RND	Restnutzungsdauer
RSt	Rückstellung
TWA	Teilwertabschreibung
UG	Urlaubsgeld
USt	Umsatzsteuer
Verb.	Verbindlichkeiten
Verw., Vt.	Verwaltung, Vertrieb
VK	Verkaufspreis
VwGH	Verwaltungsgerichtshof
VZ	Vorauszahlung
WB	Wertberichtigung
WG	Weihnachtsgeld
1/1 od 1/2	Ganz- od. Halbjahres-AfA
Ø	Durchschnitt

5.1 Angabe

Jahresabschluß per 31.12.1999 der Monteverdi GmbH, Steyr

Allgemeine Angaben

1. Vorbemerkungen

Aus Vereinfachungsgründen ist mit den vorgesehenen Konten das Auslangen zu finden. Für nicht angegebene Aufwands- und Ertragskonten stehen die Konten (788) „Sonstige betriebliche Aufwendungen" und (490) „Übrige betriebliche Erträge" zur Verfügung.

Mögliche Steuerbegünstigungen sind im Höchstausmaß zu berücksichtigen, Bewertungswahlrechte im Sinne der steuerlichen Gewinnminimierung auszuüben.

2. Arbeitsumfang

1. Ermittlung der Umbuchungen 1999
2. Ermittlung und Verbuchung der Körperschaftsteuerrückstellung für 1999

3. Rechtsverhältnisse

Stammkapital:	
G. Anzinger, Steyr, Burggasse 12	250.000,–
T. Wintersberger, Steyr, Hauptplatz 5	250.000,–
	500.000,–

4. Angaben für die Steuererklärungen

Firmenname:	Monteverdi Gesellschaft m.b.H.
Gesetzlicher Vertreter:	T. Wintersberger, Geschäftsführer
Gegenstand des Unternehmen:	Erzeugung von und Handel mit Büromöbeln, Verrichtung von Umbauarbeiten (Rigips)
Steuerberater:	Schwarz & Kallinger Steuerberatungsges.m.b.H, Steyr
Finanzamt:	Steyr, St.Nr. 889/2714-39
Firmenbuch:	Handelsgericht Steyr
Wirtschaftsjahr:	1.1.–31.12.
Geschäftsanschrift:	Steyr, Triesterstraße 35

Angaben zum Jahresabschluß

1. Gewinnausschüttung

Die Generalversammlung beschloß am 27.12.1999 die Ausschüttung eines Betrages von S 1,500.000,– aus dem Vorjahresgewinn an die Gesellschafter im Verhältnis ihrer Anteile. Im Kalenderjahr 1999 erfolgte weder eine Überweisung an die Gesellschafter noch eine Einzahlung der Kapitalertragsteuer an das Finanzamt. Die Ausschüttung erfolgte am 4. Feber 2000.

2. Bilanzberichtigung lt. Betriebsprüfung

Im Zuge der für die Jahre 1996–1998 durchgeführten Betriebsprüfung wurde die Bilanz zum 31.12.1998 in folgenden Punkten berichtigt. Bisher erfolgte noch keine Einbuchung des Prüfungsergebnisses.

a)	Aktivierung Strombezugsrechte 6/1998	120.000,–	
	– 10% planmäßige Abschreibung 1998	– 12.000,–	108.000,–
b)	Erhöhung des Bestandes an halbfertigen Erzeugnissen zum 31.12.1998		200.000,–
c)	Erhöhung des Investitionsfreibetrages 1998 (zu Pkt. a)		7.200,–
d)	Erhöhung der Körperschaftsteuerrückstellung 1998		102.272,–

Der Körperschaftsteuerbescheid lt. Betriebsprüfung für das Jahr 1998 langte im November 1999 ein und die Steuerschuld wurde am 22.12.1999 an das Finanzamt entrichtet und wie folgt verbucht:

854	an Bank	102.272,–

3. Anlagenabgänge – Übertragungen gem. § 12 EStG

Folgende Erlöse wurden auf unten dargestellten Konten gebucht:

Konto (460) „Erlöse aus dem Abgang von Anlagen":

15.4.	Betriebsliegenschaft Maigasse 5:	
	a) Grundstück aus 1987	1,500.000,–
	b) Lagerhalle aus 1995	1,284.000,–
20.12.	Verkauf PC IBM	12.000,–
		2,796.000,–

Konto (814) „Erlöse aus dem Abgang von Beteiligungen":

19.5.	Anteilsverkauf Omni GmbH	500.000,–

Auf das im Kalenderjahr 1987 angeschaffte Grundstück wurden im Anschaffungsjahr stille Reserven gem. § 12 EStG in Höhe von S 200.000,– übertragen. Für die verkaufte Lagerhalle sowie den PC IBM wurden im Anschaffungsjahr Investitionsfreibeträge von 20% bzw. 15% in Anspruch genommen.

Soweit zulässig sollen Veräußerungsgewinne auf die im Abschlußjahr erworbenen Wirtschaftsgüter gem. § 12 EStG übertragen werden, wobei die abschreibungsmäßig günstigste Variante zu wählen ist. Auf die Anschaffungskosten von Wirtschaftsgütern mit einer Abschreibungsdauer unter 5 Jahren sollen stille Reserven nicht übertragen werden.

Soweit Veräußerungsgewinne mangels Investitionen nicht übertragen werden können bzw. wegen kurzer Nutzungsdauer der Neuzugänge auf diese ausdrücklich nicht übertragen werden sollen, sollen Veräußerungsgewinne einer Übertragungsrücklage zugeführt werden.

Die in der Saldenliste auf Konto 945 angeführten § 12-Rücklagen in Höhe von S 100.000,– stammen ausschließlich aus Veräußerungsgewinnen (Veräußerung Dezember 1998) körperlicher und abnutzbarer Wirtschaftsgüter.

4. Grundstücke und Gebäude

4.1. Liegenschaftserwerb

Am 28.1.1999 wurde die Liegenschaft Steyr, Altgasse 2 (Grund mit Geschäftsgebäude) erworben und ab Juli 1999 genutzt.

Kaufpreis lt. Vertrag:		
Barzahlung bei Vertragsabschluß	1,500.000,–	
Übernahme eines Hypothekarkredites	705.906,–	
Zahlung einer monatlichen Leibrente von	7.000,–	ab 1.2.1999
Vervielfacher lt. Rententabelle beim Kauf:	9,4535	
Vervielfacher zum 31.12.1999	8,9935	

Konto (030) „Gebäude auf eigenem Grund"

1.1.	EB	3,160.000,–
28.1.	Barzahlung Altgasse 2	1,500.000,–
1.2.–31.12.	Leibrentenzahlungen 1999	77.000,–
31.12.	Zinsen Hypothekarkredit 28.1.–31.12.1999	73.000,–
		4,810.000,–

Konto (710) „Sonstige Steuern und Abgaben“

....

29.4.	Grundbuchseintragung	30.000,–
5.5.	Grunderwerbssteuer	105.000,–
17.5.	Honorar Rechtsanwalt für Kaufvertrag	65.000,–
		200.000,–

Außer den obigen Zahlungen ist in der Buchhaltung im Zusammenhang mit dem Erwerb der Liegenschaft noch nichts erfaßt.

Aufteilung und Nutzung der Liegenschaft:
Die erworbene Liegenschaft umfaßt 540 m^2 Grundfläche mit einem Verkehrswert von S 2.500,– pro m^2 (ohne Nebenkosten).

Das Geschäftsgebäude Altgasse 2 wird ab Juli 1999 zu 50% als Verkaufsgeschäft verwendet und zu 50% an einen Arzt vermietet.

4.2. Sanierung Produktionsgebäude Steyr, Triesterstraße 35

In den Monaten August bis November 1999 wurde das Produktionsgebäude generalsaniert. Die bereits gebuchte Eingangsrechnung der Baufirma weist folgende Positionen aus:

Austausch der Fußböden	180.000,–
Austausch der Fenster und Türen	220.000,–
Einbau eines Lastenaufzuges (erstmals)	250.000,–
Neueindeckung des Daches	250.000,–
Erneuerung der Fassade	100.000,–
	1,000.000,–
abzüglich 5% Skonto	– 50.000,–
Nettobetrag	950.000,–

Dieser Betrag wurde auf Konto (725) „Instandhaltungen“ gebucht.

4.3. Sanierung Wohngebäude Steyr, Bahnstraße 3

In der zweiten Jahreshälfte 1999 wurden am fremdvermieteten Wohngebäude Bahnstraße 3 folgende Sanierungsarbeiten durchgeführt:

Einbau von Lärmschutzfenstern	580.000,–
Fassadenerneuerung	220.000,
Kaminsanierung	100.000,–
	900.000,–

Diese Aufwendungen wurden im Kalenderjahr 1999 als Sofortaufwand auf Konto (725) „Instandhaltungen“ erfaßt.

4.4. Abschreibungen Gebäude

Abschreibung laut Anlagenverzeichnis. Neuzugänge sind entsprechend den steuerlichen Vorschriften abzuschreiben. Investitionsfreibeträge sind im Höchstausmaß zu dotieren.

Übertragung stiller Rücklage, eventuelle Auflösung einer Bewertungsreserve.

5. Beteiligungen

Konto (083) „Sonstige Beteiligungen“

1.1.	EB (Beteiligung an der Omni Ges.m.b.H., Graz, angeschafft am 18.4.1991)	300.000,–
18.9.	Erwerb eines Kommanditanteiles an der Raven Ges.m.b.H. & Co KG, Wien	200.000,–
20.11.	Erwerb einer Beteiligung an der Mayflower Ges.m.b.H., Innsbruck	100.000,–
		600.000,–

Beteiligungserträge:

Laut Jahresabschluß 1999 der Raven Ges.m.b.H. & Co KG, Wien entfällt für 1999 auf unsere Gesellschaft m.b.H. ein Verlustanteil von S 33.000,–. Bisher erfolgte noch keine Verbuchung.

Von der Omni GmbH, Graz ging am 25.8.1999 auf dem Bankkonto der Betrag von S 75.000,– ein, der wie folgt verbucht wurde: (280) „Bankguthaben"/(380) „Sonstige Verbindlichkeiten" laut Bankbeleg handelt es sich um die Gewinnausschüttung für 1998.

6. Maschinen

Konto (040) „Produktionsanlagen"

1.1.	EB	2,500.000,–
25.12.	1 Fräsmaschine	150.000,–

Die Inbetriebnahme der Fräsmaschine erfolgte erst im Jänner 2000, da im Dezember 1999 noch ein passender Betonsockel hergestellt werden mußte. Laut Kostenrechnungsabteilung fielen dafür folgende Kosten an:

Fertigungsmaterial	20.000,–
Fertigungslöhne	15.000,–
Sonderkosten der Fertigung	5.000,–

Die Materialgemeinkosten betragen 50%, die Fertigungsgemeinkosten 100%, die Verwaltungskosten 35%. Sämtliche Kosten sind aufwandsgleich.

Abschreibung lt. Anlagenverzeichnis, Nutzungsdauer Fräsmaschine 5 Jahre, Investitionsfreibeträge im Höchstausmaß. Die im Kalenderjahr 1991 angeschafften Produktionsanlagen wurden gem. § 8 EStG 1972 vorzeitig abgeschrieben (40% der Anschaffungskosten). Die vorzeitige Abschreibung wird über eine Bewertungsreserve geführt.

7. Betriebs- und Geschäftsausstattung

Konto (060) „Büroeinrichtung, Betriebs- und Geschäftsausstattung"

1.1.	EB	480.000,–
30.9.	1 PC Escom Blackmate 486 DX2	25.000,–
30.9.	1 Fibu Programm Fibu 2000 (Standardsoftwarepaket)	25.000,–
30.9.	Endlospapier, Disketten	1.220,–
5.10.	Einschulung Fibu 2000	1.500,–
		532.720,–

Im ersten Halbjahr 1999 wurde firmenintern ein Kostenrechnungsprogramm entwickelt und am 30.6. 1999 in Betrieb genommen. Es fielen dafür folgende Entwicklungskosten an:

Technikerstunden inkl. Gemeinkosten	30.000,–
Material inkl. Gemeinkosten	10.000,–
Verwaltungskostenanteil	14.000,–
Gesamtkosten (aufwandsgleich)	54.000,–

Abschreibungen lt. Anlagenverzeichnis, Nutzungsdauer von Neuzugängen 4 Jahre (für Hard- auch Software), Investitionsfreibeträge im Höchstausmaß.

8. Fuhrpark

8.1. Konto (063) „Fuhrpark":

1.1.	EB	300.000,–
16.5.	LKW Mercedes	450.000,–
19.5.	PKW BMW 525 i	800.000,–
		1,550.000,–

Abschreibungen lt. Anlagenverzeichnis, Nutzungsdauer von Neuzugängen 5 Jahre, Investitionsfreibeträge im Höchstausmaß

8.2. Leasing

Für den Außendienstleiter Mag. Konrad Wagner ist ab 1. Jänner 1999 ein PKW Marke **Honda** geleast worden. Die fiktiven Anschaffungskosten für den PKW betragen S 250.000,– einschließlich Umsatzsteuer. Nach Ablauf der Grundmietzeit von vier Jahren hat dieser PKW einen Restwert von S 50.000,–. Die jährliche Leasingrate beträgt S 60.000,–. Die Leasingvereinbarung basiert auf einem Zinssatz von 6,5%.

Der Betriebsleiter Mag. Erwin Katzmayr hat ab 1. November 1999 einen PKW Marke **Audi** A6 mit fiktiven Anschaffungskosten von S 600.000,– einschließlich Umsatzsteuer geleast. Die Grundmietzeit beträgt 48 Monate. Nach Ablauf dieser Grundmietzeit beträgt der Restwert S 150.000,–. Die Leasingrate beträgt S 15.000,– pro Monat.

9. Wertpapiere

Konto (092) „Festverzinsliche Wertpapiere des Anlagevermögens":

1.1.	EB (8% Bundesanleihe 1993, Nominale 200.000,–)	198.000,–

Der Kurs dieser Anleihe betrug zum 31.12.1999 104%. Im Abschlußjahr wurden keine Wertpapiere angeschafft. Der Ausgabekurs hat 1993 101% betragen.

10. Abschluß der übrigen Posten des Anlagevermögens

Abschreibung der immateriellen Wirtschaftsgüter, Dotierung bzw. Auflösung von Investitionsfreibeträgen, Dotierung von Übertragungsrücklagen gem. § 12 EStG.

11. Vorräte

11.1. Auftrag Createam

In den halbfertigen Erzeugnissen ist eine noch nicht fertiggestellte Büroeinrichtung mit Herstellungskosten von S 250.000,– enthalten. Mit dem Kunden Createam wurde für diese Büroeinrichtung ein fixer Abnahmepreis von netto S 280.000,– vereinbart. Von der Kostenrechnungsabteilung erfahren wir, daß bis zur Lieferung am 15.2.2000 für diese Büroeinrichtung noch aufwandsgleiche Kosten in der Höhe von S 70.000,– angefallen sind.

11.2. Auftrag Braunsberger

Am 27. April 1999 hat mit 16 monatiger Baudauer ein Auftrag für den Innenausbau eines Möbelhauses in Linz begonnen. Die Fertigungslöhne am 31. Dezember 1999 betragen für diesen Auftrag S 800.000,– und die Materialeinzelkosten S 1,2 Mio. Die Materialgemeinkosten betragen 20% und die Fertigungsgemeinkosten 100%. Die Verwaltungs- und Vertriebsgemeinkosten betragen jeweils 20%. Die Bauausführung verläuft planmäßig und wird voraussichtlich mit einem kalkulierten Gewinn von 6% enden. In diesem Fall ist der handelsrechtliche Höchstansatz gefordert.

11.3. Rohstoffe

Sämtliche Rohstoffeinkäufe des Jahres 1999 sind auf dem Konto 510 verbucht.

Der Endbestand beim Rohstoff Gips beträgt 10 Tonnen. Die letzten Eingänge waren am 17. Dezember, nämlich 7 Tonnen um S 40.000,–/Tonne und am 20. November 10 Tonnen zu S 42.000,–/Tonne und am 25. Oktober 9 Tonnen zu S 41.000,–/Tonne. Ende April 2000 kostet eine Tonne S 30.000,–. In diesem Fall soll für die Rohstoffe der niedrigste handelsrechtliche Bilanzansatz gewählt werden.

12. Kundenforderungen

Aufgliederung der Forderungen	
Exportforderungen	2,220.000,–
Inlandsforderungen (inkl. 20% USt)	5,040.000,–
	7,260.000,–

Exportforderungen:

1999 ist eine Forderung gegenüber dem kubanischen Außenministerium für Umbauarbeiten im Konsulat in Havanna mit S 444.000,– entstanden. Der Konsul spricht von „währungstechnischen" Schwierigkeiten, wenn er auf die überfällige Forderung angesprochen wird. Im Länder-Rating ist ein Ausfallsrisiko mit 89% angegeben.

Von den übrigen am 31.12.1999 ausgewiesenen Exportforderungen fakturiert in Schilling sind in den ersten drei Monaten 2000 rund 80% eingegangen.

Inlandsforderungen:

Bei genauer Durchsicht der Inlandsforderungen (20% USt) ergibt sich folgender Sachverhalt. Generell wird 30 Tage Ziel gewährt.

Forderung gegenüber **A** mit S 60.000,–:	Anfang 2000 erfolgte ein 20%iger Zwangsausgleich.
Forderung gegenüber **B** mit S 120.000,–:	Diese Forderung ist Anfang Jänner 2000 nach Abzug von 3% Skonto eingegangen.
Forderung gegenüber **C** mit S 240.000,–:	Kurz vor Bilanzerstellung haben wir erfahren, daß von der Gebietskrankenkasse ein Konkursantrag gestellt worden ist. Aus den Zeitungen konnten wir entnehmen, daß C mit 24 Mio. S überschuldet ist. Nennenswerte Vermögenswerte sind nicht vorhanden.
Forderung gegenüber **D** mit S 360.000,–:	Der Zahlungseingang dieser Forderung erfolgte vereinbarungsgemäß am 31.5.2000. Diese Forderung war unverzinst und ist am 1. April 1997 entstanden. Der Zielverkaufspreis mit S 360.000,– liegt über dem Barverkaufspreis. (Pauschale Einzelwertberichtigung am 31.12.1998 S 61.200,–)
Forderung gegenüber **E** mit S 480.000,–:	Diese Forderung ist seit 2.1.1999 offen. E reagiert nicht auf Mahnungen.
Forderung gegenüber **F** mit S 600.000,–:	Diese Forderung ist unverzinst und am 1. Jänner 1999 entstanden. Mit F ist ein Zahlungsziel bis 31.12.2000 vereinbart worden.

Von den übrigen Inlandsforderungen mit S 3,180.000,– sind S 2,180.000,– innerhalb des Zahlungszieles, S 200.000,– ein Monat, S 300.000,– zwei Monate und S 500.000,– vier Monate überfällig.

13. Sonstige Forderungen und Aktive Rechnungsabgrenzungen

13.1. Die im November und Dezember 1999 ausbezahlten Krankenentgelte wurden im Jänner 2000 von der GKK mit S 53.000,– vergütet und im Jänner 2000 als Ertrag gebucht.

13.2. Für den Software-Wartungsvertrag für den Zeitraum 1.1.–31.12.2000 wurden mittels Banküberweisung am 25.12.1999 brutto S 14.400,– bezahlt und wie folgt verbucht:

(788) „Serviceverträge" /	12.000,–
(250) „Vorsteuer" /	2.400,–
/ (280) „Bankguthaben"	14.400,–

Die Rechnung langte am 20.12.1999 ein.

13.3. Für ein Geschäftslokal wurde am 1.10.1999 die Miete für 6 Monate vorausbezahlt (unechte Steuerbefreiung für Geschäftsraummieten gem. § 6 Abs. 1 Z. 16 UStG 1995) und als Aufwand gebucht:

(788) „Mietaufwand" / (280) „Bankguthaben"	120.000,–

14. Abfertigungsrückstellung

Die fiktiven Abfertigungsansprüche der Dienstnehmer per 31.12.1999 betrugen S 1,245.000,–, davon fallen S 436.000,– auf Dienstnehmer, die zum Bilanzstichtag das 50igste Lebensjahr vollendet haben. Das prozentuelle Höchstausmaß der steuerrechtlichen Rückstellung ist seit Jahren erreicht.

Die versicherungsmathematische Berechnung der Abfertigungsrückstellung ergab einen Betrag von S 981.207,–. Soweit zulässig soll, wie auch schon im Vorjahr, der steuerliche Ansatz in der Handelsbilanz ausgewiesen werden. Vorjahreswert in der Bilanz S 555.500,–.

Für die erforderliche Wertpapierdeckung hält das Unternehmen festverzinsliche Wertpapiere mit einem Buchwert von S 198.000,– und einen Nominalwert von S 200.000,–. Von der Lohnverrechnungsabteilung erfahren wir, daß im Kalenderjahr 1999 ein Dienstnehmer (Alter: 48 Jahre) ausschied, dessen fiktive Abfertigungsansprüche zum 31.12.1998 S 150.000,– betragen haben.

15. Rückstellung für nicht verbrauchte Urlaube

15.1. Folgende Daten wurden aus der Lohnverrechnung zur Verfügung gestellt:

	Frau Kastner	Herr Katzmayr
Alter Urlaub aus Vorjahren	0	0
Urlaubsanspruch 1999	30	36
verbrauchter Urlaub 1999	32	15
Monatsbruttoentgelt	18.000,–	30.000,–
Sonderzahlungen	UG/WR	UG/WR
Lohnnebenkosten Dienstgeber	32%	32%

Das Urlaubsjahr entspricht dem Kalenderjahr. Der Urlaubsanspruch und -verbrauch wird nach Werktagen berechnet. Die übrigen Dienstnehmer haben ihren Urlaub zur Gänze verbraucht.

15.2. Herr Katzmayr hat 1999 Überstunden geleistet. Die geleisteten Überstunden (113) werden nicht ausbezahlt, sondern als Gutstunden im neuen Wirtschaftsjahr verbraucht. Von den 1999 geleisteten Überstunden werden 170 Stunden (multipliziert mit 1,5) in das Jahr 2000 vorgetragen. Der Überstundenteiler beträgt laut Kollektivvertrag 173.

16. Rückstellung für Gewährleistungen

Die zu leistenden Gewährleistungen betragen im langjährigen Durchschnitt 1,5% des jeweiligen Jahresumsatzes an Produktionserlösen. Der maßgebliche Umsatz 1999 beträgt lt. Saldenliste S 30,950.000,–. Der Gewährleistungszeitraum beträgt ein Jahr.

In der Saldenliste ist die Rückstellung für 1998 in Höhe von S 402.800,– ausgewiesen.

17. Verbindlichkeiten

17.1. Darlehen

Für den Liegenschaftserwerb Altgasse 2 wurde am 2.1.1999 ein Darlehen in Höhe von S 1,500.000,– mit einer Laufzeit von 15 Jahren aufgenommen. In diesem Zusammenhang fielen Geldbeschaffungskosten (Eintragungsgebühr, Kreditgebühr, Bearbeitungsprovisionen, etc.) von S 75.000,– an, die auf Konto (829) „Zinsen und ähnliche Aufwendungen" gebucht wurden.

17.2. Verjährte Verbindlichkeiten

Auf dem Konto 330 sind noch Restverbindlichkeiten aus den Vorjahren offen, die mittlerweile verjährt sind. Es ist davon auszugehen, daß eine Verjährungsunterbrechung nicht vorliegt.

Im Oktober 1995 ist eine Produktionsanlage mit S 1,5 Mio. erworben worden. Aus dieser ursprünglichen Verbindlichkeit sind aus unerklärlichen Gründen noch immer S 60.000,– offen, die vom Lieferanten nie eingemahnt worden sind.

Aus einer größeren Rohstofflieferung aus 1993 sind noch immer S 120.000,– offen. Auch in diesem Fall ist vom Lieferanten die Zahlung nie urgiert worden.

In beiden Fällen ist anzunehmen, daß die Gläubiger die Zahlung der Schuld nicht mehr begehren.

18. Körperschaftsteuerrückstellung

18.1. Steuerliche Mehr-/Wenigerrechnung

Im Betriebsaufwand sind unter anderem folgende Posten enthalten:

KöSt-Vorauszahlung 1999	200.000,–
Spenden	20.000,–
betrieblich veranlaßte Bewirtung (netto)	38.000,–
(geltend gemachte Vorsteuern S 5.700,–)	
Grundsteuer	22.000,–

18.2. Stiller Gesellschafter E. Schmölzer

Am Unternehmen ist E. Schmölzer als stiller Gesellschafter beteiligt. E. Schmölzer ist ein Gesellschafter, der beim Ausscheiden keinen Anteil an den stillen Reserven erhält. Sein Gewinnanteil beträgt 25%. Der Gewinnanteil wird vom vorläufigen handelsrechtlichen Jahresgewinn mit S 2.500.000,– zuzüglich der aufwandswirksamen Körperschaftsteuervorauszahlung für 1999 errechnet.

18.3. Ermittlung und Verbuchung der Körperschaftsteuerrückstellung

Für Zwecke der Berechnung der Körperschaftsteuerrückstellung ist von einem vorläufigen handelsrechtlichen Jahresgewinn von S 1,825.000,– auszugehen.

18.4. Ein Ausweis latenter Steuern soll erfolgen.

Saldenliste per 31.12.1999

		Soll	Haben
	Anlagevermögen		
012	Datenverarbeitungsprogramme		
013	Strombezugsrechte		
019	Kumulierte Abschreibungen immaterielle Vermögensgegenstände		
021	Bebaute Grundstücke (Grundwert)	2,950.000,00	
030	Betriebs- u. Geschäftsgebäude auf eigenem Grund	4,810.000,00	
032	Betriebs- u. Geschäftsgebäude auf fremden Grund	1,925.000,00	
039	Kumulierte Abschreibung zu Grundstücken und Gebäuden		1,169.200,00
040	Produktionsanlagen	2,650.000,00	
049	Kumulierte Abschreibungen zu techn. Anlagen und Maschinen		1,275.000,00
060	Büro-, Betriebs- und Geschäftsausstattung	532.720,00	
063	Fuhrpark	1,550.000,00	
069	Kumulierte Abschreibungen zu anderen Anlagen, Betriebs- und Geschäftsausstattung		380.000,00
083	Sonstige Beteiligungen	600.000,00	
092	Festverzinsliche Wertpapiere des Anlagevermögens	198.000,00	
099	Kumulierte Abschreibungen zu Finanzanlagen		
	Umlaufvermögen		
110	Rohstoffe	998.000,00	
130	Hilfs- und Betriebsstoffe	310.000,00	
150	Unfertige und fertige Erzeugnisse	3,589.000,00	
160	Waren	2,435.000,00	
200	Forderungen aus Lieferungen und Leistungen Inland	5,040.000,00	
208	Einzelwertberichtigung zu Forderungen aus Lieferungen und Leistungen Inland		
209	Pauschale Einzelwertberichtigung zu Forderungen Inland		69.200,00
215	Forderungen aus Lieferungen und Leistungen Ausland	2,220.000,00	
218	Einzelwertberichtigung zu Forderungen Ausland		
219	Abzinsung Forderungen		61.200,00
230	Sonstige Forderungen und Vermögensgegenstände (Sammelkonto)	356.000,00	
250	Vorsteuer		
280	Bankguthaben	303.648,00	
290	Aktive Rechnungsabgrenzungsposten		
	Rückstellungen		
300	Rückstellungen für Abfertigungen		555.500,00
303	Körperschaftsteuerrückstellung		
306	Rückstellung für noch nicht verbrauchte Urlaube, Zeitausgleiche		
307	Rückstellung für Gewährleistungen, Erlösminderung		402.800,00
	Verbindlichkeiten		
311	Bankverbindlichkeiten		529.200,00
312	Hypothekarverbindlichkeiten		1,300.000,00
330	Verbindlichkeiten aus Lieferungen und Leistungen		4,580.000,00
350	Umsatzsteuer		
352	Umsatzsteuerzahllast		131.723,00
358	Einbehaltene Kapitalertragsteuer		
370	Leibrentenverpflichtungen		

380	Sonstige Verbindlichkeiten (Sammelkonto)		175.000,00
381	Verr.Konto Gesellschafter		
382	Verr.Konto Schmölzer		1,000.000,00
	Betriebliche Erträge		
400	Produktionserlöse Exporte Drittland		8,030.000,00
401	Produktionserlöse innergemeinschaftliche Lieferungen		10,020.000,00
402	Produktionserlöse Inland 20%		12,900.000,00
403	Handelswarenerlöse Inland 20%		8,200.000,00
440	Erlösberichtigungen		
450	Bestandsveränderungen an fertigen und unfertigen Erzeugnissen		
458	Im Anlagevermögen berücksichtigte Eigenleistungen		
460	Erlöse aus dem Abgang von Anlagen (ohne Finanzanlagen)		2,796.000,00
470	Erträge aus der Auflösung von Rückstellungen		
480	Mieterlöse Gebäude (Wohnzwecke)		250.000,00
490	Übrige betriebliche Erträge		805.000,00
	Materialaufwand und Aufwendungen für bezogene Leistungen		
500	Wareneinsatz	6,000.000,00	
510	Verbrauch von Rohstoffen	14,468.000,00	
530	Verbrauch von Hilfsstoffen	1,379.000,00	
	Personalaufwand		
600	Löhne und Gehälter	9,923.000,00	
640	Abfertigungsaufwand		
650	Gesetzlicher Sozialaufwand	2,481.000,00	
655	Erstattung nach EFZG		
660	Lohn- und gehaltsabhängige Abgaben und Beiträge	830.000,00	
670	Sonstige Sozialaufwendungen	127.785,00	
	Abschreibungen und sonstige betriebliche Aufwendungen		
701	Abschreibungen auf das Anlagevermögen (ohne Finanzanlagen)		
710	Sonstige Steuern und Abgaben	380.000,00	
725	Instandhaltungen, Reparaturen	2,160.000,00	
780	Abschreibung und Wertberichtigungen zu Forderungen		
781	Gewährleistungs- und Garantieaufwand		
782	Buchwert abgegangener Anlagen (ohne Finanzanlagen)		
785	Leibrentenaufwand		
788	Sonstige betriebliche Aufwendungen (Sammelkonto)	1,093.750,00	
	Finanzerträge und -aufwendungen		
800	Erträge aus Beteiligungen		
810	Zinserträge		22.000,00
814	Erlöse aus dem Abgang von Beteiligungen		500.000,00
817	Buchwert abgegangener Beteiligungen		
822	Abschreibungen auf Beteiligungen		
827	Abschreibungen auf sonstige Finanzanlagen		
829	Zinsen und ähnliche Aufwendungen	227.000,00	
	Steuern vom Einkommen und Ertrag		
852	Kapitalertragsteuer		
853	Körperschaftsteuer	200.000,00	

854	Ertragsteuern aus Vorjahren	102.272,00	
855	Erträge aus der Auflösung von Rückstellungen		
	Auflösung von Rücklagen		
860	Erträge aus der Auflösung unversteuerter Rücklagen		
	Zuweisung zu Rücklagen		
880	Zuweisung zu unversteuerter Rücklagen		
890	Zuweisung zur Gewinnrücklage		
	Eigenkapital		
900	Stammkapital		500.000,00
920	Kapitalrücklagen		10,000.000,00
930	Gewinnrücklagen		
939	Bilanzgewinn		1,720.000,00
	Unversteuerte Rücklagen		
941	Investitionsfreibetrag 1995 gem. § 10 EStG		540.000,00
942	Investitionsfreibetrag 1996 gem. § 10 EStG		72.000,00
944	Investitionsfreibetrag 1998 gem. § 10 EStG		
945	Übertragungsrücklage 1998 gem. § 12 EStG		100.000,00
946	Übertragungsrücklage 1999 gem. § 12 EStG		
950	Bewertungsreserve gem. § 12 EStG zu Grundstücken		200.000,00
951	Bewertungsreserve gem. § 12 EStG zu Gebäuden		400.000,00
952	Bewertungsreserve gem. § 8 EStG aF (vorzeitige Abschreibung) zu technischen Anlagen und Maschinen		350.000,00
989	**Jahresgewinn (GuV-Rechnung)**		

Anlagenverzeichnis 1.1.–31.12.1999

Ansch.	Konto	Ansch.kosten	Zugänge	Abgänge	Umbuch.	Zuschr.	Kumulierte	Kumulierte	Buchw. am	Buchw. am	Abschreib.	AfA	Investitions-FB	
Datum	Bezeichnung	Herst.kosten					Abschr.Vorj.	Absch.lf.WJ	Ende WJ	Anfang WJ	lfd. WJ	in %	in %	Betrag
	Technische Anlagen und Maschinen													
	(040) Produktionsanlagen													
Dez 91	Produktionsanlagen	1,000.000,00					750.000,00			250.000,00		10%		vorz. AfA
Okt 95	Produktionsanlagen	1,500.000,00					525.000,00			975.000,00		10%	20%	300.000,00
	Andere Anlagen, Betriebs- u. Geschäftsausst.													
	(060) Büro, Betriebs- u. Geschäftsausstattung													
Mai 96	Büroeinrichtung	400.000,00					240.000,00			160.000,00		20%	15%	60.000,00
Dez 96	IBM-PC	80.000,00					50.000,00			30.000,00		25%	15%	12.000,00
	(063) Fuhrpark													
Nov 97	Pkw Opel Omega Bj. 1996	300.000,00					90.000,00			210.000,00		20%		
	Finanzanlagen													
	(083) Beteiligungen													
Apr 92	Omni GmbH	300.000,00								300.000,00				
	(032) Wertpapiere des Anlagevermögens													
Nov 91	6%-Stmk-Anleihe	198.000,00								198.000,00				

Anlagenverzeichnis 1.1.–31.12.1999

Ansch.	Konto	Ansch.kosten	Zugänge	Abgänge	Umbuch.	Zuschr.	Kumulierte	Kumulierte	Buchw. am	Buchw. am	Abschreib.	AfA	Investitions-FB	
Datum	Bezeichnung	Herst.kosten					Abschr.Vorj.	Absch.lf.WJ	Ende WJ	Anfang WJ	lfd. WJ	in %	in %	Betrag
	Immaterielle Wirtschaftsgüter													
	(012) Datenverarbeitungsprogramme													
	(013) Strombezugsrechte													
	Bebaute Grundstücke (Grundwert)													
	(021) Bebaute Grundstücke (Grundwert)													
Jan 88	Triesterstr. 35	2,000.000,00								2,000.000,00				
Mrz 87	Maigasse 5	950.000,00								950.000,00				§ 12-Übertr.
	(030) Gebäude auf eigenem Grund													
Nov 88	Produktionsgeb. Triesterstr.	1,960.000,00						823.200,00		1,136.800,00		4%		
Apr 95	Lagerhalle Maigasse 5	1,200.000,00						192.000,00		1,008.000,00		4%	20%	240.000,00
	(032) Gebäude auf fremdem Grund													
Mrz 95	Wohngebäude Bahnstraße	1,925.000,00						154.000,00		1,771.000,00		2%		

Bewertungsreservenspiegel 1.1.-31 12.1999

Bezeichnung	Stand	Zuführung		Auflösung		Stand
	01.01.99		Abschreibung	Abgang	freiwillig	31.12.99
950 Bewertungsreserve gem. § 12 EStG Grund						
3/87 Maigasse 5	200.000,00					
951 Bewertungsreserve gem. § 12 EStG zu Gebäuden						
952 Bewertungsreserve für vorzeitige Abschreibung zu technischen Anlagen						
12/91 Produktionsanlagen	350.000,00					
Anmerkung: 40% vorz. AfA (400.000,–)						

5.2 Lösung

(1) Ausschüttung 1.500.000,–

KESt	375.000,–	939/358
Verr.Kto. Gesellschafter	1.125.000,–	939/381

§ 93 (2) Z. 2 EStG: Bei inländischen Kapitalerträgen wird die Einkommensteuer durch den Abzug vom Kapitalertrag erhoben. Inländische Kapitalerträge liegen vor, wenn der Schuldner (Monteverdi) seinen Sitz im Inland hat und es sich um folgenden Kapitalertrag handelt:

Gewinnanteile aus Anteilen an Gesellschaften mit beschränkter Haftung.

§ 96 (1) Z. 1 EStG: Bei Kapitalerträgen hat der zum Abzug Verpflichtete die einbehaltenen Steuerbeträge binnen einer Woche nach dem Zufließen abzuführen.

(2) BP Einbuchung

Strombezugsrecht		120.000,–	013/490
AfA		12.000,–	701/019
$^1/_2$ Erzeugnisse		200.000,–	150/450
IFB		7.200,–	880/944
KöSt	**MWR –198.528,–**	102.272,–	854/303
KöSt Rückstellung, Verbrauch		102.272,–	303/854

BP Einbuchung: Die BP Berichtigung wird immer als Korrektur der Eröffnungsbilanz eingebucht. Wurde beispielsweise der Zeitraum 1996 bis 1998 geprüft (letzte geprüfte Bilanz daher 31.12.1998) müssen die BP Korrekturen mit Stichtag 1.1.1999 eingebucht werden. Die Einbuchungen betreffen ausschließlich **Bestandskonten.** Wir sprechen von der Korrektur der Eröffnungsbilanz. Es wird zum 1.1. jener Betrag auf dem Bestandskonto auszuweisen sein, der bereits vorhanden sein müßte, wenn „damals" richtig gebucht worden wäre. Die Einbuchung der Betriebsprüfungsergebnisse auf den Bestandskonten braucht immer eine dazugehörende Soll- oder Habenbuchung. Diese Soll- oder Habenbuchung ist abhängig von der Rechtsform des Unternehmens:

Einzelunternehmen: Es wird die Eröffnungsbilanz auf den Bestandskonten berichtigt. Das jeweilige Gegenkonto ist das Konto 900 (Kapitalkonto). In diesem Fall wird **ausschließlich** auf den **Bestandskonten** gebucht.

Personengesellschaften: Zum Unterschied zum Einzelunternehmen wird nicht auf einem Kapitalkonto, sondern im Verhältnis der Gewinnbeteiligung, auf den **Kapitalkonten** der **Gesellschafter** gebucht. Wenn eine Gewinnbeteiligung mit 50% besteht, dann wird auf dem Kapitalkonto des Gesellschafters A und auf dem Kapitalkonto des Gesellschafters B jeweils die Hälfte des Betrages verbucht.

Kapitalgesellschaften: Häufig wird bei Einbuchungen bei BP Korrekturen als Gegenkonto für das Bestandskonto das Konto **außerordentlicher Aufwand** oder das Konto **außerordentlicher Ertrag** verwendet. Nachdem aber a.o. Ergebnisse aufgrund einer Betriebsprüfung nicht im a.o. Aufwand/Ertrag ausgewiesen werden können (enge Definition), wird es besser sein, anstelle des a.o. Aufwandes bzw. a.o. Ertrages jenes **Aufwands- oder Ertragskonto** anzusprechen, das mit diesem **Bestandskonto inhaltlich übereinstimmt.** Bei den Vorräten wird dies der Wareneinsatz bzw. die Bestandsveränderung sein.

Wichtig ist jetzt der Hinweis, daß bei dieser Art der Verbuchung in der **Gewinn- und Verlustrechnung** der handelsrechtliche Aufwand oder der handelsrechtliche Ertrag in der steuerlichen **Mehr-/Wenigerrechnung** neutralisiert werden muß.

Unterscheide zwischen „Verbrauch" und „Auflösung" einer Rückstellung.

Verbrauch: die Rückstellung wird tatsächlich zum Aufwand und die Buchung lautet Rückstellung an Aufwand

Auflösung: die Rückstellung wird nicht oder teilweise nicht Aufwand und die Buchung lautet Rückstellung an Ertrag (470).

(3)

		Erlös	BW	§ 12 RL
15/4	Maigasse Grund	1.500.000,–	950.000,–	
	Lagerhalle	1.284.000,–	984.000,– *	300.000,–
20/12	PC	12.000,–	10.000,–	
19/5	Omni GmbH	500.000,–	300.000,–	200.000,–

* 4% v. 1.200.000 = 48.000 davon $^1/_2$ = 24.000, BW 1.008.000 minus 24.000 ergibt 984.000

Behaltefrist?

Grund
Anschaffung 3/87
Veräußerung 4/99
Behaltefrist 12 Jahre

Gemäß § 12 (2) EStG beträgt die Behaltefrist 15 Jahre, daher ist keine Übertragung möglich.

Lagerhalle
Anschaffung 3/87 Fiktion gemäß Abschr. 59 (5) EStRL
Veräußerung 4/99
Behaltefrist 12 Jahre

Gemäß § 12 (2) Z.1 EStG beträgt die Behaltefrist 7 Jahre.

Stille Reserve 300.000,– 880/946

Übertragung auf körperliche Wirtschaftsgüter

PC
Anschaffung 7/12/96
Veräußerung 20/12/99
Behaltefrist 3 Jahre

keine Übertragung möglich

Omni GmbH
Anschaffung 4/92
Veräußerung 5/99
Behaltefrist 7 Jahre

Stille Reserve 200.000,– 880/946

Übertragung auf unkörperliche Wirtschaftsgüter gemäß § 12 (3) Z. 2 EStG

(4.1) Liegenschaftserwerb Altgasse 2

Leibrente, Einbuchung der Verbindlichkeit am Erwerbstag		
Jährliche Leibrente 84.000 x Vervielfacher 9,4535	794.094,–	030/370
Übernahme Hypothekarkredit	705.906,–	030/312
Umbuchung Leibrentenzahlung auf Aufwand	77.000,–	785/030
Umbuchung Zinsen auf Aufwand	73.000,–	829/030
Aktivierung der Nebenkosten	200.000,–	030/710

Anschaffungskosten insgesamt:

Barzahlung	1.500.000,–
Leibrentenverbindlichkeit	794.094,–
Hypothekarkredit	705.906,–
Nebenkosten	200.000,–
	3.200.000,–

Aufteilung auf Grund und Gebäude

Grund: 540 m² x 2.500	1.350.000,–
Gebäude, Rest	1.650.000,–
	3.000.000,–

Nebenkostenaufteilung 200.000,– : 3.000 x 1.350 = 90.000 Grundanteil, ergibt 110.000,– Gebäudeanteil

Grund:	Anschaffungskosten	1.350.000,–		
	Nebenkosten	90.000,–		
		1.440.000,–	1.440.000,–	021/030

Gebäudewert: 1.760.000,–

(4.2) Aktivierung Lastenaufzug im Produktionsgebäude

250.000,– abzüglich 5%	237.500,–	030/725

Rabatte, Skonti mindern die Anschaffungskosten.
Zum Erhaltungsaufwand vergleiche Abschn. 53 EStRL 1984.

IFB 9% von 237.500,–	21.375,–	880/947

(4.3) Instandhaltungsaufwand 900.000,–

9/10 Abgrenzung **MWR + 810.000,–**

Gemäß § 4(7) EStG sind Instandsetzungsaufwendungen auf 10 Jahre verteilt abzusetzen!

(4.4) Abschreibung Gebäude

laut Anlagenverzeichnis

Wohngebäude Bahnstraße 2% von 1.925.000,–		38.500,–	701/039
Lagerhalle Maigasse 4% von 1.200.000 = 48.000 (1/2)		24.000,–	701/039
indirekte Abschreibung:	192.000,–		
	24.000,–		
	216.000,–	216.000,–	039/030
	1.200.000,–		
RBW	984.000,–	984.000,–	782/030

Behaltefrist IFB?

Produktionsgebäude, Triesterstr. 4% von 1.960.000,– Aktivierung Lastenaufzug 2 Hj.	78.400,–	701/039
Restnutzungsdauer 1.136.800,– : 78.400,– = 14,5 J. 237.500,– : 14 J. = 16.964,– (1/2)	8.482,–	701/039

Liegenschaftserwerb Altgasse 2

Grundwert	1.440.000,–
Gebäudewert	1.760.000,–
	3.200.000,–

Übertragung stiller Rücklage

ex 1998, körperliches WG, Veräußerung 12/1998	100.000,–
ex 1999, körperliches WG, Veräußerung 4/1999	300.000,–
	400.000,–

Keine Übertragung auf Grundwert, weil stille Rücklage nicht aus Grundverkauf stammend.

Übertragung auf Gebäude, Erwerb 1/1999, also innerhalb von 12 Monaten ab Veräußerung (relevant für stille Rücklage aus 1998!)

Übertrag von sonstiger unversteuerter Rücklage auf Bewertungsreserve gemäß FG KFS/RL 11	100.000,–	945/951
	300.000,–	946/951

Gebäude	StR	HR
Anschaffungskosten	1.360.000,–	1.760.000,–
Basis	IFB	AfA

IFB:	1.360.000,–			
ab 50%	– 680.000,–	weil kein unmittelbarer Betriebszweck (vgl. § 10(3) EStG)		
	680.000,–	davon 9%	61.200,–	880/947

Abschreibung gemäß § 8 EStG bzw. D 3.1 Abs. 8 Gewinnermittlungs RL 1989:

Geschäft	4% davon 50%	2%
Arzt	2% davon 50%	1%
		3%

AfA 3% von 1.760.000 ($^1/_2$)	26.400,–	701/039

Auflösung Bewertungsreserve

Gebäude	BWR
1.760.000,–	400.000,–

3% von 400.000,– = 12.000,– ($^1/_2$)	6.000,–	951/860
Maigasse Grund, laut Anlagenverzeichnis ausscheiden Restbuchwert	950.000,–	782/021
Auflösung Bewertungsreserve, vergleiche Bewertungsreservespiegel aufgrund der anläßlich des Erwerbes erfolgten Übertragung einer stillen Rücklage mit 200.000,–	200.000,–	950/860

Grundstücke	BWR
950.000,–	200.000,–

(5) Beteiligungen

Raven KG, Verlustanteil **MWR – 33.000,–**

Bei unserer Betrachtung gehen wir davon aus, daß die Monteverdi GmbH an einer **Personengesellschaft** beteiligt ist. Die Beteiligung ist um S 200.000,– erworben worden. Der Verlustanteil von S 33.000,– mindert **nicht** unseren Beteiligungsansatz. Erst wenn Verluste nachhaltig sind, dann stellt sich die Frage nach dem Wert dieser Beteiligung. Auch wenn wir dann unsere Beteiligung abwerten, hat diese Abwertung steuerlich **für die Personengesellschaft** keine Bedeutung. In der **Personengesellschaft** wird eine **eigenständige Gewinnermittlung** durchgeführt. Es erfolgt eine einheitliche und gesonderte Feststellung im Sinne des § 188 BAO. Einheitlich bedeutet, daß der Verlust der Personengesellschaft festgestellt und anschließend auf die Gesellschafter verteilt wird. Die Verteilung auf die Gesellschafter wird als die gesonderte Verlustfeststellung bezeichnet. Die bescheidmäßige Feststellung hat dann **Bindewirkung** für die Veranlagung der Monteverdi GmbH. Der zugewiesene Verlust wird bei der Monteverdi GmbH **ohne weitere Prüfung** bei der Körperschaftsteuerveranlagung berücksichtigt. Damit unsere **Steuerermittlung** stimmt, werden wir den **Verlustanteil in der Mehr/Wenigerrechnung** berücksichtigen. Eine Einbuchung ist deswegen **nicht richtig**, weil sich der Wert unserer Beteiligung nicht um den Verlust vermindert hat. Tatsächlich wird aber in der Praxis, entsprechend der Spiegelbildtheorie, diese Vorgangsweise noch oft gefunden.

Omni GmbH:			
Gewinnausschüttung		75.000,–	380/800
KESt		25.000,–	852/800
Schachtelertragsbefreiung gem. § 10 KStG.	**MWR**	**-100.000,–**	
KESt steuerlich nicht gewinnmindernd	**MWR**	**+ 25.000,–**	
BW Abgang Omni GmbH		300.000,–	817/083

Übertragung stiller Reserven aus Omni Abgang auf Beteiligungserwerbe?

Übertrag stiller Reserven auf Beteiligungszugänge nicht möglich: § 12 (3) EStG „Die Übertragung stiller Reserven auf die Anschaffungskosten von Beteiligungen an Personengesellschaften und von Finanzanlagen (AG, GmbH) ist nicht zulässig."

(6) Maschinen

Betonsockel	FM	20.000,–		
	50%	10.000,–		
	FL	15.000,–		
	100%	15.000,–		
	SoKo	5.000,–		
		65.000,–	65.000,–	040/458

Steuerliche HK siehe § 6 Z. 2 a EStG, zu den handelsrechtlichen Herstellungskosten vgl. § 203 (3) HGB.

9% IFB v. 215.000,– (150.000 plus 65.000)			19.350,–	880/947
keine AfA für Fräsmaschine				
AfA Altbestand laut Anlagenverzeichnis:				
Produktionsanlage	10% v. 1.000.000,–	100.000,–		
	10% v. 1.500.000,–	150.000,–	250.000,–	701/049

Auflösung BWR?

40% vorzeitige Abschreibung von 1.000.000 = 400.000 die letzten vier Jahre der 10%igen Normalabschreibung sind in das Jahr der Anschaffung vorgezogen worden. Ab dem 7. Jahr ist die BWR innerhalb von vier Jahren aufzulösen.	100.000,–	952/860

(7) BGA

PC, 9% IFB von 25.000 (Hardware)		2.250,–	880/947
Papier, Schulung		2.720,–	788/060
Software		25.000,–	012/060
BW Abgang PC (vgl. 3), 2 Hj., 25% v. 80.000	AfA	20.000,–	701/069
	RBW	10.000,–	782/060
	indir. Abschr.	70.000,–	069/060

IFB Auflösung gem. § 10 (9) EStG, wenn WG vor Ablauf der Frist von vier Jahren aus den Betriebsvermögen ausscheiden		
IFB 1996	12.000,–	942/860
AfA PC neu, 25% von 25.000 ($^1/_2$)	3.125,–	701/069
Büroeinrichtung, 20% von 400.000	80.000,–	701/069
Selbstgeschaffene Software (immat. WG) darf nicht aktiviert werden, vgl. § 197 (2) HGB und § 4 (1) 5. Satz EStG.		

(8) Fuhrpark

LKW, 6% IFB gem. § 10 (4) EStG		
6% von 450.000	27.000,–	880/947

Abschreibung nach Handelsrecht:

Opel Omega	20% v. 300.000,–	60.000,–		
LKW	20% v. 450.000,–	90.000,–		
BMW	20% v. 800.000,–	160.000,–	310.000,–	701/069

Abschreibung nach Steuerrecht:

			HR	Diff.
Opel Omega	12,5% v. 300.000,–	37.500,–	60.000,–	22.500,–
BMW	12,5% v. 467.000,–	58.375,–	160.000,–	101.625,–
				MWR + 124.125,–

Angemessenheitsprüfung f. AK eines PKW, vgl. Erlaß (467.000,–). Nutzungsdauer PKW vgl. § 8 (6) EStG. „Bei PKW's ist der Bemessung der Absetzung für Abnutzung eine Nutzungsdauer von mindestens acht Jahren zugrunde zu legen."

(8.2) Honda

AfA in Leasingrate, AK	250.000,–		
Restwert	– 50.000,–		
	200.000,– : 4 =	50.000,–	AfA Tangente
AfA bei Kauf, 250.000 : 8 =		31.250,–	
		MWR + 18.750,–	

AfA in Leasingrate vgl. § 8 (6) Z. 2 EStG.

Audi

Angemessenheitsprüfung gemäß Erlaß vom 28. September 1990, Punkt 4.1. (4).
600.000 zu 467.000 ergibt 77,83%
Leasingrate monatl. 15.000 davon 77,83% = 11.675,– als angemessene Leasingrate für 2 Monate 1999:

HR Leasingrate	30.000,–
StR Leasingrate	– 23.350,–
Luxustangente	**MWR + 6.650,–**

Mit dieser MWR ist die handelsrechtlich erfaßte Leasingrate auf den steuerlichen Wert reduziert worden. Mit dem nächsten Schritt wird die in der steuerlichen Leasingrate enthaltene AfA auf eine 8-jährige Nutzungsdauer korrigiert.

§ 8 (6) Z. 2 EStG

AfA in Leasingrate	HR davon 77,83%	StR
AK	600.000,–	467.000,–
Restwert	– 150.000,–	– 116.745,–
48 Monate	450.000,–	350.255,–
monatlich	9.375,–	7.297,–

AfA in Leasingrate nach Abzug der Luxustangente für 2 Monate 7.297 x 2	14.594,–	
zulässige AfA bei 8-jähriger Nutzungsdauer 467.000 : 8 = 58.375 ($^1/_2$)	29.188,–	
	MWR – 14.594,–	ausnahmsweise ein Passivposten

Beim Aktivposten (Passivposten) handelt es sich um eine rein steuerliche Bestimmung. Er ist daher auf Basis von steuerlichen Werten zu berechnen. Der Berechnung des Aktivpostens sind im Falle einer Angemessenheitsprüfung die Werte nach Abzug der Luxustangente zugrunde zu legen (Vergleiche Aufsatz von *Eva Pernt*, SWK Heft 14/15 vom 15. Mai 1997, Seite 350 f).

(9) Wertpapiere

Keine Aufwertung, weil steuerliches Wahlrecht (kann) besteht. Vgl. § 6 Z. 13 „ Soweit nach Maßgabe der handelsrechtlichen GoB eine Zuschreibung zulässig ist, hat der Steuerpflichtige bei Beteiligungen die zum Anlagevermögen gehören, den höheren Teilwert anzusetzen."

§ 208 (2) HGB: Von der Verpflichtung zur Zuschreibung darf abgesehen werden, wenn ein niedrigerer Wertansatz steuerlich beibehalten werden kann (steuerliches Wahlrecht).

§ 6 Z. 2a EStG: beim nicht abnutzbaren Anlagevermögen kann der Teilwert auch ausgesetzt werden, wenn er höher ist als der letzte Bilanzansatz.

(10) AfA Software (vgl. 7)

25% von 25.000 (1/2)	3.125,–	701/019
AfA Strombezugsrecht (vgl. 2) 10% von 120.000	12.000,–	701/019
6% IFB v. 25.000 gem. § 10 (4) „für unkörperliche WG"	1.500,–	880/947
Übertragg. IFB 1995 auf Gewinn RL	540.000,–	941/860
	540.000,–	890/930

Laut Fachgutachten KFS RL 11 Übertragung auf Gewinnrücklage über G+V.

(11.1)

Auftrag Createam, retrograde Bewertung

VK	280.000,–	
ab Aufwand	– 70.000,–	
Wert 31/12	210.000,–	Verbuchung mit 11.2

(11.2)

Auftrag Braunsberger, Zuschlagskalkulation

Ansatz von Verwaltungs- und Vertriebsgemeinkosten gem. § 206 (3) HGB, bei Aufträgen, deren Ausführung sich über mehr als 12 Monate erstreckt, steuerliche HK vgl. § 6 Z. 2a EStG

	HR	StR		
FL	800.000,–	800.000,		
100% FGK	800.000,–	800.000,–		
FM	1.200.000,–	1.200.000,–		
20% MGK	240.000,–	240.000,–		
HK	3.040.000,–	3.040.000,–		
40% VwGK, VtGK	1.216.000,–			
	4.256.000,–			
Auftrag Createam	210.000,–	210.000,–		
Bestand 31/12	4.466.000,–	3.250.000,–		
EB, Kto. 150 nach BP	3.789.000,– *	3.789.000,–		
	677.000,–	539.000,–		
Bestandserhöhung			677.000,–	150/450

MWR – 1.216.000,–

* 3.589.000	EB
200.000	BP
3.789.000	

(11.3)

Rohstoffe, erweitertes Niederstwertprinzip gem. § 207 (2) HGB: „Außerdem dürfen Gegenstände des Umlaufvermögens abgeschrieben werden, soweit dies notwendig ist, um zu verhindern, daß in der nächsten Zukunft der Wertansatz aufgrund von Wertschwankungen geändert werden muß."

(in Tonnen)	HR	StR		
Bestand 10				
Einkauf 7 zu 40.000	280.000,–			
Einkauf 3 zu 42.000	126.000,–			
fifo Bewertung	406.000,–			
Abwertung auf Wert 31/12 bzw. 17/12 (40.000)	– 6.000,–			
	400.000,–	400.000,–		
Abwertung auf Wert 4/2000	– 100.000,–			
Wert 31/12/98	300.000,–			
EB, Kto. 110	998.000,–	998.000,–		
Diff.	698.000,–	598.000,–		
		MWR + 100.000,–	698.000,–	510/110

§ 207 (2) HGB: Der Betrag dieser Abschreibung (erweitertes Niedertwertprinzip) ist in der G +V gesondert auszuweisen!	100.000,–	788/510

(12) Exportforderungen

89% v. 444.000,–, Länderrisiko lt. Erlaß v. 28.3.1995	395.160,–	780/218

Inlandsforderungen

	Brutto	Netto	%	EWB	Pausch. EWB	Skonto RSt
A	60.000	50.000	80	40.000		
B	120.000	100.000	3			3.000
C	240.000	200.000	100	200.000		
D	360.000		5		18.000	
E	480.000		11		52.800	
F	600.000		12		72.000	
	1.860.000			240.000	142.800	3.000

D: 360.000 Abzinsung vom Bruttobetrag gemäß Erlaß vom 28.3.1995

98	12 Monate
99	12 Monate
2000	5 Monate

Zinsen wurden kalkuliert (im Preis enthalten), daher nicht extra verrechnet! Mit der Einbuchung erfolgte eine erfolgswirksame Realisierung eines Zinsertrages. Dieser Zinsertrag wurde auf die Laufzeit abgegrenzt. 1% je Monat gemäß Erlaß. Handelsrechtlich ist diese Barwertermittlung nur dann wirksam, wenn die tatsächlichen Fremdkapitalzinsen annähernd 12% p.a. betragen. Im konkreten Fall fehlt diese Angabe über den tatsächlichen Zinssatz.

• *Laufzeit 37 Monate 37% von 360.000,– 133.200,–*

31.12.97	29 Monate	29%	104.400,–	
31.12.98	17 Monate	17%	61.200,–	
31.12.99	5 Monate	5%	18.000,–	219/810

E: Zahlungsziel 30 Tage, überfällig 11 Monate, pauschale EWB wegen Zahlungsverzug

F: 600.000,–	12 Monate	12% von 600.000,–	72.000,–	440/219
Erlösberichtigung, RSt für Skontiabzug			3.000,–	440/307
Einzelwertberichtigung			240.000,–	780/208

Pauschalwertberichtigung:

Inlandsforderungen brutto	5.040.000,–			
Einzelwertberichtigung	– 1.860.000,–			
	3.180.000,–			
innerhalb Zahlungsziel	– 2.180.000,–			
	1.000.000,–			
1 Monat überfällig	– 200.000,–	1%	2.000,–	
2 Monate	– 300.000,–	2%	6.000,–	
4 Monate	– 500.000,–	4%	20.000,–	
Zuzüglich Forderung E			52.800,–	
			80.800,–	
Stand am 1.1.1999			– 69.200,–	
Zuweisung			11.600,–	780/209

Annahme:

Handelsrechtliche Wertberichtigung entspricht steuerlichen Ansätzen!

(13.1) **EFZG**	53.000,–	230/655
(13.2) Abgrenzung Wartungsvertrag	12.000,–	290/788
(13.3) Abgrenzung Mietaufwand	60.000,–	290/788

(14) Abfertigungsrückstellung

Ansprüche	%	StR	HR			
1.245.000						
– 436.000	60	261.600				
809.000	50	404.500				
		666.100	981.207	Vers. Math.		
	EB Kto. 300,	555.500	555.500			
		110.600	425.707		425.707,–	640/300

MWR + 315.107,–

Differenz?

HR	981.207,–
StR	666.100,–
	315.107,–

Diff. ist größer als 25% von 981.207,–, das sind 245.302,–!

Handelsrechtlicher Ansatz laut Fachgutachten erforderlich.
Wertpapierdeckung am 31. Dezember 2000 vom steuerlichen Wert mit S 666.100,– d.s. 333.050,– erforderlich!

Wertpapierdeckung 31. Dezember 1999?

50% von 555.500,–	277.750,–	
150.000 : 2 = 75.000 davon 50%	– 37.500,–	§ 14 (5) Z. 3 EStG
erforderliche Wertpapiere	240.250,–	
vorhandene Wertpapiere (vgl. 9)	– 200.000,–	
Unterdeckung	40.250,–	
davon 60%		**MWR + 24.150,–**

(15.1) **Rückstellung für nicht verbrauchte Urlaube**

	Kastner		Katzmayr					
Brutto	18.000		30.000					
1/6	3.000		5.000					
: 26	21.000		35.000					
	808	x 2	1.346	x 21				
Vorgriff	– 1.615		28.269		saldiert	26.654,–	26.654,–	600/306
			LNK		32%	8.529,–	8.529,–	660/306
						35.183,–		

(15.2) **Überstundenrückstellung**

35.000 : 173 (bei 40 Stundenwoche) = Stundensatz 202,–

170 Stunden x 202,–	34.340,–	34.340,–	600/306
Lohnnebenkosten 32%	10.989,–	10.989,–	660/306
	45.329,–		

(16) Rückstellung für Gewährleistung

1,5% von 30.950.000,–	464.250,–		
EB	402.800,–		
	61.450,–	61.450,–	781/307
Vgl. § 9 EStG		**MWR + 61.450,–**	

(17) Verbindlichkeiten

(17.1) Darlehen

§ 198 (7) HGB: „Ist der Rückzahlungsbetrag einer Verbindlichkeit höher als der Ausgabebetrag, so darf der Unterschiedsbetrag als aktive Rechnungsabgrenzung dargestellt werden. Dieser Betrag ist durch planmäßige jährliche Abschreibung zu tilgen." Folgender Satz wurde aus dem Gesetzestext gestrichen: „Dies gilt auch für Geldbeschaffungskosten."

Ergebnis: Handelsrechtlich sind Geldbeschaffungskosten sofort Aufwand.

Steuerlich sind gem. § 6 Zi. 3 EStG Geldbeschaffungskosten auf die Laufzeit der Verbindlichkeit zu verteilen.

14/15 von 75.000 **MWR + 70.000,–**

(17.2)

Produktionsanlage aus 1995				50.000,–	330/040
				10.000,–	330/250
Kürzung der AK					
BW am 1.1.1999	975.000,–				
	– 50.000,–				
Neue AfA	925.000,–	: 6,5 Jahre =	142.308,–		
			150.000,–		
Storno der AfA, vgl. (6)			7.692,–	7.692,–	049/701
Storno IFB 1995, 20% v. 50.000,–, vgl. (10)				10.000,–	930/860

Auch wenn die Behaltefrist abgelaufen ist, muß der IFB gewinnerhöhend aufgelöst werden (*Quantschnigg/Schuch*, ESt Handbuch).

Rohstofflieferung	100.000,–	330/490
	20.000,–	330/250

(18.1)

MWR	$^1/_2$ Vorsteuer	**2.850,–**	2.850,–	788/250
	50% Bewirtung	**19.000,–**		
	KöSt VZ	**200.000,–**		
	Spende	**20.000,–**		

(18.2)

Gewinnanteil		2.500.000,–			
KöSt VZ		200.000,–			
	davon 25%	2.700.000,–			
	d.s.	675.000,–	75%	506.250,–	829/382
KEStpflicht gemäß § 93 (2) Z. 2 EStG			25%	168.750,–	829/358

(18.3)

MWR:	(2)	BP	– 198.528,–		
	(4.3)	9/10 Abgrenzung	810.000,–		
	(5)	KG Verlust	– 33.000,–		
		Schachtelertrag	– 100.000,–		
		KESt	25.000,–		
	(8)	PKW AfA	124.125,–		
		Leasing, Honda	18.750,–		
		Leasing, Audi	– 14.594,–		
			6.650,–		
	(11.2)	Bestandsveränderung	– 1.216.000,–		
	(11.3)	Niederstwertprinzip	100.000,–		
	(14)	Abf. RSt.	315.107,–		
		Wertpapierunterdeckung	24.150,–		
	(16)	Garantie RSt.	61.450,–		
	(17.1)	Geldbesch.Kosten	70.000,–		
	(18.1)	50% Bewirtung	21.850,–		
		KöSt VZ	200.000,–		
		Spende	20.000,–		
			234.960,–		
	Vorl. handelsrechtliches Ergebnis		1.825.000,–		
	MWR		234.960,–		
			2.059.960,–		
	davon 34%		2.060.000,–		
			700.400,–		
	ab KöSt VZ		– 200.000,–		
	ab KESt		– 25.000,–		
	KöSt Rückstellung		475.400,–	475.400,–	853/303
Handelsrechtlicher Gewinn:			**1.349.600,–**	**Ausgangsbasis für die Steuererklärung!**	

(18.4) Ausweis latenter Steuern

Grundsätzliche Überlegung

	HR	StR	MWR
Gewinn vor Steuern	1.825.000	2.060.000	235.000
34%	620.500	700.400	79.900

Der nach den steuerlichen Vorschriften ermittelte Gewinn (2.060.000,–) ist höher als das handelsrechtliche Ergebnis. Damit ist auch der ausgewiesene Steueraufwand mit S 700.400,– um S 79.900,– höher ausgewiesen.

Ein Leser der Bilanz würde ausgehend vom Bilanzgewinn einen Steueraufwand mit S 620.500,– errechnen.

§ 198 (10) HGB: Ist der dem Geschäftsjahr zuzurechnende Steueraufwand zu hoch, so kann in Höhe der voraussichtlichen Steuerbelastung eine Abgrenzung gebildet werden. Eine Voraussetzung ist, daß sich der jetzt zu hohe Steueraufwand in Zukunft ausgleicht (d.h. zukünftig ein geringerer Steueraufwand anfällt).

Unter dieser Voraussetzung bilden wir jetzt handelsrechtlich eine aktive Rechnungsabgrenzung wie folgt: 79.900 ARA an Steueraufwand. Wenn in Folgejahren der Steueraufwand fehlt, wird die Rechnungsabgrenzung aufgelöst. Der zukünftig fehlende Steueraufwand wird dann nicht ergebniswirksam.

Wir sind jetzt dabei zu überprüfen, ob aus der Mehr-/Wenigerrechnung in Zukunft ein höherer Steueraufwand resultiert.

MWR			in Folgejahren, Gewinn HR < StR?
(2)	BP	– 198.528	keine Auswirkung in Folgejahren = permanente Diff.
(4.3)	Instandsetzungsaufw.	810.000	in Folgejahren neunmal – 90.000 MWR, HR > StR
(5)	KG Verlust	– 33.000	keine Auswirkung in Folgejahren = permanente Diff.
	KESt, Schachtelertrag	75.000	keine Auswirkung in Folgejahren = permanente Diff.
(8)	PKW Afa	124.125	in Folgejahren (beim Auscheiden aus BV) MWR –, HR > StR
	Leasing Honda, Audi	10.806	in Folgejahren (beim Ausscheiden aus BV) MWR –, HR > StR
(11.2)	Bestandsveränderung	– 1.216.000	Annahme: kein Endbestand MWR + 1.216.000 HR < StR
(11.3)	erweitertes Niederstwertprinzip	100.000	Annahme: kein Endbestand MWR + 100.000 HR < StR
(14)	Abf. Rückstellung	315.107	permanente Differenz solange es die Abf. Rückstellung gibt
	Wertpapier Unterdeck.	24.150	keine Auswirkung in Folgejahren = permanente Diff.
(16)	Garantie RSt	61.450	permanente Differenz solange es diese Rückstellung gibt
(17.1)	Geldbeschaffungsk.	70.000	in Folgejahren vierzehnmal – 5.000 MWR, HR > StR
(18.1)	Bewirt., VZ, Spende	241.850	keine Auswirkung in Folgejahren = permanente Diff.

Ergebnis: Uns hat die Frage interessiert, ob sich aufgrund unserer Mehr-/Wenigerrechnung das Ergebnis in den nächsten Jahren umdreht und dann das steuerliche Ergebnis niedriger ist als das handelsrechtliche Ergebnis

Zwei Probleme:

Wenn wir von der Annahme ausgehen, daß wir unsere Bewertungsgrundsätze beibehalten (Ansatz von VwGK und VtGK im Rahmen der Herstellungskosten bei langfristigen Bau ...) und die Forderungen und Vorräte sind solange vorhanden als der Betrieb besteht, dann spricht man von permanenten Differenzen, zwischen dem handelsrechtlichen und dem steuerlichen Ergebnis. Permanente Differenzen werden aber bei Ermittlung der latenten Steuern nicht berücksichtigt (going concern Prinzip).

Zum zweiten wird bei Ermittlung der latenten Steuern vom Saldo ausgegangen.

Aktiv latente Steuern > passiv latente Steuern = Ansatzwahlrecht
Aktiv latente Steuern < passiv latente Steuern = Ansatzpflicht

Unser Beispiel zu Ende geführt: Differenzen, die sich in den Folgejahren umdrehen

Saldoermittlung:	4.3	810.000,–	
	8	124.125,–	
		10.806,–	
	11.2	– 1.216.000,–	
	11.3	100.000,–	
	17.1	70.000,–	
		– 101.069,–	davon 34%
		34.363,–	

Per Saldo erfolgte 1999 eine Wenigerrechnung mit S 101.069,– die sich in den nächsten Jahren umdreht. Es wird dann der handelsrechtliche Gewinn um S 101.069,– erhöht werden.

Gemäß § 198(9) HGB ist für den Fall, daß der Steueraufwand 1999 zu niedrig ausgewiesen wird, in Höhe der voraussichtlichen zukünftigen Steuerbelastung eine Rückstellung zu bilden.

passiv latente Steuer	34.363,–	853/303

Handelsbilanzgewinn nach Berücksichtigung latenter Steuern: 1.315.237,–

Einkünfte:			Betrag in S 1)
1. Gewinn - ~~Verlust~~ 2) laut beiliegender Bilanz zum 31.12.1999		622	1,349.600
Davon ab Gewinne (dazu Verluste) von Organgesellschaften, die im Bilanzgewinn enthalten sind		623	
2. Dazu folgende Beträge, soweit sie den Bilanzgewinn gemindert, bzw. **davon ab** folgende Beträge, soweit sie den Bilanzgewinn erhöht haben: a) Verdeckte Ausschüttungen einschließlich der vom Steuerpflichtigen getragenen Kapitalertragsteuer (bitte Beilage anschließen)		625	
b) Körperschaftsteuer (einschließlich der Zuführungen zu Rückstellungen, abzüglich von Rückstellungsauflösungen und Erstattungen) sowie ausländische Steuer laut Kennzahl 673		612	675.400
c) Gemäß § 12 Abs. 3 Z 1 KStG nicht abzugsfähige Abschreibungen und Veräußerungsverluste hinsichtlich von Beteiligungen iS des § 10		613	
d) 6/7 der gemäß § 12 Abs. 3 Z 2 KStG zu verteilenden Abschreibungen und Verluste hinsichtlich von Beteiligungen iS des § 10		614	
e) Unangemessen hohe Ausgaben iS des § 12 Abs. 1 Z 2 KStG +	134.931		
f) Unzulässige oder zu hohe Absetzung für Abnutzung, Substanzverringerung, sonstige Abschreibungen, Rückstellungen +	(14) 375.107 (16) 61.450		
g) Zuführung zu Rücklagen (Reserven) +			
h) Aufwendungen für die Erfüllung von Zwecken des Steuerpflichtigen, die durch Stiftung, Satzung oder sonstige Verfassung vorgeschrieben sind +			
i) Die Hälfte der Vergütungen jeder Art an Mitglieder des Aufsichtsrates, Verwaltungsrates oder andere mit der Überwachung der Geschäftsordnung beauftragte Person 3) +			
j) Kapitalertragsteuer von vereinnahmten Kapitalerträgen, die vom Schuldner einbehalten oder übernommen wurden	25.000		
k) Zuwendungen, deren Gewährung od. Annahme mit gerichtlicher Strafe bedroht ist, weiters Aufwendungen zu gemeinnützigen, mildtätigen, kirchlichen und ähnlichen Zwecken zB Spenden +	20.000		
l) Die Hälfte der Kosten einer Bewirtung für Werbezwecke sowie nichtabzugsfähige Repräsentationsaufwendungen wie insbesondere Kosten einer sonstigen Bewirtung +	21.850		
m) Sonstige nichtabzugsfähige Steuern und Abgaben			
n) Zuführungen zur Haft- oder Risikorücklage soweit sie das zulässige Ausmaß gemäß § 26a Abs. 2 oder 3 KStG übersteigen		629	578.338
Anzusetzende Beträge, weil in Vorjahren eine Verschiebung von Veräußerungs/Aufgabegewinnen (§ 117 Abs. 7 Z 2 EStG) oder Gewinnen gemäß § 117a Abs. 2 EStG durchgeführt worden ist		635	
Andere Abänderungen (außerbilanzmäßige Zu- oder Abrechnungen wie zB 1/7 Verrechnung gemäß § 12 Abs. 3 Z 1 KStG) und Berichtigungen (Erläuterungen auf Seite 4, eventuell Beilage anschließen)		630	– 410.378
3. Davon ab Beteiligungserträge jeder Art gemäß § 10 Abs. 1 und 2 KStG		631	– 100.000
Veräußerungsgewinne gemäß § 10 Abs. 2 Z 2 lit. b KStG		633	– 33.000
4. Steuerlicher Gewinn/Verlust der Organgesellschaften (§ 9 KStG)			
Einkünfte aus Gewerbebetrieb		777	2,059.960
5. In den Einkünften aus Gewerbebetrieb sind enthalten: Anrechenbare inländische Kapitalertragsteuer		645	
Einkünfte aus Gewerbebetrieb, die gemäß Energieförderungsgesetz (EnFG) begünstigt sind		670	(2) - 198.528
Beteiligungserträge gemäß § 10 Abs. 3 KStG sowie ausländische Einkünfte im Betrag von		672	(4.3) 810.000 (11.2) - 1,276.000
Darauf ist zur Vermeidung der Doppelbesteuerung ausländische Steuer anzurechnen im Betrag von (Bitte auf einer Beilage näher erläutern!)		673	(11.3) 700.000 (14) 24.150
Nicht ausgleichsfähige Verluste aus Investitionsfreibeträgen (ohne die unter der Kennzahl 615 erfaßten nicht ausgleichsfähigen IFB-Verluste aus Mitunternehmeranteilen)		638	(17.1) 70.000 - 410.378
Verlustanteile aus der Beteiligung an Personengesellschaften als Mitunternehmer			
Darin enthaltene nicht ausgleichsfähige Verluste aus Investitionsfreibeträgen		615	
Gewinnanteile aus der Beteiligung an Personengesellschaften als Mitunternehmer			

1) Minusvorzeichen sind, soweit nicht bereits vorgedruckt, beim Ausfüllen der Erklärung einzusetzen.
2) Ohne allfällige ausländische Einkünfte, für die das Besteuerungsrecht auf Grund von Doppelbesteuerungsabkommen einem anderen Staat zusteht.
3) Dazu gehören auch Taggelder, Reisegelder und sonstige Aufwandsentschädigungen, soweit sie die Sätze des § 26 Z 4 EStG oder den erforderlichen Aufwand übersteigen.

6. Konzernbilanz

Einführung

Wir sprechen von der Konzernbilanz, meinen aber den Konzernjahresabschluß.

Der Konzernjahresabschluß besteht aus

- der Konzernbilanz,
- der Konzerngewinn- und Verlustrechnung,
- dem Konzernanhang
- und dem Konzernlagebericht.

Damit es zu einer Konzernbilanz kommt, brauchen wir eine österreichische Kapitalgesellschaft als **Mutterunternehmen** (MU), die Anteile an in- und ausländischen **Tochterunternehmen** (TU) hält. Die Tochterunternehmen können sowohl Kapitalgesellschaften, als auch Personengesellschaften sein. Jede Gesellschaft erstellt ihre eigene Bilanz. Wenn wir nun alle **Bilanzen** und **Gewinn- und Verlustrechnungen** zusammenzählen, dann entsteht daraus der Konzernabschluß. Der Konzernabschluß ist daher die Summe der Einzelabschlüsse und die Summe der Einzelgewinn- und Verlustrechnungen.

Sie arbeiten in einer Bank und haben ein Kreditansuchen eines oberösterreichischen Unternehmens zu bearbeiten. Die beigelegte Bilanz zeigt Ihnen einen Gewinn 1994 mit S 800.000 und einen Cash-flow mit S 1,450.000. Das kreditansuchende Unternehmen möchte ein Grundstück kaufen, darauf eine Lagerhalle errichten und acht LKWs anschaffen. Der Kreditantrag beläuft sich auf S 55 Mio. Das Unternehmen ist eine Vertriebsgesellschaft, die ausschließlich im Konzern erzeugte Waren vertreibt. Als einzige Sicherheit für den Kredit wird die Ausfallsbürgschaft durch die Muttergesellschaft angeboten. Sie werden morgen um 9 Uhr in der Vorstandssitzung Ihre Beurteilung über den Kreditantrag anhand des vorliegenden Jahresabschlusses präsentieren.

Auf der Seite 9 des Jahresabschlusses finden Sie das Konzernorganigramm. Sie finden die Muttergesellschaft als Holding dargestellt, die operativ nicht tätig ist, sondern nur die Beteiligungen hält. Sie finden im Organigramm sechs Unternehmen, an denen das Mutterunternehmen beteiligt ist und zwar mit 18%, mit 20%, mit 30%, mit 60%, mit 90% und mit 100%. Weiters sehen Sie, daß zwei Gesellschaften im Ausland sind (in Ungarn und in Tschechien). In einer Fußnote wird erläutert, daß die Holding bei dem Unternehmen mit der 20%igen Beteiligung einen maßgeblichen Einfluß auf die Geschäftspolitik nimmt, während beim Unternehmen mit der 30%igen Beteiligung überhaupt kein Einfluß genommen wird.

Wenn Sie das Organigramm weiterverfolgen, dann wird Ihnen auffallen, daß das Tochterunternehmen, an dem die Holding mit 60% beteiligt ist, selbst an einem italienischen Unternehmen mit 80% beteiligt ist.

Nach Durchsicht der Bilanz der antragstellenden GmbH kommen Sie zu dem Ergebnis, daß die Gesellschaft selbst beinahe vermögenslos ist. Der wirtschaftliche Erfolg ist vom Konzernerfolg abhängig. Die Vertriebsgesellschaft lebt von der Spanne zwischen Einkaufspreis und Verkaufspreis. Der Einkaufspreis wird von den erzeugenden Konzernunternehmen vorgegeben. Der Verkaufspreis bildet sich auf dem Markt. Sie haben weiters erfahren, daß die Holdinggesellschaft außer den Beteiligungsansätzen kein nennenswertes Anlagevermögen ausweist.

Können Sie den Kreditantrag ohne **Konzernabschluß** überhaupt bearbeiten?

Sie rufen jetzt im Vorstandsbüro an und teilen mit, daß das Kreditansuchen in der morgigen Sitzung noch nicht beraten werden kann, weil die Bilanz des antragstellenden Unternehmens für die Beurteilung nicht ausreicht. Sie ersuchen um die Verschiebung des Termines in der Vorstandssitzung um eine Woche und haben gleichzeitig das antragstellende Unternehmen ersucht, einen Konzernabschluß zu übermitteln, mit der Begründung, daß nur dieser Ihnen einen Einblick in die **Vermögens-, Finanz- und Ertragslage** des Konzerns gibt. Nur auf diese Weise können Sie die Bonität des Konzerns beurteilen und damit auch die Bürgschaft durch das Mutterunternehmen.

Dieses Szenario zeigt Ihnen, wie wichtig es für Gläubiger ist, bei verbundenen Unternehmen über den Konzernabschluß ein Gesamtbild zu erhalten. Abgesehen von den rechtlichen Verpflichtungen zum Konzernabschluß wird auch das Mutterunternehmen an einem solchen Gesamtbild interessiert sein. Daher gibt es auch zahlreiche Unternehmen, die einen Konzernabschluß erstellen, ohne daß sie dazu rechtlich verpflichtet wären.

Wie man einen solchen Konzernabschluß erstellt, das erfahren Sie auf den nächsten Seiten.

6.1 Erstkonsolidierung anhand eines Beispiels

Den Ausgangspunkt der Betrachtung bildet das **Mutterunternehmen**, das mit 100% an einem **Tochterunternehmen** beteiligt ist. Das **Mutterunternehmen** hat in der Bilanz zum 31. Dezember 1995 folgende Posten ausgewiesen:

	MU
Grund	10.000
Masch.	6.000
Bet.	9.000
FW	
UB	
So. Akt.	5.000
Σ	**30.000**
Stammk.	12.000
RL	4.000
Gewinn	2.000
So. Pass.	12.000
Σ	**30.000**

Das **Tochterunternehmen** weist ebenfalls am 31. Dezember 1995 folgende Posten aus:

	MU	TU
Grund	10.000	5.000
Masch.	6.000	4.000
Bet.	9.000	
FW		
UB		
So. Akt.	5.000	6.000
Σ	**30.000**	**15.000**
Stammk.	12.000	2.000
RL	4.000	1.000
Gewinn	2.000	2.000
So. Pass.	12.000	10.000
Σ	**30.000**	**15.000**

Das **Tochterunternehmen** hat im Grund und bei den Maschinen stille Reserven mit jeweils 1.000.

Der Konzernabschluß wird zum ersten Mal erstellt. Ausgehend vom Jahresabschluß zum 31. Dezember 1995, wird die **Erstkonsolidierung** am 1. Jänner 1996 durchgeführt. Die **Folgekonsolidierung** wird am 31. Dezember 1996 erfolgen und alle Wertschwankungen zwischen dem 1. Jänner 1996 und dem 31. Dezember 1996 werden sich auf den Gewinn 1996 auswirken (Gewinn- und Verlustrechnung).

Es werden also bei der **Erstkonsolidierung** nur die Vermögensteile und Schulden von Mutter- und Tochterunternehmen berücksichtigt und nicht die Gewinn- und Verlustrechnungen.

Die Bilanzposten des Mutterunternehmens und Tochterunternehmens werden addiert. In der Summenspalte (Σ) finden sich:

	MU	TU	Σ
Grund	10.000	5.000	15.000
Masch.	6.000	4.000	10.000
Bet.	9.000		9.000
FW			
UB			
So. Akt.	5.000	6.000	11.000
Σ	**30.000**	**15.000**	**45.000**
Stammk.	12.000	2.000	14.000
RL	4.000	1.000	5.000
Gewinn	2.000	2.000	4.000
So. Pass.	12.000	10.000	22.000
Σ	**30.000**	**15.000**	**45.000**

Wir finden bei den Beteiligungen einen Wert von 9.000 ausgewiesen. Diese Beteiligung besteht am Tochterunternehmen. Beim **Tochterunternehmen** finden wir ein Stammkapital mit 2.000, Gewinnrücklagen mit 1.000 und einen Gewinn mit 2.000. Diese drei Posten zusammen machen das Eigenkapital des Tochterunternehmens aus.

Aus dem Vergleich der Bilanzen können wir erkennen, daß das **Mutterunternehmen** anläßlich des Erwerbes der Anteile am Tochterunternehmen mehr bezahlt hat, als das Eigenkapital des Tochterunternehmens beträgt. Wir gehen jetzt aber nicht zurück auf den Erwerbstag, sondern betrachten die Verhältnisse am Tag der Erstkonsolidierung, nämlich am 1. Jänner 1996. Jetzt können wir feststellen, daß das Mutterunternehmen um 4.000 mehr bezahlt hat, als das Eigenkapital des Tochterunternehmens beträgt. Das Eigenkapital beträgt 5.000 und der Beteiligungsansatz beim Mutterunternehmen beträgt 9.000.

Weiters können wir erkennen, daß in der Summenbilanz sowohl die Beteiligung mit 9.000 als auch das Eigenkapital des Tochterunternehmens enthalten ist. Wir haben also die Beteiligung und das Eigenkapital doppelt gezählt.

Der Idealfall für das Konsolidieren wäre, daß der Beteiligungsansatz beim **Mutterunternehmen** gleich hoch dem Eigenkapital des **Tochterunternehmens** ist. In diesem Fall würde sich die Beteiligung mit dem Eigenkapital des Tochterunternehmens aufsaldieren. Dieser Idealfall ist im Zeitpunkt der Gründung eines Tochterunternehmens gegeben. Bei der Gründung ist immer die Höhe der Beteiligung gleich hoch dem eingezahlten Stammkapital.

Wie gesagt: Idealerweise ist der Beteiligungsansatz beim **Mutterunternehmen** gleich hoch dem Eigenkapital des

Tochterunternehmens und beide Beträge saldieren sich auf. In unserem Beispiel finden wir die Beteiligung mit 9.000 und ein Eigenkapital mit 5.000. Wenn wir aufsaldieren (Kapitalkonsolidierung), verbleibt ein aktiver Unterschiedsbetrag von 4.000 (die Aktivseite ist größer).

Wir werden jetzt unsere Summenspalte um eine Umbuchungsspalte (Soll- und Habenbuchungen) und um eine weitere Spalte für den Konzernabschluß verlängern.

Wir kommen dann in der Folge von der Summenspalte über die Umbuchungen zum Konzernabschluß.

Die erste Umbuchung, die wir vornehmen lautet:

Stammk.	2.000		
RL	1.000		
Gew.	2.000		
UB	4.000	an Bet.	9.000

Der Unterschiedsbetrag (UB) wird vorderhand auf einem Vermögenskonto geparkt.

Wenn wir bei der **Kapitalkonsolidierung** (Saldierung von Beteiligung beim MU mit dem Eigenkapital des TU) einen Unterschiedsbetrag vorfinden, dann stellt sich die Frage, warum jemand für eine Beteiligung an einem Tochterunternehmen einen höheren Betrag zahlt, als das Eigenkapital beträgt. Ganz grundsätzlich ist das Tochterunternehmen 5.000 „wert". Das Aktivvermögen des Tochterunternehmens könnte um 15.000 veräußert und mit diesem Betrag könnten die Schulden getilgt werden. Was bleibt, ist eine Betrag von 5.000. Eben diesen Betrag ist das Tochterunternehmen grundsätzlich wert. Was wir noch nicht gelöst haben, ist die Frage, warum die Muttergesellschaft 9.000 für diese Beteiligung gezahlt hat.

Wenn im Grundstück und in den Maschinen des **Tochterunternehmens** stille Reserven enthalten sind, dann wird das Mutterunternehmen bereit sein, einen höheren Betrag als die 5.000 zu zahlen.

Wenn das **Tochterunternehmen** einen besonderen Standort hat, ein besonderes Know-how, einen treuen Kundenstock, ein eingeführtes Produkt usw., dann wird der Erwerber ebenfalls mehr bezahlen, als die genannten 5.000. Ganz generell spricht man in diesem Fall von einem Firmenwert.

Wir haben jetzt gesehen, daß es zwei Ursachen gibt, die ein Mutterunternehmen veranlassen, für eine Beteiligung mehr zu zahlen, als der Wert des Eigenkapitals beim Tochterunternehmen beträgt. Einmal können es die **stillen Reserven** des Tochterunternehmens sein, ein anderes Mal der **Firmenwert** des Tochterunternehmens.

Beim **aktiven Unterschiedsbetrag** ist jedenfalls zu hinterfragen, woraus dieser Unterschiedsbetrag resultiert.

Die Antwort im konkreten Fall:

Das Tochterunternehmen hat einen Grund mit 5.000 und Maschinen mit 4.000 in der Bilanz ausgewiesen. Ein Schätzungsgutachten nennt die Werte für den Grund mit 6.000 und für die Maschinen mit 5.000. Für unsere Zwecke steht damit fest, daß stille Reserven im Grund mit 1.000 und in den Maschinen ebenfalls mit 1.000 enthalten sind.

In unserem konkreten Fall ist das Eigenkapital des Tochterunternehmens um 4.000 überzahlt worden. Von der Überzahlung entfallen 2.000 auf die stillen Reserven in Grund und Maschinen und 2.000 auf den Firmenwert.

Der Firmenwert widerspiegelt das Motiv des Mutterunternehmens, das 2.000 für den Standort, für ein Know-how, für das Mitarbeiterpotential usw. bezahlt hat.

Die Kapitalkonsolidierung geht von der Fiktion aus, daß das Mutterunternehmen jeden einzelnen Bilanzposten des Tochterunternehmens erworben hat. Daher wird jeder einzelne Posten bewertet und auf diese Weise werden die stillen Reserven offen gelegt. Zum Firmenwert (FW) kommen wir immer dann, wenn der Unterschiedsbetrag höher ist als die Summe der stillen Reserven.

Wir buchen nun:

Grund	1.000		
Masch.	1.000		
FW	2.000	an UB	4.000

Damit ist der Unterschiedsbetrag in der Umbuchungsspalte neutralisiert. Nach Eintragung der Umbuchungen in die Umbuchungsspalte zeigt sich folgendes Bild:

	MU	TU	Σ	Soll	Haben
Grund	10.000	5.000	15.000	1.000	
Masch.	6.000	4.000	10.000	1.000	
Bet.	9.000		9.000		9.000
FW				2.000	
UB				4.000	4.000
So. Akt.	5.000	6.000	11.000		
Σ	**30.000**	**15.000**	**45.000**		
Stammk.	12.000	2.000	14.000	2.000	
RL	4.000	1.000	5.000	1.000	
Gewinn	2.000	2.000	4.000	2.000	
So. Pass.	12.000	10.000	22.000		
Σ	**30.000**	**15.000**	**45.000**	**13.000**	**13.000**

Der Konzernabschluß zeigt folgendes Bild:

	MU	TU	Σ	Soll	Haben	Konzern
Grund	10.000	5.000	15.000	1.000		16.000
Masch.	6.000	4.000	10.000	1.000		11.000
Bet.	9.000		9.000		9.000	
FW				2.000		2.000
UB				4.000	4.000	
So. Akt.	5.000	6.000	11.000			11.000
Σ	**30.000**	**15.000**	**45.000**			**40.000**
Stammk.	12.000	2.000	14.000	2.000		12.000
RL	4.000	1.000	5.000	1.000		4.000
Gewinn	2.000	2.000	4.000	2.000		2.000
So. Pass.	12.000	10.000	22.000			22.000
Σ	**30.000**	**15.000**	**45.000**	**13.000**	**13.000**	**40.000**

Jetzt ist uns der erste Schritt gelungen. Aus den zwei Einzelbilanzen haben wir eine Konzernbilanz erstellt. Wir haben gemeinsam eine **Kapitalkonsolidierung** durchgeführt.

Wir versuchen jetzt, die Begriffe, die wir jetzt gelernt haben, in einem größeren Zusammenhang zu sehen.

Unterscheidung Vollkonsolidierung, Quoten- und Equitykonsolidierung

Wir unterscheiden die Vollkonsolidierung, die Quotenkonsolidierung und die Equitykonsolidierung.

- **Vollkonsolidierung** bedeutet: Aktiva und Passiva von Mutterunternehmen und Tochterunternehmen werden voll zusammengezählt.
- **Quotenkonsolidierung** bedeutet: Aktiva und Passiva von Mutter- und Tochterunternehmen werden quotenmäßig zusammengezählt.
- **Equitykonsolidierung** bedeutet: Aktiva und Passiva und die Gewinn- und Verlustrechnungen von Mutterunternehmen und Tochterunternehmen werden **NICHT** zusammengezählt. Equity (Shareholders Equity) heißt Eigenkapital. Die Beteiligung beim Mutterunternehmen wird mit dem anteiligen Eigenkapital des Tochterunternehmens bewertet.

In unserem konkreten Fall haben wir eine **Vollkonsolidierung** durchgeführt. Wir haben sämtliche Bilanzposten vom Mutterunternehmen und Tochterunternehmen zusammengezählt. Die volle Wahrheit ist, daß bei der Vollkonsolidierung auch sämtliche G+V-Posten zusammengezählt werden. Die G+V-Addition erfolgt aber nur bei der Folgekonsolidierung und nicht bei der Erstkonsolidierung. Zu diesen Begriffen kommen wir aber erst später.

Noch einmal: Je nachdem, ob Bilanzen und Gewinn- und Verlustrechnungen zusammengezählt werden oder nicht, unterscheidet man zwischen der **Vollkonsolidierung** und der **Equitykonsolidierung**. Ein quotenmäßiges Zusammenzählen der Bilanzen und Gewinn- und Verlustrechnungen erfolgt bei der **Quotenkonsolidierung**. Hier werden beispielsweise 50% der Tochterbilanz und 50% der Tochter G+V mit der Mutterbilanz und der Mutter G+V zusammengezählt.

Die Schritte der Konsolidierung

Eine Vollkonsolidierung (auch Quotenkonsolidierung) wird mit folgenden Schritten durchgeführt:

- Kapitalkonsolidierung
- Schuldenkonsolidierung
- Aufwands- und Ertragskonsolidierung und Ausscheiden von Zwischenergebnissen

Eine **Kapitalkonsolidierung** haben wir bereits durchgeführt. Dabei ist der Beteiligungsansatz mit dem Eigenkapital des Tochterunternehmens saldiert worden, damit eine Doppelerfassung in der Konzernbilanz vermieden wird.

Zur **Schuldenkonsoliderung** kommen wir erst. Schuldenkonsolidierung bedeutet, daß Forderung und Verbindlichkeiten vom Mutterunternehmen an Tochterunternehmen und umgekehrt saldiert werden.

Die **Aufwands- und Ertragskonsolidierung** betrifft die Verrechnung von Aufwendungen vom Mutterunternehmen an das Tochterunternehmen für Lizenzen, für Mieten, für Zinsen, für EDV, für Transportaufwand usw. Diese Aufwands- und Ertragskonsolidierung saldiert den Ertrag bei einem Unternehmen mit dem gleich hohen Aufwand beim anderen Unternehmen. Das Ausscheiden von Zwischenergebnissen betrifft Lieferungen vom Mutterunternehmen an das Tochterunternehmen und zwar sind Zwischenergebnisse (Gewinne) dann auszuscheiden, wenn das Tochterunternehmen die gelieferten Produkte noch nicht an Dritte veräußert hat. Ein Gewinn ist dann entstanden, wenn das Mutterunternehmen das gelieferte Produkt nicht mit den

Herstellungskosten oder Anschaffungskosten weitergeliefert hat, sondern mit einem höheren Verkaufspreis. Aus Konzernsicht ist ein Gewinn noch nicht entstanden, weil das Produkt noch nicht den Konzern verlassen hat. Dieser vorläufige Gewinn, durch die Lieferung von Mutter an Tochter, ist in der Konzern G+V auszuscheiden.

Die **Vollkonsolidierung** (Quotenkonsolidierung) erfolgt also in drei Schritten. Sie beginnt mit der Kapitalkonsolidierung, dann erfolgt die Schuldenkonsolidierung und schließlich die Aufwands- und Ertragskonsolidierung und die Eliminierung von Zwischenergebnissen.

Wenn erstmalig eine Konsolidierung vorgenommen wird, dann spricht man von der **Erstkonsolidierung**, die ausgehend von der Schlußbilanz des Vorjahres, mit dem Stichtag 1.1. (wenn Wirtschaftsjahr gleich Kalenderjahr) vorgenommen wird. Ausgehend von der Bilanz zum 31. Dezember 1995 wird die Erstkonsolidierung am 1.1.1996 vorgenommen. Eine solche Erstkonsolidierung haben wir bereits gemeinsam durchgeführt. Die Umbuchungen, die anläßlich der Erstkonsolidierung durchgeführt worden sind, werden alle Jahre in der **Folgekonsolidierung** wieder angesetzt. Die **Folgekonsolidierung** findet dann am 31. Dezember 1996 statt (wenn die Erstkonsolidierung am 1. Jänner 1996 erfolgt ist). Die in der Erstkonsolidierung berücksichtigten stillen Reserven und der Firmenwert werden anläßlich der Folgekonsolidierung abgeschrieben und wirken sich auf das Ergebnis 1996 aus. Anläßlich der Folgekonsolidierung wird auch die Gewinn- und Verlustrechnung von Mutter- und Tochterunternehmen konsolidiert, während bei der Erstkonsolidierung die Gewinn- und Verlustrechnung nicht berücksichtigt wird.

Wenn schließlich ein Tochterunternehmen aus dem Konzern ausscheidet, erfolgt eine **Endkonsolidierung**.

Wir kennen also die Erstkonsolidierung, die Folgekonsolidierung an den einzelnen Bilanzstichtagen und die Endkonsolidierung beim Ausscheiden eines Unternehmens aus dem Konzern.

Aktiver und passiver Unterschiedsbetrag:

Bet. MU	EK d. TU	UB
9.000	5.000	aktiver 4.000
10.000	12.000	passiver 2.000
8.000	8.000	keiner

Warum entstehen **aktive Unterschiedsbeträge**?

Warum zahlt der Erwerber der Anteile des Tochterunternehmens mehr als das Eigenkapital?

Das Tochterunternehmen in unserem Beispiel ist 5.000 „wert". Wir haben bereits gesehen, daß im Tochterunternehmen stille Reserven enthalten sind, die der Erwerber mit dem Kaufpreis bezahlt. Zahlt er darüber hinaus noch einen Betrag, dann zahlt er für den Firmenwert, der wiederum verschiedene Ursachen haben kann (Standort, Mitarbeiterpotential, Know-how, Kundenstock, Firmenname usw.).

Warum gibt es einen **passiven Unterschiedsbetrag**?

Warum zahlt ein Erwerber für die Anteile am Tochterunternehmen weniger als das Eigenkapital?

Ein Erwerber zahlt dann weniger, wenn er schlechte Ertragsaussichten berücksichtigt. Dann ist er nicht bereit, das Eigenkapital in voller Höhe zu vergüten.

Es kann auch sein, daß der Erwerber einen Glückskauf durchführt (lucky buy) und ein Unternehmen eben aus glücklichen Umständen „billig" einkauft.

Schließlich führt eine Gewinnthesaurierung zu einem passiven Unterschiedsbetrag. Im Zeitpunkt des Erwerbes, angenommen vor acht Jahren, hat der Beteiligungsbetrag dem Eigenkapital entsprochen. Mittlerweile war das Tochterunternehmen gewinnbringend und hat die Gewinne nicht ausgeschüttet, sondern als Gewinnrücklage dargestellt. Durch die Gewinnthesaurierung ist nun das Eigenkapital weit höher als der Beteiligungsansatz beim Mutterunternehmen.

Wo finden sich die aktiven und passiven Unterschiedsbeträge in der Konzernbilanz?

Aktiver Unterschiedsbetrag

Die stillen Reserven erhöhen jene **Anlagenposten**, bei denen sie vorhanden sind. Der Firmenwert wird im **Anlagevermögen** dargestellt.

Passiver Unterschiedsbetrag

Geht der Unterschiedsbetrag auf die Verlustantizipation zurück, dann wird der Betrag als **Rückstellung** dargestellt. Beim lucky buy oder bei der Gewinnthesaurierung findet sich der Unterschiedsbetrag beim **Eigenkapital**. Die Rückstellung für erwartete Verluste wird dann aufgelöst, wenn die Verluste tatsächlich eingetreten sind.

Einige Worte zum Eigenkapital des Tochterunternehmens

Zum Unterschiedsbetrag kommen wir dann, wenn der Beteiligungsansatz beim Mutterunternehmen kleiner/größer ist, als das Eigenkapital des Tochterunternehmens. Es stellt sich jetzt die Frage, aus welchen Posten das Eigenkapital des Tochterunternehmens besteht.

Wenn wir die Eigenkapitaldefinition des Rechnungslegungsgesetzes ansehen, dann haben wir bereits die Antwort. Zum Eigenkapital zählen das Grund- oder Stammkapital, die Kapitalrücklagen, die Gewinnrücklagen und der Gewinn.

Was geschieht nun mit den unversteuerten Rücklagen?

Wir können die unversteuerten Rücklagen beim Eigenkapital berücksichtigen, aber nicht im vollen Ausmaß, denn vorher ist die unversteuerte Rücklage um die Rückstellung für latente Steuern zu reduzieren. Wenn Sie annehmen, daß die unversteuerten Rücklagen versteuert werden müssen, dann erhalten Sie einen Betrag in Höhe der fiktiven Steuerbelastung. Dieser Betrag ist als Rückstellung darzustellen. Der Restbetrag der unversteuerten Rücklagen kann dann dem Eigenkapital zugerechnet werden.

Mittlerweile haben Sie einen groben Überblick, wie man zum Konzernabschluß kommt.

6.2 Folgekonsolidierung anhand eines Beispiels

Den nächsten Schritt bildet die Folgekonsolidierung. Zur Erinnerung: Die Erstkonsolidierung hat zum 1. Jänner 1996 stattgefunden. Nun liegen die Jahresabschlüsse vom Mutterunternehmen und Tochterunternehmen zum 31. Dezember 1996 vor.

Wir beginnen mit dem **Mutterunternehmen**:

In der Bilanz finden wir

	MU
Grund	10.000
Masch.	6.000
Bet.	9.000
FW	
Fo. TU	3.000
So. Akt.	7.000
Σ	**35.000**
Stammk.	12.000
RL	4.000
Gewinn Vortr.	2.000
Gewinn 96	2.000
So. Pass.	15.000
Σ	**35.000**

Zur Gewinn- und Verlustrechnung des Mutterunternehmens:

Erlös	13.000
Mat.	– 4.000
Pers.	– 4.000
AfA	– 2.000
Miete	
So. Aufw.	– 1.000
Gewinn	2.000

Wie gesagt: Wir haben jetzt den Einzelabschluß des Mutterunternehmens und die G+V gesehen. Mit dem Konzernabschluß hat das noch nichts zu tun. Wir finden die Beteiligung am Tochterunternehmen mit 9.000 ausgewiesen. Darüber hinaus finden wir eine Forderung gegenüber dem Tochterunternehmen mit 3.000. Der Vorjahresgewinn wird als Gewinnvortrag dargestellt.

Nun zur Bilanz und Gewinn- und Verlustrechnung des **Tochterunternehmens**:

	MU	TU
Grund	10.000	5.000
Masch.	6.000	4.000
Bet.	9.000	
FW		
Fo. TU	3.000	
So. Akt.	7.000	1.000
Σ	**35.000**	**10.000**
Stammk.	12.000	2.000
RL	4.000	1.000
Gewinn Vortr.	2.000	2.000
Gewinn 96	2.000	1.000
Verb. MU		3.000
So. Pass.	15.000	1.000
Σ	**35.000**	**10.000**

Gewinn- und Verlustrechnung:

Erlös	13.000	6.000
Mat.	– 4.000	– 2.000
Pers.	– 4.000	– 1.000
AfA	– 2.000	– 1.000
Miete		– 1.000
So. Aufw.	– 1.000	
Gewinn	2.000	1.000

Als ersten Schritt in Richtung Konsolidierung rechnen wir die Bilanzen und die Gewinn- und Verlustrechnungen zusammen.

Die Bilanzen ergeben aufaddiert folgendes Bild:

	MU	TU	Σ
Grund	10.000	5.000	15.000
Masch.	6.000	4.000	10.000
Bet.	9.000		9.000
FW			
Fo. TU	3.000		3.000
So. Akt.	7.000	1.000	8.000
Σ	**35.000**	**10.000**	**45.000**
Stammk.	12.000	2.000	14.000
RL	4.000	1.000	5.000
Gewinn Vortr.	2.000	2.000	4.000
Gewinn 96	2.000	1.000	3.000
Verb. MU		3.000	3.000
So. Pass.	15.000	1.000	16.000
Σ	**35.000**	**10.000**	**45.000**

Die zusammengerechnete Gewinn- und Verlustrechnung stellt sich folgendermaßen dar:

Erlös	13.000	6.000	19.000
Mat.	– 4.000	– 2.000	– 6.000
Pers.	– 4.000	– 1.000	– 5.000
AfA	– 2.000	– 1.000	– 3.000
Miete		– 1.000	– 1.000
So. Aufw.	– 1.000		– 1.000
Gewinn	2.000	1.000	3.000

Den nächsten Schritt, die **Kapitalkonsolidierung**, kennen wir bereits. Bei der Kapitalkonsolidierung wird die Beteiligung beim Mutterunternehmen mit dem Eigenkapital des Tochter-unternehmens saldiert.

Wichtig:

Die Buchungen der Erstkonsolidierung werden bei der Folgekonsolidierung wiederholt.

Stammk.	2.000		
RL	1.000		
Gew.	2.000		
UB	4.000	an Bet.	9.000

2. Buchung:

Grund	1.000		
Masch.	1.000		
FW	2.000	an UB	4.000

Bei der **Folgekonsolidierung** ist bis jetzt noch nichts anderes geschehen, als daß wir die Buchungen der Erstkonsolidierung in unserer Umbuchungsliste wieder angesetzt haben.

Wenn wir jetzt die zusammengezählten Bilanzen betrachten, dann finden wir eine Forderung an das Tochterunternehmen mit 3.000 ausgewiesen, der eine Verbindlichkeit gegenüber dem Mutterunternehmen mit 3.000 gegenüber steht. Nachdem wir jetzt aber nur mehr ein Konzern sind, werden wir die Forderung mit der gleich hohen Verbindlichkeit aufrechnen. Wir sprechen in diesem Zusammenhang von der **Schuldenkonsolidierung**.

Der Buchungssatz lautet:

Verb. MU 3.000 an Fo.TU 3.000

Wir kommen nun zum dritten Schritt der Konsolidierung, nämlich zur **Aufwands- und Ertragskonsolidierung.**

In unserem konkreten Fall hat das Mutterunternehmen ein Büro an das Tochterunternehmen vermietet. Der Mieterlös von 1.000 ist beim Mutterunternehmen im Erlös enthalten. Beim Tochterunternehmen ist ein gleich hoher Betrag als Mietaufwand enthalten. In der zusammengerechneten Gewinn- und Verlustrechnung finden wir den Erlös von 1.000 im Erlös mit 19.000 dargestellt und als Aufwand beim Mietaufwand mit eben diesem Betrag. Der Ertrag und der gleich hohe Aufwand sind daher zu saldieren, weil wir jetzt uns nur als einziges Unternehmen darstellen.
Die Buchung lautet:

Mieterlös MU 1.000 an Mietaufwand TU 1.000

Wir kommen wieder zurück zur Erstkonsolidierung. Bei der Erstkonsolidierung haben wir den aktiven Unterschiedsbetrag aufgrund stiller Reserven bei Maschinen mit 1.000 aktiviert. Darüber hinaus haben wir noch einen Firmenwert mit 2.000 berücksichtigt.

Die Nutzungsdauer für die Maschine und für den Firmenwert beträgt jeweils 5 Jahre. Nachdem wir die Kapitalkonsolidierung mit den Werten vom 1. Jänner 1996 durchgeführt haben, ist zum 31. Dezember 1996 die entsprechende **Abschreibung** vorzunehmen. Bei den stillen Reserven, die auf den Grund aktiviert worden sind, entfällt mangels Wertminderung eine Abschreibung.

Die entsprechenden Buchungen lauten:

Abschreibung an Maschinen 200 (1.000 : 5 = 200)
Abschreibung an Firmenwert 400 (2.000 : 5 = 400)

In der kumulierten G+V finden Sie einen Gewinn von 3.000. Durch die **Abschreibung** mit 600 wird sich der kumulierte Gewinn auf einen Konzerngewinn mit 2.400 reduzieren.

Exkurs

In der Folgekonsolidierung zum 31. Dezember 1997 (ein Jahr später) sind die ersten beiden Buchungen so vorzunehmen, wie sie in der Erstkonsolidierung gebucht worden sind. Es ist dann in der Folge die Abschreibung des Jahres 1996 zu berücksichtigen und erfolgswirksam die Abschreibung des Jahres 1997. Nur die AfA 1997 hat dann Auswirkung auf den Gewinn.

Folgende Umbuchungen sind jetzt in der Umbuchungsspalte enthalten:

	MU	TU	Σ	Soll	Haben
Grund	10.000	5.000	15.000	1.000	
Masch.	6.000	4.000	10.000	1.000	200
Bet.	9.000		9.000		9.000
FW				2.000	400
Fo. TU	3.000		3.000		3.000
So. Akt.	7.000	1.000	8.000		
Σ	**35.000**	**10.000**	**45.000**		
Stammk.	12.000	2.000	14.000	2.000	
RL	4.000	1.000	5.000	1.000	
Gewinn Vortr.	2.000	2.000	4.000	2.000	
Gewinn 96	2.000	1.000	3.000		
Verb. MU		3.000	3.000	3.000	
So. Pass.	15.000	1.000	16.000		
Σ	**35.000**	**10.000**	**45.000**		
UB				4.000	4.000

Erlös	13.000	6.000	19.000	1.000	
Mat.	– 4.000	– 2.000	– 6.000		
Pers.	– 4.000	– 1.000	– 5.000		
AfA	– 2.000	– 1.000	– 3.000	600	
Miete		– 1.000	– 1.000		1.000
So. Aufw.	– 1.000		– 1.000		
Gewinn	2.000	1.000	3.000		
Σ				**17.600**	**17.600**

Nach Berücksichtigung der Umbuchungen zeigt die Konzernbilanz folgendes Bild:

	MU	TU	Σ	Soll	Haben	Konzernbilanz	
Grund	10.000	5.000	15.000	1.000		16.000	
Masch.	6.000	4.000	10.000	1.000	200	10.800	
Bet.	9.000		9.000		9.000		
FW				2.000	400	1.600	
Fo. TU	3.000		3.000		3.000		
So. Akt.	7.000	1.000	8.000			8.000	
Σ	**35.000**	**10.000**	**45.000**				
Stammk.	12.000	2.000	14.000	2.000			12.000
RL	4.000	1.000	5.000	1.000			4.000
Gewinn Vortr.	2.000	2.000	4.000	2.000			2.000
Gewinn 96	2.000	1.000	3.000				2.400
Verb. MU		3.000	3.000	3.000			
So. Pass.	15.000	1.000	16.000				16.000
Σ	**35.000**	**10.000**	**45.000**			**36.400**	**36.400**
UB				4.000	4.000		

Nun zur Konzern G+V:

Erlös	13.000	6.000	19.000	1.000		18.000
Mat.	– 4.000	– 2.000	– 6.000			– 6.000
Pers.	– 4.000	– 1.000	– 5.000			– 5.000
AfA	– 2.000	– 1.000	– 3.000	600		– 3.600
Miete		– 1.000	– 1.000		1.000	
So. Aufw.	– 1.000		– 1.000			– 1.000
Gewinn	2.000	1.000	3.000			2.400
Σ				**17.600**	**17.600**	

Der zusammengerechnete Gewinn von 3.000 hat sich durch die **Abschreibung** auf 2.400 reduziert. Der Konzerngewinn ist demnach geringer als der addierte Gewinn aus den Einzelabschlüssen.

Zusammenfassung und Wiederholung

Was unterscheidet die **Erstkonsolidierung** von der **Folgekonsolidierung** – Überblick:

	Zeitliche Ursache	Gewinn-auswirkung
Erstkonsolidierung	in Vorjahren	nein
Folgekonsolidierung	im Kons.jahr	ja

An welche Posten ist bei der **Aufwands- und Ertragskonsolidierung** zu denken?

- An die weiterverrechneten Mieten
- Personalaufwand
- EDV-Aufwand
- Transportaufwand
- Zinsen
- Lizenzen
- Konzernumlage

Aufgrund der Weiterverrechnung vom Mutterunternehmen an Tochterunternehmen steht dem Erlös auf der einen Seite ein gleich hoher Aufwand auf der anderen Seite gegenüber. Erlös und Aufwand sind daher zu neutralisieren.

Einige Worte zur **Schuldenkonsolidierung:**

Die Forderungen und die Verbindlichkeiten der verschiedenen Unternehmen im Konzern decken sich hoffentlich. Wenn es Differenzen gibt, dann wird zwischen echten und unechten Differenzen unterschieden.

Eine **unechte Differenz** ist dann gegeben, wenn aufgrund einer Fehlbuchung oder einer zeitlichen Verschiebung, die Forderung des Mutterunternehmens nicht gleich hoch ist, wie die Verbindlichkeit beim Tochterunternehmen. Bei der Saldenabstimmung wird sich dann herausstellen, daß die Forderung vom Mutterunternehmen noch im Dezember eingebucht worden ist, die korrespondierende Buchung beim Tochterunternehmen erst im Jänner erfolgt ist. Bei der Saldenabstimmung werden auch Fehlbuchungen aufgeklärt, daher sind diese Differenzen keine echten Differenzen, sondern unechte Differenzen, weil aufklärbar.

Echte Differenzen:

Ein Paradebeispiel für die echten Differenzen sind die Fremdwährungsforderungen. Die Forderung wird mit dem Devisengeldkurs und die Verbindlichkeit mit dem Devisenwarenkurs eingebucht. Dieselbe Währung, derselbe Stichtag, jedoch unterschiedliche Kurse für die Verbuchung.

Eine Forderung wird nach dem strengen Niederstwertprinzip bewertet und gegebenenfalls abgezinst. Die Verbindlichkeit wird nach dem Höchstwertprinzip bewertet und nicht nach unten reduziert.

Bei Darlehensgewährung wird, wenn der Auszahlungsbetrag vom Rückzahlungsbetrag abweicht, ein Agio berücksichtigt. Der Darlehensnehmer verbucht den höheren Rückzahlungsbetrag. Hier haben wir es mit echten Differenzen zu tun, weil beide Unternehmen, das Mutterunternehmen wie das Tochterunternehmen, „ordentlich" gebucht haben.

Auch wenn richtig gebucht worden ist, muß anläßlich der Schuldenkonsolidierung eine Saldierung aller Forderungen und Verbindlichkeiten erfolgen. Echte Differenzen werden aufwandswirksam (über die G+V) bereinigt.

Erst- und Folgekonsolidierung bereiten uns keine Probleme mehr. In groben Zügen können wir uns nun vorstellen, wie ein Konzernabschluß erstellt wird.

Wie immer im Leben liegt das Problem eher im Detail. Mit einigen dieser Details wollen wir uns nun befassen.

6.3 Vollkonsolidierung bei einem Minderheitenanteil

Das Problem besteht jetzt darin, daß bei einer Vollkonsolidierung **alle** Aktiva und Passiva von Mutter- und Tochterunternehmen zusammengezählt werden. Nun ist aber unser Mutterunternehmen beim Tochterunternehmen nur zu 80% beteiligt.

Wie ist nun vorzugehen, wenn wir eine Vollkonsolidierung vornehmen und **alle Aktiva und Passiva** des Tochterunternehmens mit den Aktiva und Passiva des Mutterunternehmens addieren?

Wir machen jetzt als Beispiel eine Erstkonsolidierung und interessieren uns nicht für die Gewinn- und Verlustrechnung, die es bei der Erstkonsolidierung gar nicht gibt.

Für unsere Betrachtung ist es jetzt nicht erforderlich, alle Bilanzposten des Mutterunternehmens und des Tochterunternehmens zu kennen.

Wir blicken zuerst in die Bilanz des **Mutterunternehmens:**

	MU
Grund	
Masch.	
FW	
Bet.	9.000
UB	
Kap.	
Minderheitenant.	
RL	
Gewinn	

Beim **Tochterunternehmen** finden wir:

	MU	TU
Grund		
Masch.		
FW		
Bet.	9.000	
UB		
Kap.		5.000
Minderheitenant.		
RL		2.000
Gewinn		1.000

Die Bilanzen von Mutter- und Tochterunternehmen werden voll konsolidiert, so als wäre die Mutter 100%iger Eigentümer des Tochterunternehmens.

Wir beginnen wie immer mit der **Kapitalkonsolidierung** und vergleichen die Beteiligung beim Mutterunternehmen mit dem Eigenkapital des Tochterunternehmens.

Die Beteiligung beim Mutterunternehmen beträgt 9.000 und das Eigenkapital des Tochterunternehmens setzt sich zusammen aus dem Stammkapital mit 5.000, den Gewinnrücklagen mit 2.000 und dem Gewinn mit 1.000. Nachdem aber das Mutterunternehmen nur 80% Anteile am Tochterunternehmen hält, ist es nur mit 80% am Stammkapital, an den Gewinnrücklagen und am Gewinn beteiligt.

80% vom Stammkapital	4.000
80% der Gewinnrücklagen	1.600
80% vom Gewinn	800
Das anteilige Eigenkapital beträgt demnach	6.400

Die Beteiligung ist um 2.600 höher als das anteilige Eigenkapital des Tochterunternehmens. Nachdem die Aktivseite höher ist, haben wir einen aktiven Unterschiedsbetrag. Dieser aktive Unterschiedsbetrag wird wie folgt verbucht:

Kap. TU	4.000		
RL TU	1.600		
Gewinn TU	800		
UB	2.600	an Bet. MU	9.000

Wir wissen bereits, daß ein **Unterschiedsbetrag** zu hinterfragen ist.

In unserem Fall wird die Angabe wie folgt ergänzt: Beim Tochterunternehmen sind im Grund stille Reserven mit 1.500 und bei den Maschinen stille Reserven mit 500 enthalten.

Nachdem das Mutterunternehmen am Tochterunternehmen nur mit 80% beteiligt ist, ist auch die Beteiligung an den stillen Reserven nur in diesem Ausmaß möglich.

80% von 1.500	1.200	stille Reserven beim Grund
80% von 500	400	stille Reserven bei den Maschinen
Auf den aktiven Unterschiedsbetrag von 2.600 fehlen uns	1.000	
die einen Firmenwert darstellen.	2.600	

Die Verbuchung lautet dann:

Grund TU	1.200		
Masch. TU	400		
FW	1.000	an UB	2.600

Achtung

Eine Abschreibung wird jetzt deswegen nicht gerechnet, weil es sich um eine Erstkonsolidierung handelt. Erst bei einer Folgekonsolidierung wird eine Abschreibung den Jahresgewinn reduzieren.

Wir haben beim Zusammenrechnen sämtliche Posten der Bilanz von Mutterunternehmen und Tochterunternehmen berücksichtigt. Wir haben auch das Eigenkapital von Tochter- und Mutterunternehmen zusammengezählt. Bei der Kapitalkonsolidierung haben wir 80% des Eigenkapitals mit der Beteiligung saldiert. Was verbleibt sind die 20% des Eigenkapitals, die nicht dem Mutterunternehmen gehören.

Für den Minderheitenanteil (20% vom Stammkapital, Gewinnrücklagen und Gewinn) gibt es einen eigenen Posten beim Eigenkapital in der Konzernbilanz. Folgende Buchung ist erforderlich:

Kap.	1.000		
RL	400		
Gew.	200	an Minderheitenanteil	1.600

Mit anderen Worten: Der Fremdanteil, der in den Posten Stammkapital, Gewinnrücklagen und Gewinn enthalten ist, wird auf einen eigenen Posten innerhalb des Eigenkapitals umgebucht. Dieser eigene Posten heißt „Minderheitenanteil“. Der Ausweis erfolgt deswegen beim Eigenkapital unter einem gesonderten Posten, weil es sich um einen fremden Eigentümer handelt.

Mit diesem Beispiel haben wir gesehen, wie vorzugehen ist, wenn wir nicht alle Anteile an einem Tochterunternehmen haben, aber trotzdem voll konsolidieren.

6.4 Konzern Gewinn- und Verlustrechnung

Unsere weitere Detailbetrachtung gilt der Konzern G+V. Wir werden uns jetzt mit den Lieferungen auseinandersetzen, die zwischen dem Mutterunternehmen und dem Tochterunternehmen stattfinden.

- Das **Mutterunternehmen** liefert an das **Tochterunternehmen** Handelsware um 1.000 (Innenumsatz). Das Tochterunternehmen liefert die Handelsware an Dritte um 2.000 (Außenumsatz).
  Das Mutterunternehmen erzielt einen Erlös mit 1.000, das Tochterunternehmen einen Erlös mit 2.000, zusammengerechnet ergibt es einen Erlös mit 3.000. Das Tochterunternehmen hat einen Handelswareneinsatz mit 1.000.

Buchungen vor Konsolidierung:

MU:

HWE/Bank	800
Fordg. TU/Erlös	1.000

TU:

HWE/Verb. MU	1.000
Fordg./Erlös	2.000

In der Aufwands- Ertragskonsolidierung wird der Innenumsatz storniert, weil konzernmäßig nur jener Umsatz zum Tragen kommt, der mit Dritten (Außenumsatz) getätigt wird.

Die Buchung lautet:

Erlös MU	1.000	an HWE TU	1.000

Damit ist in der Konzern G+V nur ein Umsatz mit 2.000 dargestellt.

Der Zwischengewinn mit 200 ist durch die Veräußerung an Dritte im Teil des Konzerngewinnes von 1.200.

- Das **Mutterunternehmen** liefert an das **Tochterunternehmen** um 1.000 (Innenumsatz) und das Tochterunternehmen lagert das Produkt (Vorräte).
  Das Mutterunternehmen zeigt einen Erlös mit 1.000.

Buchung vor Konsolidierung:

MU:

Aufwand (HK) an Bank	1.000
Ford. TU an Erlös	1.000

TU:

WES an Verb. MU	1.000
Vorr. an WES	1.000

Dieser Erlös stellt einen Innenumsatz dar, der zu stornieren ist. Tatsächlich lagert das Produkt nicht beim Mutterunternehmen, sondern beim Tochterunternehmen. Aus Konzernsicht ist ein Produkt auf Lager produziert worden.

Umbuchung:

Erlös MU	1.000	an Bestandsveränderung	1.000

- Das **Mutterunternehmen** liefert an das **Tochterunternehmen** 10 Stk. Handelsware um 100/Stk. Verkaufspreis. Die Anschaffungskosten beim Mutterunternehmen haben 80/Stk. betragen.
  Das Tochterunternehmen verkauft 8 Stk. an Dritte um 120/Stk., 2 Stk. bleiben auf Lager.

Buchungen vor Konsolidierung:

Mutterunternehmen:

Forderung an TU/Erlös	1.000
HWE/Bank	800

Tochterunternehmen:

HWE/Verb. MU	1.000
Fo/Erlöse	960
Vorr./HWE	200

Bei der Aufwands- und Ertragskonsolidierung beginnen wir mit dem Ausscheiden des Innenumsatzes. Beim Erlös verbleiben nur die Außenumsätze mit 960.

Buchung:

Erlös MU/HWE TU 1.000

Handelswareneinsatz:

Der echte Handelswareneinsatz beträgt nicht 600 (800 im Soll beim Mutterunternehmen und 200 im Haben beim Tochterunternehmen), sondern die verkaufte Menge wird mit den Anschaffungskosten im Konzern bewertet. Damit ergibt sich ein Handelswareneinsatz mit 640 (8 Stk. x 80). Der Differenzbetrag wird wie folgt gebucht:

HWE/Vorräte 40

Probe:

Verkauf an Dritte 8 Stk.	VK	120		
Wareneinsatz 8 Stk.	AK	80	Gewinn 40 x 8 Stk.	320

Darstellung der G+V vor Konsolidierung:

	MU	TU	Σ
Erlös	1.000	960	1.960
HWE	800	800	1.600
Gewinn			360

Das Ausscheiden des Innenumsatzes hat keine Gewinnauswirkung. Der Gewinn von 360 ist um 40 auf 320 reduziert worden (vergl. Umbuchung HWE/Vorräte).

- Das **Mutterunternehmen** produziert 10 Stk. mit Herstellungskosten mit 80/Stk. Das Mutterunternehmen liefert an das **Tochterunternehmen** 9 Stk. mit einem Verkaufspreis von 100/Stk. Das Tochterunternehmen verkauft 6 Stk. mit einem Verkaufspreis von 120/Stk. an Dritte.

Vor Konsolidierung wird wie folgt verbucht:

Mutterunternehmen:

Fordg. TU/Erlös	900
Aufwand/Bank	– 800
Vorräte/Bestandsveränderung	80
Gewinn	180

Tochterunternehmen:

HWE/Verb. MU	– 900	
Fo./Erlös		720
Vorräte/HWE		300
Gewinn		120

Die Konzern G+V hat folgendes Bild:

	MU	TU	Σ
Erlös	900	720	1.620
Bestandsv.	80		80
HWE		600	600
HK	800		800
Gewinn	180	120	300

Wir beginnen die Aufwands- und Ertragskonsolidierung mit dem Ausscheiden des Innenumsatzes vom Mutterunternehmen an das Tochterunternehmen. Die Buchung lautet:

Erlös MU/HWE TU 900

Aus der Konzernperspektive gibt es keinen Handeswareneinsatz. Ein selbst erzeugtes Produkt wird verkauft. Der Innenumsatz vom Mutterunternehmen an das Tochterunternehmen ist storniert worden.

Die Herstellungskosten der Produkte betragen 800 (10 Stk. x 80). Die Herstellungskosten der verkauften 6 Stk. betragen 480. Die Herstellungskosten der nicht verkauften Produkte betragen 320. Dieser Betrag ist in der Konzern G+V als Bestandsveränderung darzustellen. Nach der Stornierung des Innenumsatzes befindet sich auf dem Konto HWE (aus einer Buchung beim Tochterunternehmen) ein Habensaldo mit 300. Dieser Habensaldo wird auf das Bestandsveränderungskonto übertragen, weil wie gesagt, im Konzern kein Handelswareneinsatz vorliegt. Buchung:

HWE/Bestandsveränderung 300

Auf dem Konto Bestandsveränderung zeigt sich ein Saldo mit 380. Der tatsächliche Wert der Bestandsveränderung beträgt 320, daraus resultiert eine Umbuchung wie folgt:

Bestandsveränderung/Vorräte 60

Tatsächlich sind die Vorräte beim Tochterunternehmen mit 300 bewertet worden. Diese 300 waren aber Anschaffungskosten des Tochterunternehmens und nicht die Konzernherstellungskosten. Wenn man die 3 Stk. Vorräte mit Konzernherstellungskosten bewertet, dann kommt man auf einen Betrag von 240. Damit ergibt sich eine Abwertung der Vorräte um 60. Dies zur Erläuterung der eben dargestellten Habenbuchung.

Der Konzerngewinn von 300 hat sich durch diese Buchung auf 240 reduziert.

Wir haben uns jetzt mit der **Vollkonsolidierung** auseinandergesetzt. Vollkonsolidierung bedeutet, daß alle Aktiva und Passiva von Mutterunternehmen und Tochterunternehmen und alle Aufwendungen und Erträge von Mutter- und Tochterunternehmen zusammengerechnet werden. Mit der **Kapitalkonsolidierung**, der **Schuldenkonsolidierung**, der **Aufwands- und Ertragskonsolidierung** sind wir schließlich zum Konzernabschluß gekommen. Dabei haben wir die **Erstkonsolidierung** und die **Folgekonsolidierung** kennengelernt. Worüber wir noch gar nicht gesprochen haben ist die Equitykonsolidierung.

6.5 Die Equitykonsolidierung

Das Mutterunternehmen weist eine Beteiligung in Höhe von 150 aus. Mit dieser Beteiligung ist das Mutterunternehmen an einem Tochterunternehmen mit 25% beteiligt. Das Tochterunternehmen weist ein Eigenkapital in Höhe von 100 auf.

Wir vergleichen jetzt den Buchwert der Beteiligung, das sind 150, mit dem anteiligen Eigenkapital von 25 (25% von 100).

Auf diese Weise finden wir einen aktiven Unterschiedsbetrag von 125 (die Aktivseite ist um 125 größer).

Bei einem **Unterschiedsbetrag** haben wir zu hinterfragen, woraus dieser resultiert.

Beim Tochterunternehmen finden sich stille Reserven wie folgt:

Grund	100
Gebäude	80
Masch.	20

Das Gebäude hat eine Nutzungsdauer von 20 Jahren, die Maschinen eine solche von 5 Jahren.

Nachdem wir am Tochterunternehmen nur mit 25% beteiligt sind, ist unser Anteil an den stillen Reserven beim Tochterunternehmen auch nur mit 25% gegeben. Daher sind die stillen Reserven, die uns betreffen:

Grund	25
Gebäude	20
Masch.	5
Σ	50

Der Differenzbetrag zum Unterschiedsbetrag stellt einen Firmenwert dar, der 75 beträgt.

Ergebnis:

Bei der **Equitykonsolidierung** (nach der Buchwertmethode) wird im Konzernabschluß der Beteiligungsansatz vom Mutterunternehmen mit 150 unverändert übernommen. Bei der Equitykonsolidierung erfolgt keine Kapitalkonsolidierung, keine Schuldenkonsolidierung usw. In einer Hilfsaufzeichnung erfolgt die Darstellung der stillen Reserven, der Nutzungsdauer, der Abschreibung des Restbuchwertes. In der Folgekonsolidierung verändert die Abschreibung das Ergebnis des Tochterunternehmens und reduziert gleichzeitig den Beteiligungsansatz. Buchung:

AfA/Beteiligung

Für unser Beispiel müssen wir ergänzen, daß der Firmenwert mit 75 auf 5 Jahre verteilt abgeschrieben wird. Damit ergibt sich eine AfA von insgesamt 17 (Geb. 20 : 20 = 1, Masch. 5 : 5 = 1, FW 75 : 5 = 15) pro Jahr. Es reduziert sich unser Beteiligungsansatz von 150 um 17 pro Jahr und ist am Jahresende 133.

Die Abschreibung reduziert den Beteiligungsertrag beim MU, da bei der Equitykonsolidierung keine G+V-Zusammenrechnung erfolgt.

Wir haben eben davon gesprochen, daß bei der **Equitykonsolidierung** der Beteiligungsansatz im Konzernabschluß mit dem Wert der Beteiligung des Mutterunternehmens ausgewiesen wird. Ein vorhandener aktiver oder passiver Unterschiedsbetrag ist im Anhang darzustellen. Bei Folgekonsolidierungen ist dieser Ausweis nicht mehr erforderlich.

Bei der Folgekonsolidierung wird der aktive Unterschiedsbetrag abgeschrieben entsprechend der Nutzungsdauer der Wirtschaftsgüter, beim Firmenwert auf 5 Jahre. Diese Abschreibung ist ergebniswirksam.

Der passive Unterschiedsbetrag ist entweder als Rückstellung oder als Eigenkapitalanteil zu finden. Die Rückstellung ist aufzulösen, wenn Verluste eingetreten sind, unter der Annahme, daß die Rückstellung wegen einer Verlustantizipation erfolgt ist.

Wenn der passive Unterschiedsbetrag auf einen Glückskauf zurückgeht, ist dieser Unterschiedsbetrag entweder gewinnerhöhend aufzulösen oder als Rücklage auszuweisen.

Geht der passive Unterschiedsbetrag auf thesaurierte Gewinne zurück, erfolgt der Ausweis als Rücklage. Der Ausweis des passiven Unterschiedsbetrages als Rückstellung oder Rücklage hat keine Ergebnisauswirkung beim Tochterunternehmen.

Bei der Equitykonsolidierung wird zwischen der **Buchwertmethode** und der **Kapitalanteilsmethode** unterschieden.

Bei der Erstkonsolidierung wird nach der **Buchwertmethode** der Buchwert der Beteiligung beim Mutterunternehmen in den Konzernabschluß übernommen.

Nach der **Kapitalanteilsmethode** wird der Beteiligungsansatz beim Mutterunternehmen aufgespalten in Firmenwert und Restbuchwert.

Wenn wir auf unser konkretes Beispiel zurückblicken:

Nach der **Buchwertmethode** wird der Beteiligungsansatz von 150 vom Mutterunternehmen auch im Konzernabschluß ausgewiesen.

Nach der **Kapitalanteilsmethode** wird der Buchwert von 150 aufgespalten in den Firmenwert von 75 und dem verbleibenden Buchwert von 75. Bei der Erstkonsolidierung wird die Beteiligung am Tochterunternehmen mit 75 ausgewiesen und der Firmenwert ebenfalls mit 75. Für die Gewinn- und Verlustrechnung der Folgejahre macht dies keinen Unterschied.

Soweit zur Frage der Buchwertmethode und der Kapitalanteilsmethode. In groben Zügen haben wir jetzt gesehen, wie die Konsolidierung erfolgt.

6.6 Wesentliche Grundfragen der Konsolidierung

Kapitalkonsolidierung

Der Beteiligungsansatz beim Mutterunternehmen wird mit dem Eigenkapital des Tochterunternehmens saldiert. Wenn die Beteiligung beim Mutterunternehmen größer ist, dann spricht man von einem aktiven Unterschiedsbetrag. Dieser aktive Unterschiedsbetrag hat seine Ursache in den stillen Reserven oder in einem Firmenwert.

Ist das Eigenkapital beim Tochterunternehmen größer, spricht man von einem passiven Unterschiedsbetrag. Der passive Unterschiedsbetrag resultiert aus einer Verlustantizipation (beim Kauf hat man zukünftige Verluste bereits vom Kaufpreis abgezogen), geht zurück auf einen Glückskauf (man hat das Unternehmen günstig erworben) oder geht zurück auf thesaurierte Gewinne (Gewinne sind nicht ausgeschüttet worden, sondern haben das Eigenkapital erhöht).

Die aktiven und passiven Unterschiedsbeträge werden jetzt im Konzernabschluß dargestellt. Die aktiven Unterschiedsbeträge auf der Aktivseite bei jenen Wirtschaftsgütern, wo die stillen Reserven vorhanden sind oder als Firmenwert.

Der passive Unterschiedsbetrag wird, wenn ein Glückskauf oder eine Gewinnthesaurierung vorliegt, beim Eigenkapital dargestellt: „Unterschiedsbetrag aus Kapitalkonsolidierung". Wenn eine Verlustantizipation vorgenommen wurde, dann wird der passive Unterschiedsbetrag als Rückstellung ausgewiesen. Diese Rückstellung ist aufzulösen, wenn der Verlust tatsächlich eintritt.

Aufwands- und Ertragskonsolidierung und Behandlung von Zwischenergebnissen

Wir vergleichen nun die einzelnen Konsolidierungsmethoden. Wir beantworten dabei die Fragen, was geschieht, wer daran beteiligt ist, welche RLG-Vorschrift zum Tragen kommt.

Konsolidierungsmethoden	Was geschieht?	Wer ist daran beteiligt?	HGB-Vorschriften	Überwiegend angew. Methoden
Vollkonsolidierung	Alle Aktiva und Passiva, alle Aufwendungen und Erträge von Mutter- und Tochterunternehmen werden addiert (auch wenn weniger als 100% Beteiligung vorliegt)	Mutter- und Tochterunternehmen	§ 244 (1) einheitliche Leitung § 244 (2) beherrschender Einfluß	Es gibt zwei Methoden: die Buchwertmethode und die Neubewertungsmethode
Quotenkonsolidierung	Alle Aktiva und Passiva, alle Aufwendungen und Erträge werden quotenmäßig zusammengerechnet	Gemeinschaftsunternehmen, joint venture	§ 262 (1) gemeinsame Führung (Investitions-, Finanz-, Personalpolitik)	
Equitykonsolidierung	Die Beteiligung beim Mutterunternehmen wird bewertet mit dem Eigenkapital des Tochterunternehmens. Aktiva und Passiva werden nicht zusammengezählt. Der Beteiligungsansatz beim Mutterunternehmen wird in den Konzernabschluß übernommen. Eine Bewertungsdifferenz wird im Anhang dargestellt	assoziierte Unternehmen	§ 263 (1) maßgeblicher Einfluß auf die Geschäftspolitik und § 244 (6) mindestens 20% Beteiligung	Es gibt zwei Methoden: die Buchwertmethode und die Kapitalanteilsmethode

HB I und HB II

In der Praxis werden beim Tochterunternehmen zwei Bilanzen aufgestellt, nämlich die Handelsbilanz I (HB I), das ist der ganz normale Abschluß, und die Handelsbilanz II (HB II), in der die Konsolidierung vorbereitet wird. Eine HB II ist dann unerläßlich, wenn die Aktiva und die Passiva anders **angesetzt** oder **bewertet** werden als im Einzelabschluß (HB I).

In folgenden Bereichen wird sich die Handelsbilanz II von der Handelsbilanz I unterscheiden:

- in der Gliederung
- im Bilanzansatz
- in der Bewertung
- durch die Währungsumrechnung

Ausländische Tochterunterunternehmen müssen ihre landesübliche Gliederung in der HB I in der HB II auf die **Konzerngliederung** anpassen.

Geänderte Bilanzansätze wird es in der HB II dann geben, wenn beim ausländischen Tochterunternehmen Aktivierungen erfolgt sind, die vom HGB nicht akzeptiert werden (z.B. Aktivierung selbstgeschaffener immaterieller Wirtschaftsgüter). Zum zweiten wird es um Rückstellungen gehen, die nicht HGB-konform sind. Daher müssen unzulässige Aktivierungen bzw. Passivierungen in der HB II rückgängig gemacht werden. Ganz generell werden in der HB II dann Korrekturen stattfinden, wenn **Ansatzwahlrechte** anders ausgeübt werden als im Einzelabschluß (HB I). Bis jetzt ist es uns um Bilanzansätze gegangen.

Ein weites Feld tut sich in der **Bewertung** auf. Zum einen kann im Konzernabschluß anders bewertet werden als im Einzelabschluß, zum zweiten werden Bewertungen, die bei ausländischen Tochterunternehmen aufgrund andersartiger Bilanzierungsvorschriften vorgenommen wurden, auf österreichische Verhältnisse korrigiert (z.B. Abschreibungsmethoden, Nutzungsdauer, Rückstellungen und Wertberichtigungen).

Durch diese Änderungen entfernt sich die HB II mehr oder weniger weit von der HB I, was aber nichts ausmacht, denn die HB II ist keine Grundlage für eine Gewinnausschüttung, auch keine Grundlage für die Besteuerung oder gar für die Haftung gegenüber Dritten.

Auf der anderen Seite sind die Veränderungen in der HB II erfolgswirksam. Auf diese Weise werden die kumulierten Ergebnisse der Töchter nachträglich korrigiert. Die Abweichungen im Ansatz und in der Bewertung von Aktiva und Passiva in der HB II müssen regelmäßig verfolgt werden, da sie auch in den Folgejahren die Ergebnisse beeinflussen z.B. Rückstellungen, Nutzungsdauer, Bewertungsmethoden.

Schließlich werden in der HB II bei Einbeziehung ausländischer Tochterunternehmen **Währungsumrechnungen** stattfinden.

Die Anpassungen in der HB II werden in einer Nebenrechnung erfaßt und Jahr für Jahr weitergeführt.

Soweit zum Thema: Von der Einzelbilanz zur Konzernbilanz.

Latente Steuern

Es kann jetzt im Konzernabschluß der Fall eintreten, daß das Konzernergebnis besser ausgefallen ist, als die Summe der Einzelergebnisse. In diesem Fall ist dann der Steueraufwand zu niedrig ausgewiesen. Der Steueraufwand wird dann dem Konzernergebnis angepaßt mit der Buchung: Steuern an passive Rechnungsabgrenzung. Auch der umgekehrte Fall kann eintreten, daß das Konzernergebnis unter der Summe der Einzelergebnisse liegt. Für diesen Fall gibt es die umgekehrte Buchung: aktive Rechnungsabgrenzung an Steueraufwand. Diese Vorgangsweise ist aber nur dann zielführend, wenn in den folgenden Jahren sich die Differenz von Einzelergebnis und Konzernergebnis wieder ausgleicht.

Konzernbilanz und Steuerrecht

Die Konzernbilanz ist ein ausschließliches „Produkt" des Handelsrechts und für die Ertragsbesteuerung nicht maßgebend! Besteuert werden ausnahmslos die Gewinne der Einzelabschlüsse (HB I), ebenso ist ein steuerlicher Verlustausgleich innerhalb des Konzerns nicht möglich (Ausnahme: Organschaft).

Pflicht zur Erstellung eines Konzernabschlusses

Am Schluß stellt sich jetzt die Frage, welche österreichische Kapitalgesellschaft einen Konzernabschluß erstellen muß?

Es erfolgt die Ermittlung der Konsolidierungspflicht in einem zweistufigen Verfahren:

Österreichischen Kapitalgesellschaften, die bei der **Zusammenrechnung der Einzelbilanzen (nicht konsolidiert)** folgende Grenzen überschreiten, müssen vorläufig einen Konzernabschluß aufstellen.

- Bilanzsumme 15 Mio. €
- Umsatzerlöse 30 Mio. €
- Durchschnittliche Mitarbeiteranzahl 250

Diser vorläufige **konsolidierte Abschluß** ist dahingehend zu überprüfen, ob auch noch die folgenden Grenzen überschritten werden:

- Bilanzsumme 12,5 Mio. €
- Umsatzerlöse 25 Mio. €
- Durchschnittliche Mitarbeiteranzahl 250

Ein Konzernabschluß ist dann zu erstellen, wenn auf beiden Stufen zwei der drei Grenzen überschritten werden. Diese „neuen" Grenzen gelten für die Beurteilung der Jahresabschlüsse ab 2000. Sind Überschreitungen der Grenzen auch im Jahresabschluß 2001, dann ist im Jahr 2002 ein Konzernabschluß zu erstellen.

Währungsumrechnung

Die Bilanzposten werden mit dem Mittelkurs am Bilanzstichtag umgerechnet, während die Posten der Gewinn- und

Verlustrechnung mit dem Durchschnittskurs des Jahres umgerechnet werden. Neben dieser sog. Stichtagskursmethode kann man auch die Zeitbezugsmethode verwenden, bei der die Positionen des Tochterunternehmens mit dem Kurs, der zum Zeitpunkt (oder im Jahr) der Anschaffung galt, umgerechnet werden.

Ablauf der Konzernrechnungslegung

Festlegung des Konsolidierungskreises

Ein Beispiel aus der Praxis:

„Der Konzernabschluß umfaßt die Einzelabschlüsse der Lenzing AG und ihrer vier in- und sechs ausländischen Tochtergesellschaften, bei denen die Lenzing AG unmittelbar oder mittelbar die Mehrheit der Stimmrechte ausübt, oder die unabhängig davon unter ihrer einheitlichen Leitung stehen.

Es wurden alle Tochterunternehmen einbezogen, die für die Darstellung und Beurteilung der Vermögens-, Finanz- und Ertragslage des Lenzing-Konzerns von wesentlicher Bedeutung sind. Diese Unternehmen wurden vollkonsolidiert, drei weitere Tochtergesellschaften wurden nach der Equity-Methode erfaßt.

Die übrigen Beteiligungsgesellschaften blieben im Konzernabschluß unberücksichtigt, da sich ihre Tätigkeit von jener der anderen Unternehmen derart unterscheidet, daß die Einbeziehung – mit der Verpflichtung, ein möglichst getreues Bild der Vermögens-, Finanz- und Ertragslage des Konzerns zu vermitteln – entweder unvereinbar oder ihre Einbeziehung unwesentlich war.“

Wir haben bereits gesehen, daß die HGB-Vorschriften zur Frage der Konsolidierung nicht auf die Beteiligungsprozente zurückgreifen, sondern Begriffe wie

- einheitliche Leitung
- beherrschender Einfluß
- maßgeblicher Einfluß
- gemeinsame Führung

verwenden. Wenn Sie sich jetzt ein **Mutterunternehmen** und vier selbständige Tochterunternehmen vorstellen: Bevor ein Tochterunternehmen bei einer Bank einen Kredit aufnimmt, muß das **Mutterunternehmen** um die Zustimmung gefragt werden. Geschäftsführer und Prokuristen beim Tochterunternehmen werden nur vom **Mutterunternehmen** bestellt. Das Tochterunternehmen definiert den Warenbedarf, der von der Einkaufsabteilung des **Mutterunternehmens** beschafft wird. Die Vertriebsformen für die erzeugten Produkte des Tochterunternehmens werden mit dem **Mutterunternehmen** abgestimmt. Die Anzahl und die Art der erzeugten Produkte beim Tochterunternehmen werden für das kommende Jahr durch das **Mutterunternehmen** vorgegeben. Sie erkennen jetzt, was unter dem Begriff „einheitliche Leitung“ zu verstehen ist. Selbständige Unternehmen (Tochterunternehmen) werden vom **Mutterunternehmen** geleitet. Auf einen Nenner gebracht: Vom **Mutterunternehmen** wird geplant, organisiert und überwacht. Die Tochterunternehmen sind ausführende Organe.

Von einem „beherrschenden Einfluß“ spricht man dann, wenn das **Mutterunternehmen** aufgrund der Mehrheit der Stimmrechte beim Tochterunternehmen jede Entscheidung herbeiführen kann. Wenn laut Gesellschaftsvertrag die einfache Mehrheit erforderlich ist, dann wird bei jeder Beteiligung über 50% ein „beherrschender Einfluß“ vorliegen.

Ein „maßgeblicher Einfluß“ wird dann vorliegen, wenn das **Mutterunternehmen** aufgrund der Stimmrechte Entscheidungen beeinflussen kann oder bestimmte Entscheidungen sogar verhindern kann (wenn für einen Beschluß die $^3/_4$-Mehrheit gefordert ist).

Wenn wir uns jetzt nur die Beteiligungsprozente ansehen, dann zeigt sich uns folgendes Bild:

Das Mutterunternehmen ist an einer Aktiengesellschaft zu weniger als 20% beteiligt. Die Beteiligung ist im Anlagevermögen unter den **Wertpapieren** auszuweisen.

Erst bei einer Beteiligung von mehr als 20% gilt die Beteiligungsvermutung und diese Wertpapiere (Aktien, GmbH Anteile) sind dann als **Beteiligung** in der Bilanz darzustellen. Bei einer Beteiligung von mindestens 20% bis 50% wird die Equitykonsolidierung vorgenommen. Bei einer Beteiligung von mehr als 50% wird (von den Ausnahmen abgesehen) eine Vollkonsolidierung stattfinden.

Noch einmal: Bei einer Beteiligung von unter 20% erfolgt der Ausweis nicht als Beteiligung, sondern im Posten Wertpapiere.

Bei einem Anteil von mehr als 20% erfolgt der Ausweis unter dem Bilanzposten Beteiligungen. Bei einem Anteil am Tochterunternehmen zwischen 20 und 50% wird equity- und darüber vollkonsolidiert.

Aufstellung des Konzernabschlusses

Konzernbilanz, Konzern G+V-Rechnung, Konzernanhang sowie der Konzernlagebericht müssen von den gesetzlichen Vertretern des Mutterunternehmens in den ersten fünf Monaten nach Bilanzstichtag aufgestellt werden.

Abschlußprüfung

Vor der Vorlage an den Aufsichtsrat der Muttergesellschaft muß der Konzernabschluß (und der Lagebericht) durch einen Abschlußprüfer geprüft werden. Der Abschlußprüfer verfaßt einen Prüfungsbericht mit dem sogenannten „Bestätigungsvermerk“ (der Konzernabschluß entspricht den gesetzlichen Vorschriften).

Offenlegung

Die gesetzlichen Vertreter der Muttergesellschaft (Verfasser des Konzernabschlusses) müssen den bestätigten Konzernabschluß, ebenso wie den Einzelabschluß bekanntmachen (Amtsblatt der Wr. Zeitung) und beim Firmenbuch einreichen. (Erleichterungen wie beim Einzelabschluß, vor allem für die kleine AG und die große GmbH – siehe § 280 HGB.)

7. Bilanzanalyse

Lernziel

Schrittweise werden wir die nachstehenden Begriffe mit Inhalt füllen:

externe/interne Analyse	Eigenkapitalrentabilität
G+V Analyse	Leverageeffekt
Betriebsergebnis	Goldene Bilanzregel
Finanzergebnis	fristengerechte Finanzierung
Ergebnis der gewöhnl. Geschäftstätigkeit	Working capital
außerordentliches Ergebnis	Bewegungsbilanz
Jahresüberschuß	Mittelherkunft
Gewinnvortrag	Mittelverwendung
Rücklagen Bildung, Auflösung	Kapitalflußrechnung
Vorjahresvergleich in der G+V	Lohmann-Ruchti-Effekt
Cash Flow	Finanzierung aus Abschreibg.
Selbstfinanzierungspotential	Geldeingangsdauer
C.F. in Prozenten des Umsatzes	Anlagenspiegel
latente Steuern	Vermögenslage
Leasing	Finanzlage
Rentabilität	Ertragslage
Umsatzrentabilität	Innenfinanzierung

7.1 Ablauf der Analyse anhand eines Fallbeispiels

Gleich zu Beginn wird uns bewußt, daß wir keine weiteren Informationen zur Hand haben als jene, die im Anhang gegeben werden.

Die Analysen eines externen Bilanzlesers sind daher grundsätzlich ungenauer als jene, die vom Unternehmen selbst gemacht werden.

Es wird daher auch zwischen der **externen** und der **internen Analyse** unterschieden.

Die Veröffentlichungszeit für den Jahresabschluß kann bis zu neun Monate dauern. Damit haben wir als externer Bilanzleser ein zusätzliches Problem. Die Werte in der Bilanz sind am 31. Dezember vorhanden. 14 Tage später können bereits ganz andere Verhältnisse vorliegen. Wenn wir dann erst neun Monate später uns mit diesen Zahlen auseinandersetzen, dann werden die gewonnenen Erkenntnisse nur mehr historischen Wert haben.

Aus diesem Grund beginnen wir die Analyse mit der Gewinn- und Verlustrechnung, weil wir hier die Muskeln und damit die wirtschaftliche Kraft des Unternehmens sehen.

Gewinn- und Verlustrechnung 1994

		1994 TS	Vorjahr TS
1.	Umsatzerlöse	7,358.626	7,705.670
2.	Erhöhung des Bestandes an noch nicht abrechenbaren Leistungen	19.067	– 10.161
3.	Im Anlagevermögen berücksichtigte Eigenleistungen	177.371	177.791
4.	Sonstige betriebliche Erträge	135.173	151.170
5.	Materialaufwand	–3,218.691	–3,442.782
6.	Personalaufwand	–2,416.392	–2,281.824
7.	Abschreibungen auf immaterielle Vermögensgegenstände und Sachanlagen	–1,162.196	–1,162.982
8.	Sonstige betriebliche Aufwendungen	– 674.245	– 606.520
9.	*Zwischensumme aus 1–8 (Betriebsergebnis)*	*218.713*	*530.362*
10.	Erträge aus Beteiligungen	60.978	45.143
11.	Zinsenerträge, Wertpapiererträge und ähnliche Erträge	66.397	78.379
12.	Erträge aus dem Abgang von Finanzanlagen	1.086	494
13.	Abschreibungen auf sonstige Finanzanlagen und auf Wertpapiere des Umlaufvermögens	– 25	– 275
14.	Zinsen und ähnliche Aufwendungen	– 270.371	– 334.549
15.	*Zwischensumme aus 10–14 (Finanzergebnis)*	*– 141.935*	*– 210.808*
16.	*Ergebnis der gewöhnlichen Geschäftstätigkeit*	*76.778*	*319.554*
17.	Außerordentliches Ergebnis	47.305	– 122.170
18.	Steuern vom Einkommen und vom Ertrag	– 15	805
19.	*Jahresüberschuß*	*124.068*	*198.189*
20.	Auflösung unversteuerter Rücklagen	262.618	327.545
21.	Zuweisung zu unversteuerten Rücklagen	– 196.764	– 318.897
22.	Zuweisung zu Gewinnrücklagen	– 77.778	– 127.196
23.	Gewinnvortrag aus dem Vorjahr	383	742
24.	*Bilanzgewinn*	*112.527*	*80.383*

Darstellung „Unversteuerte Rücklagen“

	Stand 1.1.1994 TS	Zuweisungen TS	Auflösungen Verbrauch TS	Auflösungen Abgang TS	Umbuchungen Übertragung TS	Stand 31.12.1994 TS
1. Bewertungsreserve auf Grund von Sonderabschreibungen (gemäß §§ 8,122 EStG 1972; § 12 EStG 1972 u. 1988; § 3 Abs 1 Z 6 EStG 1988; § 3 Z 29 EStG 1972)						
II. Immaterielle Vermögensgegenstände						
1. Strombezugsrechte	388.808	–	10.143	–	–	378.665
2. Andere Rechte	22.996	–	2.760	–	–	20.236
Summe immaterielle Vermögensgegenstände	411.804	–	12.903	–	–	398.901
II. Sachanlagen						
1. Elektrizitätsanlagen						
1.1 Kraftwerksanlagen						
Bebaute Grundstücke	695.925	–	6.045	4	–	689.876
Maschinen und elektrische Anlagen	887.510	–	44.180	19.944	–	823.386
Summe Kraftwerksanlagen	1,583.435	–	50.225	19.948	–	1,513.262
1.2 Umspann- und Verteilungsanlagen						
Bebaute Grundstücke	68.411	1.481	2.288	20	– 21	67.563
Elektrische Anlagen	175.842	–	14.369	927	–	160.546
Leitungen	352.197	–	25.555	1.141	–	325.501
Summe Umspann- und Verteilungsanlagen	596.450	1.481	42.212	2.088	–	553.610
Summe Elektrizitätsanlagen	2,179.885	1.481	92.437	22.036	– 21	2,066.872
2. Fernwärmeanlagen						
Bebaute Grundstücke	114	–	9	–	–	105
Maschinen und elektrische Anlagen	2.452	252	802	–	–	1.902
Leitungen	13.571	4.174	1.311	17	–	16.417
Summe Fernwärmeanlagen	16.137	4.426	2.122	17	–	18.424
3. Andere Anlagen						
Bebaute Grundstücke	59.490	–	571	2	+ 21	58.938
Unbebaute Grundstücke	9.547	614	–	827	–	9.334
Maschinen und maschinelle Anlagen	887	–	379	23	–	485
Werkzeuge, Betriebs- u. Geschäftsausst.	230	790	291	4	–	725
Summe andere Anlagen	70.154	1.404	1.241	856	+ 21	69.482
Summe Sachanlagen	2,266.176	7.311	95.800	22.909	–	2,154.778
III. Finanzanlagen						
Beteiligungen	2.423	–	–	–	–	2.423
Wertpapiere des Anlagevermögens	669	240	–	–	–	909
Summe Finanzanlagen	3.092	240	–	–	–	3.332
Summe Bewertungsreserve	2,681.072	7.551	108.703	22.909	–	2,557.011
2. Sonstige unversteuerte Rücklagen						
Investitionsfreibeträge 1988	9.533	–	–	197	1.631	7.705
1989	19.808	–	–	46	12.074	7.688
1990	139.591	–	–	599	111.285	27.707
1991	134.869	–	–	479	1.595	132.795
1992	192.634	–	–	1.279	88	191.267
1993	310.936	–	–	1.600	41	309.295
1994	–	189.213	–	–	64	189.149
	807.371	189.213	–	4.200	126.778	865.606
Wertberichtigung zu Auslandsforderungen gem. § 6 Z 2 lit c EStG 1988	2.032	–	–	28	–	2.004
Summe sonstige unversteuerte Rücklagen	809.403	189.213	–	4.228	126.778	867.610
Summe unversteuerte Rücklagen	3,490.475	196.764	108.703	27.137	126.778	3,424.621

Bilanz zum 31. Dezember 1994

	31. Dezember 1994 TS	Vorjahr TS
AKTIVA		
A. Anlagevermögen		
I. Immaterielle Vermögensgegenstände	1,487.732	1,537.577
II. Sachanlagen	11,881.331	11,909.704
III. Finanzanlagen	2,460.874	1,289.882
	15,829.937	*14,737.163*
B. Umlaufvermögen		
I. Vorräte	541.159	652.707
II. Forderungen	758.747	821.534
III. Wertpapiere	119.575	161.600
IV. Kassenbestand, Schecks, Guthaben bei Kreditinstituten	48.224	963.986
	1,467.705	*2,599.827*
C. Rechnungsabgrenzungsposten	*90.709*	*80.071*
	17,388.351	*17,417.061*
PASSIVA		
A. Eigenkapital		
I. Grundkapital	800.000	800.000
II. Gewinnrücklagen	2,440.890	2,363.112
III. Bilanzgewinn	112.527	80.383
	3,353.417	*3,243.495*
B. Unversteuerte Rücklagen	*3,424.621*	*3,490.475*
C. Rückstellungen	*2,580.462*	*2,260.725*
D. Verbindlichkeiten	*5,981.847*	*6,418.057*
E. Baukostenzuschüsse	*1,992.999*	*1,963.472*
F. Rechnungsabgrenzungsposten	*55.005*	*40.837*
	17,388.351	*17,417.061*
Haftungsverhältnisse	673.493	282.088
Fehlbetrag auf die gem. § 211 HGB gebotene Pensionsrückstellung	1,897.542	2,019.750

Entwicklung Anlagevermögen

		Anschaffungs-/Herstellungskosten							
	Stand 1.1.1994 TS	Zugänge TS	Abgänge TS	Umbuchungen TS	Stand 31.12.1994 TS	Abschreibungen kumuliert TS	Buchwert 31.12.1994 TS	Buchwert Vorjahr TS	Abschreibungen im Geschäftsjahr TS
I. Immaterielle Vermögensgegenstände									
1. Strombezugsrechte	2,923.856	–	–	–	2,923.856	1,574.193	1,349.663	1,411.570	61.907
2. Andere Rechte	233.425	25.168	289	– 245	258.059	120.111	137.948	125.585	12.784
3. Geleistete Anzahlungen	422	121	422	–	121	–	121	422	–
Summe immaterielle Vermögensgegenstände	3,157.703	25.289	711	– 245	3,182.036	1,694.304	1,487.732	1,537.577	74.691
II. Sachanlagen									
1. Elektrizitätsanlagen									
1.1 Kraftwerksanlagen									
Bebaute Grundstücke	4,444.979	17.528	7.418	+ 115.962	4,571.051	1,912.084	2,658.967	2,673.451	145.944
Maschinen und elektrische Anlagen	4,903.357	101.631	84.924	+ 418.745	5,338.809	3,065.830	2,272.979	2,077.103	295.715
Geleistete Anzahlungen und Anlagen in Bau	689.383	234.712	1.074	– 535.114	387.907	–	387.907	689.383	–
Summe Kraftwerksanlagen	10,037.719	353.871	93.416	– 407	10,297.767	4,977.914	5,319.853	5,439.937	441.659
1.2 Umspann- und Verteilungsanlagen									
Bebaute Grundstücke	1,180.361	34.471	4.754	+ 16.084	1,226.162	707.353	518.809	515.467	46.504
Elektrische Anlagen	4,114.883	158.091	65.743	+ 25.767	4,232.998	2,832.127	1,400.871	1,379.936	153.430
Leitungen	7,250.524	316.597	48.927	+ 54.410	7,572.604	4,241.474	3,331.130	3,274.406	305.581
Geleistete Anzahlungen und Anlagen in Bau	107.370	53.018	1.670	– 95.183	63.535	–	63.535	107.370	–
Summe Umspann- und Verteilungsanlagen	12,653.138	562.177	121.094	+ 1.078	13,095.299	7,780.954	5,314.345	5,277.179	505.515
Summe Elektrizitätsanlagen	22,690.857	916.048	214.510	+ 671	23,393.066	12,758.868	10,634.198	10,717.116	947.174
2. Fernwärmeanlagen									
Bebaute Grundstücke	20.190	–	–	–	20.190	6.990	13.200	14.023	823
Maschinen und elektrische Anlagen	107.604	4.423	70	– 669	111.288	51.943	59.345	62.130	6.863
Leitungen	531.899	53.483	–	+ 514	585.896	198.257	387.639	357.985	24.343
Geleistete Anzahlungen und Anlagen in Bau	1.056	7.980	–	– 935	8.101	–	8.101	1.056	–
Summe Fernwärmeanlagen	660.749	65.886	70	– 1.090	725.475	257.190	468.285	435.194	32.029
3. Andere Anlagen									
Bebaute Grundstücke	670.757	28.159	1.174	+ 3.664	701.406	315.471	385.935	373.047	18.633
Unbebaute Grundstücke	46.865	662	4.761	–	42.766	–	42.766	46.865	–
Maschinen und maschinelle Anlagen	630.291	20.705	20.289	+ 14.420	645.127	471.749	173.378	178.920	38.738
Werkzeuge, Betriebs- und Geschäftsausstattung	600.409	58.035	25.592	– 249	632.603	491.914	140.689	134.038	50.931
Geleistete Anzahlungen und Anlagen in Bau	24.524	28.728	1	– 17.171	36.080	–	36.060	24.524	–
Summe andere Anlagen	1,972.846	136.289	51.817	+ 664	2,057.982	1,279.134	778.848	757.394	108.302
Summe Sachanlagen	25,324.452	1,118.223	266.397	+ 245	26,176.523	14,295.192	11,881.331	11,909.704	1,087.505
III. Finanzanlagen									
1. Beteiligungen	659.790	702.976	–	+ 100.000	1,462.766	25.090	1,437.676	634.700	–
2. Ausleihungen	175.219	5.000	28	– 100.000	80.191	1.444	78.747	173.764	–
3. Wertpapiere des Anlagevermögens	486.818	503.952	42.316	–	948.454	4.003	944.451	481.418	–
Summe Finanzanlagen	1,321.827	1,211.928	42.344	–	2,491.411	30.537	2,460.874	1,289.882	–
Summe Anlagevermögen	29,803.982	2,355.440	309.452	–	31,849.970	16,020.033	15,829.937	14,737.163	1,162.196

G+V-Analyse

Die wesentliche Information der Gewinn- und Verlustrechnung sind die **Zwischensummen**.

Die Zwischensumme 9 zeigt uns das **Betriebsergebnis** mit 218 Mio. S , die Zwischensumme 15, das **Finanzergebnis** mit 141 Mio. S, die Zwischensummen 9 und 15 zusammengerechnet ergeben das **Ergebnis der gewöhnlichen Geschäftstätigkeit** mit 76 Mio. S. Damit haben wir bereits die wesentlichen Informationen erhalten.

Aus der ureigensten Tätigkeit hat das Unternehmen ein **Betriebsergebnis** mit 218 Mio. S erzielt. Von diesem Betriebsergebnis sind bildhaft gesprochen 141 Mio. S an die Bank weitergeleitet worden.

Überlegung:

Hätte das Unternehmen nur Eigenkapital und kein Fremdkapital, dann wäre das **Finanzergebnis** nicht negativ. So aber sind $^2/_3$ des Finanzergebnisses, als Zinsenaufwand für das Fremdkapital, abgeflossen.

Nach Abzug des Aufwandes für das Fremdkapital, verbleibt **das Ergebnis der gewöhnlichen Geschäftstätigkeit** mit 76 Mio. S. Hier sind wir bei der wichtigsten Information aus der Gewinn- und Verlustrechnung. Hier zeigen sich die Muskeln des Unternehmens. Das Unternehmen hat einen Umsatz mit 7,358 Mio. S erzielt und ein Ergebnis mit 76 Mio. S erwirtschaftet.

Wenn wir zum Betriebsergebnis zurückgehen:

Um zum Betriebsergebnis zu gelangen, werden vom Umsatz jene Aufwendungen abgezogen, die Voraussetzung für den Umsatz waren. Die umsatzabhängigen Aufwendungen sind vor allem der

Materialaufwand (Einkauf Fremdstrom) mit	3,218 Mio. S
der **Personalaufwand** mit	2,416 Mio. S
und die **Abschreibung** mit	1,162 Mio. S

Aus dem Vergleich dieser Zahlen können wir ableiten, daß der **Materialaufwand** 44% und der **Personalaufwand** 33% vom Umsatz beträgt. Damit ist aber auch klar, daß jede Veränderung auf der Kostenseite (Preissteigerung, Gehaltserhöhung) eine Auswirkung auf den Strompreis hat.

Hinweis: Der Materialaufwand betrifft im wesentlichen den Stromzukauf.

Für einen anlagenintensiven Produktionsbetrieb typisch, finden wir eine **Abschreibung** mit 1,162 Mio. S, das sind beachtliche 16% vom Umsatz.

Wir haben bisher das **Finanzergebnis** mit 141 Mio. S nur als Saldo gesehen.

Im Detail ergibt sich folgendes Bild:

Für das Fremdkapital werden an Zinsen 270 Mio. S bezahlt, auf der anderen Seite spielen die Wertpapiere (für die Bedeckung der Abfertigungsrückstellung) 66 Mio. S ein. Die Beteiligungen des Unternehmens bringen einen Ertrag von 60 Mio. S.

Eine andere Perspektive:

Wenn wir den Ertrag aus der Beteiligung vom Ergebnis der gewöhnlichen Geschäftstätigkeit abziehen, dann kommt man zu dem Schluß, daß die ureigenste Tätigkeit des Unternehmens, nur ein Ergebnis mit 16 Mio. S eingespielt hat. Das Unternehmen steht also ertragsmäßig auf zwei Beinen. Einmal sind es die eigenen Erträge mit 16 Mio. S, zum zweiten sind es die Erträge aus der Beteiligung mit 60 Mio. S.

Eine zweite Perspektive:

Für die **Beteiligungen** ist ein Betrag von 1,462 Mio. S aufgewendet worden.

Diese Ausgaben haben wie gesagt einen Ertrag mit 60 Mio. S eingespielt. Das entspricht einer Verzinsung von etwas mehr als 9%. Was wir aber als externe Bilanzleser nicht wissen, sind die stillen Reserven und der Firmenwert dieser Unternehmen. Es ist zu vermuten, daß neben dieser Verzinsung, von der wir eben gesprochen haben, auch eine Wertsteigerung bei den Beteiligungen erfolgt ist. Diese Wertsteigerung kommt aber bilanziell erst dann zum Tragen, wenn eine Beteiligung veräußert wird.

Zusammenfassung

Die **Zwischensummen** sind die wichtigen Botschaften aus der Gewinn- und Verlustrechnung. Das **Betriebsergebnis** zeigt die wirtschaftliche Kraft des Unternehmens. Das **Finanzergebnis** auf der anderen Seite ist abhängig von der Kapitalausstattung des Unternehmens. Das Betriebsergebnis und das Finanzergebnis ergeben zusammen das **Ergebnis der gewöhnlichen Geschäftstätigkeit** (abgekürzt EGT).

Die wundersame „Geldvermehrung“ findet im Posten 17, beim **außerordentlichen Ergebnis** statt. Hier wird ein positives Ergebnis mit 47 Mio. S erzielt. Im Anhang finden wir einen Hinweis, daß diese außerordentlichen Erträge ausschließlich aus Kursgewinnen resultieren, die sich aufgrund von Rückzahlungen von Auslandsanleihen ergeben. Zum Verständnis: Eine Anleihe mit Nominale 1 Mio. wurde zu einem Kurs von 10 ausgegeben. Das Unternehmen verbucht 10 Mio. S Bank/Anleihenverbindlichkeit. Am Ende der Laufzeit wird die Anleihe zurückgezahlt. Der Kurs beträgt 8. Die Buchung lautet 8 Mio. S Anleihenverbindlichkeit /Bank und 2 Mio. S Anleihenverbindlichkeit/a.o. Ertrag.

Wenn wir diesen **a.o. Ertrag** zum **Ergebnis der gewöhnlichen Geschäftstätigkeit** dazuzählen, dann kommen wir zum **Jahresüberschuß** im Posten 19 mit 124 Mio. S. Die Gewinn- und Verlustrechnung endet mit dem Bilanzgewinn, in unserem Fall mit 112 Mio. S.

Achtung:

Obwohl die Überschrift „Gewinn- und Verlustrechnung 1994“ lautet, ist dieser Bilanzgewinn nicht ausschließlich aus 1994. Der **Gewinnvortrag** aus 1993 der Ziffer 23 ist in diesem Bilanzgewinn enthalten.

Wenn man den Jahresüberschuß (Pos. 19) mit dem Bilanzgewinn vergleicht, dann sieht man sofort, ob das Unternehmen Gewicht zugelegt oder abgespeckt hat. In unserem Fall ist das Unternehmen in der Phase der Gewichtszunahme. Per Saldo sind 12 Mio. S an **Rücklagen** gebildet worden (Speck ist angesammelt worden).

Wenn wir den Bilanzgewinn des Vorjahres mit dem Gewinnvortrag vergleichen, dann wird uns auffallen, daß 80 Mio. S verschwunden sind. Der Bilanzgewinn des Vorjahres hat 80 Mio. S betragen, während der Gewinnvortrag aus dem Vorjahr nur mehr die S 383.000,– ausweist. Die nunmehr fehlenden 80 Mio. S sind als Dividende an die Aktionäre ausgeschüttet worden. Diese Tatsachen müssen wir bei der Bilanzanalyse berücksichtigen. **Der Bilanzgewinn zählt dann nicht zum Eigenkapital, wenn der Gewinn ausgeschüttet wird.** Von dem Bilanzgewinn des Vorjahres gehören 80 Mio. S zum Fremdkapital.

Was wissen wir jetzt vom Unternehmen?

- Der **Materialaufwand** (Stromeinkauf) beträgt 44% vom Umsatz.
- Der **Personalaufwand** beträgt $^1/_3$ vom Umsatz.
- Das **Finanzergebnis** ist negativ, was bedeutet, daß die Aufwandszinsen höher sind als die Ertragszinsen und die Beteiligungserträge.
- Das **Ergebnis der gewöhnlichen Geschäftstätigkeit** beträgt 77 Mio. S.
- Aus Kursgewinnen ist ein **a.o. Ertrag** mit 47 Mio. S entstanden.
- Das Unternehmen hat um 12 Mio. S mehr **Rücklagen** zugewiesen als aufgelöst.
- Das Unternehmen erzielte einen **Jahresgewinn** von 112 Mio. S, davon waren 47 Mio. S Kursgewinne.

Vergleich mit dem Vorjahr

Wir beginnen diesen **Vergleich** mit der Gewinn- und Verlustrechnung

Wir orientieren uns wieder an den Zwischensummen der Gewinn- und Verlustrechnung, von denen wir ja bereits gehört haben, daß sie die wichtigsten Informationen enthalten.

in Mio. S	1994	1993	Veränderung
Umsatz	7,359	7,706	– 347
Betriebsergebnis	219	530	– 311
Finanzergebnis	142	211	– 69
EGT	77	320	– 243
a.o. Ergebnis	47	– 122	169
Jahresüberschuß	124	198	– 74
Rücklagenzuweisung	– 12	– 119	
Gewinn	113	80	33

Was sagt uns der Vorjahresvergleich?

Der **Umsatz** ist um 347 Mio. S oder um 5% gefallen.

Dieser Umsatzrückgang hat voll auf das Betriebsergebnis durchgeschlagen. Mit anderen Worten: Der Umsatz ist um 347 Mio. S zurückgegangen und das Betriebsergebnis um 311 Mio. S.

Wie kommt man vom Umsatz zum Betriebsergebnis?

Umsatz
– Materialaufwand
– Personalaufwand
– Abschreibung
= Betriebsergebnis

Das **Finanzergebnis** hat sich verbessert, ist aber noch immer negativ. Das Unternehmen zahlt mehr für das Fremdkapital als Wertpapiere und Beteiligungen einspielen.

Das EGT ist nur mehr 1/3 vom Vorjahr. Hauptursache ist der Umsatzrückgang.

Das **a.o. Ergebnis** war 1994 positiv (47 Mio. S) und 1993 negativ (– 122 Mio. S). Die a.o. Ergebnisse haben 1994 das Bilanzergebnis um 47 Mio. S verbessert, 1993 um 122 Mio. S verschlechtert.

1993 ist mit 119 Mio. S Speck angesetzt worden (um 119 Mio. S wurde der Jahresüberschuß „freiwillig" reduziert).

Durch diese freiwillige Reduzierung ist das ursprünglich bessere Ergebnis 1993, unter dem Ergebnis von 1994, was wieder ein Beweis dafür ist, **daß der Gewinn allein kein Kriterium für die Beurteilung eines Unternehmens ist.** Der Gewinn 1994 ist höher, obwohl das EGT 1993 und der Jahresüberschuß 1993 besser sind als 1994.

Zusammenfassung:

1993 war besser als 1994. Eine Zeitreihe von 10 Jahren würde zeigen, wo das Unternehmen mit dem Ergebnis 1994 steht (im oberen oder im unteren Bereich?).

Ein noch besseres Bild würden wir haben, wenn wir die budgetierten Ergebnisse für 1995 kennen würden.

Cash-Flow

Wir beschäftigen uns jetzt mit dem **Selbstfinanzierungspotential** des Unternehmens. Uns interessiert die Frage, welchen Betrag das Unternehmen aus **eigener Kraft erwirtschaftet** hat.

Mit folgender Überlegung kommen wir zum Cash-Flow:

Wir sehen jetzt die Gewinn- und Verlustrechnung durch um festzustellen, ob tatsächlich bei jedem Posten auch ein gleich hoher **Geldfluß** stattgefunden hat. Die Stromrechnungen müssen bezahlt werden, also fließt der Umsatzerlös zu. Der Materialaufwand muß bezahlt werden, der Personalaufwand wird monatlich auf die Gehaltskonten überwiesen. Beim Posten 7, bei den Abschreibungen, werden wir zum ersten Mal stutzig. Angenommen, eine Investition des Jahres 1990, hat damals zu einem Geldabfluß geführt. Die Anschaffungskosten werden auf 10 Jahre verteilt abgeschrieben. Im Jahr 1994 finden wir eine gewinnmindernde Abschreibung, die aber nicht mehr von einem Geldabfluß begleitet ist. Der Geldabfluß hat ja 1990 bereits stattgefunden. Wir werden daher die Abschreibung, die sich gewinnmindernd ausgewirkt hat, wieder dem Gewinn hinzurechnen. Eine weitere

Abschreibung finden wir im Posten 13, mit den Abschreibungen auf das Finanzanlagevermögen, aber der Betrag ist so unbedeutend, daß er von uns nicht berücksichtigt wird. Fündig werden wir insbesondere bei den Posten 20, 21 und 22. Die Auflösung und die Zuweisung zu Rücklagen ist natürlich nicht mit einem Geldzu- oder Abfluß verbunden.

Wenn wir jetzt für die Cash-Flow-Ermittlung mit dem Bilanzgewinn beginnen, dann müssen wir den Gewinnvortrag aus dem Vorjahr mit S 383.000,– absetzen. Es kommen dazu, weil nicht geldwirksam, die beiden Zuweisungen zu Rücklagen mit 196 Mio. S und mit 77 Mio. S und es kommt weg ein Betrag mit 262 Mio. S, weil dieser Ertrag nicht geldmäßig zugeflossen ist. Wir kommen dann auf einen Betrag von 124 Mio. S, der dem Jahresüberschuß entspricht.

Daher beginnen die Profis der Bilanzanalyse die Cash-Flow-Ermittlung überhaupt mit dem **Jahresüberschuß**, weil ab dem Posten 19 nur mehr „Papiertiger" das Ergebnis beeinflussen.

Ermittlung des **Cash-Flows** 1994 (in Mio. S):

Jahresüberschuß	124
Abschreibung lt. Posten 7	1,163
Veränderung langfristiger Rückstellungen	328
	1,615

Der Cash-Flow ist im Geschäftsbericht mit 1,676 Mio. S angegeben. Auf unsere Ermittlung ergibt sich eine Differenz mit 61 Mio. S, was einer Abweichung von 4% entspricht.

Die **langfristigen Rückstellungen** finden wir in der Bilanz auf der Passivseite. Die langfristigen Rückstellungen lassen sich wie folgt darstellen:

	1994	1993	Diff.
Abfertigung	548	508	
Pensionen	1,617	1,329	
Summe	2,165	1,837	328

Die langfristigen Rückstellungen haben sich um 328 Mio. S erhöht. Diese Erhöhung ist im Personalaufwand dargestellt. Solange Pensionen und Abfertigungen sich erhöhen und nicht ausgezahlt werden, sind diese Erhöhungsbeträge nicht ausgabenwirksam. Weil die Ausgabenwirksamkeit fehlt, werden diese Beträge beim Cash-Flow berücksichtigt.

Ergebnis:

Das Unternehmen hat aus eigener Kraft 1,615 Mio. S verdient. Als externe Bilanzleser können wir einen Vorjahreswert nicht errechnen. Dazu fehlen die Angaben über die Abfertigungs- und Pensionsrückstellung des Jahres 1992.

Uns geht es jetzt darum, den Cash-Flow an irgendeinem Maßstab zu messen. In absoluten Zahlen ist der Cash-Flow beeindruckend, 1,615 Mio. S. Ob er auch relativ gesehen so beeindruckend ist, wird sich erst herausstellen. Sie kennen ja die Geschichte: Drei Haare am Kopf sind relativ wenig, in der Suppe relativ viel.

Eine Bezugsgröße kann der **Umsatz** sein.

Cash-Flow x 100 / Umsatz = 161500 / 7359 = 22%

Interessant wäre jetzt der Vorjahreswert, den wir aber nicht ermitteln können.

Eine weitere Bezugsgröße ist das **Fremdkapital.**

Wir wollen jetzt das Verhältnis vom Cash-Flow zum Fremdkapital errechnen.

Vorerst einige Worte zum Fremdkapital:

Nur auf den ersten Blick ist eine Lösung einfach. Wenn wir die Passivseite einteilen in Eigenkapital und Fremdkapital, dann ziehen wir einen Strich unter dem Posten B „unversteuerte Rücklagen". Das was darüber steht, nämlich das Eigenkapital und die unversteuerten Rücklagen, gehört zum **Eigenkapital**, das was darunter steht, nämlich die

- Rückstellungen
- Verbindlichkeiten
- Baukostenzuschüsse
- Rechnungsabgrenzungsposten

gehört zum **Fremdkapital**. Aber ganz so einfach ist diese Welt auch wieder nicht.

Wir müssen vorher noch einige Fragen klären, bevor sich für uns das Fremdkapital klar abzeichnet.

1. Wird ein **Gewinn** ausgeschüttet?
2. Gehören die **unversteuerten Rücklagen** zur Gänze zum Eigenkapital?
3. Sind die **Baukostenzuschüsse** wirklich Fremdkapital?
4. Ist der **Fehlbetrag** auf die gebotene Pensionsrückstellung zu berücksichtigen?
5. Haben **Leasinggeschäfte** auf die Höhe des Fremdkapitals einen Einfluß?

Zur ersten Frage:

Die Gewinnverwendung finden wir auf Seite 57 dargestellt. Der Vorschlag lautet, vom Bilanzgewinn 112 Mio. S auszuschütten. Wenn wir davon ausgehen, daß dieser Vorschlag von den Aktionären angenommen wird, dann zählt dieser Betrag nicht mehr zum Eigenkapital, sondern zum **Fremdkapital.**

Zur zweiten Frage:

Die unversteuerten Rücklagen setzen sich wie folgt zusammen (in Mio. S):

Bewertungsreserve	2,558
Sonstige unversteuerte Rücklagen	868
	3,425

Von den sonstigen unversteuerten Rücklagen entfallen auf den IFB 868 Mio. S. Zukünftige Steuern schlummern in diesen sonstigen unversteuerten Rücklagen. Wir sprechen in diesem Fall von **latenten Steuern**. Im konkreten Fall können wir nicht davon ausgehen, daß diese Wirtschaftsgüter, von denen der Investitionsfreibetrag beansprucht worden ist, vor

Ablauf der vierjährigen Behaltefrist das Unternehmen verlassen. Die Annahme ist deswegen zu treffen, weil es für diese Wirtschaftsgüter an sich keine Abnehmer gibt. Auch wenn wir im konkreten Fall keine latenten Steuern aus den unversteuerten Rücklagen berücksichtigen, möchten wir trotzdem wissen, wie eine solche Ermittlung erfolgt.

Unter der Annahme, daß $^1/_4$ der IFB-behafteten Wirtschaftsgüter vor Ablauf der vierjährigen Behaltefrist vom Unternehmen veräußert werden, dann ist ein IFB mit 217 Mio. S gewinnerhöhend aufzulösen. Die daraus resultierende 34%ige Körperschaftsteuer beträgt 74 Mio. S. Die latenten Steuern betragen demnach 74 Mio. S, unter der Annahme, daß $^1/_4$ der Wirtschaftsgüter vorzeitig, also vor Ablauf der Behaltefrist, aus dem Unternehmen ausscheiden. Im konkreten Fall würde dann von den unversteuerten Rücklagen ein Betrag von 3,351 Mio. S zum Eigenkapital und ein Betrag von 74 Mio. S zum Fremdkapital gerechnet werden. Weil aber diese Annahme in unserem Beispiel nicht getroffen werden kann, wird diese Aufteilung der unversteuerten Rücklagen, in Eigenkapital und Fremdkapital, nicht vorgenommen.

Zur dritten Frage:

Die Baukostenzuschüsse haben folgenden Hintergrund. Für den Stromanschluß werden Baukostenzuschüsse gezahlt. Mit den Beträgen werden Leitungen, Trafostationen usw. errichtet. Diese Investitionen haben eine durchschnittliche Nutzungsdauer von 20 Jahren. Die Baukostenzuschüsse werden nicht sofort Ertrag, sondern in einem eigenen Bilanzposten auf der Passivseite erfaßt und über einen Zeitraum von 20 Jahren ertragswirksam aufgelöst. Spätestens hier bekommen wir feuchte Hände. Eine Verbindlichkeit soll **ertragswirksam** aufgelöst werden?

Die Idee, die dahinter steckt ist einfach. Die Investitionen werden auf 20 Jahre verteilt abgeschrieben, die Baukostenzuschüsse werden auf 20 Jahre verteilt ertragswirksam. Betriebswirtschaftlich gesehen eine saubere Lösung. Eine Reduzierung der Anschaffungskosten um die Baukostenzuschüsse ist deswegen nicht möglich, weil es sich um keine Subvention handelt. Damit entfällt auch eine Darstellung als Bewertungsreserve. Diese Baukostenzuschüsse haben eher den Charakter einer Rechnungsabgrenzung. Hier werden Erlöse auf einen Zeitraum von 20 Jahren abgegrenzt. Diese Erlöse sind in der Zukunft zu versteuern und daher erkennen wir sofort, daß hier **latente Steuern** vorliegen. Wenn die Baukostenzuschüsse mit 1,992 Mio. S zukünftig versteuert werden, dann resultiert daraus eine Steuerbelastung mit 34% Körperschaftsteuer, das sind 677 Mio. S. Diese latenten Steuern sind eindeutig dem **Fremdkapital** zuzurechnen. Aber was geschieht mit dem Betrag von 1.315 Mio. S? Dieser Betrag wird einmal als Bilanzgewinn (ertragswirksame Auflösung) dargestellt werden, daher ist dieser Betrag dem **Eigenkapital** zuzurechnen.

Wir kommen jetzt zu dem Ergebnis, daß die **Baukostenzuschüsse** mit dem Anteil der latenten Steuern, das sind 677 Mio. S, Fremdkapital darstellen und mit 1,315 Mio. S Eigenkapital.

In diesem Zusammenhang stellt sich die Frage, ob diese langfristigen Erträge und die langfristige Steuerbelastung nicht abgezinst gehört. Insbesondere die Länge dieser Frist spricht für eine Abzinsung. Es würde dann der Barwert der Erträge und der Barwert der Steuerleistungen bei der Analyse berücksichtigt werden.

Zur vierten Frage:

Der Geschäftsbericht sagt: „Dieser Posten stellt unter den Rückstellungen den nicht ausgewiesenen Teil des gem. § 211 HGB gebotenen Pensionserfordernisses dar.“ Siehe auch Passivseite, Darstellung unter Strich 1,897 Mio. S.

Dieser Betrag sollte bei einer Analyse als Teil des **Fremdkapitals** dargestellt werden. Wäre nämlich die Rückstellung immer nach den versicherungsmathematischen Grundsätzen des Handelsrechtes gebildet worden (was in der Vergangenheit nicht erforderlich war), dann wäre der Rückstellungsbetrag um 1,897 Mio. S höher.

Zur fünften Frage:

Geschäftsbericht: „Für die Nutzung in der Bilanz nicht enthaltener Vermögensgegenstände wurde im Geschäftsjahr ein Betrag von S 2 Mio. S aufgewendet. Die Verpflichtung für die nächsten fünf Jahre beläuft sich auf S 4 Mio. S.“

Wenn das Leasinggeschäft gleichsam als Ratenkauf gesehen wird, dann ist für Zwecke der Analyse folgende Bilanzdarstellung denkbar:

AV	4	FK	4

Das Fremdkapital muß in den nächsten fünf Jahren bezahlt werden, damit die „Anlagegegenstände“ benützt werden können.

Wenn wir diese Darstellung grundsätzlich akzeptieren, werden wir den Betrag von 4 Mio. S beim **Fremdkapital** berücksichtigen.

Mit dem jetzigen Wissen sehen wir das **Fremdkapital** wie folgt:

in Mio. S

Gewinn, weil Ausschüttung	112
Rückstellungen	2,580
Verbindlichkeiten	5,982
latente Steuern aus Baukostenzuschüssen	677
Rechnungsabgrenzungsposten	55
Fehlbetrag Pensionsrückstellung	1,897
Leasingverbindlichkeit	4
	11,307

$$\frac{\text{Fremdkapital}}{\text{Cash Flow}} = \frac{11{,}307}{1{,}615} = 7 \text{ Jahre}$$

Unter der Annahme, daß

- **die Selbstfinanzierungskraft in diesem Ausmaß dauernd gegeben ist,**
- **der Cash-Flow ausschließlich für die Schuldentilgung verwendet wird,**

kann das Unternehmen innerhalb von 7 Jahren seine Schulden tilgen.

Betriebswirtschaftlich gesehen ist diese Relation „gut". Die kritische Zeitspanne liegt zwischen 10 und 15 Jahren. Wenn ein Unternehmen länger als 15 Jahre zur Schuldentilgung braucht, dann kann man nicht mehr von einem Selbstfinanzierungspotential sprechen.

Rentabilität

Wenn wir uns die Frage stellen, wie sich alles rechnet, dann kommen wir zur Rentabilität. Auch die Rentabilität hat verschiedene Anknüpfungspunkte. Einmal kann es der **Umsatz** sein, dann das **Eigenkapital**, schließlich das **Gesamtkapital**.

Wir wissen schon, daß die wichtigste Information aus der Gewinn- und Verlustrechnung das Ergebnis der gewöhnlichen Geschäftstätigkeit (EGT) ist. Mit dem Ergebnis der gewöhnlichen Geschäftstätigkeit wird der Betriebserfolg und der Finanzerfolg zusammengefaßt.

Wenn wir das EGT zum Umsatz in Relation stellen, dann spricht man von **Umsatzrentabilität**. Wenn wir das Eigenkapital als Bezugsgröße ansetzen, dann spricht man von der **Eigenkapitalrentabilität**.

Mit der **Umsatzrentabilität** wollen wir beginnen:

$$\frac{\text{EGT} \times 100}{\text{Umsatz}} = \frac{7{,}677}{7{,}359} = 1\%$$

Ergebnis: Bei S 100 Umsatz bleibt S 1 als Ergebnis (EGT).

Jetzt stellt sich wieder die Frage nach gut oder schlecht. Im Vorjahr war die Umsatzrentabilität noch 4%. Aus dieser Perspektive ist die Umsatzrentabilität 1994 schlecht.

Eine Aussage wird mit der Umsatzrentabilität bestätigt: 1993 war besser als 1994.

Nun zur **Eigenkapitalrentabilität**:

Eigenkapital:	Gesamtkapital	17,388
	Fremdkapital	– 10,796
	Eigenkapital	6,592

$$\frac{\text{EGT} \times 100}{\text{Eigenkapital}} = \frac{7{,}677}{6{,}592} = 1{,}2\%$$

Ergebnis: Das Eigenkapital des Unternehmens verzinst sich mit 1%. Festverzinsliche Wertpapiere bringen einen Zinsertrag zwischen 5 und 6%. Aus dieser Perspektive wäre die Veranlagung des Eigenkapitals in festverzinslichen Wertpapieren ertragreicher.

Wenn wir eben die Rentabilität betrachtet haben, dann kommen wir nicht am Leverage Effekt vorbei. Die Rentabilität könnte verbessert werden, wenn Eigenkapital dem Betrieb entnommen wird und zu einem höheren Zinssatz angelegt wird, als der Zinssatz für hereingenommenes Fremdkapital beträgt.

Rentabilität vs Gewinnmaximum

Die Rentabilität ist eine Sache, das Gewinnmaximum eine andere. An dem folgenden Beispiel läßt sich leicht erkennen, daß diese Ziele gegenläufig sind. Wenn die Rentabilität am größten ist, ist der Gewinn am niedrigsten und umgekehrt.

Weil wir eben von der **Eigenkapitalrentabilität** gesprochen haben und uns auf den ersten Blick die Rentabilität zu niedrig war, so muß auch die andere Seite gesehen werden, nämlich die **Gewinnmaximierung**. Eine Forderung nach mehr Eigenkapitalrentabilität würde bedeuten, daß nicht mehr die Gewinnmaximierung im Vordergrund steht.

Am folgenden Beispiel wollen wir diesen Zielkonflikt demonstrieren:

Wir vergleichen jetzt zwei Unternehmen, das Unternehmen A und das Unternehmen B. Das Unternehmen A ist ausschließlich mit Eigenkapital finanziert und zwar mit S 10 Mio. Das Unternehmen B hat ein Eigenkapital mit S 200.000 und ein Fremdkapital mit S 9,8 Mio.

Der Zinssatz für das Fremdkapital beträgt 5%.

Das Betriebsergebnis bei beiden Betrieben ist gleich hoch, nämlich S 1 Mio.

	A	B
Betriebsergebnis	1,000	1,000
Finanzergebnis		– 490
EGT	1,000	510
Eigenkapital	10,000	200
Eigenkapitalrentabilität (EGT x 100 : Eigenkapital)	10%	255%
Gewinnmaximierung	*	
Rentabilität		*

Welcher Betrieb ist nun besser?

Der Betrieb A erzielt einen maximalen Gewinn mit 1,000, der Betrieb B erzielt eine maximale Eigenkapitalrentabilität. Im Betrieb B verzinst sich das Eigenkapital mit 255%.

Leverage Effekt – ein Weg, die Rentabilität zu steigern

Damit die Eigenkapitalrentabilität steigt, soll der Betrieb A Eigenkapital entnehmen und außerhalb des Betriebes um mehr als 10% anlegen. Wenn der Betrieb A das Eigenkapital mit einem Fremdkapital ersetzt, für das nur 5% bezahlt werden, wird sich die Rentabilität insgesamt erhöhen.

Der Leverage Effekt hat natürlich auch seine Grenzen. Wenn angenommen beim Betrieb B die Zinsen für das Fremdkapital auf 12% steigen, dann ist überhaupt kein EGT mehr vorhanden und die Eigenkapitalrentabilität ist 0%.

Die Antwort auf die Frage nach dem besseren Betrieb ist abhängig von der Unternehmensphilosophie. Insbesondere amerikanische Unternehmen beurteilen ihre Auslandstöchter hauptsächlich nach der Eigenkapitalrentabilität. Betriebe mit der geringsten Eigenkapitalrentabilität werden veräußert oder geschlossen.

Wir verlassen nun die Gewinn- und Verlustrechnung und werden uns nun mit der Bilanz auseinandersetzen.

Analyse der Bilanzstruktur und der fristgerechten Finanzierung

Horizontaler Vergleich

Nicht die Relation **Anlagevermögen** zu **Umlaufvermögen** oder **Eigenkapital** zu **Fremdkapital** interessiert uns, sondern der horizontale Vergleich. Die Bilanz des Unternehmens läßt sich vereinfacht wie folgt darstellen:

AKTIVA (in Mio. S)			PASSIVA
Anlagevermögen	15,830	Eigenkapital *)	7,982
Umlaufvermögen	1,558	Fremdkapital **)	9,406
	17,388		17,388

*)		**)	
Eigk.	3,353	Gew.	112
Gew.	- 112	RSt	2,580
RL	3,425	Verb.	5,982
Baukostenzuschuß	1,316	latente Steuern	677
		PRA	55
	7,982		9,406

Auf den ersten Blick sieht man, daß auf der Aktivseite das Anlagevermögen dominiert. Wir erkennen, daß es sich um ein anlagenintensives Unternehmen handelt.

Wie bereits gesagt, interessiert uns im wesentlichen der horizontale Vergleich.

Wir vergleichen einmal das Anlagevermögen mit dem Eigenkapital, damit wir die Frage der „richtigen“ Finanzierung lösen, zum zweiten vergleichen wir das Umlaufvermögen mit dem Fremdkapital um festzustellen, ob Geld zum Arbeiten vorhanden ist „working capital“.

Zurück ins 17. Jahrhundert:

Die goldene Bilanzregel

Nach der goldenen Bilanzregel sollte das Anlagevermögen durch Eigenkapital finanziert werden.

Anlagevermögen = Eigenkapital
15,830 = 7,982

Aus diesem Vergleich können wir sofort erkennen, daß die goldene Bilanzregel in unserem Fall nicht angewendet werden kann.

Betriebswirtschaftlich ist eine **fristengerechte Finanzierung** gefordert. Wir können uns leicht vorstellen, daß ein privater Hausbau mit einem Lieferantenkredit nicht fristengerecht finanziert ist. Auch ein Kontokorrentkredit mit einer Laufzeit von 1 Jahr wird nicht für die Finanzierung eines Hausbaues herangezogen werden können. Die Kreditlaufzeit für den Hausbau wird eher 20 Jahre betragen. Der Kredit zum Kauf eines Autos wird eine Laufzeit von vielleicht 5 Jahren haben.

Das Anlagevermögen unseres Unternehmens wird eine unterschiedliche Nutzungsdauer haben. In der Hauptsache zwischen 10 und 50 Jahren.

Unser Problem besteht nun darin, das **Fremdkapital** aufzuteilen, in einen **kurzfristigen** und in einen **langfristigen Teil.**

Die fristengerechte Finanzierung wird dann vorliegen, wenn

Anlagevermögen = Eigenkapital + langfristiges Fremdkapital

Das **Fremdkapital** läßt sich wie folgt darstellen:

in Mio. S		davon langfristig	
Auszuschüttender Gewinn	112	0	
Rückstellungen	2,580	2,164	(Abfertigungen, Pensionen)
Verbindlichkeiten	5,982	2,624	(Restlaufzeit mehr als 5 Jahre)
Baukostenzuschuß	677	677	(Anteil latenter Steuern)
PRA	55		
Summe	9,406	5,465	

Die fristgerechte Finanzierung schaut nun so aus:

Anlagevermögen = Eigenkapital + langfristiges Fremdkapital
15.830 = 7,982 + 5,465
15.830 = 13.447

Ergebnis: 2,383 sind nicht langfristig finanziert, wobei wir „langfristig“ mit einer Kreditlaufzeit von mehr als 5 Jahren definiert haben. Ein Volumen von S 2,383 ist künftig längerfristig zu finanzieren (Begebung einer Anleihe).

Working capital

Gibt es genug Geld zum Arbeiten? Können die Schulden der nächsten Woche bezahlt werden?

Die Gleichung lautet nun:

Umlaufvermögen = kurzfristiges Fremdkapital
1,558 = 3,941

Ermittlung des kurzfristigen Fremdkapitals (in Mio. S):

Fremdkapital insgesamt	9,406
davon langfristig	- 5,465
kurzfristig	3,941

Auf den ersten Blick kommen wir zu dem Ergebnis, daß nicht genügend Geld vorhanden ist, um das kurzfristige Fremdkapital abzudecken.

Mit dieser globalen Aussage können wir aber nichts anfangen. Wir kommen nur einen Schritt weiter, wenn wir das Umlaufvermögen und die kurzfristigen Verbindlichkeiten nach **Fristigkeiten** einteilen. Für diese Einteilung haben wir als externe Bilanzleser keine ausreichenden Informationen. Es wird hier nur schematisch dargestellt, wie eine solche Einteilung vorgenommen werden könnte.

1. Schritt: Was kann vom **Umlaufvermögen** innerhalb

- eines Monats
- von drei Monaten

zu Geld gemacht werden? Wir finden jetzt die Einteilung in 1 Monat, 3 Monate und länger als 3 Monate. Wir finden jetzt die Posten des Umlaufvermögens, Vorräte, Forderungen, Wertpapiere, Kassa, Bank, ARA.

		1 Monat		3 Monate		länger als 3 Monate	
Vorräte	541	(1/3)	180	(1/3	180	(1/3)	181
Forderungen	759	(40%)	304	(50%)	380	(10%)	75
Wertpapiere	120	(80%)	96	(20%)	24		
Kassa, Bank	48	(100%)	48				
ARA	90	(50%)	45	(50%)	45		
	1,558		673		629		256

Die Klammerwerte geben an, in welchem Ausmaß die Realisierung angenommen wird.

2. Schritt: Was wird von den **kurzfristigen Verbindlichkeiten** innerhalb

- eines Monats
- von drei Monaten

fällig? Wir finden wieder die Einteilung mit 1 Monat, 3 Monate, länger als 3 Monate. Wir haben die Posten Gewinn, Rückstellungen, Verbindlichkeiten, PRA.

		1 Monat		3 Monate		länger als 3 Monate	
Gewinn	112				112		
Rückstellungen	416	(1/12)	35	(2/12)	70	(9/12)	311
Verbindlichkeiten	3,358	(5%)	168	(15%)	504	(80%)	2,686
PRA	55	(1/12)	5	(2/12)	10	(9/12)	40
	3,941		208		584		3,149

Fälligkeit	liquide Mittel	Zahlungsverpflichtung	working capital
1 Monat	673	208	465
3 Monate	629	584	45
über 3 Monate	256	3,149	kein working capital
Summe	1,558	3,949	

Ergebnis

Die Verpflichtungen des nächsten Monats können erfüllt werden. Die Zahlungsverpflichtungen betragen S 208 Mio., die dafür zur Verfügung stehenden liquiden Mittel 673 Mio. S.

Die Zahlungsverpflichtungen der nächsten drei Monate können erfüllt werden, sie betragen 584 Mio. S. Diesen Verpflichtungen stehen liquide Mittel mit 629 Mio. S gegenüber. In beiden Perioden gibt es ein working capital. Im ersten Monat mit 465 Mio. S, in den nächsten drei Monaten mit 45 Mio. S. Im Ausmaß des working capital können z.B. Vorräte eingekauft werden, was die Frage aufwirft „Gibt es genug Geld zum Arbeiten?".

Für die Zahlungsverpflichtungen, die im Laufe des Jahres auf das Unternehmen zukommen, gibt es keine ausreichenden liquiden Mittel. Dieser Liquiditätsengpaß muß fremdfinanziert werden. Es ist dafür zu sorgen, daß Bankkonten überzogen werden können, bzw. Rahmen erweitert werden.

Sinnhaftigkeit?

Wenn wir diese Analyse gemacht haben, sind die drei Monate bereits vergangen. Dennoch ist diese Betrachtung ein Instrument, um Engpässe zu erkennen. Die vorgenommene Berechnung für einen, bzw. für drei Monate wird im Unternehmen permanent erfolgen, unabhängig von einer Bilanzanalyse. **Das wichtigste betriebswirtschaftliche Ziel ist die Bereitstellung einer ausreichenden Liquidität.** Eine Monatsplanung wird die Mindestvoraussetzung in jedem Unternehmen sein.

Der horizontale Bilanzvergleich ist nunmehr beendet. Wir haben die Frage nach der fristengerechten Finanzierung des Anlagevermögens behandelt und uns mit dem working capital beschäftigt. Wir haben erkannt, daß die fristengerechte, das heißt langfristige Finanzierung bei einem anlagenintensiven Unternehmen sehr schwierig ist.

Lohmann-Ruchti-Effekt oder die Finanzierung aus Abschreibungen

Wenn wir beim Anlagevermögen sind, dann müssen wir an die **Finanzierung aus freigesetzten Abschreibungen** denken. An einem Beispiel soll erläutert werden, was damit gemeint ist:

Eine Maschine wird um S 1,000.000,– angeschafft. Die Maschine hat eine Nutzungsdauer von 10 Jahren. Die jährliche Abschreibung beträgt S 100.000,–. Diese Abschreibung wird Teil der Herstellungskosten des Produktes. Wenn die Herstellungskosten im Preis Platz finden, dann wird die Abschreibung verdient. Die Maschine ist aber 10 Jahre im Einsatz, und erst nach Ablauf des Zeitraumes stellt sich die Frage nach einer Ersatzinvestition. Bis dahin liegt die verdiente Abschreibung am Bankkonto. Es kommt also zu einer Vermögensumschichtung. Das Anlagevermögen wird durch die Abschreibung reduziert, und auf der anderen Seite erhöht sich das Bankguthaben um die verdiente Abschreibung. Erst am Ende der Nutzungsdauer der Maschine wird dieses Bankguthaben für die Ersatzbeschaffung benötigt. Dieses Bankguthaben kann jetzt bis zum Ablauf der Nutzungsdauer für eine Zwischenfinanzierung verwendet werden. **Auf diese Weise wird der Finanzierungsspielraum erweitert.** In dem Ausmaß, in dem die Finanzierung aus Abschreibung stattfindet, braucht kein Fremdkapital aufgenommen werden. Diese Finanzierung aus Abschreibung wird auch als Lohmann-Ruchti-Effekt bezeichnet.

Was heißt das für uns?

Die Abschreibung beim Anlagevermögen ist Teil des Cash-Flow (operativer Cash-Flow). Der operative Cash-Flow wird Teil des Unternehmens Cash-Flow.

Dieser Cash-Flow wird für Investitionen, für den Abbau von Schulden und für die Ausschüttung verwendet.

Geldeingangsdauer

Wir haben uns einmal mit der Frage beschäftigt, innerhalb welchen Zeitraums das Umlaufvermögen zu Geld wird. Wir beschäftigen uns jetzt konkreter mit der Frage, wann die **Forderungen zu Geld** werden.

Forderungen 31.12.1993	822	Mio.
Forderungen 31.12.1994	759	Mio.
Summe	1,581	: 2
Ø Forderungsstand, brutto	790	: 120 x 100
Forderungsstand, netto	658	

$$\frac{\text{Erlös}}{\text{Forderungsstand}} = \frac{7{,}359}{658} = 11{,}2$$

Forderungsaußenstand in Tagen: 365: 11,2 = 33 Tage

Vergleichswert aus 1993

1993	821	
	843	
	1,664	: 2
	832	: 1,2
	693	netto

7,724/693 =11,145

365 : 11,145 = 33 Tage

gut oder schlecht?

1993 und 1994 war der **Forderungsaußenstand** unverändert 33 Tage. Wenn in den Vorjahren der Forderungsaußenstand 37 Tage betragen hat, dann ist die Situation jetzt relativ gut. Wenn in den Vorjahren der Außenstand 28 Tage hat, dann ist die Situation jetzt relativ schlecht.

Generell wird man im Unternehmen bemüht sein, den Forderungsaußenstand zu reduzieren (durch Mahnungen etc.).

Aussagekraft des Anlagenspiegels

Was fangen wir mit diesem Anlagenspiegel an?

Wir interessieren uns insbesondere für die **Sachanlagen**. Wir erfahren, daß die Anschaffungskosten beim Sachanlagevermögen 26,177 Mio. S betragen haben. Die bisherige Abschreibung hat 14,295 Mio. S betragen. Wir sehen jetzt, daß die Abschreibungen 55% der Anschaffungskosten betragen haben. Welchen Schluß ziehen wir daraus?

Das **Sachanlagevermögen** befindet sich in der wirtschaftlichen/technischen Lebensmitte. Bei einer jährlichen AfA mit 1,088 Mio. S beträgt die rechnerische Restnutzungsdauer 11 Jahre (11,881 : 1,088).

Ersatzinvestitionen sind daher erst in etwa 10 Jahren zu erwarten. Es ist aber anzunehmen, daß die Abschreibungsdauer kürzer ist als die Lebensdauer. Aber ganz grundsätzlich haben wir die Information erhalten, daß des Sachanlagevermögen in Summe in der Blüte des Lebens steht.

Was wissen wir jetzt über das Unternehmen?

1. Der **Jahresgewinn** 1994 beträgt S 112 Mio., davon stammen S 47 Mio. aus Kursgewinnen.
2. Das Geschäftsjahr 1993 war besser als das Geschäftsjahr 1994
3. Das Unternehmen ist aus eigener Kraft in 7 Jahren schuldenfrei, wenn der **Cash-Flow** ausschließlich zur Abdekkung des Fremdkapitals verwendet wird. Diese Relation ist befriedigend.
4. Die **Umsatzrentabilität** beträgt 1%.
5. Die **Eigenkapitalrentabilität** beträgt 1%.
6. Das Anlagevermögen ist nicht vollständig **fristengerecht finanziert**, wobei wir eine Mindestfrist von fünf Jahren angesetzt haben.
7. Ein **working capital** ist kurz- und mittelfristig vorhanden (dabei sind wir aber von Annahmen ausgegangen, die nicht verifiziert werden konnten).

8. 1994 sind 2,255 Mio. S **investiert** worden und S 623 Mio. **Schulden getilgt** worden.
Die Investitionen mit 2,255 Mio. S sind größtenteils mit dem Cash-Flow (Lohmann-Ruchti-Effekt) in Höhe von 1,961 Mio. S finanziert worden. Der restliche Teil der Investitionen wurde mit einem Griff in die Kassa finanziert. Mit einem noch tieferen Griff in die Kassa hat man die Schulden um 623 Mio. S getilgt.
9. Die **Geldeingangsdauer** beträgt seit 1993 unverändert 33 Tage.
10. Das **Sachanlagevermögen** ist in der Blüte des Lebens. Ein Investitionsbedarf ist rechnerisch erst in etwa 10 Jahren gegeben.

Mit den Aussagen 6, 7, 8, 9, 10 haben wir einen Einblick in die **Vermögenslage** erhalten.

Mit den Aussagen 6, 7, 8 haben wir einen Einblick in die **Finanzlage** und mit den Aussagen 1, 3, 4, 5 und 8 einen Einblick in die **Ertragslage** erhalten.

7.2 Moderne Betrachtung einer Bilanzanalyse

Die moderne Betrachtung der Bilanzanalyse beginnt bei der **Gewinn- und Verlustrechnung** (Ergebnisaufspaltung, Betriebserfolg, Finanzerfolg, EGT) und geht zur Ermittlung des cash flow.

Schließlich wird mit der Ermittlung der Kapitalflußrechnung die Frage beantwortet, was mit dem cash flow geschehen ist.

Zum cash flow

Der cash flow ist sicher das bedeutendste Instrument der Bilanzanalyse.

Der cash flow hat sich, obwohl uneinheitlich definiert, durchgesetzt. Die Zielsetzung des cash flow ist es, die Aussagekraft des Jahresabschlusses in zwei Punkten zu verbessern. Erstens soll ein Einblick in die Finanzlage gefunden werden, zweitens soll die finanzpolitische Gestaltungsmöglichkeit ausgeschaltet werden. Dies geschieht dadurch, daß die Gewinn- und Verlustrechnung um alle zahlungsunwirksamen Aufwendungen und Erträge korrigiert wird (Auflösung und Zuweisung von Rücklagen).

Der cash flow wird somit zu einer objektiven Größe des Bilanzgewinns, der nicht durch bilanzpolitische Maßnahmen beeinflußt worden ist.

Auch wenn die Berechnungsmethoden voneinander abweichen, soll bei einem Unternehmen immer nach ein und derselben Methode die Ermittlung erfolgen.

Mit dem cash flow hat man einen Indikator für die **Finanzkraft** und einen Indikator für die **Ertragskraft**. Für die **Unternehmensbewertung** wird zunehmend auf die zukünftige Ertragskraft abgestellt. Zu diesem Zweck werden die zukünftig erwarteten cash flows auf den Beurteilungszeitpunkt abgezinst und damit der Barwert der in Zukunft anfallenden cash flows ermittelt. Diese Methode wird als discounted cash flow Methode bezeichnet. Wenn der cash flow dem Fremdkapital gegenübergestellt wird, kann daraus abgeleitet werden, wie lange das Unternehmen bei gleichbleibenden Verhältnissen braucht, um aus eigener Kraft schuldenfrei zu werden.

Auch eine Gegenüberstellung von cash flow und Effektivverschuldung ist möglich. Die Effektivverschuldung berücksichtigt liquide Mittel, um die das Fremdkapital reduziert wird.

Grundsätzliche Berechnungsmöglichkeit des cash flows

Der cash flow wird aus der Gewinn- und Verlustrechnung abgeleitet. Die Ermittlung kann nach zwei unterschiedlichen Methoden erfolgen. Durchgesetzt hat sich die **indirekte** Methode mit folgender Ermittlung:

Jahreserfolg zuzüglich auszahlungslose Aufwendungen abzüglich einzahlungslose Erträge

Bei der Ermittlung werden sämtliche Posten der Gewinn- und Verlustrechnung auf ihre Zahlungswirksamkeit untersucht. Die Ermittlung des cash flows sollte ohne Steuern erfolgen, obwohl die Steuern zu den auszahlungswirksamen Posten gehören (ausgenommen latente Steuern). Durch die Nicht-Berücksichtigung der Steuern ist die Vergleichbarkeit zu Personengesellschaften gegeben.

Die Ermittlung des cash flows beginnt also mit dem Jahresüberschuß vor Steuern.

Ein vereinfachtes Berechnungsschema hat der Verband der deutschen chemischen Industrie wie folgt vorgeschlagen:

Jahresüberschuß zuzüglich Abschreibungen abzüglich Zuschreibungen zuzüglich Buchwerte abgegangener Wirtschaftsgüter zuzüglich/abzüglich Veränderung langfristiger Rückstellungen (Abfertigung, Pensionen) zuzüglich anderer nicht zahlungswirksamer Aufwendungen/abzüglich Erträge von wesentlicher Bedeutung

In der Praxis zählen die Bestandteile dieser Formel jedenfalls zu den Bestandteilen der cash flow Ermittlung.

Der Schritt zur Kapitalflußrechnung

Durch den Einbau in die Kapitalflußrechnung erlangt der cash flow eine verstärkte Aussagekraft.

Die Kapitalflußrechnung kennt zwei Kriterien, nämlich die Mittelverwendung und die Mittelherkunft.

Zur **Mittelverwendung** gehören

a) Investitionen
b) Fremdkapitalverminderung
c) Eigenkapitalverminderung
d) Erhöhung der liquiden Mittel

Zur **Mittelherkunft** gehören

a) Innenfinanzierung (cash flow)
b) Eigenfinanzierung
c) Fremdfinanzierung
d) Reduzierung der liquiden Mittel

Mit den Kriterien Mittelverwendung und Mittelherkunft kann die Finanzgebarung eines Unternehmens innerhalb des betrachteten Zeitraums relativ gut beurteilt werden. Der cash flow als Finanzindikator beantwortet nämlich nicht die Frage, was mit dem verdienten cash flow geschehen ist. Theoretisch wird in diesem Zusammenhang immer ausgeführt, daß der cash flow für die Schuldentilgung, für Investitionen oder für Ausschüttungen zur Verfügung stehen würde.

Der erste Schritt bei der Ermittlung der Kapitalflußrechnung besteht in der Saldierung von zwei aufeinanderfolgenden Bilanzen (Bewegungsbilanz).

Dieser Saldo läßt sich dann entweder als Mittelherkunft oder als Mittelverwendung qualifizieren. Beim Sachanlagevermögen und beim Eigenkapital wird es nicht möglich sein, allein den Saldo als Mittelaufbringung oder Mittelverwendung zu qualifizieren.

Beim Sachanlagevermögen ist eine Trennung bereits im **Anlagenspiegel** wie folgt dargestellt:

Der Anlagenzugang bzw. eine Zuschreibung wird als Mittelverwendung dargestellt. Ein Anlagenabgang (Restbuchwert) und die Abschreibung wird als Mittelaufbringung dargestellt. Beim Eigenkapital ist zwischen Einlagen und Entnahmen bzw. zwischen Gewinn und Ausschüttung zu unterscheiden, wobei der Gewinn und die Einlage als Mittelaufbringung, die Ausschüttung und die Entnahme als Mittelverwendung gesehen werden.

Die liquiden Mittel (Kassa, Banken) werden allerdings in die Bewegungsbilanz rechnerisch einbezogen und dienen als Kontrollwert für die Kapitalflußrechnung.

Zusammenfassung

Erst die Interpretation der Mittelverwendung und Mittelherkunft führt zur Kapitalflußrechnung. Die Posten der Mittelherkunft und der Mittelverwendung werden bestimmten **Bereichen** zugeordnet. Diese Bereiche sind:

- Geschäftsbereich
- Investitionsbereich
- Finanzierungsbereich

Mit der Kapitalflußrechnung wird die Erhöhung oder die Verminderung der **Liquidität** berechnet. Für diese Berechnung wird ein **Fonds** definiert, was bedeutet, daß bestimmte geldnahe Bilanzpositionen einem Fonds zugeordnet werden. In der engen Definition werden es nur die Kassenbestände sein, in einer weiten Definition Kassenbestand plus Bankguthaben. In die Fondsdefinition werden mitunter passive geldnahe Bestandskonten einbezogen (Bankguthaben minus Bankverbindlichkeiten zuzüglich Kassenbestände).

Die Fondsdefinition hat aber keine entscheidende Bedeutung für die Kapitalflußrechnung. Eine zu weite Definition des Fonds reduziert die Anzahl der Bewegungen in der Kapitalflußrechnung.

Zum Geschäftsbereich

Zahlungsströme, die nicht unmittelbar dem Investitions- oder Finanzierungsbereich zugeordnet werden können, stellen grundsätzlich Zu- und Abflüsse aus dem Geschäftsbereich dar. Diese Zu- und Abflüsse ergeben sich insbesondere aus der Umsatztätigkeit des Unternehmens.

Der cash flow aus dem Geschäftsbereich kann entweder nach einer **direkten** oder nach einer **indirekten** Methode ermittelt werden. Bei der Anwendung der direkten Methode werden die wesentlichen Mittelzu- und -abflüsse unmittelbar (direkt) erfaßt. Bei der **direkten** Methode sind die Mittelzuflüsse und -abflüsse aus den Konten wie folgt abzuleiten:

- Geldzufluß aus Umsätzen
- Geldabfluß aus Vorräteeinkauf (Wareneinsatz)
- Geldabfluß für Verwaltung und Vertrieb
- Geldabfluß für Zinszahlungen
- Geldabfluß für Steuerzahlungen
- Geldabfluß für Löhne und Gehälter
- Geldzufluß für Zinserträge und Dividenden

Der Geldzufluß aus einem Umsatz läßt sich von folgenden Konten errechnen:

Umsätze minus Zunahme der Forderungen

Die Einkäufe von Vorräten lassen sich wie folgt errechnen:

Wareneinsatz zuzüglich Zunahme der Inventur abzüglich der Zunahme der Lieferverbindlichkeiten.

Da sich in der Praxis die **indirekte** Methode durchgesetzt hat, wird auf die direkte Methode nicht länger eingegangen.

Im Gegensatz zur direkten Methode geht die Darstellung bei der indirekten vom Jahresüberschuß aus und korrigiert diesen um nicht-geldwirksame Geschäftsvorfälle.

Wichtig: Die indirekte bzw. direkte Methode betrifft den Geschäftsbereich, während die Mittelzu- und -abflüsse aus der Investitions- und Finanzierungstätigkeit wie bei der direkten Methode ermittelt werden.

Folgende Zu- und Abflüsse betreffen den **Investitionsbereich:**

- Geldzufluß aus dem Verkauf von Sachanlagen
- Geldzufluß aus dem Verkauf von Beteiligungen und Wertpapieren

- Geldzufluß aus der Tilgung von Darlehensforderungen
- Geldabfluß aus der Vergabe von Darlehen
- Geldabfluß aus dem Erwerb von Beteiligungen und Wertpapieren
- Geldabfluß aus dem Erwerb von Sachanlagen und sonstigen Anlagen

Folgende Veränderungen betreffen den **Finanzierungsbereich:**

- Geldzufluß aus einer Kapitalerhöhung
- Geldzufluß aus Kreditaufnahmen
- Geldabfluß für Dividenden
- Geldabfluß für die Tilgung von Krediten

Folgende Aussagen können getroffen werden:

- Der cash flow aus dem Geschäftsbereich ist ein Maßstab der Selbstfinanzierungskraft.

Im Investitionsbereich ist der Saldo in der Regel negativ, da der Geldabfluß für Investitionen, den Geldzufluß aus dem Anlagenverkauf übersteigt. Der negative Saldo des Investitionsbereichs wird mit dem Saldo aus dem Geschäftsbereich verglichen, damit festgestellt werden kann, ob mehr investiert als verdient worden ist oder umgekehrt (Lohman-Ruchti-Effekt oder Finanzierung aus Abschreibungen).

Die Veränderung im Finanzierungsbereich wird mit einer Veränderung im Investitionsbereich zusammenhängen.

Ganz wesentlich ist die Aussage, ob die Liquidität des Unternehmens zu- oder abgenommen hat.

Die Kapitalflußrechnung erlaubt einen Einblick in die finanzielle Entwicklung, das ist die Mittelbeschaffung im Rahmen des Geschäftstbereiches, die Verwendung für Investitionen und die Zu- und Abnahme der Außenfinanzierung.

Ausblick

Nach SFAS 95 ist die **Kapitalflußrechnung** Pflichtbestandteil des Jahreabschlusses in den USA. Nach diesem Statement besteht der **Jahresabschluß** aus der Bilanz, der Gewinn- und Verlustrechnung, dem Anhang und der Kapitalflußrechnung. Dies gilt sowohl für den Einzelabschluß als auch für den Konzernabschluß. Die Kapitalflußrechnung ist – weil Bestandteil des Jahresabschlusses – auch durch den Wirtschaftsprüfer zu überprüfen.

In Österreich ist die Kapitalflußrechnung nicht Bestandteil des Jahresabschlusses mit der Begründung, dass die vierte bzw. siebte EG-Richtlinie eine Kapitalflußrechnung nicht vorschreiben. Diese Sicht würde den österreichischen Gesetzgeber aber nicht hindern, die Kapitalflußrechnung zum Bestandteil des Jahresabschlusses zu machen, wie dies übrigens bereits in Frankreich, Holland, Irland oder Großbritannien geschehen ist.

Die einzige österreichische Quelle zu diesem Thema ist das Fachgutachten KFS/BW2 des Fachsenates für Betriebswirtschaft und Organisation der Kammer der Wirtschaftstreuhänder mit dem Titel: „Die Geldflußrechnung als Ergänzung des Jahresabschlusses“.

Dieses Fachgutachten ist aus 1997 und entspricht grundsätzlich dem US-GAAP.

Kapitalflußrechnung in 4 Schritten

1. Schritt

’98		’99	
10	5	9	6
10	15	12	15

Wir **vergleichen jetzt 2 Bilanzen**, nämlich die Bilanz zum 31.12.1998 mit der Bilanz zum 31.12.1999. Mit dem Vergleich wollen wir herausfinden, welche Veränderungen innerhalb der Bilanzpositionen stattgefunden haben.

Die Bilanz des Jahres 1998 zeigt uns ein Anlagevermögen mit 10 Mio., ein Umlaufvermögen ebenfalls mit 10 Mio., ein Eigenkapital mit 5 Mio. und ein Fremdkapital mit 15 Mio. Die Vergleichsbilanz 1999 zeigt ein Anlagevermögen mit 9 Mio., ein Umlaufvermögen mit 12 Mio., ein Eigenkapital mit 6 Mio. und ein Fremdkapital mit 15 Mio.

Folgende **Bewegungen** lassen sich feststellen:

Das Anlagevermögen hat um 1 Mio. abgenommen. Nachdem kein Zugang stattgefunden hat, ist diese Abnahme ausschließlich auf die **Abschreibung** zurückzuführen.

Das Eigenkapital hat um 1 Mio. zugenommen. Die Zunahme ist auf den **Jahresgewinn** 1999 zurückzuführen, der 1 Mio. betragen hat.

Das Fremdkapital ist unverändert ausgewiesen, das Umlaufvermögen hat um 2 Mio. zugenommen.

Wenn wir zu dem Gewinn von 1 Mio. die Abschreibung mit 1 Mio. dazuzählen, dann ergibt sich ein **Cash flow** mit 2 Mio. Schilling. Mit anderen Worten: Ein **Geldzufluß** hat in Höhe von 2 Mio. stattgefunden. Es stellt sich jetzt die Frage, wo dieser Geldzufluß zu finden ist.

Die Antwort: Der Geldzufluß hat das **Bankkonto** erhöht. Das Bankkonto selbst ist Bestandteil des Umlaufvermögens.

Wir wissen jetzt die **Mittelherkunft**, das sind die 2 Mio. Cash flow und die **Mittelverwendung**, das ist die Aufstockung des Bankguthabens um 2 Mio.

2. Schritt

’98		’99	
10	5	9	6
10	15	14	17

Wieder beginnen wir mit einem Bilanzvergleich. Die **Bewegung** beim Anlagevermögen und die **Bewegung** beim Eigenkapital ist gegenüber dem vorigen Beispiel unverändert. Das Anlagevermögen hat bedingt durch die **Abschreibung** um 1 Mio. abgenommen, das Eigenkapital hat bedingt durch den **Jahresgewinn** 1999 um 1 Mio. zugenommen. Wir finden bei Betrachtung der Bilanzen eine Zunahme des Fremdkapitals um 2 Mio. Diese Zunahme geht auf eine **Kreditaufnahme** zurück.

Wir können folgenden **Geldzufluß** feststellen: 2 Mio. sind aufgrund der Kreditaufnahme zugeflossen und 2 Mio. stammen aus der Selbstfinanzierung (Cash flow).

Wo ist der Geldzufluß gelandet?

Der Geldzufluß liegt auf dem Bankkonto. Das **Bankguthaben** hat von 10 auf 14 Mio. zugenommen.

3. Schritt

'98		'99	
10	5	13	6
10	15	10	17

Der Bilanzvergleich zeigt ein mit 10 Mio. unverändertes Umlaufvermögen. Das Eigenkapital hat wieder um den **Gewinn** von 5 Mio. auf 6 Mio. zugenommen.

Neu ist die Veränderung beim Anlagevermögen. Hier ist um 4 Mio. **investiert** worden. Die **Abschreibung** beträgt nach wie vor 1 Mio. Daher ist die Nettoveränderung beim Anlagevermögen 3 Mio.

Das Fremdkapital hat infolge **Kreditaufnahme** um 2 Mio. zugenommen.

Es stellt sich wieder die Frage nach dem Geldzufluß (Mittelherkunft).

2 Mio. sind aufgrund der **Kreditaufnahme** zugeflossen und 2 Mio. durch den Cash flow (Gewinn zuzüglich Abschreibung).

Der **Geldzufluß** hat also 4 Mio. betragen.

Wieder die dazugehörende Frage was mit dem Geld geschehen ist.

Antwort: Mit dem Geldzufluß von 4 Mio. ist die Investition gezahlt worden (Mittelverwendung).

4. Schritt

'98		'99	
10	5	13	5
10	15	9	17

Geldzufluß:	Kredit	2	**Geldabfluß:**	Investition	4
	Bankguth.	1		Entnahme	1
	Cash flow	2			
		5			5

Der Bilanzvergleich zeigt eine bereits bekannte Situation. Beim Anlagevermögen nämlich eine **Investition** mit 4 Mio. und eine **Abschreibung** mit 1 Mio.

Ein ebenfalls bekanntes Bild gibt das Fremdkapital, das bedingt durch eine **Kreditaufnahme** um 2 Mio. zugenommen hat.

Eine neue Situation finden wir beim Eigenkapital, das auf den ersten Blick unverändert erscheint, in Wirklichkeit aber einen Geldzufluß und einen Geldabfluß überstanden hat. Das Eigenkapital hat sich um den **Gewinn** erhöht. Dieser Gewinn ist in der Folge **ausgeschüttet** worden. Also Geldzufluß und Geldabfluß jeweils 1 Mio. Schließlich hat das **Umlaufvermögen** (Bankkonto) um 1 Mio. abgenommen.

Welche Beträge sind zugeflossen?

2 Mio. aus der Kreditaufnahme, 1 Mio. aus der Behebung vom Bankguthaben und 2 Mio. aus dem Cash flow. Der **Geldzufluß** hat insgesamt 5 Mio. betragen.

Geldzufluß:	Gewinn	1	**Geldabfluß:**	Investition	4
	AfA	1			
	Kredit	2			
		4			4

Was ist mit diesem Geld geschehen?

4 Mio. wurden investiert und 1 Mio. wurde ausgeschüttet (entnommen).

Diese **Geldbewegung** kann wie folgt dargestellt werden:

Mittelaufbringung	Gewinn	1 Mio.
	AfA	1 Mio.
	Kreditaufnahme	2 Mio.
	Abnahme Bankguthaben	1 Mio.
	Summe	5 Mio.
Mittelverwendung	Investition	4 Mio.
	Ausschüttung	1 Mio.
	Summe	5 Mio.

Wie Sie bereits gemerkt haben, deckt sich die Summe der Mittelaufbringung mit der Summe der Mittelverwendung.

Das was wir bisher gemacht haben, wird als **Bewegungbilanz** bezeichnet, weil wir die Bewegung, die innerhalb eines Jahres stattgefunden hat, aufgezeichnet haben.

Wenn wir nun die Bewegung zwischen den einzelnen Bilanzstichtagen, die wir rechnerisch ermittelt haben, einer betrieblichen Tätigkeit zuordnen, dann kommen wir zur **Kapitalflußrechnung.**

Eine solche Kapitalflußrechnung zeigt folgendes Bild:

Cash flow aus dem Betriebsbereich:	Gewinn		1 Mio.		
	AfA		1 Mio.	➪	Selbst-, Innenfinanzierung
Cash flow aus dem Investitionsbereich:	Investition	– 4 Mio.			
Cash flow aus dem Finanzierungsbereich:	Kreditaufnahme		2 Mio.	➪	Außenfinanzierung
	Ausschüttung	– 1 Mio.			
FONDS	Saldo (Zunahme od. Abnahme in liquiden Mitteln – „Cash and Cash Equivalents")	– 1 Mio.			

7.3 Fallbeispiel: Kapitalflußrechnung nach der indirekten Methode

Bilanz zum 31. Dezember 1999 und 2000

Aktiva	2000	1999	Veränderung	
BGA	635.000	550.000	85.000	1)
WB z. BGA	(95.000)	(65.000)	(30.000)	2)
Beteiligung OHG	275.000	233.000	42.000	3)
Vorräte	76.000	78.000	(2.000)	4)
Forderungen	223.000	184.000	39.000	5)
Kassa	326.000	140.000	186.000	6)
Summe	1.440.000	1.120.000	320.000	

Passiva				
Eigenkapital	1.155.000	850.000	305.000	9)
Hypothekarverb.	125.000	135.000	(10.000)	7)
Lieferverb.	160.000	135.000	25.000	8)
Summe	1.440.000	1.120.000	320.000	

Gewinn- und Verlustrechnung 2000

Erlös	1.332.000	
Aufwand	(970.000)	
Betriebsergebnis	362.000	
Beteiligungsertrag	88.000	(90.000 abzügl. 2.000)
Gewinn	450.000	

Zusätzliche Information:

Die Gewinnverteilung und die Zusammensetzung des Eigenkapitals war am 31. Dezember 1999 wie folgt gegeben:

	Eigenkapital	Gewinnverteilung
B	510.000	60%
C	340.000	40%
	850.000	

Am 1. Jänner 2000 wurde D nach Einzahlung von 170.000 als Beteiligter aufgenommen. Daneben leistete D eine Zahlung in Höhe von 100.000 an B und C. Dieser Betrag wurde wie folgt aufgeteilt: B 60.000 und C 40.000. Die neue Gewinnverteilung lautet:

B 50% C 30% D 20%

Am 1. Juli 2000 wurde ein Computer um 85.000 gekauft. Die Eingangsfracht und die Installationskosten sind mit 10.000 eingeschlossen.

Während 2000 hat die Beteiligung an einer OHG 25% betragen. Die OHG zahlte an Vorjahresgewinnen insgesamt 192.000 aus und wies zum Jahresende einen Gewinn mit 360.000 aus. Die Verbuchung erfolgt nach der Spiegelbild methode. Damit erhöht ein Gewinn die Beteiligung, eine Auszahlung vermindert diese. Die Vorräte haben um 2.000 abgenommen.

Entnahmen während 2000 waren:

B	140.000
C	100.000
D	75.000
	315.000

Aufgabe:

Bewegungsbilanz
Kapitalflußrechnung zum 31. Dezember 2000
Entwicklung der Partnerkonten zum 31. Dezember 2000

Lösung

(1) Bewegungsbilanz

	Veränderung	Mittelaufbringung		Mittelverwendung	
BGA	85.000			85.000	1)
WB z. BGA	(30.000)	30.000	2)		
Beteiligung	42.000	Div. 48.000	3)	Gew. 90.000	3)
Vorräte	(2.000)	2.000	4)		
Forderungen	39.000			39.000	5)
Kassa	186.000			186.000	6)
Eigenkapital	305.000	Einl. 170.000 Gew. 450.000	9) 9)	Entn. 315.000	
Hypothekarverb.	(10.000)			10.000	
Lieferverb.	25.000	25.000	8)		
Summe		725.000		725.000	

Mittelaufbringung beantwortet die Frage, woher das Geld kommt:
- Zunahme des Eigen- und Fremdkapitals
- Abnahme der Aktiva

Mittelverwendung zeigt, wie das Geld verwendet wurde:
- Gewinnausschüttung beim Eigenkapital
- Rückzahlung des Fremdkapitals
  - Zunahme (Investition) bei Aktiva

Hinweise:

Wenn beim **Sachanlagevermögen** die Abschreibung direkt verbucht wurde, dann ist der Saldo aufzuteilen in Zugänge und Abschreibungen (Abgänge). Die Zugänge betreffen Mittelverwendung, die Abschreibungen (Abgänge) Mittelaufbringung.

Anlagenabgang: Wenn ein Wirtschaftsgut veräußert wird, dann ist wie folgt vorzugehen.

Beispiel

Anschaffungskosten 50.000, kumulierte Abschreibung 23.000 Erlös 20.000, Verlust 7.000.

Wenn der Restbuchwert (27.000) den Erlös (20.000) übersteigt, wird ein Verlust ergebniswirksam, der dem Betriebsergebnis, das er vorher gemindert hat, wieder hinzugerechnet wird, mit der Begründung, daß dieser Verlust nicht aus der ureigensten Betriebstätigkeit stammt. Wenn umgekehrt ein Erlös einen Restbuchwert übersteigt, dann wird der Gewinnanteil, der im Ergebnis enthalten ist, wieder weggerechnet. Der Erlös ist in beiden Fällen geldwirksam und wird als cash flow aus der Investitionstätigkeit dargestellt. Ebenso ist der aufwandswirksame verbuchte Restbuchwert beim Betriebsergebnis hinzuzurechnen.

Beim **Eigenkapital** ist ein Saldo aufzuteilen in Gewinn (Einlage) und Ausschüttung (Entnahme).

(2) Kapitalflußrechnng zum 31. Dezember 2000

Cash flow aus dem Betriebsergebnis

Gewinn	9)		450.000
Abschreibung	2)	30.000	
Beteiligungsertrag	3)	(90.000)	
Abnahme Vorräte	4)	2.000	
Zunahme Forderungen	5)	(39.000)	
Zunahme Verbindlichkeiten	8)	25.000	(72.000)
Cash flow aus dem Betriebsergebnis			378.000

Cash flow aus der Investitionstätigkeit

Dividende	3)	48.000	
Computerkauf	1)	(85.000)	
Cash flow aus der Investitionstätigkeit			(37.000)

Cash flow aus der Finanzierungstätigkeit

Einlage D	9)	170.000	
Entnahmen	9)	(315.000)	
Reduz. Hypothekarverb.	7)	(10.000)	
Cash flow aus der Finanzierungstätigkeit			(155.000)
Kassenzunahme		6)	186.000

(3) Entwicklung der Partnerkonten zum 31. 12. 2000

	Summe	B	C	D
Stand 31. Dezember 1999	850.000	510.000	340.000	
Einlage	170.000			170.000
Gewinnverteilung	450.000	225.000	135.000	90.000
Zwischensumme	1.470.000	735.000	475.000	260.000
Entnahmen	(315.000)	(140.000)	(100.000)	(75.000)
Stand 31. Dezember 2000	1.155.000	595.000	375.000	185.000

Zusammenfassung

Wir haben jetzt gemeinsam versucht, einen **Jahresabschluß zu analysieren**, um einen Einblick in die Vermögenslage, Finanzlage und Ertragslage des Unternehmens zu erhalten.

Wir haben zum zweiten die Ohnmacht des externen Bilanzlesers erkannt, der nur mit dem groben Kamm durch den Jahresabschluß fahren kann.

Zum dritten haben wir festgestellt, daß ohne **Kennzahlen** der sichere Einblick in die Vermögens-, Finanz- und Ertragslage nicht gegeben ist.

Unternehmer, die den Gläubigerschutz ernst nehmen und ihre Aktionäre informieren wollen, stellen die Kennziffern im **Geschäftsbericht** dar. Damit ersparen wir uns die Mühe einer eigenen Analyse.

Die Auseinandersetzung mit den Kennzahlen war aber für uns deswegen wertvoll, weil wir dann die angebotenen Kennzahlen besser verstehen und interpretieren können. In diesem Sinne war der gemeinsame Weg durch den Jahresabschluß für uns wertvoll.

Weiterführende Literatur

Das Spitzenbuch zu diesem Thema: *Küting/Weber*, Die Bilanzanalyse, Lehrbuch zur Beurteilung von Einzel- und Konzernabschlüssen, 5. Auflage, Stuttgart 2000.

Wiederholungsfragen

- Was unterscheidet die externe von der internen Analyse?
- Wo finden Sie die wesentlichen Informationen der Gewinn- und Verlustrechnung?
- Wie wird das Ergebnis der gewöhnlichen Geschäftstätigkeit ermittelt?
- Wie kommt man zum Betriebsergebnis?
- Wie setzt sich das Finanzergebnis zusammen?
- Wie kommt man vom Ergebnis der gewöhnlichen Geschäftstätigkeit zum Jahresüberschuß?
- Was erkennen Sie aus dem Vergleich von Jahresüberschuß mit Bilanzgewinn?
- Warum ist der Gewinnvortrag nicht so hoch wie der Bilanzgewinn des Vorjahres?
- Ist der Gewinn ein Kriterium für die Beurteilung eines Unternehmens?
- Was versteht man unter dem Selbstfinanzierungspotential eines Unternehmens?
- Mit welcher Überlegung kommt man zum Cash-Flow?
- Mit welchem Posten beginnen die Profis die Cash-Flow-Ermittlung?
- An welchem Maßstab wird der Cash-Flow gemessen?
- Aus welchen Posten besteht das Fremdkapital?
- Gehört der Gewinn zum Eigenkapital?
- Sind die unversteuerten Rücklagen Eigenkapital?
- Welchen Hintergrund haben die Baukostenzuschüsse?
- Ist die Pensionsrückstellung vollständig ausgewiesen?
- Welche Bilanzdarstellung wäre für Leasinggeschäfte denkbar?
- Welche Relation zwischen Cash-Flow und Fremdkapital ist betriebswirtschaftlich vertretbar?
- Was sagt Ihnen die Umsatzrentabilität?
- Was wissen Sie über die Eigenkapitalrentabilität?
- Mit welchem Maßstab wird die Eigenkapitalrentabilität gemessen?
- Kann in einem Unternehmen die Gewinnmaximierung und gleichzeitig die maximale Rentabilität erreicht werden?
- Was sagt Ihnen der Leverage-Effekt?
- Was versteht man unter dem horizontalen Vergleich?
- Was sagt Ihnen das Working Capital?
- Was bedeutet die Goldene Bilanzregel?
- Was versteht man unter einer fristgerechten Finanzierung?
- Welche Fristigkeiten werden für das Umlaufvermögen und für die Verbindlichkeiten für die Ermittlung des Working Capitals festgelegt?
- Was ist das wichtigste betriebswirtschaftliche Ziel?
- Wie kommt man zur Bewegungsbilanz?
- Was sagt Ihnen die Kapitalflußrechnung?
- Was versteht man unter der Finanzierung aus Abschreibungen?
- Was fangen Sie mit dem Anlagespiegel an?

8. Sonderbilanzen

8.1 Allgemeine Sonderbilanzen

Gründungsbilanz

So wie es der Name bereits sagt, ist anläßlich der Gründung eines Unternehmens eine Bilanz zu erstellen. Es stellt sich jetzt die Frage, an welchem Tag diese Bilanz zu erstellen ist. Bei Einzelunternehmen wird dies der Tag der Geschäftseröffnung sein und nicht der Tag der Registrierung im Handelsregister. Bei Personengesellschaften wird es ebenfalls der Tag der Geschäftseröffnung sein. Bei Kapitalgesellschaften ist es der Tag des Abschlusses des Gesellschaftsvertrages (bei GmbH.) oder der Tag der Feststellung der Satzung (bei AG).

Sie haben es bereits richtig erkannt, für die Gründungsbilanz ist nicht der Tag des rechtlichen Entstehens der Gesellschaft maßgeblich, sondern das erste Auftreten der Gesellschaft im Wirtschaftsleben (Tag der Geschäftseröffnung, Tag der Unterzeichnung des Gesellschaftsvertrages). Inhalt der Gründungsbilanz ist die Gegenüberstellung des vorhandenen Vermögens und des vorhandenen Kapitals.

Gründungsbilanz 18. 6. 1996

Bankguthaben Raika	500.000	Stammkapital	500.000

Sanierungsbilanz

Eine Sanierung kann auf zwei Arten erfolgen, formell oder materiell. Die *formelle Sanierung* ist reine Kosmetik. Hier wird nur das Bilanzbild verbessert.

Bei der *materiellen Sanierung* wird dem gefährdeten Unternehmen Geld zugeführt. Die Geldzuführung erfolgt durch die Gesellschafter. Die materielle Sanierung kann auch zu Lasten der Gläubiger erfolgen, indem die Gläubiger einen Teil ihrer Forderungen erlassen.

Dieser Forderungsnachlaß erfolgt in einem Ausgleichsverfahren. Der Ausgleich ist die bessere Alternative zum Konkurs. Beim Ausgleich bleibt der Betrieb erhalten, während es beim Konkurs zur Liquidation des Unternehmens kommt.

Die *Ausgleichsbilanz* wird nicht nach den Vorschriften des Rechnungslegungsgesetzes erstellt, sondern ist eine Aufstellung des Vermögens. Aus dieser Aufstellung soll hervorgehen, welcher Teil der Schulden, durch den Unternehmer getilgt werden kann, und welcher Teil der Schulden durch einen Schuldennachlaß abgedeckt werden muß.

Bei der formellen Sanierung soll das Bilanzbild verbessert werden. Hier geht es insbesondere um den Verlustvortrag.

Zwei Wege bieten sich für die formelle Sanierung an:

Die Herabsetzung des Grund- oder Stammkapitals, ohne daß dieses Kapital zurückgezahlt wird. Auf diese Weise ergibt sich ein Ertrag, der mit dem vorhandenen Verlustvortrag saldiert wird.

Zum zweiten können Rücklagen aufgelöst werden. Bei den Rücklagen finden wir Posten, die genau für diesen Zweck vorgesehen sind. Es sind dies die gebundenen Rücklagen, die nur für Zwecke der Sanierung verwendet werden dürfen. Die Auflösung dieser Rücklagen, ist in der Gewinn- und Verlustrechnung in einem eigenen Posten gesondert auszuweisen.

Mit der formellen Sanierung wird der Verlustvortrag bekämpft. Mit der materiellen Sanierung wird es möglich sein, dem Unternehmen durch die Entschuldung einen neuen Start zu ermöglichen.

Liquidationsbilanz

Wesentlich ist, daß bei der Liquidationsbilanz die einzelnen Vermögensgegenstände mit dem *gemeinen Wert* angesetzt werden. Der gemeine Wert ist jener Wert, der bei einer Veräußerung erzielt wird. Die Liquidationsbilanz besteht aus zwei Bilanzen, nämlich der Liquidationseröffnungsbilanz und der Liquidationsschlußbilanz. Die Liquidationseröffnungsbilanz ist formell das Spiegelbild der letzten „normalen" Schlußbilanz. Im Liquidationszeitraum (geht bis zu drei Jahren) werden die bestehenden Geschäfte zu Ende geführt. Die Liquidationsschlußbilanz zeigt das Vermögen, das verteilt wird, bzw. die Schulden, die von den Gesellschaftern übernommen werden.

An einem Beispiel sehen wir uns die *Liquidationsbilanz* an und ermitteln den Aufgabegewinn:

	BW	gem. Wert		BW	gem. Wert
AV (wird veräußert)	400	800	EK	200	200
UV (wird entnommen)	100	150	FK	300	250
	500	950		500	450

Die Veräußerungskosten haben 20 betragen.

Der *Aufgabegewinn* wird wie folgt ermittelt:

Aktiva:	BW	500	Passiva:	BW	500
	gem. Wert	950		gem. Wert	450
	stille Reserven	450		stille Reserven	50

Gesamte stille Reserven betragen 500

Wenn man von diesem Wert, noch die Veräußerungskosten mit 20 abzieht und schließlich noch den Freibetrag mit 100, dann ergibt sich ein Aufgabegewinn mit 380.

Ergänzungsbilanz

Bevor wir zur Ergänzungsbilanz kommen, müssen wir noch über den **Mitunternehmer** einen Umweg machen.

Auf diesen **Mitunternehmer** sind Sie vielleicht schon bei der Lektüre des Einkommensteuergesetzes gestoßen.

Wir finden den Mitunternehmer beim § 23 EStG: „Gewinnanteile der Gesellschafter von Gesellschaften, bei denen die Gesellschafter als Mitunternehmer anzusehen sind, wie insbesondere offene Handelsgesellschaften und Kommanditgesellschaften, sowie die Vergütungen, die die Gesellschafter von der Gesellschaft für ihre Tätigkeit im Dienst der Gesellschaft, für die Hingabe von Darlehen oder für die Überlassung von Wirtschaftsgütern bezogen haben."

Jetzt können wir uns wieder erinnern: Die Gesellschafter einer OHG oder einer Kommanditgesellschaft werden steuerlich „Mitunternehmer" genannt.

Die OHG und die KG sind aber nur beispielhaft angeführt worden. Tatsächlich ist der **Kreis der Mitunternehmer** viel größer.

Als Mitunternehmer werden demnach die Gesellschafter einer

- Gesellschaft bürgerlichen Rechts,
- Erwerbsgesellschaft (OEG, KEG),
- Personengesellschaft (OHG, KG)
- und der unechte stille Gesellschafter

genannt. Die GesbR, die Erwerbsgesellschaft, die Personengesellschaft und die unechte stille Gesellschaft werden als **Mitunternehmerschaft** bezeichnet und die Gesellschafter auch **Mitunternehmer** genannt.

Nicht die Bezeichnung als solche ist jetzt wesentlich, sondern die steuerliche Konsequenz.

Der Erfolg (Gewinn oder Verlust) der Mitunternehmerschaft wird **nicht** bei der Gesellschaft, **sondern** bei jedem einzelnen Gesellschafter erfaßt. Diese Vorgangsweise entspricht auch der Individualbesteuerung.

Jeder Gesellschafter, innerhalb der Mitunternehmerschaft, stellt nun seine eigene Bilanz auf. Jeder Geschäftsfall der Mitunternehmerschaft müßte anteilig in den einzelnen Buchhaltungen der Mitunternehmer erfaßt werden. Sie spüren aber jetzt, daß diese Vorgangsweise nicht zweckmäßig ist.

Diese Hürde wurde mit der **Bilanzbündeltheorie** elegant genommen. Nach dieser Theorie ist die Bilanz der Gesellschaft, gewissermaßen das „Bündel" der Teilbilanzen aller Mitunternehmer. Das Betriebsvermögen der Gesellschaft ist anteilsmäßig das Betriebsvermögen der einzelnen Gesellschafter. Der einzelne Unternehmer ist dann sprichwörtlich ein Mitunternehmer. Die Bilanzbündeltheorie führt nun dazu, daß nicht für jeden Gesellschafter eine Teilbilanz erstellt werden muß. Nur die individuellen Gegebenheiten beim einzelnen Gesellschafter müssen von ihm selbst bilanziert werden und jetzt sind wir bei der **Ergänzungsbilanz.**

Zu dieser **Ergänzungsbilanz** kommen wir aber auch auf einem ganz anderen Weg. Dieser andere Weg führt uns über das Sonderbetriebsvermögen, mit dem wir uns jetzt ein wenig auseinandersetzen werden.

Vom **Sonderbetriebsvermögen** spricht man dann, wenn ein Mitunternehmer Wirtschaftsgüter seines Privatvermögens entgeltlich oder unentgeltlich der Mitunternehmerschaft zur Verfügung stellt.

An einem Beispiel können Sie leicht erkennen, wie ein **Sonderbetriebsvermögen** entsteht:

Ein Einzelunternehmer hat sich nun entschlossen, seinen Betrieb in eine OHG einzubringen, aber vor der Einbringung behält er sich noch ein Gebäude zurück, das er nicht einbringen möchte. Dieses Gebäude möchte der nunmehrige Mitunternehmer der OHG vermieten. In diesem Fall gehört das Gebäude zum notwendigen Betriebsvermögen, auch wenn es gesellschaftsrechtlich nicht in das Vermögen der OHG eingebracht worden ist.

Das Handelsrecht kennt den Begriff des Sonderbetriebsvermögens nicht. Handelsrechtlich besteht nur eine Leistungsbeziehung aufgrund eines Mietvertrages zwischen dem Mitunternehmer und der OHG. Das Gebäude, das im zivilrechtlichen Eigentum des Mitunternehmers steht, ist also handelsrechtlich nicht im Rahmen der OHG zu bilanzieren, was uns aber weiters nicht stört.

Steuerlich ist das Vermögen, das sich im zivilrechtlichen Eigentum des Gesellschafters befindet, in einer **Ergänzungsbilanz** darzustellen. Ergänzungsbilanz heißt aber auch hier richtigerweise Ergänzungsjahresabschluß, denn nur der Ergänzungsjahresabschluß besteht aus zwei Teilen, aus der **Bilanz** im engeren Sinn und auch aus der **Gewinn- und Verlustrechnung.**

In der Ergänzungsbilanz finden wir auf der **Aktivseite** das Betriebsvermögen (das Gebäude) und auf der **Passivseite** die Sonderbetriebsschulden (wenn das Gebäude fremdfinanziert worden ist). Falls keine Fremdfinanzierung vorliegt, findet sich auf der Passivseite das Eigenkapital.

In der Ergänzungs-Gewinn- und Verlustrechnung des Gesellschafters finden sich die **Sonderbetriebseinnahmen** (die Miete für das Gebäude), ferner die **Sonderbetriebsaus-**

gaben (wie die Abschreibung und die Kreditzinsen). Falls die Sonderbetriebseinnahmen die Sonderbetriebsausgaben übersteigen, erwirtschaftet der Mitunternehmer, zusätzlich zum Gewinn in der OHG, auch einen eigenen Gewinn. Diese Sonderbetriebsausgaben und Sonderbetriebseinnahmen sind in der einheitlichen und gesonderten Gewinnfeststellung bei der OHG mitzuberücksichtigen. Zum Gewinnanteil des OHG-Gesellschafters aufgrund der Gewinnverteilung in der OHG kommt nun sein eigener **Sonderbetriebsgewinn.**

Auf diese Weise ist steuerlich die Ergänzungsbilanz ein Teil des Jahresabschlusses der OHG geworden.

Beispiel

Die OHG besteht aus den Gesellschaftern A und B. Eine Maschine befindet sich im Eigentum des Gesellschafters B und wird an die OHG um S 100.000,– pro Jahr vermietet.

Der vorläufige Gewinn der OHG beträgt S 1,000.000,–. Abzüglich der Maschinenmiete beläuft sich der Gewinn auf S 900.000,–, der aufgeteilt wird. Der Gewinnanteil des Gesellschafters B beläuft sich auf S 450.000,–. Seine **Sonderbetriebseinnahmen** belaufen sich auf S 100.000,– (Maschinenmiete), seine **Sonderbetriebsausgaben** (Abschreibung) auf angenommen S 20.000,–.

Steuerliche Situation des Gesellschafters B:

Gewinnanteil aus der OHG	450.000,–
zuzüglich Sonderbetriebseinnahmen	100.000,–
abzüglich Sonderbetriebsausgaben	20.000,–
Gewinn als Mitunternehmer	530.000,–

Wir beschäftigen uns mit **Ergänzungsbilanzen**, die erstellt werden,

- weil ein Gesellschafter eintritt
- weil ein Gesellschafter ausscheidet.

Beim **Eintritt eines Gesellschafters** wird dann noch unterschieden, ob der Eintritt zu Buchwerten erfolgt oder über den Buchwerten. Ferner wird dann noch unterschieden, ob der eintretende Gesellschafter seine Zahlung ins Betriebsvermögen leistet oder in das Privatvermögen der Altgesellschafter.

Auch beim **Ausscheiden eines Gesellschafters** unterscheiden wir, ob die Abfindung zu Buchwerten oder über den Buchwerten erfolgt. Dazu haben wir noch die Variante, daß die Altgesellschafter die Anteile des Ausscheidenden übernehmen und ein anderes Mal, ein neu Eintretender die Anteile des Ausscheidenden übernimmt.

In der Folge beschäftigen wir uns mit dem Eintritt und dem Austritt von Gesellschaftern und mit den daraus resultierenden Ergänzungsbilanzen.

Fallbeispiel 1)

Eintritt eines Gesellschafters zu Buchwerten. Der Gesellschafter zahlt in das Betriebsvermögen ein. Vor Eintritt des Gesellschafters stellt sich die Personengesellschaft wie folgt dar:

Aktiva	500	A	100
		B	100
		FK	300
	500		500

Wert des Unternehmens? Aktivvermögen 500 abzüglich Fremdkapital 300 ergibt einen Unternehmenswert mit 200.

In den Aktiva sind keine stillen Reserven enthalten und es gibt keinen Firmenwert. Der Gesellschafter C führt liquide Mittel mit 100 dem Betriebsvermögen zu. A, B und C sind nach dem Eintritt jeweils zu 1/3 an der Personengesellschaft beteiligt.

Nach dem Eintritt von C stellt sich die Bilanz der Personengesellschaft wie folgt dar:

Aktiva	500	A	100
Bank	100	B	100
		C	100
		FK	300
	600		600

Variante:

Der Gesellschafter C legt anstelle der liquiden Mittel, ein Grundstück samt Gebäude mit einem Zeitwert von 100, in das Unternehmen ein. Gemäß § 202 HGB sind Einlagen mit dem Wert anzusetzen, der ihnen im Zeitpunkt der Leistung beizulegen ist.

Nach der Einlage stellt sich die Bilanz der Personengesellschaft wie folgt dar:

Aktiva	500	A	100
Grund +		B	100
Geb.	100	C	100
		FK	300
	600		600

Steuerliches Problem

Gemäß § 6 Z. 5 EStG erfolgt die Einlage mit dem Teilwert im Zeitwert der Zuführung, maximal mit den Anschaffungs- oder Herstellungskosten, wenn das Grundstück innerhalb der letzten 10 Jahre angeschafft worden ist. Wenn wir jetzt davon ausgehen, daß die Anschaffungskosten des Grundstükkes vor 3 Jahren 15 betragen haben und für das Gebäude 45, der Zeitwert im Zeitpunkt der Einbringung für das Grundstück 25 und für das Gebäude 75, dann ergibt sich folgende Vorgangsweise:

	StR	HR	Diff.
Grund	15	25	10
Gebäude	45	75	30
	60	100	40

Die Ergänzungsbilanz von C wird sich wie folgt darstellen:

Minderk.	40	Grund	10
		Gebäude	30
	40		40

Die Personengesellschaft schreibt das Gebäude ausgehend von 75 ab. Der Gesellschafter C neutralisiert die zu hohe AfA durch einen Ertrag ausgehend von der Basis 45. Für die Gesellschafter A und B hat diese Vorgangsweise keine ertragsteuerliche Konsequenz.

Fallbeispiel 2)

Der Gesellschafter C tritt in eine Personengesellschaft ein und zahlt mehr, als es dem Buchwert der Beteiligung entspricht. Die Zahlung erfolgt in das Privatvermögen der Altgesellschafter.

Die Bilanz der Personengesellschaft läßt sich wie folgt darstellen:

	BW	stiR.	TW		BW	TW
Aktiva	500	100	600	A	100	600
FW		900	900	B	100	600
				FK	300	300
	500	1.000	1.500		500	1.500

Wert des Unternehmens?

Teilwert Aktiva	1.500
Teilwert Passiva	– 300
Unternehmenswert	1.200
Anteil von C (1/3)	400

C zahlt 400 an A + B, die jeweils 200 in ihr Privatvermögen bekommen.

C erwirbt:

1/3 des Kapitals (1/3 von 200)	67
1/3 des stillen Reserven in den Aktiva (1/3 von 100)	33
1/3 des Firmenwertes	300
	400

Nach Eintritt des Gesellschafters C, stellt sich die Personengesellschaft wie folgt dar:

Aktiva	500	A	67
		B	67
		C	67
		FK	300
	500		500

Anmerkung: Aufgrund dieser Darstellung ohne Komma treten Rundungsdifferenzen auf.

Der Gesellschafter C stellt folgende Ergänzungsbilanz auf:

Aktiva	33	FK	400
FW	300		
Erg.K.	67		
	400		400

Bei diesem Beispiel ist von der Annahme ausgegangen worden, daß der Gesellschafter C die Beteiligung mit Fremdkapital finanziert.

In den Folgebilanzen werden

- der Firmenwert auf 15 Jahre abgeschrieben, gemäß § 8 Abs. 3 EStG
- die Aktiva entsprechend der Nutzungsdauer der einzelnen Wirtschaftsgüter.

Fallbeispiel 3)

Der Gesellschafter C zahlt den Kaufpreis für die Gesellschaftsanteile in das Betriebsvermögen.

Die Bilanz der Personengesellschaft läßt sich wie folgt darstellen:

	BW	stR	TW		BW	TW
Aktiva	500	100	600	A	100	600
FW	0	900	900	B	100	600
				FK	300	300
	500	1.000	1.500		500	1.500

Unternehmenswert?

TW Aktiva	1.500	
TW Passiva	– 300	
ergibt UW	1.200	davon 1/3 = 400

Der Gesellschafter C zahlt 400 in das Betriebsvermögen. Auf der Passivseite wird dieser Betrag den Gesellschaftern A + B auf einem Darlehenskonto oder auf einem Rücklagenkonto gutgeschrieben. Egal ob auf einem Darlehenskonto oder auf einem Rücklagenkonto, es handelt sich um steuerliches Eigenkapital der Gesellschafter A + B.

Handelsrechtlich ist der Anteil von C genauso groß wie der Anteil der Gesellschafter A + B nämlich 67.

Steuerrechtlich ist der Anteil der Gesellschafter A + B durch die Berücksichtigung des Darlehens- oder Rücklagenkontos größer als der Anteil des Gesellschafters C.

Nach Eintritt des Gesellschafters C läßt sich die Personengesellschaft bilanzmäßig wie folgt darstellen:

Aktiva	500	A	67
Bank	400	B	67
		C	67
		Darl. A	200
		Darl. B	200
		FK	300
	900		900

Die steuerlichen Anteile verteilen sich wie folgt

Gesellschafter A	267
Gesellschafter B	267
Gesellschafter C	67

Fallbeispiel 4)

Der Gesellschafter C tritt in eine Personengesellschaft ein und zahlt in das Betriebsvermögen. Die Absicht ist jedoch, die steuerlichen Kapitalkonten der Gesellschafter in gleicher Höhe zu gestalten.

Die Personengesellschaft stellt sich wie folgt dar:

	BW	stR	TW		BW	TW
Aktiva	500	100	600	A	100	600
FW	0	900	900	B	100	600
				FK	300	300
	500	1.000	1.500		500	1.500

Wert des Unternehmens?

Teilwert Aktivvermögen	1.500
abzgl. Passiva	300
	1.200

Die Gesellschafter A + B sind an der neuen Personengesellschaft zu 2/3 beteiligt. Daher ist der Wert von 1.200, 66%. Wenn 1.200 66% sind (2/3), dann ist der Unternehmenswert der neuen Gesellschaft 1.800. An diesem neuen Unternehmenswert ist der Gesellschafter C zu 1/3 beteiligt, dieses 1/3 kostet 600. Gesellschafter C zahlt 600 in die Personengesellschaft ein. Der Aktivseite zeigt sich ein Bankguthaben von 600, auf der Passivseite erhöht sich jetzt das Eigenkapital auf insgesamt 800, aufbauend auf die 200 der Altgesellschafter. Dieser Betrag von 800, aufgeteilt auf die drei Gesellschafter, gibt einen Betrag von 266.

Nach Eintritt des Gesellschafters zeigt sich folgendes Bilanzbild:

Aktiva	500	A	266
Bank	600	B	266
		C	266
		FK	300
	1.100		1.100

Variante:

Aktiva	500	A	100
Bank	600	B	100
		C	100
		RL	500
		FK	300
	1.100		1.100

Die Ergänzungsbilanz von C läßt sich wie folgt darstellen:

- finanziert mit Eigenkapital

Aktiva	34	Erg. Kap.	334
FW	300		
	334		334

- finanziert mit Fremdkapital

Aktiva	34	FK	600
FW	300		
Kapital	266		
	600		600

Fallbeispiel 5)

Gesellschafter C scheidet aus der Personengesellschaft aus und erhält als Abfindung seinen Kapitalanteil ausbezahlt. Das Eigenkapital von C wird zum Fremdkapital durch die Umbuchung vom Kapital auf sonstige Verbindlichkeiten. Im Anschluß daran erfolgt die Auszahlung (sonstige Verbindlichkeiten an Bank).

Der Gesellschafter C erhält „nur" seinen Kapitalanteil ausbezahlt

- weil keine stillen Reserven und kein Firmenwert vorhanden ist
- weil im Gesellschaftsvertrag die Abfindung zum Kapitalanteil (Buchwert) vereinbart worden ist
- weil aus persönlichen Gründen auf die Realisierung von stillen Reserven und Firmenwert verzichtet wird (eventuell Schenkungssteuerpflicht).

Vor dem Ausscheiden des Gesellschafters stellt sich die Personengesellschaft wie folgt dar:

AV	300	A	100
Bank	100	B	100
Vorr	500	C	100
		FK	600
	900		900

Gesellschafter C erhält sein buchmäßiges Eigenkapital ausbezahlt. Die Bilanz stellt sich wie folgt dar:

AV	300	A	100
Vorr.	500	B	100
		FK	600
	800		800

Variante:

Gesellschafter C hat ein Grundstück im Sonderbetriebsvermögen mit einem Buchwert von 60.

Die Ergänzungsbilanz läßt sich wie folgt darstellen:

Grund	60	EK	60

Die Entnahme erfolgt mit einem Teilwert gemäß § 6 Z. 4 EStG. Angenommen der Teilwert des Grundstückes ist 80, dann erzielt C einen Veräußerungsgewinn von 20.

Fallbeispiel 6)

C scheidet aus und die verbleibenden Gesellschafter A + B übernehmen seinen Anteil. Die Personengesellschaft stellt sich bilanzmäßig wie folgt dar:

	BW	stR	TW		BW	TW
AV	300	100	400	A	100	466
Bank	100		100	B	100	466
Vorrä	500	100	600	C	100	466
FW		900	900	FK	600	600
	900	1.100	2.000		900	2.000

Unternehmenswert?

Teilwert Aktiva	2.000	
Teilwert Passiva	- 600	
Unternehmenswert	1.400	1/3 entfällt auf Gesellschafter C = 466

Nach dem Ausscheiden von C läßt sich die Bilanz der Personengesellschaft wie folgt darstellen:

	BW	ant. still.R	TW		
AV	300	33	333	A	100
Bank	100		100	B	100
Vorrä	500	33	533	FK	600
FW		300	300	Verb C	466
	900	366	1.266		1.266

Fallbeispiel 7)

Ein neu eintretender Gesellschafter D übernimmt die Anteile des ausscheidenden Gesellschafters C.

Der neue Gesellschafter führt das Buchkapital des ausscheidenden Gesellschafters C fort. Die Differenz zwischen dem Buchkapital und dem Entgelt führt uns zur steuerlichen Ergänzungsbilanz des Gesellschafters D.

Die Personengesellschaft stellt sich wie folgt dar:

	BW	stiR	TW		BW	TW
AV	300	100	400	A	100	466
Bank	100		100	B	100	466
Vorrä	500	100	600	C	100	466
FW		900	900	FK	600	600
	900	1.100	2.000		900	2.000

Unternehmenswert?

Teilwert Aktiva	2.000	
Teilwert Passiva	- 600	
Unternehmenswert	1.400	davon 1/3 = 466

Nach dem Ausscheiden von C und dem Eintritt von D stellt sich die Personengesellschaft bilanziell wie folgt dar:

AV	300	A	100
Bank	100	B	100
Vorr	500	D	100
		FK	600
	900		900

Die Ergänzungsbilanz von D läßt sich wie folgt darstellen:

AV	33	Eig.Kap.	366
Vorr	33		
FW	300		
	366		366

Von C werden 1/3 der stillen Reserven aktiviert, die er ja auch mit dem Kaufpreis bezahlt hat.

Im konkreten Fall überlegen wir uns, was im Folgejahr passiert.

Annahme: der Gewinn der Personengesellschaft beträgt 120, d.h. auf die Gesellschafter A, B und D entfallen jeweils 40.

Die Ergänzungsbilanz des Gesellschafters D zeigt 1 Jahr später folgendes Bild, unter der Annahme, daß das Anlagevermögen abgeschrieben wird, der Firmenwert abgeschrieben wird, und die Vorräte in den Wareneinsatz kommen.

Ergänzungsbilanz

AV	26	Eig.Kap.	306
Vorr	0		
FW	280		
	306		366

Ergänzungs G+V

Abschr.FW	20	Verlust	60
WES	33		
AfA AV	7		
	60		

Einheitliche und gesonderte Gewinnfeststellung der Personengesellschaft:

Gesellschafter A Gewinn 40
Gesellschafter B Gewinn 40
Gesellschafter B Verlust 20 (Gewinn 40 aus der Personengesellschaft abzüglich Verlust 60 aus der Ergänzungsbilanz)

Was haben wir jetzt gesehen?

Im Rahmen der Sonderbilanzen haben wir uns mit der Ergänzungsbilanz auseinandergesetzt. Die Ergänzungsbilanz enthält Wertkorrekturen die einen Gesellschafter betreffen.

Welche Vorgänge führen nun zu einer Ergänzungsbilanz?

- Ein (aktives oder passives) Sonderbetriebsvermögen eines Gesellschafters, das in den handelsrechtlichen Jahresabschluß der Personengesellschaft nicht aufgenommen werden darf.
- Ein Wechsel von Beteiligungsverhältnissen, durch Eintritt oder Austritt von Gesellschaftern.
- Eine Sacheinlage in eine Personengesellschaft, wenn die handelsrechtlichen Werte von den steuerrechtlichen Werten abweichen.

Wir haben weiter gesehen, daß in der Ergänzungsbilanz ein Kapitalsaldo ausgewiesen wird, sowohl als positive Differenz (Mehrkapital), als auch als negative Differenz (Minderkapital).

Wenn die Ergänzungsbilanz mehrere Wirtschaftsgüter umfaßt, empfiehlt sich die Aufstellung einer Gewinn- und

Verlustrechnung nach den Regeln der doppelten Buchhaltung. Für die Aufstellung der Ergänzungsbilanz und der Gewinn- und Verlustrechnung gelten allerdings nicht die handelsrechtlichen, sondern ausschließlich die steuerrechtlichen Vorschriften der Bundesabgabenordnung.

Weiterführende Literatur

Kofler/Jacobs, Rechnungswesen und Besteuerung der Personengesellschaften (umfassende Betrachtung der Personengesellschaften).

8.2 Sonderbilanzen nach dem Umgründungssteuergesetz

Das Umgründungssteuergesetz führt uns direkt zu einer Reihe von **Sonderbilanzen**, beispielsweise zur **Verschmelzungsbilanz,** zur **Umwandlungsbilanz** und zur **Einbringungsbilanz.**

Wir werden uns in ganz groben Zügen mit dem Umgründungssteuergesetz befassen, damit wir sehen, was dort alles geregelt ist.

Das Umgründungssteuergesetz ist in Artikel gegliedert und hat folgenden Inhalt:

Artikel I: Über die **Verschmelzung** von Körperschaften
Artikel II: Über die **Umwandlung** von Kapitalgesellschaften
Artikel III: Über die **Einbringung** in Körperschaften
Artikel IV: Über **Zusammenschlüsse** zu Personengesellschaften
Artikel V: Über die **Realteilung** von Personengesellschaften
Artikel VI: Über die **Spaltung** von Körperschaften

Vorweg gleich die wichtigste Feststellung:

Aus der Bezeichnung Umgründungssteuergesetz geht hervor, daß es sich um ein Steuergesetz handelt. Die Feststellung ist hier deswegen notwendig, weil für Umgründungstatbestände auch handelsrechtliche Vorschriften vorhanden sind.

Die handelsrechtlichen Vorschriften werden jetzt überblicksweise dargestellt. Die Vorschriften des Umgründungssteuergestzes werden bei den einzelnen Beispielen auszugsweise zitiert.

Handelsrechtliche Vorschriften

- Artikel I Verschmelzung: §§ 219 ff Aktiengesetz, § 96 GmbH-Gesetz
- Artikel II Umwandlung: BG über die Umwandlung von Handelsgesellschaften, BGBl. 1996/304
- Artikel III Einbringung: § 202 HGB, §§ 6, 6 a Abs 1 u. Abs 2 u. Abs 4, § 52 GmbH-Gesetz, §§ 20 ff, § 45 Aktiengesetz.
- Artikel IV Zusammenschlüsse: § 202 HGB
- Artikel V Realteilung: §§ 145 Abs 1, § 202 HGB
- Artikel VI Spaltung: Spaltungsgesetz, Bundesgesetzblatt 1996/304, § 202 HGB

Wir beginnen mit dem ersten Begriff, der Verschmelzung

Wenn aus zwei Kapitalgesellschaften, nach einer Vereinigung, eine einzige Kapitalgesellschaft übrig bleibt, dann spricht man von der Verschmelzung, die auch als *Fusion* bezeichnet wird. Wenn sich zwei Personengesellschaften vereinigen, dann spricht man vom *Zusammenschluß*. Die Verschmelzung von Kapitalgesellschaften ist nun im Artikel I und der Zusammenschluß von Personengesellschaften im Artikel IV des Umgründungssteuergesetzes geregelt.

Die *Verschmelzung* wollen wir uns nun an einem Beispiel ansehen:

Fallbeispiel 1)

Die Kapitalgesellschaft A ist die aufnehmende Gesellschaft, während die Kapitalgesellschaft B jene Gesellschaft ist, die nach der Fusion nicht mehr vorhanden ist (übertragende Gesellschaft).

Die übertragende Gesellschaft B weist ein Anlagevermögen mit 5.000, ein Umlaufvermögen mit 5.000 und auf der Passivseite ein Eigenkapital mit 3.000 und ein Fremdkapital mit 7.000 aus. Die Bilanzsumme beträgt demgemäß 10.000.

Das Eigenkapital setzt sich zusammen, aus dem Grundkapital mit 2.000, der gesetzlichen Rücklage mit 200 und der Gewinnrücklage mit 800. In der Kapitalgesellschaft B gibt es keine stillen Reserven.

B

AV	5.000	EK	3.000
UV	5.000	FK	7.000
	10.000		10.000

Die aufnehmende Kapitalgesellschaft A weist in der Bilanz ein Anlagevermögen mit 10.000, ein Umlaufvermögen mit ebenfalls 10.000 auf. Die Passivseite besteht aus einem Eigenkapital mit 6.600 und einem Fremdkapital mit 13.400. Die Bilanzsumme beträgt 20.000.

Das Eigenkapital setzt sich zusammen aus dem Grundkapital mit 6.000 und der gesetzlichen Rücklage mit 600.

In der Kapitalgesellschaft A gibt es keine stillen Reserven.

	A		
AV	10.000	EK	6.600
UV	10.000	FK	13.400
	20.000		20.000

Nach der **Fusion** sieht die Bilanz der Kapitalgesellschaft A wie folgt aus:

	A		
AV	15.000	EK	9.600
UV	15.000	FK	20.400
	30.000		30.000

Die Gesellschafter der Kapitalgesellschaft B erhalten für ihren Gesellschaftsanteil mit Nominale 2.000, Geschäftsanteile der Gesellschaft A mit Nominale 3.000. Wenn in der Gesellschaft B stille Reserven vorhanden gewesen wären, dann hätte die Gesellschaft A, als Gegenleistung den Gesellschaftern der Kapitalgesellschaft B, einen höheren Gesellschaftsanteil von A übertragen müssen.

Aus dieser Darstellung haben Sie ersehen, daß die Buchwerte der Gesellschaft B, in der Bilanz der Kapitalgesellschaft A, fortgeführt worden sind.

Verlustvorträge der Gesellschaft B gehen auf die Gesellschaft A über.

Grundsätzlich muß die aufnehmende Kapitalgesellschaft ihr Grund- oder Stammkapital erhöhen. Die Gesellschafter der Kapitalgesellschaft B erhalten für ihre bisherigen Gesellschaftsanteile die Anteile aus der Kapitalerhöhung der Gesellschaft A. Das Umtauschverhältnis wird sich dann nach dem inneren Wert des Vermögens der beiden Gesellschaften richten. Der unterschiedliche innere Wert ergibt sich durch Berücksichtigung von stillen Reserven und Firmenwert.

Und weil im Grunde genommen nur Gesellschaftsanteile getauscht worden sind, gibt es keine Einkommensteuerpflicht für die Gesellschafter.

Genausowenig kommt es bei der Verschmelzung von Personengesellschaften zu einer Gewinnrealisierung.

Die **Verschmelzung** gibt es in zwei Ausformungen:

Einmal die

- Verschmelzung durch **Aufnahme** und
- die Verschmelzung durch **Neubildung.**

In unserem Beispiel haben wir die Verschmelzung durch Aufnahme kennengelernt. Die Gesellschaft A hat die Gesellschaft B aufgenommen.

Ein anderer Sachverhalt führt zur Verschmelzung durch **Neubildung:** Die Aktionäre und Vorstände der A und B Gesellschaft können sich nicht auf eine Verschmelzungsrichtung einigen. Daher wird die Verschmelzung auf eine neu errichtete Gesellschaft C beschlossen. Die Verschmelzung durch Neubildung ist nur für Aktiengesellschaften vorgesehen.

Wenn wir jetzt einen Blick auf die Rechtsgrundlage werfen:

Handelsrechtlich besteht das Wahlrecht zwischen der Übernahme der Buchwerte laut Jahresabschluß und der Darstellung des Vermögens mit dem handelsrechtlich beizulegenden Wert (202 HGB).

Steuerrechtlich besteht zwingende Buchwertfortführung.

An zwei weiteren Beispielen werden wir uns jetzt noch die Verschmelzung durch Aufnahme ansehen.

Fallbeispiel 2)

Verschmelzung durch Aufnahme (oder Konzernverschmelzung oder upstream/downstream merger)

Das Mutterunternehmen soll mit dem 100%igen Tochterunternehmen verschmolzen werden, eine Kapitalerhöhung soll unterbleiben.

	MU		
Bet. TU	600	Kap.	500
UV	1.400	FK	1.500
	2.000		2.000

	TU		
AV	1.000	Kap.	1.000
UV	1.000	FK	1.000
	2.000		2.000

Upstream merger bedeutet, daß das Tochterunternehmen hinauf zum Mutterunternehmen verschmolzen wird. Beim Tochterunternehmen unterbleibt die Liquidationsbesteuerung, die für Kapitalgesellschaften im § 19 Körperschaftsteuergesetz wie folgt festgelegt ist:

„Erfolgt bei einem Steuerpflichtigen, der seine Auflösung beschlossen hat, tatsächlich die Abwicklung, ist der Besteuerung der Liquidationsgewinn zugrundezulegen. Der Liquidationsgewinn ist der im Zeitraum der Abwicklung erzielte Gewinn, der sich aus der Gegenüberstellung des Abwicklungsendvermögens und des Abwicklungsanfangsvermögens ergibt."

Gemäß § 2 Umgründungssteuergesetz ist für die Bewertung das allgemeine Bilanzsteuerrecht maßgebend.

§ 2 Abs 1 UmgrStG „Bei der Ermittlung des Gewinnes ist für das mit dem Verschmelzungsstichtag endende Wirtschaftsjahr das Betriebsvermögen mit dem Wert anzusetzen, der sich nach den steuerlichen Vorschriften über die Gewinnermittlung ergibt."

Abs 3 „Das Einkommen der übertragenden Körperschaft ist so zu ermitteln, als ob der Vermögensübergang mit Ablauf des Verschmelzungsstichtages erfolgt wäre."

Die steuerlichen Buchwerte vom Tochterunternehmen werden beim Mutterunternehmen weitergeführt. Die Beteiligung beim Mutterunternehmen am Tochterunternehmen geht durch die Löschung des Tochterunternehmens unter. Beim Mutterunternehmen gibt es einen Vermögenszugang von 1.000 und einem Beteiligungsabgang von 600. Es entsteht beim Mutterunternehmen ein steuerneutraler Buchgewinn mit 400.

Gemäß § 3 Abs 2 Z 1 UmgrStG bleiben Buchgewinne und Buchverluste bei der Gewinnermittlung außer Ansatz.

Dieser steuerneutrale Buchgewinn wird als Kapitalrücklage ausgewiesen. Die Auflösung dieser Kapitalrücklage löst keine Steuerpflicht aus. Der Ertrag wird durch die Mehr-/Wenigerrechnung neutralisiert.

Für die Gesellschafter des Mutterunternehmens hat sich durch die Verschmelzung nichts geändert.

Nach dem upstream merger sieht die Bilanz des Mutterunternehmens wie folgt aus:

MU

AV	1.000	Kap.	500
UV	2.400	Kap.RL	400
		FK	2.500
	3.400		3.400

Variante: downstream merger

Es wird das Mutterunternehmen vom Tochterunternehmen aufgenommen. Beim Mutterunternehmen erhalten die Gesellschafter die Anteile, aufgrund der Beteiligung am Tochterunternehmen, als Abfindung (Anteilstausch!).

Beim Tochterunternehmen gibt es einen Vermögenszugang mit 500 und einen Beteiligungsabgang von 600. Es resultiert ein steuerneutraler Buchverlust von 100. Dieser steuerneutrale Buchverlust wird beim Tochterunternehmen als „Verschmelzungsverlust" aktiviert. Wenn dieser Verschmelzungsverlust handelsrechtlich abgeschrieben wird, dann erfolgt eine gleichhohe steuerliche Mehr-/Wenigerrechnung. § 3 Abs 2 Z 1 UmgrStG: „Buchgewinne und Buchverluste bleiben bei der Gewinnermittlung außer Ansatz."

Nach dem downstream merger schaut das verschmolzene Unternehmen wie folgt aus:

TU

AV	1.000	Kap.	1.000
UV	2.400	FK	2.500
Verschm.Verlust	100		
	3.500		3.500

Fallbeispiel 3)

Verschmelzung durch Aufnahme (oder Konzernverschmelzung oder Verschmelzung von Schwestergesellschaften). Das Mutterunternehmen hat zwei 100%ige Töchter, nämlich das Tochterunternehmen 1 und das Tochterunternehmen 2 (TU 1 und TU 2). TU 1 und TU 2 sollen verschmolzen werden. Nach § 224 AktG kann eine Kapitalerhöhung unterbleiben, wenn keine Einlagen rückgewährt werden. Es ist vereinbart worden, daß TU 2 von TU 1 aufgenommen wird.

Wenn wir uns zuerst die Bilanz von TU 2 ansehen:

TU 2

AV	700	EK	400
UV	300	FK	600
	1.000		1.000

Für die Bewertung ist gem. § 2 UmgrStG das allgemeine Bilanzsteuerrecht maßgebend. Es unterbleibt beim TU 2 eine Liquidationsbesteuerung.

Das TU 1 schaut vor der Verschmelzung wie folgt aus:

TU 1

AV	500	EK	300
UV	500	FK	700
	1.000		1.000

Dem Vermögenszugang von 400 vom TU 2 steht keine Leistung gegenüber. Beim TU 1 entsteht ein gem. § 3 Abs 2 Z 1 UmgrStG steuerfreier Buchgewinn, der als Kapitalrücklage auszuweisen ist. Die Auflösung dieser Kapitalrücklage löst keine Steuerpflicht aus (Mehr-/Wenigerrechnung).

Nach der Verschmelzung sieht das TU 1 wie folgt aus:

TU 1

AV	1.200	EK	300
UV	800	KapRL	400
		FK	1.300
	2.000		2.000

Die Situation beim Mutterunternehmen:

Durch die Verschmelzung geht beim Mutterunternehmen die Beteiligung am TU 2 unter. Eine steuerliche Abschreibung der Beteiligung TU 2 ist nicht möglich. Der Buchwert der TU 2 Beteiligung ist auf die TU 1 Beteiligung zu übertragen.

Umwandlung

Wir sind jetzt beim Artikel II des Umgründungssteuergesetzes. Bei der Umwandlung gibt es zwei Ausformungen, nämlich die

- verschmelzende Umwandlung
- errichtende Umwandlung.

In beiden Fällen wird das Vermögen einer AG oder einer GmbH übertragen. Bei der errichtenden Umwandlung wird das Vermögen der AG oder GmbH auf eine Personengesellschaft übertragen und zwar dann, wenn mindestens 90% der Gesellschafter dies wollen. Die Altgesellschafter werden dann die Gesellschafter der Personengesellschaft. Die ausscheidenden Altgesellschafter erhalten dann eine Abfindung von der Personengesellschaft.

Bei der verschmelzenden Umwandlung geht das Vermögen der AG oder GmbH auf die bisherigen Hauptgesellschafter über. Hauptgesellschafter ist man immer dann, wenn man an der bisherigen AG oder GmbH zu 90% beteiligt war. Ist der Hauptgesellschafter eine Kapitalgesellschaft, dann ist die Übertragung des Vermögens der AG oder der GmbH auf den Hauptgesellschafter schon vergleichbar mit einer Verschmelzung. Der ausscheidende Minderheitsgesellschafter erhält eine angemessene Abfindung.

Keine Übertragung von Vermögen gibt es bei der formwechselnden Umwandlung. Hier ändert sich lediglich die

Rechtsform: aus einer OHG wird eine KG, aus einer AG eine GmbH.

Fallbeispiel 4)

Errichtende Umwandlung. Die Gesellschafter A und B sind zu je 50% an einer GmbH beteiligt. Sie möchten diese GmbH in eine KG umwandeln. Es wird vereinbart, daß A als Komplementär und daß B als Kommanditist tätig werden.

Die GmbH zeigt sich vor Umwandlung wie folgt:

GmbH

AV	1.000	Kap.	500
UV	1.000	Gewinn	500
		Abf.RSt	200
		FK	800
	2.000		2.000

Der Buchwert der Gesellschaft beträgt 1.000.

§ 8 Abs 1 UmgrStG: „Bei Ermittlung des Gewinnes ist für das mit dem Umwandlungsstichtag endende Wirtschaftsjahr das Betriebsvermögen mit dem Wert anzusetzen, der sich nach steuerlichen Vorschriften über die Gewinnermittlung ergibt."

Es werden demnach die Buchwerte der GmbH weiterzuführen sein. Eine Liquidationsbesteuerung nach dem Körperschaftsteuergesetz unterbleibt. Das Eigenkapital wird zum Umwandlungskapital. Alle bilanzsteuerrechtlichen Rechte und Pflichten gehen auf die KG über.

Aus der GmbH Bilanz wird die Umwandlungsbilanz, die wie folgt aussieht:

Umwandlungsbilanz

AV	1.000	UmwKap.	1.000
UV	1.000	Abf.RSt	200
		FK	800
	2.000		2.000

Die umgewandelte KG stellt sich wie folgt dar:

KG

AV	1.000	Kompl. A	500
UV	1.000	Komm. B	500
		Abf.RSt	200
		FK	800
	2.000		2.000

Fallbeispiel 5)

Verschmelzende Umwandlung auf ein bestehendes Einzelunternehmen. Der zukünftige Einzelunternehmer hält 100% Anteile an einer GmbH, die wie folgt aussieht:

GmbH

AV	1.000	Kap	1.000
UV	3.000	Gewinn	500
		FK	2.500
	4.000		4.000

Der Buchwert der GmbH beträgt 1.500. Es erfolgt wieder eine Buchwertumwandlung, es gibt keine Liquidationsbesteuerung im Sinne von § 19 KStG. Es erfolgt eine Übernahme der steuerlich maßgebenden Werte. Das Eigenkapital wird zum Umwandlungskapital. Eine Ausschüttungsverbindlichkeit wird dann ausgewiesen, wenn vorher betreffend des Gewinnes ein Ausschüttungsbeschluß gefaßt wird.

Die Umwandlungsbilanz zeigt folgendes Bild:

Umwandlungsbilanz

AV	1.000	UmwKap	1.000
UV	3.000	Aussch.Verb.	500
		FK	2.500
	4.000		4.000

Das bestehende Einzelunternehmen zeigt folgende Bilanz:

bestehendes EU

Bet.GmbH	1.500	EK	1.500
UV	1.500	FK	1.500
	3.000		3.000

Nach der Umwandlung der GmbH durch Übertragung des Vermögens auf das Einzelunternehmen zeigt das Einzelunternehmen folgendes Bild:

EU nach Umwandlung

AV	1.000	EK	1.500
UV	4.500	FK	4.500
FW	500		
	6.000		6.000

Dem Buchwertzugang von 1.000 steht der Wegfall der Beteiligung mit 1.500 gegenüber. Daraus entsteht ein Buchverlust mit 500, der als Umgründungsmehrwert bzw. als Firmenwert aktiviert wird.

Fallbeispiel 6)

Verschmelzende Umwandlung auf eine Kapitalgesellschaft. Die Gesellschafter A und B sind zu gleichen Teilen an der G GmbH beteiligt. Die G GmbH hält alle Anteile an der Y GmbH. Es soll eine verschmelzende Umwandlung auf die Y GmbH erfolgen. Die X GmbH zeigt folgende Bilanz:

G GmbH

Bet. Y GmbH	500	Kap.	2.000
UV	3.500	Verlust	− 1.000
		FK	3.000
	4.000		4.000

Die Y GmbH zeigt folgendes Bild:

Y GmbH

AV	1.000	Kap.	500
UV	1.000	Gewinn	500
		FK	1.000
	2.000		2.000

Der Buchwert der Y GmbH beträgt 1.000. Es erfolgt eine Umwandlung zu Buchwerten ohne daß eine Liquidationsbesteuerung im Sinne des § 19 KStG erfolgt. Die steuerlich maßgebenden Werte sind von der G GmbH zu übernehmen, das Eigenkapital wird zum Umwandlungskapital. Die Umwandlungsbilanz hat folgendes Bild:

Umwandlungsbilanz

AV	1.000	UmwKap	1.000
UV	1.000	FK	1.000
	2.000		2.000

Die G GmbH übernimmt das Vermögen mit 1.000. Dieser Übernahme steht der Wegfall der Beteiligung mit 500 gegenüber. Daraus resultiert ein Buchgewinn in Höhe von 500, der als handels- und steuerrechtlich nicht gebundene Kapitalrücklage auszuweisen ist. Im konkreten Fall wird der Gewinn der Y GmbH mit übernommen (es gibt keinen Ausschüttungsbeschluß). Jetzt greift § 9 Abs 6 UmgrStG mit einer Ausschüttungsfiktion: „Der Unterschiedsbetrag zwischen dem sich aus der Umwandlungsbilanz ergebenden Reinvermögen und dem Nennkapital gilt mit dem Tag der Anmeldung des Umwandlungsbeschlusses als an die Rechtsnachfolger offen ausgeschüttet."

Diese Ausschüttungsfiktion zeigt aber keine Wirkung, weil die Beteiligungserträge bei der G GmbH steuerbefreit sind (§ 10 Abs 1 KStG).

Einbringung

Weder in den handelsrechtlichen, noch in steuerrechtlichen Vorschriften finden wir bisher den Begriff der Einbringung. Mit unserem bisherigen Wissen können wir diesen Begriff nicht erklären. Bildhaft dargestellt, sehen wir bei der Einbringung zwei Fische. Der kleinere Fisch ist ein Einzelunternehmen und der größere Fisch eine GmbH. Die GmbH verschluckt nun das Einzelunternehmen und gibt dem Unternehmer, der bisher hinter dem Einzelunternehmen gestanden ist, eine Gegenleistung. Die Gegenleistung besteht in der Form von GmbH-Anteilen. Der Einzelunternehmer tauscht also seinen Betrieb gegen GmbH-Anteile. Der Betrieb selbst wird dann von der GmbH verschluckt. Wir beschäftigen uns zuerst mit dem kleinen Fisch und hinterfragen, wer überhaupt in Frage kommt, als kleiner Fisch aufzutreten. Das Umgründungssteuergesetz spricht ganz allgemein davon, daß der kleine Fisch ein **Vermögen** darstellen muß. Ganz konkret gesprochen stellt sich das Vermögen als **Betrieb**, als **Teilbetrieb**, als **Mitunternehmeranteil** oder als **Kapitalanteil** dar. Eine Einbringung liegt also dann vor, wenn Vermögen übertragen wird.

Der Begriff Betrieb bereitet uns keine Probleme. Der Begriff Betrieb bedeutet aber, daß damit nicht eine GmbH gemeint wird. Wenn sich eine GmbH mit einer anderen GmbH vereint, dann spricht man von einer Verschmelzung. Diese haben wir beim Artikel I kennengelernt. Beim Begriff Teilbetrieb können wir auf den § 24 EStG zurückgreifen. Es handelt sich um einen lebensfähigen Teil eines Unternehmens, mit dem der Erwerber die gleiche Erwerbstätigkeit ohne Unterbrechung fortführen kann.

Mitunternehmeranteile: Anteile an Gesellschaften, bei denen der Gesellschafter als Mitunternehmer anzusehen ist, sind die OHG, die KG, die GmbH & Co KG, die stille Gesellschaft, die Gesellschaft bürgerlichen Rechts, sowie die eingetragene Erwerbsgesellschaft.

Zu guter Letzt kann ein mindestens 25%iger Anteil an einer Kapitalgesellschaft als Vermögen eingebracht werden.

Die **übernehmende Körperschaft**, also den großen Fisch, gibt es in zwei Ausführungen:

- Als unbeschränkt steuerpflichtige Kapitalgesellschaft, die ihren Sitz oder die Geschäftsleitung in Österreich hat.
- Als ausländische Körperschaft, die mit einer inländischen Kapitalgesellschaft vergleichbar ist.

Nun stellt sich für uns die Frage, wie groß die Gegenleistung für die Übernahme des Vermögens ist.

Wenn wir uns einen Betrieb eines Einzelunternehmers vorstellen, der nun eingebracht wird, und der folgende Bilanzposten ausweist (in 1.000 S):

AV	4.000	EK	5.000
UV	6.000	FK	5.000
	10.000		10.000

Es stellt sich jetzt die Frage nach dem Wert des Unternehmens.

Was würden Sie für dieses Unternehmen zahlen?

Einen Wert können wir ganz leicht ableiten, nämlich den Buchwert. Wir würden diesem Unternehmer für seinen Betrieb S 5,000.000,– zahlen, denn dieser Betrag zeigt sich als Eigenkapital in seiner Bilanz.

In der Praxis gibt es aber noch einen zweiten Wert, nämlich den *Verkehrswert*, der aus der Bilanz nicht ersichtlich ist. Der Verkehrswert, der dann höher ist als der Buchwert, ist meistens dann gegeben, wenn stille Reserven vorhanden sind. Wenn wir beispielsweise im Anlagevermögen ein Grundstück mit Anschaffungskosten von S 10.000,– ausgewiesen haben, für das wir jederzeit bei einer Veräußerung S 2,000.000,– erhalten würden, dann gibt es stille Reserven mit S 1,990.000,–. Bei einem Erwerb des Betriebes würden wir also nicht nur den Buchwert mit S 5,000.000,– bezahlen, sondern auch die stillen Reserven mit S 1,990.000,–. Damit kommen wir zu einem Verkehrswert von insgesamt S 6,990.000,–.

Wir haben jetzt zwei Werte herausgearbeitet. Den **Buchwert** und den **Verkehrswert**, die als Wert für die Gegenleistung in Frage kommen.

Wir wollen uns jetzt ansehen, wie buchmäßig die Einbringung dargestellt werden kann:

Fallbeispiel 7)

Wir bleiben bei dem Betrieb, mit einem Anlagevermögen mit S 4,000.000,–, einem Umlaufvermögen von S 6,000.000,–, einem Fremdkapital von S 5,000.000,–.

Die übernehmende *Kapitalgesellschaft* stellt sich wie folgt dar:

(in 1.000 S)			
AV	5.000	EK	7.000
UV	5.000	FK	3.000
	10.000		10.000

Nach der Einbringung des Einzelunternehmens schaut die Bilanz der *Kapitalgesellschaft* wie folgt aus:

(in 1.000 S)			
AV	9.000	EK	12.000
UV	11.000	FK	8.000
	20.000		20.000

Die Technik der buchmäßigen Darstellung ist uns jetzt klar. Sämtliche Posten, die des Einbringenden und die des Übernehmenden werden addiert. Die übernehmende Kapitalgesellschaft hat ihr Kapital von S 7,000.000,– auf S 12,000.000,– erhöht. Die GmbH-Anteile, aufgrund dieser Erhöhung, werden dem Einzelunternehmer für die Übertragung seines Betriebes als Gegenleistung gewährt.

Wir erkennen jetzt, daß die *Einbringung* nach dem Umgründungssteuergesetz deswegen vorteilhaft ist, weil nicht stille Reserven aufgelöst und besteuert werden müssen.

Was wir noch nicht besprochen haben, ist die Voraussetzung des *positiven Verkehrswertes*. Wir sind auf dieses Problem deswegen noch nicht gestoßen, weil wir in unserem konkreten Fall ein Unternehmen mit einem Buchwert von S 5,000.000,– übertragen haben. Damit war natürlich ein positiver Verkehrswert gegeben. Das Problem des positiven Verkehrswertes stellt sich insbesondere dann, wenn nicht ein Buchwert, sondern eine Überschuldung vorliegt. Aus dieser Feststellung können wir ableiten, daß auch bei Überschuldung, ein positiver Verkehrswert vorhanden sein kann. Dieser positive Verkehrswert kann dann auf zwei Arten in Erscheinung treten.

Einmal können im Vermögen stille Rücklagen enthalten sein und dann kann, unter Berücksichtigung dieser stillen Rücklagen, trotz einer Überschuldung, ein positiver Verkehrswert bestehen.

Zum zweiten gibt es die Möglichkeit, daß *nach* dem Bilanzstichtag rückwirkend Einlagen geleistet werden. Wenn eine solche Einlage nun höher ist, als die Überschuldung, entsteht dadurch ein positiver Verkehrswert.

Fallbeispiel 8)

Einbringung zu Buchwerten mit Kapitalerhöhung gem. § 19 Abs 1 UmgrStG.

Ein protokolliertes Einzelunternehmen soll in eine neugegründete GmbH eingebracht werden. Es ist eine Buchwerteinbringung gem. § 16 Abs 1 UmgrStG geplant: „Der Einbringende hat das Vermögen in die Einbringungsbilanz und einzubringende Kapitalanteile im Einbringungsvertrag mit den steuerlichen Werten anzusetzen."

Der Einzelunternehmer wird noch S 500.000 vor der Einbringung entnehmen.

Die Bilanz des Einzelunternehmens sieht wie folgt aus:

EU			
AV	2.000	Kap.	1.000
UV	2.000	IFB	500
		Abf.RSt	500
		Verb.	2.000
	4.000		4.000

Der Buchwert des Einzelunternehmens beträgt 1.000, der Verkehrswert 2.000.
Die Einbringungsbilanz sieht folgendermaßen aus:

Einbringungsbilanz			
AV	2.000	Kap.	500
UV	2.000	Entnahme	500
		IFB	500
		Abf.RSt	500
		Verb.	2.000
	4.000		4.000

Die neugegründete GmbH zeigt folgendes Bild:

GmbH			
UV	500	Kap.	500

Die GmbH stellt sich nach der Einbringung folgendermaßen dar:

GmbH nach Einbr.			
AV	2.000	Kap.	1.000
UV	2.500	IFB	500
		Abf.RSt	500
		Entnahme	500
		Verb.	2.000
	4.500		4.500

Die Passivpost für die Entnahmen löst sich nach dem Zahlungszeitpunkt auf (Entnahmen an Bank).

Fallbeispiel 9)

Einbringung zu Buchwerten ohne Kapitalerhöhung gem. § 19 Abs 2 Z 5 UmgrStG.

§ 19 Abs 2 Z 5: „Die Gewährung von neuen Anteilen kann unterbleiben, wenn die Eigentumsverhältnisse am eingebrachten Vermögen der prozentuellen Beteiligung an der übernehmenden Körperschaft entsprechen." Wir gehen wieder von der Einbringungsbilanz aus, die wir im vorigen Beispiel dargestellt haben. Die GmbH-Bilanz nach der Einbringung zeigt folgendes Bild:

GmbH nach Einbr.			
AV	2.000	Kap.	500
UV	2.500	KapRL	500
		IFB	500
		Abf.RSt	500
		Entnahme	500
		Verb.	2.000
	4.500		4.500

Mangels Kapitalerhöhung sind die AK der Beteiligung an der GmbH mit 500 beim Einzelunternehmen 1.500.

Die handelsrechtlich wie steuerrechtlich nicht gebundene Kapitalrücklage kann jederzeit steuerneutral verwendet werden, entweder für eine Ausschüttung oder für eine Verlustabdeckung (in diesem Fall bleibt der steuerrechtliche Verlust vortragsfähig).

Die Passivpost für die Entnahme mit 500 löst sich im Zahlungszeitpunkt auf.

Fallbeispiel 10)

Einbringung eines Einzelunternehmens zu Buchwerten in eine GmbH gem. § 19 Abs 2 Z 2 UmgrStG.

Das protokollierte Einzelunternehmen wird in eine GmbH gegen Gewährung von GmbH-Anteilen eingebracht, ohne daß eine Kapitalerhöhung durchgeführt wird.

§ 19 Abs. 2 Z 2 „Die Gewährung von neuen Anteilen kann unterbleiben, soweit die Anteilsinhaber der übernehmenden Körperschaft den Einbringenden mit bestehenden Anteilen an dieser abfinden."

Die Einbringung erfolgt zu Buchwerten gem. § 16 Abs 1 UmgrStG: „Der Einbringende hat das Vermögen in die Einbringungsbilanz mit den steuerlichen Werten anzusetzen (Buchwerteinbringung)."

Das eingebrachte Einzelunternehmen stellt sich folgendermaßen dar:

EU

AV	2.000	EK	1.000
UV	2.000	FK	3.000
	4.000		4.000

Der Buchwert des Einzelunternehmens beträgt 1.000, der Verkehrswert 5.000.

Die Einbringungsbilanz nach § 15 UmgrStG stellt sich folgendermaßen dar:

§ 15 UmgrStG: „Bei der Einbringung von Betrieben, Teilbetrieben oder Mitunternehmeranteilen ist zum Einbringungsstichtag eine Einbringungsbilanz aufzustellen".

Einbringungsbil. nach § 15

AV	2.000	EK	1.000
UV	2.000	FK	3.000
	4.000		4.000

Das protokollierte Einzelunternehmen wird in eine seit Jahren bestehende GmbH eingebracht, die sich wie folgt darstellt:

GmbH

AV	1.000	EK	500
UV	2.000	FK	2.500
	3.000		3.000

Der Buchwert dieser GmbH beträgt 500, der Verkehrswert 5.000. Die GmbH stellt sich nach der Einbringung wie folgt dar:

nach Einbringung

AV	3.000	EK	500
UV	4.000	Kap.RL	1.000
		FK	5.500
	7.000		7.000

Der GmbH-Gesellschafter tritt an den Einzelunternehmer so viele Anteile ab, die der Beteiligung nach den Verkehrswerten entsprechen.

Verkehrswert beim Einzelunternehmen	5.000
Verkehrswert der GmbH	5.000

Daher gibt der GmbH-Gesellschafter 50% der Anteile an den Einzelunternehmer weiter.

Beim Einzelunternehmer sind die Anschaffungskosten für 250 GmbH-Anteile gem. § 20 Abs 2 UmgrStG 1.000. Diese Feststellung ist für den Fall einer Veräußerung der GmbH-Anteile durch den Einzelunternehmer relevant.

§ 20 Abs 2 UmgrStG: „Im Falle der Gewährung von Anteilen im Sinne des § 19 Abs 2 Z 2 gilt der maßgebende Wert der Sacheinlage als deren Anschaffungskosten."

Fallbeispiel 11)

Einbringung zu Buchwerten ohne Kapitalerhöhung mit gleichbleibenden Beteiligungsverhältnissen im Sinne des § 19 Abs 2 Z 5 UmgrStG.

A und B sind zu je 50% an einer GesbR beteiligt. Der Betrieb der GesbR soll in eine GmbH eingebracht werden. Zu diesem Zweck gründen A und B eine GmbH mit jeweils 50%-Anteil. § 19 Abs 2 Z 5 UmgrStG: „Die Gewährung von neuen Anteilen kann unterbleiben, wenn die Beteiligungsverhältnisse am eingebrachten Vermögen der prozentuellen Beteiligung an der übernehmenden Körperschaft entsprechen."

Ein Blick auf die GesbR:

GesbR

AV	1.000	EK A	200
UV	500	EB B	200
Verr.Kto.B	500	Verr.Kto.A	1.000
		FK	600
	2.000		2.000

Der Buchwert der GesbR beträgt 900, der Verkehrswert 1.000.

Auf einen Blick kann man erkennen, daß das Kapitalkonto des Gesellschafters A in der GesbR 1.200 beträgt und das Kapitalkonto des Gesellschafters B mit 300 negativ ist. Der § 19 Abs 2 Z 5 UmgrStG sagt aber, daß eine Gewährung von neuen Anteilen unterbleiben kann, wenn die Beteiligungsverhältnisse an der GesbR genauso sind, wie an der GmbH. An der GmbH sind die Gesellschafter A und B jeweils mit 50% beteiligt. Wir kommen in der GesbR am einfachsten zu der 50 : 50 Beteiligung, wenn der Gesellschafter A 1.000 entnimmt und der Gesellschafter B eine Einlage von 500 leistet. Damit haben wir ein gleich hohes Einbringungskapital von jeweils 200. Die Einbringungsbilanz stellt sich folgendermaßen dar:

Einbringungsbilanz

AV	1.000	Kap. A	200
UV	500	Kap. B	200
Einlage B	500	Entnahme A	1.000
		FK	600
	2.000		2.000

Die neugegründete GmbH stellt sich folgendermaßen dar:

GmbH

UV	250	Kap.	500
		Ausst.Einl.	- 250
	250		250

An dieser Gesellschaft sind wie gesagt A und B zu 50% beteiligt.

Nach Einbringung des Betriebes der GesbR schaut die GmbH-Bilanz wie folgt aus:

nach Einbringung

AV	1.000	Kap.	500
UV	750	Ausst.Einl.	- 250
Einlage B	500	Kap. RL	400
		Entn. A	1.000
		FK	600
	2.250		2.250

Die Kapitalrücklage mit 400 ist eine handels- wie steuerrechtlich nicht gebundene Rücklage.

Die Anschaffungskosten für die GmbH-Beteiligung betragen für A und B jeweils 450 (200 + 250).

Fallbeispiel 12)

Einbringung eines Einzelunternehmens mit Kapitalerhöhung und Anteilsverschiebung.

Der Einzelunternehmer hat mit seinem Sohn eine GmbH gegründet. Der Einzelunternehmer ist mit 25%, sein Sohn mit 75% an dieser GmbH beteiligt. Der Einzelunternehmer bringt in der Folge sein Einzelunternehmen in diese GmbH ein. Die Bilanz des Einzelunternehmens stellt sich wie folgt dar:

EU

AV	1.000	EK	1.000
UV	2.000	FK	2.000
	3.000		3.000

Der Buchwert des Einzelunternehmens beträgt 1.000, der Verkehrswert 1.500.

Die Einbringungsbilanz bereitet uns keine Probleme, es zeigt sich folgendes Bild:

Einbringungsbilanz

AV	1.000	EK	1.000
UV	2.000	FK	2.000
	3.000		3.000

Ein Blick auf die neugegründete GmbH:

GmbH

UV	500	Kap.	500

Von dem Kapital der GmbH entfallen auf den Sohn 75%, das sind 375, und auf den Einzelunternehmer 25%, das sind 125.

Überlegung:

Gerechtfertigt wäre eine Kapitalerhöhung um 1.500 (Verkehrswert durch Berücksichtigung stiller Reserven). Das GmbH-Kapital wäre dann 2.000, davon würden auf den Einzelunternehmer 1.625 (1.500 + 125) entfallen und auf den Sohn 375. Es würde sich eine Anteilsverteilung von 81.25% zu 18.75% ergeben.

Tatsächlich erfolgte die Kapitalerhöhung mit 1.000, ohne daß ein gesellschaftsrechtlicher Ausgleich, durch eine geänderte Gewinnverteilung beschlossen wird.

Die GmbH sieht nach der Einbringung wie folgt aus:

nach Einbringung

AV	1.000	EK	1.500
UV	2.500	FK	2.000
	3.500		3.500

In diesem Fall ist der Einzelunternehmer mit 125 + 1.000, also mit 1.125, beteiligt. Der Sohn ist nach wie vor nur mit 375 beteiligt. Es ergibt sich, ausgehend von einem Gesamtkapital von 1.500, ein Beteiligungsverhältnis von 75% Einzelunternehmer und 25% Sohn.

An diesem Beispiel läßt sich die Äquivalenzverletzung erkennen. Der Einzelunternehmer wäre richtigerweise mit 81.25%, statt mit 75% zu beteiligen. Der Sohn wäre richtigerweise mit 18.75% statt mit 25% zu beteiligen.

Es ergibt sich eine Äquivalenzverletzung zu Lasten des Einzelunternehmers mit 6.25% (zu geringer Anteil).

Es ergibt sich eine Äquivalenzverletzung zu Gunsten des Sohnes mit 6.25% (zu großer Anteil).

Im Ergebnis hat der Einzelunternehmer 6.25% Gesellschaftsanteile seinem Sohn geschenkt.

Fallbeispiel 13)

Einbringung eines buchmäßig überschuldeten Einzelunternehmens in eine GmbH.

Der Einzelunternehmer hält 100% Anteile an einer GmbH und will die Einbringung ohne Kapitalerhöhung im Sinne des § 19 Abs 2 Z 5 UmgrStG durchführen.

Das Einzelunternehmen stellt sich wie folgt dar:

EU

AV	500	FK	2.000
UV	1.000		
Minderkap	500		
	2.000		2.000

Das Unternehmen hat einen negativen Buchwert mit 500 (buchmäßige Überschuldung) und einen Verkehrswert mit 1.000, der durch einen Gutachter bestätigt ist.

Die Einbringungsbilanz stellt sich wie folgt dar:

Einbringungsbilanz

AV	500	FK	2.000
UV	1.000		
Einbr.Wert	500		
	2.000		2.000

Die aufnehmende GmbH stellt sich folgendermaßen dar:

GmbH

UV	500	Kap.	500

Nach Einbringung zeigt sich die GmbH wie folgt:

nach Einbringung

AV	500	Kap.	500
UV	1.500	FK	2.000
FW	500		
	2.500		2.500

Aus dem Einbringungswert (Umgründungsmehrwert) resultiert bei der Buchwerteinbringung ein Firmenwert. Die Abschreibung des Firmenwertes wird steuerlich neutralisiert (Mehr-/Wenigerrechnung).

Beim Einzelunternehmen ergeben sich steuerliche Anschaffungskosten des GmbH-Anteiles mit Null S (Kapital 500 – negativer Buchwert 500).

Fallbeispiel 14)

Einbringung eines tatsächlich überschuldeten Einzelunternehmens in eine GmbH.

Das Einzelunternehmen ist tatsächlich überschuldet. Der Buchwert ist negativ 3.500, stille Reserven sind mit 1.000 gegeben (was natürlich in diesem Fall zu wenig ist).

Das Einzelunternehmen stellt sich wie folgt dar:

EU

AV	500	FK	5.000
UV	1.000		
Minderkap	3.500		
	5.000		5.000

Die Einbringung ist zunächst handelsrechtlich wie steuerrechtlich unmöglich. Wir finden eine reale Überschuldung mit 2.500.

Für diesen Fall bieten sich zwei Lösungsmöglichkeiten an:

- eine Geld- oder Sacheinlage
- eine Übernahme von Verbindlichkeiten in das Privatvermögen des Einzelunternehmers

In unserem Fall leistet der Einzelunternehmer eine Einlage von 3.000 (die reale Überschuldung hat 2.500 übertragen).

§ 16 Abs 5 Z 1 Umgründungssteuergesetz: „Entnahmen und Einlagen, die in der Zeit zwischen dem Einbringungsstichtag und dem Tag des Abschlusses des Einbringungsvertrages getätigt werden, können zurückbezogen werden. Diese Vorgänge gelten als mit Ablauf des Einbringungsstichtages getätigt, wenn sie in der Einbringungsbilanz durch den Ansatz einer Passivpost für Entnahmen oder einer Aktivpost für Einlagen berücksichtigt werden."

Die Einbringungsbilanz stellt sich wie folgt dar:

Einbringungsbilanz

AV	500	FK	5.000
UV	1.000		
Einlage	3.000		
Einbringungswert	500		
	5.000		5.000

Die gegründete GmbH sieht wie folgt aus:

GmbH

UV	500	EK	500

Diese GmbH steht im 100%igen Eigentum des Einzelunternehmers.

Nach Einbringung ist folgende GmbH-Bilanz vorliegend:

GmbH nach Einbringung

AV	500	EK	500
UV	1.500	FK	5.000
Einl.	3.000		
FW	500		
	5.500		5.500

Eine Abschreibung des Firmenwertes ist steuerlich zu neutralisieren, der Aktivposten Einlage wird anläßlich der Zahlung aufgelöst (Bank/Einlage).

Die Anschaffungskosten für die Beteiligung an der GmbH betragen beim Einzelunternehmer 500.

Fallbeispiel 15)

Einbringung eines Teilbetriebes in eine GmbH mit Kapitalerhöhung.

Der Einzelunternehmer hält 100% Anteile an dieser GmbH. Das Einzelunternehmen besteht aus zwei Teilbetrieben. Die Bilanz des Einzelunternehmens läßt sich wie folgt darstellen:

	TB 1	TB 2		TB 1	TB 2
AV	2.000	1.000	EK		1.000
UV	500	500	RL	300	
			Abf.RSt	200	200
			FK	2.000	300
	2.500	1.500		2.500	1.500

Der Teilbetrieb ist ein organischer in sich geschlossener Betriebsteil, der für sich alleine lebensfähig ist. Es erfolgt eine Zurechnung aller Aktiva und Passiva auf den jeweiligen Teilbetrieb. Die Rücklagen (IFB) teilen das Schicksal des Anlagevermögens, die Abfertigungsrückstellung wird mit dem Personal aufgeteilt, die Wertpapiere teilen das Schicksal der Abfertigungsrückstellung. Der Kredit folgt jetzt nicht zwingend dem Anlagevermögen. Sollte aufgrund der Aufteilung bei einem Teilbetrieb kein positiver Verkehrswert vorliegen, könnte eine Verrechnungsforderung gegenüber dem anderen Teilbetrieb eingestellt werden.

Der Teilbetrieb 2 soll in eine GmbH eingebracht werden. Dieser Teilbetrieb 2 stellt sich wie folgt dar:

Einbringungsbilanz TB 2

AV	1.000	EK	1.000
UV	500	Abf.RSt	200
		FK	300
	1.500		1.500

Die GmbH des Einzelunternehmers zeigt folgendes Bild:

GmbH

UV	500	Kap.	500

Nach der Einbringung zeigt sich die GmbH wie folgt:

GmbH nach Einbringung

AV	1.000	Kap.	1.500
UV	1.000	Abf.RSt	200
		FK	300
	2.000		2.000

Der Einzelunternehmer erhält nun für seinen Teilbetrieb 2 die Anteile an der GmbH mit 1.000 gem. § 19 Abs 3 UmgrStG: „Die Anteile müssen dem Einbringenden gewährt werden."

Fallbeispiel 16)

Einbringung eines Mitunternehmeranteiles (OHG Anteil, KG Anteil) eines protokollierten Einzelunternehmers in eine GmbH zu Buchwerten ohne Kapitalerhöhung im Sinne des § 19 Abs 2 Z 5.

Der protokollierte Einzelunternehmer hat in seinem Betriebsvermögen eine 50%ige Beteiligung an einer OHG, die in eine GmbH eingebracht werden sollen. Die GmbH ist 100% Eigentum des Einzelunternehmers.

Die Bilanz des Einzelunternehmers zeigt sich wie folgt:

EU

Bet. OHG	1.000	EK	2.000
Sach AV	1.000	FK	2.000
UV	2.000		
	4.000		4.000

Die Einbringungsbilanz umfaßt die Beteiligung an der OHG und die, dieser Beteiligung zuzurechnenden Passiva.

Die Einbringungsbilanz stellt sich wie folgt dar:

Einbringungsbilanz

OHG Anteil	1.000	Kap.	1.000

Die GmbH, in die eingebracht werden kann, sieht folgendermaßen aus:

GmbH

UV	500	Kap.	500

Eine Kapitalerhöhung unterbleibt gem. § 19 Abs 2 Z 5 UmgrStG: „Die Gewährung von neuen Anteilen kann unterbleiben, wenn die Eigentumsverhältnisse am eingebrachten Vermögen der Beteiligung an der übernehmenden Körperschaft entsprechen."

Nach der Einbringung zeigt die GmbH folgendes Bild:

nach Einbringung

Bet. OHG	1.000	Kap.	500
UV	500	Kap. RL	1.000
	1.500		1.500

Diese Kapitalrücklage ist handels- wie steuerrechtlich nicht gebunden. Uns interessiert noch das Bild des Einzelunternehmens nach dem Beteiligungsabgang:

EU nach Beteiligungsabgang

Sach AV	1.000	EK	2.000
UV	2.000	Einbr.Verl.	– 1.000
		FK	2.000
	3.000		3.000

Mangels Kapitalerhöhung bei der GmbH gibt es keine Beteiligung vom Einzelunternehmen an der GmbH. Die OHG Beteiligung wird beim Einzelunternehmen ausgebucht. Daraus entsteht ein steuerneutraler Buchverlust im Sinne des § 18 Abs 5 UmgrStG.

Die ursprünglichen Anschaffungskosten der GmbH-Anteile beim Einzelunternehmer erhöhen sich auf 1.500!

Zusammenschluß

Der Zusammenschluß ist in Art IV geregelt. Bei einem Zusammenschluß wird Vermögen auf eine Personengesellschaft gegen Gewährung von Gesellschaftsrechten übertragen. Als Vermögen zählt nur ein Betrieb, ein Teilbetrieb oder ein Mitunternehmeranteil. Dabei ist die Rechtsform des Einbringenden gleichgültig. Handelsrechtlich besteht weitgehend Vertragsfreiheit.

Fallbeispiel 17)

Zusammenschluß von zwei Einzelunternehmen zu einer neuen Mitunternehmerschaft (Personengesellschaft) – Buchwertfortführung mit Quotenverschiebung.

Zwei Einzelunternehmer gründen mittels Sacheinlage eine Personengesellschaft. Beide übertragen ihr Vermögen gemäß § 23 Abs 2 UmgrStG auf eine Personengesellschaft.

§ 23 Abs 2 UmgrStG:

Zum Vermögen zählen nur Betriebe, Teilbetriebe und Mitunternehmeranteile.

Die beiden Einzelunternehmer vereinbaren, daß sie an der Personengesellschaft zu gleichen Teilen beteiligt sein wollen.

Das Einzelunternehmen 1 zeigt folgende Bilanz:

EU 1

AV	500	EK	400
UV	500	FK	600
	1.000		1.000

Der Buchwert beträgt 400, der Verkehrswert 500, daraus ergeben sich stille Reserven mit 100.

Das Einzelunternehmen 2 zeigt folgendes Bild:

EU 2

AV	400	EK	300
UV	200	FK	300
	600		600

Der Buchwert des Einzelunternehmens 2 beträgt 300, sein Verkehrswert 500, daraus resultieren stille Reserven mit 200.

In der Übertragungsbilanz werden die steuerlich maßgebenden Werte übernommen. Die einzige Veränderung besteht darin, daß das Eigenkapital als „Übertragungskapital" bezeichnet wird.

Für die Aufteilung der Gesellschaftsrechte sind die Verkehrswerte maßgebend. Die Zusammenführung der beiden Einzelbilanzen erfolgt zu Buchwerten, aufgrund der Bestimmungen der §§ 24 Abs 1 und § 16 Abs 1 UmgrStG.

Damit ein gleiches Beteiligungsverhältnis erreicht wird, kommt es zu einer Verschiebung wie folgt:

EK 1 400 – 50 = 350
EK 2 300 + 50 = 350

Um eine Verschiebung der stillen Reserven zu vermeiden, muß eine Quotenverschiebung durch Ergänzungsbilanzen rückgängig gemacht werden.

Die neu entstandene Personengesellschaft zeigt folgendes Bild:

Pers.G.

AV	900	EK 1	350
UV	700	EK 2	350
		FK	900
	1.600		1.600

An der Personengesellschaft sind die Gesellschafter 1 und 2 zu je 50% beteiligt, haben aber unterschiedlich hohe stille Reserven eingebracht und würden bei einer Realisierung derselben Vorteile bzw. Nachteile erzielen.

Aus diesem Ungleichgewicht leiten sich Ergänzungsbilanzen ab, die sich wie folgt darstellen:

Ergänzungsbil. 1

Mehrwert	50	Ergänzungskap.	50

Ergänzungsbil. 2

Minderkapital	50	Minderwert Aktiva	50

Die Ergänzungsbilanz 1 weist in Höhe der Reduzierung ein entsprechendes Ergänzungskapital von 50 aus. Die Ergänzungsbilanz 2 weist in Höhe der Aufstockung ein entsprechendes Minderkapital aus, das als Gegenpost eine Verminderung von Aktiva um 50 findet. Die Mehr- bzw. Minderwerte in der Bilanz teilen das Schicksal jener Wirtschaftsgüter in denen stille Reserven vorhanden sind.

Überlegung zum Ergänzungs- und Minderkapital:

Stille Reserven aus Einzelunternehmen 1	100
Stille Reserven aus Einzelunternehmen 2	200
	300

Bei einer sofortigen Realisierung entfallen in der Personengesellschaft auf 1 und 2 jeweils 150.

Im Ergebnis erhält 1 um 50 zuviel und 2 um 50 zuwenig.

Durch die Realisierung der stillen Reserven sind auch die Ergänzungsbilanzen wie folgt aufzulösen:

- Der Veräußerungsgewinn bei 1 reduziert sich um 50 (Mehrwert wird Aufwand).
- Der Veräußerungsgewinn bei 2 erhöht sich um 50 (Minderwert wird Ertrag).

Fallbeispiel 18)

Zusammenschluß eines Einzelunternehmens mit einer OHG zur Bildung einer neuen OHG.

Ein Einzelunternehmer (1) möchte mit den OHG-Gesellschaftern (2 und 3) gemeinsam tätig sein und überträgt seinen inländischen Betrieb auf diese OHG. In dieser OHG sollen alle zu je 1/3 beteiligt sein.

Der Einzelunternehmer überträgt nun seinen Betrieb auf eine bestehende OHG und erhält dafür einen Geschäftsanteil gemäß § 23 Abs 2 UmgrStG.

Vor dem Zusammenschluß zeigen sich uns folgende Bilanzen:

EU (1)

AV	500	EK	600
UV	500	FK	400
	1.000		1.000

Stille Reserven sind keine vorhanden. Daher ist Buchwert und Verkehrswert gleich 600.

Die OHG Bilanz zeigt folgendes Bild:

OHG (2 + 3)

AV	1.500	EK (2)	500
UV	500	EK (3)	500
		FK	1.000
	2.000		2.000

Stille Reserven sind keine vorhanden, daher ist Buchwert und Verkehrswert gleich 1.000. Für die Aufteilung der Gesellschaftsrechte sind die Verkehrswerte maßgebend. Es wurde vereinbart, daß der Einzelunternehmer und die beiden OHG-Gesellschafter zu je 1/3 gleich beteiligt sein würden.

Die Verkehrswerte betragen

für den Gesellschafter 1	600
für den Gesellschafter 2	500
für den Gesellschafter 3	500

Der Gesellschafter 1 erwirbt mit 1/3 eine zu geringe Beteiligung an der OHG. Ohne gesellschaftsrechtliche Ausgleichsregelung führt diese Vorgangsweise zu einer Äquivalenzverletzung.

Die Lösung liegt darin, daß der Unternehmer 1 eine Entnahme von 100 tätigt.

Die **Übertragungsbilanz** des Einzelunternehmens sieht wie folgt aus:

Übertragungsbil. EU

AV	500	Übertr.Kap.	500
UV	500	Entn.	100
		FK	400
	1.000		1.000

Die Entnahme stellt eine Verbindlichkeit gegenüber dem Einzelunternehmer dar. Der Buchwert des Einzelunternehmens sinkt auf 500. Die Verbindlichkeit löst sich mit der tatsächlichen Entnahme auf.

Die **Übertragungsbilanz** der OHG zeigt folgendes Bild:

Übertragungsbil. OHG

AV	1.500	Übertr.Kap.	1.000
UV	500	FK	1.000
	2.000		2.000

Nach der Zusammenführung von Einzelunternehmen und OHG zeigt die OHG „neu" folgendes Bild:

OHG „neu"

AV	2.000	Ges. 1	500
UV	1.000	Ges. 2	500
		Ges. 3	500
		FK	1.400
		Entnahme	100
	3.000		3.000

Realteilung

Bei einer Realteilung wird das Vermögen einer Personengesellschaft, aufgrund eines Teilungsvertrages, auf die Nachfolgeunternehmer aufgeteilt. Die Nachfolgeunternehmer waren bereits Gesellschafter der Personengesellschaft. Die Nachfolgeunternehmer können natürliche oder juristische Personen sein. Während bei einer Liquidation das Vermögen der Personengesellschaft veräußert und der daraus erzielte Erlös auf die Gesellschafter aufgeteilt wird, wird bei der Realteilung das Vermögen selbst aufgeteilt. Die Nachfolgeunternehmer erhalten Vermögensteile und verzichten auf ihre bisherigen Gesellschaftsrechte.

Die Realteilung ist kein gewinnrealisierender Vorgang, weil ja die Gesellschafter nur jenes Vermögen erhalten, das sie bisher besessen haben. Wenn eine Vermögensaufteilung nicht rechnerisch exakt vorgenommen werden kann, wird es Ausgleichszahlungen geben. Steuerlich sind solche Ausgleichszahlungen neutral, beim Zahlenden stellen sie keinen Aufwand dar und beim Empfänger keinen Ertrag. In der Teilungsbilanz ist das Vermögen grundsätzlich mit den bisherigen Werten anzusetzen. Stille Reserven dürfen durch eine Realteilung nicht auf einen anderen Gesellschafter verlagert werden.

Fallbeispiel 19)

Aufteilung einer Personengesellschaft auf zwei Einzelunternehmen.

Eine OHG gehört A und B. Die OHG betreibt zwei Teilbetriebe, nämlich den Teilbetrieb 1 und den Teilbetrieb 2. Der Gesellschafter A soll nun den Teilbetrieb 1 und der Gesellschafter B den Teilbetrieb 2 gegen Aufgabe ihrer OHG Beteiligung erhalten. Nach Löschung der OHG finden wir zwei selbständige Einzelunternehmen.

Es erfolgt eine Realteilung zu Buchwerten. Es findet eine Sachabfindung gegen Aufgabe der Beteiligung statt. Das Fremdkapital (Lieferanten, Banken, Rückstellungen) ist nach Zugehörigkeit zu den Teilbetrieben aufzuteilen. Das neutrale Fremdkapital kann freihändig disponiert werden.

Bei ungleichen stillen Reserven kommt es zu einer Verschiebung der Steuerbelastung anläßlich einer Realisierung. Ein diesbezüglicher Ausgleichsposten ist in den Bilanzen der Einzelunternehmen erforderlich.

Die OHG stellt sich vor Aufteilung wie folgt dar:

OHG

	BW	VW	Sti.Res		BW	Sti.Res
TB 1	100	200	100	A	50	100
TB 2	100	200	100	B	50	100
				FK	100	
	200	400	200		200	200

Daraus abgeleitet ergibt sich eine Teilungsbilanz wie folgt:

Teilungsbilanz

	BW	VW	Sti.Res	Teilungs-	BW	Sti.Res
TB 1	100	200	100	-kap A	50	100
TB 2	100	200	100	-kap B	50	100
				FK 1	50	
				FK 2	50	
	200	400	200		200	200

In der Teilungsbilanz wird das Eigenkapital als Teilungskapital bezeichnet. In der Teilungsbilanz werden die steuerlich maßgebenden Werte übernommen.

Nach der Teilung gibt es das Einzelunternehmen A wie folgt:

EU „A“

	BW	VW	Sti.Res		BW
TB 1	100	200	100	EK	50
				FK	50
	100	200	100		100

Das Einzelunternehmen B stellt sich wie folgt dar:

EU „B“

	BW	VW	Sti.Res		BW
TB 2	100	200	100	EK	50
				FK	50
	100	200	100		100

Spaltung

Bei der Spaltung geht es um die Vermögensübertragung innerhalb von Kapitalgesellschaften. Ganz grundsätzlich ist zwischen der Abspaltung und der Aufspaltung zu unterscheiden. Während bei der Abspaltung das Altunternehmen bestehen bleibt, wird bei der Aufspaltung das Altunternehmen liquidiert. Die Aufspaltung wird auch als Liquidationsspaltung bezeichnet.

Es gibt jetzt zwei weitere Begriffe, nämlich die Handelsspaltung und die Steuerspaltung. Die Handelsspaltung betrifft die Spaltungen im Sinne des Spaltungsgesetzes, die Steuerspaltung die Spaltungen im Sinne des Umgründungssteuergesetzes. Der Anwendungsbereich der Steuerspaltung ist durch die Einbeziehung von Erwerbs- und Wirtschaftsgenossenschaften weiter als der der Handelsspaltung.

Die Spaltung erfolgt aufgrund eines Spaltungsvertrages, der die Art und Durchführung der geplanten Spaltung genau beschreibt, insbesondere die Art und Bewertung des einzubringenden Vermögens. Die Altgesellschafter erhalten für das übergebene Vermögen Kapitalanteile. Anläßlich der Vermögensübertragung gibt es keine Aufwertung, sondern die Buchwertfortführung. Mit anderen Worten: Stille Reserven brauchen nicht versteuert werden.

Übersicht über die Spaltungsarten (Handelsspaltungen)

	übertragende Gesellschaft	Vermögen	übernehmende Kapitalgesellschaft
Aufspaltung zur Neugründung	beendet die Tätigkeit	gesamtes Vermögen geht über	Kapitalgesellschaft wird neu gegründet
Abspaltung zur Neugründung	besteht fort	nur Vermögensteile gehen über	Kapitalgesellschaft wird neu gegründet
Aufspaltung zur Aufnahme	beendet die Tätigkeit	gesamtes Vermögen geht über	auf bestehende Kapitalgesellschaft
Abspaltung zur Aufnahme	besteht fort	nur Vermögensteile gehen über	auf bestehende Kapitalgesellschaft

Fallbeispiel 20)

Aufspaltung zur Neugründung (verhältniswahrend).

Die Gesellschafter A und B sind je zu 50% an der AB-GmbH beteiligt. Die AB-GmbH soll aufgespalten werden. Das Vermögen 1 soll auf eine neu gegründete C-GmbH und das Vermögen 2 auf eine ebenfalls neu gegründete D-GmbH übertragen werden. Das Vermögen 1 und 2 versteht sich als Vermögen i.S.d. § 12 UmgrStG (z.B. Teilbetrieb).

Die ursprüngliche AB-GmbH zeigt folgendes Bild:

AB-GmbH

Vermögen 1	200	EK	300
Vermögen 2	100		

Es folgt die Löschung der AB-GmbH und die Eintragung der gleichzeitig entstandenen C- und D-GmbH.

C-GmbH

Vermögen 2	100	EK	100

D-GmbH			
Vermögen 1	200	EK	200

Die Beteiligungsverhältnisse von A und B bleiben in den neuen Gesellschaften unverändert (verhältniswahrend). Die Gesellschaften übernehmen handelsrechtlich das Vermögen gemäß § 202 Abs. 1 HGB mit dem beizulegenden Wert. Die Gesellschafter tauschen steuerneutral die AB-Anteile gegen C- und D-Anteile.

Eine nicht verhältniswahrende Aufspaltung liegt jedoch dann vor, wenn die Beteiligungsverhältnisse von A und B in den neuen Gesellschaften nicht mehr jeweils 50% betragen. Eine Anteilsverschiebung wird in einem solchen Fall durch Zuzahlungen ausgeglichen.

Fallbeispiel 21)

Abspaltung zur Neugründung (verhältniswahrend).

Die Gesellschafter A und B sind zu je 50% an der AB-GmbH beteiligt. Von der AB-GmbH soll das Vermögen (Teilbetrieb) 2 abgespalten werden und auf eine neu gegründete C-GmbH übergehen.

Die ursprüngliche AB-GmbH zeigt wieder folgendes Bild:

AB-GmbH			
Vermögen 1	200	EK	300
Vermögen 2	100		

Es folgt die Eintragung der Abspaltung und gleichzeitig die Eintragung der C-GmbH ins Firmenbuch.

C-GmbH			
Vermögen 2	100	EK	100

AB-GmbH			
Vermögen 1	200	EK	200

Gemäß § 33 UmgrStG unterbleibt eine Liquidationsbesteuerung für das Vermögen 2. Die C-GmbH hat für das Vermögen 2 die Buchwerte für den Vermögensansatz in der AB-GmbH fortzuführen. Eine Abweichende handelsrechtliche Bilanzierung in der C-GmbH hat keine steuerlichen Auswirkungen.

Fallbeispiel 22)

Aufspaltung zur Aufnahme (verhältniswahrend).

Die Gesellschafter A und B sind zu je 50% an der AB-GmbH beteiligt. Von der AB-GmbH soll das Vermögen 1 auf eine bestehende K-GmbH und das Vermögen 2 auf eine ebenfalls bereits bestehende L-GmbH übergehen. Die schon bestehenden GmbH's, auf die das Vermögen übergehen soll, haben andere Eigentümer, nämlich K und L.

Die ursprüngliche AB-GmbH zeigt wieder folgendes Bild:

AB-GmbH			
Vermögen 1	200	EK	300
Vermögen 2	100		

Im Firmenbuch erfolgt die Eintragung der Aufspaltung mit der Löschung der AB-GmbH und der Eintragung der Vermögensübernahmen.

Bei der AB-GmbH unterbleibt eine Liquidationsbesteuerung im Sinne des § 20 KStG.

Die Vermögen 1 und 2 gehen auf die K- bzw. L-GmbH über, ertragssteuerlich werden sie mit den Buchwerten aus der AB-GmbH angesetzt.

Die Altgesellschafter A und B erhalten jeweils Gesellschaftsanteile an der K- und L-GmbH.

Fallbeispiel 23)

Downstream Konzernaufspaltung zur Aufnahme.

Konzern: Es herrscht i.d.R. Gesellschafteridentität bei übertragender und übernehmender Gesellschaft.

Die Gesellschafter A und B sind zu je 50% and er AB-GmbH beteiligt. Von der AB-GmbH soll das Vermögen 1 auf eine bestehende 100%ige Tochtergesellschaft G und das Vermögen 2 auf eine ebenfalls bestehende 100%ige Tochtergesellschaft H übertragen werden.

Die ursprüngliche GmbH zeigt folgendes Bild

AB-GmbH			
Vermögen 1	200	EK	300
Vermögen 2	100		

Mit der Eintragung der Aufspaltung folgt die Löschung der AB-GmbH sowie die Eintragung des Vermögensüberganges. Bei der AB-GmbH unterbleibt eine Liquidationsbesteuerung im Sinne des § 20 KStG.

Die Gesellschaften G und H treten körperschaftsteuerpflichtig in die Rechtsstellung der AB-GmbH.

G-GmbH			
bisheriges		EK	500
Vermögen	300		
Vermögen 1	200		

H-GmbH			
Bisheriges		EK	400
Vermögen	300		
Vermögen 2	100		

Für die Gesellschafter A und B findet eine steuerneutraler Anteilstausch statt. Die Buchwerte des anteiligen Eigenkapitals an der AB-GmbH sind die fiktiven Anschaffungskosten der Anteile an der G- und der H-GmbH.

Fallbeispiel 24)

Upstream Konzernaufspaltung zur Aufnahme.

Der Gesellschafter O hält alle Anteile an der gleichnamigen GmbH. Ebenfalls alle Anteile hält P an seiner P-GmbH. Daneben gibt es eine OP-GmbH, die jeweils zu 50% dem Gesellschafter O und dem Gesellschafter P gehört. Diese Gesellschaft überträgt das Vermögen 1 an die O-GmbH und das Vermögen 2 an die P-GmbH.

Die OP-GmbH hat folgende Bilanz:

OP-GmbH

Vermögen 1	400	EK	800
Vermögen 2	400		

Mit der Eintragung der Aufspaltung ins Firmenbuch erfolgt die Löschung der OP-GmbH und die Eintragung der Vermögensübernahmen. Für die OP-GmbH unterbleibt die Liquidationsbesteuerung.

Die OP GmbH hat zwei Übergangsbilanzen aufzustellen, in denen die steuerlich maßgebenden Werte angesetzt werden.

Annahme: Die Beteiligungsverhältnisse entsprechen dem Verkehrswert der übernommenen Vermögens.

O-GmbH

Bisheriges Vermögen	300	EK	700
Vermögen 1	400		

P-GmbH

Bisheriges Vermögen	300	EK	700
Vermögen 2	400		

Das übernommene Vermögen ist mit den steuerlich maßgebenden Buchwerten der Gesellschaft OP anzusetzen und weiterzuführen.

Weiterführende Literatur

Schwarzinger/Wiesner, Umgründungssteuer-Leitfaden, 2. Aufl., Bd. 1 und 2, Wien 1999

Hügel/Mühlehner/Hirschler, Kommentar zum Umgründungssteuergesetz, Wien 2000

9. Die Zukunft der Bilanzierung

9.1 Rechnungslegungstraditionen

In Europa ist die Rechnungslegung in den **Handelsgesetzen** geregelt. Der Gesetzgeber findet sich in einer Gesamtverantwortung. Er hat die Interessen der Unternehmen und die Interessen der Gläubiger abzuwiegen. **Die Bilanzierungsvorschriften orientieren sich weitgehend am Gläubigerschutz.** Soweit der Gesetzgeber eine **gesetzliche Regelung** nicht vorgesehen hat, verweist er auf die **Grundsätze ordnungsmäßiger Buchführung.** Damit gewinnen **die Fachgutachten der Kammer der Wirtschaftstreuhänder** und die Erkenntnisse des Verwaltungsgerichtshofes als Quellen der Grundsätze ordnungsmäßigen Buchführung zentrale Bedeutung.

Die **Bilanzrichtlinien der EG** (die vierte aus 1978 und die siebte aus 1983) basieren auf den handelsrechtlichen Bilanzierungsvorschriften, auch wenn sie eine ausdrückliche Verweisung auf die Grundsätze ordnungsmäßiger Buchführung nicht enthalten. Eine Reihe von EU-Mitgliedstaaten, darunter Deutschland, ist der Auffassung, daß **eine weitere Harmonisierung** in der bisherigen Form durch die Aufstellung von Richtlinien, nicht mehr wünschenswert ist. Aus deutscher Sicht besteht die Angst, daß das Vorsichtsprinzip mit nachteiligen Folgen für die Eigenkapitalausstattung und die Besteuerung aufgegeben werden müßte.

In den USA ist es so, daß die **Wirtschaftsprüfer** die Entwicklung der Rechnungslegungsgrundsätze in die Hand genommen haben. Der **amerikanische Gesetzgeber** hat dies weitgehend akzeptiert und greift nur ein, wenn er glaubt, daß das öffentliche Interesse beeinträchtigt wird. Die Maßgeblichkeit der Handelsbilanz für die steuerliche Gewinnermittlung ist damit nicht gegeben, **obwohl die Finanzverwaltung in der Praxis von den Ergebnissen der Handelsbilanz ausgeht.** Die von den Wirtschaftstreuhändern verfaßten Prinzipien haben nicht den Charakter von Rechtsnormen. Sie umschreiben so wie die ÖNORM im Bereich der Technik, die Regeln, die bei einer ordnungsgemäßen Berufsausübung einzuhalten sind. Diese Normen der Wirtschaftsprüfer werden nur dann verbindlich, wenn sie in einem bestimmten Umfang auch tatsächlich angewendet werden (generally accepted).

Die internationale Harmonisierung wird von zwei Organisationen, die seit 1987 zusammenarbeiten, mit dem Ziel vorangetrieben, die Grundregeln für einen weltweit einheitlichen Konzernabschluß zu schaffen. Damit wäre der weltweite Börsengang möglich. Diese Organisationen sind das IASC (International Accounting Standards Comitee) und IOSCO (International Organisation of Securities Comitees). IOSCO ist der weltweite Zusammenschluß der Börsenaufsichtsstellen.

Die international tätigen Unternehmen (global players) bemühen sich immer mehr um ausländische Anleger. Durch die Öffnung der internationalen Kapitalmärkte ist es möglich, Aktionäre in Singapur, in Tokio, in Sao Paulo oder in New York zu finden. Nachdem die internationalen Unternehmen an diesen Plätzen auch wirtschaftlich tätig sind, ist es naheliegend, auch dort Geld aufzunehmen. Diese Globalisierung bedeutet, daß sowohl **Eigenkapital** als auch **Fremdkapital international beschafft wird.** Die ausländischen Kapitalgeber verlangen dann einen Abschluß, **der nach einem internationalen Standard erstellt wird.**

International gibt es zwei Standards,

- einmal die **Generally Accepted Accounting Principles** (GAAP)
- und die **International Accounting Standards** (IAS)

Die GAAP werden von den amerikanischen Wirtschaftsprüfern verfaßt und die IAS von den eben besprochenen Organisationen IASC und IOSCO.

Diese internationalen Standards weichen von der Zielsetzung des HGB ab. **Bei den internationalen Standards dominiert die Aktionärsinformation**, im HGB **der Gläubigerschutz. International gesehen dominiert der Konzernabschluß, in unseren Breiten hat der Konzernabschluß Ergänzungsfunktion zum Einzelabschluß.**

9.2 Internationale Rechnungslegung

US-GAAP versus HGB

1993 ist Daimler Benz an die New Yorker Börse gegangen. Der nach deutschen Rechnungslegungsgrundsätzen erstellte Jahresabschluß hat einen **Gewinn** von 615 Mio. DM ausgewiesen. Derselbe Jahresabschluß nach GAAP (generally accepted accounting principles) erstellt, ergab einen **Verlust** mit 1.839 Mio. DM.

Im Geschäftsbericht für 1996 der Daimler-Benz AG finden wir folgende Informationen:

„Mit dem Gang an die New York Stock Exchange im Oktober 1993 hat sich Daimler Benz als erstes deutsches Unternehmen den direkten Zugang **zum größten Kapitalmarkt der Welt** verschafft. Damit wurde auch das **Rechnungswesen nachhaltig verändert**.

Seit dem Listing an der New York Stock Exchange haben wir unsere Berichterstattung zunehmend am **Informationsbedarf der Finanzwelt** ausgerichtet. Mit dem Geschäftsbericht 1996 präsentieren wir als erstes deutsches Unternehmen einen vollständigen Jahresabschluß nach US-GAAP, der zugleich den Vorschriften im Entwurf des deutschen Kapitalaufnahmeerleichterungsgesetzes entspricht und insofern auch den EU-Richtlinien sowie der europäischen Bilanzierungspraxis folgt.

Mehr Transparenz

Anstelle verschiedener Kennzahlen zum wirtschaftlichen Erfolg des Unternehmens, stellen wir unseren Aktionären ein in sich geschlossenes Zahlenwerk nach US-GAAP zur Verfügung. Wir erfüllen damit den **Rechnungslegungsstandard mit der international höchsten Reputation, der den wirtschaftlichen Erfolg wie auch die Vermögens- und Finanzlage des Unternehmens nach unserer Einschätzung klarer und zutreffender als jedes andere zur Zeit anwendbare System der Rechnungslegung wiedergibt.** Ausschlaggebend dafür ist die Tatsache, daß die US-Rechnungslegung die Information des Investors und nicht den in der deutschen Bilanzierung dominierenden Gläubigerschutz in den Vordergrund stellt. Die **Bewertungswahlrechte** sind **erheblich eingeschränkt**, die Zuordnung von Erträgen und Aufwendungen auf die einzelnen Perioden ist auf strikte, wirtschaftliche Gesichtspunkte ausgerichtet.

Vorteile für Aktionäre

Für jeden Aktionär ist es auf der Basis der US-Rechnungslegung **erheblich einfacher, die wirtschaftliche Lage und die Entwicklung des Unternehmens zutreffend zu beurteilen.** Im Zentrum der Erfolgsanalyse steht künftig der Operating Profit, eine Kennziffer für den **betrieblichen Erfolg.** Ausgehend von der Gewinn- und Verlustrechnung nach US-GAAP errechnet sich der Operating Profit im wesentlichen aus den Umsatzerlösen, abzüglich der Umsatzkosten und sonstigen Aufwendungen. Da die Ergebnisgrößen nach amerikanischer Rechnungslegung den **wirtschaftlichen Erfolg des Unternehmens zutreffend abbilden**, können wir nun Größen aus der externen Rechnungslegung für die interne Steuerung des Unternehmens einsetzen."

Soweit der Geschäftsbericht.

Übersicht der Rechnungslegungsvorschriften

USA	Österreich
Es gibt **keine handelsrechtliche Regelung** (case law, keine Bundesgesetzgebungskompetenz), ausgenommen **securities and exchange commission** (SEC), Börsenaufsichtsbehörde: securities act of 1933, 1934 regulation S-X *GAAP, generally accepted accounting principles* überwiegend „private" (im Gegensatz zu gesetzlichen) Vorschriften, von Wirtschaftsprüfern und Professoren gemacht	§§ 198 ff HGB (Rechnungslegungsgesetz) Alles, was nicht gesetzlich geregelt ist, findet sich in den GOB (Grundsätze ordnungsgemäßer Bilanzierung) **Quellen für GOB**: 1. Fachgutachten (Kammer der Wirtschaftstreuhänder) 2. Erkenntnisse des Verwaltungsgerichtshofes 3. Literatur (Professoren)

Das einzig Gemeinsame, das die GAAP Vorschriften und die GOB haben, ist der **unbestimmte Rechtsbegriff**, was bedeutet, daß die Begriffe im Wandel sind und gegebenenfalls andere Inhalte erhalten.

GAAP und GOB sind inhaltlich nur ganz begrenzt vergleichbar: Die GAAP-Vorschriften sind **sehr detailliert**, die GOB **allgemein gehalten**. Die GOB gelten für **alle Kaufleute**, während die GAAP-Vorschriften nur für **börsennotierte Unternehmen** gelten. Schließlich sind die GOB gemäß § 5 EStG auch für das Steuerrecht maßgeblich, sofern keine zwingenden steuerlichen Vorschriften dagegen sprechen. Auf der anderen Seite haben die GAAP-Vorschriften nur **geringe Bedeutung** für das Steuerrecht.

Entwicklung der Rechnungslegungsvorschriften in Österreich

1965: §§ 131, 132, 133 **Aktiengesetz**	1990: **Rechnungslegungsgesetz** 1996: **EU-Gesellschaftsrechtsänderungsgesetz**
Obwohl nur im **Aktiengesetz** formuliert, war die Regelung **für alle Handelsbilanzen verpflichtend**. Der Abstand zu GAAP wird an zwei Beispielen deutlich: **Rohüberschuß**: in der G&V wurde der Umsatz mit dem Materialaufwand (Wareneinsatz) saldiert ausgewiesen. **Kein Rückstellungserfordernis** für Abfertigungs- und Pensionsverpflichtungen. Beispielsweise hat bei einem Energieversorgungsunternehmen eine Rückstellung für Pensionszusagen in Höhe von S 2 Milliarden in der Bilanz „gefehlt". Das Rechnungslegungsgesetz hat 1990 Übergangsbestimmungen für jene Unternehmen geschaffen, die diese Rückstellungen nicht gebildet hatten. **Abfertigungsrückstellungen** mußten innerhalb von 5 Jahren, **Pensionsrückstellungen** innerhalb von 20 Jahren nachgeholt werden. Schließlich war die Aktivierung selbsterstellter, immaterieller Wirtschaftsgüter des Anlagevermögens erlaubt.	Der Abstand zu GAAP hat sich stark verringert. Es gibt aber trotzdem keine Verpflichtung zum Ansatz **aktiv latenter Steuern**. Eine wirksame Gläubigerschutzbestimung im § 207 Abs 2, nämlich das **erweiterte Niederstwertprinzip**, wird nur als KANN-Bestimmung formuliert (Gläubigerschutz light). Mit einer **Kapitalflußrechnung** hätte man einen sicheren Einblick in die Vermögens-, Finanz- und Ertragslage. Nur die **Kapitalflußrechnung** wird nicht zum verpflichtenden Bestandteil des Jahresabschlusses gemacht. Es gibt jetzt die Ansatzverpflichtung für **Abfertigungen** und **Pensionen**, jedoch **keine Regelung** über Ermittlungsmethode und Rechnungszinsfuß. Die GOB tolerieren unter bestimmten Umständen **Abweichungen bis 25%** vom handelsrechtlich erforderlichen Ansatz. Es gibt **keine Regelung für Leasinggeschäfte**. Die Bilanzierung wird vom Steuergesetzgeber stark beeinflußt. Die Produkthaftrückstellung wird zuerst steuerlich großzügig zugelassen und dann wieder gestrichen.

1999: Konzernabschlußgesetz

Das Konzernabschlußgesetz bringt die Anerkennung der US-GAAP als Rechnungsgrundlage für den Konzernabschluß. Konzernabschlüsse, die nach US-GAAP (oder IAS) aufgestellt werden und zugleich der Konzernrichtlinie der EU entsprechen, werden als befreiend angesehen.

In den erläuternden Bemerkungen findet sich folgende **Situationsanalyse:**

Die Konzernabschlüsse nach HGB sind aus Sicht der ausländischen Investoren **keine zufriedenstellende Informationsgrundlage.** Daher erstellen bedeutende österreichische Konzerne zusätzlich zu einem Konzernabschluß nach HGB einen Abschluß nach US-GAAP oder IAS. Diese Doppelgleisigkeit verursacht einen hohen Verwaltungs- und Kostenaufwand und ist **für die Investoren nur verwirrend,** insbesondere dann, wenn das HGB-Ergebnis wesentlich vom US-GAAP-Ergebnis abweicht. Daher wird im Konzernabschlußgesetz festgelegt, daß ein nach US-GAAP oder IAS aufgestellter Konzernabschluß **die Aufstellung eines parallelen Konzernabschlusses nach HGB ersetzt.** Der Einzelabschluß wird nach wie vor nach HGB erstellt und ist für die Gewinnausschüttung und als steuerliche Bemessungsgrundlage relevant. Der Konzernabschluß hat eine reine Informationsfunktion über die wirtschaftliche Lage eines Konzerns. Eine solche Regelung gibt es mittlerweile in Belgien, Italien, Frankreich und seit dem 20. April 1998 auch in Deutschland.

Die US-amerikanischen Rechnungslegungsvorschriften

Der angelsächsischen Rechtstradition (case law) entsprechend gibt es kaum **gesetzliche Vorschriften.** Eine bereits getroffene Entscheidung ist die Grundlage für einen neuen vergleichbaren Sachverhalt. Zum zweiten ist die **Handelsrechtsgesetzgebung** Angelegenheit jedes einzelnen Bundesstaates, daher ist auch keine einheitliche Gesetzgebung zum Thema Handelsrecht möglich.

Die einzige einheitliche Gesetzgebung erfolgte durch die **Börsenaufsichtsbehörde**, der **securities and exchange**

commission (SEC) und zwar zum Wertpapierrecht und zur Börsenaufsicht. Die SEC wurde nach dem Börsenkrach 1931 gegründet und übt seither die **Kontrolle des Wertpapierhandels** aufgrund zweier Gesetze aus:

- securities act von 1933
- securities exchange act von 1934.

Diese Vorschriften haben auch für die Rechnungslegung Bedeutung. Sie betreffen Form, Inhalt und Prüfung von Jahresabschlüssen, die bei der SEC eingereicht werden müssen. Die wichtigste **Bestimmung für die Rechnungslegung** ist die „regulation S-X" mit folgenden Schwerpunkten:

- Art 2 über Qualifikation des **Wirtschaftsprüfers**, über Qualität des **Prüfberichtes**
- Art 3 über die Pflicht zur Aufstellung von **Konzernabschlüssen**
- Art 5 über Form, Inhalt von **Bilanz** und **Gewinn- und Verlustrechnung** bei Handels- und Dienstleistungsunternehmen
- Art 10 über Form und Inhalt von **Quartalsabschlüssen.**

Die SEC erzwingt gegebenenfalls die Einhaltung dieser Vorschriften mit zivil- bzw. strafrechtlichen Klagen und wird in letzter Konsequenz mit dem Widerruf der Börsenzulassung reagieren.

GAAP

Seit 1920 werden die GAAP vom **American Institut of Certified Public Accountants** (Institut der Wirtschaftsprüfer), AICPA, entwickelt. 1959 ist dann die Verantwortung für die GAAP auf das **Accounting Principles Board** (APB) übergegangen. Sei 1973 liegt die Verantwortung beim **Financial Accounting Standards Board** (FASB), einem eigenständigen privaten Institut mit hauptberuflichen Spezialisten.

AICPA, APB und FASB sind die wichtigsten Organisationen, die zu Bilanzierungsfragen Stellung nehmen bzw. genommen haben.

Eine **Hierarchie aller Stellungnahmen** ist im sogenannten „House of GAAP" dargestellt. Damit die Konzentration für die wesentlichen Bestimmungen bleibt, werden nur das Fundament und der 1. und der 2. Stock vorgestellt. Ein weiterer Grund: Mit jedem Stockwert nimmt die Bedeutung einer Vorschrift ab. Mit den Vorschriften des 1. und 2. Stocks lernen wir aber die wichtigsten Vorschriften kennen.

Die **Rangliste** der Stellungnahmen liest sich wie folgt:

1. FASB statement
   FASB interpretations
   APB opinions
   AICPA accounting research bulletins
2. FASB technical bulletins
   AICPA industry audit and accounting guides
   AICPA statements of position

Das Fundament, auf dem GAAP aufgebaut ist (basic principle)

GAAP – accrual principle	HGB – periodengerechte Gewinnermittlung
realization principle Dieses Prinzip betrifft den Grundsatz der *periodengerechten Gewinnermittlung.* Dieser Grundsatz wird jedoch *weiter ausgelegt als in Österreich.* Beispiele dafür sind: percentage of completion method (Teilgewinnrealisierung), erfolgswirksame Erfassung nicht realisierter Gewinne/Verluste bei trading securities. Die periodengerechte Gewinnermittlung verlangt die Periodisierung von Aufwand und Ertrag unabhängig von Einzahlung und Auszahlung.	**Realisationsprinzip** § 201 Abs 2 verlangt, daß nur am Abschlußstichtag realisierte Gewinne auszuweisen sind. Die Bilanzidentität verlangt die Übereinstimmung der Periodenerfolge. Die *Verpflichtung zur Periodenabgrenzung ist aber nicht kodifiziert,* entspricht aber den GOB.
matching principle Zuordnung von Aufwendungen zu bestimmten Perioden „expenses follow revenue". **conservatism** Das Vorsichtsprinzip als Ausfluß des *Gläubigerschutzes wird nur eingeschränkt berücksichtigt.* Vorsichtig wird nur bewertet, wenn dadurch nicht die „fair presentation" gefährdet ist. Fair presentation bedeutet die Abbildung der tatsächlichen wirtschaftlichen Lage des Unternehmens. Dabei ist zu beachten, daß *das accrual principle und das matching principle wichtiger sind als das Prinzip des conservatism.*	**Vorsichtsprinzip** Das Vorsichtsprinzip ist *das dominierende Prinzip* im HGB. Damit wird dem *Gläubigerschutz* entsprochen. § 204 Abs 2: gemildertes Niederstwertprinzip beim Anlagevermögen. § 208 Abs 1: strenges Niederstwertprinzip beim Umlaufvermögen § 201: Grundsatz der Vorsicht, imparitätisches Realisationsprinzip, Höchstwertprinzip auf der Passivseite. *Das imparitätische Realisationsprinzip ist stärker als das Prinzip der periodengerechten Gewinnermittlung* (beim GAAP umgekehrt!)

GAAP – accrual principle	HGB – periodengerechte Gewinnermittlung
substance over form Der Inhalt und nicht die Erscheinungsform ist für die bilanzielle Beurteilung entscheidend. *Substance over fom ist ein overriding principle und damit höherwertiger als die anderen basics.* Substance over form bedeutet die Berücksichtigung des wirtschaftlichen Zusammenhanges. Paradebeispiel: Eine Beteiligung wird mit dem Wert des Kapitalkontos beim Tochterunternehmen bewertet (equity Bewertung).	**wirtschaftliche Betrachtungsweise** Die wirtschaftliche Betrachtungsweise ist ein Begriff des **Steuerrechts** (§§ 21 und 22 Bundesabgabenordnung). Das HGB kennt das wirtschaftliche Eigentum: Was dem Kaufmann gehört, bestimmt sich nicht nur nach juristischem Eigentum, sondern auch nach den tatsächlichen Verhältnissen. Entscheidend ist, ob über den Gegenstand wie ein Eigentümer verfügt werden kann.
going concern Im Rahmen der Bilanzierung ist von einer *Unternehmens-fortführung* auszugehen. Aufwendungen und Erträge dürfen nach dem accrual principle nur dann abgegrenzt (periodisiert) werden, wenn going concern gegeben ist.	**Unternehmensfortführung** § 201 Abs 2 Z 2: Bei der Bewertung ist von der *Fortführung des Unternehmens* auszugehen (inhaltsgleich mit GAAP!)
materiality Soweit eine Information für den Bilanzleser *keinen Informationswert hat, ist sie unwesentlich.* Mit anderen Worten: von GAAP darf abgewichen werden, wenn der Informationswert (fair presentation) nicht beeinträchtigt wird. Prozentsätze für eine Abweichung finden sich in SEC Bestimmungen wie folgt: – 1% von bestimmten Forderungen – 5% der Bilanzsumme – 10% vom Umsatz	**Wesentlichkeit** im HGB *nicht geregelt!* § 209 Festwert: Bei wesentlichen (10%) Änderungen des Bestandes ist eine Wertanpassung durchzuführen. § 205: Die geringwertigen Wirtschaftsgüter sind als Bewertungsreserve auszuweisen, wenn sie betragsmäßig vom wesentlichen (10%) Umfang sind. Das, was wesentlich ist, ergibt sich aus den GOB. Die eben dargestellten 10% sind GOB konform, nur ist darauf hinzuweisen, daß die GOB auch 25% für wesentlich halten (Abfertigungs-, Pensionsrückstellung).
fair presentation (true and fair view) Im Bestätigungsvermerk (opinion) des Wirtschaftsprüfers wird festgehalten, daß „in our opinion the financial statements ... present fairly ...“ Der *Grundsatz der fair presentation ist ein overriding principle.* Die im Jahresabschluß vermittelten Informationen müssen relevant (relevant) und verläßlich (reliable) sein. Relevant sind die Informationen dann, wenn aufgrund der Vermögens-, Finanz- und Ertragslage zutreffende Vorhersagen gemacht werden können. Verläßlich sind Informationen dann, wenn sie einer Überprüfung standhalten.	§ 222 Abs 2: Wir kommen zu dem Ergebnis, daß ein getreues Bild der **Vermögens-, Finanz- und Ertragslage** durch den Jahresabschluß dann vermittelt wird, *wenn die gesetzlichen Bewertungsvorschriften* und die Grundsätze ordnungsmäßiger Buchführung *beachtet werden.*

Hinweis: Wenn von GAAS die Rede ist, dann handelt es sich nicht um einen Tippfehler, sondern um die generally accepted auditing standards. Die GAAS bestimmen die Grundsätze ordnungmäßiger Durchführung von Abschlußprüfungen.

Wesentliche Unterschiede zwischen deutscher (österreichischer) und US Rechnungslegung

Aus dem Geschäftsbericht 1996 der Daimler-Benz AG:

„Hinter der deutschen und der US Rechnungslegung stehen grundsätzlich unterschiedliche Betrachtungsweisen. Während die Rechnungslegung nach HGB das **Vorsichtsprinzip** und den **Gläubigerschutz** in den Vordergrund stellt, ist die Bereitstellung **entscheidungsrelevanter Informationen** für den Aktionär das vorrangige Ziel der US Rechnungslegung. Der **periodengerechten Erfolgsermittlung** wird nach US-GAAP ein höherer Stellenwert eingeräumt als nach HGB.

Nach dem deutschen Recht sind dem Imparitätsprinzip zufolge nur **unrealisierte Verluste** zu bilanzieren, während nach US-GAAP auch bestimmte **unrealisierte Gewinne** ausgewiesen werden müssen. Diese Vorgangsweise schlägt sich insbesondere bei der Erfassung unrealisierter Gewinne aus der Stichtagsbewertung von Fremdwährungsbeträgen und derivativen Finanzinstrumenten nieder.

Wertpapiere sind entsprechend den deutschen Bilanzierungsvorschriften zu Anschaffungskosten oder niedrigeren Marktwerten anzusetzen. Die US-Rechnungslegungsvorschriften verlangen hingegen, daß Wertpapiere auch zu **höheren Marktwerten** zu bilanzieren sind, wobei die Veränderung im Marktwert entweder unmittelbar in der Gewinn- und Verlustrechnung oder im Eigenkapital zu erfassen ist.

Die Aktivierung von **Leasinggegenständen** erfolgt nach US-GAAP nicht beim rechtlichen, sondern beim wirtschaftlichen Eigentümer. Beim sogenannten „capital lease" liegen die Risiken und Chancen aus dem Eigentum am Leasinggegenstand überwiegend beim Leasingnehmer, ohne daß zugleich das rechtliche Eigentum übergeht. Nach US-GAAP wird ein solches „capital lease" wie ein Kauf behandelt. Das heißt, der Leasingnehmer aktiviert den Leasinggegenstand und weist eine entsprechende Verbindlichkeit aus. Dementsprechend bucht der Leasinggeber eine Forderung aus Absatzfinanzierung ein und einen Umsatz aus dem Verkauf des Leasinggegenstandes.

Bei **langfristiger Fertigung** werden Erlöse und Aufwendungen nach deutschem Recht entsprechend dem Realisationsprinzip verbucht. Während nach US-GAAP entsprechend dem Grad der Fertigstellung eine **anteilige Gewinnrealisierung** vorzunehmen ist (percentage of completion method).

Rückstellungen werden in der US-Bilanzierungspraxis grundsätzlich nicht separat, sondern unter den Verbindlichkeiten (liabilities) ausgewiesen. Die Möglichkeiten zu Bildung von Rückstellungen sind in der US-Rechnungslegung **deutlich restriktiver** geregelt als im HGB. Rückstellungen sind zu bilden, wenn eine Verpflichtung gegenüber einem Dritten besteht, die Inanspruchnahme wahrscheinlich und die voraussichtliche Höhe des notwendigen Rückstellungsbetrages zuverlässig schätzbar ist. Aufwandsrückstellungen sind nach US-Vorschriften grundsätzlich nicht zulässig.

Pensionsrückstellungen werden (anders als nach deutschen Grundsätzen) unter Berücksichtigung erwarteter Lohn- und Gehaltssteigerungen ermittelt. Zur Berechnung wird nicht der im deutschen Steuerrecht geltende Abzinsungssatz von 6% zugrunde gelegt, sondern der jeweilige Realzinssatz.

Nach US-GAAP besteht eine **Ansatzpflicht** für **aktive und passive latente Steuern**, die aus temporären Differenzen zwischen steuerlichen Wertansätzen und den Wertansätzen in der Konzernbilanz entstehen. **Steuerliche Verlustvorträge** stellen wegen der künftig verminderten Steuerzahlung einen wirtschaftlichen Nutzen dar. Zum Zeitpunkt der Verlustentstehung ist daher der künftige (latente) Steuervorteil in Abhängigkeit von seiner Realisierbarkeit zu aktivieren."

Weiterführende Literatur:

Einführung: *Grünberger, H.*, Der Jahresabschluß nach US-GAAP, Orac Wirtschaftsskripten, Wien, 1999
Fortgeschrittene: Rechnungslegung nach US-amerikanischen Grundsätzen, IDW Verlag, Düsseldorf 1999

9.3 HGB, IAS und US-GAAP auf einen Blick

Die Unterschiede zwischen den drei Systemen auf einen Blick (aus dem Goldenen Trend 98)

	HGB	IAS	US-GAAP
Grundlagen			
Zweck der Rechnungslegung und Jahresabschlußadressaten	Vermittlung eines möglichst getreuen Bildes der Vermögens-, Finanz- und Ertragslage; Adressaten sind primär Gesellschafter und Gläubiger	Vermittlung entscheidungsrelevanter Informationen über die Vermögens-, Finanz- und Ertragslage; grundsätzliche Ausrichtung auf Investoren	Vermittlung entscheidungsrelevanter Informationen über die Vermögens-, Finanz- und Ertragslage; Adressaten sind Investoren und Kreditgeber
Übergeordnete Grundsätze	Vorsichtsprinzip und Gläubigerschutz	Grundsatz der periodengerechten Erfolgsermittlung	Grundsatz der periodengerechten Erfolgsermittlung
Einfluß des Steuerrechts	Maßgeblichkeit der Handelsbilanz für die steuerliche Gewinnermittlung	Maßgeblichkeitsprinzip unbekannt	Maßgeblichkeitsprinzip unbekannt

	HGB	IAS	US-GAAP
Bestandteil des Jahresabschlusses	Bilanz, Gewinn- und Verlustrechung und Anhang; Lagebericht	Bilanz, Gewinn- und Verlustrechung, Notes, Kapitalflußrechnung, Segmentberichterstattung	Bilanz, Gewinn- und Verlustrechung, Notes, Kapitalflußrechnung, Entwicklung des Eigenkapitals
Gliederung	gesetzliche Gliederungsvorschriften	keine Gliederungsvorschriften sowohl Gesamtkosten- als auch Umsatzkostenverfahren möglich	Gliederung laut Formularen der SEC obligatorisch, nur Umsatzkostenverfahren
Bilanzierungsmethoden			
Selbsterstellte immaterielle Vermögensgegenstände	Aktivierungsverbot	Aktivierungsverbot unter bestimmten Voraussetzungen	Aktivierungsverbot unter bestimmten Voraussetzungen
Leasing	Anwendung der steuerlichen Regeln führt i.d.R. zur Bilanzierung beim Leasinggeber	Bilanzierung beim wirtschaftlichen Eigentümer	Bilanzierung beim wirtschaftlichen Eigentümer
Latente Steuern	Passivierungspflicht für passive latente Steuern, Ansatzwahlrecht für aktive Steuerabgrenzungen, keine Berücksichtigung von Verlustvorträgen, Deferral- oder Liability-Methode	Aktivierungs- bzw. Passivierungspflicht für Steuerauswirkungen von Timing Differences und Verlustvorträgen, nur Liability-Methode	Aktivierungs- bzw. Passivierungspflicht für Steuerauswirkungen von Timing Differences und Verlustvorträgen, nur Liability-Methode
Rückstellungen	Vorsichtsprinzip grundlegend, weitgehendes Ermessen; Bildung von Aufwandsrückstellungen zulässig	Rückstellungsbildung nur bei vernünftiger Schätzbarkeit und Wahrscheinlichkeit des Eintritts; tendenziell ist der „best case" zu berücksichtigen; Aufwandsrückstellungen sind nicht zulässig	Rückstellungsbildung nur bei vernünftiger Schätzbarkeit und Wahrscheinlichkeit des Eintritts; tendenziell ist der „best case" zu berücksichtigen; Aufwandsrückstellungen sind nicht zulässig
Bewertungsmethoden			
Wertansätze für Vermögensgegenstände	Anschaffungskostenprinzip	Anschaffungskosten oder Wiederbeschaffungskosten	Anschaffungskostenprinzip
Umfang der Herstellungskosten	Wahlrecht zwischen Voll- und Teilkosten	Aktivierungspflicht für produktionsbedingte Vollkosten	Aktivierungspflicht für produktionsbedingte Vollkosten
Aktivierung von Fremdkapitalzinsen	Wahlrecht direkter Zurechenbarkeit	Aktivierungsgebot bei längerer Fertigungsdauer und direkter Zurechenbarkeit	Aktivierungsgebot bei längerer Fertigungsdauer und direkter Zurechenbarkeit
Gewinnrealisierung bei langfristigen Aufträgen	Gewinnrealisierung bei Fertigstellung und Abnahme (completed contract method)	anteilige Gewinnrealisierung verpflichtend (percentage of completion method)	anteilige Gewinnrealisierung verpflichtend (percentage of completion method)
Umrechnung von Fremdwährungsposten	Anwendung des strengen Niederstwertprinzipes	Umrechnung zum Stichtagskurs oder Niederstwertprinzip	Umrechnung zum Stichtagskurs

	HGB	IAS	US-GAAP
Abfertigungs- und Pensionsverpflichtungen	Barwert der Ansprüche bei Ausscheiden aus dem Dienstverhältnis, angesammelt über die Dienstzeit (Gegenwartswert- oder Teilwertverfahren); keine Berücksichtigung künftiger Gehaltssteigerungen; Zinssatz 4%–6%	Barwert der bis zum Stichtag verdienten Ansprüche (accrued benefit obligation) oder alternativ Barwert der Ansprüche bei Ausscheiden; angesammelt über die Dienstzeit (projected benefit obligation); Berücksichtigung künftiger Gehalts- und Pensionssteigerungen; Kapitalmarktzinssatz	Barwert der bis zum Stichtag verdienten Ansprüche (projected benefit obligation); Berücksichtigung künftiger Gehalts- und Pensionssteigerungen; Kapitalmarktzinssatz; kein Bilanzansatz der Verpflichtung. Verpflichtung durch externes Fondsvermögen gedeckt.
Vorräte	strenges Niederstwertprinzip, Identitätspreis, Durchschnittspreis, FIFO, LIFO (wenn Verbrauchsfolge)	strenges Niederstwertprinzip (FIFO, Durchschnittpreisverfahren)	lower of cost or market, dollar value LIFO (ohne Verbrauchsfolge)
Konzernrechnungslegung			
Konsolidierungskreis	Einbeziehungsverbot bei stark abweichender Tätigkeit; Einbeziehungswahlrecht bei mangelnder Kontrolle, untergeordneter Bedeutung, unverhältnismäßigen Kosten oder Verzögerungen	Einbezugspflicht trotz unterschiedlicher Tätigkeit; keine Einbeziehungswahlrechte	Einbezugspflicht trotz unterschiedlicher Tätigkeit; keine Einbeziehungswahlrechte
Kaptialkonsolidierung	Buchwert- oder Neubewertungsmethode	Buchwert- oder Neubewertungsmethode	Buchwertmethode
Zeitpunkt der Erstkonsolidierung	Zeitpunkt des Anteilserwerbs oder der erstmaligen Einbeziehung in den Konzernabschluß	ausschließlich Zeitpunkt des Anteilserwerbs	ausschließlich Zeitpunkt des Anteilserwerbs
Firmenwert (goodwill) aus der Kapitalkonsolidierung	Aktivierung oder offene Verrechnung mit den Rücklagen	max. 5 Jahre, mit jährlichem *impairment test* max. 40 Jahre	Aktivierungsgebot; Abschreibung über einen Zeitraum von maximal 40 Jahren
Ausweis eines Minderheitenanteils in der Konzernbilanz	gesonderter Ausweis im Eigenkapital	Ausweis als gesonderter Posten im Eigenkapital oder als Sonderposten zwischen Eigen- und Fremdkapital	Ausweis als Sonderposten zwischen Eigen- und Fremdkapital
Quotenkonsolidierung	Wahlrecht bei Gemeinschaftsunternehmen (joint venture)	empfohlene Methode für Gemeinschaftsunternehmen	grundsätzlich nicht zulässig

10. Informationsteil

10.1 Neuer Österreichischer Einheitskontenrahmen

gestaltet vom Fachsenat für Betriebswirtschaft der Kammer der Wirtschaftstreuhänder (Fassung 1999)

Bestandskonten

Klasse 0 **Anlagevermögen und Aufwendungen für das Ingangsetzen und Erweitern eines Betriebes**	**Klasse 1** **Vorräte**	**Klasse 2** **Sonstiges Umlaufvermögen, Rechnungsabgrenzungsposten**	**Klasse 3** **Rückstellungen, Verbindlichkeiten und Rechnungsabgrenzungsposten**	**Klasse 9** **Eigenkapital, unversteuerte Rücklagen, Einlagen Stiller Gesellschafter, Abschluß von Evidenzkonten**
00 Aufwendungen für das Ingangsetzen und Erweitern eines Betriebes	10 Bezugsverrechnung	20–21 Forderungen aus Lieferungen und Leistungen	30 Rückstellungen	90–91 Gezeichnetes bzw. gewidmetes Kapital, nicht eingeforderte ausstehende Einlagen
01 Immaterielle Vermögensgegenstände	11 Rohstoffe		31 Anleihen, Verbindlichkeiten gegenüber Kreditinstituten und Finanzinstituten	
02–03 Grundstücke, grundstücksgleiche Rechte, einschließlich der Bauten auf fremden Grund	12 Bezogene Teile	22 Forderungen gegenüber verbundenen Unternehmen und Unternehmen, mit denen ein Beteiligungsverhältnis besteht	32 Erhaltene Anzahlungen auf Bestellungen	92 Kapitalrücklagen
	13 Hilfsstoffe, Betriebsstoffe	23–24 Sonstige Forderungen und Vermögensgegenstände	33 Verbindlichkeiten aus Lieferungen und Leistungen, Verbindlichkeiten aus der Annahme gezogener und der Ausstellung eigener Wechsel	93 Gewinnrücklagen, Bilanzgewinn, Bilanzverlust
04–05 Technische Anlagen und Maschinen	14 Unfertige Erzeugnisse		34 Verbindlichkeilen gegenüber verbundenen Unternehmen, mit denen ein Beteiligungsverhältnis besteht und gegenüber Gesellschaftern	94–95 Bewertungsreserven und sonstige unversteuerte Rücklagen
	15 Fertige Erzeugnisse	25 Forderungen aus der Abgabenverrechnung	35 Verbindlichkeiten aus Steuern	
06 Andere Anlagen, Betriebs- und Geschäftsausstattung	16 Waren	26 Wertpapiere und Anteile	36 Verbindlichkeiten im Rahmen der sozialen Sicherheit	96 Privat- und Verrechnungskonten bei Einzelunternehmen und Personengesellschaften
07 Geleistete Anzahlungen und Anlagen in Bau	17 Noch nicht abrechenbare Leistungen	27–28 Kassenbestand, Schecks, Guthaben bei Kreditinstituten	37–38 Übrige sonstige Verbindlichkeiten	97 Einlagen Stiller Gesellschafter
08–09 Finanzanlagen	18 Geleistete Anzahlungen			98 Eröffnungsbilanz, Schlußbilanz, Gewinn- und Verlustrechnung
	19 Wertberichtigungen	29 Rechnungsabgrenzungsposten	39 Rechnungsabgrenzungsposten	99 Evidenzkonten

Erfolgskonten

Klasse 4 Betriebliche Erträge	Klasse 5 Materialaufwand und sonstige bezogene Herstellungs-leistungen	Klasse 6 Personalaufwand	Klasse 7 Abschreibungen und sonstige betriebliche Aufwendungen	Klasse 8 Finanzerträge und Finanzauf-wendungen, a.o. Erträge und a.o. Aufwendungen, Steuern vom Einkommen und vom Ertrag, Rücklagenbewegung
40–44 Brutto-Umsatzerlöse und Erlösschmälerungen	50 Wareneinsatz	60–61 Löhne	70 Abschreibungen	80–83 Finanzerträge und Finanzaufwendungen
	51 Verbrauch von Rohstoffen		71 Sonstige Steuern	
	52 Verbrauch von bezogenen Fertig- und Einzelteilen	62–63 Gehälter	72 Instandhaltung und Reinigung durch Dritte, Entsorgung, Beleuchtung	
	53 Verbrauch von Hilfsstoffen		73 Transport-, Reise- und Fahrtaufwand, Nachrichtenaufwand	
	54 Verbrauch von Betriebsstoffen	64 Aufwendungen für Abfertigungen, Aufwendungen für Altersversorgung	74 Miet-, Pacht-, Leasing- und Lizenz-aufwand	84 Außerordentliche Erträge und außerordentliche Aufwendungen
45 Bestandsver-änderungen und aktivierte Eigenleistungen	55 Verbrauch von Werkzeugen und anderen Erzeugungs-hilfsmitteln	65 Gesetzlicher Sozial-aufwand Arbeiter und Angestellte	75 Aufwendungen für beigestelltes Personal, Provisionen an Dritte, Aufsichtsratsvergütungen	85 Steuern vom Einkommen und Ertrag
46–49 Sonstige betriebliche Erträge	56 Verbrauch von Brenn- und Treibstoffen, Energie und Wasser	66 Lohn- und gehalts-abhängige Abgaben und Pflichtbeiträge	76 Büro-, Werbe- und Repräsentationsaufwand	86–89 Rücklagenbewegung, Ergebnisüberrechnung
	57 Sonstige bezogene Herstellungsleistungen	67–68 Sonstige Sozialaufwendungen	77–78 Versicherungen, übrige Aufwendungen	
	58 Skontoerträge auf Mate-rialaufwand sowie auf son-stige bezogene Leistungen			
	59 Aufwandsstellen-rechnung	69 Aufwandsstellen-rechnung	79 Konten für das Umsatzkostenverfahren	

Dreistelliger Kontenrahmen

Kontenklasse 0: Anlagevermögen und Aufwendungen für das Ingangsetzen und Erweitern eines Betriebes

Aufwendungen für das Ingangsetzen und Erweitern eines Betriebes

001	Aufwendungen für das Ingangsetzen und Erweitern eines Betriebes
009	Kumulierte Abschreibungen

Immaterielle Vermögensgegenstände

010	Konzessionen
011	Patentrechte und Lizenzen
012	Datenverarbeitungsprogramme
013	Marken, Warenzeichen und Musterschutzrechte, sonstige Urheberrechte
014	Pacht- und Mietrechte
015	Geschäfts(Firmen)wert
018	Geleistete Anzahlungen
019	Kumulierte Abschreibungen

Sachanlagen

Grundstücke, grundstücksgleiche Rechte und Bauten, einschließlich der Bauten auf fremdem Grund

020	Unbebaute Grundstücke
021	Bebaute Grundstücke (Grundwert)
022	Grundstücksgleiche Rechte
030	Betriebs- und Geschäftsgebäude auf eigenem Grund
031	Wohn- und Sozialgebäude auf eigenem Grund
032	Betriebs- und Geschäftsgebäude auf fremdem Grund
033	Wohn- und Sozialgebäude auf fremdem Grund
034	Grundstückseinrichtungen auf eigenem Grund
035	Grundstückseinrichtungen auf fremdem Grund
036	Bauliche Investitionen in fremden (gepachteten) Betriebs- und Geschäftsgebäuden
037	Bauliche Investitionen in fremden (gepachteten) Wohn- und Sozialgebäuden
039	Kumulierte Abschreibungen

Technische Anlagen und Maschinen

040	Fertigungsmaschinen
041	Antriebsmaschinen
042	Energieversorgungsanlagen
043	Transportanlagen
044–048	Sonstige Maschinen und maschinelle Anlagen
050	Maschinenwerkzeuge
051	Allgemeine Werkzeuge und Handwerkzeuge
052	Vorrichtungen, Formen und Modelle
053	Andere Erzeugungshilfsmittel
054	Hebezeuge und Montageanlagen
055	Geringwertige Vermögensgegenstände, soweit im Erzeugungsprozeß verwendet
059	Kumulierte Abschreibungen

Andere Anlagen, Betriebs- und Geschäftsausstattung

060	Beheizungs- und Beleuchtungsanlagen
061	Nachrichten- und Kontrollanlagen
062	Büromaschinen, EDV-Anlagen
063	PKW
064	LKW
065	Andere Beförderungsmittel
066	Andere Betriebs- und Geschäftsausstattung
067	Gebinde
068	Geringwertige Vermögensgegenstände, soweit nicht im Erzeugungsprozeß verwendet
069	Kumulierte Abschreibungen

Geleistete Anzahlungen und Anlagen in Bau

070	Geleistete Anzahlungen
071	Anlagen in Bau
079	Kumulierte Abschreibungen

Finanzanlagen

080	Anteile an verbundenen Unternehmen
081	Beteiligungen an Gemeinschaftsunternehmen
082	Beteiligungen an angeschlossenen (assoziierten) Unternehmen
083	Sonstige Beteiligungen
084	Ausleihungen an verbundene Unternehmen
085	Ausleihungen an Unternehmen, mit denen ein Beteiligungsverhältnis besteht
086	Sonstige Ausleihungen
087	Anteile an Kapitalgesellschaften ohne Beteiligungscharakter
088	Anteile an Personengesellschaften ohne Beteiligungscharakter
090	Genossenschaftsanteile ohne Beteiligungscharakter
091	Anteile an Investmentfonds
092–093	Festverzinsliche Wertpapiere des Anlagevermögens
094–097	Sonstige Finanzanlagen, Wertrechte
098	Geleistete Anzahlungen
099	Kumulierte Abschreibungen

Kontenklasse 1: Vorräte

100–109	Bezugsverrechnungskonten
110–119	Rohstoffe
120–129	Bezogene Teile
130–134	Hilfsstoffe
135–139	Betriebsstoffe
140–149	Unfertige Erzeugnisse
150–159	Fertige Erzeugnisse
160–169	Waren
170–179	Noch nicht abrechenbare Leistungen
180	Geleistete Anzahlungen
190–199	Wertberichtigungen

Kontenklasse 2: Sonstiges Umlaufvermögen und Rechnungsabgrenzungsposten

Forderungen

200–207	Forderungen aus Lieferungen und Leistungen Inland
208	Einzelwertberichtigungen zu Forderungen aus Lieferungen und Leistungen Inland
209	Pauschalwertberichtigung zu Forderungen aus Lieferungen und Leistungen Inland
210–212	Forderungen aus Lieferungen und Leistungen Währungsunion
213	Einzelwertberichtigungen zu Forderungen aus Lieferungen und Leistungen Währungsunion
214	Pauschalwertberichtigung zu Forderungen aus Lieferung und Leistungen Währungsunion
215–217	Forderungen aus Lieferungen und Leistungen sonstiges Ausland
218	Einzelwertberichtigungen zu Forderungen aus Lieferungen und Leistungen sonstiges Ausland
219	Pauschalwertberichtigung zu Forderungen aus Lieferungen und Leistungen sonstiges Ausland

Forderungen gegenüber verbundenen Unternehmen und Unternehmen, mit denen ein Beteiligungsverhältnis besteht

220–222	Forderungen gegenüber verbundenen Unternehmen
223	Einzelwertberichtigungen zu Forderungen gegenüber verbundenen Unternehmen
224	Pauschalwertberichtigungen zu Forderungen gegenüber verbundenen Unternehmen
225–227	Forderungen gegenüber Unternehmen, mit denen ein Beteiligungsverhältnis besteht
228	Einzelwertberichtigungen zu Forderungen gegenüber Unternehmen, mit denen ein Beteiligungsverhältnis besteht
229	Pauschalwertberichtigungen zu Forderungen gegenüber Unternehmen, mit denen ein Beteiligungsverhältnis besteht

Sonstige Forderungen und Vermögensgegenstände

230–246	Sonstige Forderungen und Vermögensgegenstände
247	Eingeforderte, aber noch nicht eingezahlte Einlagen
248	Einzelwertberichtigungen zu sonstigen Forderungen und Vermögensgegenständen
249	Pauschalwertberichtigungen zu sonstigen Forderungen und Vermögensgegenständen

Forderungen aus der Abgabenverrechnung

250–259	Forderungen aus der Abgabenverrechnung

Wertpapiere und Anteile

260	Eigene Aktien
261	Anteile an verbundenen Unternehmen
262	Sonstige Anteile
263–267	Sonstige Wertpapiere
268	Besitzwechsel, soweit dem Unternehmen nicht die der Ausstellung zugrundeliegenden Forderungen zustehen
269	Wertberichtigungen

Kassenbestände, Schecks, Guthaben bei Kreditinstituten

270–272	Kassenbestände in Inlandswährung
273	Postwertzeichen
274	Stempelmarken
275–277	Kassenbestände in Fremdwährung
278	Schecks in Inlandswährung
280–288	Guthaben bei Kreditinstituten
289	Wertberichtigungen

Rechnungsabgrenzungsposten

290	Aktive Rechnungsabgrenzungsposten
295	Disagio
296	Unterschiedsbetrag zur gebotenen Pensionsrückstellung
297	Unterschiedsbetrag gem. Abschnitt XII Pensionskassengesetz
298	Steuerabgrenzung (latente Steuern)

Kontenklasse 3: Rückstellungen, Verbindlichkeiten und Rechnungsabgrenzungsposten

Rückstellungen

300	Rückstellungen für Abfertigungen
301	Rückstellungen für Pensionen
302–303	Steuerrückstellungen
304–309	Sonstige Rückstellungen

Anleihen, Verbindlichkeiten gegenüber Kreditinstituten und Finanzinstituten

310	Anleihen (einschließlich konvertibler)
311–317	Verbindlichkeiten gegenüber Kreditinstituten
318-319	Verbindlichkeiten gegenüber Finanzinstituten

Erhaltene Anzahlungen auf Bestellungen

320	Erhaltene Anzahlungen auf Bestellungen
321	Umsatzsteuer-Evidenzkonto für erhaltene Anzahlungen auf Bestellungen

Verbindlichkeiten aus Lieferungen und Leistungen, Verbindlichkeiten aus der Annahme gezogener und der Ausstellung eigener Wechsel

330–335	Verbindlichkeiten aus Lieferungen und Leistungen Inland
336	Verbindlichkeiten aus Lieferungen und Leistungen Währungsunion
337	Verbindlichkeiten aus Lieferungen und Leistungen sonstiges Ausland
338–339	Verbindlichkeiten aus der Annahme gezogener Wechsel und der Ausstellung eigener Wechsel

Verbindlichkeiten gegenüber verbundenen Unternehmen, Verbindlichkeiten gegenüber Unternehmen, mit denen ein Beteiligungsverhältnis besteht und gegenüber Gesellschaftern

340–347	Verbindlichkeiten gegenüber verbundenen Unternehmen, Verbindlichkeiten gegenüber Unternehmen, mit denen ein Beteiligungsverhältnis besteht
348	Verbindlichkeiten gegenüber Gesellschaftern

Verbindlichkeiten aus Steuern

350–359	Verbindlichkeiten aus Steuern

Verbindlichkeiten im Rahmen der sozialen Sicherheit

360–369	Verbindlichkeiten im Rahmen der sozialen Sicherheit

Übrige sonstige Verbindlichkeiten

370–389	Übrige sonstige Verbindlichkeiten

Rechnungsabgrenzungsposten

390–399	Passive Rechnungsabgrenzungsposten

Kontenklasse 4: Betriebliche Erträge

Betriebliche Erträge

400–439	Brutto-Umsatzerlöse
440–449	Erlösberichtigungen

Bestandsveränderungen und aktivierte Eigenleistungen

450–457	Veränderungen des Bestands an fertigen und unfertigen Erzeugnissen sowie an noch nicht abrechenbaren Leistungen
458–459	andere aktivierte Eigenleistungen

Sonstige betriebliche Erträge

460–462	Erlöse aus dem Abgang vom Anlagevermögen, ausgenommen Finanzanlagen
463–465	Erträge aus dem Abgang vom Anlagevermögen, ausgenommen Finanzanlagen
466–467	Erträge aus der Zuschreibung zum Anlagevermögen, ausgenommen Finanzanlagen
470–479	Erträge aus der Auflösung von Rückstellungen
480–499	Übrige betriebliche Erträge

Kontenklasse 5: Materialaufwand und sonstige bezogene Herstellungsleistungen

500–509	Wareneinsatz
510–519	Verbrauch von Rohstoffen
520–529	Verbrauch von bezogenen Fertig- und Einzelteilen
530–539	Verbrauch von Hilfsstoffen
540–549	Verbrauch von Betriebsstoffen
550–559	Verbrauch von Werkzeugen und anderen Erzeugungshilfsmitteln
560–569	Verbrauch von Brenn- und Treibstoffen, Energie und Wasser
570–579	Sonstige bezogene Herstellungsleistungen
580	Skontoerträge auf Materialaufwand
581	Skontoerträge auf sonstige bezogene Herstellungsleistungen

Konten für das Umsatzkostenverfahren

590	Aufwandsstellenrechnung

Kontenklasse 6: Personalaufwand

600–619	Löhne
620–639	Gehälter
640–644	Aufwendungen für Abfertigungen
645–649	Aufwendungen für Altersversorgung
650–655	Gesetzlicher Sozialaufwand Arbeiter
656–659	Gesetzlicher Sozialaufwand Angestellte
660–665	Lohnabhängige Abgaben und Pflichtbeiträge
666–669	Gehaltsabhängige Abgaben und Pflichtbeiträge
670–689	Sonstige Sozialaufwendungen

Konten für das Umsatzkostenverfahren

690	Aufwandsstellenrechnung

Kontenklasse 7: Abschreibungen und sonstige betriebliche Aufwendungen

Abschreibungen und sonstige betriebliche Aufwendungen

700	Abschreibungen auf aktivierte Aufwendungen für das Ingangsetzen und Erweitern eines Betriebes
701–708	Abschreibungen auf das Anlagevermögen (ausgenommen Finanzanlagen)
709	Abschreibungen vom Umlaufvermögen, soweit diese die im Unternehmen üblichen Abschreibungen übersteigen

Sonstige Steuern

710–719	Sonstige Steuern

Übrige betriebliche Aufwendungen

Instandhaltung und Reinigung durch Dritte, Entsorgung, Beleuchtung

720–729	Instandhaltung und Reinigung durch Dritte, Entsorgung, Beleuchtung

Transport-, Reise- und Fahrtaufwand, Nachrichtenaufwand

730–731	Transporte durch Dritte
732–733	Kfz-Aufwand
734–735	Reise- und Fahrtaufwand
736–737	Tag- und Nächtigungsgelder

738–739 Nachrichtenaufwand

Miet-, Pacht-, Leasing- und Lizenzaufwand

740–743 Miet- und Pachtaufwand
744–747 Leasingaufwand
748–749 Lizenzaufwand

Aufwand für beigestelltes Personal, Provisionen an Dritte, Aufsichtsratsvergütungen

750–753 Aufwand für beigestelltes Personal
754–757 Provisionen an Dritte
758–759 Aufsichtsratsvergütungen

Büro-, Werbe- und Repräsentationsaufwand

760 Büromaterial und Drucksorten
761–762 Druckerzeugnisse und Vervielfältigungen
763 Fachliteratur und Zeitungen
765–768 Werbung und Repräsentation
769 Spenden und Trinkgelder

Versicherungen, Übrige Aufwendungen

770–774 Versicherungen
775–776 Beratungs- und Prüfungsaufwand
777 Aus- und Fortbildung
778 Mitgliedsbeiträge
779 Spesen des Geldverkehrs
780–781 Schadensfälle
782 Buchwert abgegangener Anlagen, ausgenommen Finanzanlagen
783 Verluste aus dem Abgang von Anlagevermögen, ausgenommen Finanzanlagen
784–788 Verschiedene betriebliche Aufwendungen
789 Skontoerträge auf sonstige betriebliche Aufwendungen

Konten für das Umsatzkostenverfahren

790 Aufwandsstellenrechnung

Aufwandsstellen im Rahmen des Umsatzkostenverfahrens

791–795 Aufwandsstellen der Herstellung
796 Herstellungskosten der zur Erzielung der Umsatzerlöse erbrachten Leistungen
797 Vertriebskosten
798 Verwaltungskosten
799 Sonstige betriebliche Aufwendungen

Kontenklasse 8: Finanzerträge und Finanzaufwendungen, a.o. Erträge und a.o. Aufwendungen, Steuern vom Einkommen und vom Ertrag, Rücklagenbewegung

Finanzerträge und Finanzaufwendungen

800–804 Erträge aus Beteiligungen
805–809 Erlöse aus anderen Wertpapieren und Ausleihungen des Finanzanlagevermögens
810–813 Sonstige Zinsen und ähnliche Erträge
814 Erlöse aus dem Abgang von Beteiligungen
815 Erlöse aus dem Abgang von sonstigen Finanzanlagen
816 Erlöse aus dem Abgang von Wertpapieren des Umlaufvermögens
817 Buchwert abgegangener Beteiligungen
818 Buchwert abgegangener sonstiger Finanzanlagen
819 Buchwert abgegangener Wertpapiere des Umlaufvermögens
820 Erträge aus dem Abgang von und der Zuschreibung zu Finanzanlagen
821 Erträge aus dem Abgang von und der Zuschreibung zu Wertpapieren des Umlaufvermögens
822–825 Aufwendungen aus Beteiligungen
826–827 Aufwendungen aus sonstigen Finanzanlagen und aus Wertpapieren des Umlaufvermögens
828–834 Zinsen und ähnliche Aufwendungen
835 Nicht ausgenützte Lieferantenskonti

Außerordentliche Erträge und außerordentliche Aufwendungen

840–844 Außerordentliche Erträge
845–849 Außerordentliche Aufwendungen

Steuern vom Einkommen und vom Ertrag

850–859 Steuern vom Einkommen und vom Ertrag

Rücklagenbewegung, Ergebnisüberrechnung

860–869 Auflösung unversteuerter Rücklagen
870–874 Auflösung von Kapitalrücklagen
875–879 Auflösung von Gewinnrücklagen
880–889 Zuweisung zu unversteuerten Rücklagen
890–895 Zuweisung zu Gewinnrücklagen
899 Gewinnabfuhr bzw. Verlustüberrechnung aus Ergebnisabführungsverträgen

Kontenklasse 9: Eigenkapital, unversteuerte Rücklagen, Einlagen Stiller Gesellschafter, Abschluß- und Evidenzkonten

900–918 Gezeichnetes bzw. gewidmetes Kapital
919 Nicht eingeforderte ausstehende Einlagen
920–929 Kapitalrücklagen
930–938 Gewinnrücklagen
939 Bilanzgewinn(-verlust)
940–959 Bewertungsreserven und sonstige unversteuerte Rücklagen
960–969 Privat- und Verrechnungskonto bei Einzelunternehmen und Personengesellschaften
970–979 Einlagen Stiller Gesellschafter
980 Eröffnungsbilanz
985 Schlußbilanz
989 Gewinn- und Verlustrechnung
990–999 Evidenzkonten

Erläuterungen zum Kontenrahmen

Kontenklasse 0

Allgemeines

Kapitalgesellschaften im Sinne des § 221 HGB müssen gemäß § 226 HGB die Entwicklung des Anlagevermögens auf Basis von Anschaffungs-/Herstellungskosten (Anlagenspiegel zu Bruttowerten) darstellen. Für diese ist es daher zweckmäßig, für die Abschreibungen die indirekte Methode anzuwenden und dafür bei jeder Kontengruppe der Klasse 0 ein Konto für die kumulierten Abschreibungen einzurichten.

Ein aus einer Verschmelzung von Kapitalgesellschaften entstandener Umgründungsmehrwert (§ 202 Abs. 2 Z 3 HGB) ist in der Klasse 0 gesondert zu erfassen.

00 Aufwendungen für das Ingangsetzen und Erweitern eines Betriebes

Die Aktivierung von Aufwendungen für das Ingangsetzen und Erweitern eines Betriebes wird im Hinblick auf das anzuwendende Vorsichtsprinzip in der Regel nur dann in Betracht kommen, wenn umfangreiche Arbeiten dieser Art vorgenommen wurden und die Erfolgsaussichten des Unternehmens die Aktivierung rechtfertigen.

01 Immaterielle Vermögensgegenstände

Erfaßt werden dürfen nur entgeltlich erworbene Vermögensgegenstände. Zu den immateriellen Vermögensgegenständen gehört auch ein derivativer Geschäfts-(Firmen)wert.

02–03 Grundstücke, grundstücksgleiche Rechte und Bauten, einschließlich der Bauten auf fremdem Grund

Grundstückseinrichtungen, die nicht den Charakter von Gebäuden haben (z.B. Straßen, Plätze und andere Bodenbefestigungen, Einfriedungen) sind auf den Konten 034 und 035 zu erfassen.

Zu den Wohngebäuden gehören Wohnstätten für Arbeitnehmer und an Betriebsfremde vermietete Wohnungen und Wohngebäude.

Sozialgebäude dienen sozialen Zwecken der Arbeitnehmer. Hiezu gehören beispielsweise Gebäude für Erholungs- und Sportzwecke, Werksküchen, Werksspitäler. Sind derartige Sozialeinrichtungen in Betriebs- und Geschäftsgebäuden untergebracht, wird eine Trennung in der Regel nicht erfolgen.

Zu den baulichen Investitionen in fremden Gebäuden gehören aktivierungspflichtige Aufwendungen in gemieteten (gepachteten) Gebäuden.

07 Geleistete Anzahlungen und Anlagen in Bau

Aus Gründen der besseren Übersicht sind für geleistete Anzahlungen und für Anlagen in Bau getrennte Konten vorgesehen. Die Trennung ist jedoch nicht zwingend.

080–083 Beteiligungen

Beteiligungen sind Anteile an anderen Unternehmen, die bestimmt sind, dem eigenen Geschäftsbetrieb durch eine dauernde Verbindung zu diesen Unternehmen zu dienen. Anteile an einer Kapitalgesellschaft oder an einer Genossenschaft von mindestens 20% gelten im Zweifel als Beteiligung. Die Beteiligung als persönlich haftender Gesellschafter an einer Personengesellschaft des Handelsrechts gilt stets als Beteiligung.

Verbundene Unternehmen sind solche Unternehmen, die der Vollkonsolidierung nach § 244 HGB unterliegen, unabhängig davon, ob die Aufstellung eines Konzernabschlusses unterbleibt oder das Tochterunternehmen in diesen gemäß §§ 248 oder 249 HGB nicht einbezogen wird (vgl. § 228 HGB).

084–086 Ausleihungen

Forderungen mit einer Gesamtlaufzeit von mindestens 5 Jahren sind jedenfalls Ausleihungen. Bei Forderungen mit einer kürzeren Gesamtlaufzeit entscheidet deren Zweckbestimmung über die Erfassung in der Klasse 0 (Anlagevermögen) oder in der Klasse 2 (Umlaufvermögen).

087–091 Anteile an Kapitalgesellschaften, Personengesellschaften, Genossenschaften und Investmentfonds

Hierunter sind jene Anteile zu erfassen, die weder Beteiligungscharakter haben noch verbundene Unternehmen betreffen.

Kontenklasse 1

14–15 Unfertige und fertige Erzeugnisse

Für unfertige und fertige Erzeugnisse werden in der Regel keine laufenden Bestandsfortschreibungen vorgenommen. Die Werte der Bestände werden jeweils zu den Abschlußstichtagen aufgrund der Bestandsaufnahmen auf den aktuellen Stand gebracht. Die Gegenbuchung erfolgt bei Anwendung des Gesamtkostenverfahrens auf den Konten 450–457 und bei Anwendung des Umsatzkostenverfahrens auf dem Konto 796 (Herstellungskosten der zur Erzielung der Umsatzerlöse erbrachten Leistungen).

17 Noch nicht abrechenbare Leistungen

Hier werden vor allem Auftragsleistungen der Bauwirtschaft, des Anlagenbaues sowie Dienstleistungen, wie etwa die Bearbeitung beigestellten Materials bzw. beigestellter Teile, noch nicht vollendete Werbe-, Architekten- und Generalunternehmerleistungen, erfaßt, und zwar solange, bis die (Teil)leistung vertragsgemäß abrechenbar und damit ein Forderungsanspruch entstanden ist.

19 Wertberichtigungen

In dieser Kontengruppe sind Einzel- und Pauschalwertberichtigungen zu den Vorräten zu verbuchen. Es kann sich als zweckmäßig erweisen, die Wertberichtigungen jeweils am Ende der einzelnen Vorrätegruppe zu erfassen.

Kontenklasse 2

20–21 Forderungen aus Lieferungen und Leistungen

Die Konten der Forderungen aus Lieferungen und Leistungen sind in der Regel Sammelkonten der einzeln geführten Personenkonten.

Bei der Abgrenzung gegenüber den sonstigen Forderungen und Vermögensgegenständen (Kontengruppen 23–24) ist davon auszugehen, daß ein enger sachlicher Zusammenhang zwischen den Umsatzerlösen (Kontengruppe 40–43) und den Forderungen aus Lieferungen und Leistungen besteht.

Aus Evidenzgründen und im Hinblick auf eventuelle Anhangangaben (§ 225 Abs. 4 HGB) wird empfohlen, Besitzwechsel, bei denen dem Unternehmen die der Auszahlung zugrunde liegende Forderung zusteht, gesondert in den Kontengruppen 20–21 zu erfassen. Für Besitzwechsel, bei denen dem Unternehmen nicht die der Auszahlung zugrunde liegende Forderung zusteht, ist Konto 268 vorgesehen.

22 Forderungen gegenüber verbundenen Unternehmen und gegenüber Unternehmen, mit denen ein Beteiligungsverhältnis besteht

Zum Begriff Beteiligungen siehe die Erläuterungen zu den Konten 080–083.

23–24 Sonstige Forderungen und Vermögensgegenstände

Zu erfassen sind sämtliche nicht den Kontengruppen 20–22 zugeordnete Förderungen. Dazu gehören auch Forderungen aus sonstigen betrieblichen Erträgen (z.B. Verkauf von Anlagevermögen) und Antizipationen (Erträge, die erst nach dem Abschlussstichtag zahlungswirksam werden).

25 Forderungen aus der Abgabenverrechnung – aus der Umsatzsteuerverrechnung

Auf diesen Konten werden alle (auch noch nicht verrechenbare) Vorsteuern erfaßt. Für die einzelnen Vorsteuerarten (Inland, innergemeinschaftlicher Erwerb, Steuerlastumkehr, Einfuhrumsatzsteuer) werden zweckmäßigerweise eigene Konten angelegt.

Vorsteuern, die wegen des Zusammenhanges mit unecht steuerbefreiten Umsätzen teilweise nicht abziehbar sind, werden in der Regel zunächst auf einem eigenen Konto in dieser Kontengruppe erfaßt. Die abziehbaren Teile dieser Vorsteuern sind auf das Konto „Verrechenbare Vorsteuern", die nicht abziehbaren Teile auf die entsprechenden Bestands- bzw. Aufwandskonten zu übertragen.

– aus der sonstigen Verrechnung

In der Kontengruppe 25 sind die Quartalsvorauszahlungen für die Körperschaftsteuer zu erfassen. Im Zuge der Jahresabschlusserstellung ist der errechnete Steueraufwand gegenzubuchen. Ein Überschuß der Vorauszahlungen ist auf ein Forderungskonto, ein passiver Saldo auf ein Steuerrückstellungskonto (Konten 302–303) zu übertragen.

Für den Einzelkaufmann bzw. für Gesellschafter von Personengesellschaften geleistete Einkommensteuer(voraus)zahlungen sind auf Privat- bzw. Verrechnungskonten (Kontengruppe 96) zu erfassen.

28 Guthaben bei Kreditinstituten

Die Untergliederung der Kontengruppe 28 ist nach unternehmensindividuellen Erfordernissen vorzunehmen. Saldodrehungen auf Guthabenskonten sind nicht in die Kontengruppe 31 umzubuchen. Kredite mit Kreditrahmen sind auch dann in der Kontengruppe 31 zu erfassen, wenn die Ausnützung des Kredites zwar nicht laufend, aber doch nicht nur ausnahmsweise erfolgt.

29 Aktive Rechnungsabgrenzungsposten

Aktive Rechnungsabgrenzungsposten sind Ausgaben vor dem Abschlußstichtag, soweit sie Aufwand für eine bestimmte Zeit nach diesem Tag sind (vgl. § 198 Abs. 5 HGB).

295 Disagio

Als Sonderfall der Aktiven Rechnungsabgrenzung darf der Unterschiedsbetrag zwischen Ausgabe- und Rückzahlungsbetrag einer Verbindlichkeit aktiviert werden. Er ist durch planmäßige jährliche Abschreibungen nach Maßgabe der Kapitalinanspruchnahme über die Laufzeit der Verbindlichkeit zu tilgen.

296 Unterschiedsbetrag zur gebotenen Pensionsrückstellung

Wird von der Übergangsregelung des Art. X Abs. 3 und 4 RLG 1990 Gebrauch gemacht, den bei der erstmaligen Anwendung des § 211 Abs. 2 HGB sich ergebenden Fehlbetrag auf die nach versicherungsmathematischen Grundsätzen gebotene Pensionsrückstellung längstens innerhalb von 20 Jahren gleichmäßig verteilt nachzuholen und dennoch die gebotene Rückstellung für laufende Pensionen und Anwartschaften voll in die Bilanz einzustellen, ist der in den einzelnen Jahren sich ergebende Fehlbetrag hier zu erfassen.

297 Unterschiedsbetrag gem. Abschnitt XII Pensionskassengesetz (PKH)

Zu erfassen ist der Unterschiedsbetrag zwischen der in der Bilanz zum Zeitpunkt der Übertragung der Pensionsverpflichtung auf eine Pensionskasse ausgewiesenen Pensionsrückstellung und dem der Pensionskasse geschuldeten Dekkungserfordernis, wenn von dem in der handelsrechtlichen Übergangsbestimmung des Abschnittes XII PKG vorgesehenen Wahlrecht Gebrauch gemacht wird.

298 Steuerabgrenzung

Zu erfassen ist der aktive Steuerabgrenzungsposten gem. § 198 Abs. 10 HGB.

Kontenklasse 3

302–303 Steuerrückstellungen

Die Steuerrückstellungen sind nach Bedarf zu untergliedern. Ein passiver Steuerabgrenzungsposten gem. § 198 Abs. 9 HGB ist gesondert zu erfassen.

304–309 Sonstige Rückstellungen

Die sonstigen Rückstellungen sind nach Bedarf zu untergliedern.

311–319 Verbindlichkeiten gegenüber Kreditinstituten und Finanzinstituten

Es empfiehlt sich, langfristige Kredite gesondert zu erfassen. Gesamtlaufzeiten von mehr als 5 Jahren sind jedenfalls langfristig.

330–337 Verbindlichkeiten aus Lieferungen und Leistungen

Verbindlichkeiten aus der Lieferung von Anlagevermögen sollten gesondert erfaßt werden.

340 Verbindlichkeiten gegenüber verbundenen Unternehmen und 347 gegenüber Unternehmen, mit denen ein Beteiligungsverhältnis besteht

Derartige Verbindlichkeiten sind gesondert zu erfassen. Es empfiehlt sich insbesondere für Kapitalgesellschaften, eine weitere Unterteilung nach dem Entstehungsgrund vorzunehmen, um die Angabeverpflichtungen gem. § 223 Abs. 5 HGB erfüllen zu können.

35 Verbindlichkeiten aus Steuern

Hiezu gehören sämtliche Steuern und Abgaben, die Gebietskörperschaften geschuldet werden, wie z.B. Körperschaftsteuer und andere Ertragsteuern, Lohnsteuer, Umsatzsteuer, Kommunalsteuer, Gebühren und Verkehrsteuern, Zölle.

Die einzelnen Umsatzsteuerarten (z.B. für Inlandsumsätze, innergemeinschaftlichen Erwerb, Einfuhr aus dritten Staaten) werden zweckmäßigerweise auf eigenen Konten erfasst. Die Salden der verrechenbaren Vorsteuern und der errechneten Umsatzsteuer werden auf das in dieser Gruppe geführte Konto Umsatzsteuerzahllast übertragen.

Der Zahlungsverkehr (Zahlungen und Rückzahlungen) mit dem Finanzamt sowie sämtliche Gutschriften und Belastungen durch das Finanzamt werden auf dem Konto Finanzamt gebucht, dessen Saldo mit dem der Buchungsmitteilungen des Finanzamtes übereinstimmen muß.

36 Verbindlichkeiten im Rahmen der sozialen Sicherheit

Hierzu gehören insbesondere Verbindlichkeiten gegenüber Sozialversicherungsanstalten (Dienstnehmer- und Dienstgeberanteil), Arbeitsstiftungen, Pensions- und Unterstützungskassen sowie Verbindlichkeiten aus betrieblicher Altersversorgung und aus Gruppenversicherungen.

37–38 Übrige sonstige Verbindlichkeiten

Zu erfassen sind sämtliche nicht in den Kontengruppen 32–36 gebuchten Verbindlichkeiten und Antizipationen.

Nach Beschlußfassung über die Gewinnausschüttung ist der hiefür vorgesehene Betrag vom Konto Bilanzgewinn auf ein Konto unter den übrigen sonstigen Verbindlichkeiten zu übertragen.

39 Rechnungsabgrenzungsposten

Passive Rechnungsabgrenzungsposten sind gem. § 198 Abs. 6 HGB Einnahmen vor dem Abschlußstichtag, soweit sie Ertrag für eine bestimmte Zeit nach diesem Tag sind.

In dieser Kontengruppe sind auch erhaltene Investitionszuschüsse, die weder als Anschaffungs- oder Herstellungskostenminderungen behandelt werden noch sofort ertragswirksam sind, zu erfassen und nach Maßgabe der Abschreibung des subventionierten Anlagengegenstandes zugunsten der sonstigen betrieblichen Erträge (Kontengruppen 48–49) aufzulösen.

Kontenklasse 4

40–43 Brutto-Umsatzerlöse

Brutto-Umsatzerlöse sind die für die gewöhnliche Geschäftstätigkeit des Unternehmens typischen Erlöse aus dem Verkauf und der Nutzungsüberlassung von Erzeugnissen und Waren sowie aus Dienstleistungen vor Abzug von Erlösschmälerungen. Weiters gehören dazu insbesondere Erlöse aus dem betriebstypischen Verkauf von Schrott, Abfallprodukten, nicht mehr benötigten Roh-, Hilfs- und Betriebsstoffen, Erträge aus der Beteiligung an Arbeitsgemeinschaften (z.B. Baugewerbe) sowie Versicherungsentschädigungen für bereits verkaufte Waren.

Miet- und Pachteinnahmen, Lizenzen und Provisionen sind nur dann hier zu erfassen, wenn sie betriebstypisch sind. Handelt es sich um gelegentlich bzw. in geringem Umfang anfallende Erlöse, gehören sie in die Kontengruppen 48–49.

Werden dem Kunden wegen nicht vollständig erbrachter Lieferungen und Leistungen oder wegen vertraglicher Zeit- und Leistungspönalien reduzierte Preise in Rechnung gestellt, sind diese als Brutto-Umsatzerlöse zu buchen.

44 Erlösschmälerungen

Dazu gehören insbesondere Kundenskonti, Umsatzvergütungen, Mengenrabatte, Bonifikationen, Treueprämien, rückgewährte Entgelte für Retourwaren und Mängel, Preisdifferenzen.

450–457 Veränderungen des Bestandes an fertigen und unfertigen Erzeugnissen sowie an noch nicht abrechenbaren Leistungen

Zu erfassen sind alle Bestandsveränderungen, ausgenommen Wertänderungen infolge unüblicher Abschreibungen (vgl. § 231 Abs. 2 Z 7 lit. b HGB) und Bestandsveränderungen mit außerordentlichem Charakter (vgl. § 233 HGB).

458–459 Andere aktivierte Eigenleistungen

Zu erfassen sind aktivierte Eigenleistungen für selbsterstellte Anlagen und für das Ingangsetzen und Erweitern eines Betriebes.

46–49 Sonstige betriebliche Erträge

460–462 Erlöse aus dem Abgang vom Anlagevermögen, ausgenommen Finanzanlagen

Soweit aus dem Abgang vom Anlagevermögen Erlöse erzielt wurden, sind sie zunächst auf diesen Konten zu erfassen. Ist der Erlös höher als der Buchwert, ist er auf die Konten 463–465, im umgekehrten Fall auf Konto 783 zu übertragen. Bei Abschluss sind die Konten demnach zur Gänze aufgelöst.

463–465 Erträge aus dem Abgang vom Anlagevermögen, ausgenommen Finanzanlagen

Auf diesen Konten werden einerseits die Überträge von den Konten 460–462 und andererseits vom Konto 782 erfasst.

47 Erträge aus der Auflösung von Rückstellungen

Zu erfassen ist die Auflösung nicht verbrauchter Rückstellungen mit Ausnahme von Ertragsteuerrückstellungen. Die Auflösung von Ertragsteuerrückstellungen erfolgt in der Kontengruppe 85.

48–49 Übrige betriebliche Erträge

Zu erfassen sind sämtliche nicht in den Kontengruppen 40–47 gebuchten Erträge. Dazu gehören insbesondere Erlöse aus Geschäften, die nicht als Umsatzerlöse ausgewiesen werden dürfen, Zahlungseingänge auf früher ausgebuchte Forderungen, Schuldnachlässe, Erträge aus der Auflösung von Forderungswertberichtigungen, Kursgewinne aus Fremdwährungstransaktionen, Erträge aus Sozialeinrichtungen, Erträge aus nicht betriebstypischen Geschäften und Leistungen (z.B. Einnahmen aus Wohnungsvermietung und aus nicht betriebstypischen Pacht- und Lizenzverträgen), Aufwands- und Schadenersätze, Ausbuchung unbezahlter und verjährter Verbindlichkeiten, Zuwendungen aus öffentlichen Mitteln, soweit sie nicht bei Investitionen von den Anschaffungs- oder Herstellungskosten abzusetzen sind.

Kontenklasse 5

In der Kontenklasse 5 dürfen nur solche Aufwendungen für Material und bezogene Leistungen erfaßt werden, die dem Herstellungsbereich des Unternehmens zugeordnet werden können.

55 Verbrauch von Werkzeugen und anderen Erzeugungshilfsmitteln

In dieser Kontengruppe sind die nicht aktivierbaren Aufwendungen für Werkzeuge und andere Erzeugungshilfsmittel wie Verbrauchswerkzeuge, auftragsbezogene Werkzeuge, Vorrichtungen und Formen zu erfassen. Aktivierbare Werkzeuge und andere Erzeugungshilfsmittel (einschließlich geringwertiger, die im Jahr der Anschaffung voll abgeschrieben werden) gehören in die Kontengruppe 05.

56 Verbrauch von Brenn- und Treibstoffen, Energie und Wasser

Soweit solche Aufwendungen nicht dem Herstellungsbereich zuordenbar sind, ist deren Erfassung in der Kontengruppe 72 vorgesehen. Für die Zuordnung gilt die überwiegende Verwendung (z.B. Strom als Beleuchtungs- oder als Antriebsenergie). Eine Trennung dieser Aufwendungen ist nicht vorgesehen.

57 Sonstige bezogene Herstellungsleistungen

Zu erfassen sind alle sonstigen bezogenen Herstellungsleistungen wie insbesondere Aufwendungen für Materialbearbeitung, Materialveredelung, andere Werkleistungen und Beistellung von Personal im Herstellungsbereich.

58 Skontoerträge betreffend Aufwendungen der Kontenklasse 5

Da diese Skontoerträge im Jahresabschluß mit den ausweispflichtigen Aufwendungen zu saldieren sind, empfiehlt sich eine kontenmäßige Trennung der Skontoerträge, die einerseits die Kontengruppen 50–56 und andererseits die Kontengruppe 57 betreffen.

Kontenklasse 6

60–61 Löhne

Zweckmäßigerweise werden die Grundlöhne (Fertigungslöhne, Hilfslöhne, Vergütungen an vorübergehend beschäftigte Arbeitskräfte), Zulagen an Lohnempfänger (Überstundenzuschläge, Urlaubsablösen, Schichtzulagen, Erschwerniszulagen, Prämien und Provisionen) sowie Nichtleistungslöhne (Urlaubslöhne, Feiertagslöhne, Krankenentgelte, sonstige Abwesenheitslöhne, Urlaubs- und Weihnachtsremunerationen und andere Sonderzahlungen) getrennt erfaßt.

Das gleiche gilt für Zuwendungen anläßlich von Dienstnehmer- und Dienstgeberjubiläen, für freiwillige Fahrtkosten- und Verpflegungszuschüsse sowie für Sachbezugsleistungen wie freie oder verbilligte Werks- bzw. Dienstwohnungen.

62–63 Gehälter

Hier werden Grundgehälter, Mehrarbeitszuschläge, Urlaubsablösen, Prämien und Provisionen, 13. und 14. Gehalt und sonstige Sonderzahlungen erfaßt. Das gleiche gilt für Jubiläumsaufwendungen, freiwillige Fahrtkosten- und Verpflegungszuschüsse sowie Sachbezugsleistungen.

Nicht zu den Löhnen und Gehältern gehören Reisekostenersätze und Tag- bzw. Nächtigungsgelder, die zum Ausgleich entstandener Aufwendungen des Dienstnehmers auf Dienstreisen bezahlt werden. Diese werden in der Kontengruppe 73 erfaßt.

64 Aufwendungen für Abfertigungen und Altersversorgung

In dieser Gruppe werden sowohl Abfertigungs- und Pensionszahlungen als auch die Veränderung der Abfertigungs- und Pensionsrückstellungen erfaßt. Auch Beiträge an Pensionskassen und sonstige Beiträge für die Altersversorgung der Dienstnehmer finden in dieser Gruppe ihren Niederschlag.

65 Gesetzlicher Sozialaufwand für Arbeiter und Angestellte

Hier werden alle an die Sozialversicherungsträger abzuführenden Sozialaufwendungen (Arbeitgeberanteile) einschließlich des Beitrages nach dem Entgeltfortzahlungsgesetz und des Wohnbauförderungsbeitrages erfaßt.

66 Lohn- und gehaltsabhängige Abgaben und Pflichtbeiträge

In dieser Gruppe werden alle sonstigen vom Entgelt abhängigen Abgaben und Pflichtbeiträge erfaßt. Zu diesen gehören vor allem der Dienstgeberbeitrag zum Ausgleichsfonds für Familienbeihilfen, der Zuschlag zum Dienstgeberbeitrag, die Kommunalsteuer sowie die Wiener Dienstgeberabgabe (U-Bahnabgabe).

Im Hinblick auf ihren Charakter als Steuern können die Kommunalsteuer und die Wiener Dienstgeberabgabe auch in der Kontengruppe 71 erfaßt werden.

Lohnsteuerbeträge, die ausnahmsweise nicht von den Dienstnehmern einbehalten werden (z.B. Nachforderungen anläßlich von Lohnsteuerprüfungen, die nicht dem Arbeitnehmer überwälzt werden können), sind in den Kontengruppen 60–63 zu erfassen.

67–68 Sonstige Sozialaufwendungen

Zu diesen zählen freiwillige Sozialaufwendungen, die nicht dem einzelnen Arbeitnehmer als Entgeltsbestandteil zuzurechnen sind wie Zuwendungen an den Betriebsratsfond und an Unterstützungskassen (nicht Pensionskassen), Aufwendungen für Betriebsausflüge, für Weihnachtsgeschenke an die Arbeitnehmer und für verschiedene Betriebsveranstaltungen zum Wohle der Belegschaft.

Aufwendungen, die durch Sozialeinrichtungen verursacht werden, sind unter den entsprechenden Aufwandsarten zu erfassen. So werden beispielsweise der Materialverbrauch (Lebensmittelverbrauch) der Werksküche in der Klasse 5, die Personalaufwendungen des Küchenpersonals in den Kontengruppen 60–68, die Abschreibungen von den Werksklücheneinrichtungen in der Kontengruppe 70, und die Instandhaltungen der Küchenräumlichkeiten und -einrichtungen in der Kontengruppe 72 erfaßt.

Kontenklasse 7

70 Abschreibungen

Planmäßige und außerplanmäßige Abschreibungen sind jeweils getrennt zu erfassen.

71 Sonstige Steuern

In dieser Kontengruppe werden jene Steuern erfaßt, die weder zu den Steuern vom Einkommen und Ertrag noch zu den vom Entgelt abhängigen Abgaben gehören. Es sind dies vor allem Verkehrssteuern, Verbrauchssteuern, Gebühren nach dem Gebührengesetz und vermögensabhängige Steuern (z.B. Grundsteuer).

Gebühren für direkte Gegenleistungen der öffentlichen Hand wie Müllabfuhr und Kanalgebühren sind nicht unter den sonstigen Steuern zu erfassen.

72 Instandhaltung und Reinigung durch Dritte, Entsorgung, Beleuchtung

Instandhaltungen durch Dritte sind, soweit zweckmäßig, nach Anlagengruppen (Gebäude, technische Anlagen, andere Anlagen usw.) zu gliedern. Entgelte für Müllabfuhr- und Abwasserbeseitigung sind in dieser Kontengruppe zu erfassen. Stromaufwendungen, die nicht der Kontengruppe 56 zuzuordnen sind, werden hier erfaßt (vgl. die Erläuterungen zur Kontengruppe 56).

730–731 Transporte durch Dritte

Transporte durch Dritte für zwischenbetriebliche Frachten, Ausgangsfrachten sowie sonstige Transportaufwendungen gehören in diese Kontengruppe.

Eingangsfrachten gehören grundsätzlich zu den aktivierungspflichtigen Anschaffungsnebenkosten und werden daher hier nicht erfaßt.

732–733 Kfz-Aufwand

Soweit in einem Unternehmen der Kfz-Aufwand gesammelt nach einzelnen Kraftfahrzeugen erfaßt wird, können solche Betriebsaufwandskonten in dieser Kontengruppe geführt werden. Auf diesen Konten werden dann neben den Instandhaltungsaufwendungen der Betriebsstoffverbrauch, Reparatur- und Servicekosten, Versicherungsprämien, Steuern, nicht aber die Kfz-Abschreibungen und Leasingaufwendungen erfaßt.

734–737 Reise- und Fahrtaufwand, Tag- und Nächtigungsgelder

Diese können nach verschiedenen Kategorien (z.B. Auslands- und Inlandsreisen, Stadtfahrten) unterteilt werden.

Zum Reise- und Fahrtaufwand gehören neben den unmittelbar an die Reiseunternehmer bezahlten Aufwendungen auch Reise- und Fahrtkostenvergütungen, soweit sie Ersatz für tatsächliche Aufwendungen darstellen. Hierher gehören auch Kilometergelder.

Pauschalvergütungen in Form von Tag- und Nächtigungsgeldern können auf eigenen Konten (736–737) erfaßt werden, wobei eine weitere Unterteilung (Taggelder, Nächtigungsgelder) möglich ist.

738–739 Nachrichtenaufwand

Hierher gehören Porto-, Telegramm-, Telefon-, Internet- und Telefaxaufwendungen. Wegen des wirtschaftlichen Zusammenhanges mit dem sonstigen Nachrichtenaufwand ist es zweckmäßiger, die Miete und Wartung von Telefonanlagen auf diesen Konten und nicht in der Kontengruppe 74 zu erfassen.

74 Miet-, Pacht-, Leasing- und Lizenzaufwand

Die Aufwendungen für Beheizung, Beleuchtung und für die Reinigung gemieteter Räume sind nicht hier, sondern in den entsprechenden Kontengruppen zu erfassen.

750–753 Aufwand für beigestelltes Personal, Provisionen an Dritte und Aufsichtsratsvergütungen

Aufwendungen für beigestelltes Personal, das ausschließlich in der Fertigung beschäftigt wird, sind in der Gruppe 57 zu erfassen.

765–768 Werbung und Repräsentation

Zu den Werbeaufwendungen gehören auch die von den Werbeunternehmen in Rechnung gestellten Anzeigen- und Ankündigungsabgaben.

770–774 Versicherungen

Hier werden Aufwendungen für Güter- und Personenversicherungen erfaßt.

Zu den Güterversicherungen gehören insbesondere die Feuer-, Maschinenbruch-, Betriebsunterbrechungs-, Haftpflicht-, Einbruchsdiebstahl-, Kassenbotenberaubungs-und Veruntreuungsversicherungen.Transportversicherungen, soweit sie nicht Anschaffungsnebenkosten sind und Kfz-Versicherungen, soweit sie nicht auf eigenen Betriebsaufwandskonten für Kfz gebucht werden, werden ebenfalls in dieser Gruppe erfaßt.

Zu den Personenversicherungen gehören insbesondere Lebens- und Unfallversicherungen, bei denen im Versicherungsfall das Unternehmen begünstigt ist. Entsteht durch die Prämienzahlung ein Rückkaufswert, ist dieser auf den Konten 094–097 zu erfassen. Die Erhöhung des Rückkaufswertes wird in den Kontengruppen 48 und 49 erfaßt.

778 Mitgliedsbeiträge

Dazu gehören vor allem gesetzliche Pflichtbeiträge und freiwillige Beiträge zu Berufsorganisationen. Der Zuschlag zum Dienstgeberbeitrag zum Ausgleichsfond für Familienbeihilfen ist mit diesem in der Kontengruppe 66 zu erfassen.

779 Spesen des Geldverkehrs

Zu den Spesen des Geldverkehrs gehören insbesondere Überweisungsspesen und Kontoführungsgebühren (einschl. Depotgebühren und Akkreditivprovisionen), nicht dagegen Aufwendungen im Zusammenhang mit der Kreditgewährung (z.B. Kreditbereitstellungsprovisionen).

780–781 Schadensfälle

Abschreibungen auf Gegenstände des Umlaufvermögens, soweit diese die im Unternehmen üblichen Abschreibungen überschreiten, sind auf Konto 709 zu erfassen.

Für Schadensfälle, die außerhalb der gewöhnlichen Geschäftstätigkeit des Unternehmens anfallen, sind die Konten 845–849 (außerordentliche Aufwendungen) vorgesehen. Dazu gehören beispielsweise Schadensfälle, die eine existentielle Bedrohung des Unternehmens darstellen wie der Ausfall hoher Forderungen gegenüber einem Hauptabnehmer, Verluste aus der Schließung einer Betriebsstätte oder Konkurs einer Tochtergesellschaft. Hinsichtlich von Schadensfällen im Zusammenhang mit Finanzanlagen und Wertpapieren des Umlaufvermögens wird auf die Erläuterungen zu den Konten 822–825 verwiesen.

782 Buchwert abgegangener Anlagen, ausgenommen Finanzanlagen

Die zunächst auf diesem Konto erfaßten Buchwerte abgegangener Gegenstände des immateriellen und des Sachanlagevermögens sind bei Überschuß des jeweiligen Erlöses (der jeweiligen Vergütung) über den Buchwert auf die Konten 463–465 und bei Überschuß des Buchwertes über den jeweiligen Erlös (die jeweilige Vergütung) auf das Konto 783 umzubuchen.

783 Verluste aus dem Abgang vom Anlagevermögen, ausgenommen Finanzanlagen

Auf diesen Konten werden einerseits die Überträge von den Konten 460–462 und andererseits vom Konto 782 erfaßt.

784–788 Verschiedene betriebliche Aufwendungen

Auf diesen Konten sind jene Aufwendungen zu erfassen, die keinem anderen Konto der Klasse 7 zuordenbar sind.

789 Skontoerträge auf sonstige betriebliche Aufwendungen

Die auf dem Konto 789 erfaßten Skontoerträge werden in der Gewinn- und Verlustrechnung mit dem Posten übrige sonstige betriebliche Aufwendungen verrechnet.

Kontenklasse 8

80–83 Finanzerträge und Finanzaufwendungen

Soweit sich diese auf verbundene Unternehmen beziehen, sind sie zweckmäßigerweise gesondert zu erfassen.

800–804 Erträge aus Beteiligungen

Hierzu gehören Gewinnanteile aus Beteiligungen an Personengesellschaften, Gewinnausschüttungen aus Beteiligungen an Kapitalgesellschaften und Genossenschaften sowie die Gewinnüberrechnung aus Ergebnisabführungsverträgen.

805–809 Erträge aus anderen Wertpapieren und Ausleihungen des Finanzanlagevermögens

Diese betreffen Zinsenerträge aus Ausleihungen und festverzinslichen Wertpapieren des Anlagevermögens sowie Erträge aus Dividendenpapieren und Unternehmensanteilen, soweit deren Erträge nicht als Beteiligungserträge zu erfassen sind.

810–813 Sonstige Zinsen und ähnliche Erträge

Hiezu gehören Zinserträge jeder Art aus Bankguthaben und gewährten Krediten, soweit diese nicht zu den Ausleihungen des Finanzanlagevermögens gehören, sowie Zinsenerträge aus Wertpapieren des Umlaufvermögens.

814–816 Erlöse aus dem Abgang von Beteiligungen, sonstigen Finanzanlagen und Wertpapieren des Umlaufvermögens

Soweit aus dem Abgang von Finanzanlagen und Wertpapieren des Umlaufvermögens Erlöse erzielt wurden, sind sie zunächst auf diesen Konten zu erfassen. Ist der Erlös höher als der Buchwert, ist er auf Konto 820 bzw. 821, im umgekehrten Fall auf die Konten 822–827 zu übertragen. Bei Abschluß sind die Konten demnach zur Gänze aufgelöst.

817–819 Buchwerte abgegangener Beteiligungen, sonstiger Finanzanlagen und Wertpapiere des Umlaufvermögens

Der Buchwert eines abgegangenen Vermögensgegenstandes ist zunächst auf diesen Konten zu erfassen. Ist der Buchwert niedriger als der erzielte Erlös, sind Erlös und Buchwert auf die Konten 820 bzw. 821, im umgekehrten Fall auf die Konten 822–827 umzubuchen.

820 Erträge aus dem Abgang von und der Zuschreibung zu Finanzanlagen

Die Erträge aus dem Abgang von Finanzanlagen ergeben sich aus den Salden der hierher übertragenen Erlöse und Buchwerte.

Erträge aus der Zuschreibung betreffen die Rückgängigmachung außerplanmäßiger Abschreibungen auf Finanzanlagen.

821 Erträge aus dem Abgang von und der Zuschreibung zu Wertpapieren des Umlaufvermögens

Siehe die Erläuterungen zu 820.

822–825 Aufwendungen aus Beteiligungen

Dazu gehören Verlustübernahmen aufgrund von Ergebnisabführungsverträgen, Beteiligungsabschreibungen, Zuschüsse zur Verlustabdeckung, soweit sie ergebniswirksam sind, Verlustanteile aus Personengesellschaften und Veräußerungsverluste.

Bei Aufwendungen aus Beteiligungen ist zu beachten, ob diese im Rahmen der gewöhnlichen Geschäftstätigkeit anfallen oder in den außerordentlichen Bereich gehören. Im letzteren Fall sind sie auf den Konten 845–849 zu erfassen.

828–834 Zinsen und ähnliche Aufwendungen

Dazu gehören Zinsen für Bankkredite, Darlehen, Hypothekarkredite, Zuzählungs-und Bereitstellungsprovisionen für einen Kredit bzw. Kreditrahmen, Überziehungsprovisionen, Frachtstundungsgebühren, Abschreibungen auf das aktivierte Disagio, Geldbeschaffungskosten, Wechseldiskonte, sofern diesen kein verrechenbarer Diskontertrag gegenübersteht, sowie gesondert in Rechnung gestellte Zinsen auf Lieferantenkredite.

835 Nicht ausgenützte Lieferantenskonti

Werden Anschaffungen oder Aufwendungen mit dem Kassapreis erfaßt, wird der in den Fakturen enthaltene Skonto gesondert auf diesem Konto verbucht. Erfolgt die Bezahlung der Lieferantenrechnung in der Folge unter Abzug des Lieferantenskontos, wird dieser mit den auf diesem Konto verbuchten Lieferantenskontoaufwendungen saldiert. Der verbleibende Saldo auf dem Konto 835 wird in der Gewinn- und Verlustrechnung unter den Zinsen und ähnlichen Aufwendungen (828–834) ausgewiesen.

84 Außerordentliche Erträge und außerordentliche Aufwendungen

Allgemeines

Als außerordentliche Aufwendungen und Erträge sind nur solche auszuweisen, die außerhalb der gewöhnlichen Geschäftstätigkeit anfallen. Siehe hierzu auch die Erläuterungen zu den Konten 780–781.

840–844 Außerordentliche Erträge

Hierzu gehören insbesondere der Ertrag aus einer einmaligen Sale-and-Lease-Back-Transaktion, Erträge aus Betriebsstillegungen, Sanierungsgewinne in Folge eines allgemeinen Forderungsverzichtes der Gläubiger, einmalige Zuschüsse der öffentlichen Hand zur Umstrukturierung von Branchen.

845–849 Außerordentliche Aufwendungen

Hierzu gehören insbesondere existenzgefährdende Forderungsausfälle, Verluste aus Betriebsstillegung, außerplanmäßige Abschreibungen aus Anlaß eines außergewöhnlichen Ereignisses (Naturkatastrophe, Enteignung), außergewöhnliche Schadensfälle aufgrund betrügerischer Machenschaften, Schadensfälle aus Unterschlagungen, Aufwendungen aufgrund eines für das Unternehmen existenzgefährdenden Prozesses.

Forderungsausfälle, Materialschwund, Maschinenbruch, Kursgewinne und Kursverluste, zu leistende und zu erhaltende Gewährleistungsansprüche gehören in der Regel zur gewöhnlichen Geschäftstätigkeit.

85 Steuern vom Einkommen und vom Ertrag

Hierzu gehören die Körperschaftsteuer, nicht anrechenbare Kapitalertragsteuern sowie vergleichbare ausländische Steuern. Aktive oder passive Steuerabgrenzungen sind ebenfalls hier zu erfassen.

Die Auflösung zu hoch gebildeter Ertragsteuerrückstellungen ist nicht in der Kontengruppe 47 (Erträge aus der Auflösung von Rückstellungen), sondern hier zu erfassen.

86 Auflösung unversteuerter Rücklagen

Auf diesen Konten werden alle Auflösungen unversteuerter Rücklagen verbucht. Übertragungen innerhalb der unversteuerten Rücklagen werden nicht über die Gewinn- und Verlustrechnung geführt.

870–879 Auflösung von Kapital- und Gewinnrücklagen

Auf diesen Konten wird die bilanzgewinnerhöhende (bilanzverlustvermindernde) Auflösung der in der Kontengruppe 92 verbuchten Kapitalrücklagen und der in der Kontengruppe 93 verbuchten Gewinnrücklagen erfaßt.

880 Zuweisung zu unversteuerten Rücklagen

Auf diesen Konten sind alle Zuweisungen zu unversteuerten Rücklagen zu erfassen, gleichgültig, ob es sich um Zuweisungen zu einer Bewertungsreserve oder zu sonstigen unversteuerten Rücklagen handelt.

890–895 Zuweisung zu Gewinnrücklagen

Hier ist der Teil des Jahresüberschusses bzw. der aufgelösten unversteuerten Rücklagen, der auf eine Gewinnrücklage übertragen werden soll, zu erfassen.

899 Gewinnabfuhr bzw. Verlustüberrechnung aus Ergebnisabführungsverträgen

Kontenklasse 9

90–91 Gezeichnetes bzw. gewidmetes Kapital, nicht eingeforderte ausstehende Einlagen

In diesen Kontengruppen wird das jeweils dem Unternehmen gewidmete Kapital erfaßt.

In diese Gruppe werden auch ausstehende Einlagen der persönlich haftenden Gesellschafter, ausstehende Einlagen von Kommanditisten sowie Verlustanteile von persönlich haftenden Gesellschaftern und Kommanditisten erfaßt. Gewinne von Kommanditisten, die nicht der Auffüllung oder Wiederauffüllung von Kommanditeinlagen dienen, sind in den Kontengruppen 37–38 zu erfassen.

Nicht eingeforderte ausstehende Einlagen bei Kapitalgesellschaften werden auf dem Konto 919 verbucht. Wird die ausstehende Einlage eingefordert, ist der eingeforderte Betrag auf das Konto 247 umzubuchen.

97 Einlagen Stiller Gesellschafter

Diese Kontengruppe dient der Erfassung aller mit der stillen Einlage zusammenhängenden Konten wie gewidmete Einlagen, ausstehende Einlagen und Verlustverrechnungskonten.

Handelt es sich um eine atypische stille Gesellschaft, kann die Einlagenverrechnung analog zum Kommanditisten in den Kontengruppen 90 und 91 erfolgen. Gewinne von Stillen Gesellschaftern, die nicht der Auffüllung von Einlagen dienen, sind in den Kontengruppen 37–38 zu erfassen.

99 Evidenzkonten

In dieser Kontengruppe werden jene Aktiva und Passiva erfaßt, die nicht oder noch nicht bilanzierungsfähig sind.

Auf den aktiven Evidenzkonten werden insbesondere Wechselregreß- und Bürgschaftsregreßforderungen sowie Ansprüche aus schwebenden Geschäften erfaßt.

Auf den passiven Evidenzkonten werden unter anderem das Wechsel- und Bürgschaftsobligo sowie Verpflichtungen aus schwebenden Geschäften verbucht.

Erläuterungen zur Anwendung des Umsatzkostenverfahrens (§ 231 Abs. 3 HGB)

Das Umsatzkostenverfahren unterscheidet sich vom Gesamtkostenverfahren in zwei wesentlichen Punkten:

Die betrieblichen Aufwendungen (Aufwandsarten gemäß § 231 Abs. 2 Z 5 bis 8 HGB) werden nach den Funktionsbereichen Herstellung, Vertrieb und Verwaltung sowie, soweit diesen nicht zurechenbar, nach sonstigen betrieblichen Aufwendungen aufgeschlüsselt.

Die Veränderung des Bestandes an fertigen und unfertigen Erzeugnissen sowie an noch nicht abrechenbaren Leistungen und die anderen aktivierten Eigenleistungen werden mit den Herstellungsaufwendungen der Periode saldiert, woraus sich die umsatzbezogenen Herstellungskosten

(§ 231 Abs. 3 Z 2 HGB) ergeben. (Wurden bei den noch nicht abrechenbaren Leistungen (§ 224 Abs. 2 B I 4 HGB) auch anteilige Kosten der allgemeinen Verwaltung und des Vertriebes im Sinne von § 206 Abs. 3 HGB aktiviert, ist deren Anteil an der Bestandsveränderung den Bereichen Verwaltung bzw. Vertrieb entsprechend zuzuordnen.)

Kontenmäßige Erfassung

Die Aufwendungen werden zunächst in gleicherweise wie beim Gesamtkostenverfahren auf den vorgesehenen Konten der Klassen 5 bis 7 gebucht. Ihre bereichsweise Zuordnung erfolgt entweder gleichzeitig auf Grund der zusätzlich entsprechend kontierten Aufwandsbelege oder summarisch am Periodenende (monatlich, quartalsweise, halb- oder ganzjährig).

Die bereichsweise Erfassung der Aufwendungen erfolgt auf den Bereichskonten 791–799 im Soll und auf dem zu jedem Aufwandskonto zu führenden Parallelkonto im Haben. Anstelle der individuellen Parallelkonten kann in jeder Aufwandskontenklasse ein einziges Verrechnungskonto (Konten 590, 690 und 790) geführt werden.

Sind die Aufwendungen der Klassen 5–7 am Jahresende vollständig verteilt, saldieren sich die Aufwandskonten und die Parallelkonten bzw. die klassenweisen Verrechnungskonten auf Null.

Die in der Klasse 4 erfaßten Bestandsveränderungen bei fertigen und unfertigen Erzeugnissen sowie bei noch nicht abrechenbaren Leistungen (Konten 450–457) und anderen aktivierten Eigenleistungen (Konten 458–459) sind auf die entsprechenden Konten des Bereiches Herstellung (Konten 791–796) zu übertragen. Wurden bei den Beständen an noch nicht abrechenbaren Leistungen auch anteilige Kosten der allgemeinen Verwaltung und des Vertriebes im Sinne von § 206 Abs. 3 HGB aktiviert, ist die Bestandsveränderung anteilsmäßig auf die Bereichskonten für Herstellung, Vertrieb und Verwaltung zu übertragen.

10.2 Wichtige Kennzahlen

	Kennzahl	gewünschte Aussage	Formel
1.	**Eigenkapitalrentabilität**	Höhe der Verzinsung des Eigenkapitals	$\frac{\text{EGT} \times 100}{\text{durchschn. Eigenkapital}}$
2.	**Gesamtkapitalrentabilität**	Höhe der Verzinsung des Gesamtkapitals	$\frac{\text{EGT + FK-Zinsen} \times 100}{\text{durchschnittl. Bilanzsumme}}$
3.	**Umsatzrentabilität**	Höhe der Verzinsung, berechnet v. Umsatz	$\frac{\text{EGT} \times 100}{\text{Umsatz}}$
4.	**Finanzierung aus Abschreibungen** (Lohmann-Ruchti-Effekt)	In welchem Ausmaß die Investitionen aus den verdienten Abschreibungen finanziert werden können	$\frac{\text{Abschreibungen} \times 100}{\text{Investitionen (Sachanlagen)}}$
5.	**Anlagendeckung I**	Wieviel % des Anlagevermögens sind durch das Eigenkapital gedeckt?	$\frac{\text{Eigenkapital} \times 100}{\text{Anlagevermögen}}$
6.	**Anlagendeckung II**	Wieviel % des Anlagevermögens sind durch Eigenkapital und langfristiges Fremdkapital gedeckt?	$\frac{\text{Eigenkapital + langfristiges Fremdkapital} \times 100}{\text{Anlagevermögen}}$
7.	**Working-Capital**	Der Teil des Umlaufvermögens, der durch Eigenkapital und langfristiges Fremdkapital gedeckt ist	Umlaufvermögen abzüglich: kurzfristige Verbindlichkeiten und kurzfristige Rückstellungen
8.	**Liquiditätsgrad II**	Wieviel % der kurzfristigen Zahlungsverpflichtungen durch liquide bzw. rechtzeitig liquidierbare Mittel gedeckt sind	$\frac{\text{Geld, Bankguthaben und kurzfristige Forderungen} \times 100}{\text{kurzfristige Verbindlichkeiten}}$
9.	**Debitorendauer**	Dem Kunden durchschnittlich gewährtes Zahlungsziel	$\frac{\text{Umsatz (inkl. USt)}}{\text{durchschnittliche Kundenforderungen}}$

10.	**Lagerdauer**	Wie oft das Warenlager im Jahr verkauft wird	$\frac{\text{Wareneinsatz}}{\text{durchschn. Lagerbestand}}$
11.	**Kreditorendauer**	Das Zahlungsziel beim Lieferanten	$\frac{\text{Einkäufe}}{\text{durchschn. Lieferverbindl. (ohne USt)}}$
12.	**Schuldentilgungskraft**	Wieviel Jahre braucht das Unternehmen, um aus eigener Kraft (C.F.) das Fremdkapital zurückzuzahlen.	$\frac{\text{Fremdkapital}}{\text{Cash Flow}}$
13.	**Verschuldungsgrad**	Anteil des Fremdkapitals am Gesamtkapital	$\frac{\text{Fremdkapital} \times 100}{\text{Gesamtkapital}}$
14.	**Cash Flow**	Finanzieller Überschuß eines Jahres	Jahresüberschuß + Abschreibungen + Zuführung langfr. Rückstellungen – Auflösungen langfr. Rückstellungen = Cash Flow

(EGT = Ergebnis der gewöhnlichen Geschäftstätigkeit)

10.3 Sterbetafeln zur Ermittlung von Rentenverpflichtungen

(gültig für Vereinbarungen ab 1.1.2000)

Alter	**Überlebende Frauen je Jahrgang (Faktor l_y)**					
	1900–1909	**1910–1919**	**1920–1929**	**1930–1939**	**1940–1949**	**1950–1959**
20	–	–	–	–	–	–
21	–	–	–	–	–	–
22	–	–	–	–	–	–
23	–	–	–	–	–	–
24	–	–	–	–	–	–
25	–	–	–	–	–	–
26	–	–	–	–	–	–
27	–	–	–	–	–	99.639
28	–	–	–	–	–	99.579
29	–	–	–	–	–	99.517
30	–	–	–	–	–	99.454
31	–	–	–	–	–	99.389
32	–	–	–	–	–	99.321
33	–	–	–	–	–	99.252
34	–	–	–	–	–	99.179
35	–	–	–	–	–	99.103
36	–	–	–	–	–	99.025

37	–	–	–	–	98.844	98.942
38	–	–	–	–	98.732	98.855
39	–	–	–	–	98.613	98.763
40	–	–	–	–	98.489	98.666
41	–	–	–	–	98.356	98.563
42	–	–	–	–	98.216	98.453
43	–	–	–	–	98.065	98.336
44	–	–	–	–	97.905	98.210
45	–	–	–	–	97.734	98.076
46	–	–	–	–	97.551	97.931
47	–	–	–	97.156	97.353	97.774
48	–	–	–	96.888	97.141	97.606
49	–	–	–	96.600	96.912	97.424
50	–	–	–	96.291	96.666	97.227
51	–	–	–	95.960	96.401	97.016
52	–	–	–	95.607	96.118	96.788
53	–	–	–	95.229	95.814	96.543
54	–	–	–	94.827	95.490	96.281
55	–	–	–	94.399	95.143	96.000
56	–	–	–	93.944	94.774	95.700
57	–	–	93.030	93.462	94.381	95.379
58	–	–	92.402	92.951	93.962	95.036
59	–	–	91.738	92.409	93.517	94.671
60	–	–	91.037	91.833	93.043	94.279
61	–	–	90.295	91.222	92.537	93.861
62	–	–	89.510	90.572	91.998	93.413
63	–	–	88.677	89.881	91.421	92.932
64	–	–	87.794	89.144	90.803	92.415
65	–	–	86.853	88.355	90.141	91.859
66	–	–	85.850	87.511	89.427	91.257
67	–	83.958	84.777	86.603	88.657	90.604
68	–	82.587	83.625	85.623	87.822	89.894
69	–	81.120	82.385	84.563	86.914	89.118
70	–	79.543	81.043	83.410	85.922	88.266
71	–	77.841	79.588	82.151	84.833	87.327
72	–	75.998	78.000	80.771	83.633	86.286
73	–	73.994	76.262	79.250	82.302	85.126
74	–	71.809	74.354	77.570	80.823	83.829
75	–	69.430	72.259	75.711	79.176	82.377

76	–	66.847	69.966	73.661	77.348	80.754
77	62.451	64.061	67.470	71.413	75.327	78.948
78	59.073	61.085	64.778	68.966	73.110	76.953
79	55.542	57.939	61.903	66.327	70.700	74.767
80	51.887	54.641	58.856	63.504	68.097	72.386
81	48.134	51.211	55.648	60.500	65.301	69.806
82	44.311	47.666	52.293	57.321	62.312	67.022
83	40.419	44.005	48.779	53.953	59.109	64.009
84	36.488	40.247	45.122	50.401	55.693	60.761
85	32.574	36.441	41.360	46.697	52.084	57.290
86	28.729	32.633	37.535	42.873	48.308	53.614
87	24.965	28.832	33.647	38.926	44.354	49.712
88	21.366	25.120	29.780	34.931	40.289	45.644
89	18.017	21.589	26.025	30.980	36.202	41.491
90	14.941	18.267	22.417	27.110	32.127	37.282
91	12.172	15.203	19.012	23.382	28.127	33.080
92	9.742	12.442	15.871	19.867	24.280	28.964
93	7.649	9.997	13.020	16.604	20.634	24.986
94	5.889	7.883	10.489	13.637	17.245	21.215
95	4.431	6.080	8.272	10.975	14.134	17.679
96	3.256	4.582	6.378	8.640	11.341	14.433
97	2.334	3.370	4.802	6.646	8.895	11.525
98	1.631	2.416	3.525	4.984	6.806	8.981
99	1.107	1.682	2.512	3.631	5.059	6.802
100	729	1.135	1.736	2.564	3.646	4.995
101	462	738	1.154	1.742	2.527	3.528
102	287	468	748	1.151	1.701	2.417
103	174	289	470	737	1.108	1.600
104	102	173	287	456	695	1.018
105	59	100	168	271	418	619
106	32	56	95	154	239	356
107	0	0	0	0	0	0
108	0	0	0	0	0	0

Alter	Überlebende Männer je Jahrgang (Faktor l_x)					
	1900–1909	1910–1919	1920–1929	1930–1939	1940–1949	1950–1959
20	–	–	–	–	–	–
21	–	–	–	–	–	–
22	–	–	–	–	–	–
23	–	–	–	–	–	–
24	–	–	–	–	–	–
25	–	–	–	–	–	–
26	–	–	–	–	–	–
27	–	–	–	–	–	98.832
28	–	–	–	–	–	98.690
29	–	–	–	–	–	98.551
30	–	–	–	–	–	98.415
31	–	–	–	–	–	98.280
32	–	–	–	–	–	98.144
33	–	–	–	–	–	98.006
34	–	–	–	–	–	97.864
35	–	–	–	–	–	97.718
36	–	–	–	–	–	97.565
37	–	–	–	–	97.234	97.405
38	–	–	–	–	97.021	97.236
39	–	–	–	–	96.795	97.056
40	–	–	–	–	96.554	96.863
41	–	–	–	–	96.295	96.656
42	–	–	–	–	96.014	96.431
43	–	–	–	–	95.711	96.186
44	–	–	–	–	95.380	95.918
45	–	–	–	–	95.019	95.625
46	–	–	–	–	94.623	95.303
47	–	–	–	93.830	94.190	94.949
48	–	–	–	93.249	93.715	94.560
49	–	–	–	92.614	93.196	94.133
50	–	–	–	91.925	92.629	93.664
51	–	–	–	91.178	92.011	93.153
52	–	–	–	90.370	91.342	92.596
53	–	–	–	89.503	90.620	91.993
54	–	–	–	88.578	89.846	91.345
55	–	–	–	87.594	89.020	90.649
56	–	–	–	86.554	88.142	89.907
57	–	–	84.624	85.455	87.212	89.117
58	–	–	83.252	84.300	86.228	88.278

59	–	–	81.819	83.086	85.189	87.389
60	–	–	80.323	81.812	84.094	86.447
61	–	–	78.762	80.475	82.939	85.449
62	–	–	77.134	79.074	81.722	84.392
63	–	–	75.436	77.603	80.438	83.272
64	–	–	73.661	76.057	79.081	82.083
65	–	–	71.806	74.432	77.646	80.819
66	–	–	69.867	72.721	76.128	79.474
67	–	66.520	67.840	70.922	74.522	78.044
68	–	64.092	65.723	69.030	72.822	76.522
69	–	61.576	63.513	67.041	71.024	74.903
70	–	58.976	61.209	64.952	69.124	73.182
71	–	56.292	58.812	62.763	67.118	71.355
72	–	53.532	56.324	60.472	65.005	69.417
73	–	50.699	53.748	58.081	62.783	67.365
74	–	47.805	51.089	55.592	60.451	65.198
75	–	44.859	48.355	53.009	58.013	62.914
76	–	41.876	45.557	50.339	55.470	60.514
77	37.256	38.872	42.706	47.592	52.829	58.001
78	33.960	35.865	39.819	44.779	50.100	55.381
79	30.730	32.876	36.911	41.914	47.291	52.661
80	27.593	29.928	34.004	39.014	44.417	49.850
81	24.571	27.043	31.117	36.098	41.494	46.962
82	21.691	24.245	28.275	33.188	38.541	44.012
83	18.953	21.536	25.479	30.283	35.556	40.994
84	16.390	18.952	22.766	27.421	32.574	37.943
85	14.026	16.519	20.165	24.633	29.626	34.887
86	11.879	14.261	17.705	21.950	26.745	31.859
87	9.947	12.185	15.396	19.387	23.949	28.876
88	8.226	10.290	13.245	16.954	21.248	25.950
89	6.695	8.564	11.242	14.642	18.636	23.074
90	5.388	7.051	9.445	12.525	16.198	20.342
91	4.273	5.725	7.832	10.582	13.915	17.739
92	3.333	4.577	6.400	8.817	11.799	15.279
93	2.550	3.592	5.138	7.225	9.848	12.965
94	1.912	2.765	4.050	5.818	8.083	10.828
95	1.403	2.085	3.130	4.596	6.515	8.886
96	1.008	1.540	2.370	3.560	5.151	7.158
97	710	1.115	1.760	2.704	3.994	5.657

98	490	791	1.279	2.011	3.033	4.379
99	330	547	907	1.458	2.246	3.307
100	216	368	625	1.028	1.616	2.426
101	138	240	417	701	1.125	1.721
102	84	150	266	457	749	1.167
103	49	90	163	285	475	753
104	27	51	94	167	283	456
105	14	27	51	91	157	256
106	7	13	25	46	79	131
107	0	0	0	0	0	0

Alter	**Überlebende Männer je Jahrgang (Faktor l_x)**				**Überlebende Frauen je Jahrgang (Faktor l_y)**			
	1960–1969	**1970–1979**	**1980–1989**	**1990–1999**	**1960–1969**	**1970–1979**	**1980–1989**	**1990–1999**
20	100.000	100.000	100.000	100.000	100.000	100.000	100.000	100.000
21	99.820	99.863	99.896	99.921	99.954	99.966	99.975	99.981
22	99.655	99.737	99.800	99.847	99.911	99.934	99.951	99.964
23	99.504	99.621	99.711	99.779	99.869	99.902	99.928	99.946
24	99.364	99.514	99.628	99.716	99.827	99.871	99.904	99.929
25	99.234	99.414	99.551	99.657	99.784	99.839	99.880	99.911
26	99.112	99.319	99.479	99.601	99.741	99.807	99.856	99.893
27	98.996	99.230	99.410	99.547	99.697	99.774	99.831	99.874
28	98.886	99.145	99.343	99.496	99.652	99.740	99.805	99.855
29	98.778	99.061	99.278	99.445	99.605	99.704	99.779	99.834
30	98.672	98.978	99.214	99.395	99.557	99.668	99.751	99.814
31	98.567	98.896	99.150	99.345	99.508	99.631	99.723	99.792
32	98.460	98.812	99.084	99.294	99.456	99.591	99.693	99.769
33	98.352	98.727	99.017	99.242	99.403	99.551	99.662	99.746
34	98.240	98.639	98.948	99.187	99.348	99.508	99.629	99.721
35	98.125	98.548	98.876	99.130	99.289	99.464	99.595	99.694
36	98.004	98.452	98.800	99.070	99.229	99.417	99.559	99.667
37	97.877	98.351	98.720	99.007	99.165	99.368	99.521	99.638
38	97.742	98.244	98.635	98.939	99.098	99.316	99.481	99.607
39	97.598	98.129	98.543	98.866	99.027	99.261	99.438	99.574
40	97.444	98.006	98.444	98.787	98.951	99.202	99.393	99.538
41	97.277	97.872	98.337	98.701	98.871	99.140	99.344	99.500
42	97.096	97.726	98.219	98.607	98.785	99.073	99.292	99.460
43	96.898	97.566	98.091	98.503	98.693	99.001	99.236	99.416
44	96.681	97.390	97.948	98.388	98.595	98.923	99.175	99.368

45	96.443	97.196	97.791	98.260	98.489	98.840	99.109	99.316
46	96.180	96.982	97.617	98.119	98.374	98.749	99.038	99.260
47	95.890	96.745	97.423	97.961	98.250	98.651	98.961	99.199
48	95.571	96.483	97.209	97.785	98.116	98.545	98.876	99.132
49	95.218	96.193	96.971	97.590	97.972	98.430	98.785	99.060
50	94.831	95.873	96.707	97.374	97.815	98.305	98.685	98.980
51	94.407	95.522	96.417	97.134	97.645	98.169	98.577	98.894
52	93.943	95.137	96.097	96.869	97.462	98.023	98.459	98.800
53	93.440	94.716	95.747	96.579	97.265	97.864	98.332	98.697
54	92.895	94.261	95.367	96.262	97.053	97.693	98.194	98.586
55	92.310	93.769	94.955	95.918	96.826	97.509	98.045	98.466
56	91.683	93.240	94.511	95.545	96.581	97.310	97.884	98.336
57	91.012	92.673	94.032	95.142	96.320	97.097	97.711	98.195
58	90.298	92.065	93.518	94.708	96.039	96.868	97.525	98.043
59	89.537	91.416	92.966	94.241	95.739	96.622	97.323	97.879
60	88.727	90.723	92.376	93.739	95.417	96.357	97.106	97.701
61	87.866	89.984	91.742	93.199	95.071	96.072	96.871	97.508
62	86.951	89.193	91.064	92.618	94.699	95.765	96.617	97.299
63	85.976	88.349	90.335	91.992	94.299	95.433	96.342	97.072
64	84.936	87.444	89.551	91.316	93.868	95.073	96.043	96.824
65	83.826	86.473	88.708	90.586	93.401	94.682	95.718	96.553
66	82.639	85.432	87.799	89.796	92.894	94.257	95.362	96.256
67	81.371	84.314	86.819	88.941	92.343	93.793	94.972	95.929
68	80.014	83.112	85.761	88.015	91.740	93.283	94.542	95.567
69	78.564	81.821	84.620	87.011	91.079	92.722	94.067	95.166
70	77.014	80.435	83.388	85.924	90.350	92.100	93.539	94.719
71	75.358	78.947	82.060	84.746	89.542	91.409	92.950	94.218
72	73.593	77.351	80.630	83.471	88.643	90.636	92.287	93.652
73	71.712	75.642	79.090	82.093	87.636	89.766	91.539	93.011
74	69.713	73.815	77.434	80.605	86.505	88.784	90.690	92.279
75	67.592	71.865	75.658	78.999	85.231	87.672	89.724	91.444
76	65.349	69.789	73.756	77.271	83.798	86.415	88.627	90.490
77	62.982	67.585	71.724	75.414	82.194	84.999	87.384	89.404
78	60.495	65.252	69.560	73.424	80.411	83.415	85.986	88.175
79	57.891	62.791	67.261	71.298	78.442	81.655	84.422	86.793
80	55.177	60.205	64.829	69.034	76.281	79.710	82.683	85.247
81	52.363	57.501	62.265	66.630	73.922	77.570	80.756	83.522
82	49.459	54.686	59.574	64.088	71.353	75.221	78.626	81.603
83	46.458	51.750	56.743	61.393	68.548	72.635	76.261	79.457

84	43.389	48.716	53.791	58.558	65.493	69.793	73.641	77.059
85	40.279	45.608	50.736	55.599	62.195	66.694	70.759	74.400
86	37.158	42.453	47.603	52.534	58.662	63.340	67.609	71.468
87	34.042	39.265	44.403	49.371	54.867	59.697	64.152	68.220
88	30.943	36.054	41.140	46.112	50.858	55.802	60.414	64.671
89	27.852	32.807	37.799	42.735	46.707	51.717	56.448	60.862
90	24.868	29.627	34.484	39.344	42.438	47.458	52.259	56.792
91	21.977	26.498	31.177	35.917	38.107	43.073	47.887	52.491
92	19.197	23.442	27.897	32.471	33.793	38.637	43.400	48.016
93	16.535	20.465	24.653	29.013	29.550	34.201	38.844	43.407
94	14.028	17.610	21.489	25.588	25.451	29.840	34.292	38.732
95	11.703	14.912	18.447	22.240	21.531	25.594	29.783	34.026
96	9.589	12.410	15.572	19.020	17.858	21.538	25.398	29.373
97	7.712	10.143	12.915	15.991	14.497	17.751	21.226	24.864
98	6.076	8.123	10.501	13.185	11.490	14.291	17.339	20.586
99	4.671	6.350	8.336	10.619	8.855	11.194	13.786	16.599
100	3.489	4.823	6.433	8.316	6.618	8.503	10.635	12.991
101	2.520	3.543	4.800	6.298	4.758	6.216	7.898	9.791
102	1.740	2.487	3.424	4.560	3.315	4.400	5.676	7.138
103	1.142	1.659	2.319	3.134	2.229	3.003	3.928	5.006
104	703	1.036	1.469	2.013	1.438	1.962	2.599	3.353
105	400	597	856	1.187	883	1.218	1.631	2.125
106	205	309	447	624	512	712	959	1.258
107	0	0	0	0	0	0	0	0

10.4 Barwerttabellen und Indices

Index

VPI 1976 (1976 = 100)

	1979	1980	1981	1982	1983	1984	1985	1986	1987	1988	1989
Jänner	111,4	117,0	125,2	132,9	138,3	146,1	151,0	155,4	156,0	158,9	162,3
Februar	112,0	118,0	125,9	133,4	138,9	146,8	151,8	155,6	155,8	159,2	163,1
März	112,2	118,4	126,9	134,5	139,2	147,3	152,6	155,3	156,1	159,7	163,3
April	112,3	118,9	127,7	135,1	139,1	147,3	152,9	155,0	156,4	159,9	163,7
Mai	112,3	119,5	127,6	135,3	138,7	146,9	152,5	154,8	156,9	159,5	164,1
Juni	112,8	120,8	128,4	136,0	139,4	148,2	153,0	155,3	158,3	160,5	164,5
Juli	113,8	121,3	129,2	136,3	140,1	147,9	153,1	155,4	159,1	162,3	166,4
August	113,8	122,1	129,9	136,5	140,9	149,3	153,2	155,8	159,9	162,8	167,2
September	113,9	121,8	130,2	136,6	141,1	149,0	153,3	155,9	158,9	161,9	165,9
Oktober	114,5	122,2	131,0	137,0	141,9	149,3	153,3	155,8	158,6	161,4	165,9
November	115,0	122,3	130,3	137,0	142,1	149,7	153,6	155,5	158,1	161,3	165,6
Dezember	115,6	123,3	131,2	137,4	142,6	149,8	154,0	155,7	158,3	161,3	165,9
Jahres-Ø	113,3	120,5	128,7	135,7	140,2	149,1	152,9	155,5	157,7	160,7	164,8

	1990	1991	1992	1993	1994	1995	1996	1997	1998	1999	2000
Jänner	167,0	172,6	179,3	186,6	192,4	197,5	200,6	204,7	207,2	208,2	211,0
Februar	168,3	173,8	181,0	187,7	193,6	198,3	201,5	205,5	207,6	208,6	212,0
März	168,4	174,3	181,5	188,5	194,2	198,9	202,5	205,7	207,8	208,6	
April	168,9	174,5	181,5	188,5	194,1	199,0	202,3	205,7	208,2	208,6	
Mai	169,0	174,6	182,1	188,8	194,4	199,0	202,0	205,9	208,0	209,0	
Juni	169,3	175,7	182,7	189,2	194,7	199,8	203,1	205,9	207,8	208,6	
Juli	171,5	177,7	184,9	191,4	196,9	201,2	204,9	205,9	207,8	208,6	
August	172,4	178,8	185,7	192,0	198,1	202,3	206,0	205,9	207,8	208,8	
September	172,1	177,6	184,4	190,6	196,6	200,6	204,5	205,9	207,8	208,8	
Oktober	172,1	177,0	184,1	190,5	196,1	199,8	204,0	206,6	208,0	209,6	
November	171,7	177,1	184,3	190,6	195,9	199,7	204,2	206,8	208,2	209,8	
Dezember	171,7	177,0	184,4	191,0	195,9	199,5	204,2	207,0	208,4	211,2	
Jahres-Ø	170,2	175,9	183,0	198,6	195,2	199,6	203,3	205,9	207,9	209,0	

Fragestellung: S 100.000,– zu 10 % Zinsen angelegt ergeben in 5 Jahren welchen Wert?

S 100.000,– x 1,610510 = **S 161.051,–**

Endwert

	5 %	5,5 %	6 %	6,5 %	7 %	8 %	9 %	10 %	11 %	12 %	13 %	14 %
1	1,050000	1,05500	1,060000	1,06500	1,070000	1,080000	1,090000	1,100000	1,11000	1,120000	1,13000	1,14000
2	1,102500	1,11303	1,123600	1,13423	1,144900	1,166400	1,188100	1,210000	1,23210	1,254400	1,27690	1,29960
3	1,157625	1,17424	1,191016	1,20795	1,225043	1,259712	1,295029	1,331000	1,36763	1,404928	1,44290	1,48154
4	1,215506	1,23882	1,262477	1,28647	1,310796	1,360489	1,411582	1,464100	1,51807	1,573519	1,63047	1,68896
5	1,276282	1,30696	1,338226	1,37009	1,402552	1,469328	1,538624	1,610510	1,68506	1,762342	1,84244	1,92541
6	1,340096	1,37884	1,418519	1,45914	1,500730	1,586874	1,677100	1,771561	1,87041	1,973823	2,08195	2,19497
7	1,407100	1,45468	1,503630	1,55399	1,605781	1,713824	1,828039	1,948717	2,07616	2,210681	2,35261	2,50227
8	1,543469	1,53469	1,593848	1,65500	1,718186	1,850930	1,992563	2,143589	2,30454	2,475963	2,65844	2,85259
9	1,551328	1,61909	1,689479	1,76257	1,838459	1,999005	2,171893	2,357948	2,55804	2,773079	3,00404	3,25195
10	1,628895	1,70814	1,790848	1,87714	1,967151	2,158925	2,367364	2,593742	2,83942	3,105848	3,39457	3,70722
11	1,710339	1,80209	1,898299	1,99915	2,104852	2,331639	2,580426	2,853117	3,15176	3,478550	3,83586	4,22623
12	1,795856	1,90121	2,012196	2,12910	2,252192	2,518170	2,812665	3,138428	3,49845	3,895976	4,33452	4,81790
13	1,885649	2,00577	2,132928	2,26749	2,409845	2,719624	3,065805	3,452271	3,88328	4,363493	4,89801	5,49241
14	1,979932	2,11609	2,260904	2,41487	2,578534	2,937194	3,341727	3,797498	4,31044	4,887112	5,53475	6,26135
15	2,078928	2,23248	2,396558	2,57184	2,759032	3,172169	3,642482	4,177248	4,78459	5,473566	6,25427	7,13794
16	2,182875	2,35526	2,540352	2,73901	2,952164	3,425943	3,970306	4,594973	5,31089	6,130394	7,06733	8,13725
17	2,292018	2,48480	2,692773	2,91705	3,158815	3,700018	4,327633	5,054470	5,89509	6,866041	7,98608	9,27646
18	2,406619	2,62147	2,854339	3,10665	3,379923	3,996019	4,717120	5,559917	6,54355	7,689966	9,02427	10,57517
19	2,526950	2,76565	3,025600	3,30859	3,616528	4,315701	5,141661	6,115909	7,26334	8,612762	10,19742	12,05569
20	2,653298	2,91776	3,207135	3,52365	3,869684	4,660957	5,604411	6,727500	8,06231	9,646293	11,52309	13,74349
21	2,785963	3,07823	3,399564	3,75268	4,140562	5,033834	6,108808	7,400250	8,94917	10,803848	13,02109	15,66758
22	2,925261	3,24754	3,603537	3,99661	4,430402	5,436540	6,658600	8,140275	9,93357	12,100310	14,71383	17,86104
23	3,071524	3,42615	3,819750	4,25639	4,740530	5,871464	7,257874	8,954302	11,02627	13,552347	16,62663	20,36158
24	3,225100	3,61459	4,048935	4,53305	5,072367	6,341181	7,911083	9,849733	12,23916	15,178629	18,78809	23,21221
25	3,386355	3,81339	4,291871	4,82770	5,427433	6,848475	8,623081	10,834706	13,58546	17,000064	21,23054	26,46192
26	3,555673	4,02313	4,549383	5,14150	5,807353	7,396353	9,399158	11,918177	15,07986	19,040072	23,99051	30,16658
27	3,733456	4,24440	4,822346	5,47570	6,213868	7,988061	10,245082	13,109994	16,73865	21,324881	27,10928	34,38991
28	3,920129	4,47784	5,111687	5,83162	6,648838	8,627106	11,167140	14,420994	18,57990	23,883866	30,63349	39,20449
29	4,116136	4,72412	5,418388	6,21067	7,114257	9,317275	12,172182	15,863093	20,62369	26,749930	34,61584	44,69312
30	4,321942	4,98395	5,743491	6,61437	7,612255	10,062657	13,267678	17,449402	22,89230	29,959922	39,11590	50,95016
31	4,538039	5,25807	6,088101	7,04430	8,145113	10,867669	14,461770	19,194342	25,41045	33,555113	44,20096	58,08318
32	4,764941	5,54726	6,453387	7,50218	8,715271	11,737083	15,763329	21,113777	28,20560	37,581726	49,94709	66,21483
33	5,003189	5,85236	6,840590	7,98982	9,325340	12,676050	17,182028	23,225154	31,30821	42,091533	56,44021	75,48490
34	5,253348	6,17424	7,251025	8,50916	9,978114	13,690134	18,728411	25,547670	34,75212	47,142517	63,77744	86,05279
35	5,516015	6,51383	7,686087	9,06225	10,676581	14,785344	20,413968	28,102437	38,57485	52,799620	72,06851	98,10018
40	7,039989	8,51331	10,285718	12,41607	14,974458	21,724521	31,409420	45,259256	65,00087	93,050970	132,78155	188,88351
45	8,985008	11,12655	13,764611	17,01110	21,002452	31,920449	48,327286	72,890484	109,53024	163,987604	244,64140	363,67907
50	11,467400	14,54196	18,420154	23,30668	29,457025	46,901613	74,357520	117,390853	184,56483	289,002190	450,73593	700,23299

Fragestellung: S 100.000,– in 2 Jahren haben heute welchen Wert? Zinsen 10 %

100.000,– x 0,826446 = **S 82.644,–**

Barwert einmalig

	5%	5,5 %	6 %	6,5 %	7 %	8 %	9 %	10 %	11 %	12 %	13 %	14 %
1	0,952381	0,94787	0,943396	0,93897	0,934580	0,925926	0,917431	0,909091	0,90090	0,892857	0,88496	0,87719
2	0,907029	0,89845	0,889996	0,88166	0,873439	0,857339	0,841680	0,826446	0,81162	0,797194	0,78315	0,76947
3	0,863838	0,85161	0,839619	0,82785	0,816298	0,793832	0,772183	0,751315	0,73119	0,711780	0,69305	0,67497
4	0,822702	0,80722	0,792094	0,77732	0,762895	0,735030	0,708425	0,683013	0,65873	0,635518	0,61332	0,59208
5	0,783526	0,76513	0,747258	0,72988	0,712986	0,680583	0,649931	0,620921	0,59345	0,567427	0,54276	0,51937
6	0,746215	0,72525	0,704961	0,68533	0,666342	0,630170	0,596267	0,564474	0,53464	0,506631	0,48032	0,45559
7	0,710681	0,68744	0,665057	0,64351	0,622750	0,583490	0,547034	0,513158	0,48166	0,452349	0,42506	0,39964
8	0,676839	0,65160	0,627412	0,60423	0,582009	0,540269	0,501866	0,466507	0,43393	0,403883	0,37616	0,35056
9	0,644609	0,61763	0,591898	0,56735	0,543934	0,500249	0,460428	0,424098	0,39092	0,360610	0,33288	0,30751
10	0,613913	0,58543	0,558395	0,53273	0,508349	0,463193	0,422411	0,385543	0,35218	0,321973	0,29459	0,26974
11	0,584679	0,55491	0,526788	0,50021	0,475093	0,428883	0,387533	0,350494	0,31728	0,287476	0,26070	0,23662
12	0,556837	0,52598	0,496969	0,46968	0,444012	0,397114	0,355535	0,318631	0,28584	0,256675	0,23071	0,20756
13	0,530321	0,49856	0,468839	0,44102	0,414964	0,367698	0,326179	0,289664	0,25751	0,229174	0,20416	0,18207
14	0,505068	0,47257	0,442301	0,41410	0,387817	0,340461	0,299246	0,263331	0,23199	0,204620	0,18068	0,15971
15	0,481017	0,44793	0,417265	0,38883	0,362446	0,315242	0,274538	0,239392	0,20900	0,182696	0,15989	0,14010
16	0,458112	0,42458	0,393646	0,36510	0,338735	0,291890	0,251870	0,217629	0,18829	0,163122	0,14150	0,12289
17	0,436297	0,40245	0,371364	0,34281	0,316574	0,270269	0,231073	0,197845	0,16963	0,145644	0,12522	0,10780
18	0,415521	0,38147	0,350344	0,32189	0,295864	0,250249	0,211994	0,179859	0,15282	0,130040	0,11081	0,09456
19	0,395734	0,36158	0,330513	0,30224	0,276508	0,231712	0,194490	0,163508	0,13768	0,116107	0,09806	0,08295
20	0,376889	0,34273	0,311805	0,28380	0,258419	0,214548	0,178431	0,148644	0,12403	0,103667	0,08678	0,07276
21	0,358942	0,32486	0,294155	0,26648	0,241513	0,198656	0,163698	0,135131	0,11174	0,092560	0,07680	0,06383
22	0,341850	0,30793	0,277505	0,25021	0,225713	0,183941	0,150182	0,122846	0,10067	0,082643	0,06796	0,05599
23	0,325571	0,29187	0,261797	0,23494	0,210947	0,170315	0,137781	0,111678	0,09069	0,073788	0,06014	0,04911
24	0,310068	0,27666	0,246979	0,22060	0,197147	0,157699	0,126405	0,101526	0,08170	0,065882	0,05323	0,04308
25	0,295303	0,26223	0,232999	0,20714	0,184249	0,146018	0,115968	0,092296	0,07361	0,058823	0,04710	0,03779
26	0,281241	0,24856	0,219810	0,19450	0,172195	0,135202	0,106393	0,083905	0,06631	0,052521	0,04168	0,03315
27	0,267848	0,23560	0,207368	0,18263	0,160930	0,125187	0,097608	0,076278	0,05974	0,046894	0,03689	0,02908
28	0,255094	0,22332	0,195630	0,17148	0,150402	0,115914	0,089548	0,069343	0,05382	0,041869	0,03264	0,02551
29	0,242946	0,21168	0,184557	0,16101	0,140563	0,107328	0,082155	0,063039	0,04849	0,037383	0,02889	0,02237
30	0,231377	0,20064	0,174110	0,15119	0,131367	0,099377	0,075371	0,057309	0,04368	0,033378	0,02557	0,01963
31	0,220359	0,19018	0,164255	0,14196	0,122773	0,092016	0,069148	0,052099	0,03935	0,029802	0,02262	0,01722
32	0,209866	0,18027	0,154957	0,13329	0,114741	0,085200	0,063438	0,047362	0,03545	0,026609	0,02002	0,01510
33	0,199873	0,17087	0,146186	0,12516	0,107235	0,078889	0,058200	0,043057	0,03194	0,023758	0,01772	0,01325
34	0,190355	0,16196	0,137912	0,11752	0,100219	0,073045	0,053395	0,039143	0,02878	0,021212	0,01568	0,01162
35	0,901812	0,15352	0,130105	0,11035	0,093663	0,067635	0,048986	0,035584	0,02592	0,018940	0,01388	0,01019
40	0,142046	0,11746	0,097222	0,08054	0,066780	0,046031	0,031838	0,022095	0,01538	0,010747	0,00753	0,00529
45	0,111297	0,08988	0,072650	0,05879	0,047613	0,031328	0,020692	0,013719	0,00913	0,006098	0,00409	0,00275
50	0,087204	0,06877	0,054288	0,04291	0,033948	0,021321	0,013449	0,008519	0,00542	0,003460	0,00222	0,00143

Fragestellung: Barwert einer jährlichen Abschreibung von S 100.000,– für 5 Jahre

10 % Zinsen = 100.000,– x 3,790787 = **S 379.078,–**

Rentenbarwert, Annuitätenbarwert

	5 %	5,5 %	6 %	6,5 %	7 %	8 %	9 %	10 %	11 %	12 %	13 %	14 %
1	0,952381	0,94787	0,943396	0,93897	0,934579	0,925926	0,917431	0,909091	0,90090	0,892857	0,88496	0,87719
2	1,859410	1,84632	1,833393	1,82063	1,808018	1,783265	1,759111	1,735537	1,71252	1,690051	1,66810	1,64666
3	2,723248	2,69793	2,673012	2,64848	2,624316	2,577097	2,531295	2,486852	2,44371	2,401831	2,36115	2,32163
4	3,545951	3,50515	3,465106	3,42580	3,387211	3,312127	3,239720	3,169865	3,10245	3,037349	2,97447	2,91371
5	4,329477	4,27028	4,212364	4,15568	4,100197	3,992710	3,889651	3,790787	3,69590	3,604776	3,51723	3,43308
6	5,075692	4,99553	4,917324	4,84101	4,766540	4,622880	4,485919	4,355261	4,23054	4,111407	3,99755	3,88867
7	5,786373	5,68297	5,582381	5,48452	5,389289	5,206370	5,032953	4,868419	4,71220	4,563757	4,42261	4,28830
8	6,463213	6,33457	6,209794	6,08875	5,971299	5,746639	5,534819	5,334926	5,14612	4,967640	4,79677	4,63886
9	7,107822	6,95220	6,801692	6,65610	6,515232	6,246888	5,995247	5,759024	5,53705	5,328250	5,13166	4,94637
10	7,721735	7,53763	7,360087	7,18883	7,023582	6,710081	6,417658	6,144567	5,88923	5,650223	5,42624	5,21612
11	8,306414	8,09254	7,886875	7,68904	7,498674	7,138964	6,805191	6,495061	6,20652	5,937699	5,68694	5,45273
12	8,863252	8,61852	8,383844	8,15873	7,942686	7,536078	7,160725	6,813692	6,49236	6,194374	5,91765	5,66029
13	9,393573	9,11708	8,852683	8,59974	8,357651	7,903776	7,486904	7,103356	6,74987	6,423548	6,12181	5,84236
14	9,898641	9,58965	9,294984	9,01384	8,745468	8,224237	7,786150	7,366687	6,96187	6,628168	6,30249	6,00207
15	10,379658	10,03758	9,712249	9,40267	9,107914	8,559479	8,060688	7,606080	7,19087	6,810864	6,46238	6,14217
16	10,837770	10,46216	10,105895	9,76776	9,446649	8,851369	8,312558	7,823709	7,37916	6,973986	6,60388	6,26506
17	11,274066	10,86461	10,477260	10,11058	9,763223	9,121638	8,543631	8,021553	7,54879	7,119630	6,72909	6,37286
18	11,689587	11,24607	10,827603	10,43247	10,059087	9,371887	8,755625	8,201412	7,70162	7,249670	6,83991	6,46742
19	12,085321	11,60765	11,158116	10,73471	10,335595	9,603599	8,950115	8,364920	7,83929	7,365777	6,93797	6,55037
20	12,462210	11,95038	11,469921	11,01851	10,594014	9,818147	9,128546	8,513564	7,96333	7,469444	7,02475	6,62313
21	12,821153	12,27524	11,764077	11,28498	10,835527	10,016803	9,292244	8,648694	8,07507	7,562003	7,10155	6,68696
22	13,163003	12,58317	12,041582	11,53520	11,061241	10,200744	9,442425	8,771540	8,17574	7,644646	7,16951	6,74294
23	13,488574	12,87504	12,303379	11,77014	11,272187	10,371059	9,580207	8,883218	8,26643	7,718434	7,22966	6,79206
24	13,798642	13,15170	12,550358	11,99074	11,469334	10,528758	9,706612	8,984744	8,34814	7,784316	7,28288	6,83514
25	14,093945	13,41393	12,783356	12,19788	11,653583	10,674776	9,822580	9,077040	8,42174	7,843139	7,32998	6,87293
26	14,375185	13,66250	13,003166	12,39237	11,825779	10,809978	9,928972	9,160945	8,48806	7,895660	7,37167	6,90608
27	14,643034	13,89810	13,210534	12,57500	11,986709	10,935165	10,026580	9,237223	8,54780	7,942554	7,40856	6,93515
28	14,898127	14,12142	13,406164	12,74648	12,137111	11,051078	10,116128	9,306567	8,60162	7,984423	7,44120	6,96066
29	15,141074	14,33310	13,590721	12,90749	12,277674	11,158406	10,198283	9,369606	8,65011	8,021806	7,47009	6,98304
30	15,372451	14,53375	13,764831	13,05868	12,409041	11,257783	10,273654	9,426914	8,69379	8,055184	7,49565	7,00266
31	15,592811	14,72393	13,929086	13,20063	12,531814	11,349799	10,342802	9,479013	8,73315	8,084986	7,51828	7,01988
32	15,802677	14,90420	14,084043	13,33393	12,646555	11,434999	10,406240	9,526376	8,76860	8,111594	7,53830	7,03498
33	16,002549	15,07507	14,230230	13,45909	12,753790	11,513888	10,464441	9,569432	8,80054	8,135352	7,55602	7,04823
34	16,192904	15,23703	14,368114	13,57661	12,854009	11,586934	10,517835	9,608575	8,82932	8,156564	7,57170	7,05985
35	16,374194	15,39055	14,498246	13,68696	12,947672	11,654568	10,566821	9,644159	8,85524	8,175504	7,58557	7,07005
40	17,159086	16,04612	15,046297	14,14553	13,331709	11,924613	10,757360	9,779051	8,95105	8,243777	7,63438	7,10504
45	17,774070	16,54773	15,455832	14,48023	13,605522	12,108402	10,881197	9,862808	9,00791	8,282516	7,66086	7,12322
50	18,255925	16,93152	15,761861	14,72452	13,800746	12,233485	10,961683	9,914814	9,04165	8,304498	7,67524	7,13266

10.5 Literaturhinweise

Nach den Kriterien

- Lesbarkeit
- Brauchbarkeit
- und Aktualität

habe ich zur Zeit folgende Favoriten:

Wenn Sie mehr über das Bilanzieren wissen möchten, dann kaufen Sie sich **Winnefeld, Bilanz-Handbuch**, erschienen in der C. H. Beck'schen Verlagsbuchhandlung, München 2000, mit 2.395 Seiten. Auch wenn dieses Buch die deutsche Rechtslage berücksichtigt, so gibt es fast nichts auf dem Gebiet der Bilanzierung, das nicht in diesem Buch behandelt wird. Aus meiner Sicht das beste Bilanzierungshandbuch, das es zur Zeit gibt.

Ein gutes Lehrbuch ist die **Bilanzierung nach der Rechnungslegungsreform** von **Frick**, 6. Aufl., Wien 1999.

Der Praktiker wird mit dem **Bilanzbuchhalterjahrbuch der Autorengemeinschaft Karel**, erschienen im Verlag Grundner, St. Georgen, Fax 03183/20 9 10, mit 154 Seiten, seine Freude haben.

Falls Sie das Bilanzieren üben wollen, dann besorgen Sie sich **Grünberger, Fallbeispiele zur Bilanzierung**, Orac-Verlag, Wien 1997, mit 212 Seiten.

Alles über den Konzernabschluß finden Sie in **Egger/Samer, Der Jahresabschluß nach dem Handelsgesetzbuch**, Band 2, Der Konzernabschluß, erschienen im Linde-Verlag 1997, mit 450 Seiten.

Das Meisterwerk im Steuerrecht: **Kommentar zum Einkommenssteuergesetz** von **Doralt**, Bd. 1 und 2, 4. Auflage, Wien 2000.

Ein heißer Tip zum Schluß: Damit Sie auf dem laufenden bleiben, empfiehlt sich ein Abonnement der **Steuer- und Wirtschaftskartei** beim Linde-Verlag.

Sachverzeichnis

Springer-Verlag
und Umwelt

ALS INTERNATIONALER WISSENSCHAFTLICHER VERLAG sind wir uns unserer besonderen Verpflichtung der Umwelt gegenüber bewußt und beziehen umweltorientierte Grundsätze in Unternehmensentscheidungen mit ein.

VON UNSEREN GESCHÄFTSPARTNERN (DRUCKEREIEN, Papierfabriken, Verpackungsherstellern usw.) verlangen wir, daß sie sowohl beim Herstellungsprozeß selbst als auch beim Einsatz der zur Verwendung kommenden Materialien ökologische Gesichtspunkte berücksichtigen.

DAS FÜR DIESES BUCH VERWENDETE PAPIER IST AUS chlorfrei hergestelltem Zellstoff gefertigt und im pH-Wert neutral.